W0348017

INSEGNARE DOMANI
AVVERTENZE GENERALI

Scopri la piattaforma

INSEGNARE DOMANI *DIGITALE*

1. Accedi al sito: *https://insegnaredomani.erickson.it*
oppure utilizza il QR-Code e passa al punto 3

2. Clicca sul pulsante «NUOVO UTENTE»

3. Inserisci i tuoi dati personali, e-mail e scegli una password

4. Inserisci il codice libro che trovi qui sotto e clicca su «ACCEDI»

Progettazione/Editing
Roberta Tanzi
Rottermaier – Servizi Letterari

Impaginazione
Bianco Tangerine
Raissa Postinghel

Immagine di copertina
© GlobalStock/iStockphoto.com

Copertina
Raissa Postinghel

Direzione artistica
Giordano Pacenza

Via del Pioppeto 24
38121 TRENTO
Tel. 0461 950690
Fax 0461 950698
www.erickson.it
info@erickson.it

ISBN: 978-88-590-1681-6

Finito di stampare nel mese di novembre 2018
da Esperia S.r.l. – Lavis (TN)

NUNZIANTE CAPALDO
E LUCIANO RONDANINI

INSEGNARE DOMANI

AVVERTENZE GENERALI

PER TUTTE LE CLASSI DI CONCORSO

Erickson

Nunziante Capaldo

Dirigente scolastico in provincia di Verona, è autore di svariati volumi sul sistema scolastico italiano. Per le Edizioni Erickson ha pubblicato, tra gli altri: *Dirigere Domani* (con L. Rondanini, 2017); *Insegnare domani nella scuola dell'infanzia – PROVA SCRITTA* e *PROVA ORALE* (con D. Ianes, S. Cramerotti e L. Rondanini, 2016); *Insegnare domani nella scuola primaria – PROVA SCRITTA* e *PROVA ORALE* (con D. Ianes, S. Cramerotti e L. Rondanini, 2016); *Insegnare domani nella scuola secondaria – PROVA ORALE* (con D. Ianes, S. Cramerotti e L. Rondanini, 2016).

Luciano Rondanini

Dirigente tecnico del MIUR già in servizio presso la Direzione Regionale dell'Emilia-Romagna, è autore di numerosi volumi sul sistema scolastico italiano. Per le Edizioni Erickson ha pubblicato, tra gli altri: *Dirigere Domani* (con N. Capaldo, 2017); *Insegnare domani nella scuola dell'infanzia – PROVA SCRITTA* e *PROVA ORALE* (con D. Ianes, S. Cramerotti e N. Capaldo, 2016); *Insegnare domani nella scuola primaria – PROVA SCRITTA* e *PROVA ORALE* (con D. Ianes, S. Cramerotti e N. Capaldo, 2016); *Insegnare domani nella scuola secondaria – PROVA ORALE* (con D. Ianes, S. Cramerotti e N. Capaldo, 2016).

INSEGNARE DOMANI è un progetto a cura del team
RICERCA e SVILUPPO **Erickson**

Dario Ianes, Docente ordinario di Pedagogia e Didattica Speciale all'Università di Bolzano, Corso di Laurea in Scienze della Formazione Primaria. È co-fondatore del Centro Studi Erickson di Trento, per il quale cura alcune collane, tra cui *le Guide* e *i Materiali*. Autore di vari articoli e libri e direttore della rivista «Difficoltà di Apprendimento».

Sofia Cramerotti, Psicologa dell'educazione e Pedagogista, perfezionata in «Comunicazione multimediale e didattica». Per le Edizioni Centro Studi Erickson è responsabile della «Ricerca e Sviluppo — Area educativo-didattica». Autrice di vari articoli e libri, si occupa di progettazione educativa, didattica inclusiva e di Teacher Education. Svolge attività di formazione, anche in ambito universitario, e consulenza su tematiche di carattere psicologico e educativo-didattico.

Angela Cattoni, Laureata in Lettere e Filosofia e poi in Neuroscienze presso l'Università degli Studi di Trento. Presso le Edizioni Erickson svolge attività di ricerca in ambito educativo-didattico relativamente a metodologie innovative ed efficaci di apprendimento. Si occupa, inoltre, della pianificazione di App, software educativi e piattaforme online, tra cui «Dirigere Domani Digitale» e «Insegnare Domani Digitale».

Immacolata Giuliani, Psicologa, perfezionata in Neuropsico-Diagnostica nell'infanzia e nell'adolescenza. Nell'ambito del progetto Insegnare Domani ha affiancato la Ricerca e Sviluppo collaborando alla progettazione e selezione dei contenuti.

Giulia Scapin, Laureata in Neuroscienze, perfezionata in Tecnologie per la Didattica: Dispositivi e Diversità, formatrice AICA per il Piano Nazionale Scuola Digitale della Regione Veneto, si occupa di implementazione delle tecnologie educative. Nell'ambito del progetto Insegnare Domani ha seguito la pianificazione e la produzione dei contenuti nella piattaforma digitale Insegnare Domani.

Il settore RICERCA e SVILUPPO del Centro Studi Erickson garantisce il presidio della Casa Editrice sui temi più attuali in ambito psicopedagogico, educativo, didattico e sociale/welfare attraverso lo studio, l'acquisizione e, di conseguenza, l'applicazione di conoscenze, abilità e competenze specifiche. Il modello adottato è quello triadico, basato su: *sapere* (che concerne l'insieme delle conoscenze e le teorie che sono state formulate intorno a un tema, un argomento, un ambito disciplinare); *saper fare* (che attiene alle abilità e allo sviluppo di prassi di intervento/azione, saldamente basate su teorie criticamente scelte come ancoraggio del lavoro e come premesse fondanti e costruttive; riguarda inoltre le metodologie adottate nel lavoro e gli aspetti operativi, che sono orientati dal sapere); *saper essere* (ossia le competenze specifiche che si vanno a sviluppare e attiene a quel modo di lavorare per cui si è orientati da una consapevolezza riflessiva sul proprio ruolo, sulla propria funzione e sugli obiettivi sviluppabili attraverso il proprio lavoro).
I principi cardine su cui si basa il lavoro della Ricerca e Sviluppo sono quindi: Scientificità, Innovazione, Ricerca, Pragmatismo, Confronto, Co-progettazione e collaborazione condivisa, Comunicabilità, Personalizzazione /Individualizzazione, Partnership.
La mission della Ricerca e Sviluppo Erickson è in linea con quella aziendale, ovvero *sviluppare e diffondere competenze, metodologie, strumenti e prodotti derivati dalla ricerca scientifica e dalle migliori prassi e caratterizzati da qualità — innovazione — pragmaticità che abbiano l'obiettivo di migliorare l'azione (preventiva-riparativa e di sviluppo) di tutti i soggetti a vario titolo coinvolti nei contesti dell'educazione, della didattica e del welfare in un'ottica di integrazione sistemica.*

Indice

Approfondimenti on-line sulla piattaforma

INSEGNARE DOMANI DIGITALE

PARTE PRIMA – LINEAMENTI DI STORIA DEL SISTEMA SCOLASTICO ITALIANO DALLE ORIGINI ALLA VIGILIA DELL'AVVENTO DELL'AUTONOMIA

PARTE SECONDA – DISCIPLINE E ATTIVITÀ SCOLASTICHE

Introduzione

Un Concorso è sempre una prova importante e delicata, e mette a dura prova le proprie capacità di finalizzare in un tempo breve una preparazione che è partita da lontano e che può essersi arricchita anche di preziose esperienze sul campo. Nel corso degli anni si sono studiate molte cose, molte sono state sperimentate, ma adesso si manifesta l'esigenza pragmatica di superare un concorso, e di farlo bene, con soddisfazione. Dunque dobbiamo interpretare un copione non scritto da noi, ma imposto dai programmi ministeriali, e dobbiamo interpretarlo bene. In questo libro ci siamo attenuti ai contenuti del copione, studiando ogni dettaglio dei programmi, leggendo attentamente ogni parola e cercando di capire anche tra le righe ciò che il Concorso richiede. Abbiamo raccolto e scelto per voi i migliori e più completi materiali che possono servire a illustrare e organizzare cognitivamente e metacognitivamente i vari temi e argomenti. Ma per una preparazione efficace non basta che il programma «ci sia tutto», serve anche un input metodologico alla riflessione metacognitiva e alle attività di riconcettualizzazione e organizzazione delle conoscenze. Già nei precedenti volumi dedicati ai concorsi, sperimentammo per la prima volta una serie di aiuti metacognitivi allo studio, quali ad esempio le mappe concettuali come organizzatori anticipati, da un lato, delle conoscenze e, dall'altro, come valido aiuto per memorizzare grandi quantità di informazioni. Anche oggi, così come allora, crediamo fortemente (anche supportati dai riscontri positivi di chi le ha utilizzate con successo e soddisfazione in fase di studio) nel valore qualitativo di questo strumento in grado di organizzare in modo realmente significativo, e fortemente ancorato e interconnesso, gli apprendimenti. Dopo la fase di elaborazione del materiale, come sappiamo, serve però una fase di progettazione e realizzazione di un output efficace, ovvero la stesura di una risposta corretta e «buona» da diversi punti di vista e criteri.

Il materiale presentato in questo libro aiuterà anche questa fase fondamentale della vostra preparazione. Dovendo dunque, come abbiamo precedentemente accennato, aderire e interpretare un copione scritto da altri, dovrete essere rapidi ed efficaci, ma allo stesso tempo accurati e precisi nel «cucire» le informazioni e le conoscenze più mirate, nel coprire ogni spazio, collegare, riflettere, memorizzare e produrre parole, frasi, argomentazioni. Per superare le prove, questo è vero e innegabile, ma non basta. Un Concorso è inevitabilmente anche una prova con se stessi. Un momento specifico per fare il punto delle tante cose studiate, pensate, vissute e che avete ora l'occasione di costruire in una «vostra» e originale visione di voi stessi nella vostra professione. Anche se state già lavorando come insegnanti questa è un'occasione, anche fortemente simbolica, per ripensare con orgoglio ciò che vorreste essere come insegnanti che lavorano per rendere sempre più efficace ed efficiente il processo di insegnamento-apprendimento. Vi sentite, e vorreste essere, insegnanti tecnicamente all'avanguardia sulle varie strategie educative e didattiche, figure di sistema nelle dinamiche di collaborazione interistituzionale, comunitaria, attori e propulsori di processi di autosviluppo scolastico.

Il nostro consiglio è di affrontare questo Concorso con due anime: una pragmatica e orientata in modo efficace alle necessità del programma, e una più personale, improntata a un'originale e orgogliosa identità professionale, affinché possiate coltivare sempre, anche nei momenti di più dura necessità, visioni innovative e desideri di continua evoluzione professionale. Edgar Morin ci ricorda: «Ciò che non si rigenera, degenera», e non parla soltanto della vita di coppia...

Buono studio, quindi, e un «in bocca al lupo» a tutti voi!

Dario Ianes e Sofia Cramerotti
Trento, settembre 2018

PARTE PRIMA

LO SCENARIO

CAPITOLO PRIMO

Educare nella società della frammentazione

1. Punteggiature 2. La scuola tra crisi e nuovi impegni 3. La complessità culturale e i diversi apprendimenti 4. Dal «popolo» alla «massa»: verso la democrazia «immediata»? 5. La società dell'informazione 6. Bambini e adolescenti nel mondo attuale 7. La scuola: fini istituzionali e interessi soggettivi 8. La scuola e i giovani: la ricerca di senso 9. Dalla parte della scuola 10. Una scuola democratica 11. La scuola, bene della comunità 12. La conoscenza e i suoi nemici 13. Le Indicazioni nazionali per il curricolo 2012 e la legge 107/2015

1. Punteggiature

Non è certamente facile descrivere in maniera organica ed esaustiva le caratteristiche della società attuale. Infatti, le analisi dei sociologi e degli esperti in vari ambiti della ricerca psicopedagogica la definiscono in vari modi: società della conoscenza, del disorientamento, della complessità, ecc. Possiamo partire da una percezione abbastanza diffusa: il mondo in cui viviamo è sicuramente frammentato in gruppi, interessi, egoismi e stili di vita spesso contraddittori tra loro.

La frammentazione

Per cercare di capire i meccanismi che connotano i tratti salienti dell'epoca attuale, può tornare utile servirsi dello schema interpretativo utilizzato da uno dei padri della sociologia americana, Talcott Parsons.

La piramide di Parsons

Per questo studioso, la società è composta di *tre sistemi sovrapposti* e collegati come i gradoni di una piramide (figura 1.1). Alla base di essa troviamo il *sistema culturale* cioè i simboli religiosi, i valori condivisi e i tratti dominanti della cultura. Questo strato condiziona fortemente la vita della famiglia, della scuola, dei gruppi organizzati e, più in generale, della società.

Sovrapposto al sistema culturale c'è il *sistema sociale,* rappresentato dalle istituzioni (Stato, Chiesa, scuola, mezzi di comunicazione, apparati amministrativi, forze dell'ordine).

Infine, al vertice della piramide, troviamo il *sistema biopsichico individuale,* cioè la percezione che le persone hanno di sé, sia a livello fisico sia psichico, e come esse vivono la loro esperienza di vita.

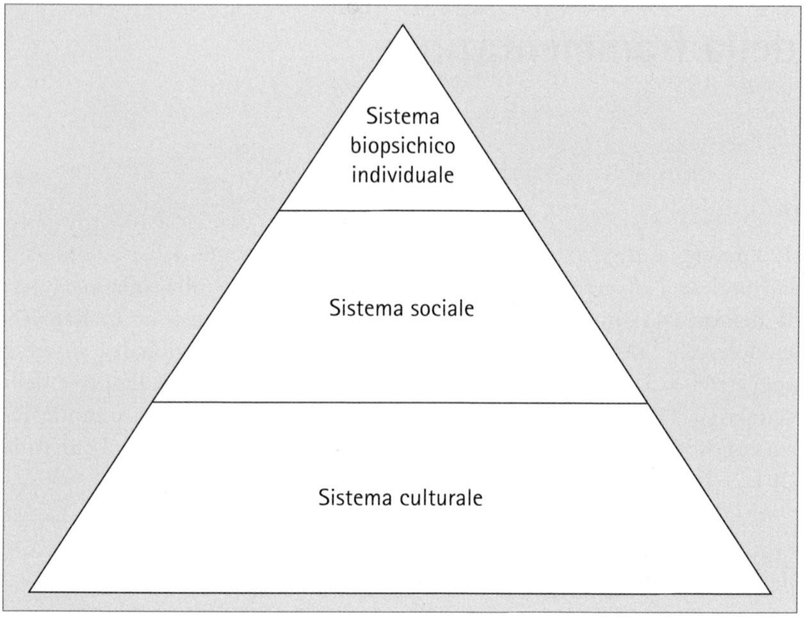

Fig. 1.1 La piramide di Parsons.

Il *funzionamento degli individui* è condizionato in larga misura dalla cultura che, ad esempio, i giovani assimilano nella loro esperienza quotidiana di vita e dalla formazione che essi maturano nel più ampio contesto sociale.

Utilizzando l'approccio di Parsons, è inevitabile porsi alcune fondamentali domande: com'è cambiato il sistema culturale e com'è cambiata la società?

La potenza dei media

Per quanto concerne il primo interrogativo, il dato dominante della cultura attuale è riconducibile alla *potenza dei media,* che sono certamente strumenti di partecipazione (Internet, social network, ecc.) e di dialogo globale, ma anche mezzi che possono determinare influssi deformanti sulla coscienza delle persone.

Marshall McLuhan, autore di *Gli strumenti del comunicare* e *La galassia Gutenberg,* ha affermato che il potere mediatico è tale da far coincidere il medium con il messaggio.

> Ciò significa che per gli effetti sul ricevente, non sono decisivi i contenuti ma il canale. Il mezzo di comunicazione adoperato. Una cosa di cui i media si occupano, per ciò stesso esiste. E assume un valore universale, inconfutabile: «L'ha detto la televisione!». (Verdone, 2009)

I nuovi modi di comunicare e di apprendere, legati non più ai luoghi tradizionali (famiglia, scuola, parrocchia, oratorio, ecc.) ma ai *nonluoghi* delle pagine elettroniche della rete hanno dato vita all'*homo videns,* spesso senza contatto autentico con gli altri e con se stesso, perché smarrito tra le sue macchine.

Da società semplice a mondo complesso

Per quanto concerne la seconda domanda (com'è cambiata la società?), possiamo affermare che siamo definitivamente passati da una *società semplice* a un *mondo complesso.*

Nella società tradizionale (elementare) si assisteva a relazioni molto intense tra le persone (solidarietà, reciproco aiuto); in quella attuale (complessa) gli scambi sociali sono scarsi e più interessati.

> La società semplice riceve compattezza da una certa *omogeneità culturale.* Dal momento che si condividono gli stessi valori, per lo più di tipo tradizionale e religioso, ne consegue che tutti sono tenuti a pensarla allo stesso modo. La società complessa, al contrario, presenta una *pluralità di modelli culturali* per cui le visioni della vita sono molte e molto diverse. (Verdone, 2009)

Nella società semplice, chi tradiva la sua omogeneità valoriale veniva severamente punito; al contrario nel mondo attuale, basato sul pluralismo delle opinioni, la trasgressione non mette in discussione il sistema nel suo complesso.

2. La scuola tra crisi e nuovi impegni

I frequenti fenomeni di minacce agli insegnanti da parte degli studenti, registratisi in questi ultimi tempi, sono stati oggetto di commenti da parte di giornalisti, esponenti della politica e del mondo della scuola. Al di là dei fatti di cronaca, il discredito che molti docenti percepiscono del proprio ruolo merita una riflessione più attenta riguardo alle ragioni che stanno determinando tale situazione.

Società senza padri

Alla base dell'attuale perdita di prestigio che le istituzioni storiche (famiglia, scuola, Chiesa, ecc.) hanno rappresentato nel tempo c'è, senza ombra di dubbio, l'irreversibile affermazione di una «società senza padri», coincisa in modo crescente con la perdita di autorevolezza di una figura che insegnava ai figli ciò che si poteva o non si poteva fare.

L'azione della scuola, nel più generale contesto di una realtà patriarcale, era indubbiamente facilitata da un'ampia base di condivisione valoriale che caratterizzava la vita di tutte le comunità locali del Paese.

Questo secolare «patto» intergenerazionale, dal secondo dopoguerra a oggi, si è decisamente affievolito, fino a ribaltare il «vecchio» paradigma: non sono più i genitori a educare i figli, ma spesso questi ultimi dettano le leggi dei comportamenti genitoriali.

Il figlio venerato

In una società a scarsa propensione demografica, poi, i figli sono troppo spesso oggetto di «venerazione» da parte dei padri e delle madri, con inevitabili distorsioni dei legami tra una generazione e l'altra. Anzi, essendo venuti meno i riti che distinguevano i passaggi generazionali, genitori e figli sono di frequente schiacciati dagli stessi ingombranti disvalori.

Una testimonianza emblematica di questa realtà è rappresentata da un episodio, accaduto qualche tempo fa, in uno dei tanti tornei di calcio per giovanissimi. Un padre aggredisce l'allenatore della squadra per aver «osato» decidere la sostituzione di suo figlio con un altro compagno del gruppo. Un affronto considerato come una vergogna che doveva esser cancellata con un'esemplare punizione!

Su quel campetto di calcio non esistono più legami di «fraternità allargata», ma solo le ragioni del figlio che devono prevalere su quelle dei compagni. Costi quello che costi!

In questo confuso contesto educativo, complice una comunicazione mediatica tesa a spettacolarizzare tutto, rischiano di essere considerati come bullismo anche un bisticcio e un litigio che inevitabilmente accadono nel mondo scolastico. Quello che sarebbe più corretto rubricare come alterco si trasforma in un atto di bullismo, che presuppone invece intenzionalità, continuità nel tempo e volontà di sopraffare la «vittima» presa di mira spesso da un gruppo di carnefici.

Rimpiangere i vincoli di eredità delle generazioni passate dove i principi del padre si rispecchiavano naturalmente sulle condotte dei figli non serve a nulla. Come scrive Antonio Scurati sul quotidiano «La Stampa» del 23 aprile 2018, in un approfondimento dal titolo *L'obbligo smarrito di educare,* quello della società patriarcale,

> era di certo una catena dell'essere dai tratti spesso opprimenti ma garantiva che lo stratificarsi delle successive generazioni non risuonasse a vuoto nelle caverne del tempo. Era un mondo severo, brutale, a volte spietato, spesso ingiusto, ma ordinato da un principio: ai genitori spettava il compito dell'educazione dei figli e ai figli il dovere di onorarla. (Scurati, 2018)

Non c'erano scappatoie o prove d'appello: se il figlio si dimostrava un maleducato, ciò chiamava in causa il suo educatore designato, in primis il padre!

Molto tranchant il giudizio conclusivo dell'editorialista de «La Stampa»:

> In qualche momento non meglio precisato della seconda metà del secolo scorso, una generazione che aveva ricevuto una severa educazione dai propri padri l'ha rigettata senza sostituirla con un'altra. Non si è interrotta la catena di trasmissione di uno specifico modello educativo ma si è abdicato all'idea stessa che i figli dell'uomo debbano ricevere una qualche educazione.

La sempre più frequente anomalia di genitori che si alleano ai figli nel contrastare la funzione svolta dagli insegnanti è la manifestazione più estrema di questa condizione abdicante.

Alleanze pericolose

La complessità dell'attuale periodo storico va assunta da tutti (genitori, educatori, insegnanti, ecc.) come comune sfida educativa. Al centro di questa nuova responsabilità vanno posti i veri bisogni dei figli e dei giovani; questo impegno, però, richiede rinunce e privazioni anche (e soprattutto) da parte degli adulti.

3. La complessità culturale e i diversi apprendimenti

Una caratteristica estremamente significativa della società attuale è rappresentata dall'accentuazione delle differenze sul piano culturale e sociale e dalla crescente presenza di persone e gruppi provenienti da tradizioni molto eterogenee.

Le diversità culturali

Il rispetto dell'altro spesso confligge con la difesa delle convinzioni e della cultura di coloro che abitano da secoli in un determinato Paese. Il tema, ad esempio, della multiculturalità costituisce uno degli aspetti più rilevanti del cambiamento dell'Italia in questi ultimi due decenni.

La dimensione multiculturale rende più complessa la costruzione dell'identità di ciascuno e l'apertura all'altro, al diverso da sé, alla valorizzazione di differenti orientamenti.

È certamente vero che il riconoscimento dell'altro può coincidere con la rinuncia delle proprie radici e tradizioni religiose e civili.

Gianfranco Ravasi sottolinea che alla logica del *duello,* che nasce dalla paura, occorre sostituire quella del *timore* che è rispetto dell'altro e della sua diversità. E propone alla nostra attenzione la parabola tibetana del viandante.

> Un uomo vede profilarsi all'orizzonte lungo la pista che sta percorrendo una figura che avanza: sembra una belva. Purtroppo nella steppa non c'è scampo, bisogna proseguire.
>
> La figura, fattasi meno lontana, si rivela essere quella di un uomo. Ma la paura non cessa: potrebbe essere un predatore, un brigante solitario. Il viandante avanza ulteriormente, anche perché non ha alternativa. Non osa quasi alzare gli occhi. Ecco i due finalmente di fronte: «Levai gli occhi, lo guardai in volto: era mio fratello che da anni non incontravo!». (Ravasi, 2012)

Principio di moralità

Forse abbiamo bisogno di ritrovare quel sentimento di timore che è *principio di moralità* e condanna di ogni arroganza e irrazionalità.

Solo così ognuno potrà ritrovare se stesso, la propria identità e il senso delle vicende umane che segnano la nostra e altrui esistenza.

La nostra società, sempre più multietnica, coincide con una varietà e molteplicità di incontri che rafforzano una diversità anche di apprendimenti.

Questo avviene in concomitanza con lo sviluppo dilagante di tecnologie informatiche che aprono sempre nuove strade al mondo della conoscenza.

Nella letteratura classica, l'apprendimento viene ricondotto a due orientamenti di base: quello dell'apprendimento attraverso la ripetizione di esercizi, *learning by using,* (a scuola) e di strumenti (nel lavoro, soprattutto dei campi) e quella del *learning by doing,* tramite l'azione.

Quest'ultima tipologia è molto presente, ad esempio, nella letteratura pedagogica americana, in particolare in John Dewey, che sottolineava l'importanza dell'esperienza nella costruzione dei saperi.

> Ciò significa che mentre un individuo agisce, contribuisce, di fatto, alla generazione di nuove modalità di interazione. Quindi queste modalità producono nuova conoscenza. (Alessandrini, 2007)

Learning by interacting

C'è però una forma più complessa di apprendimento, che si collega alla concezione di Vygotskij, legata alle interazioni sociali di un gruppo, il *learning by interacting,* oggi molto presente nella vita dei ragazzi, che si sviluppa soprattutto tramite la rete (social network, Internet).

Quindi, accanto a un apprendimento routinario *(esercitativo)* ed esperienziale *(produttivo),* quest'ultima forma enfatizza il coinvolgimento e la partecipazione nel gruppo dei pari *(sociocostruttivo).*

> Questa forma di apprendimento interattivo si può realizzare solo in ambiti organizzativi creativi laddove fiducia e possibilità di sperimentare nuove soluzioni possono avere piena cittadinanza. (Alessandrini, 2007)

Questo scenario chiama in causa in modo pressante la scuola, i docenti, l'organizzazione dei contesti di apprendimento, la capacità degli insegnanti di integrare gli «stili» di approcciare le conoscenze da parte degli alunni, nei contesti informali e in quelli scolastici.

Si tratta di compiere una «rivoluzione» sia sul piano educativo sia didattico, senza la quale i ragazzi faranno sempre più fatica a riconoscersi in forme espositive e trasmissive del conoscere.

Forme che spesso i docenti continuano a dispensare a piene mani.

4. Dal «popolo» alla «massa»: verso la democrazia «immediata»?

Gli orientamenti politici che si stanno imponendo in molti Paesi occidentali, rubricati genericamente come populisti, hanno sollecitato sociologi, politologi ed esperti delle scienze umane a interrogarsi su un fenomeno nuovo che caratterizza in modo crescente le nostre comunità: l'affievolimento del concetto di popolo e della tradizionale rappresentatività democratica.

Democrazia diretta

Scrivono Ilvo Diamanti e Marc Lazar, nel libro *Popolocrazia: Le metamorfosi delle nostre democrazie* (2018):

> La democrazia rappresentativa è divenuta sempre più *impopolare,* a causa della crescente sfiducia nei confronti dei rappresentanti e delle rappresentanze [...]. Al suo posto, meglio in alternativa ad esse, è cresciuto e sta crescendo lo spazio della *democrazia diretta.* Ma ormai anche questo modello non soddisfa più. Appare insufficiente e sempre più inadeguato. Così si moltiplicano i segni che evocano la *democrazia immediata* che incrocia i nuovi media, la Rete, nuova agorà del digitale. (Diamanti e Lazar, 2018)

Riprendendo le tesi sostenute dai due sociologi nel libro citato, Alberto Asor Rosa in un approfondito editoriale sul quotidiano «la Repubblica» del 6 aprile 2018 afferma che «il popolo», inteso come realtà politico-sociale, sta uscendo di scena da diversi decenni e questo fenomeno si registra specificatamente nelle forme in cui storicamente la democrazia ha assunto le vesti della rappresentatività. Soprattutto in Occidente e in particolare in Italia.

Scrive Alberto Asor Rosa:

> Il «popolo», storicamente inteso, è un organismo estremamente complesso, fatto di classi, ceti sociali, orientamenti culturali e ideali, categorie professionali, ecc... spesso in lotta fra loro, ma al tempo stesso sempre, o quasi sempre, riunificati alla fine sotto il segno di un *interesse comune* (non a caso il concetto di popolo è storicamente connesso con quello di Nazione). (Asor Rosa, 2018)

Dal popolo alla massa

Ora, sottolinea Asor Rosa, di quella complessità e unitarietà non esiste quasi più nulla. Di conseguenza, il «popolo» è sempre più prepotentemente sostituito dalla «massa», che sta diventando la vera protagonista dell'attuale momento storico. Il concetto di massa, diversamente da quello di popolo, abbandona i caratteri associativi e identitari dei tradizionali movimenti (sindacati e partiti, in primis) e si rifugia nell'*individuale* in senso prossemico (di ogni individuo accanto a ogni individuo). Però i singoli, condizionati da un'informazione che livella i pensieri e le menti delle persone, si somigliano sempre di più e tendono, per l'appunto, a fare massa: un'aggregazione oscillante e indistinta che segue la corrente del momento, pronta a cambiare rotta quando si presenti una seconda corrente più appagante.

Di conseguenza, anche il concetto di Stato si sta radicalmente modificando. Lo Stato monoetnico ha lasciato il posto a un'entità indistinta, sempre meno legata da vincoli comuni.

La concezione dello Stato monoetnico era «caratterizzata da una *nazionalità a maggioranza dominante* e basato su un'idea di cittadinanza esclusiva divisa dal vicino da confini rigidi» (Ceruti, 2018).

Oggi la scomparsa dell'unitarietà sociale e educativa della modernità si riflette anche nella relazione tra genitori-figli e insegnanti-alunni. Per quanto concerne la relazionalità genitoriale,

> un cambiamento epocale è intervenuto: padri e figli si trovano in una prossimità sconosciuta sino a poco tempo addietro. I padri non sono più il simbolo della Legge ma, come le madri, si occupano anche del corpo, del tempo libero e degli affetti dei loro figli. (Recalcati, 2018)

Gli egoismi sociali

Anche nei microcontesti, come famiglia e scuola, si ripropongono modelli relazionali da singolo a singolo, dove preadolescenti e giovani tendono a occupare il posto lasciato vacante dall'autorità degli adulti. Riusciremo a rimettere in piedi un popolo che sappia condividere i principi che sono posti alla base dell'idea di «bene comune», in assenza del quale gli egoismi individuali e sociali prevarranno, rendendoci tutti schiavi del consumismo e del benessere a ogni costo?

La risposta dovrà vedere tutti noi impegnati a vincere una sfida che si annuncia difficile, ma non impossibile.

5. La società dell'informazione

La caratteristica predominante dell'epoca attuale è senza ombra di dubbio quella della cultura informatica.

Infatti, l'invenzione che ha segnato in modo pervasivo il passaggio dal secondo al terzo millennio è il computer.

> Secondo la storia che tutti conosciamo l'evoluzione dei computer è stata breve e sbrigativa. È iniziata con le enormi macchine della seconda guerra mondiale che occupavano interi laboratori. (Odifreddi, 2012)

Da allora, in oltre mezzo secolo, questi «grandi cervelli» si sono evoluti in personal computer, sempre più compatti e potenti tanto da cambiare radicalmente la vita delle persone.

McLuhan

La rivoluzione informatica che stiamo vivendo era stata preconizzata da una delle figure più lungimiranti del Ventesimo secolo, Marshall

McLuhan, il quale aveva previsto la distruzione dell'idea di spazio e di tempo.

Da un lato, le nuove tecnologie liberano risorse straordinarie; dall'altro abituano, però, le persone a una distanza affettiva e a un'esistenza schiacciata unicamente sul presente, estremamente rischiose soprattutto per i più giovani.

La scuola dovrà, pertanto, tenere nella dovuta considerazione sia le opportunità offerte dagli strumenti informatici e dalle tecnologie multimediali, che rendono praticabili l'opzione dell'accesso individuale della conoscenza, sia la «povertà» che tali mezzi esprimono se non supportati da adeguate didattiche e strategie di insegnamento.

Questo vale per tutte le persone, in particolare per i cosiddetti nativi digitali, espressione utilizzata per indicare chi è cresciuto con le tecnologie informatiche (computer, Internet, telefoni cellulari, MP3, ecc.).

Digital native e digital immigrant

La diffusione profondamente pervasiva di tali mezzi ha oggi portato anche al superamento di quella che è a lungo sembrata una discriminante storica: la barriera tra i *digital native* e i *digital immigrant,* con le persone appartenenti a quest'ultima categoria cresciute prima della diffusione delle nuove tecnologie; ci sono, infatti, «migranti digitali» che hanno maturato competenze più avanzate dei cosiddetti nativi.

Certamente gli adolescenti di oggi, quelli nati alla metà degli anni Novanta del Ventesimo secolo, sono cresciuti con Internet e i social network (ad esempio, Facebook) e usano questi strumenti con naturale disinvoltura.

Questi adolescenti fanno un *uso protesico* di tutte le nuove tecnologie, e la loro esistenza si sviluppa *online* più che *offline*. Lo spazio fisico è spesso trasposto nella rete e diventa essenzialmente spazio virtuale.

I social network

L'utilizzo dei social network da parte dei ragazzi sviluppa un'attitudine partecipativa che alimenta un'intelligenza collettiva mai conosciuta in passato.

Inoltre, la rete determina una convergenza tra i fruitori, centrata su interessi spesso ricreativi comuni tra tutti quelli che si ritrovano a navigare sulla rete stessa.

Questa *cultura convergente* presenta caratteristiche alquanto diverse da quanto si richiede a scuola, dove gli studenti devono misurarsi con impegni, per lo sviluppo dei quali si presuppone un pensiero applicativo, esercitativo, non volontario.

Internet costituisce un'indubbia risorsa, ma il suo uso determina nei ragazzi un livello di decrescente concentrazione, una ridotta capacità di lettura e un impoverimento del vocabolario, in quanto il web abitua allo stimolo-risposta, al copia-incolla, al tutto-subito, ecc.

Trovare il giusto equilibrio tra gli stili di apprendimento tipici dei contesti virtuali e le esigenze caratterizzanti un contesto formale, qual è la scuola, è sicuramente un compito impegnativo.

Occorre evitare il rischio di assolutizzare approcci educativi o mitizzare le tecnologie informatiche. In particolare, nel contesto scolastico, è possibile dare spazio sia a laboratori affidati a strumenti multimediali sia ad ambienti attrezzati in modo convenzionale.

Con ogni probabilità, come ha sottolineato Wisława Szymborska, un testo poetico riesce meglio se la mano accompagna la parola sul foglio di carta; per un elaborato scientifico può valere l'opposto. È preferibile disporre di un ricco repertorio di opportunità, compreso quello mano-penna-carta. Alla domanda posta alla grande poetessa polacca dal giornalista Dean Murphy, se scrivesse le poesie al computer, ella rispose:

> Mai al computer. Ho bisogno di avere un contatto diretto fra la testa e la mano. Non sono una persona moderna. Mi piace tirare una riga sulle cose. Sono molto vecchio stile: scrivo a penna. (Szymborska, 2012)

I compiti della scuola

I compiti fondamentali della scuola, vale a dire l'alfabetizzazione strumentale e culturale, la promozione di una cittadinanza costruttiva, la valorizzazione della diversità, ecc., non sono necessariamente riconducibili a Internet o al computer. Gli strumenti che i docenti utilizzano devono essere compatibili con gli obiettivi che la scuola persegue. Agli insegnanti il compito di progettare le soluzioni più adeguate!

6. Bambini e adolescenti nel mondo attuale

I cambiamenti che stanno caratterizzando il sistema culturale e sociale influiscono inevitabilmente anche sulle persone, in particolare sui giovani. Oggi le ragazze e i ragazzi conoscono, rispetto alle generazioni precedenti, una maggiore fragilità e una marcata crisi d'identità. Frastornati da una molteplicità di modelli e di stili di vita, i giovani faticano a costruire quelle sicurezze indispensabili per crescere con una certa serenità.

La potestà genitoriale

A questo proposito, non va dimenticato che dal 1975 è stato profondamente modificato il diritto di famiglia, che ha riconosciuto una parità genitoriale abbandonando il tradizionale principio della *patria potestà:*

> La potestà genitoriale consiste nel potere-dovere esercitato congiuntamente dai genitori nell'esclusivo interesse dei figli, di educarli, istruirli e assumere decisioni che li riguardino. [...] Tale potestà deve essere esercitata tenendo conto delle capacità e delle inclinazioni del minore, rispettando la sua personalità, le sue aspirazioni, la sua crescita, le sue attitudini psichiche e fisiche. (Bernardini De Pace, 2012)

Nella società «semplice», la *compattezza educativa* assicurava alla famiglia e alla scuola un'autosufficienza che richiedeva un impegno relativo nella formazione dei figli (da parte dei genitori) e degli alunni (da parte dei docenti). L'*appartenenza* a una comunità era in sé il presupposto per costruire legami identitari, in larga misura impliciti nel clima relazionale che caratterizzava l'esistenza dei bambini negli specifici contesti di provenienza. Infatti, l'identità era legata all'appartenenza religiosa, familiare, culturale, ideologica. Oggi, invece, i confini si sono ampliati a dismisura e non c'è più la «comoda protezione» di una solida appartenenza a custodire l'identità delle persone. Tutto ciò che in passato era naturalmente garantito dalla comunità di cui si era parte, oggi va conquistato attraverso nuovi percorsi e differenti itinerari. Il rapporto, ad esempio, dei preadolescenti e degli adolescenti con la scuola è profondamente cambiato. Nella società tradizionale, la scuola era percepita come un'istituzione che aveva in sé un *elevato valore simbolico* e l'insegnante godeva di un prestigio sociale riconosciuto in quanto persona che svolgeva un ruolo ampiamente accettato dalla più vasta comunità sociale.

Il senso di appartenenza

Oggi, invece, i ragazzi vivono questa condizione: la scuola per loro altro non è che un edificio nel quale devono trascorrere un determinato tempo. L'insegnante allora deve inevitabilmente ricostruire relazioni e aperture dialogiche che consentano all'adolescente di vivere il *ruolo di studente* e all'adulto il *ruolo di docente;* gli uni e gli altri sono proiettati nella ricerca di risposte efficaci e adeguate ai differenti bisogni.

Lo stesso insegnante è percepito più come adulto che come autorità di un'istituzione dello Stato, e gli alunni, quindi, lo accolgono con una certa familiarità, non certo con la soggezione che aleggiava intorno al «vecchio professore».

I ragazzi, essendo cresciuti in contesti familiari nei quali risulta pressoché inesistente la paura del castigo, non temono le minacce delle sanzioni ed è molto difficile riuscire a far sperimentare loro *il senso di colpa* e di vergogna per eventuali inadempienze o infrazioni. La stessa classe si costituisce più come compagnia amicale che come gruppo di studio e tende a rivestire una duplice dimensione: quella *ufficiale* (del registro, dell'appello, dell'ascolto) e quella *segreta* (delle relazioni che gli studenti stabiliscono tra loro e con i loro docenti). Il lavoro educativo degli insegnanti risulta, quindi, molto più impegnativo nella scuola di oggi rispetto a quanto avveniva in passato.

Famiglia affettiva e scuola regolativa

Anche il rapporto tra scuola e famiglia diventa decisamente più complesso. La scuola, infatti, è il luogo dove gli alunni devono sottostare a vincoli (orari, ecc.) e a regole (rispetto degli altri, degli ambienti, ecc.); la famiglia, invece, è lo spazio del soddisfacimento dei bisogni personali, dove la distinzione del ruolo tra genitori e figli tende a ridursi.

Oggi la famiglia non è più ancorata alla tradizione culturale locale, ma è sempre più condizionata da una diversificazione degli stili di vita, spesso contradditori tra loro.

> Probabilmente, il passaggio dalla vecchia concezione statica della famiglia a quella odierna, mobile e multiforme e in continuo contatto con diverse culture ed etnie, è stato accelerato anche da una serie di leggi *speciali.* Quale, per esempio, quella sul divorzio, che ha fatto tramontare definitivamente l'idea dell'indissolubilità del vincolo matrimoniale e ha ampliato notevolmente l'ambito dell'autonomia privata del singolo anche all'interno dei rapporti familiari. (Bernardini De Pace, 2012)

Gli insegnanti sono pertanto chiamati a trovare un punto di incontro tra la *famiglia affettiva,* da un lato, e la *scuola regolativa,* dall'altro. Questa ricerca comporta, soprattutto negli ultimi anni della scuola secondaria di primo grado e nel biennio iniziale dell'istruzione superiore, crescenti difficoltà.

7. La scuola: fini istituzionali e interessi soggettivi

In molti Paesi, compreso il nostro, il Novecento è coinciso con il fenomeno della scolarizzazione universale, cioè con l'ingresso nel sistema d'istruzione di tutti i giovani.

La generalizzazione scolastica

In Italia questa rivoluzione è avvenuta in tempi recenti: la *generalizzazione scolastica* ha conosciuto una sua ascesa negli anni Settanta-Ottanta del secolo scorso. Nei quarant'anni che intercorrono tra il censimento del 1951 e quello del 1991, la percentuale degli italiani che ha conseguito il diploma di licenza media è più che quintuplicata. Questo progresso ha consentito, a sua volta, di elevare considerevolmente il numero dei diplomati dell'istruzione superiore.

Il processo di allargamento della base sociale della scuola italiana ha finito per ampliare le finalità che essa ha tradizionalmente interpretato.

Per rispondere alla domanda: «A che cosa serve la scuola?», può essere opportuno riprendere un'importante distinzione che Giancarlo Gasperoni ha esplicitato nel suo testo, *Il rendimento scolastico:*

> Una distinzione rilevante è quella tra *fini istituzionali,* ovvero quelli definiti e imposti dalla legislazione e dall'insieme delle regole amministrative, ma anche da un complesso di norme culturali, che governano il funzionamento del sistema scolastico (in breve, gli obiettivi perseguiti dalla collettività) e i *fini soggettivamente intesi* dai singoli giovani che frequentano la scuola e dalle loro famiglie. (Gasperoni, 1997)

I fini istituzionali

Per quanto riguarda i fini istituzionali, alla tradizionale *funzione conoscitiva,* basata sull'acquisizione da parte degli alunni delle strumentalità e delle conoscenze di base, si sono aggiunte altre finalità.

Una *funzione di socializzazione,* centrata sull'opportunità da parte degli alunni di costruire nei contesti scolastici relazioni con i coetanei e con adulti diversi dai genitori; una *funzione politica,* basata sull'interiorizzazione di valori e di regole in cui la società civile si riconosce; una *funzione sociale,* nel senso che la scuola si è fatta carico di tempi di assistenza dei bambini che storicamente erano riservati ai genitori.

La scuola, quindi, per quanto concerne i fini istituzionali perseguiti nel promuovere l'istruzione formale, trasmette non solo conoscenze, strumentalità e competenze, ma anche sistemi di valori che nei diversi periodi sono cambiati con il mutare della struttura sociale del Paese.

Gli interessi soggettivi

Per quanto riguarda gli interessi soggettivi, gli alunni e i loro genitori chiedono alla scuola di comprendere i bisogni dei giovani, in modo da sviluppare la loro personalità, le loro doti, l'acquisizione di conoscenze e competenze, la passione per il sapere, ecc.

Le esigenze formative della collettività sono cresciute con l'espandersi dei processi di industrializzazione e con la globalizzazione delle nuove tecnologie informatiche, e alla scuola si chiede spesso di far fronte a una molteplicità di domande che finiscono per oscurare i reali fini istituzionali.

Risulta, di conseguenza, sempre più difficile conciliare le finalità dell'istituzione-scuola con quelle espresse degli studenti e dei loro genitori.

Una difficile conciliazione

Da un lato, la scuola deve perseguire gli scopi che stanno alla base della sua funzione (elevare il livello di istruzione, potenziare la capacità di far sì che gli alunni partecipino ai valori della cultura e della convivenza democratica) e, dall'altro, genitori e figli sono più propensi a farsi carico di istanze affettive e del soddisfacimento di bisogni immediati.

Il rispetto degli impegni, la resistenza alle frustrazioni, il sacrificio che lo studio comporta sono spesso distanti dalle esigenze avvertite dalla famiglia. Molti genitori non sempre riescono a vedere le difficoltà dei loro figli e finiscono per minimizzare i compiti istituzionali della scuola e fare spazio ad altre esigenze.

La ricerca di senso che fa della scuola uno spazio unico nell'esperienza di vita dei giovani diventa per docenti e genitori un compito arduo e caratterizzato spesso da incomprensioni reciproche.

8. La scuola e i giovani: la ricerca di senso

La scuola è uno spaccato delle tendenze prevalenti della nostra epoca; in essa convivono nuove opportunità, ma anche le contraddizioni del più ampio contesto sociale.

Secondo Gianfranco Zavalloni, recentemente scomparso,

> siamo nell'epoca del *tempo senza attesa.* Questo ha delle ripercussioni incredibili nel nostro modo di vivere. Non abbiamo più il tempo di attendere... Sapremo trovare tempi naturali? Sapremo attendere una lettera? Sapremo piantare una ghianda o una castagna sapendo che saranno i nostri pronipoti a vederne la maestosità secolare? (Zavalloni, 2008)

Un nuovo analfabetismo

Negli ultimi tempi, il nostro sistema d'istruzione ha vissuto un periodo di disinvestimento che ha coinvolto la formazione e, più in generale, la cultura (teatri, musei, aree archeologiche): a un tradizionale analfabetismo del passato si è aggiunta una sorta di nuovo analfabetismo, figlio di una società che ha fatto della mediocrità uno stile di vita al quale anche molti ragazzi hanno finito per adeguarsi.

Siamo stati spettatori di un dissesto culturale, senza alcun sostegno alla crescita intellettuale.

> Sono gli insegnanti stessi a denunciare questo stato di cose, loro che soffrono ogni giorno il fatto che i ragazzi si disinteressino del curriculum proposto e abbiano sottratto alla scuola — come sede autorevole e come luogo di crescita — ogni potere simbolico. (Priulla, 2012)

I giovani trovano l'insegnamento dei loro docenti spesso noioso e, soprattutto, fanno fatica ad attribuire senso a quanto viene loro richiesto. Questo, in parte, è dovuto al fatto che la scuola vive una condizione di emarginazione rispetto alla società e anche a una distanza sempre più marcata tra le modalità di accesso ai saperi utilizzate a scuola rispetto ai canali che i giovani impiegano abitualmente nell'ambiente extrascolastico. Il rischio che stiamo correndo è quello di legalizzare l'ignoranza e di riservare i meccanismi dell'alfabetizzazione culturale a fasce sempre più ridotte di ragazzi.

Apprendimento e motivazione

La chiave per aprire nuovi orizzonti e accendere il desiderio di imparare è quella di legare l'apprendimento scolastico all'interesse e alla motivazione dei giovani.

> Senza motivazione non c'è apprendimento, né acquisizione, ossia elaborazione profonda, duratura e dinamica degli input a cui si è esposti.
>
> Di ciò che si apprende a scuola rimane poco se è legato soltanto a un rinforzo provvisorio (l'interrogazione, l'esame), se non è confortato da una motivazione nata dall'interesse personale e sostenuto dal consenso sociale. (Priulla, 2012)

Lo smarrimento dei giovani si ripercuote su un diffuso senso di appannamento del ruolo degli insegnanti, che sentono di non avere più il monopolio della conoscenza e dei mezzi per trasmetterla.

Docenti e consenso sociale

Infatti, il modello che da sempre ha retto la scuola, quello dell'insegnante *depositario dei saperi,* è tramontato e non si intravvedono modelli sostitutivi. È però vero che la scuola ha ancora un certo fascino e questo dipende in larga misura dai docenti e dal consenso sociale di cui essa gode.

Il consenso sociale, in particolare, rappresenta il principale fattore di qualità e di capitale civile in cui una determinata comunità si riconosce.

9. Dalla parte della scuola

Nessun affetto per le istituzioni

Che le nostre istituzioni stiano attraversando un momento di crisi è un dato inoppugnabile, anche se in Italia il rapporto tra cittadini e Stato non si è mai caratterizzato per fiducia reciproca. Il malessere, dunque, che si registra tra le persone e gli organi costitutivi della pubblica amministrazione non è attribuibile a questi ultimi anni, ma ha accompagnato la storia del nostro Paese a cominciare dalla sua unità. Come sottolineava De Rita nel 2002, gli italiani non hanno mai avuto un rapporto di affetto verso la scuola, gli enti locali, le regioni, le ASL, ecc.

> Non le abbiamo mai molto amate, noi italiani, le nostre istituzioni. [...] Non le abbiamo amate perché le abbiamo sentite lontane, auto preferenziali, burocratiche poco attente alla realtà, senza ruolo quindi estranee. (De Rita, 2002)

Scuola spazio di vita

La scuola però presenta una particolarità che le altre istituzioni non hanno: è uno spazio in cui per buona parte dell'anno i giovani vivono con docenti, coetanei, personale ausiliario, amministrativo, ecc. Quindi, è un luogo di *contatto quotidiano* e non sporadico, come può essere per i bisogni e le esigenze di cui si devono occupare i servizi dei Comuni, delle Province, delle Unità sanitarie locali, ecc.

La scuola è, pertanto, una realtà che sostiene percorsi di crescita, nei quali i giovani maturano orientamenti, insegnamenti fondamentali, criteri per interpretare la loro esistenza.

Com'è possibile che essa non goda di quel prestigio e di quell'amore dovuti solitamente a quei luoghi che parlano ai ragazzi del loro futuro?

Non è forse l'educazione una delle risposte decisive alle tante domande dei genitori, degli alunni e dei docenti?

Ancora: è così vero che la scuola non abbia alcun fascino sui giovani tanto da far vivere a loro un senso di estraneità rispetto a quanto viene loro proposto?

Mentre in una *scuola per pochi* queste domande non si ponevano, in quanto docenti, genitori e studenti condividevano il medesimo quadro di valori, oggi, in *una scuola di massa,* è indispensabile cercare risposte nuove offrendo ai ragazzi opportunità in grado di dare senso allo studio, all'impegno e al sacrificio.

Far acquisire gli strumenti di conoscenza

La scuola italiana, fino agli anni Settanta del Ventesimo secolo, ha rappresentato un'esperienza elitaria che non dava risposte ai giovani molto dissimili da quelle che ricevevano in famiglia e nel contesto comunitario di appartenenza. Oggi non è più così. La scuola ha una funzione molto più impegnativa. In molti Paesi, compreso il nostro, essa consente alle giovani generazioni di acquisire gli strumenti conoscitivi per potersi orientare nel mondo.

Certo, non solo la scuola! Nel nostro Paese i vincoli familiari continuano ad avere un peso non indifferente nel progettare il futuro dei ragazzi; la scuola, in ogni caso, è ancora uno dei luoghi privilegiati di aiuto alle scelte più importanti che i giovani devono compiere. Il prestigio dei docenti, dei dirigenti e della scuola in senso generale non è più un dato di fatto, ma una conquista, un elemento «acquisito» sul campo.

> La scuola è oggi chiamata a interrogarsi ascoltando voci e suggerimenti che provengono da fuori delle sue mura. Essa non deve smettere di reagire a questa sfida. Soprattutto può corrispondere alle attese dei giovani e delle famiglie se favorisce l'esistenza di spazi e condizioni che integrano l'istruzione nell'educazione. (Stenco, 2009)

Spazio per il dialogo

Gli insegnanti che sanno promuovere un dialogo educativo, autentico e impegnativo con i loro studenti sono molto apprezzati dai genitori e, insieme alla scuola in cui lavorano, godono di un rilevante prestigio anche sul piano sociale.

I giovani avvertono in misura crescente il bisogno di esperienze positive e di incontri con persone autentiche, in cui sia tangibile la stima che gli adulti nutrono nei loro confronti.

> C'è stato un tempo in cui la scuola aveva autorità, senza reciprocità. Negli ultimi decenni abbiamo assistito all'affermazione di una reciprocità livellatrice tendente a misconoscere l'autorità. (CEI, 2009)

Scuola, famiglia e contesto sociale sono chiamati a promuovere un nuovo spazio di dialogo educativo che costituisce una delle finalità precipue di ognuno dei tre ambiti coinvolti nel percorso di crescita delle future generazioni.

10. Una scuola democratica

Quando una scuola può dirsi veramente democratica? Per rispondere a questa domanda bisogna chiedersi come essa riesca ad assicurare a tutti solide basi di saperi e strumentalità senza le quali la cittadinanza di ciascun ragazzo è messa fortemente a rischio.

Garantire il successo

Non è, infatti, sufficiente garantire l'accesso a tutti (questa conquista anche in Italia è stata raggiunta); occorre promuovere le condizioni della riuscita di ogni alunno. Quindi, l'accesso generalizzato è una ragione necessaria ma non sufficiente di una scuola democratica, se non viene garantito anche il diritto al successo formativo.

In tutti i Paesi che investono nella formazione dei giovani, i sistemi scolastici si prefiggono di far acquisire loro un insieme di conoscenze basilari, ritenute irrinunciabili per il progetto di vita di una persona in giovane età. Il quadro di questi saperi fondativi può essere ricondotto, secondo Marco Rossi Doria, alle seguenti abilità:

> In primo luogo, muoversi bene fisicamente, esprimersi in diversi contesti. Imparare presto e bene a leggere, comprendere e scrivere la lingua italiana. Acquisire i cardini della matematica e le procedure della logica indispensabili quanto la lingua a orientarsi nella complessità. Comunicare in una lingua straniera. Sapere la geografia e le linee fondamentali della storia, in ordine cronologico. Ma c'è anche da fare invadere la scuola dalla musica. Suonata insieme. Perché, insieme alla danza, è una lingua universale. (Rossi-Doria, 2012)

Chi nasce in famiglie in cui i genitori sono laureati o diplomati ha più possibilità di acquisire le conoscenze nelle diverse discipline. Per chi non vive questa condizione di favore, la maturazione di questi saperi può risultare più difficoltosa.

> Perciò, assicurare un solido sapere in età precoce a chi non ha altra possibilità è esattamente ciò che distingue una scuola democratica. Una scuola democratica non è, dunque, contraria al merito. Anzi, il poter acquisire merito, potenzialmente, da parte di tutti quelli che la frequentano è il suo mandato. (Rossi-Doria, 2012)

Equità e differenza

I temi dell'equità e della differenza vanno messi al centro delle scelte politiche della nostra scuola, in cui la famiglia d'origine condiziona pesantemente il futuro scolastico (e non solo) delle giovani generazioni. Il merito, infatti, è un sistema di valori che promuove l'eccellenza delle persone, indipendentemente dalla provenienza sociale e culturale dei singoli. Il nostro Paese è decisamente in ritardo rispetto a questo fondamentale principio di democrazia.

11. La scuola, bene della comunità

Come sottolineato nel paragrafo precedente, la scuola è una delle istituzioni più importanti nel panorama dei soggetti pubblici del nostro Paese. Rappresenta uno spazio in cui ogni giorno si incontrano milioni di ragazzi e giovani, migliaia di docenti e di altro personale ausiliario e amministrativo.

Indirettamente, poi, circa 15-16 milioni di genitori sono coinvolti nelle trame educative vissute dai figli nelle aule scolastiche. Dunque, un ambiente che rappresenta la possibilità di una fitta rete di contatti quotidiani che si registrano solo in questo contesto. La scuola, anche per tali ragioni, dovrebbe stare a cuore agli italiani. È, infatti, in essa che il bambino comincia a fare esperienza diretta di relazioni molto diverse da quelle vissute nel proprio contesto familiare. Rappresenta, in tal senso, la *prima istituzione pubblica* che un individuo incontra nel proprio percorso di vita.

Scuola, prima istituzione pubblica

> Non solo la scuola è il luogo dove ogni individuo misura le proprie capacità e quindi costruisce o meno fiducia in se stesso, ma, come una sorta di imprinting, il precipitato cognitivo/emotivo delle

> esperienze fatte a scuola tenderà a estendersi alle altre istituzioni sociali e al sistema istituzionale nel suo complesso. Detto altrimenti la scarsa fiducia che i cittadini (e quelli italiani in particolare) nutrono nei confronti delle istituzioni affonda probabilmente le proprie radici nelle esperienze scolastiche. (Cavalli, 2009)

L'acquisizione di conoscenze, abilità e competenze assume, in questa prospettiva, un valore determinante non solo per i singoli, ma anche per il progresso di un popolo e di una comunità nazionale. Nonostante sia unanimemente riconosciuto il ruolo che la scuola esercita nello sviluppo della personalità dei ragazzi, in Italia essa non gode di grande fiducia.

Ragioni dello scarso credito

Le ragioni di questo scarso credito possono essere ricondotte a due principali ordini di fattori:

- *il suo funzionamento,* teso a difendere gli interessi dei docenti a scapito dei diritti degli studenti. Si pensi all'età e al turnover degli insegnanti, alle forme di reclutamento, ai contratti di lavoro, ecc., tutti dispositivi che sono fermi da decenni, di fronte a cambiamenti radicali intervenuti nel sistema scolastico;
- *la natura dell'insegnamento:* nel nostro Paese i docenti non dispongono di tempi da dedicare all'apprendimento degli alunni. L'orario di cattedra non consente, di fatto, una concreta possibilità di rendere flessibile il lavoro dei docenti in aula. Di conseguenza, risulta sempre più difficile aprire le classi e formare gruppi (recupero, potenziamento) e assicurare, quindi, tempi di studio assistito. Tuttavia, in una scuola di massa, è pressoché impossibile assicurare equità e giustizia distributiva se i docenti non possono aiutare gli alunni nei loro percorsi di crescita culturale. Come affrontare questo nodo cruciale? Creando un clima di *fiducia pubblica* nella scuola. Tale clima si può raggiungere attraverso scelte politiche coraggiose, che vadano nella direzione di determinare un diverso funzionamento del sistema d'istruzione.

In questo senso condividiamo la riflessione di Alessandro Cavalli, il quale sostiene che

> le classi dirigenti di questo Paese non si sono rese conto delle enormi trasformazioni che la scuola italiana ha attraversato nell'arco degli ultimi sessanta anni e valutano la scuola di oggi col metro dei ricordi della scuola che hanno frequentato loro. (Cavalli, 2009)

Scuola, bene della comunità

Da un lato, quindi, occorre un investimento convinto dello Stato in materia di istruzione in termini di forme di reclutamento dei docenti, formazione in servizio, stabilità, cambiamento del Contratto nazionale di lavoro; dall'altro, è necessaria una diretta partecipazione delle singole comunità nel promuovere la qualità delle loro istituzioni educative. Nei Paesi europei in cui i sistemi formativi godono di prestigio e fiducia diffusa, la scuola è sentita come un *bene della comunità.* Tutti i soggetti, pubblici e privati, devono avere a cuore le sorti della scuola delle loro città e dei loro Paesi. Questo senso di appartenenza fa sì che ognuno investa nell'istruzione dei figli: i ragazzi stessi hanno grande rispetto per la scuola che frequentano, sentendola propria. La scuola, quindi, è uno dei beni comuni più importanti e ognuno dà il meglio affinché essa possa offrire agli studenti spazi, ambienti, risorse in grado di rispondere alle loro esigenze.

Nel nostro Paese, ci sono realtà in cui questo capitale sociale verso la scuola si è costruito. Si tratta, però, di realtà isolate. Molta strada resta ancora da fare!

12. La conoscenza e i suoi nemici

Esperti e studiosi dell'evoluzione delle società economicamente più avanzate segnalano un rischio sempre più riconoscibile in questi Paesi: la costante e continua dealfabetizzazione di ampi strati di popolazione.

La dealfabetizzazione

Un testo che affronta tale problema è quello di Tom Nichols, professore alla Harvard Extension School, dal titolo *La conoscenza e i suoi nemici,* uscito in Italia nei primi mesi del 2018 a cura della LUISS University. Una delle prime affermazioni contenute nel libro è che le competenze non sono morte, ma sicuramente non godono di buona salute.

> Oggi l'America è un Paese ossessionato dal culto della propria ignoranza. Il punto non è soltanto che la popolazione non sa niente di scienze, di politica o di geografia. [...] No, il problema più grande è che siamo orgogliosi di non sapere le cose. Gli americani sono arrivati a considerare l'ignoranza, soprattutto su ciò che riguarda la politica pubblica, una vera e propria virtù. (Nichols, 2018)

Le riflessioni sviluppate dall'autore americano costituiscono una vera e propria pugnalata per società nelle quali la lotta all'analfabetismo e i diritti dell'istruzione sono stati, dalla rivoluzione francese a tutto il Novecento, una pietra miliare delle politiche educative. Si può obiettare che il fenomeno non rappresenti una novità: gli «informati» sono sempre stati minoranza in ogni epoca e periodo storico. In effetti, sono sempre state le minoranze a guidare i cambiamenti, le grandi rivoluzioni e le scuole di pensiero.

Il recupero delle conoscenze di base

C'è però una novità: le conoscenze di base e lo zoccolo duro del sapere sono scesi talmente in basso da essere crollati non solo al livello di disinformazione, ma anche a quello dell'incompetenza generalizzata, che Nichols chiama «errore aggressivo».

A sostegno di questa tesi, Nichols riporta gli esiti di un sondaggio del «Washington Post» in cui fu chiesto, dopo l'intervento armato in Ucraina da parte della Russia, se gli Stati Uniti sarebbero dovuti intervenire militarmente contro Putin. Ebbene, solo un americano su sei (e meno di un laureato su quattro) è stato in grado di identificare l'Ucraina su una carta geografica. Non si dimentichi che l'Ucraina è la nazione più estesa tra quelle il cui territorio ricade interamente in Europa. In media chi ha risposto al questionario ha sbagliato la posizione di 2.900 chilometri!

Un'ostinata ignoranza

Il fenomeno di questa «ostinata ignoranza» in piena era dell'informazione non coincide con il crollo delle capacità reali degli esperti nei vari settori (medici, avvocati, ingegneri, specialisti in vari campi, ecc.). Il mondo non potrebbe funzionare senza di loro.

> Questo però vuol dire che ci affidiamo agli esperti come tecnici. Non c'è dialogo tra loro e la comunità allargata, ma l'uso di un sapere consolidato come se fosse una merce preconfezionata da adoperare alla bisogna, fintantoché si desidera farlo. [...] D'altro canto, molti esperti, e in particolare quelli che appartengono al mondo accademico, hanno abdicato al loro dovere di interagire con il pubblico. Si sono trincerati dietro il proprio gergo e la propria irrilevanza, preferendo interagire solo tra loro. (Nichols, 2018)

La causa di questa situazione viene spesso attribuita sbrigativamente a Internet. In parte, tale colpevolezza può essere vera. Ma sarebbe una risposta troppo semplicistica, se rapportata in particolare ai grandi cambiamenti avvenuti nella seconda metà del Novecento. L'educazione universale, l'assunzione di potere da parte delle donne e delle minoranze, l'aumento della mobilità hanno favorito un'interazione tra strati e ceti sociali storicamente preclusa.

> Eppure il risultato non è stato un maggior rispetto per il sapere, ma il diffondersi tra gli americani di una convinzione irrazionale secondo cui tutti sono altrettanto intelligenti di chiunque altro. (Nichols, 2018)

Questo è l'esatto contrario dell'istruzione, il cui obiettivo è quello di insegnare ad apprendere nell'arco dell'intera esistenza, attraverso un ininterrotto confronto con docenti, adulti e coetanei.

Il professore americano conclude amaramente che il sapere minimo non è l'inizio di un percorso di crescita culturale, ma l'arrivo! E «questa è una cosa molto pericolosa».

L'analfabetismo di ritorno e Tullio De Mauro

Per quanto concerne l'Italia, il fenomeno di un crescente analfabetismo di ritorno è stato segnalato frequentemente da Tullio De Mauro. In un'intervista al quotidiano «Il Mattino» di Napoli (29 maggio 2014), egli commentava gli esiti della ricerca internazionale PIAAC *(Programme for the International Assessment of Adult Competencies)* sui livelli di conoscenza e di capacità degli adulti in lettura, comprensione dei testi scritti, risoluzione di problemi matematici e conoscenze linguistiche. In quella conversazione egli sottolineava che dall'inchiesta emergevano dati estremamente preoccupanti per l'Italia, alla quale spettava il primato in Europa per il cosiddetto «analfabetismo di ritorno».

Tullio De Mauro nell'intervista evidenzia che la regressione colpisce le competenze di base della lettura e della scrittura, aggiungendo che nel nostro Paese, negli ultimi decenni, si è registrato un dato costante: solo il 30% degli adulti ha un rapporto sufficiente con lettura, scrittura e calcolo. Gli altri si muovono in un orizzonte ristretto, subendo quel che succede senza saper capire e reagire.

Nell'intervista affermava inoltre che la specificità italiana di questo fenomeno è rappresentata dalla quantità. Anche negli altri Paesi ci sono masse consistenti di persone sotto il livello minimo di competenze, ma con percentuali minori rispetto all'Italia, raffigurabile con una «mappa geografica» molto disomogenea: il Nord-Est è in linea con l'Europa, mentre il Sud e le Isole si allontanano significativamente.

Questo problema è stato affrontato da tutti i governi susseguitisi negli ultimi anni, ma i risultati conseguiti sono ancora insoddisfacenti.

13. Le Indicazioni nazionali per il curricolo 2012 e la legge 107/2015

Nel testo delle Indicazioni nazionali del 2012 è descritta con molta attenzione la complessità della vita infantile nell'epoca attuale. Nell'introduzione del documento ministeriale *(Cultura, Scuola, Persona)* vengono evidenziati alcuni tratti distintivi della vita dei bambini, che riservano, rispetto al passato, straordinarie opportunità educative, ma anche rischi che destano non poche preoccupazioni. In particolare, risultano sempre più fragili i modelli identificativi dei figli nei confronti degli adulti di riferimento, in primis i genitori. Non solo il padre sembra il «grande assente», ma anche la madre rischia di esercitare una funzione di scarsa rilevanza nel ménage familiare.

La crisi dei modelli educativi

Di conseguenza, bambini e bambine sembrano cercare altrove figure percepite come più adeguate per coltivare sogni e aspirazioni; questo «altrove» coincide spesso con gli spazi fruibili nell'universo digitale (Internet, social network, ecc.) e, a sua volta, nasconde incognite di assuefazione e di dipendenza, in qualche caso allarmanti.

Il *paesaggio educativo,* si sottolinea nelle Indicazioni, è diventato estremamente complesso e le funzioni educative sempre meno definite. Imparare a distinguere il bene dal male, il giusto dall'ingiusto, il vero dal falso, il legale dall'illegale è impresa sempre più difficile; la linea di demarcazione tra queste antinomie è destinata a non avere risposte univoche e convincenti. Come sottolinea Remo Bodei,

> rispetto al passato esistono oggi molti più confini cancellati o incerti. Sfumano, ad esempio, le differenze tra le età della vita e tendono a eclissarsi o a perdere di solennità alcuni riti di passaggio come quelli che segnavano la transizione degli individui dalla giovinezza all'età adulta. (Bodei, 2016)

Eccesso e dismisura

In particolare l'assenza del limite, distillato nella massima latina *Est modus in rebus,* sembra prendere il sopravvento sul senso della misura, del rispetto delle regole come condizione di un'autentica libertà, che non può crescere se, fin da piccoli, si coltiva l'eccesso e la dismisura.

Anche la legge 107/2015 *(Riforma del sistema nazionale di istruzione e formazione e delega per il riordino delle disposizioni legislative vigenti)* si prefigge, coerentemente con quanto contenuto nelle Indicazioni nazionali, il raggiungimento del

> rispetto delle differenze, il sostegno dell'assunzione di responsabilità, nonché della solidarietà, della cura dei beni comuni, della consapevolezza dei diritti e dei doveri.

Il senso dell'esperienza educativa

Il compito della scuola risulta difficile, in quanto i genitori tendono spesso ad assecondare i figli anche quando questi manifestano palesemente comportamenti censurabili. Viviamo un periodo in cui la «tradizione» non c'è più e il «nuovo» stenta a prendere forma. Nelle Indicazioni del 2012, l'attraversamento di questo guado è un compito che viene caricato in parte sui docenti, in parte sui genitori, in parte sulla scuola. Ma queste «vecchie» istituzioni incontrano non pochi ostacoli sul loro cammino.

Questa sfida educativa può essere rappresentata come nello schema successivo.

DAL TESTO DELLE INDICAZIONI PER IL CURRICOLO

«Oggi l'apprendimento scolastico è solo una delle tante esperienze di formazione che i bambini e gli adolescenti vivono e, per acquisire competenze specifiche, spesso non vi è bisogno dei contesti scolastici. [...] Ma proprio per questo la scuola non può abdicare al compito di promuovere la capacità di *dare senso* alla varietà delle oro esperienze, al fine di *ridurre la frammentazione* e *il carattere episodico* che rischiano di caratterizzare la vita dei bambini e degli adolescenti».

PRIMA ANTINOMIA EDUCATIVA

DALLA *COMPATTEZZA* della società tradizionale fondata su *un ordine gerarchico* in senso *verticale*	ALLA *LIQUIDITÀ* dell'epoca attuale dove prevalgono le *relazioni paritarie* in senso *orizzontale*
↓	↓
esemplarità delle regola	assenza del limite

Educare al senso dell'esperienza educativa significa promuovere un percorso di riflessione su se stessi, sulla convivenza con gli altri, che include inevitabilmente il riconoscimento delle regole e della misura.

L'infanzia non può, in questo senso, essere omologata a una condizione di successo, notorietà, ostentazione, precocismi di comportamenti adulti. Infatti, sottolinea nuovamente il filosofo Remo Bodei,

> i limiti da rispettare non cessano di esistere e non smettono di interrogare le coscienze, ponendole di fronte al conflitto tra assolutezza e relatività delle norme, tra la loro origine divina e umana o tra il miope interesse personale e l'esigenza, spesso sopita, di maggiore lungimiranza e apertura verso gli altri.
>
> Proprio perché la morale, al pari del diritto, è una faticosa, fragile e mutevole costruzione umana, deve essere incessantemente difesa dalle prevaricazioni, dagli abusi e dal caos. (Bodei, 2016)

Si avverte l'esigenza del rispetto di stili, ritmi, attese di un'infanzia innaturalmente accelerata (quasi bruciata) e sempre più costretta in spazi angusti e ridotti. Coltivare il tempo dell'attesa resta pur sempre uno dei cardini educativi più importanti di una comunità che crede e investe nei giovani.

CAPITOLO SECONDO

La dimensione europea dell'istruzione

1. Gli inizi 2. L'Europa della conoscenza 3. Il Memorandum di Lisbona 4. Le competenze chiave per l'apprendimento permanente 5. Strategia Europa 2020 6. La cittadinanza europea 7. Il PEL, Portfolio Europeo delle Lingue 8. I Programmi europei 9. Il Quadro europeo delle qualifiche 10. L'Agenda 2030 delle Nazioni Unite e il futuro dell'UE 11. La nuova Raccomandazione europea sulle competenze chiave

1. Gli inizi

L'Unione europea è diventata, dal Dopoguerra a oggi, una realtà, anche se il suo cammino è stato lento e contrassegnato da incompletezze tuttora evidenti.

La storia

Nel decennio successivo alla fine del secondo conflitto mondiale, al centro delle scelte politiche, alcuni Paesi, tra cui l'Italia, collocarono le fonti primarie del carbone e dell'acciaio; nel 1951 nasce la CECA (Comunità Economica Carbone e Acciaio).

I temi dell'educazione e della cultura non figurano ancora nell'Agenda della nascente Europa.

Con i Trattati di Roma, firmati in Campidoglio nel 1957, si dà vita alla CEE (Comunità Economica Europea).

Agli inizi degli anni Sessanta, in concomitanza con l'espansione dei sistemi scolastici (in modo particolare in Italia), la Comunità europea avverte l'esigenza di avviare prime forme di cooperazione nei settori dell'istruzione. Occorrerà però aspettare il decennio successivo per i primi documenti ufficiali. Infatti, nel marzo del 1974, il Consiglio diffonde una comunicazione dal titolo *L'educazione nella Comunità europea,* con cui si avvia un cammino che sfocerà nel primo programma di cooperazione in ambito educativo nel febbraio del 1976. Nello stesso periodo vengono avviate le reti di informazione EURYDICE e il programma ARION per lo scambio di dirigenti e funzionari.

Negli anni Ottanta e Novanta è chiamato a presiedere la Commissione europea Jacques Delors, che darà un rilevante impulso ai temi dell'istruzione in ambito comunitario.

Il Trattato di Maastricht

Il primo vero appuntamento che delinea l'attività comunitaria in materia di istruzione e di formazione è rappresentato dal Trattato di Maastricht del 1992. In esso, all'art. 126 si afferma:

> La Comunità contribuisce allo sviluppo di un'istruzione di qualità incentivando la cooperazione tra gli Stati membri.
>
> L'azione della Comunità è intesa a:
>
> – sviluppare la dimensione europea dell'istruzione con l'apprendimento e la diffusione delle lingue degli Stati membri;
> – favorire la mobilità degli studenti e degli insegnanti;
> – promuovere la cooperazione tra gli istituti di insegnamento;
> – sviluppare lo scambio di informazioni e di esperienze [...];
> – favorire lo sviluppo degli scambi di giovani [...];
> – incoraggiare lo sviluppo dell'istruzione a distanza.

Con il Trattato di Maastricht, dunque, viene sancito il principio della cittadinanza europea, come completamento di quella nazionale. Una *cittadinanza ulteriore,* come verrà precisato in un successivo Trattato, quello di Amsterdam del 1997.

2. L'Europa della conoscenza

Il primo documento che, dopo Maastricht, riveste un significato di estremo interesse è *Crescita, competitività, occupazione: Il Libro bianco di Jacques Delors,* del 1993.

Il Libro Bianco 1993

Il presidente della Commissione europea pone l'accento sull'inadeguatezza dei livelli d'istruzione in relazione ai mutamenti sociali ed economici che, dopo la caduta del muro di Berlino, segneranno profondamente lo sviluppo mondiale. Egli sottolinea che una delle cause fondamentali della disoccupazione è il basso livello di istruzione che i giovani conseguono. Istruzione e formazione sono considerati i pilastri fondamentali per sostenere attive politiche del lavoro.

Non sono però dimensioni a esclusivo servizio del lavoro. Rappresentano, al contrario, un valore in sé, in quanto costituiscono la base della valorizzazione del capitale umano delle persone.

In quest'ottica, la Commissione presenta, nel 1995, *Il Libro bianco su istruzione e formazione,* che segna una tappa fondamentale nella storia della scuola in Europa: *Insegnare e apprendere: Verso la società conoscitiva,* più conosciuto come «Rapporto Cresson».

Per affrontare le sfide della mondializzazione vengono posti al centro alcuni obiettivi concreti:
- elevare il livello generale della preparazione dei giovani;
- valorizzare la collaborazione tra scuola e impresa;
- combattere l'esclusione sociale;
- evitare un'eccessiva rigidità dei percorsi formativi.

Inoltre, si sottolinea nel Rapporto l'importanza di promuovere una solida cultura generale capace di orientare i giovani nelle scelte formative e professionali.

A questo proposito nel *Libro bianco* si afferma che

> lo sviluppo della cultura generale, ossia della capacità di cogliere il significato delle cose, comprendere e dare un giudizio, è il primo fattore di adattamento all'evoluzione dell'economia e a quella del lavoro.

Il Rapporto 1996

Nel 1996, l'UNESCO pubblica il Rapporto dal titolo: *Nell'educazione un tesoro,* frutto del lavoro di un'apposita commissione presieduta ancora una volta da Delors, in cui si sottolinea l'importanza del capitale umano lungo l'arco della vita.

Già nel *Libro bianco* del 1993, Delors aveva lanciato la sfida delle 3 elle: *life long learning.* In quest'ultimo Rapporto egli evidenzia l'irrinunciabilità di quattro aspetti che chiama *i quattro pilastri dell'educazione:*
- imparare a conoscere;
- imparare a fare;
- imparare a lavorare insieme;
- imparare a essere.

I documenti emanati dalla Commissione europea non mutano il *principio di sussidiarietà* dei Paesi membri dell'Unione. Con tale principio si afferma che, nei settori che non sono di sua esclusiva competenza, l'Unione interviene soltanto se gli obiettivi possono essere realizzati meglio a livello comunitario che a livello nazionale: in altre parole, solo laddove l'azione dei singoli Stati risulti insufficiente.

3. Il Memorandum di Lisbona

L'inizio del Duemila è segnato, per quanto concerne le politiche educative in Europa, dal processo di Lisbona. In esso si consolida l'obiettivo di mettere al centro degli impegni dell'Unione il principio che la nuova economia si fonda sulla conoscenza, attraverso le leve della ricerca e dell'innovazione. L'obiettivo principale del Memorandum è quello di far sì che l'Europa diventi *l'economia più competitiva e dinamica del mondo.*

Si afferma nel documento:

> Il Consiglio europeo tenutosi a Lisbona nel marzo 2000 segna una tappa decisiva per l'orientamento della politica e dell'azione dell'Unione europea. Nelle sue conclusioni si afferma che l'Europa è indiscutibilmente entrata nell'era della conoscenza, con tutte le conseguenze che tale evoluzione implica sulla vita culturale, economica e sociale. I modelli di apprendimento, di vita e di lavoro sono soggetti ad una rapida trasformazione. In altre parole, non solo dovremo adattarci al cambiamento, ma i modelli di comportamento «affermati» dovranno essi stessi cambiare. (*Memorandum sull'istruzione e la formazione permanente,* Lisbona 2000)

I contenuti del Memorandum

Il Memorandum cerca di tradurre gli obiettivi formulati nel *Libro bianco* del 1995 e indica agli Stati membri una serie di risultati che verranno messi a fuoco di lì a poco: in particolare, le singole realtà nazionali dovranno prevenire la dispersione scolastica e innalzare il tasso di istruzione secondaria.

Nel Memorandum si sottolineano i seguenti principi:
- *qualità:* dei sistemi di istruzione e formazione e dei processi di insegnamento-apprendimento;
- *accesso:* promuovere l'accesso all'apprendimento in tutte le fasi della vita;
- *contenuto:* procedere a una revisione delle capacità di base che i giovani devono possedere;
- *apertura:* si insiste sull'opportunità che i sistemi di istruzione siano aperti al mondo, incrementando il legame con l'ambiente locale;
- *efficacia:* si sottolinea la necessità che i sistemi di istruzione facciano ricorso a sistemi di garanzia della qualità.

Una definizione più compiuta dei problemi posti dal Memorandum di Lisbona trova un'ulteriore concretizzazione nei due successivi Consigli di Stoccolma (2001) e Barcellona (2002), in cui vengono rafforzati i seguenti obiettivi da conseguire entro il 2010:
- limitare gli abbandoni a non oltre il 10%;
- aumentare del 15% i laureati in matematica e scienze;
- portare all'85% il numero dei giovani che conseguono il diploma d'istruzione superiore;
- diminuire del 20% il numero dei quindicenni che presentano rilevanti difficoltà di lettura.

Dopo Lisbona si innesta un processo in cui vengono fissati tre grandi obiettivi:
- migliorare la qualità e l'efficacia dei sistemi di istruzione: elevare la preparazione dei docenti, garantire l'accesso alle tecnologie informatiche, attrarre gli alunni agli studi scientifici, ecc.;

– agevolare l'accesso ai sistemi formativi a tutti: innovare gli ambienti di apprendimento, sostenere la cittadinanza attiva;
– aprire i sistemi d'istruzione europei agli altri Paesi del mondo: rafforzare i legami con il mondo del lavoro, migliorare l'apprendimento delle lingue straniere, aumentare gli scambi e la mobilità.

4. Le competenze chiave per l'apprendimento permanente

La Raccomandazione 2006

Il 18 dicembre 2006 viene diffusa la Raccomandazione del Parlamento e del Consiglio dell'Unione europea relativa all'individuazione di otto competenze chiave per l'apprendimento permanente.

Sulla scorta di programmi e comunicazioni assunti in precedenti consigli, i due organismi (Parlamento e Consiglio) indicano agli Stati membri un quadro di riferimento europeo teso ad assicurare a tutti i cittadini dell'Unione una solida formazione di base.

Non potendo intervenire sui singoli sistemi scolastici dei Paesi membri, sono individuate otto competenze chiave per l'apprendimento permanente, che tracciano un quadro di riferimento per garantire a tutti i cittadini dell'Unione quelle competenze che consentiranno ai giovani, al termine del loro percorso formativo, l'ingresso al mondo del lavoro e l'apprendimento futuro, e agli adulti l'apprendimento lungo tutto l'arco della loro vita:

> Le competenze sono definite in questa sede alla stregua di una combinazione di conoscenze, abilità e attitudini appropriate al contesto. Le competenze chiave sono quelle di cui tutti hanno bisogno per la realizzazione e lo sviluppo personali, la cittadinanza attiva, l'inclusione sociale e l'occupazione. (Raccomandazione del Parlamento europeo e del Consiglio del 18 dicembre 2006)

Le competenze chiave sono così definite:
– comunicazione nella madrelingua;
– comunicazione nelle lingue straniere;
– competenza matematica e competenze di base in scienza e tecnologia;
– competenza digitale;
– imparare a imparare;
– competenze sociali e civiche;
– spirito di iniziativa e imprenditorialità;
– consapevolezza ed espressione culturale.

Il decreto sull'obbligo

Questo «quadro di riferimento» verrà ripreso nel 2007 dal nostro Ministero della Pubblica Istruzione nel Decreto ministeriale n. 139/2007 che innalzerà l'obbligo d'istruzione a 16 anni.

Gli stessi organismi europei hanno avvertito la necessità di ritornare sulla questione delle competenze più volte, anche in riferimento alle profonde trasformazioni in atto, soprattutto in ambito tecnologico e digitale. Una prima pronuncia è avvenuta con la Raccomandazione del Consiglio del 19 dicembre 2016 sui percorsi di miglioramento del livello delle competenze: nuove opportunità per gli adulti. Nel documento, in base ai dati del 2015 sui non adeguati livelli di competenza di gran parte della popolazione europea, il Consiglio ha indicato agli Stati membri una serie di interventi per promuovere, in riferimento alle specifiche legislazioni, situazioni nazionali e disponibilità di risorse, «un livello minimo di competenze alfabetiche, matematiche e digitali e un più ampio corredo di competenze, conoscenze e abilità rilevanti per il mercato del lavoro e la partecipazione attiva nella società» *(Raccomandazione del Consiglio del 19 dicembre 2016 sui percorsi di miglioramento del livello delle competenze: nuove opportunità per gli adulti).*

Göteborg 2017

Ancora l'UE è ritornata sulla Raccomandazione del 2006 dopo il vertice di Göteborg del novembre 2017, dove è stata diffusa la comunicazione *Rafforzare l'identità europea grazie all'istruzione e alla cultura,* nella quale è stata proposta la creazione di uno spazio europeo dell'istruzione entro il 2025. Il Consiglio europeo del dicembre 2017 ha ribadito l'intenzione di maggior impegno in materia di istruzione con proposte da definirsi in specifici vertici europei, il primo dei quali previsto per l'autunno 2019. Altre iniziative dovranno riguardare il riconoscimento dei diplomi, lo studio delle lingue, la definizione di un quadro di qualità per l'educazione e la cura della prima infanzia, nuove strategie per i giovani, l'Agenda europea per la cultura.

Verso nuove competenze chiave

La Commissione europea, in occasione dell'incontro di Bruxelles del 17 gennaio 2018, ha proposto al Consiglio la realizzazione di un pacchetto di iniziative per l'istruzione riconducibili alla riaffermazione dei valori comuni dell'UE, alla dimensione europea dell'insegnamento, all'istruzione inclusiva, a quella digitale, alla rivisitazione della Raccomandazione delle competenze chiave per l'apprendimento permanente.

È stata proposta, in questo senso, l'adozione di una nuova Raccomandazione da parte del Consiglio nella quale si afferma:

> L'obiettivo della raccomandazione proposta è migliorare lo sviluppo delle competenze chiave per tutti durante tutta la vita e promuovere le misure necessarie al raggiungimento di tale obiettivo. Essa incoraggia gli Stati membri a preparare meglio le persone ai cambiamenti dei mercati del lavoro e alla cittadinanza attiva in società globali, più differenziate, mobili e digitali, e a sviluppare di conseguenza l'apprendimento in tutte le fasi della vita. Invita in particolare a investire nelle competenze di base, imprenditoriali e digitali oltre che linguistiche, affinché tutti siano in grado di partecipare attivamente alla società e all'economia. Esorta inoltre a investire nelle competenze degli ambiti STEM per coltivare le conoscenze scientifiche e migliorare l'attrattiva delle carriere in tali ambiti. La

> raccomandazione proposta sostituisce la raccomandazione relativa a competenze chiave per l'apprendimento permanente, adottata dal Parlamento europeo e dal Consiglio nel 2006. (Commissione europea, 2018)

5. Strategia Europa 2020

I cambiamenti che tutti i Paesi stanno attraversando hanno spinto la Commissione dell'Unione a deliberare una Comunicazione «Europa 2020» in cui viene indicata una strategia per sostenere un triplice ordine di crescita:

La Strategia di Europa 2020

- *intelligente,* sviluppare un'economia basata sulla conoscenza, sull'innovazione e sulla modernizzazione;
- *sostenibile,* promuovere un'economia più verde e competitiva;
- *inclusiva,* favorire un alto tasso di occupazione, capace di favorire la coesione sociale e territoriale.

La Commissione, per raggiungere le finalità soprarichiamate, propone i seguenti obiettivi:

- il 75% delle persone di età compresa tra i 20 e i 64 anni deve avere un lavoro;
- in materia di energia, deve essere raggiunto un incremento del 30% della diminuzione delle emissioni;
- il tasso di abbandono scolastico deve essere inferiore al 10% e almeno il 40% dei giovani deve essere laureato.

Inoltre, si afferma che 20 milioni di persone in meno devono essere a rischio povertà.

Vengono ripresi, in ambito educativo, gli obiettivi di Lisbona; in particolare, si ravvisa l'urgenza, esplicitata nel documento conclusivo del Consiglio d'Europa del 25 e 26 marzo 2010, di

> migliorare i livelli d'istruzione, mirando a ridurre i tassi di dispersione scolastica e aumentando la percentuale delle persone che hanno completato l'istruzione terziaria o equivalente.

Le azioni previste

La priorità della *crescita intelligente* deve tradursi in azioni che permettano la promozione dell'innovazione e il trasferimento delle conoscenze in tutti i Paesi dell'Unione. In particolare, sono previste tre azioni: *l'unione dell'innovazione* (favorire l'accesso ai finanziamenti per la ricerca); *Youth on the move,* con l'obiettivo di migliorare l'efficienza dei sistemi di insegnamento e agevolare l'ingresso dei giovani nel mercato del lavoro; *un'Agenda europea del digitale* con lo scopo di sfruttare al meglio il potenziale delle tecnologie dell'informazione e della comunicazione.

Per quanto concerne la *crescita sostenibile,* si prevedono le seguenti azioni: *un'Europa efficiente sotto il profilo delle risorse,* attraverso nuove soluzioni per minimizzare la produzione di rifiuti e ottimizzare i processi di produzione; *una politica industriale per l'era della globalizzazione,* con l'obiettivo di porre l'industria al centro di un nuovo modello di crescita.

La prima priorità per la *crescita inclusiva* è *un'Agenda per nuove competenze e nuovi posti di lavoro.* A questo proposito l'Unione si è prefissata l'obiettivo di raggiungere entro il 2020 un tasso di occupazione del 75% per le persone di età compresa tra i 20 e i 64 anni. La seconda priorità è la *piattaforma europea contro la povertà.* Con questa azione la Commissione intende un accordo tra gli Stati membri per combattere la povertà e l'esclusione sociale.

Crescita intelligente, sostenibile, inclusiva sono dunque i tre scenari per Europa 2020; sono tre priorità che si rafforzano a vicenda e delineano il quadro dell'economia e della società per l'Europa del Ventunesimo secolo.

6. La cittadinanza europea

La cittadinanza dell'Unione europea è stata istituita con l'emanazione del Trattato di Maastricht nel 1992. Non sostituisce quella nazionale, ma la integra. È cittadino dell'Unione chiunque abbia la cittadinanza di uno Stato membro. Tale cittadinanza

> costituisce un complemento della cittadinanza nazionale e non sostituisce quest'ultima. (Memorandum di Lisbona, 2002)

L'idea di citoyen

Il concetto di cittadinanza, come sancito dall'idea di *citoyen,* trasmessaci dalla rivoluzione francese, secondo cui l'individuo è legato allo Stato di appartenenza, è stato messo in discussione dalle rilevanti migrazioni di questi decenni e dalla cospicua presenza di persone straniere di prima e di seconda generazione.

Anche il principio di cittadinanza europea si inserisce in tale contesto e getta ponti per un'idea universalistica di vivere oggi una cittadinanza planetaria, incentrata sull'istanza che i diritti umani sono alla base di una nuova e costruttiva convivenza tra i popoli.

L'educazione può contribuire a rafforzare questa nuova costruzione e promuovere principi di identità, che si sostanzia nel concetto di pluralità di appartenenza.

L'educazione, in questo senso, è lo strumento privilegiato per valorizzare un «sentire comune europeo», fondamento irrinunciabile per credere che il «vecchio» continente non è fatto solo di scambi economici e di prodotti finanziari, ma anche di ragioni ideali e culturali.

L'Unione europea insiste sulla promozione di una cittadinanza attiva e di una partecipazione diretta dei giovani alla loro crescita formativa, attraverso appositi Programmi sostenuti dagli organismi dell'Unione medesima.

7. Il PEL, Portfolio Europeo delle Lingue

Proprio nel quadro della promozione della cittadinanza è stato definito il Portfolio Europeo delle Lingue. Definito per realizzare le decisioni prese con la Raccomandazione sulle lingue moderne del 1998, costituisce un documento destinato ad accompagnare coloro che sono impegnati nei processi di insegnamento-apprendimento; esso si pone come uno strumento per promuovere il plurilinguismo e favorire la comunicazione.

La sua definizione

Il portfolio era stato pensato sin dal 1962 dal Comitato dei ministri europeo e vi era riferimento al documento già nella Raccomandazione n. 18 del 1982, nel quale le lingue erano definite un bene inalienabile per favorire la comunicazione e la comprensione reciproca.

Nel novembre 1991 si era tenuto a Rüschlikon un simposio intergovernativo in cui era stata sottolineata la necessità di avere un quadro condiviso di livelli di competenza per poter definire programmi di apprendimento comuni e il riconoscimento reciproco di certificazioni. La soluzione sarebbe stata trovata nella definizione del *Quadro comune europeo di riferimento,* articolato in tre livelli e due sottolivelli: A indica elementare, a sua volta suddiviso in A1 e A2; B è riferito a intermedio ed è suddiviso in B1 e B2; C indica il livello avanzato e ha C1 e C2. I vari livelli contengono un ampio repertorio di descrittori delle competenze linguistiche.

Esso è stato definito per realizzare le decisioni prese a Cracovia con la Raccomandazione n. 6 sulle lingue moderne il 17 marzo 1998 dalla Conferenza permanente dei Ministri dell'Istruzione del Consiglio d'Europa. È stata così realizzata da quell'anno una sperimentazione condotta nelle scuole di vari ordini e gradi in quindici Stati membri, che si è conclusa nel 2000 con la redazione di un rapporto finale.

Dopo che nella ventesima sessione, svoltasi tra il 15 e il 17 ottobre di quello stesso anno, la Conferenza permanente dei Ministri dell'Istruzione del Consiglio d'Europa aveva fatta propria la risoluzione del PEL, esso è stato presentato durante il 2001, Anno europeo delle Lingue.

La struttura del portfolio

Dal punto di vista della struttura, il portfolio per le lingue è suddiviso in tre parti:

– il passaporto delle lingue;
– la biografia linguistica;
– il dossier.

La prima parte, il passaporto, è destinata a fornire un quadro d'insieme delle competenze possedute dallo studente nelle varie lingue in riferimento al quadro comune europeo. Essa raccoglie le certificazioni e descrive le esperienze. Al fine di consentire un minimo di confronto tra le certificazioni e gli attestati, è stato elaborato un passaporto linguistico standard con alcune pagine obbligatorie e immodificabili.

La biografia linguistica riporta i processi attraverso i quali sono state acquisite le competenze; essa dovrebbe consentire di effettuare delle riflessioni sui personali processi di apprendimento e promuoverne lo sviluppo. Essa ha anche funzioni di documentazione con l'ampliamento delle informazioni già dichiarate nel passaporto.

Il dossier, infine, è destinato a selezionare e presentare il materiale della documentazione: in questo modo possono essere presentati i prodotti dell'apprendimento oltre che le certificazioni e le attestazioni acquisite anche in ambito scolastico.

È stata definita anche una procedura per la validazione dei modelli di PEL. Nel 2000 sono state emanate, infatti, le linee guida che ne definiscono la struttura, le schede di accompagnamento, le procedure per l'accreditamento. È stato individuato anche l'organismo europeo che dovrebbe esaminare e validare i vari modelli di portfolio elaborati: esso è denominato Comitato validatore.

8. I Programmi europei

Nel corso di questi decenni, sono stati messi a punto diversi Programmi europei rivolti ai giovani, ma che coinvolgono anche il personale della scuola.

Comenius

Il Programma Comenius è stato creato per incentivare la cooperazione nel campo dell'istruzione scolastica, dall'infanzia alla secondaria di secondo grado. Si sviluppa secondo tre azioni:

- creazione di *partenariati* tra scuole per la realizzazione di Progetti educativi europei. Si tratta di gruppi di scuole di almeno tre Paesi diversi con l'obiettivo di dar vita a un progetto che può riguardare la tradizione, l'arte, la cultura, ecc.;
- attività in ambito interculturale. Si prevede l'erogazione di sussidi per incentivare una dimensione d'insegnamento scolastico interculturale;
- formazione continua di personale educativo, anche tramite l'erogazione di borse di studio per i singoli partecipanti ad attività di formazione.

Gli obiettivi di Comenius sono quelli di sviluppare la conoscenza e la comprensione della diversità culturale e linguistica e di aiutare i giovani ad acquisire competenze di base in vista della promozione di una cittadinanza europea attiva.

Il Programma Erasmus, acronimo di *European Region Action Scheme for the Mobility of University Students,* nasce nel 1987 ed è aperto all'insegnamento universitario fino al dottorato. Esso prevede:

Erasmus

- aiuti finanziari agli Atenei per attività che rivestono una dimensione europea;
- borse di mobilità per studenti che desiderano effettuare una parte dei propri studi in un altro Stato. I contributi economici vengono concessi sulla base di un accordo stipulato tra Università e Commissione europea.

Erasmus offre la possibilità a uno studente di effettuare un tirocinio in un Paese dell'Unione o di studiare in una università straniera.

Il Programma Erasmus ha assunto il nome di Erasmus+ per l'istruzione, la formazione, la gioventù e lo sport per il periodo 2014-2020. Raggruppa sette programmi già esistenti dell'Unione europea; per la prima volta include anche lo sport e intende offrire a oltre 4 milioni di europei l'opportunità di studiare, formarsi, acquisire esperienze professionali e fare volontariato all'estero.

Erasmus+

Erasmus+ sosterrà inoltre progetti nazionali volti a modernizzare l'istruzione e la formazione dei giovani.

Il Programma Leonardo da Vinci è stato avviato nel 1993 per attuare una politica europea condivisa nell'ambito della formazione professionale. Attraverso questo programma s'intende offrire opportunità a giovani studenti di aggiornare abilità e competenze in un altro Stato relativamente alla propria preparazione professionale.

Leonardo da Vinci

Gli obiettivi operativi sono molteplici: incrementare il volume della mobilità in tutta Europa; agevolare la diffusione di prassi innovative nel settore dell'istruzione e della formazione professionale; incoraggiare l'apprendimento delle lingue; favorire la realizzazione di tirocini transnazionali presso imprese; promuovere scambi finalizzati a un ulteriore sviluppo professionale.

Comenius, Erasmus e Leonardo da Vinci sono i programmi europei che hanno permesso e permettono una significativa e rilevante mobilità degli studenti e dei docenti in tutti i gradi dell'istruzione, dall'infanzia all'Università.

9. Il Quadro europeo delle qualifiche

Il dibattito sulle competenze ha occupato negli ultimi vent'anni uno spazio di crescente e acceso confronto sia in ambito europeo che nazionale.

Nel campo della formazione professionale tale costrutto ha conosciuto una storia iniziata negli anni Ottanta del secolo scorso; il suo «ingresso», invece, nel segmento scolastico è relativamente più recente. In Italia, la prima discussione seria su questo tema risale alla Conferenza nazionale sulla scuola, voluta nel 1990 dall'allora ministro della Pubblica Istruzione, Sergio Mattarella.

Per quanto concerne l'Europa, abbiamo già avuto modo di sottolineare l'importanza della Raccomandazione del Parlamento europeo e del Consiglio del 2006 sulle otto competenze chiave per l'apprendimento permanente.

Quadro europeo delle qualifiche per l'apprendimento permanente

Nel 2008, dopo un intenso lavoro tra i Paesi membri, l'Unione europea ha approvato un'altra Raccomandazione del Parlamento europeo e del Consiglio relativa all'istituzione di un Quadro europeo delle qualifiche per l'apprendimento permanente *(European Qualification Framework – EQF),* posto alla base di una condivisione comune nella descrizione delle qualifiche dei sistemi europei di istruzione e formazione nell'UE, attraverso la definizione di un unico quadro di riferimento.

> Il Quadro europeo include tutti i titoli di studio e le qualifiche, da quelli di base a quelli universitari e postuniversitari. Esso si articola in *otto livelli di riferimento,* che descrivono le conoscenze e le capacità (i risultati di apprendimento), che lo caratterizzano. Questo permette di classificare il livello di conoscenze, abilità e competenze indipendentemente dal modo in cui è stato conseguito. *Tutti gli Stati membri dovranno indicare la corrispondenza dei titoli e delle qualifiche rilasciate a livello nazionale con gli otto livelli stabiliti dall'UE.* Si va dal livello 1 (di base, corrispondente al patrimonio di conoscenze e competenze conseguibile al termine del percorso della scuola obbligatoria) al livello 8, corrispondente al bagaglio di conoscenze e competenze che si consegue al termine di un percorso universitario post-laurea. (Allulli, 2015)

Il livello 1 è caratterizzato dal possesso di: *conoscenze di base; abilità di base* necessarie a svolgere mansioni semplici; *lavoro o studio,* sotto la diretta supervisione, in un contesto strutturato.

Il livello 8, quello più elevato, invece è caratterizzato dal possesso di: *conoscenze all'avanguardia* in ambito di lavoro o di studio; *abilità e tecniche più avanzate e specializzate,* comprese le capacità di sintesi e di valutazione necessarie a risolvere problemi complessi della ricerca e/o dell'innovazione e a estendere e ridefinire le conoscenze o le pratiche professionali esistenti; *leadership e capacità di innovazione, autonomia, integrità,* tipiche dello studioso e del professionista e impegno continuo nello sviluppo di nuove idee o processi all'avanguardia in contesti di lavoro, studio e ricerca.

La competenza

Nell'EQF sono esplicitate anche le definizioni fondamentali relative al concetto di competenza che è la risultante di questa sequenza:

- *risultato dell'apprendimento:* si intende ciò che un discente conosce, capisce ed è in grado di realizzare al termine di un processo di apprendimento. Tali risultati sono definiti in termini di conoscenze, abilità e competenze;
- *conoscenza:* comprende l'esito dell'assimilazione di informazioni attraverso l'apprendimento. Le conoscenze sono un insieme di fatti, principi, teorie e pratiche relative a un settore di lavoro o di studio. Nel contesto dell'EQF le conoscenze sono descritte come *teoriche* e/o *pratiche;*
- *abilità:* si intende la capacità di applicare conoscenze e di utilizzare know-how per portare a termine compiti e risolvere problemi. Nell'EQF le abilità sono descritte come *cognitive* (pensiero critico, creativo, logico...) e *pratiche* (abilità manuali, uso di metodi, materiali, strumenti);
- *competenze:* sono la comprovata capacità di utilizzare conoscenze, abilità e capacità personali, sociali e/o metodologiche, in situazioni di lavoro o di studio e nello sviluppo professionale e personale. Nell'EQF le competenze sono descritte in termini di *responsabilità* e *autonomia.*

Le definizioni contenute nel Quadro europeo delle qualifiche possono costituire un utile riferimento anche per il confronto in ambito scolastico.

10. L'Agenda 2030 delle Nazioni Unite e il futuro dell'UE

Sappiamo che la percezione che si ha dell'UE in quest'ultima fase non è del tutto priva di ombre; pesano su di essa le influenze legate alla grave crisi economica che ha colpito anche il nostro Paese.

Gli effetti della Brexit

E la stessa uscita del Regno Unito dopo il referendum del 23 giugno 2016 costituisce un preoccupante campanello d'allarme destinato a incidere profondamente sul futuro. In realtà, al di là di qualsiasi considerazione di carattere generale, la Gran Bretagna diventerà un Paese extracomunitario e questo condizionerà, malgrado le rassicurazioni, gran parte dei progetti di cooperazione per l'istruzione. Occorrerà, pertanto, riprendere tutta la questione dei vari programmi a partire da Erasmus, Comenius, Leonardo da Vinci, e ridefinirne gli aspetti operativi.

In realtà, in quasi tutti i Paesi dell'UE si assiste alla formazione di compagini politiche che richiamano sentimenti sovranisti che proporranno una revisione delle regole comunitarie. Nella stessa Italia, le ultime vicende politiche sembrano muoversi in questa direzione. Il nostro rapporto con l'UE non è privo di tensioni, causate sia da disaccordi sulla gestione del debito pubblico sia su alcune questioni particolari, come quella dei flussi migratori.

L'istruzione italiana e l'UE

Anche per l'istruzione non siamo stati esenti da critiche legate ai risultati non sempre positivi dei nostri studenti nelle prove di confronto con altri studenti dell'UE. Sin dal 2012 si è parlato — a dire il vero per quasi tutti i sistemi di istruzione europei — di promuovere dinamiche innovative come risposta all'evoluzione anche del mondo del lavoro. L'UE aveva messo a punto il Progetto «Ripensare l'istruzione» (2012), che prevedeva l'individuazione di settori su cui intervenire (qualità, accessibilità, finanziamenti), l'individuazione di contenuti di riforma, l'innalzamento degli standard e dei livelli di apprendimento. Dal 2013 il nostro Paese ha cominciato a dare segnali di ripresa rispetto alla situazione generale, tanto che il 29 maggio 2013 sono state presentate dalla Commissione europea due Raccomandazioni, la prima relativa all'abrogazione della segnalazione sanzionatoria per il deficit eccessivo, la seconda al PNR e al programma di stabilità. A questo ha fatto seguito, il 2 giugno 2014, la Raccomandazione con il parere del Consiglio europeo sul programma di riforma e su quello di stabilità per il 2014. Apprezzando l'impegno profuso, si chiedeva al nostro Paese di continuare sulla strada della modernizzazione, puntando sulla qualificazione dei processi di formazione, indicando come prospettive la riqualificazione dei docenti, il riordino dell'istruzione superiore a favore della pratica e della formazione professionale, l'istituzione di un registro nazionale delle qualifiche, lo sviluppo di un efficace sistema di valutazione.

Il 26 novembre del 2014 è stato vissuto un altro momento critico con la pubblicazione della Sentenza della Corte di Giustizia dell'UE (Terza Sezione) che ha condannato l'Italia per il precariato del personale della scuola. Oggi, questo problema appare in via di superamento, dopo che la legge 107/2015 ha promosso un consistente piano di assunzione del personale docente che dovrebbe migliorare la questione del precariato.

L'Agenda 2030

Al momento si stanno aprendo nuovi scenari per la cooperazione internazionale, anche a seguito della definizione, a cura delle Nazioni Unite, del documento *Trasformare il nostro mondo.* L'Agenda 2030 per lo sviluppo sostenibile, redatta dai Capi di Stato nel settembre 2017 durante il Summit sullo sviluppo sostenibile, si articola in quattro parti: 1) dichiarazione; 2) obiettivi e target; 3) strumenti attuativi; 4) monitoraggio dell'attuazione e revisione.

Il documento, che riconosce il legame tra il benessere dell'uomo e la salute dei sistemi naturali, è il risultato di un lungo percorso di preparazione durato quasi tre anni, cominciato in occasione della Conferenza mondiale sullo sviluppo sostenibile «Rio+20». Gli obiettivi da realizzare entro il 2030 hanno carattere universale, in quanto riguardanti Paesi avanzati e Paesi in via di sviluppo, e sono fondati sull'integrazione tra le tre dimensioni dello sviluppo: *ambientale, sociale, economica*. La Risoluzione, articolata in 17 obiettivi e in 169 traguardi, si prefigge di guidare il mondo per trasmettere, soprattutto alle nuove generazioni, azioni e responsabilità finalizzate a conseguire in tutti i Paesi concreti risultati nel campo dello sviluppo sostenibile in tutti i settori della vita umana: economia, produzione, assistenza, educazione, ecc.

In questo senso, la nuova Agenda riconosce il bisogno di costruire società pacifiche, giuste e inclusive, che forniscano un accesso equo alla giustizia e che si basino sul rispetto dei diritti umani. È impegno dei 193 sottoscrittori promuovere la comprensione interculturale, la tolleranza, il rispetto reciproco, insieme a un'etica di cittadinanza globale e di responsabilità condivisa.

Dei 17 obiettivi, quello che interessa l'educazione è il quarto: *Fornire un'educazione di qualità, equa e inclusiva, e opportunità di apprendimento per tutti* (ONU, 2015).

Tre traguardi

Questa sezione della Risoluzione si prefigge, entro il 2030, di garantire a ogni ragazza/o, donna e uomo i seguenti traguardi:

- libertà, equità e qualità nel completamento dell'educazione primaria e secondaria che porti a risultati di apprendimento adeguati e concreti;
- sviluppo infantile di qualità, e un accesso a cure e istruzione prescolastiche così da essere pronti alla scuola primaria;
- accesso equo a un'istruzione tecnica, professionale e terziaria — anche universitaria — che sia economicamente vantaggiosa e di qualità.

I firmatari della Risoluzione si impegnano ad aumentare il numero di giovani e di adulti con competenze specifiche — anche tecniche e professionali — per un'occupazione e dei posti di lavoro dignitosi, contestualmente all'eliminazione delle disparità di genere nell'istruzione, garantendo un accesso equo a tutti i livelli formativi e una preparazione professionale delle categorie protette, tra cui le persone con disabilità e i bambini in situazioni di vulnerabilità.

Nella Risoluzione si sottolinea frequentemente la necessità di sostenere la costruzione e il potenziamento di strutture dell'istruzione che siano sensibili ai bisogni dell'infanzia, alle disabilità, alla parità di genere e di predisporre ambienti di apprendimento sicuri e inclusivi per tutti. Si insiste, inoltre, sull'urgenza di accrescere considerevolmente la presenza di insegnanti qualificati, anche grazie alla cooperazione e alla formazione in ambito internazionale.

L'UE ha aderito a tale prospettiva e il Consiglio ha invitato la Commissione a fissare, già nel febbraio 2018, una strategia attuativa che si è concretizzata in due assi di intervento:

> Il primo asse, illustrato nella presente comunicazione, prevede la piena integrazione degli OSS nel quadro strategico europeo e nelle

attuali priorità della Commissione, alla luce di una valutazione del punto della situazione e dopo aver individuato i principali problemi in termini di sostenibilità. Il secondo asse prevede l'avvio di una riflessione volta ad ampliare ulteriormente la nostra visione a più lungo termine e la priorità delle politiche settoriali dopo il 2020, in vista dell'attuazione a lungo termine degli OSS. Inoltre, il nuovo quadro finanziario pluriennale post 2020 permetterà di riorientare i contributi del bilancio dell'UE verso il conseguimento degli obiettivi a lungo termine dell'UE. (Note su Atti dell'Unione europea, nota n. 87 – *Il futuro sostenibile dell'Europa: prossime tappe – L'azione europea a favore della sostenibilità*)

L'educazione alla sostenibilità

Anche la nostra scuola ha aderito alle sollecitazioni di questi organismi internazionali. Nel Documento di lavoro del MIUR, a cura del Comitato scientifico nazionale per le Indicazioni nazionali per il curricolo della scuola dell'infanzia e del primo ciclo d'istruzione, trasmesso con la nota del primo marzo 2018, n. 3645, si sottolinea l'importanza della Risoluzione dell'ONU in un paragrafo centrale del Documento stesso, dal titolo *L'educazione alla cittadinanza e alla sostenibilità.* Le prospettive delineate nelle Indicazioni 2012, nei documenti dell'Unione europea e dell'ONU richiamano dirigenti scolastici e docenti a sviluppare proposte didattiche in modo da inquadrarle nella cornice di una *cittadinanza plurale,* in vista di cittadini che saranno nello stesso tempo dell'Europa e del mondo.

11. La nuova Raccomandazione europea sulle competenze chiave

Nel frattempo, il 17 gennaio 2018, la Commissione dell'UE ha diffuso una proposta di revisione delle competenze chiave per l'apprendimento permanente. Prendendo le mosse dalla Raccomandazione relativa alle competenze chiave adottata nel 2006, il nuovo progetto contiene aggiornamenti importanti che riflettono la rapida evoluzione verificatasi nel frattempo nell'insegnamento e nell'apprendimento.

Verso nuove competenze

L'Allegato con le nuove competenze chiave riprende un'affermazione tratta dal *Pilastro europeo dei diritti sociali* proclamato da Parlamento, Consiglio e Commissione il 14 novembre 2017, in cui si sottolinea che «ogni persona ha diritto a un'istruzione, a una formazione e a un apprendimento permanente di qualità e inclusivi, al fine di mantenere e acquisire competenze che consentono di partecipare pienamente alla società e di gestire con successo le transizioni nel mercato del lavoro».

Il nuovo quadro

Confrontando il testo del 2006 con quello del gennaio 2018, si rileva che le competenze rimangono sempre otto, ma già la loro titolazione è diversa: alle varie terminologie utilizzate nel 2006 si sostituisce un elenco di tutte competenze.

Competenze chiave per l'apprendimento permanente (Raccomandazione UE 2006)	Competenze chiave per l'apprendimento (proposta di Raccomandazione UE gennaio 2018)
Comunicazione nella madre lingua	Competenze alfabetiche funzionali
Comunicazione nella lingua straniera	Competenze linguistiche
Competenza matematica e competenza base in campo scientifico e tecnologico	Competenze matematiche e competenze in scienze, tecnologie e ingegneria
Competenza digitale	Competenze digitali
Imparare ad imparare	Competenze personali, sociali e di apprendimento
Competenze sociali e civiche	Competenze civiche
Senso di iniziativa e imprenditorialità	Competenze imprenditoriali
Consapevolezza ed espressione culturale	Competenze in materia di consapevolezza ed espressione culturale

Alcune innovazioni

Ad esempio, la comunicazione nella madre lingua e quella nelle lingue straniere del 2006 sono sostituite da competenze alfabetiche funzionali («capacità di individuare, comprendere, esprimere, creare e interpretare concetti, sentimenti, fatti e opinioni, in forma sia orale sia scritta, utilizzando materiali visivi, sonori e digitali» ovvero capacità «di comunicare e relazionarsi») e da competenze linguistiche («capacità di utilizzare diverse lingue in modo appropriato ed efficace allo scopo di comunicare»).

Competenze alfabetiche funzionali	Competenze linguistiche	Competenze matematiche
Conoscenze, abilità e atteggiamenti essenziali legati a tali competenze [...] presuppongono la conoscenza della lettura, della scrittura e una buona comprensione delle informazioni scritte. Ne è premessa la conoscenza del vocabolario e della grammatica funzionale. [...] Un atteggiamento positivo nei confronti di tali competenze comporta la disponibilità al dialogo costruttivo, l'apprezzamento delle qualità estetiche e l'interesse a interagire con gli altri.	Conoscenze, abilità e atteggiamenti essenziali legati a tali competenze [...] richiedono la conoscenza del vocabolario e della grammatica funzionale di lingue diverse. Le abilità consistono nella capacità di comprendere messaggi orali, sostenere e concludere conversazioni, di leggere, comprendere e redigere testi. [...] Un atteggiamento positivo comporta l'apprezzamento della diversità culturale, l'interesse per la comunicazione interculturale.	Conoscenze, abilità e atteggiamenti essenziali legati a tali competenze [...] richiedono la conoscenza necessaria in campo matematico che comprenda una solida conoscenza dei numeri, delle misure e delle strutture, delle operazioni fondamentali matematiche di base. [...] Comprendono un atteggiamento di valutazione critica e curiosità, l'interesse per le questioni etiche e l'attenzione alla sostenibilità ambientale.

Le riflessioni sulla proposta hanno condotto alla riscrittura del documento del 2006, per cui è stata pubblicata la *Raccomandazione sulle competenze chiave per l'apprendimento permanente.* Essa si pone nella prospettiva di nuovi scenari per le Indicazioni nazionali 2012 e sottolinea l'importanza dello sviluppo sostenibile, adottata dal Consiglio d'Europa il 22 maggio 2018.

A distanza di 12 anni, il nuovo documento tiene conto, da un lato, delle profonde trasformazioni economiche, sociali e culturali degli ultimi anni, dall'altro, della persistenza di gravi difficoltà nello sviluppo delle competenze di base dei più giovani. Emerge in questo documento una crescente necessità di più elevate competenze imprenditoriali, sociali e civiche, ritenute indispensabili «per assicurare resilienza e capacità di adattarsi ai cambiamenti».

In questo recente testo si insiste:

- sull'integrazione delle modalità di apprendimento nei *contesti formali* con i saperi che i giovani acquisiscono negli ambienti *non formali* e *informali;*
- sulla necessità di sostenere i docenti nel rinnovamento didattico, al fine di «introdurre forme nuove e innovative di insegnamento e apprendimento».

Centrale risulta anche il *valore della sostenibilità,* evidenziando l'urgenza di educare i giovani a stili di vita sostenibili, alla solidarietà, all'inclusione sociale e alla cittadinanza globale.

In questa Raccomandazione, a differenza della precedente del 2006, il concetto di competenza è declinato come combinazione di «conoscenze, abilità e atteggiamenti», definiti, questi ultimi, come «disposizioni per agire o reagire a idee, persone, situazioni».

Le competenze del 2018

Le otto competenze della Raccomandazione 2018 sono le seguenti:

- competenza alfabetica funzionale;
- competenza multilinguistica;
- competenza matematica e competenza in scienze, tecnologie e ingegneria;
- competenza digitale;
- competenza personale, sociale e capacità di imparare a imparare;
- competenza in materia di cittadinanza;
- competenza imprenditoriale;
- competenza in materia di consapevolezza ed espressione culturali.

Nel testo della Raccomandazione leggiamo che:

- la competenza *alfabetica funzionale* indica la capacità di individuare, comprendere, esprimere, creare e interpretare concetti, sentimenti, fatti e opinioni, in forma sia orale sia scritta, utilizzando materiali visivi, sonori e digitali attingendo a varie discipline e contesti. Essa implica l'abilità di comunicare e relazionarsi efficacemente con gli altri in modo opportuno e creativo;

- la competenza *multilinguistica* definisce la capacità di utilizzare diverse lingue in modo appropriato ed efficace allo scopo di comunicare. In linea di massima essa condivide le abilità principali con la competenza alfabetica: si basa sulla capacità di comprendere, esprimere e interpretare concetti, pensieri, sentimenti, fatti e opinioni in forma sia orale sia scritta;
- la competenza *matematica* è la capacità di sviluppare e applicare il pensiero e la comprensione matematici per risolvere una serie di problemi in situazioni quotidiane. Partendo da una solida padronanza della competenza *aritmetico-matematica*, l'accento è posto sugli aspetti del processo e dell'attività oltre che sulla conoscenza. Comporta, a differenti livelli, la capacità di usare modelli matematici di pensiero e di presentazione (formule, modelli, costrutti, grafici, diagrammi) e la disponibilità a farlo;
- le competenze in *scienze, tecnologie e ingegneria* comprendono i principi di base del mondo naturale, i concetti, le teorie, i principi e i metodi scientifici fondamentali, le tecnologie e i prodotti e processi tecnologici, nonché la comprensione dell'impatto delle scienze, delle tecnologie e dell'ingegneria, così come dell'attività umana in genere, sull'ambiente naturale. Queste competenze dovrebbero consentire alle persone di comprendere meglio i progressi, i limiti e i rischi delle teorie, applicazioni e tecnologie scientifiche nella società in senso lato (in relazione alla presa di decisione, ai valori, alle questioni morali, alla cultura, ecc.);
- la competenza *digitale* presuppone l'interesse per le tecnologie digitali e il loro utilizzo con dimestichezza e spirito critico e responsabile per apprendere, lavorare e partecipare alla società. Essa comprende l'alfabetizzazione informatica e digitale, la comunicazione e la collaborazione, l'alfabetizzazione mediatica, la creazione di contenuti digitali (inclusa la programmazione), la sicurezza (compreso l'essere a proprio agio nel mondo digitale e possedere competenze relative alla cybersicurezza), le questioni legate alla proprietà intellettuale, la risoluzione di problemi e il pensiero critico;
- la competenza *personale, sociale e capacità di imparare a imparare* consiste nella capacità di riflettere su se stessi, di gestire efficacemente il tempo e le informazioni, di lavorare con gli altri in maniera costruttiva, di mantenersi resilienti e di gestire il proprio apprendimento e la propria carriera. Comprende la capacità di far fronte all'incertezza e alla complessità, di imparare a imparare, di favorire il proprio benessere fisico ed emotivo, di mantenere la salute fisica e mentale, nonché di essere in grado di condurre una vita attenta alla salute e orientata al futuro, di empatizzare e di gestire il conflitto in un contesto favorevole e inclusivo;
- la competenza in *materia di cittadinanza* è la capacità di impegnarsi efficacemente con gli altri per conseguire un interesse comune o pubblico, come lo sviluppo sostenibile della società. Ciò presuppone la capacità di pensiero critico e abilità integrate

di risoluzione dei problemi, nonché la capacità di sviluppare argomenti e di partecipare in modo costruttivo alle attività della comunità;

- la competenza *imprenditoriale* si riferisce alla capacità di agire sulla base di idee e opportunità e di trasformarle in valori per gli altri. Si fonda sulla creatività, sul pensiero critico e sulla risoluzione di problemi, sull'iniziativa e sulla perseveranza, nonché sulla capacità di lavorare in modalità collaborativa al fine di programmare e gestire progetti che hanno un valore culturale, sociale o finanziario;
- la competenza in materia di *consapevolezza ed espressione culturale* implica la comprensione e il rispetto di come le idee e i significati vengono espressi creativamente e comunicati in diverse culture e tramite tutta una serie di arti e altre forme culturali. Richiede la conoscenza delle culture e delle espressioni locali, nazionali, regionali, europee e mondiali, comprese le loro lingue, il loro patrimonio espressivo e le loro tradizioni, e dei prodotti culturali, oltre alla comprensione di come tali espressioni possono influenzarsi a vicenda e avere effetti sulle idee dei singoli individui.

Il filo conduttore

Il «filo rosso» di collegamento tra le otto competenze chiave, sinteticamente presentate, consiste nel rafforzare la coesione sociale e la dimensione inclusiva della società e delle comunità locali. In tale contesto, si auspica l'attuazione di misure di miglioramento della funzione docente e un uso più efficace degli strumenti di finanziamento dell'UE, in particolare Erasmus+, al fine di attuare quanto auspicato nella Raccomandazione medesima.

Nella nuova versione, le otto competenze sono dettagliate in *conoscenze, abilità e atteggiamenti* (non *attitudini*). Come si ricava dall'ultimo schema riprodotto, un ampio spazio viene riservato all'atteggiamento richiesto a ogni individuo per valorizzare appieno conoscenze e abilità di ognuna delle otto competenze chiave.

Le ultime quattro competenze *(personali, sociali e di apprendimento; civiche; imprenditoriali; consapevolezza ed espressione culturale)* possono essere ricondotte a un'idea di cittadinanza responsabile, costruttiva, interculturale e pienamente partecipata.

La nuova proposta di aggiornamento delle competenze chiave della Commissione del 2006 si inquadra in una terna che, oltre a quanto illustrato, comprende anche un piano d'azione per l'istruzione digitale e una Raccomandazione del Consiglio sui valori comuni, l'istruzione inclusiva e la dimensione europea dell'insegnamento.

Si tratterà di vedere se questo pacchetto di nuovi dispositivi sarà completato prima della fine della legislatura del Parlamento europeo prevista nel 2019.

CAPITOLO TERZO

La Costituzione italiana e l'organizzazione dello Stato

1. Lo Stato italiano

La parola «Stato» ricorre spesso sulle labbra dei cittadini italiani. Espressioni come «lo Stato non c'è, è assente, è latitante», «lo Stato ci deve aiutare», ecc. si sentono pronunciare quotidianamente dagli organi di informazione. Con il termine «statali», poi, si tende a raggruppare (spesso in senso spregiativo) tutti coloro che non lavorano nel settore privato.

Sappiamo che lo Stato esercita una molteplicità di funzioni, che dispone di vari corpi di forze dell'ordine, di un esercito, che ha una struttura amministrativa, ecc. e, per queste ragioni, vorremmo che fosse al nostro servizio, soprattutto nei momenti difficili. Va sottolineato, a onor del vero, che gli italiani non sono mai stati molto amanti delle istituzioni, vissute più come controparte che come alleate. Vediamo più da vicino, allora, gli organi che sono preposti al governo del Paese.

Gli elementi costitutivi dello Stato

Secondo la dottrina classica, gli elementi costitutivi dello Stato sono *il territorio, il popolo* e *l'esercizio della sovranità.* Questi principi, però, variano da realtà a realtà, dando vita a differenti forme statuali: repubbliche parlamentari e presidenziali, dittature, monarchie, federazioni; in ogni caso, ciascuna organizzazione politica esprime una determinata concezione statuale. L'Italia si ispira a un sistema politico improntato a una *democrazia rappresentativa* nella forma di Repubblica parlamentare.

Nelle dittature, lo Stato «è una sorta di assoluto» e riassume tutte le forme della vita morale, intellettuale, sociale: *tutto nello Stato, nulla contro lo Stato!* Ad esempio, nel 1938, complici il re Vittorio Emanuele

III e la monarchia sabauda, lo Stato fascista emanò le leggi razziali che vietavano agli italiani ebrei di sposarsi con cittadini di «razza ariana»; quest'ultima «creazione», però, era una «invenzione» dello Stato che esercitava sulle persone il diritto di vita e di morte.

> Proviamo invece a partire da un altro presupposto e supponiamo di concepire lo Stato non come un ente supremo fonte di ogni diritto, ma come casa comune, dove ogni individuo è titolare dei suoi diritti fondamentali: alla vita, alla libertà personale, alla libertà di pensiero, il diritto di costituire una famiglia, di educare i figli secondo la propria visione del mondo... In una concezione del genere, che è alla base del nostro ordinamento costituzionale, i diritti fondamentali del singolo sono *inviolabili*. (Bortolani, 2008)

I compiti dello Stato

Compito precipuo dello Stato è tutelare i diritti dei singoli, dei gruppi e soddisfare i bisogni collettivi, quali l'istruzione, l'ordine pubblico, la tutela della salute, ecc.; si tratta di ambiti che non richiedono semplicemente una funzione di garanzia, ma un ruolo attivo in vista del raggiungimento del bene comune.

Nello specifico, l'ordinamento dello Stato italiano si conforma a quanto stabilito dalla Costituzione della nostra Repubblica, entrata in vigore il 1° gennaio 1948.

Il 4 dicembre 2016, gli italiani hanno bocciato la proposta di revisione costituzionale dell'allora presidente del Consiglio, Matteo Renzi. Il rifiuto degli elettori di introdurre, tramite il referendum popolare confermativo, un sistema monocamerale ha di fatto confermato l'attuale bicameralismo (Camera e Senato, entrambi elettivi) destinato a durare ancora per molto tempo.

2. Dallo Statuto albertino alla Costituzione repubblicana

Il 4 marzo 1848 il re dello Stato di Sardegna, Carlo Alberto, promulgò lo Statuto (una carta costituzionale «concessa»), che diventò nel 1861 la legge fondamentale del Regno d'Italia.

Ma quella «costituzione» (lo Statuto albertino) *elargita* dal sovrano era stata scritta per salvaguardare le prerogative della monarchia sabauda, non certo per rappresentare i diritti del popolo. Durante il fascismo, non essendo previsto un procedimento particolare per la sua revisione, lo Statuto fu largamente impiegato dal regime per avallare leggi e provvedimenti liberticidi come le leggi razziali del 1938.

Il suffragio universale

Il 2 giugno 1946 il popolo italiano, dopo la drammatica fase della fine del secondo conflitto mondiale con la caduta del fascismo (25 luglio 1943), fu chiamato alle urne per operare due scelte destinate a cambiare la storia del nostro Paese. Furono le prime elezioni a suffragio universale maschile e femminile (per la prima volta votarono anche le donne) nella storia d'Italia; tali scelte riguardavano:

- la decisione di confermare la monarchia o di optare per la repubblica;
- l'elezione dell'assemblea, che, in base al risultato della consultazione referendaria, avrebbe avuto il compito di redigere la nuova carta costituzionale.

Gli Italiani scelsero la repubblica con circa due milioni di voti di scarto rispetto alla conferma della monarchia e, dopo una settimana segnata da contestazioni sui risultati del referendum, Umberto di Savoia, che aveva assunto la qualifica di re nel mese di maggio del 1946, lasciò l'Italia e il 17 giugno 1946 fu proclamata la Repubblica.

Da quel momento si aprì la fase costituente, destinata a concludersi con l'approvazione del testo definitivo dell'attuale Costituzione nel dicembre del 1947, e con la sua entrata in vigore il 1 gennaio 1948.

L'Assemblea costituente era composta da 556 deputati eletti in diversi partiti, rappresentati in prevalenza dalla democrazia cristiana, dal partito socialista e dal partito comunista.

Il 25 giugno del 1946, la Costituente iniziò la propria attività in un Paese lacerato da profonde divisioni lasciate in eredità dall'esperienza del fascismo, della guerra e dalle contrapposizioni quasi insanabili tra monarchici e repubblicani, democristiani e comunisti, cattolici e laici, marxisti e liberali... divisioni aggravate dalla distanza che, sul piano economico, continuava a separare il nord dal sud.

> La sfida maggiore che la Costituente si trovò a dover affrontare fin dai suoi primi passi fu, dunque, quella di costruire una democrazia moderna in un paese diviso, che non aveva mai veramente raggiunto (attraverso l'esperienza rimasta incompiuta del Risorgimento) l'unità nazionale. (Cheli, 2013)

La Costituzione repubblicana

L'aula incaricò una Commissione ristretta di 75 costituenti (più conosciuta come Commissione dei 75), presieduta da Meuccio Ruini, con il compito di redigere il progetto generale di Costituzione repubblicana. Tale Commissione fu, a sua volta, suddivisa in tre sottocommissioni su ambiti diversi di lavoro. Una volta redatto, il progetto generale fu votato in aula articolo per articolo, e le operazioni si conclusero alla fine di dicembre del 1947.

L'obiettivo di gettare le basi per una democrazia moderna in un Paese diviso fu raggiunto grazie all'unità dei tre maggiori raggruppamenti (cattolici, socialisti-comunisti e liberali), che vide nei lavori delle sottocommissioni raggiungere accordi taciti, frutto di un intenso lavoro di compromesso e rinunce reciproche.

3. Il modello di Stato

La struttura della Costituzione comprende 139 articoli, di cui i primi 12 contengono i *principi fondamentali*, che rappresentano un insieme di norme vincolanti tali da dare forma alla Carta medesima.

La sovranità popolare

La Costituzione riconosce che la forma dello Stato italiano è una Repubblica democratica, perché, come sottolineato nell'art. 1, «la sovranità appartiene al popolo, che la esercita nelle forme e nei limiti della Costituzione»; il concetto di sovranità è posto, dunque, anche al di sopra del popolo. L'art. 1 rappresenta, pertanto, la «carta d'identità» del nostro Paese, in quanto contiene la proclamazione solenne del tipo di Stato che ci governa e un richiamo ai valori fondativi che lo connotano: *democrazia, uguaglianza, libertà, lavoro, sovranità.*

Al centro dell'ordinamento è posta la persona (ancor prima del cittadino), alla quale sono riconosciuti «diritti inviolabili» e richiesti «doveri inderogabili»: «La Repubblica riconosce e garantisce i diritti inviolabili dell'uomo, sia come singolo, sia nelle formazioni sociali ove si svolge la sua personalità» (art. 2).

> L'art. 2 della Costituzione eleva a regola fondamentale il riconoscimento di quei diritti che formano il patrimonio naturale originario della personalità di ciascun individuo e che appartengono all'uomo, inteso come essere libero. (Bortolani, 2008)

Il principio di uguaglianza

Tra i principi fondativi della Repubblica un posto centrale spetta a quello dell'uguaglianza: «Tutti i cittadini sono uguali davanti alla legge; [...] è compito della Repubblica rimuovere gli ostacoli di ordine economico e sociale, che, limitando di fatto la libertà e l'uguaglianza, impediscono il pieno sviluppo della persona umana» (art. 3). Il principio sancito nell'art. 3 deve essere inteso sia in senso *formale* (uguaglianza di fronte alla legge) sia in senso *sostanziale* (uguaglianza effettiva nelle opportunità e nei punti di partenza offerti ai cittadini attraverso la rimozione degli ostacoli che si frappongono al pieno sviluppo della persona).

Alla base della «costituzione economica» viene affermata la centralità del lavoro, come fondamento della Repubblica («L'Italia è una Repubblica democratica fondata sul lavoro», art. 1); da qui il riconoscimento nell'art. 4 del diritto al lavoro attribuito a tutti i cittadini e correlato all'obbligo dello Stato di promuovere le condizioni di rendere effettivo tale diritto.

La nostra carta costituzionale è stata scritta allo scopo di assicurare lo sviluppo futuro della società italiana. Per queste ragioni, considerato anche il suo carattere *rigido* (cioè non modificabile con legge ordinaria), ha conosciuto una *storia di lunga durata.* È rimasta, di fatto, ancora oggi quella del 1948.

Con il governo Renzi si è modificato il carattere del *bicameralismo* (Senato e Camera), che ha costituito nel tempo un ostacolo alla celerità di approvazione delle leggi.

4. Costituzione, Nazione, Stato: una nuova paideia per un mondo globalizzato

È opportuno, a questo punto, proporre alcune considerazioni che ci consentano di chiarire il corretto utilizzo di alcuni termini. Se la Costituzione è il documento di base della nostra identità, il termine «Nazione» indica la grande realtà politica che si è affermata dall'Ottocento, difficilmente definibile al di fuori dell'idea di Stato-Nazione. Quest'ultima comprende il territorio, la popolazione, aspetti etnici, culturali, come la lingua, la religione, l'arte, ecc. Ci cono poi elementi soggettivi che contribuiscono a definire un'identità nazionale, in particolare quello di «patria», che esprime la volontà di un gruppo di desiderarla e di difenderla a ogni costo, una volta conquistata. Il sentimento patriottico ha concorso in modo rilevante a fondere il concetto di Stato e di Nazione. Se la Nazione è spesso frutto di circostanze favorevoli e lo Stato è un'istituzione convenzionale (organizzata in un apparato amministrativo), la patria è il risultato di un'adesione fortemente voluta e desiderata.

Stato, Nazione, patria

In definitiva, la Nazione coincide con la patria, e lo Stato con la gestione e l'amministrazione della cosa pubblica.

Lo Stato-Nazione, oltre a una dimensione ideale, esprime anche un'anima materialista e «perversa», in cui l'identità e il patriottismo trovano spesso la loro espressione nell'egoismo e nell'aggressività verso l'altro. In passato, ma anche oggi, nelle diverse fasi di sviluppo del capitalismo, le molteplici «identità perverse» di molti Paesi europei hanno finito per coincidere con un dominio colonialista violento e sprezzante dei più elementari diritti dell'uomo.

Dopo la caduta del muro di Berlino (1989), il concetto di Stato-Nazione è stato rovesciato dalle strutture del mercato globalizzato, in cui il capitale finanziario funziona in una logica planetaria, riducendo gli Stati al ruolo di semplici articolazioni del potere globale.

Identità nazionali e rischi

A un mercato globale seguirà la costruzione di una società democratica a livello mondiale? La nostalgia dello Stato-Nazione, che ha caratterizzato intere aree geografiche dopo la caduta del muro di Berlino, è risultata estremamente pericolosa: i genocidi avvenuti nei territori della ex Iugoslavia sono tuttora una ferita aperta, difficilmente rimarginabile.

La dimensione globale dell'economia, della finanza e, più in generale, del capitalismo, costituisce un quadro fisso per il movimento di tutte le istituzioni, qualunque esse siano — statali o politiche, industriali o finanziarie —. Esse agiscono sul terreno globale e hanno delle enormi difficoltà a ritornare all'interno di un quadro nazionale. Un ritorno al passato rispetto alla globalizzazione è impossibile. Ogni volta che le identità nazionali riappaiono, lo fanno confondendosi con ideologie e pratiche religiose, spesso fanatiche. L'economia globale ha esaltato il capitalismo nelle sue forme più disumane (sfruttamento, delocalizzazione, disuguaglianze), ed essere cittadini di un mondo planetario è molto difficile, perché le distanze tra uomo e uomo, e tra Paese e Paese, si allargano sempre più. Il cittadino ricco finirà inevitabilmente per vivere un'umanità completamente diversa dalla grande massa dei cittadini poveri. Quindi, il centro di una *nuova paideia* dovrà essere rappresentato dalla formazione di società in cui a tutti possa essere assicurato l'esercizio di una cittadinanza reale e credibile.

Una nuova paideia

Le finalità dell'istituzione scolastica sono oggi estremamente composite, ma è proprio da tale complessità che bisogna partire per costruire orizzonti nuovi. Non è immaginabile pensare ala scuola come luogo di *autoproduzione* di contenuti. Come sottolinea Gino Roncaglia (2018), quando ci riferiamo alle funzioni della scuola possiamo parlare di «formazione, apprendimento, acquisizione di conoscenze e/o di competenze, di costruzione o co-costruzione di saperi, di preparazione alla cittadinanza, di avviamento alla vita lavorativa» (Roncaglia, 2018).

Ognuna di queste scelte stimola le persone a schierarsi su fronti differenti sia sul piano culturale che ideologico. Lo sguardo di tutti, però, deve concentrarsi sul futuro delle giovani generazioni. Spesso, invece, purtroppo sono le vecchie generazioni a essere arroccate nella difesa del loro passato!

5. Costituzione e scuola

I principi affermati nella nostra Carta costituzionale (dignità della persona, cittadinanza democratica, uguaglianza delle opportunità) sono stati costantemente ripresi nei Programmi didattici del MPI nel corso dei decenni successivi alla sua entrata in vigore.

Alla scuola si chiede di insegnare ai ragazzi il riconoscimento della dignità umana con le implicazioni che essa comporta in termini di rinunce, osservanze, legalità, rispetto, aperture agli altri.

> Una scuola che non avesse niente da dire di fronte all'illegalità, al pizzo mafioso, al razzismo, al bullismo, alla distruzione di giovani e di famiglie per anoressia, droga, alcol, AIDS, stragi del sabato sera… e neppure intorno alle potenzialità di bene e di speranza che ci vengono dalla storia e da tanti settori della società, capaci di esercitare una *cittadinanza attiva volontaria,* non difenderebbe la sua specificità istituzionale. (Corradini, 2014)

Per queste ragioni, soprattutto nella seconda metà del Novecento, i Programmi didattici hanno esaltato la funzione educativa del testo costituzionale. Nel riquadro che segue abbiamo riportato alcuni passaggi dei Programmi e degli Orientamenti della scuola dell'infanzia e del primo ciclo d'istruzione.

La finalità educativa della Costituzione

Costituzione e programmi scolastici

LA FORMAZIONE DELL'UOMO E DEL CITTADINO

«La scuola media, secondo la legge istitutiva, concorre a promuovere la formazione dell'uomo e del cittadino secondo i principi sanciti dalla Costituzione.» (Programmi della scuola media, 1979)

«La scuola elementare ha per suo fine la formazione dell'uomo e del cittadino nel quadro dei principi affermati dalla Costituzione della Repubblica.» (Programmi della scuola elementare, 1985)

«Spettano alle bambine e ai bambini, in quanto persona, i diritti inalienabili sanciti dalla nostra Costituzione: alla vita, alla salute, all'educazione, all'istruzione e al rispetto dell'identità individuale, etnica, linguistica, culturale e religiosa.» (Orientamenti della scuola dell'infanzia, 1991)

Nelle Indicazioni nazionali per il curricolo 2012 sono contenute diverse affermazioni riferite ai principi affermati nella Costituzione, in particolare nella sezione delle «Finalità generali», dal titolo *Scuola, Costituzione, Europa,* in cui vengono richiamati gli artt. 2, 3 e 33 della Carta del 1948, unitamente alla raccomandazione dell'UE riguardante le otto competenze chiave per l'apprendimento permanente (dicembre 2006), poste alla base del profilo dello studente al termine del primo ciclo d'istruzione (si veda l'ultimo paragrafo del capitolo).

La scuola dunque si conferma come una palestra aperta a tutti gli alunni, deputata a formare cittadini responsabili, educati sul piano civile e disponibili a migliorare con il loro contributo e impegno ciò che non va, in un'ottica di una cittadinanza costruttiva e di perseguimento del bene comune.

6. Le fonti del diritto

Gli atti che introducono nell'ordinamento nuove regole e dispositivi di legge tesi a modificare o estinguere quelli esistenti sono denominati *fonti del diritto.* Non tutte le norme hanno lo stesso peso; per questo le fonti si distinguono in *norme primarie* e *secondarie*.

Per i motivi ampiamente illustrati in questo capitolo, al vertice della «piramide» c'è la *Costituzione,* che è la legge fondamentale dello Stato alla quale tutti gli altri provvedimenti legislativi devono conformarsi.

Fonti primarie del diritto

Subito dopo, ci sono le *leggi ordinarie* (fonti primarie) approvate da entrambi i rami del Parlamento (Senato della Repubblica e Camera dei deputati). Come precedentemente richiamato, esse sono espressione della sovranità popolare. Infatti, l'art. 70 della Costituzione afferma infatti che «la funzione legislativa è esercitata collettivamente dalle due Camere». Le leggi devono essere promulgate dal Presidente della Repubblica, il quale, in caso di incongruenze o dubbi, «può con un messaggio motivato chiedere alle Camere una nuova deliberazione». La legge infatti deve essere perfezionata tramite l'atto conclusivo del Capo dello Stato, con la promulgazione.

La funzione legislativa però può essere esercitata anche dal Governo, con *atti aventi forza di legge:*

- provvedimenti che vengono assunti in caso di *necessità e urgenza* (quindi, per un tempo limitato e per oggetti definiti); si parla in questo caso di *decreto legge* che entra immediatamente in vigore, salvo essere convertito in legge dal Parlamento *entro 60 giorni* dalla sua pubblicazione. Il decreto legge è espressione dell'autoassunzione provvisoria del potere legislativo a opera del Governo;
- *decreti legislativi* o *delegati* su apposita *legge di delegazione* (o legge delega) del Parlamento, per un tempo limitato e per oggetti definiti. È il caso di un certo numero di provvedimenti che hanno riguardato (e riguardano) la scuola. Due esempi, per tutti:
- *i decreti delegati* del 1974 istitutivi, tra diversi altri provvedimenti, degli organi collegiali sono stati approvati dal Governo su delega del Parlamento (legge 477/1973):
- le *deleghe legislative* previste dalla legge 107/2015 *(Buona Scuola)* in cui, all'art. 1, comma 180, si delega il Governo a adottare, entro 18 mesi dalla data di entrata in vigore della legge, uno o più *decreti legislativi* su una serie cospicua di materie: riordino in materia del sistema nazionale di istruzione e formazione, adeguamento del sistema iniziale di accesso ai ruoli dei docenti, promozione dell'inclusione scolastica degli studenti con disabilità, adeguamento della normativa in materia di valutazione e certificazione delle competenze, ecc.

Sia i decreti legge (in casi straordinari di *necessità e urgenza*) sia i decreti legislativi (deliberati su *legge delega*) sono adottati dal Governo ed emanati dal Presidente della Repubblica.

Fonti secondarie del diritto

Oltre alle fonti primarie, esistono le *fonti secondarie* (di secondo livello), ovvero i Regolamenti, i Decreti ministeriali, emanati da uno o più Ministri, i DPCM (Decreti della Presidenza del Consiglio dei Ministri), le Ordinanze.

Le fonti secondarie comprendono tutti gli atti, espressione del potere normativo della pubblica amministrazione statale o di altri enti pubblici (Regioni, Province, Comuni).

Infine, esistono le *norme di terzo livello,* ovvero circolari, note, ecc., che hanno efficacia all'interno dell'amministrazione che li ha emanati.

Come già accennato, accanto al quadro giuridico nazionale, ci sono poi le *fonti regionali* (statuti, leggi regionali), espressione della potestà legislativa riconosciuta alle Regioni.

7. I principali organismi europei

Sullo sfondo delle riflessioni fin qui proposte, non bisogna dimenticare il ruolo svolto, sempre più insistentemente, dall'Unione europea anche in materia educativa e formativa. La mobilità delle persone, i bilanci degli Stati e l'economia in generale sono sicuramente temi su cui gli organismi europei hanno un peso molto rilevante e spesso vincolante rispetto alle decisioni che sono poste in capo ai Paesi membri. Però, anche l'ambito dell'istruzione (si veda il capitolo secondo) è oggetto di un crescente interesse da parte delle politiche comunitarie.

Organi della UE

E così, le scelte dei singoli Stati dipendono anche dagli orientamenti impartiti dagli organismi dell'Unione europea, che sono principalmente tre: il Parlamento europeo, il Consiglio dell'Unione europea e la Commissione.

- Il *Parlamento europeo* è composto da 732 deputati in rappresentanza degli Stati membri, eletti a suffragio universale. Il loro numero differisce a seconda della popolazione del Paese membro. Questo organismo partecipa all'elaborazione degli atti comunitari ed esprime pareri vincolanti e non.
- Il *Consiglio dell'Unione europea* è composto dai rappresentanti dei governi degli Stati membri. La sua composizione varia a seconda delle materie iscritte all'ordine del giorno. Infatti, ciascuno Stato membro è rappresentato dal ministro responsabile della materia oggetto dei lavori del Consiglio.
- La *Commissione* si compone di 27 membri (uno per ogni Stato), nominati dal Consiglio per una durata di 5 anni. La Commissione è responsabile delle proposte di nuovi atti legislativi, che presenta al Parlamento e al Consiglio. Istruisce e attua, inoltre, i programmi adottati dal Parlamento e dal Consiglio.

Strumenti della UE

Gli strumenti più frequentemente utilizzati dagli organismi dell'UE sono:

- i *Pareri,* strumenti che consentono alle istituzioni comunitarie di esprimere orientamenti senza imporre obblighi per i destinatari;

- le *Raccomandazioni,* atti non vincolanti con i quali le istituzioni comunitarie invitano i Paesi membri a seguire determinate linee e orientamenti. È il caso delle Raccomandazioni del 2006 e del 2008 di cui abbiamo parlato nel capitolo secondo;
- le *Decisioni,* si tratta di un atto vincolante per i suoi destinatari (un singolo Paese, un singola impresa) ed è direttamente applicabile;
- le *Direttive,* sono atti legislativi che stabiliscono un obiettivo a cui tutti i Paesi dell'UE devono sottostare. Tuttavia, spetta a ciascun Paese definire le disposizioni nazionali di recepimento di tali obiettivi;
- i *Regolamenti,* atti legislativi vincolanti, che devono essere applicati nell'intera Unione europea.

Come precedentemente sottolineato, le *competenze chiave* della Raccomandazione del Parlamento e del Consiglio europeo del dicembre 2006 sono diventate parte integrante delle Indicazioni nazionali per il curricolo della scuola dell'infanzia e del 1° ciclo d'istruzione del nostro Paese.

CAPITOLO QUARTO

Il contributo delle scienze psicopedagogiche alla ricerca in educazione

1. Il Comportamentismo

Un contributo certamente significativo allo sviluppo dei sistemi di educazione e di istruzione è venuto anche dagli studi e dalle ricerche delle scienze che in qualche modo afferiscono allo studio dello sviluppo della persona, delle sue capacità intellettive, di quelle cognitive, in particolare delle scienze psicopedagogiche.

La nascita della psicologia

La creazione del termine psicologia può essere attribuito al tedesco Filippo Melantone, latinista e grecista che visse nel Sedicesimo secolo: per lo studioso la psicologia era l'insieme di conoscenze filosofiche, letterarie e religiose sull'animo umano.

Il significato della parola veniva fatto derivare dall'etimologia greca: *psiche* e *logos,* per indicare lo studio sistematico dell'*anima,* tradotta in psiche nella cultura latina. La psicologia nasce, invece, come scienza moderna nella seconda metà dell'Ottocento; in Italia lo studio della psicologia viene introdotto nell'università agli inizi del Novecento e nel 1905 Giulio Cesare Ferroni inizia a pubblicare il periodico scientifico «Rivista di Psicologia».

Il tentativo più importante di definire l'oggetto di questa disciplina è rappresentato dal Comportamentismo, cioè dallo studio del comportamento *(behavior)* osservabile.

Le esperienze soggettive (sentimenti, emozioni, motivazioni, ecc.) venivano escluse dal paradigma della ricerca behavioristica.

Il Comportamentismo

La nascita del Comportamentismo viene fatta risalire al «Manifesto» dello studioso americano John B. Watson che, in un articolo pubblicato nel 1913, *La psicologia così come la vede il comportamentista,* afferma che essa è un settore della scienza naturale.

> Dal punto di vista teorico, il suo obiettivo è la previsione e il controllo del comportamento. Per nessuna ragione l'introspezione fa parte dei metodi da essa impiegati. Il comportamentista, nel suo sforzo teso a pervenire a un quadro unitario del comportamento animale, non traccia alcuna linea di demarcazione tra l'uomo e l'animale. (Watson, 1976)

La concezione del Comportamentismo sposta decisamente l'interesse della ricerca psicologica dalla coscienza ai comportamenti manifesti, fino a includere un dato di analogia tra l'uomo e l'animale.

Nel 1915 Watson è a capo dell'American Psychological Association e nel suo discorso di insediamento indica nel lavoro di Pavlov sui riflessi condizionati il fondamento sperimentale del Comportamentismo.

Pavlov introduce nella ricerca sperimentale il concetto di *riflesso.* Il principio di fondo della concezione pavloviana è il seguente: se a uno stimolo che è in grado di evocare automaticamente un riflesso (ad esempio, la vista di un cibo) si associa sistematicamente uno stimolo neutro (ad esempio, il suono di un campanello), dopo un certo numero di associazioni lo stimolo neutro produrrà il *riflesso* (detto *condizionato*).

> Il suo contributo può essere riassunto soprattutto in questi termini: la sostituzione dell'introspezione con l'osservazione comportamentale, l'accento sulla predizione e il controllo del comportamento rispetto alla comprensione teorica, l'abolizione della terminologia mentalistica e una impostazione tomistica dello studio del comportamento in modo da renderlo più affrontabile nella sua complessità. (Luccio, 2000)

2. Il Neocomportamentismo

In breve tempo le teorie di Watson divennero il principale riferimento di tutti gli psicologi americani della prima metà del Novecento.

Come ogni movimento culturale, anche il Comportamentismo comincia a essere elaborato con differenti approcci rispetto alla concezione originaria.

Il Comportamentismo intenzionale di Tolman

Uno degli autori di questi differenti apporti è Edward Tolman che condivide alcuni dei principi basilari della visione di Watson (ad esempio, l'importanza dell'osservazione, l'accantonamento dell'introspezione), ma nello stesso tempo elabora una prospettiva sua originale in quanto accoglie idee provenienti dalla psicoanalisi e dal cognitivismo.

Secondo questo autore, il comportamento ha uno scopo e la risposta attiva che ne consegue va considerata *molare* e non fissata su elementi parziali *(molecolare).*

Il comportamento umano va, quindi, interpretato anche considerando una serie di fattori

> che operano come variabili indipendenti: stimoli ambientali, memoria, pulsioni fisiologiche, eredità, età, sesso, esercizio pregresso e così via. (Luccio, 2000)

Il comportamento, dunque, ha uno scopo che è lo stesso, nonostante variazioni esterne: questa concezione è stata definita anche *Comportamentismo intenzionale.*

Secondo alcuni autori, il pensiero di Tolman va considerato un punto di incontro tra il Comportamentismo, che dominerà la cultura psicologica nel corso della prima metà del Novecento, e il Cognitivismo che si affermerà negli anni Cinquanta-Sessanta del Ventesimo secolo.

3. La concezione dell'apprendimento in Skinner

Verso la fine degli anni Trenta del secolo scorso si affaccia sulla scena culturale americana il ricercatore che sarebbe diventato il più noto dei comportamentisti in ambito educativo: Burrhus Frederic Skinner.

Regolarità e rinforzo

Egli manifesta un atteggiamento in larga misura alternativo sia alla concezione di Watson sia a quella di Tolman e di altri ricercatori del behaviorismo. Si distacca dalla psicologia che privilegiava il legame causale tra stimolo e risposta, ricercando piuttosto le *regolarità* tra queste due classi.

Skinner è interessato all'osservazione del comportamento e alla sua relazione con un determinato tipo di *rinforzo.*

Egli distingue tra i comportamenti *rispondenti,* che si apprendono per stimolo-risposta (teoria classica) e quelli *operanti,* che vengono

> emessi spontaneamente dall'organismo e la cui probabilità di occorrenza aumenta o diminuisce a seconda del rinforzo (premio o punizione) che l'organismo riceve in corrispondenza della loro emissione. (Luccio, 2000)

La concezione skinneriana è definita *condizionamento operante* e si può applicare a qualsiasi tipo di risposta, comprese quelle più strettamente legate all'apprendimento.

Egli, infatti, elabora una tecnologia dell'apprendimento, le cosiddette «macchine per insegnare» *(teaching machines)* in vista di una vera e propria *istruzione programmata.*

Il condizionamento operante

Il paradigma del *condizionamento operante*, infatti, può essere ricondotto ad apprendimenti complessi, difficilmente conseguibili sulla base del condizionamento classico (stimolo-risposta), perché qualsiasi tipo di risposta può essere seguita da *rinforzo*.

Skinner mette in luce la *plasmabilità* del comportamento umano, suggerendo di utilizzare quelle forme di manipolazione che influenzano in modo positivo gli apprendimenti, compresi quelli scolastici.

4. Freud e l'analisi dell'inconscio

Mentre gli esponenti del Comportamentismo erano contrari all'introspezione ed erano interessati esclusivamente a osservare evidenze rilevabili, Sigmund Freud formula agli inizi del Novecento una nuova teoria della psiche, la Psicoanalisi, che si pone agli antipodi rispetto alla concezione del behaviorismo.

La Psicoanalisi

Nel suo scritto *Introduzione alla psicoanalisi*, Freud sostiene che

> i processi psichici sono di per sé inconsci e che di tutta la vita psichica sono consce soltanto alcune parti e alcune azioni singole. (Freud, 1976)

Nel trattamento analitico, sostiene Freud, non si procede niente altro che a uno scambio di parole tra l'analizzato e il medico.

> Con le parole un uomo può rendere felice l'altro o spingerlo alla disperazione; con le parole l'insegnante trasmette il suo sapere agli allievi e l'oratore trascina con sé l'uditorio e ne determina i giudizi e le decisioni. [...] Non sottovaluteremo, quindi, l'uso delle parole nella psicoterapia. (Freud, 1976)

Le fasi secondo Freud

Nella concezione freudiana, lo sviluppo del bambino avviene seguendo alcune fasi — orale, anale, fallica, latenza — che si sviluppano come segue:

- 1°/2° anno – fase orale: il bambino deve venire saziato con un'alimentazione adeguata alle sue esigenze e anche un'adeguata stimolazione della mucosa orale;
- 3° anno – fase anale: primeggia sia nel bambino sia nell'adulto la considerazione del funzionamento intestinale, del controllo degli sfinteri;
- 3°/6° anno – fase fallica: l'attenzione del bambino si concentra sulle zone genitali in concomitanza con la differenziazione sessuale;
- 6°/11° anno – fase della latenza: in questo periodo il soggetto rafforza le proprie capacità di dominio delle pulsioni sessuali: gli impulsi sessuali non cessano, si mitigano perché la loro energia è utilizzata per il raggiungimento di altri scopi, intellettuali, scolastici. Questo processo si chiama *sublimazione*.

Si tratta di una concezione incentrata sullo sviluppo psicosessuale, che esprime forme e modalità della scoperta della sessualità infantile come dimensione a sé stante.

Nella fase *orale,* il piacere sessuale è legato all'eccitamento della cavità orale; in quella successiva, gli interessi si spostano dalla zona orale a quella *anale;* nella fase *fallica,* l'energia libidica interessa la regione genitale.

La fase della *latenza,* nella quale si registra un certo addormentamento delle pulsioni sessuali, precede quella *genitale* con cui avrà inizio la pubertà.

Le fasi secondo Erikson

Un esponente molto importante nel campo dell'indagine psicoanalitica, che si distingue in parte da Freud, è Erik Erikson.

Egli allarga il campo indagato dall'inventore della Psicoanalisi, attribuendo minore importanza alle pulsioni e agli istinti e recuperando, invece la storicità del bambino (vissuti familiari, contesti sociali, ecc.); in estrema sintesi, amplia lo schema freudiano secondo cui lo sviluppo avviene all'interno del triangolo «bambino-madre-padre».

Erikson, quindi, concentra il proprio interesse non sulle condizioni patologiche dell'infanzia, ma sulla risoluzione positiva delle crisi evolutive.

In tal senso, delinea otto fasi fondamentali, che vanno dalla nascita alla vecchiaia.

Riportiamo le prime, che sono quelle che vanno dalla nascita all'adolescenza.

- *Fiducia di base:* il bambino deve venire saziato attraverso la saturazione delle sue esigenze affettive: accarezzato, guardato, chiamato, amato. È fondamentale il rapporto madre/bambino; alla fiducia si contrappone la *sfiducia.*
- *Autonomia di base:* il bambino avverte l'esigenza di manipolare l'ambiente, prendere, lasciare, stringere non solo cose ma anche persone. All'autonomia si contrappongono il *dubbio* e la *vergogna.*
- *Iniziativa:* il bambino penetra lo spazio con i giochi, le domande, le costruzioni. Se l'interazione bambino/genitore è stata soddisfacente, si produce questa attitudine di base: al senso di iniziativa si contrappone il senso di *colpevolezza.*
- *Industriosità:* la polarità di questa fase si manifesta in un senso di industriosità contro un senso di *inferiorità.*

Il fanciullo tra i 7 e gli 11 anni cerca di superare un certo complesso di inferiorità attraverso un senso di soddisfazione, derivato dall'essere stato il più spiritoso, il più forte, il vincitore.

A scuola, in particolare, il bambino è portato a trasferire sulla figura dell'insegnante il significato emotivo di una figura parentale e ad assumere, nei confronti del primo, rapporti già sperimentati con i genitori.

5. La teoria della Gestalt

La Psicologia della forma (Gestalt) rappresenta la più importante scuola psicologica europea. La data della sua nascita viene collocata nel 1912, anno in cui Max Wertheimer pubblica i risultati delle sue ricerche.

Uno dei suoi primi lavori riguarda la produzione musicale dei Vedda, una tribù dell'isola di Ceylon. Egli ricerca, in un materiale apparentemente povero, le regole e le leggi che lo governano.

Le leggi di Wertheimer

Quali sono i capisaldi della Psicologia della forma? Le leggi classiche enunciate da Wertheimer (1912, 1923) sottolineano che le parti di un campo percettivo tendono a costituire delle forme che sono tanto più unite quanto più gli elementi sono vicini (legge della *vicinanza*), simili (legge della *somiglianza*), tendenti a forme chiuse (legge della *chiusura*), disposti lungo una stessa linea (legge della *continuazione*), concordemente mossi (legge del *moto comune*) (Luccio, 2000).

L'isomorfismo

Uno dei principi che caratterizza la teoria della Gestalt è *l'isomorfismo.* Si tratta di un principio che ipotizza una corrispondenza tra

> l'ordine percepito nello spazio ambientale e l'ordine funzionale che caratterizza la dinamica dei processi cerebrali sottostanti all'atto percettivo. (Galimberti, 2006)

Il nostro cervello funziona come un sistema totale dinamico. Wertheimer fa l'esempio di chi è a tavola e si accorge della mancanza di un componente senza contare il numero di presenti.

> Il gruppo normalmente riunito forma una struttura e l'assenza di una persona crea uno squilibrio.
>
> Nel campo fenomenico dell'appartenente al gruppo esiste quindi una rappresentazione di tale struttura e questa rappresentazione è isomorfa alla struttura del gruppo reale. (Luccio, 2000)

Infatti, una delle leggi fondamentali della Gestalt è la seguente: la percezione dell'intero è più della somma delle parti; il *Requiem* di Mozart è, ad esempio, ben più dell'alternarsi delle sette note.

Lo psicologo deve allora determinare le caratteristiche della struttura reale e porle in relazione con quelle della sua rappresentazione.

La teoria del campo di Kurt Lewin

Un secondo principio molto importante dei gestaltisti è costituito dalla *teoria del campo,* strettamente collegata all'isomorfismo.

Il concetto di campo è stato utilizzato dal principale esponente della Gestalt, Kurt Lewin. Secondo lo studioso tutti i fattori psicologici che influenzano il comportamento di una persona sono presenti in uno spazio vitale composto dall'individuo e dall'ambiente psicologico.

All'esterno c'è il mondo che interagisce con il campo vitale.

> All'interno del campo, l'attività si svolge in termini di energia psichica con tendenza all'equilibrio del sistema, per cui quando

sorge una tensione si attiva un processo che consente di giungere a un nuovo equilibrio. (Galimberti, 2006)

Se la situazione si fa molto conflittuale, si può determinare la tendenza all'abbandono del campo in modo temporaneo o definitivo.

Secondo Lewin, affettività, percezione, motivazione, cognizione danno vita a una *psicologia topologica* chiamata *regione interno-personale,* che incide sul comportamento umano molto più degli influssi esterni *(regione percettivo-motoria).*

La teoria della Gestalt ha sempre goduto di una certa attenzione. Anche oggi la Psicologia della forma è oggetto di studio, di ricerche e di ulteriori nuovi contributi.

6. La Psicologia umanistica di Maslow e Rogers

A metà del secolo scorso, negli Stati Uniti, contemporaneamente a un declino del Comportamentismo e al primo affacciarsi delle teorie cognitiviste, si sviluppa una corrente psicologica di matrice umanistica.

I principali esponenti di tale orientamento sono Abraham Maslow e Carl Rogers.

Entrambi individuano nel bisogno di crescita e di affermazione le principali spinte del comportamento umano. L'espressione *Psicologia umanistica* viene coniata da Maslow nel 1962 e al centro del Manifesto dell'Associazione di Psicologia umanistica viene posta la persona, vista nella sua pienezza e creatività e non ridotta a una visione meccanicistica e deterministica.

In particolare, Maslow è noto per aver elaborato una gerarchia di bisogni umani, più conosciuta come la *Piramide di Maslow* (figura 4.1).

La Piramide di Maslow

Come si può vedere dall'immagine, Maslow propone un modello dello sviluppo umano basato su una sequenza di bisogni, partendo da quelli fisiologici (fame, sete, sonno, ecc.) fino ad arrivare ai bisogni che caratterizzano le motivazioni della crescita (sicurezza, amore, stima, conoscenza e autorealizzazione).

Bisogni e motivazioni si strutturano secondo un ordine gerarchico e il passaggio a uno stato superiore può avvenire solo dopo la soddisfazione di quelli posti nel grado inferiore.

Carl Rogers avvia gli studi sulla Psicologia umanistica nel 1951 con la pubblicazione del libro *La terapia centrata sul cliente.* L'approccio che il medico deve instaurare con il paziente si basa su alcuni elementi:

Empatia e accettazione positiva incondizionata

- *empatia,* il terapista deve far proprio il punto di vista del cliente, che in questo modo si sente più compreso e apprezzato;
- *accettazione positiva incondizionata,* il terapista deve esprimere una totale fiducia nelle capacità di autorealizzazione del paziente, astenendosi da giudizi e valutazioni.

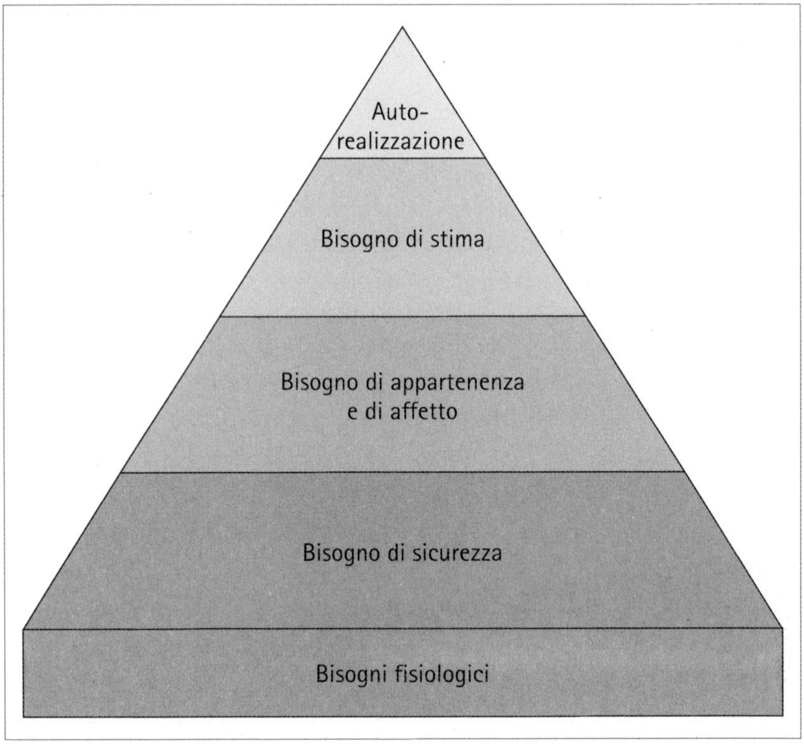

Fig. 4.1 La piramide di Maslow.

La non direttività di Rogers

La teoria della *non direttività* di Rogers ha fatto breccia anche in campo educativo, sostenendo un approccio (a volte eccessivo) centrato sull'alunno.

Le persone, infatti, possono essere capite solo partendo dai loro sentimenti; il mondo fenomenologico della persona è la determinante principale del suo comportamento.

L'insegnante in un'ottica non direttiva assume il ruolo di facilitatore dell'attività dello studente, in un progetto complessivo che può essere così sintetizzato:

- *relativamente all'insegnante,* possesso di un atteggiamento di empatia, di comprensione, di capacità di stabilire relazioni positive;
- *relativamente al rapporto educativo,* clima di comunicazione aperta, di accettazione e fiducia;
- *relativamente all'alunno,* motivazione positiva in quanto la scuola si pone in relazione di aiuto;
- *relativamente ai contenuti,* finalizzati alla soluzione di problemi vitali per l'esperienza complessiva dell'alunno;
- *relativamente agli strumenti e ai metodi,* disponibilità, facilità di accesso, di fruizione e utilizzo.

Maslow e Rogers segnano una netta demarcazione dalla psicologia comportamentistica e sostengono la centralità della vita affettiva sia in ambito clinico, sia educativo.

7. Il modello ecologico di Bronfenbrenner

La parola *ecologia* è stata proposta dal naturalista tedesco Haeckel per indicare originariamente le relazioni degli animali con l'ambiente.

Nel tempo poi è stata applicata ad altri ambiti di ricerca e di studio, comprese le scienze sociali e dell'educazione.

In campo psicologico uno degli autori più rappresentativi di questo orientamento è Urie Bronfenbrenner, che, alla metà degli anni Ottanta del secolo scorso, dà alle stampe il libro *Ecologia dello sviluppo umano,* nel quale richiama la necessità di leggere i processi di crescita del bambino secondo una prospettiva di differenti sistemi interagenti tra loro.

Già nel concetto di campo, elaborato soprattutto da Kurt Lewin, era stato evidenziato che il comportamento dell'individuo dipende sia dalle caratteristiche della persona sia da quelle dell'ambiente. Bronfenbrenner ha enfatizzato il ruolo del contesto nello sviluppo.

Secondo Bronfenbrenner, lo sviluppo infantile

> implica lo studio del progressivo adattamento reciproco tra un essere umano che sta crescendo e le proprietà mutevoli delle situazioni ambientali in cui l'individuo vive. (Bronfenbrenner, 1986)

Microsistema, mesosistema, esosistema, macrosistema

Il bambino cresce, quindi, all'interno di sistemi che interagiscono tra di loro, ordinati in strutture concentriche incluse l'una nell'altra. Questi sistemi vengono chiamati *microsistema, mesosistema, esosistema, macrosistema.*

1. *Microsistema:* è uno schema di attività, ruoli e relazioni interpersonali di cui l'individuo in via di sviluppo ha esperienza in un determinato contesto e che hanno particolari caratteristiche fisiche e concrete.
2. *Mesosistema:* comprende le interrelazioni tra due o più situazioni ambientali alle quali l'individuo in via di sviluppo partecipi attivamente (per un bambino, ad esempio, le relazioni tra casa, scuola, gruppo di coetanei che abitano nelle vicinanze di casa sua; per un adulto, quelle tra famiglia, lavoro, vita sociale).
3. *Esosistema:* è costituito da una o più relazioni ambientali di cui l'individuo in via di sviluppo non è un partecipante attivo, ma in cui si verificano degli eventi che determinano, o sono determinati da ciò che accade nella situazione ambientale che comprende l'individuo stesso.
4. *Macrosistema:* consiste nelle congruenze di forma e di contenuto dei sistemi di livello più bassi (micro-, meso- ed esosistema), che si danno o si potrebbero dare a livello di subcultura o di cultura

considerate come un tutto, nonché di ogni sistema di credenze o di ideologie che sottostanno a tali congruenze. (Bronfenbrenner, 1986)

L'ecologia dello sviluppo umano, secondo Bronfenbrenner, implica lo studio del progressivo adattamento del bambino alle situazioni ambientali in cui tale sviluppo avviene, dalle interazioni *faccia a faccia* (microsistema) alla cultura e alle predominanze di un determinato macrosistema.

8. L'epistemologia genetica di Piaget

Uno degli psicologi più importanti del Novecento è senza ombra di dubbio Jean Piaget, studioso di scienze naturali e poi professore di psicologia dell'età evolutiva dell'Istituto J.J. Rousseau, fondato a Ginevra da Claparède, di cui Piaget diventa direttore nel 1940, all'età di 44 anni.

Nel 1955, Piaget, sempre a Ginevra, crea il Centro internazionale dell'epistemologia genetica, dove perfeziona le sue ricerche sullo sviluppo dell'intelligenza del bambino che aveva elaborato a cominciare dagli anni Venti.

Secondo Piaget, il bambino attraversa una serie di fasi evolutive, e ogni periodo presenta una strutturazione che la rende diversa da quella precedente sia sul piano della qualità sia della quantità.

Negli anni Venti, quando il Comportamentismo si orientava a indagare i processi elementari e le evidenze osservabili, Piaget mette invece al centro delle sue ricerche *la complessità dell'attività mentale* del bambino.

Secondo lo psicologo ginevrino,

> l'intelligenza è una forma di adattamento. Per cogliere i suoi rapporti con la vita in generale, occorre precisare quali relazioni esistono tra l'organismo e l'ambiente. (Piaget, 1973)

Adattamento, assimilazione, accomodamento

Lo psicologo ginevrino ha elaborato un modello generale di funzionamento dell'intelligenza, che rappresenta una forma di adattamento all'ambiente esterno.

L'adattamento costituisce un principio biologico fondamentale, in quanto assicura all'individuo la possibilità di crescere e di modificarsi in funzione dei bisogni che emergono fra il soggetto e l'ambiente. I processi che caratterizzano questa interazione avvengono in una duplice azione, *l'assimilazione* e *l'accomodamento,* sui quali ritorneremo.

Nel testo *Scienze dell'uomo,* Piaget sostiene che il bambino è disponibile alle influenze dell'adulto, nella misura in cui riesce ad assimilarle, quindi a farle proprie.

In secondo luogo, sottolinea che, oltre ai rapporti di socializzazione con le persone adulte, occorre prestare attenzione anche alle relazioni tra pari (dei bambini fra loro stessi).

Infine Piaget ribadisce il fondamentale peso dell'esperienza nello sviluppo dell'intelligenza; in particolare egli si sofferma *sull'esperienza logico-matematica*

> che gioca un ruolo assai importante nel periodo che precede l'apparizione delle operazioni deduttive; [...] è, per esempio, il tipo di esperienza che interviene allorché il bambino verifica la commutatività, cambiando l'ordine degli oggetti e contandoli di nuovo, perché l'ordine e la numerazione sono in questo senso dovuti esclusivamente all'azione stessa. (Piaget, 1976)

Le strutture dell'intelligenza, dunque, non sono innate, ma si sviluppano nel corso di un processo laborioso che abbraccia i primi quindici anni di esistenza, sulla scorta di condizioni sociali favorevoli. Esse sono il risultato di una costruzione che procede poi per *gradi.*

La conoscenza nella concezione piagetiana è un processo determinato da un evento o da una relazione tra chi conosce e l'oggetto che deve essere conosciuto.

Le fasi di Piaget

La teoria di Piaget distingue alcune fasi (stadi) che vanno dalla fase *senso-motoria* a quella delle *operazioni astratte.*

Nella prima fase (dalla nascita a 2 anni circa), divisa in altri periodi, l'intelligenza si forma su una base pratica attraverso l'azione. Rivestono molta importanza le cosiddette *reazioni circolari,* che permettono ai bambini di compiere azioni solo per il piacere di compierle. Il bambino si adatta gradualmente all'ambiente e tale adattamento avviene attraverso due processi: *l'assimilazione* e *l'accomodamento.* Con la prima, egli incorpora ogni dato che proviene dall'ambiente nei propri schemi mentali; l'accomodamento, invece, è il processo inverso, vale a dire la modificazione del comportamento e delle strutture per accogliere nuovi oggetti dell'esperienza.

Questi due processi si alternano continuamente, determinando nuovi equilibri in tutte le altre fasi: *preoperatoria* (2-6 anni), *operatoria* (6-11 anni), delle *operazioni astratte* (11-15 anni).

Nella fase preoperatoria inizia l'intelligenza rappresentativa, in cui però il bambino non raggiunge schemi d'azioni reversibili. In questo stadio, la sua intelligenza è ancora rigida, egocentrica (incapace di tener conto del punto di vista altrui). Il *linguaggio* è *egocentrico* e solo nello stadio successivo diventerà sociale.

La fase operatoria è segnata dalla comparsa delle operazioni e quindi della *reversibilità* del pensiero. Il bambino è capace di fare inferenze transitive, ad esempio di stabilire che, se un bastoncino A è più lungo di un bastoncino B e questo è più lungo di C, A è più lungo di C. Il bambino impara inoltre a distinguere le quantità e le relazioni di ordine di appartenenza, sviluppa il concetto di numero e delle relazioni spaziali.

La fase delle osservazioni astratte rappresenta la conquista dei processi di formalizzazione del pensiero. L'adolescente riesce a «operare con le operazioni», cioè con formulazioni simboliche, quali le proporzioni, alcune forme di probabilità, duplici sistemi di riferimento, la formulazione di ipotesi, ecc.

Questo, secondo Piaget, rappresenta il livello più alto dello sviluppo dell'intelligenza, soprattutto di quella logico-matematica.

Il metodo clinico

Nell'osservazione del bambino, egli utilizza frequentemente il *metodo clinico,* che consiste

> nell'avviare con i bambini una conversazione partendo da domande formulate spontaneamente, utilizzando la formulazione dei bambini stessi. Occorre quindi seguire il corso del pensiero del bambino, senza forzarlo, ma allo stesso tempo conducendolo verso i nuclei problematici che interessano. (Liverta Sempio, 1998)

9. La Psicologia culturale di Vygotskij

Lev Semënovič Vygotskij vive nello stesso periodo di Piaget, anche se morirà molto giovane, nel 1934, all'età di soli 38 anni. Piaget invece vivrà a lungo, fino al 1980.

Vygotskij privilegia lo studio dello sviluppo umano in una prospettiva *storico-culturale;* si confronta cioè con i problemi di carattere psicologico nel contesto sociale e culturale in cui il bambino vive.

Egli arriva a sostenere tale orientamento, dopo alcuni periodi che hanno caratterizzato la sua vita.

Dal 1915 al 1927 si occupa prevalentemente di psicologia dell'arte e di critica letteraria; alla fine degli anni Venti, dopo un'accurata lettura dei testi di Marx, Engels e Lenin, analizza le varie teorie psicologiche dell'epoca, contrapponendosi sia al Comportamentismo sia alla teoria piagetiana.

Nell'ultimo periodo della sua vita affronta i temi centrali della psicologia, in particolare il ruolo delle emozioni nella vita psichica e il rapporto tra pensiero e linguaggio. Quest'ultima ricerca costituisce anche il titolo di uno dei libri più importanti della psicologia del Novecento, *Pensiero e linguaggio.*

Emerge un profilo eclettico di ricercatore e la sua opera, per ragioni politiche, in quanto osteggiata dallo stalinismo, è stata studiata in Occidente molto tardi, a cominciare dagli anni Settanta del Ventesimo secolo.

Secondo Vygotskij lo sviluppo psichico dell'individuo (ontogenetico) è essenzialmente di natura culturale e si fonda sul processo di interiorizzazione dei mezzi forniti dall'ambiente socioculturale.

Per queste ragioni le funzioni psichiche si sviluppano prima nelle relazioni sociali *(funzioni interpsichiche)* e solo successivamente diventano interne all'individuo *(funzioni intrapsichiche).*

Questi assunti costituiscono quella che egli definisce «legge genetica generale dello sviluppo culturale». Ogni funzione mentale nello sviluppo culturale del bambino appare su due piani: prima su quello *sociale* e successivamente su quello *personale.* Le relazioni sociali sono la base di tutte le funzioni superiori.

La sua concezione dello sviluppo infantile si distingue quindi nettamente da quella di Piaget, in particolare per quanto concerne la maturazione del linguaggio del bambino.

Vygotskij e Piaget

Il linguaggio e il pensiero del fanciullo (1923) di Piaget e *Pensiero e linguaggio* (1934) disegnano questa demarcazione tra i concetti di linguaggio egocentrico e linguaggio interiore.

Secondo Piaget il linguaggio del bambino fino a 6-7 anni è egocentrico, centrato cioè sul proprio punto di vista e incapace di differenziazione, rispetto a quello altrui.

Secondo Vygotskij, invece, l'origine del linguaggio risiede nelle interazioni sociali e solo successivamente si interiorizza. Pertanto, il linguaggio prima è sociale e poi diventa interiore, di comunicazione con se stesso.

Vygotskij sostiene inoltre che il linguaggio e il pensiero si sviluppino su linee diverse. Il primo è un comportamento umano superiore, mentre il pensiero non verbale è presente anche negli animali.

Linguaggio sociale e linguaggio interpersonale

Inizialmente il pensiero del bambino è non verbale (gestuale) e il suo linguaggio non intellettivo (lallazione, pianto, ecc.). Con la successiva accumulazione di esperienze sociali, il bambino comincia a usare le prime parole in funzione comunicativa, finalizzate al contatto e al rapporto con gli altri. Quindi, il linguaggio prima è esteriore (sociale) e poi diventa interiore (interpersonale).

Vygotskij attribuisce molta importanza al rapporto tra sviluppo e apprendimento, che rappresentano due processi interdipendenti molto complessi.

Non è vero, secondo Vygotskij, che a un certo sviluppo corrisponde una forma di apprendimento. L'apprendimento è realmente tale quando precede (e non segue) lo sviluppo. L'apprendimento sarebbe inutile se utilizzasse soltanto ciò che è già maturato nello sviluppo.

> L'apprendimento, invece, è di per sé fonte di sviluppo, fa leva sulle capacità a cui il bambino è già potenzialmente vicino, sulle funzioni che sono in corso di maturazione, cioè sull'area di sviluppo prossimale, il domani dello sviluppo. (Vygotskij, 2002)

L'area di sviluppo prossimale

L'area di sviluppo prossimale costituisce uno spazio di funzionamento psicologico che diventa attivo solo se sostenuto dall'aiuto di un adulto, che fa emergere quelle funzioni che ancora non operano da sole, ma che hanno bisogno di supporto esterno.

È pertanto in tale zona che diventa significativo il ruolo della scuola e degli insegnanti.

La scuola per Vygotskij ha una funzione fondamentale per lo sviluppo del bambino, perché è il principale mediatore culturale che egli incontra nei primissimi anni di vita.

Vygotskij nel panorama della psicologia del Novecento è senza ombra di dubbio la figura che ha determinato il maggior interesse, nonostante un periodo di oscurità del suo pensiero durato oltre quarant'anni.

L'importanza del gruppo, le teorie socio-costruttivistiche dell'apprendimento, il peer tutoring, ecc. sono alcuni dei numerosi ambiti di ricerca vivificati dal suo pensiero e dalla sua straordinaria opera.

10. La rivoluzione cognitiva di Bruner

Jerome Bruner è l'esponente della psicologia che più di ogni altro ha vissuto sul piano culturale il passaggio dal Comportamentismo al Cognitivismo.

Siamo all'inizio degli anni Sessanta del secolo scorso (Bruner è nato nel 1915) e gli Stati Uniti restano smarriti di fronte al primo lancio nello spazio di un uomo, Yuri Gagarin, da parte dei russi nel 1961.

Sorgerà così un movimento rappresentato in particolare da Bruner con lo scopo di cambiare radicalmente i curricoli e i metodi di insegnamento in tutti gli ordini di scuola americani.

La rivoluzione cognitiva, come lui la chiama nel libro *La ricerca del significato,*

> era un estremo tentativo di definire il concetto culturale della psicologia: non gli stimoli e le risposte, non il comportamento osservabile, non le pulsazioni biologiche e la loro trasformazione, ma il significato. (Bruner, 1992)

Precisa lo stesso Bruner che non si tratta di una rivoluzione contro il Comportamentismo, ma di un atteggiamento molto più profondo che si proponeva

> di descrivere in modo formale i significativi che gli esseri umani creano in base ai loro contatti con il mondo, prendendo in considerazione le attività simboliche che gli esseri umani utilizzano per costruire e attribuire un senso non solo al mondo ma anche a se stessi. Lo scopo della rivoluzione cognitiva era quello di spronare la psicologia a collaborare con le discipline ermeneutiche, sorelle presenti nell'ambito umanistico e nelle scienze sociali. (Bruner, 1992)

Il riferimento alle scienze in ambito umanistico e alle discipline ermeneutiche è molto importante perché costituirà per Bruner il passaggio dal Cognitivismo allo studio del *pensiero scientifico* e del *pensiero narrativo,* a cominciare dagli anni Ottanta.

La rivoluzione cognitiva, quindi, era stata concepita originariamente per cooperare con l'antropologia, la linguistica, la filosofia, la storia e anche con le discipline giuridiche.

Tale spirito originario però subisce il fascino della nascente rivoluzione informatica e questo determinerà nei cognitivisti differenti interessi.

Alcuni, tra cui Bruner, rimarranno fedeli allo spirito originario; altri, invece, si dedicheranno non tanto alla costruzione del significato quanto all'elaborazione dell'informazione: *Human Information Processing* (HIP).

Nei primi anni Sessanta, tramite una collega russa che insegnava con lui ad Harvard, Bruner comincia a leggere *Pensiero e linguaggio* di Vygotskij, rimanendo molto colpito dalla concezione dello psicologo russo.

Anche sulla scorta delle impressioni di questa lettura (Bruner farà tradurre in inglese per la prima volta in Occidente il libro del collega sovietico), egli accentua i nuovi interessi per la psicologia culturale e abbandona il modello computazionale della mente più vicino ai cognitivisti che gradualmente si occuperanno dell'intelligenza artificiale.

> Poiché la computazione era ormai la metafora della nuova scienza cognitiva e la mente equiparata a un programma, non poteva più esserci spazio per la mente nel senso di stati intenzionali come credere, desiderare, intendere, cogliere un significato. (Bruner, 1992)

Egli si allontanerà così definitivamente da quei cognitivisti che equiparano il funzionamento della mente a quello di un processore informatico.

Bruner accentua sempre più il ruolo formativo della cultura tanto che quest'ultima può essere considerata lo spartiacque dell'evoluzione umana.

È la cultura che dà forma alla mente di coloro che vivono in un determinato ambiente. Essa è il prodotto della storia più che della natura: «senza il ruolo formativo della cultura non siamo che mostri inservibili» (Bruner, 1992).

La cultura viene rappresentata sin dall'infanzia in tre modi:

Le rappresentazioni della cultura:
- attiva
- iconica
- simbolica

- *attivo:* legato al contatto, alla manipolazione di oggetti. Tale rappresentazione deriva dall'azione diretta che il bambino sperimenta concretamente; l'apprendimento si connette al fare;
- *iconico:* collegato alla percezione della vista e dell'udito. È un modello di apprendimento imitativo che si genera osservando gli altri per poi riproporre gesti, parole e stili;

– *simbolico:* correlato alle capacità linguistiche. L'apprendimento in questo caso avviene tramite il linguaggio e lo studio di sistemi simbolici.

Si tratta di tre forme presenti a ogni età, anche se quella che caratterizza maggiormente l'attività mentale dell'uomo è quella simbolica, in quanto permette a ciascun individuo di cogliere il significato profondo della cultura che nel tempo si è sedimentata e il senso dei cambiamenti a cui è soggetta.

Bruner, dagli anni Ottanta, accentuerà il suo interesse per il *principio narrativo.* Nel testo *La cultura dell'educazione,* egli chiarisce le caratteristiche delle due «intelligenze» che caratterizzano il modo di pensare degli uomini.

> Sembra che esistano due modi principali in cui gli esseri umani organizzano e gestiscono la loro conoscenza del mondo, anzi strutturano la loro stessa esperienza immediata: delle due forme la prima pare essere più specializzata per trattare di cose fisiche, l'altro per trattare delle persone e delle loro condizioni. Queste due forme di pensiero sono convenzionalmente note come *pensiero logico-scientifico e pensiero narrativo.* (Bruner, 1996)

Pensiero logico-scientifico

Il pensiero scientifico moderno è nato con Galilei nel 1600 ed è relativamente recente rispetto a quello narrativo. È fatto di regole, principi deduttivi, leggi generali; si sviluppa per astrazione, come avviene in matematica, fisica, chimica, ecc.

Pensiero narrativo

Il pensiero narrativo, invece, è legato al contesto della storia dei popoli; è ambiguo perché nelle narrazioni la stessa parola ha spesso più significati. Pensiero scientifico e pensiero narrativo non sono tra loro contrapposti, ma fortemente interdipendenti.

Il pensiero che il bambino conosce per primo è quello narrativo: la madre in particolare è la fonte principale di questa forma comunicativa fin dai primi giorni della nascita del figlio.

Nel libro *La fabbrica delle storie,* Bruner riprende il tema dell'importanza della forma narrativa del pensiero.

> I racconti, egli sottolinea, sono la moneta corrente di una cultura. Perché la cultura è in senso figurato quella che si crea e che impone il prevedibile. Ma paradossalmente essa teorizza ciò che contravviene ai suoi canoni. (Bruner, 2002)

La dimensione narrativa del pensiero ci fa scoprire sia ciò che è canonico, sia ciò che non lo è; in sintesi, alimenta un pensiero dialettico, formativo e trasgressivo (come nella poesia) in tutta la sua pienezza.

Bruner è sicuramente l'esponente più straordinario della cultura psicopedagogica del Novecento e di questo inizio di millennio.

11. L'intelligenza al plurale di Gardner

L'excursus teorico esaminato non può non essere completato con una riflessione relativa a un altro grande psicologo, allievo di Bruner, Howard Gardner.

Le sette intelligenze di Gardner

Il suo testo, *Formæ mentis,* pubblicato negli anni Ottanta, ha avuto un'enorme ripercussione sul mondo scolastico e accademico italiano, tanto che gli *Orientamenti della scuola dell'Infanzia del 1991* hanno riproposto sei campi di esperienza che richiamano le sette intelligenze proposte nel libro: *linguistica, logico-matematica, musicale, spaziale, corporeo-cinestetica, intrapersonale e interpersonale.*

Nella vita quotidiana queste forme di intelligenza si combinano tra loro, rendendo possibile la capacità da parte degli individui di affrontare e risolvere problemi e situazioni più o meno complesse.

Come sottolinea Gardner in *Formæ mentis,* esiste una fondata convinzione che tali intelligenze

> siano relativamente indipendenti l'una dall'altra e che possano essere plasmate e combinate da individui e culture in una varietà di modi adattivi. (Gardner, 2002)

Gardner sottolinea che, rispetto alla pluralità di intelligenze possedute dai bambini, la scuola tende a privilegiare solo quella linguistica e logico-matematica. Gli alunni, invece, devono poter imparare in modi distinti, valorizzando tutti i potenziali di cui dispongono.

L'intelligenza naturalistica e quella esistenziale

Successivamente, le intelligenze diventeranno nove; egli aggiunge infatti l'*intelligenza naturalistica* e l'*intelligenza esistenziale.*

L'orientamento della ricerca di Gardner, che è ispirazione costante per le esperienze educative delle scuole comunali dell'infanzia di Reggio Emilia, si è concentrato su ulteriori modalità di apprendere del bambino, descritte nel libro *Cinque chiavi per il futuro.*

> Senza pretendere di avere la sfera di cristallo, mi occupo dei cinque tipi di intelligenza di cui gli individui avranno bisogno se vorranno prosperare nelle epoche future. Le intelligenze che descrivo sono quelle che, a mio avviso, dovremmo sviluppare in futuro. (Gardner, 2006)

Cinque chiavi per il futuro

Si tratta di cinque chiavi, ciascuna delle quali è stata importante per la storia dell'uomo, e ognuna di esse promette di esserlo ancora di più in futuro: *intelligenza disciplinare, sintetica, creativa, rispettosa, etica.*

L'intelligenza disciplinare governa specifici linguaggi conoscitivi; la fisica, la matematica, la lingua, l'arte, ecc.; chi non ha nel suo arco, sostiene Gardner, almeno una disciplina è destinato a ballare la musica di altri.

L'intelligenza sintetica consiste nella capacità di fondere insieme elementi che in origine sono dispersi. Gardner fa alcuni esempi di tale forma mentale: le tassonomie, i proverbi, gli aforismi, le metafore, le teorie, gli enunciati, ecc.

L'intelligenza creativa si spinge sul terreno del cambiamento e dell'innovazione.

> Propone nuove idee, pone interrogativi inconsueti, inventa nuovi modi di pensare, fornisce risposte inaspettate. (Gardner, 2006)

Questi tre primi tipi di intelligenze, sostiene Gardner, si occupano della forma del conoscere.

Le intelligenze rispettosa ed etica, invece, si muovono nella sfera dei rapporti con gli altri. L'intelligenza rispettosa

> registra e accoglie con favore le diversità che esistono tra i singoli individui e tra le comunità umane; si sforza, quindi, di capire «i diversi» e di operare efficacemente con loro. (Gardner, 2006)

L'intelligenza etica, che si muove sullo stesso piano di quella rispettosa, agisce di più su un piano astratto. Si prefigge di individuare scopi e fini sui quali fondare le azioni conseguenti. È di stimolo alle persone per accettare consapevolmente le proprie responsabilità.

Verum, pulchrum, bonum

Nell'ultimo testo, *Verità, Bellezza, Bontà: Educare alle virtù nel ventunesimo secolo,* Gardner invita a guardare con fiducia alle giovani generazioni, sottolineando come le virtù degli Antichi*, verum, pulchrum, bonum,* possano aiutarci a guardare con più entusiasmo al futuro, anche in tempi di grandi incertezze.

12. Il Costruttivismo

I precursori del Costruttivismo

Alcuni psicologi dei quali abbiamo parlato nelle pagine del presente capitolo possono essere annoverati tra i precursori di un orientamento culturale che, in senso lato, è riconducibile alle teorie del Costruttivismo. Ci riferiamo in particolare a Piaget, Vygotskij, Bruner, Lewin e, naturalmente, ad altri ricercatori che, dagli anni Sessanta del secolo scorso, hanno operato un cambiamento rilevante sul piano delle teorie dell'apprendimento e dei processi cognitivi.

Con il termine Costruttivismo si indica un complesso di contributi culturali non presenti solo in psicologia o nelle scienze sociali, ma anche in altre discipline e in diversi campi del sapere. Il principio basilare del Costruttivismo considera la realtà non come un dato oggettivo e indipendente rispetto al soggetto che su di essa interviene. Secondo i principali sostenitori di questo eterogeneo movimento (George Kelly, Ernst von Glasersfeld, Humberto Maturana, Francisco Varela, Edgar Morin), la realtà è una rappresentazione del mondo derivata dalla nostra esperienza.

Possiamo distinguere un Costruttivismo *psicologico-individuale* da uno *interattivo-sociale*.

Il Costruttivismo

Il primo trova un precursore di rilevante importanza in Piaget, che ha studiato i processi cognitivi prevalentemente al singolare: questo può condurre a un radicalismo individualista, secondo il quale la conoscenza è un percorso esclusivamente personale, quasi solitario.

a) psicologico-individuale

Il secondo è molto vicino alle posizioni di Vygotskij, il quale ha dato molta importanza alla dimensione storico-relazionale: in questo caso il rischio è quello di un *ottimismo sociale* che Piaget aveva utilizzato negli anni Cinquanta per replicare proprio al collega sovietico.

b) interattivo-sociale

In realtà, alla base della conoscenza si diramano processi che sono allo stesso tempo individuali e sociali. Infatti,

> i concetti principali che caratterizzano il Costruttivismo sono essenzialmente tre:
> – la conoscenza è una costruzione attiva del soggetto;
> – ha carattere situato, ancorato nel contesto concreto;
> – si svolge attraverso forme particolari di collaborazione e negoziazione sociale. (Calvani, 2004)

Al centro delle modalità con le quali si conosce c'è la persona con le sue teorie e il suo modo di costruirle. Il Costruttivismo sta influenzando anche le concezioni legate alla didattica, anche se non esprime un orientamento univoco. Raccoglie piuttosto una serie di esigenze: promuovere comunità di apprendimento, alimentare pratiche riflessive, favorire modalità cooperative di studio e di ricerca, valorizzare una didattica per problemi e progetti, utilizzare le tecnologie per favorire l'innovazione e l'educazione attraverso la rete, stimolare i processi di natura metacognitiva, ecc.

Viene in questo senso sottolineata l'importanza di didattiche incentrate sul fare, sia sul piano mentale, sia su quello operativo, valorizzando strategie didattiche di contesto, non prettamente teoriche e disinteressate come quelle tradizionali.

La didattica del fare

Il Costruttivismo ha postulato nuove forme di dialogo tra modelli della conoscenza, approcci didattici e nuove tecnologie, aprendo nuovi orizzonti di ricerca culturale e didattica e recuperando molti contributi della psicologia del Novecento.

13. L'intelligenza emotiva di Daniel Goleman

Un testo che ha, fin dalla sua pubblicazione, suscitato l'interesse di molti insegnanti ed esperti è stato quello di Daniel Goleman, *Intelligenza emotiva,* uscito in Italia nel 1996. L'autore critica aspramente le classificazioni che vengono fatte in base ai test che pretenderebbero di «misurare» l'intelligenza (QI) di un bambino, riconoscendo, invece,

I limiti del QI

il valore della concezione relativa alle intelligenze multiple di Howard Gardner, del quale dice:

> se c'è qualcuno che vede chiaramente i limiti delle vecchie concezioni sull'intelligenza, quello è Gardner. Il suo modello si spinge ben oltre il concetto standard di QI. [...] I test che ci hanno tirannizzato quando andavamo a scuola sono basati su un concetto di intelligenza limitato, che non trova riscontro nell'autentica gamma di capacità e competenze ben più importanti. (Goleman, 1996)

Mente razionale ed emozionale

La vita emotiva, afferma Goleman, influisce enormemente sulle condizioni di vita di una persona e degli alunni in particolare. Quando gli studenti sono ansiosi faticano a imparare: paura, collera, malinconia, felicità, piacere si ripercuotono sui nostri comportamenti agendo in negativo o in positivo a seconda delle emozioni provate.

> A tutti gli effetti noi abbiamo *due menti,* una che *pensa,* l'altra che *sente.* Queste due modalità della conoscenza, così fondamentalmente diverse, interagiscono per costruire la nostra vita mentale. (Goleman, 1996)

LA MENTE EMOZIONALE

La concezione di Daniel Goleman

Gli individui posseggono due forme di conoscenza, molto diverse tra loro, che contribuiscono a costruire la nostra vita mentale.

↓

Mente razionale	⟷	**Mente emozionale**
modalità di comprensione della quale siamo solitamente coscienti *(riflessività)*		modalità rapida di agire senza fermarsi a riflettere *(impulsività)*

La mente razionale agisce quando desideriamo conoscere la realtà in modo ordinato, cosciente e riflessivo. La mente emozionale, invece, fa scattare un'altra forma conoscitiva, affidata ad atteggiamenti e stili impulsivi, spesso illogici e immediati. La dicotomia emozionale/razionale ricorda la popolare distinzione tra «cuore» e «mente»; il rapporto tra le due dimensioni varia da un gradiente continuo: la mente emozionale è direttamente proporzionale all'intensità del sentimento provato, mentre in questa condizione risulta meno efficace la razionalità.

Come Bruner non contrappone l'intelligenza narrativa a quella logico-scientifica, così Goleman ritiene che *emozionale* e *razionale* siano due forme mentali interdipendenti, che si arricchiscono reciprocamente.

PARTE SECONDA

IL SISTEMA

CAPITOLO QUINTO

Un quindicennio di riforme

1. I passaggi più significativi del quindicennio

Il complesso degli interventi che sono stati effettuati nell'ultimo decennio del Novecento ha necessariamente posto la questione di un riordino del nostro sistema di istruzione. In particolare, il nuovo assetto conseguente al dimensionamento degli istituti, all'istituzione dei comprensivi, all'avvento dell'autonomia e al conseguente riconoscimento della personalità giuridica alle scuole e del ruolo dirigenziale ai capi d'istituto, avevano ormai reso obsolete molte delle norme che avevano a lungo regolato la scuola.

Il Testo unico

Né era bastato il tentativo, all'inizio del decennio, di riordinare tutte le norme della scuola in un Testo unico, il D.lgs. n. 297 del 1994, che consentisse un adeguamento complessivo delle norme alla nuova scuola.

In realtà, ad apparire obsoleta era la struttura stessa del nostro sistema scolastico, che, a parte interventi settoriali non particolarmente significativi, era rimasta sostanzialmente disegnata sul modello gentiliano con una netta separazione tra istruzione e formazione professionale.

Motivazioni per la riforma

Tale esigenza trovava, poi, una sponda su un'altra questione che ormai si poneva con sempre maggior vigore all'attenzione di tutti i Paesi occidentali: la ricerca di una migliore qualità della formazione scolastica, sia in termini di costi per il sistema sia in termini di esiti in uscita per gli utenti. Proprio per questa ultima questione si richiedeva ai sistemi scolastici di porre in atto efficaci strategie di orientamento al successo formativo per tutti e per ciascun utente.

D'altro canto, questa ricerca di modernizzazione era giustificata anche dalle profonde trasformazioni economiche e sociali che i maggiori Paesi industrializzati ormai vivevano, anche in termini di recupero di una propria identità culturale all'interno dei grandi processi della globalizzazione.

Proprio per dare corso a iniziative adeguate, nel quindicennio considerato si sono susseguiti nel nostro Paese ben quattro interventi di riforma, alcuni più significativi, altri meno, ma tutti finalizzati a promuovere la modernizzazione del nostro sistema di istruzione.

I documenti dei Saggi

A precederli era stata, nella primavera del 1997, un'iniziativa del Ministero che aveva istituito una commissione di studio, composta da 44 membri, che furono ben presto definiti «Saggi», affidando a essa il compito di definire il quadro delle conoscenze irrinunciabili che avrebbero dovuto padroneggiare i ragazzi al termine del percorso scolastico. La commissione produsse un primo documento di sintesi, curato dal coordinatore, Roberto Maragliano, e accompagnato da molti materiali, nel maggio 1997. Costituitosi un gruppo più ristretto di sei saggi, fu redatto un secondo documento intitolato *I contenuti fondamentali per la formazione di base,* che fu presentato all'Accademia dei Lincei a Roma il 20 marzo 1998. Sul documento si promosse un'ampia consultazione tra gli operatori della formazione e furono raccolti vari contributi e pareri anche tra docenti, studenti e genitori. Di tutto ciò sarebbe stata redatta una sintesi diffusa a cura del Ministero a tutte le scuole nell'aprile 1999.

Berlinguer-De Mauro

Tali documenti furono alla base del primo progetto di riforma che aprì il Ventunesimo secolo e che fu effettuato dal ministro Luigi Berlinguer e poi dal suo successore Tullio De Mauro. Berlinguer diffuse un provvedimento che nelle intenzioni avrebbe dovuto cambiare radicalmente l'intero sistema scolastico italiano, anche in previsione del completamento del ciclo di istruzione a 18 anziché a 19 anni. Fu la legge 30/2000 a delineare un'ipotesi abbastanza innovativa, che, oltre alla scuola dell'infanzia, prevedeva la creazione della scuola di base, che avrebbe dovuto assorbire la scuola elementare e quella media in un percorso di durata settennale.

L'onda anomala

Una delle problematiche che tale scelta avrebbe implicato sarebbe stata la riduzione di un anno del percorso precedente e la creazione della cosiddetta «onda anomala». Infatti, la riduzione da otto a sette anni del percorso richiedeva in prima applicazione un eventuale passaggio anticipato di singoli o di gruppi di alunni alle classi successive a quella di ammissione. Tale problema rimase irrisolto, in quanto il regolamento per i curricoli della scuola di base stabilì che tale operazione sarebbe stata effettuata dalle scuole: si trattava di una soluzione difficilmente praticabile perché avrebbe generato un assetto variabile e instabile delle classi con un possibile loro sconvolgimento annuale.

Altra fonte di problemi era, poi, la scelta di unificare il ruolo e quindi il profilo professionale di maestri e professori che, se da un lato era finalizzata a valorizzare la preparazione psicopedagogica dei maestri, dall'altro mirava a qualificare la competenza disciplinare dei professori della scuola media, nella prospettiva di dar vita a una scuola che, favorendo lo sviluppo professionale reciproco, fosse in grado di rispondere ai bisogni differenziati di bambini di 6 anni e di preadolescenti di 13. Quella scelta fu fortemente avversata da maestri e professori, particolarmente da questi ultimi.

Unificare i profili professionali

Nel frattempo, sempre nel 2000, il Parlamento votava un'altra importante legge, la n. 62 del 10 marzo 2000, dal titolo *Norme per la parità scolastica e disposizioni sul diritto allo studio e all'istruzione,* finalizzata a completare il quadro dei provvedimenti riguardanti la piena attuazione del diritto allo studio.

Legge sulla parità

> Con tale provvedimento, prendendo atto dell'articolazione pluralista del sistema d'istruzione e formazione, e nel rispetto della potestà di scelta dei genitori, è stato avviato un processo di integrazione delle varie esperienze in atto, in una situazione di regole comuni condivise per creare un sistema pubblico paritario. (Capaldo e Rondanini, 2008)

Nella legge n. 62/2000 si affermava all'art. 1 che

> il sistema nazionale d'istruzione è costituito dalle scuole statali e dalle scuole paritarie private e degli enti locali.
>
> La Repubblica individua come obiettivo prioritario l'espansione dell'offerta formativa e la conseguente generalizzazione della domanda di istruzione dall'infanzia lungo tutto l'arco della vita.

Oggi tale provvedimento è diventato uno dei cardini che ha consentito la nascita in Italia di un sistema pubblico paritario: per ottenere il riconoscimento della parità, le scuole non statali devono possedere i seguenti requisiti:

Requisiti per ottenere la parità

– un progetto educativo in armonia con i principi della Costituzione; un piano dell'offerta formativa conforme agli ordinamenti e alle disposizioni vigenti; attestazione della titolarità della gestione e la pubblicità dei bilanci;
– la disponibilità di locali, arredi e attrezzature didattiche propri del tipo di scuola e conformi alle norme vigenti;
– l'istituzione e il funzionamento degli organi collegiali improntati alla partecipazione democratica;
– l'iscrizione alla scuola per tutti gli studenti i cui genitori ne facciano richiesta, purché in possesso di un titolo di studio valido per l'iscrizione alla classe che essi intendono frequentare;
– l'applicazione delle norme vigenti in materia di inserimento di studenti con disabilità o in condizioni di svantaggio;

– l'organica costituzione di corsi completi: non può essere riconosciuta la parità a singole classi, tranne che in fase di istituzione di nuovi corsi completi, a iniziare dalla prima classe;
– personale docente fornito del titolo di abilitazione;
– contratti individuali di lavoro per personale dirigente e insegnante che rispettino i contratti collettivi nazionali di settore.

Il Ministero della Pubblica Istruzione ha il compito di accertare il possesso di tali requisiti, tramite apposite visite ispettive.

Al governo di centrosinistra subentrò una coalizione di centrodestra nel periodo che va dal 2001 al 2006. Per cinque anni consecutivi il Dicastero dell'Istruzione fu retto da Letizia Moratti. Nel presentare il programma del suo governo il 18 luglio 2001, illustrava in questo modo le proprie intenzioni:

Letizia Moratti

> Al centro va riservata la definizione dei curricoli nazionali, il cui contenuto dovrà rispecchiare la nostra cultura e la nostra tradizione, elementi essenziali per la costruzione e la conservazione dell'identità nazionale. I curricoli nazionali potranno essere integrati dalle Regioni e dagli istituti scolastici, e in questo modo sarà possibile l'apporto delle diversità e delle ricchezze regionali e locali.
>
> Serve, altresì, un centro che valuti il funzionamento delle scuole e i livelli di apprendimento degli studenti. Occorre per questo un servizio nazionale di valutazione del sistema scolastico nel suo complesso, autonomo e indipendente, che definisca gli standard di qualità delle scuole e operi sui livelli finali di preparazione degli studenti, al fine di migliorarli costantemente ed in modo omogeneo nel Paese.
>
> Gli investimenti sulla docenza vanno concentrati sulla definizione di articolazioni delle funzioni, che si concretizzino nel riconoscimento di un diverso impegno professionale sia rispetto al tempo di lavoro sia in relazione all'arricchimento del profilo professionale con conseguenti riconoscimenti economici.
>
> In questo senso, anche alla luce della riforma della dirigenza scolastica, appare opportuno definire, tempestivamente, una separata area contrattuale per il personale docente ed un nuovo stato giuridico coerente con la piena attuazione dell'autonomia delle scuole.
>
> Si intende inoltre realizzare, nel confronto con le associazioni delle famiglie e con le organizzazioni sindacali di categoria, codici deontologici flessibili, che consentano alla categoria stessa di tutelare quella dignità che ad essa compete. (Programma di Governo 2001)

Uno dei suoi primi provvedimenti fu la sospensione della legge n. 30/2000 e, conseguentemente, degli Indirizzi di Tullio De Mauro, seguita dall'avvio di una fase di riorganizzazione del sistema di istruzione che sarebbe culminato con la legge del 28 marzo 2003, n. 53. Si trattò di una legge delega, rilasciata al Governo per la definizione di norme generali sull'istruzione e dei livelli essenziali delle prestazioni in materia di istruzione e formazione professionale. In essa, all'art. 2, si affermava che

> è assicurato il diritto all'istruzione e alla formazione per almeno dodici anni o comunque, sino al conseguimento di una qualifica entro il 18° anno di età; l'attuazione di tale diritto si realizza nel sistema d'istruzione e formazione professionale, secondo livelli essenziali di prestazione definiti su base nazionale a norma dell'art. 117, secondo comma, lettera m, della Costituzione.

Inoltre si precisava che

> il sistema educativo di istruzione e di formazione si articola nella scuola dell'infanzia, in un primo ciclo che comprende la scuola primaria e secondaria di primo grado e in un secondo ciclo che comprende il sistema dei licei e il sistema dell'istruzione e della formazione professionale.

Nel 2006 ritornò al governo il centrosinistra per un arco temporale breve; la legislatura, infatti, si sarebbe conclusa anticipatamente nel 2008. In quel biennio, sotto la presidenza del Consiglio dei ministri di Romano Prodi, il Dicastero dell'Istruzione fu retto da Giuseppe Fioroni: l'evento più importante fu costituito dalla pubblicazione delle Indicazioni per il curricolo relative alla scuola dell'infanzia, primaria, e secondaria di primo grado.

Fioroni

Nel 2008 ritornò al governo del Paese il centrodestra con presidente del Consiglio Silvio Berlusconi, mentre il Dicastero dell'Istruzione, Università e Ricerca fu assegnato a Maria Stella Gelmini. Le azioni poste in essere nel corso del triennio possono essere ricondotte per tutti i gradi scolastici, a tre dispositivi normativi: il DPR n. 81/2009; il DPR n. 89/2009; l'Atto di indirizzo del settembre 2009.

Gelmini

In realtà, qualche mese dopo l'insediamento del nuovo Governo, il Parlamento avrebbe votato la legge n. 133 dell'agosto 2008, in cui all'art. 64 vennero definite le misure di contenimento della spesa per l'istruzione.

I parametri di revisione degli assetti ordinamentali del sistema scolastico erano molteplici: accorpamento delle classi di concorso, revisione dei criteri per la formazione delle classi, rideterminazione del numero dei docenti e del personale ATA, ridimensionamento della rete scolastica, ecc. I provvedimenti conseguenti si sarebbero tradotti nei cosiddetti «tagli lineari» che, nei tre anni e mezzo di durata del governo Berlusconi, avrebbero portato a una consistente diminuzione di tutto il personale della scuola.

I tagli lineari del 2008

2. Il primo progetto di riforma: Berlinguer e De Mauro

La scuola dell'infanzia

Il disposto normativo della legge n. 30/2000 aveva l'intento di collocare la scuola dell'infanzia all'interno dei cambiamenti dell'ultimo scorcio del Ventesimo secolo, prodotti da una serie di provvedimenti legislativi che avevano promosso la concezione stessa della scuola dell'infanzia.

Tre diversi scenari

Infatti, negli anni Settanta, a ridosso dell'istituzione della scuola materna statale (1968), si era diffusa l'idea che l'educazione in quella particolare fascia d'età potesse essere considerata come *l'estensione di un compito familiare:* assistenza, educazione in senso generale, preparazione alla scuola dell'obbligo erano fondamentalmente i motivi ispiratori della legge n. 444/1968 e degli altri provvedimenti della fase successiva.

Negli anni Ottanta si era sviluppata la convinzione molto condivisa nella pubblica opinione di un più chiaro *riconoscimento dei bisogni dell'infanzia* e di un bambino come soggetto portatore di diritti e di nuove esigenze educative. La relazione Zoso-Scurati del 1988 e gli Orientamenti del 1991 avevano segnato quel significativo cambio.

Negli anni Novanta, sulla scia dell'applicazione degli Orientamenti era stata riconosciuta *la centralità non solo pedagogica, ma anche istituzionale della scuola dell'infanzia.*

La legge n. 30/2000, di riordino della scuola di base, dai 3 ai 14 anni, riprendeva quest'ultima prospettiva. Nel testo si leggeva:

> 1. La scuola dell'infanzia, di durata triennale, concorre alla educazione e allo sviluppo affettivo, cognitivo e sociale dei bambini e delle bambine di età compresa tra i tre e i sei anni, promuovendone le potenzialità di autonomia, creatività, apprendimento e operando per assicurare una effettiva eguaglianza delle opportunità educative nel rispetto dell'orientamento educativo dei genitori, concorre alla formazione integrale dei bambini e delle bambine. (Art. 2, comma 1)

La legge n. 30/2000

La legge n. 30/2000 riconosce un valore fondante alla scuola dell'infanzia sul piano istituzionale, nella prospettiva di una scolarità lunga dai 3 ai 18 anni. Per quelle ragioni in essa si sottolinea che

> 2. La Repubblica assicura la generalizzazione dell'offerta formativa di cui al comma 1 e garantisce a tutti i bambini e le bambine, in età compresa tra i tre e i sei anni, la possibilità di frequentare la scuola dell'infanzia.
> 3. La scuola dell'infanzia nella sua autonomia e unitarietà didattica e pedagogica realizza i necessari collegamenti da un lato con il complesso dei servizi all'infanzia, dall'altro con la scuola di base. (Art. 2, commi 2 e 3)

Relativamente alle caratteristiche pedagogiche, educative e didattiche, come già esplicitato nelle Linee di sviluppo del 1999, la scuola dell'infanzia viene definita come ambiente di vita, di apprendimento e di relazione.

Il passaggio di testimone dal ministro Luigi Berlinguer a Tullio De Mauro, avvenuto nella primavera del 2000, rafforza l'impianto delineato nelle leggi n. 30/2000 e n. 62 dello stesso anno.

In particolare, si sviluppa sotto la direzione del nuovo ministro un intenso lavoro teso a definire le linee attuative delle scelte politiche operate dal predecessore. Nel 2001 viene emanato il Regolamento recante norme in materia di *curricoli della scuola di base,* con allegati gli Indirizzi per l'attuazione del curricolo stesso. Si tratta di un documento molto dibattuto, oggetto di un confronto aperto, avvenuto in appositi gruppi di lavoro, nominati dallo stesso ministro.

Indirizzi per i curricoli

Negli Indirizzi per i curricoli della scuola di base si prefigura un sistema di istruzione comprendente la scuola dell'infanzia di durata triennale a ciclo unico, suddivisa in un biennio iniziale (6-7 anni), un triennio successivo e, infine, un biennio conclusivo (corrispondente alla scuola media).

Per quanto riguarda la scuola dell'infanzia, si sottolinea che la legge n. 30/2000 ha sancito

> il definitivo riconoscimento del ruolo educativo di tale scuola per i bambini dai tre ai cinque anni, inserendola a pieno titolo nel sistema educativo nazionale di istruzione e di formazione.

Identità, autonomia, competenze

Viene in questo senso confermata l'impostazione degli Orientamenti del 1991; in particolare, viene sottolineata la validità dei campi di esperienza e i traguardi di sviluppo declinati nelle finalità della maturazione dell'*identità,* della conquista dell'*autonomia,* e dell'acquisizione di *competenze.*

Tali traguardi, si legge negli Indirizzi per il curricolo nella scuola di base, devono offrire a ogni bambino e bambina la possibilità:

> 1. di esprimere la propria soggettività e, progressivamente, di governarla, così da sviluppare la maturazione della propria identità;
> 2. di interagire e comunicare con gli altri in maniera sempre più efficace, rafforzando così la conquista dell'autonomia;
> 3. di sviluppare quelle abilità «sensoriali, percettive, motorie, linguistiche e intellettive che lo impegnano nelle prime forme di riorganizzazione dell'esperienza e di esplorazione e ricostruzione della realtà».
>
> Nella scuola dell'infanzia, le indicazioni curricolari si articolano in distinti «campi di esperienza». Essi, già individuati negli Orientamenti, costituiscono i diversi ambiti del fare e dell'agire del bambino e quindi i settori specifici di competenza nei quali il bambino conferisce significato alle sue molteplici attività e, acquisendo anche le strumentazioni linguistiche e procedurali, persegue i suoi traguardi formativi, nel concreto di un'esperienza che si svolge entro confini definiti e con il costante suo attivo coinvolgimento.

Tale scelta sarebbe stata confermata anche dal ministro Letizia Moratti.

Sempre in questo documento si richiama anche l'importanza della legge n. 62/2000, ancora oggi norma basilare nell'ambito del sistema paritario, che

> prende atto dell'articolazione pluralistica del servizio educativo nel nostro Paese, un'articolazione particolarmente significativa per il ciclo scolastico dell'infanzia.
>
> Esso prospetta l'integrazione delle varie esperienze, nel rispetto delle scelte dei genitori, dettando alcune regole comuni all'intero sistema a presidio e garanzia della funzione pubblica del sistema educativo.

Gli Indirizzi per il curricolo della scuola dell'infanzia del ministro De Mauro, anche se non sono mai diventati operativi, costituiscono un documento di basilare importanza che verrà ripreso nella breve parentesi (2006-2008) del ministro Giuseppe Fioroni.

La scuola di base

Il percorso formativo settennale

I profondi cambiamenti che la legge 30/2000 aveva previsto coinvolgevano soprattutto la scuola elementare e la media, che venivano compattate in un unico ciclo di durata settennale, articolato in un biennio iniziale, in un successivo triennio e in un biennio finale: *la scuola di base.*

Il percorso educativo della scuola di base era stato definito in un apposito regolamento nei seguenti termini:

> I primi due anni prevedevano la presenza di tre ambiti:
> 1. l'ambito *linguistico-espressivo,* che comprende l'italiano, la prima lingua europea moderna, le discipline artistiche, musicali e motorie;
> 2. l'ambito *matematico-scientifico,* che comprende la matematica, le scienze e la tecnologia;
> 3. l'ambito *antropologico-ambientale,* che comprende la storia, la geografia e le scienze sociali.
>
> I tre anni successivi prevedono la presenza di quattro ambiti:
> 1. l'ambito *linguistico-espressivo,* che contiene l'italiano, la prima lingua europea moderna, le discipline artistiche, musicali e motorie;
> 2. l'ambito *matematico;*
> 3. l'ambito *scientifico-tecnologico,* che comprende le scienze e la tecnologia;
> 4. l'ambito *geo-storico-sociale,* che comprende la storia, la geografia e le scienze sociali.
>
> Gli ultimi due anni prevedevano la presenza delle seguenti discipline: *italiano; prima lingua europea moderna; seconda lingua europea moderna; arte e immagine; musica; scienze motorie; storia; geografia; scienze sociali; matematica; scienze; tecnologia; storia, geografia, scienze sociali.*

Il percorso scolastico aveva, pertanto, la durata di un settennio con un percorso formativo unitario che si legava in continuità alla scuola dell'infanzia e a quella secondaria. Era stato previsto al termine del percorso un esame di Stato, anche con funzioni orientative rispetto al prosieguo degli studi.

Le finalità della scuola di base

Le finalità che la legge definiva per la scuola di base erano le seguenti:

a) acquisizione e sviluppo delle conoscenze e delle abilità di base;
b) apprendimento di nuovi mezzi espressivi;
c) potenziamento delle capacità relazionali e di orientamento nello spazio e nel tempo;
d) educazione ai principi fondamentali della convivenza civile;
e) consolidamento dei saperi di base, anche in relazione alla evoluzione sociale, culturale e scientifica della realtà contemporanea;
f) sviluppo delle competenze e delle capacità di scelta individuali atte a consentire scelte fondate sulla pari dignità delle opzioni culturali successive. (Art. 3, comma 2)

Gli ultimi due anni coincidevano con la ex scuola media, con un curricolo incentrato sull'articolazione dei saperi che attengono alle diverse discipline di studio.

Il concetto di disciplina

Negli Indirizzi per l'attuazione del curricolo del 2001 del ministro De Mauro si sottolineava, a questo proposito, che il concetto di disciplina non indicava la delimitazione rigida di un sapere, in quanto ciascun progresso nella scienza è il frutto della contaminazione di settori scientifici diversi: l'intelligenza umana è chiamata ad affrontare problemi e non a proporre uno studio per cattedre separate.

Rinviava, quindi, alla progettualità degli insegnanti la possibilità di collocare ciascuna disciplina in una rete pluridisciplinare.

La legge 30/2000 e i successivi Indirizzi attuativi sarebbero stati prima sospesi dal secondo governo Berlusconi, con il ministro Letizia Moratti, e poi abrogati con la legge del 28 marzo 2003, n. 53 (art. 7, punto 12).

Di fatto, la proposta di cambiare in profondità l'intero impianto della scuola dell'obbligo non sarebbe stato portato a termine né condiviso nelle scelte operate dalla Moratti nel quinquennio 2001-2006.

La scuola secondaria di secondo grado

Per quel che riguardava la scuola secondaria di secondo grado, la legge 30/2000, nel confermare la sua durata quinquennale, proponeva un ciclo articolato in cinque aree liceali: umanistica, scientifica, tecnica e tecnologica, artistica, musicale, ciascuna di esse articolata in indirizzi.

Le finalità della scuola secondaria

Le finalità del ciclo secondario erano lo sviluppo di attitudini e vocazioni e il consolidamento di capacità e competenze acquisite dagli allievi nel corso del primo ciclo; esso era mirato, inoltre, a promuovere processi di responsabilizzazione negli allievi e di favorire il loro accesso agli studi universitari.

L'obbligo

L'espletamento dell'obbligo scolastico era fissato al termine del biennio con relativa certificazione da parte della scuola. Era stato anche previsto il sistema dei crediti scolastici.

Al termine del percorso era prevista l'effettuazione di un esame di Stato conclusivo. Particolarmente interessante era la possibilità per gli allievi, nel corso del primo biennio, di transitare in un altro modulo anche di aree e di indirizzi diversi:

> 3. Nei primi due anni, fatte salve la caratterizzazione specifica dell'indirizzo e l'obbligo di un rigoroso svolgimento del relativo curricolo, è garantita la possibilità di passare da un modulo all'altro anche di aree e di indirizzi diversi, mediante l'attivazione di apposite iniziative didattiche e finalizzate all'acquisizione di una preparazione adeguata alla nuova scelta. (Art. 4, comma 3)

Le attività complementari

Era stata anche prevista la possibilità, su richiesta dei genitori, di realizzare attività complementari e iniziative formative anche in collegamento con il territorio. Era stata inoltre definita, per gli ultimi tre anni di scuola, la possibilità per gli studenti di inserimenti in realtà produttive, culturali, professionali. L'art. 5 confermava, infine, il disposto relativo all'istruzione tecnica superiore e alla formazione continua.

3. La svolta della Moratti

La scuola dell'infanzia

Per quanto concerne la scuola dell'infanzia, si sottolinea che tale segmento educativo, di durata triennale, concorre allo sviluppo integrale dei bambini e delle bambine, promuovendone le potenzialità di relazione, autonomia, creatività e apprendimento.

Primaria responsabilità dei genitori

Tale scuola, nel rispetto della primaria responsabilità educativa dei genitori, contribuisce alla

> formazione integrale dei bambini e delle bambine e, nella sua autonomia e unitarietà didattica e pedagogica, realizza la continuità educativa con il complesso dei servizi all'infanzia e con la scuola primaria. È assicurata la generalizzazione dell'offerta formativa e la possibilità di frequenza della scuola dell'infanzia; alla scuola dell'infanzia possono essere iscritti secondo criteri di gradualità e in forma di sperimentazione le bambine e i bambini che compiono i tre anni di età entro il 30 aprile dell'anno scolastico di riferimento, anche in rapporto all'introduzione di nuove professionalità e modalità organizzative.

Il quadro delineato dalla legge delega viene confermato con la promulgazione del D.lgs. n. 59 del 19 febbraio 2004 dove, all'art. 1, si stabilisce che

1. La scuola dell'infanzia, non obbligatoria e di durata triennale, concorre all'educazione e allo sviluppo affettivo e psicomotorio, cognitivo, morale, religioso e sociale delle bambine e dei bambini, promuovendone le potenzialità di relazione, autonomia, creatività, apprendimento e ad assicurare una effettiva eguaglianza delle opportunità educative; nel rispetto della primaria responsabilità educativa dei genitori, contribuisce alla formazione integrale delle bambine e dei bambini e, nella sua autonomia e unitarietà didattica e pedagogica realizza il profilo educativo e la continuità educativa con il complesso dei servizi all'infanzia e con la scuola primaria.
2. È assicurata la generalizzazione dell'offerta formativa e la possibilità di frequenza della scuola dell'infanzia.

Il D.lgs. n. 59/2004 prevede un orario di funzionamento della scuola dell'infanzia che varia da un minimo di 875 ore annuali (sezioni funzionanti solo in orario antimeridiano) a un massimo di 1700 ore a seconda dei progetti educativi delle singole scuole, tenendo conto delle richieste delle famiglie.

L'anticipo scolastico

La legge 53/2003 ha introdotto, per la prima volta, la possibilità di accedere alla scuola dell'infanzia per i bambini che hanno un'età inferiore ai 3 anni.

Dall'anno scolastico 2003-2004 è stata avviata una fase di sperimentazione per i bambini che compivano 3 anni entro il 28 febbraio 2004, compatibilmente con:
– la ricettività delle strutture;
– la funzionalità dei servizi;
– la disponibilità delle risorse finanziarie dei Comuni.

La sua attuazione non è pertanto automatica, ma dipende dalla presenza delle precedenti condizioni. L'anticipo sarebbe stato attivato sino al 2006, abrogato nel 2007 e nuovamente introdotto nel 2009 con il DPR del 20 marzo 2009, n. 89.

In realtà, l'elemento più discontinuo rispetto alla tradizione della scuola dell'infanzia è costituito dall'abbandono dell'impostazione degli Orientamenti del 1991 e dall'introduzione dei piani educativi: nel nostro caso, si parla di *Indicazioni nazionali per i piani personalizzati delle attività educative nelle scuole dell'infanzia.*

Le Indicazioni nazionali

In questi piani si definiscono, al posto dei campi di esperienza, quattro macroaree legate a obiettivi specifici di apprendimento: *il sé e l'altro; corpo, movimento, salute; funzione e produzione di messaggi; esplorare, conoscere, progettare.*

La struttura delle Indicazioni per i piani personalizzati della scuola dell'infanzia è la seguente:

- obiettivi generali del processo formativo;
- obiettivi specifici di apprendimento;
- obiettivi formativi e piani personalizzati;
- portfolio delle competenze individuali.

Gli obiettivi formativi sono ricondotti alle finalità di identità, autonomia e competenze.

Quelli specifici di apprendimento ricadono sotto la responsabilità progettuale delle istituzioni scolastiche. Nell'allegato A al D.lgs. n. 59/2004, riguardante la scuola dell'infanzia, si afferma che

> il percorso educativo della scuola dell'infanzia utilizza gli obiettivi specifici di apprendimento (OSA) in modo da trasformare le capacità personali di ciascun bambino in competenze.

Gli obiettivi specifici di apprendimento, indicati nei piani personalizzati a livello nazionale,

> non hanno perciò alcuna pretesa di validità per i casi singoli, siano essi le singole istituzioni scolastiche o, a maggior ragione, i singoli allievi. È compito esclusivo di ogni scuola autonoma e dei docenti, infatti, nel concreto della propria storia e del proprio territorio, assumersi la libertà di mediarli, interpretarli, ordinarli, distribuirli, ed organizzarli negli obiettivi formativi delle diverse *Unità di apprendimento,* considerando, da un lato, le capacità complessive di ogni bambino e, dall'altro, le teorie pedagogiche e le pratiche didattiche più adatte a trasformarle in competenze. Allo stesso tempo tuttavia, è compito esclusivo di ogni scuola autonoma e dei docenti assumersi la *responsabilità* di «rendere conto» delle scelte fatte e di porre le famiglie e il territorio nella condizione di conoscerle e di condividerle.

Il primo ciclo di istruzione: scuola primaria e secondaria di primo grado

Il primo ciclo

L'architettura delineata nella legge 53/2003 e nel provvedimento attuativo, il D.lgs. n. 59/2004, prevede un primo ciclo di istruzione, incentrato in un anno iniziale di scuola primaria, tre bienni successivi e un monoennio che conclude gli otto anni del ciclo: 1+2+2+2+1 (legge 53/2003, art. 2 lettera f).

La primaria

Per quanto concerne la scuola primaria, essa viene articolata in un monoennio iniziale e in due bienni successivi. La scuola elementare cambia il proprio nome, diventando scuola primaria, termine peraltro già utilizzato per indicare tale grado scolastico, ma mai istituzionalizzato. La scelta viene ribadita anche nelle Indicazioni:

> Successiva alla scuola dell'infanzia, essa è primaria non tanto, o non solo, nel senso comune che è la prima scuola obbligatoria, [...]

quanto e soprattutto per un'altra serie di ragioni che affondano le radici nella nostra migliore tradizione pedagogica.

Nei Piani di studio personalizzati (Allegato C del D.lgs. n. 59/2004) della scuola media, si afferma:

> successiva alla scuola primaria, la scuola secondaria di primo grado accoglie gli studenti e le studentesse nel periodo di *passaggio dalla fanciullezza all'adolescenza.*

La scuola del preadolescente

La sua articolazione è suddivisa in un *biennio* iniziale e in un *monoennio* conclusivo. Nell'impostazione morattiana, tendente a smarcarsi dalla linea Berlinguer-De Mauro, se la primaria è la scuola del bambino, la media è la scuola del preadolescente. La soluzione della scuola di base di durata settennale avrebbe finito, secondo lo staff che lavorava alle riforme, Bertagna e Chiosso in primis, per elementarizzare tutto il primo ciclo di istruzione.

Di qui la necessità di caratterizzare la *scuola primaria come scuola del bambino* e quella *secondaria di primo grado come triennio del preadolescente.*

Viene ribadita, in sostanza la necessità di

> una scuola intermedia tra primarietà elementare e secondarietà articolata in vari indirizzi di studio.
>
> È sembrato al legislatore opportuno ripetere che la natura della scuola media appartiene al ciclo secondario pur se in stretta continuità con l'istruzione elementare. (Chiosso, 2009)

Le finalità della scuola secondaria di primo grado sono delineate nell'art. 9 del D.lgs. del 19 febbraio 2004, n. 59, in cui si afferma che essa, attraverso le discipline, promuove le capacità autonome di studio e il rafforzamento delle attitudini all'integrazione sociale.

La scuola media cura la *dimensione sistematica delle discipline* e sviluppa progressivamente le competenze e le capacità di scelta corrispondenti alle attitudini e alle vocazioni degli allievi.

Le Indicazioni per la secondaria di primo grado

L'impianto delle *Indicazioni nazionali per i piani di sviluppo personalizzati nella scuola secondaria di primo grado* riprende quello già descritto e riguardante la scuola dell'infanzia e primaria:

- *obiettivi generali del processo formativo* (scuola dell'educazione integrale della persona; che colloca nel mondo; orientativa; dell'identità; della motivazione e del significato; della prevenzione dei disagi e del recupero degli svantaggi; della relazione educativa);
- *obiettivi specifici di apprendimento;*
- dagli obiettivi specifici di apprendimento agli *obiettivi formativi;*
- *unità di apprendimento* e piani di studio personalizzati;
- *portfolio* delle competenze individuali.

Le Unità di apprendimento

Anche la proposta di definizione delle Unità di apprendimento (UA) non si discosta molto nelle Indicazioni nazionali dei tre testi riguardanti la scuola dell'infanzia, la primaria e la secondaria di primo grado: essa è, infatti, formulata in maniera simile nei diversi ordini di scuola.

Relativamente al primo ciclo, si afferma che

> le UA sono costituite:
> - dalla progettazione di uno o più obiettivi formativi tra loro integrati (definiti anche con i relativi standard di apprendimento, riferiti alle conoscenze e alle abilità coinvolte);
> - dalle attività educative e didattiche unitarie, dai metodi, dalle soluzioni organizzative ritenute necessarie per concretizzare gli obiettivi formulati;
> - dalle modalità con cui verificare sia i livelli delle conoscenze e delle abilità acquisite, sia se e quanto tali conoscenze e abilità si siano trasformate in competenze personali di ciascuno. (Indicazioni)

> Essendo strettamente correlate alla realizzazione degli obiettivi formativi, la definizione degli AA fa riferimento in larga misura alla cultura progettuale di ogni singola istituzione scolastica; ciascuna scuola dovrà, infatti, stabilire le forme e le modalità di progettazione e attuazione di tali unità, che rappresenteranno il principale riferimento del Piano di studio personalizzato. (Capaldo e Rondanini, 2004)

Il tema del portfolio viene approfondito in un'altra parte del testo, in relazione alle problematiche della valutazione autentica.

In sintonia con gli indirizzi del curricolo della scuola di base, quelli riguardanti la scuola dell'infanzia sono strutturati intorno a alcuni fondamentali traguardi esplicitati nei campi di esperienza e a una serie di competenze essenziali: la capacità di esprimersi verbalmente, di tener conto del punto di vista altrui, di stare insieme ai coetanei, di apprendere tramite lo scambio sociale, di organizzare, elaborare, ricostruire l'esperienza in modo personale, ecc. L'obiettivo degli estensori della legge 53/2003 era quello di personalizzare, soprattutto nel triennio della scuola media, percorsi e scelte in relazione alle esigenze degli allievi. Tale obiettivo, stante anche all'ultimo rapporto della Fondazione Agnelli del 2011, non è stato raggiunto. Anzi la scuola media si conferma come l'anello debole dell'intero segmento educativo nella fascia di età 3-14 anni.

L'architettura del primo ciclo di istruzione delineata nella legge n. 53/2003 e nel provvedimento attuativo, il D.lgs. n. 59/2004, verrà riconfermata negli anni successivi dai ministri Fioroni e Gelmini.

La scuola secondaria di secondo grado

Il ministro Letizia Moratti, per quanto concerne l'istruzione di secondo grado, definisce due filiere: la prima dei licei e la seconda dell'istruzione e formazione professionale.

Il sistema dei licei

Il sistema dei licei, dove sarebbero dovuti confluire gli istituti tecnici, si articolava in otto ordini: artistico, classico, economico, linguistico, musicale e coreutico, scientifico, tecnologico e delle scienze umane. Liceo artistico e tecnologico a loro volta si suddividevano in indirizzi. Per i licei era prevista una durata quinquennale, distinta in due periodi biennali e in un quinto anno che si concludeva con l'esame di Stato e il conseguimento del titolo necessario per accedere all'università e all'istruzione tecnica superiore.

L'istruzione professionale

Per quel che concerneva il sistema dell'istruzione e della formazione professionale era previsto il conseguimento di titoli e qualifiche di differente livello, spendibili sull'intero territorio nazionale, purché rispondenti a standard formativi in linea con i livelli essenziali delle prestazioni. La durata degli studi era quadriennale e i titoli e le qualifiche conseguiti consentivano di sostenere l'esame di Stato, previa frequenza di un quinto anno da realizzarsi d'intesa con l'università. Senza il completamento del percorso era preclusa la frequenza universitaria, mentre l'abbandono del sistema poteva avvenire solo con il conseguimento di una qualifica professionale su base triennale.

Il disposto normativo riconosceva pari dignità ai due percorsi, prevedendo anche la possibilità di passaggi tra gli indirizzi dei licei e da questi ultimi all'istruzione-formazione professionale e viceversa. Veniva, infine, aperta la possibilità di effettuare da parte degli studenti stage, esperienze formative e altro, attestati da certificazioni di competenze rilasciate dalle scuole.

4. L'intervento di Fioroni

La scuola dell'infanzia

Le Indicazioni del 2007 sono state raccolte in un unico testo, riguardante la scuola dell'infanzia, primaria e secondaria di primo grado, secondo una *visione unitaria* che interessa la scolarità 3-14 anni. Si è inteso così sottolineare la continuità fra i tre ordini scolastici, accomunati da un documento di apertura dal titolo *Cultura, scuola, persona* in cui vengono delineati obiettivi, finalità e centralità della scuola nel primo decennio del Ventunesimo secolo.

Cultura, scuola, persona

Per quanto concerne la scuola dell'infanzia, si afferma nel documento:

> La scuola dell'infanzia è oggi un sistema pubblico integrato in evoluzione, che rispetta le scelte educative delle famiglie e realizza il senso nazionale e universale del diritto all'istruzione. Nelle sue diverse espressioni, ha prodotto sperimentazioni, ricerche e contributi che costituiscono un patrimonio pedagogico riconosciuto in Europa e nel mondo. Per ogni bambino o bambina, la scuola dell'infanzia si pone la finalità di promuovere lo sviluppo dell'identità, dell'autonomia, della competenza, della cittadinanza.

Le finalità sono le stesse degli Orientamenti del 1991 con l'aggiunta dell'educazione alla cittadinanza.

Identità, autonomia, competenza, cittadinanza

Sviluppare l'identità significa imparare a conoscere se stessi in relazione a diverse forme in cui essa si manifesta: figlio, bambino, compagno, scolaro.

Promuovere l'autonomia comporta l'acquisizione della capacità di realizzare se stessi in relazione agli altri, ai cambiamenti della propria identità corporea, imparare e comprendere le regole della vita quotidiana, assumere atteggiamenti consapevoli e responsabili.

Maturare competenze e padronanze vuol dire sviluppare attitudini, provare curiosità e interesse per le attività che si fanno a scuola e in sezione, riflettere e negoziare significati.

Infine, *sviluppare il senso di cittadinanza* significa rapportarsi correttamente agli altri, assumere un atteggiamento di apertura nei confronti delle diversità, riconoscere diritti e doveri propri e altrui.

Campi di esperienza

Le Indicazioni del 2007 ripropongono, seppure in parte modificata, la struttura del curricolo incentrato sui campi di esperienza, come nel testo degli Orientamenti del 1991: *il sé e l'altro; il corpo e il movimento; linguaggi, creatività, espressione; i discorsi e le parole; la conoscenza del mondo.*

Traguardi per lo sviluppo delle competenze

Per ogni campo vengono indicati i *traguardi per lo sviluppo delle competenze,* che suggeriscono agli insegnanti indicazioni nel predisporre gli ambienti di apprendimento e creare occasioni volte a favorire lo sviluppo, in senso unitario e globale, delle competenze del bambino nell'età 3-6 anni. Un aspetto particolarmente evidenziato nelle Indicazioni del 2007 è rappresentato dall'ambiente di apprendimento. La scuola dell'infanzia, si sottolinea nel testo, si propone come luogo *di relazione, di cura e di apprendimento.*

> L'ambiente di apprendimento è organizzato dagli insegnanti in modo che ogni bambino si senta riconosciuto, sostenuto e valorizzato: il bambino con competenze forti, il bambino la cui famiglia viene da lontano, il bambino con fragilità e difficoltà, il bambino con bisogni educativi specifici, il bambino con disabilità, poiché tutti devono saper coniugare il senso dell'incompiutezza con la tensione verso la propria riuscita.

L'ambiente di apprendimento

In particolare l'organizzazione degli ambienti nella scuola dell'infanzia è caratterizzata da:

- spazi accoglienti, caldi, curati e orientati al gusto;
- luoghi per l'offerta di un tempo disteso durante il quale il bambino possa giocare, dialogare, effettuare scoperte, ecc.;
- ambienti di intensa partecipazione, volta a incoraggiare reciprocità e cooperazione.

L'attenzione all'ambiente di apprendimento sarà ribadita anche nella parte delle Indicazioni relativa alla scuola primaria e secondaria di primo grado.

La scuola primaria e quella secondaria di primo grado

Il ministro Fioroni riaffida, infatti, la definizione del curricolo alle singole istituzioni scolastiche nel piano dell'offerta formativa, nel rispetto delle «finalità, dei traguardi per lo sviluppo delle competenze e degli obiettivi di apprendimento posti dalle Indicazioni nazionali».

Nelle Indicazioni per il curricolo del 2007, relativamente alla scuola secondaria di primo grado si sostiene che in essa

> si realizza l'accesso alle *discipline come punti di vista sulla realtà* e come modalità di interpretazione, simbolizzazione e rappresentazione del mondo. La valorizzazione delle discipline avviene pienamente quando si evitano due rischi: sul piano culturale quello della frammentazione dei saperi; sul piano didattico quello della impostazione trasmissiva.

In questo segmento educativo viene, pertanto, favorita una più approfondita padronanza dei quadri disciplinari in un'ottica di un sapere non parcellizzato ma integrato.

Il curricolo verticale

In questo contesto risulta legittimo parlare di competenze che rappresentano la capacità di saper utilizzare in modo finalizzato i differenti apporti delle specifiche discipline di studio. Ogni disciplina si conclude al termine della scuola primaria e secondaria di primo grado con i *traguardi per lo sviluppo delle competenze,* seguendo un percorso continuo da 6 a 14 anni, tale di configurare un vero e proprio *curricolo verticale* dell'intero ciclo ottennale.

Inoltre, nel corso degli otto anni vengono poste delle tappe intermedie e conclusive al terzo e al quinto anno della scuola primaria e al terzo anno della secondaria di primo grado *(obiettivi di apprendimento).*

Ad esempio, gli obiettivi di apprendimento riferiti all'ambito della *scrittura* in italiano sono rappresentati nella tabella 5.1.

Percorso continuo e progressivo

La stessa impostazione viene ripetuta per tutte le discipline. Le Indicazioni per il curricolo del 2007 delineano, rispetto ai Piani di studio personalizzati del 2004, *un percorso continuo e progressivo* meno interessato a distinguere, come nell'impostazione morattiana, la scuola del fanciullo da quella del preadolescente.

Si valorizza inoltre l'educazione alla *cittadinanza* non come disciplina a sé stante, ma come forma di mediazione didattica che interessa tutti gli specifici linguaggi disciplinari.

> Le competenze per l'esercizio della cittadinanza attiva sono promosse continuamente nell'ambito di tutte le attività di apprendimento, utilizzando e finalizzando opportunamente i contributi che ciascuna disciplina può offrire.
>
> Obiettivi irrinunciabili dell'educazione alla cittadinanza sono la costruzione del senso di legalità e lo sviluppo di un'etica alla responsabilità.

TABELLA 5.1
Obiettivi di apprendimento

III anno primaria	V anno primaria	III anno secondaria I grado
Scrivere - produrre semplici testi di vario tipo legati a scopi concreti (per utilità personale, per stabilire rapporti interpersonali) e connessi con situazioni quotidiane (contesto scolastico e/o familiare); - produrre testi legati a scopi diversi (narrare, descrivere, informare); - comunicare per iscritto con frasi semplici e compiute, strutturate in un breve testo che rispetti le fondamentali convenzioni ortografiche.	*Scrivere* - raccogliere le idee, organizzarle per punti, pianificare la traccia di un racconto o di un'esperienza; - produrre racconti scritti di esperienze personali o vissute da altri e che contengano le informazioni essenziali relative a persone, luoghi tempi, situazioni, azioni; - produrre testi creativi sulla base di modelli dati (filastrocche, racconti brevi, poesie); - scrivere una lettera indirizzata a destinatari noti, adeguando le forme espressive al destinatario e alla situazione di comunicazione; esprimere per iscritto esperienze, emozioni, stati d'animo sotto forma di diario; - realizzare testi collettivi in cui si fanno resoconti di esperienze scolastiche, si illustrano procedimenti per fare qualcosa, si registrano opinioni su un argomento trattato in classe; - compiere operazioni di rielaborazione sui testi (parafrasare un racconto, riscrivere apportando cambiamenti di caratteristiche, sostituzioni di personaggi, punti di vista, riscrivere in funzione di uno scopo dato...);	*Scrivere* - conoscere e applicare le procedure di ideazione, pianificazione, stesura e revisione del testo a partire dall'analisi del compito di scrittura. Servirsi di strumenti per la raccolta e l'organizzazione delle idee: liste di argomenti, mappe, scalette; utilizzare criteri e strumenti per la revisione del testo in vista della stesura definitiva; rispettare le convenzioni grafiche: utilizzo dello spazio, rispetto dei margini, titolazione, impaginazione; - scrivere testi corretti dal punto di vista ortografico, morfosintattico, lessicale; - scrivere testi dotati di coerenza e organizzati in parti equilibrate fra loro; - scrivere testi di tipo diverso (narrativo, descrittivo, espositivo, regolativo, argomentativo) adeguati a: situazione, argomento, scopo, destinatario, registro. Sulla base di modelli sperimentati scrivere testi di forma diversa (avvisi, biglietti, istruzioni per l'uso, lettere private o pubbliche, diari personali e di bordo, schede informative, relazioni su argomenti di studio, trafiletti, articoli di cronaca, recensioni, commenti);

III anno primaria	V anno primaria	III anno secondaria I grado
	– produrre testi corretti da ogni punto di vista in cui siano rispettate le funzioni sintattiche e semantiche dei principali segni interpuntivi.	– realizzare forme diverse di scrittura creativa, in prosa e in versi (ad esempio giochi linguistici, riscritture con cambiamenti del punto di vista); – utilizzare nei propri testi, sotto forma di citazione esplicita e/o di parafrasi, parti di testo prodotti da altri e tratti da fonti diverse; – scrivere sintesi (lineari e non lineari, ad esempio sotto forma di schemi) di testi letti e ascoltati e saperle poi riutilizzare per i propri scopi; – scrivere testi utilizzando programmi di videoscrittura e curando l'impostazione grafica e concettuale.

Sia per la scuola primaria sia per la scuola secondaria di primo grado (così come per la scuola dell'infanzia), si dà molta importanza *all'ambiente di apprendimento* e agli spazi di studio e di lavoro, tanto che si descrive una serie di indicatori di un buon ambiente educativo.

L'impostazione metodologica

Queste impostazioni metodologiche vengono così sintetizzate:

– *valorizzare l'esperienza e le conoscenze degli alunni:* si mette l'accento sui saperi acquisiti nei contesti informali;
– *attuare interventi adeguati nei riguardi delle diversità:* l'integrazione delle differenze resta un punto irreversibile della scuola italiana;
– *favorire l'esplorazione e la ricerca:* sollecitazione a un apprendimento significativo e non meramente mnemonico;
– *incoraggiare l'apprendimento collaborativo:* valorizzazione della dimensione gruppale, e non solo individuale, nelle attività di studio;
– *promuovere la consapevolezza del proprio modo di apprendere:* educare gli alunni a «dirigere» il loro percorso formativo;
– *realizzare percorsi in forma di laboratorio:* favorire l'operatività, il «fare della mente» e la riflessione su quello che si fa.

Le Indicazioni per il curricolo del 2007 rappresentano una tappa importante per la scuola secondaria di primo grado, tanto che verranno confermate anche dalle scelte del ministro successivo.

La scuola secondaria di secondo grado

Il breve lasso di tempo di governo di Fioroni gli impedì probabilmente di intervenire in maniera significativa sull'istruzione secondaria. I suoi unici interventi riguardarono il ripristino dell'istruzione tecnica e la riconfigurazione della formazione superiore in liceale, tecnica e professionale.

5. Il periodo 2008-2012

La scuola dell'infanzia

Assetto della scuola dell'infanzia

È la fase del ministro Gelmini. Nel DPR del 20 marzo 2009, n. 81, relativo alle norme per la riorganizzazione scolastica, si sottolinea che le sezioni delle scuole dell'infanzia sono costituite di norma con un numero non inferiore a 18 e non superiore a 26 alunni (elevabili fino a 29).

Più articolato risulta il quadro della scuola dell'infanzia nel DPR del 20 marzo 2009, n. 89, relativo alla revisione dell'assetto «ordinamentale, organizzativo e didattico della scuola dell'infanzia e del primo ciclo d'istruzione».

In esso viene ripristinata, all'art. 2, la possibilità di anticipare l'iscrizione per i bambini che compiono gli anni entro il 30 aprile dell'anno scolastico di riferimento, norma abrogata dal ministro Fioroni (sostituita con l'istituzione delle *sezioni primavera* per i bambini dai due ai tre anni).

L'orario di funzionamento è stabilito in 40 ore settimanali con possibilità di estensione fino a 50 ore. Permane la possibilità di un tempo ridotto antimeridiano di 25 ore settimanali.

Nell'Atto di indirizzo dell'8 settembre 2009 si ribadiscono i caratteri fondativi della scuola dell'infanzia, intesa come

> luogo educativo intenzionale di particolare importanza, in cui le bambine e i bambini realizzano una parte sostanziale della propria relazione con il mondo.

Si evidenzia come nel nostro Paese si siano raggiunti livelli di qualità molto alti nei servizi educativi 3-6 anni, che hanno permesso di superare l'obiettivo europeo del 90% di bambini dai 3 ai 5 anni scolarizzati.

Tra le priorità di questo segmento educativo vengono indicate le seguenti necessità:

- dialogare e collaborare con le famiglie e con altre istituzioni per attuare in modo concreto un'autentica centralità educativa del bambino;
- proporre un ambiente educativo capace di offrire possibili risposte al bisogno di cura e di apprendimento;

– realizzare un progetto educativo che renda concreta l'irrinunciabilità delle diverse dimensioni della formazione: sensoriale, corporea, artistico-espressiva, intellettuale, psicologica, etica, sociale;
– fare della scuola un luogo significativo per interventi compensativi finalizzati alla piena attuazione delle pari opportunità.

Le esperienze di Reggio Emilia

Nell'Atto di indirizzo vengono poi richiamate esperienze di particolare rilevanza, quali la «Casa dei bambini» ideata da Maria Montessori, le sperimentazioni dei progetti ALICE, ORME, ASCANIO e il modello educativo di Reggio Children. In quest'ultimo caso si tratta di un patrimonio educativo che è oggetto di attenzione sia in ambito nazionale sia internazionale.

In particolare, Reggio Emilia Approach è conosciuto in tutto il mondo e richiama nel capoluogo emiliano insegnanti, pedagogisti, ricercatori, amministratori provenienti da tutti i Paesi europei, dagli USA, dal Canada, dal Giappone, dal Sud America e da nuove realtà (India, Cina, ecc.) che stanno investendo ingenti risorse nel settore dell'educazione.

Il riferimento pedagogico del modello educativo delle scuole comunali dell'infanzia di Reggio Emilia si rifà ai contributi di Jerome Bruner e Howard Gardner, i quali dagli anni Ottanta stanno seguendo con molto interesse l'evoluzione del progetto educativo delle scuole reggiane, incentrato sull'attuazione dei principi del Costruttivismo sociale nell'acquisizione dei saperi dei bambini nella fascia di età 3-6 anni.

Le sezioni primavera

Ritornando alle sezioni primavera, la loro istituzione è stata prevista nella legge n. 296/2006 (Finanziaria 2007) e sancita da successivi accordi nella Conferenza unificata Stato-Regioni. L'avvio di tali sezioni, nelle scelte del legislatore, si prefiggeva l'obiettivo di estendere i servizi educativi nella fascia da 0 a 3 anni, facendo da ponte tra l'asilo nido e la scuola dell'infanzia.

Questa nuova opportunità, infatti, si rivolge ai bambini di età compresa tra i 2 e i 3 anni. L'obiettivo della legge è quindi quello di dare una risposta a una *domanda sociale di educazione* soprattutto in quelle realtà territoriali del Paese nelle quali i servizi nella fascia 0-3 anni risultano insufficienti o pressoché inesistenti.

Situazione anno scolastico 2010-2011

Nell'anno scolastico 2010-2011 sono state autorizzate in totale 1604 sezioni primavera così distribuite:

– 445 nel Nord Ovest;
– 199 nel Nord Est;
– 255 nel Centro;
– 527 nel Sud;
– 178 nelle Isole.

Circa il 60% delle sezioni primavera è gestito da scuole paritarie, prevalentemente aderenti alla FISM (Federazione Italiana Scuole Materne), il 20% da istituzioni scolastiche statali, il 13% da Comuni e il restante 7% da soggetti in convenzione con gestori esterni. Sempre nell'anno scolastico 2010-2011 sono risultati iscritti alle sezioni primavera 23.142 bambini, di cui 102 con disabilità e oltre 800 con cittadinanza non italiana.

Sul piano educativo, l'esperienza di queste sezioni è finalizzata a offrire un servizio a famiglie che chiedono un ampliamento del servizio stesso in questa fascia di età. Va però sottolineato anche un altro aspetto presente nelle intenzioni del legislatore, quello cioè di garantire a ogni bambino l'avvio di *attività di socializzazione e di apprendimento* in un momento della vita che risulta straordinariamente ricco di potenzialità.

> Questa consapevolezza, insieme al rapido aumento della partecipazione delle donne nella forza lavoro, fa sì che la cura dei bambini nella fascia di età 0-3 sia uno dei principali problemi attuali per le famiglie e per i governi dei Paesi dell'OCSE. (CISL Scuola, 2012)

Pertanto, è necessario investire sul miglioramento dei servizi per la primissima infanzia sia per conciliare tempi di lavoro e di cura sia per inserire precocemente i bambini in ambienti educativi di apprendimento.

La scuola primaria

Il maestro unico prevalente

Le novità apportate dal DPR n. 81/2009 per la scuola primaria sono legate soprattutto all'introduzione del maestro unico prevalente, con il definitivo superamento dell'assetto modulare previsto dalla legge 148/1990. Per quanto concerne il tempo scuola, dall'anno scolastico 2009-2010 le classi prime funzioneranno a 24, 27, 30 ore settimanali, mentre le classi successive alla prima continueranno a funzionare a 27, 30 ore settimanali. Nulla cambia, invece, per il tempo pieno, in quanto sia per le prime sia per tutte le altre classi è previsto il modello delle 40 ore, con il doppio organico e senza compresenze e nei limiti dell'organico assegnato per l'anno scolastico 2008-2009.

Tale scelta viene confermata nell'Atto di indirizzo del Ministero, emanato l'8 settembre 2009 in attuazione del DPR n. 89/2009, art. 1 comma 3, in cui il modello del docente unico o prevalente è espressamente indicato come modello da privilegiare:

> Le maggiori disponibilità di orario derivanti dalla presenza di due docenti per classe rispetto alle 40 ore degli alunni sono utilizzate per la costituzione dell'organico di istituto.

La scuola secondaria di primo grado

Per quanto concerne la scuola secondaria di primo grado, essa ha subito alcuni importanti tagli che hanno ridotto drasticamente *il tempo prolungato* e impedito la possibilità di completare l'orario di cattedra con ore a disposizione dell'istituto: le 18 ore di cattedra dovranno essere completate unicamente in attività di insegnamento ordinario.

L'orario di cattedra

Nel DPR n. 89 del 20 marzo 2009, all'art. 5 si afferma che

> l'orario annuale obbligatorio delle lezioni nella scuola secondaria di primo grado è di 990 ore, corrispondenti a 29 ore settimanali, più 33 ore da destinare ad attività di approfondimento riferite agli insegnamenti di materie letterarie.

Il tempo prolungato

Per quanto riguarda il tempo prolungato, nel medesimo articolo si sottolinea che le classi a tempo prolungato vengono ricondotte all'orario normale «in mancanza di servizi e strutture idonei a consentire lo svolgimento obbligatorio di attività in *orario pomeridiano* e nell'impossibilità di garantire il *funzionamento di un corso intero*».

Le stesse Indicazioni vengono ribadite nel DPR n. 81 del 20 marzo 2009, in cui all'art. 12 si afferma che

> in mancanza di servizi e strutture idonee che consentono lo svolgimento di attività in fasce orarie pomeridiane di un corso intero, non sono autorizzate classi a tempo prolungato.

L'Atto di indirizzo dell'8 settembre 2009 riprende le finalità assegnate alla scuola secondaria di primo grado, sottolineando che

> la ex scuola media non è più, anche in riferimento all'obbligo, scuola terminale; ha il compito di assicurare ad ogni allievo il consolidamento delle padronanze strumentali (lettura, scrittura, matematica, lingua, [...] e delle capacità di apprendere, oltre ad un adeguato livello di conoscenze e competenze, che formano la piattaforma su cui costruire il successivo percorso.

Alcune criticità

Vengono nell'Atto di indirizzo sottolineate alcune specifiche criticità di questo ordine scolastico, quali:

- la difficoltà nel passaggio dalla primaria alla scuola secondaria;
- la presenza di un curricolo molto ampio, tendenzialmente enciclopedico e onnicomprensivo;
- l'appannamento dell'esame di Stato, solo formalmente conclusivo di un intero ciclo di istruzione;
- l'elevata dispersione nel passaggio dalla scuola secondaria di primo grado al biennio delle superiori.

A un esame degli aspetti negativi non corrisponde la proposta di soluzioni credibili, tendenti a fare della scuola secondaria di primo grado un solido ponte verso il successivo ciclo d'istruzione.

La scuola secondaria di secondo grado

Rispetto all'istruzione secondaria, il ministro Maria Stella Gelmini riprende le soluzioni dei due precedenti colleghi, dando vita a:

Licei, tecnici e professionali

- *sei licei:* artistico, classico, linguistico, musicale coreutico, scientifico (con opzione scienze applicate), delle scienze umane (con opzione economico-sociale);
- *due settori degli istituti tecnici*: economico, con due indirizzi, e tecnologico, con nove indirizzi;
- *due settori degli istituti professionali:* industria e artigianato, articolato in due indirizzi, e servizi, organizzato in quattro indirizzi.

La riforma delle superiori della Gelmini è stata avviata a cominciare dall'anno scolastico 2010/2011 e sta andando gradualmente a regime; non dovrebbe, pertanto, a breve conoscere significativi cambiamenti.

6. La scuola nell'ultimo periodo: 2013-2018

Anche questo ultimo periodo della vita della scuola è stato caratterizzato da significativi e corposi interventi che hanno riguardato vari aspetti operativi.

Leggi 124/2015 e 107/2015

Va prioritariamente ricordato che, insieme alla Legge Madia n. 124/2015, il documento più rilevante di questa fase è stata la legge 107/2015, la quale, oltre a intervenire su aspetti ordinamentali, come l'assetto giuridico territoriale del sistema scolastico, ha riordinato con i decreti di delega del 2017 molti aspetti della scuola, proponendo istituzioni per l'infanzia 0-6 anni, rivedendo l'istruzione professionale, rivisitando tutto il diritto allo studio e l'ambito dell'integrazione scolastica, oltre a vari interventi minori.

Le innovazioni della legge 107/2015

In realtà, la legge 107/2015 è intervenuta con lo scopo fondamentale di realizzare definitivamente e pienamente l'autonomia delle istituzioni scolastiche, prevedendo, tra l'altro:

- l'adozione del PTOF, il Piano triennale dell'offerta formativa, che modifica l'art. 3 del DPR n. 275 del 1999, il Regolamento dell'autonomia e, di fatto, sopprime il POF. Grande rilievo viene dato al principio della flessibilità;
- l'istituzione dell'organico dell'autonomia, che ha consentito alle scuole di progettare specifici percorsi potendo contare su un organico più ampio di quello per la copertura delle sole classi;
- le funzioni e i compiti dei dirigenti scolastici e degli organi collegiali: ai primi è stato affidato un lavoro di concertazione, ma anche di indirizzo, mentre ai collegi dei docenti è stato assegnato il compito di redigere il PTOF e ai consigli di istituto di approvarlo definitivamente. Alcune modifiche sono state apportate anche al funzionamento del Comitato per la valutazione, per il quale è stata prevista, in alcuni e specifici casi, anche la presenza di genitori e di studenti. Tale organo si dovrà occupare sulle vie generali anche della premialità;

– la revisione dello stato giuridico dei docenti, in particolare del periodo di prova e di formazione iniziale e in itinere, ma anche della premialità.

Indirettamente, il disposto è intervenuto anche sulle regole per la mobilità, rendendo almeno triennale la permanenza dei docenti sulla stessa sede e istituendo il trasferimento per gli ambiti.

Le innovazioni della legge 124/2015

La stessa Legge Madia, pur non riferita in modo specifico alla scuola, è intervenuta — soprattutto con l'attuazione delle deleghe — su molti aspetti della vita della scuola, con il nuovo Codice dei contratti pubblici, il CAD, il regime delle visite fiscali, il Codice di giustizia contabile, il licenziamento disciplinare, il lavoro flessibile.

Molto era già fatto sul fronte del diritto allo studio; in modo particolare, vi erano stati tre interventi che avevano riguardato rispettivamente:

Linee guida

– le Linee guida per l'orientamento permanente;
– le Linee guida per l'accoglienza e l'integrazione degli alunni stranieri;
– le Linee guida per gli alunni adottati.

Il 2 dicembre 2015, il MIUR ha diffuso le prime indicazioni operative per la lotta al bullismo e al cyberbullismo, diffondendo nel 2015 le *Linee di orientamento per azioni di contrasto al bullismo e al cyberbullismo* che hanno trasferito le funzioni esercitate dagli Osservatori regionali permanenti ai Centri territoriali di supporto (CTS), richiamando l'attenzione su un fenomeno che è in espansione.

A questo provvedimento ha fatto seguito la legge 71 del 29 maggio 2017, *Disposizioni a tutela dei minori per la prevenzione ed il contrasto del fenomeno del cyberbullismo,* che è stato il primo strumento legislativo europeo varato per il contrasto a questo nuovo, preoccupante, fenomeno.

La valutazione

Ancora nel 2015 erano state diffuse le Linee guida per la certificazione delle competenze nel primo ciclo di istruzione e la sperimentazione di un nuovo modello: sugli ambiti della valutazione vi sono stati ulteriori interventi conseguenti al Decreto del 2017, in particolare con la Circolare n. 312/2018.

Anche sul fronte della valutazione delle istituzioni scolastiche si è registrato l'avvio del RAV, il Rapporto di autovalutazione delle scuole, che dovrebbe essere completato entro un triennio.

È stato il DPR n. 80 del 2013, *Regolamento sul sistema nazionale di valutazione in materia di istruzione e formazione,* a definire le quattro priorità per la realizzazione di tale prospettiva: l'*autovalutazione* delle istituzioni scolastiche; la *valutazione esterna;* le *azioni di miglioramento;* la *rendicontazione sociale.*

L'edilizia scolastica e il digitale

Molto significativi sono stati anche gli interventi sull'edilizia scolastica e sul digitale. In particolare, la realizzazione del Piano nazionale per la scuola digitale, definitivamente adottato con il decreto n. 851 del MIUR il 27 ottobre 2015, ha contribuito in maniera significativa alla modernizzazione del nostro sistema di istruzione, anche nell'ambito della didattica.

In questo settore è stata istituita la figura degli animatori digitali.

Rispetto al patrimonio edilizio scolastico, con l'approvazione nel 2012 di un Piano nazionale per iniziative di recupero è stata avviata una nuova strategia che mira alla qualificazione delle strutture. E, infine, è dei primi del 2018 la proposta del Comitato scientifico nazionale per una riflessione sul testo delle Indicazioni 2012, mentre sta per essere avviata la sperimentazione del RAV anche nella scuola dell'infanzia.

Il contratto

Il 19 aprile del 2018 è stato sottoscritto il nuovo CCNL del Comparto istruzione per il periodo 2016-2018.

7. La scuola secondaria di primo grado: l'anello debole?

Non si può chiudere il discorso sulle riforme dell'ultimo quindicennio senza effettuare un'ulteriore considerazione sulla scuola secondaria di primo grado.

Infatti, il Rapporto 2011 sulla scuola in Italia della Fondazione Agnelli è stato riservato a un'indagine a tutto campo sulla scuola media: emerge dalla ricerca lo spaccato di una scuola in difficoltà.

Le finalità della scuola media unica

L'istituzione, nel 1962, di questo nuovo segmento scolastico rispondeva a tre grandi finalità: *l'espansione* del nostro sistema d'istruzione, assicurando l'obbligo fino al quattordicesimo anno di età, l'affermazione del principio di *equità* evitando la dispersione di potenziali di apprendimento dei ragazzi delle classi sociali meno abbienti, il rafforzamento *dell'uguaglianza delle opportunità* di accesso, garantendo a livello individuale e territoriale a tutti, ragazzi e ragazze, di prolungare il loro percorso formativo in una scuola pensata soprattutto per gli adolescenti.

Il primo obiettivo è stato sicuramente conseguito. Come già sottolineato, l'istituzione della scuola media unica ha permesso l'espansione dei successivi gradi e ordini scolastici, università compresa.

Decisamente più fragili i risultati conseguiti in relazione agli altri due obiettivi: il concetto stesso di equità educativa è nei decenni radicalmente cambiato. Come si legge nel Rapporto della Fondazione:

> Ciò che conta per il successo individuale e per la crescita di un Paese non è solo la quantità d'istruzione *(attainment)* ma anche la sua qualità *(achievement)*. Questo slittamento ha portato a ridefinire il concetto di equità a scuola, con l'enfasi che ora è posta non tanto (o non solo) sulle *opportunità di accesso* quanto sulle *opportunità di apprendimento*. (Fondazione Agnelli, 2011)

Per quanto concerne i risultati conseguiti dagli alunni e l'equità in senso generale, la scuola media sembra non aver conseguito i risultati sperati.

Infatti, nel passaggio dalle elementari alle medie si registra un calo generalizzato degli apprendimenti in italiano e matematica, con un evidente abbassamento del rendimento complessivo degli alunni.

La personalizzazione dei percorsi

Per far fronte a questi esiti non particolarmente confortanti, la Fondazione Agnelli propone: la personalizzazione dei percorsi con apertura della scuola al pomeriggio, la progettazione comune tra i docenti della scuola primaria e secondaria di primo grado, l'introduzione dell'apprendimento cooperativo tesa a favorire la motivazione degli alunni, la generalizzazione dell'istituto comprensivo e l'adozione di curricoli verticali.

Il Rapporto, quindi, indica l'urgenza di un ripensamento della scuola media, che dovrebbe indurre significativi cambiamenti anche nella scuola primaria e nella scuola secondaria di secondo grado.

Infatti, si sottolinea che:

> Perdere terreno alle scuole medie significa ridurre in modo consistente la possibilità di raggiungere i più alti traguardi scolastici e universitari e le conseguenti opportunità occupazionali. (Fondazione Agnelli, 2011)

L'educazione dei giovani adolescenti è un problema non solo italiano. Anche in altri Paesi europei (Gran Bretagna, Francia, ecc.) si registrano fenomeni di crescente disaffezione della cosiddetta «Generazione Z» (o «Centennials») nei confronti dell'istruzione che si acquisisce in contesti formali, e addirittura in Inghilterra assistiamo a forme di violenza che coinvolgono giovani poco più che bambini.

CAPITOLO SESTO

Il MIUR e il Sistema nazionale di valutazione

1. Il riordino dell'amministrazione scolastica

Le prospettive aperte dall'avvento dell'autonomia scolastica hanno posto ben presto la necessità di una revisione anche degli assetti dell'organizzazione del Ministero dell'Istruzione. È stato, infatti, lo stesso provvedimento legislativo di avvio del processo a stabilire che, al fine di favorire la sua realizzazione, occorreva attribuire alle istituzioni scolastiche le funzioni di gestione e programmazione svolte sino a quel momento dall'amministrazione centrale e periferica del Ministero.

Le aree di intervento per l'autonomia

In realtà, sempre la legge n. 59/1997 — che, non va dimenticato, si rivolgeva all'intero assetto dello Stato — aveva già individuato alcune aree di intervento per promuovere l'autonomia:
- la riorganizzazione funzionale dello Stato e degli enti pubblici;
- l'attribuzione di funzioni statali a Regioni ed enti locali;
- la ridefinizione della normativa relativa al personale, dirigenza compresa;
- l'individuazione di strumenti per la valutazione in termini di efficacia, efficienza, produttività, nonché di semplificazione delle procedure per la pubblica amministrazione.

Il primo riordino: il MIUR

Per quanto concerne la scuola, tale processo è stato avviato dal D.lgs. n. 300 del 30 luglio 1999, seguito dal suo regolamento applicativo, il DPR n. 347 del 6 novembre 2000, *Regolamento recante norme di organizzazione del Ministero della Pubblica Istruzione,* che ha portato alla fusione dei due ministeri dell'Istruzione e dell'Università in un unico organismo denominato MIUR, Ministero Istruzione, Università, Ricerca.

In questa prima fase di riordino il Ministero è stato articolato in dipartimenti, servizi, direzioni generali e uffici.

In particolare, sono stati istituiti due dipartimenti, il primo relativo allo sviluppo dell'istruzione, il secondo per i servizi nel territorio. Il primo dipartimento è stato a sua volta articolato in quattro direzioni generali, rispettivamente per gli ordinamenti scolastici, per la formazione, l'aggiornamento del personale della scuola, per le relazioni internazionali. Il secondo dipartimento è stato anch'esso articolato in quattro direzioni generali, chiamate a occuparsi dell'organizzazione dei servizi nel territorio, dell'istruzione post secondaria, degli adulti e dei percorsi integrati per il personale della scuola e, infine, delle politiche giovanili. Il quadro è stato completato dalla creazione di tre servizi, per gli affari economico-finanziari, per l'automazione informatica, per la comunicazione.

Già in questa prima fase, l'articolazione del Ministero è stata considerata troppo centralista, tanto che si è provveduto a istituire un terzo dipartimento, affidando al primo il settore dell'istruzione, al secondo quello dell'università, al terzo quello della ricerca. Sarebbero stati definiti anche cinque servizi comuni ai tre dipartimenti.

Uffici scolastici regionali e CSA

In realtà, almeno a livello periferico, la scelta più rilevante è stata la soppressione delle sovrintendenze scolastiche e la successiva istituzione in ciascun capoluogo di Regione di un ufficio scolastico regionale, di livello dirigenziale generale, che si è qualificato come un centro autonomo di responsabilità amministrativa chiamato a svolgere le funzioni degli uffici periferici dell'amministrazione.

Le conseguenze di tale scelta sono state molto significative, soprattutto a livello periferico, dove i provveditorati sono stati privati di poteri decisionali diventando centri servizi di consulenza e supporto alle istituzioni scolastiche autonome, CSA.

Il ritorno dei due ministeri

In realtà, proprio sull'idea di definire uno o due ministeri vi è stata una certa disputa durante tutto il primo decennio dell'autonomia; infatti, già nel 2006, con il decreto legge n. 181, convertito nella legge n. 233 del 17 luglio di quello stesso anno, sono stati ripristinati i due ministeri, dell'Istruzione e dell'Università.

Ancora il MIUR

La terza puntata è venuta con la Finanziaria 2008, legge n. 244 del 24 dicembre 2007, che, sulla base della necessità per lo Stato di ridurre i costi e fissando a un massimo di sessanta i possibili ministri, ha condotto alla riunificazione dei due ministeri e al ripristino del MIUR, per il cui assetto e funzionamento sono stati emanati nel gennaio 2009 i due decreti n. 16 e n. 17 che ora regolano il Ministero.

2. I Regolamenti del 2009

Il riordino dell'amministrazione scolastica viene promosso nel 2008 anche in seguito al cambio degli scenari politici. Sono due i provvedimenti che vengono emanati:

I Regolamenti del 2009

- il DPR n. 16 del 14 gennaio 2009, Regolamento recante la riorganizzazione degli uffici di diretta collaborazione presso il Ministero dell'Istruzione, dell'Università e della Ricerca;
- il DPR n. 17 del 20 gennaio 2009, Regolamento recante disposizioni di riorganizzazione del Ministero dell'Istruzione, dell'Università e della Ricerca, per le strutture ministeriali.

Si tratta di due regolamenti destinati a incidere profondamente sul sistema. A interessare il mondo della scuola è soprattutto il DPR n. 17/2009: esso ha previsto all'art. 2 che il Ministero a livello centrale sia articolato per dipartimenti, mentre a livello periferico per uffici scolastici regionali.

Il livello centrale

I dipartimenti

A livello centrale il Ministero è suddiviso nei seguenti dipartimenti:
- il dipartimento per l'istruzione;
- quello per la programmazione e la gestione delle risorse umane, finanziarie e strumentali;
- quello per l'università, l'alta formazione artistica, musicale e coreutica e per la ricerca.

Gli uffici di livello dirigenziale generale

Per ciascun dipartimento è prevista l'individuazione degli uffici di livello dirigenziale generale, i quali hanno il compito di allocare le risorse finanziarie, strumentali e professionali per lo svolgimento dei compiti istituzionali.

Le funzioni di direzione, coordinamento e controllo degli uffici di livello dirigenziale generale, sono affidate a un capo dipartimento: è stata prevista anche l'istituzione di una conferenza permanente per coordinamento e raccordo delle attività, alla quale prendono parte i capi dipartimentali e i direttori generali.

È previsto che tale modello sia sottoposto a verifica ogni due anni per accertarne la funzionalità e l'efficienza, mentre non è stato istituito per sospetta incostituzionalità l'organismo paritetico Stato-Regioni che la Finanziaria 2008 aveva previsto.

Il dipartimento dell'istruzione

La struttura

Per quanto concerne il dipartimento dell'istruzione, esso ha come articolazione:

- la direzione generale per gli ordinamenti scolastici e per l'autonomia scolastica;
- quella per l'istruzione e la formazione tecnica superiore e per i rapporti con la formazione regionale;
- quella per il personale della scuola;
- quella per lo studente, l'integrazione, la partecipazione e la comunicazione.

Le funzioni

Le funzioni che il riordino affida a tale dipartimento sono molte e riguardano:

- la definizione degli obiettivi formativi del sistema scolastico;
- l'assetto complessivo, l'organizzazione, gli ordinamenti, i programmi scolastici del sistema;
- lo stato giuridico del personale;
- la definizione degli indirizzi per i servizi territoriali per garantire livelli di prestazioni uniformi;
- la valutazione del servizio;
- la definizione di criteri e parametri per interventi sociali nella scuola e per il sostegno alle aree depresse;
- la ricerca e la sperimentazione finalizzate all'innovazione;
- il riconoscimento dei titoli di studio e delle certificazioni in ambito europeo e internazionale e l'attuazione di politiche europee per l'educazione;
- l'individuazione di obiettivi, standard e percorsi per l'istruzione superiore e la formazione tecnica superiore;
- il supporto all'autonomia scolastica;
- la definizione degli indirizzi per l'istruzione non statale e per le scuole paritarie;
- l'associazionismo degli studenti e dei genitori;
- la promozione dello status dello studente e della sua condizione;
- le competenze di edilizia scolastica riservate al Ministero.

Il dipartimento per la programmazione e la gestione delle risorse umane, finanziarie e strumentali

La struttura

Il dipartimento si articola su quattro uffici di livello dirigenziale generale:

- la direzione generale per le risorse umane del Ministero e aa.gg.;
- quella per la politica finanziaria e per il bilancio;
- quella per gli studi, la statistica e i sistemi informativi;
- quella per gli affari internazionali.

Le funzioni

Tale dipartimento si occupa dei seguenti ambiti:

a) attuazione delle direttive del ministro in materia di politiche del personale amministrativo e tecnico, dirigente e non, del Ministero;

b) reclutamento, formazione generale e amministrazione del personale;
c) relazioni sindacali e contrattazione;
d) emanazione di indirizzi alle direzioni regionali per l'applicazione dei contratti collettivi e la stipula di accordi decentrati;
e) mobilità e trattamento di quiescenza e previdenza;
f) pianificazione e allocazione delle risorse umane;
g) cura della gestione amministrativa e contabile delle attività strumentali, contrattuali e convenzionali di carattere generale, comuni agli uffici dell'amministrazione centrale;
h) consulenza all'amministrazione periferica in materia contrattuale;
i) servizi, strutture e compiti strumentali dell'amministrazione centrale;
l) consulenza alle strutture dipartimentali e alle direzioni generali su contrattualistica ed elaborazione di capitolati;
m) cura dell'adozione di misure finalizzate a promuovere il benessere organizzativo dei lavoratori del Ministero e a fornire consulenza agli uffici scolastici regionali per lo svolgimento di analoghe azioni con riferimento al contesto territoriale di competenza;
n) gestione del contenzioso per provvedimenti aventi carattere generale e definizione delle linee di indirizzo per la gestione del contenzioso di competenza delle articolazioni territoriali;
o) gestione del contenzioso del lavoro del personale ai sensi dell'articolo 12 del D.lgs. n. 165 del 2001;
p) responsabilità e sanzioni disciplinari del personale;
q) elaborazione del piano acquisti annuale.

Il dipartimento per l'università, l'alta formazione artistica, musicale e coreutica e per la ricerca

La struttura e le funzioni

È il dipartimento che si occupa dell'istruzione universitaria e superiore, compresa l'alta formazione artistica e coreutica. Esso è articolato nei seguenti uffici di livello dirigenziale generale:
– la direzione generale per l'università, lo studente e il diritto allo studio universitario;
– quella per l'alta formazione artistica, musicale e coreutica;
– quella per il coordinamento e lo sviluppo della ricerca;
– quella per l'internazionalizzazione della ricerca.

Il livello periferico

Il Regolamento conferma a livello periferico la centralità degli uffici scolastici regionali. La loro dislocazione è prevista presso ciascun capoluogo di Regione e ognuno di essi si caratterizza come ufficio di livello dirigenziale. Inizialmente si sono configurati come autonomi centri di responsabilità amministrativa; successivamente hanno perduto tale qualificazione in seguito agli interventi di modifica dell'ex DPR n. 132/2011.

Funzioni degli uffici regionali

Gli uffici sono impegnati sul loro territorio di competenza su svariati fronti; devono assicurare:

– la vigilanza sul rispetto delle norme generali dell'istruzione, dei livelli essenziali delle prestazioni, dell'attuazione degli ordinamenti scolastici;
– la vigilanza sulle scuole non statali paritarie e non paritarie;
– la cura dei rapporti con l'amministrazione regionale di competenza e con gli enti locali;
– l'attuazione delle politiche nazionali per gli studenti.

Se nella prima fase del riordino agli uffici è stato affidato anche il compito di assegnare alle istituzioni scolastiche le risorse finanziarie, nell'ambito dei capitoli di bilancio affidati alla loro gestione, con l'ex DPR n. 132/2011, tale compito non è più di loro spettanza.

Spetta al dirigente generale il compito di incaricare e stipulare il conseguente contratto individuale di lavoro con i dirigenti di seconda fascia.

Uffici dirigenziali non generali

Per quanto concerne la sua articolazione, l'ufficio regionale è organizzato per uffici dirigenziali non generali che operano sul territorio. Il provvedimento legislativo del 2011 è intervenuto anche su tali uffici, sia riducendone il numero, sia in parte ritoccandone le funzioni. In questo senso, l'art. 8, comma 3 rivisto afferma:

> 3. L'ufficio scolastico regionale è organizzato in uffici dirigenziali di livello non generale per funzioni e per articolazioni sul territorio con compiti di supporto alle scuole, amministrativi e di monitoraggio in coordinamento con le direzioni generali competenti. Tali uffici svolgono, in particolare, le funzioni relative alla assistenza, alla consulenza e al supporto, agli istituti scolastici autonomi per le procedure amministrative e amministrativo-contabili in coordinamento con la direzione generale per la politica finanziaria e per il bilancio; alla gestione delle graduatorie e alla formulazione di proposte al direttore regionale ai fini dell'assegnazione delle risorse umane ai singoli istituti scolastici autonomi; al supporto e alla consulenza agli istituti scolastici per la progettazione e innovazione della offerta formativa e alla integrazione con gli altri attori locali; al supporto e allo sviluppo delle reti di scuole; al monitoraggio dell'edilizia scolastica e della sicurezza degli edifici; allo stato di integrazione degli alunni immigrati; all'utilizzo da parte delle scuole dei fondi europei in coordinamento con le direzioni generali competenti; al raccordo ed interazione con le autonomie locali per la migliore realizzazione dell'integrazione scolastica dei diversamente abili, alla promozione ed incentivazione della partecipazione studentesca; al raccordo con i comuni per la verifica dell'osservanza dell'obbligo scolastico; alla cura delle relazioni con le RSU e con le organizzazioni sindacali territoriali.

Il corpo ispettivo: i dirigenti tecnici

Il riordino del Ministero è intervenuto anche per quanto concerne il corpo ispettivo. Esso è composto da personale dirigente presente sia a livello ministeriale, nel qual caso conserva una posizione di dipendenza funzionale dal capo del dipartimento per l'istruzione, sia a livello periferico, in posizione di dipendenza funzionale dai dirigenti degli uffici scolastici regionali.

Le funzioni ispettive

Anche per gli organismi ministeriali sono in atto processi di innovazione e miglioramento, sia per la qualità dei servizi sia per la formazione e la riorganizzazione del personale; in particolare, è stata pubblicata con Decreto dipartimentale del 5 marzo 2018 una Direttiva finalizzata a promuovere la conciliazione dei tempi di vita e di lavoro dei dipendenti. Si legge nel documento:

La Direttiva del 2018

> Articolo 1 (Definizioni)
>
> 1. Ai fini della presente direttiva si intende per:
>
> a) «lavoro agile»: una modalità flessibile e semplificata di lavoro finalizzata ad agevolare, al contempo, la conciliazione dei tempi di vita e di lavoro e ad incrementare la produttività. Il lavoro agile si svolge con le seguenti modalità:
> - esecuzione della prestazione lavorativa svolta in parte all'esterno della sede di lavoro e con i soli vincoli di orario massimo derivanti dalla legge e dalla contrattazione collettiva;
> - possibilità di utilizzo di strumenti tecnologici per lo svolgimento dell'attività lavorativa;
> - assenza di una postazione fissa durante i periodi di lavoro svolti al di fuori della abituale sede di lavoro;
>
> b) «sede di lavoro»: la sede abituale di servizio del dipendente;
>
> c) «strumenti di lavoro agile»: strumenti tecnologici utilizzati dalla lavoratrice e dal lavoratore per l'esecuzione della prestazione lavorativa in modalità agile, eventualmente messi a disposizione dall'amministrazione. (Decreto dipartimentale, 5 marzo 2018)

Le finalità di tale scelta sono sottolineate nell'art. 3 della direttiva:

Le finalità

a) consentire ad almeno il 10% dei dipendenti del MIUR, compreso il personale dirigenziale, di avvalersi di nuove modalità spazio-temporali nella prestazione lavorativa senza subire penalizzazioni per il riconoscimento di professionalità e per la progressione di carriera;
b) sperimentare nuove soluzioni organizzative per favorire lo sviluppo di una cultura orientata al lavoro per obiettivi e risultati e all'incremento della produttività;
c) adeguare l'organizzazione del lavoro alle nuove tecnologie e reti di comunicazione pubblica;

d) favorire la conciliazione dei tempi di vita e di lavoro;
e) promuovere la mobilità sostenibile tramite la riduzione degli spostamenti casa-lavoro-casa, nell'ottica di una politica ambientale sensibile alla diminuzione del traffico urbano in termini di volumi e di percorrenze.

3. Il Sistema nazionale di valutazione

Un altro organismo che a livello nazionale coadiuva il funzionamento del nostro sistema di istruzione è il Servizio nazionale per la qualità del sistema educativo. Nato in occasione della Conferenza nazionale sulla scuola del giugno 1990, il nuovo organismo ebbe una sua prima definizione con la direttiva n. 307 del 21 maggio 1997 con cui fu istituito il Servizio nazionale per la qualità dell'istruzione, avente finalità di valutare lo stato e l'efficacia del nostro sistema formativo ai suoi vari livelli.

La direttiva del 1997

Un secondo passaggio verso la sua definizione avvenne nel 1999, quando il CEDE, Centro europeo dell'educazione con sede a Frascati, venne trasformato in Istituto nazionale per la valutazione del sistema di istruzione, INVALSI, al quale venne affidato il compito di valutare l'efficacia e l'efficienza dell'intero sistema e delle singole istituzioni scolastiche e di approfondire le tematiche dell'insuccesso e della dispersione scolastica, offrire supporto e assistenza all'autonomia, promuovere l'innovazione.

Dal CEDE all'INVALSI

Un ulteriore passaggio fu costituito dalla trasformazione della Biblioteca di documentazione pedagogica di Firenze, BDP, in Istituto nazionale di documentazione per l'innovazione e la ricerca educativa (INDIRE) con il D.lgs. n. 258 del 20 luglio 1999. La BDP era stata una delle istituzioni di maggior prestigio del nostro sistema scolastico ed era nata per iniziativa di Giuseppe Lombardo Radice, per poi essere trasformata nel 1939, dal ministro Bottai, in Museo nazionale della scuola e, negli anni Cinquanta, in Centro didattico di studi e di innovazione.

Dalla BDP all'INDIRE

Le funzioni dei nuovi organismi ebbero una loro prima definizione negli anni successivi; in particolare, già nel 2001 era stata diffusa la direttiva n. 170/2001, in cui erano definite le priorità strategiche dell'INVALSI: la definizione e la validazione di strumenti di valutazione, la creazione di banche dati su tali tematiche, il collegamento con l'Osservatorio nazionale sugli esami di Stato, la creazione dell'Osservatorio nazionale per la dispersione scolastica.

I primi progetti

Con l'avvento dell'autonomia erano partiti anche i primi progetti pilota, con lo scopo di promuovere la cultura della valutazione scolastica: in questo senso, ricordiamo il PP1 (a.s. 2001-2002), il PP2 (a.s. 2002-2003), il PP3 (a.s. 2003-2004), in cui oggetto prioritario è l'analisi degli apprendimenti degli allievi in ambito linguistico e matematico.

È stata poi la legge di riforma n. 53/2003 a confermare tale linea, adottando uno specifico provvedimento per le norme generali sulla valutazione: all'INVALSI è stato affidato il compito di procedere a verifiche periodiche e sistematiche su conoscenze e abilità degli alunni e sulla qualità dell'offerta formativa delle singole scuole.

Il Servizio nazionale di valutazione ha assunto il suo assetto definitivo con il D.lgs. n. 286 del novembre 2004, quando all'INVALSI è stato affidato il compito di svolgere verifiche periodiche e sistematiche su conoscenze e abilità degli alunni, predisporre specifiche prove per gli alunni per gli esami di Stato del 1° e del 2° ciclo, promuovere azioni per la formazione del personale docente e per la prevenzione dell'insuccesso scolastico. Con la legge n. 10 del 2011 è stata definitivamente confermata la sua articolazione in tre organismi:

Il Decreto del 2004

I tre organismi

1. l'Istituto nazionale per la valutazione del sistema di istruzione e formazione (INVALSI); tale organismo si occuperà anche dei protocolli di valutazione che dovranno essere utilizzati dai Nuclei di valutazione esterna (NEV), che saranno composti da un dirigente tecnico con funzioni di coordinamento, da un esperto del mondo della scuola e da un esterno. Pianificherà anche il programma delle visite agli istituti;
2. l'Istituto nazionale di documentazione del sistema di istruzione e formazione (INDIRE). L'INDIRE supporterà le istituzioni scolastiche nella definizione e nell'attuazione dei piani di miglioramento della qualità dell'offerta formativa; cura inoltre il sostegno ai processi di innovazione centrati sulla diffusione e sull'utilizzo delle nuove tecnologie;
3. il corpo ispettivo, concorrerà a realizzare gli obiettivi del SNV, coordinando i nuclei di valutazione, in modo da valorizzare il ruolo stesso dei dirigenti e dei docenti delle scuole visitate.

Il Regolamento operativo è entrato in vigore il 19 luglio 2013, a seguito dell'emanazione del DPR n. 80 del 28 marzo 2013, *Regolamento sul sistema nazionale di valutazione in materia di istruzione e formazione.* Il Servizio, oggi, si muove in funzione di obiettivi strategici e di attività fissati attraverso direttive di validità triennale; la prima è stata, per questo nuovo sistema, quella del 18 settembre 2014, diffusa con CM n. 47 del 21 ottobre successivo.

Il Regolamento del 2013

Nel Regolamento sono affermati due importanti principi: quello dell'obbligatorietà dell'autovalutazione, con l'utilizzo di un format predisposto in digitale dall'INVALSI, e quello della valutazione esterna, affidata al nucleo esterno, con un dirigente e due esperti.

I principi

Per l'anno scolastico 2016-2017 era stata diffusa la nota del MIUR del 28 febbraio 2017, n. 2182, che stabiliva la realizzazione di un monitoraggio sui Piani di miglioramento (PdM). Il 6 dicembre 2017, il MIUR ha illustrato alle organizzazioni sindacali il testo della nuova direttiva sul

Le priorità strategiche del SNV

Sistema nazionale di valutazione per il biennio 2017-2018 e 2018-2019, in cui sono individuate le priorità strategiche del SNV riconducibili alla valutazione delle istituzioni scolastiche, a quella dei dirigenti, alla premialità del merito professionale per i docenti, ed è sottolineata la validità biennale della direttiva per consentire il riallineamento con il triennio del Piano triennale dell'offerta formativa (PTOF) e con la prima rendicontazione sociale prevista dal RAV.

4. Il corpo ispettivo

L'Atto di Indirizzo del 2017

Con il DM n. 1046 del 28 dicembre 2017, è stato pubblicato anche l'Atto di indirizzo per l'esercizio della funzione ispettiva tecnica. Dopo ben otto anni si è provveduto, pertanto, a riordinare tali funzioni ai sensi del combinato disposto dell'art. 9 del DPCM n. 98 e dell'art. 3, comma 2, del DM n. 753, entrambi del 2014. L'ultimo provvedimento specifico era stato, infatti, quello del 23 luglio 2010, decreto n. 60, nel quale si indicavano, come funzioni, il supporto alle attività di aggiornamento e formazione del personale dirigenziale e docente delle scuole, il loro coordinamento, la valutazione dei risultati, la formulazione di proposte e pareri sui curricoli scolastici, la vigilanza sugli esami conclusivi dei cicli.

Oggi il quadro generale è profondamente mutato: si pensi, in questo senso, alle disposizioni relative al RAV e alle innovazioni introdotte dalla legge 107/2015 e normazione secondaria. La complessità dell'organizzazione scolastica richiede la presenza di figure ispettive che siano di riferimento e che, nel contempo, svolgano una funzione chiarificatrice nelle situazioni più delicate e a volte conflittuali.

Ad essi, oltre a quanto previsto dall'Atto del 2010, si riconosce di far parte del Sistema nazionale di valutazione e di concorrere al conseguimento dei suoi obiettivi. In questo senso, essi svolgono in maniera unitaria, a livello centrale e periferico, le loro funzioni, in coerenza con gli obiettivi generali del nostro sistema di istruzione. Gli ispettori coordinano i nuclei di valutazione delle scuole e curano il coordinamento dei nuclei di valutazione dei dirigenti scolastici (direttiva n. 36/2016). Essi danno il loro contributo alle attività di formazione nell'ambito del SNV e offrono il loro supporto tecnico-scientifico nei processi di innovazione.

BOX 6.1

La funzione ispettiva tecnica

La funzione ispettiva tecnica, nell'ambito dell'autonomia garantita dalla Direttiva sulle attività di ispezione della Presidenza del Consiglio dei Mi-

nistri – Dipartimento della Funzione Pubblica del 2 luglio 2002 e dall'art. 2, commi 4-*octiesdecies* e *novesdecies* della Legge 26 febbraio 2011 n. 10, è esercitata, sia singolarmente che collegialmente, dai Dirigenti Tecnici su tutto il territorio nazionale e nelle scuole ed istituzioni scolastiche di ogni ordine e grado statali e paritarie, italiane nel territorio nazionale e all'estero ai sensi del Decreto Interministeriale n. 4716 del 23 luglio 2009, nelle Scuole Europee, ai sensi della legge 6 marzo 1996, n. 151 nonché, ove richiesto ed in presenza di specifiche intese e convenzioni, protocolli, negli organismi europei, internazionali e sovranazionali.
Tale funzione viene in rilievo nelle molteplici attività che caratterizzano la professione, in coerenza con quanto previsto dall'art. 3, comma 2 del DM 26 settembre 2014, n. 753.
I dirigenti tecnici svolgono una fondamentale funzione nella realizzazione e nello sviluppo del sistema nazionale di valutazione, assicurando, secondo quanto previsto dal DPR 80/2013, il coordinamento dei nuclei di valutazione delle scuole; curano, inoltre, il coordinamento dei nuclei di valutazione dei dirigenti scolastici, in applicazione della Direttiva 36/2016, partecipano ai Nuclei di supporto al SNV ed ai gruppi tecnici per la valutazione costituiti presso l'Amministrazione centrale e periferica, contribuiscono alle attività di formazione nell'ambito del SNV.
I dirigenti tecnici assicurano un supporto tecnico-scientifico per le tematiche ed i processi definiti dall'Amministrazione al fine di fornire consulenza sui vari aspetti riguardanti le aree prioritarie della politica scolastica.
I dirigenti tecnici offrono supporto, assistenza, consulenza e formazione alle scuole nel processo di attuazione dell'autonomia scolastica, fornendo proposte e pareri sui temi dello sviluppo dei curricoli, della progettazione didattica, delle metodologie, della valutazione, opportunamente collocati all'interno del quadro normativo in modo da garantirne la legittimità e la rispondenza alle finalità del sistema nazionale di istruzione. La connotazione tecnica della funzione si esplica sia sul versante pedagogico e disciplinare sia su quello normativo e ordinamentale; il dirigente tecnico opera pertanto una insostituibile funzione di raccordo tra l'Amministrazione centrale e periferica e le scuole autonome, di regolazione dei processi e di implementazione dell'innovazione di sistema, sia dal punto di vista culturale e didattico che da quello organizzativo e gestionale.
Nella funzione rientrano, inoltre, la partecipazione a gruppi di lavoro e organismi tecnici, la collaborazione per l'efficace attuazione delle misure previste nel PNSD e nel PON «Per la Scuola», la predisposizione delle prove d'esame conclusive del secondo ciclo di istruzione, l'assistenza alle scuole e la vigilanza in occasione degli esami di Stato, il monitoraggio, il controllo e la verifica dei requisiti delle scuole paritarie, la collaborazione alla realizzazione della formazione in servizio del personale della scuola, il supporto tecnico ad attività progettuali di ambito territoriale, nazionale e internazionale, tra i quali assume particolare rilevanza il contributo nella progettazione, nella realizzazione e nel monitoraggio delle esperienze di alternanza scuola-lavoro, la consulenza, il supporto e l'intervento relativi alle richieste provenienti

dal territorio, dalle famiglie e dalle associazioni di genitori in ordine, in particolare, alle problematiche degli alunni al fine di perseguire uguaglianza ed equità di opportunità.
Per quanto concerne gli accertamenti ispettivi, che si riferiscono a situazioni che riguardano aspetti didattici e organizzativi, contabili e amministrativi, verifiche relative all'assiduità della frequenza, alla continuità e qualità delle prestazioni del personale scolastico dirigenziale, docente e non docente, anche in relazione a eventuali procedimenti disciplinari, gli Organi dell'Amministrazione centrale e periferica, sentiti i Coordinatori delle segreterie tecniche, conferiscono incarichi ispettivi ai Dirigenti Tecnici, tenendo conto delle specifiche professionalità e del criterio della rotazione degli incarichi, nel caso ciò si renda necessario per individuare e risolvere disfunzioni, inefficienze ed anomalie, ed acquisiscono le relazioni con i risultati dei relativi accertamenti per l'adozione di eventuali provvedimenti di cui informano gli stessi Dirigenti Tecnici incaricati. (Decreto MIUR n. 1046/2017 – *Atto di indirizzo per l'esercizio della funzione ispettiva tecnica*)

È infine prevista, posta l'autonomia dei dirigenti tecnici con funzione ispettiva, la possibilità di far riferimento a una segreteria tecnica presso il MIUR con un coordinatore nazionale collegato a coordinatori regionali presso gli USR.

Ferma restando l'autonomia dei dirigenti tecnici che svolgono la funzione ispettiva, a livello di Amministrazione centrale è costituita, presso il Dipartimento per il sistema educativo di istruzione e di formazione, la Segreteria Tecnica cui è preposto un Coordinatore nazionale, con il compito di coadiuvare l'azione del Dipartimento stesso nella trattazione delle materie che richiedono il coinvolgimento della funzione ispettiva tecnica, nonché predisporre il Piano Ispettivo Nazionale triennale relativo alla programmazione delle attività dei Dirigenti Tecnici, da proporre al Capo Dipartimento per la sua adozione, e coordinare la sua attuazione. La Segreteria Tecnica, inoltre, coordina i lavori finalizzati alla predisposizione delle tracce degli esami conclusivi del secondo ciclo di istruzione. (Decreto MIUR n. 1046/2017 – *Atto di indirizzo per l'esercizio della funzione ispettiva tecnica*)

CAPITOLO SETTIMO

La legge 107/2015

1. Due norme in parallelo

La legge 107 del luglio 2015 sulla *Buona Scuola (Riforma del sistema nazionale di istruzione e formazione e delega per il riordino delle disposizioni legislative vigenti)* è stata approvata in concomitanza con un secondo provvedimento, la legge 124 in vigore dal 28 agosto 2015 *(Deleghe al Governo in materia di riorganizzazione delle amministrazioni pubbliche)*, che inciderà in modo significativo su vari aspetti del pubblico impiego, scuola compresa. Infatti, la legge n. 124 interviene

La legge 107/2015

> in tema di organizzazione degli uffici statali, centrali e periferici, di procedimenti amministrativi, di trasparenza, di contrasto alla corruzione, di digitalizzazione, di rapporti di lavoro, di dirigenza pubblica, di valutazione e riconoscimento del merito e premialità, di disciplina della responsabilità dei dipendenti. (Auriemma, 2015)

Alcuni interventi indicati nella legge 124, quali il sistema di premialità del personale docente e dirigente, sono già compresi nella legge sulla Buona Scuola.

L'iter definitorio della legge n. 107 è stato complesso e più lungo del previsto, sia in sede di elaborazione tecnica che politica. Infatti, rispetto al testo originario, quello definitivo contiene molte e significative novità.

Va detto, in premessa, che l'obiettivo precipuo della 107 è quello di dare piena attuazione all'autonomia delle istituzioni scolastiche, prevedendo una serie di interventi che riguardano principalmente la gestione degli insegnanti e dei dirigenti. In particolare, la realizzazione dell'*organico dell'autonomia*, destinato a definirsi compiutamente nell'arco del biennio 2016-2018, potrà costituire una carta estremamente decisiva nel conferire alle singole scuole un assetto più stabile ed effettivamente *funzionale* a una migliore qualità del servizio erogato.

Il documento sulla Buona Scuola, diffuso dal MIUR nei primi giorni di settembre del 2014, si basava sul presupposto che il miglioramento del sistema d'istruzione sarebbe dovuto partire dalla rimozione dell'ostacolo principale, la *precarietà del personale docente.*

Il piano di assunzioni

Di qui, la soluzione di un piano straordinario di assunzioni, quantificato in 148.000 unità, che poi si sarebbe ridotto a poco più di 90.000 nel corso dell'a.s. 2015-2016. Un'ulteriore tranche di neoimmessi in ruolo sarebbe partita dal settembre 2016 con oltre 63.000 posti da concorsi ordinari e 30.000 dalle graduatorie a esaurimento. Questa immissione di forze ha assicurato il potenziamento dell'organico delle singole istituzioni scolastiche in quelle discipline e ambiti richiesti dalle scuole stesse. Si è pervenuti, in questo modo, alla determinazione dell'organico funzionale d'istituto che è stato l'elemento fondamentale per l'attuazione dell'autonomia.

La decisione di rimuovere la barriera del precariato derivava anche dalla decisione contenuta nella sentenza della Corte di Giustizia dell'Unione europea del 26.11.2014, che dichiarava contraria al diritto dell'Unione la normativa italiana sui contratti di lavoro a tempo determinato, poiché oggetto di rinnovo illimitato. Questa sentenza obbligava alla stabilizzazione di un buon numero di insegnanti precari inseriti nelle graduatorie a esaurimento (GAE).

2. Gli aspetti qualificanti della legge

La legge 107/2015 aveva avuto una sua prima formulazione nell'estate 2014, dopo pochi mesi dall'insediamento di una nuova compagine governativa, quando un comitato ristretto era stato chiamato a elaborare una proposta sulle possibili priorità per il miglioramento della qualità del nostro sistema di formazione e istruzione. Nel successivo settembre di quell'anno il progetto, che fu chiamato «La Buona Scuola», venne pubblicato: il documento si articolava in sei capitoli, per lo più dedicati ai docenti, alla loro formazione, alle possibilità di carriera e alla necessità di un rilancio dell'autonomia scolastica.

A quello fece seguito una consultazione pubblica, per lo più online, che condusse alla formulazione di un disegno di legge approvato dal Consiglio dei Ministri il 12 marzo 2015 e diventato legge dello Stato il 13 luglio successivo, dopo il voto di fiducia al Governo, per evitare — si disse — le migliaia di emendamenti presentati dalle opposizioni.

Composta da un unico articolo suddiviso in 212 commi, la legge si pone come finalità generale quella di un rilancio dell'autonomia scolastica:

> 1. Per affermare il ruolo centrale della scuola nella società della conoscenza e innalzare i livelli di istruzione e le competenze delle studentesse e degli studenti, rispettandone i tempi e gli stili di apprendimento, per contrastare le diseguaglianze socio-culturali e territoriali, per prevenire e recuperare l'abbandono e la dispersione scolastica, in coerenza con il profilo educativo, culturale e professionale dei diversi gradi di istruzione, per realizzare una scuola aperta, quale laboratorio permanente di ricerca, sperimentazione e innovazione didattica, di partecipazione e di educazione alla cittadinanza attiva, per garantire il diritto allo studio, le pari opportunità di successo formativo e di istruzione permanente dei cittadini, la presente legge dà piena attuazione all'autonomia delle istituzioni scolastiche di cui all'articolo 21 della legge 15 marzo 1997, n. 59, e successive modificazioni, anche in relazione alla dotazione finanziaria. (Art. 1, legge 13 luglio 2015, n. 107 – *Riforma del sistema nazionale di istruzione e formazione e delega per il riordino delle disposizioni legislative vigenti*)

La legge, che costruiva il suo disposto intorno ad alcune priorità conseguenti all'applicazione della sentenza della Corte di Giustizia europea per il superamento del precariato, interveniva su una miriade di ambiti che potremmo ricondurre alle seguenti tematiche:

– l'autonomia delle istituzioni scolastiche e educative;
– il sistema di istruzione e formazione;
– il personale della scuola;
– le funzioni del dirigente scolastico;
– le studentesse e gli studenti;
– la scuola digitale;
– il rapporto tra scuola, orientamento e mondo del lavoro;
– la sicurezza a scuola;
– alcuni aspetti finanziari;
– le deleghe al Governo.

La scuola nella legge di riforma dovrà finalizzare la propria azione

- Al rispetto dei tempi e degli stili di apprendimento
- Alla valorizzazione delle competenze linguistiche
- Al potenziamento delle competenze matematiche e scientifiche
- Al potenziamento delle competenze nella cultura musicale, nell'arte, nelle tecniche e nei media di produzione e diffusione delle immagini e dei suoni
- Al potenziamento delle discipline motorie

- Allo sviluppo delle attività laboratoriali
- Alla promozione della cittadinanza attiva e democratica attraverso l'educazione interculturale
- Alla prevenzione e contrasto della dispersione scolastica (art. 1, comma 7 della legge 107)

Tra gli aspetti più rilevanti della legge rientravano certamente le deleghe al Governo per il riordino di alcuni ambiti del nostro sistema: i commi 180 e 181 invitavano, infatti, il Governo a adottare entro 18 mesi uno o più decreti legislativi per riordinare e semplificare le norme sull'istruzione e per coordinarle con la stessa legge 107/2015 e nel rispetto dei principi e dei criteri direttivi della legge 59/1997.

Le deleghe riguardavano nove ambiti:

1. il riordino delle norme del sistema nazionale di istruzione e formazione;
2. la formazione iniziale e l'accesso ai ruoli dei docenti nelle scuole secondarie;
3. l'inclusione scolastica degli studenti con disabilità;
4. gli indirizzi e le articolazioni dei percorsi di istruzione professionale e il loro raccordo con quelli di istruzione e formazione professionale di competenza regionale;
5. la creazione del sistema integrato di educazione e di istruzione dalla nascita fino a 6 anni;
6. il diritto allo studio;
7. la cultura umanistica;
8. le istituzioni scolastiche all'estero;
9. la valutazione e la certificazione delle competenze degli studenti e gli esami di Stato.

3. Gli elementi innovativi

La legge 107/2015 non era intervenuta sull'architettura del nostro sistema di istruzione e formazione, confermando il modello delineato dalla legge 53/2003 e dai provvedimenti Gelmini del 2010, riservandosi solo le deleghe per il sistema 0-8 anni e per quello dell'istruzione professionale. Ben più significativo è stato il suo impatto sull'autonomia delle istituzioni scolastiche, in quanto ha innovato molti aspetti della routine scolastica.

Il PTOF

La prima innovazione ha riguardato il Piano triennale dell'offerta formativa (PTOF), che ha sostituito il precedente Piano annuale previsto dal Regolamento per l'autonomia del DPR n. 275/1999, il cui art. 3 è stato così modificato:

> Art. 3 – *Piano triennale dell'offerta formativa*
>
> 1. Ogni istituzione scolastica predispone, con la partecipazione di tutte le sue componenti, il piano triennale dell'offerta formativa, rivedibile annualmente. Il piano *è* il documento fondamentale costitutivo dell'identità culturale e progettuale delle istituzioni scolastiche ed esplicita la progettazione curricolare, extracurricolare, educativa e organizzativa che le singole scuole adottano nell'ambito della loro autonomia. (Art. 1, legge 13 luglio 2015, n. 107 – *Riforma del sistema nazionale di istruzione e formazione e delega per il riordino delle disposizioni legislative vigenti*)

Il PTOF è diventato il documento che definisce l'identità culturale e progettuale di ciascuna istituzione scolastica; esso ha modificato la tempistica delle procedure, dando alla progettualità il più ampio respiro del triennio e consentendo di poter impegnare le risorse disponibili in quello stesso arco di tempo. Naturalmente, la gestione finanziaria delle attività scolastiche ha mantenuto la caratteristica dell'annualità, in quanto è collegata al DEF nazionale, che è appunto annuale. In realtà, la tempistica triennale ha consentito alle scuole di avere spazi di progettualità di maggior respiro, con la consapevolezza di contare su risorse certe e stabili anche su base triennale con conferma annuale.

Dirigente e funzioni di indirizzo

Anche per i dirigenti scolastici l'arrivo del PTOF ha comportato la modifica del loro rapporto con organi collegiali, in particolare del collegio dei docenti: la legge ha, infatti, previsto che il dirigente svolga sostanzialmente funzioni di indirizzo, mentre agli organi collegiali compete la redazione del PTOF sulla base degli indirizzi espressi dal dirigente.

Organico dell'autonomia

L'organico dell'autonomia si configura come un altro aspetto innovativo introdotto dai commi 5-7 dell'art. 1, legge 107/2015: esso prevede, in base alle esigenze didattiche, organizzative e progettuali delle scuole, l'assegnazione di maggiori risorse di personale docente rispetto alla copertura delle sole cattedre, insegnamenti e orari.

Va chiarito che le scuole non sono chiamate a esercitare un'autonomia di tipo politico, riferibile al perseguimento di interessi generali, ma *funzionale,* riferita perciò al conseguimento di obiettivi posti dal quadro giuridico nazionale.

Esse possono, attraverso l'organico definito anche funzionale, esercitare tutte le possibili forme di flessibilità riconducibili:

- all'articolazione modulare del monte ore annuale di ogni disciplina;
- all'estensione dell'orario scolastico per offrire servizi aggiuntivi in un'ottica di personalizzazione dell'istruzione e della didattica;
- alla programmazione plurisettimanale dell'orario di servizio dei docenti ed eventualmente anche a un'articolazione del monte ore

annuo differente nei primi quattro mesi rispetto a quello dell'ultimo quadrimestre;
- all'ipotesi di co-docenze in situazioni di classi numerose o particolarmente impegnative.

La definizione degli organici avviene su base regionale, territoriale e di singole istituzioni scolastiche e ha cadenza triennale: è composto dall'*organico di diritto,* dai *posti per il potenziamento* e da quelli *per il sostegno,* comprensivi anche dei *posti in deroga* per la presenza di gravi situazioni di handicap. Le nuove regole per la definizione degli organici sono state applicate da subito, e già il 29 aprile 2016 è stato pubblicato il Decreto interministeriale concordato dal MIUR, d'intesa con il MEF e con il Ministro per la Semplificazione e la Pubblica Amministrazione, che ha fissato, in base ai dati sulla popolazione scolastica, le dotazioni organiche per le scuole per il periodo 2016-2018.

Va sottolineato che, in realtà, l'introduzione dell'organico dell'autonomia non ha risolto completamente i problemi della scuola, in quanto le situazioni contingenti hanno spinto in molti casi verso un utilizzo improprio del personale in più: si pensi, ad esempio, all'emergenza della copertura delle assenze temporanee con personale già in servizio.

4. Le altre innovazioni

Abbiamo sottolineato la complessità degli interventi della legge 107/2015, che hanno riguardato moltissimi ambiti e settori della scuola, personale compreso. A questo proposito, per quanto riguarda i dirigenti scolastici, la legge ha previsto che nei lavori di definizione del PTOF essi delineino un Atto di indirizzo che avrà carattere fondante per l'intera operazione. È stato il comma 14 dell'art. 1 della legge che, innovando il precedente art. 3 del Regolamento dell'autonomia, DPR n. 275/1999, nel ridefinire le caratteristiche, i contenuti e le modalità per la predisposizione del PTOF, ha delineato con chiarezza i vari livelli e contenuti decisionali:

L'Atto di indirizzo

> 4. Il Piano è elaborato dal Collegio dei docenti sulla base degli indirizzi per le attività della scuola e delle scelte di gestione e di amministrazione definiti dal dirigente scolastico. Il Piano è approvato dal Consiglio d'istituto. (Art. 1, comma 14, legge 107/2015)

È pertanto compito del dirigente scolastico definire gli indirizzi per l'operazione e procedere nelle scelte di gestione e amministrazione, mentre al Collegio dei docenti spetta quello di elaborare il PTOF sulla base degli indirizzi e al Consiglio d'istituto la sua definitiva approvazione.

Un secondo aspetto innovativo per i dirigenti riguarda la possibilità di chiamata diretta dei docenti. Il comma 80 dell'art. 1 ha stabilito, infatti, che:

La chiamata diretta

> 80. Il dirigente scolastico formula la proposta di incarico in coerenza con il piano triennale dell'offerta formativa. L'incarico ha durata triennale ed è rinnovato purché in coerenza con il piano dell'offerta formativa. Sono valorizzati il curriculum, le esperienze e le competenze professionali e possono essere svolti colloqui. La trasparenza e la pubblicità dei criteri adottati, degli incarichi conferiti e dei curricula dei docenti sono assicurate attraverso la pubblicazione nel sito internet dell'istituzione scolastica.

L'applicazione di tale disposto per il quale il dirigente aveva potestà discrezionale di effettuare nomine triennali, con possibilità di analogo rinnovo, per i docenti nell'ambito territoriale di riferimento della scuola, aveva suscitato polemiche, anche di origine sindacale. Proprio per ovviare a tale difficoltà, il MIUR aveva sottoscritto con le organizzazioni sindacali, in data 11 aprile 2017, il CCNI sulla mobilità, che aveva stabilito per la scelta nella nomina:

- la definizione a cura del dirigente di un massimo di 6 criteri per la scelta dei docenti;
- la presentazione della proposta al Collegio docenti, che può modificarla nei criteri o anche non esprimere alcun parere;
- in quel caso, il dirigente potrà ugualmente stabilire i requisiti ed effettuare la scelta;
- in caso di inerzia, cioè di non decisione da parte del dirigente, subentrerà nella potestà decisionale l'Ufficio scolastico regionale.

Dopo che la validità dell'accordo era stata confermata in data 21 dicembre 2017 anche per l'anno scolastico 2018-2019, con il Decreto Milleproroghe del settembre 2018 è stata accantonata in attesa di nuove disposizioni.

La premialità

Infine, ai dirigenti è stata affidata la questione della premialità, coinvolgendo in questo anche il Collegio dei docenti e il Comitato per la valutazione dei docenti, organismo rinnovato nelle funzioni e nella composizione rispetto al precedente modello dei decreti delegati.

Lo stato giuridico dei docenti

E proprio per i docenti si sono registrate delle modifiche rilevanti in alcuni aspetti del loro stato giuridico. Sappiamo, infatti, che il ruolo era stato definito per la titolarità e mobilità in riferimento alle Province, ente peraltro soppresso. La legge 107/2015 ha modificato tutto ciò a favore di ambiti e cattedre. Si legge nel testo:

> Il personale docente già assunto in ruolo a tempo indeterminato alla data di entrata in vigore della presente legge conserva la titolarità della cattedra presso la scuola di appartenenza. Al personale docente

assunto nell'anno scolastico 2015/2016 mediante le procedure di cui all'articolo 399 del testo unico di cui al decreto legislativo 16 aprile 1994, n. 297, continuano ad applicarsi le disposizioni del medesimo decreto legislativo in merito all'attribuzione della sede durante l'anno di prova e alla successiva destinazione alla sede definitiva. Il personale docente assunto ai sensi del comma 98, lettere b) e c), è assegnato agli ambiti territoriali a decorrere dall'anno scolastico 2016/2017. Il personale docente in esubero o soprannumerario nell'anno scolastico 2016/2017 è assegnato agli ambiti territoriali. Dall'anno scolastico 2016/2017 la mobilità territoriale e professionale del personale docente opera tra gli ambiti territoriali. (Comma 73 – *Titolarità, attribuzione della sede e mobilità del personale docente*)

Si è trattato di un profondo cambiamento, che ha visto il personale docente, già in ruolo a tempo indeterminato, mantenere la titolarità della cattedra presso la scuola di appartenenza; per quello assunto nell'anno scolastico 2015-2016 valevano ancora, per attribuzione della sede, anno di prova, sede definitiva, le disposizioni già in vigore del Testo unico n. 297/1994; per quello assunto successivamente, in esubero o in soprannumero, sarebbe stato assegnato agli ambiti territoriali dall'anno scolastico 2016-2017. Anche la mobilità territoriale e professionale sarebbe stata regolata per ambiti territoriali dall'anno scolastico 2016-2017, qualora fosse partito un piano straordinario nazionale di mobilità (comma 108) per tutti i posti vacanti dell'organico dell'autonomia in deroga al vincolo triennale di permanenza nella provincia.

Il reclutamento

Modifiche sono state apportate anche nelle procedure di assunzione del personale docente dalla legge 107 e dal DM attuativo del 27 ottobre 2015, n. 850, seguito subito dopo dalle note del 5.11.2015, n. 36167, e del 7 gennaio 2016, n. 35 del MIUR. Insieme alla conferma dei 180 giorni per il superamento del periodo di prova, di cui almeno 120 di attività didattica, sono state previste 50 ore di formazione, articolate in quattro fasi, incontri propedeutici e di restituzione finale, laboratori formativi, osservazione in classe, formazione online, prevedendo anche la predisposizione e la cura di un proprio *portfolio personale,* in formato digitale. Sono confermate le attività di tutorato e le funzioni del comitato per la valutazione dei docenti.

L'impianto è stato sostanzialmente confermato anche dal D.lgs. n. 59 del 13 aprile 2017, che ha fissato nuove norme per il sistema di formazione iniziale e di accesso ai ruoli del personale docente nella scuola secondaria.

Nel frattempo, con alcuni provvedimenti — tra cui ricordiamo il Decreto ministeriale n. 259 del 9 maggio 2017 — sono state modificate, rettificate, integrate le norme del DPR n. 19/2016 per le classi di concorso dei docenti, cercando di assicurarne la coerenza rispetto agli insegnamenti e la competenza e l'afferenza in termini di semplificazione e flessibilità tra classi disciplinari.

La legge 107/2015 ha modificato, infine, la formazione in servizio dei docenti definendola, nell'art. 1, comma 124, «obbligatoria, permanente e strutturale». Si riprendeva un principio già sancito nella legge dell'8 novembre 2013, n. 128, *Misure urgenti in materia di istruzione, università e ricerca,* e si effettuava un netto superamento della situazione in passato sancita dai precedenti contratti collettivi nazionali di lavoro, nei quali si affermava l'esistenza di un semplice diritto, e non dovere, all'aggiornamento.

La formazione in servizio

> L'idea di affidare la formazione alle responsabilità individuali (enfatizzazione della logica del diritto e non dell'obbligo) non aveva tenuto conto di alcuni elementi importanti. L'esercizio di un diritto, infatti, è possibile se ci sono alcune condizioni fondamentali: la possibilità reale di poter scegliere tra più opportunità; un corpo docente che considera la cura della propria professionalità come responsabilità deontologica; scuole mature che abbiano imparato a governare nell'autonomia. (Auriemma, 2018)

In realtà, l'ultima tornata contrattuale del 2018 ha rimesso in discussione il tutto, confermando la formazione in carattere di diritto fondamentale dei docenti rispetto a quello di obbligo.

Ritornando alle innovazioni introdotte dalla legge 107/2015, ricordiamo altri ambiti che essa ha regolamentato, quali la cultura digitale a scuola e l'alternanza scuola-lavoro.

5. Reti tra istituzioni scolastiche e governance

Nella scuola dell'autonomia, assume una fondamentale importanza il collegamento tra le singole realtà educative e le comunità territoriali in cui esse operano.

È notorio che i temi degli accordi e dell'associazionismo in rete — tra l'altro espressivi del principio di sussidiarietà orizzontale a valenza costituzionale — sono stimolanti per immaginare un funzionamento più efficiente degli apparati organizzativi operanti nel comparto scolastico (Auriemma, 2015).

All'interno della legge 107/2015, ai commi 71, 72, 73, si prevede che gli Uffici scolastici regionali promuovano la costituzione di reti tra istituzioni scolastiche del medesimo ambito territoriale.

Reti e legge 107/2015

Le reti, che hanno avuto una loro prima costituzione entro il 30 giugno 2016, sono finalizzate alla valorizzazione delle risorse professionali, alla gestione comune di funzioni e di attività amministrative, nonché alla realizzazione di progetti o di iniziative didattiche, educative, sportive o culturali di interesse territoriale, da definire sulla base di accordi, definiti «accordi di rete» (comma 70).

Nell'ambito di tali accordi, la legge n. 107 ha previsto la possibilità di utilizzare insegnanti nell'organizzazione delle reti, per:

- assistenza e integrazione sociale delle persone con disabilità;
- insegnamenti opzionali e specialistici;
- coordinamento nella progettazione funzionale di piani triennali dell'offerta formativa;
- piani di formazione del personale scolastico;
- risorse da destinare alla rete per il perseguimento delle proprie finalità.

In ciascun accordo di rete dovranno essere individuati criteri, modalità per l'utilizzo dei docenti e forme di trasparenza delle decisioni e dei rendiconti delle attività svolte.

La costituzione delle reti potrà promuovere processi di trasferibilità delle buone pratiche da parte delle scuole che hanno dato vita a questi accordi pattizi. Il sistema di governo di questa dimensione orizzontale del «fare scuola» accrescerà le possibilità di migliorare fattivamente l'educazione e l'istruzione dei ragazzi.

La governance, in quest'ottica, diventa la capacità dei decisori politici e delle istituzioni, scuola compresa, che vivono in un determinato territorio, di costruire dal basso una rete di servizi finalizzata a promuovere un adeguato sviluppo della collettività.

Sia nelle Indicazioni nazionali per il curricolo del 2012 sia nella legge 107/2015, l'apertura della scuola al territorio con il pieno coinvolgimento delle realtà locali è fortemente sottolineata e ripetutamente ribadita.

Nelle Indicazioni si afferma che

> la scuola perseguirà costantemente l'obiettivo di costruire un'alleanza educativa con i genitori; [...] essa si apre alle famiglie e al territorio circostante facendo perno sugli strumenti forniti dall'autonomia scolastica, che prima di essere un insieme di norme è un modo di concepire il rapporto delle scuole con le comunità di appartenenza, locali e nazionali.

Nella legge 107/2015, riprendendo i principi contenuti nelle Indicazioni, nell'art. 1, comma 7, si sottolinea che l'organico dell'autonomia dovrà perseguire una serie di obiettivi, tra cui la valorizzazione della scuola intesa come comunità attiva, aperta al territorio, in grado di sviluppare e aumentare l'interazione con le famiglie e con la comunità locale, comprese le organizzazioni del terzo settore e le imprese. È questa una prospettiva ribadita anche nell'ultimo contratto del personale della scuola sottoscritto nel marzo 2018.

Leadership educativa e partecipata

È del tutto evidente che il dirigente scolastico ricopra un ruolo strategico nella costruzione di una governance interna all'istituto ed esterna alle altre realtà istituzionali. Infatti, da un lato, è chiamato a promuovere legami, relazioni e competenze che rafforzino l'identità della «sua» scuola *(leadership educativa)*, e, dall'altro, deve intensificare gli sforzi nel promuovere condivisione nella comunità più ampia *(leadership partecipata)*.

Il dirigente scolastico, infatti, svolge funzioni di indirizzo e organizzazione dell'offerta formativa ed è responsabile della gestione delle risorse finanziarie e strumentali, nonché dei *risultati del servizio*.

6. La legge 107/2015 e la tutela della sicurezza a scuola

Tra i vari ambiti in cui la legge 107/2015 è intervenuta, non va dimenticato quello dell'edilizia scolastica e, più in generale, della tutela della sicurezza a scuola. Gravi eventi di cronaca hanno infatti riportato l'attenzione della pubblica opinione su queste tematiche che sono storicamente in attesa di soluzione.

La sicurezza e il Decreto n. 81/2008

Rispetto alla tutela della sicurezza, essa è regolamentata dal Testo unico, Decreto n. 81/2008, che ha stabilito la realizzazione nella scuola di un vero e proprio sistema nel quale rientrano a vario titolo tutte le persone che vi operano, dai dirigenti ai docenti, agli studenti, ai visitatori occasionali, e che riconosce al dirigente scolastico la qualifica di datore di lavoro. In particolare, a quest'ultimo è stata affidata la responsabilità della definizione del Piano per la sicurezza e del suo funzionamento: tocca a lui nominare il responsabile (RSPP), in molti casi ricorrendo a personale esterno, e gli addetti (ASPP), curare l'informazione e la formazione del personale della scuola, redigere il documento di valutazione dei rischi e quello dei piani per le emergenze, designare gli addetti alla gestione delle emergenze, nominare, ove previsto, il medico competente, segnalare le anomalie strutturali richiedendo gli opportuni interventi agli enti proprietari, vigilare sulla loro risoluzione.

I piani

Per quanto concerne i piani, essi riguardano il *primo soccorso* e l'assistenza medica per il personale scolastico, gli alunni, i genitori, i visitatori; la *prevenzione incendi e lotta antincendio*, parte integrante del documento di valutazione dei rischi (DVR), che riguarda i vari edifici scolastici e si concretizza anche nella nomina degli addetti, nell'informazione e formazione, nelle dotazioni antincendio; quello di *evacuazione* della scuola per le situazioni di pericolo. Negli ultimi tempi, altri ambiti di interesse si sono aggiunti, in particolare la tutela delle lavoratrici madri e dei rischi di stress da lavoro, il contrasto al tabagismo e il controllo del rispetto del divieto di fumo, come da D.lgs. n. 6/2016 di adeguamento ai regolamenti UE delle nostre normative.

La cultura della sicurezza

In realtà, più che la stesura di documenti adeguati, la vera questione è quella dello sviluppo di una cultura della sicurezza attraverso cui si sviluppino consapevolezze e assunzioni di responsabilità per coloro che vivono la vita scolastica. Si leggeva, nelle conclusioni del sesto Congresso nazionale della CISL, svoltosi nel giugno 2017 a Roma:

> L'obiettivo immediato è quello di sollecitare la giusta attenzione verso adempimenti, obblighi, responsabilità previste dalle norme vigenti, ma l'orizzonte più ampio in cui ci si muove è quello della necessaria promozione di azioni pedagogiche volte a diffondere e accrescere la cultura della sicurezza. Anche questo si deve certamente all'intreccio evidente della dimensione professionale con quella sindacale, quest'ultima del tutto immune da inclinazioni «corporative» e ispirata invece a un'idea di «scuola-comunità» in cui tutti e ciascuno diventano, anche nell'ambito specifico delle pratiche finalizzate a tutelare salute e sicurezza dell'ambiente di lavoro, portatori di diritti da esigere con fermezza e di doveri cui adempiere col massimo scrupolo. (Bonomo, 2017)

D'altro canto, l'evoluzione costante della formazione scolastica apre a sempre nuove esigenze: si pensi, ad esempio, alla sicurezza per l'alternanza scuola-lavoro, all'intenso fenomeno dell'innovazione tecnologica con impianti sempre più complessi e delicati, allo sviluppo dei laboratori che richiedono specifiche disposizioni operative che il personale della scuola dovrà conoscere.

In realtà, sotto questi aspetti, la legge 107/2015 non ha dettato particolari norme, confermando implicitamente l'intero impianto normativo già esistente; ha segnalato, però, la necessità della formazione per gli studenti delle scuole secondarie di primo e secondo grado in materia di tecniche di primo soccorso (comma 10), anche chiedendo la collaborazione del servizio di emergenza territoriale 118, richiamando la necessità di una formazione per gli studenti in alternanza scuola-lavoro.

La refezione scolastica

La legge ha anche sottolineato l'opportunità, per i servizi di refezione scolastica, di far riferimento a prodotti ittici e agroalimentari della cosiddetta «filiera corta e biologica» per garantirne la qualità. Ha, infine, invitato le scuole a favorire da parte di enti locali, famiglie associazioni, l'utilizzo degli edifici scolastici nei periodi di sospensione delle attività per iniziative *educative, ricreative, culturali, artistiche e sportive.*

Va infine ricordato che il 21 maggio 2018 è stato diffuso l'ultimo aggiornamento del D.lgs. n. 81/2008 a cura dell'Ispettorato nazionale, in cui sono state riportate tutte le disposizioni integrative e correttive in materia di tutela della salute e della sicurezza nei luoghi di lavoro successive alla pubblicazione del decreto del 2008.

7. L'edilizia scolastica

Ben più ponderosi sono stati gli interventi in materia di edilizia scolastica, che hanno riguardato la definizione della *Programmazione unica nazionale in materia di edilizia scolastica 2015-2017 (art. 1, comma 160),* l'avvio delle procedure di concorso per la realizzazione di edifici e scuole innovativi, l'accelerazione delle procedure degli interventi di «estrema urgenza» sugli edifici scolastici.

Un grave ritardo

Dobbiamo infatti sottolineare che per lungo tempo l'ambito dell'edilizia scolastica era stato regolamentato dal Decreto ministeriale del 18 dicembre 1975; con la legge n. 23/1996 era stata prevista l'istituzione dell'Osservatorio nazionale per l'edilizia scolastica e dell'anagrafe nazionale degli edifici. Le competenze per la realizzazione e la manutenzione ordinaria e straordinaria degli edifici erano state suddivise tra i Comuni — per le scuole materne, primarie e secondarie di primo grado — e le Province — per gli istituti e scuole di istruzione secondaria superiore, compresi i licei, gli istituti d'arte, i conservatori di musica, le accademie, gli istituti superiori per le industrie artistiche, i convitti e le istituzioni educative statali —.

Dopo l'insuccesso del Patto per la sicurezza delle scuole del 20 dicembre 2007, sottoscritto da Ministero e Regioni, e la falsa partenza del Piano straordinario per la messa in sicurezza degli edifici della legge finanziaria del 2008, si sono registrati vari tentativi per risolvere la questione, concretizzati poi nel Piano nazionale di edilizia scolastica, DL n. 5 del 9 febbraio 2012 e legge 221/2012 di conversione del DL n. 179/2012, che avevano sancito l'opportunità di consorzio per realizzare interventi tra il MIUR, le Regioni, gli enti locali con l'istituzione del Fondo unico per l'edilizia scolastica (art. 11, comma 4-*sexies,* decreto legge n. 179/2012). A questo aveva fatto seguito la proposta, poi concretizzata dell'allora ministro Profumo nella Conferenza unificata dell'11 aprile 2013, di pubblicare le Linee guida per l'edilizia scolastica.

La Struttura di missione e l'Osservatorio per l'edilizia scolastica

Se dovessimo, però, indicare un momento di svolta nella politica per l'edilizia scolastica italiana, questo è certamente l'anno 2014, quando è stata istituita, con DPCM 27 maggio 2014 presso la Presidenza del Consiglio dei Ministri, la Struttura di missione contro il dissesto idrogeologico e per lo sviluppo delle infrastrutture idriche, mentre l'8 gennaio 2015 è ripartita l'attività dell'Osservatorio per l'edilizia scolastica, a seguito del decreto del MIUR n. 88/2014 che ha previsto la creazione di una cabina di regia: ben 17 anni dopo la sua istituzione, avvenuta con la legge 23/1996, art. 6, comma 1, questo importante organismo ha ripreso le sue funzioni avvalendosi anche di una struttura tecnica di supporto.

È stata poi la volta della legge 107/2015 che, oltre a impegnare significative risorse per il rilancio del nostro patrimonio edilizio della scuola, ha definito la Programmazione unica nazionale (art. 1, comma 16) e ha indicato i criteri di massima per l'individuazione di scuole innovative e per l'assegnazione di risorse.

Per favorire la costruzione di scuole innovative dal punto di vista architettonico, impiantistico, tecnologico, dell'efficienza energetica, della sicurezza strutturale e antisismica con nuovi ambienti di apprendimento e apertura al territorio, il MIUR con proprio decreto, d'intesa con la Struttura di missione per il coordinamento e impulso nell'attuazione di interventi di riqualificazione dell'edilizia scolastica istituita presso la Presidenza del Consiglio dei ministri DPCM 27 maggio 2014, entro 30 giorni dalla presente legge provvede a ripartire le risorse di cui al comma 158 tra le regioni e individuare i criteri per acquisire da parte delle regioni l'interesse di enti locali proprietari delle aree oggetto di intervento e interessati alla costruzione di una scuola innovativa. (Art. 1, comma 153, *Criteri per l'individuazione delle scuole innovative,* legge n. 107/2015)

La Giornata della sicurezza

La legge ha anche stabilito, per sensibilizzare la tutela della salute, la celebrazione della Giornata nazionale della sicurezza il 22 novembre di ogni anno, così come da decreto del MIUR del 27 novembre 2015, n. 914.

Le Linee guida

Dopo che nel settembre 2015 sono state diffuse le Linee guida del DI n. 640 e nel novembre 2016 è stato approvato in sede di Conferenza unificata un accordo per migliorare i dati sull'anagrafe dell'edilizia scolastica, i cui dati erano stati pubblicati per la prima volta il 7 agosto 2015 sul portale «Scuola in chiaro», il MIUR, insieme alle Regioni, ha promosso un progetto da realizzare entro il 2018 per l'implementazione dell'Anagrafe, che prevede il fascicolo elettronico per ciascun edificio scolastico e la creazione di banche dati per consentire la programmazione degli interventi.

Non è questa l'unica novità in materia di edilizia scolastica: sono stati previsti, dopo l'Accordo con l'Agenzia per i beni confiscati alla criminalità organizzata, interventi per l'utilizzazione a fini didattici di quei beni, ma sono stati anche previsti un Piano palestre e un Piano mense nelle zone metropolitane periferiche per contrastare la dispersione scolastica.

La ricerca di soluzioni per i problemi dell'edilizia scolastica, anche per la vetustà di molti edifici, ha spinto verso la ricerca di soluzioni innovative. È stato così promosso il concorso #scuoleinnovative, finalizzato alla presentazione di progetti e idee per i futuri edifici scolastici.

Il Piano BEI e altri progetti

L'iniziativa — mentre prosegue il Piano BEI per il finanziamento di altri progetti, quali #scuolenuove, #scuolesicure — ha visto nel marzo 2017 la nomina della Commissione per valutare le proposte giunte per il Concorso di idee per le scuole innovative, e il programma Scuole belle per interventi di piccola manutenzione, decoro e ripristino delle scuole è stato prorogato sino al 31 agosto 2017.

Tra i 1238 progetti presentati, la Commissione ne ha scelti 51, ai quali dovrebbero andare i finanziamenti previsti. In realtà, una Regione ha impugnato la legge ricorrendo alla Corte Costituzionale per il mancato coinvolgimento nelle scelte per la gestione dei finanziamenti, per non aver in pratica rispettato materie quali il governo del territorio, l'energia e la protezione civile di competenza legislativa concorrente. Malgrado le giustificazioni del Governo, la Corte Costituzionale ha condiviso i contenuti dell'impugnazione e ha emesso, il 7 marzo 2018, la sentenza n. 71 che, per il momento, ha bloccato tutto.

Le biblioteche innovative

Nel frattempo, il progetto di promozione di lettura e di innovazione di spazi per la didattica e lo studio che era stato avviato con il bando del MIUR nel maggio 2016 hanno aperto un altro fronte di impegno per l'edilizia scolastica, in quanto hanno spinto il MIUR, nell'agosto 2017, verso la creazione di biblioteche con spazi di consultazione innovativi per studentesse e studenti, ma con apertura oltre l'orario scolastico per essere fruibili da parte delle famiglie e del territorio. L'idea di fondo è di trasformare le biblioteche scolastiche in *bibliopoint,* centri digitalizzati di documentazione e informazione culturale e linguistica, aperti al territorio, che offrano la possibilità di prestiti anche in formato digitale, abbonamenti online a quotidiani e riviste, creazioni di reti per la valorizzazione del patrimonio librario e documentale presente sul territorio. All'iniziativa hanno preso parte molte scuole, anche formulando progetti fortemente innovativi: è stata così definita una graduatoria, e i primi 500 progetti selezionati (ma potrebbero diventare 1000) dovrebbero essere finanziati con i fondi del PNSD.

8. Luci e ombre

Luci

È indubbio che la legge 107 del 2015 abbia risolto una serie di problemi aperti del nostro sistema di istruzione: basti pensare, ad esempio, al rilancio dell'autonomia scolastica con il PTOF e l'organico funzionale, al Piano straordinario delle immissioni in ruolo, alla riqualificazione degli insegnanti, alla scuola digitale, all'alternanza scuola-lavoro, all'edilizia scolastica.

Ombre

Permangono, però, altre ombre che richiedono una rivisitazione del provvedimento: la prima di esse riguarda la frammentarietà degli interventi e l'assenza di un vero e proprio impianto pedagogico che hanno fatto della legge un insieme di provvedimenti settoriali per la soluzione di singoli problemi reali.

Quando il progetto è stato diffuso per la consultazione della base, è sembrato calato dall'alto, in base alla discutibile prevalenza della burocrazia scolastica sulla scuola reale. Essa ha incontrato sin da subito la freddezza della scuola operante, sia perché non coinvolta nella fase istruttoria sia perché con il voto di fiducia al Governo si è posto fine a qualsiasi tentativo di miglioramento. Poi, in sede di applicazione, sono stati gli stessi organismi governativi a denunciare la non dichiarata indisponibilità di settori del mondo della scuola.

La mobilità

Una questione che ha creato molti dissapori è stata quella legata alle assegnazioni e alla mobilità di quasi centomila unità del personale docente dopo l'immissione in ruolo, anche conseguente alla sentenza dell'UE di condanna dell'Italia per il precariato: gran parte dei neoimmessi in ruolo ha dovuto trasferirsi anche a grande distanza dalla propria abitazione, soprattutto in direzione sud-nord. Va chiarito che, trattandosi di precari, molti di loro lavoravano già da decenni nella scuola, e questo ha comportato grossi disagi anche dal punto di vista esistenziale. Si è trattato, in alcuni casi, di un vero e proprio sradicamento che ha spinto moltissimi a tentare l'immediato rientro, con le inevitabili conseguenze anche per il funzionamento delle scuole di fronte a una mobilità straordinaria.

I concorsi

Gli stessi meccanismi concorsuali non hanno sempre funzionato perfettamente, tanto che tra la prova scritta e quella orale in alcuni casi vi è stato l'intervallo di un anno: le ragioni di tutto ciò risiedono anche nel mancato riconoscimento economico del lavoro.

La valorizzazione del merito

Sotto questo aspetto, difficoltà si sono verificate anche per il personale già di ruolo per la carta elettronica e per il bonus della valorizzazione del merito: per la prima, era stata previsto una disponibilità annuale di 500 euro, ma i ritardi e la necessità di avvalersi di tale opportunità hanno finito per privilegiare l'acquisto di beni tecnologici e informatici; per il secondo, che peraltro riguarda direttamente la responsabilità del dirigente scolastico, è stato previsto un finanziamento annuo di 200 milioni di euro da destinare ai docenti più meritevoli, ma si sa che questi meccanismi nella scuola funzionano poco e male e provocano solo malumori e contrasti. Anche la valutazione dei dirigenti, alla fine, è slittata all'anno scolastico 2017-2018.

La tempistica di pubblicazione

Con tutta probabilità, il limite maggiore si è riscontrato nella tempistica della sua definizione e realizzazione: essa era stata, infatti, preceduta da altri significativi interventi di modifica del nostro ordinamento scolastico, impedendo di fatto la possibilità di un reale assestamento delle innovazioni. Ricordiamo che nel quindicennio precedente si erano susseguiti il progetto della scuola di base di Berlinguer e De Mauro, la riforma Moratti, le Indicazioni per il curricolo di Fioroni, i tagli lineari della Gelmini sugli organici, l'armonizzazione delle Indicazioni nazionali del ministro Profumo, il tutto accompagnato da robusti interventi sul pubblico impiego e sul blocco dei contratti nazionali.

Dopo la normazione secondaria e i decreti delegati, ora siamo nel pieno dell'attuazione della legge ed è opportuno che si continui anche nell'opera di progressiva messa a fuoco delle norme in senso migliorativo. Vi sono anche posizioni di netta critica che vorrebbero un'abrogazione del dispositivo che, però, per la complessità delle tematiche affrontate, potrebbe solo complicare di più la vita del nostro sistema scolastico.

> Non vogliamo neppure lontanamente immaginare che in tempi brevi possa riaprirsi una stagione di riforme che azzeri il tutto in nome di un riordino complessivo più efficace e funzionale. Ricordiamo che la logica che ha guidato il rinnovo della scuola è stata quasi sempre quella di cercare di fare il meglio attraverso l'innovazione costante: lasciamo, pertanto, i nostri operatori scolastici a tutti i livelli lavorare con impegno, capacità, competenza, e con quella serenità che può dare la certezza del quadro normativo. (Capaldo e Rondanini, 2017)

CAPITOLO OTTAVO

L'attuazione delle deleghe della legge 107/2015

1. Il varo dei decreti delegati 2. La formazione iniziale dei docenti della scuola secondaria di primo e secondo grado 3. La promozione e la diffusione della cultura umanistica 4. I percorsi dell'istruzione professionale e il rilancio del sistema duale di formazione 5. La valutazione e la certificazione delle competenze 6. Il diritto allo studio 7. La scuola italiana all'estero e il D.lgs. n. 64/2017 8. Il decreto per la creazione del sistema 0-6 per l'infanzia 9. L'inclusione scolastica degli alunni con disabilità

1. Il varo dei decreti delegati

La definizione delle deleghe della legge 107/2015 è avvenuta dopo una fase di incertezza politica che ha condotto anche a un cambio di governo. Era toccato, poi, al nuovo ministro annunciare il rilancio dei lavori nell'audizione del 17 gennaio 2017, in cui, nell'illustrare le sue linee programmatiche, aveva assicurato l'impegno di tutto l'esecutivo per un rilancio della scuola e per la formazione dei giovani. In particolare, partendo dall'obiettivo 4 dell'Agenda 2030 per lo sviluppo sostenibile delle Nazioni Unite del 2015, aveva richiamato la centralità di un'istruzione di qualità per il miglioramento della vita delle persone e per il conseguimento del benessere personale e collettivo.

Il cambio di governo

L'ufficio stampa del MIUR aveva reso note qualche giorno prima, il 14 gennaio, le prime indicazioni sugli otto schemi di decreto attuativi della legge 107/2015: la nona delega, relativa al riordino in un testo unico delle leggi sull'istruzione, sia utilizzando il D.lgs. n. 297/1994 sia altre fonti comprese quelle dell'UE, in modo da averne un testo coordinato, formalmente e sostanzialmente coerente, era stata fatta decadere con l'impegno di predisporre un analogo disegno di legge. Gli schemi di decreto erano stati predisposti dal Consiglio dei Ministri e inviati alle Commissioni parlamentari e alla Conferenza unificata per gli specifici

La rinuncia alla nona delega

pareri: gli Atti dal n. 377 al n. 384 erano stati assegnati il 16 gennaio alla VII Commissione Cultura, XII Affari Sociali e V Bilancio, che avevano espresso il loro parere entro il termine del 17 marzo 2017.

Dopo la consultazione, durante la quale erano state apportate alcune modifiche ai testi, erano stati consultati circa 100 soggetti tra associazioni di genitori, movimenti studenteschi, sindacati, esperti, per poi procedere alla loro pubblicazione il 13 aprile 2017 con i numeri progressivi dal 59 al 66.

2. La formazione iniziale dei docenti della scuola secondaria di primo e secondo grado

Nuova formazione iniziale

Il decreto legislativo del 13 aprile 2017, n. 59 modifica radicalmente il quadro della formazione iniziale e l'accesso all'insegnamento dei docenti della scuola secondaria di primo e secondo grado. Rimane invece invariato il sistema di formazione iniziale per i docenti della scuola dell'infanzia e primaria.

La riforma che si sta delineando intende rafforzare specifiche competenze del personale docente, con particolare riferimento a quelle pedagogiche, didattiche, relazionali, tecnologiche e valutative.

> 1. Il presente decreto legislativo attua il riordino, l'adeguamento e la semplificazione del sistema di formazione iniziale e di accesso nei ruoli dei docenti, compresi quelli degli insegnanti tecnico-pratici, della scuola secondaria, per i posti comuni e per quelli di sostegno.
> 2. Al fine di realizzare la valorizzazione sociale e culturale della professione è introdotto il sistema unitario e coordinato di formazione iniziale e accesso ai ruoli dei docenti, compresi quelli degli insegnanti tecnico-pratici, nella scuola secondaria di primo e secondo grado, sia su posti comuni sia di sostegno, per selezionarli sulla base di un concorso pubblico nazionale e di un successivo percorso formativo triennale.
> 3. Il sistema di cui al comma 2 costituisce, insieme alla formazione universitaria o accademica e alla formazione in servizio di cui all'articolo 1, comma 124, della legge 13 luglio 2015, n. 107, un percorso verticale unitario di formazione dei docenti della scuola secondaria, con l'obiettivo che essi acquisiscano e aggiornino continuamente le conoscenze e le competenze, sia disciplinari che professionali, necessarie per svolgere al meglio la loro funzione [...]. (Art. 1 – *Oggetto e finalità* – D.lgs. n. 59 del 13 aprile 2017 – *Riordino del sistema di formazione iniziale e di accesso nei ruoli di docente nella scuola secondaria*)

Sistema unitario di accesso

Nel D.lgs. n. 59/2017 si prevede l'introduzione di un *percorso verticale* della durata di tre anni così articolato:

a) concorso pubblico nazionale per coloro che posseggono un titolo di laurea, indetto su base regionale o interregionale;
b) successivo percorso triennale di *formazione iniziale, tirocinio e inserimento lavorativo* nella funzione, denominato «FIT», differente fra posti comuni e di sostegno, destinato a coloro che avranno superato il concorso di cui al punto a);
c) procedura di accesso ai ruoli a tempo indeterminato, previo superamento delle valutazioni intermedie che si terranno nel triennio del FIT.

Articolazione del percorso

Il percorso triennale si articola in:

1. un primo anno finalizzato al conseguimento del *diploma di specializzazione* per l'insegnamento nella scuola secondaria di primo e secondo grado o in Pedagogia e Didattica speciale per le attività di sostegno;
2. un secondo anno di formazione, tirocinio e primo inserimento della funzione docente;
3. un terzo anno conclusivo di formazione, tirocinio e inserimento lavorativo con la stipula di un apposito *contratto di lavoro* equivalente a una supplenza annuale.

Nell'art. 5 del Decreto vengono disciplinati i requisiti di accesso al concorso per poter frequentare il successivo percorso FIT.

Per i posti comuni, relativi alle classi di concorso per la scuola secondaria di primo e di secondo grado, i requisiti di partecipazione sono:

- *laurea magistrale* a ciclo unico, oppure diploma dell'alta formazione artistica, musicale o coreutica di secondo livello o titolo equipollente;
- possesso di *24 crediti formativi* universitari o accademici (CFU o CFA);
- attestazione delle competenze linguistiche corrispondenti almeno al *livello B2* del Quadro comune europeo.

Per i posti di sostegno costituirà titolo di accesso al percorso FIT il possesso dei requisiti di cui ai posti comuni.

Il concorso prevede tre prove, delle quali due scritte a carattere nazionale e una terza orale. Per i posti di sostegno sono previste tre prove scritte.

I vincitori di concorso sottoscrivono un contratto triennale retribuito.

Al termine del primo anno, il contrattista dovrà aver conseguito il titolo di specializzazione, mentre nei due anni successivi, il docente completerà la propria preparazione con l'assunzione di autonome funzioni di docenza.

Complessivamente, il D.lgs. n. 59/2017 intende valorizzare la professione degli insegnanti sul piano sia pedagogico-culturale sia organizzativo-didattico.

3. La promozione e la diffusione della cultura umanistica

Finalità generali del Decreto n. 60/2017 sono la promozione della cultura e delle arti e la valorizzazione del patrimonio e della produzione culturale, musicale, teatrale e coreutica, cinematografica. Esso si fonda sulla consapevolezza del grande patrimonio culturale e artistico che l'Italia possiede, con l'intento di trasformarlo in opportunità di crescita. Questo settore è stato oggetto in passato di una scarsa considerazione, e da sempre non molto diffuse sono state le iniziative per una sua piena valorizzazione sul piano didattico.

I temi della creatività

Al centro del progetto sono posti i ragazzi in formazione e la valorizzazione della loro creatività; lo scopo è quello di promuovere sin dalla scuola dell'infanzia una formazione artistica che sensibilizzi l'interesse verso tali settori valorizzandone lo studio. In questo senso, il provvedimento sottolinea l'importanza dei temi della creatività che dovranno diventare elementi fondanti del curricolo scolastico.

> 1. La progettazione delle istituzioni scolastiche si avvale della sinergia tra i linguaggi artistici e tra questi e le nuove tecnologie, nonché delle esperienze di ricerca e innovazione, valorizzando le capacità intertestuali e il pensiero critico. Essa si realizza nell'ambito delle componenti del curricolo, anche verticale, denominate «temi della creatività», che riguardano le seguenti aree:
>
> a) musicale-coreutico, tramite la conoscenza storico-critica della musica, la pratica musicale, nella più ampia accezione della pratica dello strumento e del canto, la danza e tramite la fruizione consapevole delle suddette arti;
>
> b) teatrale-performativo, tramite la conoscenza storico-critica e la pratica dell'arte teatrale o cinematografica o di altre forme di spettacolo artistico-performativo e tramite la fruizione consapevole delle suddette arti;
>
> c) artistico-visivo, tramite la conoscenza della storia dell'arte e la pratica della pittura, della scultura, della grafica, delle arti decorative, del design o di altre forme espressive, anche connesse con l'artigianato artistico e con le produzioni creative italiane di qualità e tramite la fruizione consapevole delle espressioni artistiche e visive;
>
> d) linguistico-creativo, tramite il rafforzamento delle competenze logico-linguistiche e argomentative e la conoscenza e la pratica della scrittura creativa, della poesia e di altre forme simili di espressione, della lingua italiana, delle sue radici classiche, delle lingue e dei dialetti parlati in Italia. (Art. 3 – *I temi della creatività* – D.lgs. n. 60 del 13 aprile 2017 – *Norme sulla promozione della cultura umanistica, sulla valorizzazione del patrimonio e delle produzioni culturali e sul sostegno della creatività*)

Infanzia e primo ciclo

Viene delineato un sistema complessivo che coinvolge tutti i livelli e gradi scolastici, ciascuno nella sua specificità: la scuola dell'infanzia e la primaria realizzeranno attività per lo sviluppo dei temi della creatività e per la pratica musicale, utilizzando i docenti dell'organico dell'autonomia e del 5% di quelli per il potenziamento dell'offerta formativa, anche di altri gradi scolastici, per i quali, con un decreto, saranno definiti titoli e requisiti professionali; la secondaria di primo grado realizzerà attività laboratoriali sui temi della creatività e garantirà la continuità dell'apprendimento con la scuola primaria tramite una progettazione curricolare ed extracurricolare condivisa, mentre dovrebbe essere definitivamente superato l'attuale sistema SMIM, con scuole a indirizzo musicale.

La formazione musicale di base sarà curata dalle scuole secondarie di primo grado a indirizzo musicale e dai licei musicali; quella coreutica, dai licei coreutici.

Secondo ciclo

Le scuole secondarie di secondo grado cureranno i temi della creatività, la pratica delle arti e della musica e la storia dell'arte e del patrimonio culturale, promuovendo attività per garantire la continuità con la secondaria di primo grado. I licei musicali e coreutici potranno consentire agli studenti una più ampia scelta tra insegnamenti, prevedendo specifici adattamenti dei piani di studio e rimodulando il monte orario complessivo del secondo biennio e dell'ultimo anno.

Per i licei coreutici era stata annunciata, sino al riordino delle classi di concorso, la possibile compresenza del docente di Tecniche di accompagnamento della danza durante le lezioni di Tecnica della danza classica, Tecnica della danza contemporanea, Laboratorio coreutico e Laboratorio coreografico, ma poi il decreto non ha previsto nulla.

Le reti di scuole

È stata confermata la possibilità, per le scuole, di organizzarsi in reti sul territorio per attività specifiche, quali il coordinamento progettuale sui temi della creatività alla valorizzazione, la formazione del personale, la ricerca metodologica, la condivisione di risorse strumentali e laboratoriali, la realizzazione di forme di partenariato, l'organizzazione di eventi, la realizzazione di spazi creativi, la valorizzazione della cultura del proprio territorio e del made in Italy; per le scuole del primo ciclo di uno stesso ambito territoriale, invece, è stata confermata la possibilità di costituirsi in Poli a orientamento artistico e performativo. Tutto ciò consentirà la realizzazione di percorsi curricolari, anche in verticale, in alternanza scuola-lavoro con iniziative extrascolastiche, collaborazioni con istituti e luoghi della cultura.

Una nuova governance

Il decreto è intervenuto anche nella governance del sistema, coinvolgendo molti organismi istituzionali e non, il MIUR con le Direzioni regionali, l'INVALSI, l'INDIRE, l'AFAM, gli Istituti di cultura italiana all'estero, le università, il Ministero dei beni e delle attività culturali e del turismo (MIBACT) con i suoi organismi territoriali, tutti i soggetti pubblici e privati, soprattutto quelli accreditati.

I ministeri

Il MIUR e il MIBACT avranno il compito di proporre a cadenza triennale un Piano delle arti per definire una serie di interventi per il sostegno a scuole e reti di scuole, per realizzare modelli organizzativi innovativi e flessibili, laboratori permanenti di conoscenza, pratica, ricerca e sperimentazione della creatività, supporto alla diffusione di poli a orientamento artistico e performativo, promozione di pratiche didattiche per l'apprendimento e la valorizzazione di attitudini e talenti, didattiche orientative, percorsi per la conoscenza del patrimonio culturale e ambientale dell'Italia e del made in Italy.

4. I percorsi dell'istruzione professionale e il rilancio del sistema duale di formazione

Accordo IP e IeFP

Il riordino dei percorsi dell'istruzione professionale (IP), proposto dal D.lgs. n. 61/2017, è finalizzato al superamento degli elementi di sovrapposizione con l'istruzione e formazione professionale (IeFP) e al consolidamento del raccordo tra esse.

Occupabilità e lavoro

Finalità fondamentale del sistema rimane quella di promuovere la formazione di studenti alle arti, ai mestieri e alle professioni, consentendo l'acquisizione di competenze che faciliteranno l'accesso al mondo del lavoro e l'occupabilità.

Si afferma nel decreto:

> 2. Le istituzioni scolastiche che offrono percorsi di istruzione professionale sono scuole territoriali dell'innovazione, aperte e concepite come laboratori di ricerca, sperimentazione ed innovazione didattica. [...]
> 4. Il sistema dell'istruzione professionale ha la finalità di formare la studentessa e lo studente ad arti, mestieri e professioni strategici per l'economia del Paese per un saper fare di qualità comunemente denominato «Made in Italy», nonché di garantire che le competenze acquisite nei percorsi di istruzione professionale consentano una facile transizione nel mondo del lavoro e delle professioni. (Art. 1 – D.lgs. n. 61/2017 – *Revisione dei percorsi dell'istruzione professionale nel rispetto dell'articolo 117 della Costituzione, nonché raccordo con i percorsi dell'istruzione e formazione professionale*)

Il sistema IP

Viene delineato un organico sistema di istruzione e formazione professionale composto dagli istituti statali e paritari dell'istruzione professionale, IP, e dall'attuale modello dell'istruzione e formazione professionale, IeFP, che conferma la sua dualità finalizzandola a favorire il raccordo tra IP e IeFP e il passaggio tra i due percorsi agli studenti che decidessero di cambiare il proprio percorso di studi. Si prevede, in questo senso, la creazione di una *Rete nazionale delle scuole professionali,* nella quale rientreranno le scuole statali o paritarie che offrono percorsi di istruzione professionale e le istituzioni formative accreditate in base ai livelli essenziali delle prestazioni, come da D.lgs. n. 226/2005. Ciascuna scuola conserverà la propria identità e dignità in una prospettiva di promozione dell'innovazione e di raccordo con il mondo del lavoro, anche sostenendo l'alternanza scuola-lavoro e l'apprendistato, raccordandosi alla Rete nazionale dei servizi per le politiche del lavoro.

La Rete nazionale delle scuole professionali

Le *scuole territoriali dell'innovazione* sono finalizzate a promuovere una solida base di cultura generale e adeguate competenze tecnico-professionali per le varie attività economiche degli indirizzi, maturate prevalentemente in attività di laboratorio e in alternanza scuola-lavoro e in apprendistato.

Le scuole territoriali dell'innovazione

Al centro dell'azione di formazione è posta la persona: agli studenti deve essere offerta l'opportunità di sviluppare talenti e competenze per l'apprendimento permanente, in riferimento alle competenze chiave di cittadinanza e alle capacità di orientamento per la costruzione del proprio progetto di vita.

Gli studenti potranno iscriversi ai corsi, la cui frequenza varrà per l'assolvimento del diritto-dovere all'istruzione entro i 18 anni o per il conseguimento di una qualifica professionale triennale, dopo aver completato il primo ciclo di istruzione. Con la qualifica triennale lo studente potrà continuare a studiare passando al quarto anno dell'istruzione professionale o dell'IeFP e conseguire il diploma professionale di tecnico. I titoli di studio conseguiti sono correlati al Repertorio nazionale dei titoli di istruzione e formazione e delle qualificazioni professionali (D.lgs. n. 13/2013).

La qualifica triennale

Tali percorsi consentono il conseguimento di diplomi di istruzione secondaria di secondo grado e l'accesso agli studi tecnici superiori, all'università, alle istituzioni dell'alta formazione artistica, musicale e coreutica.

Sono stati anche ridefiniti gli specifici indirizzi che da sei sono passati a undici:

Gli undici indirizzi

- agricoltura, sviluppo rurale, valorizzazione dei prodotti del territorio e gestione delle risorse forestali e montane;
- pesca commerciale e produzioni ittiche;
- industria e artigianato per il made in Italy;
- manutenzione e assistenza tecnica;
- gestione delle acque e risanamento ambientale;
- servizi commerciali;
- enogastronomia e ospitalità alberghiera;
- servizi culturali e dello spettacolo;
- servizi per la sanità e l'assistenza sociale;
- arti ausiliarie delle professioni sanitarie: odontotecnico;
- arti ausiliarie delle professioni sanitarie: ottico.

I nuovi percorsi quinquennali innovano il precedente modello dei due bienni e un'annualità, e propongono un biennio e un triennio adottando, in pratica, il modello dell'istruzione degli adulti (CPIA).

Il biennio

Nel biennio, le ore di insegnamento saranno in tutto 2112, suddivise in 1188 ore di attività e insegnamenti d'istruzione generale, aggregate in assi culturali, e 924 ore di attività e insegnamenti di indirizzo, comprensive dei laboratori.

Il triennio

Nel triennio, le ore previste saranno 1056 ore per ciascun anno, con 462 ore di insegnamenti d'istruzione generale e 594 di attività e insegnamenti di indirizzo finalizzati al consolidamento e innalzamento dei livelli d'istruzione, all'acquisizione, approfondimento, specializzazione di abilità, conoscenze, competenze per il mondo del lavoro, alla costruzione del personale curriculum nel Progetto formativo individuale.

Il Progetto formativo individuale

Quest'ultimo dovrà essere definito a cura del Consiglio di classe entro i primi tre mesi di scuola e poi aggiornato, mentre alla personalizzazione è destinato un monte ore non superiore alle 264 nel biennio.

Le discipline sono proposte secondo la prospettiva degli assi culturali definiti nel DM n. 139/2007 per l'adempimento dell'obbligo scolastico, ma prevedendo la confluenza dei precedenti quadri orari e indirizzi di studio del DPR n. 87/2010 in quelli del presente decreto.

I percorsi

A questo proposito, in attesa che si completi l'iter di approvazione del regolamento per i nuovi percorsi di istruzione, con la nota n. 6913 del 19 aprile 2018 il MIUR ha diffuso una bozza di quadri orari con l'individuazione delle relative classi di concorso, in riferimento al DPR n. 19 del 14 febbraio 2016, integrato dal DM n. 259 del 9 maggio 2017, per gli insegnamenti del primo biennio.

ATECO e diploma

Al completamento degli studi sarà rilasciato il diploma quinquennale di istruzione secondaria di secondo grado in riferimento alla classificazione delle attività economiche di rilevanza nazionale ATECO, elaborata dall'Istituto nazionale di Statistica (ISTAT) per le indagini nazionali di tipo economico.

Tali percorsi consentono il conseguimento di diplomi di istruzione secondaria di secondo grado e l'accesso agli studi tecnici superiori, all'università, alle istituzioni dell'alta formazione artistica, musicale e coreutica.

Spazi di flessibilità nei percorsi formativi sono stati riconosciuti alle scuole per dare specifiche risposte ai bisogni formativi del territorio, tenendo conto della programmazione regionale e delle attività economiche nel codice ATECO in riferimento alle unità professionali (NUP) previste dall'ISTAT.

I passaggi

Il decreto ridefinisce anche i passaggi tra i percorsi dell'IP e quelli dell'IeFP: si tratta dell'offerta per gli studenti di una nuova opportunità per realizzare compiutamente il proprio percorso personale di crescita, apprendimento, anche orientandolo in base alle personali capacità e attitudini. Nella norma sono anche richiamati alcuni principi di tutela per tale passaggio, relativi alla volontarietà e alla reversibilità della scelta, alla gradualità dell'inserimento nel nuovo percorso, al riconoscimento dei risultati di apprendimento e dei crediti maturati, alla necessità di mantenere costantemente aggiornato il bilancio delle competenze acquisite.

La governance

La governance del nuovo sistema vedrà coinvolti: MIUR, Ministero del lavoro e delle politiche sociali, dell'Economia e Finanze, della Salute, Conferenza permanente Stato, Regioni, INVALSI, INDIRE, ISFOL (Istituto per lo sviluppo della formazione professionale dei lavoratori).

5. La valutazione e la certificazione delle competenze

Nuovo quadro normativo

Il decreto legislativo del 13 aprile 2017, n. 62 delinea un nuovo quadro normativo riguardante la valutazione degli apprendimenti e la certificazione delle competenze. Si ribadisce che agli insegnanti compete la responsabilità della valutazione degli *apprendimenti* e del *comportamento,* riferito quest'ultimo alle *competenze di cittadinanza* (art. 1).

Valutazione del comportamento

I riferimenti principali della *valutazione del comportamento* sono: lo statuto delle studentesse e degli studenti (scuola secondaria di primo e secondo grado), il patto educativo di corresponsabilità e i regolamenti deliberati dagli organi collegiali delle scuole.

Si conferma, inoltre, che la valutazione periodica e finale degli apprendimenti degli/delle alunni/e nel primo ciclo d'istruzione, ivi compresa la valutazione dell'esame di Stato al termine della scuola secondaria di primo grado, è espressa con *votazioni in decimi* che indicano *differenti livelli di apprendimento.*

Nel D.lgs. n. 62/2017 si mantiene, pertanto, il criterio previsto nel DPR n. 122/2009, che a sua volta recepiva quanto stabilito nella legge 169/2008, tramite la quale il Parlamento aveva provveduto a reintrodurre la votazione in decimi sia nella scuola primaria sia nella secondaria di primo grado.

Valutazione degli apprendimenti

La *valutazione degli apprendimenti* viene effettuata collegialmente dagli insegnanti contitolari della classe per la scuola primaria e dal consiglio di classe per la scuola secondaria di primo grado.

Nella nota del MIUR n. 1865 del 10 ottobre 2017, si afferma che

> al fine di garantire equità e trasparenza, il collegio dei docenti delibera *i criteri* e le *modalità* di valutazione degli apprendimenti e del comportamento che vengono inseriti nel *PTOF e resi pubblici,* al pari delle modalità e dei tempi della comunicazione alle famiglie. In particolare, considerata la funzione formativa di accompagnamento dei processi di apprendimento e di stimolo al miglioramento continuo, il collegio dei docenti esplicita la *corrispondenza tra le votazioni in decimi* e i *diversi livelli di apprendimento* (ad esempio, definendo descrittori, rubriche di valutazione, ecc...).

Compiti del Collegio dei docenti

Spetta, dunque, al Collegio dei docenti definire i criteri e le modalità della valutazione degli apprendimenti e del comportamento, che saranno resi pubblici in quanto inseriti nel Piano triennale dell'offerta formativa (PTOF). Si rammenta che, a differenza degli apprendimenti, la valutazione del comportamento, espressa anch'essa collegialmente, viene affidata a un *giudizio sintetico* riportato nel documento di valutazione.

Inoltre, per uniformare il più possibile il comportamento valutativo dei docenti, si prevede che il voto in decimi sia accompagnato da una descrizione che «oggettivizi» l'espressione del voto con una descrizione del livello di apprendimento corrispondente.

Si prevede, inoltre, la possibilità di ammissione alla classe successiva e all'esame conclusivo del primo ciclo d'istruzione con una votazione inferiore a 6/10 in una o più discipline sulla base dei criteri definiti dal Collegio dei docenti.

La non ammissione alla classe successiva, nella scuola primaria, deve essere assunta all'unanimità da parte di tutti i docenti della classe; nella scuola secondaria di primo grado, invece, la non ammissione può essere assunta a maggioranza da parte dei docenti del Consiglio di classe.

La valutazione del comportamento è espressa per tutto il primo ciclo mediante un *giudizio sintetico* (non più con un voto in decimi). Spetta al Collegio dei docenti definire i criteri per l'espressione del giudizio. È, di conseguenza, abrogata la norma contenuta nel DPR n. 122/2009 che prevedeva la non ammissione alla classe successiva o all'esame conclusivo di Stato con un voto in condotta inferiore a 6/10.

Per quanto concerne la certificazione delle competenze, al termine della scuola primaria e secondaria di primo grado, con la nota del 9 gennaio 2018, n. 312, il MIUR ha adottato, in ottemperanza al DM del 3 ottobre 2017, n. 742, i definitivi modelli di certificazione a livello nazionale. Le Linee guida, allegate alla nota n. 312, forniscono indicazioni e precisazioni sugli adempimenti dei docenti.

6. Il diritto allo studio

Il decreto delegato del 13 aprile 2017, n. 63 dal titolo *Effettività del diritto allo studio attraverso la definizione delle prestazioni, in relazione ai servizi alla persona, con particolare riferimento alle condizioni di disagio e ai servizi strumentali, nonché potenziamento della carta dello studente,* persegue l'obiettivo di assicurare tangibili modalità delle prestazioni in materia di diritto allo studio per gli studenti delle scuole statali e paritarie fino al completamento del percorso di istruzione secondaria. Il D.lgs. n. 63/2017 introduce importanti novità in questa materia e assicura un sistema di welfare studentesco fondato sull'uniformità territoriale dei

Nuovo welfare studentesco

servizi volti ad assicurare agli alunni reali condizioni di apprendimento, valorizzando le potenzialità e i talenti di ciascuno. In particolare, definisce le modalità delle prestazioni in materia di diritto allo studio, in relazione ai servizi erogati dallo Stato, dalle Regioni e dagli enti locali. Individua altresì i principi generali per il potenziamento della Carta dello studente.

Lo Stato, nel triennio 2017-2019, destinerà risorse economiche per interventi rivolti a studenti ricoverati in ospedale, per l'istruzione domiciliare, per l'acquisto di sussidi didattici e borse di studio rispettivamente a favore di alunne/i con disabilità e frequentanti le scuole secondarie di secondo grado.

IoStudio

Tali contributi sono erogati tramite la *Carta dello studente* e verranno stanziati nella misura di 30 milioni per il 2017; 33,4 per il 2018; 39,7 per il 2019 (art. 9).

Gli enti locali, nell'esercizio della loro autonomia e nei limiti delle risorse finanziarie disponili, programmano gli interventi per il sostegno al diritto allo studio, con l'obiettivo di assicurare su tutto il territorio nazionale i seguenti servizi di: trasporto e forme di agevolazione della mobilità (art. 5); mensa (art. 6); fornitura dei libri di testo e degli strumenti didattici indispensabili negli specifici corsi di studi; supporto agli alunni/e ricoverati in ospedale, in case di cura e di riabilitazione; interventi specifici per l'istruzione domiciliare.

L'azione «IoStudio – La Carta dello studente», denominata «Carta», è una tessera nominativa cui sono associate funzionalità volte ad agevolare l'accesso degli studenti a beni e servizi di natura culturale, servizi per la mobilità nazionale e internazionale, ausili di natura tecnologica e multimediale per lo studio e per l'acquisto di materiale scolastico, allo scopo di garantire e supportare il diritto allo studio. La Carta viene attribuita dal MIUR agli studenti censiti nell'Anagrafe nazionale degli studenti, frequentanti la scuola primaria e secondaria di primo e secondo grado.

La Carta permette di costruire di fatto una rete interistituzionale di soggetti pubblici e privati a sostegno del diritto allo studio, assicurando agevolazioni per beni e servizi di natura culturale, servizi per la mobilità nazionale e internazionale, ausili di natura tecnologica per lo studio e per l'acquisto di materiale scolastico, l'erogazione di borse di studio per merito scolastico.

La Conferenza nazionale

Presso il MIUR è istituita la *Conferenza nazionale* per il diritto allo studio, cui partecipano tre rappresentanti del MIUR, uno della Conferenza Stato-Regioni, un rappresentante dell'ANCI e dell'UPI, due rappresentanti delle associazioni dei genitori e degli studenti, un delegato delle Consulte degli studenti, un rappresentante del Ministero dei beni culturali e dei trasporti.

I compiti della Conferenza vengono ricondotti alle seguenti azioni:

a) monitorare l'attuazione del decreto, anche attraverso gli Uffici scolastici regionali, i quali promuoveranno idonee forma di collaborazione con le Regioni e gli enti locali;
b) esprimere pareri, elaborare proposte e redigere, ogni tre anni, un rapporto in materia di diritto allo studio;
c) avanzare proposte per il potenziamento della Carta e l'integrazione di ulteriori benefici e agevolazioni.

Per favorire poi nuove sinergie interistituzionali, gli enti locali, d'intesa con il MIUR, possono stipulare accordi con soggetti pubblici e privati per l'erogazione di ulteriori benefici a livello territoriale. Tali benefici potranno essere erogati anche attraverso la Carta dello studente.

BOX 8.1
Dal PECUP (Allegato A – D.lgs. n. 61/2017)

1.1 Risultati di apprendimento comuni a tutti i percorsi

I percorsi di IP hanno l'obiettivo di far acquisire agli studenti competenze basate sull'integrazione tra i saperi tecnico-professionali e i saperi linguistici e storico-sociali, da esercitare nei diversi contesti operativi di riferimento. A conclusione dei percorsi di IP, gli studenti sono in grado di:

- agire in riferimento a un sistema di valori, coerenti con i principi della Costituzione, in base ai quali essere in grado di valutare fatti e orientare i propri comportamenti personali, sociali e professionali;
- utilizzare gli strumenti culturali e metodologici acquisiti per porsi con atteggiamento razionale, critico, creativo e responsabile nei confronti della realtà, dei suoi fenomeni e dei suoi problemi, anche ai fini dell'apprendimento permanente;
- utilizzare il patrimonio lessicale ed espressivo della lingua italiana secondo le esigenze comunicative nei vari contesti: sociali, culturali, scientifici, economici, tecnologici e professionali;
- riconoscere gli aspetti geografici, ecologici, territoriali, dell'ambiente naturale e antropico, le connessioni con le strutture demografiche, economiche, sociali, culturali e le trasformazioni intervenute nel corso del tempo;
- stabilire collegamenti tra le tradizioni culturali locali, nazionali e internazionali, sia in una prospettiva interculturale sia ai fini della mobilità di studio e di lavoro;
- utilizzare i linguaggi settoriali delle lingue straniere previste dai percorsi di studio per interagire in diversi ambiti e contesti di studio e di lavoro;
- riconoscere il valore e le potenzialità dei beni artistici e ambientali;
- individuare e utilizzare le moderne forme di comunicazione visiva, multimediale e digitale, anche con riferimento alle strategie espressive e agli strumenti tecnici della comunicazione in rete;
- utilizzare le reti e gli strumenti informatici per l'accesso ai web e ai social nelle attività di studio, ricerca e approfondimento;

- riconoscere i principali aspetti comunicativi, culturali e relazionali dell'espressività corporea ed esercitare in modo efficace la pratica sportiva per il benessere individuale e collettivo;
- comprendere e utilizzare i principali concetti relativi all'economia, all'organizzazione, allo svolgimento dei processi produttivi e dei servizi;
- utilizzare i concetti e i fondamentali strumenti degli assi culturali per comprendere la realtà e operare in campi applicativi;
- padroneggiare l'uso di strumenti tecnologici con particolare attenzione alla sicurezza e alla tutela della salute nei luoghi di vita e di lavoro, alla tutela della persona, dell'ambiente e del territorio;
- individuare i problemi attinenti al proprio ambito di competenza e impegnarsi nella loro soluzione collaborando efficacemente con gli altri;
- utilizzare strategie orientate al risultato, al lavoro per obiettivi e alla necessità di assumere responsabilità nel rispetto dell'etica e della deontologia professionale;
- compiere scelte autonome in relazione ai propri percorsi di studio e di lavoro lungo tutto l'arco della vita nella prospettiva dell'apprendimento permanente;
- partecipare attivamente alla vita sociale e culturale a livello locale, nazionale e comunitario;
- acquisire gli strumenti per la ricerca attiva del lavoro o di opportunità formative;
- valutare le proprie capacità, i propri interessi e le proprie aspirazioni (bilancio delle competenze) anche nei confronti del lavoro e di un ruolo professionale specifico;
- riconoscere i cambiamenti intervenuti nel sistema della formazione e del mercato del lavoro;
- sviluppare competenze metodologiche finalizzate alla presa di decisione e all'elaborazione di un piano d'azione per l'inserimento nel mondo del lavoro;
- individuare e utilizzare le tecnologie dell'automazione industriale e della robotica 4.0;
- conoscere e utilizzare tecnologie innovative applicabili alla manifattura e all'artigianato;
- padroneggiare l'uso di strumenti tecnologico-digitali.

7. La scuola italiana all'estero e il D.lgs. n. 64/2017

La scuola italiana all'estero è stata riordinata dal D.lgs. n. 64/2017 nella prospettiva di dare unitarietà a quanto viene realizzato nel mondo per promuovere l'immagine dell'Italia; in questo senso, il riordino ha coinvolto la promozione della cultura italiana all'estero, il coordinamento delle iniziative del nostro Paese, gli ordinamenti, le norme sul personale all'estero.

La promozione della cultura italiana

> 2. Il sistema della formazione italiana nel mondo ha come obiettivo fondamentale la diffusione e la promozione della lingua e della

cultura italiana all'estero in un sistema valoriale europeo e in una dimensione internazionale e persegue prioritariamente gli obiettivi formativi cui si ispira il sistema nazionale di istruzione e formazione in conformità con la legge n. 107 del 2015. (Art. 2 – *Obiettivi del sistema della formazione italiana nel mondo*)

Il nuovo sistema della formazione italiana nel mondo prevede vari modelli organizzativi che si raccordano con la rete diplomatica e consolare, con gli istituti di cultura e con altri soggetti pubblici e privati impegnati nella promozione della lingua e della cultura italiana nel mondo. Tali modelli sono:

I modelli di scuola

a) le scuole all'estero amministrate e gestite direttamente dallo Stato italiano, con la potestà del MAECI, di concerto con il MIUR, di istituirle, trasformarle, sopprimerle. Esse mantengono di norma l'ordinamento delle corrispondenti scuole nazionali, con la possibilità di eventuali varianti per esigenze locali, ad esempio, per la durata quadriennale dei percorsi liceali ove previsto nei Paesi esteri. Esse sono dirette dal dirigente scolastico e prevedono la redazione del PTOF come da normativa nazionale;
b) le scuole paritarie all'estero, riconosciute in un elenco dal MAECI di concerto con il MIUR, purché abbiano i requisiti delle istituzioni paritarie nel territorio nazionale;
c) le altre scuole italiane, con requisiti analoghi a quelli previsti per le scuole non paritarie del territorio nazionale, anche in riferimento alle specificità locali, in alcuni casi prevedendo un ordinamento misto che le integri nei sistemi scolastici locali;
d) le Associazioni di scuole italiane all'estero, statali, paritarie all'estero e quelle che entrano negli elenchi di MAECI e MIUR, per la realizzazione del PTOF, la diffusione e promozione della lingua e della cultura italiana, la mobilità degli studenti;
e) le iniziative per la lingua e la cultura italiana all'estero, per l'apprendimento della lingua e per il sostegno alla cultura italiana, per il bilinguismo, per l'inserimento dei nostri studenti italiani nei sistemi scolastici locali. Tali iniziative devono essere definite su base triennale;
f) i lettorati, con la possibilità di inviare lettori presso università e istituzioni scolastiche straniere per collaborare in attività di insegnamento, assistenza agli studenti, di ricerca nella lingua e nella cultura italiana.

Le scuole europee

Non rientrano nel sistema le scuole europee, istituzioni intergovernative con sezioni linguistiche che dipendono dalla Rappresentanza permanente dell'Italia presso l'Unione europea: esse si distinguono dai sistemi di educazione nazionale e accolgono i figli dei funzionari europei, ma anche altri alunni. Al termine degli studi rilasciano una licenza liceale europea, comunemente conosciuta come *baccalaureato europeo.*

Al personale italiano o straniero, residente nel Paese ospitante da almeno un anno, possono essere affidati anche insegnamenti obbligatori previsti dalla normativa locale e non dall'ordinamento italiano e attività di potenziamento dell'offerta. Tutto ciò che può riguardare in modo limitato anche gli insegnamenti obbligatori viene stabilito con specifico decreto dal MAECI, sentito il MIUR, in base alle specificità dei contesti locali. È dell'8 gennaio 2018 il DM n. 2501 con il quale sono state definite le regole per gli insegnamenti obbligatori nelle scuole italiane all'estero.

> Art. 2 – *Insegnamenti affidabili a docenti a contratto locale*
>
> 1. Le scuole statali all'estero sono autorizzate ad affidare a personale docente con contratto a tempo indeterminato regolato dalla legge locale gli insegnamenti obbligatori secondo l'ordinamento italiano indicati nell'allegato.
> 2. Le scuole statali all'estero sono autorizzate a stipulare contratti a tempo indeterminato per l'insegnamento della religione cattolica e per insegnamenti obbligatori secondo l'ordinamento italiano che prevedono un numero di ore di insegnamento inferiore a quello previsto per la costituzione di una cattedra, che non possono essere affidati ai sensi dell'articolo 23 del Decreto legislativo e in presenza di esigenze eccedenti i limiti temporali indicati dall'articolo 33, comma 2 del medesimo decreto. In tale caso, il contratto è stipulato per il numero di ore strettamente necessario, conformemente agli articoli 3 e 4. (DM n. 2501, 8 gennaio 2018 – *Insegnamenti obbligatori delle scuole statali all'estero*)

Le dotazioni di personale

Il nuovo dispositivo definisce le categorie di personale a tempo indeterminato che possono chiedere la destinazione all'estero, fissando su base triennale il numero massimo di 674 unità, comprensive di 10 docenti per il sostegno per alunni con disabilità e di quelli per il potenziamento dell'offerta formativa. Anche per la cultura musicale, l'arte e la sua storia, il cinema, le tecnologie e i media di produzione e diffusione di immagini e suoni, sono riservati 50 posti. Può chiedere l'assegnazione alle scuole all'estero il personale con contratto a tempo indeterminato con almeno tre anni di effettivo servizio, con possibilità di permanenza non superiore nell'intera carriera a due periodi, ciascuno di sei anni scolastici consecutivi, separati da almeno sei anni di effettivo servizio nelle scuole del territorio nazionale. Lo stato giuridico del personale è analogo a quello nazionale, compresi l'orario di lavoro e il sistema disciplinare:

Chi può chiedere

Stato giuridico del personale

> Il personale sarà soggetto alle sanzioni disciplinari previste per la categoria. La competenza del procedimento sarà, per l'articolo 55-*bis,* comma 2, del D.lgs. n. 165/2001, del dirigente scolastico «o, in sua assenza, al capo del consolato o consolato generale di prima categoria territorialmente competente o, in mancanza, al capo della rappresentanza diplomatica» (art. 25); per l'articolo 55-*bis,* commi 3 e 4, la competenza sarà dell'Ufficio per i procedimenti disciplinari del MAECI. È previsto il rientro anticipato per esigenze di servizio

o per incompatibilità, mentre una eventuale «sanzione disciplinare superiore alla sospensione dal servizio con privazione della retribuzione per dieci giorni comporta l'immediata cessazione dal servizio all'estero» (art. 26). (Capaldo e Rondanini, 2017)

La governance

Per quanto concerne la governance, sono state chiarite le specifiche competenze del MIUR e del Ministero degli affari esteri e della cooperazione internazionale (MAECI), che dovranno attivare forme di coordinamento nella gestione tramite gli agenti diplomatici e consolari della rete scolastica e della promozione della lingua italiana. Per il funzionamento dell'apparato amministrativo e didattico dei ministeri, sono assegnate, rispettivamente al MIUR e al MOIGE, 35 unità di personale, dirigenti, docenti, amministrativi.

È stata prevista la creazione di una «cabina di regia», già attivata con Decreto interministeriale n. 1535 il 7 agosto 2017, ma occorrerà ora mettere a punto il sistema. Sono infatti sorte alcune polemiche per l'iniziativa del solo MIUR con il Dipartimento per il sistema educativo di istruzione e di formazione del MIUR di avviare la procedura per i 35 comandi di dirigenti scolastici, docenti e personale amministrativo «per gestire, coordinare e vigilare il sistema della formazione italiana nel mondo», come da nota n. 1212 del 29 maggio 2018 – *Procedura selezione 35 unità personale scuola estero.*

8. Il decreto per la creazione del sistema 0-6 per l'infanzia

Riapertura del dibattito

Tra i decreti che hanno suscitato maggior attenzione, vi è certamente il D.lgs. n. 65/2017, attuativo della delega al punto e), in quanto ha riaperto il dibattito anche sulla scuola dell'infanzia: vi è stato, ad esempio, chi ha temuto, soprattutto tra i docenti di tale ordine scolastico, una riaffermazione dell'assistenzialità dei servizi per l'infanzia a discapito delle prospettive di educazione, più consone alla storia di questa scuola. D'altro canto, per l'impegno che richiede la realizzazione del nuovo sistema, gli stessi enti locali, alle prese con una crisi che sembra inarrestabile, non hanno mancato di manifestare la loro preoccupazione per dover garantire un servizio oggi gestito principalmente da iniziative private.

I servizi in età 0-3 anni

Per la fascia di età 0-3 anni la nostra legislazione, legge 1044/1971, ha previsto la creazione di asili nido, di competenza non statale, e ha affidato a Regioni e Comuni la loro cura: tali iniziative sono oggi abbastanza diffuse sul territorio nazionale, anche se in maniera disomogenea, e si concretizzano in nidi comunali o convenzionati con privati o cooperative. Anche alcuni rari soggetti imprenditoriali di una certa rilevanza hanno creato strutture analoghe per rispondere alle esigenze delle famiglie dei propri lavoratori.

La fascia di età 3-6 è maggiormente coperta, in quanto le scuole dell'infanzia sono molto più diffuse sul territorio nazionale e più omogenea è la loro distribuzione: per quanto riguarda la gestione, essa è affidata a una pluralità di soggetti, allo Stato, ai Comuni, ai privati, ma la maggior parte di esse rientra nel sistema pubblico paritario delineato con la legge 62/2000. Meno diffuse sono le *sezioni primavera,* destinate a offrire un servizio all'infanzia nella fascia di età 2-3 anni.

I servizi in età 3-6 anni

Questo consente di affermare la consapevolezza di un quadro frammentario per la diversità dei servizi:

Frammentarietà del quadro

- per la normativa di riferimento;
- per la caratterizzazione del servizio, il primo riferibile all'ambito sociale, il secondo più a quello educativo e istruttivo;
- per il governo e la gestione, riconducibili rispettivamente agli enti regionali, locali, a iniziative di privati, e al sistema pubblico paritario con iniziative private di minore rilevanza;
- per le dinamiche operative, diverse per finalità, qualifica professionale degli operatori, strategie educative, prevalentemente assistenziali le prime, decisamente educative e formative le seconde.

La delega della legge 107/2015 si è concretizzata nel D.lgs. n. 65/2017, che ha promosso l'intera operazione di riordino finalizzandola alla creazione di un sistema organico in grado di garantire a bambine e bambini, nella fascia 0-6 anni, pari opportunità educative, istruttive e di cura, di relazione e di gioco, lo sviluppo delle potenzialità personali di relazione, autonomia, creatività, apprendimento, in un adeguato contesto affettivo, ludico e cognitivo, nel quale sono superate tutte le disuguaglianze e le barriere territoriali, economiche, etniche e culturali.

Un sistema organico

Per quanto concerne l'architettura del sistema, esso comprende:

- i servizi educativi per l'infanzia, gestiti direttamente o indirettamente da enti locali o da altri enti pubblici e privati, con le sezioni primavera che gestite anche dallo Stato. Essi si articolano in: nidi e micronidi, per la fascia da 3 a 36 mesi; sezioni primavera per le fasce di età 24-36 mesi; servizi integrativi, con spazi gioco, per bambine e bambini da 12 a 36 mesi di età; centri per bambini e famiglie, per bambine e bambini dai primi mesi di vita; servizi educativi in ambiti domiciliari, per la fascia da 3 a 36 mesi;
- le scuole dell'infanzia, statali e paritarie, che conservano il loro assetto ordinamentale e si occupano della fascia di età dai 3 ai 6 anni.

È stata prevista la possibilità di creare dei poli per l'infanzia, nuovi organismi che potranno accogliere in un unico plesso più strutture di educazione e di istruzione per l'età 0-6 anni e configurarsi come laboratori permanenti di ricerca, innovazione, partecipazione, apertura al territorio,

I poli per l'infanzia

condivisione di servizi generali, spazi collettivi, risorse professionali. Potranno anche essere realizzate iniziative comuni per la formazione del personale e per il coordinamento pedagogico sul territorio.

La governance

Modifiche sono state apportate anche nell'ambito della governance, che vede l'azione coordinata di vari soggetti istituzionali, Stato, Regioni, Province autonome di Trento e di Bolzano, enti locali. Il coordinamento del sistema compete al MIUR, che opera in sinergia con Regioni ed enti locali nell'attività di programmazione, definendo linee guida, regolamenti, risorse e coordinando i piani di realizzo anche in un quadro di ricerca di criteri edilizi innovativi anche ambienti per tali fasce di età.

Il Piano nazionale

L'11 dicembre 2017 è stata pubblicata la Delibera del Consiglio dei Ministri relativa al Piano di azione nazionale pluriennale per la promozione del Sistema integrato di educazione e di istruzione. È stata così costituita, presso il MIUR, la cabina di regia con il compito di svolgere funzioni di supporto, monitoraggio e valutazione sull'andamento e sullo sviluppo del nuovo sistema: essa viene presieduta da un rappresentante del MIUR ed è composta da otto rappresentanti, quattro del MIUR e quattro designati dalla Conferenza unificata. Gli specifici interventi saranno curati dalle Regioni:

> 2. Gli interventi del Piano definiti dalla programmazione delle regioni, di cui all'art. 4 comma 3, perseguono le seguenti finalità:
>
> a) consolidare e ampliare la rete dei servizi educativi per l'infanzia a titolarità pubblica e privata convenzionata, di cui all'art. 2 del decreto legislativo, anche per favorire l'attuazione dell'art. 9 del medesimo decreto legislativo, ove si prevede la riduzione della soglia massima di partecipazione economica delle famiglie alle spese di funzionamento dei servizi educativi per l'infanzia pubblici e privati;
>
> b) stabilizzare e potenziare gradualmente le sezioni primavera di norma aggregate alle scuole dell'infanzia statali o paritarie o inserite nei Poli per l'infanzia, per superare progressivamente gli anticipi di iscrizione alla scuola dell'infanzia;
>
> c) ampliare e sostenere la rete dei servizi per bambine e bambini nella fascia di età compresa tra zero e sei anni, in particolare nei territori in cui sono carenti scuole dell'infanzia statali, come previsto dall'art. 12, comma 4 del decreto legislativo;
>
> d) riqualificare edifici scolastici di proprietà pubblica, già esistenti e sottoutilizzati, e promuovere la costruzione di nuovi edifici di proprietà pubblica, anche per costituire poli per l'infanzia, di cui all'art. 3 del decreto legislativo;
>
> e) sostenere la qualificazione del personale educativo e docente, in coerenza con quanto previsto dal Piano nazionale di formazione di cui all'art. 1, comma 124, della legge 13 luglio 2015, n. 107 e promuovere i coordinamenti pedagogici territoriali. (Art. 3, comma 2 – Delibera del CdM dell'11 dicembre 2017 – *Piano di azione nazionale pluriennale per la promozione del Sistema integrato di educazione e di istruzione*)

È stata anche stabilita l'effettuazione di un monitoraggio entro il 30 novembre di ciascun anno sugli interventi realizzati e sulla loro coerenza con le finalità della legge.

I compiti strategici

Il nuovo sistema ha come compito strategico la garanzia di pari opportunità di educazione e istruzione per tutte le bambine e tutti i bambini. È finalizzato a coprire il 33% della popolazione sotto i 3 anni e a garantire la presenza di nidi almeno nel 75% dei comuni, la riduzione delle rette, il coordinamento pedagogico tra nidi e scuole dell'infanzia, l'obbligo della qualificazione universitaria per le insegnanti dei nidi (laurea triennale in Scienze dell'educazione, classe L19, mentre per le scuole dell'infanzia rimane la laurea quinquennale a ciclo unico in Scienze della formazione primaria), la formazione in servizio per tutto il personale.

9. L'inclusione scolastica degli alunni con disabilità

Il Decreto legislativo del 13 aprile 2017, n. 66, *Norme per la promozione dell'inclusione scolastica degli studenti con disabilità, relativo alla definizione di nuove norme riguardanti l'inclusione scolastica degli studenti con disabilità,* si colloca in una cornice di continuità con la situazione attuale e conferma l'irreversibilità di un processo avviato negli anni Settanta del secolo scorso.

L'obiettivo fondamentale del provvedimento è quello di garantire una scuola sempre più accogliente, soprattutto attraverso la formazione in servizio di tutte le componenti del personale scolastico.

La centralità della famiglia

In particolare, nell'art. 1, comma 2 del Decreto viene accolta l'indicazione di valorizzare il ruolo della famiglia. Infatti, in esso si afferma che si intende promuovere la partecipazione dei genitori nonché delle associazioni di riferimento quali interlocutori dei processi di inclusione scolastica e sociale.

Il Decreto interviene innanzitutto sulla revisione delle *modalità* e dei *criteri di certificazione della persona con disabilità* e introduce il modello biopsicosociale della *Classificazione internazionale del Funzionamento, della Disabilità e della Salute (ICF)* (OMS, 2001) nell'ambito del nuovo *profilo di funzionamento,* che sarà elaborato dall'Unità di valutazione multidisciplinare, con la partecipazione della famiglia e di coloro che hanno in carico la persona con disabilità, garantendo inoltre la partecipazione della scuola.

Il profilo di funzionamento

Pertanto si afferma che, successivamente all'individuazione della condizione di disabilità, venga redatto da parte dell'Unità multidisciplinare il *profilo di funzionamento* a cui si è fatto cenno. Esso sostituirà la diagnosi funzionale e il profilo dinamico funzionale, e definirà la tipologia delle misure di sostegno e delle risorse necessarie a una piena inclusione scolastica.

Dunque, le novità concernenti le procedure di certificazione sono particolarmente significative rispetto a quanto indicato nell'Atto di indirizzo del 1994, che recepiva a sua volta quanto affermato nella legge-quadro 104/1992. In tale norma si prevedeva che alla certificazione dovessero seguire la diagnosi funzionale, il profilo dinamico funzionale e il piano educativo individualizzato.

Il profilo di funzionamento:

a) è il documento propedeutico alla predisposizione del Progetto individuale e del PEI;
b) definisce anche le competenze professionali e la tipologia delle misure di sostegno e delle risorse strutturali necessarie per l'inclusione scolastica;
c) è redatto con la collaborazione dei genitori del/della bambino/a, dell'alunno/a e della studentessa o dello studente con disabilità, nonché con la partecipazione di un rappresentante dell'amministrazione scolastica, individuato preferibilmente tra i docenti della scuola frequentata;
d) è aggiornato al passaggio di ogni grado di istruzione, a partire dalla scuola dell'infanzia, nonché in presenza di nuove e sopravvenute condizioni di funzionamento della persona.

Nel corso dell'a.s. 2018-2019 dovranno essere perfezionate dal MIUR, con provvedimenti attuativi, le innovazioni introdotte nel Decreto.

CAPITOLO NONO

Il sistema di istruzione italiano

1. Il sistema scolastico oggi 2. La scuola dell'infanzia e l'educazione dei bambini nella fascia 0-3 anni 3. La scuola primaria 4. La scuola secondaria di primo grado 5. La scuola secondaria di secondo grado: il riordino degli ultimi anni 6. Il riordino degli istituti tecnici 7. I nuovi licei 8. La sperimentazione quadriennale

1. Il sistema scolastico oggi

La scuola italiana ha conosciuto, in quest'ultimo quindicennio, significativi cambiamenti che hanno interessato tutti i gradi del sistema d'istruzione. Si tratta, per il primo ciclo e per la scuola dell'infanzia, di significative «ristrutturazioni» sul piano organizzativo, mentre, per la secondaria superiore, di un consistente riordino che si sta completando.

Gli interventi sul sistema sono stati molti e spesso si sono sovrapposti, a volte confermando, a volte innovando, a volte ancora trovando ulteriori soluzioni.

Il punto sui cambiamenti

È opportuno per questo, prima di affrontare le problematiche specifiche della vita scolastica, fare il punto sui cambiamenti organizzativi e illustrare gli attuali assetti dei vari gradi e livelli scolastici (si veda la tabella 9.1).

Se per la scuola dell'infanzia è confermata la sua articolazione triennale, con possibilità di sezioni primavera e dell'anticipo, anche per la scuola primaria e per la secondaria è confermata la durata, rispettivamente quinquennale, con possibilità di anticipo, e triennale, con esame di Stato conclusivo.

Per la scuola secondaria di secondo grado viene offerta la possibilità del triplice percorso — licei, istruzione tecnica, istruzione professionale — con esame di Stato conclusivo.

TABELLA 9.1
Il sistema scolastico italiano

3-6 anni	6-11 anni	11-14 anni	14-19 anni	19 anni e oltre
INFANZIA	PRIMARIA	SECONDARIA DI I GRADO	SECONDARIA DI II GRADO (Licei, Istruzione tecnica, Istruzione professionale)	UNIVERSITÀ

2. La scuola dell'infanzia e l'educazione dei bambini nella fascia 0-3 anni

La scuola dell'infanzia, rivolta ai bambini della fascia d'età 3-6 anni, conosce un sistema gestionale affidato a una pluralità di soggetti istituzionali: lo Stato, i Comuni e i privati. Questi ultimi sono rappresentati prevalentemente dalla Federazione Italiana Scuole Materne (FISM), di ispirazione cattolica.

Tre sistemi

I bambini scolarizzati dai tre sistemi sono rispettivamente il 59% da parte della scuola statale, il 29% dal sistema paritario e circa il 12% dai Comuni.

Il sistema pubblico paritario

Dopo la legge n. 62/2000, le scuole private sono entrate pressoché completamente nel *sistema paritario.* Devono pertanto rispettare alcuni vincoli posti dal nuovo quadro normativo: l'universalità della possibilità di frequenza, la progettazione del piano dell'offerta formativa, l'inserimento di alunni disabili e stranieri, il rispetto delle Indicazioni nazionali per il curricolo, docenti in possesso di abilitazione all'insegnamento.

La scuola dell'infanzia statale, che accoglie la maggior parte dei bambini in questa fascia d'età, conta oggi più di un milione di utenti.

Le scuole comunali hanno storie differenti. Sono presenti quasi esclusivamente nel Nord, in parte nel Centro, mentre nel Sud e nelle Isole i Comuni non hanno investito in questo servizio educativo.

Hanno conosciuto una significativa espansione a cominciare dagli anni Sessanta del secolo scorso; nell'ultimo decennio invece stiamo assistendo a un malcelato processo di *statalizzazione* anche in realtà come quella dell'Emilia-Romagna, che si è notevolmente impegnata nella diffusione di questa istituzione educativa.

Le scuole paritarie, come quelle comunali, hanno le loro origini nelle comunità locali (parrocchie, ordini religiosi, associazioni, ecc.) e sono presenti in realtà non raggiunte né dallo Stato né dai Comuni.

Nella fascia d'età 0-3 anni, si conferma a livello di «sistema Paese» la disomogeneità territoriale che si registra per la scuola dell'infanzia.

Disomogeneità territoriale

Gli asili nido non sono di competenza statale e il compito di promuovere tale servizio è affidato alla programmazione delle Regioni e alla gestione dei Comuni.

Servizi per la prima infanzia

Per quel che riguarda l'attuale situazione dei servizi nella fascia d'età 0-3, per l'istituzione degli asili nido la fonte normativa rimane la legge del 6 dicembre 1971 n. 1044, che li definisce come un servizio sociale di interesse pubblico nel quadro di una politica per la famiglia, che ha lo scopo di curare la temporanea custodia dei bambini fino a 3 anni per facilitare l'accesso della donna al lavoro. Attualmente la loro diffusione sul territorio non è molto significativa e l'accesso al servizio è molto oneroso per l'utenza. Oggi, in Italia, i servizi per la prima infanzia sono riconducibili:

- agli asili nido, che comprendono i nidi tradizionali, gestiti direttamente dai Comuni, in base alla legge 1044/1971;
- ai nidi «aziendali», gestiti dagli enti locali in collaborazione con imprese, università ed enti locali;
- agli asili nido gestiti da soggetti privati e cooperative in convenzione con i Comuni;
- ai micronidi, presenti soprattutto nelle zone di montagna, per piccoli gruppi di bambini;
- alle «sezioni primavera», aggregate alle scuole dell'infanzia aderenti prevalentemente alla FISM (Federazione Italiana Scuole Materne), che accolgono i bambini dai 24 ai 36 mesi.

Vi sono poi servizi integrativi al nido che comprendono spazi gioco, centri per bambini e genitori e/o nonni. Tali servizi assumono denominazioni che variano da una realtà all'altra.

Al Nord e in parte nel Centro si registra una buona presenza di asili nido comunali o convenzionati con soggetti privati o cooperative, mentre nel resto del Paese la realtà è decisamente diversa.

Sezioni primavera

Per ovviare a tale squilibrio territoriale, nel biennio 2006-2008 nel secondo governo Prodi, sono state istituite le sezioni primavera, attraverso un sistema di finanziamenti statali a Comuni, scuole paritarie e statali intenzionate a organizzare un servizio educativo nella fascia d'età dei 2-3 anni. Era stata la legge 296/2006, sancita successivamente da appositi accordi nella Conferenza unificata Stato-Regioni, ad aprire su tale fronte. Tutto ciò avrebbe dovuto condurre alla diffusione di *servizi-ponte* tra nidi e scuole dell'infanzia, con risorse messe a disposizione da più ministeri e con la concorrenza di Regioni ed enti locali. In realtà, il progetto è stato avviato dal 2007 con la disponibilità di significative risorse finanziarie. Negli ultimi anni la progressiva contra-

Servizi-ponte

zione dei finanziamenti ha determinato un quadro di incertezze, anche se nella circolare ministeriale del 21 dicembre 2015, n. 22, relativa alle iscrizioni per l'a.s. 2016-2017, è stata confermata la prosecuzione dell'offerta di tale servizio educativo per i bambini di età compresa tra i 24 e i 36 mesi.

Sistema 0-6

La legge 107/2015 aveva previsto per i nidi e per la scuola dell'infanzia al punto e), *Istituzione del sistema integrato di educazione e di istruzione dalla nascita fino a sei anni,* la delega al Governo per realizzare un sistema unitario nella fascia di età 0-6: la delega ha trovato attuazione nel D.lgs. 13 aprile 2017, n. 65.

Si tratta di un sistema costituito dai servizi educativi per l'infanzia (0-3 anni) e dalle scuole dell'infanzia (3-6 anni), con la finalità di

> garantire ai bambini e alle bambine pari opportunità di educazione, istruzione, cura, relazione e gioco, superando disuguaglianze e barriere territoriali, economiche, etniche e culturali, nonché ai fini della conciliazione tra tempi di vita, di cura e di lavoro dei genitori, della promozione della qualità dell'offerta formativa e della continuità tra i vari sevizi educativi e scolastici e la partecipazione delle famiglie. (D.lgs. n. 65/2017, comma 181, lettera e)

3. La scuola primaria

La primaria è stata la scuola maggiormente coinvolta, rispetto agli altri ordini, nei più significativi processi di innovazione educativo-didattica e in profondi cambiamenti ordinamentali.

Lo sviluppo storico

Nel 1971 ha conosciuto l'introduzione del tempo pieno; nel 1985 è stata interessata da nuovi Programmi didattici, l'applicazione dei quali ha coinvolto i docenti in un piano di aggiornamento obbligatorio quinquennale di 40 ore annue per un monte complessivo di 200 ore.

Con la legge n. 148/1990 è stata avviata una riforma ordinamentale imperniata sul superamento del maestro unico e sull'introduzione del team docente.

Insomma la «vecchia» scuola elementare ha rappresentato senza ombra di dubbio una sorta di laboratorio istituzionale, apprezzato non solo in ambito nazionale.

Cos'è successo nell'ultimo decennio? Innanzitutto, la scuola primaria è stata investita nei primi anni del Duemila da una serie di riforme, in parte realizzate e in parte soltanto annunciate, che ha alzato il livello di contrapposizione tra docenti e sindacati, da un lato, e apparato ministeriale, dall'altro. Ad esempio, la potestà concessa ai genitori di anticipare l'iscrizione alla classe prima ai bambini che compiono i 6 anni entro il 30 aprile, contribuisce a rendere in parte più complessa la scolarizzazione di tutti gli altri alunni.

Questo stillicidio di novità ha avuto scarsa presa sul lavoro degli insegnanti, finendo per aumentare la distanza tra la classe politica e la scuola «militante».

Inoltre, dal 2007 al 2011, la cospicua riduzione delle risorse professionali ha finito per ripristinare modelli culturali (ad esempio, l'introduzione della valutazione con voto in decimi) e organizzativi (ad esempio, l'introduzione del maestro unico-prevalente) che si pensava appartenessero a un lontano passato.

Le criticità

Oggi la situazione è caratterizzata dalle seguenti criticità:

- riduzione delle ore di compresenza per effetto del calcolo degli organici, che viene fatto sulla base di 27 ore settimanali di lezione per gli alunni. Tale mancanza sta determinando difficoltà nella gestione delle classi, sempre più eterogenee, con il rischio di un ritorno a *didattiche frontali* e *trasmissive;*
- crisi del tempo pieno, che registra, in concomitanza con le ristrettezze economiche delle famiglie, cali di presenza nel momento della mensa e nelle attività programmate dopo il pranzo;
- rischio, come sottolineato, di un ritorno a strategie didattiche contenutistiche, all'uso eccessivo di fotocopie, a modalità di gestione della classe che fanno venir meno, al piccolo o al grande gruppo, il piacere di imparare. Si corre così il pericolo di avere poco tempo per la cura educativa degli alunni che incontrano difficoltà, ma anche di coloro che chiedono di rafforzare personali talenti e/o particolari attitudini;
- difficoltà, soprattutto nel primo anno della primaria, legate all'anticipo scolastico, sempre più richiesto anche dalle famiglie non italiane per evitare il pagamento della retta nelle scuole dell'infanzia.

Due modelli

Sempre per effetto del taglio degli organici, il tempo scuola degli alunni si sta allineando sulle 27 ore settimanali o sulle 40 ore a tempo pieno. Risulta ormai impossibile offrire alle famiglie tempi intermedi (30-32 ore), perché non ci sono risorse professionali sufficienti per organizzare tali opportunità. Non va dimenticato che anche gli enti locali soffrono della mancanza di mezzi per il vincolo del patto di stabilità. Questo aggiunge ulteriori problematicità a un segmento scolastico che risulta determinante per l'avvio di un buon percorso formativo.

4. La scuola secondaria di primo grado

La scuola «media» è il grado scolastico che vive la situazione più difficile, anche (in parte) per il fatto di non aver conosciuto dal 1962 a oggi significative innovazioni.

Il tempo prolungato

Lo stesso *tempo prolungato* a 36 ore settimanali, una delle novità più interessanti, introdotto nei primi anni Ottanta del secolo scorso, non ha mai rappresentato un volano capace di aprire nuovi orizzonti culturali, educativi e organizzativi. Certamente ci sono state esperienze molto valide, ma esse non sono riuscite a imporsi come prassi di riferimento in ambito nazionale. Sono rimaste chiuse nelle realtà in cui sono state realizzate.

Negli ultimi anni, poi, l'organico del prolungato ha rappresentato un bacino da cui pescare posti per il funzionamento ordinario della scuola a 30 ore settimanali.

Gli adolescenti

Va detto, per la verità, che nella fascia di età 11-14 anni, i ragazzi vivono una fase di rilevanti trasformazioni corporee, affettive ed emotive. Questi cambiamenti accrescono le difficoltà dei rapporti tra adulti e giovani, in particolare tra docenti e studenti.

> Gli adolescenti sono spesso artisti della bugia. Ne inventano moltissime, anche quando non correrebbero alcun rischio a dire la verità. (Pietropolli Charmet e Cirillo, 2012)

L'adolescente vive le contraddittorietà sia della sua età sia della realtà esterna. Avvia un processo di emancipazione dai genitori e dagli stessi insegnanti, opponendosi spesso al rispetto di regole e di norme, come si richiede in famiglia, ma soprattutto in un ambiente scolastico.

Risulta così difficile insegnare a ragazzi presi da problemi affettivi e meno sensibili ai doveri di ordine scolastico (studio, compiti, verifiche, prove, ecc.). Si aggiunga inoltre che nella fase adolescenziale si manifesta con grande evidenza il divario di età tra i professori e i ragazzi. Tra i primi e i secondi c'è una distanza che corrisponde a due generazioni; il dialogo tra persone che hanno vissuto e vivono esistenze così lontane richiede significative competenze relazionali non sempre presenti sia nelle persone che nei contesti istituzionali.

5. La scuola secondaria di secondo grado: il riordino degli ultimi anni

L'istruzione superiore in Italia è stata oggetto, nei decenni successivi al secondo dopoguerra, di numerosi tentativi di riforma andati tutti sistematicamente a vuoto.

Solo con la legge n. 53/2003, l'allora ministro della Pubblica Istruzione Letizia Moratti ha avviato un percorso che, negli ultimi anni, si è concretizzato in un progetto di riordino di tutti i segmenti della scuola di secondo grado.

Un percorso duale

La legge prevedeva una netta divaricazione tra istruzione liceale, da un lato, e istruzione e formazione professionale, dall'altro. Si trattava di due percorsi paralleli che si distinguevano nettamente tra loro e che avrebbero portato a sbocchi diversi: il primo, esclusivamente liceale, era finalizzato al conseguimento di un diploma per l'accesso a tutte le facoltà universitarie, il secondo a una formazione superiore attraverso un percorso di titoli successivi (qualifica triennale e diploma quadriennale).

Moratti

Nel disegno di legge della Moratti, confluito nel D.lgs. n. 226/2005, si prevedeva la costituzione di otto licei. In due di questi, economico e tecnologico, sarebbe dovuta confluire la «vecchia» istruzione tecnica. Tutti gli altri indirizzi, invece, venivano ricondotti all'istruzione e alla formazione professionale di durata triennale, quadriennale e quinquennale.

Fioroni

Con il successivo governo di centrosinistra presieduto da Romano Prodi (2006-2008), il ministro Giuseppe Fioroni ha invece ripristinato l'istruzione tecnica, rilanciando la tradizionale tripartizione dell'istruzione superiore in: *licei, istituti tecnici* e *istituti professionali.*

Nell'art. 13 della legge n. 40 del 2 aprile 2007, voluta da Fioroni, si legge infatti:

> Fanno parte dell'istruzione secondaria superiore i licei, gli istituti tecnici e gli istituti professionali, tutti finalizzati al conseguimento di un diploma di istruzione secondaria superiore.

Gelmini

Con il ritorno al governo del centrodestra, presieduto da Silvio Berlusconi (2008-2011), il nuovo ministro del MIUR, Maria Stella Gelmini, riprende sia il progetto della Moratti sia quello del predecessore Fioroni, riformando le tre aree dell'istruzione superiore: licei, istituti tecnici e istituti professionali.

Tale riordino, avviato nel 2008, si è concluso nel 2010 con l'emanazione di tre regolamenti.

Il DPR del 15 marzo 2010, n. 87 detta norme per gli istituti professionali; il DPR del 15 marzo 2010, n. 88, riforma gli istituti tecnici; il DPR del 15 marzo 2010, n. 89, rivede l'assetto ordinamentale dei licei.

Il sistema

Vediamo in dettaglio la nuova articolazione che ognuno dei tre decreti prefigura:

- licei. Il nuovo sistema comprende sei licei: *artistico, classico, linguistico, musicale e coreutico, scientifico, delle scienze umane;*
- istituti tecnici. L'istruzione tecnica viene riorganizzata in due settori: il settore *economico,* suddiviso in due indirizzi, *amministrazione, finanza e marketing* (indirizzo generale) e *turismo;* il settore *tecnologico,* suddiviso in nove indirizzi: *meccanica, meccatronica ed energia; trasporti e logistica; elettronica ed elettrotecnica; informatica e telecomunicazioni; grafica e comunicazione; chimica, materiali e biotecnologia; sistema moda; agraria, agroalimentare e agroindustria; costruzione, ambiente e territorio;*
- istituti professionali. L'istruzione professionale viene articolata in due settori. Il settore *industria e artigianato,* suddiviso nei seguenti indirizzi: *produzioni industriali e artigianali; manutenzione e assistenza tecnica.* Il settore dei *servizi,* articolato in: *servizi per l'agricoltura e lo sviluppo*

rurale; servizi socio-sanitari; servizi per l'enogastronomia e l'ospitalità alberghiera; servizi commerciali.

Questo nuovo assetto dell'istruzione superiore viene confermato dal ministro del MIUR, Francesco Profumo, dopo la caduta, nel novembre del 2011, del governo di centrodestra, sostituito dal cosiddetto governo dei tecnici, presieduto da Mario Monti.

Istruzione professionale (IP)

In quest'ultimo periodo, sulla formazione professionale è intervenuto il D.lgs. n. 61/2017 di attuazione della delega prevista dalla legge 107/2015, che ha riordinato, come già ricordato, l'intero settore, raccordando i percorsi di istruzione professionale (IP), per i quali sono stati innovati gli indirizzi, con quelli dell'istruzione e formazione professionale (IeFP), Infatti, con l'Accordo del 29 aprile 2010, la Conferenza Stato-Regioni aveva definito varato 21 figure professionali di qualifica triennale e 21 figure di diploma quadriennale.

Questi titoli vengono rilasciati dalle Regioni, mentre l'istruzione professionale statale può agire in regime di sussidiarietà rispetto alle competenze regionali.

PECUP

Il profilo educativo, culturale e professionale (PECUP) dello studente al termine del quinquennio dell'istruzione professionale sottolinea il conseguimento di risultati finalizzati a:

a) la crescita educativa, culturale e professionale dei giovani, per trasformare la molteplicità dei saperi in un sapere unitario, dotato di senso, ricco di motivazioni;
b) lo sviluppo dell'autonoma capacità di giudizio;
c) l'esercizio della responsabilità personale e sociale.

Nel PECUP si insiste in particolare sull'acquisizione delle *competenze chiave di cittadinanza* previste a conclusione dell'obbligo di istruzione, che consentono allo studente di arricchire la cultura di base e di accrescere il suo valore in termini di occupabilità. Questo obiettivo, per la verità, non interessa solo gli studenti degli istituti professionali, ma anche quelli dei licei e dei tecnici.

Le finalità e la struttura degli istituti professionali contenute nel biennio iniziale vengono ribadite anche nella direttiva del 16 gennaio 2012, n. 4 che ha diramato le Linee guida per il secondo biennio e per il quinto anno.

Vengono confermate nelle Linee guida 2012 due distinte tipologie di offerta sussidiaria, *integrativa* e *complementare:*

> Nel caso dell'offerta sussidiaria integrativa, gli studenti che si iscrivono ai percorsi quinquennali possono contestualmente richiedere il conseguimento di una delle 21 qualifiche professionali triennali previste dall'Accordo Conferenza Stato-Regioni del 29 aprile 2010.
>
> [...] L'offerta sussidiaria complementare si caratterizza per l'attivazione, da parte degli Istituti professionali, di apposite classi

per il conseguimento di una delle qualifiche triennali e dei diplomi quadriennali di cui all'Accordo del 29 aprile 2010.

Si ribadisce il ruolo insostituibile del dirigente scolastico per quanto attiene gli aspetti organizzativi degli spazi dell'autonomia e della flessibilità del curricolo d'istituto, nelle percentuali soprarichiamate.

6. Il riordino degli istituti tecnici

Gli istituti tecnici sono stati riordinati dal DPR n. 88/2010 e la loro identità si caratterizza per la solidità della cultura scientifica e tecnologica, in linea con le indicazioni dell'Unione europea.

Rispetto alla miriade di mini e maxisperimentazioni che si sono susseguite dai primi anni Settanta del secolo scorso a oggi, il Regolamento del 2010 «mette ordine» in una polverizzazione di percorsi, non sempre del tutto giustificabili. Sono stati, infatti, organizzati in due settori (economico e tecnologico) e undici indirizzi, rispettivamente due del settore economico e nove di quello tecnologico.

Le Linee guida

Nelle Linee guida per il passaggio al nuovo ordinamento degli istituti tecnici, diffuse con la direttiva del MIUR del 15 luglio 2010, n. 57, si richiama anche per l'istruzione tecnica il riferimento al più ampio contesto europeo, in particolare la Comunicazione della Commissione UE: *Europa 2020. Una strategia per una crescita intelligente, sostenibile e inclusiva.* In questa comunicazione si evidenzia l'importanza della conoscenza e dell'innovazione come motori dello sviluppo, soprattutto — si legge nelle Linee guida — attraverso

> il potenziamento della ricerca, il miglioramento della qualità dell'istruzione, l'utilizzazione ottimale delle tecnologie dell'informazione e della comunicazione, in modo che le idee innovative si trasformino in nuovi prodotti e servizi tali da stimolare la crescita e favorire l'occupazione.

Si sottolinea poi che gli istituti tecnici hanno fornito i quadri intermedi e i dirigenti del nostro sistema produttivo. Oggi è indispensabile che tale positiva tradizione continui con livelli di specializzazione sempre più elevati, soprattutto in un Paese che ha una forte vocazione manifatturiera.

Nella direttiva del 16 gennaio 2012, n. 4, che ha emanato le Linee guida per il secondo biennio e il quinto anno degli istituti tecnici, si afferma una linea di continuità con il testo del biennio iniziale e si sottolinea che l'istruzione tecnica persegue l'obiettivo di

> far acquisire agli studenti la padronanza di competenze scientifiche e tecnologiche che consentano al diplomato tecnico di interpretare, partecipare, gestire e coordinare processi produttivi caratterizzati da innovazioni continue, anche in una prospettiva di sviluppo.

La definizione pertanto dei curricoli degli istituti tecnici nei diversi indirizzi dovrà tenere conto sia del bisogno generale di formare *cittadini consapevoli* sia di bisogni formativi che emergono dalla realtà produttiva delle specifiche comunità territoriali.

Per questi motivi l'area di istruzione generale decresce nel secondo biennio e nell'ultimo anno rispetto ai primi due anni per dare più spazio a momenti di alternanza scuola-lavoro, di stage e di tirocini.

Stage

Lo *stage,* attivato preferibilmente tra scuola e impresa,

> consiste nel trascorrere un certo periodo di tempo all'interno di una realtà lavorativa allo scopo di verificare, integrare e rielaborare quanto appreso in aula.
> [...] Il tirocinio si distingue in formativo e di orientamento ed è finalizzato all'acquisizione di nuove competenze e di una esperienza pratica tese a favorire la crescita professionale e personale del tirocinante.

Per queste ragioni, come per gli istituti professionali, anche per l'istruzione tecnica risulta di fondamentale importanza realizzare alleanze formative con il mondo del lavoro e il contesto territoriale. La competitività economica, infatti, si misura sempre più con la competizione intellettuale, che intreccia conoscenza generale, competenze specifiche e capacità di innovare a livello mondiale. Il profilo educativo, culturale e professionale dello studente al termine del quinquennio può essere sintetizzato nei seguenti ambiti di apprendimento comuni:

PECUP istituti tecnici

> PECUP (Linee guida per gli istituti tecnici)
>
> Risultati di *apprendimento comuni:*
>
> 1. Agire in base ad un sistema di valori coerenti con i principi della Costituzione, [...];
> 2. Porsi con atteggiamento razionale, critico e responsabile di fronte alla realtà, [...];
> 3. Padroneggiare il patrimonio lessicale ed espressivo della lingua italiana, [...];
> 4. Saper interpretare il proprio ruolo nel lavoro di gruppo, [...];
> 5. Partecipare attivamente alla vita civile e culturale a livello locale, nazionale e comunitario, [...].

Inoltre, nei punti indicati nel PECUP sono comprese specifiche competenze relative alle singole discipline con particolare riferimento alle padronanze linguistiche (lingua madre e lingue straniere), matematiche, scientifiche e tecnologiche.

7. I nuovi licei

Nel DPR n. 89/2010, all'art. 1, si afferma che i licei sono disciplinati dal D.lgs. n. 226 del 2005 e successive modificazioni. Il riordino dell'area liceale, diversamente da quanto avvenuto per gli istituti tecnici e professionali, discende dall'impostazione data a suo tempo dal ministro Letizia Moratti. Infatti, alla nuova disciplina dei licei si è dedicato un gruppo di lavoro completamente diverso da quello degli istituti tecnici e professionali, rivisti questi ultimi dalla cosiddetta Commissione «De Toni».

Le Indicazioni

L'impostazione delle Indicazioni nazionali (non Linee guida) per i licei ricalca quella del precedente D.lgs. n. 226/ 2005.

Le Indicazioni, relative agli obiettivi specifici di apprendimento, sono articolate per ogni singola materia di studio. In questo modo, però, si è inteso sottolineare come ogni disciplina concorra all'acquisizione di conoscenze e competenze molteplici, in una prospettiva di *unitarietà* della conoscenza. Nell'allegato A del DPR n. 89/2010, in cui si delineano i tratti comuni delle sei aree liceali, si afferma, infatti, che

> conoscere non è un processo meccanico, implica, al contrario, la scoperta di qualcosa che entra nell'orizzonte di senso della persona che «vede», si «accorge», «prova», «verifica» per capire. Non è la scuola del nozionismo a poter essere considerata una buona scuola. È la scuola della conoscenza a fornire gli strumenti atti a consentire a ciascun cittadino di munirsi della cassetta degli attrezzi e ad offrirgli la possibilità di sceglierli e utilizzarli nella realizzazione del proprio progetto di vita.

Si sottolinea, inoltre, che le Indicazioni nazionali riguardanti i licei (allegate al DPR n. 89/2010) esplicitano gli obiettivi di apprendimento in relazione all'insegnamento delle varie discipline per l'intero quinquennio. Quindi, nel piano degli studi di ciascun liceo vengono compresi gli obiettivi per ogni disciplina del primo e del secondo biennio e dell'ultimo anno.

Le opzioni

Nel liceo scientifico è prevista l'opzione «scienze applicate» per sottolineare l'importanza di promuovere, nello studente che intende frequentare tale indirizzo, elevate competenze afferenti alla cultura scientifico-tecnologica, con particolare riferimento alle scienze matematiche, fisiche, chimiche, biologiche, informatiche e alle loro applicazioni.

Nel liceo delle scienze umane è prevista l'opzione «economico-sociale» che permette allo studente di approfondire le problematiche sociali, economiche, umane della società attuale. Tale opzione richiama l'impostazione del «vecchio» liceo delle «scienze sociali».

Per gli altri quattro licei (artistico, classico, musicale e coreutico, linguistico) non si prefigura alcuna opzione.

Molto articolato risulta il Profilo culturale, educativo e professionale dello studente. Nella parte riguardante i risultati degli apprendimenti comuni a tutti i percorsi dei sei licei, si evidenziano molto analiticamente esiti di apprendimento che interessano sia aspetti metodologici, sia

PECUP licei

competenze relative a aree disciplinari. Il PECUP dei licei può essere così sintetizzato:

> PECUP (allegato A del DPR 89/2010)
>
> Risultati d'apprendimento comuni a tutti i percorsi liceali:
>
> A conclusione dei percorsi di ogni liceo, gli studenti dovranno:
>
> 1. *Area metodologica:* aver acquisito un metodo di studio autonomo, essere consapevoli della diversità dei metodi di studio utilizzati, [...];
> 2. *Area logico-argomentativa:* sapere sostenere una propria tesi, ragionare con rigore logico e critico, [...];
> 3. *Area linguistica e comunicativa:* dominare la scrittura in tutti i suoi aspetti, saper leggere e comprendere testi complessi, [...];
> 4. *Area storico-umanistica:* conoscere la storia d'Italia nel contesto europeo e internazionale, essere consapevoli del patrimonio artistico, [...];
> 5. *Area scientifica, matematica e tecnologica:* saper utilizzare le procedure tipiche del pensiero matematico, utilizzare criticamente gli strumenti informatici, [...].

L'allegato A è naturalmente molto più completo. L'elenco sopra richiamato è soltanto l'esemplificazione della «filosofia» che sta alla base della preparazione richiesta a uno studente che intenda frequentare uno dei sei licei.

Nelle Indicazioni si sottolinea che la libertà del docente si esplica sia nell'arricchimento dei contenuti imprescindibili formulati a livello nazionale sia nella scelta di strategie didattiche innovative, la validità delle quali è garantita dagli esiti che gli alunni conseguono.

Si sottolinea, infine, che a partire dall'anno scolastico 2014-2015 è stato istituito in molte province italiane il liceo scientifico a indirizzo sportivo. Tale sezione si inserisce nel percorso del liceo scientifico, di cui all'art. 3 comma 2 del DPR 89/2010. Questo indirizzo è finalizzato all'approfondimento delle scienze motorie e di una o più discipline sportive. È assicurato solo il funzionamento di un corso unico, quindi l'istituzione di una sola classe prima per ogni anno scolastico.

8. La sperimentazione quadriennale

È ormai al via una rilevante innovazione, quella della riduzione di un anno dei percorsi di istruzione delle scuole secondarie di secondo grado. Partita in sordina nel settembre 2013 con la partecipazione iniziale di undici scuole — sei pubbliche, cinque paritarie, cinque al Nord, due al Centro, quattro al Sud —, era stata bloccata nel 2014 per poi essere rilanciata dallo stesso MIUR nel 2017 come sperimentazione ordinamentale, con un'apertura iniziale per 60 classi di licei e istituti tecnici statali e paritari, poi passati a 100 per la quantità delle richieste.

Sperimentazione ordinamentale

È stato il Decreto del MIUR n. 567 del 3 agosto a dare il via all'operazione, prevedendo il Piano nazionale per l'innovazione ordinamentale; ha anche indicato gli ambiti di sperimentazione:

> 1. I progetti presentati dalle istituzioni scolastiche di cui all'articolo 2, elaborati sulla base delle indicazioni e dei criteri qualitativi individuati nell'avviso di selezione pubblica, devono qualificarsi per un elevato livello di innovazione in ordine all'articolazione e alla rimodulazione dei piani di studio, all'utilizzo delle tecnologie e delle attività laboratoriali, all'insegnamento con metodologia CLIL, ai processi di continuità e orientamento con la scuola secondaria di primo grado, il mondo del lavoro, gli ordini professionali, l'università e i percorsi terziari non accademici. (Art. 4 – *Caratteristiche dei progetti* – Decreto MIUR 3 marzo 2017, n. 567 – *Piano nazionale di innovazione ordinamentale per la sperimentazione di percorsi quadriennali di istruzione secondaria di secondo grado*)

Comitati scientifici

Il provvedimento ha anche previsto l'istituzione di un Comitato scientifico nazionale e di Comitati regionali per valutare l'andamento della proposta sperimentale. Con il Decreto n. 820 del 18 ottobre 2017 ha preso finalmente il via il Piano di sperimentazione ordinamentale per le secondarie superiori.

> Il corso di studi dovrà garantire, attraverso il ricorso alla flessibilità didattica e organizzativa consentita dall'autonomia scolastica, alla didattica laboratoriale e all'utilizzo di ogni risorsa professionale e strumentale disponibile, l'insegnamento di tutte le discipline previste dall'indirizzo di studi di riferimento, entro il termine del quarto anno, in modo da assicurare agli studenti il raggiungimento delle competenze e degli obiettivi specifici di apprendimento previsti per il quinto anno di corso, nel pieno rispetto delle Indicazioni Nazionali e Linee Guida. (Decreto 18 ottobre 2017, n. 820 – Art. 1 – *Finalità dell'avviso – Piano nazionale di innovazione ordinamentale per la sperimentazione di percorsi quadriennali di istruzione secondaria di secondo grado*)

La possibilità di presentare proposte progettuali per una sola sezione e per un solo indirizzo è stata riservata alle istituzioni scolastiche statali e paritarie che abbiano già progetti in corso con autorizzazione ministeriale e a quelle che si occupano di istruzione secondaria di secondo grado relativamente agli indirizzi di liceo e di istituto tecnico.

La valutazione delle proposte è stata affidata a una Commissione tecnica di almeno sette componenti tra dirigenti tecnici e funzionari dell'amministrazione, esperti per i diversi percorsi di istruzione secondaria di secondo grado con successiva pubblicazione sul sito dell'elenco dei progetti approvati entro il 20 dicembre 2017.

Le candidature delle scuole

La richiesta di candidatura da parte degli istituti scolastici, oltre alle delibere del Collegio dei docenti con impegno a specifica formazione e del Consiglio d'istituto con i criteri di iscrizione degli studenti, dovrà riportare: la proposta progettuale, con i quadri orari annuali e settimanali per ciascuna disciplina di studio e per ciascun anno di corso; le modalità di rimodulazione e adeguamento del calendario scolastico annuale e dell'orario settimanale delle lezioni per la compensazione, almeno parziale, della riduzione di una annualità; i progetti di continuità e orientamento con la scuola secondaria di primo grado, con il mondo del lavoro, con gli ordini professionali, con l'università e i percorsi terziari non accademici; le modalità di potenziamento dell'apprendimento linguistico con l'insegnamento dal terzo anno di corso di almeno una disciplina non linguistica con metodologia CLIL; gli insegnamenti opzionali attivati; le attività laboratoriali e delle tecnologie didattiche innovative per l'acquisizione di specifiche competenze disciplinari e trasversali; le forme di attivazione dei percorsi di alternanza scuola-lavoro.

Dopo che, con i decreti del 19 ottobre 2017, n. 1069, e del 26 ottobre 2017, n. 1116, è stata nominata la Commissione incaricata della selezione delle proposte progettuali, l'elenco delle istituzioni scolastiche che dall'anno scolastico 2018-2019 sono autorizzate alla sperimentazione è stato diffuso con il Decreto dipartimentale del MIUR n. 103 del 2 febbraio 2018.

Mentre la sperimentazione si definisce sempre più nei suoi aspetti, continua l'ampio dibattito tra coloro che sono favorevoli alla sperimentazione e quelli che la contrastano: le ragioni dei primi sono riconducibili sostanzialmente al fatto che essa consente ai nostri studenti di accedere in anticipo ai corsi universitari, in linea con molti Paesi dell'UE, mentre i contrari temono un progressivo smantellamento del sistema.

È certamente innegabile la presenza nel progetto di elementi di criticità, a partire dal fatto che esso coinvolga licei e istituti tecnici e professionali senza prevedere elementi di specificità. Può, tuttavia, porsi come un'esperienza proficua e interessante, in quanto richiede il coinvolgimento della base della scuola reale — studenti, genitori, docenti — i quali saranno motivati e coinvolti nel costruire un modello scolastico efficace nella formazione: è già accaduto, come per i moduli della scuola elementare quando vi fu un triennio di sperimentazione assistita e poi il varo della riforma, che partendo dalla scuola militante si sia migliorato realmente il funzionamento complessivo in termini di qualità della formazione.

CAPITOLO DECIMO

Cinquanta e non dimostrarli

1. Un importante anniversario 2. Il difficile percorso 3. Il progetto 4. L'incompiuta 5. La grande stagione sperimentale 6. Tra autonomia e riforme 7. Indicazioni e nuovi scenari: per un rilancio della scuola dell'infanzia

1. Un importante anniversario

Ricorre nel 2018 il cinquantesimo anniversario della nascita della scuola materna statale. La sua creazione avveniva dopo un lungo periodo di continui rinvii e contrasti tra quanti non volevano l'impegno dello Stato in un ambito della formazione infantile, sino ad allora curato quasi esclusivamente dalla famiglia e da iniziative riconducibili al mondo ecclesiastico, e quanti chiedevano l'intervento dello Stato per sostenere i ceti meno fortunati. In realtà, il contrasto in questo settore ha origini lontanissime ed è possibile ritrovarne traccia già nella fase che ha preceduto l'unificazione del nostro Paese nella piemontese Legge Cibrario del 1848, e che si è più volte riproposta nel corso della nostra storia sino al secondo dopoguerra, per giungere a soluzione solo alla fine degli anni Sessanta.

Una lunga storia

> La storia della scuola materna statale è piuttosto lunga e ricca di contraddizioni interne, tanto da costituire un capitolo anomalo nella storia delle istituzioni educative nazionali. L'arco che sottende la sua comparsa in termini concreti si sviluppa infatti lungo un periodo della durata di più di un secolo; un secolo di continui rimandi, indecisioni, tentennamenti da parte dello Stato, insoddisfazioni e tenaci battaglie da parte del movimento di forza sociale e politica che a favore della scuola materna si era costituito a partire dalla ricostruzione democratica del Paese dopo la duplice dolorosa esperienza della dittatura e della guerra. (Rossi, 1992)

La legge 444/1968

Era il 18 marzo 1968 e l'approvazione del Parlamento giungeva dopo una lunga trattativa: era finalmente il momento della svolta positiva tanto attesa e ad apporre la firma sul provvedimento erano stati l'allora Presidente della Repubblica Giuseppe Saragat, con Aldo Moro Presidente del Consiglio e Luigi Gui, Ministro della Pubblica Istruzione, che la considerò una sua vittoria personale.

Era un altro tassello che si legava all'evoluzione della nostra società, che si intrecciava con il riconoscimento di più ampi diritti sociali e civili in una prospettiva di democrazia compiuta. La scelta, che garantiva nel nostro sistema di formazione la presenza diffusa di istituzioni per l'infanzia, si poneva nella stessa ottica che aveva condotto alla creazione della scuola media unica nel 1962 e sarebbe stata seguita nel 1971 dall'istituzione degli asili nido per i bambini da 0 a 3 anni.

2. Il difficile percorso

La nascita della scuola materna avvenne in una fase molto particolare della vita sociale italiana, caratterizzata da preoccupanti segnali di involuzione conservatrice e da alcuni gravi episodi di cronaca, che avrebbe condotto alla stagione dei governi di centrosinistra. Era la fase che precedeva e preparava quella importantissima e controversa stagione che sarebbe stata ricordata nella cultura e nella storia come «il Sessantotto».

Il Sessantotto

> Poi, c'è 68 e Sessantotto. C'è l'anno fatidico in cui arrivano al culmine le occupazioni nelle università, i cortei nelle strade, le proteste nelle fabbriche; esplode il maggio francese, sboccia la Primavera di Praga, viene ucciso Bob Kennedy; Pasolini affida proprio all'Espresso i versi di *Vi odio cari studenti,* caustica provocazione in forma di poesia; è l'anno che si chiude tragicamente dinanzi alla Bussola di Viareggio con gli spari della polizia contro gli studenti. E c'è appunto il Sessantotto, cioè la lunga stagione di fermenti sociali e culturali che muterà profondamente la politica e il costume, imporrà i diritti civili, avvierà la rivoluzione sessuale. Comincia probabilmente nel 1965 sui prati dei campus californiani e nelle strade d'America come clamorosa protesta per i diritti dei neri e contro la guerra in Vietnam, e si chiude nel 1969 con la bomba di piazza Fontana e la morte di Jan Palach che si dà fuoco in piazza San Venceslao, nel centro di Praga, gesto estremo che tragicamente simboleggia la fine di un'illusione. (Auriemma, 2018)

I Programmi degli alleati (1945)

La riforma Gonella (1951)

In realtà, l'idea di una nuova e più aperta politica dello Stato nei confronti dell'educazione infantile aveva cominciato a far capolino sin dal primissimo dopoguerra, quando nelle Avvertenze ai programmi Washburne per la scuola elementare (1945) vi era stato un rapido cenno alle funzioni della scuola materna e dell'educatrice, a cui si riconosceva la funzione di integrare l'opera della famiglia. Aveva fatto seguito, nel luglio 1951, la proposta del ministro Gonella di un progetto di riforma — poi non attuato — in cui si ipotizzava uno sviluppo dell'educazione infantile, ma la cui cura avrebbe dovuto essere affidata agli enti comunali. Dopo un lungo silenzio sarebbero stati promulgati gli Orientamenti del 1958, testo decisamente innovativo per l'epoca, ma che riconfermava, in educazione, il primato della famiglia sulla scuola materna e non conteneva alcun cenno ai forti cambiamenti in atto nella società del boom economico.

Gli Orientamenti del 1958

Era stato poi il Governo Fanfani, centrista, sostenuto da DC, PSDI e con l'appoggio esterno del PRI, a portare avanti la nostra politica scolastica con il *Piano per lo sviluppo della scuola nel decennio dal 1959 al 1969,* presentato in Senato dall'allora Ministro della Pubblica Istruzione, l'onorevole Aldo Moro, con il disegno di legge n. 129 del 22 settembre 1958. Si sarebbe trattato di un documento controverso, che avrebbe aperto un aspro dibattito tra le forze politiche e al quale avrebbero preso parte molti esponenti della cultura italiana, da Volpicelli a Visalberghi, da Borghi a Capitini. Il piano di Fanfani non ottenne il consenso «per opera dei parlamentari dell'opposizione; la legge per l'istituzione della scuola materna statale è rimasta in sospeso per la resistenza del partito di maggioranza, deciso a destinare una parte del denaro dello Stato alle scuole materne private» (Arcomano, 1963).

Le accuse di incostituzionalità alle scelte del Governo rallentarono l'iter sino al maggio 1961, quando furono presentati due documenti di sintesi dai quali si evinceva che l'iniziativa privata era privilegiata rispetto a quella pubblica.

> In realtà il problema si pone proprio a questo livello: nel dibattito sulla genesi della scuola materna statale si sovrappone qualcosa di più ampio e cioè la legittimità o meno da parte dello Stato di offrire i propri servizi come alternativi rispetto a quelli che tradizionalmente avevano caratterizzato il sistema formativo in Italia. Si doveva cioè decidere se passare da un quadro monolitico, suggellato dalla presenza di sole istituzioni private, per la grande maggioranza gestite da enti religiosi e confessionali, ad un quadro misto, in cui si affiancassero alle prime, istituzioni nuove gestire direttamente dall'Ente pubblico, con maggior garanzia di democraticità e pluralismo. (Rossi, 1992)

Il Piano per la scuola (1959)

Toccò, poi, all'allora ministro in carica Gui presentare, il primo dicembre 1964, un nuovo disegno di legge, n. 1897, *Istituzione di scuole materne statali,* che, dopo una discussione di ben due anni, nel gennaio 1966 fu bocciato a scrutinio segreto con 221 voti favorevoli e 250 contrari, fatto che provocò l'immediata caduta del Governo Moro. Dopo la crisi, il dibattito riprese e il ministro Gui, riconfermato nel nuovo governo, nel maggio 1966 presentò un altro disegno di legge, n. 1662, *Ordinamento della scuola materna statale,* con una serie di emendamenti migliorativi apportati al testo precedente, ma fu ancora una volta bocciato malgrado il voto di fiducia chiesto e ottenuto dal Governo Moro.

Erano però ormai maturi i tempi, per cui di lì a poco avremmo avuto la legge istitutiva della scuola materna statale, legge 18 marzo 1968, n. 444, *Ordinamento della scuola materna statale.*

3. Il progetto

L'istituzione della scuola materna non mise termine al dibattito sull'opportunità di tale scelta, che si legava al più ampio dibattito sulle funzioni di uno Stato moderno. In realtà, le finalità della nascente scuola venivano con chiarezza definite nell'art. 1 della legge:

Le finalità

> Art. 1 – *Caratteri e finalità della scuola materna statale*
>
> La scuola materna statale, che accoglie i bambini nell'età prescolastica da tre a sei anni, è disciplinata dalle norme delle presente legge.
>
> Detta scuola si propone fini di educazione, di sviluppo della personalità infantile, di assistenza e di preparazione alla frequenza della scuola dell'obbligo, integrando l'opera della famiglia. L'iscrizione è facoltativa; la frequenza gratuita. (Legge 444 del 18-3-1968 – *Ordinamento della scuola materna statale*)

Il personale

Inizialmente il modello di scuola delineato prevedeva la presenza di due figure per ciascuna sezione, l'insegnante e l'assistente, entrambe obbligatoriamente di sesso femminile: alla prima competeva la responsabilità educativa e delle scelte didattiche, mentre la seconda coadiuvava le insegnanti nella vigilanza e nell'assistenza dei bambini.

Il modello

Per quanto concerneva il modello organizzativo, esso prevedeva di norma tre sezioni corrispondenti all'età dei bambini e sino a un massimo di nove sezioni. Esse accoglievano non meno di 15 e più di 30 bambini ed era prevista anche la possibilità di sezioni composte da bambini di età diverse e, nei centri più piccoli, di scuole con una sola sezione. L'apertura era prevista per non meno di 10 mesi all'anno, con l'orario giornaliero che non poteva essere inferiore a 7 ore, e con possibilità di orari speciali solo per particolari esigenze locali; era anche consentita la frequenza di un solo turno antimeridiano o pomeridiano.

Per il personale fu inizialmente prevista la presenza di una insegnante per ciascuna sezione, con la possibilità di una docente aggiunta ogni tre sezioni. Fu anche prevista la presenza di una assistente ogni tre sezioni o frazioni di tre.

Le insegnanti

Le insegnanti dovevano essere in possesso di un diploma rilasciato dalle scuole magistrali o dagli istituti magistrali e di un'abilitazione specifica valida, mentre fu considerata valida anche l'abilitazione all'insegnamento nei giardini d'infanzia, Regio Decreto 6 maggio 1923, n. 1054. La legge aveva infatti previsto anche la trasformazione in scuole materne dei giardini d'infanzia e di quelle annesse alle scuole magistrali statali. Il personale di ruolo di tali scuole passò alle materne statali, insieme alle insegnanti non di ruolo incaricate dei giardini d'infanzia con otto anni di servizio continuativo, previo esame-colloquio.

Fu anche previsto che le insegnanti di scuole materne non statali assunte per pubblico concorso avrebbero potuto «essere ammesse, mediante concorso speciale, nei ruoli della scuola materna statale, nei limiti di un quinto dei posti annualmente disponibili, col riconoscimento del servizio prestato» (art. 23 – *Concorso speciale*).

All'epoca, e fino al 1968, erano in attività scuole materne in qualche modo curate dallo Stato solo nelle realtà in cui erano presenti scuole magistrali, triennali, da non confondere con gli Istituti magistrali, che preparavano i futuri maestri elementari; esse erano, infatti, destinate alla preparazione delle educatrici infantili. Tali scuole erano ubicate in Fossombrone (Pesaro), Marcianise (Caserta), Matera e Roma (Opera Montessori), Rovereto (Trento), Sacile (Udine).

Le scuole magistrali

Per i successivi reclutamenti del personale docente fu previsto lo svolgimento di concorsi a cadenza biennale e inquadrate nei ruoli statali.

Per il personale di assistenza fu previsto un titolo di studio di scuola secondaria di primo grado o titolo equipollente, integrato da un attestato di frequenza con profitto di specifici corsi istituiti e gestiti dal Ministero della Pubblica Istruzione. Esso fu posto a carico dei Comuni e assunto in ruolo con concorsi provinciali, banditi ad anni alterni.

Le assistenti

Particolare attenzione fu riservata anche agli aspetti sanitari, prevedendo per il personale documenti e controlli e l'obbligo di sottoporsi a controlli medico-legali per prevenire il contagio di malattie diffusive.

Fu previsto un programma annuale di sviluppo, con piani per l'istituzione di nuove sezioni di scuole materne statali, tenendo conto, per la precedenza, delle obiettive condizioni di bisogno, con particolare riferimento alle zone depresse o di forte urbanizzazione.

Per i bambini affetti da disturbi dell'intelligenza o del comportamento, o da menomazioni fisiche o sensoriali, fu prevista l'istituzione di sezioni speciali composte da non più di 12 bambini e, per i casi più gravi, scuole materne speciali. Fu anche previsto che le insegnanti di tali scuole e classi speciali dovessero avere uno specifico diploma riconosciuto dal Ministero della Pubblica Istruzione.

Scuole e sezioni speciali

L'edilizia, le attrezzature, l'arredamento e il materiale di gioco rientrarono tra gli oneri a carico dello Stato, diventando poi di proprietà dei Comuni e potevano essere utilizzati solo per l'originaria destinazione. Era possibile che gli edifici per le scuole materne statali potessero essere annessi a quelli delle scuole elementari statali. Ai Comuni toccarono la manutenzione, il riscaldamento, le spese normali di gestione e la custodia degli edifici, compreso il personale di custodia, anch'esso femminile. Fu anche sancita l'obbligatorietà di tali spese.

Gli oneri a carico dello Stato e dei Comuni

4. L'incompiuta

Gli Orientamenti del 1969

All'inizio dell'anno scolastico 1968-1969 lo Stato definì un organico iniziale di 978 posti di insegnanti per 68.462 bambini di età compresa fra i 3 e i 6 anni, frequentanti 1865 scuole con 2701 sezioni distribuite sull'intero territorio nazionale. L'anno successivo fu pubblicato il testo di nuovi Orientamenti, DPR n. 647 del 10 settembre 1969, in cui, riprendendo le finalità della legge istitutiva, fu sottolineato in particolare il carattere educativo e assistenziale della scuola materna statale. Il suo sviluppo avvenne negli anni successivi, ma non senza polemiche, per lo più legate a motivazioni ideologiche. La stessa soluzione delineata rispondeva necessariamente a una serie di compromessi, frutto di un confronto aspro e acceso tra le forze politiche degli opposti schieramenti.

La doppia facoltatività

Il fatto che il modello non prevedesse, accanto alla gratuità della frequenza, l'obbligo di iscrizione, ma la sua facoltatività, fece affermare a molti che la scuola era nata doppiamente facoltativa: per lo Stato, il quale non aveva alcun obbligo di offrire tale servizio su tutto il territorio nazionale; per le famiglie, in quanto non avevano l'obbligo di far frequentare tale segmento scolastico ai propri figli.

> Le zone di reticenza e di oscurità della legge sono fondamentalmente due, collegate agli obiettivi sociali e pedagogici. [...] Un modello educativo alternativo deve, in questa direzione, delineare con chiarezza e senza equivoci i contorni di un sistema educativo aperto (quale servizio sociale democratico a disposizione di tutta la collettività) e insieme assumere la veste di clinica didattica per l'intera comunità infantile, al fine di riscuotere e attivare quei bisogni primari e quei vissuti esistenziali che l'odierna civiltà della macchina e dei consumi tende a sottrarre brutalmente presso il bimbo di questa contrada storica. (Frabboni, 1976)

Legge disattesa e inapplicata

In realtà, la stessa legge sarebbe stata in seguito disattesa: l'assenza di un doppio organico di docenti sin da subito, la calendarizzazione scolastica collegata a quella della scuola elementare e solo per 10 mesi, l'orario di frequenza modulato sulla prima parte della giornata e non sempre in linea con le esigenze delle famiglie, l'impreparazione del personale furono tutti elementi che influirono sull'accreditamento sociale della scuola materna statale.

Dove, però, la legge rimase del tutto inapplicata fu sulle strutture di guida della neonata scuola. A parte la sua rappresentatività presso il Consiglio Superiore della Pubblica Istruzione, garantita dalla presenza di un'insegnante di ruolo di scuola materna statale, la legge aveva previsto la creazione di un ruolo unico nazionale delle direttrici e delle ispettrici specifiche per tale scuola, le prime in possesso di diploma di vigilanza o di laurea in Pedagogia, le seconde solo di quest'ultimo titolo. Alle ispettrici sarebbero state affidate funzioni organizzative e di vigilanza delle scuole materne, mentre le direttrici avrebbero dovuto soprintendere al funzionamento e alle attività delle scuole del rispettivo circolo, come per le elementari, coadiuvate da un'assistente sociale e dal servizio medico scolastico.

Presso ogni direzione didattica fu stabilita la creazione di una segreteria retta da una insegnante di ruolo della scuola materna statale con competenze di tipo giuridico-amministrativo. Fu anche prevista l'istituzione di un consiglio delle insegnanti presso ogni scuola materna statale con almeno tre sezioni e di un consiglio di direzione presso la direzione didattica di scuola materna statale. In realtà, tutto fu poi affidato alle strutture già esistenti:

> Fino a quando non siano costituiti i ruoli previsti dall'art. 11, primo comma, della presente legge, la vigilanza delle scuole materne statali è affidata, nell'ambito della propria circoscrizione, all'ispettore scolastico e la direzione delle scuole materne statali, nell'ambito del proprio circolo, al direttore didattico della scuola elementare. (Art. 26 – *Vigilanza delle scuole materne statali*)

Scuola non autonoma

La questione sarebbe stata ripresa in occasione dei decreti delegati e della creazione degli organi collegiali; anche in quel caso, però, le cose avrebbero preso una diversa piega, confermando in pratica la volontà di non rendere autonomo questo segmento scolastico. Infatti, la legge delega n. 477/1973 aveva previsto l'istituzione delle tanto attese direzioni didattiche di scuola materna con relativi organi collegiali; poi, alla fine, la rappresentanza fu confermata alle direzioni didattiche delle elementari e in seguito agli organismi degli istituti comprensivi. L'unica novità in tale ambito sarebbe stata introdotta dalla CM n. 270 del 2 ottobre 1986 con la quale furono istituiti, per le scuole con più sezioni, i Consigli d'intersezione.

5. La grande stagione sperimentale

Negli anni successivi la scuola materna statale fu oggetto di numerosi provvedimenti che progressivamente ne accentuarono gli aspetti formativi su quelli meramente assistenziali.

La riorganizzazione

In questo senso, dopo che la legge n. 903/1977 sulle pari opportunità aveva aperto le porte dell'insegnamento in tale grado scolastico anche agli uomini, la legge n. 463/1978 modificò l'orario portandolo alle 8 ore giornaliere, elevabile fino a 10; l'assegnazione di due insegnanti per sezione, con un orario di servizio che passava dalle 36 alle 30 ore settimanali, poi ridotte a 25 dal CCNL 1988, recepito con DPR n. 399 del 23 agosto 1988, e poi a 25; la soppressione del ruolo provinciale delle assistenti dall'anno scolastico 1982-1983. Sarebbe stata poi la CM n. 261/1982, collegata alla legge 517/1977, a prevedere l'inserimento di alunni con disabilità nelle sezioni normali e l'obbligo della programmazione delle attività.

Altre modifiche riguardarono il riconoscimento che l'orario della mensa rientrava nel servizio, che ai docenti non toccava l'accompagnamento degli alunni durante il servizio scolastico, che l'insegnamento della religione, in base al nuovo Concordato spettava agli insegnanti delle sezioni previa disponibilità. Infine, con la legge 246/1988 il numero minimo di alunni per la composizione delle sezioni rimase inalterato, mentre quello massimo per sezione fu abbassato a 25.

Orientamenti 1991

In realtà, la fase storica più entusiasmante vissuta dalla scuola materna in generale, diventata definitivamente, anche nel nome, «scuola dell'infanzia», è quella legata agli Orientamenti del 1991 e al decennio successivo, caratterizzato da grandi sperimentazioni.

Per quanto concerne gli Orientamenti, l'iter del loro rinnovo era partito dal 1988 e aveva portato alla diffusione della Relazione di medio termine Zoso-Scurati e, infine, al DM del 3 giugno 1991 di approvazione definitiva. Il testo si presentava come un grande e importante documento pedagogico, ispirato ai princìpi fondamentali della nostra società e della comunità internazionale. In questo senso, alla base del progetto educativo della scuola, che diventava per definizione la scuola dell'infanzia, erano posti i diritti dei bambini e delle bambine, affiancandosi alla *Convenzione internazionale sui diritti dell'infanzia* (1989), approvata dall'ONU e ratificata dal nostro Parlamento con la legge 176/1991.

Il bambino

Il bambino veniva definito come soggetto attivo, impegnato a conseguire significativi traguardi di sviluppo: in questo senso, la scuola dell'infanzia era chiamata a promuovere la maturazione dell'identità del bambino dal punto di vista corporeo, intellettivo, psicodinamico; a sostenere la conquista dell'autonomia maturando capacità critica e autonomia di giudizio; a favorire l'acquisizione di competenze in tutti gli ambiti, a sviluppare abilità sensoriali, percettive, motorie, linguistiche, intellettive, a valorizzare la creatività e la capacità di esplorare e ricostruire la realtà.

Si delineava l'immagine di un bambino competente, in grado di scoprire e attribuire significati, un soggetto attivo e curioso, interessato a conoscere, comprendere, interagire con gli altri, utilizzando la propria mediazione per conoscere e modificare la realtà.

> La scuola dell'infanzia accoglie e interpreta la complessità dell'esperienza vitale dei bambini e ne tiene conto nella sua progettualità educativa in modo da svolgere una funzione di filtro, arricchimento e valorizzazione nei riguardi delle esperienze extrascolastiche, allo scopo di sostenere il sapere e lo sviluppo delle capacità di critica, di autonomia del comportamento e di difesa dai condizionamenti. (Rubagotti, 1990)

In questo senso, gli Orientamenti delineavano una proposta di grande suggestione culturale, tesa a valorizzare il protagonismo degli stessi bambini nella costruzione della propria personalità e a rivendicare la funzione essenzialmente formativa della scuola dell'infanzia. Elemento fondamentale di tale proposta diventava così il curricolo scolastico che, rifuggendo da anticipazioni e precocismi e sulla base delle finalità formative, dei sistemi simbolico-culturali, dei campi di esperienza, si declinava nel quadro delle dimensioni di sviluppo del bambino.

Il curricolo scolastico

> Art. 2 – *Campi di esperienza educativa*
>
> Con questo termine si indicano i diversi ambienti del fare e dell'agire del bambino e quindi i settori specifici e individuabili di competenza nei quali il bambino conferisce significato alle sue molteplici attività, sviluppa il suo apprendimento, acquisendo anche le strumentazioni linguistiche e procedurali, e persegue i suoi traguardi formativi, nel concreto di una esperienza che si svolge entro confini definiti e con il costante suo attivo coinvolgimento.
>
> Art. 3 – *Sistemi simbolico-culturali*
>
> Nell'età della scuola materna si sviluppano le basi della simbolizzazione fino alla capacità di avvalersi, sia in termini di fruizione che di produzione, di sistemi di rappresentazione riferibili a diversi tipi di codici. I sistemi simbolici raccolgono e ordinano complessi di significati culturalmente e storicamente determinati che trasmettono informazioni diverse in funzione dei mezzi di comunicazione e di espressione loro proprie, e permettono di costruire rappresentazioni e descrizioni in grado di restituire aspetti significativi della realtà. Inoltre, consentono di mediare il rapporto con il mondo attraverso un attivo scambio di significati e di transizioni fra le diverse prospettive personali, grazie all'impiego del linguaggio nelle forme definite dalla cultura di appartenenza e alla possibilità concessa a ciascuno di poter svolgere ed esprimere il proprio individuale modo di pensare e di essere. (DM 3 giugno 1991 – *Orientamenti dell'attività educativa nelle scuole materne statali*)

Particolare attenzione veniva infine riservata agli aspetti metodologici e didattici della proposta, sottolineando l'importanza dell'attività di esplorazione e ricerca, della vita di relazione, della valorizzazione del gioco, di un'attenta regia e mediazione didattica, dell'osservazione, progettazione, documentazione.

ASCANIO 1994

Altrettanto importante si rivelò la stagione delle sperimentazioni. La prima di esse fu legata al progetto nazionale ASCANIO (attività sperimentale coordinata avvio nuovi indirizzi organizzativi) del 1994, che coinvolse tutta la scuola dell'infanzia statale. Scopo della sperimentazione fu quello di esplorare modelli organizzativi coerenti con il profilo pedagogico-didattico degli orientamenti del 1991, e in qualche modo si anticiparono contenuti propri dell'autonomia. L'esperienza si protrasse per oltre un quadriennio e fu poi pubblicata in un Rapporto (nota n. 4012 del 30 settembre 1998).

Mentre la sperimentazione era in atto, il Ministero aveva aperto anche alla scuola dell'infanzia la partecipazione all'educazione alla salute con il Progetto Arcobaleno tramite la CM n. 120/1994: si proponevano alle scuole attività di prevenzione e di educazione alla salute.

ORME 1997

La seconda sperimentazione fu legata al Progetto ORME (orientamento materna elementare), promossa dalla direttiva n. 487 del 6 agosto 1997 sull'orientamento: quest'ultimo veniva interpretato come elemento del curricolo scolastico, finalizzato a promuovere nei bambini senso dell'autonomia, consapevolezza di sé, delle relazioni con gli altri e con l'ambiente e la cultura.

ALICE 1998

La terza sperimentazione fu il Progetto ALICE (autonomia: un laboratorio per l'innovazione dei contesti educativi), promosso dal Ministero nel 1998 e rivolto agli insegnanti della scuola dell'infanzia con l'obiettivo di rilanciare l'impianto curricolare degli orientamenti del 1991 e promuovere lo sviluppo delle competenze dei docenti nell'ambito di osservazione, mediazione didattica, progettazione, valutazione, documentazione. I campi tematici su cui si sviluppò il progetto furono: il curricolo della scuola nell'ambito dell'autonomia; l'organizzazione educativa e didattica; l'infanzia e i contesti di vita; la professionalità dei docenti. Il Progetto si concluse nel 2001.

Valutazione e Hocus & Lotus

Va infine ricordato che nel 1995 era stata promossa una consultazione sulla valutazione nella scuola dell'infanzia che non avrebbe avuto seguito e che, nel giugno 1997, venne avviato il Progetto Hocus & Lotus.

6. Tra autonomia e riforme

Un altro passaggio molto rilevante nella storia della scuola dell'infanzia statale è stato quello promosso dall'allora ministro della Pubblica Istruzione, Luigi Berlinguer, che aveva avviato, con la CM n. 98 del 1999, una consultazione rivolta a dirigenti, docenti e genitori, per cogliere proposte innovative nella prospettiva di una generalizzata qualificazione di tale livello scolastico.

Le Linee di sviluppo 1999

Al suo appello avevano risposto circa 3189 istituzioni scolastiche, con la compilazione di ben 17.023 schede da parte di insegnanti e famiglie. Fu anche redatto un Rapporto conclusivo, *Linee di sviluppo* (1999), che aveva evidenziato gli elementi qualificanti della scuola, dal riconoscimento della sua funzione culturale, pedagogica e sociale, all'attenzione che in essa era riservata all'innovazione e ai processi di riforma del nostro sistema scolastico, dalla condivisione del modello culturale degli orientamenti del 1991, al riconoscimento dell'importanza delle esperienze del bambino in un contesto qualificato come ambiente di apprendimento, di relazione e di vita.

Mentre si avviava la grande operazione dell'autonomia scolastica che confermava sul piano istituzionale la non obbligatorietà della frequenza della scuola dell'infanzia, sulla base delle consapevolezze espresse nelle *Linee di sviluppo,* Berlinguer, e in seguito De Mauro che lo avrebbe sostituito al Ministero, avevano definito la legge 30/2000 di riordino della scuola di base dai 3 ai 14 anni, nella quale si riconosceva alla scuola dell'infanzia, di durata triennale, la sua funzione determinante nello sviluppo affettivo, cognitivo e sociale dei bambini e delle bambine di età compresa tra i 3 e i 6 anni e la sua irrinunciabilità sul piano istituzionale, nella prospettiva di una scolarità che andava dai 3 ai 18 anni. Va chiarito che nello stesso anno era stata approvata la legge 62/2000 per la creazione del sistema pubblico paritario. Nel 2001 fu anche pubblicato il regolamento per i curricoli della scuola di base con allegati gli indirizzi per la sua attuazione, nei quali si delineava il sistema della scuola di base (3-14 anni), composto dalla scuola dell'infanzia triennale a ciclo unico, seguita da un biennio iniziale, un triennio successivo e completata da un altro biennio.

Riforma Moratti

In realtà, la Riforma Moratti abrogò la legge 30/2000 e, soprattutto, non inserì istituzionalmente la scuola dell'infanzia nel primo ciclo di istruzione:

> d) il sistema educativo di istruzione e di formazione si articola nella scuola dell'infanzia, in un primo ciclo che comprende la scuola primaria e la scuola secondaria di primo grado, e in un secondo ciclo che comprende il sistema dei licei ed il sistema dell'istruzione e della formazione professionale. (Art. 2 – *Sistema educativo di istruzione e di formazione* – legge n. 53 del 28 marzo 2003, *Delega al Governo per la definizione delle norme generali sull'istruzione e dei livelli essenziali delle prestazioni in materia di istruzione e formazione professionale*)

Pur assicurando la generalizzazione dell'offerta formativa e la possibilità di frequenza della scuola dell'infanzia, fu riaffermato il carattere non obbligatorio di tale grado scolastico. Altra possibilità che la legge di riforma offrì fu quella di un accesso in forma sperimentale per i bambini con età inferiore ai 3 anni: in fase attuativa fu prevista l'accoglienza dei bambini che compivano 3 anni entro il 28 febbraio 2004, compatibilmente con la ricettività delle strutture, la funzionalità dei servizi, la disponibilità di risorse finanziarie dei Comuni. Anche gli orientamenti del 1991 furono accantonati a favore delle Indicazioni nazionali per i piani personalizzati delle attività educative nelle scuole dell'infanzia.

L'elemento che creò in realtà maggiori difficoltà in quella fase fu l'anticipo scolastico, non tanto per la scelta in sé, quanto per il modello stesso che era stato costruito nel tempo di scuola dell'infanzia: per i bambini di poco più di 2 anni occorrevano adeguati servizi e specifiche professionalità che essa non aveva.

Le Indicazioni 2007

Un tentativo di rilancio fu effettuato da Fioroni, il quale, pur non intervenendo sull'architettura del nostro sistema di istruzione, delineò nelle Indicazioni per il curricolo del 2007 una prospettiva unitaria per la scolarità 3-14 anni:

> La storia della scuola dei piccoli, passando dalle iniziali forme di assistenza locale a una diffusione nazionale, resa possibile dall'intervento dello Stato, riassume il percorso di crescita e affermazione di una cultura che dà valore all'infanzia. (Ministero della Pubblica Istruzione, 2007).

In realtà, quello che nel documento legava indissolubilmente la scuola dell'infanzia al sistema di istruzione era il paragrafo di apertura *Cultura Scuola Persona,* in cui, riaffermando la prospettiva della continuità, erano delineati obiettivi, finalità e centralità della scuola del nuovo millennio.

Sezioni primavera

Nel frattempo, mentre veniva sospeso l'anticipo scolastico, si avviava la creazione di sezioni primavera, la cui istituzione — destinata ai bambini dai 2 ai 3 anni e finalizzata a promuovere il collegamento tra scuole dell'infanzia e nidi — era stata prevista dalla legge 296/2006 e dai successivi accordi nella Conferenza unificata Stato-Regioni.

I tagli lineari 2009

Con l'avvento del ministro Gelmini, anche la scuola dell'infanzia era stata sottoposta ai cosiddetti «tagli lineari» del DPR n. 81 del 20 marzo 2009 ed era stato reintrodotto l'anticipo scolastico con il DPR n. 89 del 20 marzo 2009 per i bambini che avessero compiuto gli anni entro il 30 aprile dell'anno scolastico di riferimento.

In quest'ultima fase, se si escludono le Indicazioni 2012, nelle quali è stata ribadita l'importanza sul piano della formazione della scuola dell'infanzia, a questo grado scolastico è stato riservato un relativo interesse dalla legge 107/2015 e, almeno inizialmente, esso non è stato coinvolto nella realizzazione del RAV.

7. Indicazioni e nuovi scenari: per un rilancio della scuola dell'infanzia

Nuove prospettive

Alla scuola dell'infanzia dedica un intero paragrafo il documento presentato al MIUR il 22 febbraio 2018 dal titolo *Indicazioni nazionali e nuovi scenari,* elaborato dal Comitato scientifico nazionale per fare il punto sulla loro realizzazione e attualità e per suggerire una loro rilettura nella prospettiva delle competenze di cittadinanza. Il documento non è finalizzato a rinnovare o integrare le Indicazioni del 2012, ma a una rilettura delle prospettive che la stessa Agenda 2030 richiama: l'educazione al rispetto e alla cittadinanza consapevole, una più sicura padronanza delle competenze di base da parte di tutte le alunne e tutti gli alunni (comprese le competenze linguistiche e quelle digitali), l'incontro con saperi e discipline che rispondano all'esigenza di uno sviluppo orientato alla sostenibilità (nota MIUR n. 3645 del 1° marzo 2018).

Per quanto concerne la scuola dell'infanzia, il documento conferma la centralità di questo segmento scolastico all'interno del percorso formativo unitario delineato dalle Indicazioni nazionali 2012 e il suo contributo determinante nella realizzazione del curricolo verticale, sottolineando anche le sue finalità istituzionali che, oltre alla cura dell'identità, dell'autonomia, della competenza, consentono le prime esperienze di cittadinanza vissuta:

> Nella scuola dell'infanzia non si tratta di organizzare e «insegnare» precocemente contenuti di conoscenza o linguaggi/abilità, perché i campi di esperienza vanno piuttosto visti come contesti culturali e pratici che «amplificano» l'esperienza dei bambini grazie al loro incontro con immagini, parole, sottolineature e «rilanci» promossi dall'intervento dell'insegnante (MIUR, 2018)

Viene in questo modo riaffermata l'identità pedagogica della scuola dell'infanzia, oggi chiamata a dare risposte efficaci a nuove sfide. Infatti, in questa particolare fase storica si pongono due occasioni che, se opportunamente sfruttate, possono contribuire al suo rilancio. La prima riguarda il RAV, il Rapporto di autovalutazione, che coinvolgerà anche la scuola dell'infanzia. Il RAV

Volendo ripercorrere le tappe che hanno condotto a tale scelta, ricordiamo la Consultazione nazionale sul RAV svoltasi dal 15 al 30 settembre 2016, promossa dalla Direzione generale per gli ordinamenti scolastici, e la Valutazione del MIUR con nota n. 829 del 27 gennaio 2016 gestita dall'INVALSI come da nota n. 9644 del 25 agosto 2016. L'operazione, alla quale hanno preso parte 3778 istituzioni di scuola dell'infanzia per complessivi 7624 plessi, è stata finalizzata all'individuazione di possibili descrittori utili al processo di autovalutazione delle scuole relativamente agli esiti educativi, alle pratiche educative e didattiche e a quelle gestionali e organizzative.

> Dai commenti qualitativi, emerge in modo inequivocabile una forte esigenza di formazione all'autovalutazione su tutti gli aspetti del RAV Infanzia. I commenti pervenuti dalle scuole chiedono infatti approfondimenti, integrazione di indicatori, esempi concreti, come se ci fosse un'acuta esigenza di professionalizzazione del settore per comprendere meglio cosa vuol dire promuovere realmente la qualità in una scuola dell'infanzia. Alcune scuole chiedono esplicitamente di essere formate all'autovalutazione. Questa tensione delle scuole verso il miglioramento è una preziosa risorsa di cui tener conto per il prosieguo delle attività INVALSI in area infanzia. (Consultazione nazionale sul RAV Infanzia, dicembre 2016)

Il MIUR ha successivamente confermato la sperimentazione del RAV con nota n. 5204 del 12 maggio 2017 e ha infine diffuso la nota n. 5837 del 4 aprile 2018, con la quale ha previsto la sua realizzazione in due fasi: la validazione dei questionari e dei dati raccolti entro il termine dell'anno scolastico 2017-2018; la compilazione online del RAV nel corso del successivo anno scolastico.

Le scuole coinvolte saranno circa 900, delle quali 500 scuole campione, estratte come rappresentative di scuole statali, comunali e paritarie, e 500 scuole autocandidate. L'intera operazione dovrà consentire la validazione dello strumento valutativo come base per attivare un processo di riflessione e di autovalutazione e per individuare le priorità di sviluppo per il piano di miglioramento. Per quanto concerne i tempi, la fase realizzativa è iniziata nel maggio-giugno 2018 con la conferma di adesione delle scuole campione e autocandidate, proseguirà nell'anno scolastico 2018-2019, con la compilazione del RAV nel febbraio 2019, per poi concludersi nel giugno seguente.

Malgrado non sia stata affermata la sua obbligatorietà, oggi la scuola dell'infanzia è una realtà fondamentale del sistema formativo italiano e tanti riconoscimenti le sono venuti da molte parti del mondo. Dai dati più recenti appare che essa conta circa tredicimila scuole e accoglie oltre un milione di bambini. Lo stesso MIUR ha previsto una serie di eventi per ricordare questo anniversario; sarà tuttavia importante che le prossime scelte governative si muovano in direzione di un potenziamento e di una qualificazione di questo segmento scolastico, soprattutto all'interno del nuovo sistema in via di definizione della fascia 0-6.

Il sistema 0-6

È stata la legge 107/2015 ad aprire sul piano istituzionale la questione, prevedendo per il Governo la specifica delega per il riordino del sistema, oggi coperto dagli asili nido e dalle scuole dell'infanzia. Tale delega si è concretizzata nella pubblicazione del D.lgs. n. 65/2017, nel quale sono state affidate al nascente sistema le seguenti finalità:

> 1. Alle bambine e ai bambini, dalla nascita fino ai sei anni, per sviluppare potenzialità di relazione, autonomia, creatività, apprendimento, in un adeguato contesto affettivo, ludico e cognitivo, sono garantite pari opportunità di educazione e di istruzione, di cura, di relazione e di gioco, superando disuguaglianze e barriere territoriali, economiche, etniche e culturali. (Art. 1 – *Principi e finalità* – D.lgs. n. 65 del 13 aprile 2017)

Le prime indicazioni del Governo hanno confermato questa prospettiva indicando le strategie per la sua realizzazione con il riordino delle competenze tra Stato ed enti locali, l'impegno a definire standard strutturali, organizzativi, qualitativi a livello nazionale, un piano di azione complessivo e la qualificazione universitaria del personale addetto.

Tale strategia richiederà necessariamente un incremento degli investimenti in tale settore educativo e scolastico, anche se questo, da solo, potrebbe non bastare. Infatti, il rilancio del settore potrà avvenire non incrementando quantitativamente l'offerta di servizi sul territorio, ma perseguendo una convinta strategia:

La strategia realizzativa

- di qualificazione del personale che opera nel settore, migliorandone, oltre ai titoli di accesso, i percorsi di formazione, i meccanismi di reclutamento, le forme di aggiornamento in servizio;
- di potenziamento degli organici, in modo da abbassare il rapporto numerico alunni-educatori e docenti e favorire la realizzazione di forme laboratoriali alle attività educative e scolastiche;
- di riaffermazione della fondamentalità di un'efficace formazione in età 0-6, durante la quale la nuova scuola dell'infanzia occupi un posto di centralità, essendo collegata, da un lato, ai servizi della prima infanzia, dall'altro, al primo ciclo di istruzione, di cui, pur non facendone parte integrante, ne costituisce il fondamento;
- di rilancio della sperimentazione nel settore, sia sviluppando forme di continuità educativa, sia creando poli di specializzazione e di riferimento sul territorio, sia, soprattutto, rilanciando un modello nel quale gli aspetti formativi prevalgano su tutti gli altri aspetti della vita scolastica.

CAPITOLO UNDICESIMO

L'apprendimento permanente e il nuovo obbligo d'istruzione

1. L'apprendimento per tutta la vita 2. L'educazione degli adulti 3 L'organizzazione dei corsi 4. L'alternanza scuola-lavoro 5. La Carta dei diritti e dei doveri degli studenti in alternanza 6. L'obbligo d'istruzione, DM n. 139/2007

1. L'apprendimento per tutta la vita

Dopo che l'Unione europea nel 1995 ha lanciato la sfida della società incentrata sul conoscere, in tutti i Paesi europei si sono intensificati gli sforzi per migliorare i sistemi dell'educazione formale, informale e non formale e per promuovere una efficace educazione permanente, come sottolineato nella Raccomandazione del Parlamento europeo e del Consiglio del 18 dicembre 2006, relativa alle otto competenze chiave per l'apprendimento lungo l'arco della vita innovate nel 2018.

Si tratta di un problema che riguarda anche l'Italia, forse ancora più coinvolta di altri in queste criticità:

> La società italiana è profondamente disuguale e statica. Il destino dei figli è legato a quello dei genitori; molto più di quanto avvenga in altri Paesi. La disuguaglianza fra ricchi e poveri continua ineluttabile. (Abravanel, 2009)

In realtà, il nostro Paese ha già avviato una riorganizzazione del sistema dell'educazione degli adulti (EDA), anche in riferimento a quanto avveniva in altri Paesi d'Europa. Quasi tutti i governi che si sono succeduti dopo la prima Repubblica hanno adottato provvedimenti legislativi e normativi finalizzati a costruire un sistema integrato tra scuole ed enti locali di educazione degli adulti: l'intento era di assicurare a tutti pari opportunità nel conseguire elevati livelli culturali e di sviluppare nuove e più aggiornate competenze.

Duplice prospettiva

I nuovi scenari aperti dalla società della conoscenza e il progresso tecnologico e telematico hanno riacutizzato il problema riproponendolo sotto una duplice veste:

– la necessità di innalzare l'istruzione di base;
– l'opportunità di creare occasioni di apprendimento nelle varie fasi della vita anche sotto forma di aggiornamento professionale.

È questa la prospettiva che è stata definita *lifelong learning*, apprendimento per tutta la vita, il cui perseguimento richiede un radicale cambiamento del rapporto tra istruzione, formazione e lavoro.

I passaggi storici

La questione si era aperta già nel 1990, definito dall'ONU nella Conferenza di Jomtien (Thailandia) «Anno internazionale dell'educazione», non solo dei bambini ma anche dei giovani e degli adulti.

Negli anni seguenti si è tenuta una serie di conferenze europee, rispettivamente ad Atene (1994), Dresda (1994), Madrid (1995), Firenze (1996). Altre iniziative sono state realizzate dall'UNESCO per incrementare il livello di sviluppo dell'uomo e della società, e dall'OCSE per migliorare le condizioni già elevate di vita della popolazione che rappresenta.

Il primo, vero piano strategico viene messo a punto dall'UNESCO nel 1994, con una proposta a medio termine, per gli anni 1996-2001, denominata *Lifelong learning for all*. Due anni dopo, i Paesi OCSE, in una conferenza di studio tenutasi il 16 e 17 gennaio 1996, riaffermarono la prospettiva dell'apprendimento per tutta la vita.

L'avvenimento più importante per l'educazione degli adulti rimane, però, la conferenza di Amburgo del luglio 1997, durante la quale il diritto alla formazione è stato ridefinito come diritto di cittadinanza, superando il concetto di *lifelong education*, educazione permanente, a favore di quello di *lifelong learning*, apprendimento per tutta la vita.

> Il nuovo concetto di educazione permanente e dei giovani rappresenta una sfida ai metodi attuali in quanto richiama un sistema efficace nei sistemi formali e non formali, e per l'innovazione e maggior creatività e flessibilità. Queste sfide dovrebbero essere accolte da nuovi approcci all'educazione permanente nel concetto dell'apprendimento durante tutta la vita. (Dichiarazione di Amburgo, 1997)

Dalla Dichiarazione di Amburgo è nata un'*Agenda per il futuro*, un vero e proprio piano per l'apprendimento articolato in dieci tematiche di fondo: educazione degli adulti e democrazia, miglioramento della qualità dell'EDA, garanzia per il diritto universale all'alfabetizzazione e all'istruzione di base, promozione delle capacità delle donne, educazione degli adulti e trasformazione del mondo del lavoro, EDA in rapporto ad ambiente, salute e popolazione, EDA e nuove tecnologie dell'informazione.

Le iniziative italiane

Anche l'Italia ha offerto il proprio contributo alla questione: in particolare, ricordiamo il Protocollo del 23 luglio 1993, l'Accordo sul lavoro del 24 settembre 1996, il Patto sociale per lo sviluppo e l'educazione, meglio conosciuto come Master Plan del 1999, il Piano nazionale per l'educazione del 1999.

In realtà, i provvedimenti che il nostro Paese ha adottato per far fronte a questa rinnovata esigenza formativa sono stati molti; in questa sede ricordiamo la legge n. 236/1993 che ha sancito il principio di *concertazione* fra Stato, Regioni e parti sociali e la legge n. 196/1997 che ha modificato il contratto di formazione e lavoro, quello per l'apprendistato e ha riordinato la formazione professionale. Particolarmente significativa è stata l'istituzione dei Centri territoriali permanenti, avvenuta con OM del 29 luglio 199, n. 455: in precedenza, a regolare il settore erano state l'OM del 30 luglio 1996, n. 400, per la scuola elementare e l'OM del 2 luglio 1996, n. 307, per la scuola media. Va, in realtà, chiarito che la creazione dei CTP risponde a una logica diversa da quella che queste precedenti disposizioni stabilivano; essi CTP

> si configurano come luoghi di lettura dei bisogni, di progettazione, di concertazione, di attivazione e di governo delle iniziative di istruzione e formazione in età adulta, nonché di raccolta e diffusione della documentazione. (OM n. 455/1997)

Ai Centri territoriali permanenti, che hanno lo scopo di portare a sistema tutte le iniziative per l'educazione in età adulta in una prospettiva di lifelong learning, viene affidato il compito di elevare il livello generale degli standard formativi sul territorio promuovendo la collaborazione tra scuola, comunità locali e mondo del lavoro e dell'imprenditoria.

Proprio questa collaborazione tra enti territoriali ha avuto ulteriori sviluppi per l'EDA a seguito dell'istituzione della Conferenza unificata, EDA
creata dall'art. 8 del D.lgs. del 28 agosto 1997, n. 281 per la concertazione progettuale tra Stato, Regioni, città, autonomie locali. Il 2 marzo 2000 è stato sottoscritto un Accordo per l'educazione permanente degli adulti finalizzato a riorganizzare e potenziare il settore, ipotizzando la creazione di un vero e proprio sistema formativo articolato su tre livelli:

- quello nazionale, con un comitato composto dai ministeri dalle Regioni e con collegamento all'IFTS, per l'individuazione delle priorità generali e per la programmazione delle strategie;
- quello regionale, con Regioni, enti locali e organismi scolastici regionali per la concertazione, programmazione, valutazione delle attività sul territorio;
- quello locale, con Province, Comuni, comunità montane per gli interventi territoriali.

Nello stesso documento è stato redatto il Programma 2000 per una prima definizione di interventi dell'EDA.

2. L'educazione degli adulti

L'Unione europea ha sottolineato, fin dagli anni Novanta del secolo scorso, l'importanza dell'apprendimento lungo l'arco della vita per contrastare il processo di dealfabetizzazione che interessa fasce sempre più ampie della nostra popolazione.

Tra i documenti diffusi dalla Commissione dell'UE, ricordiamo la Comunicazione *Educazione degli adulti: non è mai troppo tardi per apprendere* del 23 novembre 2006.

In questo documento, dopo aver esaminato le tre emergenze che rendono necessaria l'accelerazione dell'educazione degli adulti (crisi della competitività europea, invecchiamento demografico e istruzione degli immigrati), si ribadisce l'urgenza di assicurare non solo la formazione nei canali educativi tradizionali, ma anche la necessità di garantire le condizioni di un apprendimento permanente: «Gli Stati membri non possono più permettersi di non avere un sistema d'istruzione per gli adulti efficace, integrato nella strategia dell'apprendimento lungo tutto l'arco della vita».

Priorità del Consiglio europeo

Successivamente, le Conclusioni del Consiglio, del 22 maggio 2008, sull'istruzione destinata agli adulti, hanno posto le seguenti priorità:

- innalzare il livello di competenza dei lavoratori scarsamente qualificati;
- permettere agli adulti privi di qualifiche di continuare la propria formazione;
- risolvere il problema dell'esclusione sociale dovuta alla mancanza di istruzione;
- potenziare la formazione dei lavoratori migranti;
- garantire agli adulti un'istruzione efficiente, efficace e di elevata qualità.

Le Indicazioni dell'UE sono state promulgate dai Paesi membri nel dicembre del 2010, in un incontro dei ministri dell'istruzione in cui si è stabilito che la *formazione permanente* dovesse essere considerata una priorità assoluta.

Riordino in Italia

Così, anche in Italia, nell'a.s. 2010-2011, nell'ambito del riordino dell'istruzione di secondo grado, è stata potenziata l'istituzione dei CPIA (Centri provinciali per l'istruzione degli adulti), la cui nascita era già stata annunciata con la legge 296/2006, art. 1, comma 622. Con successivo Decreto ministeriale del 25 ottobre 2007, attuativo della predetta legge, sono stati determinati i criteri per il *riconoscimento dell'autonomia* a tali centri, in modo da assicurare un proprio organico sia del personale docente sia ATA.

La nuova organizzazione dei CPIA

Nei costituendi CPIA converge la lunga storia dell'educazione degli adulti (EDA), che aveva mosso i primi passi nel lontano 1973 con la possibilità da parte degli operai di fruire di 150 ore di formazione equiparata al tempo lavorativo.

Successivamente, questo segmento formativo conobbe un'importante riorganizzazione con l'OM n. 455 del 29 luglio 1997, che provvide all'istituzione dei Centri territoriali permanenti (CPT), che fungevano da centri di servizi deputati all'attuazione dell'offerta formativa, raccordandosi con scuole di diverso ordine e grado.

Il Decreto del Presidente della Repubblica 29 ottobre 2012, n. 263, *Regolamento recante norme generali per la ridefinizione dell'assetto organizzativo didattico dei Centri d'istruzione per gli adulti,* tuttora vigente, ha disposto, a partire dall'a.s. 2013-2014, il riassetto organizzativo e didattico dei CPIA, compresi i corsi serali. Tali centri sono organizzati, sulla base della programmazione dell'offerta formativa delle Regioni, in reti territoriali articolate in più punti di erogazione del servizio, su base provinciale, e dotati della medesima autonomia riconosciuta alle istituzioni scolastiche.

Di fatto, solo a partire dal 1° settembre 2015 tutti i Centri territoriali per l'educazione degli adulti e i corsi serali per il conseguimento di diplomi di istruzione secondaria di secondo grado sono stati riorganizzati secondo i nuovi assetti delineati dal DPR 263/2012, meglio specificati nel Decreto interministeriale del 12 marzo 2015 *(Linee guida per il passaggio al nuovo ordinamento a sostegno dell'autonomia organizzativa e didattica dei Centri provinciali per l'istruzione degli adulti).* Al DI del marzo 2015 sono seguite le circolari MIUR dell'11 febbraio 2016, n. 1, e del 21 marzo 2017, n. 4, relative alle iscrizioni ai percorsi d'istruzione per adulti per gli anni scolastici, rispettivamente, 2016-2017 e 2017-2018.

3. L'organizzazione dei corsi

I corsi didattici

I corsi organizzati dai CPIA sono di primo e di secondo livello. Ai corsi di *primo livello* possono iscriversi gli adulti, anche stranieri, che non hanno assolto l'obbligo d'istruzione o che non sono in possesso del titolo di studio conclusivo della scuola secondaria di primo grado. Quindi, tali corsi sono finalizzati al conseguimento di quella che una volta era la «licenza media». I corsi di primo livello, poi, assolvono anche al completamento dell'obbligo d'istruzione e al relativo attestato delle competenze.

Questi ultimi sono articolati in due periodi didattici:

1. il primo è finalizzato al conseguimento del titolo di studio conclusivo del primo ciclo;
2. il secondo al conseguimento della certificazione attestante l'acquisizione delle competenze di base connesse all'obbligo d'istruzione di cui al DM 139/2007.

Il secondo livello

I corsi di *secondo livello* sono articolati in tre periodi didattici:

1. il primo è finalizzato all'acquisizione della certificazione necessaria per l'ammissione al secondo biennio degli istituti tecnici e professionali;
2. il secondo all'acquisizione della certificazione necessaria per l'ammissione all'ultimo anno dei percorsi degli istituti tecnici e professionali;
3. il terzo periodo è finalizzato all'acquisizione del diploma di istruzione tecnica o professionale in relazione all'indirizzo scelto dallo studente.

I percorsi di secondo livello sono realizzati dalle istituzioni scolastiche di 2° grado presso le quali funzionano i percorsi di istruzione tecnica, professionale e artistica, anche se rimangono incardinati nella struttura del CPIA.

I CPIA erogano anche i percorsi di alfabetizzazione e di apprendimento della lingua italiana, articolati in due livelli (A1 e A2 del *Quadro comune europeo di riferimento per la conoscenza delle lingue elaborato dal Consiglio d'Europa*).

I percorsi organizzati dai CPIA, come previsto dall'art. 15 del DPR 263/2012, sono strutturati in modo da consentire la personalizzazione del percorso, sulla base di un Patto formativo individuale definito previo riconoscimento dei saperi e delle competenze formali, informali e non formali posseduti dall'adulto, sulla scorta dei criteri elaborati dal gruppo di lavoro nazionale del Piano PAIDEIA (marzo 2015).

Le Linee guida allegate al DI del 12 marzo 2015 hanno previsto la possibilità di fruire di *unità di apprendimento* e di *attività a distanza* (non più del 20% del monte ore complessivo del corso, con la possibilità di ulteriori incrementi) in aule denominate AGORÀ (Ambiente interattivo per la gestione dell'offerta formativa rivolta agli adulti).

La legge 107/2015, art. 1, comma 23, stabilisce che il MIUR, in collaborazione con INDIRE, effettui un monitoraggio annuale dei percorsi e delle attività di ampliamento dell'offerta formativa dei Centri di istruzione per gli adulti e, più in generale, dell'applicazione del Regolamento di cui al DPR 263/2012.

4. L'alternanza scuola-lavoro

Tra i compiti più rilevanti che la società affida alla scuola rientra quello di promuovere strategie di miglioramento che facilitino la capacità di scegliere dei giovani, orientandoli al successo formativo.

La legge 53/2003 dell'allora ministra Letizia Moratti ha previsto la possibilità da parte dei giovani di proseguire la propria formazione anche attraverso i percorsi di alternanza scuola-lavoro con la finalità di «assicurare agli studenti che hanno compiuto il 15° anno di età di realizzare i corsi del secondo ciclo in alternanza scuola-lavoro». È questa una delle modalità ammesse per l'assolvimento del diritto-dovere di cui al D.lgs. n. 76/2005: il percorso è progettato e valutato dalla scuola o dall'ente di formazione in collaborazione con le imprese e le camere di commercio.

Con la Buona Scuola, il MIUR segna un cambiamento radicale rispetto al quadro normativo avviato nel lontano 2003, anche tramite l'adozione di apposite Linee guida diffuse nell'ottobre 2015.

Nella legge 107/2015, i commi che interessano l'alternanza scuola-lavoro vanno dal 33 al 39. Nel primo di questi si afferma che, al fine di incrementare le opportunità di lavoro e le capacità di orientamento degli studenti,

> i percorsi di alternanza scuola lavoro [...] sono attuati, negli istituti tecnici e professionali, per una durata complessiva, nel secondo biennio e nell'ultimo anno del percorso di studi, di almeno 400 ore e, nei licei, per una durata complessiva di almeno 200 ore nel triennio.

Novità della legge 107

Il percorso dell'alternanza scuola-lavoro era già presente anche nell'ordinamento precedente. Le novità contenute nella legge 107 sono però molteplici rispetto al passato.

Innanzitutto, questo dispositivo viene esteso anche ai licei, per una durata di 200 ore nell'ultimo triennio; questo fatto costituisce una novità significativa: anche gli studenti che frequentano indirizzi liceali potranno misurarsi con forme di apprendimento incentrate sull'operare e non solo sullo studio tradizionale.

Un'ulteriore innovazione è rappresentata dal fatto che l'alternanza può essere svolta durante la sospensione delle lezioni e all'estero,

> secondo il programma formativo e le modalità di verifica ivi stabilite nonché con la modalità dell'impresa simulata [...]. (Art. 1, comma 35)

La possibilità di svolgere periodi di alternanza nei mesi estivi consente di allargare la platea di soggetti e istituzioni che possono accogliere giovani studenti, in parte adulti, in parte al compimento del diciottesimo anno di età. La legge prevede inoltre:

- l'inserimento nel POF triennale dei corsi che si prevede di realizzare; per questo motivo dovranno essere oggetto di attenta programmazione didattica;
- la definizione con apposito regolamento di una Carta dei diritti e dei doveri per gli studenti in alternanza;
- la costituzione presso le Camere di Commercio di un registro nazionale per l'alternanza;
- una maggiore integrazione tra scuola e azienda, nonché tra scuola e formazione professionale.

La dimensione formativa dell'alternanza scuola-lavoro

Un aspetto di particolare rilevanza dei percorsi di alternanza scuola-lavoro è riconducibile alla *dimensione formativa* delle attività svolte in questi periodi. Infatti, i percorsi di alternanza devono realizzare modalità di acquisizione di conoscenze, abilità e competenze equivalenti agli esiti dell'apprendere in aula, collegando la formazione in classe con l'esperienza pratica. Viene in tal modo favorito l'orientamento degli studenti che, a contatto con ambienti di lavoro (servizi sociali, settori produttivi, organismi culturali, associazioni), possono valorizzare attitudini personali e stili si apprendimento individuali.

Tutti gli indirizzi dell'istruzione secondaria di secondo grado condivideranno, pertanto, l'acquisizione di competenze organizzative e relazionali legate all'organizzazione del lavoro, alla gestione delle informazioni, ai comportamenti personali e alla soluzione dei problemi. Di fatto, si potranno imparare direttamente sul campo quelle competenze ritenute irrinunciabili sia a livello europeo che nazionale, riportate nella tabella 11.1.

TABELLA 11.1
La prima versione delle competenze a livello europeo e di quelle italiane di cittadinanza

Competenze chiave per l'apprendimento permanente (UE – 2006)	Competenze chiave di cittadinanza (DM 22 agosto 2007, n. 139 – Regolamento obbligo di istruzione)
Comunicazione nella madre lingua	Imparare ad imparare
Comunicazione nella lingua straniera	Progettare
Competenza matematica e competenza base in campo scientifico e tecnologico	Comunicare
Competenza digitale	Collaborare e partecipare
Imparare ad imparare	Agire in modo autonomo e responsabile
Competenze sociali e civiche	Risolvere i problemi
Senso di iniziativa e imprenditorialità	Individuare collegamenti e relazioni
Consapevolezza ed espressione culturale	Acquisire e interpretare l'informazione

La valenza formativa dell'alternanza scuola-lavoro è riposta proprio nell'idea di un *learning by doing* e, quindi, di un altro modo di affrontare compiti e problemi, centrato sulle potenzialità e sulle risorse che ogni soggetto è chiamato concretamente e operativamente a mettere in campo.

I percorsi di alternanza valorizzano le condizioni di un *apprendistato formativo,* che si richiama, a sua volta, a quelle forme di *apprendimento situato* tramite il quale si sviluppa un'effettiva didattica per competenze.

Il 13 settembre 2016 è stato ufficializzato il Registro nazionale per l'alternanza scuola-lavoro (ASL), gestito da un'apposita piattaforma delle Camere di Commercio (InfoCamere).

Il Registro nazionale ASL

Il Registro si articola in:

- un'area aperta e consultabile gratuitamente in cui sono visibili le imprese, gli enti pubblici e privati disponibili a svolgere percorsi di ASL, ai sensi dell'art. 1, comma 41 della legge 107/2015;
- un'apposita sezione speciale nella quale devono iscriversi le imprese che attivano i percorsi in alternanza.

5. La Carta dei diritti e dei doveri degli studenti in alternanza

Carta dei diritti e dei doveri

Il MIUR, in data 3 novembre 2017, ha emanato il decreto ministeriale n. 195 dal titolo *Carta dei diritti e dei doveri degli studenti in alternanza.* Si tratta di un regolamento composto da sette articoli che illustrano i diritti e i doveri delle studentesse e degli studenti nel corso delle attività di alternanza nel triennio conclusivo dell'istruzione superiore.

La finalità del provvedimento è quella di informare studentesse, studenti e genitori, circa i diritti e i doveri che docenti, studenti e soggetti esterni alla scuola devono rispettare. Prevede, innanzitutto, che le ragazze e i ragazzi impegnati in attività di alternanza siano accolti in ambienti di formazione sicuri, adeguati a promuovere la crescita della persona e coerenti con l'indirizzo di studio seguito. Alla fine del percorso, gli studenti, supportati dal tutor scolastico e aziendale o di un altro contesto formativo, saranno tenuti a esprimere una valutazione sull'efficacia e sulla coerenza delle attività realizzate. Nel caso si tratti di una struttura aziendale, il rapporto tra tutor aziendale e studenti sarà rapportato al rischio delle attività svolte e sarà così determinato: 5 studentesse e/o studenti per ogni tutor interno per attività ad alto rischio; 8 studentesse o studenti per attività a medio rischio; 12 studentesse o studenti per ogni tutor per attività a basso rischio.

I diritti

Per quanto concerne i diritti, nel DM n. 195/2017 (art. 4) si prevede che gli studenti impegnati nei percorsi di alternanza, oltre ad ambienti sicuri e a un'ampia informazione sul progetto e sulle sue finalità educative, siano supportati da un tutor interno designato dall'istituzione scolastica e da un tutor della struttura ospitante:

> Per gli studenti con disabilità, i percorsi di alternanza sono realizzati in modo da promuovere l'autonomia nell'inserimento nel mondo del lavoro, in conformità ai principi del decreto legislativo 13 aprile 2017, n. 66, che promuove l'inclusione scolastica degli alunni in situazione di handicap. (DM n. 195/2017)

Al termine delle attività, gli studenti hanno diritto a prendere visione e sottoscrivere le relazioni predisposte dai tutor e a vedersi riconosciuti i risultati di apprendimento conseguiti in termini di *competenze, abilità e conoscenze,* anche trasversali, relativi al percorso formativo seguito. A tal fine, i tutor forniscono al Consiglio di classe elementi utili alle valutazioni periodiche e finali dello studente e ai fini dell'ammissione agli esami di Stato.

Gli studenti hanno altresì diritto a esprimere una valutazione sull'efficacia e sulla coerenza del percorso di alternanza effettuato rispetto al proprio indirizzo di studio, anche ai fini orientativi, sia durante lo svolgimento del percorso sia alla sua conclusione.

I doveri

Relativamente ai doveri, nel Regolamento sopra richiamato si precisa che gli studenti impegnati in attività in alternanza sono tenuti a:

a) garantire l'effettiva frequenza delle attività formative erogate dal soggetto ospitante, che sono parte integrante del curricolo scolastico;
b) rispettare le norme in materia di igiene, salute e sicurezza sui luoghi di lavoro;
c) ottemperare agli obblighi di riservatezza per quanto attiene a dati, informazioni e conoscenze acquisiti durante lo svolgimento dell'esperienza in alternanza (DM n. 195/2017).

Si precisa inoltre che, ai fini della validità del percorso, è richiesta la frequenza da parte dei partecipanti di almeno tre quarti del monte ore previsto dal progetto.

Gli studenti, al termine dell'attività di alternanza, sono tenuti a relazionare in merito all'esperienza svolta, con le modalità individuate di concerto tra l'istituzione scolastica e la struttura ospitante.

Infine, l'istituzione scolastica deve garantire una formazione generale in materia di tutela della salute e della sicurezza nei luoghi di lavoro.

Gli studenti impegnati nei percorsi in regime di alternanza ricevono preventivamente dall'istituzione scolastica una formazione generale in materia di tutela della salute e della sicurezza sui luoghi di lavoro.

6. L'obbligo d'istruzione, DM n. 139/2007

Ritornando al nuovo obbligo di istruzione a 16 anni di età, esso è entrato in vigore dal primo settembre 2007 in base alla legge del 26 dicembre 2006, n. 296, art. 1, comma 622. Si tratta di un Regolamento che, oltre a portare a dieci anni la durata complessiva dell'obbligo, ha riproposto il collegamento tra *conoscenze, abilità e competenze,* presente nel Quadro europeo delle qualifiche e le otto competenze chiave per l'apprendimento permanente del Parlamento e del Consiglio europeo del dicembre 2006.

Questo nuovo documento giuridico è destinato a garantire ulteriormente il diritto-dovere alla formazione in base al principio che tutti i giovani devono conseguire almeno una qualifica professionale di durata triennale entro il diciottesimo anno di età, introdotto nella legge n. 144/1999.

Il quadro entro cui si colloca il nuovo obbligo d'istruzione fa riferimento al dibattito culturale e politico dell'ultimo decennio nel quale è stata maturata la consapevolezza di una formazione basata sull'integrazione di conoscenze, abilità e competenze: queste ultime non vanno riferite esclusivamente alle discipline ma devono essere ricondotte anche a dimensioni prettamente personali e trasversali.

Gli assi culturali

Nel DM n. 139/2007, i saperi e le competenze ritenute necessarie per l'assolvimento dell'obbligo di istruzione sono riferiti a *quattro assi culturali:* dei linguaggi, matematico, scientifico-tecnologico, storico-sociale.

> Essi costituiscono il tessuto per la costruzione di percorsi di apprendimento orientati all'acquisizione delle competenze chiave, che preparino i giovani alla vita adulta e che rappresentino la base per consolidare e accrescere saperi e competenze in un processo di apprendimento permanente, anche ai fini della futura vita lavorativa. (Documento tecnico, DM n. 139/2007)

Le competenze

Il Decreto ha richiamato anche il quadro delle otto competenze per l'apprendimento permanente stabilite dal Parlamento dell'Unione, definite *competenze chiave di cittadinanza,* da acquisire al termine dell'istruzione obbligatoria. Esse hanno riguardato: *imparare a imparare, progettare, comunicare, collaborare e partecipare, agire in modo autonomo e responsabile, risolvere problemi, individuare collegamenti e relazioni, acquisire e interpretare l'informazione.*

In realtà, esse sono state ora aggiornate dalla Raccomandazione UE del 2018 e riguardano:

- competenza alfabetica funzionale;
- competenza multilinguistica;
- competenza matematica e competenza in scienze, tecnologie e ingegneria;
- competenza digitale;
- competenza personale, sociale e capacità di imparare ad imparare;
- competenza in materia di cittadinanza;
- competenza imprenditoriale;
- competenza in materia di consapevolezza ed espressione culturali.

Le competenze di cittadinanza seguono una diversa logica rispetto alla Raccomandazione del Parlamento e del Consiglio dell'Unione europea e si riferiscono a dimensioni prevalentemente trasversali; nel Decreto non vengono, infatti, delineate competenze strettamente disciplinari, quali la comunicazione nella lingua madre, nella lingua straniera, la competenza matematica e nel campo scientifico-tecnologico e la competenza digitale presenti nella Raccomandazione dell'UE del dicembre 2006.

La logica che guida il Regolamento richiama gli aspetti formativi dell'acquisizione dei saperi che, a sua volta, pone la necessità di un diverso modo di insegnare. Infatti, le competenze del progettare, comunicare, partecipare, agire in modo responsabile possono essere acquisite solo all'interno di contesti di apprendimento tesi a superare il modello tradizionale dell'insegnamento a favore di uno sviluppo della qualità della didattica.

La certificazione

Per quanto concerne la valutazione delle competenze, va sottolineata la complessità di tale operazione; infatti, producendo essa una certificazione circa gli esiti di un percorso formativo, occorre che tale operazione sia il frutto di una serie di riflessioni sugli aspetti soggettivi rispetto alla persona, su quelli oggettivi riferibili ai tratti che possono essere rilevati con la valutazione, e su quelli intersoggettivi riguardo alle attese non solo degli operatori scolastici, ma anche di chi opera in altri contesti e, più in generale, nella comunità locale e nazionale.

Il DM n. 9/2010

Proprio per facilitare tale operazione, è stato definito con DM del 27 gennaio 2010, n. 9, un modello nazionale di certificazione delle competenze per l'obbligo scolastico (tabella 11.2), unico modello adottato dalla nostra scuola in materia di competenze. In realtà, anche in questo caso le procedure certificative non si basano su modalità condivise e standardizzate; il decreto prevede, comunque, questa certificazione da parte della scuola sulle competenze acquisite relativamente ai quattro assi culturali; accanto al diploma di licenza media.

TABELLA 11.2

Modello nazionale di certificazione delle competenze

COMPETENZE DI BASE E RELATIVI LIVELLI RAGGIUNTI	
Asse dei linguaggi	LIVELLI
Lingua italiana Padroneggiare gli strumenti espressivi e argomentativi indispensabili per gestire l'interazione comunicativa verbale in vari contesti. Leggere comprendere e interpretare testi scritti di vario tipo. Produrre testi di vario tipo in relazione ai differenti scopi comunicativi.	
Lingua straniera Utilizzare la lingua ... (specificare la prima lingua studiata) per i principali scopi comunicativi e operativi.	
Altri linguaggi Utilizzare gli strumenti fondamentali per una fruizione consapevole del patrimonio artistico e letterario. Utilizzare e produrre testi multimediali.	

COMPETENZE DI BASE E RELATIVI LIVELLI RAGGIUNTI	
Asse matematico	LIVELLI
Utilizzare le tecniche e le procedure del calcolo aritmetico e algebrico, rappresentandole anche sotto forma grafica. Confrontare e analizzare figure geometriche, individuando invarianti e relazioni. Individuare le strategie appropriate per la soluzione dei problemi. Analizzare dati e interpretarli sviluppando deduzioni e ragionamenti sugli stessi anche con l'ausilio di rappresentazioni grafiche, usando consapevolmente gli strumenti di calcolo e le potenzialità offerte da applicazioni specifiche di tipo informatico.	
Asse scientifico-tecnologico	LIVELLI
Osservare, descrivere ed analizzare fenomeni appartenenti alla realtà naturale e artificiale e riconoscere nelle varie forme i concetti di sistema e di complessità. Analizzare qualitativamente e quantitativamente fenomeni legati alle trasformazioni di energia a partire dall'esperienza. Essere consapevoli delle potenzialità e dei limiti delle tecnologie nel contesto culturale e sociale in cui vengono applicate.	
Asse storico-sociale	LIVELLI
Comprendere il cambiamento e la diversità dei tempi storici in una dimensione diacronica attraverso il confronto fra epoche e in una dimensione sincronica attraverso il confronto fra aree geografiche e culturali. Collocare l'esperienza personale in un sistema di regole fondato sul reciproco riconoscimento dei diritti garantiti dalla Costituzione, a tutela della persona, della collettività e dell'ambiente. Riconoscere le caratteristiche essenziali del sistema socio-economico per orientarsi nel tessuto produttivo del proprio territorio.	
Asse storico-sociale	LIVELLI
Livelli relativi all'acquisizione delle competenze di ciascun asse: – Livello base non raggiunto (NR): lo studente non ha raggiunto il «livello base». – Livello base (B): lo studente svolge compiti semplici in situazioni note, mostrando di possedere conoscenze ed abilità essenziali e di saper applicare regole e procedure fondamentali. – Livello intermedio (I): lo studente svolge compiti e risolve problemi complessi in situazioni note, compie scelte consapevoli, mostrando di saper utilizzare le conoscenze e le abilità acquisite. – Livello avanzato (A): lo studente svolge compiti e problemi complessi in situazioni anche non note, mostrando padronanza nell'uso delle conoscenze e delle abilità. Sa proporre e sostenere le proprie opinioni ed assumere autonomamente decisioni consapevoli.	

CAPITOLO DODICESIMO

La gestione della scuola: dai decreti delegati agli organi di autogoverno

1. Verso la gestione sociale della scuola 2. I decreti delegati 3. Il livello nazionale, il CNPI 4. Dal CNPI al CSPI 5. Gli organi collegiali e gli istituti comprensivi 6. L'avvento dell'autonomia 7. Verso nuovi organismi di governo della scuola 8. Il Comitato per la valutazione del servizio e la legge 107/2015

1. Verso la gestione sociale della scuola

Alla fine degli anni Sessanta del secolo scorso, sotto la spinta dei movimenti della contestazione culturale, si afferma nel nostro Paese, come in gran parte dei Paesi occidentali, una nuova visione dell'istruzione.

Le novità degli anni Sessanta

Lo sviluppo della scolarizzazione di massa, prodotto anche dalla legge di riforma della scuola media del 1962, aveva gettato le basi per un sistema formativo non più elitario, ma aperto a tutti: all'idea di una *scuola per pochi* si è ormai sostituita quella di una *scuola di massa* che raggiungerà il suo massimo sviluppo negli anni Settanta e Ottanta.

Non meno significativi risultvano anche altri due cambiamenti apportati al nostro sistema di istruzione: l'istituzione della scuola materna statale nel 1968 e l'avvio del modello scolastico del tempo pieno nella scuola elementare nel 1971 scandirono l'avvio di una stagione nuova.

In particolare il tempo pieno, introdotto a seguito della legge n. 820/1971, proponeva un modello educativo finalizzato a rappresentare i molteplici bisogni del bambino, della famiglia e della società complessivamente intesa.

Era proprio l'art. 1 della legge 820/1971 ad affermare questo principio; essa poneva come finalità di tale modello:

- l'allungamento del tempo scuola per garantire la qualità di interventi innovativi (dalle 24 ore si passa alle 40 ore settimanali);
- una concezione della scuola intesa non solo come luogo di istruzione ma anche di educazione e di servizio per l'intera comunità;

– un'apertura della scuola a rapporti di collaborazione con le risorse presenti sul territorio e con le famiglie;
– la riorganizzazione interna della scuola, con l'apertura delle classi e con la titolarità di due docenti sulla stessa classe.

In realtà, già da tempo le persone più sensibili e impegnate sul versante della formazione avevano posto il problema dei diritti delle nuove generazioni; tra queste figure, una delle più rappresentative è stata certamente quella di don Lorenzo Milani che, riferendosi ai ragazzi di Barbiana, nel suo *Lettera a una professoressa,* scriveva:

> Perché il sogno dell'uguaglianza non resti un sogno, vi proponiamo tre riforme: 1. non bocciare; 2. a quelli che sembrano cretini dargli la scuola a tempo pieno; 3. agli svogliati basta dargli uno scopo. (Scuola di Barbiana, 1967)

Il modello della scuola a tempo pieno s'impose non tanto come moderna forma educativa, quanto come *garanzia democratica per l'attuazione del diritto allo studio,* secondo il dettato costituzionale dell'uguaglianza delle opportunità educative per tutti e per ciascuno in vista dell'armonica formazione di ogni personalità.

Con la legge n. 820/1971, a mutare era pertanto la tradizionale impostazione pedagogica della scuola relegata al turno antimeridiano: la varia durata della presenza dei ragazzi a scuola, con l'estensione delle attività formative all'intero arco della giornata, diventava di fatto il presupposto per lanciare un progetto, attento a tutte le esigenze dei bambini, che si avvaleva di una pluralità di interventi, di linguaggi e di esperienze.

Gli anni Settanta

In realtà, tali scelte non erano riconducibili solo a un normale processo di innovazione del sistema scolastico; vi era qualcosa di più profondo che spingeva per affermare una nuova concezione di scuola ispirata ai principi democratici.

Questa esigenza di democratizzazione fu raccolta dall'allora ministro Riccardo Misasi, che nel 1970, con due distinte circolari, invitava direttori didattici e presidi a promuovere la partecipazione dei genitori alla vita della scuola.

Questa indicazione sarebbe stata alla base di un disegno di legge presentato dal Governo nel 1970, che verrà approvato, dopo un iter di quasi quattro anni, divenendo la legge delega n. 477 del 30 luglio 1973. È questo un provvedimento con cui il Parlamento affidava al Governo il compito di emanare appositi decreti per riordinare vari aspetti della scuola, dall'istituzione degli organi collegiali alla revisione dello stato giuridico del personale docente, alla ricerca e sperimentazione.

I decreti delegati

I cinque decreti costitutivi del corpus dei decreti delegati sono stati emanati nel 1974: essi hanno delineato una più moderna concezione di scuola, intesa come *comunità educativa,* luogo di incontro tra alunni, docenti, genitori e responsabili degli enti locali, con l'obiettivo di costruire una scuola nuova, aperta alle istanze sociali delle diverse realtà territoriali.

2. I decreti delegati

La tendenza al cambiamento che si era affermata tra la seconda metà degli anni Sessanta e l'inizio del decennio successivo aveva trovato pertanto un punto di equilibrio nell'approvazione dei decreti delegati. L'obiettivo di questi ultimi era di «rompere l'isolamento della scuola e dell'insegnante, per avviare un aperto confronto pedagogico, sociale e politico con tutte le forze democratiche» (Rizzi, 1975).

Furono molti i sostenitori di tale scelta riformatrice; tra di essi spiccò Luciano Corradini, il quale affermò a più riprese che con i decreti delegati era compiuto il passaggio *dalla scuola di Stato alla scuola della comunità,* secondo una prospettiva di cambiamento dal basso che consentiva l'affermazione dei principi di libertà e partecipazione.

Ad aprire alla gestione sociale della scuola istituendo gli organi collegiali fu il DPR n. 416/1974: vennero così alla luce organismi partecipativi a livello di *istituto, distrettuale, provinciale e nazionale.*

OO.CC. di circolo e di istituto

Per quanto concerneva le istituzioni scolastiche, vennero costituiti i seguenti organi collegiali (OO.CC.):

– *il consiglio di intersezione* nella scuola dell'infanzia, *il consiglio di interclasse* nella scuola elementare e quello *di classe* nella secondaria di primo e secondo grado; erano componenti di diritto i docenti delle classi interessate, componenti elettive erano i genitori di sezione e di classe. Per l'istruzione di secondo grado vi era la componente elettiva degli studenti.
  Le riunioni dei consigli di classe si svolgevano in ore non coincidenti con l'orario delle lezioni,

  > con il compito di formulare al collegio dei docenti proposte in ordine all'azione educativa e didattica e a iniziative di sperimentazione e di estendere i rapporti tra docenti, genitori e alunni. (Art. 3, DPR n. 416/1974)

  A presiederli era il capo d'istituto o un suo delegato prescelto nella componente docenti;
– *il collegio dei docenti,* organo omogeneo, di cui facevano parte tutti gli insegnanti della scuola. All'epoca era stato considerato un organo innovativo; gli erano riconosciuti poteri *deliberanti* in materia di programmazione dell'azione educativa, delle attività di insegnamento delle varie discipline, di altri aspetti didattici; poteri *di proposta* in materia di formazione delle classi, iniziative di formazione; *di valutazione* circa

l'andamento complessivo dell'istituto. Gli si riconoscevano, infine, poteri *elettivi,* in quanto al suo interno venivano eletti i docenti che faranno parte del Consiglio d'istituto e del Comitato per la valutazione del servizio del personale insegnante. A presiedere il Collegio dei docenti era il capo d'istituto;
- *il Comitato per la valutazione* del servizio degli insegnanti era istituito dall'art. 8 del DPR n. 416/1974 presso ogni istituzione scolastica; la sua composizione prevedeva il dirigente scolastico, da 2 a 4 membri effettivi e da 1 o 2 supplenti a seconda che l'istituto avesse fino a 50 o più di 50 docenti. Era un *organo collegiale perfetto,* per il cui funzionamento era prevista la presenza di tutti i componenti; aveva durata annuale ed era sempre presieduto dal capo d'istituto. Con la legge 270/1982 al comitato era affidato il compito di esprimere un parere relativamente ai docenti nell'anno di prova;
- *il Consiglio d'istituto.* Anche quest'organo si poneva come una novità in quanto non c'era traccia di un organismo analogo nel panorama scolastico antecedente all'emanazione dei decreti delegati. Ne facevano parte il personale docente, il personale ATA, i genitori, con il capo di istituto membro di diritto.

  Fu previsto un assetto variabile: nelle scuole fino a 500 alunni era composto da 14 membri, con 6 docenti, 6 genitori, 1 rappresentante del personale ATA e il dirigente della scuola; nelle scuole con più di 500 alunni, i componenti diventavano 19, 8 insegnanti, 8 genitori, 2 rappresentanti del personale non docente e il capo d'istituto.

  Era presieduto da un rappresentante dei genitori. Eleggeva al suo interno la giunta esecutiva che predisponeva i lavori del consiglio ed era anch'essa presieduta dal capo d'istituto: ne era membro di diritto il direttore SGA.

  Il Consiglio aveva potere deliberante su una molteplicità di ambiti:
  - adottava il regolamento d'istituto e il Piano dell'offerta formativa;
  - indicava i criteri generali circa la formazione delle classi;
  - definiva le modalità di svolgimento dell'orario delle attività didattiche;
  - deliberava il programma annuale delle attività.

Gli organi territoriali

Con il DPR n. 416/1974 vennero istituiti anche gli organi territoriali, il Consiglio di distretto, il Consiglio scolastico provinciale e il Consiglio nazionale della Pubblica Istruzione.

Al *Consiglio distrettuale,* ormai soppresso, era stato affidato il compito di favorire la partecipazione democratica delle comunità locali e delle forze sociali alla vita e alla gestione della scuola.

Il *Consiglio scolastico provinciale,* anch'esso soppresso, aveva potere di esprimere pareri vincolanti, obbligatori e facoltativi ai provveditori agli studi: questo sino alla trasformazione dei provveditori, avvenuta nel periodo 1999-2001, in concomitanza con il riconoscimento dell'autonomia a tutte le istituzioni scolastiche.

Il Consiglio nazionale della Pubblica Istruzione era espressione di tutte le componenti delle scuole statali e non statali e formulava pareri al ministro della Pubblica Istruzione: anche tale organismo è stato recentemente sostituito dal Consiglio Superiore della Pubblica Istruzione. Gli organi territoriali distrettuali e provinciali sono stati progressivamente svuotati dei compiti loro assegnati, mentre hanno conosciuto una crescente importanza le funzioni attribuite ai Collegi dei docenti e ai Consigli d'istituto.

Il nuovo profilo del docente

Il DPR n. 417/1974 era dedicato alla ridefinizione della funzione docente, in particolare dello stato giuridico degli insegnanti delle scuole di ogni ordine e grado. Nell'art. 2 del DPR 417 si affermava che

> la funzione docente è intesa come esplicazione dell'attività di trasmissione della cultura, di contributo alla elaborazione di essa e di impulso alla partecipazione dei giovani a tale processo e alla formazione umana e critica della loro personalità.

Nel testo normativo si definivano specifici impegni e doveri del personale docente, quali:
- la cura del proprio aggiornamento culturale e professionale;
- la partecipazione alle riunioni degli organi collegiali;
- la cura dei rapporti con i genitori degli alunni delle rispettive classi;
- il coinvolgimento nelle iniziative della scuola, deliberate dai competenti organi.

Il decreto ha indubbiamente delineato un nuovo quadro professionale, finalizzato a promuovere l'immagine dei docenti e caratterizzato da alcune direttrici di fondo circa i loro compiti: la trasmissione e la rielaborazione della cultura e l'impulso a far sì che i giovani partecipino a tale processo, in modo da concorrere da protagonisti alla formazione di un'intelligenza critica e creativa.

È stato, così, delineato dal punto di vista culturale, il profilo ideale dell'insegnante quale *persona colta,* in grado di leggere e interpretare i problemi della società e i bisogni che bambini e adolescenti manifestano.

A parte la formazione generale, un certo rilievo veniva riconosciuto alla *preparazione disciplinare.* Il docente avrebbe dovuto essere in possesso di elevate e aggiornate conoscenze circa le discipline di insegnamento, ma anche di competenze didattiche (come si insegna), gestionali-organizzative (per promuovere contesti adeguati all'apprendimento), relazionali.

Il profilo delineato nel DPR n. 417/1974 ha costituito la base anche per le revisioni della funzione docente presenti nelle norme e nei contratti nazionali dagli anni Settanta a oggi.

Sperimentazione e ricerca

Strettamente collegato al DPR n. 417 era il DPR n. 419/1974 in cui venivano proposte due ipotesi di *sperimentazione* e di *ricerca:*

- la prima, art. 2, che non richiedeva l'utilizzazione di risorse aggiuntive o straordinarie e riguardava solo la promozione di processi di innovazione sul piano metodologico-didattico;
- la seconda, art. 3, che, pur nel rispetto degli ordinamenti approvati dal Parlamento e dal Governo, proponeva cambi strutturali richiedendo interventi straordinari da parte del Ministero della Pubblica Istruzione.

In realtà, con il conferimento dell'autonomia alle istituzioni scolastiche (legge n. 59/1997, art. 21), il DPR n. 419/1974 è di fatto confluito nelle funzioni attribuite alle singole scuole.

La stagione dei decreti delegati è stata intensamente vissuta dal mondo della scuola e altrettanto intensamente partecipata.

> Purtroppo l'iniziale entusiasmo seguito alla istituzione e al riordino degli organi collegiali tese a scemare man mano che la volontà riformatrice si scontrava con gli inevitabili ostacoli di tipo burocratico-amministrativo o con quelli riconducibili alla carenza di strutture idonee e di personale preposto. (Bertellini, 2011)

L'attenzione ai grandi principi e alle idealità del periodo

> indusse a sopravvalutare le energie della «società educante» e dell'educazione permanente e a sottovalutare i vincoli, i limiti, le capacità, le motivazioni, le procedure, le risorse con cui bisognava fare i conti per consentire un buon funzionamento ad un apparato di grande complessità. (Corradini, 1985)

3. Il livello nazionale, il CNPI

Anche a livello nazionale era stata prevista la definizione di un organismo che costituisse una sede di incontro tra le varie componenti della scuola. Infatti, il Consiglio nazionale della Pubblica Istruzione avrebbe dovuto essere l'espressione di tutte le componenti delle scuole statali e non statali e formulare pareri al ministro della Pubblica Istruzione. Il CNPI era stato definito negli artt. 16-18 del DPR n. 416/1974, in seguito raccolti nel Testo unico, D.lgs. n. 297/1994, artt. 23-25. Era un organismo di composizione elettiva che rappresentava tutte le componenti della scuola ed era presieduto dal ministro della PI.

Tutte le componenti della scuola

Le funzioni

Le sue funzioni erano molto rilevanti e riguardavano vari aspetti del sistema, compresa la delicata questione della disciplina relativamente al personale ispettivo tecnico, a quello direttivo, al personale docente.

> 1. Il Consiglio nazionale della pubblica istruzione svolge le seguenti funzioni:

a) formula annualmente, sulla base delle relazioni dell'amministrazione scolastica, una valutazione analitica dell'andamento generale dell'attività scolastica e dei relativi servizi;
b) formula proposte ed esprime pareri obbligatori in ordine alla promozione della sperimentazione e della innovazione sul piano nazionale e locale, e ne valuta i risultati; propone al Ministro della pubblica istruzione sei nominativi per la scelta dei tre componenti dei consigli direttivi di esperti degli istituti regionali di ricerca, sperimentazione ed aggiornamento educativi e del consiglio direttivo di esperti della biblioteca di documentazione pedagogica;
c) esprime, anche di propria iniziativa, pareri su proposte o disegni di legge e in genere in materia legislativa e normativa attinente alla pubblica istruzione;
d) esprime pareri obbligatori: sui ritardi di promozione, sulla decadenza e sulla dispensa dal servizio, sulla riammissione in servizio del personale ispettivo e direttivo di ruolo delle scuole e istituti di ogni ordine e grado e del personale docente di ruolo della scuola secondaria superiore; sulla utilizzazione in compiti diversi del personale dichiarato inidoneo per motivi di salute; sulla restituzione ai ruoli di provenienza del personale direttivo nei casi di incapacità o di persistente insufficiente rendimento attinente alla funzione direttiva;
e) esprime parere vincolante sui trasferimenti d'ufficio del personale direttivo e del personale docente di ruolo degli istituti di istruzione secondaria superiore, ivi compresi i licei artistici e gli istituti d'arte, per accertata situazione di incompatibilità di permanenza nella scuola o nella sede;
f) esprime pareri obbligatori in ordine alle disposizioni di competenza del Ministro della pubblica istruzione in materia di concorsi, valutazione dei titoli e ripartizione dei posti di cui agli articoli 404, 416, 419, 422, 425, e 427 in materia di utilizzazioni di cui all'articolo 455, in materia di trasferimenti e passaggi di cui agli articoli 463 e 471 in materia di titoli valutabili e punteggi per il conferimento delle supplenze, al personale docente, in materia di concorsi e conferimento delle supplenze per il personale amministrativo, tecnico e ausiliario, di cui agli articoli 553 e 581;
g) esprime i pareri obbligatori previsti dagli articoli 119 e seguenti in ordine all'ordinamento della scuola elementare;
h) esprime il parere obbligatorio previsto dall'articolo 74, in materia di calendario scolastico;
i) esercita le ulteriori funzioni consultive previste dall'articolo 391 in ordine al riconoscimento del diploma di baccellierato internazionale;
l) esprime il parere obbligatorio sui piani e i programmi di formazione e le modalità di verifica finale dei corsi di riconversione professionale del personale docente della scuola, anche ai fini del valore abilitante degli stessi corsi, ai sensi dell'articolo 473;

m) esprime parere obbligatorio al Ministro della pubblica istruzione in materia di titoli valutabili e relativo punteggio per gli incarichi e le supplenze di insegnamento nei conservatori di musica, nelle accademie di belle arti, nell'accademia nazionale di danza e nell'accademia nazionale di arte drammatica, esclusi gli insegnamenti della regia e della recitazione, e in materia di criteri per la formazione della commissione centrale competente per la decisione dei ricorsi;

n) si pronuncia su ogni altro argomento attribuito dal presente testo unico, dalle leggi e dai regolamenti alla sua competenza; o) si pronuncia sulle questioni che il Ministro della pubblica istruzione ritenga sottoporgli. (Art. 25 – *Funzioni del Consiglio nazionale della Pubblica Istruzione* – D.lgs. n. 297/11994)

4. Dal CNPI al CSPI

Funzioni consultive

Il CNPI aveva svolto a lungo funzioni consultive su aspetti tecnico-professionali attraverso la formulazione di pareri facoltativi, obbligatori, a volte vincolanti, sull'andamento generale della scuola, sulla ricerca e innovazione, su ritardi di promozione, decadenza, dispensa dal servizio, utilizzo in altri compiti, trasferimento d'ufficio del personale della scuola e su varie altre materie.

Dopo un intervento del ministro Berlinguer, che con il decreto n. 233/1999 aveva tolto a tale organo le funzioni in ambito disciplinare, i governi più recenti hanno ritenuto superata questa funzione di rappresentanza democratica e, dopo un triennio di conferma dell'ultimo CNPI, sono state indette per il 28 aprile 2015, con un'ordinanza del MIUR, le elezioni della componente elettiva del CSPI.

Il CSPI

La vita del nuovo organismo sarà diretta dalle disposizioni del Decreto n. 233/1999, anche in riferimento alla nuova governance territoriale, conseguente all'avvento dell'autonomia delle nostre istituzioni scolastiche.

La composizione

Il Consiglio, la cui composizione è stata definita con Decreto n. 980 del 31 dicembre 2015, durerà in carica un quinquennio ed entro tale termine dovrà essere ricostituito. I suoi membri non sono rieleggibili più di una volta. I componenti del CSPI sono:

- 8 eletti tra le componenti sindacali della scuola;
- 3 esperti nominati dalla Conferenza unificata Stato-Regioni-città e autonomie locali;
- 3 esperti nominati dal CNEL;
- 3 esperti in rappresentanza delle scuole paritarie;
- 8 nominati dal MIUR.

Il Consiglio è integrato da un rappresentante della provincia di Bolzano o, rispettivamente, da uno della provincia di Trento per pareri sui progetti delle due province in merito alla modifica degli ordinamenti scolastici.

Gli organi rappresentativi

Gli organi rappresentativi sono il Presidente e l'Ufficio di Presidenza, a cui partecipano pariteticamente eletti e nominati. Il Consiglio, nella prima seduta successiva al suo insediamento, approva il proprio regolamento, nel quale sono disciplinati tempi e modalità di svolgimento dei lavori; composizione e modalità di elezione dell'Ufficio di Presidenza; creazione e funzionamento di eventuali commissioni per trattare affari ordinari e urgenti.

Per l'esordio del nuovo organo territoriale, è risultato eletto a larga maggioranza, con 32 voti su 34 partecipanti, Francesco Scrima.

Il CSPI è stato convocato il 20 gennaio 2016 con, all'ordine del giorno, l'approvazione del proprio regolamento e l'elezione dell'Ufficio di Presidenza.

Il Regolamento

In quella riunione, il CSPI ha provveduto a dotarsi del proprio Regolamento, in base al quale sono stati successivamente eletti l'Ufficio di Presidenza e, al suo interno, il vicepresidente. Dell'Ufficio di Presidenza fanno parte otto consiglieri: quattro sono per la componente elettiva e quattro per i designati.

Parlamentino dell'istruzione?

Qualcuno vede nel CSPI un «Parlamentino dell'istruzione» al quale saranno richiesti solo pareri su questioni minori. In realtà esso si configura come organismo di supporto tecnico-professionale per l'esercizio di governo della scuola, una sorta di consulente del ministro che, rispetto al CNPI, non ha una reale forza di organo di garanzia della libertà di insegnamento e di autogoverno della scuola. Viene meno, infatti, la componente elettiva del CNPI, che consentiva di riconoscere quell'organo come reale rappresentante del personale della scuola. Di contro, il nuovo organismo è composto per una metà da membri elettivi e per l'altra di componenti di nomina diretta del ministro, con la conseguenza che il parere dell'amministrazione assume una valenza determinante.

Le differenze

È possibile, in ogni caso, riscontrare molte differenze tra i due organismi superiori della nostra scuola. Se il CNPI si poneva come *organo di rappresentanza democratica,* con una molteplicità di compiti, il CSPI si pone come *organismo di supporto tecnico-scientifico per il governo in materia di istruzione.*

Tra le più recenti deliberazioni del nuovo organismo hanno ricordiamo, nel 2018, i pareri sulla sperimentazione quadriennale, sui poli a orientamento artistico e performativo, e sullo svolgimento dell'alternanza scuola-lavoro per i candidati interni ed esterni agli esami di Stato del secondo ciclo.

5. Gli organi collegiali e gli istituti comprensivi

Il processo di dimensionamento degli istituti in vista dell'autonomia avviato nel corso degli anni Novanta del secolo scorso e alcuni interventi di riforma del sistema di istruzione hanno prodotto rilevanti novità riguardanti il sistema scolastico con crescente ampliamento dei compiti assegnati agli organi collegiali.

Gli interventi di riforma

Il primo passaggio è stata la riforma degli ordinamenti della scuola elementare, realizzata con la legge n. 148/1990, che ha ampliato in particolare le funzioni di due organi collegiali: il Collegio dei docenti e il Consiglio d'istituto.

Tale provvedimento ha avviato una fase molto importante soprattutto per la scuola primaria, introducendo moltissime novità: dal superamento del maestro unico all'adozione del team dei docenti; dall'introduzione della lingua straniera a cominciare dal terzo anno, alla definizione degli ambiti disciplinari, linguistico, matematico, della ricerca, ecc. Queste innovazioni hanno rafforzato alcune prerogative del Collegio dei docenti, chiamato a:

Il Collegio dei docenti

- definire le linee generali del progetto educativo sulla base degli indirizzi definiti dal dirigente scolastico;
- stabilire la fascia di oscillazione del tempo da destinare alle singole discipline;
- deliberare, sentito il Consiglio di istituto, la scelta della lingua straniera;
- deliberare all'inizio dell'anno scolastico i piani delle attività connesse all'azione didattica.

Consiglio di istituto

Anche per il Consiglio di istituto, nel corso del tempo si sono incrementati i compiti. In particolare, questi riguardano:

- la deliberazione per il tempo scuola settimanale, da articolare in orario antimeridiano e pomeridiano in 6 o 5 giorni settimanali;
- l'espressione di un parere circa l'indicazione della lingua straniera che avrebbe dovuto essere introdotta nelle classi.

Gli istituti comprensivi

Ancora, ulteriori modifiche ad assetto e compiti degli organi collegiali nella scuola dell'infanzia, primaria e secondaria di primo grado sopravvennero con la nascita degli *istituti comprensivi* nel 1994.

> Si tratta di un nuovo modello istituzionale nato inizialmente in forma sperimentale per contrastare il fenomeno dell'isolamento delle zone di montagna, e diventato nel corso del tempo il modello di riferimento del nostro intero sistema di istruzione.

L'art. 21 della legge n. 97 del 31 gennaio 1994, che interessava la scuola dell'obbligo, recitava:

> Nei Comuni con meno di 5000 abitanti possono essere costituiti istituti comprensivi di scuola materna, elementare e secondaria di primo grado, cui è assegnato personale di scuola elementare e media secondo i criteri e le modalità stabiliti con ordinanza del Ministero della Pubblica Istruzione.

Accennavamo al fatto che tale modello è diventato in questi ultimi anni quello privilegiato; infatti, la legge 111/2011 ha previsto la costituzione dei comprensivi in tutto il territorio nazionale.

Nell'anno scolastico 1995-1996 si contavano in tutto 137 istituti comprensivi, il cui numero sarebbe aumentato gradualmente negli anni successivi. Nel Regolamento per il dimensionamento delle istituzioni scolastiche, DPR n. 233 del 18 giugno 1998, è stata definitivamente approvata la legittimità istituzionale di tale modello, anche ai fini del riconoscimento dell'autonomia a tutte le istituzioni scolastiche.

Per il funzionamento del nuovo modello sono state diffuse istruzioni organizzativo-didattiche e amministrativo-contabili che hanno avuto ripercussioni anche sulle funzioni degli organi collegiali.

Unico Collegio docenti

Nell'art. 3 dell'OM n. 267/1995 si affermava la costituzione di «un *unico collegio dei docenti* per la nuova istituzione verticalizzata, articolato in sezioni per ciascun ordine di scuola presente nell'istituzione medesima».

Nell'art. 4 della stessa Ordinanza ministeriale si prevedeva che venisse

Unico Consiglio di istituto

> costituito un *unico Consiglio di istituto*. Le elezioni dei rappresentanti della componente docenti, del personale amministrativo tecnico ed ausiliario [...] hanno luogo sulla base di liste di candidati contrapposte, senza distinzione di ordine di scuola.

All'interno delle scuole, il funzionamento del Collegio dei docenti era articolato in vari assetti e può essere convocato per *sezioni separate* quando si dovevano affrontare specifiche problematiche riguardanti i singoli ordini di scuola.

Nella nota del Ministero della Pubblica Istruzione n. 48363 del 27 settembre 1996, erano state diffuse indicazioni secondo cui i collegi dei docenti avrebbero dovuto eleggere un insegnante per ciascuno degli ordini scolastici con *funzione di referente* per il supporto pedagogico-didattico al capo d'istituto.

Unico bilancio

Per quanto concerne la gestione finanziaria, amministrativa e contabile degli istituti comprensivi, nella nota ministeriale si affermava che dovesse essere realizzata attraverso la gestione di un *unico bilancio.* Attualmente, tutti gli istituti del primo ciclo del sistema d'istruzione nazionale sono organizzati secondo il modello dei comprensivi e, in base alla consistenza organica, possono avere o meno dirigente e direttore SGA. Di questo riferiamo altrove.

6. L'avvento dell'autonomia

Se nella fase di avvio del processo di democratizzazione gli organi collegiali introdotti con i decreti delegati del 1974 hanno rappresentato una risposta accettabile del legislatore all'avvio di un processo di crescente responsabilità delle singole unità scolastiche, con l'art. 21 della legge n. 59/1997, che ha riconosciuto l'autonomia a tutti gli istituti del nostro Paese, si è reso necessario ampliare ulteriormente i compiti del collegio dei docenti e del consiglio di istituto.

L'autonomia scolastica

Nella prospettiva dell'autonomia, dirigenti e docenti sono diventati responsabili della qualità del servizio educativo erogato e dei risultati ottenuti dagli alunni e, più in generale, della stessa istituzione scolastica. Le scuole hanno, infatti, acquisito una *soggettività interna* con l'autonomia didattica, organizzativa, di ricerca, sviluppo e sperimentazione, e una *esterna* con la personalità giuridica: esse sono diventate, quindi, autonomi centri di imputazione di posizioni giuridiche. Va in ogni caso sottolineato che l'autonomia della scuola deve rapportarsi al più ampio quadro del territorio nel quale gli enti locali svolgono ulteriori funzioni e compiti autonomi. In quest'ottica va considerato quanto affermato nel DPR n. 275 dell'8 marzo 1999, *Regolamento per l'autonomia,* nel quale, all'art. 1, si sottolinea che

Soggettività interna ed esterna

Centri autonomi

L'autonomia funzionale

> le istituzioni scolastiche sono espressioni di *autonomia funzionale* e provvedono alla definizione e alla realizzazione dell'offerta formativa. [...] A tal fine interagiscono tra loro e con gli enti locali, promuovendo il raccordo tra le esigenze e le potenzialità individuali e gli obiettivi nazionali del sistema d'istruzione.

L'importanza del POF

L'autonomia funzionale delle scuole e quella degli enti locali ritrovano il loro punto di raccordo nel Piano dell'offerta formativa, delineato nell'art. 3 del Decreto n. 275/1999:

> Il piano dell'offerta formativa è il documento fondamentale costitutivo dell'identità culturale e progettuale delle istituzioni scolastiche ed esplicita la progettazione curricolare, extracurricolare, educativa e organizzativa che le singole scuole adottano nell'ambito della loro autonomia.

L'elaborazione del Piano formativo spetta al Collegio dei docenti, sulla base degli indirizzi e delle scelte generali stabilite dal Consiglio di istituto che lo adotta.

Infine, è compito del dirigente scolastico valorizzare l'azione e l'attività della scuola, stabilendo «i necessari rapporti con gli enti locali e con le diverse realtà istituzionali culturali, sociali ed economiche operanti sul territorio» (art. 3, DPR n. 275/1999).

Particolarmente rilevante per il funzionamento delle istituzioni scolastiche, dopo il riconoscimento ufficiale dell'autonomia del 1°

settembre 2000, è risultato il disposto del D.lgs. n. 44 del 1° febbraio 2001, il Regolamento contabile.

Il programma annuale

In base alla nuova normativa la gestione delle risorse finanziarie non avviene più attraverso il bilancio di previsione e il conto consuntivo, ma tramite un nuovo documento, definito *programma annuale,* nel quale sono fissate le priorità di azioni e di interventi che ciascuna istituzione scolastica intende perseguire.

> Il programma annuale rappresenta la traduzione in termini finanziari delle attività e dei progetti che la scuola ha deliberato nel piano dell'offerta formativa. Esso definisce dal punto di vista finanziario le strategie progettuali del POF in un'ottica di continuità tra progettazione didattica e progettazione economica e finanziaria. (Capaldo e Rondanini, 2011)

Il programma annuale viene approvato dal consiglio d'istituto dopo che il documento è stato predisposto dal dirigente scolastico, proposto dalla giunta esecutiva dell'istituzione scolastica, corredato di un'apposita relazione e del parere di regolarità contabile del collegio dei revisori.

Con l'entrata a regime dell'autonomia scolastica, ogni istituzione è sottoposta al controllo contabile da parte di due revisori, inizialmente erano tre, che hanno il compito di rilevare la regolarità o eventuali irregolarità degli aspetti amministrativi e contabili nelle attività dell'istituto.

7. Verso nuovi organismi di governo della scuola

La scuola è in attesa della definizione di nuovi organismi collegiali che siano in grado di assicurare una governance e una partecipazione più efficaci. Sono stati depositati in Parlamento vari disegni di legge: ricordiamo in questa sede il disegno di legge n. 953 dell'ormai lontano 10 ottobre 2012, che aveva concluso la prima fase, in quanto era stato approvato dalla Commissione cultura della Camera. Si trattava di una proposta di legge destinata a modificare profondamente l'assetto dei nostri organi collegiali.

L'autonomia statutaria

Per il nuovo ordinamento, la proposta delineava il seguente quadro:

> Alle istituzioni scolastiche è riconosciuta *autonomia statutaria,* nel rispetto delle norme generali di cui alla presente legge. Gli statuti delle istituzioni scolastiche regolano l'istituzione, la composizione e il funzionamento degli organi interni nonché le forme e le modalità di partecipazione della comunità scolastica. (Art 1, commi 3 e 4)

I nuovi organi di autogoverno

Ai nuovi organi di governo delle scuole sarebbe stato affidato il compito di promuovere e far sottoscrivere il patto educativo fra studenti, famiglie e comunità locali avviando le seguenti azioni:

Le azioni della scuola

- garantire il diritto all'apprendimento e alla partecipazione degli alunni alla vita della scuola;
- promuovere il dialogo tra i docenti e i genitori;
- realizzare azioni formative in rete aprendosi alla più ampia comunità civile, anche promuovendo la realizzazione di piani formativi territoriali.

Secondo i principi che ormai regolano gli organismi amministrativi statali, gli organi delle istituzioni scolastiche sarebbero stati organizzati sulla base del principio della distinzione tra *funzioni di indirizzo, organi di gestione e funzioni tecniche.*

Gli organi

Con riferimento a questa triplice distinzione, erano previsti i seguenti organi:

- il Consiglio dell'autonomia con compiti di indirizzo;
- il dirigente scolastico con funzioni di gestione;
- il Consiglio dei docenti, articolato in consigli di classe, commissioni e dipartimenti;
- il nucleo di autovalutazione con funzioni prevalentemente tecniche.

Il Consiglio dell'autonomia

Con tale disegno di legge venivano anche proposti funzioni, compiti e composizione del Consiglio dell'autonomia, destinato a prendere il posto dei Consigli d'istituto. Per quanto concerneva le funzioni, al Consiglio dell'autonomia avrebbero dovuto spettare soprattutto compiti di indirizzo generale per l'attività della scuola. In particolare, il Consiglio:

Compiti del Consiglio

a) adotta lo statuto;
b) delibera il regolamento relativo al proprio funzionamento;
c) adotta il piano dell'offerta formativa elaborato dal consiglio dei docenti ai sensi dell'art. 3 del decreto del presidente della Repubblica n. 275 del 1999;
d) approva il programma annuale e, nel rispetto della normativa vigente in materia di contabilità di Stato, anche il bilancio pluriennale di previsione;
e) approva il conto consuntivo;
f) delibera il regolamento di istituto;
g) designa i componenti del nucleo di autovalutazione di cui all'art. 8;
h) approva accordi e convenzioni con soggetti esterni e definisce la partecipazione ai soggetti di cui all'art. 10;
i) modifica, con la maggioranza dei due terzi dei suoi componenti, lo statuto dell'istituzione scolastica, comprese le modalità di elezione, sostituzione e designazione dei propri membri.

Per l'esercizio dei compiti di cui alle lettere da c) a g) è necessaria la proposta del dirigente scolastico. Il consiglio dell'autonomia dura in carica circa tre anni scolastici ed è rinnovato entro il 30 settembre successivo alla sua scadenza. (Art. 3. – *Consiglio dell'autonomia*)

La composizione

Rispetto alla sua composizione, il Consiglio avrebbe dovuto prevedere un numero di membri da nove a tredici; essa viene determinata dal regolamento o statuto della scuola garantendo il rispetto dei seguenti criteri:

a) il dirigente scolastico è membro di diritto;
b) la rappresentanza dei genitori e dei docenti è paritetica;
c) nelle scuole secondarie di secondo grado è assicurata la rappresentanza degli studenti;
d) del consiglio fanno parte membri esterni, scelti tra le realtà di cui all'art. 1 comma 2, in numero non superiore a due;
e) un rappresentante dei soggetti di cui all'art. 10, su invito, può partecipare alle riunioni che riguardano le attività di loro competenza, senza diritto di voto.

Le modalità di costituzione delle rappresentanze dei docenti, dei genitori e degli studenti sono stabilite dal regolamento d'istituto. I membri esterni sono scelti dal consiglio secondo modalità stabilite dal suddetto regolamento.

Il consiglio dell'autonomia è presieduto da un genitore, eletto nel suo seno. Il presidente lo convoca e ne fissa l'ordine del giorno. Il consiglio si riunisce, altresì, su richiesta di almeno due terzi dei suoi componenti.

Il DSGA

Il direttore dei servizi generali e amministrativi fa parte del consiglio dell'autonomia senza diritto di voto e svolge le funzioni di segretario del consiglio.

Gli studenti minorenni che fanno parte del consiglio dell'autonomia non hanno diritto di voto per quanto riguarda il programma annuale e il conto consuntivo. Il voto dei membri studenti non maggiorenni è in ogni caso consultivo per le deliberazioni di rilevanza contabile.

In sede di prima attuazione, le elezioni del consiglio dell'autonomia si svolgono entro il 30 settembre dell'anno scolastico successivo all'approvazione dello statuto. (Art. 4 – *Composizione del Consiglio dell'autonomia*)

Il dirigente scolastico

Compiti del dirigente scolastico

Il dirigente scolastico avrebbe continuato a essere la figura apicale delle istituzioni scolastiche; il riferimento per la definizione delle sue funzioni è alla molteplicità di responsabilità assunte con l'avvento dell'autonomia, che veniva confermata nell'art. 5 della proposta di legge, dove si affermava che egli

ha la *legale rappresentanza* dell'istituzione e, sotto la propria responsabilità, gestisce le risorse umane, finanziarie e strumentali e risponde dei risultati del servizio agli organismi istituzionalmente e statutariamente competenti. (Art. 5 – *Dirigente scolastico*)

Il Consiglio dei docenti

Funzioni del Consiglio dei docenti

L'attuale Collegio dei docenti sarebbe stato sostituito dal Consiglio dei docenti; a questo organismo avrebbero dovuto essere affidati compiti di programmazione delle attività educative e didattiche e, secondo quanto affermava l'art. 3 della proposta di legge, ulteriori funzioni in relazione a quelle che sarebbero state assegnate in base al regolamento o statuto.

> 2. La programmazione dell'attività didattica compete al consiglio dei docenti, presieduto dal dirigente scolastico e composto da tutti i docenti. Il consiglio dei docenti opera anche per commissioni e dipartimenti, consigli di classe e, ai fini dell'elaborazione del piano dell'offerta formativa, mantiene un collegamento costante con gli organi che esprimono le posizioni degli alunni, dei genitori e della comunità locale.
> 3. L'attività didattica di ogni classe è programmata e attuata dai docenti che ne sono responsabili, nella piena responsabilità e libertà di docenza e nel quadro delle linee educative e culturali della scuola e delle indicazioni e standard nazionali per il curricolo.
> 4. Lo statuto disciplina la composizione, le modalità della necessaria partecipazione degli alunni e dei genitori alla definizione e raggiungimento degli obiettivi educativi di ogni singola classe.
> 5. I docenti, nell'esercizio della propria funzione, valutano in sede collegiale, secondo la normativa e le Indicazioni nazionali vigenti, i livelli di apprendimento degli alunni, periodicamente e alla fine dell'anno scolastico, ne certificano le competenze, in coerenza con i profili formativi ed i requisiti in uscita relativi ai singoli percorsi di studio e con il piano dell'offerta formativa dell'istituzione scolastica, presentato alle famiglie, e sulla base delle linee didattiche, educative e valutative definite dal consiglio dei docenti. (Art. 6 – *Consiglio dei docenti e sue articolazioni*)

Il Nucleo di autovalutazione

Il Nucleo di autovalutazione costituisce oggi una rilevante novità per le nostre scuole, destinata a svolgere attività di autovalutazione. Esso era stato anticipato e definito nell'art. 8 della proposta di legge:

> 1. Ciascuna istituzione scolastica costituisce, in raccordo con l'Istituto nazionale per la valutazione del sistema educativo di istruzione e di formazione (INVALSI), di cui al decreto legislativo 19 novembre 2004 n. 286, e successive modificazioni, un nucleo di autovalutazione dell'efficienza, dell'efficacia e della qualità complessive del servizio scolastico. Il regolamento interno dell'istituzione disciplina il funzionamento del nucleo di autovalutazione la cui composizione è determinata dallo statuto da un minimo di tre fino a un massimo di sette componenti, assicurando in ogni caso la presenza di almeno un soggetto esterno individuato dal consiglio dell'autonomia sulla base di criteri di competenza, e almeno un rappresentante delle famiglie.

2. Il nucleo di autovalutazione, coinvolgendo gli operatori scolastici, gli studenti, le famiglie predispone un rapporto annuale di autovalutazione, anche sulla base dei criteri, degli indicatori nazionali e degli altri strumenti di rilevazione forniti dall'INVALSI. Tale Rapporto è assunto come parametro di riferimento per l'elaborazione del piano dell'offerta formativa e del programma annuale delle attività, nonché della valutazione esterna della scuola realizzata secondo le modalità che saranno previste dallo sviluppo del sistema nazionale di valutazione. Il rapporto viene reso pubblico secondo modalità definite dal regolamento della scuola. (Art. 8 – *Nuclei di autovalutazione del funzionamento dell'istituto*)

Con la riforma degli organi di autogoverno della scuola italiana si dovrebbe completare il processo dell'autonomia delle istituzioni scolastiche, introdotta con la legge n. 59/1997 (art. 21).

> Si pongono così le condizioni per far transitare il sistema scolastico italiano dal tradizionale e consolidato modello centralistico e statalistico ad un modello più flessibile imperniato su un diverso rapporto tra centro e sistema delle unità scolastiche locali. [...] In particolare, l'autonomia sembra prefigurare un modello in cui le singole unità scolastiche, in accordo con le famiglie e le risorse del territorio, avranno la possibilità di iniziativa culturale, pedagogica e didattica ben più ampie e rilevanti del passato. (Bertellini, 2011)

È auspicabile che le scelte in materia di politica scolastica da parte del Parlamento e del Governo rafforzino il passaggio da un *welfare state* alla *welfare society*, sostenendo in particolare le basi di una società più responsabile e meno burocratizzata.

In realtà, anche questo disegno di legge sembra non essere più tanto attuale, se si pensa alle innovazioni introdotte dalla legge 107/2015 e dai decreti di delega, dal PTOF alle nuove funzioni dei dirigenti e del Collegio dei docenti, dall'autovalutazione al RAV, all'organico dell'autonomia, all'inclusione, alle reti di scuole, e si potrebbe ancora continuare.

8. Il Comitato per la valutazione del servizio e la legge 107/2015

In attesa che si proceda al riordino degli organi collegiali della scuola, la legge 107/2015 ha profondamente modificato l'art. 11 del testo unico, Decreto legislativo del 16 aprile 1994, n. 297. Nel comma 129 della legge 107/2015 si afferma:

> Art. 11 – *Comitato per la valutazione dei docenti*
>
> 1. Presso ogni istituzione scolastica ed educativa è istituito, senza nuovi o maggiori oneri per la finanza pubblica, il Comitato per la valutazione dei docenti. (Comma 129, punto 1)

Il Comitato per la valutazione dei docenti

Il nuovo organismo assume, pertanto, il nome di Comitato per la valutazione dei docenti. Non si tratta, in realtà, di un semplice cambio di denominazione, ma di una significativa modifica che riguarda composizione, durata e funzioni di tale organo. Infatti esso, che durerà in carica per un triennio e sarà presieduto dal dirigente scolastico, non sarà composto solo da docenti, ma anche da altre figure del mondo scolastico.

La composizione

In particolare, il Comitato è costituito da:

a) tre docenti dell'istituzione scolastica, di cui due scelti dal collegio dei docenti e uno dal consiglio di istituto;
b) due rappresentanti dei genitori, per la scuola dell'infanzia e per il primo ciclo di istruzione; un rappresentante degli studenti e un rappresentante dei genitori, per il secondo ciclo di istruzione, scelti dal consiglio di istituto;
c) un componente esterno individuato dall'ufficio scolastico regionale tra docenti, dirigenti scolastici e dirigenti tecnici (si veda comma 129, punto 2).

Le funzioni

In riferimento alle funzioni che tale organismo svolgerà, è previsto un suo assetto variabile; tali funzioni riguardano:

- l'individuazione dei criteri per la valorizzazione del personale docente della scuola;
- l'espressione di un parere obbligatorio sul superamento del periodo di formazione e di prova del personale docente e educativo. In questa circostanza, il Comitato è formato solo dal dirigente scolastico dai docenti ed è integrato dal *docente a cui sono affidate le funzioni di tutor*. Il parere espresso dal Comitato è obbligatorio ma non vincolante per il dirigente scolastico, che può discostarsi da esse con atto motivato.

> Il docente sostiene un colloquio innanzi al Comitato, che prende avvio dalla presentazione delle attività di insegnamento e formazione e della relativa documentazione contenuta nel *portfolio professionale*. (DM n. 850 del 27.10. 2015)

- l'esercizio delle prerogative contemplate negli artt. 448 e 501 del testo unico, D.lgs. n. 297/1994, che prevedono rispettivamente la possibilità del Comitato di valutare il servizio su *richiesta dell'interessato,* docente, educatore, e la competenza relativa alla *riabilitazione* del personale docente:

> Trascorsi due anni dalla data con cui fu inflitta la sanzione disciplinare, il dipendente che, a giudizio del Comitato per la valutazione del servizio, abbia mantenuto condotta meritevole, può chiedere che siano resi nulli gli effetti della sanzione, esclusa ogni efficacia retroattiva. (art. 501, D.lgs. n. 297/1994)

In questi ultimi due casi, il Comitato opera con la presenza dei genitori e degli studenti, a meno che la valutazione del docente non riguardi un membro del Comitato, che dovrà essere sostituito dal consiglio di istituto.

Per quanto concerne l'individuazione dei criteri per la valorizzazione dei docenti, questi dovranno essere formulati in riferimento alle indicazioni fornite dalla stessa legge 107/2015:

La valorizzazione dei docenti

3. Il Comitato individua i criteri per la valorizzazione dei docenti sulla base:
   a) della qualità dell'insegnamento e del contributo al miglioramento dell'istituzione scolastica, nonché del successo formativo e scolastico degli studenti;
   b) dei risultati ottenuti dal docente o dal gruppo di docenti in relazione al potenziamento delle competenze degli alunni e dell'innovazione didattica e metodologica, nonché della collaborazione alla ricerca didattica, alla documentazione e alla diffusione di buone pratiche didattiche;
   c) delle responsabilità assunte nel coordinamento organizzativo e didattico e nella formazione del personale. (Comma 129, punto 3)

Meritocrazia e premialità

La scelta di fondo di tale innovazione è certamente rivolta all'affermazione di principi di meritocrazia e di premialità per la cui applicazione si vuole offrire un minimo di garanzia e partecipazione. A confermare tale ipotesi è la stessa legge 107/2015, che al comma 130 ha previsto che al termine del triennio 2016-2018, gli uffici scolastici avrebbero dovuto inviare al MIUR una relazione sui criteri adottati affinché potessero essere analizzati da un apposito Comitato tecnico-scientifico nominato dal MIUR, il quale, dopo un confronto con le parti sociali e con le rappresentanze professionali, avrebbe dovuto predisporre le linee guida, rivedibili periodicamente, per la valutazione del merito dei docenti a livello nazionale.

Le procedure

In realtà, affinché tale scelta innovativa vada a pieno regime, occorrerà procedere ad alcune chiarificazioni sulle procedure. La prima questione riguarda *i criteri di scelta dei docenti,* ma anche quelli dei genitori e degli studenti che dovranno far parte del Comitato. La seconda è sui *conflitti di interesse* che potrebbero riscontrarsi relativamente al riconoscimento dei meriti: dal momento che i docenti fanno tutti parte del Collegio e che vi sono anche docenti-genitori, non è escluso che essi possano far parte del Consiglio d'istituto e, quindi, aver interesse all'eventuale nomina nel Comitato di valutazione. Occorrerà anche chiedersi quale dovrà essere la funzione svolta dallo stesso membro esterno nominato dall'ufficio scolastico regionale. D'altra parte, essendo il dirigente scolastico il reale decisore in merito all'assegnazione dei premi, bisognerà individuare adeguati criteri di valutazione per evitare che si verifichino dei contenziosi. Probabilmente, dopo un'iniziale fase di rodaggio, tutte le questioni troveranno la giusta sistemazione.

CAPITOLO TREDICESIMO

Le relazioni sindacali nella scuola dell'autonomia e il CCNL 2016-2018

1. Un difficile snodo

La prima fase

Dopo la riforma del pubblico impiego e l'accordo interconfederale del 23 luglio 1993 che ha avviato la contrattazione, in fase iniziale tale operazione era stata strettamente correlata ai risultati conseguiti nella realizzazione dei programmi, concordati tra le parti, finalizzati all'incremento di produttività, qualità, competitività: in questo senso, i riconoscimenti retributivi erano stabiliti in relazione a quelli della produttività.

In realtà, tale scelta è stata ben presto finalizzata a incrementare i livelli retributivi complessivi, non considerando l'effettiva produttività del personale.

Contrattazione e riserve di legge

Tale sistema, che si è caratterizzato per una progressiva espansione delle materie contrattuali, con la possibilità di disapplicare la legge a favore degli accordi contrattuali, è rimasto in piedi sino al 2008; poi, a partire da quell'anno, vi è stata un'inversione di tendenza con il tentativo da parte pubblica di recuperare materie impropriamente passate alla contrattazione, a favore della riserva di legge, sino alla legge 15/2009 e al successivo D.lgs. n. 150/2009, che avevano affermato che i contratti non avrebbero potuto disapplicare una legge se questa non lo avesse esplicitamente previsto.

Dopo una fase di accesi confronti, vissuti anche all'interno delle scuole, con un contenzioso che aveva riguardato soprattutto la sottoscrizione dei contratti d'istituto, la contrattazione aveva vissuto una fase di transizione in attesa di una ridefinizione dei rapporti sindacali.

Carattere imperativo delle norme

In realtà, gli elementi di contrasto tra parte pubblica e parte sindacale avevano prodotto una conflittualità molto diffusa. Infatti, se la legge 15/2009 aveva affermato il principio dell'inderogabilità dalle previsioni di legge (art. 1, comma 1) e il D.lgs. n. 150/2009 aveva confermato il carattere imperativo delle norme (art. 2, comma 2), il D.lgs. n. 165/2001 aveva definito l'applicabilità degli artt. 1339 e 1419 del Codice civile (art. 2, comma 2), le materie escluse dalla contrattazione (art. 2, comma 3-*bis*) e l'invalidazione, dal 1° gennaio 2011, dei contratti collettivi integrativi non adeguati alle nuove norme (art. 40, comma 1).

Proprio perché si intuiva la difficoltà del momento, era stato inizialmente fissato un periodo di transizione, stabilendo che tali norme sarebbero state applicate in maniera graduale adeguando i contratti d'istituto entro il 31 dicembre 2010 con la loro definitiva applicazione dal gennaio successivo. L'art. 65 del D.lgs. n. 150/2009 aveva stabilito, infatti:

> 1. Entro il 31 dicembre 2010, le parti adeguano i contratti collettivi integrativi vigenti alla data di entrata in vigore del presente decreto alle disposizioni riguardanti la definizione degli ambiti riservati, rispettivamente, alla contrattazione collettiva e alla legge, nonché a quanto previsto dalle disposizioni del Titolo III del presente decreto. (Art. 65 – *Adeguamento ed efficacia dei contratti collettivi vigenti*)

Il rinvio del rinnovo dei contratti

Quell'opportunità non era stata sfruttata, anche perché erano sopravvenute alcune misure di contenimento della spesa pubblica riportate nel DL n. 78 del 31 maggio 2010 convertito nella legge 122 del 30 luglio successivo, che avevano rinviato il rinnovo dei contratti nazionali al 2013, impedendo di fatto l'adeguamento alla nuova normativa e generando perplessità sull'applicabilità del disposto legislativo nei tempi previsti.

Tutto ciò aveva incrementato il confronto tra Governo e sindacati, ciascuno intenzionato a far prevalere le proprie ragioni.

Mentre il Ministero dell'Istruzione non interveniva, il Ministero della Funzione pubblica, proprio per sostenere la prerogativa governativa, aveva diffuso nel maggio 2010 la circolare n. 7, che aveva ribadito che tutto ciò che atteneva alla potestà dirigenziale sarebbe entrato in vigore dal 15 novembre 2009, in quanto la norma non aveva previsto una fase di transizione, e che essa andava applicata alla macro e micro-organizzazione degli uffici, di sicura potestà dirigenziale, per la quale era previsto solo l'istituto dell'informazione.

Sul fronte opposto si erano schierati coloro che, a partire dalle organizzazioni sindacali, sostenevano la non applicabilità delle nuove norme, non tanto per principio, quanto per la presenza di alcune contraddizioni nello stesso D.lgs. n. 150/2009: in particolare, era dichiarato applicabile l'ambito della premialità e della performance solo con il rinnovo contrattuale successivo e, quindi, solo dal 2013, dopo il loro blocco in base all'art. 9 del DL n. 78/2010.

Quella situazione di stallo aveva prodotto dinamiche di contenziosi, e molte controversie erano state promosse nelle sedi di giudizio visto che, d'altra parte, la giurisprudenza non aveva mostrato un orientamento univoco né c'era stato il tempo di interpellare livelli giurisdizionali più alti.

2. La riapertura della contrattazione dei dipendenti pubblici

Dopo altri rinvii per la ripresa della contrattazione dei pubblici dipendenti, è stata la Sentenza n. 178 del 24 giugno 2015. Si è trattato di una sentenza ispirata a varie pronunce precedenti e con la quale la Corte Costituzionale, se da un lato ha dichiarato non fondata la questione di legittimità costituzionale del blocco dei contratti, dall'altro ha stabilito l'illegittimità di quello dei contratti dei pubblici dipendenti, richiamando soprattutto la salvaguardia della libertà e dei diritti sindacali e l'esigenza di qualificare i servizi pubblici anche attraverso la contrattazione.

La Sentenza del 2015

La decisione della Corte Costituzionale, in risposta alle obiezioni di legittimità costituzionale sollevate dai giudici del lavoro dei Tribunali di Roma e di Ravenna (ordinanze rispettivamente del 27 novembre 2013 e del primo marzo 2014) ha così messo fine a una vicenda protrattasi per vari anni e avviata dalla contestazione dell'art. 9, commi 1, 2-*bis,* 17 primo periodo e 21 ultimo periodo del decreto legge 31 maggio 2010, n. 78, convertito con modificazioni dall'art. 1, comma 1, della legge 30 luglio 2010, n. 122 e dall'art. 16, comma 1, lett. b) e c) del decreto legge 6 luglio 2011, n. 98, convertito con modificazioni, dall'art. 1, comma 1, della legge 15 luglio 2011, n. 111.

Volendo ripercorrere dal punto di vista normativo l'iter che aveva condotto al blocco delle contrattazioni, va ricordato che era stato disposto dal Governo il blocco dei rinnovi contrattuali del pubblico impiego per il triennio 2010-2012, con possibilità di proroga fino al 2014, poi confermata in quanto lo stesso DL n. 98/2011 aveva demandato ulteriori decisioni a uno o più regolamenti, da adottarsi ai sensi dell'art. 17, comma 2, legge 23 agosto 1988, n. 400, possibilità di estensione poi avvenuta in base al DPR 4 settembre 2013, n. 122.

Tale scelta era stata confermata in sede di Legge di stabilità 2014, legge 27 dicembre 2013, n. 147, mentre con la Legge di stabilità 2015, art. 1, comma 254, legge 23 dicembre 2014, n. 190, erano state ulteriormente sospese le procedure negoziali per la parte economica fino al 31 dicembre 2015 e il congelamento, art. 1, comma 255, dell'indennità di vacanza contrattuale fino al 2018.

A consentire lo sblocco della situazione è stata la legge di stabilità 2016 (legge del 28 dicembre 2015, n. 280), che ha modificato alcuni spetti del D.lgs. n. 165/2001 relativamente ai comparti di settore e ha stabilito l'importo complessivo massimo per il rinnovo dei contratti (comma 466).

3. I contratti quadro 2016-2018

Il CCNQ 2016

Con la ripresa della contrattazione sono stati sottoscritti i primi due contratti quadro per le successive fasi. Infatti, il 13 luglio 2016 è stato così sottoscritto dall'ARAN e dalle organizzazioni sindacali il *contratto collettivo quadro* (CCNQ), che ha ridefinito gli ambiti e i comparti di contrattazione e le relative aree dirigenziali. Infatti, in base al disposto dell'art. 40, comma 2, del D.lgs. n. 165/2001, i comparti della contrattazione sono stati ridotti da 11 a 4, all'interno dei quali sono state previste le specifiche aree dirigenziali. L'art. 12 del nuovo CCNQ ha sostituito integralmente le norme precedenti del CCNQ per la definizione dei comparti di contrattazione dell'11 giugno 2007 e quelle dell'accordo quadro per le autonome aree di contrattazione della dirigenza del primo febbraio 2008. Nello specifico, negli artt. 3-7 sono stati definiti i seguenti comparti:

I nuovi comparti

- quello delle funzioni centrali, in cui confluiscono i comparti dei ministeri, quelli delle agenzie fiscali, quelli degli enti pubblici non economici e altri enti minori. Per l'area dirigenziale rientrano nel comparto i dirigenti delle amministrazioni corrispondenti, oltre ai professionisti e ai medici degli enti pubblici non economici;
- quello delle funzioni locali, al quale afferisce il comparto Regioni e autonomie locali, mentre per l'area dirigenziale rientrano i dirigenti del comparto, quelli amministrativi, tecnici e professionale di enti e aziende della Sanità, i segretari comunali e provinciali;
- quello di Istruzione e Ricerca, relativo al comparto scuola, all'AFAM, all'università, agli enti pubblici di ricerca e altri enti minori, con tutti i dirigenti del comparto;
- quello della Sanità, che fa riferimento quasi esclusivamente al precedente comparto della Sanità, con i dirigenti del settore, esclusi quelli amministrativi, tecnici e professionali che rientrano nel comparto delle funzioni locali.

L'art. 8 ha infine previsto che il nuovo contratto collettivo nazionale di lavoro nella sua unitarietà si articolerà in una parte comune, con gli istituti applicabili ai lavoratori di tutte le amministrazioni, e in parti speciali o sezioni, per le peculiarità dei vari aspetti del rapporto di lavoro.

Successivamente, in data 4 dicembre 2017, è stato sottoscritto anche il contratto collettivo nazionale quadro su distacchi, aspettative, permessi e altre prerogative sindacali. In particolare, nel documento, composto da 40 articoli, sono state ridefinite: le norme generali per la contrattazione e le prerogative sindacali; il diritto di assemblea; i distacchi, i permessi e le aspettative sindacali; la rappresentatività sindacale; i dirigenti sindacali e la loro tutela; le procedure e gli adempimenti per l'esercizio delle prerogative sindacali; la ripartizione dei distacchi e permessi; le norme disapplicate dei precedenti contratti.

Il contratto sulle prerogative sindacali

Per il diritto di assemblea, è stata stabilita la possibilità per i dipendenti pubblici di partecipare sino a un massimo di 10 ore annue alle assemblee (art. 4), mentre per i permessi sindacali,

Il diritto di assemblea

> per assicurare la continuità dell'attività didattica e per evitare aumento di spesa garantendo un'equa distribuzione del lavoro tra il personale in servizio, i permessi sindacali fruibili nelle istituzioni scolastiche, educative e di alta formazione non possono superare bimestralmente cinque giorni lavorativi e, in ogni caso, dodici giorni nel corso dell'anno scolastico o accademico. Al personale ATA ed ai capi di istituto, che non sono tenuti ad assicurare la continuità didattica, i permessi sindacali per l'espletamento del mandato, assegnati alle organizzazioni sindacali, possono essere fruiti in forma cumulata, senza oneri aggiuntivi anche indiretti, con modalità attuative che saranno definite in sede di contrattazione integrativa a livello di amministrazione. (Art. 18 – *Norme speciali per le istituzioni scolastiche, educative e di alta formazione*)

Particolarmente importante è l'art. 3, in cui sono definite le figure di dirigenti sindacali:

I dirigenti sindacali

Art. 3 – *Dirigenti sindacali*

1. Nelle pubbliche amministrazioni di cui all'art. 1, comma 2, del D.lgs. 165/2001 sono dirigenti sindacali:
   a) i componenti delle RSU;
   b) i componenti dei terminali di tipo associativo, designati dalle organizzazioni sindacali rappresentative e rimasti operativi nei luoghi di lavoro dopo la elezione delle RSU;
   c) i dipendenti accreditati a partecipare alla contrattazione collettiva integrativa dalle organizzazioni sindacali aventi titolo ai sensi dell'art. 5, comma 3, dell'ACQ 7 agosto 1998;
   d) i componenti delle rappresentanze sindacali aziendali (RSA) delle organizzazioni sindacali rappresentative ai sensi dell'art. 10 dell'ACQ 7 agosto 1998;
   e) i componenti degli organismi direttivi delle organizzazioni sindacali di categoria rappresentative non collocati in distacco o aspettativa;
   f) i componenti degli organismi direttivi delle confederazioni rappresentative ai sensi dell'art. 43 comma 2 del D.lgs. 165/2001, non collocati in distacco o aspettativa;

g) i componenti degli organismi direttivi delle associazioni sindacali rappresentative collocati in distacco o aspettativa.

2. Le organizzazioni sindacali rappresentative comunicano tempestivamente all'amministrazione, per iscritto, i nominativi dei dirigenti sindacali di cui al comma 1, che siano dipendenti dell'amministrazione stessa. Con le stesse modalità vengono comunicate le eventuali successive modifiche. (Art. 3 – *Dirigenti sindacali – CCNQ sulle modalità di utilizzo per distacchi, aspettative e permessi, nonché delle altre prerogative sindacali, 4 dicembre 2017*)

Per tali figure sono state stabilite particolari tutele dall'art. 20 per il trasferimento, il rientro in servizio, il trattamento economico, eventuali forme di discriminazione, la non subordinazione gerarchica nelle loro funzioni sindacali.

4. Il trasferimento in un'unità operativa ubicata in comune o circoscrizione diversa da quella di assegnazione dei dirigenti sindacali indicati nell'art. 3 (Dirigenti sindacali), può essere predisposto solo previo nulla osta delle rispettive associazioni sindacali di appartenenza o della RSU qualora il dirigente ne sia componente.
5. Nelle Istituzioni scolastiche ed educative il disposto del comma 4 non si applica nei casi in cui si debba procedere all'individuazione del personale soprannumerario, docente ed Ata, in conseguenza della rideterminazione dell'organico dell'istituzione scolastica o educativa. Non si applica, altresì, in tutti i casi nei quali l'assegnazione della sede sia stata disposta in applicazione di istituti che prevedono una permanenza annuale nella sede stessa. (Art. 20 – *Tutela del Dirigente sindacale*)

Specifiche norme sono state, infine, previste, oltre all'art. 18, nell'art. 30 per l'AFAM e il sistema di istruzione e formazione e per il personale del comparto e nell'art. 35 per il personale dirigente.

4. Il CCNL per il triennio 2016-2018

Il sistema delle relazioni sindacali trova oggi il suo fondamento giuridico nel D.lgs. n. 165/2001 che ha delineato un complesso sistema di relazioni che hanno influito moltissimo sul lavoro scolastico e sui rapporti interni ed esterni della scuola.

Il nuovo contratto

Sottoscritto l'8 febbraio 2018, sottoposto al confronto con la base e confermato in via definitiva il 19 aprile 2018, il nuovo contratto ha validità dal 1° gennaio 2016 al 31 dicembre 2018 per la parte giuridica ed economica con carattere vincolato e automatico (art. 2); esso riguarda tutto personale con rapporto di lavoro a tempo indeterminato e determinato dipendente da tutte le amministrazioni del comparto specifico.

Il testo conferma l'articolazione del contratto nelle due distinte parti, quella comune applicabile a tutti i dipendenti del comparto e quella specifica, esclusiva per il personale di ciascuna amministrazione. Nel contempo, l'art. 1, comma 10 conferma gli articoli dei vecchi contratti nella parte in cui non sono modificati da quello presente:

> Per quanto non espressamente previsto dal presente CCNL, continuano a trovare applicazione le disposizioni contrattuali dei CCNL dei precedenti comparti di contrattazione e le specifiche norme di settore, in quanto compatibili con le suddette disposizioni e con le norme legislative, nei limiti del D.lgs. n. 165/2001.

Tale scelta ha consentito di non intervenire su alcuni aspetti della vita scolastica interna, quali i carichi di lavoro di docenti e ATA, le ferie, i permessi e i rapporti interni tra organi collegiali e dirigente scolastico, ed è conseguente all'applicazione del D.lgs. n. 75/2017 di modifica del D.lgs. n. 165/2001: essa ha permesso, nel contempo, di poter modificare le materie del precedente contratto, in particolare quelle della contrattazione.

I nuovi scenari

Una svolta importante dal punto di vista culturale è data dall'interpretazione delle relazioni sindacali per le quali si indicano nuovi scenari che inseriscono modalità di confronto che valorizzano la partecipazione ai vari livelli, nazionale, regionale, di singolo istituto scolastico. In questo senso, viene riconosciuta l'importanza di una scuola che si qualifichi come comunità educante e di un rinnovato senso di partecipazione agli organi collegiali. Nello stesso testo del contratto per il comparto Istruzione e Ricerca si legge che la scuola

> è una comunità educante di dialogo, di ricerca, di esperienza sociale, informata ai valori democratici e volta alla crescita della persona in tutte le sue dimensioni. In essa ognuno, con pari dignità e nella diversità dei ruoli, opera per garantire la formazione alla cittadinanza, la realizzazione del diritto allo studio, lo sviluppo delle potenzialità di ciascuno e il recupero delle situazioni di svantaggio, in armonia con i princìpi sanciti dalla Costituzione e dalla Convenzione internazionale sui diritti dell'infanzia, approvata dall'ONU il 20 novembre 1989, e con i princìpi generali dell'ordinamento italiano. (Art. 24)

Le relazioni sindacali

Viene rilanciata anche l'importanza del Collegio dei docenti nella sua funzione più significativa di sede della progettazione educativa e didattica: tale lavoro si concretizza, nel rispetto della libertà di insegnamento e di apprendimento, nel piano triennale dell'offerta formativa.

Il sistema delle relazioni sindacali viene in questo quadro definito come strumento privilegiato

> per costruire relazioni stabili tra amministrazioni pubbliche e soggetti sindacali, improntate alla partecipazione attiva e consapevole, alla correttezza e trasparenza dei comportamenti, al dialogo costruttivo,

alla reciproca considerazione dei rispettivi diritti ed obblighi, nonché alla prevenzione e risoluzione dei conflitti.

2. Attraverso il sistema delle relazioni sindacali:

- si persegue l'obiettivo di contemperare il miglioramento delle condizioni di lavoro dei dipendenti con l'esigenza di incrementare l'efficacia e l'efficienza dei servizi prestati;
- si migliora la qualità delle decisioni assunte;
- si sostengono la crescita professionale e l'aggiornamento del personale, nonché i processi di innovazione organizzativa. (Art. 4 – *Obiettivi e strumenti*)

I modelli

Le relazioni si articolano in modelli relazionali, la partecipazione e la contrattazione integrativa, se prevista anche livello nazionale e regionale, compresa l'interpretazione autentica dei contratti (art. 7).

Per quanto concerne la partecipazione, essa ha lo scopo di instaurare il dialogo tra le parti in modo da assumere decisioni condivise.

Essa si articola in:

a) informazione (art. 5);
b) confronto (art. 6);
c) organismi paritetici di partecipazione (art. 9).

L'informazione

L'informazione è alla base delle relazioni sindacali in quanto consente di prendere conoscenza di questioni e materie di contrattazione; essa consiste nella trasmissione da parte dell'amministrazione — nel caso delle istituzioni scolastiche, il dirigente — di dati ed elementi di confronto e va data in tempi, modi e contenuti adeguati: sono oggetto di informazione tutte le materie della contrattazione integrativa.

Il confronto

Il confronto si concretizza nelle modalità di dialogo che guidano la trattativa: se alla parte pubblica compete formulare delle proposte, a quella sindacale tocca il compito di valutarle, condividerle o meno, formularne delle altre, il tutto per giungere a sintesi propositive che migliorino la qualità della vita scolastica. Questa scelta è riconducibile come principio a quello affermato nell'Accordo del 30 novembre 2016, che ha parlato di necessità di un riequilibrio tra le fonti normative e quelle pattizie dopo la Riforma Brunetta.

Le clausole di raffreddamento

Per lo svolgimento delle relazioni, l'art. 8 ha previsto anche la procedura per le clausole di raffreddamento delle eventuali controversie sopravvenute: in base ai principi di responsabilità, correttezza, buona fede, trasparenza dei comportamenti, prevenzione dei conflitti, le parti contraenti si impegnano nei primi 30 giorni della contrattazione a non assumere iniziative unilaterali e a non realizzare azioni dirette, ma compiono i ragionevoli sforzi per giungere a un accordo.

L'art. 9, infine, prevede l'organismo paritetico per l'innovazione per la scuola e per l'AFAM, entrambi presso il MIUR, per il coinvolgimento dei sindacati titolari alla contrattazione integrativa:

L'organismo paritetico

> 2. L'organismo di cui al presente articolo è la sede in cui si attivano stabilmente relazioni aperte e collaborative su progetti di organizzazione, innovazione e miglioramento dei servizi, al fine di formulare proposte all'amministrazione o alle parti negoziali della contrattazione integrativa.
> 3. Per il settore scuola e per il settore AFAM, l'organismo di cui al presente articolo affronta anche le tematiche del lavoro agile e della conciliazione dei tempi di vita e di lavoro. (Art. 9)

L'organismo ha composizione paritetica, si riunisce almeno due volte l'anno, può elaborare proprie proposte progettuali per la contrattazione integrativa, adottare uno specifico regolamento, svolgere analisi, indagini e studi.

Altri aspetti qualificanti

La svolta in senso propositivo del nuovo contratto è completata anche da altri tre aspetti qualificanti. Il primo è relativo alle donne vittime di violenza (art. 18), per le quali sono stati previsti permessi sino a un massimo di 90 giorni per la frequenza di percorsi di protezione relativi alla violenza di genere. Il secondo riguarda le unioni civili (art. 19) ed è finalizzato a tutelare i diritti e il pieno adempimento degli obblighi connessi, riconducibili alla legge 76/2016. Il terzo, specifico per il comparto Istruzione, prevede tra le materie di contrattazione il diritto alla disconnessione (art. 22, comma 5 lettera c, punto c8), finalizzato a conciliare, con l'utilizzo delle nuove tecnologie, i tempi di lavoro con quelli da dedicare alla famiglia.

5. La contrattazione collettiva integrativa: il livello nazionale e regionale

La contrattazione collettiva integrativa (art. 7) ha la finalità di promuovere l'offerta formativa sostenendo i processi di innovazione e valorizzando la professionalità del personale della scuola. Sulle sue risultanze sono redatti e sottoscritti i contratti che rimangono in vigore per un triennio.

I livelli di contrattazione

Sono confermati i vari livelli si articola la contrattazione collettiva integrativa, quello nazionale, quello regionale, quello dell'istituzione scolastica:

> 3. È esclusa la sovrapposizione, duplicazione e ripetibilità di materie trattate ai diversi livelli di cui al comma 1, ferma restando la possibilità per i contratti di cui al comma 2, lettere a) e b) di demandare ai livelli inferiori la regolazione delle materie di loro

pertinenza individuate nel successivo comma 4, o di loro parti specifiche, nel rispetto della legge e del CCNL. (Art. 22 – *Livelli, soggetti e materie di relazioni sindacali per la Sezione Scuola*)

Il livello nazionale

Il primo livello è pertanto quello *nazionale* e si svolge a cura del MIUR e delle organizzazioni sindacali firmatarie del contratto; essa riguarda le procedure e i criteri generali per la mobilità professionale e territoriale del personale della scuola, le assegnazioni provvisorie, le utilizzazioni annuali, la ripartizione delle risorse per la formazione, per le funzioni strumentali e per gli incarichi aggiuntivi per il personale ATA, i criteri di riparto del fondo per l'istituzione scolastica. Altro ambito è quello dei criteri dell'esercizio dei diritti e dei permessi sindacali, mentre tra gli aspetti finanziari vi sono quelli dell'attribuzione delle risorse per le scuole in aree a rischio educativo, con forte processo immigratorio, per il contrasto alla dispersione scolastica.

Il livello regionale

Il secondo livello di contrattazione collettiva integrativa è quello *regionale* e si svolge tra il dirigente che rappresenta l'USR, o suo delegato, e i rappresentanti territoriali delle organizzazioni sindacali firmatarie del nuovo CCNL. Rientrano in questo ambito, oltre alle materie delegate dal contratto nazionale, le linee di indirizzo e i criteri per la tutela della salute nell'ambiente di lavoro; i criteri di allocazione e utilizzo a livello di istituto di risorse provenienti da altri enti diversi dal MIUR da destinare alla lotta all'emarginazione scolastica, agli interventi sulle aree a rischio e a forte processo immigratorio; i criteri, le modalità e la durata massima delle assemblee territoriali; i criteri per la fruizione dei permessi per il diritto allo studio.

Per quanto concerne le relazioni sindacali, il contratto definisce le materie di informazione *a livello nazionale e regionale;* gli esiti dei monitoraggi sulla valutazione dell'efficacia e della qualità del sistema scolastico; le risorse finanziarie assegnate, comprese quelle relative ai fondi comunitari, alle istituzioni scolastiche; le capacità operative dei sistemi informatici per i servizi amministrativi e di supporto all'attività scolastica.

Per quanto riguarda le materie di confronto a livello nazionale:

8. Sono oggetto di confronto ai sensi dell'art. 6:

a) a livello nazionale e regionale:
a1) gli obiettivi e le finalità della formazione del personale;
a2) gli strumenti e le metodologie per la valutazione dell'efficacia e della qualità del sistema scolastico, anche in rapporto alle sperimentazioni in atto;
a3) sugli organici e sul reclutamento del personale scolastico; su tali materie, il periodo di confronto non può superare i cinque giorni. (Art. 22 – *Livelli, soggetti e materie di relazioni sindacali per la Sezione Scuola*)

6. La contrattazione integrativa d'istituto: fonti, ambiti, soggetti

A livello di singola scuola la titolarità delle relazioni sindacali è riconosciuta per la parte pubblica al dirigente scolastico: egli si ritrova, pertanto, nella duplice veste di responsabile dell'istituzione scolastica e di rappresentante per la parte pubblica del negoziato sindacale con le RSU, a loro volta elette a rappresentanza dei colleghi di lavoro e le organizzazioni sindacali.

Sono due i filoni giuridici che regolamentano tale settore, quello dell'autonomia e quello della riforma della pubblica amministrazione.

L'oggetto della contrattazione d'istituto

Oggetto della contrattazione d'istituto sono una serie di aspetti del servizio scolastico, in particolare specifici ambiti del rapporto di lavoro espressamente indicati nel contratto nazionale. Non possono essere oggetto di contrattazione gli aspetti pedagogici e didattici del PTOF. Finalità di tale contrattazione è quella di definire regole certe, corrette, trasparenti e condivise nelle materie previste. Le prospettive che tale scelta ha aperto hanno delineato un diverso e più moderno modello di scuola, nel quale la stessa partecipazione si è arricchita di nuovi significati; in particolare, si è voluto:

– favorire la realizzazione di processi innovativi incentivando la democrazia sindacale;
– promuovere nuove modalità, forme e sedi di decisionalità;
– trasformare e migliorare il modello partecipativo scolastico.

Le difficoltà

Certamente, la realizzazione di tale prospettiva non è stata semplice; la sua attuazione durante questa fase quasi ventennale di autonomia ha prodotto fenomeni di conflittualità, spesso anche di tipo ideologico.

Altri fronti di contenzioso sono, poi, venuti da atteggiamenti corporativistici, per cui spesso le varie categorie del mondo scolastico hanno fatto quadrato intorno ai propri interessi. Non va, però, dimenticato che le intenzioni sono quelle di favorire lo sviluppo della democrazia nella scuola, tanto che è stato previsto che potessero partecipare alle elezioni delle RSU anche coloro che non fossero stati iscritti ad alcun sindacato.

La fase di maggior criticità in questi rapporti è stata vissuta dopo la pubblicazione dei provvedimenti n. 15/2009 e n. 150/2009, con la conseguente modifica del D.lgs. n. 165/2001 e dell'art. 6 del CCNL 2006-2009, che lasciavano come materie di contrattazione integrativa quelle dei punti j), k), l) del contratto, con l'esclusione delle determinazioni per l'organizzazione degli uffici e la gestione dei rapporti di lavoro, che erano assunte in via esclusiva dai dirigenti con la capacità e i poteri del privato datore di lavoro, fatta salva la sola informazione ai sindacati. In particolare, rientravano nei poteri dirigenziali le misure per la gestione delle risorse umane nel rispetto del principio di pari opportunità, nonché la direzione e l'organizzazione del lavoro nell'ambito degli uffici.

Lo stesso art. 40, comma 3-*quinquies* del D.lgs. n. 165/200, aveva ribadito che, in caso di violazione di vincoli e competenze determinati dalla contrattazione nazionale e da norme di legge, tali clausole sarebbero state nulle e inapplicabili e sostituite ai sensi degli articoli 1339 e 1419, comma 2, del Codice civile, con prevalenza della legge sulla norma pattizia.

In realtà, queste criticità sono state comunque superate, a parte qualche strascico di contenzioso, diventando elementi che hanno svolto una funzione positiva nel promuovere il confronto democratico. Ora si è riaperta la stagione del rinnovo dei contratti dopo una lunga fase di blocco, durante la quale sono stati sottoscritti per la scuola solo il contratto per il personale ATA e quello dei DSGA. La stessa contrattazione a livello dell'istituzione scolastica oggi vede modificati gli ambiti di interesse:

Le modifiche degli ambiti di contrattazione

4. Sono oggetto di contrattazione integrativa:

c) a livello di istituzione scolastica ed educativa:

c1) l'attuazione della normativa in materia di sicurezza nei luoghi di lavoro;

c2) i criteri per la ripartizione delle risorse del fondo d'istituto;

c3) i criteri per l'attribuzione di compensi accessori, ai sensi dell'art. 45, comma 1, del d.lgs. n. 165/2001 al personale docente, educativo ed ATA, inclusa la quota delle risorse relative all'alternanza scuola-lavoro e delle risorse relative ai progetti nazionali e comunitari, eventualmente destinate alla remunerazione del personale;

c4) i criteri generali per la determinazione dei compensi finalizzati alla valorizzazione del personale, ivi compresi quelli riconosciuti al personale docente ai sensi dell'art. 1, comma 127, della legge n. 107/2015;

c5) i criteri e le modalità di applicazione dei diritti sindacali, nonché la determinazione dei contingenti di personale previsti dall'accordo sull'attuazione della legge n. 146/1990;

c6) i criteri per l'individuazione di fasce temporali di flessibilità oraria in entrata e in uscita per il personale ATA, al fine di conseguire una maggiore conciliazione tra vita lavorativa e vita familiare;

c7) i criteri generali di ripartizione delle risorse per la formazione del personale nel rispetto degli obiettivi e delle finalità definiti a livello nazionale con il Piano nazionale di formazione dei docenti;

c8) i criteri generali per l'utilizzo di strumentazioni tecnologiche di lavoro in orario diverso da quello di servizio, al fine di una maggiore conciliazione tra vita lavorativa e vita familiare (diritto alla disconnessione);

c9) i riflessi sulla qualità del lavoro e sulla professionalità delle innovazioni tecnologiche e dei processi di informatizzazione inerenti ai servizi amministrativi e a supporto dell'attività scolastica [...]. (Art. 22 – *Livelli, soggetti e materie di relazioni sindacali per la Sezione Scuola*)

Per quanto concerne le relazioni sindacali, a livello di istituzione scolastica l'informazione riguarda la proposta di formazione delle classi e degli organici e i criteri di attuazione dei progetti nazionali ed europei. Il confronto riguarda: l'orario di lavoro del personale docente, educativo e ATA; i criteri per l'utilizzo del personale nelle attività retribuite con il Fondo d'Istituto; i criteri per le assegnazioni alle sedi di servizio all'interno dell'istituzione scolastica e per la fruizione dei permessi per l'aggiornamento del personale; la promozione della legalità, della qualità del lavoro e del benessere organizzativo, comprese le misure di prevenzione dello stress lavoro-correlato e di fenomeni di burnout.

Le relazioni sindacali

L'art. 40 ha stabilito che a partire dall'anno scolastico 2018-2019 venga creato un unico fondo, il Fondo per il miglioramento dell'offerta formativa, in cui dovranno confluire i vari finanziamenti alle scuole, dal Fondo per l'istituzione scolastica alle risorse per i compensi per le ore eccedenti del personale insegnante di educazione fisica nell'avviamento alla pratica sportiva; da quelle per le funzioni strumentali al piano dell'offerta formativa a quelle per gli incarichi specifici del personale ATA; dalle misure incentivanti per progetti nelle aree a rischio, a forte processo immigratorio e contro l'emarginazione scolastica, a quelle per le ore eccedenti per la sostituzione dei colleghi assenti.

Il Fondo unico

In questo fondo confluiranno, oltre alle risorse previste dall'art. 1, comma 592, della legge 205/2017, anche le risorse dell'art. 1, comma 126, della legge 13 luglio 2015, n. 107 finalizzandole alla valorizzazione del personale docente in base ai criteri dell'articolo 22 del nuovo CCNL.

> 4. Il fondo per il miglioramento dell'offerta formativa di cui ai commi 1, 2 e 3 resta finalizzato a remunerare il personale per le seguenti finalità:
>   a) finalità già previste per il Fondo per l'Istituzione scolastica ai sensi dell'art. 88 del CCNL 29/11/2007;
>   b) i compensi per le ore eccedenti del personale insegnante di educazione fisica nell'avviamento alla pratica sportiva;
>   c) le funzioni strumentali al piano dell'offerta formativa;
>   d) gli incarichi specifici del personale ATA;
>   e) le misure incentivanti per progetti relativi alle aree a rischio, a forte processo immigratorio e contro l'emarginazione scolastica;
>   f) i compensi ore eccedenti per la sostituzione dei colleghi assenti;
>   g) la valorizzazione dei docenti, ai sensi dell'art. 1, commi da 126 a 128, della legge n. 107/2011;
>   h) le finalità di cui all'art 1, comma 593 della legge n. 205/2017. (Art. 22)

La ripartizione del fondo tra le varie finalità (comma 4) avviene a livello di contrattazione integrativa nazionale nei seguenti ambiti:

– ore eccedenti di insegnamento per la sostituzione dei colleghi assenti in base al fabbisogno e, comunque, in misura non inferiore a quanto già destinato in precedenza;

– attività di recupero presso le istituzioni scolastiche secondarie di secondo grado in base al fabbisogno e, comunque, in misura non inferiore a quanto già destinato con il CCNL 7/8/2014;
– la valorizzazione dei docenti con le risorse residue dell'art. 1, comma 126, della legge 107/2015;
– gli incarichi specifici del personale ATA, in misura non inferiore a quanto già previsto.

La triennalità

Il contratto collettivo viene stipulato, di norma, con cadenza triennale e fissa anche i criteri di riparto tra le istituzioni scolastiche, in base ai seguenti parametri:

a) numero di punti di erogazione del servizio;
b) dotazione organica;
c) dotazione organica dei docenti delle scuole secondarie di secondo grado per l'educazione fisica e la pratica sportiva;
d) aree soggette a maggiore rischio educativo;
e) ulteriori parametri dimensionali e di struttura in riferimento alla specificità e complessità di particolari tipologie di istituzioni scolastiche.

Nel frattempo, il MIUR ha diffuso in data 27 ottobre 2017 il DM n. 851, nel quale sono stati fissati i parametri per l'assegnazione diretta alle istituzioni scolastiche delle risorse economiche per il loro funzionamento.

Nessun OIV per la scuola

Infine, per l'ottimizzazione della produttività e per la premialità, l'art. 20 del contratto ha confermato che per il personale delle istituzioni scolastiche, educative, dell'AFAM, ricercatori e tecnologi rimane in vigore quanto stabilito dall'art. 74, comma 4 del D.lgs. n. 150 del 2009, per cui è esclusa la costituzione degli organismi indipendenti di valutazione (OIV).

7. Il comparto «Istruzione e Ricerca»: i docenti

Prospettive del contratto

Nell'ambito delle nuove regole della contrattazione, la scuola rientra nel comparto «Istruzione e Ricerca», nel quale confluisce anche l'AFAM (Alta Formazione Artistica e Musicale). Il contratto è stato sottoscritto tenendo conto di una serie di prospettive:
– la necessità di armonizzare tutti gli interventi che si sono susseguiti negli ultimi anni nel settore dell'istruzione e in quello del lavoro pubblico, dalla legge 107/2015 alla legge 124/2015, alla normazione secondaria;
– l'opportunità di semplificare l'intero quadro contrattuale;
– la prospettiva di valorizzare il personale della scuola anche attraverso il riconoscimento dei meriti e la premialità;
– l'intento di sostenere la partecipazione e confermare la scuola, che si ponga come una comunità educante, prospettiva affermata dallo stesso contratto.

Per quanto concerne i carichi di lavoro, non sono apportate significative modifiche: le ore di insegnamento sono confermate, come il precedente contratto, con 25 ore per i docenti della scuola dell'infanzia, 22 + 2 per quelli della scuola primaria, 18 per quelli della secondaria di primo e secondo grado. Lo stesso vale per le 40 + 40 ore funzionali all'insegnamento, per la formazione come diritto e non obbligo, per i permessi retribuiti per motivi personali o familiari, fruibili anche su base giornaliera.

Le conferme

Una modifica significativa per gli aspetti del lavoro è quella dell'art. 28 del nuovo contratto che integra lo stesso articolo di quello precedente del 2007: i docenti titolari, su attività di potenziamento, potranno svolgere il proprio orario di insegnamento destinandolo parzialmente o integralmente ad attività per il potenziamento dell'offerta formativa, ferma restando prioritaria la copertura dell'orario di insegnamento. Se eccedenti a quelle funzionali e se non facenti parte dell'orario di insegnamento, dovranno essere retribuite, purché autorizzate.

Le novità

Le eventuali ore non programmate nel PTOF dei docenti della scuola primaria e secondaria potranno essere utilizzate per la copertura di supplenze sino a dieci giorni. Le attività relative al potenziamento dell'offerta formativa sono retribuite, purché autorizzate, quando eccedenti quelle funzionali e non ricomprese nell'orario di insegnamento. Esse riguardano:

> 3. Il potenziamento dell'offerta formativa comprende, fermo restando quanto previsto dall'articolo 29 del CCNL 29/11/2007, le attività di istruzione, orientamento, formazione, inclusione scolastica, diritto allo studio, coordinamento, ricerca e progettazione previste dal piano triennale dell'offerta formativa, ulteriori rispetto a quelle occorrenti per assicurare la realizzazione degli ordinamenti scolastici, per l'attuazione degli obiettivi di cui all'articolo 1, comma 7, della legge 13 luglio 2015, n. 107. Le predette attività sono retribuite, purché autorizzate, quando eccedenti quelle funzionali e non ricomprese nell'orario di cui al presente articolo. (Art. 28 – *Attività dei docenti*)

L'art. 33 ha introdotto una novità a proposito dei permessi per le visite mediche, le terapie e le prestazioni specialistiche, gli esami: questi sono aggiuntivi rispetto ai permessi per *motivi personali o familiari* e a tutti gli agli altri permessi già previsti dal CCNL del 29 novembre 2007 e non modificati; sono fruibili su base giornaliera o oraria sino a 18 ore per anno scolastico, comprensive anche dei tempi di percorrenza da e per la sede di lavoro. Possono essere fruiti anche cumulativamente per l'intera giornata lavorativa e non provocano la decurtazione del trattamento economico accessorio per le assenze per malattia nei primi 10 giorni, quando sono utilizzati su base oraria.

I permessi

Tale assenza va giustificata, anche per l'orario, con un'attestazione di presenza del medico o del personale amministrativo della struttura, anche privati, che ha effettuato la visita o la prestazione: in caso di controllo medico-legale, l'assenza dal domicilio è giustificata dalla stessa attestazione. Tali permessi vanno riproporzionati in caso di part-time. Anche i permessi brevi a recupero, i permessi per motivi familiari e personali, i riposi compensativi per le prestazioni di lavoro straordinario possono essere utilizzati per tale necessità.

La mobilità

Maggiori garanzie sono state introdotte anche nell'ambito della mobilità. L'art. 22 ha stabilito che il CCNL che regolerà l'ambito sarà contrattato su base triennale, confermando, però, la possibilità di trasferimenti annuali su richiesta del personale docente. Chi avrà ottenuto la mobilità, a esclusione dei perdenti posto, non potrà presentare una nuova domanda per tre anni. Tutto resta immutato per il personale ATA rispetto ai precedenti contratti.

Proprio per tale personale il nuovo contratto ha introdotto alcune significative novità.

Sistema disciplinare docenti

Per quanto concerne la responsabilità disciplinare del personale docente, questo ambito era stato rinviato a una specifica negoziazione a livello nazionale entro luglio 2018, ma il tutto è stato ulteriormente procrastinato dopo un incontro interlocutorio. Era stata anche prevista l'individuazione di una procedura di conciliazione non obbligatoria,

> fermo restando che il soggetto responsabile del procedimento disciplinare deve in ogni caso assicurare che l'esercizio del potere disciplinare sia effettivamente rivolto alla repressione di condotte antidoverose dell'insegnante e non a sindacare, neppure indirettamente, la libertà di insegnamento. (Art. 29, comma 1 – *Responsabilità disciplinare per il personale docente ed educativo*)

Tale contrattazione dovrebbe avvenire nel rispetto del D.lgs. n. 165 del 2001, tenendo conto di quanto segue:

1. deve essere prevista la sanzione del licenziamento per atti, comportamenti o molestie a carattere sessuale, nei confronti di studentesse o studenti affidati alla vigilanza del personale, anche se non vi è la gravità o la reiterazione dei comportamenti; per dichiarazioni false e mendaci per avere un vantaggio nelle procedure di mobilità territoriale o professionale;
2. va prevista una specifica sanzione per condotte e comportamenti non coerenti con le finalità della comunità educante nei rapporti con gli studenti e le studentesse, anche nell'uso dei canali sociali informatici.

Sono confermate, in attesa della negoziazione, le sanzioni disciplinari del D.lgs. n. 297/1994, con alcune modificazioni e integrazioni all'articolo 498 comma 1:

g) per atti e comportamenti o molestie a carattere sessuale che riguardino gli studenti affidati alla vigilanza del personale, anche ove non sussista la gravità o la reiterazione;
h) per dichiarazioni false e mendaci che abbiano l'effetto di far conseguire, al personale che le ha rese, un vantaggio nelle procedure di mobilità territoriale o professionale. (Art. 29, comma 3 – *Responsabilità disciplinare per il personale docente ed educativo*)

Sistema disciplinare ATA

Per quanto concerne il personale ATA, le violazioni degli obblighi (art. 11) comportano, secondo la gravità dell'infrazione, l'applicazione delle seguenti sanzioni disciplinari (art. 12):

a) il rimprovero verbale;
b) il rimprovero scritto (censura);
c) la multa fino a un massimo di quattro ore di retribuzione;
d) la sospensione dal servizio con privazione della retribuzione fino a dieci giorni;
e) la sospensione dal servizio con privazione della retribuzione da undici giorni fino a un massimo di sei mesi;
f) il licenziamento con preavviso;
g) il licenziamento senza preavviso.

Recita, inoltre, il comma 2 dell'art. 12 che

> sono state, altresì, previste, dal D.lgs. n. 165/2001, le seguenti sanzioni disciplinari, per le quali l'autorità disciplinare si identifica, in ogni caso, nell'ufficio per i procedimenti disciplinari:
> a) sospensione dal servizio con privazione della retribuzione fino ad un massimo di quindici giorni, ai sensi dell'art. 55-*bis,* comma 7, del D.lgs. n. 165/2001;
> b) sospensione dal servizio con privazione della retribuzione da un minimo di tre giorni fino a un massimo di tre mesi, ai sensi dell'art. 55-*sexies,* comma 1;
> c) sospensione dal servizio con privazione della retribuzione fino a un massimo di tre mesi, ai sensi dell'art. 55-*sexies,* comma 3 del D.lgs. n. 165/2001.

L'art. 17 ha infine introdotto la possibilità conciliativa di concordare una determinazione di sanzione tra l'autorità disciplinare competente e il dipendente, escluse le sanzioni che prevedono il licenziamento.

8. La regolamentazione del diritto di assemblea e di sciopero

Il diritto di assemblea era stato ridefinito nell'ambito delle prerogative sindacali in occasione della stipula del contratto collettivo nazionale quadro del 1998; era stato previsto dall'art. 2 il diritto dei lavoratori di partecipare ad assemblee sindacali indette durante l'orario di lavoro sino a un massimo di 10 ore annue per trattare specifiche materie di lavoro o di interesse sindacale e di lavoro, garantendo, durante il loro svolgimento, le prestazioni indispensabili previste per ciascun accordo di comparto. Nel rilancio della contrattazione, tali prerogative sono state confermate dall'art. 4 del contratto collettivo nazionale quadro del 4 dicembre 2017, che ha stabilito le regole generali per i distacchi, le aspettative e altri aspetti della rappresentanza sindacale.

Le assemblee

Il disposto conferma che le assemblee riguardano la generalità o gruppi di dipendenti e possono essere indette da una o più organizzazioni sindacali rappresentative del comparto ai sensi del CCNQ del 4 dicembre 2017 o dalle stesse RSU, su uno specifico ordine del giorno su materie sindacali.

> 1. I dipendenti hanno diritto a partecipare, durante l'orario di lavoro, ad assemblee sindacali, in idonei locali sul luogo di lavoro concordati con la parte datoriale, per dieci ore pro capite in ciascun anno scolastico, senza decurtazione della retribuzione.
> 2. In ciascuna Istituzione scolastica e per ciascuna categoria di personale (ATA e docenti) non possono essere tenute più di due assemblee al mese. (Art. 23 – *Assemblee sindacali*)

La convocazione, la sede, l'orario, l'ordine del giorno e l'eventuale partecipazione di dirigenti sindacali esterni devono essere comunicati ai dirigenti delle scuole coinvolte con almeno sei giorni lavorativi prima per iscritto, con fonogramma, fax o e-mail. Alla comunicazione va unito l'ordine del giorno. La comunicazione definitiva va affissa all'albo della scuola entro quarantotto ore, con avviso alle altre sedi. Il dirigente dovrà predisporre una circolare interna al personale interessato per raccoglierne le adesioni in forma scritta, che consentirà anche il computo del monte ore individuale, con un preavviso di 48 ore dalla data dell'assemblea: la dichiarazione è irrevocabile.

I provvedimenti del dirigente scolastico

Sulla base delle adesioni il dirigente scolastico adotterà gli opportuni provvedimenti:

> a) per le assemblee in cui è coinvolto anche il personale docente sospende le attività didattiche delle sole classi, o sezioni di scuola dell'infanzia, i cui docenti hanno dichiarato di partecipare all'assemblea, avvertendo le famiglie interessate e disponendo gli eventuali adattamenti di orario, per le sole ore coincidenti con quelle dell'assemblea, del personale che presta regolare servizio;
> b) per le assemblee in cui è coinvolto anche il personale ATA, se la partecipazione è totale, stabilirà, con la contrattazione d'istituto, la quota e i nominativi del personale tenuto ad assicurare i servizi essenziali relativi alla vigilanza agli ingressi alla scuola, e ad altre attività indifferibili coincidenti con l'assemblea sindacale. (Art. 23, comma 9)

Quando le assemblee coincidono con l'orario di lezione, per i docenti devono svolgersi all'inizio o al termine delle attività didattiche, mentre quelle del personale ATA possono svolgersi in orario non coincidente con quello delle assemblee del personale docente, comprese le ore intermedie del servizio.

Le assemblee possono avere una durata massima di due ore, se si svolge a livello di singola scuola e nello stesso comune: per quelle territoriali, la durata massima è definita nella contrattazione integrativa regionale.

Nelle ore concomitanti con lo svolgimento di esami e scrutini finali e delle operazioni connesse, non possono essere tenute assemblee. Il dirigente è tenuto a dare i locali mentre, per il resto non previsto e modificato, il rinvio è all'art. 4 del CCNQ del 4 dicembre 2017.

Il diritto di sciopero

Per quanto concerne il diritto di sciopero, esso è regolamentato dalla legge del 12 giugno 1990, n. 146, in seguito integrata dalla legge dell'11 aprile 2000, n. 83, *Modifiche e integrazioni della legge 12 giugno 1990, n. 146, in materia di esercizio del diritto di sciopero nei servizi pubblici essenziali e di salvaguardia dei diritti della persona costituzionalmente tutelati.* Nei due provvedimenti sono stati fissati i servizi essenziali che devono essere garantiti nel caso di sciopero: questi riguardano i diritti della persona costituzionalmente garantiti, la tutela della vita, della salute, della libertà e della sicurezza, della libertà di circolazione, di assistenza e di previdenza sociale, dell'istruzione e della libertà di comunicazione.

L'intento del disposto normativo è di contemperare il diritto di sciopero dei lavoratori con i diritti dell'utenza: in questo senso, devono essere definite le regole e le procedure da adottare nel caso di conflitti sul lavoro per assicurare le prestazioni indispensabili.

Per il personale della scuola, il diritto di sciopero deve essere contemperato con le seguenti esigenze:

> [...] con particolare riferimento all'esigenza di assicurare la continuità dei servizi degli asili nido, delle scuole materne e delle scuole elementari, nonché lo svolgimento degli scrutini finali e degli esami, e l'istruzione universitaria, con particolare riferimento agli esami conclusivi dei cicli di istruzione. (Art. 1, comma 2, punto d, legge 146/1990)

Obblighi per chi sciopera

Nel momento in cui viene proclamato uno sciopero, i soggetti scioperanti sono tenuti ad assumere una serie di obblighi, specifici in base ai contratti di ciascun comparto, che sono relativi alla durata dell'agitazione, alle modalità di attuazione, alle motivazioni che l'hanno provocata.

Le amministrazioni sono tenute a loro volta ad assicurare le prestazioni indispensabili per la garanzia dei diritti della persona in precedenza ricordati, anche trattenendo in servizio parte del personale.

Tali misure possono disporre l'astensione dallo sciopero di quote strettamente necessarie di lavoratori tenuti alle prestazioni e indicare, in tal caso, le modalità per l'individuazione dei lavoratori interessati, ovvero possono disporre di forme di erogazione periodica e devono altresì indicare intervalli minimi da osservare tra l'effettuazione di uno sciopero e la proclamazione del successivo quando ciò sia necessario a evitare che, per effetto di scioperi proclamati in successione da soggetti sindacali diversi e che incidono sullo stesso servizio o sullo stesso bacino di utenza, sia oggettivamente compromessa la continuità dei servizi pubblici di cui all'art. 1 (art. 2, comma 2)

I servizi essenziali

Una serie di norme di garanzia sono state emanate per il funzionamento dei servizi pubblici essenziali dopo la legge 146/1990. Esse hanno riguardato:

- le attività per lo svolgimento di scrutini ed esami;
- la vigilanza sui minori durante i servizi di refezione;
- la vigilanza degli impianti e delle attrezzature;
- le attività riguardanti la conduzione dei servizi nelle aziende agricole per la cura e l'allevamento del bestiame;
- la raccolta, l'allontanamento e lo smaltimento dei rifiuti tossici, nocivi, radioattivi;
- il pagamento degli stipendi e delle pensioni.

CAPITOLO QUATTORDICESIMO

Amministrazione pubblica e scuola

1. Il riordino della pubblica amministrazione 2. La Carta dei servizi 3. La privatizzazione del rapporto di lavoro nel pubblico impiego e nella scuola 4. Il Decreto n. 165/2001 5. I docenti tra codice dei dipendenti pubblici e codice deontologico professionale 6. Gli interventi successivi 7. Il sistema disciplinare

1. Il riordino della pubblica amministrazione

I tentativi di riordino del nostro sistema di istruzione posti in essere nell'ultimo quindicennio vanno ricondotti anche a quello che è stato il riordino della pubblica amministrazione a partire dagli anni Novanta. In realtà, entrambi i processi sono stati finalizzati a un recupero di credibilità in termini di efficacia, efficienza, economicità, trasparenza delle azioni sociali svolte dai vari organismi.

La qualità

A muovere il tutto è stata la necessità di promuovere la qualità dell'azione amministrativa a fronte di una generale insoddisfazione del Paese nei confronti di un apparato pubblico burocratico e centralista, autoreferente e macchinoso. D'altra parte, anche la stessa utenza aveva ormai acquisito una maggiore consapevolezza dei propri diritti e chiedeva un cambio di passo.

L'intento di tutta l'operazione è stato quello di dare concretezza definitiva ai principi costituzionali della imparzialità e del buon andamento della pubblica amministrazione. Recita il testo costituzionale:

> I pubblici uffici sono organizzati secondo disposizioni di legge, in modo che siano assicurati il buon andamento e l'imparzialità dell'amministrazione.
>
> Nell'ordinamento degli uffici sono determinate le sfere di competenza, le attribuzioni e le responsabilità proprie dei funzionari.
>
> Agli impieghi nelle pubbliche amministrazioni si accede mediante concorso, salvo i casi stabiliti dalla legge. (Art. 97)

Ritornando al processo di riforma, possiamo individuare in esso tre distinte fasi che, per comodità di studio, possiamo riferire al nome dei ministri che sono stati all'epoca in carica; in questo senso ricordiamo:

Fase Cassese

– la fase cosiddetta Cassese, ai primi degli anni Novanta, nella quale sono state emanate la legge n. 241/1990, la legge delega n. 421/1992 e il decreto n. 29. La legge del 7 agosto 1990, n. 241, ha ridefinito i doveri della pubblica amministrazione in termini di trasparenza, partecipazione dell'utenza, di conclusione e motivazione degli atti amministrativi, sia come atti in sé sia come procedimenti. La legge delega n. 421 del 23 ottobre 1992 è stata finalizzata a razionalizzare e riorganizzare la pubblica amministrazione e a rivedere le regole del pubblico impiego. Nell'art. 1 del Decreto n. 29/1993 si affermava:

> 1. Le disposizioni del presente decreto disciplinano l'organizzazione degli uffici e i rapporti di lavoro e di impiego alle dipendenze delle amministrazioni pubbliche, tenuto conto delle autonomie locali e di quelle delle Regioni e Province autonome, nel rispetto dell'art. 97, comma primo della Costituzione, al fine di:
>
> a) accrescere l'efficienza delle amministrazioni, in relazione a quella dei corrispondenti uffici e servizi dei Paesi della Comunità europea, anche mediante il coordinato sviluppo di sistemi informatici pubblici;
> b) razionalizzare il costo del lavoro pubblico, contenendo la spesa complessiva per il personale, diretta e indiretta, entro i vincoli di finanza pubblica;
> c) integrare gradualmente la disciplina del lavoro pubblico con quella del lavoro privato.

Veniva in questo modo avviato il processo in seguito completato della privatizzazione del rapporto di lavoro nel pubblico impiego;

Fase Bassanini

– il processo di riordino si è intensificato poi alla fine degli anni Novanta, durante la seconda fase, cosiddetta Bassanini, quando con l'art. 21 della legge delega n. 59/1997 e con il decreto n. 286/1999 è stata avviata l'autonomia delle istituzioni scolastiche. Tale fase è stata arricchita dalla fase Frattini, brevissima, che avrebbe condotto all'adozione del decreto legislativo n. 165/2001, da molti impropriamente definito Testo unico del lavoro pubblico;

Fase Brunetta

– la fase Brunetta, caratterizzata da un acceso contenzioso, soprattutto di carattere sindacale, in cui si è voluto affermare la prevalenza delle norme di legge rispetto a quelle pattizie;

Fase Madia

– a questa ha fatto seguito la fase Madia, caratterizzata da un vero e proprio riordino di molte norme della pubblica amministrazione.

I principi

Volendo individuare i principi di fondo seguiti in tale processo di ricerca della qualità, possiamo far riferimento ai seguenti elementi qualificanti:

- la necessità di offrire all'utenza servizi adeguati e rispettosi dei diritti dei cittadini;
- la consapevolezza che l'individuazione della titolarità delle azioni e, conseguentemente, delle responsabilità decisionali deve avere come presupposto la separazione netta tra funzioni di indirizzo e di controllo e funzioni di gestione:

> 1. Gli organi di governo esercitano le funzioni di indirizzo politico-amministrativo, definendo gli obiettivi e i programmi da attuare e adottando gli altri atti rientranti nello svolgimento di tali funzioni, e verificano la rispondenza dei risultati dell'attività amministrativa e della gestione agli indirizzi impartiti. (D.lgs. n. 165/2001, art. 4, comma 1)

- l'impegno a ricercare standard di qualità e criteri di misurazione e di controllo in una prospettiva di continuo miglioramento, anche pensando alla flessibilità di azioni e modelli che non siano validi una volta per tutte, ma che dovranno essere continuamente adeguati a quelle che sono le esigenze poste da una società in continua evoluzione;
- la consapevolezza che il mancato rispetto degli standard deve generare conseguenze di tipo giuridico anche come diritto a indennizzo per l'utenza;
- il contrasto alla corruzione e l'affermazione dei principi dell'integrità e della trasparenza.

Class action

Tra le azioni di contrasto al cattivo funzionamento di organismi della pubblica amministrazione il D.lgs. n. 198 del 20 dicembre 2009, attuativo della legge n. 150/2009, ha introdotto il ricorso alla *class action* di rivalsa collettiva per l'utenza. In realtà, lo stesso decreto ha sottolineato nell'art. 7 la difficoltà di una piena attuazione del disposto normativo, in quanto la sua attuazione avverrà solo dopo che sarà chiaro il rapporto tra obblighi ed effetti rispetto agli obblighi previsti dalle carte dei servizi e agli standard di qualità.

2. La Carta dei servizi

Uno dei provvedimenti più rilevanti in questo percorso di ricerca della qualità è stato quello dell'adozione da parte delle pubbliche amministrazioni della Carta dei servizi. Tale documento, che si concretizza nell'individuazione di standard ottimali nell'erogazione dei servizi, è stato definito nelle sue parti essenziali da alcuni provvedimenti normativi tra il 1994 e il 1995, tra cui la Direttiva PCM del 27 gennaio 1994 che ha definito i principi di erogazione dei servizi, i contenuti, i destinatari.

Standard di qualità

In base a quella prima direttiva del 1994 si invitavano i soggetti erogatori di servizi a definire

> standard generali e standard specifici di qualità e di quantità dei servizi. I primi rappresentano obiettivi di qualità che si riferiscono al complesso delle prestazioni rese. I secondi si riferiscono a ciascuna delle singole prestazioni rese all'utente, che può direttamente verificarne il rispetto.

Tale definizione andava effettuata ribadendo i principi di eguaglianza dei diritti dell'utenza, di divieto delle discriminazioni, di imparzialità, di obiettività, di giustizia, di partecipazione dell'utenza, sia per garantire la corretta erogazione del servizio sia per favorirne la collaborazione.

Carta dei servizi e scuola

I settori pubblici obbligati a redigere la Carta dei servizi, tra i quali è rientrato a pieno titolo anche il mondo della scuola, sono stati individuati in una seconda Direttiva PCM del 19 maggio 1995, mentre a fornire indicazioni sul modello generale per la redazione della Carta, ha provveduto la legge n. 273 dell'11 luglio 1995.

Nello specifico della scuola, dobbiamo ricordare due documenti fondamentali:

- il primo è la Direttiva n. 454 del Ministero della Pubblica Istruzione del 21 luglio 1995, che ha definito l'obbligo da parte delle scuole di adottare la Carta dei servizi;
- il secondo è il DPCM del 7 giugno 1995, che ha delineato uno schema generale per definire la Carta.

In realtà, i principi che hanno imposto la prospettiva della Carta sono stati molti e tra essi i più rilevanti sono stati quello della qualità e del controllo delle prestazioni erogate, quello della trasparenza, quello dell'informazione e comunicazione.

Ufficio relazioni con pubblico

Proprio per rendere concrete tali prospettive, sin dall'11 ottobre 1994 era stata diffusa una Direttiva PCM che aveva previsto la creazione di specifici uffici per curare le relazioni con il pubblico, opportunità ribadita successivamente dal D.lgs. n. 165/2001: infatti, all'art. 11, commi 1 e 2, è fatto obbligo alle amministrazioni pubbliche di individuare nelle proprie strutture gli uffici per le relazioni con il pubblico offrendo, anche con l'utilizzo di tecnologie informatiche, un servizio che consenta la partecipazione, l'informazione e la possibilità di offrire contributi per il miglioramento del servizio.

In questo senso si era già espresso un altro provvedimento, la legge n. 150 del 7 giugno 2000 che aveva impegnato le amministrazioni pubbliche sul piano dell'informazione e della comunicazione per:

> a) illustrare e favorire la conoscenza delle disposizioni normative, al fine di facilitarne l'applicazione; b) illustrare le attività delle

istituzioni e il loro funzionamento; c) favorire l'accesso ai servizi pubblici, promuovendone la conoscenza; d) promuovere conoscenze allargate e approfondite sui temi di rilevante interesse pubblico e sociale; e) favorire processi interni di semplificazione delle procedure e di modernizzazione degli apparati nonché la conoscenza dell'avvio e del percorso dei procedimenti amministrativi; f) promuovere l'immagine delle amministrazioni, nonché quella dell'Italia, in Europa e nel mondo, conferendo conoscenza e visibilità ad eventi d'importanza locale, regionale, nazionale ed internazionale.

3. La privatizzazione del rapporto di lavoro nel pubblico impiego e nella scuola

L'aspetto che ha maggiormente influito sul mondo degli operatori scolastici è stato certamente quello della trasformazione del loro rapporto di lavoro avviato con la legge n. 421/1992 e con il D.lgs. n. 29/1993.

Un diverso stato giuridico

Si è trattato di un'innovazione molto significativa dopo che per un lungo periodo gli operatori scolastici avevano avuto uno stato giuridico diverso da quello del mondo privato e dell'impresa. Infatti, sino ad allora il rapporto di lavoro per gli operatori scolastici era stato regolato da fonti giuridiche emesse esclusivamente dallo Stato secondo lo schema esclusivo potestà pubblica-interesse legittimo degli operatori.

> Si trattava di un sistema rigido, per il quale gli unici elementi di flessibilità riguardavano la contrattazione collettiva ed era delimitato a ben specifiche e determinate materie; tale rigidità era temperata solo in parte dalla contrattazione collettiva prevista dalla legge n. 93/1983 ed era limitata a precise materie e previo recepimento della fonte pattizia in atto unilaterale governativo. (Capaldo e Rondanini, 2011)

Tale scelta è stata sostenuta promuovendo un processo di delegificazione e di riunificazione di norme relative al rapporto di lavoro di pubblici e privati, anche estendendo al pubblico impiego norme che in passato avevano regolato esclusivamente il lavoro privatistico e quello dell'impresa.

Due sono gli aspetti che vanno assolutamente sottolineati:

a) Il rapporto di lavoro

- il primo è relativo all'impianto normativo che regola il rapporto di lavoro pubblico: esso va ricondotto al disposto del Codice Civile, dalle leggi sul rapporto di lavoro subordinato nell'impresa e dai contratti collettivi e individuali di lavoro. In occasione della sottoscrizione del primo contratto collettivo per il personale della scuola e per tutto il pubblico impiego era stata prevista la possibilità di deroga per norme specifiche relative a leggi e regolamenti; poi, con il contratto successivo, tutto è stato unificato e tutte le norme precedenti sul pubblico impiego sono state disapplicate;

b) Gli atti amministrativi

– il secondo riguarda la natura giuridica degli atti nel rapporto di lavoro: l'applicazione dei decreti n. 29/1993 e n. 80/1998 ha indicato con chiarezza che le linee fondamentali dell'organizzazione del lavoro anche nel pubblico impiego vanno ricondotte alle fonti unilaterali del regime pubblicistico, mentre il funzionamento degli uffici e la gestione dei rapporti di lavoro sono di competenza dei dirigenti che operano in proposito secondo i poteri del datore di lavoro pubblico.

4. Il Decreto n. 165/2001

Il complesso delle norme relative alla pubblica amministrazione è stato raccolto in un testo coordinato, poi pubblicato come D.lgs. 30 marzo 2001, n. 165.

Da quel momento in poi il Decreto è diventato come un quadro di riferimento generale per tutto il lavoro della pubblica amministrazione.

Non Testo unico

Va chiarito, però, che sarebbe errato considerarlo dal punto di vista giuridico al pari di altri documenti un vero e proprio testo unico; si tratta, infatti, di un decreto delegato promulgato al fine di raccogliere in maniera organica e unitaria tutte le disposizioni relative alla pubblica amministrazione partendo dalla prima stesura che aveva guidato il Decreto n. 29/1993.

Auriemma ha chiarito molto bene perché tale documento non può essere considerato un testo unico:

> [...] per la sua emanazione non risulta rispettata la formale procedura di compilazione ed approvazione dei testi unici (manca il parere del Consiglio di Stato); non riordina tutte le norme, generali e speciali, del pubblico impiego (come provvidamente era stato ipotizzato e stabilito nella delega); non si autodefinisce tale, tanto che nella sua intitolazione riporta una dicitura (norme generali sull'ordinamento del lavoro) inusitata e poco significativa, ove la si voglia riferire a codificazione comprendente l'integrale disciplina del rapporto di lavoro dei dipendenti pubblici. (Auriemma, 2001)

Le finalità

Il Decreto è stato integrato e rivisto a più riprese, soprattutto nell'ultimo periodo. La sua struttura si articola in sette titoli. Il Titolo I, artt. 1-9, stabilisce i principi generali e organizzativi che disciplinano l'ordinamento del lavoro nel pubblico impiego e che individuano le finalità di tale lavoro. Esso è finalizzato a:

– promuovere l'efficienza e l'efficacia delle varie amministrazioni, anche tenendo conto di quelle che sono le migliori esperienze europee;
– razionalizzare e contenere il costo del lavoro pubblico in riferimento alle spese del personale;

– utilizzare al meglio le risorse umane disponibili, curandone la formazione e lo sviluppo professionale, anche garantendo le pari opportunità, secondo una logica che assimila il lavoro pubblico a quello privato.

Nel Titolo I si fa anche riferimento alle fonti che dovrebbero regolamentare l'organizzazione e il rapporto di lavoro, nonché alla distinzione tra personale contrattualizzato e personale non contrattualizzato; a quella tra funzioni di indirizzo politico-amministrativo e gestione delle risorse.

Il Titolo II, artt. 10-39, è dedicato agli aspetti dell'organizzazione e alla definizione della dirigenza pubblica. Il Titolo riporta anche le norme sulla mobilità e sul reclutamento e assunzione del personale.

Il Titolo III, artt. 40-50, riporta le norme che guidano la contrattazione collettiva e la rappresentatività sindacale.

Il Titolo IV, artt. 51-57, regolamenta il rapporto di lavoro e i principi che ne guidano gli aspetti organizzativi.

> Altri argomenti problematici presenti in questa parte sono quelli concernenti le mansioni superiori (esiste una poderosa giurisprudenza che si è occupata di questo tema), il regime delle incompatibilità (per esso in molti casi, come nel comparto scuola, mancano tuttora regolamenti organici di dettaglio e restano irrisolti dubbi e perplessità), le regole comportamentali e di disciplina. L'art. 55, comma 10, proprio con riferimento alla scuola, mantiene in vita l'attuale sistema disciplinare sino a futura riforma degli organi collegiali: viene da chiedersi a quale riforma intenda far riferimento, atteso che il decreto n. 233/1999 ha già riformato gli organi collegiali nazionali e territoriali, che erano quelli principalmente implicati in materia disciplinare. (Auriemma, 2001)

Il Titolo V, artt. 58-62 è dedicato al controllo della spesa; il Titolo VI, artt. 63-66, affronta i delicatissimi aspetti delle controversie e della giurisdizione che regola tale materia; il Titolo VII, artt. 67-73, riporta disposizioni varie e norme transitorie finali.

Gli interventi più recenti

Abbiamo ricordato che il Decreto n. 165/2001 è stato più volte oggetto di rivisitazione e di aggiornamento, soprattutto nel periodo 2009-2017. Particolarmente significative sono state la legge n. 15 del 4 marzo e il seguente decreto n. 150 del 27 ottobre per l'ottimizzazione della produttività, dell'efficienza e della trasparenza delle pubbliche amministrazioni, e la legge n. 69 del 18 giugno per la competitività. Il testo è stato ulteriormente modificato dalle manovre finanziarie che si sono susseguite negli ultimi tempi nel nostro Paese.

Un'ulteriore rivisitazione c'è stata con il complesso delle norme della Legge Madia n. 124/2015.

5. I docenti tra codice dei dipendenti pubblici e codice deontologico professionale

Un altro elemento fondamentale per l'innovazione del pubblico impiego è stata l'adozione del Codice di comportamento dei dipendenti delle pubbliche amministrazioni, avvenuta con DM del 28 novembre 2000 e con l'allegato al CCNL del 22 gennaio 2004 per lo specifico della scuola.

Nel Codice erano raccolte tutte le norme che avevano regolato sino a quel momento il lavoro del pubblico impiego in funzione di una qualificazione delle prestazioni del personale. Particolarmente significativo per i dipendenti pubblici era stato quanto aveva stabilito l'art. 2 del provvedimento:

> 1. Il dipendente conforma la sua condotta al dovere costituzionale di servire esclusivamente la Nazione con disciplina ed onore e di rispettare i princìpi di buon andamento e imparzialità dell'amministrazione. Nell'espletamento dei propri compiti, il dipendente assicura il rispetto della legge e persegue esclusivamente l'interesse pubblico; ispira le proprie decisioni ed i propri comportamenti alla cura dell'interesse pubblico che gli è affidato. (Art. 2, comma 1)

Erano pertanto quattro i principi che venivano indicati come determinanti per il buon andamento della pubblica amministrazione: la diligenza, la lealtà, la trasparenza, l'imparzialità.

La diligenza

Il primo principio era quello della *diligenza,* che presupponeva da parte del dipendente pubblico efficienza, impegno e responsabilità nell'espletamento del proprio lavoro. Gli si chiedeva pure di stabilire rapporti fiduciari con l'utenza e con la stessa amministrazione, dimostrando disponibilità a fornire aiuto in modo da tutelare i diritti dei cittadini.

> 5. Il comportamento del dipendente deve essere tale da stabilire un rapporto di fiducia e collaborazione tra i cittadini e l'amministrazione. Nei rapporti con i cittadini, egli dimostra la massima disponibilità e non ne ostacola l'esercizio dei diritti. Favorisce l'accesso degli stessi alle informazioni a cui abbiano titolo e, nei limiti in cui ciò non sia vietato, fornisce tutte le notizie e informazioni necessarie per valutare le decisioni dell'amministrazione e i comportamenti dei dipendenti. (Art. 2, comma 5)

Il Codice vietava al pubblico dipendente la semplice promessa di servizi o l'accettazione di regali se non di oggetti di modico uso; lo stesso valeva per tutte le altre attività connesse al suo lavoro, per le quali non avrebbe dovuto ricevere compensi per lo svolgimento di pratiche espletate dal suo ufficio, né sollecitare remunerazioni per le sue prestazioni di lavoro.

Il secondo principio era quello della *lealtà*, per il quale si chiedeva al pubblico dipendente di adottare decisioni che non configgessero con il pubblico interesse e di evitare comportamenti e situazioni che avrebbero potuto nuocere all'immagine della pubblica amministrazione. Egli era anche tenuto a non formulare dichiarazioni che avrebbero potuto danneggiare l'immagine della pubblica amministrazione.

La lealtà

> 2. Il dipendente mantiene una posizione di indipendenza, al fine di evitare di prendere decisioni o svolgere attività inerenti alle sue mansioni in situazioni, anche solo apparenti, di conflitto di interessi. Egli non svolge alcuna attività che contrasti con il corretto adempimento dei compiti d'ufficio e si impegna ad evitare situazioni e comportamenti che possano nuocere agli interessi o all'immagine della pubblica amministrazione. (Art. 2, comma 2)

Il Codice impegnava, poi, il pubblico dipendente a mantenere un corretto comportamento nell'espletamento del suo servizio, ma anche nella vita sociale. Questo significava che egli non avrebbe dovuto utilizzare la propria posizione né gli strumenti, i materiali, le attrezzature utilizzati per fini personali. Egli era tenuto a mantenere un atteggiamento di *trasparenza* senza ambiguità nei propri comportamenti, sia come singolo sia come appartenente a un organismo pubblico, tutelando i cittadini ed evitando di danneggiarli nei loro diritti.

La trasparenza e la riservatezza

Analogamente, egli era tenuto alla massima riservatezza sugli atti e sui lavori che avrebbe dovuto eseguire. Tutto ciò gli avrebbe, però, impedito di partecipare ad associazioni e organizzazioni, anche se tale adesione andava comunicata al dirigente del suo ufficio. La trasparenza avrebbe dovuto essere garantita anche per gli aspetti finanziari personali, comunicando gli eventuali rapporti di collaborazione. Egli avrebbe potuto anche segnalare le eventuali interferenze di interessi personali su atti e procedure.

Il quarto principio era quello dell'*imparzialità*.

L'imparzialità

> 1. Il dipendente, nell'adempimento della prestazione lavorativa, assicura la parità di trattamento tra i cittadini che vengono in contatto con l'amministrazione da cui dipende. A tal fine, egli non rifiuta né accorda ad alcuno prestazioni che siano normalmente accordate o rifiutate ad altri.
> 2. Il dipendente si attiene a corrette modalità di svolgimento dell'attività amministrativa di sua competenza, respingendo in particolare ogni illegittima pressione, ancorché esercitata dai suoi superiori. (Art. 8, commi 1 e 2)

Il Codice sottolineava anche l'obbligo da parte dei pubblici dipendenti di garantire la massima qualità possibile nell'offerta dei servizi, impegnandoli al rispetto degli standard di qualità e quantità che ciascuna amministrazione o ufficio avrebbe dovuto definire nella propria carta dei servizi.

Obbligo di informazione

Era stato infine stabilito l'obbligo per i dipendenti di fornire agli organi di controllo tutte le informazioni necessarie per la piena valutazione dei risultati conseguiti; in particolare, l'informazione assumeva maggior importanza quando riguardava le modalità di realizzazione delle attività d'ufficio; la qualità dei servizi offerti; la parità di trattamento per tutti i cittadini; la facilitazione per l'accesso agli uffici, particolarmente per gli utenti disabili; la semplificazione e la celerità delle procedure, anche con l'attenzione ai termini per la conclusione delle procedure; la tempestività delle risposte in caso di reclami, istanze e segnalazioni.

Il codice deontologico

Sempre a proposito di codici, il personale della scuola era stato interessato per un tentativo di definire un oggettivo codice deontologico per i docenti. Nel 2001 era stato, infatti, nominato un gruppo di lavoro con lo scopo di individuare i criteri di definizione di un possibile codice deontologico.

Il documento serviva:

> 1. per contemperare l'autonomia professionale (che è una delle caratteristiche costitutive delle professioni, insieme al sapere specialistico) con gli interessi dei fruitori delle prestazioni professionali, e con i più generali interessi e bisogni della società; 2. per promuovere alti standard di pratica professionale; 3. per stabilire un quadro di comportamenti e responsabilità che aiutino a costruire l'identità professionale; 4. per aumentare il senso di appartenenza alla comunità professionale; 5. per fornire ai membri della professione punti di riferimento ai fini dell'autovalutazione; 6. come segno di maturità professionale. (MIUR, 2003)

Le riflessioni del gruppo di lavoro si erano concluse richiamando i principi della Carta Costituzionale come base per tale prospettiva, e si erano concretizzate nella diffusione di una serie di raccomandazioni agli stessi organi di governo per una maggiore attenzione ai profili professionali dei docenti e alla professionalizzazione dell'insegnamento e in questo senso esse erano state condivise anche dal CNPI nel 2003. In realtà, proprio per la particolare valenza e delicatezza del lavoro dei docenti, la deontologia professionale non poteva essere legata alla definizione di una serie di principi per quanto universalmente condivisi: essa va riferita alla serietà professionale, all'impegno, all'onestà intellettuale, al senso di responsabilità che ciascun docente deve avere quando si trova a lavorare con gruppo di allievi il cui successo formativo dipende molto spesso dalle strategie che sono state attivate.

6. Gli interventi successivi

Il pubblico impiego e, più in generale, la pubblica amministrazione sarebbero stati oggetto di numerosi interventi legislativi negli anni successivi ed era stato anche redatto il Piano industriale della pubblica amministrazione. Tra i provvedimenti più rilevanti ricordiamo il Decreto n. 112/2008, la legge delega n. 15/2009, il D.lgs. n. 150/2009.

Il Decreto legge n. 112/2008

In termini temporali, il primo provvedimento è stato il Decreto legge n. 112 del 25 giugno 2008, convertito nella legge n. 133 del 6 agosto 2008; esso aveva stabilito una serie di norme destinate a promuovere lo sviluppo economico, la competitività, la semplificazione, la stabilizzazione della finanza pubblica, la perequazione tributaria, il miglioramento in termini di produttività della pubblica amministrazione.

Erano stati molti gli ambiti su cui il provvedimento era intervenuto, dalla casa all'energia, dalla class action al piano industriale della pubblica amministrazione, dalla riduzione di consulenze e collaborazioni nella pubblica amministrazione ai distacchi, alle aspettative, alle assenze per malattia, al part-time, al lavoro flessibile.

A questo ampio spazio di intervento non si era sottratta neppure la scuola; in particolare, era stata prevista la possibilità per le università di trasformarsi in fondazioni, era stata rivista la legge sulla privacy, compreso un intervento sui libri di testo. In realtà, il provvedimento era intervenuto sullo stesso assetto ordinamentale, organizzativo e didattico del sistema scolastico. In particolare, l'art. 64 aveva previsto:

- la razionalizzazione e l'accorpamento delle classi di concorso, per una maggiore flessibilità nell'impiego dei docenti;
- la ridefinizione dei curricoli dei diversi ordini di scuola anche attraverso la razionalizzazione dei piani di studio e dei relativi quadri orari, con particolare riferimento agli istituti tecnici e professionali;
- la revisione dei criteri per la formazione delle classi;
- la ridefinizione dell'organizzazione didattica della scuola primaria;
- la revisione dei criteri e dei parametri per la determinazione degli organici del personale docente e ATA;
- la ridefinizione dell'assetto organizzativo-didattico dei centri di istruzione per gli adulti, compresi i corsi serali;
- la definizione di criteri, tempi e modalità per il ridimensionamento della rete scolastica;
- l'assolvimento dell'obbligo di istruzione anche nei percorsi di istruzione e formazione professionale;
- la sospensione dell'accesso alle scuole di specializzazione per l'insegnamento secondario.

Il D.lgs. n. 150/2009

Il secondo provvedimento era stato la legge delega n. 15 del 4 marzo 2009, per l'ottimizzazione della produttività del lavoro pubblico, che aveva introdotto principi e criteri relativi alla responsabilità dei dipendenti pubblici, alla premialità e al riconoscimento del merito. Su tale base era stato emanato il D.lgs. n. 150 del 27 ottobre 2009, anch'esso finalizzato a rendere più efficiente e trasparente il lavoro della pubblica amministrazione. Passato alla storia come Riforma Brunetta, il Decreto si poneva in continuità storica con altri interventi precedenti, quali quello di Cassese del 1993, quello di Bassanini del 1997, quello di Frattini con il testo unificato del Decreto n. 165/2001. Il nuovo Decreto interveniva proprio su quest'ultimo anche per affrontare alcune questioni di fondo che erano rimaste irrisolte per l'assenza di regolamentazione.

> Gli stessi principi generali del decreto n. 165/2001 sembrava fossero stati disattesi, soprattutto in riferimento alla concertazione, al mancato riconoscimento del merito, alla micro-organizzazione e con le risorse spesso destinate a pioggia tra il personale e senza premialità.
>
> Si rimproverava, in altri termini, di aver posto eccessiva fiducia nel modello della contrattazione integrativa che non aveva funzionato sia per la differenza tra il lavoro pubblico e quello privato, sia per la difficoltà di far assorbire nell'ambito pubblico strategie analoghe a quelle adottate nel privato, con la conseguenza di una forte tendenza all'appiattimento nelle prestazioni professionali. (Capaldo e Rondanini, 2011)

La contrattazione collettiva

Il primo ambito su cui il Decreto era intervenuto è stato quello della contrattazione collettiva, confermando il principio dell'inderogabilità delle norme di legge, per cui veniva riconosciuta alla contrattazione una valenza semplicemente suppletiva.

La dirigenza

Il secondo ambito era relativo alla dirigenza, della quale veniva valorizzata la potestà con l'affidamento esclusivo della micro-organizzazione con i poteri del privato datore di lavoro; nel contempo si sottolineava l'assunzione di responsabilità che ciò avrebbe comportato, e per questo veniva rivisto il sistema disciplinare e delle responsabilità, compreso quello del personale della scuola.

> 1. All'articolo 5 del decreto legislativo 30 marzo 2001, n. 165, sono apportate le seguenti modificazioni:
>   a) il comma 2 è sostituito dal seguente: «2. Nell'ambito delle leggi e degli atti organizzativi di cui all'articolo 2, comma 1, le determinazioni per l'organizzazione degli uffici e le misure inerenti alla gestione dei rapporti di lavoro sono assunte in via esclusiva dagli organi preposti alla gestione con la capacità e i poteri del privato datore di lavoro, fatta salva la sola informazione ai sindacati, ove prevista nei contratti di cui all'articolo 9. Rientrano, in particolare, nell'esercizio dei poteri dirigenziali le misure inerenti la gestione delle risorse umane nel rispetto del principio di pari opportunità, nonché la direzione, l'organizzazione del lavoro nell'ambito degli uffici». (Art. 34, D.lgs. n. 150/2009)

La premialità

Il terzo ambito era quello della premialità. L'intento era quello di dar vita a un sistema di costruzione e di valutazione delle performance, affidandone la realizzazione a dirigenti e organismi indipendenti, questi ultimi intesi come organi di garanzia. Per il personale docente questo ambito non trovava per il momento attuazione, in attesa dei rinnovi contrattuali.

Ritornando, però, alla premialità, il concetto intorno a cui ruotava tutta la proposta era quello della *performance,* che si definiva come l'insieme dei risultati individuali e dell'organizzazione conseguiti rispetto agli obiettivi programmati e alle risorse disponibili. Si trattava di creare un complessivo sistema di valutazione delle performance che facesse riferimento, a livello nazionale, alla Commissione per la valutazione, la trasparenza e l'integrità delle amministrazioni pubbliche (CIVIT), un organismo centrale indipendente che collaborasse con la Presidenza del consiglio dei ministri e con altri organismi ministeriali nazionali.

CIVIT e OIV

Alla Commissione spettava il compito di coordinare la valutazione degli altri organi e delle altre agenzie previsti per ciascuna amministrazione, definendo modalità e strutture per redigere i piani e le relazioni e stabilire parametri e modelli per valutare le performance.

Tutte le amministrazioni pubbliche avrebbero dovuto a redigere un piano triennale detto Piano della performance con obiettivi strategici, intermedi e finali. Esse avrebbero anche dovuto definire Organismi indipendenti di valutazione (OIV) in sostituzione dei controlli interni già previsti dal D.lgs. n. 286/1999 e redigere annualmente una Relazione sulla performance, con i risultati individuali e organizzativi conseguiti, su cui si sarebbe basata la premialità. In sostanza, veniva delineato un sistema complesso per la cui messa a punto sarebbe occorso molto tempo. La scuola era stata esclusa da quel processo in quanto sarebbe stato rilanciato l'INVALSI.

L'integrità e la trasparenza

Il quarto ambito d'intervento del D.lgs. n. 150/2009, art. 13, era stato quello dell'integrità e della trasparenza.

Per quanto concerne il principio di trasparenza, va ricordato che esso ha accompagnato tutte le riforme amministrative dei primi anni Novanta: era stata, infatti, la legge n. 241/1990 a porre la necessità di trasparenza nei procedimenti amministrativi come garanzia per i cittadini.

Anche il Codice di comportamento era intervenuto sulla questione, ribadendo il dovere del dipendente pubblico di dare all'utenza la massima disponibilità, anche per l'accesso alle informazioni e agli opportuni chiarimenti.

Era stata, poi, la legge n. 15 dell'11 febbraio 2005 ad affiancare il principio della trasparenza a quelli di efficienza, efficacia, economicità, pubblicità che avrebbero dovuto ispirare le azioni della pubblica amministrazione.

Il Decreto n. 150/2009 aveva inserito a pieno titolo tra i LEP, i Livelli essenziali delle prestazioni, anche la trasparenza, intesa sia come possibilità di accesso alle informazioni, anche attraverso i mezzi telematici, sia come pubblicità delle prestazioni del personale dell'amministrazione, questo anche modificando il Codice sulla privacy. Sulla questione era tornata la legge n. 69 del 18 giugno 2009 che aveva condotto alla pubblicazione sui siti istituzionali delle scuole sia dei dati relativi al curriculum e agli emolumenti dei dirigenti sia di quelli sulle assenze del personale.

Per quanto riguarda il principio dell'integrità, esso costituiva storicamente una novità e proveniva dalla cultura penale, in particolare dal D.lgs. n. 231/2001 relativo alla responsabilità amministrativa: tale scelta ha trovato, poi, fondamento nella necessità di combattere la corruzione e le infiltrazioni malavitose negli appalti pubblici.

Il D.lgs. n. 150/2009 aveva, così, stabilito l'obbligo per le pubbliche amministrazioni di redigere un Programma triennale per la trasparenza e l'integrità e aveva istituito la Commissione per la valutazione, la trasparenza e l'integrità delle pubbliche amministrazioni (CIVIT).

Erano stati, nel contempo, stabiliti alcuni adempimenti a cui i siti istituzionali delle amministrazioni pubbliche, scuole comprese, avrebbero dovuto ottemperare creando una sezione denominata «Trasparenza, valutazione e merito», in cui andavano riportati i seguenti documenti: il programma triennale per la trasparenza e l'integrità e il suo stato di attuazione; la pubblicazione della premialità, con i dati relativi all'ammontare dei premi stanziati e di quelli realmente assegnati; i dati relativi alla retribuzione dei dirigenti e altro.

La dematerializzazione

Nel frattempo, era stato aperto un altro fronte di impegno dall'avvio del Piano E-gov 2012, che aveva promosso la dematerializzazione dei documenti prodotti dalla pubblica amministrazione. Per superare l'utilizzo del cartaceo per la difficoltà di archiviazione e di tutela della trasparenza, per la sicurezza della conservazione, per lo stesso impatto ambientale che ha la produzione di carta. D'altra parte, era stato il Codice dell'amministrazione digitale del 2005 a porre la questione:

> Le pubbliche amministrazioni valutano in termini di rapporto tra costi e benefici il recupero su supporto informatico dei documenti e degli atti cartacei dei quali sia obbligatoria o opportuna la conservazione e provvedono alla predisposizione dei conseguenti piani di sostituzione degli archivi cartacei con archivi informatici, nel rispetto delle regole tecniche adottate ai sensi dell'articolo 71. (Art. 42)

Anche la scuola è stata interessata dal piano per quanto riguarda tutti i documenti amministrativi del settore, registri e documenti degli alunni compresi.

7. Il sistema disciplinare

Il decreto legislativo n. 150/2009 aveva riguardato tutte le amministrazioni pubbliche, ponendosi due fondamentali obiettivi:

1. potenziare il livello di efficienza degli uffici, contrastare fenomeni di scarsa produttività e assenteismo e riaffermare la fiducia della collettività nell'operato dei pubblici funzionari, dirigenti e non;
2. semplificare i procedimenti in materia disciplinare, attribuendo maggiori poteri ai dirigenti della struttura presso cui il dipendente lavora.

Per il rilievo che ha determinato nel settore dell'amministrazione statale e degli enti locali, il D.lgs. n. 150 può essere paragonato al D.lgs. n. 29/1993, che aveva introdotto la *privatizzazione* del rapporto di lavoro dei dipendenti delle pubbliche amministrazioni. Il decreto si muoveva in continuità e allo stesso tempo in discontinuità con le riforme degli ultimi vent'anni.

Continuità e discontinuità

> Gli aspetti di continuità sono costituiti dalla scelta di proseguire sulla strada della privatizzazione del rapporto di lavoro dei dipendenti pubblici, il cui ordinamento continua a essere quello dettato dal codice civile e dalle leggi sul lavoro.
>
> [...] Particolarmente marcati i tratti di discontinuità nelle scelte che riguardano la definizione di nuove ipotesi di responsabilità dei dirigenti e l'accentuazione del ruolo della legislazione rispetto a quello della contrattazione. (Bianco, 2009)

Gli elementi innovativi

Vediamo in sintesi le principali novità introdotte da quel provvedimento.

Innanzitutto, veniva stabilito che le nuove norme, ai sensi degli artt. 1339 e 1419 del Codice Civile, fossero *imperative*. Pertanto, non era possibile derogare da esse nella contrattazione collettiva nazionale, che avrebbe dovuto recepire quanto indicato nel decreto medesimo.

In secondo luogo veniva prevista una *responsabilità diretta del dirigente* del servizio o della struttura; per quanto concerne la scuola, il dirigente scolastico vedeva accresciute le sue funzioni in questa materia disciplinare.

In terzo luogo, si stabiliva che

> il dipendente sottoposto a procedimento disciplinare ha la facoltà di *farsi assistere per la difesa* da un procuratore ovvero da un rappresentante sindacale, purché lo comunichi all'amministrazione con un preavviso di almeno dieci giorni, pena la decadenza dall'assistenza alla difesa. (Rossi, 2012)

Procedimenti disciplinare e penale

Inoltre, nel Decreto Brunetta veniva chiarito il rapporto esistente tra il procedimento *penale* e quello *disciplinare.*

Il Decreto legislativo stabiliva nuovi criteri per la valutazione sia della performance organizzativa sia della performance individuale. A tale azione valutativa seguiva la corresponsione del trattamento economico accessorio, che non poteva più essere distribuito in maniera indifferenziata.

CAPITOLO QUINDICESIMO

La Legge Madia del 2015

1. La modernizzazione della pubblica amministrazione 2. Integrità e trasparenza 3. Il nuovo Codice di comportamento dei dipendenti della PA 4. Il Codice di comportamento dei dipendenti del MIUR 5. Il CCNL 2016-2018 e il Codice disciplinare per il pubblico impiego 6. La Legge Madia 7. I decreti delle deleghe 8. Il rilancio delle problematiche della privacy a scuola

1. La modernizzazione della pubblica amministrazione

La modernizzazione

Il riordino del nostro sistema di istruzione e formazione va ricondotto al più ampio processo di modernizzazione che ha avviato il nostro Paese come risposta ai profondi cambiamenti che stanno interessando tutti gli aspetti della vita, dall'economia alla tecnologia, dalla rinegoziazione dei diritti civili e sociali ai costumi e agli stessi valori, alla crisi delle forme del lavoro tradizionale, ai fenomeni delle migrazioni. Per il sistema di istruzione tale necessità è posta, oltre che dalla difficoltà di reperire risorse per il suo potenziamento, dall'inadeguata formazione professionale del personale, in difficoltà nel proporre risposte efficaci ai bisogni formativi posti alla scuola, dall'invecchiamento della classe docente, dalla stessa motivazione al lavoro per il suo scarso riconoscimento, alla difficoltà di incidere in termini di qualità sulla formazione dei giovani in funzione del mercato del lavoro. Oggi, anche la scuola appare disorientata; d'altro canto, va ricordato che dopo la riforma della scuola, con l'autonomia, si sono susseguite in poco più di un quindicennio la Riforma Berlinguer-De Mauro, la Riforma Moratti, l'intervento di Fioroni sulle Indicazioni nazionali, quello della Gelmini sull'assetto ordinamentale, quello di Profumo sulle nuove Indicazioni e quello di Renzi.

Crisi del sistema di istruzione

Crisi dello Stato

Lo stesso vale per il più ampio assetto dello Stato, in crisi per un complesso di motivi che vanno dall'incertezza sulle funzioni pubbliche per la frammentazione delle competenze, alla difficoltà di individuare specifiche responsabilità; dall'eccessiva produzione di leggi, norme, deroghe, rettifiche, alla confusione sulle fonti; dalla carenza di coordinamento e programmazione, all'assoluta mancanza di forme di valutazione; dal divario tra territori, all'invadenza delle caste e del corporativismo. La questione è acuita dall'affermarsi del movimentismo spontaneo rispetto alla tradizionale organizzazione dei partiti storici, oggi in crisi di rappresentanza.

La Legge Madia

Anche la legge delega n. 124/2015, definita con l'intento di modificare profondamente vari aspetti della pubblica amministrazione, ha presentato delle difficoltà nella sua realizzazione, soprattutto per le deleghe. In realtà, essa avrebbe potuto, già in prima istanza, introdurre elementi innovativi semplificando e modificando la legge 241/1990, quali, ad esempio, la riduzione dei soggetti coinvolti nelle decisioni, con pareri più o meno obbligatori, più o meno vincolanti, oppure ridefinendo funzioni e strutture amministrative statali, regionali, comunali, lasciando ancora molto frazionate tra i vari soggetti la sicurezza, l'ambiente, le politiche per lo sviluppo, il turismo. Sono stati in molti che hanno considerato l'intervento della Madia come un complesso di ritocchi e non di innovazione di un impianto della pubblica amministrazione ancora legato a una concezione di tipo tradizionale.

Il reclutamento del personale

Volendo individuare le prospettive che hanno guidato la definizione delle ultime norme, va ricordata la definizione di un nuovo sistema di reclutamento del personale, che dovrebbe facilitare le operazioni di assunzione: con il divieto per le pubbliche amministrazioni di stipulare contratti di collaborazione, è stato previsto un piano straordinario di assunzioni a tempo indeterminato che dovrebbe risolvere definitivamente il precariato storico. Anche il sistema delle dotazioni organiche dovrebbe essere superato con la definizione di piani triennali di fabbisogni per le assunzioni.

La qualità dei servizi

Altro filone di interventi riguarda il miglioramento della qualità dei servizi con la definizione di obiettivi generali per la PA italiana, trasparenti e misurabili sia dagli organismi indipendenti di valutazione (OIV) sia dai cittadini in modo partecipato, per assicurare standard di miglioramento per la digitalizzazione, i tempi di risposta, la riduzione e la scomparsa delle liste di attesa. A questo dovrebbe collegarsi la valutazione della performance organizzativa in coerenza con il conseguimento degli obiettivi fissati, prevedendo la definizione di piani triennali della performance e di relazioni annuali di verifica. In tal senso viene delineata un'idea di rapporto di lavoro in cui le norme fisseranno le regole generali e gli ambiti della contrattazione e i contratti, intesi come strumenti flessibili, cureranno gli aspetti più operativi del lavoro all'interno di quegli ambiti.

2. Integrità e trasparenza

La corruzione

In questo contesto così complesso, negli ultimi tempi si è affermata per la sua gravità e diffusione un'altra emergenza tradizionale, quella della corruzione. L'enorme portata del fenomeno è stata recentemente sottolineata dalla Corte dei Conti come conseguenza dell'allarme sociale che ha generato il suo impatto sull'andamento dell'economia stessa del nostro Paese. A porre con urgenza la questione era stata la diffusione del *Rapporto della Commissione per lo studio e l'elaborazione di proposte in tema di trasparenza e prevenzione della corruzione nella PA,* istituito dall'allora ministro della Funzione pubblica Patroni Griffi il 23 dicembre 2011. I dati diffusi erano preoccupanti e il fenomeno della corruzione era ricondotto a cause di tipo economico, sociale e culturale; inoltre, si riteneva che i fattori che lo incrementavano fossero interni alla stessa amministrazione. Essi riguardavano la situazione di monopolio in cui operava la pubblica amministrazione, l'eccessiva discrezionalità nella distribuzione delle potestà, la scarsa trasparenza nell'agito, il basso livello di *accountability.*

Proposte per contrastare il fenomeno

La stessa Commissione aveva avanzato una serie di proposte per risolvere tale delicata questione, attuando una convinta azione di repressione, lavorando sulla prevenzione (con interventi su responsabilità disciplinari, codici etici e di condotta, incompatibilità, trasparenza, formazione), agendo sui controlli interni, nonché adeguando il nostro ordinamento giuridico a quello di altri Paesi europei.

Anche l'UE era tornata sulla questione chiedendo a più riprese opportuni interventi per porre freno al fenomeno considerato particolarmente grave per l'economia nazionale.

Tra gli ambiti sui quali i legislatori avevano costruito i loro interventi, vi erano quelli legati ai principi dell'integrità e della trasparenza nella pubblica amministrazione. Abbiamo già ricordato che si tratta di principi storicamente legati al segreto d'ufficio, definito con l'art. 3 del TU n. 3 del 1957, che nel corso dell'evoluzione legislativa sono diventati elementi qualificanti e poi principi della buona amministrazione e infine obiettivo e standard dell'azione amministrativa e strumento per valutare performance.

Principio di integrità

Il *principio di integrità,* che a sua volta si richiama a quello della responsabilità amministrativa di persone giuridiche, società e associazioni, e che si configura non come discriminazione né prevaricazione, unito a quello della trasparenza, ha consentito al nostro Paese di realizzare uno Stato di diritto più moderno. Da tutto ciò si sono sviluppati vari altri principi, come quelli della responsabilità civile della pubblica amministrazione, della buona fede nelle trattative contrattuali, della tutela cautelare degli interessi legittimi, della risarcibilità dei danni per lesioni di quegli interessi, dell'ottemperanza ai giudicati amministrativi.

Tutto ciò potrebbe sembrare lontano dal mondo della scuola e, quindi, riguardare solo alcune figure, quelle apicali quali il dirigente scolastico e il direttore SGA. In realtà, dimentichiamo che, pur non essendo più impiegati civili dello Stato, i docenti svolgono una funzione pubblica che, in taluni momenti, può coinvolgerli in responsabilità legate a queste tematiche: ecco perché è opportuno almeno conoscerle.

Sulla questione «corruzione» era intervenuta la legge 190/2012, seguita dall'innovazione dell'art. 54 del D.lgs. n. 165/2001. Essa era attuativa dell'art. 6 della Convenzione dell'Organizzazione delle Nazioni Unite contro la corruzione e aveva previsto una delega per il Governo, che era intervenuto con il D.lgs. n. 33/2013. La legge 190/2012 aveva, tra l'altro, creato l'ANAC (Autorità nazionale anticorruzione), un'autorità amministrativa indipendente, a cui veniva affidato il delicato compito di indirizzare e coordinare le PA, valutando il loro operato e promuovendo la trasparenza della loro azione e la diffusione di dati prodotti nel lavoro istituzionale: non a caso, la legge era denominata *Disposizioni per la prevenzione e la repressione della corruzione e dell'illegalità nella pubblica amministrazione.*

L'ANAC

Nelle intenzioni dei governi succedutisi negli ultimi tempi vi è stata quella di dar vita a un sistema semplificato nel quale, accanto alla garanzia dell'ottimizzazione della produttività e dell'efficienza nel lavoro pubblico e della trasparenza del suo operato, si sarebbero create dinamiche che avrebbero contrastato i mali della pubblica amministrazione, anche garantendo il delicato settore delle forniture e degli acquisti, che avrebbe avuto regole certe. A vigilare su tutto ciò è stata delegata, appunto, l'ANAC, le cui funzioni sono state notevolmente ampliate dall'ultimo Codice dei contratti pubblici, D.lgs. 18 aprile 2016, n. 50, modificato dal D.lgs. 19 aprile 2017, n. 56.

Il complesso delle disposizioni per la pubblicità, trasparenza e diffusione delle informazioni delle pubbliche amministrazioni, raccolte in un unico corpus, aveva condotto all'adozione anche per le istituzioni scolastiche di un Programma triennale per la trasparenza e l'integrità, nel quale erano indicate le misure e le iniziative per gli obblighi di pubblicazione previsti dalle norme, con una sezione per il Piano di prevenzione della corruzione di competenza degli uffici regionali. A questo proposito, l'ANAC aveva diffuso, il 21 aprile 2016, le *Linee guida per l'applicazione della normativa anticorruzione e trasparenza* per armonizzare i comportamenti delle varie amministrazioni, ricordando che anche agli organi scolastici apicali spettava la predisposizione dei PTPC e il PTTI e l'affidamento dell'incarico di responsabile della prevenzione alla corruzione e di responsabile della trasparenza: tale figura era facilmente individuabile nel dirigente scolastico.

Le Linee guida 2016

Più recentemente, sulla questione è tornato il D.lgs. n. 97/2016 per la revisione e la semplificazione delle norme del settore, che ha apportato profonde modifiche alla legislazione precedente con la prospettiva dell'abrogazione per le PA dell'obbligo del Programma triennale per la trasparenza e l'integrità (PTTI) e alla semplice indicazione nel Piano triennale per la prevenzione della corruzione (PTPC) dei responsabili di trasmissione e pubblicazione di documenti, informazioni, dati. Sempre lo stesso provvedimento ha stabilito l'adozione del cosiddetto FOIA *(Freedom of Information Act),* diritto già riconosciuto in moltissimi Paesi, per il quale tutti i cittadini, anche senza un interesse diretto, possono richiedere alla pubblica amministrazione dati e documenti: «"Chiunque" ha diritto di accedere ai dati e ai documenti detenuti dalle pubbliche amministrazioni, ulteriori rispetto a quelli oggetto di pubblicazione [...], nel rispetto dei limiti relativi alla tutela di interessi giuridicamente rilevanti "secondo quanto previsto dall'art. 5-*bis*"» (art. 5, D.lgs. n. 97/2016).

PTTI e PTPC

Il FOIA

Anche l'ANAC, Agenzia nazionale anticorruzione, ha avvertito la necessità di ritornare sul problema della trasparenza e ha pubblicato da poco nuove Linee guida: «La trasparenza si configura, dunque, quale servizio pubblico, volto a soddisfare in concreto bisogni collettivi; sotto tale profilo è auspicabile che le amministrazioni svolgano specifiche forme di controllo ex post delle proprie funzioni istituzionali, recependo ad esempio il modello OSCE di verifica a posteriori» (Deliberazione n. 1134 dell'8 novembre 2017 – ANAC).

La necessità di un riordino di varie regole che guidano l'azione del nostro apparato pubblico ha condotto all'approvazione della legge 124/2015 — comunemente definita come «Legge Madia» dal nome del Ministro — che, per intensità di proposta, ampiezza degli interventi, modalità di realizzo può essere affiancata alla legge 107/2015.

3. Il nuovo Codice di comportamento dei dipendenti della PA

L'importanza della legge 190/2012 va sottolineata anche per altri aspetti; infatti, l'art. 1 comma 4, della legge ha condotto alla pubblicazione del nuovo Codice di comportamento dei dipendenti pubblici, DPR 16 aprile 2013, n. 62 – *Regolamento recante codice di comportamento dei dipendenti pubblici,* a norma dell'art. 54 del D.lgs. 30 marzo 2001, n. 165. Ricordiamo che il primo Codice era stato pubblicato con DM 28 novembre 2000 e allegato, per quanto concerne il personale della scuola, al CCNL del 22 gennaio 2004.

Il Codice di comportamento PA 2013

Esso nasceva dal riordino delle indicazioni delle leggi 421/1992 e 59/1997, e dei Decreti legislativi n. 29/1993 e n. 80/1998 in un unico testo per migliorare le prestazioni professionali dei dipendenti pubblici secondi i principi di diligenza, lealtà, imparzialità.

I principi

La *diligenza* presupponeva efficienza, impegno e responsabilità nel lavoro in un rapporto di fiducia con l'utenza e con la stessa amministrazione; la *lealtà* riguardava il fatto di non assumere decisioni in conflitto con il pubblico interesse, anche evitando dichiarazioni, comportamenti e situazioni inopportuni; l'*imparzialità* era relativa alla parità di trattamento dei cittadini nelle prestazioni professionali.

Anche la sfera della vita privata del dipendente non veniva trascurata, con l'indicazione della tenuta di un corretto comportamento anche nella vita sociale, evitando di approfittare della propria posizione e mantenendo una perfetta *trasparenza* anche negli aspetti finanziari, personali, di appartenenza a un gruppo culturale, politico, partitico.

Il legame tra il nuovo Codice e la legge 190/2012 richiama la legalità e la lotta alla corruzione. Il Decreto ribadisce il rispetto dei principi della buona amministrazione (art. 3), chiedendo ai dipendenti pubblici di garantire il buon andamento e l'imparzialità, rispettando la legge e perseguendo l'interesse pubblico. Sono anche ribaditi i principi di integrità, correttezza, buona fede, proporzionalità, obiettività, trasparenza, equità e ragionevolezza, indipendenza e imparzialità.

Il Regolamento avverte che le violazioni dei doveri sono fonte di responsabilità disciplinare, civile, amministrativa e contabile quando esse sono collegate alla violazione di obblighi, leggi o regolamenti e che gravi o reiterate violazioni del codice comportano l'applicazione della sanzione del licenziamento disciplinare (art. 55-*quater*, comma 1, D.lgs. n. 165/2001).

Le differenze

Notevoli sono le differenze rispetto al precedente Codice. Infatti, se quello del 2000 aveva natura contrattuale e stabiliva solo degli obblighi, il nuovo Codice si pone come vero e proprio regolamento, ha carattere normativo ed è precettivo nelle prescrizioni.

Anche i principi a cui si ispira sono più ampi, in quanto, oltre a quelli del precedente Codice, il DPR n. 62/2013 richiama i principi di integrità, di spirito di servizio, di correttezza, cortesia, completezza e accuratezza, giustizia, trasparenza, sottolineando l'importanza di una condotta buona ed esemplare.

Diversi sono anche i soggetti a cui si rivolgono le prescrizioni: quello del 2000 era diretto ai dipendenti della PA o ai titolari di un rapporto stabile professionale con essa; quello rinnovato è stato esteso anche ai collaboratori, ai consulenti, agli incaricati di collaborazione.

Il nuovo Regolamento fissa anche l'entità del cosiddetto «valore modico» di un regalo, che viene definito in via orientativa in 150 euro. Dove, però, esso è più incisivo è nella prevenzione della corruzione: se il DM del 2000 non faceva nessun riferimento a tale problema, quello nuovo parla di obblighi per la prevenzione di illeciti amministrativi, per il rispetto delle norme sulla trasparenza e sulla tracciabilità, di vigilanza e monitoraggio per i piani di prevenzione della corruzione. Sottolinea, infine, a fronte del precedente divieto generico, i potenziali conflitti interessi, anche quelli non patrimoniali, ed elenca gli obblighi di astensione.

4. Il Codice di comportamento dei dipendenti del MIUR

Il Codice di comportamento MIUR 2014

Anche il MIUR ha adottato, con DM 30 giugno 2014, n. 525 e diffuso con nota n. 2810 del 16 luglio 2014, il Codice di comportamento per i suoi dipendenti; esso, fa riferimento al Codice del pubblico impiego, integrandolo, specificandolo e adeguandolo al personale del MIUR. Il Codice, che si rivolge a tutto il personale assunto a tempo determinato e indeterminato, contrattualizzato, compresi i titolari di incarichi di consulenza e di collaborazione, stabilisce i doveri che ciascun operatore deve osservare:

I doveri

- quello di essere diligente nella sua azione, garantendo l'efficienza, l'impegno e l'assunzione di responsabilità nelle attività, conseguendo la fiducia nell'utenza, nell'amministrazione, nella società;
- quello di lealtà, facendo prevalere sempre l'interesse pubblico;
- quello di imparzialità nei confronti dell'utenza;
- quello di buona condotta, termine che è molto vicino alle categorie morali, ma che in realtà richiede che il dipendente si ponga come persona integra, corretta sia nella vita lavorativa sia in quella privata.

Il Codice fa puntualmente riferimento a tutti i comportamenti professionali del dipendente MIUR . In questo senso, lo invita a osservare sul lavoro il rispetto degli obblighi di servizio, la cura costante della propria formazione professionale, la collaborazione con altre figure scolastiche e non, nel rispetto delle reciproche posizioni istituzionali. Ha anche il compito di segnalare gli eventi che possono avere riflessi sul servizio o creare situazioni di pericolo o di danno per l'integrità fisica o psicologica, propria o altrui. Deve, ancora, tutelare le configurazioni informatiche dell'amministrazione, l'integrità delle reti e delle banche dati, e non può, per motivi estranei all'attività istituzionale, utilizzare tali attrezzature.

Nei rapporti con il pubblico, egli deve operare con spirito di servizio, correttezza, cortesia, disponibilità e completezza, non rifiutando le prestazioni, ma fornendo correttamente le spiegazioni richieste; deve dare informazioni e notizie per atti e operazioni amministrative, e rilasciare, con le modalità stabilite, copie ed estratti di atti o documenti di sua competenza, con le modalità previste. Deve osservare il segreto d'ufficio e il riserbo, anche tutelando il trattamento dei dati personali. Nel Codice viene sancito anche l'obbligo di astensione da decisioni o attività che possano riguardare interessi propri, di parenti, affini entro il secondo grado, del coniuge o di conviventi, associazioni e organizzazioni e quando sussistano gravi ragioni di convenienza: è istituito per questo il *Registro delle astensioni per conflitto di interessi,* che le riporterà.

Regali, consulenze, partecipazioni

Il Codice interviene anche sulla delicata questione dei regali: non si possono accettare regali se non occasionalmente, nelle relazioni di cortesia, e comunque di modico valore e sino a un massimo di 150 euro, ricevuti occasionalmente nelle normali relazioni di cortesia. Anche l'accettazione di incarichi di consulenza o collaborazione di qualsiasi natura, gratuiti o retribuiti, è vietata, se offerta da soggetti privati che nel biennio precedente abbiano avuto un interesse economico con l'ufficio del dipendente. Questi può partecipare ad associazioni e organizzazioni comunicandone la decisione ai suoi dirigenti per il controllo dell'eventuale incompatibilità. Un richiamo è presente anche all'ambito privato del dipendente, al quale si raccomanda di non approfittare della sua posizione lavorativa e di assicurare l'assoluta trasparenza anche nei comportamenti finanziari privati e in quelli personali.

Specifiche problematiche

Il Codice interviene anche su alcune questioni specifiche relativamente:

– al corpo ispettivo, richiamandolo all'imparzialità, obiettività, efficienza, riservatezza professionale e alla trasparenza e ad attenersi ai principi di onestà e integrità;
– ai dipendenti che svolgono incarichi di revisori dei conti, raccomandando nel controllo amministrativo contabile la correttezza, il massimo impegno, il rispetto della riservatezza, il divieto di utilizzo di notizie o informazioni collegate, e ricordando l'incompatibilità nel caso di relazioni di parentela o affinità entro il quarto grado con il personale in servizio nella scuola controllata;
– ai dirigenti del MIUR, ai dirigenti tecnici e al personale equiparato a dirigente di prima o seconda fascia, invitandoli a svolgere le funzioni con diligenza, lealtà, trasparenza i compiti assegnati, anche mantenendo comportamenti esemplari e imparziali e promuovendo il benessere organizzativo nelle strutture a loro affidate. Ad essi sono anche affidate funzioni di valorizzazione, premialità, tutela, sicurezza, controllo del personale.

Le sanzioni

Nel caso di violazione degli obblighi e di comportamenti contrari ai doveri d'ufficio, per i dipendenti sono previste responsabilità disciplinari, penali, civili, amministrative, contabili, da cui possono originare procedimenti disciplinari e conseguenti sanzioni, queste ultime definite, secondo i principi di gradualità e proporzionalità, anche in relazione alla gravità del comportamento e all'entità del danno all'amministrazione.

Il Codice ha confermato che le sanzioni sono quelle previste da leggi, regolamenti, contratti collettivi, comprese quelle espulsive relativamente all'accettazione di regali non modici per svolgere le attività d'ufficio, le pressioni su altri per farli aderire a organizzazioni o associazioni, la sottoscrizione a nome dell'amministrazione di contratti di appalto, forniture, servizi, finanziamenti o assicurazioni con imprese già destinatarie di analoghi contratti privati nel biennio precedente. Sanzioni espulsive possono riguardare anche l'accettazione di incarichi di collaborazione con privati già con interessi economici comuni con l'ufficio nel biennio precedente e il conflitto di interesse di qualsiasi natura e portata.

5. Il CCNL 2016-2018 e il Codice disciplinare per il pubblico impiego

Il Contratto 2016-2018

In questo ambito, in realtà, vi sono state recenti e importanti modifiche. Infatti, il 19 aprile 2018, con la sottoscrizione in via definitiva del CCNL relativo al periodo 2016-2018, nella parte comune ai vari comparti, il Titolo III è stato dedicato alla definizione della responsabilità disciplinare del personale del pubblico impiego. Viene delineato un complesso sistema che delinea un vero e proprio Codice disciplinare (art. 13) nel quale sono dettagliati, oltre alle sanzioni disciplinari, i criteri di valutazione di gravità, tipo ed entità della violazione. Il sistema, che riguarda anche il personale ATA della scuola, si articola secondo il seguente schema (si veda box 15.1).

BOX 15.1

I CRITERI GENERALI

Le sanzioni, secondo gradualità e proporzionalità, sono determinate per la gravità della mancanza, il tipo e l'entità, con i seguenti criteri generali:
- intenzionalità del comportamento, grado di negligenza, imprudenza o imperizia, imprevedibilità dell'evento;
- rilevanza degli obblighi violati;
- responsabilità di lavoro del dipendente; danno o pericolo o disservizio causato ad amministrazione, utenti o a terzi;
- sussistenza di circostanze aggravanti o attenuanti, anche in riferimento al comportamento del lavoratore, ai precedenti disciplinari nel biennio, al comportamento verso l'utenza;
- concorso nella violazione di più lavoratori in accordo tra di loro;
- per gli ATA, coinvolgimento di minori, se affidati alla vigilanza del dipendente.

LE SANZIONI E I COMPORTAMENTI SANZIONATI

a) Il rimprovero verbale o scritto sino alla multa di 4 ore di retribuzione si applica in maniera graduata per: inosservanza delle disposizioni di servizio, delle deliberazioni degli organi collegiali, dell'orario di lavoro; condotta non conforme a principi di correttezza verso superiori, dipendenti, utenti o terzi; per il personale ATA condotte negligenti e non conformi alle responsabilità, ai doveri e alla correttezza della funzione; negligenza nell'esecuzione dei compiti, nella cura di locali, beni mobili o strumenti, su cui esercita attività di custodia o vigilanza; inosservanza degli obblighi per la prevenzione degli infortuni e di sicurezza sul lavoro se non vi sono danni o disservizi; rifiuto di assoggettarsi a visite personali per tutela del patrimonio, art. 6 della legge. n. 300/1970; insufficiente rendimento nell'assolvimento dei compiti assegnati; violazione dell'obbligo previsto dall'art. 55-*novies,* del D.lgs. n. 165/2001; violazione di altri doveri e obblighi di comportamento non ricompresi specificatamente.

b) La sospensione dal servizio senza retribuzione sino a 10 giorni si applica per: recidiva o particolare gravità nelle mancanze precedenti; assenza ingiustificata dal servizio o suo arbitrario abbandono; ingiustificato mancato trasferimento sin dal primo giorno per personale ATA; attività che, durante malattia o infortunio, ritardino il recupero psicofisico; manifestazioni ingiuriose contro l'amministrazione, salvo la libertà di pensiero; atti o comportamenti aggressivi ostili e denigratori, come violenza morale contro un altro dipendente, comportamenti minacciosi, ingiuriosi, calunniosi o diffamatori contro altri dipendenti, o utenti, o terzi; violazione degli obblighi di vigilanza del personale ATA nei confronti di allievi e studenti affidati; violazione del segreto di ufficio; violazione di doveri e obblighi di comportamento non ricompresi nel Codice.

c) La sospensione dal servizio senza retribuzione: si applica il disposto del D.lgs. n. 165/2001 sino a massimo quindici giorni per l'art. 55-*bis,* comma 7; sino a massimo tre mesi per l'art. 55-*sexies,* comma 3; da minimo tre giorni sino a massimo tre mesi per l'art. 55-*sexies,* comma 1.

d) La sospensione dal servizio senza retribuzione da 11 a massimo 6 mesi si applica per: recidiva nel biennio delle mancanze precedenti; occultamento del controllo o della vigilanza, di fatti e circostanze per illecito uso, manomissione, distrazione o sottrazione di somme o beni dell'ente; atti e comportamenti lesivi della dignità della persona o molestie a carattere sessuale, anche senza gravità o reiterazione, o non, rivolti ad allievi e studenti; alterchi con vie di fatto sul lavoro, anche con gli utenti; fino a due assenze ingiustificate dal servizio in continuità con giornate festive e di riposo settimanale; ingiustificate assenze collettive nei periodi in cui è necessaria la continuità dei servizi; violazione degli obblighi di vigilanza su allievi e studenti minorenni per l'assenza dal servizio o per suo arbitrario abbandono; per il personale ATA, violazione dei propri doveri che pregiudichino il regolare funzionamento dell'istituzione e per concorso negli stessi atti.

e) Il licenziamento, fermo restando il licenziamento per giusta causa o giustificato motivo, si applica:

1) con preavviso per: le ipotesi considerate dall'art. 55-*quater*, comma 1, lett. b) c) e da f)*bis* a f)*quinquies* del D.lgs. n. 165/2001; recidiva nelle violazioni dei commi 5, 6, 7 e 8; recidiva nel biennio, anche contro una persona diversa, di atti, comportamenti o molestie a carattere sessuale o di particolare gravità o nei confronti di allievi, studenti e studentesse affidati alla vigilanza degli ATA; dichiarazioni false e mendaci per avere un vantaggio nella mobilità territoriale o professionale; condanna passata in giudicato, per un delitto che, commesso fuori del servizio e non legato al rapporto di lavoro, ha particolare e specifica gravità; violazione degli obblighi di comportamento di cui all'art 16 comma 2 secondo e terzo periodo del DPR n. 62/2013; violazione dei doveri e degli obblighi di comportamento non ricompresi, ma di gravità tale da non consentire la prosecuzione del rapporto di lavoro; mancata ripresa del servizio, salvo comprovato impedimento, dopo periodi di interruzione dell'attività previsti dalle norme legislative e contrattuali, alla fine del periodo di sospensione o alla scadenza del termine fissato dall'amministrazione.

2) Senza preavviso per: ipotesi considerate nell'art. 55-*quater*, comma 1, lett. a), d), e) ed f) del D.lgs. n. 165/2001; commissione di gravi fatti illeciti di rilevanza penale, compresi quelli che prevedono la sospensione cautelare, secondo l'art. 15, salvo quanto previsto dall'art. 16; condanna passata in giudicato per un delitto commesso in servizio o fuori servizio che, pur non riguardando il rapporto di lavoro, non ne consenta neanche provvisoriamente la prosecuzione per la sua specifica gravità; commissione in genere — anche nei confronti di terzi — di fatti o atti dolosi, che, pur non avendo rilevanza penale, sono di gravità tale da non consentire la prosecuzione neppure provvisoria del rapporto di lavoro; condanna, anche non passata in giudicato, per i delitti già indicati nell'art. 7, comma 1, e nell'art. 8, comma 1, lett. A del D.lgs. n. 235 del 2012; per l'interdizione perpetua dai pubblici uffici; per i delitti previsti dall'art. 3, comma 1 della legge 27 marzo 2001 n. 97; per gravi delitti commessi in servizio; per violazioni intenzionali degli obblighi non ricompresi, anche nei confronti di terzi, di gravità tale da non consentire la prosecuzione neppure provvisoria del rapporto di lavoro.

Il CCNL descrive, infine, nel dettaglio, i procedimenti disciplinari relativi alla sospensione cautelare in corso di procedimento disciplinare, quella in caso di procedimento penale, il rapporto tra procedimento disciplinare e procedimento penale, la determinazione concordata della sanzione. In quest'ultimo caso, è stata inserita la possibilità che l'autorità disciplinare e il dipendente possano procedere, esclusi i casi di licenziamento disciplinare, alla determinazione della sanzione disciplinare raggiungendo un accordo definito con una procedura conciliativa che è descritta nello stesso CCNL (art. 17).

Pubblicità del Codice

È previsto che il Codice sia obbligatoriamente reso pubblico entro 15 giorni dalla stipula del CCNL mediante pubblicazione sul sito istituzionale ed entri in vigore dopo 14 giorni da essa.

Per i docenti

Per quanto concerne il personale della scuola, l'art. 29 del Contratto ha previsto per i docenti una successiva sequenza contrattuale entro luglio 2018 per stabilire le specifiche sanzioni disciplinari, garantendo la tutela della libertà di insegnamento. Si legge nel testo:

> 1. Le disposizioni in materia di responsabilità disciplinare di cui al presente Titolo si applicano al personale ausiliario tecnico e amministrativo delle istituzioni scolastiche ed educative, al personale degli Enti ed Istituzioni di ricerca, delle Università, nonché al personale docente, amministrativo e tecnico dell'AFAM. Per il personale docente dell'AFAM sono previste, nella Sezione di riferimento, specifiche disposizioni in materia di «Obblighi del dipendente» e di «Codice disciplinare». (Art. 10 – *Destinatari* – CCNL 2016-2018)

Oggetto della trattativa, che dovrà svolgersi a livello nazionale, sarà pertanto la definizione della tipologia delle infrazioni disciplinari e delle relative sanzioni, anche prevedendo per i docenti l'individuazione di una procedura di conciliazione non obbligatoria:

> 1. Le parti convengono sulla opportunità di rinviare ad una specifica sessione negoziale a livello nazionale la definizione, per il personale docente ed educativo delle istituzioni scolastiche, della tipologia delle infrazioni disciplinari e delle relative sanzioni, nonché l'individuazione di una procedura di conciliazione non obbligatoria, fermo restando che il soggetto responsabile del procedimento disciplinare deve in ogni caso assicurare che l'esercizio del potere disciplinare sia effettivamente rivolto alla repressione di condotte antidoverose dell'insegnante e non a sindacare, neppure indirettamente, la libertà di insegnamento. La sessione si conclude entro il mese di luglio 2018. (Art. 29 – *Responsabilità disciplinare per il personale docente ed educativo* – CCNL 2016-2018)

Limiti contrattazione

In realtà, pur rinviando a una fase successiva la definizione di questo delicato ambito dei contenuti professionali, il CCNL ha già posto dei paletti su questa operazione. Infatti, la nuova contrattazione dovrà tener conto sia del D.lgs. n. 165/2001 sia dell'obbligo di prevedere la sanzione del licenziamento: per atti, comportamenti o molestie a carattere sessuale, riguardanti studentesse o studenti sotto la vigilanza del personale, anche senza la gravità o la reiterazione dei comportamenti; per dichiarazioni false e mendaci; per avere un vantaggio nella mobilità territoriale o professionale.

Dovrà, infine, prevedere una specifica sanzione per condotte e comportamenti non coerenti con le finalità della comunità educante nei rapporti con gli studenti e le studentesse, anche utilizzando i canali sociali informatici. L'utilizzo di tali strumenti di comunicazione dovrà essere usato in questo rapporto solo per fini didattici.

6. La Legge Madia

Il riordino della pubblica amministrazione è stato, in realtà, già al centro di un ulteriore rinnovamento, prodotto dall'applicazione della legge 124 del 13 agosto 2015, *Deleghe al Governo in materia di riorganizzazione delle amministrazioni pubbliche,* comunemente definita «Legge Madia» dal nome del Ministro.

La sua definizione è stata preceduta da consultazione pubblica su linee guida per una riforma e in riferimento anche alla legge 11 agosto 2014 di conversione in legge, con modificazioni, del decreto legge 24 giugno 2014, n. 90 sulla semplificazione e la trasparenza amministrativa. Anche questo provvedimento è stato messo a punto con una serie di obiettivi che andavano dalla ricostruzione di un rapporto di fiducia tra i cittadini e lo Stato, alla valorizzazione dei dipendenti pubblici; dal sostegno allo sviluppo, al recupero di risorse per qualificare l'offerta dei servizi, all'incentivo dell'occupazione.

La struttura della legge e le deleghe

Si è trattato di un provvedimento delega costituito da 23 articoli suddivisi in quattro ambiti:

- gli articoli 1-7 riguardano le semplificazioni amministrative;
- gli articoli 8-10 riguardano l'organizzazione;
- gli articoli 11-15 riguardano il personale;
- gli articoli 16-23 riguardano le deleghe per la semplificazione normativa.

Nel provvedimento sono stati previsti sia 14 deleghe sia vari provvedimenti di immediata applicazione: dall'articolo 3, *Silenzio assenso tra amministrazioni,* all'articolo 6, *Autotutela amministrativa,* all'articolo 12, *Incarichi direttivi dell'Avvocatura dello Stato,* all'articolo 14, *Violenza di genere,* all'articolo 15, specifico per il *Personale delle Forze Armate.*

Il MIUR

Di particolare rilevanza per l'amministrazione scolastica è l'art. 8, che ha previsto interventi che riguardano la flessibilità, in particolare il Decreto 300/1999 per il passaggio dal modello dei dipartimenti a quello del segretario generale e viceversa, in base a specifiche esigenze:

> 7. Introduzione di maggiore flessibilità nella disciplina relativa all'organizzazione dei Ministeri, da realizzare con la semplificazione dei procedimenti di adozione dei regolamenti di organizzazione, anche modificando la competenza ad adottarli; introduzione di modifiche al decreto legislativo 30 luglio 1999, n. 300, per consentire il passaggio dal modello dei dipartimenti a quello

> del segretario generale e viceversa in relazione alle esigenze di coordinamento; definizione dei predetti interventi assicurando comunque la compatibilità finanziaria degli stessi, anche attraverso l'espressa previsione della partecipazione ai relativi procedimenti dei soggetti istituzionalmente competenti a tal fine. (Legge n. 124 del 13 agosto 2014, art. 8, comma 7)

Il provvedimento ha definito importanti deleghe legislative: dirigenza pubblica, riorganizzazione dell'amministrazione statale centrale e periferica, digitalizzazione della PA, semplificazione de procedimenti amministrativi, razionalizzazione e controllo delle società partecipate, anticorruzione e trasparenza.

7. I decreti delle deleghe

Il Consiglio dei Ministri ha proceduto alla definizione dei decreti di delega in varie sedute il 20 gennaio, il 15 e 30 giugno e il 25 agosto 2016, mentre gli ultimi sono stati approvati nel Consiglio dei Ministri del 23 febbraio 2017. Si è trattato di un lavoro delicato, soprattutto per la complessità degli ambiti affrontati, che ha visto il riordino delle Forze di Polizia, quello dei Vigili del fuoco, la soppressione del corpo della Forestale, l'unificazione a sistema delle autorità portuali, l'istituzione del documento unico per la proprietà e la circolazione delle auto, l'ampliamento delle funzioni del digitale, la riduzione della discrezionalità nelle nomine dei dirigenti ASL. Il lavoro non è stato agevolato neppure dai contrasti nati per l'opposizione alle riforme. Infatti, la Regione Veneto aveva impugnato presso la Corte Costituzionale alcuni aspetti della Legge Madia, in quanto la considerava lesiva del principio di leale collaborazione Stato-Regioni e delle prerogative assegnate dalle norme alle Regioni. In particolare, la riforma si era mossa prevedendo da parte delle Regioni un semplice parere su ambiti di legislazione concorrente, per i quali occorreva una vera intesa in sede di Conferenza unificata: la contestazione riguardava la dirigenza sanitaria e quella pubblica, il licenziamento disciplinare, le società a partecipazione pubblica, il Testo unico sui servizi pubblici locali di interesse economico generale. La Corte Costituzionale si era espressa il novembre 2016 con la sentenza n. 251 che aveva sostanzialmente condiviso le obiezioni della Regione, dichiarando la parziale illegittimità costituzionale della legge 124/2015 e circoscrivendo solo ad essa tale illegittimità, escludendo i decreti attuativi. In realtà, i primi tre decreti erano già entrati in vigore, altri due stavano per essere pubblicati, ma erano stati ritirati dal Governo e non firmati dal Capo dello Stato. Nel mentre, nel Paese si apriva un acceso dibattito che coinvolgeva anche il Consiglio di Stato, al quale si

Gli ambiti delegati

I contrasti

La sentenza n. 251/2016

era rivolto il Ministero e che il 17 gennaio 2017 aveva espresso parere favorevole all'applicazione della sentenza n. 251/2016. La soluzione, alla fine, è stata trovata in una mediazione: per i tre decreti già pubblicati e per quelli in via di pubblicazione, il Governo ha provveduto a sanare l'incostituzionalità; lo stesso per gli altri decreti non ancora predisposti, che potranno essere applicati se non incideranno su materie di competenza regionale; per gli ultimi due decreti sui servizi pubblici locali e sulla dirigenza, essendo stati ritirati dal Governo, occorrerà un nuovo disegno di legge o una nuova delega.

I decreti delegati

Tra i decreti delegati che hanno avuto un maggior impatto sulla vita della scuola ricordiamo:

- il D.lgs. 18 aprile 2016, n. 50, che ha introdotto il nuovo Codice dei contratti pubblici, richiamando le direttive dell'UE, riordinando le norme sui contratti di concessione, sugli appalti pubblici e sulle procedure d'appalto per lavori, servizi e forniture. Il decreto è stato successivamente integrato e corretto dal D.lgs 19 aprile 2017, n. 56;
- il D.lgs. 25 maggio 2016, n. 97, che ha modificato, semplificandole, varie norme in materia di prevenzione della corruzione, pubblicità e trasparenza, intervenendo anche sulla legge 6 novembre 2012, n. 190/2012 e sul D.lgs. n. 33/2013, istituendo, fra l'altro, il FOIA, *Freedom of Informaction Act;*
- il D.lgs. 20 giugno 2016, n. 116, che ha modificato le norme in materia di licenziamento disciplinare, subito dopo corretto con il riferimento ai dipendenti pubblici che attestano la falsa presenza in servizio e all'immediata sospensione cautelare e con altre modifiche di rilevanza minore;
- il D.lgs. 26 agosto 2016, n. 174, che ha introdotto il nuovo Codice di giustizia contabile, raccogliendo in un unico testo tutte le disposizioni prodotte da varie fonti sull'argomento e specificando il ruolo fondamentale svolto dalla Corte dei Conti;
- il D.lgs. 26 agosto 2016, n. 179, che ha modificato e integrato il Codice dell'amministrazione digitale e che è stato recentemente aggiornato con il D.lgs. n. 217 del 13 dicembre 2017;
- il D.lgs. 25 novembre 2016, n. 222, che ha introdotto il principio del silenzio assenso e comunicazione per determinate attività e individuato i procedimenti oggetto di autorizzazione, segnalazione certificata di inizio di attività (SCIA);
- il DPR 12 settembre 2016, n. 194, *Regolamento per la semplificazione e l'accelerazione dei procedimenti amministrativi;*
- il D.lgs. 25 maggio 2017, n. 74, che ha introdotto per la pubblica amministrazione l'impegno di definire obiettivi generali, con indicatori misurabili, ed è intervenuto sulla valutazione e sulla performance

organizzativa, prevedendo la differenziazione dei trattamenti economici in relazione ai risultati;

– il D.lgs 25 maggio 2017, n. 75, particolarmente rilevante, che è ritornato sulla responsabilità disciplinare per rendere celere, effettiva e certa l'azione disciplinare. Il Decreto è intervenuto in vari ambiti, istituendo il Piano triennale dei fabbisogni per superare il principio della dotazione organica come limite per le assunzioni, modificando le procedure concorsuali, incrementando l'uso delle tecnologie, introducendo il lavoro flessibile per prevenire il precariato e vietando alla PA la stipula di contratti di collaborazione. Ha istituito la Consulta nazionale per favorire l'integrazione delle persone con disabilità nell'ambiente di lavoro. Il decreto è intervenuto anche sul regime delle visite fiscali attribuendone la competenza all'INPS.

Il decalogo per il licenziamento del personale statale

Decreto legislativo 30 marzo 2001, n. 165
• Falsa attestazione della presenza in servizio, invio di certificati medici falsi; • assenza non giustificata per più di 3 giorni nel biennio o 7 giorni in 10 anni; • ingiustificato rifiuto al trasferimento quando è motivato da esigenze di servizio; • presentazione di falsi documenti o dichiarazioni per l'assunzione o per la promozione; • reiterate condotte aggressive, moleste o ingiuriose nell'ambiente di lavoro; • condanna penale definitiva che prevede l'interdizione dai pubblici uffici; • reiterata valutazione negativa della performance nell'ultimo triennio.
Aggiunti dalla Riforma Madia, Decreto legislativo 20 giugno 2016, n. 116
• Grave o reiterata violazione del codice di comportamento; • mancato esercizio per dolo o colpa grave dell'azione disciplinare da parte del dirigente; • scarso rendimento del dipendente che, per lo stesso motivo, abbia già ricevuto una sanzione nei due anni precedenti.

8. Il rilancio delle problematiche della privacy a scuola

L'irrefrenabile sviluppo delle tecnologie dell'informazione e la loro pervasività hanno rilanciato la questione della privacy, introdotta con il Codice del D.lgs. n. 196/2003 e successive modificazioni, come delicato e ineludibile problema delle società della comunicazione. La sua attualità è anche posta da drammatiche vicende di cronaca che, intrecciandosi con il cyberbullismo, il furto di dati per scopi non corretti, la scarsa tutela dei dati personali offerta dai social network e altro, hanno condotto i governi europei a riprendere in mano la questione e a cercare di trovare soluzioni che contrastino, almeno in parte, questo fenomeno in grandissima diffusione. Il problema riguarda tutti gli enti pubblici che hanno banche dati, scuola compresa.

Un primo provvedimento vi era stato il 15 maggio 2014, n. 234, che aveva diffuso le Linee guida per il trattamento dei dati personali, per i documenti che li riportavano, per la pubblicità sul web. Sulla questione era intervenuto successivamente il Garante della privacy che aveva diffuso un nuovo vademecum per gli studenti dal titolo *La scuola a prova di privacy*, finalizzato a offrire ad essi un quadro di riferimento per prepararli ad assumere opportuni atteggiamenti nei confronti delle nuove esigenze poste dallo sviluppo tecnologico. Nella prima parte del vademecum, dopo aver ricordato il diritto di studenti e famiglie di sapere come venivano trattati i loro dati personali dalle scuole, confermava che questi potevano essere utilizzati solo per fini istituzionali e per quali di essi era previsto il consenso o meno, diverso per scuole pubbliche e private, rispettando i criteri di pertinenza, completezza, indispensabilità dei dati nei confronti dei fini. La seconda parte era dedicata ad aspetti della vita scolastica degli studenti. La terza parte trattava l'uso di cellulari, tablet, smartphone, degli strumenti per la registrazione di suoni e immagini, in genere impiegati per fini personali: si è di recente riaperto anche il dibattito sull'opportunità o meno di un uso di tali mezzi nella didattica scolastica. La quarta parte era dedicata alle scuole e riguardava la pubblicità e la trasparenza, mentre la quinta parte poneva la questione della videosorveglianza come prevenzione di furti e vandalismi. Il documento si concludeva con un glossario dedicato alle parole chiave di interpretazione della questione.

Il vademecum

Dopo che la Legge Madia era intervenuta sul problema della pubblicità e della trasparenza con il D.lgs. 25 maggio 2016, n. 97, dal 25 maggio 2018 è entrato in vigore il GRDD, Regolamento UE 2016/679, che ha introdotto importanti novità nell'ambito del trattamento e della libera circolazione dei dati. Presentato come una vera e propria rifondazione del settore, esso ha introdotto nuove regole in materia di protezione delle persone fisiche in relazione al trattamento dei loro dati personali, al loro trattamento automatizzato, all'informativa e al consenso al riconoscimento di nuovi diritti, quali la portabilità dei dati, il diritto all'oblio, il diritto a essere avvertiti entro 72 ore per la violazione dei dati, la responsabilizzazione dei titolari del trattamento dei dati. Figura chiave del Regolamento è il responsabile della protezione dei dati (*Data Protection Officer* o DPO), che dovrà assicurare la corretta gestione dei dati personali nelle imprese e negli enti. In realtà, il GDPR è entrato in vigore prima che il Governo esercitasse la delega prevista entro il 22 agosto 2018.

Il GRDD

Il MIUR ha diffuso la nota 563 del 22 maggio 2018 per fornire prime indicazioni alle istituzioni scolastiche per la nomina del responsabile della protezione dei dati personali.

Nomina RPD

Ciascun istituto scolastico, in base alla propria autonomia, dovrà nominare il RPD (responsabile protezione dati), autonomo e indipendente nello svolgimento dell'incarico, che si occuperà senza conflitto di interesse delle politiche della privacy dell'istituto e che sarà responsabile con il dirigente di eventuali violazioni del regolamento. È prevista anche l'adozione di un registro in cui saranno inseriti i dati degli utenti, sia che se ne venga in possesso in forma fisica che elettronica. Saranno previste sanzioni per le eventuali violazioni che coinvolgono anche dirigenti scolastici e direttori SGA. A tal proposito, per il personale scolastico è stata prevista dal MIUR l'effettuazione di un corso di formazione online della durata di nove ore con priorità per i dirigenti scolastici e i direttori SGA.

Direttive UE

La svolta è appena all'inizio e molte cose sono ancora da definire, come, ad esempio, il livello di adesione del nostro Paese alla nuova normativa, che ha spazi di flessibilità, le funzioni del Garante della privacy nel nuovo sistema, la questione della trasparenza. La stessa strategia di raccolta e conservazione dei dati è stata fonte di discussione. Infatti, la pubblicazione del Regolamento è stata accompagnata da quella di due direttive dell'UE che hanno creato un po' di disorientamento e la preoccupazione che la sicurezza dei dati non sia così garantita. La Direttiva n. 680 è sostanzialmente allineata al GDPR e si occupa del trattamento dei dati da parte di autorità competenti per svolgere prevenzione, indagine, accertamento e perseguimento di reati, esecuzione di sanzioni penali, salvaguardia e prevenzione di minacce alla sicurezza pubblica; la Direttiva n. 681 si occupa, invece, del trattamento dei dati per il codice di prenotazione relativo a informazioni per i viaggi aerei, anche per fini di prevenzione, accertamento, indagine e azione penale per reati gravi o di terrorismo. Anche se le direttive sembrano affrontare lo stesso problema, riconducibile ad aspetti penali di prevenzione e perseguimento di reati, la prima stabilisce che tali operazioni possono essere effettuate dalle autorità competenti, la seconda apre anche ai vettori aerei per i PNR che possono accedere indirettamente a quelle informazioni.

PARTE TERZA

LE ISTITUZIONI SCOLASTICHE

CAPITOLO SEDICESIMO

L'autonomia scolastica

1. Lo scenario culturale 2. Il dimensionamento della rete scolastica e l'organico funzionale 3. Gli istituti comprensivi 4. La realizzazione dell'autonomia 5. La governance territoriale tra autonomia, sussidiarietà, federalismo 6. I Regolamenti e le forme dell'autonomia 7. Programma annuale, budget, nuovo Codice dei contratti pubblici 8. Quale futura governance?

1. Lo scenario culturale

La necessità di procedere a una riforma globale del nostro sistema di istruzione si conferma come argomento di grande interesse già nel 1990, in occasione della Conferenza nazionale della scuola, fortemente voluta dall'allora ministro della Pubblica Istruzione Mattarella e svoltasi a Roma dal 30 gennaio al 3 febbraio per delineare un primo quadro di questioni da affrontare per rendere più competitivo il nostro sistema. Si trattò di un momento di consultazione e di confronto tra tutte le componenti della comunità sociale e scolastica nazionale, finalizzato a individuare possibili soluzioni per far fronte ai segnali di crisi della formazione. A sostenere l'idea dell'autonomia scolastica come nuova forma di assetto e di governo della scuola fu proprio Sabino Cassese.

Conferenza nazionale della scuola 1990

Va ricordato che in quel periodo erano in fase di realizzazione la riforma modulare per le scuole elementari, la definizione degli Orientamenti del 1991 per la scuola dell'infanzia e, poco tempo dopo, nel 1992, il Progetto Brocca per i programmi della scuola secondaria: rimaneva al palo, ancora alla riforma del 1962, la scuola media, se non per innovazioni di secondo piano, quali ad esempio l'introduzione di nuovi modelli di schede per la valutazione.

Un secondo passaggio fondamentale fu costituito dalla sottoscrizione nel settembre 1996 del protocollo d'intesa tra Governo e parti sociali, passato alla storia come Accordo per il lavoro; in quell'occasione

L'Accordo per il lavoro 1996

era stato il Governo ad assumere una serie di impegni per favorire la partecipazione delle nuove generazioni al processo di istruzione e formazione, come portare l'obbligo scolastico a 10 anni assicurando il diritto alla formazione sino ai 18.

Il documento, tra le varie indicazioni che offrì, individuò una serie di punti critici che andavano affrontati con adeguate scelte politiche; in particolare si richiedeva di:

> – realizzare l'autonomia delle istituzioni scolastiche supportandola a livello centrale e periferico con risorse finanziarie ordinarie e perequative riferite alle diverse situazioni socioeconomiche, equi sistemi di contributo ai costi da parte dell'utenza, interventi normativi e di assistenza tecnica e l'istituzione di un sistema nazionale di valutazione;
> – promuovere la trasformazione dei centri di formazione professionale in agenzie formative;
> – riordinare l'assetto complessivo del sistema scolastico. Rivedere e riqualificare i programmi scolastici anche attraverso l'introduzione di metodologie didattiche idonee ad attivare abilità e a valorizzare propensioni in un rapporto costruttivo e dinamico con il mondo del lavoro;
> – procedere alla revisione della legge 845/78 e alla disciplina delle interconnessioni tra i vari canali formativi (alternanza, rientri, valutazione e certificazione dei crediti formativi), anche sulla base degli orientamenti del Comitato Nazionale di Concertazione istituito presso il Ministero del Lavoro e della Previdenza Sociale;
> – sviluppare l'istruzione post-secondaria affermando una dimensione di alta professionalità tecnica, supportata da una forte valenza culturale, come ulteriore offerta rispetto ai diplomi universitari;
> – diffondere l'esperienza dello stage, prevedendo forme di incentivazione per le imprese che offrano tali opportunità formative;
> – favorire, con la partecipazione delle Università, delle Regioni e del sistema scolastico e formativo, un efficace orientamento dei giovani. (Accordo per il lavoro, 24 settembre 1996)

Il testo impegnava il Governo a realizzare l'ampliamento dell'obbligo scolastico e a garantire pienamente il diritto alla formazione, elevando l'obbligo a 10 anni, ristrutturando i cicli scolastici e i curricoli di studio, prevedendo il diritto alla formazione sino a 18 anni. Il tutto andava perseguito realizzando modelli di tipo flessibile sia dal punto di vista strutturale sia da quello degli utenti, valorizzando pienamente anche il sistema della formazione professionale.

L'obiettivo dell'intera operazione era, in altri termini, quello di promuovere i livelli della formazione sotto il profilo qualitativo e quantitativo, incrementando le possibilità di accesso in una prospettiva di formazione permanente lungo tutto l'arco della vita e in previsione dei mutamenti dello stesso mercato del lavoro.

Quella prospettiva si coniugava anche con le raccomandazioni che l'Europa impartiva ai propri membri rispetto alle risposte da dare all'irrefrenabile processo di cambiamento e alle sue sfide, anche in termini di produttività, competitività, ricerca di benessere.

Altro fronte di impegno era poi quello del recupero del divario esistente tra le varie aree del Paese, con una particolare attenzione al Mezzogiorno, coinvolgendo nel processo le forze sociali, gli organismi locali, il volontariato.

La svolta si ebbe con l'art. 21 della legge 59/2007, con cui è stata riconosciuta l'autonomia alle istituzioni scolastiche, completata da successivi provvedimenti tra i quali il riconoscimento della personalità giuridica alle scuole e il conferimento della dirigenza ai capi d'istituto. L'autonomia

2. Il dimensionamento della rete scolastica e l'organico funzionale

La realizzazione della prospettiva dell'autonomia poneva, però, una spinosa questione in quanto richiedeva che le istituzioni scolastiche, per ottenere l'autonomia e la personalità giuridica, avessero un dimensionamento congruo. La scelta comportava, in altri termini, un intervento significativo sulla rete scolastica che trovava la sua giustificazione, da un lato, nel tentativo di razionalizzare la spesa pubblica in un momento di progressiva riduzione delle risorse disponibili per la scuola, e dall'altro, nell'intenzione di garantire una maggiore equità nella distribuzione di tali risorse.

In questo senso, il dimensionamento si configurava come una vera e propria strategia per migliorare l'offerta formativa sul territorio e dare una certa stabilità alle scuole autonome.

Tale operazione aveva già vissuto, in realtà, una prima fase antecedente all'avvio dell'autonomia. Infatti, già l'art. 41 del D.lgs. n. 297/1994 aveva previsto la necessità di definire annualmente un piano di razionalizzazione della rete scolastica. La prima fase

La seconda fase del dimensionamento fu avviata nell'anno scolastico 1997-1998; esso fu realizzato in base al disposto di quattro decreti interistituzionali, tre dei quali pubblicati in data 15 marzo 1997: La seconda fase

- il DI n. 176, che riguardò la riorganizzazione complessiva della rete sul territorio;
- il DI n. 177, che definì nuovi criteri e parametri per la formazione delle classi;
- il DI n. 178, destinato a determinare gli organici del personale docente e di quello ATA.

A quei decreti seguì, il 28 aprile 1997, il DI n. 284 che intervenne sulla ripartizione delle dotazioni organiche provinciali dei docenti tra le varie classi di concorso.

Particolarmente incisivo sul riordino della rete scolastica fu soprattutto il primo di quei decreti, che previde la fusione, l'aggregazione e la soppressione di varie classi e, conseguentemente, di istituti in base a un numero minimo di trenta classi. Significativi furono anche i criteri del DI n. 177/1997 per la composizione delle classi che previdero:

2.1 Le sezioni di scuola materna sono costituite, di norma, con un numero massimo di 25 bambini iscritti; ove sia necessario in relazione agli obiettivi generali di cui all'art. 1, comma 1 e non sia possibile redistribuire i bambini tra scuole viciniori, eventuali iscrizioni in eccedenza sono ripartite tra le diverse sezioni della stessa scuola senza superare, comunque, le 28 unità per sezione nell'anno scolastico 1997/98.
2.2 Le sezioni che accolgono portatori di handicap sono costituite con 20 bambini.
2.3 Il numero minimo di iscritti a ciascuna sezione resta, comunque, fissato in 15 bambini. Tale limite è ridotto fino a 10 per le sezioni uniche funzionanti nei Comuni di montagna e nelle piccole isole. (Art. 2 – *Disposizioni relative alla scuola materna*)

3.1 Nella previsione delle classi da istituire nelle scuole elementari statali i Provveditori agli Studi dispongono gli accorpamenti di classi parallele dello stesso o di altri plessi vicini, al fine di costituire, in relazione alle concrete situazioni, classi con un numero di alunni pari a 25, ovvero, per quanto possibile, con numero prossimo a tale limite.
3.2 Le classi che accolgono bambini portatori di handicap sono costituite con 20 alunni. Le pluriclassi sono costituite con non più di 12 bambini e non meno di 6.
3.3 Il numero minimo di alunni per classe è fissato, di norma, in 15 bambini, riducibile fino a 10 dove le condizioni di funzionamento dei singoli plessi lo rendano necessario [...]. (Art. 3 – *Disposizioni relative alla scuola elementare*)

4.1 Le classi prime delle scuole medie e delle relative sezioni staccate sono costituite, di regola, da non più di 25 e non meno di 15 alunni. Le eventuali iscrizioni in eccedenza sono ripartite, tra le classi parallele della stessa scuola o sezione staccata, [...] e senza, comunque, superare, per l'anno scolastico 1997/98, il numero di 28 alunni per classe; si procede, peraltro, alla formazione di un'unica prima classe qualora il numero degli alunni iscritti sia inferiore a 30.
4.2 Le classi successive alla prima sono, di regola, determinate rispettivamente in numero pari a quello delle prime e seconde funzionanti nel corrente anno scolastico, sempreché il numero di alunni per classe sia superiore o pari a 15; in caso contrario si deve procedere alla ricomposizione delle classi (tenendo distinte le classi a tempo prolungato dalle classi a tempo normale), secondo i criteri indicati al comma precedente.
4.3 Le classi con alunni portatori di handicap sono costituite con non più di 20 alunni; la formazione di dette classi dovrà pre-

cedere quella delle altre classi parallele, nelle quali dovranno essere distribuiti i restanti alunni secondo i parametri numerici indicati ai commi 1 e 2. (Art. 4 – *Disposizioni relative all'istruzione secondaria di primo grado*)

5.1 Le prime classi, degli istituti e scuole di istruzione secondaria superiore, sono costituite, di regola, con non meno di 25 allievi. A tal fine la previsione del numero delle classi prime che funzioneranno nell'anno scolastico successivo deve essere formulata dividendo per 25 il numero prevedibile di alunni iscritti, sulla base degli elementi di valutazione seguenti:

a) dati relativi agli alunni frequentanti nel corrente anno scolastico la terza classe delle scuole medie statali di ogni provincia;
b) domande di iscrizione presentate a ogni istituzione scolastica;
c) eventuale scostamento tra le iscrizioni e il numero degli studenti effettivamente frequentanti ciascuna scuola nei precedenti anni scolastici;
d) serie storica dei tassi di ripetenza;
e) ogni altro elemento obiettivamente rilevabile (nuovi insediamenti urbani, tendenze demografiche, livelli di scolarizzazione, istituzione di nuove scuole e nuovi indirizzi di specializzazione). (Art. 5 – *Disposizioni relative alla formazione delle classi iniziali negli istituti e scuole di istruzione secondaria superiore*)

Il regolamento del 1998

Il processo di dimensionamento continuò l'anno seguente con il DPR del 18 giugno 1998, n. 233 che, confermando le precedenti disposizioni, fissò i parametri per il dimensionamento ottimale degli istituti autonomi fissandolo in riferimento a una popolazione scolastica compresa tra i 500 e i 900 alunni nel quinquennio, con possibilità di deroga per le piccole isole, i comuni montani e le aree con specificità etniche e linguistiche, sino a 300 alunni per gli istituti comprensivi di materna, elementare e media.

Il decreto stabilì anche i criteri per definire in maniera ottimale il dimensionamento degli istituti riferendoli:

- alla consistenza della popolazione scolastica residente in riferimento a ciascun grado, ordine e tipo di scuola;
- alle caratteristiche demografiche, economiche e socioculturali del territorio;
- alla presenza di fenomeni di devianza e criminalità minorile;
- alla complessità della direzione delle istituzioni con più gradi o indirizzi di scuole.

Ulteriori provvedimenti furono il DL n. 112/1998 e il DM n. 331/1998 che, però, riguardarono cambiamenti marginali del sistema.

L'organico funzionale

Connessa con le operazioni di dimensionamento fu l'introduzione dell'organico funzionale di circolo, ipotizzato nel 1997 nella risoluzione della Camera sulla riforma della scuola elementare. Fu proprio la legge finanziaria 1997, n. 662/1996, a introdurre l'organico funzionale, mentre il 3 aprile 1997, con protocollo n. 1255, fu trasmesso, a cura del Ministero e per tutte le scuole, il documento di supporto per la sua applicazione: ciò che si proponeva era, in un momento di scarsità di risorse, una distribuzione più equilibrata delle risorse professionali e una loro gestione flessibile: fu così determinata una quota fissa di docenti e una variabile, stabilita sulla base di alcuni parametri che andavano dall'insegnamento della lingua straniera al disagio, all'educazione degli adulti, al tempo scolastico, alla sperimentazione. Negli anni successivi l'organico funzionale sarebbe stato applicato anche ad altri ordini scolastici.

La terza fase

Dopo che nel corso degli anni si era consolidata la prassi del dimensionamento, anche con qualche ritocco alle norme (quali la Finanziaria 1998, che all'art. 40 aveva stabilito l'assegnazione di un insegnante di sostegno ogni 138 alunni), il processo era ripreso nel 2008, quando il decreto legge n. 112 del 28 giugno aveva affidato tale operazione a Regioni ed enti locali definendone i principi.

> Il decreto, convertito sia pur con alcune modifiche nella legge n. 133 del 6 agosto 2008, e il successivo decreto n. 137 del primo settembre 2008, anche questo convertito nella legge n. 169 del 30 ottobre 2008, hanno definitivamente abrogato le disposizioni del D.lgs. del 1994. Infine, è stato emanato il Regolamento per le future operazioni di dimensionamento e di riorganizzazione delle scuole con il DPR n. 81 del 20 marzo 2009, che è stato da più parti considerato privo di costituzionalità in quanto ha riconosciuto allo Stato la possibilità di definire crediti e parametri per tale operazione. (Capaldo e Rondanini, 2011)

Su quest'ultimo problema si era pronunciata la Corte Costituzionale con la Sentenza n. 200 del 2 luglio 2008, che aveva dichiarato costituzionalmente illegittimo tale provvedimento, ripristinando di fatto le norme precedenti. La legge n. 189 del 4 dicembre 2008, all'art. 3, aveva infatti stabilito, integrando l'art. 64 della 133/2008, che tale razionalizzazione avrebbe dovuto essere realizzata d'intesa con le Regioni e gli Uffici scolastici regionali, con particolare riferimento ai punti di erogazione del servizio (plessi di scuola dell'infanzia, primaria, sezioni staccate di scuola secondaria di primo grado).

Infine, la legge n. 111 del 15 luglio 2011 aveva stabilito, all'art. 4, che la generalità delle scuole avrebbe dovuto assumere il modello della comprensività e contare un numero minimo di 1000 alunni, ridotti a 500 nelle piccole isole, nei comuni montani o nelle aree con specificità linguistiche, per poter ottenere l'autonomia. Aveva inoltre stabilito, all'art. 5, che alle istituzioni scolastiche con 500 alunni, ridotti a 300 nelle piccole isole, nei comuni montani o nelle aree con specificità linguistiche, non avrebbero potuto essere assegnati né dirigenti né direttori SGA (Servizi generali amministrativi), ma le stesse sarebbero state assegnate in reggenza.

3. Gli istituti comprensivi

Nell'ambito delle operazioni di dimensionamento delle istituzioni scolastiche, una delle novità che avrebbe profondamente modificato il nostro sistema fu la creazione degli istituti comprensivi avvenuta a seguito della legge n. 97 del 31 gennaio 1994, *Nuove disposizioni per le zone di montagna*. Essi erano stati previsti come opportunità per un diverso servizio educativo per gli abitanti delle zone scarsamente abitate o a rischio di spopolamento. In particolare, l'art. 21 della legge n. 97/1994 recitava:

> Nei comuni montani con meno di 5000 abitanti possono essere costituiti istituti comprensivi di scuola materna, elementare e secondaria di primo grado, cui è assegnato personale direttivo della scuola elementare e della scuola media secondo criteri e modalità stabiliti con ordinanza del Ministero della Pubblica Istruzione. (Art. 21)

A dare disposizioni applicative aveva provveduto l'OM n. 315 del 9 gennaio 1994, che all'art. 8 aveva stabilito che tali nuovi modelli istituzionali avrebbero potuto essere costituiti trasformando i circoli didattici in plessi aggregati a scuole medie già funzionanti nell'ambito dello stesso comune o, viceversa, per accorpamento di scuole, plessi e sezioni staccate di elementari e medie in un'unica istituzione. La stessa ordinanza aveva aperto la possibilità anche per territori non montani caratterizzati da fenomeni di dispersione scolastica o devianza giovanile.

Le disposizioni per i comprensivi

Per quanto riguardava il loro funzionamento, erano state emanate successive disposizioni:

- l'OM n. 267 del 4 agosto 1997, che aveva ridefinito gli organi collegiali di tali istituti;
- la CM n. 454 del 28 luglio 1997, che aveva suggerito modalità per l'ampliamento dell'offerta formativa, per l'impiego integrato del personale di tali istituti, per il funzionamento del collegio dei docenti;
- la CM n. 352 del 7 agosto 1998, che aveva sottolineato le opportunità che tale scelta avrebbe offerto in termini di miglioramento della qualità dell'istruzione.

Quel complesso di indicazioni aveva promosso un rilevante cambiamento della struttura delle scuole, tanto che il modello del comprensivo era stato esteso all'intero territorio nazionale, prima in forma sperimentale e poi ordinamentale: ciò era avvenuto dapprima con la legge finanziaria del 1997, n. 662 del 23 dicembre 1996, che aveva stabilito la sua diffusione su tutto il territorio nazionale, e poi con i provvedimenti n. 233/1998, n. 331/1998 e n. 112/1998 che avrebbero realizzato tale operazione.

Si era anche pensato che l'istituto comprensivo avrebbe dovuto diventare l'unico modello consentito per la scuola di base.

> In ogni modo, l'accelerazione impressa con i provvedimenti emergenziali in materia di finanza pubblica consente di disporre di un modello istituzionale coerente e omogeneo sull'intero territorio nazionale, comparabile su scala europea (la via italiana alla scuola di base), ma richiede certamente un rinnovato sforzo di messa a punto del significato culturale e operativo di questa scelta, per evitare che l'operazione sia vissuta solo come una azione di dimensionamento (in una ottica localistica o puramente amministrativa) senza che emergano i vantaggi dell'operazione ai fini del miglioramento dell'offerta formativa nel primo ciclo. (Cerini, 2012e)

Su quella convinzione, l'art. 19, commi 4 e 5 del DL n. 98/2011, convertito nella legge n. 111/2011, aveva fissato per gli istituti comprensivi i parametri numerici di dimensionamento:

> 4. Per garantire un processo di continuità didattica nell'ambito dello stesso ciclo di istruzione, a decorrere dall'anno scolastico 2011-2012 la scuola dell'infanzia, la scuola primaria e la scuola secondaria di primo grado sono aggregate in istituti comprensivi, con la conseguente soppressione delle istituzioni scolastiche autonome costituite separatamente da direzioni didattiche e scuole secondarie di I grado; gli istituti comprensivi per acquisire l'autonomia devono essere costituiti con almeno 1000 alunni, ridotti a 500 per le istituzioni site nelle piccole isole, nei comuni montani, nelle aree geografiche caratterizzate da specificità linguistiche.

Era inoltre stato stabilito che gli istituti con un numero inferiore a 500 unità, ridotto a 300 per le istituzioni scolastiche delle piccole isole, dei comuni montani e delle aree geografiche con specificità linguistiche, sarebbero stati affidati in reggenza a dirigenti con incarico su altre istituzioni scolastiche autonome.

Successivamente, nella legge di stabilità 2012-2014, il livello minimo per istituzione scolastica era stato portato da 500 a 600 alunni e da 300 a 400, sotto il quale non sarebbe stata garantita la presenza del dirigente scolastico né quella del direttore SGA.

La sentenza n. 147/2012

Quando sembrava ormai acquisita la certezza della scelta dei comprensivi come unico modello del nostro sistema scolastico, è giunta la sentenza n. 147/2012 della Corte Costituzionale a seguito di un ricorso presentato da sette regioni. Il dispositivo ha dichiarato illegittimo l'art. 19 comma 4, legge n. 111/2011, che aveva stabilito che la scuola dell'infanzia e del primo ciclo di istruzione sarebbero state aggregate tutte in istituti comprensivi e che solo quelle con almeno 1000 alunni avrebbero avuto l'autonomia. La questione sollevata riguardava le competenze istituzionali tra Stato e Regioni e stabiliva che toccava a queste ultime procedere alla programmazione dell'offerta formativa con una legge sul dimensionamento: in altri termini, gli istituti comprensivi non dovevano essere considerati modelli organizzativi esclusivi del nostro sistema di istruzione, ma un'opportunità che gli enti locali avrebbero potuto utilizzare in accordo con lo Stato per migliorare l'offerta formativa sul territorio.

4. La realizzazione dell'autonomia

Le operazioni di dimensionamento e razionalizzazione hanno preparato il terreno per l'avvento dell'autonomia scolastica; sarebbe stato, infatti, impensabile il riconoscimento di personalità giuridica a istituzioni di piccola consistenza numerica e non caratterizzate da complessità.

L'autonomia

In realtà, il processo di trasformazione delle scuole in istituzioni scolastiche autonome è avvenuto attuando una serie di operazioni: al dimensionamento ha fatto seguito l'attribuzione della personalità giuridica alle istituzioni scolastiche dimensionate con un ampliamento della loro autonomia amministrativa, ma anche finanziaria, organizzativa, didattica; ha completato il tutto l'attribuzione della qualifica dirigenziale ai capi di istituto in servizio presso scuole autonome, previa frequenza di un corso di qualificazione.

L'autonomia si è affermata, pertanto, come ricerca di un nuovo senso per le istituzioni scolastiche e per lo stesso sistema d'istruzione che ha visto mutare i rapporti tra centro e periferia, ai quali sono stati assegnati, rispettivamente, funzioni di governo e compiti di gestione.

Una prospettiva irrinunciabile

In questo senso, l'autonomia scolastica è diventata una prospettiva ormai irrinunciabile per la scuola italiana, anche perché tale scelta non riguarda solo il sistema di istruzione, ma tutto l'apparato statale, alla ricerca di un migliore assetto per migliorare la qualità dei servizi offerti. Il suo fondamento giuridico è la legge del 15 marzo 1997, n. 59, un provvedimento che è intervenuto in molti settori della pubblica amministrazione e, più in generale, dello Stato.

Si legge nell'art. 21:

> L'autonomia delle istituzioni scolastiche e degli istituti educativi si inserisce nel processo di realizzazione della autonomia e della riorganizzazione dell'intero sistema formativo. Ai fini della realizzazione dell'autonomia delle istituzioni scolastiche le funzioni dell'amministrazione centrale e periferica della pubblica istruzione in materia di gestione del servizio di istruzione, fermi restando i livelli unitari e nazionali di fruizione del diritto allo studio nonché gli elementi comuni all'intero sistema scolastico pubblico in materia di gestione e programmazione definiti dallo Stato, sono progressivamente attribuite alle istituzioni scolastiche.

L'autonomia ha profondamente mutato sia la natura giuridica delle istituzioni scolastiche sia le loro funzioni culturali.

La natura giuridica

Per quanto riguarda il primo aspetto, con il riconoscimento della personalità giuridica le istituzioni scolastiche si configurano dal punto di vista amministrativo come centri autonomi di imputazione di interessi e di rapporti giuridici, oltre che di posizioni giuridiche, circostanza che fa assumere loro un carattere di alterità sia nei confronti dello Stato sia nei confronti dell'utenza. Esse svolgono funzioni per conseguire finalità di competenza dello Stato, che conserva le potestà su ordinamenti, organizzazione, programmi: per questo, pur essendo enti, esse acquisiscono le qualità degli organi statali. Le istituzioni scolastiche autonome si configurano pertanto come enti ausiliari dello Stato, chiamate a operare come enti con l'autonomia che è stata loro riconosciuta; nel contempo, continuano a essere organi dello Stato per tutto il resto.

Le funzioni culturali

Rispetto alle funzioni culturali, le istituzioni scolastiche autonome si qualificano come agenzie che operano sul territorio e dialogano con il contesto in cui sono inserite. Proprio per promuovere una cittadinanza attiva, le istituzioni sono chiamate ad aprirsi al territorio consentendo la partecipazione, divenendo palestre di democrazia: la loro nuova identità è pertanto caratterizzata dai principi della democrazia e della partecipazione.

L'autonomia scolastica è oggi una prospettiva convintamente perseguita; d'altra parte, la legge costituzionale n. 3 del 18 ottobre 2001, nel definire le competenze dello Stato e quelle di legislazione concorrente con Regioni ed enti locali, ha stabilito che:

> Sono materie di legislazione concorrente quelle relative a: rapporti internazionali e con l'Unione europea delle Regioni; commercio con l'estero; tutela e sicurezza del lavoro; istruzione, salva l'autonomia delle istituzioni scolastiche e con esclusione della istruzione e della formazione professionale; professioni; ricerca scientifica e tecnologica e sostegno all'innovazione per i settori produttivi. (Art. 117)

In altri termini, l'autonomia delle istituzioni scolastiche ha ottenuto il suo pieno riconoscimento nella Carta costituzionale.

5. La governance territoriale tra autonomia, sussidiarietà, federalismo

La riforma del Titolo V della Costituzione, avvenuta con la legge costituzionale n. 3/2001, aveva profondamente mutato l'assetto della nostra Repubblica, articolandola in Regioni, Province, Comuni, Città metropolitane:

> 1. L'articolo 114 della Costituzione è sostituito dal seguente:
> Art. 114. – La Repubblica è costituita dai Comuni, dalle Province, dalle Città metropolitane, dalle Regioni e dallo Stato.
> I Comuni, le Province, le Città metropolitane e le Regioni sono enti autonomi con propri statuti, poteri e funzioni secondo i principi fissati dalla Costituzione.
> Roma è la capitale della Repubblica. La legge dello Stato disciplina il suo ordinamento. (Art. 1, legge n. 3/2001)

Veniva in questo modo delineato un diverso quadro istituzionale nel quale si concretizzava la subalternità degli enti locali nei confronti dello Stato, in un rapporto paritario caratterizzato da ambiti di legislazione esclusiva e di legislazione concorrente. Tale scelta riaffermava due principi, quello della *sussidiarietà* e quello del *federalismo solidale.*

Sussidiarietà e federalismo solidale

Per quanto riguarda il federalismo, allo Stato si riconoscevano funzioni sostanzialmente sussidiarie, con possibilità di intervento nel caso in cui gli organismi di governo locali non fossero stati in grado di garantire servizi per i diritti fondamentali delle persone.

L'art. 117 del testo costituzionale aveva completamente modificato la distribuzione delle funzioni normative; nello specifico della scuola, si affermava che lo Stato aveva legislazione esclusiva

> [sulle] norme generali sull'istruzione, mentre sono materia di legislazione esclusiva delle Regioni l'istruzione e la formazione professionale. Spetta poi alle Regioni la potestà legislativa in riferimento ad ogni materia non espressamente riservata alla legislazione dello Stato.

Vi era una distinzione tra l'istruzione generale e l'istruzione-formazione professionale, con quest'ultima che diventava di esclusiva competenza regionale. Il federalismo si poneva, in altri termini, come strategia finalizzata a promuovere lo sviluppo territoriale, trasformando la gerarchia verticale delle istituzioni in cooperazione tra i vari livelli di governo al servizio degli interessi dei cittadini.

In realtà, oggi il dibattito sul federalismo appare meno intenso rispetto al passato e la strada privilegiata, a parte la questione irrisolta delle Province, appare quella di un potenziamento dell'autonomia degli enti locali. La stessa legge 107/2015 ha rilanciato l'autonomia scolastica, anche rivedendo in parte l'assetto istituzionale della scuola, istituendo gli ambiti territoriali e prevedendo l'organico dell'autonomia e le reti di scuole. Occorrerà, ora, che si disegni un nuovo modello di governance del sistema in relazione al territorio, tenendo anche conto del processo in atto per la richiesta delle Regioni di un incremento della loro autonomia nei confronti dello Stato, nella prospettiva di un sistema di governance territoriale in cui, al modello tradizionale verticale, si sostituisca un sistema che, valorizzando una concezione orizzontale, si fondi sul fatto che i centri decisionali siano avvicinati il più possibile al livello dei cittadini.

Dal punto di vista della formazione scolastica, si tratterà di dar vita a un sistema in grado di porre al centro, quale obiettivo prioritario, il giovane e il suo bisogno di proiettarsi, in un futuro immediato, dalla scuola al lavoro.

Si dovrà, nel contempo, riportare in primo piano la ricerca di coesione sociale in vista del conseguimento del bene comune che, in questo caso, si configurerà come investimento sulle nuove generazioni e garanzia per esse di potersi esprimere pienamente all'interno della propria comunità di appartenenza.

Il capitale sociale

È in questo senso che la formazione è diventata un vero e proprio *capitale sociale* intorno al quale si dovranno ritrovare non solo i soggetti istituzionali, ma tutti gli *stakeholder* (portatori di interessi): la scuola sarà allora chiamata a rafforzare la propria identità educativa, ma anche a promuovere la condivisione del proprio progetto nella comunità sociale nella quale opera.

> Il confronto tra queste due identità è tenuto insieme da tutti quelli che operano per costruire una «comunità della conoscenza», centrata sul ruolo attivo e partecipativo dei giovani a tale impresa e al cui interno gli apporti dei singoli si integrano, attraverso il principio della «spirale della conoscenza stessa». I percorsi di crescita delle organizzazioni civili sono il frutto di una combinazione di informazioni, socializzazione, clima culturale, conoscenze tacite ed esplicite, difficili da codificare in modo sistematico, ma il suo risultato permette una crescita generale attraverso uno scambio continuo tra individuo, gruppo, organizzazione e ambiente di riferimento. Occorre pertanto ricostruire dal basso quanto difficilmente può essere governato con un'ottica centralistica. La formazione dei giovani deve costituire una priorità irrinunciabile delle comunità locali in cui ci si può fare carico dell'istanza di fondo di una ricomposizione educativa dei ragazzi. (Rondanini, 2010)

6. I Regolamenti e le forme dell'autonomia

I Regolamenti

Ritornando all'autonomia scolastica e alla sua attuazione, erano stati emanati due regolamenti, in parte ancora in vigore. Il primo era stato il DPR n. 275 dell'8 marzo 1999, *Regolamento recante norme in materia di autonomia delle istituzioni scolastiche;* il secondo era stato il DL n. 44, del 1° febbraio 2001, *Regolamento recante le Istruzioni generali sulla gestione amministrativo-contabile delle istituzioni scolastiche.* A rendere applicabile quest'ultimo aveva provveduto il DPR n. 352 del 4 agosto

2001, che aveva modificato l'art. 12 del Regolamento n. 275/1999, prevedendo l'avvio sperimentale di nuove disposizioni contabili solo a partire dire dal 2003.

L'autonomia funzionale

Per quanto riguarda il DPR n. 275/1998, va ricordato che il regolamento, per quanto sottolineasse l'unitarietà del sistema nazionale di istruzione, ribadiva le nuove responsabilità degli enti locali nel settore. L'autonomia delle istituzioni scolastiche è ispirata al principio dell'autonomia funzionale, in quanto a esse è riconosciuta una maggiore capacità di iniziativa nel campo organizzativo, didattico e della ricerca:

> Le istituzioni scolastiche sono espressione di autonomia funzionale e provvedono alla definizione e alla realizzazione dell'offerta formativa, nel rispetto delle funzioni delegate alle Regioni e dei compiti e funzioni trasferiti agli enti locali, ai sensi degli artt. 138 e 139 del Decreto Legislativo 31 marzo 1998, n. 112. A tal fine interagiscono tra loro e con gli enti locali promovendo il raccordo e la sintesi tra le esigenze e le potenzialità individuali e gli obiettivi nazionali del sistema di istruzione. (Art. 1)

Il regolamento per l'autonomia

Il regolamento ha definito sostanzialmente tre forme di autonomia: quella didattica, quella organizzativa, quella di ricerca, sperimentazione e sviluppo.

Per quanto concerne la prima, essa è finalizzata a valorizzare la capacità progettuale delle scuole e a favorire l'esercizio della libertà d'insegnamento dei docenti, da realizzarsi rispettando la libertà di apprendimento e le libere scelte delle famiglie. Essa deve tenere nel dovuto conto anche le finalità generali della formazione, rendendo concreti gli obiettivi nazionali e contestualizzandoli rispetto alla realtà nella quale ciascuna scuola opera. Sul piano concreto, tale forma di autonomia riguarda sostanzialmente la didattica, il miglioramento delle strategie educative e di adeguati percorsi formativi.

L'autonomia organizzativa riguarda la capacità di costruire un modello di scuola rispondente alle esigenze formative e concerne l'utilizzo delle risorse umane, l'articolazione del tempo a scuola, l'utilizzo delle strutture, delle dotazioni e quello delle risorse professionali, anche in base alle scelte effettuate nel Piano dell'offerta formativa triennale.

La terza forma di autonomia è quella della ricerca, della sperimentazione e dello sviluppo e riguarda

> [...] la progettazione formativa e la ricerca valutativa; la formazione e l'aggiornamento culturale e professionale del personale scolastico; l'innovazione metodologica e disciplinare; la ricerca didattica sulle diverse valenze delle tecnologie dell'informazione e della comunicazione e sulla loro integrazione nei processi formativi; la documentazione educativa e la sua diffusione all'interno della scuola; gli scambi di informazioni, esperienze e materiali didattici;

l'integrazione fra le diverse articolazioni del sistema scolastico e, d'intesa con i soggetti istituzionali competenti, fra i diversi sistemi formativi, ivi compresa la formazione professionale. (Art. 6)

Il curricolo scolastico

Uno degli elementi più innovativi che il regolamento, nell'art. 8, aveva introdotto nel nostro sistema scolastico era stata la possibilità riservata alle scuole di diversificare il proprio curricolo rispetto a quello nazionale sino a un 20%, lasciando alla definizione nazionale il restante 80%.

L'intento era quello di assicurare, da un lato, la scientificità delle conoscenze scolastiche, dall'altro, la contestualizzazione dei percorsi di apprendimento rispetto alle realtà locali, tradizioni, specificità territoriali e altro, garantendo l'unitarietà del sistema e la flessibilità dei percorsi formativi.

> Nell'integrazione tra quota nazionale del curricolo e quella riservata alle scuole è garantito il carattere unitario del sistema di istruzione ed è valorizzato il pluralismo culturale e territoriale, nel rispetto delle diverse finalità della scuola dell'obbligo e della scuola secondaria superiore. La determinazione del curricolo tiene conto delle diverse esigenze formative degli alunni concretamente rilevate, della necessità di garantire efficaci azioni di continuità e di orientamento, delle esigenze espresse dalle famiglie, dagli enti locali, dai contesti sociali, culturali ed economici del territorio. (Art. 8)

Benché tale disposto, che richiama comunque il principio della flessibilità, sia ancora in vigore oggi con la legge 107/2015, appare di difficile attuazione sia per il cambiamento dei rapporti tra enti locali e Stato sia per le nuove norme che introducono un tipo di flessibilità diverso, legato all'istituzione del Piano triennale e dell'organico dell'autonomia. Permangono ancora margini di flessibilità nella realizzazione del curricolo di studi.

Il regolamento di contabilità

Il secondo regolamento per l'autonomia è quello amministrativo e contabile, che è stato diffuso con Decreto n. 44/2001 e che con tutta probabilità dovrà essere rivisto prossimamente per le modifiche che sono state apportate al bilancio dello Stato. Si tratta di un documento che ha raccolto e armonizzato una serie di principi riportati in molte disposizioni normative precedenti.

Sono state varie le novità che il regolamento ha introdotto e che riguardano la possibilità di destinare le risorse disponibili ovviamente per le finalità istituzionali, di individuare obiettivi e realizzare progetti, di ottenere, oltre alle risorse statali, ulteriori finanziamenti da parte di Regioni, enti locali, privati.

> Le istituzioni scolastiche provvedono altresì all'autonoma allocazione delle risorse finanziarie derivanti da entrate proprie o da altri finanziamenti dello Stato, delle Regioni, di enti locali o di

> altri enti, pubblici e privati, sempre che tali finanziamenti non siano vincolati a specifiche destinazioni. (Art. 1, comma 2)

La gestione finanziaria delle istituzioni scolastiche autonome è stata adeguata ai principi della contabilità pubblica, con l'ovvia garanzia di una gestione efficace, efficiente, trasparente, economicamente corretta:

> La gestione finanziaria delle istituzioni scolastiche si esprime in termini di competenza ed è improntata a criteri di efficacia, efficienza ed economicità e si conforma ai principi della trasparenza, annualità, universalità, integrità, unità, veridicità. (Art. 2, comma 2)

7. Programma annuale, budget, nuovo Codice dei contratti pubblici

Il programma annuale

Dal punto di vista finanziario, l'autonomia delle istituzioni scolastiche si concretizza nella definizione del programma annuale, strumento fondamentale nel quale sono definite le strategie del Piano triennale e le progettualità educative e didattiche sono collegate alle risorse economiche e finanziarie. Con l'adozione del programma annuale sono stati superati i tradizionali meccanismi del bilancio di previsione e del conto consuntivo: si tratta di uno strumento più snello ed efficace, flessibile e modificabile, in cui confluiscono indirizzi, obiettivi, azioni delle scuole che, dopo l'approvazione del Consiglio di istituto e il parere favorevole dei revisori, diventa immediatamente esecutivo.

Il budget

Elemento fondamentale per la definizione del programma è il budget, che si concretizza nell'insieme di risorse, possibilità di azioni, dotazioni strumentali a disposizione delle istituzioni scolastiche, al fine di conseguire i propri obiettivi istituzionali. Di recente, l'art. 40 del CCNL, sottoscritto nel 2018, ha confermato che per le attività finanziarie delle scuole dall'anno scolastico 2018-2019 dovrà essere creato un unico fondo, il fondo per il miglioramento dell'offerta formativa, nel quale dovranno confluire i finanziamenti a vario titolo.

Un nuovo regolamento di contabilità

In realtà, nella legge 107/2015, comma 143, era stato previsto anche il rinnovo complessivo del regolamento di contabilità scolastica. Si tratta di un'operazione lunga e complessa, poiché, dovendosi trattare di un Decreto interministeriale, toccherà al MIUR la definizione di uno schema di decreto, che dovrà essere inviato per la sottoscrizione al Ministero dell'Economia e delle Finanze (MEF), attendere il parere del CSPI, del Consiglio di Stato e della Corte dei Conti. Il nuovo regolamento dovrà procedere all'armonizzazione dei sistemi contabili di Stato e scuole, alla semplificazione amministrativa e all'adeguamento alle normative che nel frattempo giungono anche dall'UE.

Il Codice dei contratti 2016

Nel mentre, con i decreti delegati della legge n. 107/2015 è stato ridefinito il nuovo Codice dei contratti, D.lgs. 18 aprile 2016 n. 50

modificato dal D.lgs. 19 aprile 2017 n. 56, che ha innovato molti dei meccanismi e delle procedure per l'attività finanziaria delle scuole. Il nuovo testo, che ha recepito le Direttive UE 2014 e ha semplificato le procedure, passando dagli oltre 2000 articoli agli attuali poco superiori ai 200, ha come duplice finalità quella di ottimizzare nella PA le procedure d'acquisto e, nel contempo, contrastare la corruzione in queste procedure.

Il Codice ha ridefinito tutti gli elementi del processo contrattuale, dalle stazioni appaltanti ai progetti di gara, agli operatori economici, alle gare stesse. Nei contratti di appalto e di concessione per servizi, forniture, lavori, opere, sono state individuate le stazioni appaltanti, che offrono le attività contrattuali come le istituzioni scolastiche autonome, e gli operatori economici che si propongono per realizzarle. Per le scuole, le attività contrattuali devono trovare il loro fondamento nel PTOF e la loro definizione nelle schede finanziarie del programma annuale.

Il Codice dei contratti, che ha aggiornato anche le soglie per l'affidamento dei lavori, sottolinea che sia le stazioni appaltanti sia gli operatori economici devono garantire, ciascuno per le proprie competenze, la qualità con standard definiti e sistemi premiali con certezze di costi, tempi, risorse da impegnare, limiti alle varianti d'opera. Nell'assegnazione è privilegiato il criterio dell'offerta economicamente più vantaggiosa, obbligatoria, come tutela dei lavoratori, per i servizi sociali e per la ristorazione scolastica.

Il RUP

Per la realizzazione delle attività programmate, è stata prevista per le stazioni appaltanti, e quindi anche per le scuole, la possibilità di nominare tra i dipendenti di ruolo un RUP (Responsabile unico del progetto), che dovrà curare le fasi di programmazione, progettazione, affidamento, esecuzione di un contratto. Si sottolinea, nel contempo, la questione del conflitto d'interesse, che può originarsi se il personale di una stazione appaltante ha un interesse finanziario-economico che potrebbe influire sulla correttezza di una procedura che dovrebbe garantire altresì imparzialità e indipendenza.

In realtà, le novità introdotte dal nuovo Codice sono tantissime: dalla cabina di regia per l'attuazione, al rating d'impresa per il comportamento dell'operatore economico in termini di qualità e quantità, alla trasparenza nella partecipazione dei portatori di interesse.

8. Quale futura governance?

Una nuova fase storica

Siamo certamente di fronte a una nuova fase storica che rinnoverà il nostro ordinamento statuale, rimettendo in gioco anche quanto stabilito con la riforma del Titolo V della Costituzione e con la legge costituzionale n. 3/2001.

Durante tutto l'arco del primo quindicennio di autonomia, il principio federalista ha condotto all'ampliamento degli ambiti legislativi delle Regioni, pur in un quadro generale di federalismo solidale. Non si è trattato solo di un mero trasferimento di poteri alle Regioni, ma della ricerca di un'offerta di servizi più rispondente alle esigenze dei cittadini e ai bisogni di una società mondializzata.

Nel progetto di riordino dello Stato a cura del nostro Parlamento, era stata prevista un'ulteriore modifica di tale quadro a partire dalle Province, per le quali l'art. 114 aveva stabilito la soppressione:

> Art. 29. – *Abolizione delle Province*
>
> 1. All'articolo 114 della Costituzione sono apportate le seguenti modificazioni: a) al primo comma, le parole: «dalle Province,» sono soppresse; b) al secondo comma, le parole: «le Province,» sono soppresse.

I risultati del referendum

I risultati negativi referendari sembrano aver sancito il declino del fascino del federalismo. Restano in piedi le precedenti modifiche dell'art. 117, che avevano confermato e ampliato notevolmente la potestà legislativa esclusiva dello Stato in materia d'istruzione, con l'aggiunta delle disposizioni, generali e comuni, sull'ordinamento scolastico, sull'istruzione universitaria e sulla programmazione strategica della ricerca scientifica e tecnologica, oltre che con le disposizioni generali e comuni su istruzione e formazione professionale. Alle Regioni, fatta salva l'autonomia delle istituzioni scolastiche, rimaneva la competenza su servizi scolastici e promozione del diritto allo studio, compresa l'università.

> Art. 31. – *Modifica dell'articolo 117 della Costituzione*
>
> L'articolo 117 della Costituzione è sostituito dal seguente: «Art. 117. – La potestà legislativa è esercitata dallo Stato e dalle Regioni nel rispetto della Costituzione, nonché dei vincoli derivanti dall'ordinamento dell'Unione europea e dagli obblighi internazionali. Lo Stato ha legislazione esclusiva nelle seguenti materie: [...] m) determinazione dei livelli essenziali delle prestazioni concernenti i diritti civili e sociali che devono essere garantiti su tutto il territorio nazionale; [...] n) disposizioni generali e comuni sull'istruzione; ordinamento scolastico; istruzione universitaria e programmazione strategica della ricerca scientifica e tecnologica; o)[...] disposizioni generali e comuni sull'istruzione e formazione professionale; [...] Spetta alle Regioni la potestà legislativa [...] salva l'autonomia delle istituzioni scolastiche, in materia di servizi scolastici, di promozione del diritto allo studio, anche universitario [...].

La *governance* territoriale

Spazi di maggiore autonomia sono stati previsti per le Regioni al futuro art. 116 della Costituzione, quando si afferma che esse potranno avere maggiore autonomia nel caso dovessero registrare l'equilibrio di bilancio tra le entrate e le spese. I temi del federalismo sembrano in fase di accantonamento, ma non può esserlo quello della *governance* territoriale.

Occorre, allora, avere la consapevolezza che l'autonomia scolastica dovrà essere declinata in un contesto nel quale molte regole cambieranno. Ciascuna istituzione scolastica dovrà porsi come

> scuola intesa come comunità attiva, aperta al territorio in grado di sviluppare e aumentare l'interazione con le famiglie e con la comunità locale, comprese le organizzazioni del terzo settore e le imprese. (Art. 1, comma 7, legge n. 107/2015)

Non sembra, di contro, aver perso propositività un altro principio che in questi anni ha guidato i rapporti con il territorio: quello della sussidiarietà. È questo un principio che tende ad avvicinare il più possibile all'utenza le sedi decisionali per l'offerta di un servizio. Nel nostro caso, essa può diventare una strategia vincente per promuovere la formazione dei giovani, priorità assoluta per tutti gli *stakeholder* della comunità locale.

L'azione della scuola non dovrà sottovalutare l'importanza del territorio e delle sue risorse quali dati fondamentali per la costruzione della propria proposta educativa. La governance, in quest'ottica, diventa la capacità dei decisori politici, delle istituzioni, delle scuole di un determinato territorio di costruire dal basso una rete di servizi finalizzata a promuovere un adeguato sviluppo della collettività. Nelle Indicazioni nazionali per il curricolo 2012 e nella legge 107/2015 e decreti delegati, viene più volte richiamata l'importanza dell'apertura della scuola al territorio con il pieno coinvolgimento delle realtà locali:

> La scuola perseguirà costantemente l'obiettivo di costruire un'alleanza educativa con i genitori; [...] essa si apre alle famiglie e al territorio circostante facendo perno sugli strumenti forniti dall'autonomia scolastica, che prima di essere un insieme di norme è un modo di concepire il rapporto delle scuole con le comunità di appartenenza, locali e nazionali.

Le reti tra istituzioni scolastiche

Anche le altre istituzioni scolastiche presenti su un territorio dovranno operare in questa prospettiva. Lo sviluppo di reti tra istituzioni scolastiche è sottolineato anche dalla legge 107/2015, affidando l'onere agli Uffici scolastici regionali di promuovere la costituzione di reti tra istituzioni scolastiche del medesimo ambito territoriale.

> Le reti, costituite entro il 30 giugno 2016, sono finalizzate alla valorizzazione delle risorse professionali, alla gestione comune di funzioni e di attività amministrative, nonché alla realizzazione di progetti o di iniziative didattiche, educative, sportive o culturali di interesse territoriale, da definire sulla base di accordi, definiti «accordi di rete». (Comma 70)

L'utilizzo dei docenti nelle reti

Nell'ambito di tali accordi, la legge 107/2015 ha previsto la possibilità di utilizzare insegnanti nell'organizzazione delle reti per:
- assistenza e integrazione sociale delle persone con disabilità;
- insegnamenti opzionali e specialistici;
- coordinamento nella progettazione funzionale di Piani triennali dell'offerta formativa;
- piani di formazione del personale scolastico;
- risorse da destinare alla rete per il perseguimento delle proprie finalità.

Non dovrà, in altri termini, andare disperso il patrimonio di esperienze che sono state fatte in questa prima fase di autonomia: esse hanno condotto al cambio radicale del sistema delle relazioni tra amministrazioni e territorio. Lo stesso esercizio delle funzioni amministrative è passato dal centro alla periferia, con l'affidamento dei controlli di legittimità e la scelta dei modelli organizzativi alle iniziative dei diversi enti territoriali. Si è profondamente trasformato il sistema politico e di governo in una prospettiva che ha consentito lo sviluppo delle capacità di scelta e di azione delle entità locali, in conseguenza dell'assunzione di un più vasto repertorio di responsabilità e di competenze. Al modello di governo verticale si è sostituito un *modello orizzontale* fondato sul presupposto che i centri di decisione, individuati nelle amministrazioni pubbliche e nelle autonomie funzionali, indicano obiettivi comuni, operano d'intesa tra di loro, realizzano la collaborazione delle risorse. Occorrerà continuare su questa strada.

CAPITOLO DICIASSETTESIMO

Il profilo professionale del docente

1. Essere insegnanti oggi 2. Il profilo professionale 3. La funzione docente 4. Il primo contratto dei docenti e la definizione dei contenuti professionali 5. I contratti successivi 6. L'ultimo contratto 7. Docenti e tutorship: la diversificazione dei compiti degli insegnanti

1. Essere insegnanti oggi

La funzione docente nella scuola attuale è oggetto in tutti i Paesi di ricerche e valutazioni che interessano molteplici dimensioni di questa straordinaria professione, non particolarmente riconosciuta in questi ultimi tempi.

Corrisponde, infatti, a un dato oggettivo una diffusa percezione che ha visto il prestigio sociale degli insegnanti progressivamente diminuire rispetto a qualche decennio fa. È però altrettanto vero che questo calo di credito ha interessato in generale l'intero ambito degli ordini professionali. In ogni caso, l'insegnante *di qualità* continua a godere di grande stima, soprattutto da parte dei genitori.

Infatti, come avviene in altri settori lavorativi, il *bravo docente* è ancora oggi estremamente apprezzato e gode di una reputazione meno apparente rispetto al passato, ma autentica e molto più sentita. Tale percezione non è più legata al mero possesso di un titolo di studio, ma a ciò che un docente *sa fare con ciò che sa.* Oggi, inoltre, il riconoscimento del suo lavoro dipende non solo dalle padronanze delle discipline che insegna, ma anche da ciò che *egli è* nei rapporti con i colleghi e gli studenti.

Ma chi è il bravo insegnante?

Il Progetto TALIS

L'indagine dell'OCSE, Progetto TALIS *(Teachers And Learning International Survey)* 2013, ha coinvolto 34 Paesi, tra cui l'Italia. Nel rapporto conclusivo vengono evidenziati alcuni tratti di particolare rilevanza della funzione docente.

Uno dei fattori più rilevanti della crescita professionale degli insegnanti è rappresentato dal clima della scuola e dal tasso di collaborazione che si instaura tra i docenti. A questo proposito, i risultati di TALIS si allineano sostanzialmente con quanto affermato nella letteratura scientifica, che indica nell'integrazione delle competenze tra gli insegnanti uno degli aspetti principali della qualità educativa della scuola. In particolare, dal Rapporto TALIS 2013 si evince che vi è maggiore collaborazione tra docenti laddove le attività di sviluppo professionale forniscono loro l'opportunità di lavorare in rete con altri colleghi e di accedere a possibilità di *mentoring* e *coaching*. Queste condizioni costituiscono un elemento fondamentale della qualità non solo dell'insegnamento, ma anche dell'apprendimento.

Un secondo aspetto sottolineato nel Rapporto TALIS è costituito dalla fondamentale importanza della leadership del dirigente scolastico per la direzione, il coordinamento, la promozione di un contesto responsabilizzante delle professionalità intermedie, la capacità di valorizzare l'apporto delle famiglie e le risorse del territorio. La ricerca scientifica ha dimostrato che un'efficace leadership educativa genera sia l'autoefficacia sia l'efficacia collettiva del corpo docente, orientate tutte verso la realizzazione di scuole di effettiva qualità. Clima organizzativo e leadership dirigenziale favoriscono un'elevata collaborazione tra gli insegnanti, che risultano maggiormente disposti alla cooperazione sul piano personale e professionale.

Il terzo fattore di qualità esplicitato nel Rapporto si riferisce alla corresponsabilità dei docenti nella gestione delle classi. La comune determinazione di conseguire risultati positivi costituisce un vero e proprio valore aggiunto che incoraggia direttamente e indirettamente gli studenti a dare il meglio di sé e a non arrendersi di fonte alle inevitabili difficoltà.

Il Progetto Valorizza

Il Rapporto conferma le valutazioni di ricerche promosse anche nel nostro Paese; ci riferiamo in particolare al progetto del MIUR *Valorizza* che ha coinvolto 33 istituzioni di ogni ordine e grado in alcune Regioni italiane.

La ricerca, che collegava un miglioramento retributivo a un meccanismo di riconoscimento del merito, si fondava sul *criterio reputazionale,* cioè sull'apprezzamento intersoggettivo da parte dei membri della comunità scolastica. Tale presupposto — si legge nel rapporto conclusivo — poggia sulla

> convinzione che esistano davvero quegli insegnanti su cui nessuno ha da discutere, quelli che anche dopo 40 anni saranno ricordati dai loro studenti come gli insegnanti che hanno lasciato un segno positivo nelle loro vite, quelli apprezzati dai docenti come colleghi e anche dai genitori come guida per i loro figli.

L'adesione dei docenti al progetto era volontaria e il *nucleo di valutazione* interno alla scuola è risultato composto dal dirigente, da due docenti e dal presidente del Consiglio d'istituto (in qualità di osservatore senza diritto di voto). La raccolta delle informazioni per «premiare» gli insegnanti ha conosciuto le seguenti fasi:

Le fasi della raccolta dati

- compilazione da parte dei docenti di un questionario di autovalutazione (e del curriculum vitæ);
- compilazione di un questionario da parte dei genitori, in cui dovevano indicare tre nomi di docenti riconosciuti come *eccellenti;*
- coinvolgimento degli studenti (solo dell'ultimo biennio dell'istruzione superiore);
- valutazione del nucleo interno di valutazione e scelta dei candidati indicati in almeno due «liste».

Che cosa chiedeva agli insegnanti il questionario di autovalutazione? Indicava come ambiti di riferimento del processo autovalutativo le seguenti aree: gestione dell'apprendimento, aggiornamento continuo, rispetto della disciplina in classe, motivazione degli alunni, gestione del gruppo-classe, relazione con i colleghi, relazioni con attori esterni alla scuola e, infine, la ricerca didattica e educativa. Il docente, quindi, doveva interrogarsi su alcuni snodi della propria attività formativa ritenuti distintivi di un'eccellenza professionale.

Tale progetto si è concluso e non è stato più riproposto. La monetizzazione del merito, infatti, determina ancora nel nostro Paese diffidenze e resistenze. A onor del vero, però, il criterio reputazionale è ampiamente utilizzato, seppur informalmente, da quasi tutti gli attori che sono coinvolti in ambito educativo: dirigenti, ispettori, insegnanti e genitori.

La ricerca AIMC

Le analogie di *Valorizza* con gli esiti del Rapporto TALIS sono evidenti e vengono confermate anche da una recente ricerca dell'AIMC (Associazione italiana maestri cattolici) svoltasi nel 2011. Questa indagine ha indagato i seguenti ambiti: relazione educativa, conoscenza disciplinare, competenza didattica, capacità di uso delle TIC, capacità di cooperazione nella classe e nella scuola, cura della propria formazione, attenzione alla ricerca e all'innovazione.

Ha coinvolto 68 dirigenti scolastici e oltre 1500 insegnanti di ogni ordine e grado; rappresenta quindi un campione indicativo dei docenti della scuola italiana.

Dai progetti e dalle ricerche a cui abbiamo fatto riferimento, emergono con tutta evidenza i tratti distintivi del «bravo insegnante» per quanto concerne sia *il profilo professionale* sia *lo sviluppo professionale.*

2. Il profilo professionale

Il profilo dell'insegnante e i *contenuti* (attività, azioni, strategie, ecc.) che riguardano la sua progressione sul piano professionale sono strettamente correlati. Tale interdipendenza può essere rappresentata come in figura 17.1.

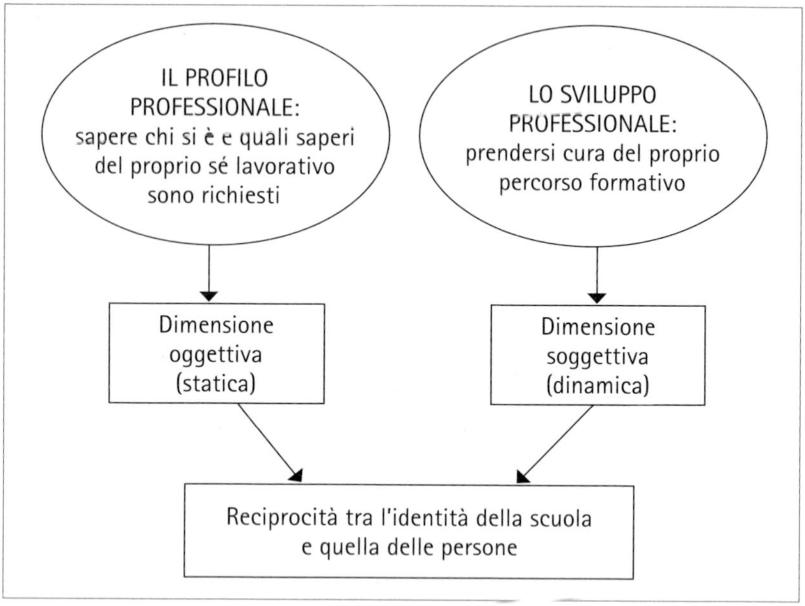

Fig. 17.1 Profilo e sviluppo professionale dell'insegnante.

Il profilo professionale

Il profilo può essere considerato la parte *statica* dell'attività a cui un insegnante deve ottemperare *(ruolo formale),* mentre l'evoluzione della professione *(lo sviluppo)* interessa di più la parte *dinamica (ruolo agito).*

Sia l'uno sia l'altro si definiscono nel periodo della *formazione iniziale,* ma soprattutto nel corso del personale percorso formativo: la *formazione in servizio* diventa pertanto una dimensione strategica della professione.

Nel testo delle Indicazioni nazionali del 2012, nella parte relativa al curricolo della scuola dell'infanzia, c'è un paragrafo, assente nella versione del 2007, dal titolo *I docenti.* In esso si delinea il profilo dell'insegnante di qualità che vale non solo per quell'ordine scolastico, ma anche per il primo e il secondo ciclo d'istruzione. Considerata l'importanza dei tratti professionali che vengono esplicitati, si ripropone il testo integrale del paragrafo.

> La presenza di insegnanti motivati, preparati, attenti alle specificità dei bambini e dei gruppi di cui si prendono cura, è un indispensabile fattore di qualità per la costruzione di un ambiente educativo accogliente, sicuro, ben organizzato, capace di suscitare la fiducia dei genitori e della comunità. Lo stile educativo dei do-

centi si ispira a criteri di ascolto, accompagnamento, interazione partecipata, mediazione comunicativa, con una continua capacità di osservazione del bambino, di presa in carico del suo «mondo», di lettura delle sue scoperte, di sostegno e incoraggiamento all'evoluzione dei suoi apprendimenti verso forme di conoscenza sempre più autonome e consapevoli. La progettualità si esplica nella capacità di dare senso e intenzionalità all'intreccio di spazi, tempi, routine e attività, promuovendo un coerente contesto educativo, attraverso un'appropriata regia pedagogica. La professionalità docente si arricchisce attraverso il lavoro collaborativo, la formazione continua in servizio, la riflessione sulla pratica didattica, il rapporto adulto con i saperi e la cultura. La costruzione di una comunità professionale ricca di relazioni, orientata all'innovazione e alla condivisione di conoscenze, è stimolata dalla funzione di leadership educativa della dirigenza e dalla presenza di forme di coordinamento pedagogico. (Indicazioni nazionali 2012)

Dalle affermazioni contenute in questo paragrafo, è possibile ricavare le seguenti priorità della funzione docente (si veda figura 17.2).

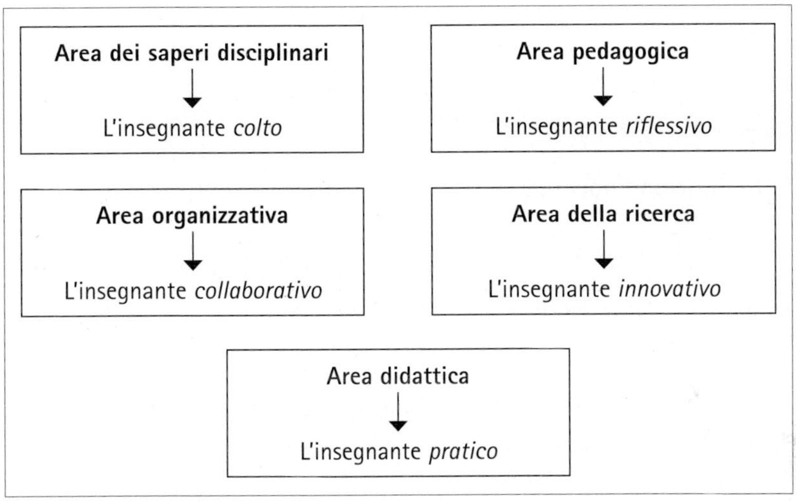

Fig. 17.2 Le aree del profilo professionale.

Le aree del profilo

L'*area dei saperi disciplinari* (insegnante colto) interessa la conoscenza aggiornata e approfondita dei campi di esperienza (scuola dell'infanzia) e delle discipline oggetto d'insegnamento. In particolare — si afferma nelle Indicazioni nazionali 2012 — i docenti sono tenuti a valorizzare la valenza formativa dei saperi e le relazioni esistenti tra i diversi sistemi culturali.

L'*area pedagogica* (insegnante riflessivo) è relativa alla conoscenza dei problemi tipici dell'età dei bambini e degli alunni, alle dinamiche relazionali presenti nei contesti familiari e di vicinato, ma soprattutto alla capacità di dialogo educativo tra docenti e studenti.

L'*area organizzativa* (insegnante collaborativo) riguarda la funzione sociale del docente, il suo ruolo come componente essenziale di una comunità professionale organizzata in molteplici livelli, che lui stesso contribuisce a promuovere e con i quali si relaziona quotidianamente.

L'*area della ricerca* (insegnante innovativo) è connessa alla capacità di aggiornare sul piano metodologico-didattico le prassi operative. L'insegnante deve orientare la propria crescita professionale alla ricerca e alla sperimentazione di percorsi nuovi, facendo tesoro dei punti di forza delle esperienze pregresse.

L'*area della didattica* (insegnante pratico) si riferisce alla competenza relativa alla mediazione didattica attraverso la quale, nel processo di insegnamento-apprendimento, i docenti conseguono obiettivi e realizzano i risultati attesi. L'insegnante, quindi, padroneggia e sa utilizzare una pluralità di strategie e tecniche sul piano metodologico, organizzativo e gestionale.

Pur nella consapevolezza che le aree sopra descritte concorrano a determinare il profilo di un insegnante «efficace», la loro definizione va inevitabilmente rapportata ai diversi gradi scolastici e ai differenti contesti in cui i docenti operano.

3. La funzione docente

La funzione docente, coerentemente con quanto stabilito nel DPR 275/1999, si articola in compiti di trasmissione culturale, di ricerca pedagogica, di innovazione didattica e si fonda sul principio della libertà d'insegnamento e dell'autonomia professionale.

Nell'art. 27 del CCNL Scuola (2016-2018), sottoscritto il 9 febbraio 2018, si sottolinea che

> i contenuti della prestazione professionale del personale docente si definiscono nel quadro degli obiettivi generali perseguiti dal sistema nazionale di istruzione e nel rispetto degli indirizzi delineati nel piano dell'offerta formativa della scuola.

Le prestazioni del docente

Pertanto, la funzione docente si realizza nel quadro delle *finalità generali* perseguite dal sistema scolastico nazionale e, a livello locale, all'interno delle azioni previste dal Piano triennale dell'offerta formativa delle singole realtà.

La prestazione dell'insegnante si articola in *attività d'insegnamento* e *attività funzionali all'insegnamento.*

Le prime, in sezione e/o in classe, sono settimanalmente stabilite come descritto nella tabella 17.1.

TABELLA 17.1
Attività di insegnamento

Scuola dell'infanzia	25 ore
Scuola primaria	22 ore (a cui si aggiungono 2 ore settimanali di attività di programmazione)
Scuola secondaria di primo e secondo grado	18 ore

Le attività funzionali all'insegnamento sono comprensive di tutte le operazioni (collegiali e individuali) e sono costituite da ogni impegno inerente alla funzione. Comprendono le attività, anche a carattere collegiale, di programmazione, progettazione, ricerca, valutazione, documentazione, formazione, inclusa la partecipazione alle riunioni e l'attuazione delle delibere degli organi collegiali.

Con la legge 107/2015 sono stati rivisti i criteri di accesso alla professione, in particolare per i docenti della scuola secondaria di primo e di secondo grado (si veda capitolo trentottesimo, paragrafo 3).

Per quanto concerne la titolarità, fino all'anno scolastico 2014-2015, i docenti di ruolo, cioè con contratto a tempo indeterminato, erano titolari di cattedra all'interno di un determinato istituto. Dall'anno scolastico successivo, invece, la titolarità non sarà più presso il singolo istituto, ma presso un *ambito territoriale* (oltre 200 a livello nazionale).

Diritti soggettivi e interessi legittimi

Dal rapporto di lavoro scaturiscono sia diritti soggettivi perfetti sia interessi legittimi. Per quanto concerne i primi, la dottrina prevalente li classifica in *patrimoniali* e *non patrimoniali, sindacali, all'aggiornamento e alla formazione.* Rientrano nei diritti patrimoniali la retribuzione, il trattamento di quiescenza e di previdenza dopo la cessazione del servizio. Fanno parte dei diritti non patrimoniali: il diritto alla sede, al riposo settimanale e festivo, al recupero delle festività soppresse, alle ferie, ai permessi brevi, ad assentarsi per malattia, a congedi di maternità e di paternità, ecc. I principali diritti sindacali spettanti al docente sono: il diritto di associazione sindacale, il diritto di sciopero, di manifestare il proprio pensiero nel luogo di lavoro, il diritto al rispetto e alla riservatezza. Anche l'aggiornamento e la formazione sono un «diritto per il personale docente», perché funzionale sia alla realizzazione e allo sviluppo della professionalità sia all'insegnamento nelle sue diverse espressioni.

Il *quadro dei doveri* è sintetizzato nello schema riprodotto in tabella 17.2.

TABELLA 17.2
I doveri degli insegnanti

- Rispetto del buon andamento e imparzialità dell'amministrazione.
- Assunzione del servizio.
- Rispetto dell'orario di servizio.
- Rispetto degli ordini superiori.
- Segreto d'ufficio.
- Partecipazione alle riunioni degli organi collegiali.
- Responsabilità civile, penale, amministrativa, disciplinare e patrimoniale.
- Giustificazione delle assenze.
- Incompatibilità con altri impieghi e con lezioni private.
- Rispetto dei programmi didattici.
- Adozione dei libri di testo.
- Rapporti con le famiglie degli alunni.
- Tenuta del registro personale.
- Rifiuto di doni o offerte da parte degli alunni o delle loro famiglie.

La funzione docente, pertanto, si esplica all'interno dell'assicurazione di diritti e del rispetto di doveri, che consentono una corretta attività di trasmissione della cultura, di contributo all'elaborazione di essa e di impulso alla partecipazione dei giovani alla formazione umana e critica della loro personalità (art. 395 del D.lgs. n. 297/1994).

4. Il primo contratto dei docenti e la definizione dei contenuti professionali

Nuovo profilo professionale

La privatizzazione del pubblico impiego ha apportato profonde modifiche al profilo professionale dei docenti dal punto di vista del loro stato giuridico. Essa viene promossa con la legge delega n. 421 del 23 ottobre 1992 e completata con i Decreti legislativi n. 29 del 3 febbraio 1993, n. 470 del 18 novembre 1993 e n. 546 del 23 dicembre 1993; ulteriore sistemazione è stata data alle norme con il D.lgs. n. 165/2001, più volte aggiornato e oggi considerato, anche se impropriamente, il testo unico per il pubblico impiego.

Nell'ottica del nostro discorso è bene chiarire che tale scelta ha condotto alla progressiva distinzione tra pubblica amministrazione e il rapporto di lavoro del personale della scuola: la prima mantiene regole essenzialmente di tipo pubblicistico; al personale scolastico è riconosciuto il carattere pubblicistico del proprio lavoro, ma il contratto è di tipo privatistico.

Il primo contratto era stato sottoscritto il 4 agosto 1995, con validità quadriennale per gli aspetti giuridici e biennale per quelli economici. La sua sottoscrizione impegnava il personale scolastico anche sulle norme di garanzia per il funzionamento dei servizi pubblici essenziali, proponendo, con un sistema di diritti e di relazioni sindacali, nuove regole sullo stato giuridico. Si trattò di un contratto ponte che accoglieva elementi di privatizzazione, ma confermava ancora molte norme del pubblico impiego: si trattava di una scelta obbligata, se si considerava la profonda portata del cambiamento introdotto. Per quanto riguardò il personale docente, l'art. 38 del contratto provvide a definire l'area della funzione docente e tutte le categorie che rientravano in essa:

Il CCNL 1994-1997

1. Il personale docente ed educativo degli istituti e scuole di ogni ordine e grado, ivi compresi i conservatori di musica, delle accademie di belle arti, dell'accademia nazionale di danza, dell'accademia nazionale d'arte drammatica, delle istituzioni educative e degli istituti e scuole speciali statali, è collocato nella distinta area professionale del personale docente.
2. Rientrano in tale area i docenti della scuola materna; i docenti della scuola elementare; i docenti della scuola media; i docenti della scuola secondaria superiore diplomati e laureati; il personale educativo dei convitti e degli educandati femminili; i vicerettori aggiunti dei convitti; gli assistenti delle scuole speciali statali; gli assistenti delle accademie di belle arti e dei licei artistici; i docenti dei conservatori di musica, delle accademie di belle arti e dell'accademia nazionale di danza. (Art. 38)

Come in tutte le fasi di grande cambiamento, gli intenti che i sottoscrittori si erano posti erano molti: da quello di favorire una più equa distribuzione dei carichi e delle responsabilità di lavoro, alla promozione della qualità delle prestazioni professionali; da quello di promuovere una più adeguata gestione delle risorse e una maggior efficienza del servizio, all'impegno a dare una diversa immagine del lavoro scolastico e ottenere maggiori riconoscimenti sociali.

All'interno del contratto, il personale della scuola veniva suddiviso in due categorie: quello assunto a tempo indeterminato e quello assunto a tempo determinato. L'atto pubblico di nomina veniva sostituito da un contratto individuale di lavoro che riportava, in base alla sua essenza privatistica, tutti gli elementi del patto, dalla sua data di decorrenza al tipo di qualifica, dal livello retributivo iniziale alle mansioni, alla sede di lavoro.

Per quanto concerneva il carico di lavoro, furono previste:

Il carico di lavoro

- per gli insegnanti della scuola dell'infanzia, 25 ore settimanali;
- per gli insegnanti della scuola primaria, 22 ore settimanali di lezione e 2 ore di coordinamento;

– per i docenti delle scuole secondarie, 18 ore settimanali.

Le prestazioni erano incrementate con attività di insegnamento (art. 41), attività funzionali all'insegnamento (art. 42), attività aggiuntive, a loro volta suddivise in attività di insegnamento e attività ad esso funzionali (art. 43). Fu anche prevista la possibilità di definire figure di sistema alle quali affidare particolari e specifici compiti:

Le figure di sistema

> La configurazione professionale del docente, ferma restando l'unicità della funzione, può essere articolata attraverso la definizione, al suo interno, di figure di sistema ovvero di particolari profili di specializzazione, relativi agli aspetti scientifici, didattici, pedagogici, organizzativi, gestionali e di ricerca. (Art. 38)

La sottoscrizione di quel primo contratto fu accompagnata da accesi dibattiti; in particolare, gli schieramenti si polarizzarono su due posizioni: coloro che si attendevano grandi cambiamenti positivi da quella scelta e coloro che videro in essa più un'operazione di facciata che non avrebbe modificato sostanzialmente la vita della scuola.

5. I contratti successivi

Il CCNL 1998-2001

Il secondo contratto (CCNL 1998-2001), anch'esso con validità quadriennale per gli aspetti giuridici e biennale per quelli economici, fu sottoscritto il 26 maggio 1999. Era il momento dell'avvio dell'autonomia scolastica e tale enfasi si avvertiva anche per la definizione della professionalità degli insegnanti:

> La funzione docente si fonda sull'autonomia culturale e professionale dei docenti; essa si esplica nelle attività individuali e collegiali e nelle attività di aggiornamento e formazione in servizio; [...] il profilo professionale dei docenti è costituito da competenze disciplinari, pedagogiche, metodologico-didattiche, organizzativo-relazionali, tra loro correlate e interagenti, che si sviluppano con il maturare dell'esperienza didattica, l'attività di studio e di sistematizzazione della didattica.

Le funzioni obiettivo

Furono riprese alcune questioni rimaste in sospeso del contratto precedente, in particolare quella dell'art. 77 e quella dei gradoni economici di sviluppo della carriera. Fu prevista la possibilità di nominare docenti ai quali affidare particolari incarichi: le funzioni obiettivo. Fu anche prevista la possibilità, per le scuole nelle zone a rischio di devianza sociale e a forte immigrazione, di ottenere specifici finanziamenti.

Si trattò, in ogni caso, di un contratto che deluse gli insegnanti per la mancata soluzione dei problemi sulla mobilità, sulla valorizzazione del merito, l'assenza di meccanismi per l'accelerazione della carriera.

La terza tornata contrattuale, CCNL 2002-2005, vide la sua sottoscrizione il 24 luglio 2003, con validità quadriennale per gli aspetti giuridici e con scadenza per quelli economici al 31 dicembre 2003. Si trattò di un passaggio importante, in quanto furono raccolte in un unico testo le varie norme pattizie adottate, comprese le interpretazioni autentiche. Furono ridotti gli ambiti di contrattazione a livello nazionale e ampliati quelli degli altri livelli decentrati; furono, nel contempo, accolte tutte le innovazioni istituzionali, da quelle introdotte con l'autonomia scolastica alla riforma del Titolo V della Costituzione, legge n. 3/2001. I dirigenti scolastici furono esclusi dal contratto perché il primo marzo 2002 fu sottoscritto il primo contratto di categoria per il periodo 2000-2002. Le funzioni obiettivo furono sostituite dalle funzioni strumentali al POF.

Il CCNL 2002-2005

Le funzioni strumentali

Il contratto 2002-2005 fu definito come *contratto di transizione,* in quanto sottoscritto in una fase di profonde riforme della scuola; fu, in realtà, oggetto di forti critiche perché la negoziazione avvenne tra ARAN e parti sindacali, mentre la categoria rimase ai margini della trattativa.

Contratto di transizione

Il contratto successivo fu sottoscritto il 29 novembre 2007 con validità quadriennale per gli aspetti giuridici, e biennale per quelli economici. Il nuovo documento si inserisce in continuità con quelli precedenti. Particolarmente efficace fu l'art. 27 nel descrivere i contenuti professionali dei docenti:

Il CCNL 2007

> 1. Il profilo professionale dei docenti è costituito da competenze disciplinari, psicopedagogiche, metodologico-didattiche, organizzativo-relazionali e di ricerca, documentazione e valutazione tra loro correlate e interagenti, che si sviluppano col maturare dell'esperienza didattica, l'attività di studio e di sistematizzazione della pratica didattica. I contenuti della prestazione professionale del personale docente si definiscono nel quadro degli obiettivi generali perseguiti dal sistema nazionale di istruzione e nel rispetto degli indirizzi delineati nel piano dell'offerta formativa della scuola.

Il contratto rilanciò l'importanza della formazione in servizio, che va considerata come una leva strategica fondamentale per lo sviluppo professionale del personale, per il sostegno al cambiamento, per un'adeguata politica di sviluppo delle risorse umane. L'aggiornamento fu confermato come diritto-dovere dei docenti, anche riconoscendo la possibilità di poter fruire di cinque giorni all'anno per la propria formazione, sfruttando così le opportunità offerte dagli enti accreditati per tale attività.

Il contratto del 2007 è rimasto a lungo in vigore, sia per le particolari vicende del nostro Paese sia per il lunghissimo blocco che fu deciso per il rinnovo contrattuale, ed è stato rinnovato, dopo aver ridefinito i contenuti e i comparti di contrattazione, solo nel 2018.

6. L'ultimo contratto

Il CCNL 2016-2018

L'ultimo contratto, dopo il lunghissimo blocco, è stato sottoscritto l'8 febbraio 2018 e poi confermato, dopo la consultazione dei docenti, il 19 aprile 2018, con validità dal primo gennaio 2016 al 31 dicembre 2018 per la parte giuridica ed economica, con carattere vincolato e automatico. Esso prevede una parte comune per tutti i comparti della contrattazione e una parte specifica per i docenti.

Le attività dei docenti

Per quanto concerne i contenuti professionali, sono confermate le precedenti disposizioni, con le attività dei docenti suddivise come descritte di seguito.

- Attività di insegnamento, con 25 ore settimanali nella scuola dell'infanzia, 22 ore settimanali nella scuola primaria e 18 ore settimanali nelle scuole e negli istituti d'istruzione secondaria e artistica, distribuite in non meno di cinque giornate settimanali. Per gli insegnanti della scuola primaria, alle 22 ore settimanali di insegnamento vanno aggiunte 2 ore da dedicare, anche in modo flessibile e su base plurisettimanale, alla programmazione didattica, da attuarsi in incontri collegiali dei docenti, in tempi non coincidenti con le lezioni. Nelle 22 ore d'insegnamento, la quota oraria eccedente l'attività frontale e di assistenza alla mensa è destinata, previa programmazione, ad attività di ampliamento dell'offerta formativa e di recupero individualizzato o per gruppi ristretti di alunni in difficoltà.
- Attività funzionali all'insegnamento, che comprendono tutte le attività, anche a carattere collegiale, di programmazione, progettazione, ricerca, valutazione, documentazione, aggiornamento e formazione, compresa la preparazione dei lavori degli organi collegiali, la partecipazione alle riunioni e l'attuazione delle delibere adottate. Per quanto concerne le attività individuali, esse riguardano la preparazione delle lezioni e delle esercitazioni, la correzione degli elaborati, i rapporti individuali con le famiglie. Le attività di carattere collegiale riguardano la partecipazione alle riunioni del Collegio dei docenti, alle attività collegiali dei consigli di classe, di interclasse, di intersezione, allo svolgimento degli scrutini e degli esami, compresa la compilazione degli atti della valutazione. I docenti sono anche tenuti ad assicurare un rapporto efficace con le famiglie e gli studenti.
- Attività aggiuntive e ore eccedenti d'insegnamento. Una novità rilevante riguarda la presenza per la prima volta di docenti titolari su attività di potenziamento, che potranno destinare parzialmente o integralmente le loro ore di servizio ad attività per il potenziamento dell'offerta formativa: queste ultime comprendono le attività di istruzione, orientamento, formazione, inclusione scolastica, diritto allo studio, coordinamento, ricerca e progettazione del PTOF.

Tra gli altri ambiti modificati ricordiamo:

Le modifiche

- i permessi per le visite mediche, le terapie e le prestazioni specialistiche, gli esami, aggiuntivi rispetto ai permessi per *motivi personali o familiari* e agli *altri permessi;*
- la cadenza triennale della mobilità, ma con possibilità di trasferimenti annuali;
- il riconoscimento del diritto alla disconnessione per conciliare vita e lavoro;
- i permessi, per le donne vittime di violenza, fino a 90 giorni;
- il riconoscimento delle unioni civili e dei diritti connessi.

Si rinvia a successiva fase contrattuale nazionale la definizione del sistema della responsabilità disciplinare del personale docente che, però, dovrà prevedere il licenziamento per atti, comportamenti o molestie a carattere sessuale e per dichiarazioni false e mendaci. Nel frattempo, restano in vigore quelle precedenti del Testo unico con alcune modifiche. Anche il diritto di assemblea è stato ridefinito.

7. Docenti e tutorship: la diversificazione dei compiti degli insegnanti

Il complesso delle innovazioni che hanno investito il nostro sistema scolastico negli ultimi anni ha profondamente influito la stessa definizione di un nuovo modello professionale degli insegnanti.

Vecchie e nuove competenze

Infatti, se nel passato venivano loro richieste sostanzialmente competenze pedagogiche, didattiche, metodologiche, organizzative, relazionali, nella scuola attuale, a essere valorizzare sono soprattutto le competenze progettuali e la capacità di iniziativa.

Con l'avvento dell'autonomia sono stati, infatti, introdotti vari elementi innovativi, dal lavoro in team alla progettualità di istituto e nella classe, dalla personalizzazione dei percorsi di studio alla multimedialità, che hanno condotto a delineare una figura professionale molto più complessa e ricca di quella tradizionale.

Il dibattito attuale ha recepito il superamento storico della figura del docente relegato al semplice ruolo di predisposizione e realizzazione di attività formative rivolte a gruppi di alunni e a classi, per aprire sul fronte della diversificazione delle prestazioni professionali, anche in riferimento a incarichi e collaborazioni e ad articolati carichi di lavoro.

Collaborazioni e incarichi

Rispetto a collaborazioni e incarichi, la prospettiva dell'autonomia ha rilanciato la questione della valorizzazione dei quadri intermedi, nel nostro caso riferibile ai docenti che svolgono specifiche funzioni per la realizzazione del Piano dell'offerta formativa. Il principio della valorizzazione professionale dei docenti era già presente nel primo contratto del 1995, all'art. 77, mentre l'art. 38 aveva parlato di figure di sistema, ovvero di particolari profili di specializzazione per aspetti scientifici, didattici, pedagogici, organizzativi, gestionali e di ricerca. Nei successivi contratti si è affermata progressivamente questa prospettiva, tanto che il contratto 1998-2001, in un quadro di diversificazione delle prestazioni, aveva previsto la possibilità di nominare docenti con funzioni-obiettivo e di svolgere prestazioni non di cattedra, quali le collaborazioni con altre scuole. Nel contratto 2002-2005 le funzioni-obiettivo furono sostituite dalle funzioni strumentali al POF e dalla possibilità di affidare ai docenti collaborazioni con il dirigente scolastico e plurime con altre scuole. Tutto ciò è stato confermato nelle successive tornate contrattuali. Dopo le iniziali difficoltà, soprattutto legate alle prime figure di sistema, le successive esperienze delle funzioni-obiettivo e, ancor più, di quelle strumentali, hanno consentito alla scuola di maturare la consapevolezza di quanto esse possano risultare determinanti per il miglioramento complessivo dell'azione della scuola.

> Le funzioni obiettivo, chiamate poi strumentali, da assegnare a docenti disponibili e competenti, per la realizzazione delle finalità istituzionali della scuola autonoma, possono ancora essere considerate come il primo passo verso una reale differenziazione di profili che la scuola dell'autonomia richiede con sempre crescente sollecitudine. (Spinosi, 2010)

Si tratta di un dato ormai acquisito, anche se la riduzione progressiva di risorse disponibili potrebbe rimettere in discussione la copertura economica per tali funzioni per la necessità del contenimento della spesa pubblica.

Più delicata è, invece, la questione del carico di lavoro ordinario; infatti, a diversificazione dei compiti porta inevitabilmente gli insegnanti a svolgere carichi di lavoro differenti anche nell'ordinarietà e in relazione a personali capacità professionali. È un dato storico quello della difficoltà anche contrattuale della classe docente ad accettare tale principio.

> Si tratta di materie ancora controverse e che troveranno sistemazione all'interno delle prossime contrattazioni sindacali. Se una tutorship dedicata e specifica, che di fatto differenzia i docenti, può ancora suscitare resistenze, non sono certo da avversare forme di tutorship diffusa, in quanto si tratta di funzioni connesse con l'essenza stessa dell'insegnare: così possono essere condivisi riconoscimenti per l'impegno e la capacità dei docenti nell'espletamento del loro lavoro. (Capaldo e Rondanini, 2005)

Tempo fa era stata avanzata la proposta di aumentare il carico di lavoro settimanale delle ore di insegnamento a costo zero per i docenti delle scuole secondarie. Tale ipotesi non aveva avuto seguito, anche per l'immediata reazione della categoria; questo ha favorito, però, l'apertura di un dibattito che potrebbe produrre effetti imprevedibili nell'immediato futuro.

CAPITOLO DICIOTTESIMO

L'evoluzione del profilo del docente dopo la legge 107/2015

1. La legge 107/2007 e lo stato giuridico dei docenti 2. Dalla legge 107/2015 all'anno di prova con portfolio 3. La nuova formazione iniziale dei docenti della scuola secondaria di primo e secondo grado 4. Il percorso FIT e il bando di concorso 5. I requisiti di accesso e prove d'esame 6. Contratto di formazione iniziale e tirocinio 7. La valutazione dei docenti al termine del terzo anno del percorso FIT 8. L'accesso al ruolo e la Conferenza nazionale 9. I dispositivi del CCNL 2016-2018 10. Le sanzioni disciplinari per il personale docente 11. La titolarità dell'azione disciplinare 12. Le fasi del procedimento 13. E-portfolio e Comitato di valutazione

1. La legge 107/2007 e lo stato giuridico dei docenti

La legge 107/2015 ha introdotto significative novità sullo stato giuridico degli insegnanti relativamente al ruolo, alla carriera, alla mobilità, al reclutamento. Tra le tante modifiche, particolarmente significativa è quella dell'organico dell'autonomia, che è composto da posti comuni, posti di sostegno (deroghe comprese), posti per il potenziamento dell'offerta formativa.

L'organico funzionale

Tale organico, in quanto *funzionale* alle scelte delle singole scuole, viene determinato ogni tre anni a partire dall'anno scolastico 2016-2017, su base regionale e ripartito con provvedimento del direttore generale di ciascun ufficio scolastico regionale fra gli ambiti territoriali definiti per il triennio nel mese di giugno 2016.

In particolare, gli insegnanti assunti in base al piano straordinario, così come quelli in esubero o in soprannumero nell'anno scolastico 2016-2017, sono stati assegnati agli ambiti territoriali. Dallo stesso anno, si afferma nella legge 107/2015, la mobilità territoriale e professionale del personale docente è divenuta operativa tra gli ambiti territoriali. Questi ultimi sono superiori al numero delle attuali province. Questo ha comportato che il ruolo del personale docente ha fatto riferimento all'ambito regionale, articolato in ambiti territoriali con ampiezza inferiore alla provincia o alla città metropolitana.

Superare i ritualismi

Le riforme che si sono succedute in questi decenni hanno confermato la convinzione che, per avviare politiche di miglioramento dell'offerta formativa delle scuole, occorre ripartire dalla cura dei docenti.

> Curare la professionalità significa far dimenticare la collegialità ritualistica, burocratica e standardizzata; al contrario, vuol dire investire sulle relazioni e sulle collaborazioni disinteressate, chiamare in causa lo scopo etico e morale della professione; c'è arricchimento collettivo quando si mettono le conoscenze dei singoli a disposizione di tutti. (Spinosi, 2016)

Formazione in servizio e carta elettronica

La legge 107/2015 è intervenuta a sostegno della professionalità docente, introducendo alcuni dispositivi che hanno riguardato tutti e un sistema premiale che, invece, è stato finalizzato a gratificare gli insegnanti più capaci e impegnati, quindi una cerchia più ristretta. Nello specifico, sono state introdotte:

- la formazione in servizio dei docenti, definita dal provvedimento «obbligatoria, permanente e strutturale» (art. 1, comma 124), che era stata configurata come vero e proprio obbligo di servizio, rientrando a pieno titolo tra le attività funzionali all'insegnamento. Va in realtà precisato che l'obbligatorietà della formazione dei docenti risulta alquanto ambigua nel CCNL del comparto istruzione e ricerca (2016-2018), siglato dall'ARAN e dalle parti sociali il 9 febbraio 2018, ed è prevalsa una sorta di volontarietà dei singoli, decisamente discutibile;
- la carta elettronica per l'aggiornamento e la formazione del personale docente di ruolo, dell'importo di 500 euro per ciascun anno scolastico.

Nella legge 107 si afferma:

> Al fine di sostenere la formazione continua dei docenti e di valorizzarne le competenze professionali, è istituita la Carta elettronica per l'aggiornamento e la formazione del docente di ruolo delle istituzioni scolastiche di ogni ordine e grado. (Art. 1, comma 126 e segg.)

In realtà, il dispositivo che dovrà riconoscere il merito tramite un sistema premiale differenziato è costituito dal cosiddetto *bonus.* A questo proposito, il MIUR ha istituito un apposito fondo di 200 milioni di euro annui, a decorrere dall'anno scolastico 2015-2016. Tocca al dirigente scolastico ripartire le somme attribuite a ciascuna istituzione scolastica, sulla base dei criteri che verranno stabiliti dal comitato per la valutazione dei docenti. Il bonus è finalizzato a valorizzare le specifiche competenze e responsabilità del personale docente di ruolo, soprattutto di quegli insegnanti che costituiscono la *leadership intermedia* (collaboratori, funzioni di coordinamento, ecc.) delle scuole e senza i quali il dirigente sarebbe in gravi difficoltà a gestire la complessità organizzativa e gestionale delle singole realtà educative.

Sul piano prettamente economico, il bonus ha natura di retribuzione accessoria. Va detto, infine, che questo sistema di premialità è sottoposto a una fase di sperimentazione della durata di tre anni.

2. Dalla legge 107/2015 all'anno di prova con portfolio

Il periodo di formazione e di prova per i docenti che vengono assunti a partire dall'anno scolastico 2015-2016 è stato aggiornato dalla legge 107/2015 rispetto alle modalità precedenti. L'immissione in ruolo è condizionata, come in passato, dal superamento del periodo di formazione e di prova, della durata di almeno 180 giorni, di cui 120 di attività didattica.

> Il personale docente e educativo in periodo di formazione e di prova è sottoposto a valutazione da parte del dirigente scolastico, sentito il comitato per la valutazione [...] sulla base dell'istruttoria di un docente al quale sono affidate dal dirigente scolastico le funzioni di tutor. [...] In caso di valutazione negativa del periodo di formazione e di prova, il personale docente e educativo è sottoposto ad un secondo periodo di formazione e prova, non rinnovabile. (Art. 1, commi dal 115 al 119)

DM n. 850/2015

Nel DM 27 ottobre 2015, n. 850, attuativo delle disposizioni contenute nella legge 107/2015, sono state previste specifiche attività che hanno coinvolto i docenti neoassunti, il dirigente scolastico e l'insegnante tutor. Tali attività formative ineludibili per il superamento del periodo di formazione e di prova hanno avuto la durata complessiva di 50 ore, articolate in quattro fasi:

- incontri propedeutici e di restituzione finale (non più di 6 ore);
- laboratori formativi (12 ore);
- *peer to peer* e osservazione in classe (12 ore);
- formazione online (20 ore).

L'impianto complessivo è stato quello messo a punto in questi ultimi anni. Che cosa cambia, dunque, rispetto all'attuale funzionamento?

Anno di formazione e prova

Nel Decreto ministeriale del 27 ottobre 2015, n. 850, seguito a distanza di pochi giorni dalla nota MIUR del 5 novembre 2015, n. 36167 *(Periodo di formazione e di prova per i docenti neo-assunti. Primi orientamenti operativi)*, è previsto che in ogni istituzione scolastica vengano perfezionati i seguenti momenti e strumenti.

a) *Il bilancio di competenze.* Al docente neoassunto è richiesto di svolgere una forma di autovalutazione con la supervisione del collega tutor.

Questa richiesta è finalizzata a personalizzare nella misura più elevata possibile il percorso formativo del docente «in prova». Il bilancio di competenze è considerato propedeutico all'elaborazione di un apposito patto per lo sviluppo professionale, redatto dall'interessato, dal dirigente scolastico e dal docente tutor. Dirigente, neo-assunto e tutor stabiliscono gli obiettivi di sviluppo delle competenze di natura culturale, disciplinare, didattico-metodologica e relazionale da raggiungere attraverso le esperienze formative previste nelle 50 ore.

b) *La costituzione di laboratori formativi.* Coerentemente con il principio di personalizzazione, gli uffici scolastici territoriali predispongono piani di formazione adottando metodologie laboratoriali. Ogni docente neoassunto — si legge nel DM n. 850/2015 — in conseguenza del patto per lo sviluppo professionale, segue obbligatoriamente laboratori formativi per complessive 12 ore di attività, con la possibilità di optare tra le diverse proposte formative offerte a livello territoriale.
c) *La formazione peer to peer.* Alle 12 ore, delle 50 che il docente neoassunto è tenuto a svolgere, se ne aggiungono altre 12 di osservazione in classe, svolte dall'interessato e dal suo tutor. Questa attività è finalizzata a migliorare le pratiche didattiche nella gestione della classe.

Il portfolio professionale

d) *Il portfolio professionale.* Questa innovazione era già stata inserita in precedenza nelle disposizioni normative, benché unita ad altre opzioni. Con la legge 107 diventa invece uno strumento obbligatorio; nel DM n. 850 si sottolinea che l'insegnante neoassunto curi la predisposizione di un proprio portfolio personale, in formato digitale. Si afferma, inoltre, coerentemente con le caratteristiche della formazione in servizio, che il portfolio professionale assuma un preminente significato formativo per la crescita professionale permanente di ogni insegnante. In esso, infatti, il docente deve documentare il proprio curriculum, le fasi significative della progettazione e delle attività didattiche, la previsione di un piano di sviluppo del proprio sé lavorativo.

Il quadro formativo che ha delineato il DM n. 850 dell'ottobre 2015 riguardante l'anno di formazione dei docenti neoassunti, è stato sostanzialmente confermato e punta a qualificare, anche dal punto di vista operativo, il profilo professionale dei docenti. Infatti, nelle 50 ore obbligatorie previste nell'anno di prova, si propongono i seguenti temi oggetto di specifici laboratori formativi:

a) nuove risorse digitali e loro impatto sulla didattica;
b) gestione della classe e problematiche relazionali;
c) valutazione didattica e valutazione di sistema (autovalutazione e miglioramento);

d) bisogni educativi speciali;
e) contrasto alla dispersione scolastica;
f) inclusione sociale e dinamiche interculturali;
g) orientamento e alternanza scuola-lavoro;
h) buone pratiche di didattiche disciplinari.

Altri temi potranno essere inseriti in base a bisogni formativi specifici dei diversi contesti territoriali e con riferimento alle differenti tipologie di insegnamento.

Queste opportunità formative, che devono essere garantite ai docenti neoassunti, costituiscono ulteriori ampliamenti delle competenze professionali. Tali estensioni includono, in particolare, competenze informatiche, capacità di gestire ambienti inclusivi di apprendimento, sia in relazione alla presenza di alunni con bisogni educativi speciali sia di studenti con cittadinanza non italiana, elevate competenze valutative sia sul piano degli apprendimenti sia su quello dell'autovalutazione della scuola e, per quanto concerne l'istruzione di secondo grado, competenze legate all'alternanza scuola-lavoro.

La necessità di prendersi cura della propria crescita professionale deve sempre partire dal fatto che acquisire nuove conoscenze è un'operazione che avviene in un tempo relativamente breve e senza particolari difficoltà.

3. La nuova formazione iniziale dei docenti della scuola secondaria di primo e secondo grado

La semplificazione del sistema di formazione iniziale e di accesso ai ruoli degli insegnanti della scuola secondaria di primo e di secondo grado, per i posti comuni e di sostegno, si inserisce nel quadro normativo della legge 107/2015, che si prefigge l'obiettivo di valorizzare il ruolo dei docenti e di accrescere la percezione del loro lavoro.

D.lgs. n. 59/2017

Come si sottolinea nell'art. 1 del Decreto legislativo n. 59 del 13 aprile 2017, *Riordino, adeguamento e semplificazione del sistema di formazione iniziale e di accesso nei ruoli di docente nella scuola secondaria per renderlo funzionale alla valorizzazione sociale e culturale della professione, a norma dell'articolo 1, commi 180 e 181, lettera b), della legge 13 luglio 2015, n. 107,* la finalità generale della norma è quella di

> realizzare la valorizzazione sociale e culturale della professione attraverso un sistema unitario e coordinato di formazione iniziale e accesso ai ruoli dei docenti, compresi quelli tecnico-pratici, nella scuola secondaria di primo e di secondo grado. Gli insegnanti saranno selezionati sulla base di un concorso pubblico nazionale e di un successivo percorso triennale.

Superamento della SSIS e del TFA

La necessità di tale intervento di riordino deriva da una serie di criticità che si riscontrano nell'attuale sistema. In particolare, i punti di debolezza più rilevanti sono:
- la frammentarietà dei percorsi che conducono alla professione dell'insegnamento;
- l'assenza, dopo la soppressione delle SSIS, sostituite in seguito dal TFA, di un percorso di formazione iniziale che possa concludersi entro tempi ragionevoli;
- l'inadeguatezza della formazione in servizio dei docenti, da cui consegue una scarsa integrazione delle competenze disciplinari e pedagogiche degli stessi docenti.

La riforma che si sta delineando intende rafforzare le metodologie didattiche dei saperi disciplinari e le specifiche competenze della professione di docente, in particolare quelle pedagogiche, relazionali, valutative e tecnologiche, nonché le capacità di progettare percorsi adeguati al contesto scolastico, al fine di promuovere processi di apprendimento critico e consapevole.

Nel D.lgs. n. 59/2017 si prevede l'introduzione di un percorso verticale unitario che includerà momenti formativi, di lavoro e valutativi, denominato «sistema di formazione iniziale e di accesso ai ruoli», che si conclude con l'immissione in ruolo a tempo indeterminato del personale docente della secondaria di primo e di secondo grado, nonché dell'insegnante tecnico-pratico.

L'articolazione di tale percorso prevede:
a) un concorso pubblico nazionale, indetto su base regionale o interregionale;
b) un successivo percorso triennale di formazione iniziale, tirocinio e inserimento nella funzione docente, di seguito denominato «percorso FIT» (percorso di formazione iniziale e tirocinio), differente fra posti comuni e posti di sostegno, destinato agli insegnanti vincitori di concorso;
c) una procedura di accesso ai ruoli a tempo indeterminato, previo superamento delle valutazioni intermedie e finali di cui alla lettera b).

4. Il percorso FIT e il bando di concorso

Il percorso al momento denominato «FIT» si articola in:
a) un primo anno finalizzato al conseguimento del diploma di specializzazione per l'insegnamento nella scuola secondaria o in Pedagogia e Didattica speciale per le attività di sostegno didattico e l'inclusione scolastica;
b) un secondo anno di formazione, tirocinio e primo inserimento nella funzione docente;
c) un terzo anno di formazione, tirocinio e inserimento lavorativo nella funzione docente.

Il percorso si pone l'obiettivo di sviluppare e rafforzare nei futuri docenti:

a) le competenze culturali, disciplinari, didattiche e metodologiche, in relazione ai nuclei fondanti dei saperi e ai traguardi di competenza fissati per gli studenti;
b) le competenze proprie della professione di docente, in particolare pedagogiche, relazionali, valutative, organizzative e tecnologiche, integrate in modo equilibrato con i saperi disciplinari;
c) la capacità di progettare percorsi didattici flessibili e adeguati al contesto scolastico, al fine di favorire l'apprendimento critico e consapevole e l'acquisizione delle competenze da parte degli studenti;
d) la capacità di svolgere con consapevolezza i compiti connessi con la funzione docente e con l'organizzazione scolastica.

Con un apposito decreto del MIUR sarà indetto, su base regionale, il concorso nazionale per esami e titoli per selezionare i candidati che potranno accedere al percorso su posti comuni e di sostegno nella scuola secondaria. In caso di esiguo numero dei posti conferibili, il concorso è indetto su base interregionale.

Nel bando di concorso sono previsti contingenti separati per ognuna delle seguenti tipologie di posto o classi di concorso:

a) posti relativi alle classi di concorso per la scuola secondaria di primo e di secondo grado, anche raggruppate in ambiti disciplinari;
b) posti relativi alle classi di concorso di insegnante tecnico-pratico per la scuola secondaria;
c) posti di sostegno.

Il MIUR individuerà: le modalità di gestione delle procedure concorsuali che saranno curate dagli Uffici scolastici regionali; i criteri di composizione e i requisiti dei componenti delle commissioni giudicatrici del concorso; i programmi delle prove, i criteri di valutazione e i punteggi da attribuire alle prove e ai titoli.

Le commissioni giudicatrici, uniche per posti comuni e per posti di sostegno, saranno nominate dall'Ufficio scolastico regionale di riferimento della sede concorsuale.

Per espressa previsione della legge 107/2015, dovranno essere ridefinite, nel loro complesso, le classi di concorso, al fine di assicurare la coerenza delle classi disciplinari di afferenza dei docenti, delle classi di laurea magistrale e degli insegnamenti delle singole classi di afferenza nell'ambito del nuovo sistema di formazione.

È prevista altresì l'organizzazione di specifiche attività formative per gli insegnanti in servizio, tali da consentire di integrare la loro preparazione, al fine di poter svolgere insegnamenti anche in classi disciplinari affini o di modificare la propria classe disciplinare di titolarità.

Il Decreto legislativo n. 59/2017 prevede che i concorsi siano banditi a partire dal 2018, con cadenza biennale, su tutti i posti vacanti e disponibili.

5. I requisiti di accesso e prove d'esame

Nell'art. 5 del decreto vengono disciplinati i requisiti di accesso al concorso relativamente alla formazione iniziale e al tirocinio. Non si prevede più il titolo di abilitazione all'insegnamento, ma il solo titolo di studio.

Requisiti di partecipazione al concorso

Per i *posti comuni,* i requisiti di partecipazione al concorso sono pertanto i seguenti:

- laurea magistrale o a ciclo unico, oppure diploma dell'alta formazione artistica, musicale e coreutica di secondo livello, oppure titolo equipollente o equiparato, coerente con le classi di concorso;
- possesso di 24 crediti formativi universitari o accademici (CFU/CFA), acquisiti in forma curricolare o aggiuntiva nelle discipline antropo-psico-pedagogiche e nelle metodologie e tecnologie didattiche;
- attestazione delle competenze linguistiche corrispondenti almeno al livello B2 del Quadro comune europeo.

Per i *posti di insegnante tecnico-pratico* i requisiti di partecipazione sono:

- laurea, oppure diploma dell'alta formazione artistica, musicale e coreutica di primo livello, oppure titolo equipollente o equiparato;
- 24 CFU/CFA, acquisiti nelle discipline antropo-psicopedagogiche, nelle metodologie e tecnologie didattiche.

Per i *posti di sostegno* costituirà titolo di accesso al percorso di formazione iniziale e al tirocinio il possesso dei requisiti di cui ai posti comuni o per quelli di insegnante tecnico-pratico, relativamente alla classe di concorso indicata dal candidato in sede di domanda di partecipazione.

Il concorso prevede tre prove, delle quali due a carattere nazionale sono scritte, mentre la terza è un esame orale. Per i posti di sostegno è prevista una terza prova scritta a carattere nazionale.

Caratteristiche delle prove

La prima prova è volta a verificare le conoscenze disciplinari del candidato relativamente alla classe di concorso per cui ha deciso di partecipare. Il superamento di detta prova è condizione necessaria per accedere a quella successiva.

La seconda prova ha l'obiettivo di valutare il grado delle conoscenze del candidato sulle discipline antropo-psicopedagogiche e sulle metodologie e tecnologie didattiche. Il superamento di questa prova è condizione necessaria per lo svolgimento della terza prova.

La terza prova orale comprende la prova pratica, ove gli insegnamenti lo richiedano, e consiste in un colloquio che ha l'obiettivo di valutare le conoscenze in tutte le discipline facenti parte la classe di concorso, nonché di accertare la conoscenza di una lingua straniera europea e il possesso di abilità informatiche di base.

La prova aggiuntiva per i candidati a posti di sostegno è un esame per iscritto, viene sostenuta dopo la seconda prova e si pone l'obiettivo di verificare le conoscenze di base del candidato nell'ambito della pedagogia speciale, della didattica per l'inclusione scolastica nonché delle relative metodologie. Il superamento della prova aggiuntiva è condizione necessaria per accedere alla prova orale, relativamente ai posti di sostegno.

I vincitori scelgono, in ordine di punteggio e secondo i posti disponibili, l'ambito territoriale della regione in cui hanno concorso.

6. Contratto di formazione iniziale e tirocinio

Dal concorso al contratto

I vincitori del concorso che hanno superato le prove descritte nel paragrafo precedente sottoscrivono un contratto triennale retribuito di formazione iniziale, tirocinio e inserimento (FIT) con l'Ufficio scolastico regionale a cui afferisce l'ambito territoriale prescelto. Le condizioni normative ed economiche di tale contratto sono definite in sede di contrattazione collettiva nazionale. Per il primo e il secondo anno, le condizioni economiche sono definite nel medesimo contratto; per il terzo anno di tirocinio tali condizioni risulteranno equivalenti a una supplenza annuale in funzione del grado di istruzione ricoperto.

Il contratto è risolto in caso di assenze ingiustificate, di mancato conseguimento del diploma di specializzazione, di mancato superamento delle valutazioni intermedie. Può essere sospeso nel caso di impedimenti temporanei, per un periodo massimo complessivo di un anno; riprende successivamente fino al completamento del triennio.

Il contrattista su posto comune è tenuto, al termine del primo anno, a conseguire il diploma di specializzazione per l'insegnamento secondario al termine di corsi annuali istituiti, in convenzione con l'Ufficio scolastico regionale, le università, le istituzioni dell'alta formazione artistica, musicale e coreutica. Durante il secondo e il terzo anno, il docente dovrà completare la propria preparazione professionale con ulteriori attività di studio, attraverso tirocini formativi diretti e indiretti e con la graduale assunzione di autonome funzioni docenti.

Il contrattista su posto di sostegno è tenuto a conseguire, al termine del primo anno, il diploma di specializzazione in Pedagogia e Didattica speciale per le attività di sostegno didattico e di inclusione scolastica. Durante il secondo e il terzo anno, il docente dovrà completare la propria preparazione professionale con ulteriori attività formative nel campo della didattica dell'inclusione scolastica, con tirocini formativi diretti e indiretti e con la graduale assunzione di autonome funzioni di insegnante di sostegno.

Il primo anno del contratto per conseguire sia la specializzazione per l'insegnamento sia quella per le attività di sostegno è a tempo pieno, con oneri a carico dello Stato. Consiste in corsi di lezioni, seminari e laboratori didattici finalizzati a migliorare la preparazione dei candidati nel campo della didattica di tutte le discipline afferenti alla classe di concorso o nell'ambito della didattica per l'inclusione scolastica. A queste attività devono corrispondere 60 CFU/CFA.

Sono previste inoltre attività di tirocinio diretto e indiretto presso scuole dell'ambito territoriale di appartenenza, alle quali sono destinati non meno di 16 CFU/CFA, di cui almeno 10 di tirocinio diretto in presenza dell'insegnante della classe o del docente di sostegno.

Al termine del primo anno è previsto un esame finale sia per la specializzazione per l'insegnamento sia per quella relativa al sostegno che tiene conto dei risultati conseguiti dal contrattista in tutte le attività formative.

Il contratto di formazione iniziale e tirocinio su posti comuni è confermato per il secondo anno, a condizione che il docente abbia conseguito il diploma di specializzazione, e, per il terzo anno, a condizione che abbia superato con esito positivo la valutazione intermedia al termine del secondo anno. I medesimi requisiti valgono anche per gli insegnanti di sostegno con un ulteriore impegno: l'acquisizione nel secondo anno di ulteriori 30 CFU/CFA, comprensivi di un progetto di ricerca-azione sotto la guida del tutor universitario e scolastico in ambiti formativi collegati all'inclusione scolastica e alla pedagogia speciale.

Il terzo anno (art. 13 del Decreto) del percorso è finalizzato specificamente a verificare la padronanza degli standard professionali da parte dei docenti e si conclude con una valutazione finale.

Il contrattista, su posto sia comune sia di sostegno, può effettuare, sulla base di incarichi del dirigente scolastico, supplenze nell'ambito delle istituzioni scolastiche di appartenenza e, nel terzo anno, su posti vacanti e disponibili.

Tirocinio diretto

Il tirocinio diretto viene svolto presso le istituzioni scolastiche, quello indiretto presso l'università o l'istituzione dell'alta formazione artistica, musicale e coreutica. Entrambe le tipologie fanno parte integrante e obbligatoria del percorso triennale di formazione iniziale. Le attività del tirocinio sono svolte sotto la guida di un tutor scolastico e di un tutor universitario; la frequenza alle attività di tirocinio è obbligatoria.

7. La valutazione dei docenti al termine del terzo anno del percorso FIT

Il Decreto legislativo n. 59/2017, attuativo della legge 107/2015, ha provveduto a riordinare radicalmente il sistema di formazione iniziale e di reclutamento dei docenti della scuola secondaria di primo grado e degli insegnanti, compresi quelli tecnico-pratici, dell'istruzione superiore.

In data 14 dicembre 2017, come previsto dal decreto, il MIUR ha emanato il DM n. 984 nel quale vengono disciplinati le procedure e i criteri di verifica e valutazione dei docenti al terzo anno del percorso FIT, ai sensi dell'art. 13 del Decreto legislativo. Il DM n. 984/2017

Le innovazioni indicate nel DM n. 984/2017 richiamano alcuni dispositivi del DM n. 850/2015 riguardanti l'anno di formazione e prova dei docenti neoassunti. In particolare, nel DM n. 984 (come nel DM n. 850/2015), si sottolinea l'importanza del bilancio delle competenze e del portfolio professionale.

Le procedure previste dal D.lgs. n. 59/2017 sono estremamente complesse; esse si articolano sostanzialmente in due fasi:

1. un concorso nazionale su base regionale (o interregionale) con prove scritte e un colloquio;
2. un percorso triennale di formazione iniziale e tirocinio (FIT), differenziato tra posti comuni e di sostegno, per i candidati che hanno superato il concorso, i quali sottoscrivono con il dirigente scolastico un «contratto triennale retribuito di FIT» (art. 8, comma 1 del D.lgs. n. 59/2017).

Durante il secondo e il terzo anno di contratto, il corsista è tenuto a predisporre un progetto di ricerca-azione sotto la guida di un tutor, mentre le attività di tirocinio, diretto (presso le istituzioni scolastiche) e indiretto (presso le università), sono assistite da tutor scolastici e universitari in collaborazione con i tutor coordinatori.

Nel terzo anno di contratto, il docente presterà servizio su posti vacanti e la sua retribuzione sarà pari a quella di un incarico annuale. L'attività d'insegnamento verrà valutata per verificare le competenze professionali, organizzative, relazionali e gestionali nel quadro più generale dell'osservanza dei doveri cui il dipendente pubblico è sottoposto.

La valutazione dovrà accertare anche il conseguimento o meno degli obiettivi del progetto di ricerca-azione iniziato nel secondo anno.

In particolare saranno oggetto di valutazione gli interventi svolti dal docente in relazione al miglioramento dell'offerta formativa dell'istituzione scolastica, al successo formativo degli alunni, all'azione inclusiva e al potenziamento dell'innovazione didattica.

Assistito dal tutor scolastico, il corsista redigerà la progettazione annuale correlata ai risultati di apprendimento delineati nelle Indicazioni nazionali 2012 *(Profilo dello studente al termine del primo ciclo d'istruzio-*

ne), nelle Indicazioni dei licei e nelle Linee guida degli istituti tecnici e professionali. Inoltre, saranno valutati l'attitudine alla collaborazione, i rapporti con le famiglie, il sostegno ai piani di miglioramento dell'istituto.

Nel corso del terzo anno, in particolare, il docente è tenuto a curare il proprio e-portfolio professionale, che conterrà, oltre al curriculum formativo, il bilancio delle competenze (che lo accompagnerà nel corso dell'intero triennio), il progetto di ricerca-azione e il piano di sviluppo professionale.

Commissione di valutazione ed esame

La commissione di valutazione finale è presieduta dal dirigente scolastico (art. 9 del DM n. 984/2017) ove il titolare del contratto FIT ha prestato servizio. Ne fanno parte, inoltre, i docenti delle università impegnati nei corsi di specializzazione de primo anno, i tutor universitari nonché il tutor scolastico.

L'esame consiste in un colloquio relativo alle attività svolte nel terzo anno del percorso, e la commissione si avvarrà della documentazione contenuta nel portfolio, trasmesso al capo d'istituto almeno cinque giorni prima della data fissata per il colloquio; quest'ultimo si svolgerà nel periodo intercorrente tra il termine delle attività didattiche e la conclusione dell'anno scolastico. Il colloquio può essere rinviato una sola volta per gravi motivi di salute e dovrà svolgersi non oltre il 30 giugno dell'anno successivo. L'assenza non motivata del docente al colloquio comporta il mancato superamento del percorso.

La commissione si riunisce per esprimere il parere favorevole o sfavorevole; nel corso del colloquio, il tutor della scuola presenta una relazione relativa alle attività svolte dal docente, al progetto di ricerca-azione e ad altre attività che hanno caratterizzato l'impegno del corsista.

Anche il dirigente scolastico a sua volta illustra ai membri della commissione una relazione per ogni docente che comprende: la documentazione delle attività formative; le attività di tutoring; altri elementi utili per l'espressione del parere.

In caso di valutazione finale positiva, il titolare del contratto verrà assunto a tempo indeterminato e assegnato all'ambito territoriale nel quale ha svolto il servizio del terzo anno. Gli verrà attribuito un incarico triennale. In caso, invece, di valutazione negativa, il contratto si intende risolto.

Come sottolineato nell'art. 10, comma 8 del DM n. 984/2017, il terzo anno del percorso FIT e il percorso annuale non sono ripetibili. Qualora valutati positivamente, assolvono agli obblighi di cui all'art. 438 del D.lgs. n. 297/1994, relativo all'anno di prova.

8. L'accesso al ruolo e la Conferenza nazionale

Conclusione del FIT

Come già sottolineato, il percorso FIT si conclude con una valutazione complessiva delle attività svolte dal contrattista nel triennio.

La commissione di valutazione è presieduta da un dirigente scolastico dell'ambito territoriale di appartenenza e comprende sia docenti universitari sia il tutor scolastico e universitario dell'interessato.

In caso di esito positivo della valutazione e sulla base del punteggio conseguito da ciascun docente contrattista, sono stilate le graduatorie regionali per l'accesso al ruolo. Tale valutazione, al termine del triennio, coincide con il diritto all'immissione in ruolo; pertanto, i docenti ricevono una proposta di incarico triennale (rinnovabile) da parte del dirigente scolastico (art. 1, comma 80, della legge 107/2015). L'accesso al ruolo, invece, è precluso per coloro che non abbiano concluso positivamente il percorso formativo triennale.

L'art. 14 del D.lgs. n. 59/2017 prevede l'istituzione della *Conferenza nazionale per la formazione e l'accesso alla professione docente,* con l'obiettivo di monitorare il sistema unitario e coordinato della formazione iniziale dei docenti della scuola secondaria di primo e di secondo grado. La Conferenza nazionale sarà costituita con decreto del MIUR e composta in modo paritetico da esperti provenienti dal sistema scolastico e dai sistemi universitario e dell'alta formazione artistica, musicale e coreutica. Le funzioni assegnate a questo organismo sono le seguenti:
- definire i compiti e i ruoli dei soggetti coinvolti nel sistema unitario e coordinato della formazione iniziale;
- progettare e programmare, a livello nazionale, il percorso triennale di formazione iniziale e tirocinio, articolato per curricula verticali;
- definire gli ordinamenti didattici dei corsi di specializzazione sia per l'insegnamento sia per le attività del sostegno didattico;
- monitorare le attività e i risultati conseguiti, promuovendo eventuali azioni migliorative e correttive;
- proporre iniziative di raccordo e di armonizzazione tra la formazione iniziale e la formazione in servizio dei docenti.

Ai componenti della Conferenza non spettano compensi, indennità, gettoni di presenza, rimborsi spese o altre utilità. I componenti della Conferenza provenienti dal sistema scolastico non sono esonerati dall'attività didattica.

9. I dispositivi del CCNL 2016-2018

Come si evince dalle riflessioni svolte nelle pagine precedenti, rispetto all'assetto attuale il sistema delineato nel D.lgs. n. 59/2017 prevede step formativi e valutativi finalizzati a un graduale inserimento nella funzione, alla quale si accede definitivamente, a tempo indeterminato, solo dopo aver superato diversi momenti nell'arco di un triennio, previa acquisizione del diploma di specializzazione per l'insegnamento sulle discipline o su posto di sostegno durante il primo anno di contratto.

Si ribadisce, infine, che il requisito per la sottoscrizione del contratto triennale per l'accesso ai ruoli a tempo indeterminato resta il superamento della prova concorsuale, previa acquisizione del diploma di specializzazione durante il primo anno di contratto.

Complessivamente il D.lgs. n. 59/2017 è finalizzato a valorizzare sul piano sociale e culturale la professione degli insegnanti, assicurando una preparazione iniziale incentrata sul potenziamento delle competenze disciplinari e didattiche nonché di quelle pedagogiche, relazionali e tecnologiche.

Il tema della qualità e del riconoscimento del lavoro dei docenti costituisce il fulcro di ogni politica innovativa. Infatti, nessuna riforma della scuola può prescindere dalla preparazione iniziale e dalla formazione in servizio del personale educativo. L'esponente dei laburisti inglesi D. Miliband racchiudeva in questo slogan tale principio: «Nessuna scuola è migliore dei propri insegnanti».

FIT e CCNL 2016-2018

Il CCNL 2016-2018, sottoscritto il 9 febbraio 2018, ribadisce in larga misura i contenuti di quello precedente, pur recependo alcune indicazioni contemplate nella legge 107/2015. Si conferma, dunque, il principio che:

> I docenti in servizio in ciascuna istituzione scolastica appartengono al relativo organico dell'autonomia (art. 1, comma 63, della legge 107/2015) e concorrono alla realizzazione del piano triennale dell'offerta formativa (PTOF) tramite attività individuali e collegiali: di insegnamento, di potenziamento, di sostegno, di progettazione; di ricerca; di coordinamento didattico e organizzativo. (Art. 26, CCNL 2016-2018)

In particolare, il potenziamento dell'offerta formativa comprende attività di istruzione, orientamento, formazione, inclusione scolastica, diritto allo studio, coordinamento, ricerca e progettazione, previste nel PTOF, ulteriori rispetto alle attività ordinarie.

Le attività occorrenti per assicurare la realizzazione dei compiti istituzionali di cui all'art. 1, comma 7 della legge 107/2015 (elevamento delle competenze linguistiche, matematico-logiche e scientifiche, valorizzazione delle competenze nella pratica e nella cultura musicali, nell'arte, nel cinema, nel potenziamento delle discipline motorie e delle competenze digitali, ecc.) si riflettono su una scuola intesa come *comunità educante*.

Scuola comunità educante

La scuola, infatti, si afferma nell'art. 24 del CCNL 2016-2018,

> è una comunità educante di dialogo, di ricerca, di esperienza sociale, informata ai valori democratici e volta alla crescita della persona in tutte le sue dimensioni.

La promozione di una comunità educante, di cui fanno parte tutti gli operatori della scuola, dal dirigente al personale ausiliario, presuppone che il profilo professionale dei docenti sia costituito da

> competenze disciplinari, informatiche, linguistiche, psicopedagogiche, metodologico-didattiche, organizzativo-relazionali, di orientamento e di ricerca, documentazione e valutazione tra loro correlate e interagenti, che si sviluppano con il maturare dell'esperienza didattica, l'attività di studio e di sistematizzazione della pratica didattica. (Art. 27, CCNL 2016-2018)

Le competenze professionali sopra delineate vanno ovviamente ricondotte ai differenti gradi del nostro sistema d'istruzione. Infatti, i contenuti della prestazione professionale del personale docente si definiscono nel quadro degli obiettivi generali perseguiti dal Sistema nazionale di istruzione, contestualizzati a loro volta nel Piano triennale dell'offerta formativa della scuola (PTOF) delle singole realtà istituzionali e delle comunità in cui le scuole operano.

Il prestigio simbolico della scuola, annota Massimo Recalcati, si è nel tempo decisamente indebolito, tanto che il noto psicoanalista parla di «scuola smarrita». Pur in un contesto di debolezza di questa storica istituzione, la presenza di insegnanti competenti sul piano professionale e capaci di ascolto attivo dei bisogni degli alunni e degli studenti costituisce ancora oggi un fattore di qualità decisamente apprezzato dalle famiglie e dalla più ampia comunità sociale. I bravi insegnanti, scrive Recalcati,

> sanno rinnovare ogni giorno il loro desiderio solo perché conoscono le insidie della caduta nella noia e nella ripetizione e si impegnano a ricercare i giusti antidoti sopportando la solitudine che la sfaldatura del patto generazionale tra gli adulti comporta. (Recalcati, 2014)

10. Le sanzioni disciplinari per il personale docente

Il decreto legislativo del 27 ottobre 2009, n. 150 (più conosciuto come Riforma Brunetta) ha introdotto profonde modifiche ai procedimenti disciplinari dei dipendenti pubblici, compreso il personale della scuola. Gli obiettivi del D.lgs. n. 150/2009 erano essenzialmente due:

- rendere più efficienti gli uffici della pubblica amministrazione, attraverso misure di contrasto all'assenteismo;
- semplificare i procedimenti disciplinari, attribuendo maggiori poteri ai dirigenti preposti alla struttura presso cui il dipendente lavora.

Sanzione lieve e grave

Con il Decreto Brunetta viene inoltre introdotta una distinzione tra *sanzione lieve,* o di minor entità, e *sanzione grave,* o di maggior entità, con effetti sugli organi competenti a gestire il procedimento disciplinare. Per quanto concerne la scuola, per le prime, come vedremo, la competenza è posta in capo al dirigente scolastico.

Ferma restando l'obbligatorietà dell'azione disciplinare, va sottolineato che la sanzione non ha solo una valenza punitiva, ma svolge anche una funzione di ripristino della buona erogazione del servizio.

Dopo la Riforma Brunetta, sul sistema delle sanzioni disciplinari è intervenuto il Decreto legislativo n. 75/2017, entrato in vigore il 22 giugno 2017, che ha modificato gli articoli 55 e seguenti del Decreto legislativo n. 165/2001, integrato a sua volta dal Decreto legislativo n. 150/2009.

Il D.lgs. n. 75/2017, in materia di riorganizzazione delle amministrazioni pubbliche, ha inasprito il quadro sanzionatorio nei confronti dei dipendenti pubblici, personale della scuola (docenti e ATA) compreso (si veda il paragrafo 12 di questo capitolo, *Le fasi del procedimento*).

Infine, nel CCNL del comparto Istruzione e Ricerca per il triennio 2016-2018, sottoscritto il 9 febbraio 2018, il tema della responsabilità disciplinare per il personale docente e educativo viene affrontato nell'art. 29, nel quale le parti convengono sull'opportunità di rinviare a una specifica sessione negoziale la tipologia delle infrazioni disciplinari e delle relative sanzioni.

Nel medesimo articolo, si afferma che il soggetto responsabile del procedimento disciplinare è tenuto a garantire che l'esercizio del potere riconosciutogli deve esser rivolto alla «repressione di condotte antidoverose dell'insegnante», non a sindacare, neppure indirettamente, la libertà d'insegnamento.

Sanzioni per i docenti

Tale ulteriore contrattazione prevederà la sanzione del licenziamento per:

- atti, comportamenti o molestie a carattere sessuale, anche ove non sussista la gravità o la reiterazione;
- dichiarazioni false e mendaci ai fini di ottenere vantaggi nelle procedure di mobilità.

Dovrà inoltre prevedere una specifica sanzione per:

- condotte non coerenti nell'uso nei rapporti con gli studenti di canali sociali e informatici.

Fatto questo breve excursus normativo, vediamo i termini più significativi della questione. Innanzitutto, quali sono le sanzioni che possono essere irrogate al personale docente? La materia è regolata dall'art. 492 del Testo unico, Decreto legislativo n. 297/1994, tuttora vigente, nel quale sono indicate le seguenti sanzioni irrogabili al personale docente:

a) censura;
b) sospensione dall'insegnamento o dall'ufficio fino a un mese;
c) sospensione dall'insegnamento o dall'ufficio da oltre un mese a sei mesi;

d) sospensione dall'insegnamento o dall'ufficio per un periodo di sei mesi e l'utilizzazione, trascorso il tempo di sospensione, per lo svolgimento di compiti diversi da quelli inerenti alla funzione docente o direttiva;
e) destituzione.

Per il personale docente il primo grado di sanzione disciplinare è costituito dall'avvertimento scritto, consistente nel richiamo all'osservanza dei propri doveri.

11. La titolarità dell'azione disciplinare

Il procedimento disciplinare

Per quanto concerne la titolarità dell'azione disciplinare, i termini del procedimento, l'obbligo di comunicazione all'ispettorato per la funzione pubblica, il Decreto Madia (D.lgs. n. 75/2017) stabilisce che per il personale docente, educativo e amministrativo, tecnico e ausiliario (ATA) presso le istituzioni scolastiche e educative statali, il procedimento disciplinare per le infrazioni per le quali è prevista l'irrogazione di sanzioni fino alla sospensione dal servizio con privazione della retribuzione per dieci giorni è di competenza del responsabile della struttura in possesso di qualifica dirigenziale e si svolge secondo le disposizioni del presente articolo. Quando il responsabile della struttura non ha qualifica dirigenziale, o comunque per le infrazioni punibili con sanzioni più gravi di quelle indicate nel primo periodo, il procedimento disciplinare si svolge dinanzi all'Ufficio procedimenti disciplinari (UPD) dell'Ufficio scolastico regionale.

La richiamata disposizione supera un contrasto giurisprudenziale che si era determinato in ordine al riconoscimento, in capo ai dirigenti scolastici, della titolarità dell'azione disciplinare per infrazioni punibili con sospensione dal servizio non superiori a 10 giorni. Viene, pertanto, confermata la prassi, sinora seguita dall'amministrazione, come determinata dalla circolare del MIUR n. 88 del 2010.

Pertanto, per il personale docente e educativo la titolarità dell'azione disciplinare spetta ai dirigenti scolastici per le infrazioni punibili con la sospensione dal servizio, con privazione della retribuzione fino a 10 giorni; per le infrazioni punibili con una sanzione superiore, la competenza resta dell'Ufficio procedimenti disciplinari (UPD) dell'Ufficio scolastico regionale.

I primi tre gradi di sanzione dei docenti

Nello specifico, i primi tre gradi di sanzione che sono attribuiti al potere del dirigente scolastico sono:
– l'avvertimento scritto, che consiste in un richiamo scritto e motivato, inflitto per lievi mancanze riguardanti i doveri inerenti alla funzione docente;

- la censura, dichiarazione di biasimo scritta e motivata inflitta in conseguenza di mancanze non gravi inerenti ai doveri d'ufficio;
- la sospensione dall'insegnamento fino a un massimo di 10 giorni, inflitta per atti non conformi alle responsabilità, ai doveri e alla correttezza inerenti alla funzione o per gravi negligenze in servizio; per violazione del segreto d'ufficio; per aver omesso di compiere gli atti dovuti in relazione ai doveri di vigilanza.

12. Le fasi del procedimento

In questo paragrafo vengono esaminate le fasi in cui si articola l'iter del procedimento disciplinare, tenuto conto che il dirigente scolastico, quando ha notizia di comportamenti punibili con una delle sanzioni che egli può irrogare,

La contestazione dell'addebito

> senza indugio e comunque non oltre venti giorni, contesta per iscritto l'addebito al dipendente e lo convoca per il contraddittorio a sua difesa, con l'eventuale assistenza di un procuratore ovvero di un rappresentante dell'associazione sindacale cui il lavoratore aderisce. (Comma 2 dell'art. 55-*bis* del D.lgs. n. 150/2009)

Va precisato che il termine dei 20 giorni riguarda le sanzioni meno gravi. Per quelle di maggior entità, la contestazione deve avvenire, da parte dell'UPD dell'Ufficio scolastico regionale, entro 40 giorni. L'avvio del procedimento non necessita di un'istruttoria completa; va, in ogni caso, salvaguardato il principio di immediatezza («senza indugio»), che non esclude la possibilità del dirigente di acquisire in periodi successivi elementi più circostanziati.

È del tutto evidente che la contestazione debba riguardare fatti precisi (giorno, ora, luogo, circostanze); il dirigente scolastico può venire a conoscenza di illeciti tramite un esposto scritto dei genitori o di insegnanti in cui si segnalano accadimenti dettagliati. Non sono accettabili contestazioni generiche o imprecise, considerato che l'oggetto passibile con un'eventuale sanzione deve rimanere invariato (principio di immutabilità).

Come precedentemente ricordato, uno dei cardini del nostro ordinamento giurisprudenziale è rappresentato dal diritto di difesa. Tale esercizio può essere affidato da parte del dipendente contestato anche a una memoria scritta che l'interessato deve far pervenire al dirigente entro i termini del contraddittorio a sua difesa. Nel caso invece in cui si proceda all'audizione, il dirigente scolastico, assistito da un funzionario dell'Ufficio in qualità di verbalizzatore, ascolta l'interessato, il quale potrà essere assistito da un proprio legale di fiducia o da un rappresentante sindacale.

Terminata questa fase, e dopo l'espletamento di un'eventuale ulteriore attività istruttoria, il procedimento dovrà concludersi con l'irrogazione della sanzione o con l'archiviazione. Il dirigente scolastico dovrà risolvere definitivamente l'iter procedimentale entro 60 giorni dalla contestazione.

Gradualità e proporzionalità della sanzione

I principi di fondo ai quali egli dovrà attenersi nell'irrogare la sanzione sono essenzialmente due: la *gradualità* e la *proporzionalità* della punizione.

La gradualità è correlata al principio di progressività, per cui la pena inflitta assumerà connotazioni più gravi in relazione al reiterarsi di infrazioni già precedentemente sanzionate.

La proporzionalità consiste nella corretta corrispondenza tra l'infrazione accertata e la tipologia di sanzione irrogata. Ad esempio, una lieve inosservanza dei doveri inerenti alla funzione del docente non può essere punita con una sospensione dal servizio, che risulterebbe sproporzionata rispetto a fatto commesso.

Una volta sanzionato, il lavoratore può decidere di fare ricorso e impugnare la sanzione tramite il giudice ordinario in funzione di giudice del lavoro (art. 67 comma 2 del D.lgs. n. 150/09). Per i docenti è bene ricordare che la possibilità del ricorso gerarchico (previsto dall'art. 504 del D.lgs. n. 297/2004, abrogato) è stata cancellata.

Come precedentemente ricordato, le sanzioni disciplinari riguardanti il personale della scuola sono state in parte modificate dal Decreto Madia del 2017. Le novità più importanti introdotte dal D.lgs. n. 75/2017 sono:

- il procedimento disciplinare avviato dal dirigente scolastico è valido anche se attivato in violazione della procedura e dei termini previsti dalla norma. Il mancato rispetto dei termini relativi all'avvio e alla conclusione della procedura disciplinare comporta una mera sanzione nei confronti del dirigente inosservante, senza determinare la decadenza dell'azione disciplinare intrapresa;
- viene mantenuto, solo per il personale della scuola, il potere in capo al dirigente scolastico di sospensione dal servizio fino a 10 giorni. Si tratta di un caso unico nel panorama del pubblico impiego, poiché in tutte le altre amministrazioni la competenza del responsabile della struttura presso cui il dipendente presta servizio è stata limitata al rimprovero verbale.

Considerata la sovrapposizione di norme che interessano l'intera materia, il sistema sanzionatorio per il personale scolastico sarà sicuramente destinato a ulteriori aggiornamenti.

13. E-portfolio e Comitato di valutazione

Nell'art. 1, comma 129 della legge 107/2015, si conferma che presso ogni istituzione scolastica e educativa è funzionante il Comitato per la valutazione dei docenti che, nella nuova formulazione della legge

107, è presieduto dal dirigente scolastico, dura in carica tre anni ed è composto da docenti, genitori, rappresentanti degli studenti per la scuola secondaria di secondo grado, componenti esterni su nomina dell'USR.

Tra gli altri compiti che tale organismo deve espletare rientra anche quello della premialità del personale docente; in particolare, è di sua competenza l'individuazione dei criteri per la valorizzazione dei docenti in riferimento alla qualità dell'insegnamento; al contributo per il miglioramento dell'istituzione scolastica; ai risultati ottenuti nel potenziamento delle competenze degli alunni, nell'innovazione e nella ricerca didattica e metodologica e nella diffusione di buone pratiche; alle responsabilità assunte nel coordinamento organizzativo, didattico e nella formazione del personale.

Parere obbligatorio non vincolante

Al Comitato viene confermato anche il compito di esprimere un parere obbligatorio sul superamento del periodo di formazione e di prova del personale docente e educativo. In questo caso, la composizione dell'organismo cambia, prevedendo solo il dirigente scolastico e i docenti, ed è integrato dal docente a cui sono affidate le funzioni di tutor. Il parere espresso dal Comitato è obbligatorio, ma non vincolante per il dirigente scolastico, che può discostarsene con atto motivato.

Nel concreto applicativo, al termine dell'anno di formazione e prova, il Comitato è convocato dal dirigente scolastico per procedere all'espressione del parere sul superamento di tale periodo.

> Il docente sostiene un colloquio innanzi al Comitato, che prende avvio dalla presentazione delle attività di insegnamento e formazione della relativa documentazione contenuta nel portfolio professionale. (MIUR, DM 27 ottobre 2015, n. 850)

Valore formativo dell'e-portfolio

Considerata l'importanza che il portfolio (e-portfolio nella versione digitale, dove «e» sta per «electronic») assumerà nello sviluppo professionale dei docenti, segnaliamo che il portfolio formativo di ogni insegnante

> assume il ruolo di dispositivo per lo sviluppo professionale ed è caratterizzato da una funzione autoformativa. Il portfolio si lega alla possibilità che si sviluppi una circolarità virtuosa tra le fasi di documentazione del proprio percorso personale e professionale [...] e la proiezione verso il proprio sé lavorativo. (Quattrocchi, 2015)

Il portfolio del docente (o meglio l'e-portfolio) svolge una funzione molto importante sia per il docente neoassunto sia per il collega esperto, il docente tutor, figura che accompagna il neoimmesso in ruolo suggerendo strategie, metodologie, buone prassi, buone documentazioni.

> L'e-portfolio accompagna il docente nel prendere coscienza del proprio profilo, del proprio modo di interpretare l'insegnamento (fotografia dell'attuale) e delle possibili evoluzioni che lo stesso può assumere (proiezione verso il futuro). Tali proiezioni non portano ad

acquisire modelli esterni, ma la capacità di rileggere la propria identità personale e professionale, il proprio stile. (Magnoler e Rossi, 2016)

Nella letteratura sull'identità degli insegnanti si insiste sul costrutto di *agency*, intesa come ricerca costruttiva del docente del proprio sé professionale. Il portfolio è il dispositivo che documenta questa ricerca e permette ai docenti di sviluppare il loro cammino ri-narrando se stessi in termini di intenzioni personali e di capacità di influire sulle esperienze che progettano, elaborano e vivono. In questo senso, il portfolio assume le connotazioni di *valutazione formativa* (autoriflessione) che il docente fa nei confronti di se stesso.

Come già sottolineato, gli ambiti che caratterizzano il profilo professionale dei docenti sono implicitamente richiamati anche nel testo delle Indicazioni nazionali, laddove si sottolinea:

> La presenza di insegnanti motivati, preparati, attenti alle specificità dei bambini e dei gruppi di cui si prendono cura, è un indispensabile fattore di qualità per la costruzione di un ambiente educativo accogliente, sicuro, ben organizzato, capace di suscitare la fiducia dei genitori e della comunità.

L'insegnante colto rimarca l'importanza della conoscenza aggiornata e approfondita dei campi di esperienza e delle discipline oggetto di insegnamento. La dimensione riflessiva sottolinea la peculiarità del lavoro del docente, ovvero la conoscenza psicologica degli alunni in relazione alla loro età. L'insegnante, pertanto, stabilisce un dialogo educativo, accetta le idee e i vissuti degli studenti, ponendosi in modo coerente come guida e testimone di una visione positiva della vita.

> L'insegnante non può pretendere dagli allievi il rispetto dei propri doveri, l'assunzione di atteggiamenti responsabili e l'apertura necessaria al dialogo educativo se egli stesso per primo non sa porsi come esempio di questi comportamenti. (Rosso, 2005)

Il docente innovativo è colui che elabora e utilizza strumenti necessari all'arricchimento delle strategie di lavoro ed è disponibile alla ricerca educativa e didattica, che cerca di migliorare con sistematicità e costanza, anche con padronanze legate all'uso delle nuove tecnologie.

L'ambito organizzativo vede il docente impegnato ad accrescere le proprie competenze gestionali sia con i colleghi sia nella gestione della classe. Sa lavorare in team (dentro la scuola, tra scuole e in rapporto con il territorio), si rapporta in modo collaborativo con i colleghi, con altre figure professionali e con le famiglie. In classe, sa gestire con sicurezza sia le didattiche di tipo tradizionale sia strategie incentrate sulla valorizzazione del gruppo e, più in generale, di didattiche collaborative.

L'insegnante relazionale si pone in modo adeguato ed efficace con gli alunni su due livelli: quello interpersonale e quello culturale. La prima dimensione lo rende partecipe ai problemi che gli allievi incontrano nel loro percorso di crescita; la seconda riguarda la sua capacità di appassionare i ragazzi ai contenuti dell'attività didattica e alle materie di studio. Questo duplice livello è sottolineato nelle Indicazioni nazionali del 2012, in cui si sottolinea l'importanza di uno stile educativo ispirato a criteri di ascolto, di interazione partecipata e di accompagnamento. Si tratta di un quadro complesso, ma anche affascinante, com'è il lavoro educativo che caratterizza la funzione della scuola e i compiti dei docenti.

CAPITOLO DICIANNOVESIMO

Lo Statuto delle studentesse e degli studenti

1. Il protagonismo degli studenti

La centralità degli studenti

È indubbio che tutti gli ultimi documenti relativi alla scuola pubblicati in questi anni puntino sulla centralità dell'allievo nei processi formativi, rimarcando che compito della scuola non è più quello di assicurare la semplice trasmissione dei saperi e delle conoscenze, ma di promuovere situazioni di apprendimento che mettano gli alunni nelle condizioni di essere protagonisti nel proprio processo di formazione.

Dal loro canto, gli operatori scolastici hanno la consapevolezza che la cultura contemporanea con il suo dinamismo alimenta una costante evoluzione degli ambiti di conoscenza, ponendo, da un lato, l'esigenza di garantire elementi di stabilità nell'istruzione e nella formazione, dall'altro, la necessità di non perdere il collegamento con l'evoluzione del sapere e non porre la scuola fuori dal tempo.

La loro azione professionale non può, pertanto, esaurirsi nella semplice trasmissione di nozioni e contenuti, ma deve puntare al pieno coinvolgimento degli alunni, affinché essi acquisiscano competenze tali da costituire un credito formativo duraturo nel tempo.

Orientamento e personalizzazione

Tutto ciò ha richiesto la ricerca di nuove prospettive, tra le quali quelle che sembrano essere le più adeguate riguardano:
– la personalizzazione dei percorsi di apprendimento;

– l'orientamento al successo formativo inteso come acquisizione da parte degli studenti della capacità di conoscere, comprendere, adottare decisioni.

La prima prospettiva conferma il coinvolgimento attivo dell'allievo, puntando anche su quegli aspetti del sapere che appaiono per lui più congeniali e coinvolgenti: l'attenzione alle conoscenze, alle competenze e alle abilità che la scuola vuole promuovere non possono essere disgiunte dall'adesione a una pedagogia della persona. Questo approccio, che viene proposto in tutte le indicazioni, va oggi più che mai riaffermato perché siano superati tutti i tentativi di tecnicismi, a volte mutuati da contesti estranei alla scuola, che non deve mai rinnegare il suo carattere di ambiente di apprendimento educativo.

Anche la seconda prospettiva va ricondotta al diritto all'apprendimento degli alunni, confermandone la centralità.

Pensiero critico e cittadinanza consapevole

La scuola deve tener conto di tutto ciò: la strada maestra è quella di puntare alla formazione di un pensiero autonomo e creativo per una cittadinanza consapevole e responsabile. Si tratta, in altri termini, di promuovere un nuovo protagonismo degli alunni, che li responsabilizzi e li renda attivi e partecipi del loro processo di formazione.

> Bisogna avere un atteggiamento critico, perché non si tratta di trascrivere passivamente tutto ciò che viene detto dall'insegnante, ma bisogna organizzarlo nella propria mente. Proprio per questo l'imparare è un lavoro di sistemazione di ciò che si è ascoltato, di ciò che si è capito. (Andreoli, 2012)

Gli alunni sono molto diversi tra loro, ciascuno con i propri ritmi e con le proprie modalità di apprendimento: tali differenze vanno considerate una valida opportunità per far crescere l'intero gruppo. La scuola dovrà accogliere tali diversità promuovendo l'imparare a fare, a mettere in pratica quanto è stato appreso, l'imparare a vivere insieme, con gli altri, in modo da consentire a ciascuno di dare il proprio apporto costruttivo; l'imparare a essere, perché l'educazione deve contribuire allo sviluppo globale di ciascun individuo, nello spirito e nel corpo, nell'intelligenza e nella sensibilità, nella responsabilità personale e nel richiamo ai valori condivisi.

2. Dai comitati studenteschi alle consulte

Con l'avvento dell'autonomia scolastica, gli spazi per favorire il protagonismo degli studenti si sono certamente ampliati. Ciò può costituire, infatti, una condizione per garantire strumenti di flessibilità didattica e organizzativa capaci di articolare il rapporto tra chi insegna e chi impara in forme non rigide, riconducendo le strategie di insegnamento ai modi, ai tempi, ma soprattutto agli stili di apprendimento degli allievi.

In realtà, la questione di una maggiore responsabilizzazione degli allievi all'interno della scuola è stata da tempo oggetto di attenzione dei decisori politici; risale, infatti, al lontano 1974, con i decreti delegati, l'apertura a forme di associazionismo e partecipazione per gli allievi, tanto che l'art. 13, comma 4, del D.lgs. n. 297/1994 ha confermato la possibilità per gli istituti secondari di istituire un comitato studentesco.

I comitati studenteschi

Tale scelta è stata ribadita dal DPR del 10 ottobre 1996, n. 567, *Regolamento recante la disciplina delle iniziative complementari e delle attività integrative nelle istituzioni scolastiche,* nel quale si richiama il comitato studentesco:

> 4. Negli istituti e scuole di istruzione secondaria superiore il comitato studentesco di cui all'art. 13, comma 4, del decreto legislativo 16 febbraio 1994, n. 297, integrato con i rappresentanti degli studenti nel consiglio di istituto, formula proposte ed esprime pareri per tutte le attività disciplinate dal presente regolamento.
> 5. Il comitato di cui al comma 4 adotta un regolamento interno di organizzazione dei propri lavori, anche per commissioni e gruppi, ed esprime un gruppo di gestione, coordinato da uno studente maggiorenne, che può assumere la responsabilità della realizzazione e del regolare svolgimento di talune iniziative. (Art. 4 – *Organizzazione e gestione*)

E ancora, si riconosce a tale comitato la possibilità di fare proposte sulle attività complementari agli stessi istituti:

> 2. Le iniziative complementari dell'iter formativo, che negli istituti o scuole di istruzione secondaria superiore possono essere proposte anche da gruppi di almeno 20 studenti e da associazioni studentesche, sono sottoposte al previo esame del collegio dei docenti per il necessario coordinamento con le attività curricolari e per l'eventuale adattamento della programmazione didattico-educativa. (Art. 4 – *Organizzazione e gestione*)

Le consulte

Lo stesso provvedimento, all'art. 6, proprio per promuovere il coinvolgimento e la partecipazione degli studenti alla vita della scuola, ha istituito la consulta provinciale degli studenti, CPS, organismo di rappresentanza degli studenti della secondaria di secondo grado italiana:

> 1. Due rappresentanti degli studenti per ciascun istituto o scuola d'istruzione secondaria superiore, designati dal comitato studentesco eletto per l'anno in corso si riuniscono in consulta provinciale in una sede appositamente attrezzata e messa a disposizione dal provveditorato agli studi. La consulta è convocata dal provveditore agli studi entro venti giorni dallo svolgimento delle elezioni dei rappresentanti degli studenti nei consigli di classe. (Art. 6 – *Consulta provinciale*)

Presente in tutte le province italiane, essa è composta da due studenti per ciascun istituto. La sede dei loro incontri è definita dal dirigente dell'ufficio provinciale, che mette a disposizione anche un docente per sostenere il lavoro dei ragazzi. L'art. 7 ha anche istituito la giornata nazionale della scuola.

Le funzioni

Per quanto concerne le funzioni, sono molte le attività nelle quali la consulta può essere coinvolta:

> 2. La consulta provinciale degli studenti ha il compito di assicurare il più ampio confronto fra gli studenti di tutte le istituzioni di istruzione secondaria superiore della provincia, anche al fine di ottimizzare ed integrare in rete le iniziative di cui al presente regolamento e formulare proposte di intervento che superino la dimensione del singolo istituto, anche sulla base di accordi quadro da stipularsi tra il provveditore agli studi, gli enti locali, la regione, le associazioni degli studenti e degli ex studenti, dell'utenza e del volontariato, le organizzazioni del mondo del lavoro e della produzione. (Art. 6 – *Consulta provinciale*)

Essa ha, inoltre, potestà di formulare proposte e pareri agli uffici provinciali e agli enti competenti, promuovere l'istituzione di uno sportello informativo per gli studenti, nominare i componenti per gli organi di garanzia previsti dallo statuto delle studentesse e degli studenti.

Direttiva n. 1455

Proprio per sostenere tale partecipazione il Ministero ha emanato la Direttiva n. 1455 il 10 novembre 2006 con la quale, in attesa della riforma degli organi collegiali, ha richiamato gli organismi dell'amministrazione scolastica ad assicurare la centralità alla componente studentesca, sia attuando quanto previsto dalla normativa sia dando valenza formativa a tali iniziative, in modo da consolidare l'idea di scuola come palestra di democrazia:

> La partecipazione studentesca, del resto, si carica anche di un'insostituibile valenza educativa per la formazione di una cittadinanza consapevole dei cittadini e dei lavoratori del domani. L'esercizio della democrazia, infatti, è un diritto-dovere che va appreso e praticato giorno per giorno fin dalla più giovane età. La scuola è la palestra ideale di questa pratica, quando sviluppa nella persona che apprende la consapevolezza dei propri percorsi formativi e favorisce e sostiene un processo relazionale finalizzato alla crescita globale, nella convinzione che le ragazze e i ragazzi, attraverso l'assunzione di responsabilità partecipative, si educano al confronto ed imparano le regole fondamentali del vivere sociale.

Ritornando alla consulta, va ricordato che essa è dotata di finanziamenti propri di provenienza ministeriale, che possono essere spesi su indicazione degli studenti che la compongono. Circa l'utilizzo dei fondi, è intervenuta la direzione generale dello studente con nota del 22 gennaio 2007 a chiarire che questi possono essere utilizzati per il conseguimento dei seguenti obiettivi:

- realizzare il coordinamento regionale delle consulte provinciali degli studenti, allo scopo di conoscere e sostenere le diverse iniziative territoriali e di collaborare all'attivazione di nuovi percorsi su temi di rilevante interesse e attualità;
- promuovere la formazione dei rappresentanti delle consulte provinciali degli studenti, attraverso seminari regionali ed interregionali e corsi di formazione nelle scuole sui diritti e i doveri degli studenti e sulla rappresentanza degli stessi;
- valorizzare le migliori esperienze di partecipazione studentesca realizzate negli ultimi anni; promuovere percorsi educativi di educazione alla convivenza civile sulle tematiche della legalità, dell'educazione alimentare, dell'ambiente e dello sviluppo sostenibile;
- potenziare iniziative finalizzate al contenimento della dispersione scolastica e del disagio giovanile, attraverso un maggior coinvolgimento degli studenti nelle fasi progettuali e nelle attività complementari ed integrative favorendo, a tal fine, le condizioni per l'apertura pomeridiana delle scuole.

3. Lo Statuto delle studentesse e degli studenti

Sempre in tema di politica scolastica finalizzata a promuovere la partecipazione e il coinvolgimento degli studenti nella vita delle istituzioni scolastiche, è stato emanato il 24 giugno 1998 il DPR n. 249, *Regolamento recante lo Statuto delle studentesse e degli studenti nella scuola secondaria,* successivamente aggiornato con il DPR n. 235 del 21 novembre 2007, *Regolamento che apporta modifiche ed integrazioni al DPR 24 giugno 1998, n. 249, concernente lo Statuto delle studentesse e degli studenti della scuola secondaria.*

La prima versione

La prima versione del documento, quella del 1998, si collega ai principi del DPR n. 275/1999, attuativo dell'autonomia; non a caso, esso si apre con un invito rivolto a tutta la comunità scolastica:

> 2. La scuola è una comunità di dialogo, di ricerca, di esperienza sociale, informata ai valori democratici e volta alla crescita della persona in tutte le sue dimensioni. In essa ognuno, con pari dignità e nella diversità dei ruoli, opera per garantire la formazione alla cittadinanza, la realizzazione del diritto allo studio, lo sviluppo delle potenzialità di ciascuno e il recupero delle situazioni di svantaggio, in armonia con i principi sanciti dalla Costituzione e dalla Convenzione internazionale sui diritti dell'infanzia fatta a New York il 20 novembre 1989 e con i principi generali dell'ordinamento italiano. (Art. 1 – *Vita della comunità scolastica*)

Lo Statuto conferma la prospettiva della scuola come comunità educativa, richiamandosi sia ai provvedimenti per l'autonomia, sia a tutta la normativa precedente per la partecipazione degli studenti.

> La vita della comunità scolastica si basa sulla libertà di espressione, di pensiero, di coscienza e di religione, sul rispetto reciproco di tutte le persone che la compongono, quale che sia la loro età e condizione, nel ripudio di ogni barriera ideologica, sociale e culturale. (Art. 1, comma 4)

La logica che ispira tutto il documento è quella della ricerca di solidarietà tra le componenti della comunità scolastica senza perdere, però, di vista la più ampia comunità sociale nella quale la scuola è inserita. Si afferma nello Statuto:

> [...] la comunità scolastica, interagendo con la più ampia comunità civile e sociale di cui è parte, fonda il suo progetto e la sua azione educativa sulla qualità delle relazioni insegnante-studente, contribuisce allo sviluppo della personalità dei giovani, anche attraverso l'educazione alla consapevolezza e alla valorizzazione dell'identità di genere, del loro senso di responsabilità e della loro autonomia individuale. (Art. 1, comma 3)

Il diritto ad apprendere

Una delle possibili strade per promuovere l'affermazione dei ragazzi è quella di valorizzare pienamente anche l'autonomia delle istituzioni scolastiche: in questo senso, la libertà di insegnamento si qualifica come assunzione di responsabilità dei docenti nei confronti degli alunni. Questi ultimi devono avere la consapevolezza che è un loro diritto apprendere, ma che nel contempo è un loro dovere investire il meglio di sé in questa operazione:

> 1. Lo studente ha diritto ad una formazione culturale e professionale qualificata che rispetti e valorizzi, anche attraverso l'orientamento, l'identità di ciascuno e sia aperta alla pluralità delle idee. La scuola persegue la continuità dell'apprendimento e valorizza le inclinazioni personali degli studenti, anche attraverso un'adeguata informazione, la possibilità di formulare richieste, di sviluppare temi liberamente scelti e di realizzare iniziative autonome. (Art. 2 – *Diritti*)

Anche gli stessi provvedimenti disciplinari devono assumere una finalità educativa, in quanto sono funzionali all'assunzione di responsabilità degli allievi.

Il rinnovo

Abbiamo accennato alla modifica dello Statuto avvenuta con il DPR n. 235/2007. Il nuovo provvedimento fa riferimento ai fenomeni che negli ultimi anni stanno caratterizzando sempre più la vita delle nuove generazioni: sono questi, ad esempio, i fenomeni, talvolta gravissimi, della violenza e del bullismo.

Il nuovo Statuto accoglie tale emergenza e si pone lo scopo di dare alle scuole la possibilità di sanzionare con la dovuta severità, secondo un criterio di gradualità e di proporzionalità, eventuali comportamenti di violenza, di sopraffazione nei confronti di coetanei, di alunni portatori di disabilità o, comunque, che si trovino in una situazione di difficoltà. In questo senso, viene rinnovata con maggior intensità la proposta di alleanza educativa tra scuola, famiglia, società.

> Con le recenti modifiche non si è voluto quindi stravolgere l'impianto culturale e normativo che sta alla base dello Statuto delle studentesse e degli studenti e che rappresenta, ancora oggi, uno strumento fondamentale per l'affermazione di una cultura dei diritti e dei doveri tra le giovani generazioni di studenti. Tuttavia, a distanza di quasi dieci anni dalla sua emanazione, dopo aver sentito le rappresentanze degli studenti e dei genitori, si è ritenuto necessario apportare delle modifiche alle norme che riguardano le sanzioni disciplinari (art. 4) e le relative impugnazioni (art. 5). In particolare, anche di fronte al diffondersi nelle comunità scolastiche di fenomeni, talvolta gravissimi, di violenza, di bullismo o comunque di offesa alla dignità ed al rispetto della persona umana, si è inteso introdurre un apparato normativo che consenta alla comunità educante di rispondere ai fatti sopra citati con maggiore severità sanzionatoria. (Nota n. 3602 del 31 luglio 2008)

Regio decreto n. 1297/1928 per le scuole primarie

Lo Statuto è rivolto agli alunni delle scuole secondarie di primo e secondo grado; per quelli della scuola primaria è ancora in vigore, tranne le parti abrogate, il Regio decreto del 26 aprile 1928, n. 1927, *Regolamento generale sui servizi dell'istruzione elementare.*

Era stata la stessa nota esplicativa del nuovo Statuto a sottolineare che era diretto agli alunni delle scuole secondarie, mentre per quelli della scuola primaria rimanevano invariate quelle previste dal Regio decreto n. 1927/1928, senza alcun cenno alla scuola dell'infanzia:

> Occorre innanzitutto premettere che destinatari delle norme contenute nello Statuto delle studentesse e degli studenti sono gli alunni delle scuole secondarie di primo e secondo grado. Per gli alunni della scuola elementare risulta ancora vigente il Regio decreto 26 aprile 1928, n. 1927, salvo che con riferimento alle disposizioni da ritenersi abrogate per incompatibilità con la disciplina successivamente intervenuta. Le disposizioni così sopravvissute devono poi essere comunque «attualizzate» tramite la contestuale applicazione delle regole generali sull'azione amministrativa derivanti dalla legge n 241/1990. (Nota MIUR n. 3602 del 31 luglio 2008 — DPR n. 235 del 21 novembre 2007 — *Regolamento recante modifiche e integrazioni al DPR n. 249 del 24 giugno 1998 concernente lo Statuto delle studentesse e degli studenti della scuola secondaria*)

Le sanzioni

Il Regio decreto del 1928 aveva definito un sistema disciplinare che, in base alla gravità delle mancanze, prevedeva all'art. 412, in modo tassativo:

I l'ammonizione;
II la censura notata sul registro con comunicazione scritta ai genitori, che la debbono restituire vistata;
III la sospensione dalla scuola, da uno a dieci giorni di lezione;
IV l'esclusione dagli scrutini o dagli esami della prima sessione;
V l'espulsione dalla scuola con la perdita dell'anno scolastico.

Le prime tre tipologie di sanzioni erano inflitte dal maestro (art. 413), mentre le due più gravi erano sanzionate dal direttore didattico (art. 414), oggi dal dirigente scolastico. Tutte le sanzioni espulsive prevedevano l'avviso scritto alla famiglia ed erano le uniche per cui c'era pubblicità e trasparenza.

Le modifiche introdotte dal nuovo testo del Regolamento obbligano le scuole ad aggiornare il proprio regolamento interno; a questo proposito è stata diffusa dal Ministero una nota il 31 luglio 2008 nella cui premessa si legge:

> Ed infatti obiettivo delle norme introdotte con il regolamento in oggetto non è solo la previsione di sanzioni più rigide e più adeguate a rispondere a fatti di gravità eccezionale quanto, piuttosto la realizzazione di un'alleanza educativa tra famiglie, studenti ed operatori scolastici, dove le parti assumano impegni e responsabilità e possano condividere regole e percorsi di crescita degli studenti.

Il sistema disciplinare

La nota suggerisce di ridefinire il regolamento d'istituto corredandolo di un vero e proprio sistema disciplinare nel quale siano individuate le mancanze disciplinari, le sanzioni conseguenti, gli organi competenti a comminarle (si veda tabella 19.1).

Per quanto riguarda le mancanze disciplinari, esse devono essere definite e rese note in riferimento ai macro doveri della convivenza civile, anche prendendo spunto dalla cultura della legalità. Va anche chiarito che occorre distinguere tra i comportamenti riprovevoli che, soprattutto se caratterizzati da elevati disvalori sociali, devono essere sanzionati con maggiore severità e rigore, e le comuni infrazioni disciplinari.

Rispetto alle sanzioni, la loro definizione tiene conto di due principi: quello di finalità educative e non di intenti punitivi e quello della proporzionalità e della progressività tra sanzione irrogabile e infrazione commessa. Va sottolineato che non bisogna confondere tra sanzione disciplinare e valutazione del profitto (art. 3, comma 3, DPR n. 249/1998).

Circa gli organi competenti a comminare le sanzioni, va ricordato che quelle che non prevedono l'allontanamento dalla scuola possono essere adottate dai docenti, dai dirigenti o dai consigli di classe, mentre quelle che lo prevedono vanno adottate dal consiglio di classe o dal consiglio d'istituto.

Nello specifico: l'allontanamento dalla scuola per un periodo inferiore a 15 giorni è adottato dal consiglio di classe, preferibilmente completato dai genitori rappresentanti; quello superiore a 15 giorni, compreso quello fino al termine delle lezioni o l'esclusione dallo scrutinio finale, o la non ammissione all'esame di Stato, sono sempre adottati dal consiglio di istituto (art. 4, comma 6).

Occorre, inoltre, definire le forme e le procedure dei procedimenti rispetto alle mancanze e alle sanzioni, dalla contestazione di addebito al contraddittorio, alla conclusione del procedimento, anche riportandone traccia nel Patto di corresponsabilità del quale si parla in seguito. Il criterio di fondo del nuovo Statuto, ferma restando la prevenzione, è l'adozione di una linea più rigida rispetto ai comportamenti dei ragazzi, soprattutto a quelli più gravi, rispettando il principio della gradualità e quello della riparazione del danno. In questo senso, possono essere previste anche sanzioni alternative:

> Pertanto i regolamenti d'istituto individueranno le sanzioni disciplinari rispondenti alla predetta finalità, per esempio, le attività di volontariato nell'ambito della comunità scolastica, le attività di segreteria, la pulizia dei locali della scuola, le piccole manutenzioni, l'attività di ricerca, il riordino di cataloghi e di archivi presenti nelle scuole, la frequenza di specifici corsi di formazione su tematiche di rilevanza sociale o culturale, la produzione di elaborati (composizioni scritte o artistiche) che inducano lo studente ad uno sforzo di riflessione e di rielaborazione critica di episodi verificatisi nella scuola, ecc.

In base alla legge sulla trasparenza, legge 241/1990, art. 3, le motivazioni che hanno condotto alla comminazione di una sanzione devono essere espresse in modo chiaro; esse non sono considerate dati sensibili e, se vi fossero riferimenti ad essi, si ricorrerà, in base al D.lgs. n. 196 del 2003 e al DM 305/2006, agli *omissis*.

I provvedimenti possono essere impugnati, per cui occorre che il regolamento garantisca la snellezza, la rapidità del procedimento e il diritto di difesa degli studenti. Dovrà anche essere costituito un organo di garanzia, compresi composizione e funzionamento, per esaminare gli eventuali ricorsi.

Qualora si verifichi un'ulteriore fase di impugnazione del provvedimento, questa sarà di diretta competenza del direttore dell'ufficio scolastico regionale.

TABELLA 19.1
SISTEMA DISCIPLINARE – Regolamento DPR n. 235/2007

Sanzioni	Infrazioni	Organismi deputati	Impugnazioni
a) Sanzioni diverse dall'allontanamento temporaneo dalla scuola (art. 4, comma 1)	Vanno individuate dai regolamenti di istituto	Consiglio di classe	Organo di garanzia** È sempre presieduto dal dirigente scolastico; di norma si compone per la secondaria di II grado da un docente designato dal consiglio d'istituto, da un rappresentante eletto dagli studenti e da un rappresentante eletto dai genitori; per la secondaria di I grado, da un docente designato dal consiglio d'istituto e da due rappresentanti eletti dai genitori (art. 5, comma 1)
b) Sanzioni che comportano l'allontanamento temporaneo dello studente dalla scuola per un periodo non superiore a 15 giorni (art. 4, comma 8)*	Per gravi e reiterate infrazioni disciplinari	Consiglio di classe	
c) Sanzioni che comportano l'allontanamento temporaneo dello studente dalla scuola per un periodo superiore a 15 giorni (art. 4, comma 9)*	1. Riguardano reati che violino la dignità e il rispetto della persona umana, o generino situazione di pericolo per l'incolumità delle persone 2. Il fatto commesso deve essere di una gravità estrema, quasi da reato penale	Consiglio di istituto	

(continua)

(continua)

Sanzioni	Infrazioni	Organismi deputati	Impugnazioni
d) Sanzioni che comportano l'allontanamento dello studente dalla scuola fino al termine dell'anno scolastico (art. 4, comma 9-*bis*)*	1. Occorre recidività o gravissima violenza da suscitare apprensione a livello sociale 2. Non esistono le condizioni per il reinserimento responsabile e tempestivo dello studente nella scuola durante l'anno scolastico	Consiglio di istituto	
e) Sanzioni che comportano l'esclusione dello studente dallo scrutinio finale o la non ammissione all'esame di Stato conclusivo del corso di studi (art. 4, commi 9-*bis* e 9-*ter*)*	Comportamenti gravissimi	Consiglio di istituto	

* Per le sanzioni B, C, D, E, l'individuazione delle responsabilità deve essere suffragata da elementi oggettivi
** I Regolamenti dovranno prevedere: a) la composizione dell'organo (non meno di 4 membri); b) il suo funzionamento
Occorre evitare che le sospensioni possano incidere sull'orario minimo di frequenza per la validità dell'anno scolastico
Il trasferimento dello studente ad altra scuola non pone fine al procedimento
Sui reclami contro lo Statuto si esprime l'Organo di garanzia regionale (presieduto dal direttore regionale o suo delegato). Composizione (di norma): scuola secondaria di II grado: due studenti designati dal coordinamento regionale delle consulte provinciali degli studenti, da tre docenti e da un genitore designati nell'ambito della comunità scolastica regionale; scuola secondaria di I grado: al posto degli studenti sono designati altri due genitori
Si suggerisce che la designazione avvenga nell'ambito dei rappresentanti del Forum regionale delle associazioni dei genitori (FORAGS); i docenti sono designati dalla direzione regionale

4. Il patto educativo di corresponsabilità

Con l'art. 5-*bis* il nuovo Statuto ha messo a disposizione delle scuole uno strumento per impegnare le famiglie sin dal primo contatto e coinvolgerle pienamente nel percorso di formazione: si tratta del *patto educativo di corresponsabilità*. Questo elemento innovativo costituisce uno strumento per promuovere coalizioni sociali ampie nelle quali protagoniste sono la scuola e la famiglia. Si legge infatti, nel DPR n. 235/2007:

> 1. Dopo l'articolo 5 del Decreto del Presidente della Repubblica 24 giugno 1998, n. 249, è inserito il seguente:
> «Art. 5-*bis* (Patto educativo di corresponsabilità). – 1. Contestualmente all'iscrizione alla singola istituzione scolastica, è richiesta la sottoscrizione da parte dei genitori e degli studenti di un Patto educativo di corresponsabilità, finalizzato a definire in maniera dettagliata e condivisa diritti e doveri nel rapporto tra istituzione scolastica autonoma, studenti e famiglie.
> 2. I singoli regolamenti di istituto disciplinano le procedure di sottoscrizione nonché di elaborazione e revisione condivisa del patto di cui al comma 1.
> 3. Nell'ambito delle prime due settimane di inizio delle attività didattiche, ciascuna istituzione scolastica pone in essere le iniziative più idonee per le opportune attività di accoglienza dei nuovi studenti, per la presentazione e la condivisione dello statuto delle studentesse e degli studenti, del piano dell'offerta formativa, dei regolamenti di istituto e del patto educativo di corresponsabilità.» (Art. 3, DPR 21 novembre 2007, n. 235)

Interazione scuole, famiglia, territorio

Il patto educativo di corresponsabilità si concretizza, pertanto, in un atto simbolico di impegni reciproci e opportunità di incontro tra tutte le componenti che si prendono cura della crescita culturale, affettiva e sociale dei giovani preadolescenti e adolescenti. In quest'ottica, viene segnata una tappa importante per lo sviluppo in senso partecipativo della scuola, purché questo non diventi l'ennesimo adempimento burocratico. L'intento è quello di promuovere l'interazione scuola, famiglia e comunità sociale, responsabilizzando sensibilmente, ciascuna per le proprie competenze, le tre realtà rispetto al processo di apprendimento di alunni e studenti.

Nello specifico della scuola, che è non solo luogo per l'apprendimento, ma anche spazio educativo per lo sviluppo dell'emotività e dell'affettività, il patto educativo di corresponsabilità richiama all'impegno tutte le sue componenti, docenti, studenti, genitori, chiedendo ad essi di collaborare nella prospettiva della costruzione di un contesto formativo, caratterizzato dal rispetto dei diritti e dei doveri reciproci.

> Tale documento, approvato dal consiglio di istituto, viene distribuito e unitamente al regolamento di disciplina a tutti gli studenti

> nelle prime settimane di scuola. I docenti coordinatori delle classi provvederanno alla lettura, riflessione e approfondimento del testo. Successivamente il patto sarà sottoscritto dalle parti. (Art. 8, DPR n. 235/2007)

Il patto nasce, pertanto, con l'intento di offrire agli insegnanti, ai ragazzi e ai genitori un'occasione di confronto responsabile, di accordo partecipato e di rispetto sia dei doveri sia dei diritti di ciascuna componente. Esso vuole promuovere, anche di fronte ai segnali di disagio dei giovani adolescenti, nuove alleanze educative nelle quali possano svilupparsi un dialogo e un incontro autentici, in grado di rispettare anche i vincoli posti alla base di una cittadinanza costruttiva.

Confronto responsabile

Il patto educativo si configura, pertanto, come un rapporto di reciprocità, da sottoscrivere al momento dell'ingresso a scuola, nel quale si fissano in maniera esplicita le assunzioni di responsabilità in termini di interventi educativi e di norme di comportamento che tutti saranno tenuti a osservare.

Si vuole, in altri termini, costruire una comunità di apprendimento nella quale si ritrovino, in una comunione di intenti, docenti, genitori, studenti. In un simile contesto, lo stesso gruppo classe, basato sulla relazionalità e sull'apprendimento, può diventare palestra di confronto su un quadro di valori condivisi, in modo che i giovani possano acquisire consapevolezza dei propri diritti e dei propri doveri: è questa la strada per promuovere una convivenza democratica e una cittadinanza solidale.

Comunità di apprendimento

Nessuno degli attori impegnati sulla scena della formazione può sottrarsi a questa responsabilità; essi devono sentirsi indissolubilmente impegnati a concordare stili di vita e modelli di comportamento che siano finalizzati alla promozione dell'apprendimento.

In questo quadro di comunità di apprendimento sarà questo un compito a cui dovranno assolvere soprattutto gli adulti, che dovranno farsi carico delle proprie responsabilità, ciascuno per la sua parte, in modo da accompagnare i processi educativi delle nuove generazioni. Proprio alla corresponsabilità educativa di docenti e genitori fa riferimento la nota esplicativa del nuovo Statuto, n. 3602 del 31 luglio 2008, nella quale si riporta il testo di una sentenza della Cassazione:

Corresponsabilità educativa

> Infatti i doveri di educazione dei figli e le connesse responsabilità non vengono meno per il solo fatto che il minore sia affidato alla vigilanza di altri (art. 2048 c.c., in relazione all'art. 147 c.c.). La responsabilità del genitore (art. 2048, primo comma, c.c.) e quella del «precettore» (art. 2048, secondo comma c.c.) per il fatto commesso da un minore affidato alla vigilanza di questo ultimo, non sono infatti tra loro alternative, giacché l'affidamento del minore alla custodia di terzi, se solleva il genitore dalla presunzione di «culpa in vigilando», non lo solleva da quella di «culpa in educando»,

rimanendo comunque i genitori tenuti a dimostrare, per liberarsi da responsabilità per il fatto compiuto dal minore pur quando si trovi sotto la vigilanza di terzi, di avere impartito al minore stesso un'educazione adeguata a prevenire comportamenti illeciti. (Cassazione Sez. III, 21.9.2000, n. 12501; 26.11.1998, n. 11984)

La revisione del Patto (2018)

Il 21 novembre 2017 è stato ricordato il decennale dell'adozione del Patto, avvenuta per iniziativa dell'allora Ministro Fioroni; il primo marzo 2018 è stata sottoscritta da parte governativa e dai rappresentanti del FONAGS, il Forum nazionale delle associazioni dei genitori della scuola, la proposta di una sua revisione. Hanno sottoscritto il documento l'AGE (Associazione italiana genitori), l'AGESC (Associazione genitori scuole cattoliche), il CGD (Coordinamento genitori democratici), la FAES (Famiglia e Scuola), il MOIGE (Movimento italiano genitori), il CARE (Coordinamento delle associazioni familiari adottive e affidatarie in rete), l'AGEDO (Associazione genitori di omosessuali).

La comunità educante

Si tratta di un'iniziativa che va ricondotta alla volontà di favorire lo sviluppo di una comunità educante, prospettiva espressa anche dal CCNL 2016-2018 per il comparto istruzione, e al rilancio della partecipazione scolastica con la riforma della rappresentanza. Sono molte le finalità che l'iniziativa si propone:

- la promozione della collaborazione tra scuola e famiglia, anche con la definizione di modalità, tempi e ambiti della partecipazione;
- la possibilità per i genitori di formulare proposte per arricchire l'offerta formativa;
- la diffusione della progettualità scolastica in una prospettiva di pubblicità e trasparenza della vita scolastica;
- la prevenzione e il contrasto del bullismo e del cyberbullismo attraverso specifiche iniziative di formazione;
- l'estensione del Patto anche alla scuola primaria;
- l'istituzione della Giornata della corresponsabilità.

Il documento sottoscritto prevede che i genitori debbano aderire al Patto, definito e approvato dal Consiglio d'istituto e diffuso alle famiglie, al momento dell'iscrizione a scuola: esso, che per la trasparenza andrà pubblicato sul sito, dovrà definire in modo dettagliato e condiviso diritti e doveri nel rapporto tra scuola, studenti e famiglie, prevedendo modalità, tempi e ambiti di partecipazione, la descrizione di modi e termini per presentare proposte per la progettazione curricolare ed extracurricolare e per la redazione o l'aggiornamento del Piano triennale dell'offerta formativa (PTOF), la condivisione delle iniziative di informazione e prevenzione relativi al cyberbullismo. Infine, è prevista l'istituzione della giornata della corresponsabilità e la creazione di un portale destinato alla pubblicazione di materiale informativo.

5. Bullismo e cyberbullismo

Nell'aprile del 2015 il MIUR ha diffuso le *Linee di orientamento per il contrasto al bullismo e al cyberbullismo*. Si tratta di un documento che mira a sottolineare la gravità di questo fenomeno, che ormai interessa sempre di più anche il web.

Il bullismo si presenta come un fenomeno molto complesso, spesso non riducibile a singoli soggetti, bambini, ragazzi, di entrambi i sessi, ma riguarda il gruppo dei pari: si diffonde tra coetanei e si fortifica attraverso dinamiche di gruppo, soprattutto quando viene vissuto con atteggiamenti di accettazione delle sopraffazioni da parte dei più deboli o di emulazione rispetto agli atteggiamenti dei più forti, dei capi del gruppo.

Il documento, la cui stesura è avvenuta con il contributo di un gruppo di esperti e ha coinvolto una trentina tra enti e associazioni, vuole richiamare l'attenzione su questo fenomeno, non trascurando la sua drammaticità, ma rilanciando l'iniziativa della scuola in questo ambito. Le Linee mirano a dare continuità alle politiche già seguite sino a oggi dal MIUR, a partire dalla Direttiva ministeriale n. 16 del 5 febbraio 2007 dell'allora Ministro Fioroni e a rilanciarle, anche prevedendo contributi dello Stato per eventuali iniziative.

Cos'è il bullismo

Era stata quella stessa Direttiva a proporre una definizione del bullismo:

> Il termine italiano «bullismo» è la traduzione letterale di «bullying», parola inglese comunemente usata nella letteratura internazionale per caratterizzare il fenomeno delle prepotenze tra pari in contesto di gruppo. Il bullismo si configura come un fenomeno dinamico, multidimensionale e relazionale che riguarda non solo l'interazione del prevaricatore con la vittima, che assume atteggiamenti di rassegnazione, ma tutti gli appartenenti allo stesso gruppo con ruoli diversi.
>
> Il comportamento del bullo è un tipo di azione continuativa e persistente che mira deliberatamente a far del male o danneggiare qualcuno. La modalità diretta si manifesta in prepotenze fisiche e/o verbali. La forma indiretta di prevaricazione riguarda una serie di dicerie sul conto della vittima, l'esclusione dal gruppo dei pari, l'isolamento, la diffusione di calunnie e di pettegolezzi e altre modalità definite di «cyberbullying» inteso quest'ultimo come particolare tipo di aggressività intenzionale agita attraverso forme elettroniche. Questa nuova forma di prevaricazione, che non consente a chi la subisce di sfuggire o nascondersi e coinvolge un numero sempre più ampio di vittime, è in costante aumento e non ha ancora un contesto definito. (Direttiva ministeriale 5 febbraio 2007, n. 16)

Il documento di Fioroni aveva lanciato una campagna, prevedendo una serie di interventi di comunicazione e di informazione per studenti, operatori della scuola, famiglie. Nel contempo, aveva istituito presso ciascun Ufficio scolastico regionale gli Osservatori regionali permanenti sul bullismo, affidando ad essi la realizzazione di una serie di strategie:

a) prevenzione e lotta al fenomeno, con il coinvolgimento di tutte le componenti delle realtà scolastiche, realizzando specifici programmi di intervento in base alle esigenze espresse dai vari contesti territoriali;
b) promozione di percorsi di educazione alla legalità con attività curricolari ed extracurricolari;
c) monitoraggio costante del fenomeno del bullismo;
d) monitoraggio e verifica in itinere e conclusiva delle attività svolte anche attraverso la raccolta di valutazioni su eventuali richieste di prosecuzione delle stesse provenienti dalle scuole.

Era anche stato attivato un numero verde nazionale per raccogliere eventuali segnalazioni.

Il MIUR contro il bullismo

Il MIUR è stato piuttosto attivo negli anni seguenti in questa lotta al bullismo, sia conservando il numero verde e un indirizzo mail, sia promuovendo le attività degli Osservatori regionali permanenti, sia, ancora, realizzando varie e interessanti iniziative della quali ricordiamo: nel dicembre 2011, il seminario «IrRETIti – impigliati nella rete», nell'ambito del quale sono state presentate due esperienze, il progetto di Milano «Open Eyes: safenet use» e il progetto di Caserta «Nausicaa». Il 27 dicembre 2012 è stato organizzato un convegno internazionale dal titolo «Cyberbullismo e rischio di devianza. Strategie di promozione e interventi mirati», con la testimonianza del progetto europeo «Tabby in Internet» *(Threat Assessment of Bullying Behavior in Youth: Valutazione della minaccia di cyberbullismo nei giovani)* approvato nel quadro del programma Daphne III (2007-2013).

Le Linee di orientamento 2015

Le Linee si sono poste un richiamo alla responsabilità per un fenomeno decisamente in crescita; secondo un'indagine del «Corriere della Sera», infatti, già nel 2008 era segnalata la presenza di episodi di bullismo in una classe su due dell'intero sistema scolastico nazionale. Tale richiamo è stato effettuato con la nota del MIUR del 15 aprile 2015 che ha diffuso le Linee di orientamento.

> Nell'ottica, quindi, di dare sistematicità o omogeneità a tutti gli interventi preventivi e ai progetti finora realizzati sul territorio nazionale, finalizzati a prevenire ogni forma di violenza giovanile, è scaturita l'esigenza di definire linee di orientamento per azioni di prevenzione e di contrasto al bullismo e al cyberbullismo destinate al personale della scuola, agli studenti e alle famiglie che contengano indicazioni e riflessioni per la conoscenza e la prevenzione del cyberbullismo e dei fenomeni ad esso correlati. (Nota MIUR del 15 aprile 2015)

Le dieci azioni

Il testo è suddiviso in sei capitoli: il primo propone alcune riflessioni sui fenomeni del bullismo e del cyberbullismo; il secondo tratta la sicurezza in rete; il terzo definisce le politiche di intervento del MIUR. Gli altri tre capitoli riguardano, rispettivamente, l'organizzazione territoriale, le azioni delle scuole per studenti e famiglie, la formazione degli insegnanti.

Una nuova governance territoriale

Molto interessante è stata la proposta di una riorganizzazione della governance sul territorio, con il passaggio delle funzioni attualmente svolte dagli Osservatori regionali ai Centri territoriali di supporto (CTS). Tale scelta va ricondotta alla consapevolezza che questi fenomeni coinvolgono soggetti, bulli e vittime, che vivono in una situazione di forte disagio e che richiedono particolari attenzioni. Gli stessi bulli e cyberbulli vanno considerati come individui che hanno bisogno dell'azione della comunità educante per un recupero sociale prima che educativo.

In questo senso, considerata l'età di tali soggetti, le scuole possono diventare sedi privilegiate di recupero e punto di riferimento delle famiglie, se riescono a proporre un'offerta formativa in grado di contrastare tali fenomeni. In una nota del 2 dicembre 2015 il MIUR ha diffuso opportune indicazioni operative in proposito:

> A titolo meramente esemplificativo, si suggerisce la costituzione di un «Nucleo operativo» costituito da uno/due dirigenti tecnici e due/tre docenti referenti, utilizzati presso gli UU.SS.RR. e gli Ambiti territoriali, formati sulle problematiche relative alle nuove forme di devianza giovanile (bullismo, cyberbullismo, stalking e cyberstalking), in possesso delle competenze necessarie per sostenere concretamente le scuole in rete e i docenti attraverso interventi di consulenza e di formazione mirata, assicurando anche la raccolta e la diffusione di buone pratiche. Il nucleo operativo per il contrasto delle nuove forme di devianza giovanile dovrebbe, inoltre, collaborare con specifiche figure professionali, già incardinate in altre strutture/Enti lavorative, quali: psicoterapeuti, rappresentanti del Tribunale dei minori, neuropsichiatri, della Polizia Postale, dell'U-NAR (laddove l'Ufficio Nazionali e Antidiscriminazione Razziali sia presente a livello territoriale). (Nota MIUR, 2 dicembre 2015, *Indicazioni operative*)

6. La prevenzione e il contrasto del cyberbullismo

L'importanza di contrastare il cyberbullismo, che rientra tra gli obiettivi formativi prioritari dell'articolo 1, comma 7, della legge 107/2015, è testimoniata dall'attenzione che ad esso è stata dedicata da varie iniziative del MIUR. In particolare, è stato promosso il Piano nazionale per prevenire e combattere il bullismo e il cyberbullismo in classe, finalizzato alla conoscenza e alla diffusione della Dichiarazione dei diritti e doveri in Internet, definita da una Commissione di studio. Tale Piano nazionale aveva previsto per l'anno scolastico 2016-2017 la realizzazione di dieci azioni per il contrasto del fenomeno:

Il Piano nazionale

1. un nodo blu contro il bullismo, Giornata nazionale contro il bullismo a scuola;
2. Safer Internet Centre (SIC) – Generazioni Connesse;
3. formazione dei docenti;
4. collaborazione tra MIUR e Polizia di Stato per la prevenzione e la lotta al fenomeno;
5. MIUR e Telefono Azzurro;
6. format TV *Maipiubullismo;*
7. verso una scuola bull-off;
8. no hate speech;
9. il tour «Un Bacio Experience»;
10. i Protocolli di intesa.

Verso una scuola amica

Sempre dal MIUR, in collaborazione con l'UNICEF, è stato avviato, con Nota n. 7342 del 6 ottobre 2016, il progetto «Verso una Scuola Amica», collegato al precedente progetto Scuola Amica delle bambine, dei bambini e degli adolescenti, a cui hanno aderito moltissime scuole e che ha consentito di realizzare percorsi di formazione per migliorare la qualità delle relazioni, favorire l'accoglienza e l'inclusione della diversità.

La legge 71/2017

In realtà, il primo provvedimento legislativo europeo per il contrasto del cyberbullismo è stato prodotto proprio nel nostro Paese ed è la legge n. 71 del 29 maggio 2017, *Disposizioni a tutela dei minori per la prevenzione e il contrasto del fenomeno del cyberbullismo.* Si legge nel testo:

> 1. La presente legge si pone l'obiettivo di contrastare il fenomeno del cyberbullismo in tutte le sue manifestazioni, con azioni a carattere preventivo e con una strategia di attenzione, tutela ed educazione nei confronti dei minori coinvolti, sia nella posizione di vittime sia in quella di responsabili di illeciti, assicurando l'attuazione degli interventi senza distinzione di età nell'ambito delle istituzioni scolastiche. (Art. 1 – *Finalità e definizioni,* legge n. 71, 29 maggio 2017 – *Disposizioni a tutela dei minori per la prevenzione e il contrasto del fenomeno del cyberbullismo*)

Il fenomeno, si afferma nel provvedimento, riguarda qualsiasi tipo di ingerenza nella dimensione personale di minorenni, «aggressione, molestia, ricatto, ingiuria, denigrazione, diffamazione, furto d'identità, alterazione, acquisizione illecita, manipolazione, trattamento illecito» di dati telematici, diffusione di contenuti online riferibili alla loro famiglia per isolarli, attaccarli, denigrarli, ridicolizzarli. In questo senso, si vogliono promuovere strategie e azioni per prevenire e contrastare tale fenomeno, per tutelare i minori coinvolti, sia vittime sia responsabili di atti di cyberbullismo.

Oscuramento, rimozione, blocco di contenuti non consoni

È previsto che i minori sopra i 14 anni, o i loro genitori, o coloro che ne hanno la responsabilità, se vittime di cyberbullismo, possano rivolgersi al titolare del trattamento o al gestore del sito web o del social media presentando una richiesta di oscuramento, rimozione, blocco di contenuti pubblicati nella rete ritenuti non consoni. Tocca, poi, al gestore del sito Internet o del social media rimuovere entro le 24 ore il contenuto segnalato, altrimenti si potrà chiedere l'intervento del Garante della protezione dei dati personali, che lo farà rimuovere entro le 48 ore. Anche per i dati personali degli ultraquattordicenni è previsto l'oscuramento, la rimozione o il blocco entro le 48 ore.

Il Tavolo tecnico

È stata concordata anche la creazione di un Tavolo tecnico presso la Presidenza del Consiglio dei Ministri che avrà il compito di redigere entro 60 giorni dal suo insediamento un piano di azione integrato finalizzato a sensibilizzare e offrire informazioni sul fenomeno. Il Tavolo tecnico sarà composto da rappresentanti del Ministero dell'Interno, del MIUR, del Ministero del Lavoro e delle Politiche Sociali, del Ministero della Giustizia, del Ministero dello Sviluppo Economico, del Ministero della salute, della Conferenza unificata, dell'Autorità per le Garanzie nelle Comunicazioni, del Garante per l'infanzia e l'adolescenza, del Comitato di applicazione del codice di autoregolamentazione media e minori, del Garante per la protezione dei dati personali, di associazioni di promozione dei diritti di minori e adolescenti, dei servizi di social networking, della rete Internet, di associazioni studentesche e di genitori.

Le scuole potranno, nella loro autonomia, individuare «fra i docenti un referente con il compito di coordinare le iniziative di prevenzione e di contrasto del cyberbullismo, anche avvalendosi della collaborazione delle forze di polizia nonché delle associazioni e dei centri di aggregazione giovanile presenti sul territorio» (art. 4, comma 3, *Linee di orientamento per la prevenzione e il contrasto in ambito scolastico*).

L'ammonimento

L'art. 7 della legge ha previsto, per responsabili di atti non consentiti e per i quali non ci sia stata denuncia, che venga adottata la procedura di ammonimento contemplata nell'art. 612-*bis* del Codice penale per lo stalking, che dovrà essere comminato dal questore e i cui effetti termineranno nella maggiore età.

1. Fino a quando non è proposta querela o non è presentata denuncia per taluno dei reati di cui agli articoli 594, 595 e 612 del codice penale e all'articolo 167 del codice per la protezione dei dati personali, di cui al decreto legislativo 30 giugno 2003, n. 196, commessi, mediante la rete internet, da minorenni di età superiore agli anni quattordici nei confronti di altro minorenne, è applicabile la procedura di ammonimento di cui all'articolo 8, commi 1 e 2, del decreto legge 23 febbraio 2009, n. 11, convertito, con modificazioni, dalla legge 23 aprile 2009, n. 38, e successive modificazioni.

2. Ai fini dell'ammonimento, il questore convoca il minore, unitamente ad almeno un genitore o ad altra persona esercente la responsabilità genitoriale.
3. Gli effetti dell'ammonimento di cui al comma 1 cessano al compimento della maggiore età. (Art. 7 – *Ammonimento*)

L'ammonimento si configura come un provvedimento amministrativo e per questo non richiede una prova certa e inconfutabile. La prima applicazione di questo disposto è avvenuta in un istituto secondario di Torino.

7. L'aggiornamento delle Linee di orientamento del 2015

Tra le varie iniziative previste dalla legge 71/2017, un posto di rilievo spetta all'aggiornamento delle Linee di orientamento del 2015. Si legge nell'art. 4:

1. Per l'attuazione delle finalità di cui all'articolo 1, comma 1, il Ministero dell'Istruzione, dell'Università e della Ricerca, sentito il Ministero della Giustizia – Dipartimento per la Giustizia minorile e di comunità, entro trenta giorni dalla data di entrata in vigore della presente legge adotta linee di orientamento per la prevenzione e il contrasto del cyberbullismo nelle scuole, anche avvalendosi della collaborazione della Polizia postale e delle comunicazioni, e provvede al loro aggiornamento con cadenza biennale.

L'aggiornamento delle Linee di orientamento (2017)

Il compito di adottare entro 30 giorni dall'entrata in vigore della legge il nuovo documento è stato affidato al MIUR che il 27 ottobre 2017 ha pubblicato, anche contando sulla consulenza della Polizia postale, l'aggiornamento delle Linee di orientamento per la prevenzione e il contrasto del cyberbullismo. Si tratta di un documento che delinea la strategia di contrasto a questo fenomeno ormai dilagante, e che mira a coinvolgere gli stessi ragazzi nella realizzazione di tale prospettiva.

> Le studentesse e gli studenti devono essere sensibilizzati ad un uso responsabile della Rete e resi capaci di gestire le relazioni digitali in agorà non protette. Ed è per questo che diventa indispensabile la maturazione della consapevolezza che Internet può diventare, se non usata in maniera opportuna, una pericolosa forma di dipendenza. Compito della Scuola è anche quello di favorire l'acquisizione delle competenze necessarie all'esercizio di una cittadinanza digitale consapevole. Responsabilizzare le alunne e gli alunni significa, quindi, mettere in atto interventi formativi, informativi e partecipativi. Tale principio è alla base dello Statuto delle studentesse e degli studenti che sottolinea la finalità educativa anche quando si rendano necessari provvedimenti disciplinari, comunque tesi a rispristinare comportamenti corretti all'interno dell'istituto attraverso attività di

natura sociale e culturale e in generale a vantaggio della comunità scolastica. (Linee di orientamento 2017)

Nelle Linee di orientamento, il cui aggiornamento ha cadenza biennale, viene richiamata l'importanza di istituire un Tavolo di lavoro presso la Presidenza del Consiglio dei Ministri e coordinato dal MIUR, finalizzato a definire il Piano di azione integrato e il sistema di raccolta di dati per il monitoraggio anche della collaborazione della Polizia postale e delle comunicazioni e delle altre forze di Polizia. Il Piano dovrà essere accompagnato da un codice di coregolamentazione per la prevenzione e il contrasto del cyberbullismo destinato agli operatori di servizi di social networking e della rete Internet: tra i provvedimenti previsti nel codice, vi sarà l'istituzione di un comitato di monitoraggio per definire gli standard per le istanze di oscuramento.

Il riordino della governace

Anche la governance viene riorganizzata, modificando la struttura amministrativa centrale e periferica e aprendo a istituzioni, società civile, adulti e minori. Il sistema prevede la creazione di questo Tavolo tecnico centrale, ai cui lavori prenderanno parte istituzioni, associazioni, operatori di social networking e della rete internet, un docente referente per ogni istituzione scolastica. In attesa che venga istituito il Tavolo tecnico, il coordinamento territoriale sarà svolto dagli Uffici scolastici regionali tramite gli Osservatori regionali che coinvolgeranno altre figure professionali, enti e istituzioni che si occupano di tali problematiche, quali assistenti sociali, educatori, responsabili della giustizia minorile. Alle scuole toccherà il compito di promuovere, in forma trasversale nelle discipline e nei progetti, l'educazione all'uso consapevole di Internet e ai diritti e ai doveri nell'utilizzo delle tecnologie informatiche.

Docente referente

Figura centrale di questo sistema sarà il docente referente, individuato dalla scuola tra gli insegnanti con competenze adeguate e disponibili a una formazione specifica. Il referente curerà il coordinamento delle varie iniziative, diventando anche interfaccia della Polizia postale, di associazioni, di centri giovanili di aggregazione. Fondamentale sarà il sostegno alle scuole dei servizi territoriali per la realizzazione in cooperazione di progetti personalizzati di sostegno alle vittime e di attività riparatorie o di utilità sociale per i minori autori di atti di cyberbullismo. Iniziative dovranno essere previste anche per la formazione del personale scolastico e per il coinvolgimento degli stessi studenti chiamandoli all'impegno e a svolgere un ruolo attivo: anche gli ex studenti che hanno già svolto attività di *peer education* nella prevenzione, potranno essere chiamati a dare il proprio contributo.

Le funzioni dei dirigenti scolastici

Una funzione di rilievo sarà svolta anche dai dirigenti scolastici, i quali, nel delineare con il supporto dei referenti le linee di indirizzo del PTOF e del Patto di corresponsabilità, dovranno ridefinire nei

Regolamenti di istituto le misure di immediato intervento nel caso di episodi di cyberbullismo, anche sottoscrivendo specifiche intese con i servizi territoriali. Essi avranno, infine, il compito di informare tempestivamente i genitori dei minori coinvolti o i responsabili genitoriali nel caso di conoscenza di atti di cyberbullismo che non costituiscano reato, attivando azioni che siano educative piuttosto che punitive.

Ai dirigenti e referenti non sono attribuiti ulteriori compiti e responsabilità: essi dovranno raccogliere e diffondere le buone pratiche educative, organizzative e azioni di monitoraggio. Il MIUR dovrà elaborare una piattaforma per la formazione dei docenti referenti, che sarà rafforzata dalle iniziative che saranno previste nel Piano integrato.

Il MIUR ha già operato nel corso degli anni siglando protocolli e intese e ha avviato collaborazioni con associazioni che si occupano del problema; la stessa legge 107/2015 aveva riservato uno specifico spazio ad esso, prevedendo tra le attività l'utilizzo critico e consapevole dei social network e dei media nel Piano nazionale scuola digitale. Tra le varie iniziative più interessanti è quella delle Generazioni connesse, coordinata dal MIUR in partenariato con il Ministero dell'Interno, la Polizia postale e delle comunicazioni, l'Autorità garante per l'infanzia e l'adolescenza, Save the Children Italia Onlus, Telefono Azzurro, l'Università degli Studi di Firenze, Sapienza – Università di Roma, Skuola.net, la Cooperativa EDI, il Movimento Difesa del Cittadino e l'Agenzia Dire. Si tratta di un'iniziativa sostenuta dalla Commissione europea che si è concretizzata per l'anno scolastico 2017-2018 in una serie di attività di specifica formazione, online e in presenza con un percorso dedicato, e di informazione e sensibilizzazione per la navigazione sicura in rete in collaborazione con la Polizia di Stato per approfondire i temi della sicurezza su Internet. Realizzando il percorso, che è destinato alle classi quarte e quinte della scuola primaria e a quella della secondaria di primo grado, le scuole potranno approfondire le tematiche connesse e con l'autovalutazione definire un progetto personalizzato: il Piano d'azione, nel quale confluiranno esigenze e bisogni, aree di miglioramento, azioni da intraprendere. Nel Piano, che sarà parte integrante del PTOF, le scuole potranno definire le attività per l'acquisizione di competenze digitali, per la sicurezza online, per un uso positivo delle tecnologie digitali nella didattica, per le norme e le procedure nell'utilizzo delle tecnologie dell'informazione a scuola, per la prevenzione, rilevazione, gestione delle problematiche legate alle tecnologie digitali.

Generazioni connesse

Il Piano d'azione e il PTOF

Dall'iniziativa è nato un importante e utile vademecum. Un ulteriore strumento a cui le scuole possono far ricorso per queste tematiche è iGloss@ 1.1, l'Abc dei comportamenti devianti online (iglossa.org), messo a punto dal Dipartimento per la Giustizia minorile – Ufficio studi, ricerche e attività internazionali, Centro europeo di studi di Nisida.

8. Le Linee guida nazionali e il Piano nazionale per l'educazione al rispetto

Le Linee di orientamento per la lotta al cyberbullismo erano state annunciate già dalla legge n. 71/2017. Esse sono state diffuse il 27 ottobre 2017 contemporaneamente alle Linee guida nazionali (art. 1, comma 16, legge 107/2015) – *Educare al rispetto: per la parità tra i sessi, la prevenzione della violenza di genere e di tutte le forme di discriminazione.* Si tratta di un documento anch'esso già annunciato, ma dalla legge n. 107/2015:

Linee di orientamento e Linee guida nazionali

> Il piano triennale dell'offerta formativa assicura l'attuazione dei principi di pari opportunità, promuovendo nelle scuole di ogni ordine e grado l'educazione alla parità tra i sessi, la prevenzione della violenza di genere e di tutte le discriminazioni, al fine di informare e di sensibilizzare gli studenti, i docenti e i genitori sulle tematiche indicate dall'articolo 5, comma 2 del decreto legge 14 agosto 2013, n. 93, convertito, con modificazioni, dalla legge 15 ottobre 2013, n. 119. (Art. 1, comma 16, legge 107/2015)

In realtà, dopo la pubblicazione della legge si erano aperte polemiche nel Paese sull'educazione e sulle cosiddette «teorie gender» con l'accusa al Governo di volerle diffondere nelle scuole, tanto che il MIUR aveva sentito il bisogno di diramare una Nota il 15 settembre 2015 nella quale spiegava che l'intento non era divulgare ideologie, ma promuovere la consapevolezza dei diritti e doveri della persona costituzionalmente garantiti. In questo senso, le competenze che gli studenti avrebbero dovuto acquisire riguardavano anche l'educazione alla lotta a ogni tipo di discriminazione, la promozione del rispetto della persona e delle differenze senza discriminazione alcuna.

Le Linee guida nazionali, definite dal lavoro di un Tavolo tecnico istituito con decreto direttoriale n. 1140 del 30 ottobre 2015, si ispirano ai valori dell'art. 3 della Carta Costituzionale.

Art. 3 Costituzione

> Tutti i cittadini hanno pari dignità sociale e sono eguali davanti alla legge, senza distinzione di sesso, di razza, di lingua, di religione, di opinioni politiche di condizioni personali e sociali.
>
> È compito della Repubblica rimuovere gli ostacoli di ordine economico e sociale, che, limitando di fatto la libertà e l'eguaglianza dei cittadini, impediscono il pieno sviluppo della persona umana e l'effettiva partecipazione di tutti i lavoratori all'organizzazione politica, economica e sociale del Paese. (Art. 3)

Si tratta di valori e principi più volte richiamati nella stessa Carta Costituzionale e nel diritto internazionale ed europeo, nella Carta dei diritti fondamentali dell'Unione europea del 2001, nella Convenzione europea dei Diritti dell'uomo, nella Convenzione del Consiglio d'Europa

La Convenzione di Istanbul

sulla prevenzione e la lotta alla violenza contro le donne e la violenza domestica (Convenzione di Istanbul) ratificata dal nostro Paese con la legge 27 giugno 2013, n. 77. È stata proprio la Convenzione di Istanbul — per la quale è stato creato il network «Donne libere dalla violenza» ed è stata promossa la campagna «Al sicuro dalla paura, al sicuro dalla violenza» — a richiamare le responsabilità della scuola in questa battaglia di civiltà:

> 1. Le Parti intraprendono, se del caso, le azioni necessarie per includere nei programmi scolastici di ogni ordine e grado dei materiali didattici su temi quali la parità tra i sessi, i ruoli di genere non stereotipati, il reciproco rispetto, la soluzione non violenta dei conflitti nei rapporti interpersonali, la violenza contro le donne basata sul genere e il diritto all'integrità personale, appropriati al livello cognitivo degli allievi.
> 2. Le Parti intraprendono le azioni necessarie per promuovere i principi enunciati al precedente paragrafo 1. nelle strutture di istruzione non formale, nonché nei centri sportivi, culturali e di svago e nei mass media. (Art. 14, Convenzione di Istanbul – Convenzione del Consiglio d'Europa sulla prevenzione e la lotta contro la violenza nei confronti delle donne e la violenza domestica, Istanbul, 11 maggio 2011)

Il Piano nazionale per l'educazione al rispetto

Alla lotta alla discriminazione sono dedicati molti documenti della nostra scuola, le Indicazioni nazionali del 2012, il Documento di indirizzo per cittadinanza e Costituzione, gli obiettivi nelle situazioni di compito per la certificazione delle competenze personali. Sempre con Nota MIUR n. 5515 del 27 ottobre 2017 è stato diffuso anche il Piano nazionale per l'educazione al rispetto. Esso nasce sulla base dei principi affermati nelle Linee guida nazionali e nelle Linee di orientamento per la prevenzione e il contrasto del cyberbullismo nelle scuole. Le Linee guida richiamano pienamente tale prospettiva e delineano una serie di tematiche formative alle quali le scuole dovranno ispirare i propri progetti. Esse riguardano i seguenti temi.

Le tematiche

– *L'educazione alla parità tra i sessi e al rispetto delle differenze.* Il primo filone richiama la diversità di genere come identità della persona: essere donne e uomini significa vivere la propria identità in modo libero e rispettoso di sé e degli altri senza rigidità nei modelli, nei comportamenti, negli atteggiamenti, anche colmando il gap storico del patriarcato e dei luoghi comuni.

> Bambini e bambine, uomini e donne sono tra loro diversi e ciò rende l'esperienza umana molto ricca. Tuttavia molto spesso dalle bambine e dalle ragazze si aspettano comportamenti e inclinazioni che corrispondono a idee e immagini molto normative: devono essere gentili e sensibili, amare i giochi tranquilli, le faccende sentimentali, ed essere ossessionate dalla apparenza fisica e dallo sguardo degli

altri. Secondo uno stereotipo diffuso non amerebbero le scienze e la matematica, lo sport e la competizione. Altrettanto rigide e opprimenti le aspettative sui bambini e sui ragazzi: non devono avere timori né sensibilità o dolcezza, è indispensabile che amino il calcio e ogni tipo di gara, devono accettare giochi violenti e sapersi difendere. L'imperativo «sii uomo» spesso non ha lasciato alcuno spazio ai gesti, alle parole e alle responsabilità della cura: maschio che non solo «non deve chiedere mai», ma neppure ascoltare e rispondere alla domanda di relazione. (Linee guida nazionali 2017)

– *Il femminile e il maschile nel linguaggio.* In questo caso si richiama una forma di violenza simbolica che tende a cancellare la differenza con un adeguamento al modello maschile. Il riferimento è al linguaggio quotidiano, dei media, delle istituzioni e degli stessi libri di testo, che stenta ad aggiornare la lingua al nuovo status delle donne in campo professionale e istituzionale.

Un uso della lingua che rifletta la differenza attraverso l'uso del genere grammaticale e permetta così di identificare la presenza delle donne e attribuire loro i nuovi ruoli che esse detengono nella società sul piano professionale e istituzionale, contribuisce a contrastare la discriminazione, a favorire la parità, e anche a trasmettere modelli socioculturali utili alle giovani generazioni per la scelta della loro futura professione. (Linee guida nazionali 2017)

– *La prevenzione della violenza contro le donne.* È questo un fenomeno in grandissima espansione nella nostra società. L'educazione alla parità tra i sessi e al rispetto delle differenze può porsi come strumento fondamentale per la prevenzione della violenza sulle donne basata sul genere, anche superando tradizioni e retaggi storici che affermano la cultura della superiorità maschile a fronte di una presunta subalternità della donna.

Anche la stessa questione della violenza sulle donne in quanto donne, la cosiddetta violenza di genere, legata in molti modi a una storia oscura e arcaica, è connessa a un rapporto socialmente connotato, quello gerarchico uomo-donna, nelle forme specifiche in cui è presente nelle diverse società e culture. (Linee guida nazionali 2017)

– *La prevenzione di tutte le forme di discriminazione.* Esistono altre forme di discriminazione oltre a quelle di genere; il riferimento è alla disabilità, all'etnia, alla religione, alle convinzioni personali, all'orientamento sessuale, spesso combinate tra loro in modo da costituire le cosiddette «discriminazioni multiple». Occorre lavorare per affermare il principio di non discriminazione per tutelare i diritti umani e la dignità della persona e allontanare i pregiudizi e le stereotipie.

La scuola deve impegnarsi nel realizzare una reale inclusione per valorizzare le singole individualità ed educare le nuove generazioni al valore positivo delle differenze e alla cultura del rispetto. La nascita di una dialettica tra identità e diversità consente la più compiuta affermazione dell'individuo. (Linee guida nazionali 2017)

– *Il contrasto alle discriminazioni nel mondo digitale.* L'intento è quello di far acquisire le competenze di cittadinanza digitale, oggi fondamentali per le nuove generazioni che vivono in ampi spazi di realtà virtuale sulla rete. Occorre che i giovani abbiano piena consapevolezza delle implicazioni di tali interazioni e maturino un uso positivo dei media. Essi devono avere la consapevolezza del pericolo della cosiddetta «libertà della rete» che può amplificare comportamenti discriminatori.

> L'educazione a un uso positivo e consapevole dei media deve, ad esempio, prestare particolare attenzione al rapporto tra sfera pubblica e sfera privata, ai temi dell'identità e della privacy, della reputazione e della rappresentazione, alle caratteristiche della socialità in rete e alla promozione della rete come bene comune digitale. Obiettivo è, tra gli altri, fornire strumenti di educazione civica digitale per prevenire situazioni di disagio online, ed evitare meccanismi di bullismo, forme di incitamento all'odio e di osservazione passiva ai vari comportamenti discriminatori. In questo quadro, l'obiettivo è di migliorare la comprensione e la consapevolezza di diritti e responsabilità in rete. (Linee guida nazionali 2017)

– *L'educazione al rispetto a scuola.* Alle istituzioni scolastiche è affidato il compito di promuovere la formazione affermando il principio delle pari opportunità. Si tratta di un principio che può guidare qualsiasi fase e percorso di studi per la sua trasversalità. Le scuole devono prevedere specifici spazi, tempi e strumenti per l'informazione e il coinvolgimento dei genitori nelle varie iniziative promosse nel PTOF.

> Il principio di pari opportunità deve trovare la giusta collocazione nel PTOF quale linea strategica delle attività della scuola, sia come principio ispiratore della sua identità, sia mediante attività progettuali, valorizzando l'apporto del territorio e della comunità educante (famiglie, mondo associativo, istituzioni). (Linee guida nazionali 2017)

9. Le Linee di indirizzo per il diritto allo studio degli alunni adottati

Nel dicembre 2014 sono state diffuse a cura del MIUR le Linee di indirizzo per garantire il diritto allo studio degli alunni adottati. Si tratta di un documento di grande sensibilità che richiama l'attenzione su un fenomeno che nel corso degli anni si è intensificato, tanto che nel solo periodo 2010-2013 la Commissione per le adozioni internazionali fa riferimento, per il nostro Paese, a circa 14.000 bambini con adozione internazionale, mentre per le adozioni nazionali il numero è di 4000.

Un fenomeno che si è intensificato

La questione è ancor più delicata se si considera che le lungaggini amministrative per ottenere l'adozione fanno sì che tali bambini siano affidati alle famiglie quasi sempre in età scolare. Si tratta di bambini molto diversi tra loro, spesso con vissuti difficili e problematici, anche se non sono rari quelli capaci di dare risultati scolastici ben superiori alla media dei coetanei non adottati. In realtà, l'adozione si presenta come un evento molto delicato che, di per sé, comporta una serie di rischi che vanno assolutamente considerati e prevenuti: le fasi della prima accoglienza, a casa come a scuola, possono rivelarsi determinanti per la piena integrazione in famiglia e per il pieno successo scolastico.

> In questo senso è necessario che la scuola sia preparata all'accoglienza dei minori adottati in Italia e all'estero e costruisca strumenti utili, non solo per quanto riguarda l'aspetto organizzativo, ma anche didattico e relazionale, a beneficio dei bambini, dei ragazzi e delle loro famiglie. Naturalmente prassi e strumenti adeguati dovranno essere garantiti anche nelle fasi successive all'inserimento, con particolare attenzione ai passaggi da un ordine di scuola all'altro. (Linee di indirizzo 2014)

Vissuti particolari

Certamente questi bambini hanno un vissuto comune, caratterizzato in vari casi da abbandoni, separazioni dai genitori, distacchi da fratelli o sorelle e da contesti familiari di origine. A queste vicende, in alcuni casi, si aggiungono fasi di permanenza in istituti e case d'accoglienza che possono provarne la serenità e la tranquillità psicologica. Le difficoltà aumentano, poi, per le adozioni internazionali, in quanto i minori sono sottoposti a profondi cambiamenti linguistici, alimentari, climatici, di stili di vita: si tratta di cambiamenti drastici e profondi che non possono non lasciare un segno.

Per quanto concerne le difficoltà di apprendimento, è inoltre un dato condiviso quello della presenza, in tali soggetti, di una percentuale superiore, rispetto alla media dei coetanei non adottati, di Disturbi specifici dell'apprendimento (DSA). È questo un dato riconducibile a vari fattori e situazioni di criticità, tra cui

> i danni da esposizione prenatale a droghe o alcol, l'istituzionalizzazione precoce, l'assunzione di psicofarmaci durante la permanenza in istituto, l'incuria e la deprivazione subite, l'abuso, il vissuto traumatico dell'abbandono. (Linee di indirizzo 2014)

In altri casi, le difficoltà sono riconducibili a problematiche di tipo psicoemotivo e cognitivo. Per quanto concerne tali difficoltà, i vissuti di ansia e di paura che, inevitabilmente, accompagnano le fasi della vita di questi bambini possono rendere difficile l'espressione di adeguate forme di emozionalità: possono ingenerarsi da ciò comportamenti aggressivi, rifiuto di regole, richieste di attenzione anche formulate impropriamente. Occorre, poi, non dimenticare che, nel caso di adozioni internazionali, il più delle volte i minori provengono da ambienti deprivati, con economie rurali e scarse strutture sociali, dove sono elevatissimi gli abbandoni e gli insuccessi scolastici. Altre volte la loro scolarizzazione nei paesi d'origine è avvenuta con ritardo rispetto alle nostre consuetudini e, in qualche caso, la stessa data di nascita è stata registrata in tempi diversi da quelli effettivi.

Adozioni e bisogni speciali

Negli ultimi anni, sempre per le adozioni internazionali, sono stati introdotti anche programmi di *special needs adoption,* ovvero adozioni di bambini con bisogni speciali, categoria nella quale rientrano le adozioni di:

– due o più minori;
– bambini di 7 o più anni di età;
– bambini con significative problematiche di salute o di disabilità;
– bambini reduci da esperienze particolarmente difficili e/o traumatiche.

La complessità e la delicatezza di tali problematiche impongono alla scuola di evitare improvvisazioni, e di predisporre adeguati piani di accoglienza, che dovranno essere costruiti con opportune figure di riferimento all'interno della scuola stessa, con adeguate prassi di prima accoglienza, di opportuni primi inserimenti nelle classi, di attività linguistiche, nel caso di adozioni internazionali anche di italiano come lingua 2. È importante che le scuole costruiscano i progetti di accoglienza aprendosi alle opportunità del territorio, creando dinamiche di continuità nei percorsi di studio, individuando figure referenti specifiche per tali problematiche.

Non dovrà comunque mancare ai bambini adottati la sensazione di sentirsi amati, accettati, accolti:

> Il timore di essere rifiutati e nuovamente abbandonati, la rabbia e il dolore per quanto subito, sono i vissuti che albergano nell'animo di molti bambini rendendo loro difficile gestire con equilibrio e competenza le relazioni con adulti e coetanei. Questi bambini hanno bisogno solitamente di tempi medio-lunghi per acquisire modalità di relazione adeguate, imparando a riconoscere ed esprimere correttamente le proprie emozioni. Si tratta di un percorso impegnativo che deve essere tenuto nella giusta considerazione, soprattutto per quei bambini che sono adottati in età scolare ed iniziano il loro percorso scolastico quasi in concomitanza con l'inserimento nella nuova famiglia. (Linee di indirizzo 2014)

Il documento si conclude con una serie di suggerimenti che le scuole potrebbero adottare per favorire le dinamiche di inserimento dei bambini adottati, dalle scelte metodologiche a quelle organizzative, sottolineando, in particolare, la grande importanza di una specifica attività di formazione per i docenti su tale ambito.

10. Vaccini e scuola

Si è riaperta di recente una questione che sembrava aver trovato la sua giusta soluzione, quella dei vaccini per l'accesso alla frequenza scolastica. Il problema si era posto quando il Governo allora in carica aveva varato la legge sull'obbligo dei vaccini, che aveva indicato, tra gli obiettivi prioritari nel Piano nazionale prevenzione vaccinale 2017-2019 sottoscritto d'intesa con la Conferenza permanente il 19 gennaio 2017, quello di procedere, in base agli impegni assunti a livello europeo e internazionale, alla vaccinazione obbligatoria e gratuita dei minori tra 0 e 16 anni e di tutti i minori stranieri non accompagnati.

Tale scelta aveva prodotto un'accesa discussione tra favorevoli e contrari alla prescrizione, che aveva più volte portato gli stessi vertici del Ministero della Salute a ritornare sulle decisioni assunte. Nel Decreto n. 73/2017 erano inizialmente previsti 12 vaccini; nella legge di conversione questi erano stati ridotti a 10, con multe più contenute per i trasgressori e senza ripercussioni sulla patria potestà. La decisione definitiva era stata pubblicata con la legge 31 luglio 2017, n. 119, di Conversione in legge, con modificazioni, del Decreto legge 7 giugno 2017, n. 73, recante disposizioni urgenti in materia di prevenzione vaccinale.

La prevenzione vaccinale

La legge aveva stabilito:

> Sono obbligatorie e gratuite, in base alle specifiche indicazioni del calendario vaccinale nazionale relativo a ciascuna coorte di nascita, le vaccinazioni di seguito indicate:
>
> a) anti-poliomielitica;
> b) anti-difterica;
> c) anti-tetanica;
> d) anti-epatite B;
> e) anti-pertosse;
> f) anti-Haemophilus influenzæ tipo B.
>
> 1-*bis*. Agli stessi fini di cui al comma 1, per i minori di età compresa tra zero e 16 anni e per tutti i minori stranieri non accompagnati sono altresì obbligatorie e gratuite, in base alle specifiche indicazioni del calendario vaccinale nazionale relativo a ciascuna coorte di nascita, le vaccinazioni di seguito indicate:
>
> a) anti-morbillo;
> b) anti-rosolia;
> c) anti-parotite;
> d) anti-varicella. (Art. 1, comma 1, legge 31 luglio 2017, n. 119 – *Conversione in legge, con modificazioni, del decreto legge 7 giugno 2017, n. 73, recante disposizioni urgenti in materia di prevenzione vaccinale*)

Gli antibiotici

Per i quattro vaccini dell'art. 1-*bis* era stata stabilita l'attuazione, su base triennale, di una verifica se fosse stata raggiunta la soglia di sicurezza del 95% (limite stabilito dall'OMS) di bambini vaccinati. Era stato raccomandato anche l'uso di quattro antidoti, l'anti-meningococcica B e C, l'anti-pneumococcica e l'anti-rotavirus, che su richiesta sarebbero stati forniti gratuitamente. La legge aveva, infine, previsto l'istituzione dell'Anagrafe nazionale vaccinale. A seguito di ciò il MIUR aveva diffuso la Circolare n. 1622 del 16 agosto 2017, nella quale erano state fornite le prime indicazioni operative e gli obblighi per i dirigenti scolastici, i responsabili dei servizi educativi per l'infanzia e dei centri di formazione professionale regionale:

> Le istituzioni scolastiche del Sistema nazionale di istruzione e le scuole private non paritarie acquisiscono la documentazione concernente l'obbligo vaccinale, segnalano all'Azienda Sanitaria Locale (ASL) di competenza l'eventuale mancata presentazione di tale documentazione e adottano le misure relative alla composizione delle classi. (Circolare n. 1622 del 16 agosto 2017)

Il compito di richiedere all'atto dell'iscrizione dichiarazioni, documenti, dichiarazioni sostitutive per l'adempimento degli obblighi vaccinali venne affidato ai dirigenti scolastici, mentre a genitori, tutori e soggetti affidatari venne consentito di presentare anche la semplice copia della formale richiesta di vaccinazione alla ASL da effettuarsi entro la fine dell'anno scolastico di riferimento. Fu prevista una fase transitoria per gli anni scolastici 2017-2018 e 2018-2019 e il passaggio al pieno regime dall'anno scolastico 2019-2020: la procedura di acquisizione della documentazione vaccinale sarebbe stata semplificata per le scuole con l'invio degli elenchi degli iscritti con età sino a 16 anni alla ASL territorialmente competente.

La fase transitoria

Per la fase transitoria, anno scolastico 2017-2018, fu stabilito che la documentazione avrebbe dovuto essere presentata alle scuole statali, paritarie e private non paritarie: entro il 10 settembre 2017 per la scuola dell'infanzia e delle sezioni primavera, per le quali essa costituiva requisito di accesso; entro il 31 ottobre 2017 per tutti gli altri gradi di istruzione. L'operazione riguardò anche gli alunni già frequentanti, e la mancata effettuazione avrebbe dovuto essere segnalata dai dirigenti scolastici alla ASL territorialmente competente entro 10 giorni. Per l'anno scolastico 2018-2019, la documentazione avrebbe dovuto essere presentata al momento dell'iscrizione. Per gli altri gradi scolastici, la sua mancata presentazione nei termini previsti non avrebbe fatto decadere l'iscrizione né impedito la partecipazione agli esami.

La composizione delle classi

La legge interveniva anche sulla composizione delle classi, prevedendo che i minori nelle condizioni di omissione o differimento delle vaccinazioni per accertato pericolo per la salute sarebbero stati inseriti in classi nelle quali erano presenti solo minori vaccinati o immunizzati: tutto ciò preservando gli aspetti generali della formazione delle classi quali l'offerta formativa, i percorsi di studio, i numeri delle classi, la continuità, la tutela del diritto allo studio.

I dirigenti scolastici o i responsabili del servizio avrebbero dovuto comunicare alla ASL competente, entro il 31 ottobre di ogni anno, la presenza di più di due minori non vaccinati nella stessa classe. Erano state escluse per l'anno scolastico 2017-2018 le classi della scuola primaria, della secondaria di primo e di secondo grado in quanto la documentazione degli adempimenti vaccinali andava presentata entro il 31 ottobre 2017, cioè dopo la formazione delle classi. La questione dei vaccini non escludeva neppure i docenti.

Compiti dei dirigenti scolastici

L'art. 3, comma *3-bis,* del decreto legge dispone che, entro il 16 novembre 2017, gli operatori scolastici presentino alle istituzioni scolastiche presso le quali prestano servizio una dichiarazione sostitutiva resa ai sensi del DPR 28 dicembre 2000, n. 445, comprovante «la propria situazione vaccinale, utilizzando il modello di cui all'allegato 2».

A dirigenti scolastici e responsabili del servizio fu affidato il compito di informare tempestivamente informazione sulla nuova disposizione, anche attraverso il sito istituzionale della scuola, mentre il MIUR e il Ministero della Salute furono chiamati a promuovere per l'anno scolastico 2017/2018 iniziative di informazione per il personale scolastico ed educativo e di formazione per alunne e alunni, studentesse e studenti sulle vaccinazioni e sulla prevenzione sanitaria.

11. La situazione attuale sui vaccini

Il MIUR aveva poi diramato la Circolare n. 14659 del 13 novembre 2017 sulle iscrizioni alle scuole dell'infanzia e alle scuole di ogni ordine e grado per l'anno scolastico 2018-2019 nella quale, richiamando il disposto della legge 119/2017, aveva dettato le modalità per l'iscrizione alle scuole, ricordando l'obbligo vaccinale per i minori da 0 a 16 anni, compresi i minori stranieri non accompagnati.

Abbiamo già ricordato che la legge 119/2017 aveva previsto tre distinte procedure: una transitoria per l'anno scolastico 2017-2018, una simile per l'anno scolastico 2018-2019, una semplificata dall'anno scolastico 2019-2020. In realtà, il decreto legge 16 ottobre 2017, n. 148, convertito in legge 4 dicembre 2017, n. 172, aveva stabilito la possibilità di applicare la procedura semplificata già dall'anno scolastico 2018-2019, ma solo nelle Regioni in cui fosse stata già istituita l'Anagrafe vaccinale. Questa scelta aveva di fatto delineato due diverse procedure per l'obbligo vaccinale e per l'iscrizione alle scuole.

L'obbligo vaccinale

Nelle Regioni in cui l'anagrafe vaccinale non fosse stata ancora istituita, sarebbe toccato al dirigente scolastico, al momento dell'iscrizione, chiedere ai genitori, ai tutori o ai soggetti affidatari la documentazione per l'assolvimento dell'obbligo vaccinale, che avrebbe attestato: l'avvenuta vaccinazione; l'eventuale esonero per chi si è immunizzato a seguito di malattia naturale; l'omissione o il differimento per chi si trova in particolari condizioni di salute; la copia della richiesta di vaccinazione all'ASL territorialmente competente per la vaccinazione da effettuare entro la fine dell'anno scolastico.

La documentazione avrebbe potuto essere sostituita da una dichiarazione presentata entro il 10 luglio e resa ai sensi del DPR n. 445/2000. Al termine delle iscrizioni, la scuola avrebbe verificato la documentazione presentata e, nel caso di inadempienza per la dichiarazione entro i termini, il dirigente avrebbe segnalato entro 10 giorni la situazione all'ASL.

Nelle Regioni in cui l'anagrafe vaccinale fosse stata istituita, la procedura sarebbe stata semplificata. I dirigenti scolastici avrebbero trasmesso alle ASL gli elenchi degli iscritti in età da 0 a 16 anni, inclusi i minori stranieri non accompagnati, per l'anno scolastico 2018-2019 entro il 10 marzo. Dopo l'opportuno controllo, le ASL avrebbero restituito alle scuole gli elenchi entro il 10 giugno, indicando gli alunni non in regola con gli obblighi vaccinali, quelli non in situazioni di esonero, omissione o differimento delle vaccinazioni, che non avessero presentato formale richiesta di vaccinazione. I dirigenti scolastici avrebbero dovuto, a quel punto, invitare i genitori, i tutori o i soggetti affidatari a presentare entro il 10 luglio, la documentazione che dimostrasse l'effettuazione delle vaccinazioni, o l'esonero, o l'omissione o il differimento, o la richiesta di vaccinazione all'ASL competente. Successivamente, entro il 20 luglio, i dirigenti avrebbero trasmesso all'ASL la documentazione acquisita o la comunicazione del mancato deposito per gli adempimenti di competenza e per l'eventuale applicazione delle sanzioni.

Decreto Milleproroghe 2018

Per la scuola dell'infanzia e i servizi educativi per l'infanzia, l'assolvimento dell'obbligo vaccinale si sarebbe posto come requisito per l'accesso alla scuola e la frequenza, mentre per quella primaria e secondaria di primo e secondo grado, sino a 16 anni, l'obbligo vaccinale non sarebbe stato requisito d'accesso, ma avrebbe potuto comportare una multa da 100 a 500 euro per i genitori inadempienti.

CAPITOLO VENTESIMO

Continuità e orientamento

1. Continuità e orientamento

In molti istituti comprensivi l'opportunità di assegnare a docenti particolarmente preparati funzioni strumentali finalizzate a realizzare le scelte del POF e, comunque, a qualificare l'azione formativa della scuola, ha condotto a individuare quali ambiti preferenziali quello della continuità e dell'orientamento, quasi a collegare in un'unica prospettiva questi importantissimi concetti di pedagogia scolastica.

Continuità

La continuità si pone come problematica scolastica che nasce dall'attenzione riservata alla persona in formazione: essa sposta l'interesse del processo educativo dall'oggetto dell'insegnare al soggetto che apprende. In questo senso, elemento fondamentale diventa proprio l'alunno, con i suoi interessi, motivazioni, modi di apprendere, attitudini ed eccellenze, in una parola la sua originalità: quest'ultima, se da un lato deve essere confermata dall'azione formativa, dall'altro va sollecitata al cambiamento positivo al fine di consentirle ulteriori sviluppi.

Continuità e discontinuità, permanenze e cambiamenti, avanzamenti e ritorni sono in altri termini aspetti dinamici di un unico processo, la formazione, la cui realizzazione è affidata per particolari aspetti alla scuola. La continuità come problema pedagogico va considerata in base ai principi di:

- coerenza, riferibile all'organicità e unitarietà del processo educativo;
- integrazione rispetto ad altri interventi educativi effettuati (il riferimento è, ad esempio, alla famiglia e all'extrascuola);
- arricchimento *in progress* come condizione per lo sviluppo, che per questo richiama in causa anche il valore della discontinuità delle proposte educative; occorre, in altri termini, consentire di incontrare anche il *nuovo;*
- ricomposizione intesa come disegno organico e complessivo della formazione.

Orientamento

L'orientamento è a sua volta una prospettiva educativa, anch'essa legata al riconoscimento della centralità dell'alunno nel processo di formazione. Inizialmente inteso soprattutto come possibilità di scelta nella continuazione degli studi, l'orientamento si è progressivamente imposto come una vera e propria strategia per promuovere la qualità della formazione per tutti e per ciascun alunno secondo il principio di orientamento al successo formativo.

2. Continuità e discontinuità nel processo di sviluppo

La continuità e la discontinuità sono aspetti che appartengono alla vita stessa dell'uomo. Anche nello sviluppo cognitivo e affettivo del bambino si alternano fasi di regolarità con progressioni, gradualità, sequenzialità, con periodi di discontinuità legati all'imprevedibilità della vita. Queste riflessioni hanno condotto gli studiosi di Psicologia a preferire una concezione dinamica e variabile dello sviluppo rispetto a quella tradizionale riconducibile a una dimensione lineare.

Piaget

Lo stesso Piaget, le cui idee sono state a volte oggetto di contestazione proprio per la questione della sequenzialità dello sviluppo, ha in realtà affermato, con la sua concezione stadiale, proprio la presenza di discontinuità prodotta da adattamenti e accomodamenti che consentono la crescita. In questo senso, possiamo parlare sia di progressione, in riferimento al passaggio dall'intelligenza senso-motoria a quella delle operazioni astratte, sia di discontinuità, se ci riferiamo a quelli che egli definisce avanzamenti e regressioni, accelerazioni e decelerazioni.

Questa concezione è ben ripresa negli Orientamenti del 1991 per la scuola dell'infanzia, quando si parla di continuità che va promossa curando un'attenta progettualità delle differenze:

> L'identità culturale, si afferma, si sostanzia in un complesso intreccio di influenze, che si ripercuotono sul bambino con effetti differenti, evidenziando diversità tra i soggetti, variabilità nei ritmi, nei tempi dello sviluppo medesimo.

> Quest'ultimo non va considerato tanto in una logica funzionale, quanto interpretato in relazione ai contesti di socializzazione ed educazione nei quali si realizza. (Orientamenti 1991)

Nel nostro organismo è certamente presente un principio di stabilità che dà ordine al sistema, anche se questo ordine va interpretato alla luce della più ampia instabilità e variabilità degli elementi che lo compongono: se un tempo la variabilità individuale veniva considerata aspetto dell'eccellenza o della carenza nei confronti di un modello ideale di sviluppo, oggi si tende, invece, a considerare la discontinuità e l'imprevedibilità di tale sviluppo.

È possibile, in questo senso, far riferimento alle posizioni di due grandi studiosi di Psicologia. Il primo è Lev Semënovič Vygotskij, il quale sin dagli anni Venti del secolo scorso aveva intuito la presenza di una relazione non sequenziale tra apprendimento e sviluppo: egli sosteneva che l'apprendimento significativo precede e non segue lo sviluppo e per questo definiva, come abbiamo già ricordato, *zona di sviluppo prossimale* uno spazio sociale nel quale avveniva questo apprendimento.

Vygotskij

> La zona di sviluppo prossimale rappresenta la differenza tra il livello di apprendimento determinato mediante prove eseguite dal soggetto da solo, senza aiuto, e il livello potenziale determinato attraverso compiti di problem solving, eseguiti sotto la guida dell'adulto o in collaborazione con coetanei più abili. (Boscolo, 1986)

In altri termini, Vygotskij sosteneva che l'interazione sociale tra soggetti con diversi livelli di competenza, quindi con caratteristiche di discontinuità, costituiva una condizione fondamentale per promuovere l'apprendimento significativo.

Il secondo, il già citato Urie Bronfenbrenner, sostenitore della teoria ecologica dello sviluppo umano, ha affermato l'importanza dei contesti nell'apprendimento sottolineando l'interazione che si stabilisce tra questi e gli individui.

Bronfenbrenner

> L'ambiente ecologico è concepito in modo *topologico* e cioè con una serie ordinata di strutture concentriche incluse l'una nell'altra. Facciamo riferimento a queste strutture con i termini di *microsistema, mesosistema, ecosistema, macrosistema.* (Boscolo, 1986)

Per il nostro discorso facciamo riferimento al microsistema, cioè a uno schema di attività, relazioni, ruoli vissuti in rapporti duali: nel momento in cui si verifica un evento inatteso, questo può creare un condizionamento che può influenzare e, addirittura, cambiare i processi di sviluppo del bambino. L'evento inatteso può provocare, in altri termini, influssi negativi o anche positivi, che vanno a incidere sulla crescita del bambino sia positivamente, sia negativamente. La nozione di sviluppo, in una società così profondamente contraddittoria negli stili di vita come la nostra, non può essere concepita secondo modelli eccessivamente rigidi e precostituiti: occorre avere la consapevolezza che i contesti di vita attuali cambiano costantemente e velocemente e questo fatto incide profondamente sui percorsi di crescita delle nuove generazioni.

3. Continuità e discontinuità nella scuola

Per quanto concerne la continuità, si tratta di una prospettiva che si è delineata nel mondo della scuola in tempi relativamente recenti, prodotta dall'incremento della scolarizzazione e dalla trasformazione del nostro sistema scolastico in termini di democratizzazione. Infatti, essa riceve le prime formalizzazioni proprio verso la fine del decennio degli anni Settanta del secolo scorso per poi diventare una tematica molto presente nei documenti e nelle norme delle epoche successive.

La Relazione Fassino del 1982

Dopo il primo accenno nei Programmi del 1979 per la scuola media alla continuità dinamica dei principi metodologici con le elementari, una vera e propria formalizzazione di essa avviene nella Relazione Fassino per il rinnovo dei programmi della scuola elementare, redatta nel 1982; tale documento, nel delineare il quadro culturale per procedere a tale rinnovo, afferma che la continuità si qualifica

> come prospettiva unitaria e integrata dei problemi dell'infanzia e dell'adolescenza, facendo corrispondere la continuità del sostegno e della guida della scuola alla continuità dello sviluppo del soggetto. (Relazione Fassino, 1982)

I Programmi del 1985

Ancora più chiaro è il successivo testo dei Programmi del 1985 per la scuola elementare, nel quale si afferma che tale scuola deve diventare elemento qualificante per costruire un sistema formativo integrato che realizzi la continuità orizzontale con i contesti di vita degli alunni e la continuità verticale con gli altri segmenti della scuola di base, scuola dell'infanzia e scuola media, contribuendo

> anche mediante momenti di raccordo pedagogico, curricolare e organizzativo con la scuola materna e con la scuola media, a promuovere la continuità del processo educativo, condizione questa essenziale per assicurare agli alunni il positivo conseguimento delle finalità dell'istruzione obbligatoria.

Discontinuità

Viene in questo modo affermata la necessità del superamento di tutte le discontinuità e incoerenze che possono concretizzarsi durante il percorso educativo e che trovavano fondamento in molte ragioni di carattere:

– *storico e istituzionale*, essendo nati i tre segmenti della scuola di base in epoche molto diverse tra loro, con la scuola materna statale istituita nel 1968, la scuola elementare nel 1861, la scuola media unificata nel 1962. Questa diversità ha di fatto influito sul loro stesso sviluppo, essendo state definite secondo ottiche culturali riferibili a tempi molto diversi tra loro e con esigenze formative del tutto differenti nei tre periodi;

– *professionale,* riferito al tipo di formazione del personale della scuola che all'epoca era molto diverso, con le maestre di scuola materna che si diplomavano dopo un percorso triennale, quelle delle elementari dopo la frequenza quadriennale dell'istituto magistrale, quelli della scuola media che, a parte gli insegnanti di alcune educazioni, dovevano essere in possesso di una laurea. Oggi tale problema è quasi del tutto superato con i nuovi modelli di formazione professionale iniziale:

> Queste storie, delle scuole e dei loro docenti, vanno conosciute e valorizzate, favorendo un processo di reciproco riconoscimento tra i docenti dei diversi settori scolastici, svelando anche le dinamiche sottese al codice materno (primaria?) e al codice paterno (secondaria?), interpretato dalle diverse tipologie di scuole, uscendo da facili stereotipi. (Cerini, 2012e)

– *organizzativo,* legato alla diversa articolazione degli orari scolastici e all'impiego articolato del personale docente, con la scuola dell'infanzia con 40 ore di attività settimanali e il doppio organico di docenti sulle sezioni; la scuola elementare, oggi primaria, che ha visto più volte variare l'orario settimanale delle attività passando dalle 24 ore settimanali alle 30 e 40 per il tempo pieno, ancora alle 27 per il tempo normale e 40 confermate per il tempo pieno, e vedendo succedersi l'insegnante unico, il team dei docenti, l'insegnante prevalente-unico, mentre per il tempo pieno è rimasto sempre il doppio organico dei docenti sulle classi;

– *didattico,* riferito in particolare non tanto alle diverse attività, ovviamente rapportate all'età, quanto alle metodologie che hanno privilegiato approcci molto diversi nei tre ordini scolastici. Scrivevano in quegli anni alcuni esperti:

> Le indicazioni dei programmi sono già differenti, ma l'impostazione contenutistica e metodologica che viene poi trasmessa nella pratica è ancora più variegata, con riflessi differenziati inevitabili rispetto al curricolo, alle strategie d'apprendimento e agli esiti finali. (Caroli, Giurato e Mattedi, 1986)

Gli Orientamenti del 1991

Ancor con maggior chiarezza la questione continuità viene affrontata negli Orientamenti per la scuola materna del 1991. A tale problematica viene dedicato un intero paragrafo nel quale si afferma:

> Occorre, pertanto, prevedere un sistema di rapporti interattivi tra la scuola materna e le altre istituzioni ad essa contigue, che la configura

come contesto educativo e di apprendimento saldamente raccordato con tutte le esperienze e conoscenze precedenti, collaterali e successive del bambino. È quindi necessario prestare attenzione alla coerenza degli stili educativi e dar luogo, in base a precisi criteri operativi e in direzione sia orizzontale che verticale, a raccordi che consentano alla scuola di fruire, secondo un proprio progetto pedagogico, delle risorse umane, culturali e didattiche, presenti nella famiglia e nel territorio, e di quelle messe a disposizione dagli enti locali, dalle associazioni e dalla comunità. Appare, poi, pedagogicamente utile concordare modalità di organizzazione e di svolgimento delle attività didattiche e praticare scambi di informazioni e di esperienze fra i livelli immediatamente contigui di scuola, nel rispetto delle reciproche specificità.

DM del 16 novembre 1992

Nel periodo successivo la continuità viene ripresa in vari altri documenti; ne parla, ad esempio, la legge di riforma della scuola elementare, legge 148/1990 e il DM del 16 novembre 1992 per l'attuazione dell'art. 2 di tale legge, in cui viene proposta un'interpretazione della continuità come modalità operativa per favorire il raccordo tra le scuole. Si afferma nell'art. 1 del DM:

> La continuità del processo educativo tra scuola materna, elementare e media viene garantita come percorso formativo unitario al quale contribuisce con pari dignità educativa l'azione di ciascuna scuola, nella dinamica degli specifici ruoli ed obiettivi, secondo una logica di sviluppo organico e coerente.
>
> Al fine di realizzare il necessario raccordo pedagogico, curricolare ed organizzativo tra le diverse scuole, i collegi dei docenti elaborano, nell'ambito della programmazione educativa annuale, piani di intervento per promuovere la continuità.
>
> I piani di intervento devono qualificare la programmazione educativa come pratica unificante per tutti gli ordini di scuola, assicurando un continuum di opportunità educative a tutti gli alunni nel loro sviluppo individuale e formativo ed individuando iniziative comuni intese ad assicurare operativamente la continuità.
>
> Detti piani di intervento, da definirsi sulla base delle esigenze legate alle concrete situazioni in cui le scuole si trovano ad operare e con riferimento alle caratteristiche generali e specifiche dei soggetti, indicheranno finalità ed obiettivi, forme di collegamento con le realtà culturali, ambientali e sociali presenti sul territorio, nonché modalità di verifica e valutazione.

Finalità e azioni

Nel decreto si chiariscono le finalità del provvedimento che vuole garantire agli alunni un percorso di studi organico e completo, riconoscendo pari dignità formativa a ciascun livello scolastico, prevenendo le eventuali difficoltà dei passaggi e favorendo il raccordo tra scuola ed extrascuola. Le azioni da intraprendere, che in questo senso vengono indicate, riguardano l'opportunità di coordinare i curricoli, di conoscere e scambiare informazioni sui percorsi formativi degli alunni, di costruire un vero e proprio fascicolo personale dell'alunno, di promuovere la continuità.

In quella fase, erano molto avvertiti i fenomeni dell'abbandono e dell'insuccesso scolastico, particolarmente presente negli anni del passaggio da un grado all'altro.

> Insuccesso, dispersione, abbandono o ritiro sono i termini con i quali più frequentemente sono descritte le difficoltà dei ragazzi con la scuola, parole che in modo diverso indicano una mancata coincidenza tra aspirazioni e risultati. La dispersione, un termine usato di preferenza dai sociologi, che comprende abbandoni, ripetenze e ritardi nella frequenza in rapporto all'età del ragazzo, rende bene l'idea del gruppo di bambini che parte compatto il primo giorno di scuola elementare e si assottiglia via via fino a ridursi a un gruppetto sparuto dell'università. Ogni passaggio di scuola è fatale. (Maggiolini, 2012)

Proprio per prevenire ciò, vi è stato un proficuo lavoro delle scuole sulle indicazioni del decreto negli anni successivi; in particolare, sono state realizzate molte attività sia sul coordinamento dei curricoli, sia sulla costruzione del fascicolo personale.

Progetto Valigia

Una significativa attenzione è stata riservata, ad esempio, al Progetto Valigia, che ha sostanzialmente anticipato le esperienze del portfolio: si è trattato di un lavoro che ha utilizzato l'idea di un contenitore, la valigia, come sfondo integratore nel quale sono state documentate tutte le esperienze effettuate dai bambini della scuola dell'infanzia, poi passate ai docenti della scuola elementare perché le utilizzassero come spunti per avviare le attività del primo anno nella nuova scuola. La realizzazione del progetto ha consentito anche di superare una serie di problematiche specifiche interne alle attività stesse della scuola dell'infanzia, quali le anticipazioni di contenuti, i precocismi didattici, le attività di pregrafismo, prefettura, nascoste forme di primine anticipate.

Istituti comprensivi e anticipo scolastico

Si tratta di questioni ormai superate, anche perché la cultura della continuità si è ormai affermata nel mondo della scuola. Essa è stata ancora più rafforzata da altri provvedimenti successivi, tra i quali ricordiamo la nascita degli istituti comprensivi nel 1994 e l'anticipo scolastico del 2004, che ha obbligatoriamente portato le scuole a incontrarsi per sostenere le eventuali scelte della famiglia.

4. La continuità, principio costitutivo della formazione scolastica

Oggi possiamo certamente affermare che il principio della continuità è definitivamente entrato nella cultura della scuola e che non vi sia documento che non la richiami: in questo senso, possiamo ricordarne alcuni. Il primo è quello della legge delega n. 53/2003 che ha riordinato il nostro sistema scolastico secondo la prospettiva unitaria dei cicli, che indubbiamente ha condotto alla realizzazione di un collegamento molto più serrato tra i gradi scolastici prevedendo l'irrealizzato portfolio e che, con la definitiva affermazione degli istituti comprensivi, ha valorizzato pienamente la prospettiva della continuità.

Dal PECUP del 2004...

Sempre legato alla riforma ricordiamo, poi, il Decreto legislativo n. 59/2004 che ha introdotto il Profilo educativo, culturale e professionale dello studente (PECUP) alla fine del primo ciclo di istruzione. Per il secondo ciclo è intervenuto il Decreto legislativo n. 226 del 17 ottobre 2005 che, all'Allegato A, ha definito il PECUP per il secondo ciclo di istruzione. Più di recente, il D.lgs. n. 61 del 13 aprile 2017 per la revisione dei percorsi dell'istruzione professionale, ha ridefinito il PECUP per questo settore della formazione, anche sottolineando l'importanza della continuità tra il mondo della scuola e quello del lavoro:

> I risultati di apprendimento attesi a conclusione del percorso quinquennale consentono agli studenti di inserirsi direttamente nel mondo del lavoro, di accedere all'università, al sistema dell'istruzione e formazione tecnica superiore, nonché ai percorsi di studio e di lavoro previsti per l'accesso agli albi delle professioni tecniche secondo le norme vigenti in materia. (D.lgs. 13 aprile 2017, n. 61 – *Revisione dei percorsi dell'istruzione professionale nel rispetto dell'articolo 117 della Costituzione, nonché raccordo con i percorsi dell'istruzione e formazione professionale* – Allegato A).

...alle Indicazioni 2012

Anche nelle Indicazioni nazionali del 2012, nel paragrafo dedicato all'organizzazione del curricolo, si sottolinea l'importanza di garantire continuità e unitarietà al percorso di formazione:

> I diversi ordini di scuola si attivano pertanto per garantire un processo evolutivo unitario, con uno sviluppo coerente, in cui gli obiettivi sono intesi in senso longitudinale e sono visti in evoluzione. Per questo il processo deve prevedere una logica di sviluppo in cui l'obiettivo raggiunto (come, a quale livello), è premessa e base per individuare l'obiettivo da raggiungere successivamente. (Indicazioni nazionali 2012)

La stessa formazione iniziale dei docenti si presenta oggi caratterizzata da dinamiche molto simili per tutti gli ordini e gradi scolastici e non meno importante per la continuità si rivelerà la creazione del sistema 0-6 per l'infanzia. Un contributo indiretto alla realizzazione della continuità è offerto anche dal sistema INVALSI che, con le batterie di prove somministrate nei controlli annuali e negli esami, ha sottolineato l'opportunità di monitorare gli apprendimenti degli studenti nel passaggio da un ordine di scuola e l'altro.

Ricordiamo, infine, che anche la legge 107/2015 conferma il principio della continuità quando fa riferimento alla triennalità del Piano dell'offerta formativa e alla titolarità dei docenti su scuole e su ambiti territoriali e fissa, ferme restanti le richieste annuali, la mobilità del personale docente su base triennale. In realtà, ancora più significativa è la decretazione delegata della legge che, nel D.lgs. n. 66 del 13 aprile 2017, *Norme per la promozione dell'inclusione scolastica degli alunni con disabilità,* ha richiamato l'importanza della continuità nei processi di integrazione che riguardano gli alunni con handicap, gli scolari e gli studenti con DSA (disturbo specifico di apprendimento) e BES (bisogni educativi speciali). Si legge nel documento che la continuità del progetto educativo e didattico per gli alunni con disabilità certificata è garantita dal Piano per l'inclusione e dal PEI: il dirigente scolastico, per concretizzare tale garanzia e valorizzare le competenze professionali del personale, proporrà ai docenti dell'organico dell'autonomia di svolgere anche attività di sostegno didattico se in possesso della specializzazione. Il comma 3 dell'art. 14 ha addirittura stabilito che:

> Al fine di agevolare la continuità educativa e didattica e valutati, da parte del dirigente scolastico, l'interesse dell'alunno e l'eventuale richiesta della famiglia, ai docenti con contratto a tempo determinato per i posti di sostegno didattico possono essere proposti, non prima dell'avvio delle lezioni, ulteriori contratti a tempo determinato nell'anno scolastico successivo, ferma restando la disponibilità dei posti e le operazioni relative al personale a tempo indeterminato, nonché quanto previsto dall'articolo 1, comma 131, della citata legge n. 107/2015. (Art. 14 – *Continuità del progetto educativo e didattico,* D.lgs. n. 66 del 13 aprile 2017 – *Norme per la promozione dell'inclusione scolastica degli alunni con disabilità*)

Si indica, in questo modo, la possibilità del tutto nuova per la scuola che potrebbe consentire alle stesse famiglie di chiedere, in nome della continuità, la conferma di un supplente che abbia operato bene nel processo di integrazione previa disponibilità di un posto e la precedenza che dovrebbe essere accordata a un docente di ruolo che voglia trasferirsi in quella scuola: si tratterebbe di una scelta senza precedenti per la scuola. In realtà, nello stesso comma è stabilito che le modalità attuative dovranno essere definite in un decreto del MIUR pubblicato ai sensi dell'articolo 17, comma 3, della legge del 23 agosto 1988, n. 400, «anche apportando le necessarie modificazioni al regolamento di cui al decreto del Ministro della pubblica istruzione 13 giugno 2007, n. 131», vale a dire al Regolamento per il conferimento delle supplenze.

Continuità e inclusione

5. La continuità nella scuola dell'infanzia: nidi, sezioni primavera, sistema 0-6

Non possiamo concludere il discorso sulla continuità se non facciamo anche un accenno ai nidi, alle sezioni primavera e al nascente sistema 0-6. Infatti, la consapevolezza degli studiosi di Pedagogia e Psicologia

I servizi nella fascia 0-3

che le basi per l'apprendimento si pongono già nei primissimi mesi di vita ha spinto alla ricerca di sempre più innovativi servizi educativi da dedicare alla fascia 0-3 anni, sia per creare tutte le condizioni per garantire un adeguato processo formativo sia per sostenere le famiglie che non riescono a conciliare i tempi di cura dell'infanzia con quelli di lavoro.

Va chiarito che tale esigenza è stata avvertita soprattutto nelle zone più industrializzate, per cui, in riferimento alle situazioni territoriali, vi sono state situazioni variegate che hanno oscillato da una presenza del 5% sino a un massimo del 35%, in ogni caso si è trattato di una media nazionale molto distante dallo standard del 33% che il Consiglio europeo aveva indicato come ottimale nel 2000 a Lisbona.

Ritornando ai servizi per la prima infanzia attivi in Italia, sappiamo che sino a ora sono stati presenti sul territorio:

- gli asili nido istituiti in base alla legge n. 1044 del 6 dicembre 1971 e affidati direttamente ai Comuni:

> L'assistenza negli asili nido ai bambini di età fino a tre anni nel quadro di una politica per la famiglia costituisce un servizio sociale di interesse pubblico. Gli asili nido hanno lo scopo di provvedere alla temporanea custodia dei bambini, per assicurare una adeguata assistenza alla famiglia e anche per facilitare l'accesso della donna al lavoro nel quadro di un completo sistema di sicurezza sociale. (Art. 1)

- i nidi aziendali, anch'essi curati dagli enti locali ma in collaborazione con imprese, università, mondo del lavoro; tale opportunità era stata già prevista con la legge n. 860 del 26 agosto 1950:

> È fatto obbligo al datore di lavoro di istituire una camera di allattamento nelle dipendenze dei locali di lavoro per tutti i figli delle lavoratrici dipendenti, quando nell'azienda siano occupate almeno trenta donne coniugate di età non superiore ai 50 anni. (Art. 11)

- gli asili nido di iniziativa privata o gestiti da cooperative in regime di convenzione con gli enti locali;
- i micronidi, destinati ad accogliere gruppi ridotti di bambini, attivi soprattutto nelle zone di montagna;
- i servizi integrativi ai nidi, con spazi gioco, spazi intrattenimento, centri per bambini che vengono denominati in svariate maniere;
- le sezioni primavera, che hanno accolto bambini dai 24 ai 36 mesi e che sono state aggregate anche alle scuole dell'infanzia statali, ma soprattutto presenti in gran numero nelle scuole FISM (Federazione italiana scuole materne).

Le sezioni primavera

Le sezioni primavera sono state istituite a livello sperimentale con la legge 296/2006 (Finanziaria 2007), comma 630, e successivamente confermate con specifici accordi nella Conferenza unificata Stato-Regionienti locali. La finalità era stata quella di contribuire allo sviluppo di servizi per i bambini di età inferiore a 3 anni e alla diffusione di servizi-ponte tra nido e scuola dell'infanzia utilizzando anche risorse messe a disposizione dallo Stato.

Le sezioni primavera si erano pertanto sviluppate aggregandosi alle strutture di scuole dell'infanzia, statali e paritarie, e nei nidi pubblici o privati in convenzione. Tale intervento, che aveva coinvolto inizialmente il MIUR, il Ministero delle politiche per la famiglia, le Regioni e gli enti locali, aveva fissato anche i criteri che gli enti gestori avrebbero dovuto inderogabilmente osservare; questi riguardavano:

I criteri

- la disponibilità di locali adeguati per funzionalità e sicurezza;
- il numero contenuto del gruppo omogeneo per età, indicativamente dai 15 ai 20 bambini, simile al gruppo dei grandi degli asili nido;
- il rapporto numerico bambini-insegnanti non superiore a 10, con presenza di personale ausiliario;
- le attività di formazione e aggiornamento per detto personale;
- l'attivazione di un programma di consulenza, assistenza tecnica, coordinamento pedagogico, monitoraggio e valutazione che possa garantire la piena affidabilità educativa.

L'esperienza innovativa era partita nel 2007 e aveva potuto contare su significative risorse economiche. Negli anni, i tagli erano intervenuti anche in questo settore, provocando una contrazione delle iniziative e creando un quadro di incertezze.

Servizio sociale di interesse pubblico

Ritornando agli asili nido, essi erano stati definiti nella legge istitutiva come «un servizio sociale di interesse pubblico». Essa aveva affidato poi alle Regioni il compito di programmare la realizzazione di strutture e la definizione di criteri generali per la loro costituzione, mentre la gestione era stata affidata agli enti comunali secondo il principio del decentramento:

> La Regione, con proprie norme legislative, fissa i criteri generali per la costruzione, la gestione e il controllo degli asili nido, tenendo presente che essi devono: 1) essere realizzati in modo da rispondere, sia per la localizzazione sia per modalità di funzionamento, alle esigenze delle famiglie; 2) essere gestiti con la partecipazione delle famiglie e delle rappresentanze delle formazioni sociali organizzate nel territorio; 3) essere dotati di personale qualificato sufficiente e idoneo a garantire l'assistenza sanitaria e psico-pedagogica del bambino; 4) possedere requisiti tecnici, edilizi e organizzativi tali da garantire l'armonico sviluppo del bambino. (Art. 6, legge 1044/1971)

D'altra parte, proprio per rispondere alle richieste sempre più pressanti delle famiglie di anticipare l'ingresso alla scuola dell'infanzia, erano state emanate norme che avrebbero consentito l'anticipo scolastico.

Oggi la questione si riapre con il D.lgs. n. 65/2017 che ha istituito il sistema integrato di educazione e di istruzione dalla nascita sino a 6 anni, anche se occorrerà ancora tempo perché esso venga realizzato, anche superando i luoghi comuni storici. È, infatti, opinione comune che gli asili nido siano luoghi di cura, di accudimento e di relazioni personalizzate, mentre le scuole dell'infanzia si pongano come primo segmento preparatorio alla frequenza del sistema di istruzione, nelle quali vi è una maggior attenzione ad apprendimenti formali e conoscitivi.

> La costruzione del curricolo educativo zero-sei anni è così l'appuntamento per rivisitare orientamenti, stili e forme di incontro, modalità di coinvolgimento, organi di rappresentanza della continuità orizzontale e farlo muovendosi in un tempo e spazio più ampio, più dilatato e unitario che corrisponde a tutto il periodo prescolare, un progetto di ampio respiro sia per i bambini che per tutti gli adulti impegnati nel loro affiancamento e educazione. (Zaninelli, 2017)

La cura della persona

I primi provvedimenti sono già stati adottati e il tutto è in fase di realizzazione, sottolineando che il nascente sistema dovrà avere una caratterizzazione legata alla cura della persona e alla sua educazione. Si legge nel Decreto, a proposito delle sue finalità:

Le finalità del sistema

> 3. Il Sistema integrato di educazione e di istruzione:
>
> a) promuove la continuità del percorso educativo e scolastico, con particolare riferimento al primo ciclo di istruzione, sostenendo lo sviluppo delle bambine e dei bambini in un processo unitario, in cui le diverse articolazioni del Sistema integrato di educazione e di istruzione collaborano attraverso attività di progettazione, di coordinamento e di formazione comuni;
>
> b) concorre a ridurre gli svantaggi culturali, sociali e relazionali e favorisce l'inclusione di tutte le bambine e di tutti i bambini attraverso interventi personalizzati e un'adeguata organizzazione degli spazi e delle attività;
>
> c) accoglie le bambine e i bambini con disabilità certificata ai sensi della legge 5 febbraio 1992, n. 104, nel rispetto della vigente normativa in materia di inclusione scolastica;
>
> d) rispetta e accoglie le diversità ai sensi dell'articolo 3 della Costituzione della Repubblica italiana;
>
> e) sostiene la primaria funzione educativa delle famiglie, anche attraverso organismi di rappresentanza, favorendone il coinvolgimento, nell'ambito della comunità educativa e scolastica;
>
> f) favorisce la conciliazione tra i tempi e le tipologie di lavoro dei genitori e la cura delle bambine e dei bambini, con particolare attenzione alle famiglie monoparentali;
>
> g) promuove la qualità dell'offerta educativa avvalendosi di personale educativo e docente con qualificazione universitaria e attraverso la formazione continua in servizio, la dimensione collegiale del lavoro e il coordinamento pedagogico territoriale. (Art. 1 – Principi e finalità, D.lgs. 13 aprile 2017, n. 65 – *Istituzione del sistema integrato di educazione e di istruzione dalla nascita sino a sei anni, a norma dell'articolo 1, commi 180 e 181, lettera e), della legge 13 luglio 2015, n. 107*)

6. L'orientamento come conoscenza di sé

Il tema dell'orientamento richiama il fenomeno, ancora molto diffuso nel nostro Paese, della dispersione scolastica. Infatti, spesso una scelta errata accentua situazioni di difficoltà che in certe fasce di alunni si trasformano in demotivazione e insuccesso formativo.

Drop out

Il fenomeno del *drop out* (ragazzi che non vanno più a scuola) e della dispersione scolastica può essere ricondotto a due scenari: il primo, abbastanza visibile, è relativo al sistema delle bocciature, delle ripetenze, delle frequenze irregolari, degli abbandoni, ecc. che coinvolge il soggetto; il secondo si cela dietro a un volto meno leggibile in termini quantitativi e può essere correlato all'*inefficacia educativa della scuola* (non solo!).

Assumendo la scuola come possibile area di rischio, risulta evidente il legame tra la progettazione di un efficace curricolo d'istituto e le azioni orientative dei docenti e, più in generale, dei contesti di riferimento.

L'orientamento diventa in tal senso una delle principali condizioni per leggere e interpretare vissuti, percezioni, criticità: un vero e proprio campo di educazione ai valori e a un pensiero critico, in grado di promuovere negli alunni la consapevolezza dei propri talenti ma anche dei personali punti di debolezza.

Direttiva n. 487/1997

Questo principio è chiaramente espresso in uno dei documenti fondamentali del quadro normativo, la Direttiva n. 487 del 6 agosto 1997, nella quale si afferma, all'art. 1:

> l'orientamento si esplica in un insieme di attività che mirano a formare e a potenziare le capacità delle studentesse e degli studenti di conoscere se stessi, l'ambiente in cui vivono, i mutamenti culturali e socio-economici, le offerte formative, affinché possano essere protagonisti di un personale progetto di vita.

Per queste ragioni, si sottolinea nel medesimo articolo, l'orientamento

> quale attività istituzionale delle scuole di ogni ordine e grado, costituisce parte integrante dei curricoli di studio e, più in generale, del processo educativo e formativo sin dalla scuola dell'infanzia.

Gli obiettivi prioritari delle azioni orientative, in un quadro finalizzato ad accrescere la conoscenza di sé, sono:

- fornire una corretta informazione riguardo ai possibili percorsi scolastici e professionali;
- favorire nei giovani la scoperta delle proprie attitudini e dei propri interessi;
- creare le condizioni affinché il giovane possa individuare quei riferimenti che gli consentiranno di fare una scelta consapevole e responsabile sia per la prosecuzione negli studi sia per l'inserimento nel mondo del lavoro;

– predisporre adeguati strumenti informativi per le famiglie;
– organizzare interventi mirati per le categorie sociali più deboli, quindi più bisognose di interventi esterni offerti dalla comunità sociale;
– attuare azioni per giovani che hanno abbandonato precocemente la scuola. (Muscolo, 2012)

Conoscenza di sé e degli altri

La conoscenza di se stessi, come richiamato nella Direttiva, deve essere inevitabilmente collegata alla comprensione degli altri, della realtà e del mondo; in tal senso, l'orientamento è un processo che si snoda tra un *orientare* (offrire occasioni, servizi, informazioni, sportelli di consulenza, ecc.) e un *orientarsi* (costruire personali consapevolezze circa la propria identità, valorizzare particolari potenzialità, assumere decisioni per scelte ragionevoli, ecc.), in vista di una personale progettualità nel corso degli studi, del lavoro e della vita.

Profilo dello studente

Questi principi vengono affermati anche nel *Profilo dello studente* (al termine del primo ciclo d'istruzione), precisato nelle Indicazioni per il curricolo del 2012, in cui si afferma:

> [lo studente] ha consapevolezza delle proprie potenzialità e dei propri limiti, utilizza gli strumenti di conoscenza per conoscere se stesso e gli altri, per riconoscere ed apprezzare le diverse identità [...], in un'ottica di dialogo e di rispetto reciproco.

L'orientamento costituisce pertanto un compito irrinunciabile dei docenti e dei dirigenti e non può essere ridotto a qualche incontro di informazione o alle «giornate aperte» in cui le scuole tendono a «pubblicizzare» le loro proposte. È del tutto evidente che il problema della scelta risulta decisamente tardivo se interviene solo nel momento del passaggio e non è stato fatto un adeguato lavoro a monte.

Le parole chiave

In sintesi, le parole chiave dell'*orientamento formativo* sono:

– la *consapevolezza di sé:* i ragazzi spesso non conoscono se stessi e la scuola ha il compito di accompagnarli nel loro cammino di saper scegliere e decidere;
– la *costruzione della propria identità,* intesa non solo come fatto personale ma corale, alla cui promozione concorrono le opinioni dei docenti, dei compagni di classe, le aspettative dei genitori;
– la *valutazione orientativa:* orientamento e valutazione sono strettamente intrecciati; per l'alunno risulta decisiva la capacità di autovalutarsi per essere in grado di accettare la sfida della progettazione del proprio cammino.

Sempre per l'orientamento, oltre all'ambiente web *La scuola in chiaro,* nel quale sono presentate tutte le scuole italiane, altre iniziative sono state attuate in questi anni anche nell'ambito del digitale. L'ultima di queste è stata presentata il 22 novembre 2012 alla fiera Job & Orienta di Verona: si tratta di un nuovo software dal nome S.OR.PRENDO, che verrà sperimentato dal MIUR in otto scuole secondarie di primo grado nella Regione Veneto per poi essere esteso ulteriormente.

7. La didattica orientativa e il laboratorio

La Direttiva n. 487/1997 fa propria una concezione «pedagogico-formativa» dell'orientamento che, come sottolineato, si fonda sul presupposto secondo il quale al centro di tale azione debba essere posta l'intera personalità del soggetto, con le sue motivazioni, competenze, interessi, attitudini che incideranno non solo sulle decisioni inerenti alle scelte scolastiche, ma anche sul progetto di vita che egli intende realizzare.

Tale dimensione chiama in gioco da un lato l'alunno e dall'altro la scuola, in primis i docenti. Lo studente dovrà assumere un atteggiamento collaborativo nei confronti degli adulti che faranno di tutto per aiutarlo; gli insegnanti saranno chiamati a ricercare nelle discipline di studio quei valori in grado di facilitare il cammino formativo del ragazzo. In questo rapporto docente-studente si colloca l'importanza di una *didattica orientativa*.

Piano nazionale orientamento

Nel *Piano nazionale orientamento* presentato nel numero monografico degli Annali della Pubblica Istruzione nel 2011, si afferma che la didattica orientativa indica quella particolare predisposizione delle attività da parte del docente finalizzata consapevolmente a preparare lo studente a gestire in modo autonomo il processo di auto-orientamento, comprensivo di scelte e decisioni, reso possibile attraverso lo sviluppo delle competenze orientative generali. Questo implica l'utilizzo delle discipline in maniera strumentale rispetto all'obiettivo principale, che è lo sviluppo dell'autonomia del soggetto.

Una mentalità orientante

Una scuola che voglia assumere il compito di formare i docenti a una *mentalità orientante* dovrà favorire:

- il ripensamento delle discipline in prospettiva orientativa, facendo interagire le conoscenze asistematiche dei ragazzi con quelle strutturate degli insegnanti;
- la promozione di didattiche cooperative, sperimentando esperienze tese a consolidare le competenze chiave di cittadinanza (imparare a imparare, partecipare, comunicare, interpretare l'informazione, ecc.);
- la realizzazione a scuola di contesti di supporto agli studenti, soprattutto per quelli più esposti ai rischi della demotivazione e della dispersione;
- la creazione di dipartimenti e/o gruppi stabili di insegnanti che assicurino un'adeguata analisi disciplinare delle materie di studio.

La didattica laboratoriale

Il laboratorio è uno strumento della didattica orientativa. In questo senso la *didattica laboratoriale* si caratterizza per essere vicina ai bisogni dei ragazzi, distinguendosi per l'operatività delle situazioni di apprendimento e per la costruzione di percorsi di apprendimento centrati sullo sviluppo di specifici compiti.

Anche l'aula può essere organizzata come laboratorio, inteso

> sia come luogo fisico specificamente attrezzato sia come spazio in cui gli alunni progettano, costruiscono artefatti e manipolano materiali, prevedono, sperimentano, confrontano e discutono affiancati da un docente mediatore e guida. [...] Ha un forte valore orientante per il suo coniugare insieme sapere e saper fare, saper fare e saper agire. (MIUR, PNO, 2011)

La classe come *gruppo che apprende, valore orientante delle discipline* e *didattica laboratoriale* sono tre irrinunciabili punti di attenzione che sostengono una dimensione efficace e formativa dell'orientamento.

8. Genitori e orientamento

Rapporto di fiducia

Il lavoro che i genitori potranno intraprendere con i propri figli dovrà innanzitutto essere caratterizzato da un sentimento di fiducia per superare la condizione di timore che si accompagna alle scelte importanti. Non si deve sottovalutare il fatto che da un lato gli alunni investono notevoli energie per far fronte agli impegni connessi con lo studio, dall'altro si trovano al tempo stesso impegnati nel fronteggiare altri compiti evolutivi tipici dell'adolescenza (conflittualità con i genitori, prime esperienze sentimentali, intensificazione delle reti amicali, ecc.). La riuscita scolastica si intreccia con le difficoltà che il ragazzo incontra nel vivere il *ruolo affettivo* dell'adolescente.

Questi problemi interpellano non solo i genitori, ma anche gli insegnanti e, più in generale, un diffuso livello di partecipazione sociale.

A questo proposito, nel Piano nazionale orientamento (PNO) del MIUR si afferma che

> è indispensabile costruire un'*alleanza educativa*, in primo luogo con le famiglie, al fine di condividere obiettivi comuni che favoriscano in maniera coerente e unitaria la maturazione del processo di auto-orientamento da parte dello studente.

Il coinvolgimento delle famiglie risulta importante perché le scelte scolastiche e lavorative dei figli costituiscono un momento di interesse comune. Nella società attuale il livello decisionale è un momento nel quale la divisione tra genitori e figli risulta quasi inesistente, in quanto i primi vivono in prima persona il successo o l'insuccesso dei secondi. Questa vicinanza è dovuta al fatto che la scelta della scuola, dell'università, del lavoro, ecc. è sempre più destandardizzata. Il Novecento è stato il secolo governato da un elevato indice di standardizzazione: era sufficiente un titolo di studio per realizzare i propri desideri e le proprie aspettative. Il Duemila ci consegna invece un orizzonte più instabile e *liquido*. Dove

Un orizzonte liquido

prima c'era la *classe organizzata* con i suoi legami e le difese sindacali, oggi c'è la *persona,* che deve costruire da sé le proprie difese. Il compito degli adulti, compresi i genitori, diventa pertanto strategico.

> La centralità del soggetto come punto di riferimento del percorso formativo ha come conseguenza la crescita di responsabilizzazione della persona impegnata nel contesto in cui agisce e opera. (MIUR, PNO, 2011)

La generazione dei Neet

Si tratta di una situazione sconosciuta e sicuramente pericolosa: questa condizione è espressa dalla generazione dei Neet *(Not in Education, Employment or Training)* che non sono più interessati a nulla. In Italia si calcola che i giovani coinvolti in questo fenomeno siano circa due milioni: un esercito immobile di nuovi analfabeti lavorativi.

Le famiglie contribuiscono in maniera significativa a un progetto orientativo inteso come *educazione alla scelta.* Che cosa possono fare? Nella guida per i genitori, curata da Sergio Bettini della Fondazione centro di orientamento scolastico e professionale di Alessandria, si danno i seguenti suggerimenti (il destinatario è il figlio):

- osservarlo per scoprire i suoi interessi e inclinazioni;
- ascoltarlo, per capire se ha desideri e progetti nel cassetto;
- valorizzare le sue potenzialità;
- capire le motivazioni del consiglio orientativo degli insegnanti;
- analizzare insieme le informazioni;
- sostenerlo anche se ha scelto una scuola lontano da casa;
- accettare un certo margine di errore nella scelta maturata.

Va da sé che questi consigli valgono, su un piano diverso, anche per gli insegnanti. Interessi, attitudini, potenzialità, ecc. sono componenti della personalità dello studente che devono essere esplorate da tutti gli adulti di riferimento in vista di azioni e interventi efficaci. Non solo gli adulti, ma anche le istituzioni dovranno sentirsi impegnate in un progetto di rete e di cura educativa che renda partecipe l'intero contesto comunitario.

9. Le Linee guida per l'orientamento permanente

Nota ministeriale 4232/2014

Il 19 febbraio 2014 con nota n. 4232, il MIUR ha emanato le *Linee guida nazionali per l'orientamento permanente.* Il principio che dà forma al Documento è sottolineato nella *Premessa,* dove si afferma che

> l'orientamento non è più solo o strumento per gestire la transizione tra scuola, formazione e lavoro, ma assume un valore permanente nella vita di ogni persona, garantendone lo sviluppo e il sostegno nei processi di scelta e di decisione con l'obiettivo di promuovere l'occupazione attiva, la crescita economica, l'inclusione sociale.

Le Linee guida del 2014 intendono contribuire alla definizione di un coerente sistema integrato, unitario e responsabile di *orientamento centrato sulla persona* e sui suoi bisogni, finalizzato a prevenire, contrastare il disagio giovanile e l'esclusione sociale e a favorire l'acquisizione di abilità sociali e il dialogo interculturale.

La scuola occupa un posto centrale in questa azione educativa; in essa, infatti, ogni studente acquisisce e potenzia le competenze di base e trasversali necessarie a sviluppare la capacità di progettare, scegliere e decidere. Anche per questi motivi, si afferma nelle Linee guida, è necessario

> articolare i percorsi scolastici con esperienze reali di lavoro a concreta valenza orientativa, che avvicinino i giovani al mondo delle professioni e delle attività lavorative, sia in termini di maturazione sociale, sia in termini di sviluppo di competenze di auto-imprenditorialità.

L'orientamento a scuola

I percorsi di alternanza scuola-lavoro vanno esattamente in questa direzione. *L'orientamento a scuola* è il paragrafo che occupa un posto particolarmente rilevante nel Documento ministeriale; in esso si riporta la definizione di «orientamento» contenuta nella Risoluzione del Consiglio d'Europa del 21/11/2008, considerato

> l'insieme delle attività che mette in grado i cittadini di ogni età, in qualsiasi momento della loro vita di identificare le proprie capacità, competenze, interessi; prendere decisioni consapevoli in materia di istruzione, formazione, occupazione; gestire i propri percorsi personali di vita nelle situazioni di apprendimento, di lavoro, e in qualunque altro contesto in cui tali capacità e competenze vengono acquisite e/o sviluppate.

Alla scuola è riconosciuto un ruolo centrale nei processi di orientamento dai 3 ai 19 anni, a condizione che essa sappia incentivare:

- la promozione di situazioni di *didattica orientativa* per lo sviluppo delle competenze di base attraverso la ricerca e la scoperta del *valore orientante* delle discipline di studio;
- la realizzazione e la gestione di attività di *accompagnamento,* di *consulenza* e di *sostegno* alla progettualità individuale. Si insiste sul fatto che la didattica orientativa si realizza nell'insegnamento-apprendimento finalizzato alla ricerca del *valore formativo* delle discipline, in grado di recuperare anche le qualità culturali insite nelle persone che lavorano.

Le figure di sistema

Nel primo dei tre allegati alle Linee guida, si auspica che in ogni istituzione scolastica venga istituita una *figura di sistema* dedicata all'orientamento, che dovrà:

- attivare e coordinare attività specifiche di accompagnamento rivolte agli studenti e ai genitori;
- rapportarsi in modo stabile con i docenti, responsabili dei dipartimenti disciplinari;

– stabilire rapporti proficui di collaborazione con le risorse presenti sul territorio e metterle a disposizione delle scuole in una logica di rete.

Per le figure di sistema, che sono *risorse professionali dedicate,* dovrà essere prevista un'adeguata formazione in servizio e, in attuazione di quanto indicato nella legge 107/2015, potrà esserne programmato l'utilizzo in un «organico di rete» di più scuole del medesimo territorio, al fine di ottimizzarne e valorizzarne la specificità professionale.

10. La legge 107/2015, l'orientamento e i Laboratori territoriali per l'occupabilità

La finalità precipua della legge 107/2015 è quella di dare concreta attuazione al processo dell'autonomia per «una scuola aperta e orientata verso l'educazione di una cittadinanza attiva e consapevole». Nel richiamare l'attenzione sul ruolo strategico dell'orientamento quale fattore indispensabile per prevenire il fenomeno della dispersione e dell'insuccesso formativo, la legge 107/2015 insiste sul bisogno di potenziare strategie didattiche innovative e rilanciare i temi dell'orientamento come modus operandi non solo della scuola, ma anche della famiglia e della più ampia comunità territoriale.

Orientamento come strategia formativa

L'orientamento, infatti, non deve tradursi in un'attività accessoria, ma essere parte integrante delle scelte formative di ogni istituzione scolastica e di sistematiche strategie d'intervento degli enti locali, delle forze imprenditoriali, delle associazioni sindacali, culturali, in grado di incidere sulla progettualità della persona e sui fattori di cambiamento della società nel suo complesso.

Il sistema dell'orientamento

Infatti, quando si parla di «sistema dell'orientamento», si intende un'attività in filiera e in sinergia tra reti: da un lato, le azioni devono coinvolgere le scuole e le famiglie, con cui ogni scelta va condivisa, dall'altro dovranno essere valorizzate tutte le opportunità del tessuto territoriale, gli enti locali, le Regione, i Comuni, il mondo del lavoro, le imprese, il terzo settore, che rientrano a pieno titolo nel processo orientativo.

L'ASL

Uno dei dispositivi più rilevanti in materia di orientamento contemplati nella legge 107/2015 è l'alternanza scuola-lavoro (ASL). Nell'art. 1, comma 33, si sottolinea che:

> Al fine di incrementare le opportunità di lavoro e le capacità di orientamento degli studenti, i percorsi di alternanza scuola-lavoro di cui al decreto legislativo 15 aprile 2005, n. 77, sono attuati negli istituti tecnici e professionali per una durata complessiva, nel secondo biennio e nell'ultimo anno del percorso di studi, di almeno 400 ore e nei licei per una durata complessiva di almeno 200 ore nel triennio.

Nella legge 107/2015 l'orientamento viene rapportato all'esperienza diretta dello studente, attraverso il consolidamento delle conoscenze del mondo del lavoro e un consapevole sviluppo della capacità di scelta in funzione del personale progetto formativo

Scuola, istituzioni culturali e religiose, enti museali, artistici, sportivi, soggetti imprenditoriali costituiscono il riferimento essenziale per far sì che studentesse e studenti, nell'arco del triennio conclusivo della scuola secondaria di secondo grado, possano coniugare apprendimento e lavoro, rafforzando così competenze autoriflessive e di auto-orientamento.

Le opportunità

Alla base di tale progettualità, va costruito un ricco repertorio di opportunità, quali:

– la conoscenza degli itinerari tra cui poter operare la scelta maggiormente rispondente ai desideri e alle competenze degli studenti;
– la conoscenza del territorio per quanto riguarda specifiche vocazioni industriali, i percorsi di studio post-diploma e le possibilità occupazionali;
– la realizzazione di un organico collegamento delle istituzioni scolastiche e formative con il mondo del lavoro e con la società civile;
– la promozione di una scuola aperta, quale laboratorio permanente di ricerca, sperimentazione e innovazione didattica e di attiva partecipazione.

I Laboratori territoriali per l'occupabilità

Quest'ultimo punto richiama una delle azioni più innovative della legge 107/2015: la promozione di Laboratori territoriali per l'occupabilità (LTO), previsti nell'art. 1 (commi 56-62). Il decreto ministeriale n. 657 del 4 settembre 2015, nel quadro del Piano nazionale scuola digitale, ha previsto lo stanziamento di 45 milioni di euro per creare negli istituti scolastici di secondo grado «spazi dall'alto profilo innovativo a disposizione di più scuole del territorio, dove sviluppare pratiche didattiche avanzate in sinergia con le politiche locali per il lavoro e per le imprese».

Si tratta di una novità assoluta che ha permesso a oltre cinquanta reti scolastiche in Italia di organizzare laboratori altamente tecnologici, avvalendosi di partenariati tra scuole ed enti del territorio (Comuni, fondazioni, associazioni, imprese). Tali spazi sono finalizzati a sostenere i percorsi di alternanza scuola-lavoro, a promuovere raccordi orientativi tra il primo e il secondo ciclo d'istruzione, a coinvolgere i già citati giovani «Neet», che non studiano e non lavorano.

La realizzazione dei LTO è stata finanziata dal MIUR con un massimale di 750.000 euro per ogni progetto per il periodo 2017-2020. L'obiettivo di questa ampia rete progettuale è quello di perseguire una formazione necessaria al raggiungimento di competenze avanzate che il mondo del lavoro oggi richiede. I Laboratori territoriali per l'occupabilità potranno nel tempo diventare dei veri e propri training center, mediante l'acquisto di tecnologie e l'allestimento di ambienti di cui scuole, famiglie e comunità territoriale potranno avvalersi. Una scelta decisamente innovativa con ricadute positive sulla condizione giovanile delle comunità territoriali che stanno sperimentando tale percorso.

CAPITOLO VENTUNESIMO

La cultura digitale

1. Una nuova realtà culturale

La terza fase

Il rapidissimo affermarsi del mondo digitale ha spinto molti studiosi ad affermare che siamo agli inizi di una terza fase nello sviluppo della cultura dell'uomo, dopo quella dell'invenzione della scrittura e quella della stampa. Ad annunciare l'aprirsi di questi nuovi scenari era stato il canadese Marshall McLuhan, che aveva previsto, già nel lontanissimo 1980, l'avvento di una rivoluzione informatica. Nel saggio *Gli strumenti del comunicare* egli, infatti, affermava:

> I principali elementi di impatto dei media nelle forme sociali esistenti sono l'accelerazione e lo sconvolgimento. L'accelerazione tende oggi alla totalità e, di conseguenza, a distruggere l'idea di spazio come fattore principale delle organizzazioni sociali. (McLuhan, 2008)

L'era elettrica

Ancora McLuhan aveva chiamato questa nuova fase «l'era elettrica», sottolineando che se la stampa era stata l'estensione dei nostri occhi, l'elettricità diventava l'estensione del nostro sistema centrale: in questo senso, con la globalizzazione e la rete, erano superati i principi di linearità, frammentazione, sequenzialità, progressione centro-periferia dei processi cognitivi e la conoscenza si apriva a un mondo di esperienze e di saperi nuovi.

L'avvento del digitale sta aprendo nuove prospettive al futuro stesso del genere umano, anche se, proprio per tali analogie, questi nuovi orizzonti si presentano suggestivi e al tempo stesso inquietanti: suggestivi perché configurano l'avvento di una nuova epoca nel lungo percorso dell'umanità; inquietanti perché inevitabilmente mettono in discussione e richiedono una diversa interpretazione delle coordinate di base del nostro pensiero logico, quelle del tempo e dello spazio.

Competenze digitali e diritti

Siamo certamente all'inizio di questa nuova era, in cui l'incapacità di accedere a nuovi scenari diventerà una discriminante molto forte; in questo senso, le competenze digitali diventeranno gli elementi fondamentali per esercitare i propri diritti. Se da un lato questa evoluzione ha liberato risorse straordinarie e aperto grandissimi spazi comunicativi, dall'altro ha fatto emergere tutti i pericoli che un utilizzo incontrollato di tali mezzi potrebbe procurare. I nuovi mezzi, infatti, sono in grado di avvicinare realtà lontane ma, paradossalmente, allontanare quelle vicine, annullando la stessa idea di spazio e tempo. Questa nuova prospettiva ha accentuato la crisi dei saperi moderni che oggi, nel loro assetto tradizionale, non sono più in grado di spiegare compiutamente la realtà.

> Il web, che da tutti è sempre stato ricordato come il più grande e ricco Data Base informativo, ha mutato il suo volto in una prospettiva più partecipativa e sociale, realizzando la profezia dell'Intelligenza Collettiva tanto decantata da Levy e dai suoi studiosi. Nuove modalità di creazione della conoscenza hanno preso forma, arricchendosi di un significato e di una valenza completamente nuovi rispetto alle origini della rete. Il web non più solo rete di informazioni, ma rete di persone; il web non più solo biblioteca di informazioni, ma piazza di scambi e relazioni sociali; il web non più solo applicativo ma piattaforma di scambi, di produzione e condivisione. (Sinini, 2013).

Crisi della formazione tradizionale

Occorre avere consapevolezza che questi nuovi meccanismi di produzione e fruizione della cultura inevitabilmente producono cambiamenti molto profondi nello stesso funzionamento della mente umana, mettendo in crisi anche i meccanismi e le strategie che storicamente hanno caratterizzato la formazione delle nuove generazioni. Se la scuola dovesse sottovalutare tale processo in atto, limitandolo all'idea di semplice cambiamento degli strumenti di rielaborazione culturale, correrebbe il rischio di uscire definitivamente sconfitta nella realizzazione dei suoi compiti istituzionali.

La creatività

In realtà, alla base della cultura digitale rimane ancora una volta, in quanto prodotto della mente dell'uomo, la nostra capacità creativa e intellettiva: i significati evocativi delle parole, la ricorsività e la modularità, l'intelligenza collettiva, la catalogazione logica delle informazioni sono elementi tipici del funzionamento del nostro stesso intelletto così come lo sono della cultura digitale.

2. Il mobile computing

La rapidissima diffusione con la quale si stanno affermando e costantemente innovando le tecnologie digitali ha condotto in poco più di un decennio alla modifica di convinzioni e sicurezza culturali un tempo inimmaginabili. Il riferimento va, in particolare, a due elementi fondamentali di questo universo digitale, l'affermarsi del web 2.0 e il diffondersi di tablet, smartphone e di tutti gli altri dispositivi mobili.

Web 2.0

Per quanto concerne il web 2.0, va ricordato che esso ha spostato l'azione digitale dall'uso dei software a quello delle risorse in rete, dando origine a quelli che alcuni studiosi hanno definito *cloud computing*, la nuvola composta dall'insieme dei dati che quotidianamente si arricchiscono, si modificano, si scambiano. Quei dati non sono più nei nostri computer, ma circolano sul web, come una nuvola, e sono costantemente aggregati, disaggregati, modificati, ampliati, fruiti. Il 2.0 ha consentito varie applicazioni che richiedono forti interazioni, le quali producono anche reti sociali; in questo senso, cambia il modo di far circolare le informazioni, quello di produrre e ordinare conoscenze, di condividerle con altri, di mantenere i rapporti sociali.

> Comunicare diventa facile, la quasi totalità delle applicazioni è free, tutto rimane sempre disponibile via web, il problema di come proteggere i dati (dal rischio di perderli o di vederli violati telematicamente) si risolve grazie alle policies di sicurezza dei providers, di sicuro più efficaci di quelle che il singolo utente possa immaginarsi di predisporre (anche se ingenuamente si può pensare di proteggerli meglio tenendoli sul proprio PC o su una memoria portatile. (Rivoltella, 2013)

Dal canto loro, i dispositivi mobili consentono oggi a tutti l'accessibilità al mondo del web, purché sia disponibile una connessione; non occorre essere dietro una scrivania e utilizzare postazioni fisse più o meno potenti: la connessione può avvenire dappertutto e in qualsiasi momento.

Il mobile computing

Dall'incontro tra i nuovi dispositivi e il web nasce il *mobile computing*, che consente il contatto diretto con dati, fonti culturali, informazioni, vissuto in una fruizione individuale e personalizzata. In realtà, tutto ciò non si limita alla semplice fruizione della cultura, ma anche alla sua costruzione e rielaborazione, in quanto i nuovi media digitali mobili si caratterizzano per la loro autorialità, vale a dire la per la semplicità con cui è possibile produrre e pubblicare messaggi.

Questo fenomeno di liberalizzazione e deregulation culturale sta richiedendo, proprio per la pervasività dei mezzi digitali, il riordino delle norme di tutela dei diritti d'autore, tanto che il 5 luglio 2018 il Parlamento europeo ha bocciato a Strasburgo un nuovo regolamento per il copyright.

La possibilità di un accesso diretto alle informazioni e alla comunicazione conduce all'idea di poter fare a meno dell'intermediazione e della condivisione: in questo senso, tutto ciò diventa personale, riducendo in qualche modo anche gli spazi tra pubblico e privato.

La consapevolezza della profondità di questo cambiamento, che è pari a quello dell'invenzione della scrittura e della stampa, ha spinto molti studiosi a interrogarsi su quale sia la strada da intraprendere e, soprattutto per chi cura la formazione delle nuove generazioni, ovvero la scuola, quali dovranno essere le funzioni per adempiere alle proprie finalità istituzionali.

Per facilità di studio, possiamo far riferimento a due posizioni contrapposte, con molte collocazioni intermedie, più o meno vicine a uno dei due estremi. Da un lato, vi sono coloro che, in nome della discontinuità, accettano acriticamente il nuovo, individuando sfide innovative che la scuola deve sostenere per far fronte alle nuove esigenze e lasciarsi alle spalle il passato. Nel caso della scuola, questa posizione può facilmente sfociare nel rifiuto della condizione attuale, con la giustificazione di mancanza di tecnologie adeguate, di edifici fatiscenti, di insegnanti impreparati, e il conseguente tentativo di invidiare e imitare le scuole degli altri. Sul fronte opposto si pongono quelli che si rifugiano nella difesa a oltranza della tradizione, affermando la necessità di un ritorno ai valori classici della società. Per la scuola questo implica la riproposta, pur se in forma innovativa, di strategie e scelte legate alla tradizione classica.

Entrambe le posizioni, quella di chi vede nella scuola digitale la soluzione di tutti i problemi e quella che considera il ritorno alla tradizione l'unico modo per garantire una buona formazione, sembrano oggi inadeguate.

> Il problema vero della scuola, oggi, non è né di rincorrere il futuro e gli esempi stranieri nella speranza di assistere a un cambiamento, né di arroccarsi in difesa della tradizione rifiutando il nuovo: ciò su cui occorre discutere non sono i cervelli diversi (?) dei ragazzi, o la riprogettazione degli edifici senza (?) le classi, ma l'incapacità di sintonizzazione socio-culturale della scuola rispetto all'oggi. Non riuscire a fare questo significa, per la scuola, non riuscire più a svolgere la funzione che ha sempre svolto e, di conseguenza, non poter avere futuro. (Rivoltella, 2013)

Le periferie

Nell'ottobre 2016 il Governo aveva istituito una commissione, affidandole la realizzazione di un'inchiesta sulle condizioni di insicurezza e sullo stato di degrado delle nostre città e periferie, al fine di studiare opportuni interventi anche sulla formazione. I risultati hanno certamente confermato la presenza di zone di periferia nelle quali il disagio è molto avvertito.

> Ma la periferia italiana è molto più diffusa, s'insinua ovunque come la polvere. Ricomincia per migliaia di volte, scriveva Pasolini, e i censimenti dell'ISTAT lo confermano. (Illarietti, 2018)

Occorre avere la consapevolezza che oggi la periferia non è più soltanto un luogo fisico, ma la distanza su uno stato sociale, culturale, di benessere, per cui tale questione deve essere ora affrontata in modo diverso. Lo stesso vale per la cultura digitale: la periferia può essere quella con le dotazioni tecnologiche meno rilevanti, ma lo sarà ancora di più quella di coloro che non entreranno, per oggettive difficoltà, disinteresse, mancata formazione nella cultura digitale che va affermandosi.

3. Dalla cittadinanza statalistica alla cittadinanza digitale

L'avvento dell'era del digitale ha modificando anche la concezione dei diritti civili e di cittadinanza. Quest'ultimo è un tema di confronto molto attuale soprattutto nella particolare fase di crisi che sta vivendo l'Unione europea. Qualche tempo fa lo stesso tema è stato stimolato dalle «rivoluzioni» di masse giovanili che hanno infiammato tutto il Nord Africa, determinando, anche in questo caso, l'abbandono da parte di molte persone dei propri Paesi d'origine.

L'idea di cittadinanza

A partire dagli anni Settanta, in Italia e in altri Stati europei, si è assistito a un significativo cambiamento dell'idea di cittadinanza, quando, da una cittadinanza incentrata sulla codificazione contenuta nella Costituzione (diritti-doveri) si è passati a una visione in cui i movimenti di massa hanno dato avvio a una nuova stagione dei diritti. Si pensi ai temi dell'emancipazione femminile, della partecipazione di molte fasce escluse, dei diritti sociali. Si è abbandonato in quegli anni una concezione di cittadinanza costruita intorno all'identità dello Stato, a favore di una in cui i cittadini, in primis, si arrogavano il compito di aprire spazi e orizzonti per la difesa di vecchi e nuovi diritti.

Cittadinanza statalistica e societaria

Si è spesso parlato di «cittadinanza societaria», sottolineando il carattere di impegno diretto dei soggetti della società civile nell'allargamento degli spazi di solidarietà, di sostegno reciproco, dell'associazionismo, dei gruppi organizzati riguardo al «mero» rispetto delle regole e delle leggi.

La cittadinanza *statalistica,* infatti, si riconosce dal rispetto delle norme, quella *societaria* dall'impegno diretto del cittadino nella *città.*

Cittadinanza digitale

Con lo sviluppo delle tecnologie informatiche e dell'utilizzo della rete da parte di milioni di persone in ogni angolo del pianeta, si sta sviluppando questa nuova idea di cittadinanza *digitale,* che sta imponendo una rivisitazione dei diritti dei cittadini legata alla forza comunicativa e aggregatrice di Internet, che sarebbe stata impensabile solo dieci anni fa.

La cittadinanza digitale corre sulla rete; è virtuale e reale insieme; è facilmente accessibile e fruibile e, soprattutto, è vissuta in presa diretta dai giovani ovunque essi vivano o si trovino. Non è alternativa alle prime due, ma certamente ha una forza dirompente di gran lunga superiore. Determina una disparità legata non tanto allo stato sociale, quanto alla capacità dei cittadini di accedere alla rete. Le competenze digitali diventano, quindi, necessarie per esercitare i propri diritti e far sentire la propria voce. Siamo solo agli inizi di un'epoca in cui l'economia immateriale avrà uno spazio sempre più rilevante nell'interdipendenza dei rapporti tra i popoli, e tale economia condizionerà pesantemente l'idea di politica e di democrazia. Tutto questo, accanto a spazi di grande apertura e di opportunità positive, è accompagnato anche da situazioni problematiche legate a comportamenti anomali: si pongono, così, nuove questioni come quelle della tutela della privacy, del cyberbullismo, del furto di identità digitale, che stanno richiedendo con urgenza nuove forme di tutela, anche giudiziaria.

Opportunità e problemi

Il necessario riordino, anche sul piano formale, del sistema dei diritti e dei doveri dei cittadini ha condotto i governi a adottare nuovi provvedimenti normativi. Anche il nostro Paese ha affrontato tale questione con l'istituzione della figura del garante della privacy, l'adozione del Codice dell'amministrazione digitale (CAD) e l'avvio dei processi di dematerializzazione e informatizzazione dei documenti; in particolare, il digitale è stato posto al centro della riforma della pubblica amministrazione promossa nel 2015. Si afferma, nell'art. 1 della legge 124/2015:

> 1. Al fine di garantire ai cittadini e alle imprese, anche attraverso l'utilizzo delle tecnologie dell'informazione e della comunicazione, il diritto di accedere a tutti i dati, i documenti e i servizi di loro interesse in modalità digitale, nonché al fine di garantire la semplificazione nell'accesso ai servizi alla persona, riducendo la necessità dell'accesso fisico agli uffici pubblici, il Governo è delegato ad adottare, entro dodici mesi dalla data di entrata in vigore della presente legge, con invarianza delle risorse umane, finanziarie e strumentali disponibili a legislazione vigente, uno o più decreti legislativi volti a modificare e integrare, anche disponendone la delegificazione, il codice dell'amministrazione digitale, di cui al decreto legislativo 7 marzo 2005, n. 82, di seguito denominato «CAD». (Art. 1. – *Carta della cittadinanza digitale*)

Anche la scuola è consapevole di questi nuovi impegni, soprattutto per la tutela della dignità dei propri allievi e per la loro formazione verso una cittadinanza digitale consapevole. In questo senso, oltre alle normative a tutela degli aspetti più delicati della comunicazione, della tutela e conservazione dei dati, del contrasto al cyberbullismo, della trasparenza, la scuola italiana si era impegnata a garantire, inoltre, l'insegnamento di Cittadinanza e Costituzione attraverso la realizzazione di percorsi multidisciplinari, che avrebbero dovuto dedicare particolare attenzione allo studio della nostra Costituzione quale strumento della tutela dei diritti del cittadino e, allo stesso tempo, di promozione della cultura della legalità, di cittadinanza attiva e di partecipazione democratica anche nell'ambito della cultura digitale (Direttiva n. 87 dell'8 novembre 2010).

Cittadinanza e Costituzione

4. La formazione digitale e la scuola

Anche nei confronti della cultura digitale vanno confermate le funzioni tradizionali della scuola nella trasmissione del patrimonio culturale in una prospettiva della sua condivisione e rielaborazione. La scuola deve, nel contempo, preparare le nuove generazioni ad affrontare il futuro, consentendo ad esse non solo di acquisire conoscenze, ma anche di maturare competenze che serviranno per gestire la complessità.

Affrontare il futuro

Compito della scuola è, in altri termini, quello di accompagnare le nuove generazioni nella ricostruzione della propria identità e di consentire che esse trovino un senso in ciò che fanno.

Si tratta di un compito molto delicato che assume una rilevanza maggiore proprio per la particolare fase che sta vivendo la cultura contemporanea, per la quale qualcuno ha espresso dubbi anche sulle funzioni che devono svolgere i docenti, ipotizzando un'irreversibile crisi di tali figure in un contesto nel quale, in qualche modo, si assiste a una trasformazione delle forme culturali, alla riduzione degli interventi di mediazione per l'approccio ai saperi e alla possibile rinuncia a forme di accompagnamento delle nuove generazioni nella costruzione della propria identità.

I docenti

Va in buona parte riportata a queste ragioni la crisi attuale della scuola, incapace di dare risposte adeguate alle esigenze che nascono da profonde trasformazioni e che hanno reso certamente più complesse le stesse dinamiche della formazione.

La prima difficoltà è legata alla partecipazione, per le condizioni di accesso ai nuovi mezzi tecnologici, per le varie e diversificate dotazioni di cui fruiscono le scuole, comprese le possibilità di accesso alla banda larga e al wireless. A questo si aggiungono, in molti casi, le difficoltà nell'utilizzo di tali dotazioni, perché i docenti non ne conoscono gli alfabeti e non ne posseggono le competenze chiave, con il paradosso che in molti casi gli studenti sono più esperti dei docenti.

Le difficoltà

Va, in realtà, sottolineato che non basta alfabetizzare e rendere competenti i docenti nell'uso delle tecnologie e dei loro linguaggi: occorre altresì che essi posseggano specifiche conoscenze sui sistemi di comunicazione dei ragazzi, sui linguaggi delle loro community, quali WhatsApp e Ruzzle, strumenti culturali che promuovono pratiche di costruzione, circolazione e condivisione di significati tra ragazzi.

Le community

Il rilancio della funzione docente passa dalla riqualificazione professionale, con una particolare attenzione rivolta alle tecnologie, ai linguaggi, alle conoscenze digitali, che dovrà consentire sia un approccio di tipo formale rispetto alla tradizione scolastica sia di tipo informale, come nella realtà sociale, con l'utilizzo delle forme e dei contenuti della comunicazione tra ragazzi.

La ricomposizione dei saperi

Vanno, in questo senso, ricomposti i saperi superando la contrapposizione tra cultura scolastica e cultura della vita comune. Il riferimento è all'utilizzo scolastico di tali nuovi mezzi, ma anche alla prospettiva dell'apprendimento cosiddetto «orizzontale» tra pari, che nasce dall'interattività e dallo scambio, che coinvolge gli stessi studenti in attività cooperative e collaborative.

Oggi abbiamo questa certezza: che la formazione delle nuove generazioni non passa solo attraverso la conoscenza dei tipici saperi scolastici, ma che occorre sfruttare tutte le opportunità, anche aprendo all'ambito informale, così da arricchire le conoscenze scolastiche, svilupparle in modo più partecipato e profondo, coinvolgendo soprattutto i ragazzi nelle grandi problematiche esistenziali.

La scuola deve diventare la sede in cui i ragazzi possono procedere nella ricerca di significati, nel dare un senso ai grandi problemi della loro esistenza, in modo da coinvolgerli e renderli consapevoli della personale realtà.

In questo modo la scuola si qualifica come centro di ricerca non solo nella ricostruzione culturale, ma anche nell'ambito sociale, partecipativo, etico.

Va superata la concezione che lega il sapere scolastico ai soli aspetti della trasmissione delle conoscenze, alla dimensione meramente cognitiva, ma si deve aprire anche ad aspetti valoriali ed etici, proprio perché, attraverso i media, si discutono oggi anche i grandi problemi dell'umanità, comprese le opzioni sul futuro. Questa dimensione immateriale è destinata ad avere uno spazio sempre più rilevante anche nei rapporti tra i popoli e condizionerà fortemente la politica e l'economia: la rappresentatività di un popolo dovrà fare i conti con una piazza virtuale, che spesso potrebbe assumere rilevanti decisioni anche in base a un semplice «mi piace» più diffuso. Possiamo anche prevedere, in questo senso, una vita sociale *blended*, caratterizzata da impegni in presenza e da altri che avverranno per via telematica, per la quale diventerà fondamentale la cura di una cittadinanza attiva e responsabile che dovrà essere in grado di fare un uso corretto di tali nuove opportunità. La sfida è delicatissima.

Vita sociale *blended*

Il cambio di scenario non può non riguardare anche le dinamiche interne alla scuola, in particolare le lezioni che nella scuola tradizionale si caratterizzavano per l'interazione asimmetrica tra docenti e studenti, dove protagonista era soprattutto l'autorevolezza dei primi. La lezione che utilizza la realtà digitale non può ridursi alla mera applicazione di tecnologie più o meno efficienti, al semplice passaggio dalla lavagna tradizionale alla LIM; non può bastare per innovare la predisposizione e l'articolazione della lezione tradizionale attraverso i nuovi media.

TABELLA 21.1

Il decalogo: dieci punti per l'uso dei dispositivi mobili a scuola BYOD (Bring Your Own Device) (PNSD, gennaio 2018)

1. Ogni novità comporta cambiamenti. Ogni cambiamento deve servire per migliorare l'apprendimento e il benessere delle studentesse e degli studenti e, più in generale, dell'intera comunità scolastica.
2. I cambiamenti non vanno rifiutati, ma compresi e utilizzati per il raggiungimento dei propri scopi. Bisogna insegnare a usare bene e integrare nella didattica quotidiana i dispositivi, anche attraverso una loro regolamentazione. Proibire l'uso dei dispositivi a scuola non è la soluzione. A questo proposito ogni scuola adotta una politica di uso accettabile (PUA) delle tecnologie digitali.
3. La scuola promuove le condizioni strutturali per l'uso delle tecnologie digitali. Fornisce, per quanto possibile, i necessari servizi e l'indispensabile connettività, favorendo un uso responsabile dei dispositivi personali (BYOD). Le tecnologie digitali sono uno dei modi per sostenere il rinnovamento della scuola.
4. La scuola accoglie e promuove lo sviluppo del digitale nella didattica. La presenza delle tecnologie digitali costituisce una sfida e un'opportunità per la didattica e per la cultura scolastica. Dirigenti e insegnanti attivi in questi campi sono il motore dell'innovazione. Occorre coinvolgere l'intera comunità scolastica anche attraverso la formazione e lo sviluppo professionale.
5. I dispositivi devono essere un mezzo, non un fine. È la didattica che guida l'uso competente e responsabile dei dispositivi. Non basta sviluppare le abilità tecniche, ma occorre sostenere lo sviluppo di una capacità critica e creativa.
6. L'uso dei dispositivi promuove l'autonomia delle studentesse e degli studenti. È in atto una graduale transizione verso situazioni di apprendimento che valorizzano lo spirito d'iniziativa e la responsabilità di studentesse e gli studenti. Bisogna sostenere un approccio consapevole al digitale nonché la capacità d'uso critico delle fonti di informazione, anche in vista di un apprendimento lungo tutto l'arco della vita.
7. Il digitale nella didattica è una scelta: sta ai docenti introdurlo e condurlo in classe. L'uso dei dispositivi in aula, siano essi analogici o digitali, è promosso dai docenti, nei modi e nei tempi che ritengono più opportuni.
8. Il digitale trasforma gli ambienti di apprendimento. Le possibilità di apprendere sono ampliate, sia per la frequentazione di ambienti digitali e condivisi sia per l'accesso alle informazioni e grazie alla connessione continua con la classe. Occorre regolamentare le modalità e i tempi d'uso e di non uso, anche per imparare a riconoscere e a mantenere separate le dimensioni del privato e del pubblico.
9. Rafforzare la comunità scolastica e l'alleanza educativa con le famiglie. È necessario che l'alleanza educativa tra scuola e famiglia si estenda alle questioni relative all'uso dei dispositivi personali. Le tecnologie digitali devono essere funzionali a questa collaborazione. Lo scopo condiviso è promuovere la crescita di cittadini autonomi e responsabili.
10. Educare alla cittadinanza digitale è un dovere per la scuola. Formare i futuri cittadini della società della conoscenza significa educare alla partecipazione responsabile, all'uso critico delle tecnologie, alla consapevolezza e alla costruzione delle proprie competenze in un mondo sempre più connesso.

I docenti devono avere la consapevolezza di quale sia la differenza tra una lezione che utilizza il digitale e una lezione innovativa digitale. Il riferimento può andare, in questo senso, alle teorie di Marc Prensky, già autore della categorizzazione che individuava i *digital native,* cioè quelli che hanno avuto la possibilità di utilizzare le tecnologie sin dalla nascita, e i *digital immigrant*, ovvero coloro che hanno appreso l'uso delle tecnologie da adulti. Prensky ha spostato la prospettiva dal momento dell'approccio alle tecnologie a quello del loro utilizzo, individuando in quei comportamenti la stupidità digitale, la destrezza digitale, la saggezza digitale.

Stupidità digitale

Trasponendo questo modello alla didattica digitale, si può parlare di stupidità didattica:

> Una didattica di questo genere non valorizza le competenze degli studenti, non prepara al futuro: arroccandosi sulle sue pratiche vecchie confonde la salvaguardia della qualità con la sua incapacità di rispondere alle esigenze dell'oggi. Ma una didattica è stupida anche quando confonde l'innovazione con l'aggiornamento tecnologico, agisce vecchie pratiche attraverso nuovi formati, mette al centro lo strumento e non i processi. Questa didattica non coglie il significato del cambiamento, inganna gli studenti, illude i genitori. (Rivoltella, 2013)

Destrezza digitale

La didattica tecnicistica si caratterizza per la correttezza digitale ed è condotta dall'insegnante esperto tecnologico, ma vi è un'adesione formale al nuovo che tende a confermare la presenza delle due culture, quella scolastica e quella sociale. Anche questa posizione consente solo un apparente cambio di scenario.

Saggezza digitale

La saggezza didattica si concretizza, di contro, in quelle scelte che rendono la tecnologia un elemento connaturato alla didattica, così come lo sono i dispositivi mobili nella comunicazione tra i giovani: è saggia quella didattica che sa riconoscere le competenze maturate dagli studenti nell'informale e le riutilizza come elementi fondamentali dell'apprendimento scolastico.

Decalogo per l'uso di smartphone a scuola

In questo momento, nella scuola italiana è in atto il tentativo, certamente avversato da molti, di utilizzare nella didattica gli smartphone, anche solo per far maturare ai ragazzi una visione più critica di essi: nel gennaio 2018 il MIUR ha diffuso il Decalogo per il suo utilizzo. Ricordando che la direttiva del 15 marzo 2007 ne aveva vietato l'uso a scuola per i ragazzi e che il divieto era già in vigore per i docenti sin dal 1998, proviamo a essere ottimisti e a pensare che il mondo scolastico potrebbe aprirsi definitivamente agli smartphone e a un loro utilizzo funzionale all'apprendimento.

5. Insegnare e apprendere

La didattica tradizionale

La scuola ha da sempre svolto prevalentemente una funzione di trasmissione e di rielaborazione della cultura. Sono ancora questi i suoi fini istituzionali, anche se dall'analisi sulla qualità della formazione emergono molte perplessità e incertezze sulle strategie che i docenti adottano: la rigidità dei percorsi, la centralità della lezione frontale, lo scarso coinvolgimento degli alunni, la superficialità di molti apprendimenti sono solo alcuni degli appunti che vengono rivolti in maniera abbastanza concorde all'attuale sistema di formazione. A tutto ciò dobbiamo aggiungere che gli stessi docenti vivono una profonda crisi di identità professionale, nel guado tra riforme che non giungono mai a completamento, incrementi di funzioni che a volte si fa fatica anche a comprendere, mancato riconoscimento del merito, scarsa credibilità sociale.

I processi di apprendimento

In realtà, per lungo tempo l'interesse degli studiosi è stato assorbito dalle dinamiche dei processi di apprendimento: infatti, l'oggetto di studio della didattica, intesa come ambito della pedagogia che si occupa dei metodi e delle tecniche dell'insegnamento, è stato monopolizzato dallo studio delle dinamiche dell'apprendimento, degli stili di conoscenza degli alunni, di tutto ciò che può facilitare l'apprendimento, e questo anche a discapito dello studio dei modelli di insegnamento.

A prevalere, in questa prospettiva, sono state le idee del cognitivismo e del costruttivismo, in base alle quali la conoscenza avviene in un processo personale e sociale e che il compito dell'insegnante è soprattutto quello di mediatore e di facilitatore di tale processo.

> L'accentuato focus sull'apprendimento, porta con sé il rischio di esautorare fino a tal punto l'azione dell'insegnamento, da annullarne l'imprescindibile significatività e pregnanza nel processo didattico. D'altro canto questo rischio si sta delineando in questi anni nei quali sempre più assistiamo a fenomeni quali la mancata formazione o esperimenti fallimentari di formazione degli insegnanti e il mancato riconoscimento politico dei loro meriti e demeriti (al momento non è ancora vigente un sistema di valutazione degli insegnanti corrispondente a un adeguamento dello stipendio come in altri Paesi europei). Si tratta forse di recuperare il senso dell'azione dell'insegnare e dell'insegnante. (Sinini, 2013)

Gli oggetti di insegnamento

Questa rilevanza riconosciuta al soggetto in apprendimento aveva ridotto l'interesse per le azioni che il docente poneva in atto, sottovalutando anche l'importanza dei contenuti, i saperi e gli argomenti di studio, che l'alunno avrebbe dovuto conoscere e rielaborare in quanto elementi della propria identità culturale.

> L'insegnante, in questo senso, non è ovviamente unico depositario di tale conoscenza, ma piuttosto si fa portavoce e mediatore nei confronti dell'alunno. Per questi motivi, i modelli di terza generazione non riconoscono solo all'alunno un ruolo produttivo, ma anche all'insegnante, riuscendo quindi nel tentativo di ridare il giusto valore all'insegnamento e di dire l'insegnamento: si parla pertanto di process-teaching. Questo modello apre la strada per

la riflessione sul sapere dell'insegnamento, centrale nell'indagine dell'azione dell'insegnare. (Sinini, 2013)

I prodotti culturali

Negli ultimi tempi questa tendenza si è invertita, almeno nell'ambito della ricerca didattica, per cui stiamo assistendo, oltre che alla ripresa di interesse per i prodotti culturali, a una rivalutazione del ruolo che i docenti hanno nei processi di apprendimento dei propri alunni; in particolare, gli studi si sono focalizzati intorno a due grandi problematiche: la definizione del rapporto tra apprendimento e insegnamento e quella dell'azione svolta dagli insegnanti in questo processo.

I docenti

L'interesse si è pertanto spostato dalle dinamiche dell'apprendimento, per focalizzarsi invece sulle funzioni che l'insegnante svolge in questa delicatissima operazione: se nel passato l'insegnamento è stato considerato come una mera applicazione di strategie per facilitare l'apprendimento, che di fatto è connaturato all'uomo, oggi si riscopre la delicatezza e l'importanza di tale funzione.

Nei processi di apprendimento l'insegnante ha un ruolo determinante, che si concretizza nella mediazione didattica nei confronti dei saperi scolastici e degli alunni: sono certamente importanti i saperi, e gli alunni sono i veri protagonisti dell'apprendere, ma determinante è anche la corretta azione dell'insegnare svolta dai docenti. In questo senso, essi non possono essere considerati solo depositari delle conoscenze e delle esperienze didattiche, ma anche coprotagonisti dell'intero processo di apprendimento dei propri alunni.

Sappiamo che oggi l'organizzazione delle scienze moderne è in crisi e che è in atto una vera e propria ricerca per risistemare l'enciclopedia formativa della scuola. Sappiamo pure che ciò è amplificato nel mondo del digitale per i linguaggi nuovi, le forme di comunicazione, la rielaborazione delle informazioni, l'immediatezza al loro accesso, l'orizzontalità dello sviluppo dei saperi, la libertà di movimento in tutti i campi.

Il nuovo quadro che si va componendo ha contribuito a rilanciare la figura del docente riconoscendogli un posto di centralità nel successo formativo dei propri allievi. La didattica digitale, per quanto possa consentire agli alunni una piena libertà di ricerca e di movimento, non richiede al docente lo svolgimento del semplice ruolo di facilitatore: egli ha il compito di indirizzare i percorsi di studio, guidare gli alunni nella costruzione identitaria, aiutarli a dare un senso a ciò che fanno, a essere protagonisti del loro processo formativo. Afferma Italo Fiorin, nella sua Presentazione, *Competenza fa rima con accoglienza:*

> Una scuola è significativa quando sa fare appello alla motivazione interiore, quando risponde ai bisogni profondi della persona. Tra questi, fondamentali sono il bisogno di vivere insieme agli altri, di sentirsi accettati, apprezzati e responsabilizzati, di ricercare, scoprendo cose nuove. Una scuola che si ispira ai valori della comunità fa

sperimentare l'importanza della collaborazione, dell'aiuto reciproco, del confronto delle idee, della negoziazione, della costruzione. (Scapin e Da Re, 2014)

In tutto ciò il docente svolge un ruolo fondamentale se sa assumere un atteggiamento adeguato, sia evitando di addossare responsabilità agli studenti nelle difficoltà, sia rivalutando le risposte che essi danno. Lo stesso utilizzo delle tecnologie deve essere finalizzato a promuovere innovazione nella ricerca scolastica in un processo che conduce lo stesso docente a riflettere sul proprio operato e a migliorare le proprie prestazioni professionali.

Iniziativa e responsabilità

I docenti devono sostenere e incoraggiare l'iniziativa degli studenti, consolidare con il proprio apporto gli apprendimenti, monitorare l'andamento dei processi, consentire il confronto, svolgere quello che i ricercatori chiamano *debriefing,* termine militare che richiama l'analisi approfondita di un evento, in questo caso educativo:

> Il debriefing ha un ruolo cruciale nel processo di apprendimento in quanto consente di prendere distanza dall'azione per scoprire il significato degli eventi, le relazioni tra obiettivi, scelte operative e risultati e per individuare applicazioni future. Nell'esperienza infatti non c'è il tempo per riflettere sugli eventi, per concettualizzare o ricostruire il quadro cognitivo e l'energia del soggetto è attivata sull'azione che non consente la consapevolezza dell'emozione e del processo che solo la distanza consente di recuperare. (Rivoltella, 2013)

6. Il gruppo che apprende: classi e didattica digitale

Cooperative learning

La scuola è già stata profondamente interessata dalla nuova cultura digitale e si appresta a vivere, come del resto la società stessa, uno sconvolgimento simile a quello seguito all'invenzione della scrittura e poi della stampa. Essa si configura oggi come una comunità di apprendimento nella quale spesso si attuano forme di lavoro di tipo cooperativo *(cooperative learning)* in base a cui viene richiesta ai componenti del gruppo la massima responsabilità nel perseguire gli scopi che si intendono ottenere. Quando, in ambito educativo, una scuola viene organizzata come *gruppo che apprende,* si determinano condizioni di studio, impegno e ricerca molto diverse dalle tradizionali forme di mediazione didattica basate sulla trasmissione dell'insegnante e sull'ascolto dello studente. La comunità di apprendimento, invece, si caratterizza per essere un luogo in cui i rapporti prevedono:

- la disponibilità a negoziare le azioni, il loro significato e il loro scopo all'interno della comunità;
- l'idea che le interazioni che i membri stabiliscono fra di loro costituiscono la ragione stessa dell'essere comunità;

– lo sforzo di realizzare un repertorio comune di abitudini e codici condivisi, affinché si crei un sistema di credenze, riti, ricordi e aspettative che riflettono la storia delle comunità e la orientano nelle scelte future. (Celentano e Colazzo, 2008)

Le comunità virtuali

Nelle scuole, soprattutto tra gli studenti, accanto ai gruppi di studio in presenza, negli ultimi tempi si sono sviluppate enormemente le comunità virtuali, che non condividono uno spazio fisico, ma che si organizzano tramite la rete e il web. L'avvento dei nuovi dispositivi mobili ha incrementato tale fenomeno e oggi sempre più persone che condividono un particolare interesse, che avvertono la necessità di relazione e che desiderano stare insieme scambiandosi messaggi si ritrovano sul web.

Tale forma di comunità online non è presente nelle dinamiche scolastiche e non è utilizzata per lo studio, anche se ci sono forti segnali che questa situazione stia evolvendo.

> Sempre più frequentemente si parla di comunità di apprendimento virtuale destinate a modificare profondamente l'idea stessa dell'imparare. In senso lato, una comunità di apprendimento virtuale può essere definita come un gruppo di persone che sono indotte a generare insieme conoscenza supportandosi reciprocamente. Le dimensioni essenziali di una comunità di apprendimento virtuale diventano l'identità di gruppo, l'interazione sociale, l'identità individuale, l'integrazione, l'orientamento al futuro, la generazione di conoscenza, la tecnologia. (Calvani, 2005)

La scuola deve favorire lo sviluppo di queste dinamiche predisponendo ambienti e laboratori finalizzati all'organizzazione di comunità di apprendimento virtuali. Gli stessi docenti devono operare per promuovere lo sviluppo della cultura digitale, utilizzando anche i social network e tutte le opportunità che essi possono offrire:

- l'utilizzo di social network come strumenti per la collaborazione online, considerando le loro potenzialità formative e educative;
- la valorizzazione delle risorse disponibili per la scuola, compresi gli animatori digitali;
- la riconsiderazione dei nuovi modelli formativi che riguardano l'e-learning.

Abbiamo già ricordato che vi è una forte divaricazione tra l'ambito formale e quello informale nell'apprendimento e che i media digitali stanno incrementando tale stacco; occorre ora provvedere.

> Le logiche dell'apprendimento, gli stili di lavoro cognitivo, le competenze che i più giovani sviluppano a contatto con i media (Jenkins, 2010) sono realmente molto lontani da quelli che la scuola pretende che essi adottino. Quanto alle logiche di apprendimento, esse passano per lo più attraverso l'attività ludica (intesa come esperienza di problem-solving), il networking (ovvero la tendenza

a cercare le informazioni attraverso forme di collaborazione tra pari e l'uso contemporaneo di più fonti), il «pensiero breve» (cioè la predisposizione a sintetizzare, spesso semplificando, per poter ricordare meglio). (Bertagna e Triani, 2013)

La didattica capovolta

Sono già molte le scuole che utilizzano nella quotidianità le risorse multimediali e i canali del web per promuovere la formazione dei propri studenti. In realtà, le capacità degli studenti nell'utilizzo dei media e le speculari difficoltà di buona parte del gruppo docente stanno spingendo verso modalità organizzative abbastanza innovative: trova in questa situazione le sue motivazioni l'adozione della cosiddetta «didattica capovolta», un sistema di insegnamento semplice che inverte i luoghi dove si fanno le lezioni con quelli dove si studia e si fanno i compiti.

Sarebbe, in realtà, riduttivo definire la *flipped classroom* come una strategia che mira solo a superare lo schema di lezione frontale insegnante-studenti: l'utilizzo delle tecnologie nella didattica non deve far replicare l'insegnamento tradizionale utilizzando il digitale a casa. La vera svolta risiede nel fatto che la tecnologia deve coinvolgere lo studente già a casa, fornendo, tramite l'utilizzo di varie fonti, gli strumenti per conseguire nuovi apprendimenti.

> Lo stile di apprendimento che ne deriva sembra non presentare più alcune delle caratteristiche che erano tipiche dello stile «alfabetico» (quello cui tutti apparteniamo in virtù del fatto di essere cresciuti dentro una cultura basata sulla letto-scrittura) e presentarne invece altre che quello non vantava. I più giovani sanno interagire con i media per espandere le loro prestazioni cognitive (conoscenza distribuita), miscelano i diversi contenuti mediali dando loro significato (appropriazione), seguono lo stesso filo narrativo spostandosi su differenti piattaforme mediali (navigazione transmediale), sviluppano capacità di decisione just in time (tipico di chi frequenta ambienti videoludici) e competenze di tipo inferenziale legate alle interpretazioni di contesti complessi [...]. (Bertagna e Triani, 2013)

La scelta di modelli alternativi di organizzazione della classe e l'applicazione di tecnologie digitali possono consentire una svolta per il cambio della didattica scolastica. In realtà, anche in questo caso può valere il principio generale che non basta adottare questo o quel modello perché tutto funzioni: i docenti devono essere consapevoli che tale scelta comporta un diverso atteggiamento anche verso i saperi e nei confronti dei ragazzi, che si concretizza in una decisa disponibilità a mettersi in gioco realizzando un percorso formativo condiviso, stimolante, inclusivo, accattivante.

CAPITOLO VENTIDUESIMO

Il digitale: lo scenario europeo e quello italiano

1. Lo scenario europeo e quello italiano

Anche l'Europa ha sempre riservato una grande attenzione al mondo digitale, considerato come una delle strade da percorrere per rilanciare la produttività del nostro continente. In questo senso, già la Raccomandazione del Parlamento europeo e del Consiglio europeo del 18 dicembre 2006 aveva compreso la competenza digitale tra le otto competenze chiave per l'apprendimento permanente. Tale scelta è stata confermata il 17 gennaio 2018 dalla Commissione dell'UE che, nel diffondere la proposta di revisione delle competenze chiave, ha ribadito l'importanza della competenza digitale.

La competenza digitale

Sono state molte le iniziative realizzate in questa prospettiva dall'Unione europea. Tra le più recenti, ricordiamo il piano Agenda digitale, presentato il 19 maggio 2010, che è rientrato in una delle sette iniziative della Strategia Europa 2020 con cui sono stati fissati gli obiettivi di crescita da conseguire entro quell'anno e che comprendevano l'investimento su ricerca, innovazione e alfabetizzazione, sviluppo di competenze e inclusione nella cultura digitale. Gli impegni sono confermati anche nella Strategia Europa 2030. Anche il nostro Paese si è mosso per tempo per la realizzazione di tale prospettiva, inserendo sin dal 2007, tra le competenze chiave di cittadinanza del Regolamento per l'adempimento dell'obbligo scolastico, anche quella digitale.

Il Regolamento del 2007

> Comunicare o comprendere messaggi di genere diverso (quotidiano, letterario, tecnico, scientifico) e di complessità diversa, tra-

smessi utilizzando linguaggi diversi (verbale, matematico, scientifico, simbolico, ecc.) mediante diversi supporti (cartacei, informatici e multimediali) o rappresentare eventi, fenomeni, principi, concetti, norme, procedure, atteggiamenti, stati d'animo, emozioni, ecc. utilizzando linguaggi diversi (verbale, matematico, scientifico, simbolico, ecc.) e diverse conoscenze disciplinari, mediante diversi supporti (cartacei, informatici e multimediali). (Decreto ministeriale n. 139 del 22 agosto 2007 – *Regolamento recante norme in materia di adempimento dell'obbligo di istruzione*)

Il DESI 2018

In realtà, il DESI 2018 *(The Digital Economy and Society Index)*, l'indicatore della Commissione europea che misura il livello di attuazione dell'Agenda digitale di tutti gli Stati membri, pubblicato a maggio 2018, ha disegnato un'Europa con realtà differenti e non del tutto soddisfacenti per le difficoltà che hanno nello sviluppo del digitale. Il nostro Paese occupa una posizione di retroguardia ed è solo venticinquesimo su ventotto Stati: i progressi compiuti sono stati scarsi e solo relativamente agli open data, mentre c'è stato un arretramento nell'area della connettività, da venticinquesimi nel 2017 a ventiseiesimi; del capitale umano, da ventiquattresimi a venticinquesimi; dell'integrazione delle tecnologie digitali, da diciannovesimi a ventesimi. Siamo al penultimo posto nell'uso di Internet e al diciannovesimo nei servizi pubblici digitali, mentre perdiamo qualcosa anche nelle competenze digitali.

2. Le iniziative realizzate per la scuola italiana

Le prime azioni

La nostra scuola ha certamente realizzato in passato valide iniziative nel settore tecnologico, destinate, in particolare, alla formazione del personale scolastico e al potenziamento delle dotazioni. Erano stati, ad esempio, realizzati due piani, rispettivamente il Programma di sviluppo delle tecnologie didattiche (1997-2001) e il Piano infrastrutture tecnologiche nelle scuole (2001-2003) — quest'ultimo aveva coinvolto circa 22.000 scuole. Anche l'amministrazione scolastica era stata coinvolta in questo progetto innovativo con l'informatizzazione degli istituti, realizzato curando il potenziamento di strutture e dotazioni informatiche, anche con accesso diretto ai servizi, e investendo sulla formazione degli addetti al settore.

L'Agenda digitale italiana

Nell'Agenda digitale italiana, promossa con il decreto legge 179/2012, coordinato con legge di conversione n. 221/2012, in continuità con le strategie europee, erano state definite le azioni da compiere per lo sviluppo del digitale:

> Favorire la crescita, lo sviluppo dell'economia e della cultura digitali, attuare politiche di incentivo alla domanda di servizi digitali e promuovere l'alfabetizzazione informatica, nonché dare impulso

alla ricerca e alle innovazioni tecnologiche, quali fattori essenziali di progresso e opportunità di arricchimento economico, culturale e civile e, nel contempo, di rilancio della competitività delle imprese. (Decreto legge del 18 ottobre 2012, n. 179, coordinato con la legge di conversione del 17 dicembre 2012, n. 221)

In particolare, l'Agenda digitale all'art. 10 aveva definito gli aspetti del fascicolo elettronico degli studenti universitari, dell'anagrafe degli alunni, degli studenti e delle università, dei procedimenti per lo stato giuridico ed economico del personale della scuola. L'art. 11 si era occupato dell'editoria digitale e dei centri scolastici digitali: per l'editoria, era stata confermata la scelta per l'adozione di testi redatti in formato digitale, mentre Regioni ed enti locali avrebbero potuto sottoscrivere convenzioni con il MIUR per istituire centri attrezzati per attività di e-learning e reti in zone particolarmente svantaggiate, quali le comunità montane e le piccole isole. In base a quella opportunità era stato sottoscritto un accordo operativo il 18 settembre 2012.

Il Piano nazionale

Il Piano nazionale scuola digitale va considerato come l'intervento più impegnativo dal punto di vista economico. Esso è stato realizzato in due fasi. Nella prima, a carattere sperimentale, vi sono state varie azioni per diffondere la cultura digitale e incrementare le dotazioni tecnologiche delle scuole. Nel concreto, le azioni hanno riguardato la diffusione di LIM nelle classi per modificare le strategie didattiche; le classi 2.0, per creare ambienti di apprendimento con un uso quotidiano delle tecnologie; la scuola in ospedale, HSH (Hospital-School-Home@network), con la formazione di docenti per alunni ospedalizzati o in terapia domiciliare e in day hospital, attraverso l'uso di strumenti e servizi multimediali per garantire il diritto allo studio; @urora, @usilio per il recupero, l'orientamento e il reinserimento degli adolescenti, per i minori che sono nel circuito penale attraverso la formazione a distanza; Oltre l'@urora, per il recupero degli studenti drop-out; l'editoria digitale, con la raccolta di prodotti digitali delle scuole italiane; dal 2011 la Scuol@ 2.0, con il finanziamento di 14 istituti per il digitale.

La seconda fase del Piano è partita il 25 luglio 2012, con l'iniziativa della Conferenza Stato-Regioni che ha condotto all'accordo operativo del settembre 2012 tra MIUR e amministrazioni regionali, a esclusione delle Regioni dell'obiettivo convergenza (Calabria, Campania, Puglia, Sicilia), per le quali rimangono i PON-FESR, mentre la Sardegna si è dotata di un suo capillare piano digitale. Tale accordo, che ha confermato la prosecuzione dei progetti LIM in classe, Classi 2.0, Scuol@ 2.0, centri scolastici digitali, ha previsto varie azioni, tra cui la riduzione del divario esistente fra il tradizionale linguaggio didattico e quello della società digitale; la modificazione degli ambienti di apprendimento; l'incremento delle azioni del Piano nazionale scuola digitale (PNSD); la produzione di contenuti digitali per la didattica; la connettività a banda larga nelle scuole; le reti e l'apprendimento online; la formazione dei docenti.

Le TIC per la formazione dei docenti

Nel frattempo, è andato avanti anche il piano di formazione dei docenti che, dopo la prima fase 2007-2012, caratterizzata per la formazione sulle LIM, l'uso delle TIC, il supporto alla progettazione classi 2.0, nella seconda fase 2012-2014 ha puntato alla geolocalizzazione, cioè alla messa in rete e a sistema di competenze e risorse strutturali. Sono così sorti ben 38 poli formativi su tutto il territorio nazionale. È stato inoltre creato il Mercato elettronico della Pubblica Istruzione (MePI): nato dalla collaborazione tra MIUR, MEF e CONSIP, è finalizzato a facilitare le scuole negli acquisti di materiale elettronico e digitale, abilitando fornitori per il MePI, ex art. 328 del DPR n. 207 del 5 ottobre 2010.

Un Protocollo di intesa tra il MIUR e l'azienda Telecom Italia è stato sottoscritto il 28 ottobre 2010 per realizzare il Piano nazionale, con conseguente accordo per realizzare il progetto «Navigare sicuri», che ha previsto la visita alle scuole di un bus itinerante attrezzato per sensibilizzare e dare consigli a studenti e genitori riguardo la navigazione sicura sul web.

> Una iniziativa che si propone di realizzare, valorizzando la capacità progettuale della scuola, ambienti di apprendimento adatti a un utilizzo costante e diffuso delle tecnologie nella attività scolastica quotidiana, al fine di verificare se e quanto tale utilizzo possa intervenire positivamente nei processi formativi in un'epoca di trasformazione dei linguaggi della comunicazione e della diffusione dei saperi. (Protocollo di intesa tra MIUR e Telecom Italia del 28 ottobre 2010)

3. La legge 107/2015 e il PNSD

La legge 107/2015 e il PNSD

Anche nella legge n. 107/2015 è stata riservata una grande attenzione alla cultura digitale con l'annuncio all'art. 1, comma 56 della realizzazione del Piano nazionale per la scuola digitale (PNSD). Tale Piano è stato definitivamente adottato con decreto n. 851 del MIUR il 27 ottobre 2015. Si tratta di una scelta in continuità con quanto già realizzato, che delinea un ampio e organico intervento finalizzato a dare un assetto definitivo al digitale nella scuola.

> Il Progetto strategico nazionale per la banda ultralarga, in coerenza con gli obiettivi dell'Agenda digitale, definisce i principi base delle iniziative pubbliche a sostegno della banda ultralarga dal 2014 al 2020. Il Piano si pone l'obiettivo di raggiungere entro il 2020 la copertura fino all'85% della popolazione con una connettività ad almeno 100 Mbps, che è l'unica a poter essere definita ultra fast broadband nell'accezione dell'Agenda digitale europea. Il tutto, superando un gap di oltre 40 punti percentuali che separa l'Italia dalla media europea. (Bruschi, 2015)

L'intento un po' ambizioso è quello di recuperare il gap che separa il nostro Paese da molte altre realtà europee; in questo senso, gli obiettivi riguardano lo sviluppo delle competenze digitali degli studenti, il potenziamento delle dotazioni didattiche e laboratoriali delle scuole, anche per favorire la trasparenza e la governance, la formazione del personale della scuola, lo sviluppo di reti, l'adozione diffusa di testi digitali. Si legge, al comma 58 dell'art. 1 della legge 107/2015:

> Il Piano nazionale per la scuola digitale persegue i seguenti obiettivi:
> a) realizzazione di attività volte allo sviluppo delle competenze digitali degli studenti, anche attraverso la collaborazione con università, associazioni, organismi del terzo settore e imprese, nel rispetto dell'obiettivo di cui al comma 7, lettera h);
> b) potenziamento degli strumenti didattici e laboratoriali necessari a migliorare la formazione e i processi di innovazione delle istituzioni scolastiche;
> c) adozione di strumenti organizzativi e tecnologici per favorire la governance, la trasparenza e la condivisione di dati, nonché lo scambio di informazioni tra dirigenti, docenti e studenti e tra istituzioni scolastiche e educative e articolazioni amministrative del Ministero dell'istruzione, dell'università e della ricerca;
> d) formazione dei docenti per l'innovazione didattica e sviluppo della cultura digitale per l'insegnamento, l'apprendimento e la formazione delle competenze lavorative, cognitive e sociali degli studenti;
> e) formazione dei direttori dei servizi generali e amministrativi, degli assistenti amministrativi e degli assistenti tecnici per l'innovazione digitale nell'amministrazione;
> f) potenziamento delle infrastrutture di rete, sentita la Conferenza unificata di cui all'articolo 8 del decreto legislativo 28 agosto 1997, n. 281, e successive modificazioni, con particolare riferimento alla connettività nelle scuole;
> g) valorizzazione delle migliori esperienze delle istituzioni scolastiche anche attraverso la promozione di una rete nazionale di centri di ricerca e di formazione;
> h) definizione dei criteri e delle finalità per l'adozione di testi didattici in formato digitale e per la produzione e la diffusione di opere e materiali per la didattica, anche prodotti autonomamente dagli istituti scolastici.

Ambiti e azioni

Il PNSD ha definito gli ambiti di intervento, per ciascuno dei quali sono individuati specifici settori e azioni da realizzare: per ognuno il documento identifica i possibili obiettivi critici ma realizzabili, che dovrebbero promuovere il miglioramento del sistema nel settore. Gli ambiti di intervento sono quattro e sono di seguito descritti.

Gli strumenti

Si vogliono creare tutte le condizioni per realizzare la società e la scuola dell'informazione. I settori di intervento sono:

Strumenti

- *l'accesso,* con l'obiettivo di creare le condizioni per l'accesso alla società dell'informazione, garantire l'uso di Internet a scuola, coprire l'intera filiera per la didattica digitale. Sono previste tre azioni;
- *gli spazi e ambienti di apprendimento,* con gli obiettivi di potenziare le infrastrutture digitali della scuola con soluzioni «leggere», sostenibili e inclusive, trasformare i laboratori scolastici in luoghi per l'incontro tra sapere e saper fare, promuovere ambienti digitali flessibili per una didattica attiva, allineare l'edilizia scolastica all'evoluzione della didattica, ripensare la scuola aprendola al territorio. Sono previste quattro azioni;
- *l'identità digitale,* per creare un profilo digitale per ogni persona nella scuola, docenti e alunni compresi, in coerenza con sistema pubblico integrato per la gestione dell'identità digitale (SPID), ridurre la complessità nell'accesso ai servizi digitali del MIUR in coerenza con le politiche del Governo sul miglioramento dei servizi digitali al cittadino. Sono previste tre azioni;
- *l'amministrazione digitale,* completando la digitalizzazione dell'amministrazione scolastica e della didattica, potenziando i servizi digitali scuola-famiglia-studente, aprendo i dati e servizi della scuola a cittadini e imprese. Sono previste tre azioni.

Le competenze e i contenuti

L'intento è di definire le competenze degli studenti per l'uso critico della rete e dell'informatica, che non si limitino alla semplice alfabetizzazione, ma si arricchiscano di competenze trasversali con attitudini da sviluppare. I settori da sviluppare sono:

Competenze e contenuti

- *le competenze degli studenti,* per definire le competenze digitali che ogni studente deve sviluppare, sostenere i docenti nel loro ruolo di facilitatori di percorsi didattici innovativi per potenziare le competenze chiave, coinvolgere gli studenti con format didattici specifici, innovare i curricoli scolastici. Le azioni previste sono cinque;
- *il digitale, l'imprenditorialità e il lavoro,* per colmare il divario digitale, promuovere carriere in ambito «STEAM» (Science, Technology, Engineering, Arts, Maths), valorizzare il rapporto tra scuola e lavoro, coinvolgere gli studenti nella digitalizzazione delle imprese, promuoverne la creatività, l'imprenditorialità e il protagonismo. Le azioni previste sono tre;
- *i contenuti digitali,* per incentivarne l'utilizzo in tutte le loro forme, promuovere innovazione, diversità e condivisione di contenuti didattici e opere digitali. Sono definite tre azioni.

La formazione

Tecnologie e formazione

Si richiama l'attenzione sulla formazione del personale scolastico, che deve superare la semplice alfabetizzazione di base sulle tecnologie per promuovere il vero utilizzo dei linguaggi dell'informatica. Questo comporta la valorizzazione dell'attività di sperimentazione dei singoli e delle reti, l'attivazione e la connessione tra reti di scuole e docenti, la formazione di competenze digitali intese come capacità di utilizzare in senso pedagogico e didattico l'uso delle tecnologie.

Gli obiettivi riguardano il rafforzamento della preparazione del personale sulle competenze digitali, la promozione del legame tra innovazione didattica e tecnologie digitali, l'individuazione di standard efficaci, sostenibili e continui nel tempo per la formazione all'innovazione didattica. Le azioni previste sono tre.

L'accompagnamento

La realizzazione di questa prospettiva va collegata alla più ampia sfida tecnologica in atto nell'intero Paese e che riguarda aspetti organizzativi, culturali, pedagogici, sociali e generazionali. Le scuole devono essere sostenute in questa lunga fase che va dall'acquisto di dotazioni tecnologiche alla loro configurazione, dalla predisposizione di spazi più accoglienti e aperti all'innovazione alla realizzazione di politiche adeguate anche alle esigenze di innovazione del curricolo, dell'orario scolastico e del territorio.

Misure di accompagnamento

Gli obiettivi riguardano l'innovazione delle forme di accompagnamento alle scuole, il sostegno all'innovazione nella scuola, la proiezione del PNSD in una dimensione territoriale, il rafforzamento degli strumenti, il monitoraggio del Piano, il consolidamento del rapporto tra Piano e dimensione scientifica tra la scuola e il digitale. Sono previste otto azioni.

4. Animatori digitali e e-book

Proprio per definire la pianificazione degli interventi, in una Nota del 26 novembre 2015 il MIUR aveva chiesto all'Osservatorio tecnologico permanente di effettuare una rilevazione nazionale circa le attrezzature tecnologiche per la didattica già presenti nelle scuole. Tale azione mirava ad aggiornare e monitorare gli strumenti per la dematerializzazione e l'innovazione dei propri servizi, le dotazioni tecnologiche, la connettività di laboratori e aule, la presenza di dispositivi mobili e fissi, le fonti di finanziamento.

Gli animatori digitali

Tra le prime innovazioni introdotte dal PNSD va ricordata quella degli animatori digitali, promossa con la Nota del 19 novembre 2015 del MIUR: si tratta di docenti, uno per istituto, esperti e dotati di capacità organizzative che curano l'innovazione digitale, realizzando attività, creando laboratori, diffondendo la cultura digitale. Nella Nota è stato definito anche il loro profilo operativo:

1. *Formazione interna:* stimolare la formazione interna alla scuola negli ambiti del PNSD, attraverso l'organizzazione di laboratori formativi (senza essere necessariamente un formatore), favorendo l'animazione e la partecipazione di tutta la comunità scolastica alle attività formative, come ad esempio quelle organizzate attraverso gli snodi formativi.
2. *Coinvolgimento della comunità scolastica:* favorire la partecipazione e stimolare il protagonismo degli studenti nell'organizzazione di workshop e altre attività, anche strutturate, sui temi del PNSD, anche attraverso momenti formativi aperti alle famiglie e ad altri attori del territorio, per la realizzazione di una cultura digitale condivisa.
3. *Creazione di soluzioni innovative:* individuare soluzioni metodologiche e tecnologiche sostenibili da diffondere all'interno degli ambienti della scuola (ad esempio uso di particolari strumenti per la didattica di cui la scuola si è dotata; la pratica di una metodologia comune; informazione su innovazioni esistenti in altre scuole; un laboratorio di coding per tutti gli studenti), coerenti con l'analisi dei fabbisogni della scuola stessa, anche in sinergia con attività di assistenza tecnica condotta da altre figure. (Nota MIUR del 19 novembre 2015)

Un altro fronte importante per il digitale è quello dei libri di testo. Infatti, con i termini «e-book» ed «electronic book», vengono oggi definiti i libri di testo in formato digitale, destinati a sostituire i tradizionali testi in formato cartaceo. Tutto ciò modificherà nel tempo sia le metodiche operative della scuola sia la cultura dell'editoria scolastica italiana, che dovrà adeguarsi alle politiche europee del settore cercando, però, di contenere i costi a livelli accettabili.

Gli e-book

In realtà l'idea iniziale, almeno nelle intenzioni del legislatore, era stata quella di trasformare i testi cartacei in testi elettronici o digitali; successivamente, il grande sviluppo della telematica aveva condotto a scelte più radicali e definitive.

Era stato il decreto legge 112 del 25 giugno 2008, convertito nella legge 133 del 6 agosto 2008, a dare le prime indicazioni sull'adozione dei libri di testo, suggerendo, nella prospettiva di limitare le spese delle famiglie, l'opportunità di preferire in tutto o in parte a quelli presenti i libri in formato digitale, e indicando per l'anno scolastico 2011-2012 l'adozione di libri in versione online scaricabili direttamente dalla rete.

Tutto ciò non ha, però, avuto un seguito e l'applicazione della disposizione è stata oggetto di una serie di rinvii: in particolare, all'anno scolastico 2013-2014, con il decreto legge 179 dell'8 ottobre 2012 convertito nella legge 221 del 17 dicembre 2012 la loro adozione è stata posticipata all'anno scolastico 2013-2014, con il decreto ministeriale n. 781/2013 all'anno scolastico 2014-2015. Dopo che nell'anno scolastico 2014-2015 la Nota ministeriale n. 2581 del 9 aprile 2014 non aveva apportato alcun cambiamento, la Nota n. 3690 del 29 aprile 2015 aveva confermato quella direttiva di massima per l'anno scolastico 2015-2016. Eppure, un certo ottimismo era stato prodotto dal decreto legge 104/2013, convertito con legge 128/2013 che, anche in riferimento all'allegato n. 1 del decreto n. 781/2013, aveva consentito di realizzare interventi innovativi su formazione del personale docente, personalizzazione dei contenuti digitali, incremento di dotazioni tecnologiche per le scuole.

Anche per l'anno scolastico 2018-2019, come da Nota del MIUR n. 5571 del 29 marzo 2018, non vi sono particolari novità sui libri digitali: le adozioni devono essere effettuate in coerenza con il PTOF, con l'ordinamento scolastico e con il limite di spesa stabilito, in versioni digitali o miste, secondo il disposto del DM n. 781/2013. I testi consigliati possono essere suggeriti dal Collegio dei docenti solo se hanno un carattere di monografia o di approfondimento delle discipline di riferimento: tra i testi consigliati rientrano anche i singoli contenuti digitali integrativi o in forma disgiunta rispetto ai libri di testo.

Processo irreversibile

Il processo innovativo è comunque irreversibile, anche se occorrerà ancora del tempo perché siano risolte varie questioni quali il superamento dell'obbligo di adottare libri di testo sostituendoli con materiali di studio organizzati, l'uso degli open source nella loro costruzione, l'adeguatezza delle dotazioni tecnologiche sul territorio. Proprio per far fronte alla penuria, nelle zone più disagiate, di adeguate attrezzature, era stata prevista la creazione di centri scolastici digitali.

Testi aperti e dinamici

Tra le caratteristiche didattiche che gli e-book dovranno avere ci sarà la possibilità che essi siano costantemente aggiornati, in modo da essere testi aperti e dinamici, in un mondo culturale caratterizzato da sempre maggiore complessità. Un testo dinamico impegna anche chi lo utilizza ad assumere un costante atteggiamento critico; esso genera effetti positivi sui processi del suo apprendimento, spingendo a forme cognitive di ricerca, confronto, verifica, conferma: l'utilizzo di testi digitali favorisce infatti una forte empatia tra le metodologie di studio e la gestione dei saperi e delle conoscenze.

Sempre nell'ambito dell'editoria, il MIUR ha bandito con Nota n. 38240 del 22 dicembre 2017 nell'ambito del PNSD, Azione 24, il concorso pubblico #iMiei10Libri: i 10 libri più votati dagli studenti entrano in tutte le biblioteche scolastiche.

Come tutte le innovazioni, anche la scelta degli e-book, accanto a elementi di positività, presenta aspetti di negatività. Gli snodi problematici cui abbiamo accennato in apertura circa la pervasività della cultura digitale valgono anche per un non corretto uso degli e-book. Altri problemi potrebbero riguardare i diritti d'autore dei testi e degli stessi software, le cui future strategie per lo sviluppo creeranno certamente conflitti tra i copyright e i copyleft, i programmi e i testi open.

5. Le LIM (lavagne interattive multimediali)

Sempre sul fronte della didattica, una vera e propria rivoluzione è stata promossa dall'avvento delle lavagne interattive multimediali (LIM), dispositivi tecnologici realizzati con gli stessi criteri dei mouse che consentono di interagire con i software di un computer su un pannello lavagna con il semplice dito, la mano o un'apposita penna-stilo. Si tratta di strumenti tecnologici che consentono di migliorare il rapporto tra le persone e il mondo digitale, aprendo orizzonti inimmaginabili per la conoscenza, la comunicazione, l'apprendimento.

Tecnologie HID

Esse fanno parte delle tecnologie cosiddette HID *(Human Interface Device)* o HCI *(Human Computer Interface),* e sono state inizialmente classificate in riferimento alle loro caratteristiche tecniche, distinguendo tipologie di LIM:

- *elettromagnetiche* di tipo attivo o passivo, che richiedono l'utilizzo di una stilo digitale su una superficie compatta e resistente, la quale ricopre una griglia conduttrice che trasforma il segnale in coordinate cartesiane; le differenze tra i sistemi attivo e passivo dipendono dal segnale che emette la stilo;
- *resistive,* che funzionano con una superficie più morbida, composta da due lamelle che entrano in contatto nel punto in cui si esercita una pressione inviando segnali tradotti dal computer in coordinate; è un tipo di tecnologia il cui materiale è sottoposto a maggior usura per l'utilizzo che se ne fa;
- *capacitative,* che assemblano le due tecnologie precedenti e che non richiedono l'utilizzo di speciali stilo;
- *utilizzatrici di flussi d'onda* acustici, laser o infrarossi, estremamente compatte, che funzionano con una stilo trasmettitrice o un videoproiettore.

Le LIM si sono inizialmente sviluppate con l'utilizzo di un computer e un sistema di videoproiezione; si è trattato, in effetti, di un meccanismo semplice, tanto che, da parte di insegnanti più esperti nel settore, vi sono state molte iniziative che ne hanno create di vario tipo in modo artigianale, le cosiddette LIM povere o eco-LIM.

Esse sono tra i prodotti tecnologici che i progressi della tecnica stanno rapidamente innovando; infatti, anche in questo ambito l'avvento del web 2.0 e dei dispositivi mobili ha introdotto profonde innovazioni tecniche.

Le LIM non rappresentano solo uno strumento formidabile di innovazione didattica; esse si stanno rivelando particolarmente efficaci anche per il miglioramento dei livelli di apprendimento degli alunni. Utilizzano, infatti, in contemporanea più canali di comunicazione e più linguaggi, dando maggior forza ai messaggi, ma anche conservando maggiormente l'intensità dell'interesse degli allievi. Per quanto riguarda i materiali e gli oggetti multimediali utilizzabili con le LIM, essi possono presentarsi secondo modelli semplici, se utilizzano un solo elemento, o complessi, se hanno più componenti (audio, video, testo, immagine, animazione). Richard E. Mayer ha proposto per la loro progettazione e realizzazione il rispetto di sette principi:

Principi di costruzione

1. la *multimedialità,* con l'utilizzo di più forme per la conoscenza e la comunicazione;
2. la *contiguità spaziale,* con la vicinanza materiale tra gli elementi presentati;
3. la *contiguità temporale,* con la presentazione simultanea di immagini, video, altro;
4. la *coerenza,* che richiede che si eviti l'inserimento di elementi estranei e si valorizzino quelli collegati;
5. la *segmentazione* e la *modularità,* con un'adeguata presentazione dei messaggi suddivisi per segmenti;
6. la *ridondanza,* che richiede di non sovraccaricare i messaggi;
7. l'*individualizzazione* e la *personalizzazione,* che tengono conto dell'originalità di tutti e di ciascun soggetto in apprendimento.

La grande potenzialità delle LIM in educazione è testimoniata dal fatto che la scuola sembra averle accettate sin da subito; infatti, mentre per altri strumenti tecnologici gli operatori scolastici hanno spesso opposto delle resistenze anche di tipo ideologico, sinora le LIM non hanno registrato nessuna forma di dissenso o di resistenza. Le opportunità offerte dalle LIM riguardano anche la qualità dell'esperienza formativa in quanto consentono il superamento dei tradizionali modelli di insegnamento a favore di modalità più coinvolgenti ed efficaci. Viene spostato, in altri termini, l'interesse dall'insegnamento all'apprendimento, in quanto gli allievi diventano protagonisti dell'esperienza educativa in un ambiente scolastico completamente finalizzato a ciò.

Opportunità

> La classe non sarà più la classe e i laboratori non saranno più laboratori, ma nella loro totale integrazione si otterranno nuove geometrie dinamiche incentivanti una formazione attiva, senza più confini materiali, in quanto l'interattività data dalla tecnologia sarà in grado di superare anche lo stesso ambiente fisico. (Baldascino, 2009)

Le LIM possono rendere molto più vari gli stessi percorsi di studio, in quanto favoriscono connessioni, collegamenti, ampliamenti sugli argomenti affrontati: la scuola si proietterebbe, in questo caso, sul mondo reale consentendo esperienze dirette online ma anche sfruttando le ricchezze offerte dalla navigazione sul web, dagli ipertesti, dall'interattività. La LIM

> è lo spazio centrale di comunicazione, ma anche il luogo di costruzione dei significati [...]. La LIM è anche multimediale, rende infatti possibile evidenziare i testi, aggiungere annotazioni, immagini, suoni, filmati, e ritagliare, mediante cattura schermo, parti dello schermo da analizzare e da riutilizzare. In quanto multimediale si costruisce sulla convergenza digitale di linguaggi diversi, produce il superamento della centralità della parola scritta e consente l'attivazione del disegno, della percezione acustica e visiva. Infine è interattiva, in quanto è un sistema di tipo semi-immersivo [...] che consente di interagire con esso direttamente, attraverso la manipolazione, sperimentare l'ambiente, esplorarlo e modificarlo rendendo l'utente, in questo caso lo studente, attore principale del processo di costruzione dei significati. (Sinini, 2013)

Naturalmente, sarebbe anche impensabile utilizzare le LIM come se fossero delle semplici lavagne solo più tecniche che accompagnano le lezioni frontali. In questo caso, rientra in gioco la questione della formazione del personale docente, che va curata in modo particolare in tale fase, pena lo svuotamento di questa importante innovazione.

6. Il potenziamento dei laboratori scolastici digitali

L'impegno più significativo del PNSD, oltre a quello della connettività delle scuole, ha riguardato il potenziamento delle dotazioni laboratoriali delle istituzioni scolastiche; in questo ambito si sono susseguite varie iniziative, anche di recente. Dopo l'approvazione del PNSD era stato il DM del 6 maggio 2016, n. 299, a suddividere la destinazione dei fondi del Piano in alcuni specifici ambiti. Il primo ha riguardato la progettazione e realizzazione di ambienti innovativi per la didattica integrata (art. 2). Il provvedimento è stato rivolto alle scuole del primo e del secondo ciclo, tra quelle i cui edifici scolastici siano già stati oggetto di interventi di edilizia scolastica. L'iniziativa ha fissato anche i criteri per la scelta dei progetti, legandoli alla qualità della proposta e dei contenuti, anche evidenziando aspetti positivi e criticità; sono considerati importanti l'originalità e il livello di innovazione, oltre al grado di approfondimento dell'analisi di monitoraggio civico, il grado di coinvolgimento attivo di enti locali, soggetti e altri attori del territorio, quello della comunità scolastica, l'obbligo della connessione alla rete di Internet.

Ambienti innovativi per la didattica integrata

L'articolo 3 del DM n. 299/2016 ha inoltre previsto la realizzazione di laboratori professionalizzanti innovativi per le istituzioni scolastiche statali secondarie di secondo grado, in particolare per gli indirizzi tecnici e professionali. L'iniziativa, che si inserisce nell'ambito degli interventi in materia di edilizia scolastica e della gestione dei fondi strutturali per l'istruzione e l'innovazione digitale, è stata finalizzata alla realizzazione di laboratori per il rafforzamento, in chiave digitale, degli indirizzi professionalizzanti e caratterizzanti delle secondarie. È stata prevista la realizzazione di 15 laboratori digitali per gli indirizzi tecnici e professionali e di 3 laboratori per le competenze di base, suddivisi in macro aree per varie tipologie: enogastronomia, agraria e agroindustria, robotica e domotica, arte, design e grafica, moda, musica, sport, industria e artigianato 4.0, meccanica, meccatronica, energia, trasporti e logistica, navale, aeronautico, biotecnologie e biomedicale, informazione e comunicazione, competenze di base (lingue, fisica, chimica, ecc.).

I laboratori digitali

Per quanto concerne le finalità che dovranno avere tali laboratori, oltre alla coerenza dei progetti con il PTOF e la realizzazione di didattiche laboratoriali per consentire agli studenti un primo approccio al mondo del lavoro, essi dovranno, nel contempo, assicurare l'utilizzo degli spazi scolastici da parte del territorio, anche fuori dagli orari della scuola, e il contrasto alla dispersione scolastica.

Le caratteristiche tecniche

Per quanto riguarda le caratteristiche tecniche dei laboratori, è stato definito che esse devono garantire la qualità della proposta in grado di promuovere l'acquisizione di competenze specifiche e il rapporto con il mondo del lavoro, anche favorendo l'alternanza scuola-lavoro. Esse devono avere un elevato livello di innovazione, anche come supporto alla didattica, e la possibilità di replica del progetto per la sua semplicità e documentazione. I nuovi laboratori dovrebbero essere aperti al territorio e contrastare la dispersione scolastica. Dovrà essere garantito il coinvolgimento di ulteriori attori del territorio e l'utilizzo e la valorizzazione di spazi esterni e interni alla scuola, oltre a una connessione alla rete Internet di almeno 30 MB.

Anche i fondi PON per la scuola 2014-2020 sono stati finalizzati alla realizzazione di laboratori didattici innovativi; infatti, il MIUR ha diffuso, con Nota n. 37944 del 12 dicembre 2017, l'avviso rivolto alle scuole del secondo ciclo per realizzare laboratori per lo sviluppo delle competenze di base e laboratori professionalizzanti in chiave digitale nell'ambito degli interventi infrastrutturali per l'innovazione tecnologica e per l'apprendimento delle competenze chiave, collegati al Piano nazionale impresa 4.0 e finalizzati a promuovere alti livelli di competenze per gli studenti.

Sono interventi di:

- *tipologia A,* per progetti di laboratori per le competenze di base per le studentesse e per gli studenti dei licei o del primo biennio degli istituti tecnici e professionali;
- *tipologia B,* per istituti tecnici e professionali e di licei artistici, che presentino un progetto per laboratori professionalizzanti per uno degli indirizzi del triennio.

Per quanto concerne le caratteristiche dei progetti, devono essere previsti gli obiettivi specifici che si intende perseguire, anche in riferimento alla riorganizzazione didattico-metodologica, all'innovazione curricolare e all'uso di contenuti digitali, alle disabilità; la sua coerenza con il PTOF; l'integrazione tra le dotazioni possedute e quelle richieste; l'impiego di ambienti e dispositivi digitali per l'inclusione o l'integrazione degli allievi con bisogni educativi speciali; la connessione alla rete.

Con Nota n. 9516 del 13 aprile 2018, il MIUR ha pubblicato l'elenco delle scuole ammesse e l'avvio dei lavori per la realizzazione del progetto.

7. Atelier, biblioteche scolastiche innovative

Altri ambiti di intervento previsti dal PNSD sono stati definiti con DM n. 851 del 27 ottobre 2015, prevedendo la realizzazione di atelier, di biblioteche scolastiche innovative intese come centri di informazione e documentazione anche digitale, il curricolo digitale.

Atelier e laboratori

Per quanto concerne gli atelier, è stato il DM n. 157 dell'11 marzo 2016 a proporre la realizzazione di atelier creativi e laboratori per le competenze chiave con l'intento di ridare centralità nella didattica al rapporto tra sapere e saper fare, di ripensare i laboratori come luoghi di innovazione e creatività e come elementi di collegamento tra gli alunni e il loro territorio.

Biblioteche innovative

Con la suddivisione dei fondi del PNSD, DM n. 299/2016, all'art. 5, azione 27, è stata prevista la realizzazione di biblioteche scolastiche come centri di informazione e documentazione anche in ambito digitale.

> Le biblioteche scolastiche possono, dunque, diventare ambienti di apprendimento, di documentazione e di alfabetizzazione informativa che forniscono a studenti, docenti, genitori, personale e alla comunità locale spazi sia fisici sia digitali attraverso i quali accedere a un vasto panorama di risorse informative e formative, tradizionali e online.

La realizzazione di biblioteche innovative, aperte a tutte le istituzioni scolastiche statali, si è posta l'ambiziosa finalità di ridisegnare dal punto di vista edilizio e didattico i tradizionali luoghi dei saperi. In questo senso, esse dovranno configurarsi come laboratori per promuovere lo studio ma anche le letture personali, in una prospettiva che coniughi l'apprendimento formale con quello informale in funzione dell'imparare a imparare. Tali contesti dovranno essere in grado di offrire stimoli più intensi a studenti, docenti, genitori, anche consentendo la possibilità di accesso a spazi sia fisici sia digitali per un utilizzo tradizionale e online delle dotazioni librarie. Tutto ciò consentirà all'utenza l'esercizio di una libertà di scelta e di un'autonomia di giudizio e trasformerà le biblioteche in comunità di apprendimento all'interno delle stesse scuole e si caratterizzeranno come spazi vivi e attivi per promuovere coinvolgimento e partecipazione democratica, anche aprendo alle famiglie.

Le biblioteche scolastiche innovative dovranno avere specifiche caratteristiche per garantire: l'apertura della scuola al territorio anche fuori dall'orario scolastico e l'utilizzo di spazi e risorse informative, cartacee o digitali, in coordinamento con altre scuole e in sinergia con il territorio e con le istituzioni e i sistemi bibliotecari locali; la promozione dell'educazione all'informazione e della lettura e della scrittura, anche in ambiente digitale; il contrasto alla discriminazione e alla dispersione scolastica.

Tali ambienti potranno, infatti, diventare elementi determinanti per la prevenzione di tutte le forme di discriminazione, compresa la dispersione scolastica, ma anche sedi di apertura verso nuovi orizzonti culturali e di integrazione multiculturale per scuola, comunità, territorio.

Caratteristiche dei progetti

Il documento del MIUR ha indicato, oltre al libero accesso alla rete per l'utenza con dispositivi mobili, quali debbano essere gli elementi caratterizzanti delle proposte progettuali: dall'individuazione, qualificazione e riqualificazione degli spazi fisici per la biblioteca, riordinati secondo principi di flessibilità, al tipo di attrezzature informatiche e tecnologiche da mettere a disposizione dell'utenza come ausili laboratoriali, quali computer, e-reader, tablet, document camera o macchine fotografiche e telecamere; da altre attrezzature utili per le attività in biblioteca comprese la digitalizzazione, catalogazione, comunicazione delle risorse presenti, all'acquisizione e messa a disposizione del pubblico di contenuti prevalentemente in forma digitale, per il prestito bibliotecario digitale, per la stipula di contratti di accesso a piattaforme per ulteriori prestiti digitali.

#iMiei10Libri

Va, infine, ricordata una ulteriore iniziativa nell'editoria, quella che il MIUR ha bandito con Nota n. 38240 del 22 dicembre 2017 nell'ambito del PNSD, azione 24, con il concorso pubblico #iMiei10Libri, i 10 libri più votati dagli studenti che entreranno in tutte le biblioteche scolastiche.

8. Curricoli digitali

Sempre nell'ambito delle iniziative del Decreto n. 851 del 27 ottobre 2015, dobbiamo ricordare quella dedicata ai curricoli digitali, anch'essa finanziata con il DM n. 299 del 6 maggio 2016 (art. 4). L'intento dell'iniziativa è stato quello di realizzare curricoli, formati e strumenti innovativi per lo sviluppo di competenze digitali che promuovessero l'apprendimento degli studenti attraverso percorsi didattici digitali curricolari.

25 curricoli digitali

È stata prevista la realizzazione a cura delle scuole di 25 curricoli digitali dedicati a varie tematiche:

– diritti in Internet;
– educazione ai media e ai social network;
– educazione all'informazione;
– STEM (robotica educativa, making e stampa 3D, Internet delle cose);
– big e open data;
– coding;
– arte e cultura digitale;
– educazione alla lettura e alla scrittura in ambienti digitali;
– economia digitale;
– imprenditorialità digitale.

L'intento dell'iniziativa è stato promuovere la riflessione nelle scuole tra gli studenti per prepararli alla sfida della cittadinanza digitale e sostenere azioni finalizzate a far sviluppare ad essi nuove competenze. È stata prevista la costituzione di reti con le scuole capofila e la stipula di partenariati innovativi anche con il territorio: i contenuti e i materiali dei curricoli dovranno essere predisposti in formato aperto *(Open Educational Resources)* per renderne possibile il pieno utilizzo, nella prospettiva di costituire una base di materiali per la didattica prodotti dalle scuole e riutilizzabili da tutto il sistema scolastico. Il bando, diffuso nel settembre 2016, è stato rivolto a tutte le scuole, CPIA compresi. Si legge nel documento:

Elementi del curricolo

> Il curricolo digitale proposto dalla rete delle istituzioni scolastiche partecipanti deve:
> – corrispondere ad un piano pedagogico che definisca chiari progetti didattici;
> – fondarsi su elementi di trasversalità e interdisciplinarità;
> – sviluppare una sola tematica di cui all'articolo 4;
> – comprendere obiettivi e risultati didattici misurabili;
> – garantire la validazione scientifica e pedagogica dei contenuti e dei metodi didattici e la valutazione dell'apprendimento, nonché la salvaguardia dei diritti della proprietà intellettuale e del diritto d'autore;
> – dimostrare un alto grado di interazione interna ed esterna, sia in fase di progettazione che di sviluppo e verifica;
> – strutturare un processo che delinei strumenti e contenuti accessibili, applicabili e facilmente utilizzabili. (Avviso MIUR, Nota n. 11080 del 23 settembre 2016).

9. Il digitale e l'amministrazione

L'avvento del digitale ha modificato anche la vita amministrativa delle istituzioni scolastiche, intervenendo su molti aspetti della sua quotidianità, in particolare, sui siti web, sulla digitalizzazione e dematerializzazione dei documenti, sul CAD. Per quanto concerne i siti degli istituti scolastici, va ricordato che essi sono diventati progressivamente gli albi ufficiali delle scuole e riportano, oltre ai documenti pedagogici e a notizie che testimoniano le loro iniziative, anche provvedimenti e dati amministrativi. Dopo che la legge 69/2009 aveva stabilito per i dirigenti l'obbligo di pubblicare il curriculum vitae, le retribuzioni annuali, gli indirizzi elettronici, i tassi di assenza del personale della scuola, la direttiva n. 8/2009 aveva definito i criteri di riconoscibilità, di aggiornamento, di usabilità e accessibilità attraverso l'utilizzo del dominio «gov.it».

I siti

La svolta è avvenuta con il decreto legge 95/2012 convertito con modifiche nella legge n. 135/2012, quando i siti del sistema di istruzione hanno dovuto allinearsi al resto dell'apparato amministrativo, passando da un'adesione di tipo opzionale a vero e proprio adempimento istituzionale in linea con la normativa. A completare il quadro sono, infine, giunti la legge n. 190/2012 e il D.lgs. n. 33/2013 che hanno sancito anche per le scuole gli stessi obblighi di pubblicità, trasparenza, diffusione delle informazioni previsti per gli altri siti delle amministrazioni pubbliche. Quasi contemporaneamente era partito il piano per la diffusione del wireless nella scuola, legge 128 dell'8 novembre 2013, art. 11, con lo scopo di far acquisire al sistema scolastico dotazioni tecnologiche che avrebbero consentito di creare servizi di connettività senza cavi.

Pubblicità e trasparenza

Ulteriori interventi sulla materia sono stati portati dalla legge 124/2015 seguita e dai decreti legislativi n. 97/2016 e n. 116/2016, che hanno ridefinito ambiti e responsabilità in materia di corruzione e trasparenza, assegnando all'ANAC funzioni di indirizzo e controllo. Quest'ultimo ha diffuso con la delibera n. 430/2016 le Linee guida per l'applicazione delle nuove norme alle istituzioni scolastiche, prevedendone gli obblighi di pubblicazione. A completare il quadro è giunta, infine, la deliberazione n. 36 del 12 febbraio 2018 dell'Agenzia per l'Italia digitale che ha riorganizzato i domini di secondo livello: per le scuole è stabilito che non possano più utilizzare per i propri siti il dominio «gov.it» perché esso in ambito UE e USA identifica le amministrazioni centrali dello Stato.

La Legge Madia

Per quanto concerne la digitalizzazione e la dematerializzazione, il processo è ancora in via di realizzazione, anche perché continua a variare la normativa di riferimento. La stessa Corte dei Conti già nel 2015 aveva denunciato un sensibile ritardo nella sua realizzazione:

Digitalizzazione e dematerializzazione

> Non risultano invece attuati altri obiettivi previsti nel piano di dematerializzazione, quali l'archivio virtuale, il fascicolo elettronico degli alunni e la scrivania virtuale semplificata, di cui il piano stesso prevedeva l'affidamento al Consorzio CINECA, che, secondo un recente parere del Consiglio di Stato, intervenuto il 30 gennaio

> 2015, può svolgere attività affidategli dal MIUR secondo il modello della persona giuridica in house providing, cioè evitando il ricorso ad imprese operanti sul mercato mediante procedure di evidenza pubblica. (Deliberazione Corte dei Conti n. 7, del 6 ottobre 2015)

Va sottolineato che tale processo è di per sé articolato e complesso, in quanto non basta solo redigere documenti in digitale e trasferire i dati già archiviati dai supporti cartacei a quelli digitali: la questione investe gli ambiti della riorganizzazione e semplificazione dei processi, dell'utilizzo delle tecnologie digitali nel rapporto tra amministrazioni e cittadini, della trasparenza, dell'assunzione di responsabilità da parte di tutti.

Portale unico dei dati

Per quanto concerne la scuola, con il PNSD è stato istituito, con i commi 137-141, il Portale unico dei dati che dovrebbe garantire stabilmente l'accesso e la riutilizzabilità dei dati pubblici delle scuole, dai bilanci alle valutazioni del Sistema nazionale di valutazione, l'Anagrafe dell'edilizia, gli incarichi di docenza, il curriculum degli studenti. A ciò aveva fatto seguito la Nota del MIUR del 18 dicembre 2015, che ha diffuso l'aggiornamento del software Scuola in Chiaro, strumento per orientare le famiglie nelle loro scelte e per la trasparenza e conoscibilità delle singole scuole.

Il CAD

Per quanto concerne il Codice dell'amministrazione digitale, esso ha subito varie rivisitazioni nel corso degli anni. Introdotto con il D.lgs. del 7 marzo 2005, n. 82, come forma di tutela per i dati personali e di garanzia della loro sicurezza, era stato poi il D.lgs. del 26 agosto 2016, n. 179 di delega della legge n. 124/2015 che aveva modificato, integrato, abrogato, accorpato, semplificato molte norme al fine di rendere effettivi i diritti di cittadinanza digitale a cittadini e imprese, favorendo l'accesso ai servizi alla persona e garantendo il diritto di accesso ai dati in modalità digitale. Su questo provvedimento è intervenuto ancora più di recente il D.lgs. del 13 dicembre 2017, n. 217 che ha introdotto ulteriori disposizioni integrative e correttive per il CAD.

Ricordiamo di seguito gli aspetti più rilevanti che si sono susseguiti nelle varie versioni:

- viene istituito lo SPID, Sistema pubblico di identità digitale, che si definisce come un insieme aperto di soggetti pubblici e privati che opera per l'identificazione di cittadini, amministrazioni pubbliche, imprese attraverso l'accreditamento dell'AgID e per il loro accesso ai servizi in rete;
- i cittadini potranno accedere con un unico nome utente e una unica password ai servizi pubblici e privati nel sistema costituito dallo SPID, dall'Anagrafe nazionale della popolazione residente;
- essi potranno eleggere dal 2018 il Domicilio digitale tramite un registro attraverso lo SPID e l'indirizzo di posta certificata;

– viene chiarita e semplificata la modalità della firma elettronica;
– è istituito presso l'AgID l'ufficio del difensore civico digitale:
– viene consentito il riuso del software sviluppato dalle pubbliche amministrazioni;
– parte l'open data.

Proprio a questo proposito, l'art. 20 del D.lgs. n. 217/2017 ha introdotto un importantissimo principio nell'ambito dei documenti di valore legale, stabilendo che quelli informatici soddisfano pienamente i requisiti della forma scritta (art. 2072 del CC), introducendo, di fatto, nel nostro ordinamento una nuova modalità di creazione di documenti informatici con efficacia probatoria pari a quelli sottoscritti con firma elettronica qualificata o avanzata.

Infine, per gli obblighi specifici delle scuole ricordiamo che esse devono nominare il responsabile alla transizione digitale; adottare le misure minime di sicurezza ICT entro dicembre 2017; pubblicare i metadati della pubblica amministrazione; aderire a Pago PA; riorganizzare il dominio di secondo livello (sld) «gov.it».

Ci troviamo, in definitiva, di fronte a un vero e proprio cambio della politica della PA che prevede la razionalizzazione dei meccanismi e delle strutture di governance; quella degli strumenti di coordinamento e collaborazione tra le PA, anche con l'uso di software open source; il ricorso ai software open source; la ridefinizione del *Chief Digital Officer* (CDO), ufficio unico dirigenziale; l'affermazione del principio del digital first, innanzitutto digitale; l'obbligo per la PA di offrire all'utenza la connettività a Internet in modalità Wi-Fi nei propri uffici.

Il Piano triennale

Nel maggio 2017 è stato approvato dal Governo allora in carica il Piano triennale per l'informatica nella pubblica amministrazione 2017-2019. Redatto dall'AgID e dal Team per la trasformazione, il Piano ha inserito la trasformazione digitale della PA tra le priorità del Governo e si è posto come strumento dinamico che implementerà l'informatizzazione, anche tenendo conto dell'evoluzione tecnologica. Il Piano prevede un percorso graduale:

> – Il 2017 è l'anno della costruzione attraverso il consolidamento della strategia di trasformazione digitale e il completamento del percorso di condivisione con le pubbliche amministrazioni;
> – il 2018 è l'anno del consolidamento del Piano che sarà gestito anche attraverso strumenti online che consentiranno alle pubbliche amministrazioni di fornire i propri dati con semplicità. Essi permetteranno di gestire i piani triennali delle amministrazioni in modo dinamico;
> – il 2019 è l'anno di completamento delle azioni del primo ciclo triennale del processo, che potrà pertanto essere ulteriormente affinato per il successivo triennio. (Piano triennale per l'informatica nella pubblica amministrazione 2017-2019)

Tra gli ambiti di intervento del Piano ricordiamo l'adozione di metodologie tecnologiche agili, in modo da favorire un approccio mobile first affidabile, anche ricorrendo a open source.

All'AgID sono stati affidati il coordinamento, l'attuazione e il monitoraggio delle amministrazioni nell'adeguamento al Piano. Molte le innovazioni e i servizi digitali già sviluppati, altri sono in via di realizzazione: la CIE (Carta di identità elettronica), lo SPID (Sistema elettronico identità digitale), il PagoPa, piattaforma per pagamenti elettronici verso la PA; la fatturazione elettronica, l'ANPR (Anagrafe nazionale della popolazione residente); gli open data per raccogliere in un unico documento, aggiornabile annualmente, i dati pubblici prodotti. Il 23 aprile 2018 l'AgID ha avviato la seconda fase del Censimento del patrimonio ICT delle amministrazioni e qualificazione dei poli strategici nazionali.

Fondamentale rimane la piena realizzazione della cittadinanza digitale:

> La cittadinanza digitale può essere definita come il complesso dei diritti e dei doveri dei cittadini formulati in adattamento allo sviluppo dell'e-government e della fruizione dei servizi digitali. Rispetto alla cittadinanza tradizionale, la cittadinanza digitale dà luogo a uno spazio giuridico in cui i diritti e doveri di cittadinanza possono essere esercitati sia nel contesto fisico reale sia in quello virtuale del web. In questo senso, l'equità di trattamento dei cittadini comporta una capacità di accesso alla rete uniformemente distribuita, dove il completo esercizio dei loro diritti si può realizzare con la minimizzazione del digital divide. (Piano triennale per l'informatica nella pubblica amministrazione 2017-2019)

CAPITOLO VENTITREESIMO

I nuovi scenari del digitale a scuola

1. I più recenti sviluppi del PNSD 2. Il curricolo per la cittadinanza digitale 3. Le linee guida per la riqualificazione degli spazi scolastici 4. Le open source 5. Quali prospettive

1. I più recenti sviluppi del PNSD

La realizzazione del Piano nazionale scuola digitale ha avuto un impulso soprattutto in questo ultimo periodo. Si è trattato senz'altro di una scelta impegnativa che ha richiesto la mobilitazione di significative risorse, la cui finalizzazione non è stata sempre ottimale. Il settore nel quale si sono riscontrati i maggiori progressi è stato quello della trasformazione digitale dell'amministrazione scolastica. La prima parte degli interventi ha riguardato i sistemi informativi del MIUR, per i quali è stato realizzato un lavoro interno che ha dato vita a processi interamente digitalizzati in quasi tutte le aree, come ha documentato l'Osservatorio scuola digitale. È previsto uno sviluppo del sistema anche in riferimento al Piano triennale per l'informatica nella pubblica amministrazione e sono in programma ulteriori interventi per gli ambienti digitali per la didattica, i registri elettronici e i contenuti digitali.

L'amministrazione digitale

Nell'ambito del PNSD, azione 7, con il Decreto dell'11 agosto 2017, n. 623, il MIUR ha promosso la realizzazione di «Periferie creative», ambienti didattici e laboratoriali digitali con l'obiettivo di contrastare la dispersione scolastica. Il progetto è rivolto alle scuole secondarie di secondo grado costituite in rete con almeno un'istituzione scolastica del primo ciclo e la possibile partecipazione di scuole paritarie con sede nelle aree periferiche di una delle 14 città metropolitane.

Periferie creative

Le scuole hanno potuto presentare un solo progetto dedicato a un unico ambiente didattico e laboratoriale digitale collegato a un progetto di contrasto alla dispersione. Le principali caratteristiche dei progetti dovevano richiamare al contrasto alla dispersione scolastica, alla personalizzazione, all'apertura al territorio, alla verticalità. L'avviso pubblico per la realizzazione è stato diffuso dal MIUR il 12 dicembre 2017, prot. n. 37955.

L'dentità digitale

Un altro ambito in cui il PNSD ha raccolto risultati è stato quello dell'identità digitale di ogni persona nella scuola che si è concretizzato nella Carta del docente e nella creazione dell'identità digitale (SPID), stabile, ufficiale per oltre 600.000 docenti. È previsto che entro il 2018, tutti i docenti dovrebbero avere un portfolio digitale per documentare la propria crescita professionale, collegato alla Carta del docente e a SOFIA (Sistema operativo per la formazione e le iniziative di aggiornamento).

SOFIA

SOFIA è la piattaforma del MIUR creata per gestire la domanda e offerta di formazione; è stata attivata con Nota n. 22272 del 19 maggio 2017 in riferimento al Piano triennale di formazione per i docenti per il triennio 2016-2019. Essa consentirà di documentare e valorizzare il percorso professionale dei docenti e migliorare la qualità delle offerte formative a essi rivolte. La piattaforma è destinata a gestire:

- l'offerta di formazione curata dai soggetti accreditati e qualificati secondo la Direttiva n. 170/2016;
- le domande di formazione: alla piattaforma e al catalogo delle iniziative possono accedere i docenti per aderire o meno a qualche proposta.

Ambiente digitale per la formazione

La prospettiva dovrà essere ora quella di migliorare la piattaforma per integrarla con i provider di MOOC (*Massive Open Online Courses;* «corsi online aperti su larga scala») e dare vita a un grandissimo ambiente digitale di formazione cui potrebbero accedere in seguito anche gli alunni con la Carta dello studente collegata al curriculum dello studente.

Le competenze digitali, sul possesso delle quali i dati europei hanno segnalato un arretramento, dovrebbero costituire una priorità assoluta dal 2018 in poi. In realtà, qualcosa si sta muovendo e sono stati già realizzati percorsi didattici su pensiero computazionale, robotica educativa, cittadinanza digitale, coding. Per lo sviluppo sono state previste quattro direttrici chiave: pensiero computazionale; educazione civica digitale (cittadinanza digitale); STEM; imprenditorialità.

Nessun parli

Un'altra iniziativa è stata rivolta all'individuazione di istituzioni scolastiche in grado di realizzare il progetto «Nessun Parli...: musica ed arte oltre la parola», promosso con Nota n. 36691 del 24 ottobre 2017, in programma presso il MIUR e gli istituti partecipanti dal 20 al 22 novembre 2017.

Futura

L'azione 3 del PNSD ha affrontato la questione del potenziamento dell'accesso delle scuole alla rete Internet per sviluppare l'attività didattica attraverso l'uso delle tecnologie e della rete. Il MIUR ha promosso, con Nota n. 38239 del 22 dicembre 2017, la realizzazione dell'iniziativa

«Futura», tre giorni per il PNSD di formazione, dibattiti ed esperienze rivolti alle scuole (http://www.istruzione.it/scuola_digitale/futura.shtml).

I laboratori

Con l'avviso n. 37944 del 12 dicembre 2017 per i PON è stata prevista — nell'ambito degli interventi infrastrutturali per l'innovazione tecnologica, laboratori di settore e per l'apprendimento delle competenze chiave — la realizzazione di laboratori della tipologia A per lo sviluppo delle competenze di base (lingue, matematica, scienze, ecc.) per il secondo ciclo di istruzione, e della tipologia B (laboratori professionalizzanti per licei artistici e per gli istituti tecnici e professionali).

Il 2017 si è chiuso con un'altra iniziativa, il «Digital Christmas 2017», svoltosi il 21 dicembre 2017 a Roma presso la sede del MIUR. Attraverso il bando sono state individuate le istituzioni scolastiche referenti per l'organizzazione e la gestione dell'evento. Le attività previste sono state: un workshop per docenti del primo ciclo su making e robotica educativa; un laboratorio didattico per gli alunni del primo ciclo su coding e digital storytelling; un *hackathon* per gli studenti delle secondarie di secondo grado sui temi del cibo, della sostenibilità e delle tradizioni del Natale; le buone pratiche digitali.

2. Il curricolo per la cittadinanza digitale

La necessità di un rilancio dell'insegnamento delle tematiche dell'educazione civica trova le sue giuste motivazioni nell'avvento del digitale per la sua pervasività e capacità di penetrare in tutti gli aspetti, anche privati, della vita dei cittadini. La scuola non deve sottovalutare queste problematiche e prepararsi a nuove sfide formative.

I PON

La consapevolezza dell'importanza di tali tematiche anche per quanto riguarda la scuola è testimoniata dal grande spazio dato nei PON del Fondo sociale europeo (FSE) 2014-2020 per il loro sviluppo. Il MIUR infatti, con Nota n. 6525 del 22 marzo 2017, aveva diffuso l'avviso pubblico *Per la scuola – Competenze e ambienti per l'apprendimento,* che integrava l'avviso pubblico n. 2669 del 3 marzo 2017 *Cittadinanza e creatività digitale, per la realizzazione di progetti per lo sviluppo del pensiero computazionale, della creatività digitale e delle competenze di cittadinanza digitale.*

Le competenze trasversali

Già nell'avviso pubblico del MIUR n. 3340 del 23 marzo 2017 erano state individuate delle azioni per migliorare le competenze trasversali, sociali e civiche che compongono la cittadinanza globale; erano state previste cinque aree tematiche: educazione alimentare, cibo e territorio; benessere, corretti stili di vita, educazione motoria e sport; educazione ambientale; cittadinanza economica; civismo, rispetto delle diversità e cittadinanza attiva.

Cittadinanza europea

Qualche giorno dopo, il 31 marzo 2017, era stato diffuso l'avviso pubblico n. 3504 per la realizzazione di attività per il potenziamento della cittadinanza europea di studentesse e studenti, in una fase di crisi dell'idea di Europa unita.

Curricolo di educazione civica digitale

Più di recente, poco tempo dopo la pubblicazione del decalogo per l'utilizzo dei dispositivi personali in classe, il MIUR ha diffuso il primo sillabo di educazione civica digitale per la nostra scuola. L'intento della proposta è confermare i principi storici dell'educazione civica coniugandoli con i nuovi fronti emergenti: se, da un lato, nella formazione è opportuno ancora presidiare l'educazione al rispetto di sé e degli altri, alla sostenibilità, alla pratica della democrazia, dall'altro, è necessario maturare nuove conoscenze e consapevolezze che consentano di declinare tali principi nella cultura digitale.

> Le tecnologie digitali, e la convergenza tra queste, connettività e comunicazione, sono *agente attivo* di profondi cambiamenti sociali, culturali, politici ed economici in atto: è questa terza dimensione che questo sillabo intende trattare, mirando quindi a *sviluppare spirito critico, consapevolezza e responsabilità negli studenti.* (MIUR, 2017)

Il documento, che prevede la creazione di una piattaforma di educazione civica digitale (https://www.generazioniconnesse.it/site/it/educazione-civica-digitale/), è stato redatto sia con l'aiuto di esperti sia con il coinvolgimento e il contributo di oltre 120 organizzazioni tra istituzioni, mondo accademico, società civile e altri attori impegnati queste tematiche. Lo sviluppo dell'educazione civica digitale è attualmente considerato uno degli elementi fondamentali per il futuro della nostra società; in questo senso, esso presuppone la responsabilizzazione dell'intera comunità nazionale e l'acquisizione di uno spirito critico e costruttivo in termini di partecipazione democratica per le nuove generazioni, al fine di orientare il cambiamento tecnologico verso obiettivi sostenibili.

> Le parole chiave dell'educazione civica digitale sono: spirito critico e responsabilità. Spirito critico, perché è fondamentale — per studenti e non solo (docenti e famiglie sono altrettanto coinvolti) — essere pienamente consapevoli che dietro a straordinarie potenzialità per il genere umano legate alla tecnologia si celano profonde implicazioni sociali, culturali ed etiche. Lo spirito critico è condizione necessaria per «governare» il cambiamento tecnologico e per orientarlo verso obiettivi sostenibili per la nostra società.
>
> Responsabilità, perché i media digitali, nella loro caratteristica di dispositivi non solo di fruizione ma anche di produzione e di pubblicazione dei messaggi, richiamano chi li usa a considerare gli effetti di quanto attraverso di essi vanno facendo. (MIUR, 2017)

Articolazione del documento

Il documento è articolato in cinque parti. Nella prima parte si chiede alle scuole di promuovere la consapevolezza degli studenti nei confronti del cambiamento che nasce dall'incontro tra le tecnologie digitali e la connettività. Si tratta di una vera e propria rivoluzione comunicativa, informazionale, ma anche economica e sociale, che ha modificato i meccanismi del lavoro, il funzionamento della democrazia, la vita stessa dell'uomo. È importante che gli studenti abbiano consapevolezza del rapporto tra potere, società e tecnologie e dei concetti di neutralità della Rete e di Internet governance.

Nella seconda parte si affronta l'educazione ai media, che mira a far conoscere ai ragazzi i possibili rischi individuali e sociali connessi alla rete, a far acquisire comportamenti positivi nei suoi confronti, avendo consapevolezza che la vita in rete richiede riflessioni critiche su concetti quali alterità, identità, rappresentazione, comunicazione, rispetto degli altri. La rete è il luogo di incontro privilegiato dalle comunità per imbastire e mantenere relazioni.

L'educazione all'informazione *(information literacy)* è affrontata nella terza parte: essa non è rivolta al solo sviluppo di competenze tecniche per ricerca, raccolta, utilizzo e conservazione di informazioni, ma all'analisi delle dinamiche della loro origine e alla capacità di assumere posizioni di analisi critica.

Strettamente collegata ad essa è la quarta parte, che affronta raccolta ed elaborazione sistematica di dati e informazioni attraverso gli algoritmi e l'intelligenza artificiale. La questione riguarda la quantificazione e la computazione dei dati, operazioni attraverso cui sono dibattuti nella nostra società problemi anche delicatissimi di tipo sociale, economico, politico, culturale, etico.

Infine, la quinta parte è dedicata ai media digitali in quanto oggetti culturali. Ritorna la prospettiva della cultura e della creatività digitale, che si concretizza nella rete vissuta come luogo di incontro, di gioco, di creazione di nuovi prodotti culturali, ma anche di assunzione di responsabilità nei confronti di tutto ciò.

3. Le linee guida per la riqualificazione degli spazi scolastici

L'avvento delle nuove tecnologie nel mondo della scuola e il conseguente ripensamento della didattica pongono oggi la necessità di una rivisitazione dell'organizzazione degli spazi scolastici. Va ricordato che lo spazio educativo, nella definizione che ne ha dato l'OCSE, si qualifica come un luogo fisico nel quale si sviluppano dinamiche di insegnamento e apprendimento, la cui adeguatezza e funzionalità sono certamente in grado di condizionare in positivo o in negativo lo sviluppo di un'esperienza di formazione.

Spazio educativo

Per quel che riguarda il nostro Paese, è noto che il patrimonio edilizio del sistema scolastico sia ormai vetusto e presenti obiettive difficoltà per una sua riconversione. Esso rispecchia l'idea di spazio fisico rigido che abbiamo ereditato dalla tradizione e si presenta con banchi allineati di fronte alla cattedra del docente, con l'illuminazione proveniente dalla sinistra degli studenti per favorirne le attività.

> L'idea di classe si è quindi consolidata nel tempo come spazio naturale e univoco della scuola, tanto che il contesto normativo e professionale di chi si occupa di progettarle sembra non permettere alternative. L'analisi dei volumi dedicati all'architettura scolastica consente di verificare che essi trattano il perimetro di un'aula come l'unità di base da cui partire per costruire l'intera area della scuola: si decide il perimetro dell'unità pedagogica (così viene chiamata di fatto l'aula) facendo riferimento alle normative e poi si sceglie come combinare queste unità disegnando i corridoi e gli spazi dedicati (come le palestre, la mensa o i laboratori), le cui misure sono normate da vincoli di sicurezza. (Rivoltella, 2013)

In realtà, l'ambiente di apprendimento dal punto di vista fisico non può essere ricondotto a un'aula convenzionale, ma è un complesso di contesti educativi formali e informali, interni ed esterni alla scuola, nei quali si sviluppa la formazione delle nuove generazioni. Nelle scuole è diffusa la consapevolezza che l'aula tradizionale con gli insegnanti rigidamente disposti di fronte agli studenti per tutto l'arco della lezione non consenta approcci pedagogici innovativi, rendendo difficile lavorare in gruppi, realizzare progetti, collaborare con altre persone al di fuori della classe, mettendo in discussione anche le tradizionali concezioni dell'insegnamento e dell'apprendimento. Benché sia cambiato il modo di apprendere degli studenti, grazie anche a un robusto e irrinunciabile ricorso alle tecnologie durante le lezioni e lo studio personale, l'ambiente scolastico ha sostanzialmente conservato il suo assetto tradizionale.

Ambienti di apprendimento innovativi

La prospettiva di investire in ambienti di apprendimento innovativi, accoglienti, flessibili e in grado di promuovere creatività, confronto e didattica è centrale nel PNSD: è stata questa la logica che ha guidato la pubblicazione dei vari bandi dal 2016, dagli atelier per la creatività agli ambienti digitali, dai laboratori professionalizzanti alle biblioteche scolastiche innovative.

Le Linee guida

Oggi, su questa prospettiva intervengono le *Linee guida per il ripensamento e l'adattamento degli ambienti di apprendimento a scuola,* sviluppate con il contributo dei Ministeri dell'Istruzione europei e di politici, consulenti, dirigenti scolastici e insegnanti di otto Paesi (Austria, Repubblica Ceca, Estonia, Irlanda, Italia, Norvegia, Portogallo e Svizzera).

Si tratta di un interessante documento che non riporta dati tecnici e fonti normative, ma che si pone la finalità di sollecitare delle riflessioni utili alle scuole per rinnovare gli spazi in quanto elementi:

> Lo scopo principale del presente documento è fornire consigli pratici e supporto alle scuole che iniziano ad approcciarsi allo sviluppo e all'adattamento degli spazi di apprendimento al fine di permettere l'introduzione di metodi didattici innovativi utilizzando la tecnologia. Sapere dove e come iniziare ad apportare semplici cambiamenti può fare davvero la differenza. Sebbene alcuni insegnanti abbiano la fortuna di poter lavorare in ambienti assolutamente nuovi, questo non costituisce un prerequisito per il successo. Non esiste una soluzione, e ciò che funziona in un posto può non funzionare in un altro. L'intento di questo documento, tuttavia, è di ispirare dirigenti scolastici e insegnanti, aiutarli a ripensare l'attuale pratica didattica in aula e mostrare come anche dei piccoli cambiamenti nelle aule esistenti e negli altri spazi di una scuola possano avere un impatto importante sull'insegnamento e sull'apprendimento. Da ultimo, viene affrontato il tema della condivisione delle esperienze raccolte sul tema della configurazione degli spazi di apprendimento nelle scuole europee. (INDIRE, 2017)

È diffusa nel nostro Paese la consapevolezza delle difficoltà di riqualificare il vastissimo patrimonio edilizio: dovranno essere studenti, docenti e dirigenti i protagonisti di una rifondazione nel ripensare un utilizzo più efficace per l'azione educativa e per la pratica didattica, anche procedendo a piccoli cambiamenti sull'esistente.

Il documento si articola in varie parti. Dopo l'introduzione e la definizione generale della tematica, la seconda parte propone i risultati di una ricerca che affronta le implicazioni pedagogiche legate agli spazi e alla loro importanza per favorire un apprendimento attivo. La terza parte definisce i benefici che il corretto uso degli spazi può apportare al lavoro di docenti e studenti. La quarta parte analizza il Future Classroom Lab di European Schoolnet, richiamando le zone di apprendimento del ricercare, creare, presentare, interagire, sviluppare, cercando inoltre di individuare le possibili prospettive future. Interessanti sono gli aspetti concettuali che caratterizzano i Future Classroom Lab e riguardano: gli spazi di apprendimento flessibili; il supporto e la promozione di metodologie innovative; la caratterizzazione degli per la pratica ma anche per la riflessione; il collegamento di stakeholder diversi e lo sviluppo di una cultura aperta; il laboratorio di apprendimento come fonte d'ispirazione per il territorio.

La quinta parte propone alcune indicazioni per la configurazione di un Future Classroom Lab. La sesta parte indica una serie di strumenti utili agli insegnanti per verificare la funzionalità delle eventuali modifiche che intenderanno apportare agli spazi scolastici. Il documento è concluso da un'ampia panoramica sull'utilizzo degli spazi nelle scuole europee, con la citazione, per l'Italia, dell'Istituto comprensivo statale di Cadeo e Pontenure (PC).

Ripensare la didattica

Siamo agli inizi della rivoluzione digitale e questo ci sta spingendo a ripensare tutto il modo di fare didattica a scuola. Sono già molte le innovative iniziative promosse. Fra queste, a proposito di nuove forme di organizzazione della classe, ricordiamo l'affermazione negli ultimi tempi della pratica della flipped classroom, la didattica capovolta, che ha trasformato le classi da sedi di lezioni frontali in spazi di discussione e confronto, e lo studio a casa in momento di riflessione su prodotti culturali e di possibile interazione con studenti e docenti. Questa forma didattica richiederà una preparazione più ampia e specifiche competenze per i docenti, in quanto dovranno saper utilizzare e costruire prodotti multimediali, laboratori virtuali, creare un sito o un blog o parlare in videoconferenza. Lo stesso messaggio educativo avrà una rinnovata incisività, poiché il docente potrà ricorrere a varie forme di comunicazione, per iscritto, immagini, suoni, mentre lo studente potrà utilizzare la percezione uditiva e visiva.

Una riorganizzazione degli spazi non può, però, da sola far compiere un salto di qualità alla formazione scolastica; occorre che i docenti maturino la consapevolezza che essa va accompagnata da scelte didattiche coerenti e adeguate alle nuove prospettive della didattica:

> Da questo punto di vista pensare che un processo formativo possa essere direttamente predeterminato in modo così puntuale dalla struttura architettonica è sicuramente discutibile, tanto che lo stesso Silberman (1973), autore di un accurato studio sulle open classroom, sottolineò più volte che fondamentalmente il rinnovamento consisteva nell'aderire a un approccio all'insegnamento e all'apprendimento. Le scuole aperte quindi non possono bastare; se vi entra un insegnante che non aderisce a questo approccio potrebbe ritrovarsi a sua volta in una scomoda prigione didattica. Un insegnante che superi i vincoli dell'aula, meglio se discutendo le soluzioni praticabili con gli studenti per realizzare al meglio ogni lavoro, potrebbe invece costruire un setting molto più favorevole e, paradossalmente, aperto. (Rivoltella, 2013)

4. Le open source

Una rinnovata importanza

L'importanza pedagogica che viene oggi riconosciuta al pensiero computazionale e alla competenza sul coding nel lavoro scolastico ha rilanciato l'attualità delle open source. Dopo una fase durante la quale il web 2.0 ha finito per relegare su un secondo piano la discussione sui programmi aperti, oggi essi tornano d'attualità proprio per l'azione del PNSD e per lo sviluppo della progettualità digitale che ciò ha comportato. In particolare, gli ambienti innovativi e i laboratori per la didattica digitale, le biblioteche, ma soprattutto i curricoli digitali, hanno chiesto il ricorso alle open source proprio per consentire un riutilizzo dei prodotti culturali delle scuole.

L'utilizzo degli strumenti digitali richiede, infatti, l'impiego di programmi specifici, software, che di solito sono coperti da copyright; accanto a questi, però, con lo sviluppo della cultura digitale e della comunicazione, si è affiancato il mondo di FLOSS, acronimo ottenuto unendo le espressioni «free software» e «open source», che oggi ha dato vita addirittura a un movimento, il Free/Libre and Open Source Software. L'interazione tra gli utenti delle reti informatiche e la progressiva competenza che molti di essi hanno conseguito, ha consentito lo sviluppo di programmi liberi, open source, i cui codici sorgente sono condivisi tra gli utenti che utilizzano il programma, i quali possono anche contribuire a migliorarli.

FLOSS

La licenza copyleft garantisce la libertà di uso del prodotto informatico, che è però tutelato dalla licenza stessa, la quale impedisce che qualcuno possa approfittare del programma per trarne un utile di qualsiasi natura. Questo movimento ha avuto uno sviluppo sensibile soprattutto prima dell'affermazione del web 2.0: in occasione dell'Open World Forum, tenutosi a Parigi l'1-2 ottobre 2009, era stato presentato il 2020 FLOSS Roadmap, curato anche da ricercatori italiani, come quelli della Libera Università di Bolzano. Si trattava di un Rapporto che faceva il punto della situazione e ottimisticamente prevedeva il futuro successo per tale movimento. A essere interessato era stato soprattutto il mondo delle aziende, con una previsione che secondo il Rapporto avrebbe assorbito il 30% del mercato del software già nel 2012. Si pensava che quell'incremento avrebbe coinvolto anche le reti sociali, i servizi di cloud computing, i data center verdi e i modelli di computing a basso impatto ambientale.

L'apertura dell'UE

Per quanto riguarda le scelte politiche, l'Unione europea aveva aperto ai FLOSS sin dal 1988, scelta che aveva portato alla creazione di un gruppo di lavoro per lo studio del fenomeno. In realtà, tale interesse era presente anche nella Strategia di Lisbona, nel Piano eEurope, nei successivi eEurope 2002 ed eEurope 2005 e nel Programma i2010 (Società europea dell'informazione per il 2010) del 2005 che aveva individuato le seguenti priorità:

> 1. il completamento di uno spazio unico europeo dell'informazione che incoraggi un mercato interno aperto e competitivo per la società dell'informazione e i media;
> 2. il potenziamento dell'innovazione e degli investimenti nella ricerca sulle ICT;
> 3. la costituzione di una società europea dell'informazione basata sull'inclusione e che dia la priorità al miglioramento dei servizi pubblici e della qualità della vita. (Programma i2010 – Società europea dell'informazione per il 2010)

Anche l'Italia era avanti nel settore, tanto che all'epoca deteneva il quarto posto al mondo per gli sviluppatori di FLOSS. Erano state molte le iniziative parlamentari con vari disegni di legge nel febbraio e marzo 2002, mentre il 31 ottobre di quell'anno era stata istituita una commissione per la questione dell'open source nella pubblica amministrazione. Il 19 dicembre 2003 era stata pubblicata una Direttiva che aveva raccolto le indicazioni della commissione, ponendo anche il problema della cooperazione con i software di proprietà. Dell'ultima questione si era interessato anche il CNIPA (Centro nazionale per l'informatica nelle pubbliche amministrazioni); tale organismo nel 2004 aveva diffuso le circolari n. 44 del 5 ottobre e n. 45 del 17 dicembre. Sempre il CNIPA aveva istituito l'Osservatorio open source per monitorare l'uso dei FLOSS. Il Ministero per la pubblica amministrazione era intervenuto nel settore con la legge Finanziaria 2007, istituendo una commissione per studiare la questione degli open source. Indicando gli ambiti di ricerca che sarebbero stati finanziati, si affermava del documento:

Il CNIPA

> 895. Nella valutazione dei progetti da finanziare, di cui al comma 892, è data priorità a quelli che utilizzano o sviluppano applicazioni software a codice aperto. I codici sorgente, gli eseguibili e la documentazione dei software sviluppati sono mantenuti in un ambiente di sviluppo cooperativo, situato in un web individuato dal Ministero per le riforme e le innovazioni nella pubblica amministrazione al fine di poter essere visibili e riutilizzabili. (Finanziaria 2007, legge 296/2006)

Anche le Regioni si erano interessate molto alla questione dei FLOSS: non a caso, nelle legislazioni regionali sono frequenti i riferimenti all'open source. Sulla questione si erano già pronunciate la Regione Toscana nel gennaio 2004, seguita nel maggio di quell'anno dalla Regione Emilia-Romagna, nel 2006 dall'Umbria, nel 2009 dal Piemonte; mentre erano state formulate altre proposte nel 2005 in Campania, nel settembre 2006 si pronuncia la Regione Friuli-Venezia Giulia, nel maggio 2007 le Regioni Lombardia e Puglia. Si era così composto un quadro legislativo ampio, articolato a vari livelli, europeo, nazionale, regionale, finalizzato a promuovere per i cittadini l'accesso alla conoscenza, la riduzione del divario culturale, la garanzia del pluralismo nell'informazione, la protezione dei diritti delle persone, la tutela delle informazioni nel tempo, lo sviluppo dell'economia e della capacità competitiva.

Dopo una lunga fase di stasi, anche legata alla rivoluzione digitale, ora le open source tornano a riproporsi come opportunità spesso più suggestiva di quelle dei software di proprietà. Infatti, gli open source consentono di avere software più stabili per i continui miglioramenti apportati dalla community. La presenza di manuali aggiornati online e il costante miglioramento apportato dagli utilizzatori stessi consente di risolvere più facilmente problemi rispetto ai software chiusi.

D'altra parte, i FLOSS sono costantemente testati dalla vastissima community, per cui anche il livello di sicurezza è continuamente incrementato. Inoltre, la gratuità dell'utilizzo facilita i costanti interventi di revisione senza costi aggiuntivi, migliorandone la qualità e promuovendo uno sviluppo sociale orizzontale, diverso da quello dei software proprietari, con i quali è, peraltro, molto facile interagire.

Nella scuola, l'applicazione di FLOSS potrebbe trovare un grande spazio soprattutto nella didattica: si pensi al loro utilizzo con le LIM, per le produzioni culturali, per la costruzione di ipertesti, per tutta la progettualità. Grandi opportunità sono presenti anche sul web: si pensi, ad esempio, alle banche dati o a prodotti aperti all'aggiornamento da parte di tutti, quali Wikipedia e altri.

> La scuola con il FLOSS ha a disposizione una pluralità di strumenti completamente gratuiti che possono più facilmente essere curvati alle esigenze della didattica curricolare. Sono compatibili con gli standard di accessibilità e usabilità, facilmente modulabili a seconda del diverso contesto educativo (ad esempio Moodle) e utilizzabili in diversi campi di attività, hanno un impianto multimediale e una forte interattività che ne facilita la fruibilità tra i giovani. (Tanoni, 2010)

5. Quali prospettive

Il PNSD ha promosso nella sua realizzazione una complessa serie di iniziative, non tutte dello stesso livello e qualità, che hanno profondamente modificato la quotidianità della scuola; si è trattato di un'azione ad ampio raggio che ha coinvolto, in molti casi, le metodiche stesse dell'insegnamento. Si pone oggi la necessità di procedere a un primo bilancio su quanto è già stato realizzato e quanto resta ancora da fare.

In riferimento ai risultati del DESI del 2018, il Piano per il digitale ha certamente attivato iniziative importanti in molti ambiti di lavoro del nostro sistema di istruzione, anche se non vanno trascurati alcuni elementi di criticità che l'hanno accompagnata. Sebbene se non vi sia stato ancora un puntuale e significativo monitoraggio della situazione e una conseguente analisi valutativa, si può certamente affermare che le scuole hanno un po' subito questo ampio utilizzo dei bandi PON e la necessità di elaborare specifiche progettazioni alle quali non è corrisposta, almeno nella tempistica, un'adeguata risposta del MIUR. È stato inevitabile accumulare qualche ritardo, anche pensando all'ampiezza delle 35 azioni poste in essere: lo stesso MIUR in più occasioni ha dovuto rilanciare i bandi, pur dopo aver già raccolto attività progettuali delle scuole, chiedendo in alcuni casi una vera e propria riprogettazione.

DESI 2018

Le strutture intermedie e le reti

Una cura minore è stata rivolta dal Piano alla ristrutturazione delle strutture intermedie amministrative e alle reti tra istituzioni scolastiche e con il territorio, la cui costituzione è stata lasciata alle singole iniziative delle scuole. È chiaro che, anche in questo caso, occorre una pianificazione complessiva che conduca, da un lato, al potenziamento equilibrato sul territorio del nostro sistema scolastico e formativo e, dall'altro, individui alcune azioni fondamentali per la riqualificazione dell'azione scolastica, quali il rafforzamento dell'accesso generalizzato alla rete e ai contenuti digitali, la formazione dei docenti, l'esercizio di una reale potestà nelle scelte autonome delle scuole rispetto alle esigenze espresse anche dal territorio.

Accessibilità all'ICT

Non dimentichiamo, infine, che il Parlamento e il Consiglio europeo si sono impegnati proprio per migliorare l'accessibilità al mondo ICT e ai servizi giornalieri, pubblicando due direttive: quella per l'accessibilità web e mobile e quella per tutto il resto, dai bancomat ai sistemi di allarme.

In ogni caso, il PNSD va considerato ancora una delle iniziative più rilevanti realizzate negli ultimi anni e per questo occorrerà il suo rilancio dopo una complessiva analisi dei risultati già conseguiti. Non dimentichiamo, infatti, alcune innovazioni, quali lo SPID, la cultura degli atelier e dei laboratori, il coding, la formazione, la didattica digitale, l'utilizzo ormai generalizzato delle tecnologie a scuola.

CAPITOLO VENTIQUATTRESIMO

La valutazione dell'istituzione scolastica

1. I motivi 2. Gli approcci 3. Gli ambiti di indagine 4. Valutazione interna ed esterna 5. Il Sistema nazionale di valutazione 6. Verso l'assetto attuale 7. L'autovalutazione delle istituzioni scolastiche 8. Il Rapporto di autovalutazione, la struttura e i processi 9. Le specificità della valutazione e dell'autovalutazione 10. Il piano di miglioramento 11. Il valore aggiunto

1. I motivi

Dagli anni Novanta a oggi nel nostro Paese è cresciuta l'attenzione verso modelli di valutazione non solo degli apprendimenti degli alunni, ma anche del servizio educativo che le singole scuole erogano ai destinatari del servizio stesso.

Le ragioni

Le ragioni che hanno visto la crescente proliferazione di studi ed esperienze in merito all'autovalutazione degli istituti scolastici sono molteplici.

La prima può essere ricondotta al fatto che genitori e studenti sono sempre meno disposti a sottoscrivere una «cambiale in bianco» rispetto a quanto le diverse istituzioni realizzano. Questo fatto ha coinvolto tutti i servizi pubblici (sanità, trasporti, ecc.), scuola compresa.

> Si avverte, in questo senso, una esigenza di rendicontabilità della qualità dei servizi erogati dalle amministrazioni dello Stato, che si è affidata a vari strumenti: Carta dei servizi, piano dell'offerta formativa, Patti territoriali, [...] (Capaldo e Rondanini, 2011)

Non sempre però questi strumenti vanno incontro alle differenziate esigenze dei cittadini; rischiano, in qualche caso, di rimanere sulla carta, senza incidere più di tanto sui reali meccanismi di organizzazione e di gestione dei servizi medesimi.

La seconda ragione risiede nella correlazione tra la qualità dell'insegnamento e la capacità da parte del singolo istituto di autovalutarsi. In questo senso, la valutazione dell'istituzione scolastica si pone sempre più come componente fondamentale della qualità dell'offerta formativa erogata. Rappresenta, quindi, una *dimensione essenziale dell'organizzazione educativa e didattica* della gestione dei singoli istituti e della qualità resa agli utenti.

In terzo luogo, va sottolineato che anche la valutazione di sistema, assegnata nel nostro Paese all'Istituto nazionale di valutazione (INVALSI), ha finito per accentuare la necessità che le scuole si dotino di gruppi interni o di osservatori di istituto in grado di analizzare i punti di forza e di debolezza del servizio reso agli utenti.

Linee di miglioramento

La ragione principale di una scuola che valuta se stessa è quella di individuare linee di miglioramento in relazione al contesto sociale in cui i dirigenti e i docenti lavorano.

> L'autovalutazione di istituto rappresenta quindi una sintesi tra le istanze di controllo della qualità del sistema e quelle di un'autonoma progettualità della singola scuola. (Gentile, 2010)

Non va dimenticato che il rapporto tra valutazione di sistema e autovalutazione di istituto è ampiamente presente in molti Paesi europei, in quanto sono dimensioni complementari che concorrono al compito di offrire alle specifiche realtà educative informazioni e dati per definire obiettivi di qualità.

Pertanto, l'autovalutazione di istituto rappresenta una modalità di comprensione del funzionamento della singola unità scolastica finalizzata ad assumere, da parte del personale dell'istituto (dirigente, docenti, personale amministrativo), decisioni efficaci in vista di migliorare l'offerta formativa.

2. Gli approcci

Il processo di autovalutazione delle singole istituzioni scolastiche presenta alcune caratteristiche che interessano sia il quadro culturale che organizzativo.

Approccio:
– situato

Innanzitutto si tratta di un approccio *situato*. Infatti, la funzione autovalutativa non può essere disgiunta dallo specifico contesto in cui essa avviene. I diversi attori del sistema sono quindi chiamati a osservare dal di dentro aspetti positivi o critici che si intendono analizzare.

– partecipato

In secondo luogo, si tratta di un approccio *partecipato*. In questo senso, la valutazione deve essere intesa come

> processo di comprensione della propria idea di qualità della scuola messo in atto dalla comunità sociale che compone la realtà scolastica.

> Il dispositivo auto valutativo tende a perdere l'enfasi tecnica che lo contraddistingue, [...] a favore di *un'enfasi sociale,* intesa come confronto di opinione e costruzione comune di significati condivisi. (Castoldi, 2011a)

In terzo luogo, un processo autovalutativo si caratterizza per essere un procedimento *pragmatico.*

– pragmatico

Non si tratta tanto di produrre conoscenze teoriche, quanto saperi in grado di modificare azioni e contesti, con particolare riferimento ai comportamenti professionali degli insegnanti e ai modelli organizzativi delle istituzioni scolastiche.

Infine, si tratta di un approccio *formativo* alla valutazione. L'azione valutativa diventa un'opportunità per collegare in misura più efficace conoscenze teoriche e pratiche professionali.

– formativo

Quindi, l'autovalutazione d'istituto rappresenta una *modalità di azione* in vista di un efficace conseguimento di obiettivi tesi a migliorare aspetti di inefficacia o di malfunzionamento istituzionale.

3. Gli ambiti di indagine

Le aree che possono essere oggetto prevalente di un'azione autovalutativa sono riconducibili a differenti modelli culturali.

Il modello CIPP *(Contex, Input, Process, Product)* evidenzia quattro macro aree che stanno alla base della valutazione:

Il modello CIPP

- il contesto *(context),* cioè tutte quelle informazioni utili a descrivere la specificità dell'istituzione (tipologia di utenza, popolazione scolastica, caratteristiche del territorio, ecc.);
- le risorse *(input),* utilizzate per conseguire le finalità dell'istituto scolastico (risorse professionali, economiche, ecc.);
- i processi *(process),* cioè le modalità attraverso cui vengono assicurate le condizioni dell'apprendimento degli studenti;
- i prodotti *(product),* vale a dire i risultati di apprendimento conseguiti dagli alunni.

Il modello CIPP rappresenta un punto di riferimento per costruire modelli descrittivi di analisi delle unità scolastiche. Negli ultimi anni però si sono accentuati alcuni aspetti ed

> è stata messa a punto una pluralità di proposte che consentono di affinare i nostri strumenti euristici di comprensione del servizio scolastico. In particolare si è puntato a dare maggiore evidenza ad alcuni tratti tipici di un'organizzazione formativa come la relazione con il contesto sociale, la condivisione di una prospettiva culturale e valoriale, il coinvolgimento dei destinatari del servizio scolastico nell'elaborazione dell'offerta. (Castoldi, 2012)

Hopkins

Lo sforzo di accentuare l'importanza del contesto è stato sviluppato da David Hopkins nell'ambito delle ricerche dell'OCSE. Egli individua quattro dimensioni fondamentali del funzionamento di un'unità scolastica:

– *pratiche didattiche,* riconducibili alla modalità di gestione del rapporto insegnamento-apprendimento;
– *struttura organizzativa,* riferita alle funzioni e ai ruoli dei diversi attori;
– *cultura della scuola,* vale a dire l'insieme delle aspettative e dei valori condivisi dai diversi soggetti;
– *strategie* di attuazione dei processi formativi: programmazione, progettazione valutazione, comunicazione, ecc.

Sicuramente la dimensione didattica risulta sempre più al centro dell'attenzione. È, infatti, questo ambito che valorizza più di altri il rapporto educativo tra docente e discente e tra gli allievi stessi.

Per questo dovrebbe, a nostro avviso, costituire uno spazio prioritario di azioni autovalutative delle scuole.

4. Valutazione interna ed esterna

Il tema dell'autovalutazione delle istituzioni scolastiche si inserisce in un più ampio contesto che coinvolge la complessità della funzione valutativa.

Possiamo distinguere, pur con qualche rischio di approssimazione, due macroaree della valutazione scolastica: la prima *interna* e la seconda *di sistema.*

La valutazione che viene esercitata internamente ai singoli istituti interessa in misura prevalente la dimensione didattica di stretta competenza degli insegnanti e del dirigente.

La valutazione didattica

La *valutazione didattica* si richiama alle tre principali funzioni dell'atto valutativo:

– *sommativa:* accertamento degli esiti delle conoscenze e delle competenze acquisite dagli alunni;
– *formativa:* regolazione delle strategie di insegnamento da parte dell'insegnante in relazione ai problemi che gli allievi manifestano;
– *autentica:* consapevolezza degli alunni circa la loro capacità di prendersi cura del percorso formativo che direttamente li coinvolge.

A questo proposito, nel DPR n. 122/2009, all'art. 1, si afferma che

> la valutazione è espressione dell'autonomia professionale propria della funzione docente nella sua dimensione sia *individuale* che *collegiale,* nonché dell'autonomia didattica delle istituzioni scolastiche.

Si ribadisce, quindi, l'interdipendenza delle due dimensioni: quella del singolo docente e, soprattutto, quella collegiale dei consigli di classe e delle équipe degli insegnanti.

Inoltre, si sottolinea che la valutazione ha per oggetto il processo di apprendimento, il comportamento e il rendimento scolastico complessivo degli alunni e concorre a sviluppare in ogni studente forme e modalità di autovalutazione.

La valutazione interna ed esterna

L'area che interessa la valutazione di sistema può essere suddivisa in due livelli: quella *interna,* che interessa le singole unità scolastiche (autovalutazione di istituto), e quella *esterna,* esercitata dal sistema nazionale di valutazione (INVALSI) e dai programmi internazionali, quali l'OCSE-PISA per i quindicenni, IEA TIMMS e PIRLS che riguardano un campione di alunni del quarto anno della scuola primaria.

> La valutazione dei docenti, l'autovalutazione d'istituto, la valutazione dell'INVALSI e degli organismi internazionali concorrono ad assicurare alle singole scuole un patrimonio di idee, dati e informazioni che consentiranno loro più efficaci capacità di governo, sua nell'ambito del miglioramento dell'offerta formativa, sia sul piano dei risultati ottenuti dagli studenti. (Capaldo e Rondanini, 2011)

Le riflessioni sin qui svolte sono schematizzate nella tabella 24.1.

TABELLA 24.1
Autovalutazione d'istituto

Interna	Di sistema
VALUTAZIONE DIDATTICA: – sommativa – formativa – autentica	VALUTAZIONE INTERNA: autovalutazione d'istituto VALUTAZIONE ESTERNA: organismi nazionali e internazionali

L'autovalutazione d'istituto si inserisce in un contesto di possibili azioni di miglioramento che permette di

> acquisire un flusso costante di informazioni (feedback) che consentono di accrescere la funzionalità dell'intervento didattico e di migliorare l'apprendimento in relazione al conseguimento degli obiettivi educativi. (Weeden, Winter e Broadfoot, 2009)

5. Il Sistema nazionale di valutazione

Il tema della valutazione esterna (d'istituto e del sistema) viene posto per la prima volta in modo organico durante i lavori della Conferenza nazionale della scuola nel giugno del 1990. Nella sua relazione, Sabino Cassese, illustre giurista, affrontò il tema della modernizzazione del nostro sistema d'istruzione ponendo due questioni che poi diventeranno centrali nelle scelte successive del MPI, *l'autonomia scolastica* e la *valutazione del sistema d'istruzione.*

Nel 1997 due provvedimenti avviano l'iter risolutivo di entrambi i problemi:

- la legge 59/1997, art. 21, attribuisce l'autonomia organizzativa, didattica, di ricerca, sviluppo e sperimentazione alle scuole;
- la Direttiva n. 307 del 21 maggio 1997 istituisce il *Servizio nazionale per la qualità dell'istruzione,* con l'obiettivo di valutare lo stato e l'efficacia del sistema formativo del Paese nelle sue articolazioni e a tutti i suoi livelli.

Nel 1999 assistiamo a un ulteriore significativo passo nella definizione di tale Servizio, con la trasformazione del CEDE (primo Centro europeo dell'educazione con sede a Frascati) in Istituto nazionale per la valutazione del sistema di istruzione (INVALSI), destinato a valutare l'efficacia e l'efficienza del sistema, ma anche della singola istituzione nonché dell'utenza, a studiare le cause dell'insuccesso e della dispersione scolastica, a offrire supporto e assistenza all'autonomia, a promuovere l'innovazione e a sostenere la partecipazione di scuole italiane a progetti di ricerca di livello europeo.

INVALSI: funzioni

Un'ulteriore importante innovazione coinvolge la Biblioteca di documentazione pedagogica di Firenze, già BDP, trasformata in Istituto nazionale di documentazione per l'innovazione e la ricerca educativa INDIRE (D.lgs. n. 258 del 20 luglio 1999).

All'INVALSI venivano attribuite le seguenti funzioni:

- la definizione e la validazione di strumenti di valutazione;
- l'aggiornamento dei materiali raccolti dall'archivio docimologico;
- la creazione di un archivio sulle competenze disciplinari acquisite dagli alunni;
- il collegamento con l'Osservatorio nazionale sugli esami di Stato;
- l'autoanalisi e l'autovalutazione d'istituto;
- la creazione dell'Osservatorio nazionale per la dispersione scolastica;
- le iniziative legate a progetti promossi dall'OCSE.

INDIRE: compiti

All'INDIRE venivano assegnati compiti di:

- cura dello sviluppo della documentazione finalizzato alle esperienze di ricerca e di innovazione didattica in ambito nazionale e internazionale;
- creazione di servizi a sostegno dell'attività didattica e del processo di autonomia;
- sviluppo di azioni formative per il personale dirigente e docente delle istituzioni scolastiche;
- implementazione e diffusione delle tecnologie finalizzate al miglioramento delle strategie didattiche.

6. Verso l'assetto attuale

Nei primi quindici anni di questo secolo vengono gettate le basi per avviare anche in Italia un Sistema nazionale di valutazione da costruire *ex novo*, attraverso una serie di progetti pilota finalizzati a «misurare», sulla base di un'adesione volontaria delle scuole, gli esiti degli apprendimenti degli alunni della scuola primaria e secondaria di primo grado in italiano e matematica.

Questi progetti, denominati PP1 (a.s. 2001-2002), PP2 (a.s. 2002-2003) e PP3 (a.s. 2003-2004), sono serviti per rafforzare la scelta, presente nella legge 53/2003 (ministro Letizia Moratti), di adottare uno specifico provvedimento per dettare le norme generali sulla valutazione del sistema scolastico.

In particolare, all'INVALSI veniva affidato il compito di effettuare *verifiche periodiche e sistematiche* relative alle conoscenze e alle abilità degli alunni e alla qualità complessiva dell'offerta formativa delle singole scuole.

Il Servizio nazionale di valutazione

Nel novembre 2004, con il Decreto legislativo n. 286, il MIUR provvede a istituire il Servizio nazionale di valutazione. Nel provvedimento si indicano i principali compiti che tale Servizio, tramite l'INVALSI, dovrà realizzare: verifiche periodiche e sistematiche sulle conoscenze e abilità degli alunni, predisposizione di apposite prove da somministrare agli alunni nel corso dell'espletamento dell'esame di Stato del 1° e del 2° ciclo, promozione di apposite azioni rivolte alla formazione del personale docente, interventi finalizzati a prevenire il fenomeno dell'insuccesso scolastico...

SNV

Si arriva, dopo ulteriori passaggi, alla legge n. 10 del 2011, nella quale si prevede l'adozione da parte del MIUR di un apposito Regolamento per definire il funzionamento e la struttura del Sistema nazionale di valutazione (SNV).

La prospettiva delineata nella legge 10/2011 è quella di mettere al centro dell'azione valutativa esterna alle scuole l'istanza del *miglioramento* e dell'innovazione educativa. Nella legge si stabilisce inoltre che la struttura del Sistema poggi su tre soggetti:

- l'Istituto nazionale per la valutazione del sistema di istruzione e formazione (INVALSI);
- l'Istituto nazionale di documentazione del sistema di istruzione e formazione (INDIRE);
- il contingente ispettivo.

Il Regolamento, previsto dalla legge 10, relativo all'avvio del Sistema nazionale di valutazione (SNV), è entrato in vigore il 19 luglio 2013 a seguito dell'emanazione del DPR 28 marzo 2013, n. 80, *Regolamento sul sistema nazionale di valutazione in materia di istruzione e formazione.*

Nell'art. 1 del Decreto si ripropongono i soggetti ai quali sarà affidata la gestione dell'SNV: INAVALSI, che ne assume il coordinamento,

INDIRE e corpo ispettivo. I provvedimenti successivi, attuativi del DPR 80/2013, sono la Direttiva del MIUR del 18.9.2014 *(Priorità strategiche della valutazione del sistema educativo di istruzione e formazione)*, mentre la struttura sopra richiamata può essere rappresentata dal seguente grafico:

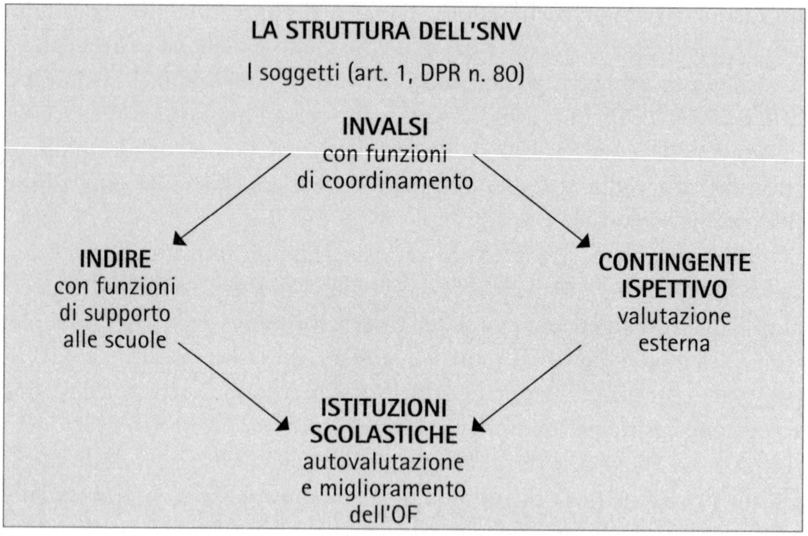

Le scuole sono *coprotagoniste* dell'SNV, in quanto sono, allo stesso tempo, destinatarie del servizio valutativo e istituzioni che partecipano a pieno titolo al miglioramento del sistema medesimo.

L'INVALSI elabora i *protocolli di valutazione* che dovranno essere utilizzati dai nuclei di valutazione esterna (NEV), composti da un dirigente tecnico con funzioni di coordinamento, da un esperto del mondo della scuola e da un esterno. Gestisce altresì il programma delle visite agli istituti che saranno soggetti a tale accertamento esterno.

L'INDIRE supporta le istituzioni scolastiche nella definizione e nell'attuazione dei *piani di miglioramento* della qualità dell'offerta formativa; cura, inoltre, il sostegno ai processi di innovazione centrati sulla diffusione e sull'utilizzo delle nuove tecnologie.

Il contingente ispettivo concorre a realizzare gli obiettivi dell'SNV, coordinando i nuclei di valutazione, in modo da valorizzare il ruolo stesso dei dirigenti e dei docenti delle scuole visitate.

Su questo triplice fronte di lavoro la leadership del dirigente scolastico risulta decisiva. Il Rapporto di autovalutazione (RAV), come sottolineato nella Direttiva n. 11 del 18 settembre 2014, coincide con la prima tappa di questo processo di autoriflessione che porterà l'intera comunità scolastica a far evolvere in positivo i punti di criticità del servizio formativo erogato.

Nel regolamento di cui al DPR n. 80/2013 emergono due importanti novità rispetto ai progetti «sperimentali» (in particolare VALeS, Valutazione e Sviluppo Scuola) che hanno preceduto alcune sistematiche azioni di valutazione delle scuole:

Obbligatorietà e valutazione esterna

- *l'obbligatorietà* dell'autovalutazione d'istituto tramite un format predisposto in formato digitale dall'INVALSI;
- il ricorso alla *valutazione esterna,* affidata, come già sottolineato, a un apposito nucleo esterno dirigente tecnico e a due esperti.

Nel corso dell'a.s. 2014-2015, tutte le istituzioni scolastiche hanno provveduto a deliberare il Rapporto di autovalutazione (RAV) in cui sono state esplicitate le criticità del servizio e il conseguente piano di miglioramento.

7. L'autovalutazione delle istituzioni scolastiche

Una delle materie delegate contenute nella legge 170/2015 riguarda l'adeguamento della normativa relativa alla valutazione e certificazione delle competenze degli allievi, nonché degli esami di Stato (comma 180 della legge). Correlato a questo a questo tema, che sarà oggetto di significativi cambiamenti, si pone la questione dell'autovalutazione delle istituzioni scolastiche e del conseguente Rapporto di autovalutazione (RAV) che coinvolge tutte le scuole sia del 1° sia del 2° ciclo d'istruzione. Nel Regolamento di cui al DPR 80/2013 vengono definite le quattro priorità che compongono il procedimento di autovalutazione delle singole realtà educative:

Procedimento di autovalutazione

1. l'*autovalutazione* delle istituzioni scolastiche (analisi e verifica della qualità del servizio erogato);
2. la *valutazione esterna* (visite di un nucleo di valutatori esterni alle scuole);
3. le *azioni di miglioramento* (definizione da parte delle istituzioni scolastiche di interventi migliorativi);
4. la *rendicontazione sociale* (pubblicazione, diffusione dei risultati raggiunti sia nei confronti degli attori interni sia dei rappresentanti della più ampia comunità sociale).

In relazione alla valutazione esterna, l'INVALSI aveva diffuso, nella prima settimana del gennaio 2016, le linee di lavoro che sarebbero state avviate nei mesi successivi. Si confermava che il Nucleo di valutazione (cosiddetto NEV) sarebbe stato composto da un dirigente tecnico (ex ispettori) che lo avrebbe coordinato, da un esperto del mondo della scuola e da un esperto esterno. Era annunciato che nel corso dell'a.s. 2015-2016 sarebbero state visitate dal gruppo di valutatori circa 350-400 istituzioni scolastiche: un numero decisamente limitato rispetto alle oltre 8000 scuole esistenti nel nostro Paese.

Le quattro azioni sarebbero state «spalmate» nel corso degli anni successivi come indicato nel cronoprogramma:

SNV: LE FASI E GLI ATTORI

Fasi	Attori	A.S. 2014-2015	A.S. 2015-2016	A.S. 2016-2017
Autovaluzione	Tutte le scuole			
Valutazione esterna	Circa 800 scuole (ogni anno)			
Azioni di miglioramento	Tutte le scuole			
Rendicontazione sociale	Tutte le scuole			

Natura del RAV

L'elaborazione del Rapporto di autovalutazione (RAV) è stato il primo impegno richiesto nell'a.s. 2014-2015 a tutte le istituzioni scolastiche da parte del MIUR e, nello specifico, dall'INVALSI che ha il compito di coordinare tutte le azioni di autovalutazione.

Il RAV è riconducibile a quattro passaggi di natura:

– *descrittiva:* raccolta dei dati e delle informazioni ritenuti più pertinenti all'elaborazione del piano di miglioramento;
– *valutativa:* relativa all'esame e a ipotesi interpretative relative agli esiti conseguiti dagli alunni;
– *metodologica:* attivazione del processo di miglioramento, attraverso gruppi di lavoro, commissioni di studio *(chi fa che cosa);*
– *proattiva*: individuazione di alcune priorità sulle quali le scuole decidono di innestare il processo di miglioramento.

Le priorità di intervento esplicitate da ogni istituzione scolastica nel proprio Rapporto di autovalutazione sono confluite, nel gennaio 2016, nel Piano triennale dell'offerta formativa (PTOF) che, nella legge 107/2015, ha sostituito il «vecchio» POF (Piano dell'offerta formativa).

8. Il Rapporto di autovalutazione, la struttura e i processi

L'avvio del Sistema nazionale di valutazione italiano, come già precisato, è avvenuto con l'emanazione del DPR 80/ 2013 e si è concretizzato nel 2014 con la Direttiva n. 11 del settembre 2014 e la successiva circolare n. 47 del mese di ottobre.

In quest'ultima disposizione si afferma che

> tutte le istituzioni scolastiche elaboreranno nel corso del primo semestre 2015, attraverso un modello on line, il rapporto di autovalutazione, arricchito da una sezione appositamente dedicata all'individuazione delle priorità strategiche e dei relativi obiettivi di miglioramento (CM n. 47/2014)

Modello del RAV

Il modello del Rapporto, predisposto dall'INVALSI per le scuole, è mostrato nella seguente tabella:

CONTESTO E RISORSE	• Popolazione scolastica • Territorio e capitale sociale • Risorse economiche e materiali • Risorse professionali
ESITI	• Risultati scolastici • Risultati nelle prove standardizzate • Competenze chiave e di cittadinanza • Risultati a distanza
PROCESSI	• Pratiche educative e didattiche (4 indicatori) • Pratiche gestionali e organizzative (4 indicatori)
PROCESSO DI AUTOVALUTAZIONE	
INDIVIDUAZIONE DELLE PRIORITÀ	• Priorità e traguardi • Obiettivi di processo

Lo schema si compone di cinque sezioni : contesto, esiti, processi, processo di autovalutazione e individuazione delle priorità. Ognuna delle cinque sezioni è descritta in apposite aree. Gli aspetti definiti in ogni area sono ulteriormente articolati in indicatori, domande guida, opportunità e vincoli…

L'analisi degli aspetti contenuti nelle varie aree ha permesso a ogni realtà scolastica di passare dal check-up all'individuazione delle priorità sulle quali elaborare il *progetto di miglioramento.*

Guida all'autovalutazione

La qualità dell'analisi è la condizione determinante di un'efficace progettualità. Come si sottolinea nella *Guida all'autovalutazione* predisposta dall'INVALSI,

> l'analisi è articolata quando non ci si limita a elencare dati o a descrivere ciò che la scuola fa, ma i dati vengono interpretati tenendo conto della specificità del contesto, oppure evidenziando i punti di forza e di debolezza dell'azione della scuola o ancora individuando aspetti strategici.

Come dire, chi ben comincia è a metà dell'opera! Questa fase iniziale è stata completata nell'a.s. 2015-2016; nei successivi due anni si completerà l'intero cronoprogramma con l'ultima tappa: la *rendicontazione sociale,* mentre per il successivo biennio era stato previsto il completamento del cronoprogramma con la rendicondazione sociale.

9. Le specificità della valutazione e dell'autovalutazione

L'azione valutativa e le attività ad essa collegate costituiscono una componente strategica del processo decisionale che le singole scuole mettono in atto. In tale progettualità sono coinvolti tutti gli attori che si prendono cura della qualità educativa dell'istituto in cui operano: il dirigente, gli insegnanti, lo staff di gestione, il nucleo interno di valutazione, gli studenti e, indirettamente, anche i genitori.

Occorre, pertanto, che ogni persona coinvolta si senta adeguata rispetto al compito che è chiamata a svolgere, valorizzando attitudini di natura pragmatica coerenti con l'obiettivo che si intende raggiungere.

Come esplicitato nell'immagine seguente, l'avvio di un processo di autovalutazione presuppone ragionevolezza nell'individuare obiettivi coerenti con il PdM, che a sua volta va realizzato con capacità innovative e creative.

L'autovalutazione interna e la valutazione esterna da parte dei Nuclei esterni di valutazione (NEV) concorrono a promuovere le condizioni del *miglioramento* della scuola. L'obiettivo non è quello di stabilire delle classifiche, ma di assicurare gli strumenti e le professionalità che possano aiutare anche le scuole in difficoltà a uscire da questa situazione critica.

Una funzione molto importante in questa operazione è affidata al Nucleo interno di autovalutazione. Nella CM del 21 ottobre 2014, n. 47 viene attribuita una particolare rilevanza al lavoro di questo organismo, che costituisce una delle forme più significative di *leadership intermedia*, strettamente correlata alla funzione del dirigente dell'istituto.

Il compito principale del Nucleo di valutazione è quello di garantire una prospettiva di ricerca sistematica, individuando priorità che, a loro volta, dovranno essere riconosciute da tutta la comunità scolastica.

Cambiamento sostenibile

Per ottenere questo risultato i componenti dell'Unità autovalutativa dovranno essere pragmatici, cioè utilizzare strumenti ragionevoli e prassi investigative che non vengano percepite come intrusive, ma orientate a un *cambiamento sostenibile* da parte di tutti.

È evidente che la valutazione interna si distingue nettamente da quella esterna, anche se entrambe perseguono lo stesso scopo: quello del miglioramento del servizio educativo della singola scuola.

Mario Castoldi (2012) schematizza come segue i tratti caratteristici della relazione tra valutazione interna ed esterna.

Valutazione interna	Valutazione esterna
È contestuale	È decentrata
Utilizza strumenti di analisi	Impiega parametri di riferimento comuni
È orientata alla condivisione di valori	È più estranea ai valori della scuola
Coinvolge direttamente gli attori	È imparziale nella valutazione degli attori
Stabilisce forme ravvicinate di dialogo	Dialoga a distanza con i decisori
Risente di margini di ambiguità	Agisce con chiarezza e distanza

La valutazione interna fa riferimento al percorso formativo svolto dagli studenti e dalle strategie messe in atto dalla scuola per rispondere alle esigenze espresse. La logica esterna privilegia un punto di osservazione relativo

> ai traguardi formativi ritenuti essenziali a livello di sistema scolastico e si caratterizza per una valutazione complessiva della capacità di tale sistema di raggiungere i traguardi previsti. (Castoldi, 2016)

La correlazione dei dati che emergono da entrambi i livelli consente di pervenire a una valutazione particolareggiata, con la possibilità di un'interpretazione dei dati attraverso il *valore aggiunto*.

10. Il piano di miglioramento

L'obiettivo principale del processo di autovalutazione dell'istituto è rappresentato dalla progettazione da parte delle singole scuole del Piano di miglioramento (PdM), che si configura come il documento attraverso cui la scuola esplicita le azioni di cambiamento e di trasformazione che intende realizzare.

Per il successo di un Piano di miglioramento, è necessario che il dirigente e i docenti sviluppino una unitarietà di intenti e che siano consapevoli del contributo che ognuno può portare al conseguimento degli obiettivi.

Le fasi del miglioramento

Il miglioramento dell'organizzazione scolastica va inteso come un processo di apprendimento continuo che presuppone alcune principali tappe: preparazione, programmazione, realizzazione e valutazione.

Preparazione

La fase preparatoria coincide con l'individuazione e la scelta del problema da affrontare. All'interno delle priorità contenute nel Rapporto di autovalutazione, il capo d'istituto e lo staff di gestione identificano le criticità verso cui finalizzare specifiche azioni. Contestualmente, si procede alla formazione del gruppo di miglioramento e alla condivisione del processo e degli esiti attesi da parte del Collegio dei docenti. In questo momento risulta estremamente importante la funzione di indirizzo e di coordinamento del dirigente scolastico, che dovrà garantire la disponibilità delle risorse e dei vincoli organizzativi del progetto.

Nel team dovranno essere presenti docenti con competenze relative alla lettura dei dati e alle strategie operative (rappresentanti dei dipartimenti, funzioni strumentali, tutor del miglioramento, ecc.). Può essere opportuna la presenza di una figura genitoriale e, nella scuola secondaria di primo e secondo grado, anche di un rappresentante degli studenti.

Programmazione

La fase della programmazione coincide con l'individuazione dei risultati che si intendono conseguire e degli esiti attesi.

> Gli obiettivi strategici sono definiti come i traguardi globali nel medio e nel lungo termine che indicano dove l'organizzazione vuole andare. Essi descrivono i risultati o effetti finali *(out-comes)* che l'organizzazione si propone di conseguire. Giustificano la scelta strategica descritta nel PdM in relazione anche alla missione e alla visione della scuola e all'analisi del contesto svolta. (Mori, 2014)

Realizzazione

La fase realizzativa rappresenta la concretizzazione degli obiettivi indicati nel progetto. Interessa, pertanto, la dimensione operativa e la pianificazione dei tempi e delle attività che conferiscono forma al piano medesimo. Un progetto di miglioramento deve essere inserito in una cornice «rigida» (vincoli, risorse, rispetto dei tempi) e, allo stesso tempo, in un quadro che assicuri anche una certa flessibilità e modificabilità. L'importante è esplicitare i cambiamenti che avvengono, motivarne le scelte e documentare l'intero processo, comprese le variazioni apportate.

Valutazione

L'ultima fase è quella della valutazione. Essa rappresenta un momento particolarmente significativo, perché fornisce gli elementi utili in vista di una «standardizzazione» del percorso, di una sua eventuale trasferibilità e riprogettazione.

> Consente poi di aprire un ulteriore orizzonte, quello della *learning organisation:* il progetto diventa fattore di apprendimento dell'organizzazione e, quindi, opportunità per valorizzare le potenzialità umane investite. (Capaldo e Rondanini, 2005)

È del tutto evidente che un progetto, per essere concretamente attuabile, deve poter contare su mezzi certi e compatibili con le priorità in esso indicate. È essenziale, quindi, definire non solo il quadro delle risorse disponibili, ma anche tenere conto della capacità d'integrazione delle competenze professionali presenti nella scuola.

11. Il valore aggiunto

Le priorità individuate nel RAV dovranno essere trasformate in obiettivi di miglioramento nell'arco del triennio 2014-15/2016-17. Nella guida all'autovalutazione predisposta dall'INVALSI viene fornito il seguente schema:

Priorità e traguardi

Piano triennale

Priorità	Traguardi
Riferite agli studenti	Di lungo periodo

Le priorità si riferiscono agli obiettivi generali che la scuola si prefigge di realizzare nel lungo periodo attraverso l'azione di miglioramento e dovranno riguardare soprattutto gli esiti degli studenti.

I traguardi di lungo periodo riguardano invece i *risultati attesi* in relazione alle priorità individuate, declinate in forma osservabile e misurabile; rappresentano, pertanto, le mete verso cui la scuola tende nella sua azione di miglioramento.

Valore aggiunto

Al termine (ma anche durante) del triennio entro cui le scuole dovranno aver conseguito gli obiettivi esplicitati nel piano di miglioramento, i singoli istituti avranno più chiaro in che misura essi hanno operato e quale sarà il *valore aggiunto* effettivamente raggiunto. Che cos'è il valore aggiunto?

> Il valore aggiunto evidenzia il *modus operandi* dell'istituzione scolastica, «depurato» da tutte quelle condizioni di svantaggio che connotano l'utenza di una scuola rispetto a un'altra che si trovi in analoghe condizioni. In questo senso, il valore aggiunto è strettamente collegato all'*effetto scuola*, in quanto, ad esempio, i risultati ottenuti da uno studente di un liceo, raffrontati con quelli conseguiti da un alunno di un istituto professionale, vengono calcolati *al netto* dei fattori di contesto, che non sono controllabili dalla scuola. (Capaldo e Rondanini, 2015)

In ogni caso, una valutazione dell'istituzione scolastica che si prefigge l'obiettivo di innescare processi di miglioramento non può essere affidata a semplici calcoli statistici.

> È necessario, invece, interpretare *in loco* in che modo certi esiti derivino dalle forme organizzative interne, dalle caratteristiche del contesto esterno, dalle risorse a disposizione, dalle tipologie dell'utenza [...]. L'autovalutazione d'istituto consiste proprio nell'analisi di questa *soft information* che dall'esterno è difficile rilevare. (Capaldo e Rondanini, 2015)

La recente legge 107/2015 non modifica i principi cardine del Sistema di valutazione; si dà, infatti, per acquisita la normativa più recente, dal DPR n. 80/2013, più volte citato, ai provvedimenti successivi di attuazione (Direttiva del settembre 2014 e CM n. 47 dell'ottobre 2014).

PARTE QUARTA

LA DIDATTICA

CAPITOLO VENTICINQUESIMO

Le nuove Indicazioni per il curricolo

1. Dal 2007 al 2012 2. L'iter della revisione 3. Il curricolo d'istituto 4. La cornice pedagogica del curricolo verticale 5. Istituto comprensivo, la sfida della continuità 6. Le Indicazioni nazionali per il curricolo: due testi a confronto 7. Il Profilo dello studente

1. Dal 2007 al 2012

Nell'ultimo decennio, i documenti nazionali a sostegno dell'attività didattica dei docenti sono stati molteplici. Proviamo a scorrere i principali.

Vari documenti

Nel 2004, a seguito della legge 53/2003 di riforma della scuola del primo ciclo d'istruzione, gli insegnanti si sono misurati con le Indicazioni per i piani di studio personalizzati, emanate dal ministro Letizia Moratti (Allegati A, B, C, D del D.lgs. n. 59/2004).

Nel 2007, le scelte del nuovo ministro Giuseppe Fioroni si sono orientate a un secondo testo, diverso dal precedente, le Indicazioni nazionali per il curricolo.

Nel DPR n. 89 del 20 marzo 2009 (ministro Maria Stella Gelmini), all'art. 1 si afferma:

> In sede di prima attuazione del presente regolamento, e comunque per *un periodo non superiore a tre anni scolastici* decorrenti dall'a.s. 2009-2010, si applicano le Indicazioni nazionali di cui agli allegati A, B, C, D del D.lgs. 59/2004, come aggiornate dalle Indicazioni per il curricolo del Ministero della Pubblica Istruzione in data 31 luglio 2007.

Gli allegati A, B, C, D riguardavano le Indicazioni per i piani di studio personalizzati (2004), rispettivamente della scuola dell'infanzia (All. A), della primaria (All. B), della secondaria di primo grado (All.

C) e del Profilo educativo dello studente alla fine del primo ciclo di istruzione (All. D).

Contestualmente ai cambiamenti sopra richiamati, i docenti, dopo l'obbligatorietà delle prove INVALSI introdotte dalla legge 176/2007 (2° e 5° anno della primaria; 1° e 3° anno della secondaria di primo grado; 2° e 5° anno della secondaria di secondo grado), hanno avvertito l'esigenza per la loro progettazione didattica di capire i quadri di riferimento di italiano e matematica sottesi alla formulazione dei test da parte dell'Istituto nazionale di valutazione, per riorientare la programmazione didattica e la progettazione delle esperienze di apprendimento dei loro studenti.

Si è così determinata una molteplicità di riferimenti operativi che, in qualche caso, ha finito per suscitare negli insegnanti disorientamento e incertezza.

L'armonizzazione delle Indicazioni del 2004 con quelle del 2007, auspicata dall'art. 1 del DPR n. 89/2009, di fatto non è avvenuta, soprattutto per le difformità e le distanze che ispiravano i due testi. Infatti, nel periodo in cui il Dicastero dell'Istruzione è stato retto dal ministro Maria Stella Gelmini (2008-2011) c'è stata una scarsa attenzione al tema delle Indicazioni nazionali e del curricolo in generale, se non — come sottolineato — un orientamento ad «armonizzare» i due testi del 2004 e del 2007.

Nuove Indicazioni 2012

Nel frattempo, con l'avvicinarsi della conclusione dell'anno scolastico 2011-2012, scadeva il triennio di applicazione delle Indicazioni del 2004 come «aggiornate» dalle Indicazioni per il curricolo del 2007. Così, il ministro Francesco Profumo, subentrato nel novembre del 2011 al ministro Gelmini, ha avviato l'operazione delle nuove Indicazioni per il curricolo, delegando il sottosegretario Marco Rossi Doria a coordinare le fasi di questa importante operazione.

Infatti, il 16 novembre 2012, con nota n. 7734, il MIUR ha diffuso il *Regolamento recante Indicazioni nazionali per il curricolo della scuola dell'infanzia e del primo ciclo d'istruzione, a norma dell'articolo 1, comma 4, del Decreto del Presidente della Repubblica 20 marzo 2009, n. 89.*

Di particolare interesse sono: l'art. 2, che conferma, come discipline di insegnamento per il primo ciclo l'italiano, la lingua inglese e una seconda lingua comunitaria, storia, geografia, matematica, scienze, musica, arte e immagine, educazione fisica, tecnologia, confermando anche l'insegnamento di «Cittadinanza e Costituzione» secondo il disposto della legge n. 169/2008 e DPR n. 89/2009; l'art. 3, che istituisce un Comitato nazionale per l'attuazione delle Indicazioni e per il miglioramento della qualità dell'insegnamento:

> 1. Con decreto del Ministro dell'Istruzione, dell'Università e della Ricerca è costituito un «Comitato scientifico nazionale per l'attuazione delle Indicazioni nazionali e il miglioramento

continuo dell'insegnamento» incaricato di indirizzare, sostenere e valorizzare le iniziative di formazione e di ricerca per aumentare l'efficacia dell'insegnamento in coerenza con le finalità e i traguardi previsti nelle presenti Indicazioni.

2. Il Comitato di cui al comma 1 è formato da non più di dodici componenti, nominati dal ministro dell'Istruzione, dell'Università e della Ricerca tra accademici ed esperti di comprovate professionalità, capacità ed esperienza nel campo dell'innovazione didattica e della formazione dei docenti della scuola dell'infanzia e del primo ciclo di istruzione. I componenti del Comitato rimangono in carica due anni, decorrenti dalla data del decreto di cui al comma 1, e possono essere confermati per altri due bienni. (Art. 3, comma 1 e 2, Decreto 16 novembre 2012, n. 254)

2. L'iter della revisione

I tempi e le modalità con cui si è arrivati al testo definitivo delle nuove Indicazioni nazionali sono risultati brevi ma intensi e caratterizzati da una buona partecipazione da parte dei docenti e delle scuole. Seguiamo le tappe più significative.

Il monitoraggio ANSAS

Con CM del 4 novembre 2011 n. 101, il MIUR, in vista della revisione delle Indicazioni, dà avvio a un apposito monitoraggio affidato all'Agenzia nazionale per lo sviluppo dell'autonomia scolastica (ANSAS) e all'Istituto nazionale di valutazione (INVALSI).

In particolare, all'ANSAS viene affidato il compito di redigere un apposito questionario da sottoporre all'attenzione delle istituzioni scolastiche e degli insegnanti per assicurare un'ampia consultazione da parte dei dirigenti e dei docenti.

In molte regioni sono stati promossi incontri sugli aspetti più importanti delle Indicazioni per il curricolo 2007 (curricolo verticale, valutazione delle competenze, didattica laboratoriale, gestione della classe, ecc.), attraverso appositi incontri, seminari, gruppi di lavoro e focus group.

L'ANSAS sarebbe stata soppressa a decorrere dall'1 settembre 2012 e, al suo posto, il MIUR avrebbe provveduto a ripristinare l'INDIRE (il cui statuto è stato approvato il 21 dicembre 2012) quale ente di ricerca con autonomia scientifica, finanziaria, patrimoniale e amministrativa. Infatti, il monitoraggio aveva lo scopo di far emergere i vissuti e le percezioni dei dirigenti e degli insegnanti della scuola dell'infanzia e del primo ciclo di istruzione in relazione ai cambiamenti che hanno caratterizzato il nostro sistema formativo dall'attribuzione dell'autonomia (primo settembre del 2000) fino al 2011. In questo lasso di tempo la scuola ha conosciuto radicali mutamenti e gli organici del personale docente e ATA, soprattutto dal 2007 al 2011, sono stati fortemente ridotti, modificando radicalmente l'assetto organizzativo della scuola primaria e secondaria di primo grado.

La revisione

In un secondo momento, con la CM del 18 aprile 2012, n. 31, *Revisione delle Indicazioni nazionali per la scuola dell'infanzia e per il primo ciclo di istruzione,* il MIUR prende atto dei risultati del monitoraggio e dei numerosi contributi pervenuti all'amministrazione e stabilisce di:

a) procedere alla *revisione* delle Indicazioni nazionali per il curricolo della scuola dell'infanzia e del primo ciclo di istruzione, indicando la data del 31 agosto 2012 come termine ultimo per l'adozione del testo definitivo;
b) assumere il documento Indicazioni per il curricolo, di cui al DM 31 luglio 2007, come base per tale lavoro;
c) imperniare il processo di revisione su un intenso, anche se necessariamente breve, processo di *consultazione delle scuole.*

Pertanto, viene deciso che il nuovo documento non sia rielaborato ex novo: dovrà essere invece il frutto della revisione delle Indicazioni 2007 e non del testo precedente del 2004.

La consultazione telematica

Questa seconda fase si è conclusa con la redazione di una prima bozza, che è stata sottoposta a una *consultazione telematica* nel mese di giugno e nella prima settimana del luglio 2012. Oltre 5000 scuole hanno espresso i loro orientamenti rispondendo a una serie di quesiti strutturati e inviando osservazioni libere.

Tempi e modalità di tale consultazione sono stati precisati nella CM n. 49 del 31 maggio 2012, in cui è stato trasmesso a tutte le istituzioni scolastiche del primo ciclo d'istruzione il testo provvisorio delle Indicazioni nazionali.

Il documento ufficiale, integrato con i suggerimenti e le modifiche suggerite dalla consultazione telematica, è stato ultimato nel mese di agosto e adottato con un *apposito regolamento,* ai sensi dell'art. 17, comma 3, della legge 23 agosto 1998, n. 400.

3. Il curricolo d'istituto

Dalle Indicazioni 2007

Come abbiamo sottolineato nel paragrafo precedente, le Indicazioni nazionali per il curricolo della scuola dell'infanzia e del primo ciclo d'istruzione ultimate nell'agosto 2012 ripartono dal testo delle Indicazioni del 2007 (ministro Giuseppe Fioroni).

Questa ripartenza è riconducibile ad alcune ragioni di fondo.

Innanzitutto, il testo del 2007 è sicuramente più *aggiornato* rispetto ai Piani di studio personalizzati del 2004. L'idea dei Piani di studio personalizzati non è entrata nelle «corde» degli insegnanti più vicini per storia e tradizione ai modelli di programmazione curricolare.

Secondariamente, va sottolineato che il monitoraggio del MIUR, affidato all'ANSAS nel corso dell'a.s. 2011-2012, ha rivelato una *buona accoglienza* delle Indicazioni 2007 da parte di dirigenti, docenti e della scuola in generale.

I punti cardine delle Indicazioni 2012 ripropongono alcune centralità presenti nel testo del 2007. Vediamo i principali snodi che sono stati alla base dell'attività svolta dalle scuole in questi ultimi anni.

La verticalità del curricolo

Il primo è, senza ombra di dubbio, la *verticalità del curricolo.* Già l'impianto del 2007 valorizzava la concezione di un curricolo progressivo dai 3 ai 14 anni. Questa impostazione viene confermata e rafforzata nel testo in modo esplicito. Infatti, nel paragrafo *L'organizzazione del curricolo,* si afferma che

> l'itinerario scolastico dai 3 ai 14 anni che si organizza oggi nella forma di istituto comprensivo richiede di progettare un *curricolo verticale* attento alla continuità del percorso educativo e al raccordo con la scuola secondaria di secondo grado.

Le Indicazioni mirano ad andare oltre l'istanza della continuità educativa e a impegnarsi invece

> in una ricerca più puntuale sulla progressione delle competenze, sulla ricorsività degli apprendimenti, sulla linearità o ciclicità di certi contenuti (si pensi alla questione dell'insegnamento della storia), sulla necessità di differenziare gli ambienti di apprendimento (il «cosa si fa» in classe), in relazione all'età e alle motivazioni dei ragazzi. (Cerini, 2012c)

In questo breve passaggio, vengono rappresentati anche altri temi di basilare importanza, come ad esempio quello della continuità all'interno dell'istituto comprensivo e il raccordo nella fascia di età 14-16 anni che costituisce un tradizionale punto di debolezza nel nostro sistema d'istruzione. Approfondiremo questi aspetti nei prossimi paragrafi.

La progettualità delle scuole

La seconda centralità che accomuna le Indicazioni del 2007 a quelle del 2012 è rappresentata dall'affermazione del curricolo come espressione della cultura progettuale delle singole istituzioni scolastiche. Si sottolinea, infatti:

> *Il curricolo di istituto* è espressione della libertà di insegnamento e dell'autonomia scolastica e, al tempo stesso, esprime le scelte della comunità professionale e l'identità di istituto. [...] Ogni scuola predispone il curricolo, all'interno del piano dell'offerta formativa, nel rispetto del profilo dello studente al termine del primo ciclo di istruzione, dei traguardi per lo sviluppo delle competenze, degli obiettivi di approfondimento specifici per ogni disciplina.

Il curricolo, pertanto, si inserisce nella struttura portante dell'organizzazione educativo-didattica e nelle scelte strategiche del singolo istituto.

L'unitarietà e la progressività del curricolo verticale da 3 a 14 anni vengono rafforzate dalla scelta contemplata nella legge 111/2011, in cui si prevede la riorganizzazione della rete scolastica del primo ciclo di istruzione, incentrata sulla generalizzazione degli istituti comprensivi su tutto il territorio nazionale.

Lo sviluppo delle competenze

Un terzo tema delle Indicazioni riguarda i traguardi di *sviluppo delle competenze* nel primo ciclo d'istruzione. La scuola, infatti, finalizza il curricolo alla conquista delle competenze previste nel profilo dello studente al termine della terza media, orientando gli alunni alla scelta delle scuole secondarie di secondo grado. Infatti, si sottolinea nel testo, «le certificazioni nel primo ciclo descrivono e attestano la padronanza delle competenze progressivamente acquisite, sostenendo gli studenti verso la scuola del secondo ciclo».

4. La cornice pedagogica del curricolo verticale

Il curricolo d'istituto, come già sottolineato, costituisce uno degli obiettivi caratterizzanti le Indicazioni nazionali (primo ciclo d'istruzione e licei) e le Linee guida (Istituti tecnici e professionali).

Le finalità del sistema d'istruzione

Nella tabella 25.1 vengono presentate le finalità del nostro sistema d'istruzione che, declinate nelle Indicazioni per il curricolo del primo ciclo (parte riguardante la scuola dell'infanzia), possono essere estese a tutti i gradi e indirizzi scolastici successivi, comprese le scuole secondarie di secondo grado.

La tabella prende in considerazione i quattro traguardi descritti nelle Indicazioni del 2012, riconducendoli alle competenze-chiave per l'apprendimento permanente dell'Unione europea e a quelle di cittadinanza del DM n. 139 del 2007 del nostro MIUR. Va ricordato che le competenze per l'apprendimento permanente dell'Unione europea sono state aggiornate nel 2018. Entro questo perimetro è possibile, infatti, delineare la cornice pedagogico-educativa del curricolo di ciascuna istituzione scolastica.

Senso del limite

Qualche riflessione su alcune delle punteggiature sopra richiamate. Una delle voci fondative del curricolo d'istituto è: educare i bambini e gli studenti al *senso del limite.*

Nelle Indicazioni 2012 questa affermazione è quasi imperativa, per non dire «categorica»; nel testo ministeriale si afferma, infatti, che

> vi è un'attenuazione della capacità adulta di presidio delle regole e del senso del limite; sono diventati così più faticosi i processi di identificazione e di differenziazione da parte di chi cresce ed anche i compiti della scuola, in quanto luogo di diritti di ognuno e delle regole condivise. [...] La scuola è perciò investita da una domanda che comprende, insieme, l'apprendimento e il «saper stare al mondo».

TABELLA 25.1
Le finalità del sistema d'istruzione italiano

Finalità	Indicazioni nazionali per il curricolo 2012.	Competenze del Parlamento e del Consiglio europeo (dicembre 2006).	Competenze di cittadinanza (DM n. 139/2007).
Identità	Senso del limite; senso dell'esperienza educativa.	Imparare a imparare; spirito d'iniziativa.	Imparare a imparare; spirito d'iniziativa.
Autonomia	Partecipazione; responsabilità personale.	Consapevolezza ed espressione culturale.	Collaborare e partecipare.
Competenza	Alfabetizzazione strumentale; alfabetizzazione culturale.	Comunicazione madrelingua, lingue straniere.	Comunicare; interpretare.
Cittadinanza	Valorizzazione della diversità; responsabilità sociale.	Competenze sociali e civiche.	Agire in modo autonomo e responsabile.

Educare i giovani al *senso del limite,* quando spesso vanno alla ricerca dell'eccesso e della dismisura, è impresa sicuramente ardua. Ma la scuola non può rinunciare a questo compito. Probabilmente essa è ormai l'unico spazio in cui questa «utopia educativa» può essere realisticamente coltivata.

Responsabilità personale

Una seconda riflessione riguarda la capacità da parte dei ragazzi di assumersi la *responsabilità delle azioni* che compiono. È vero, sottolinea Remo Bodei, che non agiamo più (o sempre meno) in base

> a indiscutibili comandamenti divini o a principi meno cogenti di etica laica. Purtuttavia, i limiti da rispettare non cessano di esistere e non smettono di interrogare le coscienze. (Bodei, 2016)

Valorizzazione della diversità

Infine, il *riconoscimento della diversità* costituisce oggi il vero banco di prova dell'inclusione scolastica e sociale. Il rispetto dell'altro (valore unico e irripetibile) può avvenire solo se sappiamo partire dalla comprensione della sua storia e del suo essere nel mondo.

La scuola fallisce nel suo intento formativo quando non riesce a coniugare l'*identità* dei ragazzi con i *saperi* che essi devono acquisire. Identità e conoscenze procedono di pari passo, in una relazione interdipendente e reciproca.

> Il sapere trasmesso a scuola non deve comprimere questa relazione, ma porsi al suo servizio per consentirle un'espressione più articolata in termini di scenari, progetti, investimenti. La scuola non riesce nei propri intenti quando livella soggettività nascenti in nome di un presunto sapere oggettivo che serve a dare identità più ai professori che agli studenti. (Galimberti, 1996)

L'accoglienza della diversità è un valore irrinunciabile a condizione che tutti sappiano alimentare un confronto leale, privo di infingimenti e/o annullamenti reciproci: solo così sarà possibile una crescita arricchente per tutti.

5. Istituto comprensivo, la sfida della continuità

La legge 111/2011, in cui all'art. 19 si definisce una serie di misure per la razionalizzazione della spesa relativa all'organizzazione scolastica, ha stabilito che la scuola dell'infanzia e quella primaria e secondaria di primo grado dovessero trasformarsi in istituti comprensivi.

Alcune Regioni hanno fatto ricorso contro questo principio e la Corte Costituzionale ha accolto le ragioni avanzate dai presidenti regionali, ribadendo che la programmazione della rete scolastica e il dimensionamento degli istituti è di competenza delle Regioni. Allo Stato spetta il compito di dettare norme generali sull'istruzione senza interferire con le funzioni spettanti all'ordinamento regionale.

Per quanto concerne il dimensionamento degli istituti, la legge n. 183 del novembre 2011 ha modificato la legge n. 111, rideterminando la soglia minima per l'esistenza di un istituto in 400 alunni per le zone di montagna e in 600 per le scuole degli altri territori.

Questo, dunque, il quadro normativo di riferimento. La generalizzazione dell'istituto comprensivo, però, non dovrà coincidere solo con la razionalizzazione della rete scolastica e un contenimento della spesa pubblica. Al contrario, non potrà che rappresentare un'opportunità per assecondare tale processo con un *sistematico piano formativo* dei dirigenti e dei docenti chiamati a operare in un nuovo contesto culturale e professionale.

Le Indicazioni 2012

Le Indicazioni per il curricolo 2012 dovranno essere al centro di un'azione di accompagnamento del nuovo dimensionamento delle scuole e di un convinto rilancio dei tre gradi scolastici, in particolare della secondaria di primo grado, che, anche nel Rapporto 2011 della Fondazione Agnelli, viene indicata come *anello debole* del primo ciclo d'istruzione.

La generalizzazione dell'istituto comprensivo potrà diventare un'opportunità per costruire:

a) un più stretto legame con il territorio, la comunità, per farne esprimere le aspettative, i bisogni, ma soprattutto per attingere le risorse (culturali e non) attraverso la stipula di accordi, di protocolli, di un'offerta formativa territoriale;
b) un modello organizzativo basato sul fattore umano, sull'idea di comunità professionale che sa accogliere e valorizzare le diverse virtù di cui sono portatori insegnanti che appartengono a storie e identità diverse;
c) un curricolo verticale all'insegna della continuità (unitarietà e coerenza) e della discontinuità (come progressione degli apprendimenti), attraverso soluzioni diverse (classi ponte, bienni degli snodi), rafforzando la visione di insieme, il senso di un progetto comune, di una responsabilità da condividere. (Cerini, 2012c)

Il nuovo modello istituzionale costituisce un richiamo per un ulteriore impegno sul versante della continuità educativa e curricolare: il *raccordo con un biennio iniziale* dell'istruzione di secondo grado.

Le Indicazioni 2012 pongono alla base degli obiettivi generali del processo formativo le otto competenze chiave definite dal Parlamento europeo con la Raccomandazione del 18 dicembre 2006.

I contenuti della Raccomandazione sono stati recepiti dal nostro Governo nel 2007, in concomitanza con l'innalzamento dell'obbligo di istruzione a 16 anni e la relativa definizione tramite il DM n. 139/2007.

Le otto competenze chiave di cittadinanza esplicitate nel DM n. 139, che si richiamano a loro volta a quelle indicate nel 2006 dal Parlamento europeo, possono diventare un comune terreno di lavoro tra i docenti della scuola media e i professori del biennio delle superiori.

Un raccordo tra il curricolo d'istituto del primo ciclo di istruzione e quello dei primi due anni della scuola secondaria di secondo grado va ricercato, rafforzando in tal modo la coerenza complessiva del percorso dell'obbligo in una prospettiva non solo 3-14 anni, ma anche 3-16 anni.

Le competenze di cittadinanza, infatti, vanno inquadrate in un ambito di innovazione didattica, di gestione della classe e di stili educativi coerenti da parte dei docenti in relazione alle diverse tappe dell'età evolutiva dei bambini e degli adolescenti.

6. Le Indicazioni nazionali per il curricolo: due testi a confronto

Le Indicazioni nazionali per il curricolo della scuola dell'infanzia e del primo ciclo d'istruzione del novembre 2012 costituiscono una revisione delle Indicazioni nazionali del 2007. Va ricordato, inoltre, che il Regolamento del MIUR del 16 novembre 2012 ha sostituito le Indicazioni del 2004 e del 2007. L'attuale testo risente dell'impostazione di queste ultime, che erano incentrate sul curricolo d'istituto e non sui Piani personalizzati del 2004.

La struttura del documento attuale e il confronto con il testo del documento precedente sono sintetizzati nel box 25.1.

BOX 25.1
La struttura del testo

Cultura, scuola, persona
- La scuola nel nuovo scenario (aggiornato)
- Centralità della persona
- Per una nuova cittadinanza
- Per un nuovo umanesimo

Finalità generali (nuovo)
- Scuola, Costituzione, Europa
- Profilo dello studente

↓

L'organizzazione del curricolo
- Dalle Indicazioni al curricolo (nuovo)
- Aree disciplinari e discipline (aggiornato)
- Continuità e unitarietà del curricolo (nuovo)
- Traguardi per lo sviluppo delle competenze (aggiornato)
- Obiettivi di apprendimenti (aggiornato)
- Valutazione (aggiornato)
- Certificazione delle competenze (nuovo)
- Una scuola di tutti e di ciascuno (nuovo)
- Comunità educativa, comunità professionale, cittadinanza (nuovo)

Indicazioni nazionali 2007 e 2012: cosa è cambiato

A una lettura superficiale i due testi non presentano significativi cambiamenti; in realtà si tratta di versioni molto diverse tra loro. La parte che è stata meno aggiornata è quella iniziale: *Cultura, Scuola, Persona.* Solo il primo dei quattro paragrafi che la compongono *(La scuola nel nuovo scenario)* è stato integrato; quelli successivi, invece, non hanno subito alcuna variazione.

Nel primo paragrafo sono contenuti richiami di straordinaria attualità che erano assenti nelle Indicazioni del 2007; essi fanno riferimento alla complessità della società nell'epoca della frammentazione educativa, all'importanza dell'insegnamento del senso del limite, al presidio delle regole, alla costruzione di una rinnovata alleanza tra scuola e famiglia. Si tratta di orientamenti «generativi» che informano (nel senso che «danno forma a») tutto il testo.

Del tutto nuova, invece, la parte riguardante le *Finalità generali (Scuola, Costituzione, Europa)* che non era compresa nella versione precedente. Si tratta di una sezione molto importante nella quale si afferma che il sistema scolastico italiano assume come orizzonte verso cui tendere il quadro delle competenze chiave per l'apprendimento permanente definite dal Parlamento europeo e dal Consiglio dell'Unione europea. (Raccomandazione del 18 dicembre 2006)

Finalità generali

La sezione riguardante le *Finalità generali* svolge una funzione molto importante, in quanto in essa viene descritto il *profilo delle competenze* che lo studente deve possedere al termine del primo ciclo d'istruzione: tale profilo costituisce il riferimento cardine per la certificazione delle competenze al termine della scuola primaria e secondaria di primo grado.

Si fornisce un quadro riassuntivo delle *competenze trasversali* (personali) e *culturali* (disciplinari) del profilo medesimo, che si ispira alle otto competenze chiave per l'apprendimento permanente della Raccomandazione europea del 2006 (box 25.2).

BOX 25.2
Il profilo dello studente: le competenze al termine del primo ciclo d'istruzione

Dimensione personale	Dimensione culturale
- ha consapevolezza delle proprie potenzialità e dei propri limiti; - utilizza gli strumenti di conoscenza per comprendere se stesso e gli altri; - assimila il senso e la necessità del rispetto della convivenza civile; - ha cura e rispetto di sé, come presupposto di un sano e corretto stile di vita; - ha attenzione per le funzioni pubbliche, alle quali partecipa nelle diverse forme in cui questo può avvenire; - dimostra originalità e spirito d'iniziativa; - si assume le proprie responsabilità e chiede aiuto quando è in difficoltà; - è disposto ad analizzare se stesso e a misurarsi con le novità e gli imprevisti.	- dimostra una padronanza della lingua italiana tale da consentirgli di comprendere enunciati e testi di una certa complessità; - è in grado di esprimersi a livello elementare in lingua inglese e di affrontare una comunicazione essenziale; - possiede competenze matematiche tali da consentirgli di analizzare dati e fatti della realtà e verificarne l'attendibilità; - si orienta nello spazio e nel tempo dando espressione a curiosità e ricerca di senso; - ha buone competenze digitali, usa con consapevolezza le tecnologie della comunicazione per ricercare dati e informazioni, sapendo distinguere verifiche e ulteriori controlli.

Organizzazione del curricolo

Completamente aggiornata è la sezione relativa all'*Organizzazione del curricolo* che è il «cuore» delle Indicazioni. In essa, infatti, sono esplicitate condizioni e procedure del funzionamento educativo e didattico delle istituzioni scolastiche. Curricolo d'istituto, obiettivi di apprendimento, traguardi per lo sviluppo delle competenze, autovalutazione delle scuole, valutazione degli apprendimenti, certificazione delle competenze, promozione di una scuola inclusiva e di una comunità professionale, funzione del dirigente scolastico: sono tutti temi che rappresentano le arcate del ponte che ogni scuola deve saper costruire e rendere stabili.

Infine, va sottolineato che sia i campi di esperienze sia le discipline del primo ciclo d'istruzione sono stati rivisti e aggiornati.

Pluridisciplinarità

Un'importante novità interessa l'impianto disciplinare che, a differenza delle Indicazioni del 2007, non è organizzato in aree. Nella precedente versione del Documento si privilegiava l'aggregazione delle discipline in tre macroaree: linguistico-artistico-espressiva; storico-geografica; matematico-scientifico-tecnologica. Queste macroaree erano state pensate per orientare l'attività dei docenti in senso *pluri-disciplinare,* cioè

> considerando le materie affini per particolari origini (italiano-arte-musica; storia-geografia; matematica-scienze). Il criterio [era] quello della *contiguità,* cioè [...] delle «affinità» dovute alle origini o all'oggetto comune. (Guasti, 1976)

Multidisciplinarità

Differente è l'aspetto della *multidisciplinarità,* in base alla quale vengono accostati contenuti di discipline diverse (musica, storia, matematica, ecc.) per sviluppare un unico ambito tematico in modo più approfondito.

Interdisciplinarità

L'*interdisciplinarietà* si determina, invece, quando si è in presenza di

> una vera omologia fra più discipline, sottolineando l'interazione di idee, di concetti, di teorie che si concludono con un'integrazione che comprende le strutture delle varie discipline. Il piano interdisciplinare coincide con l'identificazione delle strutture di ogni singola disciplina e collega quali di queste sono assumibili dalle altre discipline. Nell'interdisciplinarità c'è l'interazione, nella pluridisciplinarità la contiguità e nella multidisciplinarità un'esigenza sommatoria. (Guasti, 1976)

Ad esempio, se si vuole indagare la struttura logica di causa-effetto dal punto di vista interdisciplinare, si scoprirà che lo stesso concetto è organizzato diversamente a seconda che lo si analizzi in fisica, in storia, in scienze, nonostante la struttura analizzata sia sempre la stessa.

Nel testo delle Indicazioni del 2012, si è preferito non procedere ad alcuna aggregazione pluridisciplinare, come invece era stato fatto nel 2007, giustificando tale scelta con queste argomentazioni:

> nelle Indicazioni le discipline non sono aggregate in aree precostituite per non favorire un'affinità più intensa tra alcune rispetto ad altre, volendo rafforzare così trasversalità e interconnessioni più ampie e assicurare l'unitarietà del loro insegnamento. Sul piano organizzativo e didattico la definizione di aree o di assi funzionali è comunque rimessa all'autonoma valutazione di ogni scuola.

Si conferma ancora una volta che, per quanto concerne la definizione del curricolo d'istituto, spetta alle singole scuole decidere l'aggregazione o meno delle discipline in aree affini.

7. Il Profilo dello studente

Il testo delle Indicazioni 2012 si apre con un richiamo alle finalità della scuola che viene ricondotto al Profilo dello studente in uscita dal primo ciclo di istruzione.

Il Profilo

Il Profilo descrive le competenze che un alunno deve dimostrare di possedere al termine della scuola secondaria di primo grado, dopo 11 anni di scuola (3 di scuola dell'infanzia, 5 della primaria, 3 della secondaria di primo grado). Il Profilo dovrà

> dar conto del quadro di competenze culturali e sociali che ci si attende al termine del percorso e impegnare le responsabilità degli insegnanti nell'organizzazione del curricolo adeguato per raggiungere tali finalità [...]. Nella struttura compositiva del nuovo profilo prevale un carattere descrittivo che non sfocia però nella genericità. (Cerini, 2012c)

Il PECUP

Il Profilo dello studente richiama il PECUP (Profilo educativo, culturale e professionale) presente nelle Indicazioni 2004 del ministro Letizia Moratti; la struttura dei due testi (2004-2012) è però completamente diversa.

Il Profilo di morattiana memoria era uno strumento molto ampio, articolato in diversi punti, che si concludeva con una sintesi in cui veniva esplicitata una serie di qualità che l'alunno a 14 anni avrebbe dovuto esprimere. Si sottolineava, in particolare, la condizione di riconoscere e gestire i diversi aspetti della propria esperienza (motoria, emotiva e razionale), di abituarsi a riflettere con spirito critico, di possedere strumenti di giudizio sufficienti per valutare se stessi e le proprie azioni, di essere disponibili al rapporto di collaborazione con gli altri.

Il PECUP si concludeva con la richiesta al ragazzo di «porsi le grandi domande sul mondo, sulle cose, su di sé e sugli altri, sul destino di ogni realtà nel tentativo di trovare un senso che dia loro unità e giustificazione».

Le competenze chiave

Il Profilo 2012 è invece ricondotto alle competenze chiave contenute nelle Raccomandazioni del Parlamento europeo (2006). Si tratta di un testo breve, «cucito» sulle 8 competenze indicate nella Raccomandazione sopra richiamata, che si avvale di descrittori chiari, riconducibili alla padronanza di lingua italiana, matematica, tecnologie informatiche, ecc. Nel Profilo si sottolinea che

> lo studente al termine del primo ciclo dimostra una padronanza della lingua italiana; nell'incontro con persone di diversa nazionalità

> è in grado di esprimersi a livello elementare in due lingue europee; [...] le sue conoscenze matematiche e scientifico-tecnologiche gli consentono di analizzare dati e fatti della realtà e di verificare l'attendibilità delle analisi quantitative e statistiche proposte da altri. Utilizza in modo sicuro le tecnologie della comunicazione, con le quali riesce a ricercare e analizzare dati e informazioni.

Il Profilo dello studente nelle Indicazioni si completa con due richiami al *rispetto delle regole* e all'*intraprendenza inventiva* che i ragazzi devono dimostrare al termine della scuola di base. Si ribadisce, infatti, che l'alunno deve aver assimilato

> il senso e la necessità del rispetto delle regole nella convivenza civile. Ha attenzione per il bene comune e per le funzioni pubbliche alle quali partecipa nelle diverse forme (volontariato, servizio civile, ecc.). Dimostra originalità e spirito di iniziativa. Si assume le proprie responsabilità e chiede aiuto quando si trova in difficoltà.

Il Profilo dello studente esplicita ciò che un ragazzo di 14 anni dovrà *sapere, saper fare e saper essere* per diventare l'uomo e il cittadino che è lecito attendersi da lui in un momento cruciale della crescita.

La generalizzazione degli istituti comprensivi, dalla scuola dell'infanzia alla secondaria di primo grado, costituisce una straordinaria opportunità affinché si affermi:

> Una scuola unitaria di base che prenda in carico i bambini dall'età dei tre anni e li guidi fino al termine del primo ciclo d'istruzione e che sia capace di riportare i molti apprendimenti che il mondo oggi offre entro un unico percorso strutturante. [...] Il Profilo descrive, in forma essenziale, le competenze riferite alle discipline di insegnamento e al pieno esercizio della cittadinanza. (Indicazioni 2012)

Esso rappresenta pertanto un buon punto di partenza per la progettualità delle singole istituzioni scolastiche e dovrà essere oggetto di particolare attenzione da parte dei dirigenti e degli insegnanti per rinforzare i legami tra le competenze indicate nel Profilo e i traguardi attesi per ogni singola disciplina: «Ciò implica la realizzazione di una didattica profondamente innovativa nelle scelte curricolari da compiere, per realizzare una scuola cooperativa, inclusiva e laboratoriale» (Ambel, 2012).

L'importanza delle strategie didattiche e organizzative per lo sviluppo di competenze è stata più volte richiamata ed è pervasiva anche nelle Indicazioni nazionali.

CAPITOLO VENTISEIESIMO

Le Indicazioni viste da vicino

1. Cultura, Scuola, Persona 2. Le finalità generali: il profilo dello studente 3. L'organizzazione del curricolo 4. Le coordinate del curricolo progressivo dai 3 ai 14 anni 5. L'unitarietà del percorso 6. Le Indicazioni nazionali dei licei 7. Le Linee guida degli istituti tecnici

1. Cultura, Scuola, Persona

Il testo delle Indicazioni nazionali per il curricolo si apre con una «premessa» dal titolo *Cultura, Scuola, Persona,* aggiornata rispetto alle Indicazioni del 2007.

Un patto implicito

Il primo paragrafo, *La scuola nel nuovo scenario,* sottolinea che le istituzioni educative, oggi, sono attraversate da una complessità culturale che ha visto affievolirsi il *patto implicito* tra insegnanti e genitori, riguardante il rapporto tra adulti e giovani in passato fino agli ultimi decenni del secolo scorso.

> L'intesa tra adulti non è più scontata e implica la faticosa costruzione di un'interazione tra le famiglie e la scuola, cui tocca, ciascuna con il proprio ruolo, esplicitare e condividere i comuni intenti educativi [...]. La scuola raccoglie con successo una sfida universale, di apertura verso il mondo, di pratica dell'uguaglianza nel riconoscimento delle differenze. (Indicazioni 2012)

Ai dirigenti e ai docenti spetta il non facile compito di valorizzare le differenti culture, attraverso un quotidiano lavoro di accompagnamento e di guida, senza perdere di vista la cura degli apprendimenti e l'acquisizione dei saperi e delle competenze di base, condizioni irrinunciabili per l'esercizio di una cittadinanza attiva e costruttiva.

La centralità della persona

Il successivo paragrafo, *Centralità della persona,* ha mantenuto la medesima versione del testo precedente. Si ribadisce un principio diffusamente presente in molti orientamenti ministeriali, quello della centralità dello studente, che è posto al centro dell'azione educativa in tutti i suoi aspetti: cognitivi, affettivi, relazionali, corporei, estetici, etici, spirituali, religiosi.

La scuola deve fornire le chiavi per «apprendere ad apprendere» in vista di una formazione solida, critica e creativa.

Il terzo paragrafo della «premessa», *Per una nuova cittadinanza,* conferma gli stessi contenuti delle Indicazioni 2007. Si insiste sul nuovo compito dei docenti che, oltre a operare per educare gli alunni ad apprendere, devono misurarsi con una sfida più impegnativa, quella dell'*insegnare a essere.* La nuova cittadinanza è incentrata sulla maturazione dell'identità culturale, che è una condizione «mobile» della nostra esistenza, in quanto si costruisce attraverso diversi momenti e molteplici occasioni di incontro nel corso dell'intera vita.

Insegnare a essere

> Per educare a questa cittadinanza unitaria e plurale a un tempo, una via privilegiata è la conoscenza e la trasmissione delle nostre tradizioni e memorie nazionali: non si possono realizzare appieno le possibilità del presente senza una profonda memoria e condivisione delle radici storiche. (Indicazioni 2012)

L'incontro con le altre culture dovrà coincidere con una reciprocità di sforzi e intenti da parte di tutti i gruppi che vivono in una determinata comunità.

L'humanitas

L'ultimo paragrafo, *Per un nuovo umanesimo,* è rimasto uguale a quello delle Indicazioni del 2007. L'espressione «nuovo umanesimo» esprime la volontà di non soccombere di fronte alle contraddizioni di un mondo dove la tecnologia è strabordante in tutti i contesti della nostra esistenza. Quali sono i saperi di questa irrinunciabile istanza? Nel paragrafo si sottolinea l'importanza di una serie di capacità ritenute irrinunciabili rispetto alle padronanze che un giovane deve possedere:

> – cogliere gli aspetti essenziali dei problemi;
> – comprendere le implicazioni, per la condizione umana, degli inediti sviluppi delle scienze e delle tecnologie;
> – valutare i limiti e le possibilità delle conoscenze;
> – vivere e agire in un mondo in continuo cambiamento. (Indicazioni 2012)

La promozione di queste consapevolezze, che consentirà ai giovani di affrontare i grandi problemi della condizione umana (degrado ambientale, crisi dovute all'esaurimento delle risorse, caos climatico, ecc.), potrà realizzarsi più adeguatamente se sapremo sostenere scelte politiche coerenti e una più stretta «collaborazione fra le discipline e le culture»:

> L'elaborazione dei saperi necessari per comprendere l'attuale condizione dell'uomo planetario, definita dalle molteplici interdipendenze fra *locale* e *globale,* è la premessa indispensabile per l'esercizio consapevole di una cittadinanza nazionale, europea e planetaria. (Indicazioni 2012)

2. Le finalità generali: il profilo dello studente

È questa una parte completamente nuova. Non era infatti presente nelle precedenti Indicazioni. Questa sezione rappresenta un forte richiamo al rapporto tra la scuola e i principi ispiratori della nostra Costituzione in relazione all'evoluzione del quadro europeo. *Scuola, Costituzione, Europa* è il punto «ordinante» di questa sezione, in cui si sottolinea che «la scuola italiana, statale e paritaria, svolge l'insostituibile funzione pubblica assegnatale dalla Costituzione della Repubblica, per la formazione di ogni persona e la crescita civile del Paese».

Scuola, Costituzione, Europa

Nell'articolazione complessiva del nostro sistema d'istruzione un posto «speciale» occupa la scuola che accoglie i bambini dai 3 ai 14 anni. Si afferma, infatti, in questo paragrafo che

> la scuola dell'infanzia, la scuola primaria e la scuola secondaria di primo grado costituiscono il primo segmento del percorso scolastico e contribuiscono in modo determinante all'elevazione culturale, sociale ed economica del Paese e ne rappresentano un fattore decisivo di sviluppo e di innovazione. (Indicazioni 2012)

Il curricolo

Si sottolinea inoltre la funzione, rispetto al curricolo d'istituto, delle Indicazioni nazionali, che fissano gli *obiettivi generali,* gli *obiettivi di apprendimento* e i relativi *traguardi per lo sviluppo delle competenze* dei bambini e dei ragazzi per ciascuna disciplina o campo di esperienza. Compito delle singole realtà scolastiche è elaborare il curricolo d'istituto nel rispetto di quanto stabilito dai contenuti delle Indicazioni nazionali.

Le finalità del sistema scolastico italiano vengono inserite nel più generale quadro delle competenze chiave per l'apprendimento permanente definite dal Parlamento europeo e dal Consiglio dell'Unione nel dicembre del 2006.

In questa parte delle Indicazioni viene esplicitato il *profilo dello studente* che, come sostenuto nel capitolo precedente, può essere inteso come la

> descrizione di conoscenze, abilità e atteggiamenti agiti in contesto che alla fine di un percorso scolastico riteniamo auspicabile (ma non obbligatorio) che l'allievo acquisisca nei diversi campi dei saperi e di esperienza. [...] Il profilo comprende e fonde le diverse componenti disciplinari con particolare attenzione alla dimensione trasversale delle competenze ed è declinato in modo da far comprendere *chi è e come funziona la persona.* (Ambel, 2012)

Sarà la saggezza degli insegnanti a individuare il punto d'incontro tra le componenti affettive e motivazionali, da un lato, e l'irrinunciabilità delle competenze, dall'altro. Il riferimento esplicito è alle competenze chiave per l'apprendimento del Parlamento europeo del 2006, in cui le

Le competenze

due dimensioni sono strettamente correlate. Infatti, vengono descritte sia competenze di natura disciplinare (comunicazione nella madrelingua, comunicazione nelle lingue straniere, competenza matematica, competenza digitale) sia competenze trasversali, quali imparare a imparare, competenze sociali e civiche, senso di iniziativa e imprenditorialità, consapevolezza ed espressione culturale.

I compiti educativi degli insegnanti della scuola dell'infanzia e del primo ciclo d'istruzione sono sinteticamente delineati nelle competenze descritte all'interno del profilo, che chiama in gioco la qualità di un percorso formativo che inizia a 3 anni e «si conclude», in progress, a 14.

3. L'organizzazione del curricolo

Un terzo passaggio delle Indicazioni 2012 è rappresentato dalla parte intitolata *L'organizzazione del curricolo.* Si tratta di una sezione del testo di fondamentale importanza. In essa, infatti, vengono esplicitati i compiti assegnati alle singole istituzioni scolastiche in relazione al rapporto tra responsabilità del «centro» (MIUR) e funzioni attribuite alle singole realtà educative.

Centro e periferia

Il primo paragrafo di questa sezione, *Dalle Indicazioni al curricolo,* ribadisce la centralità delle scuole nell'elaborazione del curricolo d'istituto, nel rispetto naturalmente dei vincoli posti dalle Indicazioni nazionali. Di questo tema ci siamo già occupati nel capitolo precedente e, pertanto, riconfermiamo quanto già espresso. Il curricolo è un compito che ogni singola istituzione deve predisporre alla luce di quanto evidenziato nel testo del MIUR.

Il secondo paragrafo, *Aree disciplinari e discipline,* riprende il valore formativo delle «materie» di studio, in una prospettiva di unitarietà del processo di apprendimento. Si legge, infatti, che «le discipline, così come noi le conosciamo, sono state storicamente separate l'una dall'altra da confini convenzionali che non hanno alcun riscontro con l'unitarietà tipica dei processi di apprendimento».

Aree e discipline

Oltre a sottolineare «l'artificiosità» della separazione tra le varie discipline, si riafferma che esse non sono precostituite in aree disciplinari, come nelle Indicazioni 2007, in quanto tale facoltà viene rimessa alla valutazione delle singole scuole autonome, e non a decisioni assunte in ambito nazionale. Questa scelta è motivata dall'esigenza di non interferire con decisioni che ogni istituzione scolastica potrà liberamente assumere.

Il terzo paragrafo, *Continuità ed unitarietà del curricolo,* ripropone il tema del curricolo verticale da 3 a 6 anni, già affrontato nel precedente capitolo: «L'itinerario scolastico dai tre ai quattordici anni» si sottolinea «pur abbracciando tre tipologie di scuola caratterizzate ciascuna da una specifica identità educativa e professionale, è *progressivo* e *continuo*».

Alle scuole spetta il compito di progettare tale continuità, tenendo conto delle specificità dei bambini in un'ottica evolutiva di interessi e bisogni educativi differenti.

> Nella scuola del primo ciclo la progettazione didattica, mentre continua a valorizzare le esperienze con *approcci educativi attivi,* è finalizzata a guidare i ragazzi lungo percorsi di conoscenza progressivamente orientati alle discipline e alla ricerca delle connessioni tra i diversi saperi.

Il paragrafo *Traguardi per lo sviluppo delle competenze* pone il tema del raggiungimento, per gli alunni, di determinati livelli di competenza, che, si sottolinea nel testo, «sono riferimenti ineludibili per gli insegnanti, indicano piste culturali e didattiche da percorrere e aiutano a finalizzare l'azione educativa allo sviluppo integrale dell'allievo».

Riferimenti irrinunciabili

Nel testo delle Indicazioni 2007 si utilizzava l'espressione «riferimenti irrinunciabili». L'aggettivo *ineludibili* rende più cogente il compito dei docenti rispetto alla versione precedente. Infatti, i traguardi rappresentano criteri per la valutazione delle competenze e, si afferma nel testo delle Indicazioni, «nella scuola del primo ciclo [...] sono prescrittivi, impegnando così le istituzioni scolastiche affinché ogni alunno possa conseguirli, a garanzia dell'unità del sistema nazionale e della qualità del servizio».

Le scuole potranno organizzarsi nel modo ritenuto più opportuno perché gli alunni conseguano tali traguardi.

Gli obiettivi di apprendimento

Il paragrafo successivo, *Obiettivi di apprendimento,* individua gli obiettivi di apprendimento per i diversi campi del sapere, che costituiscono la base per progettare esperienze atte a raggiungere i traguardi per lo sviluppo delle competenze.

Sono definiti per ogni disciplina e organizzati in nuclei tematici in relazione a *periodi didattici* lunghi: quinquennio della scuola primaria e triennio della secondaria di primo grado. Per la ex scuola «elementare» gli obiettivi — per italiano, lingua inglese, seconda lingua comunitaria, storia e geografia, matematica e scienze — sono indicati anche al termine del terzo anno.

La valutazione

Procedendo nella disamina di questa parte del testo, il paragrafo successivo è dedicato interamente alla *Valutazione.* Si sottolinea che i processi di autovalutazione e di valutazione rappresentano un fattore decisivo per il miglioramento delle scuole e del sistema nazionale d'istruzione, poiché legano il rigore delle procedure di verifica con la riflessione dei docenti che agiscono nella stessa classe e operano nello stesso ambito disciplinare.

Gli ultimi tre paragrafi di questa parte sono completamente nuovi.

Il primo di questi affronta il problema della *certificazione delle competenze.* In esso si afferma che «la scuola finalizza il curricolo alla maturazione delle competenze previste nel profilo dello studente al termine del primo ciclo».

Il penultimo paragrafo *(Una scuola di tutti e di ciascuno)* sottolinea l'irrinunciabilità della *via italiana* all'inclusione delle persone e all'integrazione delle culture. In particolare, si riaffermano i principi posti alla base dell'educazione dei disabili e della prospettiva interculturale, finalizzati alla «promozione» di tutti e a contrastare il fenomeno della dispersione scolastica.

L'ultimo paragrafo, *Comunità educativa, comunità professionale, cittadinanza,* pone l'accento sulla dimensione collegiale della professionalità. Si afferma che

> ogni scuola vive e opera come comunità nella quale cooperano studenti, docenti e genitori. Al suo interno assume particolare rilievo la comunità professionale dei docenti che, valorizzando la libertà, l'iniziativa e la collaborazione di tutti, si impegna a riconoscere al proprio interno le diverse capacità, sensibilità e competenze, a farle agire in sinergia, a negoziare in modo proficuo le diversità e gli eventuali conflitti per costruire un progetto di scuola partendo dalle Indicazioni nazionali.

Si ribadisce, ancora una volta, l'importanza della leadership del dirigente scolastico, come figura capace di promuovere, riconoscere e assecondare processi che facciano leva su una dimensione autoformativa dello sviluppo professionale degli insegnanti, in relazione con opportunità e risorse presenti sul territorio.

4. Le coordinate del curricolo progressivo dai 3 ai 14 anni

Dopo la parte relativa all'*Organizzazione del curricolo,* le Indicazioni sviluppano gli snodi cruciali del «fare scuola» e orientano le riflessioni dei docenti su alcuni punti coessenziali all'elaborazione di un efficace curricolo verticale. Vediamo i passaggi centrali dell'impostazione suggerita dal testo attraverso uno schema che riprende i titoli dei paragrafi relativi alla scuola dell'infanzia e del primo ciclo.

Scuola dell'infanzia	Scuola del 1° ciclo
I bambini	Il senso dell'esperienza educativa
Le famiglie	L'alfabetizzazione culturale di base
I docenti	Cittadinanza e Costituzione

Scuola dell'infanzia	Scuola del 1° ciclo
L'ambiente di apprendimento	L'ambiente di apprendimento
Campi di esperienza	Discipline

I punti di cui sopra sono stati collocati nel medesimo ordine che ritroviamo nel testo delle Indicazioni 2012. Quali considerazioni suggeriscono le parole dei due riquadri?

Per tutti i docenti

Innanzitutto si evince un'immediata interscambiabilità dei punti affrontati. Ad esempio, il sottoparagrafo *I docenti* è contenuto nella parte relativa alla scuola dell'infanzia, ma i tratti professionali descritti interessano anche gli insegnanti degli ordini successivi. «La professionalità docente — viene sottolineato nelle Indicazioni — si arricchisce attraverso il lavoro collaborativo, la formazione continua in servizio, la riflessione sulla pratica didattica, il rapporto adulto con i saperi e la cultura».

Subito dopo si afferma l'importanza del dirigente scolastico come leader capace di costruire una «comunità professionale ricca di relazioni e orientata all'innovazione e alla condivisione di conoscenze». Si tratta, come ben si evince, di un «profilo» di docente di ampio respiro, difficilmente riconducibile a uno specifico segmento educativo.

Il senso dell'esperienza educativa

Lo stesso si può dire del *senso dell'esperienza educativa,* che costituisce un'istanza che appartiene a tutti i gradi scolastici e non solo al primo ciclo di istruzione. Leggiamo infatti:

> Fin dai primi anni, la scuola promuove un percorso di attività nel quale ogni alunno possa assumere un ruolo attivo nel proprio apprendimento, sviluppare al meglio le inclinazioni, esprimere le curiosità, riconoscere e intervenire sulle difficoltà, assumere sempre maggiore consapevolezza di sé, avviarsi a costruire un proprio progetto di vita.

Anche in questo caso, sono ragioni che valgono per tutti i gradi scolastici e finiscono per interessare non solo il primo ma anche il secondo ciclo d'istruzione.

Apprendimento e contesto

È estremamente interessante rilevare come l'*ambiente di apprendimento* sia al centro delle sollecitazioni che vengono consegnate alla professionalità degli insegnanti dell'intera «scuola di base», dall'infanzia alla secondaria di primo grado. Questa sottolineatura riconferma l'attenzione riservata all'irrinunciabilità dell'azione educativa e didattica dei docenti e all'inscindibilità delle polarità *apprendimento* e *contesto.* Quest'ultima riflessione porta a ricomporre il mosaico delle parole sopra descritte, consentendoci di strutturare una matrice di un percorso unitario dai 3 ai 14 anni.

5. L'unitarietà del percorso

La ricomposizione del curricolo della «scuola di base» (3-14 anni) può essere vista attraverso alcune «categorie sovraordinanti» che «tengono insieme» i presupposti di un autentico curricolo progressivo. Da questo punto di vista il testo delle Indicazioni deve essere precisato proprio per evitare il rischio di cadere in logiche settoriali: scuola dell'infanzia, da un lato, e scuola del 1° ciclo, dall'altro.

Ci riferiamo a tre parole entro cui riorganizzare i punti precedentemente affrontati. Quali sono questi ambiti? Sono le parole chiave del curricolo che implicitamente le Indicazioni suggeriscono: *i soggetti, i saperi, i contesti.*

Soggetti, saperi, contesti

Articolando in un'ottica più coerente e unitaria i punti prima indicati, può essere delineata la seguente rappresentazione:

Soggetti	**Saperi**
I bambini I genitori I docenti	L'alfabetizzazione culturale di base Cittadinanza e Costituzione Il senso dell'esperienza educativa
Contesti L'ambiente di apprendimento	

L'unitarietà del percorso educativo va inevitabilmente incentrato attorno a queste polarità.

Nella categoria *soggetti,* l'azione educativa degli insegnanti va esercitata innanzitutto nei confronti degli alunni, che dovranno essere considerati nelle loro dimensioni *affettiva* (motivazioni, interessi, fiducia, autostima, ecc.), *cognitiva* (attenzione, simbolizzazione, concettualizzazione, ecc.), *sociale* (partecipazione, collaborazione, disponibilità all'aiuto, ecc.) e *organizzativa* (metodo di studio, costanza, capacità di programmazione, ecc.).

I *saperi* non possono essere acquisiti con modalità meramente trasmissive ed espositive. Nel testo delle Indicazioni, a questo proposito, si afferma che «la valorizzazione delle discipline avviene pienamente quando si evitano due rischi: sul piano culturale, quello della *frammentazione* dei saperi; sul piano *didattico,* quello dell'impostazione trasmissiva». Come spesso sosteneva Cesare Scurati (1995), «le nozioni devono trasformarsi in attività e il guadagno conseguibile attraverso percorsi non è sostituibile da quello reso disponibile mediante trasmissioni».

Il *contesto* di apprendimento è l'acquario in cui si specchiano i modi e gli stili di lavoro degli insegnanti. Le Indicazioni formulano alcuni principi metodologici: *valorizzare l'esperienza e le conoscenze degli alunni; attuare interventi adeguati nei riguardi delle diversità; favorire l'esplorazione e la scoperta; incoraggiare l'apprendimento collaborativo; promuovere la consapevolezza del proprio modo di apprendere;* e, infine, *realizzare attività didattiche in forma di laboratorio.*

I contenuti di insegnamento rappresentano una piattaforma culturale su cui gli alunni devono elaborare i loro punti di vista sulla realtà. Gli insegnanti, oltre a *che cosa,* devono conoscere altrettanto bene *come* e *dove* insegnare e *a chi.*

Profilo dello studente

L'alunno dovrà impadronirsi del «modo di pensare» della disciplina, alimentando in sé «le forme della connessione, le abitudini, le speranze, gli scherzi, le frustrazioni che accompagnano quel modo di pensare» (Bruner, 1971).

Un curricolo essenziale dovrà poggiare, pertanto, sulla convinzione che le conoscenze e le competenze potranno essere perseguite da percorsi scolastici caratterizzati non da uno studio estensivo e superficiale con molti contenuti, ma da quello intensivo e criticamente approfondito: si tratta di operare in *profondità* piuttosto che in *superficie.*

6. Le Indicazioni nazionali dei licei

L'allegato A del DPR n. 89/2010, *Revisione dell'assetto ordinamentale, organizzativo e didattico dei licei,* esplicita gli obiettivi di apprendimento del sistema liceale italiano contemplati nelle Indicazioni nazionali, che comprendono anche il profilo educativo, culturale e professionale dello studente al termine di ogni indirizzo.

Il Profilo e le Indicazioni costituiscono, dunque, l'intelaiatura sulla quale le istituzioni scolastiche declineranno il Piano triennale dell'offerta formativa (PTOF) e i docenti le esperienze educative e didattiche del loro «fare» scuola.

Nel testo ministeriale gli obiettivi di apprendimento sono articolati per ogni singola disciplina, sottolineando però come ogni sistema simbolico concorra all'acquisizione di conoscenze e competenze molteplici, in una *prospettiva unitaria* dell'acquisizione dei saperi.

Le Indicazioni non dettano alcun modello didattico; valorizzano il ruolo professionale degli insegnanti e le prerogative delle autonomie scolastiche, evitando qualunque tipo di prescrittivismo.

La libertà del docente, dunque, si esplica non solo nell'arricchimento degli obiettivi indicati nelle Indicazioni, ma soprattutto nella scelta delle strategie didattiche più appropriate, la cui validità è testimoniata dalla capacità degli studenti di raggiungere elevati livelli di conoscenza e competenza e, più in generale, dal successo formativo.

Il curricolo dei licei è incentrato sull'acquisizione da parte degli studenti di un rilevante repertorio di conoscenze ed è imperniato sull'esplicitazione dei nuclei fondanti e dei contenuti imprescindibili delle discipline.

L'unitarietà della conoscenza

Le Indicazioni optano, pertanto, per un'esplicita rinuncia a cataloghi onnicomprensivi ed enciclopedici dei programmi tradizionali, rivendicando una finalità imprescindibile: *l'unitarietà della conoscenza,* che implica la scoperta di significati che entrano nell'orizzonte di senso della persona che «vede, si accorge, prova e verifica per capire».

Come per le Indicazioni nazionali per il curricolo del 2012 (scuola dell'infanzia e primo ciclo di istruzione), anche nel testo che riguarda l'area liceale si sottolinea l'importanza di dare vita a una *comunità professionale* ricca di relazioni, orientata all'innovazione e alla condivisione degli apprendimenti, opportunamente stimolata dalla *leadership educativa* della dirigenza scolastica.

Nel DPR n. 89/2010 si afferma che i licei devono fornire allo studente gli strumenti culturali e metodologici per una comprensione approfondita della realtà, «affinché egli si ponga con atteggiamento razionale, creativo, progettuale e critico di fronte alle situazioni e ai problemi e acquisisca conoscenze, abilità e competenze coerenti con le capacità e le scelte personali».

La scuola ha il compito di far acquisire conoscenze critiche, di fornire strumenti che consentano a ciascuno studente di «munirsi della cassetta degli attrezzi», offrendo a tutti la possibilità di utilizzare tali strumenti nella realizzazione del proprio progetto di vita.

Il gruppo di lavoro costituito presso il MIUR per l'elaborazione delle Indicazioni nazionali per i licei ha compiuto un decisivo passo verso il superamento della tradizionale configurazione «a canne d'organo» del secondo ciclo dell'istruzione attraverso un puntuale raccordo con le Linee guida dell'istruzione tecnica e professionale, che ha portato all'individuazione di alcune discipline cardine (lingua e letteratura italiana, lingua e cultura straniera, matematica, storia, scienze) e di alcuni nuclei comuni, relativi soprattutto al primo biennio, che, pur nella doverosa diversità di impostazione collegata allo «statuto» dei diversi percorsi, trovano punti di contatto finalizzati al raggiungimento di alcune conoscenze e competenze comuni. Tale scelta è improntata a favorire l'eventuale riorientamento da un percorso all'altro ai fini della lotta alla dispersione scolastica e del successo formativo.

7. Le Linee guida degli istituti tecnici

Le Linee guida allegate al DPR n. 88/2010, *Regolamento recante norme di riordino degli istituti tecnici,* assumono le indicazioni dell'Unione europea come base della loro identità. In particolare, la Raccomandazione del 23 aprile 2008 sulla costituzione del «Quadro europeo delle qualifiche per l'apprendimento permanente» (EQF) rappresenta lo sfondo entro cui si definiscono i temi che dovranno rilanciare la cultura scientifica e tecnologica dell'istruzione tecnica.

Lo sfondo EQF

Così come in passato, si sottolinea nella direttiva MIUR del 15 luglio 2010, n. 57, gli istituti tecnici hanno fornito i quadri dirigenti e intermedi del sistema produttivo, oggi è indispensabile il loro apporto in un momento in cui il progresso scientifico e tecnologico richiede «menti d'opera» con una specializzazione sempre più qualificata.

Il PECUP

Pertanto, il Profilo educativo, culturale e professionale (PECUP) dello studente che orienta il proprio progetto formativo a questo indirizzo dovrà essere incentrato sulla crescita culturale, sull'unitarietà delle conoscenze, sulla capacità di giudizio e sull'esercizio della responsabilità personale e sociale.

L'innovazione richiesta a questo segmento formativo presuppone che le istituzioni scolastiche sappiano utilizzare il 20% di *quota di autonomia* del curricolo sia per potenziare gli insegnamenti obbligatori sia per attivare ulteriori insegnamenti legati alle vocazioni produttive territoriali.

Inoltre, gli istituti tecnici dovranno assicurare significativi *spazi di flessibilità* per articolare le aree di indirizzo in opzioni in grado di offrire risposte efficaci ai bisogni formativi del mondo del lavoro e delle professioni. Gli spazi di flessibilità sono riservati esclusivamente alle aree di indirizzo e possono aggiungersi, dal terzo anno in poi, alla quota del 20% dell'autonomia in misura pari al 30% nel secondo biennio e al 35% nell'ultimo anno. Le possibili opzioni sono indicate in un elenco nazionale con la precisazione delle classi di concorso dei docenti in esse utilizzabili.

Alcune rilevanti novità delle Linee guida sono rappresentate dall'organizzazione dei *dipartimenti,* dalla costituzione del *comitato tecnico-scientifico* e dalla dotazione di un *ufficio tecnico.*

I dipartimenti sono articolazioni funzionali del Collegio dei docenti e, considerati l'autonomia e gli spazi di flessibilità del curricolo, sono chiamati a garantire strategie didattiche collegiali e forme di didattica laboratoriale, con particolare riferimento alla costruzione di percorsi di apprendimento in contesti reali, quali l'alternanza scuola-lavoro e il raccordo con le iniziative promosse dagli enti locali.

Il Comitato tecnico-scientifico (CTS) è un organismo con funzioni consultive e propositive per l'organizzazione delle aree di indirizzo e l'utilizzo degli spazi di autonomia e di flessibilità del curricolo. Gli istituti tecnici possono dotarsi di tale dispositivo (che non è obbligatorio) per favorire processi di rinnovamento e di innovazione dell'organizzazione didattica e della gestione delle classi come gruppi di apprendimento.

Gli istituti tecnici per gli indirizzi del settore tecnologico sono dotati di un ufficio tecnico con il compito di potenziare il raccordo con gli insegnanti che svolgono esercitazioni pratiche e con i docenti responsabili dei vari ambiti di dipartimento.

Didattica per competenze

Per quanto concerne la progettualità delle scuole, le Linee guida danno un particolare rilievo alla *didattica per competenze,* in quanto incentrata sullo sviluppo di progetti, la soluzione di problemi e la realizzazione di compiti autentici.

La conoscenza dell'ambiente e del territorio è posta alla base di una «alleanza formativa» con le famiglie, ma soprattutto con le risorse presenti nella più ampia comunità sociale e nel mondo delle imprese e dei servizi.

Anche nelle Linee guida degli istituti tecnici si attribuisce particolare importanza all'esperienza di *alternanza scuola-lavoro,* in quanto tale esperienza aiuta gli studenti a sperimentare sul campo l'interconnessione delle conoscenze e delle competenze necessarie per avvicinarsi alla cultura del lavoro.

CAPITOLO VENTISETTESIMO

La nuova istruzione professionale

1. L'istruzione professionale e il PECUP

Scuole territoriali dell'innovazione

Dopo che l'art. 1, comma 1, della legge 107/2015 ha definito come «scuole territoriali dell'innovazione» le istituzioni scolastiche che offrono percorsi di istruzione professionale (IP), il D.lgs. n. 61/2017 ha provveduto a riordinarne i corsi. L'IP è destinata a svolgere una funzione di cerniera tra i sistemi di istruzione, formazione e lavoro e ha la finalità di consolidare i livelli di istruzione e le competenze acquisite dagli studenti nel primo ciclo, sviluppandole progressivamente in coerenza con il Profilo educativo, culturale e professionale (PECUP).

Tali percorsi innovano il precedente modello di due bienni e un'annualità, prevedendo un biennio e un triennio e adottando sostanzialmente il modello dell'istruzione degli adulti (CPIA), caratterizzato dalla flessibilità organizzativa e gestionale.

L'istruzione professionale è finalizzata a far conseguire un diploma quinquennale di istruzione secondaria; la sua identità formativa fa riferimento a due documenti: al PECUP, definito con l'art. 1, comma 5, del D.lgs. n. 226/2005 e finalizzato alla crescita educativa, culturale e professionale, allo sviluppo di capacità critiche e all'esercizio della responsabilità; al PECUP, specifico per i percorsi di IP, definito con il D.lgs. n. 61/2017.

Modelli duali UE

Quest'ultimo documento, che è comune per tutti i profili di uscita degli indirizzi di studio, è definito nella prospettiva di uno stretto raccordo della scuola con il mondo del lavoro e delle professioni ed è ispirato ai modelli duali di apprendimento dell'UE. Ha lo scopo di armonizzare le competenze scientifiche, tecniche e operative che qualificano le figure professionali di livello intermedio, alle quali saranno affidate responsabilità nelle specifiche attività economiche di riferimento.

La personalizzazione dei percorsi

Il principio di fondo è quello della personalizzazione dei percorsi, che trova la propria definizione nel Progetto formativo individuale e che ha la finalità di consentire agli studenti di rafforzare e innalzare le proprie competenze integrando saperi tecnico-professionali e saperi linguistici e storico-sociali, anche in riferimento alle competenze chiave di cittadinanza stabilite dal Decreto n. 139/2007 per l'obbligo di istruzione.

> I nuovi percorsi, in linea con le indicazioni europee, concorrono alla formazione del cittadino nella società della conoscenza e tendono a valorizzare, essenzialmente, la persona nel suo ruolo lavorativo. Il diplomato dell'istruzione professionale è, pertanto, una persona competente, consapevole delle potenzialità e dei limiti degli strumenti tecnici di trasformazione della realtà, attento ad un utilizzo sempre più ampio delle tecnologie, così da dialogare con tutte le posizioni in gioco e sviluppare un contributo cooperativo alla qualità del lavoro come fattore in grado di determinare il risultato dell'intero processo produttivo e la crescita economica. (D.lgs. 13 aprile 2017, n. 61 – *Revisione dei percorsi dell'istruzione professionale nel rispetto dell'articolo 117 della Costituzione, nonché raccordo con i percorsi dell'istruzione e formazione professionale, a norma dell'articolo 1, commi 180 e 181, lettera d), della legge 13 luglio 2015, n. 107 – Allegato A*)

Professionalità del lavoro

Il documento fa riferimento a *professionalità del lavoro,* indicando come elemento fondante del percorso formativo la capacità di assumere responsabilità per uno scopo definito e di apprendere anche dall'esperienza, individuando soluzioni creative per nuovi problemi. In questo senso i percorsi IP, mettendo da parte la dicotomia tra formazione professionalizzante e educazione generale, mirano a superare la tradizionale figura del qualificato per formare un lavoratore consapevole dei propri mezzi, un imprenditore, che sa cooperare e che è in grado di mobilitare competenze e risorse personali per affrontare e risolvere i problemi posti dal contesto lavorativo.

Autonomia e flessibilità

Per realizzare le finalità del Decreto, alle scuole sono riconosciuti ampi spazi di autonomia che riguardano l'utilizzo di parte dell'orario complessivo del biennio e del triennio per conseguire gli obiettivi di apprendimento dei profili di uscita di ciascun indirizzo; la flessibilità dell'impiego dell'organico dell'autonomia; la realizzazione di progetti di orientamento scolastico e di inserimento nel mercato del lavoro con l'apprendistato formativo; l'ampliamento del PTOF con la stipula di contratti d'opera con esperti del mondo del lavoro e delle professioni;

l'attivazione di partenariati; la creazione di comitati tecnico-scientifici con docenti ed esperti del mondo del lavoro e delle professioni per attività di ricerca.

La didattica

Il Decreto propone anche alcune indicazioni didattiche: le discipline possono essere aggregate per il biennio negli assi culturali definiti per l'obbligo di istruzione e per il triennio nelle discipline di istruzione generale. I percorsi di studio prevedono la possibilità di attivare modelli progettuali interdisciplinari articolati in unità di apprendimento, con obiettivi formativi, contenuti, sistemi di riconoscimento dei crediti soprattutto per i passaggi ad altri percorsi, credibili sistemi di valutazione. Per quanto riguarda le metodologie, sono da privilegiare quelle che favoriscano l'apprendimento di tipo induttivo, con laboratori, attività in contesti operativi, tecniche di *problem solving, cooperative learning,* progettualità.

> L'attività didattica, svolta prevalentemente in laboratorio, e l'apprendimento in alternanza scuola lavoro e in apprendistato valorizzano la cultura del lavoro, allo scopo di mettere lo studente in condizione di:
>
> – apprendere in modo attivo, coinvolgente, significativo ed efficace;
> – compiere scelte orientate al cambiamento;
> – sviluppare attitudini all'auto-apprendimento, al lavoro di gruppo, alla formazione continua e all'auto-valutazione, valorizzando l'apporto scientifico e tecnologico per la costruzione del sapere;
> – esercitare il rigore, l'onestà intellettuale, la libertà di pensiero, la creatività, la collaborazione, in quanto valori fondamentali per la costruzione di una società aperta e democratica. Tali valori, insieme ai principi ispiratori della Costituzione, sono alla base della convivenza civile. (D.lgs. 13 aprile 2017, n. 61)

2. L'Accordo Stato-Regioni

La Conferenza permanente

Il disposto dell'art. 8 del D.lgs. n. 61/2017, dedicato ai passaggi tra i percorsi di istruzione professionale e quelli di istruzione e formazione professionale, al comma 2 ha stabilito che le fasi del passaggio sono definite in sede di *Conferenza permanente per i rapporti tra lo Stato, le Regioni e le Province autonome di Trento e Bolzano.* Questo Accordo, sottoscritto in base all'art. 4 del D.lgs. n. 281/1997 e riferito ai percorsi innovativi a vocazione Industria 4.0, è stato raggiunto il 10 maggio 2018 e applicato a partire dalle prime classi dall'anno scolastico 2018-2019.

L'Accordo del 2018

Nell'Accordo viene prioritariamente ribadita la possibile reversibilità delle scelte degli studi e viene assicurata l'assistenza delle scuole negli eventuali passaggi. Le scuole devono anche garantire, qualora dovessero mancare le condizioni essenziali per l'inserimento nel nuovo percorso, il riorientamento, proponendo soluzioni alternative per la continuazione degli studi. Il sistema dei passaggi è garantito anche in caso di discontinuità nella frequenza dei corsi o al rientro dopo un periodo di interruzione degli studi.

Il sistema dei passaggi

L'Accordo sottolinea che i passaggi hanno un carattere personalizzato e di garanzia per gli studi e sono finalizzati al riconoscimento e alla valorizzazione dei crediti acquisiti dagli studenti. Per crediti formativi si intendono i valori attribuibili a competenze, abilità, conoscenze acquisite, certificate e validate. Le procedure per i passaggi possono essere attivate per i primi tre anni dei percorsi di IeFP e IP al termine di ciascun anno scolastico e al termine del quarto anno per quelli da IeFP a IP.

Nel caso di passaggi, la scuola di provenienza è tenuta ad acquisire la domanda di passaggio, a inviare il certificato di competenze o l'attestato e a designare il docente che integra la commissione per il passaggio.

> 2. La certificazione delle competenze è operata dall'istituzione di IP di provenienza attraverso il rilascio del certificato di competenza e dall'istituzione di IeFP di provenienza attraverso il rilascio dell'attestazione delle competenze di cui all'art. 4, comma 2, lettera b), del presente accordo. Tale certificazione è comprensiva degli apprendimenti acquisiti dalla studentessa o dallo studente anche nell'ambito di esercitazioni pratiche, esperienze realizzate in Italia e all'estero anche con periodi di inserimento nelle realtà culturali, sportive, sociali, produttrici, professionali e di servizi, tirocini, stage e percorsi di alternanza al lavoro e percorsi di apprendistato di primo livello. (Accordo Stato-Regioni del 10 maggio 2018, art. 5, *Riconoscimento dei crediti ai fini del passaggio*)

La scuola che accoglie provvede all'elaborazione di un bilancio delle competenze sulla base delle certificazioni con eventuali verifiche integrative, alla determinazione, in base a crediti, comparazioni, potenzialità, dell'annualità di inserimento e delle azioni di supporto, alla progettazione delle attività di inserimento, integrative e di accompagnamento, alla valutazione in itinere e alla fine del processo di inserimento. La scuola che accoglie deve inoltre attivare una commissione che guiderà l'intera procedura e garantire funzioni di tutorato. La determinazione dell'annualità di inserimento tiene conto:

- della comparazione dei risultati di apprendimento tra il percorso di provenienza e quello di accoglienza;
- dei crediti riconosciuti;
- delle correlazioni tra indirizzi, qualifiche e diplomi.

La correlazione determina l'inserimento:

- nell'annualità corrispondente a quella del percorso di provenienza;

- in quella corrispondente all'annualità conclusa nel percorso di provenienza, con crediti formativi riconosciuti per UdA negli ambiti di equivalenza degli apprendimenti certificati positivamente;
- nell'annualità successiva a quella conclusa con esito positivo nel percorso di provenienza.

La commissione individua eventuali supporti o moduli formativi aggiuntivi, misure di personalizzazione per eventuali lacune o dispensative per crediti riconosciuti.

Alcune specificità

Per gli studenti in possesso della qualifica di operatori del benessere e del diploma di tecnica di trattamenti estetici, le istituzioni di provenienza progettano e realizzano dal terzo anno di IeFP interventi integrativi per competenze, abilità, conoscenze. Misure di accompagnamento possono essere concordate tra le due scuole anche nella fase che precede il passaggio.

Durante l'anno, nel passaggio da un percorso di IP a uno di IeFP, e viceversa, le ore di formazione fruite sono riconosciute e concorrono al computo della frequenza minima del 75% del percorso.

A livello territoriale, tra l'USR e l'Ufficio della Regione sono definite forme e modalità per il supporto, il monitoraggio, il controllo e la collaborazione tra le scuole per la gestione dei dati nei passaggi.

3. Il Regolamento per l'istruzione professionale

Il Regolamento 2018

In data 24 maggio 2018 il MIUR ha pubblicato, sempre in riferimento al D.lgs. n. 61/2017 di riordino dell'istruzione professionale, il Regolamento che definisce i profili di uscita degli indirizzi di studio dei percorsi di istruzione professionale e il raccordo con i percorsi dell'istruzione e formazione professionale.

Nell'art. 1 si definiscono:

a) i risultati di apprendimento dell'istruzione generale nell'ambito degli assi culturali, in riferimento a competenze, abilità, conoscenze per il biennio e il triennio (Allegato 1);
b) i profili di uscita degli undici indirizzi di studio dell'IP e i relativi risultati di apprendimento in termini di competenze, abilità, conoscenze (Allegato 2). Per ciascun profilo di indirizzo vi sono i riferimenti alle attività economiche e ai relativi codici ATECO dell'Istituto nazionale di statistica e si specifica la correlazione ai settori economico-professionali elencati nel Decreto del Ministero del Lavoro e delle Politiche sociali, di concerto con il MIUR, del 30 giugno 2015;
c) i quadri orari degli indirizzi elencati nell'Allegato B del D.lgs. n. 61/2017 (Allegato 3);

d) la correlazione degli indirizzi dei percorsi quinquennali dell'istruzione professionale con le qualifiche e i diplomi professionali dei percorsi di istruzione e formazione professionale (IeFP) (Allegato 4) per facilitare i passaggi tra i sistemi formativi.

4. Il glossario del Regolamento

L'art. 2 riporta un vero e proprio glossario delle parole chiave che devono guidare l'azione dei docenti in questo rilancio dell'istruzione professionale.

L'apprendimento

Il primo ambito riguarda l'apprendimento, del quale sono definite tre accezioni:

- l'apprendimento formale, quello che si realizza nel sistema di istruzione e formazione, nelle università e nell'AFAM (Alta formazione artistica musicale e coreutica), che si completa con un titolo di studio o una qualifica o diploma professionale, conseguiti anche in apprendistato, o con una certificazione riconosciuta (art. 2, comma 1, lettera b), D.lgs. 16 gennaio 2013, n. 13);
- l'apprendimento informale, anche non intenzionale, che avviene nella vita quotidiana di tutti e nelle interazioni nel contesto di lavoro, familiare e del tempo libero (art. 2, comma 1, lettera d), D.lgs. 16 gennaio 2013, n. 13);
- l'apprendimento non formale, legato a una scelta intenzionale della persona, che avviene fuori dai sistemi per l'apprendimento formale, in tutti gli organismi che hanno scopi educativi e formativi, compresi il volontariato, il servizio civile nazionale e del privato sociale, le imprese (art. 2, comma 1, lettera c), D.lgs. 16 gennaio 2013, n. 13).

Ancora all'apprendimento è dedicato l'ambito della competenza, che viene definita come «comprovata capacità di utilizzare, in situazioni di lavoro, di studio o nello sviluppo professionale e personale, un insieme strutturato di conoscenze e di abilità acquisite nei contesti di apprendimento formale, non formale o informale» (art. 2, comma 1, lettera e), D.lgs. 16 gennaio 2013, n. 13).

Il Regolamento ripropone i termini già utilizzati dalla Riforma Moratti per definire le Unità di apprendimento (UdA), che indicano un insieme di competenze, abilità e conoscenze che caratterizza il percorso formativo degli studenti. Le UdA, che si articolano in obiettivi formativi, sviluppano percorsi di metodo e di contenuto tramite cui è possibile valutare il livello delle conoscenze e delle abilità acquisite e la maturazione delle competenze attese. Esse sono il riferimento per la valutazione, la certificazione e il riconoscimento dei crediti, soprattutto quando vi sono passaggi degli studenti ad altri percorsi di istruzione e formazione. Viene ricordata anche la qualificazione, che costituisce un titolo di istruzione e di formazione (compresa l'istruzione e la formazione professionale) o di qualificazione professionale rilasciato da un ente pubblico titolato (art. 2, comma 1, lettera g), D.lgs. 16 gennaio 2013, n. 13). La certificazione delle competenze consiste nel riconoscimento — in base alle norme generali, ai livelli essenziali delle prestazioni e agli standard minimi fissati dal D.lgs. n. 13/2013 — delle competenze acquisite in contesti formali, anche in caso di interruzione del percorso formativo, o non formali e informali, purché validate. La procedura prevede il rilascio di un certificato conforme agli standard minimi previsti.

La dimensione personale

Particolare attenzione è riservata alla dimensione personale degli studenti, per i quali sono definiti due strumenti innovativi: il bilancio personale, che indica i saperi e le competenze acquisiti in modo formale, non formale e informale, finalizzato anche a rilevare potenzialità e carenze; il Progetto formativo individuale (PFI), che ha la finalità di motivare e orientare gli studenti nella costruzione del proprio percorso formativo e lavorativo, di sostenerli per migliorarne il successo formativo e di accompagnarli negli eventuali passaggi tra i sistemi formativi (art. 8, D.lgs. 13 aprile 2017, n. 61), con l'assistenza di un docente tutor. Il Progetto formativo individuale, che si basa sul bilancio personale, è definito nel primo anno di frequenza ed è aggiornato per tutta la durata degli studi.

ATECO

È poi affrontato l'ambito delle attività economiche, con il riferimento all'ATECO, strumento dell'Istituto nazionale di statistica (ISTAT) per classificarle e rappresentarle. Il sistema di classificazione dei settori economico-professionali, che comprende i codici delle attività economiche (ATECO) e delle professioni (Classificazione delle professioni), consente di aggregare in settori le attività e le professionalità che operano sul mercato del lavoro. I settori economico-professionali sono definiti con una sequenza descrittiva che prevede: comparti, processi di lavoro, aree di attività, attività di lavoro e ambiti tipologici di esercizio (art. 2, comma 1, lettera a), decreto del 30 giugno 2015). Viene anche ricordata la NUP, nomenclatura e classificazione delle unità professionali, con cui l'ISTAT classifica e rappresenta le professioni: è un ulteriore riferimento, oltre al codice ATECO, per gli indirizzi di studio delle istituzioni scolastiche che offrono percorsi di istruzione professionale, «in coerenza con le richieste del territorio secondo le priorità indicate dalle regioni».

Il glossario definisce istituzioni scolastiche di IP le scuole che realizzano percorsi di istruzione professionale (D.lgs. n. 61/2017), mentre i percorsi di IeFP riguardano l'istruzione e formazione professionale per il conseguimento di qualifiche e diplomi professionali (D.lgs. 17 ottobre 2005, n. 226). Il profilo di uscita di ciascun indirizzo è lo standard formativo in uscita dagli indirizzi di studio; esso è l'insieme delle competenze descritte, validate e spendibili nei vari contesti lavorativi del settore economico-professionale. Il profilo professionale è l'insieme dei contenuti che caratterizzano una specifica categoria di professioni omogenee «rispetto a competenze, abilità, conoscenze ed attività lavorative svolte».

5. Indirizzi di studio e profili

Si ribadisce che l'istruzione professionale (IP) fa parte dell'istruzione secondaria superiore (art. 13, decreto legge 31 gennaio 2007, n. 7, convertito con modificazioni dalla legge 2 aprile 2007, n. 40) ed è un'articolazione del secondo ciclo del sistema di istruzione e formazione (art. 1, D.lgs. 17 ottobre 2005, n. 226).

L'articolazione dei percorsi prevede un biennio e un triennio con una caratterizzazione culturale, metodologica e organizzativa che fa riferimento al PECUP del diplomato dell'istruzione professionale (Allegato A).

Indirizzi e profili

Sono confermati i profili di uscita dei percorsi di studio già definiti in precedenza, che riguardano gli indirizzi:

a) agricoltura, sviluppo rurale, valorizzazione dei prodotti del territorio e gestione delle risorse forestali e montane;
b) pesca commerciale e produzioni ittiche;
c) industria e artigianato per il Made in Italy;
d) manutenzione e assistenza tecnica;
e) gestione delle acque e risanamento ambientale;
f) servizi commerciali;
g) enogastronomia e ospitalità alberghiera;
h) servizi culturali e dello spettacolo;
i) servizi per la sanità e l'assistenza sociale;
l) arti ausiliarie delle professioni sanitarie: odontotecnico;
m) arti ausiliarie delle professioni sanitarie: ottico.

L'ambito sanitario

I profili di uscita sono riferiti agli specifici risultati di apprendimento e definiti in termini di competenze, abilità e conoscenze; essi integrano il PECUP e hanno lo scopo di raccordare i percorsi dell'istruzione professionale con il mondo del lavoro e delle professioni. Il Regolamento avverte che per la spendibilità in ambito sanitario del diploma dell'indirizzo Servizi per la sanità e l'assistenza sociale va applicata la legge 1° febbraio 2006, n. 43.

Insegnamenti generali e di indirizzo

Gli indirizzi di studio si articolano in attività e insegnamenti di istruzione generale, comuni a tutti gli indirizzi e riferiti all'asse culturale dei linguaggi, all'asse matematico e a quello storico-sociale, e in attività e insegnamenti di indirizzo riferiti all'asse scientifico, tecnologico e professionale.

I quadri orari sono caratterizzati nel biennio dall'aggregazione delle attività e degli insegnamenti negli assi culturali relativi all'obbligo di istruzione e nel triennio dall'aggregazione delle attività e degli insegnamenti di istruzione generale. Essi si articolano in una parte comune per tutti gli indirizzi che comprende le attività e gli insegnamenti di istruzione generale, e in una parte specifica per ciascun indirizzo.

Le istituzioni scolastiche di IP definiscono i percorsi formativi sulla base dei quadri orari, mentre gli indirizzi sono definiti in fase di progettazione in base alle dotazioni organiche e alle classi di concorso per cui è abilitato il personale in servizio: non possono essere definite proposte che creino esuberi o richiedano ulteriori risorse.

6. Il delicato passaggio

Una fase delicata

Il passaggio al nuovo ordinamento è certamente una fase molto delicata ed è per questo che il decreto vi riserva una particolare attenzione (art. 4).

I nuovi percorsi sono ridefiniti a partire dalle classi prime funzionanti nell'anno scolastico 2018-2019, con la confluenza di indirizzi, articolazioni e opzioni previsti dal DPR n. 87/2010 nei nuovi indirizzi. L'indirizzo Gestione delle acque e risanamento ambientale è attivato, sempre a partire dall'anno scolastico 2018-2019, con accordi tra le Regioni e gli Uffici scolastici regionali competenti per territorio.

Toccherà al MIUR, di concerto con il MEF, pubblicare i decreti per la stesura di Linee guida per favorire e sostenere il nuovo assetto didattico e organizzativo del biennio e del triennio; esse dovranno riportare indicazioni operative per l'attuazione degli indirizzi di studio attraverso percorsi formativi richiesti dal territorio e per la modulazione dei risultati di apprendimento.

Le Linee guida per il biennio e per il triennio dovranno essere adottate rispettivamente entro 90 ed entro 180 giorni dall'entrata in vigore del Regolamento.

L'ufficio tecnico

È previsto che dall'anno scolastico 2018-2019 le istituzioni scolastiche di IP si dotino di un ufficio tecnico o riorganizzino quello esistente per sostenere una migliore organizzazione e la funzionalità dei laboratori, compreso l'adeguamento per quanto riguarda l'innovazione tecnologica e la sicurezza delle persone e dell'ambiente.

La valutazione

In questa fase di passaggio la valutazione intermedia e finale rimane disciplinata dall'attuale normativa (art. 13 del D.lgs. n. 226/2005, art. 2 del decreto legge n. 137/2008 convertito con modificazioni dalla legge n. 169/2008, DPR n. 122/2009). Essa mira ad accertare il livello delle competenze, delle abilità e delle conoscenze maturate dagli studenti in riferimento al Progetto formativo individuale (PFI) e alle Unità di apprendimento, queste ultime elementi per la valutazione, la certificazione e il riconoscimento dei crediti posseduti nel caso di passaggi ad altri percorsi.

La valutazione intermedia dei risultati delle Unità di apprendimento del PFI è effettuata, nel rispetto dell'assetto organizzativo del biennio, al termine del primo anno. Svolta tale operazione, il consiglio di classe comunica agli studenti le eventuali carenze riscontrate per procedere alla revisione del PFI e alla definizione delle conseguenti misure di recupero, sostegno ed eventuale riorientamento nell'ambito di una quota non superiore a 264 ore nel biennio.

L'esame di Stato

L'esame di Stato conclude i percorsi degli istituti professionali, con diploma finale rilasciato con il superamento dell'esame; esso attesta l'indirizzo e la durata del corso di studi, il punteggio complessivo acquisito, il codice ATECO attribuito all'indirizzo. Al diploma è allegato il curriculum dello studente (art. 21, D.lgs. 13 aprile 2017, n. 62). Qualora gli indirizzi prevedano percorsi formativi coerenti con le priorità della programmazione delle Regioni, nel curriculum si farà riferimento alla nomenclatura e classificazione delle unità professionali (NUP) dell'ISTAT e ai crediti maturati per l'acquisizione del certificato di specializzazione tecnica superiore (IFTS).

Il diploma consente, oltre a tutti gli effetti giuridici previsti, l'accesso all'università, all'AFAM, agli istituti tecnici superiori e ai percorsi di istruzione e formazione tecnica superiore (DPCM 25 gennaio 2008).

Per quanto concerne i percorsi di secondo livello previsti nell'ambito del Regolamento dei CPIA (Centri provinciali per l'istruzione degli adulti) per il conseguimento del diploma di istruzione tecnica, professionale e artistica (art. 4, comma 3, DPR 29 ottobre 2012, n. 263), l'orario complessivo è pari al 70% di quello previsto per i corrispondenti ordinamenti. Con decreto del MIUR, in concerto con il MEF, verrà definito l'adattamento dei quadri orari ai percorsi di istruzione di secondo livello per adulti.

Il passaggio al nuovo ordinamento viene facilitato da una serie di misure nazionali di sistema (art. 7) che riguardano l'aggiornamento di tutto il personale delle istituzioni scolastiche di IP, soprattutto sul nuovo assetto organizzativo e didattico. È prevista la realizzazione di tali attività con criteri che valorizzino la collaborazione tra le scuole e le varie realtà istituzionali, culturali, sociali ed economiche del territorio. Dovrà essere realizzato anche un programma nazionale per l'informazione e l'orientamento dei giovani e delle famiglie rispetto alle opportunità offerte dai nuovi indirizzi di studio.

7. Il Piano triennale dell'offerta formativa (PTOF)

Il Regolamento riprende la definizione del decreto precedente e definisce le istituzioni scolastiche di IP quali scuole territoriali dell'innovazione: esse si qualificano come laboratori di ricerca, sperimentazione e innovazione didattica aperti all'interazione con il territorio. Le scelte pedagogiche e didattiche si concretizzano nel Piano triennale dell'offerta formativa che viene definito tenendo conto dei principi e delle finalità generali e delle esigenze formative espresse da studenti e famiglie per conseguire gli obiettivi formativi prioritari fissati dalla legge n. 107/2015.

Gli ambiti di autonomia

Per la realizzazione del PTOF le scuole IP possono utilizzare nell'ambito dell'autonomia:

- la quota di autonomia del 20% dell'orario del biennio e del triennio, per conseguire gli obiettivi di apprendimento del profilo di uscita degli indirizzi di studio e per potenziare gli insegnamenti obbligatori e le attività di laboratorio sulla base dei criteri generali e delle indicazioni del PECUP;
- gli spazi di flessibilità, in coerenza con gli indirizzi e i profili di uscita, entro il 40% dell'orario del terzo, quarto e quinto anno.

L'utilizzazione degli orari deve comunque garantire il perseguimento degli obiettivi comuni di apprendimento del PECUP: gli insegnamenti e le attività dell'area generale non possono essere ridotti oltre il 20% del monte ore per il biennio e per ciascuna classe del triennio; quelli dell'area di indirizzo devono garantire nel percorso formativo il monte ore minimo previsto.

I profili

Nei Piani triennali dell'offerta formativa possono essere definiti i profili degli indirizzi di studio nei percorsi formativi richiesti dal territorio e in coerenza con le priorità indicate nella programmazione delle Regioni, anche utilizzando gli spazi di flessibilità del 40% dell'orario del terzo, quarto e quinto anno, garantendo il monte ore minimo previsto per ciascun insegnamento. Gli indirizzi di studio devono essere leggibili e trasparenti nei percorsi richiesti dal territorio con riferimento alle specifiche attività economiche.

Alle Regioni spetta il compito di indicare le priorità su cui le scuole definiranno gli indirizzi di studio in percorsi formativi richiesti dal territorio; queste ultime, per sostenere l'occupabilità dei giovani nelle filiere produttive del territorio, potranno strutturare il quinto anno, oltre che sulla base del conseguimento del diploma, sulla maturazione di crediti per il certificato di specializzazione tecnica superiore (IFTS).

Orientamento e partenariato

Nei Piani sono previsti progetti e attività di orientamento scolastico anche per i passaggi tra i sistemi formativi di istruzione professionale e di IeFP, per promuovere l'inserimento degli studenti nel mondo del lavoro, per sostenere la progressiva costruzione del percorso formativo. È previsto l'apprendistato formativo di primo livello (D.lgs. 15 giugno 2015, n. 81). Un ruolo fondamentale in questo caso può essere esercitato dai partenariati territoriali e, dal secondo anno, dai percorsi in alternanza e dalle esperienze di scuola-impresa e di bottega-scuola.

Per le scuole è prevista la possibilità di stipulare contratti di prestazione d'opera con esperti del mondo del lavoro e delle professioni che abbiano una documentata esperienza professionale e competenze specialistiche non presenti nell'istituto per le attività economiche dell'indirizzo di studio. Nel contempo, le scuole possono dotarsi di dipartimenti funzionali all'interno del Collegio dei docenti per il sostegno alla didattica e alla progettazione formativa, e di un comitato tecnico-scientifico con funzioni consultive e di proposta di docenti ed esperti del mondo del lavoro e delle professioni, nonché della ricerca scientifica e tecnologica, per organizzare attività e insegnamenti di indirizzo e utilizzare spazi di autonomia e flessibilità.

Dipartimenti funzionali

Le scuole possono inoltre prevedere percorsi di IeFP per le qualifiche triennali e diplomi professionali quadriennali, previo accreditamento regionale in base ad accordi e rispetto degli standard formativi della regione.

I Piani triennali sono progettati e realizzati utilizzando le dotazioni organiche assegnate. L'articolazione delle cattedre è determinata dal dirigente scolastico in base all'organico dell'autonomia, ai quadri orari degli insegnamenti e ai posti di potenziamento, tenendo conto delle quote di autonomia e degli spazi di flessibilità.

8. L'attivazione dei percorsi e la correlazione tra titoli e percorsi

PFI

A partire dalle classi prime funzionanti nell'anno scolastico 2018-2019, i percorsi di istruzione professionale, in riferimento ai profili di uscita e ai risultati di apprendimento, privilegiano un modello didattico ispirato al principio della personalizzazione educativa, in modo da promuovere e rafforzare le competenze personali per l'apprendimento permanente, comprese quelle chiave di cittadinanza, e da orientare il progetto di vita e di lavoro degli studenti in funzione della futura occupabilità. Tocca ai Consigli di classe redigere, entro il 31 gennaio del primo anno di frequenza, il PFI nella prospettiva della personalizzazione del percorso di apprendimento e aggiornarlo costantemente durante l'intero percorso scolastico.

Il PFI si pone come strumento per mettere in evidenza i saperi e le competenze acquisiti dagli studenti anche in modo informale e, nel contempo, per rilevare le potenzialità e le carenze riscontrate così da consentire di orientare la costruzione del progetto formativo e professionale.

Al dirigente scolastico spetta il compito, sentito il Consiglio di classe, di individuare i docenti a cui assegnare le funzioni di tutor per sostenere gli studenti nell'attuazione e nello sviluppo del PFI: il tutorato consiste nell'accompagnamento nel processo di apprendimento personalizzato. Il docente tutor ha anche il compito di diffondere nel Consiglio di classe le informazioni sullo stato di attuazione del PFI ai fini del monitoraggio e dell'eventuale adattamento del percorso formativo. Tutti i percorsi didattici adottano un modello progettuale interdisciplinare in riferimento agli assi culturali; sono articolati, dalle prime classi e per tutto il quinquennio, in Unità di apprendimento e utilizzano metodologie di tipo induttivo, proponendo esperienze laboratoriali, *problem solving* per le attività economiche di riferimento, lavoro cooperativo per progetti, gestione di processi in contesti organizzati.

I docenti tutor

Un aspetto particolarmente delicato dell'intero riordino è la necessità di definire la correlazione tra le qualifiche e i diplomi professionali di IeFP e gli indirizzi dei percorsi quinquennali di istruzione professionale. Tale correlazione costituisce il riferimento per i passaggi tra i sistemi formativi e si realizza tenendo conto dei profili degli indirizzi innovati e delle figure previste dal Repertorio nazionale dell'offerta di istruzione e formazione professionale (decreto 11 novembre 2011 del MIUR, di concerto con il Ministro del Lavoro e delle Politiche Sociali).

Le correlazioni dei titoli di studio

La correlazione è definita sulla base delle competenze, abilità e conoscenze del profilo di ciascun indirizzo di studio dei percorsi di istruzione professionale, nonché di quelle di ciascuna qualifica e ciascun diploma professionale del sistema di IeFP. Essa si riferisce alle attività economiche referenziate ai codici ATECO e ai settori economico-professionali. Con l'aggiornamento del Repertorio l'Allegato 4 del Regolamento è modificato e integrato con decreto del MIUR, di concerto con il Ministro del Lavoro e delle Politiche Sociali, previo accordo in sede di Conferenza permanente.

I diplomi rilasciati con gli esami di Stato conclusivi dei percorsi quinquennali di IP e le qualifiche e i diplomi professionali rilasciati con gli esami conclusivi dei percorsi di IeFP sono titoli di studio tra loro correlati nel Repertorio nazionale dei titoli di istruzione e formazione e delle qualificazioni professionali (art. 8, D.lgs. 16 gennaio 2013, n. 13).

Diplomi e qualifiche

CAPITOLO VENTOTTESIMO

Indicazioni nazionali e nuovi scenari

1. Verso un aggiornamento delle Indicazioni 2012?

Con la nota del 1° marzo 2018, n. 3645, il MIUR ha diffuso il documento di lavoro *Indicazioni nazionali e nuovi scenari,* redatto dal Comitato scientifico nazionale (CSN) per le Indicazioni per il curricolo della scuola dell'infanzia e del primo ciclo di istruzione.

Nel testo vengono riprese alcune centralità del Decreto ministeriale n. 254 del 16 novembre 2012 e proposte alcune azioni di accompagnamento in vista di specifici interventi di approfondimento delle Indicazioni medesime.

Le competenze di cittadinanza

Il documento offre alle scuole una rilettura delle Indicazioni 2012 attraverso la lente delle *competenze di cittadinanza.* Pertanto, le istituzioni scolastiche potranno utilizzare il documento per compiere una *lettura mirata,* soprattutto delle parti del testo che aprono prospettive di integrazione tra le discipline di studio.

«A cinque anni dall'emanazione delle Indicazioni nazionali» si sottolinea nella Nota ministeriale, «si è sentita l'esigenza di rilanciare il testo dando maggiore centralità al tema della cittadinanza, vero sfondo integratore e punto di riferimento di tutte le discipline che concorrono a definire il curricolo della scuola dell'infanzia e del primo ciclo di istruzione in una prospettiva verticale.»

Il contributo del Comitato scientifico nazionale riprende alcuni dei passaggi più significativi delle Indicazioni nazionali, rileggendoli alla luce della funzione che la scuola deve svolgere per educare i giovani alla *cittadinanza* e alla *sostenibilità*.

Lo stato dell'arte

Il documento, che non ha una cogenza normativa, si prefigge di puntualizzare lo stato dell'arte delle Indicazioni per il curricolo, la cui attuazione risulta piuttosto disomogenea. Si va da scuole che hanno colto pienamente le opportunità del testo del 2012 (curricolo verticale, didattica laboratoriale, prospettiva delle competenze, arricchimento dei repertori didattico-metodologici) a realtà che hanno vissuto il tutto con una certa inerzia e non hanno sviluppato particolari o significative innovazioni.

Indicazioni nazionali e nuovi scenari intende sollecitare una rilettura approfondita del testo, in un'ottica di integrazione delle discipline e alla luce dei cambiamenti che il mondo e il nostro Paese hanno conosciuto dal 2012 a oggi.

Articolazione documento

Il documento è articolato in 9 paragrafi: *I nuovi scenari, Il ruolo dell'educazione nei nuovi scenari, L'educazione alla cittadinanza e alla sostenibilità, La scuola dell'infanzia, Gli strumenti culturali per la cittadinanza, Le competenze sociali, digitali, metacognitive e metodologiche, La progettazione didattica e l'ambiente di apprendimento, La dimensione organizzativa e lo sviluppo professionale del personale scolastico* e *Prospettive future.*

Come già sottolineato, il ruolo delle discipline quali strumenti di cittadinanza attiva e consapevole costituisce la parte più rilevante di questo testo.

2. Indicazioni nazionali e Raccomandazione europea del 2018

Raccomandazione UE 2018

La definizione di nuovi scenari per le Indicazioni nazionali 2012 non potrà non tenere conto della nuova Raccomandazione sulle competenze chiave per l'apprendimento permanente, adottata dal Consiglio d'Europa il 22 maggio 2018.

Occorre ritornare al 2006, quando il Parlamento e il Consiglio d'Europa hanno adottato la Raccomandazione relativa alle competenze chiave per l'apprendimento permanente, con l'obiettivo di promuovere negli Stati membri politiche educative volte alla realizzazione dello sviluppo personale, dell'occupabilità, dell'inclusione sociale e della cittadinanza attiva.

Le Indicazioni nazionali per il curricolo della scuola dell'infanzia e del primo ciclo di istruzione del novembre 2012 hanno assunto le *otto competenze chiave* dell'UE come orizzonte di riferimento del nostro sistema scolastico nell'elaborazione del Profilo dello studente al termine del primo ciclo. Il quadro delineato nella Raccomandazione 2006, e sostanzialmente confermato nel 2018, rappresenta attualmente la guida per i modelli di certificazione delle competenze al termine della scuola primaria e secondaria di primo grado, introdotti dal MIUR con Nota del 9 gennaio 2018, n. 312, in attuazione del DM n. 742 del 3 ottobre 2017.

A dodici anni di distanza, il Consiglio dell'UE, su proposta della Commissione europea, ha adottato la nuova Raccomandazione sulle competenze chiave, che sostituisce il testo precedente.

TABELLA 28.1
Le competenze chiave per l'apprendimento permanente nelle Raccomandazioni UE

Raccomandazione UE 2006	Raccomandazione UE 2018
Comunicazione nella madrelingua	Competenze alfabetiche funzionali
Comunicazione nella lingua straniera	Competenze linguistiche
Competenza matematica e competenza base in campo scientifico e tecnologico	Competenze matematiche e competenze in scienze, tecnologie e ingegneria
Competenza digitale	Competenze digitali
Imparare ad imparare	Competenze personali, sociali e di apprendimento
Competenze sociali e civiche	Competenze civiche
Senso di iniziativa e imprenditorialità	Competenze imprenditoriali
Consapevolezza ed espressione culturale	Competenze in materia di consapevolezza ed espressione culturale

Conoscenze, abilità, atteggiamenti

Nella Raccomandazione del 22 maggio 2018 le competenze sono definite come una combinazione di conoscenze, abilità e atteggiamenti in cui:

a) la *conoscenza* si compone di fatti, concetti, idee e teorie che lo studente deve acquisire per comprendere i contenuti di un determinato ambito disciplinare;
b) per *abilità* si intende la capacità di eseguire processi e applicare le conoscenze per ottenere specifici risultati;
c) gli *atteggiamenti* descrivono la disposizione e la mentalità dell'individuo, indispensabili per agire o reagire a idee, persone o situazioni.

Nella Raccomandazione dell'UE 2018 si invitano gli Stati membri a investire nelle competenze di base, imprenditoriali e digitali oltre che in quelle linguistiche, affinché tutti siano in grado di partecipare attivamente allo sviluppo di una *società solidale* e di un'*economia sostenibile.*

In particolare, il Consiglio europeo esorta a investire nelle competenze degli ambiti STEM (scienze, tecnologia, ingegneria e matematica) per rafforzare le conoscenze matematiche e scientifiche, con l'auspicio di attrarre i giovani verso tali ambiti di studio.

Le competenze descritte nell'ultima Raccomandazione europea ripropongono quelle del 2006, anche se con significative differenze.

Innanzitutto, la sequenza *conoscenze-abilità-attitudini* del 2006 viene sostituita con *conoscenze-abilità-atteggiamenti*. Questo cambio segnala l'esigenza di una maggiore visibilità di effettive forme di cittadinanza globale e di apertura alla diversità e al multiculturalismo.

Tale accentuata centralità del superamento di rigide appartenenze etniche, religiose e culturali non potrà che accelerare il processo di revisione delle Indicazioni nazionali 2012 e, di conseguenza, dei modelli di certificazione delle competenze di cui alla nota MIUR del 9 gennaio 2018, n. 312.

Infatti, nelle Linee guida allegate alla predetta nota, si sottolinea che i modelli di certificazione esplicitano «la traduzione delle singole competenze chiave fissate dalla Raccomandazione europea del 2006 in esperienza concreta dello studente».

La Raccomandazione UE del 2018, sostitutiva di quella del 2006, costituirà pertanto un ineludibile riferimento per il riesame delle attuali Indicazioni, come prefigurato nel documento di lavoro *Indicazioni nazionali e nuovi scenari*.

Cittadinanza consapevole

L'educazione alla *cittadinanza consapevole* rappresenta la pietra miliare sia della Raccomandazione europea 2018 sia del documento del MIUR sopra richiamato, nel quale si sottolinea che il tema della cittadinanza è il «vero sfondo integratore» di tutte le discipline di studio poste alla base dell'elaborazione del curricolo verticale d'istituto.

3. I nuovi scenari

Il documento del 1° marzo 2018 non modifica l'analisi della nostra realtà sviluppata nelle Indicazioni 2012; focalizza l'attenzione su alcuni aspetti, quali una crescente povertà di ampie fasce della popolazione che, con la crisi mondiale iniziata nel 2008, vivono condizioni di marginalità e vulnerabilità sconosciute fino a qualche anno fa. Tale condizione, si sottolinea nel documento, costringe

> sempre più persone a rinunciare a servizi e beni primari, tra i quali le cure e l'istruzione per i bambini e per i giovani; l'instabilità politica in aree già «calde» del pianeta e le nuove emergenze ecologiche (guerre locali, disastri ambientali, desertificazione...) hanno accresciuto le spinte migratorie verso i paesi del mondo più ricchi, interrogando la scuola sui temi della convivenza civile e democratica, del confronto interculturale e delle politiche di inclusione.

Quali compiti ha l'educazione in questi nuovi scenari?
Essenzialmente tre:

- *ridurre la frammentazione* e il carattere episodico della vita dei bambini e degli adolescenti;
- *promuovere e alimentare un'intelligenza critica,* consolidando i saperi di base e favorendo la capacità degli alunni di elaborazione autonoma del pensiero;
- *educare alla piena cittadinanza e alla sostenibilità,* consentendo alle studentesse e agli studenti di apprendere il concreto prendersi cura di sé e degli altri, nel rispetto delle *identità plurali* proprie di una società multiculturale.

Rilettura
Indicazioni

In questo scenario, il documento riprende un'affermazione delle Indicazioni 2012 nella quale si sottolinea che

> la scuola realizza appieno la propria funzione pubblica impegnandosi, in questa prospettiva, per il successo scolastico di tutti gli studenti, con una particolare attenzione al sostegno alle varie forme di diversità, di disabilità o di svantaggio.

Uno dei principali requisiti del pieno sviluppo della persona umana è il possesso della lingua; in questo senso, risuonano tuttora prepotentemente le parole di don Lorenzo Milani: «Solo la lingua ci fa uguali».

L'educazione alla cittadinanza coincide con un «grappolo» di competenze che confluiscono nella capacità delle persone di agire autonomamente e responsabilmente non solo sul piano cognitivo, ma anche e soprattutto su quello etico.

4. Cittadinanza e sostenibilità

L'educazione alla cittadinanza viene assunta come essenziale riferimento entro cui far convergere le esperienze di apprendimento che le diverse discipline sollecitano, dando particolare risalto al paragrafo delle Indicazioni *Cittadinanza e Costituzione* dove si richiama la necessità di rafforzare, a settant'anni dalla sua entrata in vigore (1° gennaio 1948), la conoscenza della nostra Carta Costituzionale, in particolare dei primi 12 articoli *(Principi fondamentali)* e della parte terza relativa all'ordinamento della Repubblica.

Conoscere
la Costituzione

La conoscenza della Costituzione nei suoi molteplici aspetti dovrà assumere, oltre che un carattere storico e giuridico, anche una dimensione trasversale nella formazione degli alunni; infatti, i principi costitutivi dell'ambito di Cittadinanza e Costituzione sono il *senso di legalità* e *l'etica della responsabilità,* finalità presenti in tutte le discipline.

L'esercizio della cittadinanza attiva, si legge nel documento del MIUR, «necessita di strumenti culturali e di sicure abilità e competenze di base, cui concorrono tutte le discipline».

Nuovi compiti educativi

In merito all'insegnamento su Cittadinanza e Costituzione, riteniamo opportuno richiamare due livelli di lavoro, che interessano sia aspetti educativi sia strategie didattiche.

Il primo riguarda la capacità degli insegnanti di promuovere un autentico dialogo educativo con le alunne e gli alunni. La Costituzione deve essere insegnata partendo innanzitutto dall'essenza che ci caratterizza come persone; in questo senso l'organizzazione e la vita d'aula dovranno ispirarsi concretamente a comportamenti di aiuto, sostegno reciproco, confronto, partecipazione, assunzione di responsabilità, ambiente comunitario.

Va quindi assicurata e promossa una *dimensione relazionale* dell'azione educativa, che deve guidare i rapporti fra gli insegnanti del team o del consiglio di classe nella quotidiana attività scolastica. Team e Consiglio di classe, oltre a svolgere funzioni istituzionali in quanto organi collegiali, devono trasformarsi in gruppi professionali che sappiano mettere in primo piano la condivisione di una preoccupazione continua per i problemi, i successi e gli insuccessi delle alunne e degli alunni. In questo senso, il testo delle Indicazioni 2012 è molto esplicito:

> Ogni scuola vive e opera come comunità nella quale cooperano studenti, docenti e genitori. Al suo interno assume particolare rilievo la comunità professionale dei docenti, che valorizzano la libertà, l'iniziativa e la collaborazione di tutti. [...] Determinante al riguardo risulta il ruolo del dirigente scolastico per la direzione, il coordinamento e la promozione delle professionalità interne.

La promozione della classe come «gruppo che apprende» e che impara a sostenersi nello sviluppo di compiti e progetti dipende in larga misura dal lavoro educativo degli adulti.

Il secondo livello riguarda i saperi specifici e «durevoli» che gli alunni devono acquisire in merito allo studio di alcuni temi fondativi di Cittadinanza e Costituzione. Possiamo indicare questa istanza come la *dimensione contenutistico-culturale* di tale insegnamento, estremamente importante anche in considerazione del fatto che registriamo (da sempre!) un diffuso deficit di conoscenze in questo specifico ambito.

Relazione interpersonale e culturale

La didattica intesa come pratica del quotidiano lavoro degli insegnanti dovrà integrare i due livelli sopra richiamati, in un legame di fedeltà tra *relazione interpersonale* e *relazione culturale,* schematizzato nella figura 28.1.

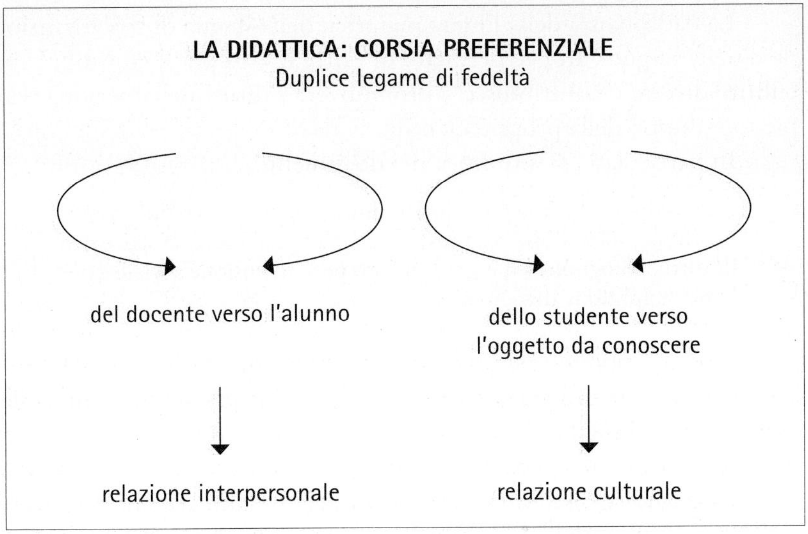

Fig. 28.1 Il duplice legame di fedeltà della didattica.

Arriviamo così all'*ineludibile trasversalità* dell'insegnamento di Cittadinanza e Costituzione.

5. L'unitarietà del sapere

Il documento *Indicazioni nazionali e nuovi scenari* accentua la valenza formativa delle discipline soprattutto in riferimento alla funzione che esse svolgono nella promozione di un'effettiva cittadinanza. In particolare, si evidenzia l'importanza di alcuni strumenti culturali, che, in relazione allo sviluppo di cittadinanza e sostenibilità, si possono schematizzare come segue (tabella 28.2).

TABELLA 28.2
Valenza formativa delle discipline

Strumenti culturali per lo sviluppo di cittadinanza e sostenibilità	lingue
	storia, geografia
	pensiero matematico
	pensiero computazionale
	pensiero scientifico
	arti per la cittadinanza
	corpo e movimento

La padronanza della lingua materna, della lingua di scolarizzazione e delle lingue europee permette di porre le basi per il confronto tra culture diverse e contribuisce a promuovere i diritti della persona e al pieno sviluppo della propria identità.

In particolare, si sottolinea nel documento,

Aggiornamento temi disciplinari

> l'educazione plurilingue e interculturale rappresenta una risorsa funzionale alla valorizzazione della diversità e al successo scolastico di tutti e di ognuno ed è presupposto per l'inclusione sociale e per la partecipazione democratica.

Anche l'apprendimento della storia propone la scoperta della memoria e consente di indagare come l'umanità ha affrontato i temi della convivenza e dell'affermazione del diritto, la cui evoluzione nasce con le vicende che hanno accompagnato l'umanità.

La geografia, disciplina cerniera tra quelle umanistiche e scientifiche, sollecita lo studio dell'interazione tra l'uomo e il proprio ambiente di vita, l'esame del fenomeno migratorio e la conoscenza del patrimonio culturale ereditato dal passato nell'orizzonte del presente.

L'apertura al mondo attuale rappresenta il presupposto per acquisire la consapevolezza di far parte di una comunità territoriale organizzata.

La matematica favorisce un approccio razionale all'approfondimento dei problemi dell'attuale realtà, contribuendo a sviluppare la capacità di discutere, comprendere e confutare punti di vista diversi dal proprio. Da sottolineare che il documento del MIUR, per quanto concerne le discipline dell'area scientifica, sceglie l'espressione «pensiero matematico, computazionale, scientifico» per evidenziare la componente attiva del soggetto nell'utilizzare i contenuti di questi campi di conoscenza. Si tratta sostanzialmente di un'educazione al pensiero logico e analitico; quest'ultimo vale nell'ambito computazionale con particolare riferimento al *coding*.

Il pensiero scientifico contribuisce a dotare gli alunni delle abilità di porre domande, di raccogliere dati, di costruire ipotesi e verificarle.

> Ciò è indispensabile per la costruzione del pensiero critico e per la capacità di leggere la realtà in modo razionale, senza pregiudizi, dogmatismi e false credenze.

Le discipline artistiche risultano fondamentali per la formazione di un cittadino capace di esprimersi con modalità diverse e di fruire in modo consapevole dei beni culturali e ambientali. È un esplicito richiamo a educare alla bellezza che, come affermato da Dostoevskij, «salverà l'umanità».

«Corpo e movimento» richiama il campo di esperienza del curricolo della scuola dell'infanzia, in cui si afferma l'importanza delle potenzialità espressive del linguaggio corporeo. In particolare, l'attività sportiva promuove specifiche competenze di cittadinanza, quali il rispetto delle regole, il valore del gruppo e dell'*agonismo positivo,* fatto di lealtà, senso di appartenenza e negazione di qualsiasi forma di violenza.

6. Cittadinanza e Costituzione: la prospettiva interdisciplinare

I valori inerenti alla cittadinanza includono la piena conoscenza della nostra Costituzione, in particolare il diritto al lavoro, posto alla base della Repubblica (art. 1), i diritti inviolabili dell'uomo (art. 2), il riconoscimento della pari dignità sociale (art. 3), il dovere di contribuire alla qualità della società.

La sfida dell'uguaglianza

Prendiamo in considerazione, ad esempio, l'art. 3 della Costituzione: «Tutti i cittadini [...] sono uguali davanti alla legge»; come può essere declinato questo principio nelle varie discipline di studio?

Un possibile percorso è rappresentato dal seguente schema (tabella 28.3), che potrà costituire la base di riferimento per la *progettazione curricolare* di un modulo didattico da parte dei docenti del team o del Consiglio di classe.

TABELLA 28.3
Progettazione di un modulo didattico sull'art. 3 della Costituzione

	Principio di uguaglianza (art. 3 della Costituzione)	Uguaglianza *formale*	Uguaglianza *sostanziale*
Lingue			
Storia, geografia			
Pensiero matematico			
Pensiero computazionale			
Pensiero scientifico			
Arti per la cittadinanza			
Corpo e movimento			

Riprendiamo integralmente l'art. 3 della Costituzione:

> Tutti i cittadini hanno pari dignità sociale e sono uguali davanti alla legge, senza distinzione di sesso, di razza, di lingua, di religione, di opinioni politiche, di condizioni personali e sociali. È compito della Repubblica rimuovere gli ostacoli di ordine economico e sociale, che, limitando di fatto la libertà e l'uguaglianza dei cittadini, impediscono il pieno sviluppo della persona umana e l'effettiva partecipazione di tutti i lavoratori all'organizzazione politica, economica e sociale del Paese.

I principi sanciti in questo articolo sono posti alla base dell'idea di uguaglianza, di dignità della persona, del concetto di democrazia.

Pertanto, come esplicitato nel documento del MIUR, tutte le discipline devono essere considerate «strumenti culturali» che consentono uno studio ampio e approfondito dei valori contemplati nell'art. 3.

È del tutto evidente che lo schema sopra riprodotto può essere utilizzato per molteplici esperienze di apprendimento di Cittadinanza e Costituzione, che costituisce un obiettivo irrinunciabile delle scuole del primo come del secondo ciclo di istruzione; l'integrazione della dimensione *relazionale con quella contenutistico-culturale* costituisce inoltre il presupposto di una didattica progettuale e laboratoriale, specifica di questo insegnamento.

L'inclusione in classe

La gestione di una classe inclusiva, tesa a valorizzare le esigenze di tutti gli allievi, dovrà integrare necessariamente i due livelli. Il maestro, in questo senso, oltre a essere un buon insegnante non potrà mancare di essere anche un buon testimone.

7. Altre prospettive

Il tema della cittadinanza riguarda tutte le aree del sapere, sia per i contributi specifici di ogni disciplina sia per le molteplici connessioni che possono essere instaurate tra i differenti linguaggi. Attività di studio, di ricerca e di elaborazione progettuale dovranno essere proposte agli alunni in modo operativo, in grado di promuovere autentici momenti di crescita comunitaria. Tutto questo in contesti educativi che valorizzino modalità collaborative, proattive, cooperative, prosociali.

Cittadinanza e saperi

È importante evitare il rischio concreto che l'insegnamento di Cittadinanza e Costituzione sia consegnato a didattiche espositive e meramente trasmissive, destinate a un sicuro insuccesso.

In tal senso, nel documento *Indicazioni nazionali e nuovi scenari* si chiede ai Collegi dei docenti di riprendere in modo sistematico una seria riflessione sul senso dell'istruzione e dell'educazione, sulle caratteristiche del processo di apprendimento-insegnamento e sulle didattiche più adeguate a perseguire tali finalità.

Aggiungiamo che, nel sistema di istruzione italiano, il perno della vita della scuola è rappresentato dalla *gestione della classe,* ambiente nel quale si promuovono relazioni amicali, maturazione di regole, passione per lo studio, rapporti con adulti, valorizzazione di interessi, sviluppo di attitudini, conoscenze, competenze. Spetta soprattutto agli insegnanti far sì che questo possa concretamente avvenire.

Centralità del gruppo classe

La finalità generale delle singole realtà scolastiche è quella di costruire un «sistema curante» nel quale tutti gli attori istituzionali e della più ampia comunità sociale, nell'ambito delle rispettive peculiarità e competenze, assicurino i presupposti affinché ogni studente possa trovare i supporti necessari per rimuovere ostacoli e sviluppare le proprie potenzialità.

Per quanto concerne la scuola, come sottolineato, è dal *microsistema-classe* che bisogna partire: il futuro di un/a alunno/a si realizza in larga misura nella vita dell'aula dove ognuno impara a prendersi cura di sé, degli altri e degli ambienti in un «vivaio di relazioni» che gli adulti devono saper promuovere.

Ricordiamo, infine, il passaggio di chiusura del documento del MIUR nel quale si afferma:

> Non si tratta di «aggiungere» nuovi insegnamenti, semmai di ricalibrare quelli esistenti. Per questa ragione, appare propedeutico e opportuno procedere gradualmente [...], al fine di condividere e interpretare le sollecitazioni di questo testo che ripropongono una rilettura mirata e approfondita delle Indicazioni 2012 nella prospettiva di competenze per la cittadinanza attiva e la sostenibilità.

Affermazione molto condivisibile, proprio per evitare il rischio che il testo *Indicazioni nazionali e nuovi scenari* si trasformi in un'ulteriore sollecitazione ad aumentare il peso degli zaini, anziché ad accrescere le opportunità di comportamenti virtuosi.

Il costrutto stesso di competenza va inteso nel suo fondamento più profondo, quello cioè di valorizzazione unitaria della persona e del sapere.

LA PROSPETTIVA PERSONALISTICA

- Coincide con una visione *unitaria della persona umana*, che pensa, progetta, agisce, cambia, mobilitando tutta se stessa, in una relazione significativa con la realtà.
- La competenza si evidenzia nella capacità di valorizzare le proprie risorse interiori e quelle esterne disponibili, in *situazioni nuove* e *compiti sfidanti* (Pellerey, 2010).

Insegnare e attuare la Costituzione nelle nostre scuole non significa occuparsi solo del cittadino e della cittadinanza, ma soprattutto della

Costituzione e apprendimento

persona nello *svolgimento* della personalità di ciascuno e nelle *formazioni sociali.* Dignità umana, identità e appartenenza, individualità e alterità, partecipazione sono categorie trasversali alle discipline che

> costituiscono non solo un fattore identitario per il nostro popolo, ma anche un motivo di apertura per chiunque e un impegno di lotta nei riguardi delle discriminazioni e delle prevaricazioni. (Corradini, 2014)

Spetta agli insegnanti (ma non solo) promuovere le condizioni di un apprendimento significativo, non prettamente trasmissivo, dei principi che permeano la Costituzione del 1948, mettendo in evidenza — com'è sottolineato nel curricolo di storia delle Indicazioni — i rapporti tra istituzioni e società, le differenze di genere e il contributo di ciascuno al rafforzamento della democrazia e della pace.

8. Progetti a sostegno dell'insegnamento di Cittadinanza e Costituzione

Che l'impegno nella sensibilizzazione sulle tematiche di Cittadinanza e Costituzione rientri tra le priorità del MIUR è testimoniato dal fatto che, con la Nota n. 4595 del 20 settembre 2017, sono stati pubblicati i bandi per la realizzazione di progetti ispirati a tali tematiche per l'anno scolastico 2017-2018. Si è trattato di iniziative nate dalla collaborazione tra MIUR e Parlamento, finalizzate a offrire alle scuole l'opportunità di progettare attività e sollecitare la riflessione, all'interno dei percorsi didattici curricolari, richiamando i principi e l'attualità della Costituzione: l'intento è stato quello di sensibilizzare i giovani rispetto ai valori affermati nel documento di base della nostra comunità.

Collaborazione MIUR-Parlamento

È stata offerta alle scuole del primo e del secondo ciclo la possibilità di progettare, all'interno del PTOF e in relazione alla propria progettazione didattica per Cittadinanza e Costituzione, percorsi di studio e approfondimento anche ricorrendo alle risorse disponibili per i progetti che Parlamento e MIUR hanno proposto. L'iniziativa, che ha confermato la titolarità della scuola sul fronte della difesa dei principi costituzionali, ha puntato sulla realizzazione di percorsi pluridisciplinari ispirati a tali tematiche e sull'attuazione di metodologie laboratoriali.

I progetti

Nei bandi sono state indicate nel dettaglio le caratteristiche specifiche per ciascun progetto. Tra le proposte ricordiamo:

- *Dalle aule parlamentari alle aule di scuola. Lezioni di Costituzione,* rivolto agli istituti di istruzione secondaria di secondo grado: ha previsto la produzione di un originale lavoro di ricerca a carattere multimediale, ispirato al significato e all'applicazione nel territorio di uno dei principi della Costituzione. Alla sua conclusione si sono tenuti presso la Camera dei Deputati la premiazione dei migliori lavori e il conferimento dei premi speciali «Marta Genoviè de Vita» e «Alessandra Siragusa». Per il settantesimo anniversario della Costituzione italiana è stato stabilito un premio speciale per la scuola che avrebbe dedicato il progetto a «donne e uomini che, a livello politico, economico e sociale, hanno contribuito alla affermazione dei principi costituzionali dal 1948 a oggi»;

- *Un giorno in Senato,* per le classi seconde, terze e quarte degli istituti di istruzione secondaria di secondo grado: si è trattato di incontri di studio e di formazione nell'ambito dell'alternanza scuola-lavoro, per confrontare le conoscenze acquisite dagli studenti nell'attività didattica con il reale funzionamento del Senato;
- *Vorrei una legge che...,* rivolto alle classi quinte delle scuole primarie e alle prime delle scuole secondarie di primo grado. Il progetto è stato ispirato a tematiche che richiamano il senso civico e le forme di partecipazione degli alunni stessi nella quotidianità della vita;
- *Testimoni dei diritti,* per le classi prime e seconde delle scuole secondarie di primo grado, finalizzato al riconoscimento dei diritti umani anche richiamando i principi della Dichiarazione universale approvata dall'ONU nel 1948;
- *Giornata di formazione a Montecitorio,* per le classi dell'ultimo biennio degli istituti di istruzione secondaria di secondo grado. Il progetto ha mirato a coinvolgere direttamente gli studenti in riflessioni legate alla Dichiarazione dei diritti dell'uomo che nel 2018 ha festeggiato il settantesimo anniversario. Sono state previste due giornate di lavoro alla Camera dei Deputati con l'incontro con le Commissioni parlamentari e i deputati eletti nel territorio di provenienza della scuola, con cerimonia finale il 10 dicembre 2018;
- *Parlawiki – Costruisci il vocabolario della democrazia,* per le classi quinte delle scuole primarie e tutte le classi delle scuole secondarie di primo grado. Gli alunni sono stati impegnati a illustrare in modo sintetico e originale, sotto forma multimediale, le parole chiave della democrazia. È stata prevista la pubblicazione dei lavori più significativi sul sito della Camera dei deputati, con votazione per via telematica e cerimonia finale di premiazione presso Palazzo Montecitorio.

Per la realizzazione dei progetti sono stati nominati referenti regionali e provinciali.

9. Per una didattica della Shoah

Nella ricorrenza dell'ottantesimo anniversario delle leggi antiebraiche varate dalla dittatura fascista nel 1938, il MIUR ha diffuso apposite *Linee guida per una didattica della Shoah a scuola.*

Riteniamo che nel ripensamento delle Indicazioni nazionali per il curricolo 2012 debba rientrare anche il tragico capitolo dello sterminio di ebrei, rom, sinti, omosessuali, disabili, oppositori politici e di tante/i donne e uomini usate/i come cavie per sperimentare quanto di più mostruoso la mente umana potesse immaginare.

Cittadinanza solidale

Una cittadinanza solidale, infatti, non può prescindere da una sistematica conoscenza di quanto avvenuto in quel terribile frangente storico, che non ha colpito solo l'Europa, ma l'intera civiltà umana: tutto questo è successo nel «vecchio civilissimo» continente.

La Shoah, ossia il progetto di sterminio sistematico degli ebrei, rappresenta un evento unico nella storia; il confronto con altri genocidi che hanno purtroppo caratterizzato l'intero Novecento evidenzia l'eccezionalità dei suoi caratteri: l'estensione geografica, il progetto intenzionale di annientamento, la programmazione terrificante della morte (dalle camere a gas ai forni crematori).

Quel passato, si afferma nelle Linee guida, «può e deve essere analizzato, compreso, spiegato nel suo aberrante sviluppo per imparare a cogliere con prontezza tutti i segnali di allarme e di pericolo che continuano a mettere a rischio lo sviluppo della vita civile e democratica».

Affinché questa triste pagina della nostra storia non sia dimenticata, nel 2000 lo Stato italiano ha stabilito che il 27 gennaio di ogni anno, in coincidenza con l'apertura dei cancelli del campo di sterminio di Auschwitz (27 gennaio 1945), sia ricordato come «Giorno della Memoria».

L'impegno dei docenti dovrà essere pertanto quello di proporre lo studio di questo tragico capitolo della storia del Ventesimo secolo nella maniera più adeguata all'età degli alunni, che dovranno essere attivamente coinvolti in un lavoro di scoperta e partecipazione diretta, evitando modalità semplicistiche e frettolose di approfondimento di un periodo storico così importante.

Approccio graduale

Come sottolineato in precedenza, molteplici sono le strategie didattiche utilizzabili; vanno tutte commisurate all'età e alla sensibilità degli allievi. Nel documento si suggerisce un approccio graduale nella scuola primaria e un insegnamento «a spirale» nella secondaria di primo grado. In tal modo, i temi potranno essere «affrontati con diversi tagli di approfondimento a seconda delle circostanze e delle motivazioni, evitando il rischio della ripetitività e della stanchezza, stimolando nuove curiosità e campi d'indagine».

Anche in questo documento ministeriale si sottolinea l'importanza di «insegnare la Shoah» coinvolgendo direttamente gli studenti nella ricerca delle fonti, nell'indagine dei fatti e nella ricca varietà delle forme espressive che hanno raccontato questa pagina del Novecento (letteratura, arte, teatro, cinematografia, musica).

In relazione a «cosa insegnare», il MIUR suggerisce di dare particolare spazio alla Shoah italiana, vista nel più ampio panorama europeo.

L'antisemitismo italiano

Nel nostro Paese la politica dell'antisemitismo ha conosciuto due momenti:

- il primo, dal settembre 1938 alla caduta del fascismo (25 luglio 1943), nel quale si mise in atto una sistematica vessazione dei diritti degli ebrei e il loro allontanamento da ogni incarico pubblico (scuola, università, enti locali, esercito...);
- il secondo, dal settembre 1943 alla liberazione delle principali città (Roma, giugno 1944; Milano, aprile 1945), in cui gli ebrei furono perseguitati sia da parte degli occupanti tedeschi sia da parte delle milizie fasciste della Repubblica Sociale Italiana (RSI) con sede a Salò, sul Lago di Garda.

L'accanimento antiebreo delle autorità fasciste si concretizzò con l'ordine di polizia del 30 novembre 1943 che dispose l'arresto e l'internamento di «tutti gli ebrei in campi di concentramento provinciali in attesa di essere riuniti in campi di concentramento speciali appositamente attrezzati».

La Shoah rappresenta uno spartiacque nella storia del Novecento e costituisce, purtroppo, la pietra di paragone di altri genocidi e massacri di massa, come quello avvenuto negli anni Novanta a Srebrenica, nella ex Iugoslavia. Nella prospettiva di una *cittadinanza globale* (Agenda ONU 2030), occorre educare i giovani a rifiutare ogni forma di pregiudizio che spinge ancora oggi alla violenza insensata, al disprezzo del diverso, a manifestazioni di intolleranza, al sorgere di rigurgiti neofascisti e neonazisti.

Cosa insegnare

Le sollecitazioni presenti nei documenti dell'Unione europea e degli organismi internazionali suggeriscono ai docenti, come affermato in *Indicazioni nazionali e nuovi scenari,* di selezionare le informazioni essenziali che devono divenire «conoscenze durevoli» e costituire un momento di crescita interiore, di acquisizione di regole del vivere sociale, non una semplice aggiunta di saperi acritici, estranei alla vita affettiva dei giovani.

Le pratiche di cittadinanza attiva presuppongono un costante esercizio di coerenza da parte degli adulti, per evitare di determinare una discrasia fra ciò che viene chiesto agli studenti e quello che viene espresso nei comportamenti di genitori e docenti.

Coerenza tra il dichiarato e l'agito

L'insegnamento di queste tematiche senza un'effettiva correlazione tra il *dichiarato* e l'*agito* è destinato a un sicuro insuccesso.

CAPITOLO VENTINOVESIMO

Il Piano triennale dell'offerta formativa (PTOF) e l'organico dell'autonomia

1. L'evoluzione della normativa

Con la pubblicazione della legge 107 del 13 luglio 2015, finalizzata alla piena realizzazione dell'autonomia delle istituzioni scolastiche, un nuovo strumento di progettazione viene messo a disposizione delle scuole in modo da consentire di sviluppare piani di più ampio respiro rispetto alle tradizionali annualità; si tratta del Piano triennale delle istituzioni scolastiche che, di fatto, viene ad abrogare il Piano dell'offerta formativa istituito con il Regolamento per l'autonomia, art. 3. del Regolamento dell'autonomia, DPR n. 275/1999.

In realtà, tale scelta non si pone in antinomia con quelle precedenti, anzi ne è l'evoluzione. L'idea di formulare un documento che definisse la capacità progettuale di ciascuna istituzione scolastica risale alla Circolare ministeriale n. 362 del 22 dicembre 1992 sull'educazione alla salute, con la proposta di definire il Progetto educativo di istituto (PEI) come documento che distinguesse e qualificasse ciascuna scuola. Va sottolineato che, in seguito, la sigla PEI sarebbe stata utilizzata per indicare il Piano educativo individualizzato, che riguarda l'integrazione scolastica. Il PEI

In una successiva disposizione, la Circolare ministeriale n. 120 del 9 aprile 1994, il Ministero chiarisce che dovranno essere i docenti e gli organi scolastici a definire

> un complessivo Progetto educativo di Circolo-Istituto, inteso come sintesi pedagogica delle scelte culturali, organizzative, operative che caratterizzano l'offerta formativa della scuola. (CM n. 120, 9 aprile 1994)

Nella prospettiva della realizzazione dell'autonomia scolastica, già auspicata sin dalla Conferenza sulla scuola del 1990 e in relazione alla riforma della pubblica amministrazione secondo il principio del decentramento, il PEI modifica i rapporti tra programma di studio e attività progettuale dei docenti, aprendola alle effettive esigenze di formazione dell'utenza e di un determinato contesto.

Nell'ambito della riforma della pubblica amministrazione, l'adozione della Carta dei servizi, DPCM del 7 giugno 1995, ritorna sulla questione richiamando in causa anche la scuola. In particolare, nello schema generale della Carta dei servizi scolastici viene compresa anche l'area della didattica, con chiaro riferimento sia al tema della progettualità, sia ai compiti degli organi collegiali, sia, infine, alla determinazione di quali documenti scolastici debbano essere formalizzati. Questi ultimi sono: il regolamento d'istituto, il PEI, il contratto formativo, la programmazione educativa e didattica.

Il PEI è ormai diventato elemento fondante e distintivo per l'attività delle scuole, documento nel quale vanno esplicitate le priorità educative e organizzative che esse intendono adottare.

Il passaggio successivo avviene con il riconoscimento dell'autonomia alle istituzioni scolastiche, art. 21, legge n. 59/1997, e con l'adozione del conseguente Regolamento per la sua attuazione, DPR n. 275/1999. Il disposto di quest'ultimo, combinato con quello della legge n. 440 del

Il POF

18 dicembre 1997 per l'arricchimento e l'ampliamento dell'offerta formativa, porta all'adozione del Piano dell'offerta formativa, il POF, che, nell'art. 3 del Regolamento, viene definito come dichiarazione scritta dell'identità delle scuole. Il POF si configura come

> il documento fondamentale costitutivo dell'identità culturale e progettuale delle istituzioni scolastiche ed esplicita la progettazione curricolare, extracurricolare, educativa ed organizzativa che le singole scuole adottano nell'ambito della loro autonomia. (Art. 3, DPR n. 275/1999)

Gli aspetti economici e finanziari dell'autonomia scolastica vengono regolamentati con il Decreto interministeriale n. 44 del primo febbraio 2001, n. 44, *Istruzioni generali sulla gestione amministrativo-contabile delle istituzioni scolastiche.* Si legge nell'art. 1:

> Le risorse assegnate dallo Stato, costituenti la dotazione finanziaria di istituto, sono utilizzate, [...] senza altro vincolo di destinazione che quello prioritario per lo svolgimento delle attività di istruzione, formazione e di orientamento proprie dell'istituzione interessata, come previste ed organizzate nel Piano dell'offerta formativa (POF).

Il Regolamento di contabilità rafforza le funzioni del POF, trasformandolo in documento vincolante non solo per gli aspetti pedagogici e organizzativi, ma anche per quelli economici e finanziari. Esso stabilisce uno strettissimo rapporto tra il POF e il programma annuale (il documento della contabilità).

In realtà, il disposto combinato tra i due regolamenti, per l'autonomia e di contabilità, viene a creare una situazione di ambiguità tra le competenze del Collegio dei docenti e quelle del Consiglio di istituto, soprattutto per il possibile crearsi di contrasti per scelte non condivise. Proprio per ovviare a tale situazione, si insisterà molto negli anni successivi sui principi di partecipazione, concertazione, negoziazione e capacità di mediazione dei dirigenti scolastici.

L'ultimo passaggio, quello attuale, vede l'adozione del Piano triennale dell'offerta formativa, che consente di proiettare le scelte della progettualità scolastica non su un arco temporale annuale, ma triennale. In realtà, tale intenzione era già stata annunciata nel Disegno di legge per la realizzazione della «Buona Scuola»: **Il PTOF**

> 1. La presente legge disciplina l'autonomia delle istituzioni scolastiche, anche in relazione alla dotazione finanziaria, allo scopo di garantire la massima flessibilità, diversificazione, efficienza e efficacia del servizio scolastico, e alla integrazione e miglior utilizzo delle risorse e delle strutture, alla introduzione di tecnologie innovative e al coordinamento con il contesto territoriale. In tale ambito, l'istituzione scolastica effettua la programmazione triennale dell'offerta formativa per il potenziamento delle competenze degli studenti e l'apertura della comunità scolastica al territorio. (Disegno di legge 2015, art. 1 – *Oggetto e principi*)

Oggi, questa è la realtà, e può diventare il volano per un rilancio dell'autonomia scolastica la cui realizzazione appare però frenata sia dal cambio di scenario che si sta sviluppando a livello istituzionale, sia per i continui tagli indotti dalle precarie condizioni economiche del Paese. In continuità con le precedenti scelte, il Piano triennale dell'offerta formativa diventa

> il documento fondamentale costitutivo dell'identità culturale e progettuale delle istituzioni scolastiche ed esplicita la progettazione curricolare, extracurricolare, educativa e organizzativa che le singole scuole adottano nell'ambito della loro autonomia. (Legge n. 107/2015, art. 1, comma 14, punto 1)

2. PEI, POF, PTOF: una questione non solo di sigle

Volendo analizzare gli elementi che guidano la logica di PEI, POF, PTOF, possiamo certamente affermare che tra essi esiste un forte collegamento e che, in una progressione temporale, ciascuno è l'evoluzione dell'altro. Il PEI e il POF sono documenti che hanno posto come loro obiettivo quello di esplicitare all'utenza e al territorio le scelte e le azioni educative che ciascuna scuola ha inteso intraprendere. Se, però, il PEI ha avuto come riferimenti vincolanti i testi programmatici nazionali, il POF è stato uno strumento essenziale per il distacco definitivo da tale ottica a favore della creazione di specifici percorsi di formazione maggiormente ispirati alla realtà territoriale.

Continuità tra PEI e PTOF

Il POF è stato fondamentale per la realizzazione dell'autonomia, per gli spazi più ampi che ha aperto alla progettualità dei docenti. È stato possibile, per le scuole, effettuare scelte per la garanzia del diritto allo studio che hanno riguardato la continuità, l'orientamento, l'integrazione, la prospettiva interculturale.

Poi, con l'ampliarsi degli spazi dell'autonomia, nel POF è stato possibile procedere anche a scelte curricolari in riferimento a discipline e a compensazioni tra discipline e attività, a percorsi aggiuntivi e facoltativi; al monte ore annuale dei curricoli, alla modularità, a unità d'insegnamento inferiori ai 60 minuti e all'articolazione dell'orario di insegnamento su base settimanale su cinque o sei giorni e su base plurisettimanale; al superamento del vincolo delle classi a favore della creazione di gruppi di studio; all'adattamento del calendario scolastico al territorio.

Il PTOF sviluppa ancora di più questa logica, facendo della flessibilità, della responsabilità e dell'integrazione alcuni dei suoi principi fondanti. Viene definitivamente superata la questione della frammentarietà delle proposte educative per recuperare il senso complessivo di una proposta articolata in un triennio, che può risultare realmente efficace dal punto di vista della formazione. In realtà, questi principi, pur se già presenti anche nella logica del POF, hanno incontrato maggiori difficoltà di realizzazione: si pensi, ad esempio, allo stesso DI n. 44/2001, che ha introdotto nel lavoro scolastico il principio della pluriennalità di un progetto o di un'azione, mentre il POF, pur delineando obiettivi di lungo periodo, ha dovuto perseguirli rimanendo vincolato al budget del programma annuale.

Anche l'apertura della scuola al territorio e ad altre istituzioni scolastiche è stata prevista nell'ambito delle strategie del POF, tanto che, nell'Atto di indirizzo dell'8 settembre 2009, è stata richiamata la necessità per le scuole di aprirsi al territorio:

> Le scuole, utilizzando gli strumenti dell'autonomia didattica e organizzativa, hanno la possibilità, singolarmente o in rete, di ampliare la propria offerta formativa sia nell'ambito del sistema scolastico, sia a mezzo di integrazioni e raccordi con le realtà del territorio.

Il Decreto per la semplificazione e lo sviluppo

Si tratta di una linea che è stata confermata nel 2012 quando, con l'intento di potenziare l'autonomia delle istituzioni scolastiche e sconfiggere la dispersione e l'insuccesso formativo, è stata prevista la possibilità della creazione di reti tra le scuole, collegata a quella di un organico per l'autonomia aggiuntivo rispetto all'organico di istituto. A determinare tale innovazione è stato il decreto legge n. 5 del 9 febbraio 2012, conosciuto come «Decreto per la semplificazione e lo sviluppo», che all'art. 50 ha stabilito quanto segue:

a) *potenziamento dell'autonomia* delle istituzioni scolastiche, anche attraverso l'eventuale ridefinizione nel rispetto della vigente normativa contabile degli aspetti connessi ai trasferimenti delle risorse alle medesime, previo avvio di apposito progetto sperimentale;
b) *definizione, per ciascuna istituzione scolastica, di un organico dell'autonomia,* funzionale all'ordinaria attività didattica, educativa, amministrativa, tecnica e ausiliaria, alle esigenze di sviluppo delle eccellenze, di recupero, di integrazione e sostegno ai diversamente abili e di programmazione dei fabbisogni di personale scolastico;
c) *costituzione,* previa intesa con la Conferenza unificata di cui all'articolo 8 del decreto legislativo 28 agosto 1997, n. 281, *di reti territoriali* tra istituzioni scolastiche, al fine di conseguire la gestione ottimale delle risorse umane, strumentali e finanziarie;
d) *definizione di un organico di rete* per le finalità di cui alla lettera c), nonché per l'integrazione degli alunni diversamente abili, la prevenzione dell'abbandono e il contrasto dell'insuccesso scolastico e formativo, specie per le aree di massima corrispondenza tra povertà e dispersione scolastica.

In realtà, la creazione di reti tra scuole non ha avuto seguito e ha indirettamente impedito la realizzazione di un organico aggiuntivo per le scuole in rete. Oggi tale prospettiva viene ripresa dalla legge 107/2015, che affida agli Uffici scolastici regionali il compito di promuovere la creazione di reti tra scuole finalizzate a valorizzare le risorse professionali, anche per realizzare specifici progetti e iniziative di interesse territoriale. Vengono inoltre suggerite le possibili modalità operative per definire accordi di rete.

Gli accordi di rete

Gli accordi di rete individuano:

a) i criteri e le modalità per l'utilizzo dei docenti nella rete, nel rispetto delle disposizioni legislative vigenti in materia di non discriminazione sul luogo di lavoro, nonché di assistenza e di integrazione sociale delle persone con disabilità, anche per insegnamenti opzionali, specialistici, di coordinamento e di progettazione funzionali ai piani triennali dell'offerta formativa di più istituzioni scolastiche inserite nella rete;
b) i piani di formazione del personale scolastico;
c) le risorse da destinare alla rete per il perseguimento delle proprie finalità;
d) le forme e le modalità per la trasparenza e la pubblicità delle decisioni e dei rendiconti delle attività svolte. (Art. 1, comma 71)

3. Il Piano triennale

Il Piano triennale costituisce l'identità stessa della scuola, configurandosi come una vera e propria pianificazione della vita scolastica, definita in un quadro di coerenza in riferimento agli obiettivi generali e educativi dei vari tipi e indirizzi di studi, alle esigenze del contesto culturale, sociale ed economico nel quale la scuola opera e in armonia con la più generale programmazione territoriale dell'offerta formativa.

Esso riporta le scelte per la gestione delle risorse disponibili, i processi che si intende attivare, le finalità che si vuole conseguire, i possibili esiti degli apprendimenti, ma anche gli elementi per consentire un'efficace governance e il collegamento tra scuola e comunità territoriali di competenza.

In questo senso, il documento deve essere costruito conservando due piani di coerenza: quello *interno,* relativo soprattutto alla scuola, che riguarda le finalità educative, le prospettive e le scelte pedagogiche, organizzative, didattiche, finanziarie, di ciascuna scuola; quello *esterno,* che si caratterizza per la dichiarazione della mission educativa che la scuola intende perseguire e che rende esplicita all'utenza e alla più ampia comunità territoriale.

> 2. Il piano è coerente con gli obiettivi generali ed educativi dei diversi tipi e indirizzi di studi, determinati a livello nazionale a norma dell'articolo 8, e riflette le esigenze del contesto culturale, sociale ed economico della realtà locale, tenendo conto della programmazione territoriale dell'offerta formativa. (Art. 1, comma 14, punto 2)

Il PTOF esplicita, in altri termini, gli impegni e le responsabilità che dirigenti, docenti, alunni, genitori, personale ausiliario e amministrativo, decisori politici intendono concretamente assumere.

Le progettualità del PTOF

Per quanto riguarda i livelli di progettualità, nel Piano triennale ne incontriamo essenzialmente quattro:

- quello *pedagogico,* che riguarda la capacità della scuola di dare adeguate risposte alle esigenze educative e alle richieste di alunni, genitori, docenti stessi;
- quello *sociale,* con il quale la scuola esplicita le proprie caratteristiche istituzionali nei confronti del territorio, in particolare degli organismi locali;
- quello *organizzativo,* con il quale la scuola rende note le scelte organizzative riguardanti l'erogazione del servizio, sia rispetto al piano interno delle attività sia rispetto a quello esterno, relativo alle esperienze. Rilevante novità, in questo senso, è la possibilità di prevedere un organico

aggiuntivo per l'autonomia che dovrebbe favorire l'ampliamento dell'offerta formativa;
- quello *finanziario,* con le indicazioni per la destinazione del fondo a disposizione della scuola.

Rispetto alla sua definizione, il Piano deve far prioritariamente riferimento agli attuali ordinamenti e ai percorsi previsti. È certamente confermata la possibilità, secondo i principi dell'autonomia, di modificare, benché solo in parte, i quadri orario previsti, previo il conseguimento degli obiettivi di apprendimento definiti.

> Una più dinamica gestione dell'organico, resa possibile dalla previsione di risorse aggiuntive, rende la strada della modifica dei quadri orari decisamente percorribile, soprattutto là ove si consideri che l'organico dell'autonomia, è definito come unitario e, nel suo complesso, finalizzato per l'appunto alla realizzazione del PTOF. (Bruschi, 2015)

Nell'ambito del principio della flessibilità, nel Piano vanno riportate tutte le scelte per il potenziamento dell'offerta formativa, cioè di quell'insieme di attività scolastiche che, pur non comprese negli ordinamenti, possono essere realizzate per sostenere i livelli della formazione.

Infine, nel Piano vanno collocate tutte quelle iniziative che riguardano la formazione per studenti e alunni in materia di sicurezza e primo soccorso, per l'educazione alla parità dei sessi, per la prevenzione alla violenza di genere, al bullismo, a tutte le forme di discriminazione; le attività di continuità e orientamento, anche in base alle opportunità offerte dal mondo del lavoro. Viene richiamato, in questo senso, anche il *Piano annuale per l'inclusione,* Direttiva ministeriale del 27 dicembre 2012, che, però, ha mantenuto carattere annuale e non pluriennale. Il PAI

Certamente, la costruzione di un Piano triennale costituisce un'operazione complessa e delicata, nella quale occorre l'impegno di tutti gli attori coinvolti sulla scena educativa, senza dimenticare che tale costruzione deve garantire, come aveva sostenuto Castoldi per l'allora POF, almeno quattro istanze di fondo: l'unitarietà, l'affidabilità, la rendicontabilità, l'integrazione.

> L'*unitarietà* implica la coerenza tra bisogni formativi rilevati, scelte culturali e soluzioni didattiche adottate; l'*affidabilità* richiede di esplicitare gli standard di apprendimento e di motivazione delle scelte curricolari; la *rendicontabilità* prefigura la definizione di indicatori dei processi e dei prodotti attesi, delle competenze e delle responsabilità dei diversi soggetti; l'*integrazione* individua il committente e i destinatari delle attività e dei servizi rivolti al territorio. (Cerini, 2010)

4. Soggetti e azioni per la costruzione del Piano triennale

Nella stesura del Piano triennale non bisogna dimenticare che si sta mettendo a punto un documento che dovrà garantire la realizzazione delle finalità fondamentali che la scuola persegue: il successo formativo di tutti e di ciascun alunno. La stessa predisposizione dell'organizzazione e la pianificazione delle attività didattiche non possono prescindere dalla consapevolezza che tutto va orientato all'apprendimento significativo.

Le finalità del PTOF

La stessa attenzione va riservata alle opportunità educative offerte dal contesto territoriale; esse vanno inserite senza forzature nel progetto educativo rapportandole agli obiettivi generali della scuola. L'accettazione di tali opportunità deve essere pedagogicamente critica; la scuola non può assumere un atteggiamento di accettazione passiva di ogni proposta extrascolastica né potrebbe essere, al contrario, una scuola che si fida solo delle proprie proposte e si arrocca in posizioni di difesa rispetto all'extrascuola.

D'altra parte, non possiamo dimenticare che la stessa realtà territoriale costituisce uno dei più importanti fattori di protezione e di sviluppo della popolazione giovanile. La protezione discende dal presupposto che la comunità locale può costituire un insuperabile baluardo per contrastare la devianza giovanile; lo sviluppo è collegato al fatto che l'intera collettività può organizzarsi in modo da promuovere condizioni di crescita più rispondenti ai bisogni reali dei ragazzi, dentro la scuola e fuori. Sono queste istanze fondamentali che riescono a dare un senso profondo all'offerta formativa di ciascuna scuola.

L'operazione di definizione prevede il coinvolgimento di tutti i protagonisti che in passato hanno curato la costruzione del POF, anche se ne modifica le responsabilità e le modalità di intervento. Rimane invariato il percorso, che prevede la raccolta di proposte, le fasi di confronto e di condivisione, la redazione del documento.

PTOF e dirigente scolastico

In realtà, alcuni elementi di fondo vengono parzialmente modificati. Il dirigente scolastico, ad esempio, pur conservando la sua responsabilità dirigenziale, è chiamato a declinare la propria leadership educativa non tanto in dinamiche decisionali, quanto in quelle di negoziazione e concertazione. In questo senso, il dirigente scolastico deve definire gli indirizzi, delineando il quadro di massima entro cui il Collegio dei docenti potrà elaborare il Piano. Tale documento, nel quale sono definiti gli indirizzi per le attività didattiche, gestionali e amministrative, va considerato come il punto di partenza per l'elaborazione del piano delle attività formative. Naturalmente, prima di definire tali indirizzi, il dirigente scolastico dovrà contattare, per la condivisione di aspetti generali, le varie realtà istituzionali, culturali, sociali ed economiche del territorio, tenendo nel dovuto conto proposte e pareri formulati dagli organismi e dalle associazioni dei genitori e, per le scuole secondarie di secondo grado, dagli studenti.

Appaiono modificati anche alcuni aspetti dei rapporti interni alla scuola, tra i dirigenti scolastici e gli organi collegiali, soprattutto nei confronti del Collegio dei docenti, per il quale essi devono svolgere funzioni di indirizzo, pur mantenendo la piena responsabilità in materia di funzionamento educativo-didattico.

Per quanto concerne l'iter di approvazione, esso prevede, sulla base del documento di indirizzo per il Collegio dei docenti, che quest'ultimo organismo formuli, in vista del conseguimento degli obiettivi prefissi, il Piano triennale. Una volta predisposto e approvato per gli aspetti educativi e formativi, il PTOF viene presentato al Consiglio di istituto per la sua approvazione definitiva.

> 4. Il piano è elaborato dal collegio dei docenti sulla base degli indirizzi per le attività della scuola e delle scelte di gestione e di amministrazione definiti dal dirigente scolastico. Il piano è approvato dal consiglio d'istituto. (Art. 1, comma 14, punto 4)

> Il Piano triennale riporta il quadro complessivo degli insegnamenti, delle attività curricolari ed extracurricolari, di quelle educative e organizzative, compresi il fabbisogno di strutture e di attrezzature e le attività di formazione per il personale della scuola e le risorse per la realizzazione dell'offerta formativa.
>
> Le istituzioni scolastiche predispongono, entro il mese di ottobre dell'anno scolastico precedente al triennio di riferimento, il piano triennale dell'offerta formativa. Il predetto piano contiene anche la programmazione delle attività formative rivolte al personale docente e amministrativo, tecnico e ausiliario, nonché la definizione delle risorse occorrenti in base alla quantificazione disposta per le istituzioni scolastiche. Il piano può essere rivisto annualmente entro il mese di ottobre. (Legge 107/2015, art. 1, comma 12)

Un aspetto fondamentale del PTOF deve necessariamente essere il piano di miglioramento: in questo senso, si insiste molto sul fatto che le istituzioni scolastiche promuovano, anche in ottica RAV, processi di valutazione e autovalutazione, con conseguenti rendicondazione sociale e diffusione dei risultati conseguiti. I dati riferiti al piano di miglioramento potranno essere utilizzati anche ai fini della valutazione dei dirigenti scolastici.

Quando redigere il PTOF

Rispetto alla tempistica, il Piano va predisposto entro il mese di ottobre precedente al triennio di riferimento e può essere rivisto e aggiornato annualmente entro l'ottobre di ciascun anno. In questa fase iniziale, il MIUR, dopo aver diffuso una nota il 5 ottobre 2015 nella quale ha indicato nel 15 gennaio 2016 la data per la sua definizione prorogando di fatto il termine ultimo, ha confermato tale linea sia nella nota del dell'11 dicembre 2015 che ha suggerito alle scuole orientamenti per la definizione del Piano, sia in quella del 7 gennaio 2016 per la formazione triennale del personale scolastico.

La normativa precedente legata al POF, stabiliva che tale documento avrebbe dovuto essere consegnato agli alunni e alle famiglie al momento dell'iscrizione. Oggi tale obbligo viene superato in quanto il Piano triennale, in base ai principi della trasparenza e dell'integrità, deve essere reso pubblico attraverso il Portale Unico dei Dati della Scuola, istituito con legge 107/2015, art. 1, comma 136, mentre con le stesse modalità dovranno essere rese immediatamente pubbliche le sue eventuali revisioni e modifiche.

5. La visione prospettica

Dall'avvio dell'autonomia (1° gennaio 2000), con l'attribuzione della personalità giuridica a ogni istituzione scolastica e l'entrata in vigore del Regolamento applicativo (DPR n. 275/1999), ogni scuola è impegnata a elaborare e a rendere pubblico il proprio Piano dell'offerta formativa (POF). Tale documento è diventato il perno dell'identità dell'istituto, anche se nel tempo si è spesso trasformato nella sommatoria gestionale di molte attività, anziché nell'impegno in una progettualità unitaria della scuola.

Dal POF al PTOF

Nella legge n. 107/2015 vengono definite le caratteristiche del Piano, la cui durata, da annuale (POF), si è trasformata in triennale (PTOF). Il triennio diventa, dunque, la nuova unità di misura della capacità progettuale delle singole istituzioni scolastiche e l'elemento ordinatore del curricolo d'istituto.

In particolare, come richiamato nella nota MIUR del 6 ottobre 2017, n. 1830, avente per oggetto «Orientamenti concernenti il Piano dell'offerta formativa», nel PTOF confluiscono le coordinate di una rappresentazione unitaria d'istituto, che nella nota n. 1830 vengono sintetizzate nei seguenti snodi:

- il legame con il Piano di miglioramento (PdM) di cui al DPR n. 80/2013, istitutivo del Sistema nazionale di valutazione (SNV);
- la programmazione delle attività di formazione del personale scolastico (art. 1, comma 12, legge n. 107/2015);
- i percorsi di alternanza scuola-lavoro (art. 1, comma 33, legge n. 107/2015);
- le azioni riferite al Piano Nazionale Scuola Digitale (art. 1, comma 57, legge n. 107/2015);
- il fabbisogno di infrastrutture e attrezzature (art. 1, comma 14, legge n. 107/2015);
- i fabbisogni dell'organico dell'autonomia (art. 1, comma 14, legge n. 107/2015).

In relazione all'ultimo punto, nella legge n. 107/2015 il tema delle assunzioni straordinarie dei docenti precari è confluito in un organico funzionale

> alle esigenze didattiche, organizzative e progettuali delle istituzioni scolastiche come emergenti dal Piano triennale dell'offerta formativa. I docenti concorrono alla realizzazione del Piano triennale dell'offerta formativa con attività di insegnamento, di potenziamento, di sostegno, di organizzazione, di progettazione e di coordinamento. (Art. 1, comma 5)

Costruire comunità

La prospettiva era ed è quella di dotare le singole scuole di un organico stabile, in grado di promuovere la creazione di una vera e propria *comunità professionale.*

Dall'insieme delle scelte sopra richiamate, si viene a configurare la prospettiva di una nuova identità dell'istituzione scolastica. In questo senso, la legge n. 107/2015

> sembra preoccuparsi della tenuta del valore unitario del bene istruzione e introduce la tutela degli «elementi comuni del sistema scolastico pubblico» tra i compiti affidati al dirigente scolastico, visto come garante dell'erogazione di un servizio scolastico caratterizzato da «livelli unitari e nazionali» di fruizione del diritto allo studio, concetto che dovrebbe poi sostanziarsi nei livelli essenziali delle prestazioni, principio di rango costituzionale. (Cerini, 2018)

L'elaborazione del PTOF diventa, pertanto, l'opportunità per una riflessione dei docenti, del dirigente e del personale amministrativo sul progetto della scuola: dalle scelte curricolari alla promozione di una cultura dell'inclusione, dell'autovalutazione e della valutazione, alla valorizzazione della cultura umanistica, in uno sforzo che impegna l'intera comunità scolastica e territoriale.

6. La seconda edizione del PTOF

Nell'anno scolastico 2018-2019 le scuole hanno dato vita al rinnovo del Piano triennale dell'offerta formativa. Infatti, l'art. 1, comma 12, della legge n. 107/2015 prevede che le istituzioni scolastiche predispongano il PTOF entro il mese di ottobre dell'anno scolastico precedente al triennio di riferimento. Pertanto, entro il mese di ottobre 2018 le scuole sono tenute a progettare la propria offerta relativa al periodo settembre 2019 – agosto 2022. Considerata la ristrettezza dei termini indicati dalla normativa, dovrebbero avere una proroga per consentire ai Collegi dei docenti e ai Consigli di istituto di operare avendo a disposizione tempi più distesi.

Un arco temporale più lungo che consentirebbe alle scuole di allineare in uno stesso periodo diversi e fondamentali appuntamenti, che interessano in particolare l'aggiornamento del RAV e la rendicontazione sociale.

A questo proposito, la nota MIUR del 28 febbraio 2017, n. 2182 *(Lo sviluppo del Sistema nazionale di valutazione per l'anno scolastico 2016/2017)* ha provveduto a prolungare di due anni il ciclo del Sistema nazionale di valutazione, fissando per il mese di agosto 2019 la rendicontazione degli esiti raggiunti dai Piani di miglioramento (PdM).

La tempistica è stata pertanto così modificata:

- ottobre 2018: aggiornamento del PTOF (2016-2019) e predisposizione della nuova versione (2019-2022);
- agosto 2019: rendicontazione sociale relativa al ciclo del SNV 2014-2019.

È indubbio che la triennalità del POF impegnerà dirigenti, docenti e organi collegiali in misura maggiore rispetto ai contenuti indicati nel DPR n. 275/1999. Si pensi alle attività riguardanti i Piani di miglioramento, alle azioni di formazione dei docenti, all'organico dell'autonomia.

Considerata la complessità della predisposizione del Piano triennale dell'offerta formativa, può risultare di grande utilità

> potersi riferire, su base volontaria, ad un modello esemplificativo fornito a livello centrale che suggerisca alla scuola gli aspetti da presidiare e i passaggi da valorizzare. Tale modello potrebbe essere un elemento di semplificazione e raccordo tra le scuole, anche in un'ottica di progettualità di rete e di governance territoriale. (Stancarone, 2018)

Come osserva Maria Teresa Stancarone, un'ulteriore opportunità che un modello nazionale potrebbe offrire consiste nella possibilità per le scuole di disporre di dati certi su cui basare le proprie analisi. In tal modo si potranno valorizzare le diverse istanze progettuali delle scuole e renderle più coerenti con i documenti della progettualità complessiva: RAV, PdM, PdF, PTOF.

L'obiettivo dell'amministrazione, infatti, non deve essere quello di fornire un format predisposto e pronto all'uso, ma quello di facilitare e sostenere la riflessione interna alla scuola, in quanto centro propulsore dell'intera comunità.

7. L'organico dell'autonomia

Il Piano triennale costituisce certamente una delle più interessanti innovazioni della legge 107/2015: viene, così, superato il disposto del

Regolamento dell'autonomia, art. 3, del 1999 a favore di una prospettiva più ampia di quella annuale, che può consentire alle scuole di dar vita a reali percorsi di formazione di elevato livello qualitativo.

Flessibilità didattica e organizzativa

Il Piano triennale afferma con convinzione la scelta del principio della flessibilità, intesa come strategia di approccio per qualificare l'azione formativa della scuola e ribadisce l'importanza di promuovere forme di flessibilità didattica e organizzativa. A confermare tale orientamento è la nota del MIUR dell'11 dicembre 2015.

Si vuole così sottolineare e ribadire come la piena realizzazione del curricolo di scuola e il raggiungimento degli obiettivi della legge non possano prescindere da forme organizzative flessibili, quali il potenziamento del tempo scolastico, anche oltre i modelli e i quadri orari, nei limiti della dotazione organica dell'autonomia, tenuto conto delle scelte degli studenti e delle famiglie, sin dalla scuola del primo ciclo.

La legge, pur non intervenendo sugli ordinamenti attuali della scuola né modificando alcun elemento di tipo strutturale, introduce, per garantire il principio della flessibilità, un'ulteriore innovazione che certamente è destinata a cambiare profondamente l'organizzazione della didattica: l'organico dell'autonomia.

Essa riprende l'idea di assegnare alle scuole un organico più ampio rispetto a quello destinato a coprire cattedre, insegnamenti e orari di lezione, idea che era stata formulata già alla metà degli anni Novanta, quando era stato introdotto nella scuola elementare l'organico funzionale di circolo a partire dall'anno scolastico 1997-1998.

> I provveditori agli studi, sulla base dell'organico complessivo fissato al comma 71, determinano l'organico funzionale di ciascun circolo didattico in relazione al numero degli alunni, alla consistenza delle classi, al sostegno necessario per l'integrazione degli alunni portatori di handicap, alla distribuzione delle scuole sul territorio e alle relative situazioni socio-ambientali, nonché alla diffusione dell'insegnamento della lingua straniera e alle esigenze di scolarizzazione a tempo pieno espresse dall'utenza. (Legge 662/1996, art. 1, comma 72)

La scelta innovativa fu estesa a partire dall'anno scolastico 1999-2000 anche alla scuola dell'infanzia, mentre per le secondarie, in quello stesso anno, in base al disposto del DM n. 71/1999, sarebbe partita in 366 scuole una sperimentazione con organici potenziati sulla base di specifici progetti. Negli anni successivi, l'organico funzionale sarebbe stato progressivamente assorbito da altre esigenze, sino a scomparire del tutto.

L'idea era stata riproposta successivamente con la creazione di un organico funzionale di rete tra le scuole dell'autonomia per potenziare l'offerta formativa, promuovere l'integrazione scolastica, combattere la dispersione e l'insuccesso scolastico. Era stato l'art. 50 del DL n. 5 del 9 febbraio 2012, il Decreto legislativo su semplificazione e sviluppo, a stabilire tutto ciò. In realtà, il fatto che non sia stato mai dato impulso alla creazione di reti di scuole ha indirettamente impedito la realizzazione di tale prospettiva, che oggi viene ripresa con la proposta dell'organico dell'autonomia: nei commi 5-7 della legge si sancisce che

> i docenti dell'organico dell'autonomia concorrono alla realizzazione del Piano triennale dell'offerta formativa con attività di insegnamento, di potenziamento, di sostegno, di organizzazione, di progettazione e di coordinamento.

Composizione dell'organico

Tale organico, determinato con cadenza triennale e su base regionale, comprenderà *l'organico di diritto,* quello *per il potenziamento* e quello *per il sostegno,* comprensivo anche dei posti in deroga per i casi più gravi di alunni con disabilità. Esso potrà consentire realmente alle scuole, se ben applicato, di realizzare forme di flessibilità che, semplificando, potrebbero riguardare:

- *per gli studenti:* le modalità lavorative per classi aperte, l'articolazione di gruppi classe in sottogruppi, laboratori, atelier, le forme di individualizzazione e personalizzazione, anche come richiamato dalla circolare del MIUR dell'11 dicembre 2015;
- *per le attività:* l'articolazione modulare del monte ore annuale di ciascuna disciplina, compresi gli insegnamenti interdisciplinari; la programmazione flessibile anche su base plurisettimanale dei tempi del curricolo complessivo e di quelli delle singole discipline; il potenziamento del tempo scolastico, anche con eventuali orari aggiuntivi coperti con attività svolte dalle dotazioni organiche dell'autonomia, tenendo conto delle richieste dell'utenza.

Nel Piano triennale le scuole potranno prevedere il potenziamento dell'organico indicando, oltre al tipo di attività per il potenziamento dell'offerta formativa, il contingente di risorse professionali che occorreranno per tale realizzazione. Una volta assegnate le risorse, saranno i dirigenti scolastici a conferire direttamente gli incarichi di durata triennale ai docenti. Questa possibilità di permanenza nella stessa sede per un triennio afferma la prevalenza della qualità del servizio scolastico e del diritto all'apprendimento degli studenti su un interesse, pur legittimo, dei docenti di spostarsi annualmente per motivi personali.

Si tratta di una novità che, insieme agli ambiti di assegnazione e trasferimento, è destinata a influire sensibilmente sui meccanismi della mobilità scolastica. È previsto che, dopo questa fase iniziale, tale organico confluirà nell'unico OA, che sarà finalizzato all'ampliamento dell'offerta formativa. La sua gestione consentirà alle singole scuole di adottare quelle forme di flessibilità organizzative e didattiche in grado di valorizzare tutte le potenzialità di ciascuno studente.

8. Le disposizioni più recenti sugli organici

L'organico dell'autonomia è progressivamente diventato una realtà importante per la scuola italiana. Il MIUR ha diffuso recentemente la nota n. 16041 del 29 marzo 2018, nella quale sono state definite le dotazioni organiche del personale docente per l'anno scolastico 2018-2019.

Le norme

La normativa di riferimento è quella precedente, con i vari regolamenti attuativi dell'art. 64 del decreto legge n. 112, comma 4, convertito in legge n. 133 del 6 agosto 2008 per la formazione delle classi, nonché sugli ordinamenti della scuola dell'infanzia, della scuola primaria e della scuola secondaria di primo e di secondo grado come da DPR n. 81 del 20 marzo 2009. Ulteriori norme di riferimento sono la legge n. 107/2015, che ha costituito l'organico dell'autonomia con posti comuni, di sostegno, aggiuntivi per il potenziamento (comma 63), e i decreti di delega D.lgs. n. 65/2017 per il sistema integrato 0-6 e D.lgs. n. 61/2017 di revisione dei percorsi dell'istruzione professionale e del raccordo con i percorsi di IeFP.

Scuola dell'infanzia

Per quanto concerne la scuola dell'infanzia, per la prima volta le sono assegnati posti comuni di potenziamento in riferimento al disposto del D.lgs. n. 65/2017, recuperandoli prioritariamente dalla dotazione assegnata alla scuola secondaria di secondo grado, poi da quella della scuola primaria e, infine, dalla scuola secondaria di primo grado. Come modello orario di funzionamento è confermato quello delle 40 ore settimanali, elevabile, su richiesta delle famiglie, sino a un massimo di 50 ore settimanali e riducibile a 25 ore settimanali. Le sezioni primavera possono essere attivate in base agli accordi della Conferenza Unificata e nei limiti delle disponibilità. Viene confermata la possibilità dell'anticipo scolastico per i bambini che hanno compiuto i 3 anni di età entro il 30 aprile 2018, previa valutazione di carattere pedagogico-didattico da parte del Collegio dei docenti circa tempi e modalità di accoglienza.

Scuola primaria

Per la scuola primaria è confermato il modello ordinario a 27 ore settimanali, mentre quello a 24 ore sarà attivabile solo su richiesta delle famiglie in numero tale da costituire una classe. Lo stesso vale per il tempo pieno, con l'orario di 40 ore settimanali per classe, comprensive del tempo mensa, con l'assegnazione di due docenti per classe e l'obbligo dei rientri pomeridiani. È suggerita l'articolazione flessibile del tempo scuola per il miglior utilizzo delle risorse professionali. Le pluriclassi possono essere previste solo per le zone particolarmente disagiate. Gli spezzoni orario dei posti comuni possono essere abbinati alle ore aggiuntive per l'insegnamento dell'inglese, mentre quelli non inferiori alle 12 ore si arrotondano a posti interi. Per quanto concerne l'insegnamento della lingua inglese, è impartito dai docenti in possesso dei requisiti nelle classi loro assegnate; solo dove ciò non sia possibile, sono istituiti posti per docenti specialisti in ragione di un posto ogni 7 o 8 classi, con almeno 18 ore settimanali. Il potenziamento delle discipline motorie, art. 1, comma 616, legge n. 205/2017, è rinviato all'anno scolastico 2019-2020 previa delibera del Collegio dei docenti e aggiornamento del PTOF. L'insegnamento della religione cattolica, in base all'Accordo modificativo del Concordato lateranense e del Protocollo addizionale, legge n. 121 del 25 marzo 1985, e delle conseguenti intese, è affidato ai docenti in possesso dei requisiti richiesti. Qualora tale insegnamento non sia prestato dal docente di classe, viene nominato uno specifico docente. Nel caso di disponibilità di ore, queste possono essere utilizzate per estendere il tempo scuola fino a 30 ore settimanali, coprire il tempo mensa come aggiuntivo alle 30 ore nei rientri pomeridiani, estendere il tempo pieno a nuove classi, realizzare interventi di arricchimento e recupero per piccoli gruppi.

Scuole secondarie

Per quanto concerne la scuola secondaria, sono state impartite disposizioni comuni per il primo e il secondo ciclo, stabilendo che l'attribuzione delle ore dell'organico alle classi di concorso deve prioritariamente tutelare la titolarità dei docenti già in servizio, un'ottimale formazione delle cattedre e la continuità educativa, sempre tenendo conto di indirizzo, articolazione, opzione, curricolo delle scuole.

Primo grado

Nello specifico della scuola secondaria di primo grado, ci sono due modelli di articolazione oraria: quello del tempo scuola ordinario con 30 ore settimanali e quello del tempo prolungato con 36 ore settimanali, comprensive di mensa, elevabili sino a 40, anche se le risorse di organico coprono le 38 ore settimanali, per cui devono essere utilizzate le due ore di approfondimento delle discipline.

Nel tempo normale le cattedre, in base al DM n. 37/2009, sono di 18 ore e prevedono: italiano, storia e geografia ogni 2 classi (9 + 9), con l'aggiunta dell'ora di approfondimento della lingua italiana; matematica ogni 3 classi; inglese ogni 6 classi; seconda lingua comunitaria, tecnologia, arte e immagine, scienze motorie e sportive e musica ogni 9 classi; religione ogni 18 classi.

Nel tempo prolungato tutte le cattedre sono di 18 ore e prevedono: ogni 6 classi, 5 cattedre di italiano, storia e geografia; ogni 2 classi, una cattedra di matematica; ogni 6 classi, una cattedra di inglese; ogni 9 classi, una cattedra rispettivamente di seconda lingua comunitaria, tecnologia, arte e immagine, scienze motorie e sportive e musica; ogni 18 classi, una cattedra di religione; una o due ore in più (da 38 a 40) saranno assegnate su richiesta dalla scuola.

Non vi sono modifiche per l'insegnamento dello strumento musicale e sono confermate le norme di garanzia per i docenti della seconda lingua comunitaria con contratto a tempo indeterminato per richieste di cambiamento della lingua.

Secondo grado

Per ciò che concerne le secondarie di secondo grado, nelle scuole in cui sono presenti istituti di diverso ordine o sezioni di liceo musicale e coreutico, le classi prime sono definite separatamente per ogni indirizzo; negli altri casi il numero delle classi prime è definito in base al numero degli alunni iscritti, senza considerare i vari indirizzi presenti nell'istruzione tecnica, nell'istruzione professionale e nei vari licei. Per le classi iniziali del secondo biennio si applica la precedente normativa, con il numero delle classi definito in base al numero degli alunni iscritti, non considerando i diversi indirizzi, articolazioni, opzioni. Le classi intermedie sono costituite in numero pari alle classi di provenienza degli alunni, purché il numero medio di alunni per classe non sia inferiore a 22. Le classi terminali, secondo il principio della continuità, completano il percorso purché siano composte da almeno 10 alunni.

> Le istituzioni scolastiche possono utilizzare le quote di autonomia e di flessibilità dei curricoli, nell'ambito degli indirizzi definiti dalle regioni e in coerenza con il profilo educativo, culturale e professionale, sia per potenziare gli insegnamenti obbligatori per tutti gli studenti, con particolare riferimento alle attività di laboratorio, sia per attivare ulteriori insegnamenti, finalizzati al raggiungimento degli obiettivi previsti dal Piano triennale dell'offerta formativa. (Nota MIUR n. 16041 del 29 marzo 2018)

Istruzione professionale

Per l'istruzione professionale, i percorsi per il passaggio al nuovo ordinamento previsto dal D.lgs. n. 61/2017 saranno definiti dalle classi prime dall'anno scolastico 2018-2019. Alle scuole è stata data la possibilità di utilizzare in autonomia la quota del 20% dell'orario complessivo del tempo scuola di biennio e triennio rispettando alcuni vincoli: per le attività dell'area generale il monte ore del biennio e di ciascuna classe del triennio non può essere ridotto oltre il 20%; all'attività di indirizzo deve essere garantito il monte ore minimo dei quadri orari. La quota è finalizzata al conseguimento degli obiettivi di apprendimento dei profili di uscita di ciascun indirizzo di studio e al potenziamento degli insegnamenti obbligatori, con particolare riferimento alle attività di laboratorio in base ai criteri generali e al PECUP.

Un successivo Decreto interministeriale definirà i percorsi di istruzione e formazione professionale (IeFP) e la sussidiarietà tra i sistemi. I percorsi triennali per le qualifiche sono realizzati dalle Regioni, mentre quelli di IeFP possono essere realizzati dagli istituti professionali in regime di sussidiarietà.

Per l'istruzione degli adulti e i corsi di secondo livello (ex serali) non vi sono innovazioni, per cui continua ad applicarsi il DPR n. 263 del 29 ottobre 2012: l'organico dei docenti opererà sui percorsi di primo livello, realizzati dai CPIA, per il titolo di studio conclusivo del primo ciclo di istruzione e la certificazione relativa all'obbligo di istruzione; sui percorsi di secondo livello (ex corsi serali) con istruzione tecnica, professionale e artistica per il conseguimento del diploma; sui percorsi di alfabetizzazione e di apprendimento della lingua italiana, realizzati dai CPIA, per gli adulti con cittadinanza non italiana in età lavorativa. Per i corsi di secondo livello (ex serali) è previsto un monte ore pari al 70% di quello dei corsi diurni.

CPIA

Licei musicali

Infine, per i licei musicali i posti in organico sono partiti dall'anno scolastico 2017-2018 e riguardano le classi di concorso di Storia della musica, Tecnologie musicali, Teoria, Analisi e Composizione. Per l'insegnamento di strumento a ogni sezione del quinquennio sono assegnate 6 ore di primo strumento e 4 del secondo. Per quanto riguarda il laboratorio di musica d'insieme, le ore devono essere utilizzate prioritariamente per completare le cattedre di strumento.

È stata attivata la funzione SIDI (Sistema informativo dell'istruzione) per l'organico 2018-2019 dei licei musicali-sezione coreutica con possibilità di incremento delle sezioni di danza classica e danza contemporanea nelle classi terza, quarta e quinta.

I posti di sostegno sono assegnati, anche con la costituzione di reti di scuole, in base al disposto della sentenza n. 80 del 22 febbraio 2010 della Corte Costituzionale: le classi delle scuole di ogni ordine e grado, compresa la scuola dell'infanzia, che accolgono alunni con disabilità sono formate secondo i criteri e i parametri dell'art. 5 del Regolamento sul dimensionamento. L'art. 15, comma 3 bis, del decreto legge del 12 settembre 2013, n. 104, convertito con legge n. 128 dell'8 novembre 2013, ha stabilito l'unificazione delle aree scientifica, umanistica, tecnica-professionale-artistica, psicomotoria. Tale scelta influisce sulla mobilità del personale docente, mentre gli organici devono essere definiti tenendo conto delle quattro aree per le immissioni in ruolo dalle GAE (graduatorie a esaurimento).

Le scuole presso gli ospedali sono considerate sezioni separate rispetto alle sedi di organico dell'autonomia che le comprendono.

Per i percorsi di istruzione degli adulti negli istituti di prevenzione e pena sono previsti un docente per la scuola primaria e tre docenti di scuola secondaria di primo grado per i percorsi di primo livello, primo e secondo periodo didattico, e per i percorsi di alfabetizzazione e apprendimento della lingua italiana.

Il Decreto direttoriale n. 98 del 19 aprile 2018 ha rimodulato i posti comuni per il potenziamento per l'anno scolastico 2018-2019, ripartendoli tra i vari gradi dell'istruzione.

CAPITOLO TRENTESIMO

L'inclusione degli alunni con disabilità

1. Cenni storici 2. Dal 1962 al 1977 3. Dal 1977 al 1990 4. Dal 1990 al 2000 5. Dal 2000 al 2010 6. La classe, ambiente di inclusione

1. Cenni storici

Greci e Romani

La presenza nelle società antiche di ciechi, sordi, storpi è coincisa con sistematiche politiche di rifiuto e di soppressione di individui considerati un peso insopportabile per città, Stati, gruppi sociali che avevano bisogno di persone forti (guerrieri, soldati, cavalieri) e che rispondessero a particolari canoni estetici.

Platone ne *La Repubblica* scrive:

> I migliori devono unirsi ai migliori e i mediocri con i mediocri. Si deve allevare la prole dei primi, non quella dei secondi.

Anche il mondo romano accoglie la tradizione della cultura greca. Seneca nelle *Epistulae* afferma:

> Affoghiamo i bambini che al momento della nascita siano deformi e anormali. Non è la rabbia, ma la ragione che separa il nocivo dal sano.

Nella cultura greca e romana non c'era alcuna pietà per i bambini che nascevano con malformazioni.

Il Cristianesimo

Il messaggio cristiano ha prodotto una rottura con tali orientamenti. Ciechi, sordi, lebbrosi, ecc. trovano in Cristo una persona che li incontra, li ascolta, li guarisce.

Nietzsche

Contro questa scelta, si scaglierà Friedrich Nietzsche il quale ne *L'Anticristo* stabilisce che il primo principio dell'amore per gli uomini è: «I deboli e i malnutriti devono soccombere». Secondo Nietzsche, il Cristianesimo, che contempla la compassione verso i deboli, è più nocivo di un qualsiasi vizio.

Nel corso dei secoli, la vita delle persone disabili ha conosciuto solo esclusione, violenza e ghettizzazione. Dobbiamo aspettare gli ultimi duecento anni per assistere a un radicale mutamento.

Questo grande cambio avviene con l'Illuminismo, che rifiuta la tradizione (in particolare quella metafisica) e propugna principi di uguaglianza, di libertà, di fratellanza, nei confronti di tutti, anche verso *l'insolito.*

Itard e Séguin

Due grandi medici francesi, Jean-Marc Itard e Éduard Séguin, apriranno un orizzonte completamente nuovo verso gli «idioti» e i cosiddetti ineducabili.

Itard si prende cura di un bambino selvaggio trovato nella foresta dell'Aveyron nel 1799 e lo educherà secondo i canoni della filosofia sensistica; Séguin, sulle orme del maestro Itard, elabora il metodo fisiologico per l'educazione degli «idioti».

Montessori

In Italia spicca, per la fama attribuita in ambito internazionale, Maria Montessori. Ella accoglie il testimone dei due grandi medici francesi ed elabora una concezione formativa dei «deficienti» che confluisce in una vera e propria pedagogia scientifica. Al centro del rapporto educativo è collocato il bambino, secondo il motto di Jean-Jacques Rousseau: «Discat a puero magister» (il maestro impari dal bambino).

Fino alla seconda metà del Novecento, la gran parte dei bambini con disabilità era accudita dai genitori. I figli con deficit, infatti, nascevano e morivano nella grande famiglia patriarcale dove c'era posto per tutti, anche per coloro per i quali bisognava «portare la croce». Nelle città e nei centri maggiori erano presenti appositi istituti nei quali i disabili venivano accolti. L'esistenza di queste strutture dipendeva in larga misura dalla beneficenza privata e dai Comuni.

La Costituzione

Con l'entrata in vigore della Costituzione della Repubblica Italiana (1° gennaio 1948) si determinano alcune condizioni di enorme rilevanza rispetto al ventennio fascista e, più in generale, ai decenni precedenti:

– *l'uguaglianza* di tutti i cittadini e l'obbligo della Repubblica di rimuovere gli ostacoli alla piena realizzazione della persona umana (art. 3);
– il principio che la *scuola è aperta a tutti*, nessuno escluso (art. 34).

Negli anni Cinquanta il Parlamento italiano discuterà vari disegni di legge che porteranno all'istituzione della scuola media unica (1962) e della scuola materna statale (1968).

Si annunciava una nuova stagione che avrebbe portato rilevanti vantaggi per tutti, comprese le persone in situazione di disabilità.

2. Dal 1962 al 1977

Scuole speciali e classi differenziali

Gli anni Sessanta coincidono con l'istituzione da parte del Ministero della Pubblica Istruzione delle *classi differenziali* e dell'estensione delle *scuole speciali*.

La legge istitutiva della scuola media unica del 31 dicembre 1962, n. 1859, prevedeva all'art. 12 la possibilità di istituire le classi differenziali per alunni con disadattamento scolastico.

> Le classi differenziali non possono avere più di 15 alunni. Della Commissione, che dovrà procedere al giudizio per il passaggio degli alunni a tali classi, faranno parte due medici, di cui almeno uno competente in neuropsichiatria, in psicologia, o materie affini e un esperto in pedagogia.

Nel mese di luglio dello stesso anno, la direzione generale dell'istruzione elementare aveva già provveduto all'istituzione di classi differenziali per la scuola elementare.

Mentre le classi differenziali funzionavano presso apposite aule della scuola frequentata da tutti gli alunni, alle scuole speciali accedevano esclusivamente bambini e ragazzi con disabilità.

I docenti che prestavano servizio nelle scuole speciali dovevano essere in possesso del *titolo di specializzazione*, rilasciato dalle scuole ortofreniche o conseguito al termine dei corsi di fisiopatologia dello sviluppo psichico e fisico del fanciullo.

Nel corso degli anni Sessanta e fino alla prima metà del decennio successivo, le classi differenziali conosceranno una significativa presenza in tutte le aree del Paese. Lo stesso vale anche per le scuole speciali.

Anche nella legge istitutiva della scuola materna statale, 18 marzo 1968, n. 444, era stata prevista la possibilità di istituire «sezioni speciali» all'interno delle scuole stesse.

In realtà, però, tale eventualità rimase sulla carta perché nel frattempo la contestazione culturale e i movimenti di protesta del 1968 stavano determinando radicali mutamenti.

La legge 118/1971

Infatti, di lì a qualche anno, la legge 118/1971 avrebbe aperto uno scenario completamente nuovo.

Nell'art. 28 di tale provvedimento si afferma:

> L'istruzione dell'obbligo deve avvenire nelle *classi normali* della scuola pubblica, salvi i casi in cui i soggetti siano affetti da gravi deficienze intellettive o da menomazioni fisiche di tale gravità da impedire o rendere molto difficoltoso l'apprendimento o l'inserimento nelle predette classi normali. Le stesse disposizioni valgono per le istituzioni prescolastiche e per i doposcuola.

Dalla separazione alla coeducazione

Al principio della *separazione* degli anni Sessanta, subentra quello della *coeducazione* tra alunni normodotati e disabili.

Tale principio porterà il nostro Paese a scegliere la strada della piena inclusione di tutti i soggetti con deficit nelle classi normali. Inizialmente tale dispositivo riguarderà solo la scuola dell'obbligo, ma, nel corso del decennio successivo, esso sarà esteso a tutti i gradi e ordini scolastici.

La Relazione Falcucci

Nel 1975 una Commissione istituita dal Ministero della Pubblica Istruzione e presieduta dalla senatrice Franca Falcucci, rende pubblica una relazione (più conosciuta come Relazione Falcucci) in cui si gettano le basi di una delle leggi più importanti del nostro ordinamento scolastico, la n. 517/1977.

In tale Relazione, si afferma che:

> la scuola appare la struttura più appropriata per far superare la condizione di emarginazione in cui altrimenti sarebbero condannati i bambini handicappati, anche se deve considerarsi essenziale un'organizzazione dei servizi sanitari e sociali finalizzati all'identico obiettivo.

La legge 517/1977

La Relazione Falcucci prepara il terreno alla legge del 4 agosto 1977, n. 517, che generalizza una svolta radicale nell'educazione dei ragazzi con deficit. All'art. 2 di questa legge si afferma che la programmazione educativa della scuola

> può comprendere attività integrative organizzate per gruppi di alunni della stessa classe oppure di classi diverse anche allo scopo di realizzare interventi individualizzati in relazione alle esigenze dei singoli alunni.
>
> Nell'ambito di tali attività, la scuola attua *forme di integrazione degli alunni portatori di handicaps* con la prestazione di insegnanti specializzati.

La legge 517/1977 prevede altresì la soppressione delle classi differenziali, mentre negli stessi anni Regioni, Province e Comuni avevano cominciato a smantellare le scuole speciali.

La legge n. 517 segna un cambio di portata storica. L'Italia è ancora oggi l'unico Paese al mondo che ha scelto di integrare nelle classi comuni tutti gli alunni con disabilità, compresi quelli in condizione di gravità.

3. Dal 1977 al 1990

Il periodo 1977-1990 rappresenta la fase di avvio e, in parte, di consolidamento dell'inserimento degli alunni disabili nella nostra scuola.

La legge n. 517/1977 ha interessato la scuola dell'obbligo (elementare e media). Il principio contenuto sarà progressivamente esteso alla scuola materna statale (1982) e alla scuola secondaria di secondo grado (1987).

Nella legge del 20 maggio 1982, n. 270, all'art. 12 si afferma che

La legge 270/1982

> ciascuna sezione di scuola materna è costituita con un numero massimo di 30 bambini e un numero minimo di 13, ridotti rispettivamente a 20 e a 10, per le sezioni che accolgono bambini portatori di handicap.

Inoltre, nello stesso articolo si prevede che l'organico provinciale della scuola materna comprenda anche posti di sostegno da istituire in ragione, di regola, di 1 posto ogni 4 bambini con disabilità.

I Programmi 1979 e 1985

Nel giro, quindi, di cinque anni l'intero segmento della «scuola di base» (3-14 anni) è stato coinvolto nella scelta determinata dalla legge n. 517/1977, scelta che viene recepita nei Programmi della scuola media del 1979 e in quelli della scuola elementare del 1985.

Nei primi (DM del 9 febbraio 1979) si sostiene la necessità di costruire un sistema integrato (scuola, enti locali, famiglie) in quanto

> il solo inserimento dell'alunno handicappato nella scuola non risolve le difficoltà ma rischia addirittura di determinare situazioni dannose per lo stesso handicappato e gli altri membri della comunità classe.

Si ribadisce che un'effettiva integrazione degli alunni con disabilità deve coincidere con un impegno corale di tutte le istituzioni coinvolte in tale processo.

Nei Programmi della scuola elementare del 1985 un intero paragrafo è dedicato all'integrazione degli allievi con deficit. Si ribadisce che va operata una netta distinzione tra situazioni di disabilità e di svantaggio che non vanno confuse tra loro.

> In ogni caso l'obiettivo d'apprendimento non può mai essere disatteso e tantomeno sostituito da una *semplice socializzazione in presenza* perché il processo di socializzazione è in larga misura una questione di apprendimento e perché la mancanza di corretti interventi di promozione dello sviluppo potrebbe produrre ulteriori forme di emarginazione.
>
> L'alunno in situazione di handicap pone alla scuola una domanda più complessa di aiuto educativo e di sostegno didattico.

Gli Orientamenti 1991

Per quanto concerne gli Orientamenti della scuola dell'infanzia del 1991, nel paragrafo *Uguaglianza e diversità* si sottolinea che

> la scuola offre ai bambini con handicap adeguate opportunità educative, realizzandone l'effettiva integrazione secondo un articolato progetto educativo e didattico, che costituisce parte integrante della programmazione.

Negli Orientamenti del 1991 vengono contemplate le condizioni irrinunciabili per un'integrazione positiva dei bambini con disabilità:

– la cultura dell'istituzione scolastica;
– la corresponsabilità educativa dei docenti;
– la predisposizione del progetto educativo e didattico;
– la collaborazione interistituzionale;
– la ricchezza del bambino disabile, come risorsa per la scuola. (Rondanini, 2011a)

Come sopra richiamato, nel periodo 1977-1990 si consolida a tutti i livelli (culturale, medico, sociale e organizzativo) la scelta dell'integrazione scolastica degli alunni con deficit contemplata nella legge 517.

A una prima fase di smarrimento e anche di conflittualità tra docenti e genitori, insegnanti e specialisti clinici, subentra un periodo in cui aumentano consapevolezze e reciproche responsabilità.

Gli insegnanti di sostegno

Viene posto in più occasioni il tema dei compiti e delle funzioni degli *insegnanti di sostegno.*

Nella CM del 28 luglio 1979, n. 199, si sottolinea:

> La locuzione *insegnanti di sostegno* è ormai così invalsa nell'uso comune che si può accettarla ufficialmente. Quello che invece bisogna evitare è che i suoi compiti siano interpretati in modo riduttivo e cioè in sottordine rispetto all'insegnante di classe, come purtroppo sta avvenendo in qualche caso.
>
> L'insegnante di sostegno deve quindi essere coinvolto nella programmazione educativa e partecipare a pari titolo all'elaborazione e alla verifica delle attività di competenza dei consigli e dei collegi dei docenti.

Lo stesso principio viene ribadito sei anni dopo nella CM del 3 settembre 1985, n. 250:

> La responsabilità dell'integrazione dell'alunno in situazione di handicap è, al medesimo titolo, dell'insegnante di sostegno, degli insegnanti di classe (sezione) e della comunità scolastica nel suo insieme.
>
> Ciò significa che non si deve mai delegare al solo insegnante di sostegno l'attuazione del progetto educativo individualizzato.

L'insegnante di sostegno, quindi, è una figura che deve contribuire, insieme ai colleghi della classe, a promuovere un *servizio di sostegno* e un ambiente di aiuto e facilitazione allo sviluppo completo del bambino con disabilità.

La sentenza n. 215/1987

A dieci anni dalla legge n. 517, i giudici della Corte Costituzionale emanano la sentenza del 3 giugno 1987, n. 215. Si tratta di uno dei pronunciamenti più importanti del periodo che stiamo esaminando.

Nella sentenza si afferma:

> È ormai superata in sede scientifica la concezione di una radicale irrecuperabilità degli handicappati e, di conseguenza, neanche di fronte ad un caso gravissimo può essere rifiutata l'iscrizione e/o la frequenza in modo aprioristico.

Oltre a tale principio, la suprema magistratura del nostro Stato sostiene una serie di altri importanti presupposti:

- la mancanza di scolarizzazione è fonte di regressione per gli alunni con deficit;
- la scolarizzazione è funzionale all'inserimento sociale e all'integrazione nella propria comunità civile;
- l'isolamento è negativo; pertanto, la scuola deve favorire sempre il recupero;
- la capacità e il merito vanno riferiti al progetto educativo individualizzato e non esclusivamente al programma;
- i genitori con i figli disabili vanno aiutati.

La sentenza n. 215 apre le porte delle scuole superiori agli studenti con disabilità, dichiarando incostituzionale un passaggio dell'art. 28 della legge n. 118/1971. In un comma di questo articolo si affermava che «sarà facilitata» la frequenza alle scuole secondarie superiori. La sentenza sostituisce il «sarà facilitata» con un «sarà assicurata». Tale disposizione diventa immediatamente precettiva e cogente, imponendo agli organi scolastici di non frapporre impedimenti a tale obbligo. La sentenza n. 215 della Corte Costituzionale verrà recepita dal Ministero della Pubblica Istruzione nel 1988.

Infatti, la CM del 22 settembre 1988, n. 262, detterà vincoli e procedure per l'iscrizione e la frequenza degli studenti con disabilità all'istruzione superiore.

Si completa così nel decennio 1977-1987 la fase dell'inserimento degli alunni con deficit in tutti gli ordini e i gradi del sistema scolastico italiano, da 3 a 19 anni.

I temi posti all'attenzione del mondo politico, scolastico e amministrativo da parte dei giudici della Corte saranno ripresi nella legge quadro del 5 febbraio 1992, n. 104, che porta a sintesi tutte le problematiche e i compiti dal 1977 in poi.

4. Dal 1990 al 2000

Nell'ultimo decennio del secolo scorso i temi dell'educazione e dell'istruzione delle persone in situazione di disabilità non hanno interessato solo l'ambito scolastico, ma si sono ampliati all'intero arco della vita, comprendendo in particolare il diritto *all'inserimento lavorativo.*

La legge-quadro n. 104/1992

La legge-quadro per l'assistenza, l'integrazione sociale e i diritti delle persone handicappate del 5 febbraio 1992, n. 104 avvia un periodo di rafforzamento dei principi stabiliti dalla sentenza n. 215/1987 e di ulteriori significativi cambiamenti. Riordina le norme fino ad allora emanate e colloca il principio dell'integrazione nell'ambito dei diritti della persona e del cittadino (diritto allo studio, alla salute, alla sicurezza sociale, al lavoro, al tempo libero, ecc.).

Nell'art. 3 della legge 104 si afferma che:

> è persona handicappata colui che presenta una minorazione fisica, psichica, sensoriale, stabilizzata o progressiva che è causa di difficoltà di apprendimento, di relazione o di integrazione lavorativa e tale da determinare un processo di svantaggio sociale o di emarginazione.

Nello stesso articolo si caratterizza la situazione di gravità legata alla riduzione dell'autonomia personale e al bisogno sistematico di assistenza.

> Qualora la minorazione, singola o plurima, abbia ridotto l'autonomia personale, correlata all'età, in modo da rendere necessario un intervento assistenziale permanente continuativo e globale nella sfera individuale o in quella di relazione, la situazione assume connotazioni di gravità.
>
> Le situazioni riconosciute di gravità determinano priorità nei programmi e negli interventi dei servizi pubblici.

La certificazione da parte degli specialisti sanitari dovrà tenere conto della definizione di cui all'art. 3 della legge 104, evitando di stilare diagnosi di disabilità di utenti appartenenti a fasce di svantaggio socio-economico che non rientrano nei criteri indicati nella legge.

Nell'art. 12 (diritto all'educazione e all'istruzione) si afferma:

> Al bambino da 0 a 3 anni handicappato è garantito l'inserimento negli asili nido.
>
> È garantito il diritto all'educazione e all'istruzione della persona handicappata nelle sezioni di scuola materna nelle classi comuni delle istituzioni scolastiche di ogni ordine e grado e nelle istituzioni universitarie.

Si estende ulteriormente, quindi, l'arco della vita in cui i bisogni educativi delle persone con deficit devono essere tutelati: dall'asilo nido all'università.

Nello stesso articolo si indicano le finalità che l'integrazione scolastica deve perseguire:

> L'integrazione scolastica ha come obiettivo lo sviluppo delle potenzialità della persona handicappata nell'*apprendimento,* nella *comunicazione,* nelle *relazioni* e nella *socializzazione.*

Apprendimento, comunicazione, relazione e socializzazione sono i fondamentali obiettivi che la scuola deve tradurre nel Piano educativo individualizzato di ogni alunno disabile.

La legge 104/1992 rilancia poi il tema dell'approccio interistituzionale dell'integrazione scolastica e sociale degli studenti con disabilità.

L'art. 15 della legge, infatti, prevede la costituzione, presso ogni provveditorato agli studi, di un Gruppo di lavoro interistituzionale provinciale (GLIP), composto da tutti i soggetti coinvolti nel processo di inclusione delle persone con deficit (scuola, ASL, enti locali, famiglie).

Il GLIP

La legge 104/1992 segna una delle tappe più importanti dell'inclusione sociale delle persone in situazione di disabilità e delinea un complesso di aiuti e provvidenze che costituiscono ancora oggi uno dei riferimenti giuridici più importanti.

L'Atto di Indirizzo 1994

Il DPR del 24 febbraio 1994, *Atto di indirizzo e di coordinamento relativo ai compiti delle unità sanitarie locali in materia di alunni portatori di handicap,* riprende alcuni passaggi della legge-quadro del 1992 e definisce i compiti delle ASL relativamente agli strumenti utili all'identificazione e alla conoscenza della persona con disabilità.

Tali strumenti sono:

- *la certificazione medica* con la quale si individua la natura della minorazione del soggetto disabile;
- *la diagnosi funzionale* in cui vengono descritte le potenzialità della persona disabile in relazione ai seguenti aspetti: cognitivo, affettivo-relazionale, linguistico sensoriale, motorio-prassico, neuropsicologico, autonomia personale e sociale;
- *il profilo dinamico-funzionale (PDF)* che comprende la descrizione funzionale dell'alunno in relazione alle difficoltà e alle potenzialità negli aspetti indicati nella diagnosi;
- il *Piano educativo individualizzato (PEI)* nel quale devono essere descritti gli interventi che vengono predisposti per l'alunno in situazione di disabilità nel corso dell'anno scolastico.

Certificazione e diagnosi funzionale sono di competenza di specialisti dell'ASL. PDF e PEI vengono elaborati congiuntamente dagli esperti clinici e dai docenti in collaborazione con i genitori.

Il decennio si chiude con un importante provvedimento, la legge del 12 marzo 1999, n. 68, *Norme per il diritto al lavoro dei disabili.*

All'art. 2 di tale norma si prevede il collocamento mirato al lavoro delle persone disabili attraverso l'approntamento di strumenti tecnici e di supporti tesi a valorizzare le abilità e le competenze dei giovani con deficit, al fine di individuare tutte le possibili forme di sostegno per un efficace inserimento lavorativo.

> Il lavoro è lo strumento fondamentale di costruzione dei diritti di cittadinanza; [...] costituisce pertanto un momento essenziale dell'itinerario formativo e rientra a pieno titolo nel progetto di vita e nelle aspirazioni di ciascun soggetto. (Rondanini, 2011a)

La conclusione del decennio pone con forza la sfida del Progetto di vita (PDV): il 2000 comincerà proprio da questa nuova prova.

5. Dal 2000 al 2010

Il primo decennio del Ventunesimo secolo è stato scandito da sfide e impegni di importanza capitale per l'avvenire dei ragazzi con disabilità.

La legge 328/2000

Si comincia con il Progetto di vita. La legge dell'8 novembre 2000, n. 328, delinea un progetto individuale così definito:

> Per realizzare la piena integrazione delle persone disabili nell'ambito della vita familiare e sociale nonché nei percorsi dell'istruzione scolastica o professionale e del lavoro, i Comuni, d'intesa con le ASL, predispongono su richiesta dell'interessato un progetto individuale.
> Esso comprende:
> – la valutazione diagnostico funzionale
> – la prestazione di cura e riabilitazione (SSN)
> – i servizi alla persona
> – le misure economiche
> – la definizione delle potenzialità
> – gli eventuali sostegni per il nucleo familiare. (Art. 14)

Si afferma, pertanto, un impegno volto all'autorealizzazione della persona con bisogni speciali in tutti i settori della sua esistenza: istruzione, salute, lavoro, assistenza, ecc. Il tema del progetto di vita, affermato nell'art. 14 della legge 328/2000, si collega a un documento molto importante dell'Organizzazione Mondiale della Sanità (OMS), sottoscritto nel 2002 da quasi tutti i Paesi del mondo.

Si tratta di un protocollo sulla promozione della salute, più conosciuto come ICF *(International Classification of Functioning).* Le classificazioni, in ambito internazionale, dal 1980 proponevano un modello di lettura secondo cui la disabilità era la conseguenza di una menomazione (deficit) che determinava uno stato di disabilità nei differenti contesti della vita (scuola, lavoro, tempo libero, ecc.).

La disabilità in ambiente scolastico configura in particolare una condizione di «non abilità» negli apprendimenti formali: «leggere, scrivere e far di conto».

La versione, invece, dell'ICF 2002 cerca di superare questa concezione, introducendo un quadro interpretativo più complesso, *non lineare* ma *di sistema (ecologico).*

L'ICF, infatti, adotta un modello *bio-psico-sociale* in cui vengono esaminate le componenti della salute da un punto di vista corporeo *(funzioni e strutture corporee),* individuale *(attività)* e sociale *(partecipazione).*

Il rapporto tra salute e disabilità nel protocollo ICF (2002) può essere rappresentato come in figura 30.1.

Le parole chiave del modello ICF sono *attività* e *partecipazione.*

Con la prima si sottolinea il fatto che la persona disabile deve poter compiere azioni e svolgere compiti nei diversi contesti di esistenza.

MODELLI A CONFRONTO

CLINICO (del trattamento)	SOCIALE (dello sviluppo)
La disabilità è un problema della persona, che necessita di assistenza sotto forma di trattamento individuale.	La disabilità è espressione di una complessa interazione di condizioni personali (fisiche, psicologiche, ecc.) e sociali.

Fig. 30.1 Il rapporto tra salute e disabilità nel protocollo ICF.

La partecipazione riguarda il coinvolgimento della persona nelle attività e nell'esercizio di determinati ruoli. Ad esempio, le restrizioni nell'esercizio dei ruoli sociali costituiscono seri ostacoli al «funzionamento» umano.

Nel 2007 poi l'OMS ha pubblicato anche la versione ICF per i bambini e gli adolescenti: ICF-CY *(for Children and Youth),* che non aggiunge particolari novità all'impostazione del 2002.

Un documento internazionale molto importante che caratterizza il primo decennio del XXI secolo è la Convenzione delle Nazioni Unite sui diritti delle persone con disabilità, deliberata dall'Assemblea generale delle Nazioni Unite nel 2006.

Per quanto concerne il diritto all'istruzione, in essa si afferma:

> Gli Stati parti riconoscono il diritto all'istruzione delle persone con disabilità. Allo scopo di realizzare tale diritto senza discriminazioni e su basi di pari opportunità, gli Stati parti garantiscono un sistema di istruzione inclusivo a tutti i livelli ed un apprendimento continui lungo tutto l'arco della vita, finalizzati:
> a) al pieno sviluppo del potenziale umano, del senso di dignità e dell'autostima ed al rafforzamento dei diritti umani, delle libertà fondamentali e della diversità umana;
> b) allo sviluppo, da parte delle persone con disabilità, della propria personalità, dei propri talenti, e della creatività, come pure delle proprie abilità fisiche e mentali, sino alla loro massima potenzialità.

Il DPCM n. 185/2006

La Convenzione è stata recepita dal Parlamento italiano con la legge del 3 marzo 2009, n. 18.

Nel 2006 la Presidenza del Consiglio ha emanato il DPCM del 23 febbraio, n. 185, nel quale vengono dettati nuovi criteri e modalità riferiti alla certificazione del soggetto con disabilità.

La «nuova» certificazione non viene più redatta dal singolo neuropsichiatra o psicologo dell'ASL, ma da un organo collegiale così composto:

– un medico legale, che la presiede;
– uno specialista del servizio di neuropsichiatria infantile;
– un medico dell'INPS;
– un operatore sociale.

Linee guida e Atto d'indirizzo 2009

Nell'estate del 2009, il MIUR emana due importanti provvedimenti: le *Linee guida per l'integrazione scolastica degli alunni con disabilità* e l'*Atto di indirizzo.*

Nella *prima parte* delle Linee guida (nota del 4 agosto 2009, prot. 4274) viene descritto sinteticamente lo sviluppo della normativa scolastica in materia di inclusione.

La *seconda parte,* intitolata «L'organizzazione» riguarda il decentramento, il processo di autonomia delle scuole e i rapporti interistituzionali.

La *terza parte,* «Ruolo inclusivo della scuola», risulta quella più ricca, perché scende più in dettaglio: il ruolo del dirigente, la corresponsabilità dei docenti, l'organizzazione della classe, le metodologie didattiche, ecc.

Una rilevante funzione è attribuita al dirigente scolastico (sia come organo monocratico sia come leadership educativa). Si afferma a questo proposito:

> Il dirigente è il garante dell'offerta formativa progettata e attuata dall'istituzione scolastica. Ciò riguarda la globalità degli alunni e, dunque, anche gli alunni con disabilità.

Le Linee guida ribadiscono che l'integrazione scolastica degli alunni con disabilità è un *processo irreversibile* e, proprio per questo, richiede impegno, collaborazione e innovazione sul piano educativo e didattico.

L'8 settembre 2009, a un mese di distanza dalla pubblicazione delle Linee guida, il MIUR emana l'Atto di indirizzo, nel quale viene ribadita la massima attenzione all'inclusione scolastica e sociale delle persone in situazione di disabilità.

Al punto 1.3 dell'Atto di indirizzo si afferma che:

> a) [...] un'attenzione particolare va riservata agli alunni con disabilità. La scuola infatti è chiamata ad attivare interventi personalizzati che esigono specifiche competenze professionali, in una logica di interazione con i servizi del territorio.
> b) Gli interventi intensivi nei confronti degli stranieri — specie ma non solo verso quelli di recente immigrazione —, la loro accoglienza e il loro equilibrato inserimento a scuola.

Le Linee guida e l'Atto di indirizzo possono essere considerati *punti di ripartenza* in vista di un rilancio di una maggiore qualità dell'integrazione scolastica, eliminando le storture (nomina e reclutamento dei docenti; formazione iniziale e in servizio, ecc.) che continuano ad affliggere il nostro sistema scolastico.

6. La classe, ambiente di inclusione

L'inclusione scolastica degli alunni con disabilità investe un livello avanzato di responsabilità da parte degli insegnanti, in quanto interessa le dinamiche di adattamento del singolo ai coetanei, agli adulti e ai contesti che si creano nelle sezioni della scuola dell'infanzia e nelle classi del primo e del secondo ciclo d'istruzione.

Si può apprezzare la qualità dell'inclusione scolastica quando si realizza una significativa sintonia tra l'alunno disabile e i compagni, tra la classe e il gruppo insegnante, e si creano le condizioni per un'effettiva *innovazione didattica* del contesto di apprendimento.

L'inclusione scolastica

L'*inclusione scolastica* costituisce un'ulteriore sfida educativa per la scuola. Infatti, la «presa in carico» delle fasce più deboli della popolazione presuppone l'integrazione di *tutti i contesti*, istituzionali e non, che connotano la qualità dei servizi di una comunità civile. Coinvolge il progetto di vita del bambino con bisogni educativi speciali e fa emergere la capacità di tutti i soggetti coinvolti (genitori, insegnanti, educatori, specialisti) di essere parte attiva di un vero e proprio *sistema curante*.

Per realizzare questa progettualità, la scuola deve riconoscersi in una *comunità educativa,* che faccia perno sulla *classe come gruppo d'apprendimento.* Questa condizione richiede la condivisione di alcuni requisiti:

- l'apprendimento è un'attività originata da una costante e sistematica *interazione sociale;*
- l'apprendimento significativo è tale se avviene in contesti ad alto *tasso di partecipazione;*
- la convinzione che le *conoscenze risultano distribuite nella mente* delle persone, oltre che in altri «depositi» (libri, Internet...).

Il presupposto fondamentale dell'*apprendimento reciproco* consiste nel far interagire tra loro alunni con profili di competenze diverse. In questo senso

> non apprende solo il meno esperto beneficiando della spiegazione di un coetaneo, ma anche chi sa di più perché nel tentativo di dover spiegare ad altri proprie conoscenze si ritrova costretto a riorganizzare quello che sa. (Ligorio e Pontecorvo, 2010)

L'acquisizione dei saperi e delle competenze diviene in tale contesto un atto di *responsabilità condivisa,* in quanto tutti, nessuno escluso, sono chiamati a concorrere alla definizione del compito, alle strategie da utilizzare, ai contenuti da impiegare e al «prodotto» finale da realizzare.

Lo stesso insegnante si fa carico di mettere a disposizione dei componenti del gruppo la parte di competenza che gli è propria, sostenendo gli sforzi di ciascun alunno e aiutando tutti dare il meglio di sé nello svolgimento del compito assegnato.

Nelle Indicazioni per il curricolo del 2012 il gruppo classe viene posto al centro del riconoscimento e della valorizzazione delle diversità evitando, si afferma nel testo, che la differenza si trasformi in disuguaglianza.

L'apprendimento cooperativo

Una delle metodologie più efficaci per la gestione di una classe intesa come comunità di apprendimento è il *lavoro di gruppo* che, secondo Giovanni Maria Bertin, indimenticato docente di pedagogia presso l'Università di Bologna, possiede la caratteristica della *lievità,* capace cioè di ridurre e alleggerire le fatiche richieste a ogni componente del gruppo stesso. Così intesa, l'attività cooperativa carica di una grande responsabilità gli alunni della classe, che però avvertono anche le «carezze» del desiderio, del gioco e della complicità.

Sono ancora una volta le Indicazioni per il curricolo del 2012 a ribadire quanto stiamo sottolineando.

> Particolare cura è necessario dedicare alla formazione della classe come gruppo, alla promozione di legami cooperativi fra i suoi componenti, alla gestione degli inevitabili conflitti indotti dalla socializzazione. La scuola si deve costruire come luogo accogliente, coinvolgendo in questo compito gli studenti stessi. La formazione di importanti legami di gruppo non contraddice la scelta di porre la persona al centro dell'azione educativa, ma è al contrario condizione indispensabile per lo sviluppo della personalità di ognuno.

Questo principio educativo vale per tutti gli alunni, non soltanto per coloro che manifestano esigenze o particolari difficoltà. La classe diventa gruppo di studio, di ricerca e di legami affettivi a condizione che i docenti sappiano educarla come tale, favorendo attività didattiche in forma di laboratorio, incoraggiando l'apprendimento collaborativo e attuando interventi adeguati nei riguardi di tutte le diversità.

CAPITOLO TRENTUNESIMO

L'inclusione scolastica dopo la legge 107/2015

1. Il D.lgs. n. 66/2017

Il decreto attuativo di una delle deleghe della legge 107/2015 è stato adottato dal Governo il 13 aprile 2017 e pubblicato nel Supplemento ordinario della GU del 16 maggio 2017 con il titolo *Norme per la promozione dell'inclusione scolastica degli studenti con disabilità, a norma dell'art. 1, commi 180 e 181, lettera c) della legge 107/2015, D.lgs. n. 66.* Definisce nuove norme riguardanti l'inclusione scolastica degli studenti in situazione di handicap e si colloca all'interno di un processo irreversibile compiuto dalla cultura pedagogica del nostro Paese, pur restando l'esigenza di promuovere ulteriori cambiamenti per l'affermazione di una qualità realmente inclusiva delle scuole.

L'obiettivo fondamentale del D.lgs. n. 66/2017 è quello di garantire una scuola sempre più accogliente, anche e soprattutto attraverso la formazione in servizio di tutte le componenti del personale scolastico. In particolare, nell'art. 1, comma 2 del decreto viene accolta l'indicazione delle associazioni e viene valorizzato il ruolo della famiglia. Infatti in esso si afferma che si intende

Il ruolo delle associazioni

> promuovere la partecipazione della famiglia, nonché delle associazioni di riferimento, quali interlocutori dei processi di inclusione scolastica e sociale.

Obiettivi del Decreto

Nello specifico il D.lgs. n. 66/2017 dispone:

- la ridefinizione del ruolo del personale docente di sostegno, anche attraverso l'istituzione di appositi percorsi di formazione universitaria;
- la revisione dei criteri di inserimento nei ruoli per il sostegno, al fine di garantire la continuità didattica e assicurare all'alunno la possibilità di fruire dello stesso insegnante di sostegno per l'intero ordine o grado di istruzione;
- l'individuazione dei livelli essenziali delle prestazioni scolastiche, sanitarie e sociali, tenuto conto dei diversi livelli di competenza istituzionale;
- la previsione di indicatori per l'autovalutazione e la valutazione dell'inclusione scolastica;
- la revisione delle modalità relative alla certificazione;
- la revisione e la razionalizzazione degli organismi operanti a livello territoriale per il supporto all'inclusione;
- la previsione dell'obbligo di formazione iniziale e in servizio per i dirigenti scolastici e per i docenti sugli aspetti correlati all'integrazione e all'inclusione;
- l'organizzazione di percorsi di formazione in servizio per il personale amministrativo, tecnico e ausiliario;
- l'assicurazione dell'istruzione domiciliare per gli alunni impediti per motivi di salute a frequentare la scuola.

Si tratta di un insieme di provvedimenti finalizzati ad armonizzare le politiche e la cultura inclusiva di tutti i soggetti istituzionali e degli attori coinvolti.

2. Certificazione e Unità di valutazione multidisciplinare

Modello ICF, OMS 2001

Il decreto interviene innanzitutto sulla revisione delle modalità e dei criteri di certificazione della persona con disabilità e afferma il *modello biopsicosociale* della Classificazione Internazionale del Funzionamento, della Disabilità e della Salute dell'OMS (OMS, 2001) nell'ambito del nuovo *Profilo di funzionamento,* che sarà elaborato dall'Unità di valutazione multidisciplinare con la partecipazione della famiglia e di coloro che hanno in carico la persona con disabilità, garantendo altresì la partecipazione della scuola.

Il modello bio-psico-sociale valuta la disabilità come conseguenza di una complessa relazione tra la condizione di salute di una persona e i fattori personali e ambientali che influenzano l'esistenza stessa dell'individuo.

> L'assenza di un intervento educativo efficace di tipo olistico-globale sul livello di *human functioning* dell'alunna/o e la presenza di barriere nel contesto di vita e di relazione condannano l'alunno alla disabilità. (Carlini, 2017)

Per queste ragioni, già all'atto dell'individuazione della disabilità, la persona deve essere valutata con uno sguardo interdisciplinare. Infatti, nell'art. 5 del D.lgs. n. 66/2017 si prevede che le commissioni mediche preposte all'individuazione delle persone con disabilità possano essere integrate da un assistente specialistico o da un operatore sociale individuato dall'ente locale.

Nel D.lgs. n. 66/2017 si stabilisce che, in seguito all'individuazione della condizione di disabilità, venga redatto da parte dell'Unità di valutazione multidisciplinare il Profilo di funzionamento, che sostituirà la diagnosi funzionale e il Profilo dinamico funzionale previsti dalla legge-quadro n. 104/1992.

Superamento Atto di indirizzo 1994

Le novità concernenti le procedure di certificazione, dunque, sono particolarmente significative. La nuova disposizione modifica sensibilmente l'Atto di indirizzo del 1994, che recepiva a sua volta quanto affermato nella legge-quadro n. 104/1992, nella quale si prevedeva che alla certificazione dovessero seguire la *diagnosi funzionale,* il *profilo dinamico funzionale* e il *Piano educativo individualizzato.*

Al comma 5 dell'art. 5 del decreto si afferma:

> Successivamente all'accertamento della condizione di disabilità delle bambine e dei bambini, delle alunne e degli alunni, delle studentesse e degli studenti, è redatto *un profilo di funzionamento* secondo i criteri del modello bio-psico-sociale della Classificazione Internazionale del Funzionamento, della Disabilità e della Salute (ICF) adottata dall'Organizzazione Mondiale della Sanità (OMS), ai fini della formulazione del progetto individuale di cui all'articolo 14 della legge 8 novembre 2000, n. 328, nonché per la predisposizione del Piano educativo individualizzato (PEI).

Profilo di funzionamento

Il Profilo di funzionamento:

a) è il documento propedeutico e necessario alla predisposizione del *Progetto individuale* e del *PEI;*
b) definisce anche le competenze professionali e la tipologia delle misure di sostegno e delle risorse strutturali necessarie per l'inclusione scolastica;
c) è redatto con la collaborazione dei genitori del/della bambino/a, dell'alunno/a e della studentessa o dello studente con disabilità, nonché con la partecipazione di un rappresentante dell'amministrazione scolastica, individuato preferibilmente tra i docenti della scuola frequentata;
d) è aggiornato al passaggio di ogni grado di istruzione, a partire dalla scuola dell'infanzia, nonché in presenza di nuove e sopravvenute condizioni di funzionamento della persona.

I genitori o chi esercita la responsabilità genitoriale sull'alunno trasmettono la certificazione di disabilità all'Unità di valutazione multidisciplinare, all'ente locale competente e all'istituzione scolastica, rispettivamente ai fini della predisposizione del Profilo di funzionamento, del Progetto individuale e del PEI. Nel decreto, un'importante novità riguarda i collaboratori scolastici, figure fondamentali nella gestione quotidiana degli alunni disabili: l'organico del personale ATA terrà conto del numero di alunni con disabilità che necessitano di assistenza igienica; per alcuni dei collaboratori scolastici sarà prevista una specifica formazione.

3. Il Progetto individuale e il Piano educativo individualizzato

L'art. 6 del D.lgs. n. 66/2017 disciplina gli aspetti legati alla formulazione del Progetto individuale, che è redatto dal competente ente locale su richiesta e con la collaborazione dei genitori o di chi esercita la potestà genitoriale. Le prestazioni, i servizi e le misure previsti dal Progetto individuale sono definiti anche in collaborazione con le istituzioni scolastiche.

Il PEI nel Decreto

L'art. 7 aggiorna le funzioni del Piano educativo individualizzato, la cui progettazione viene curata dalle istituzioni scolastiche. Si afferma che il Piano educativo individualizzato (PEI):

a) è elaborato e approvato dai docenti contitolari o dal consiglio di classe, con la partecipazione dei genitori o dei soggetti che ne esercitano la responsabilità, delle figure professionali specifiche interne ed esterne all'istituzione scolastica che interagiscono con la classe e con la bambina o il bambino, l'alunna o l'alunno, la studentessa o lo studente con disabilità nonché con il supporto dell'unità di valutazione multidisciplinare;
b) tiene conto della certificazione di disabilità e del Profilo di funzionamento;
c) individua strumenti, strategie e modalità per realizzare un ambiente di apprendimento nelle dimensioni della relazione, della socializzazione, della comunicazione, dell'interazione, dell'orientamento e delle autonomie;
d) esplicita le modalità didattiche e di valutazione in relazione alla programmazione individualizzata;
e) definisce gli strumenti per l'effettivo svolgimento dell'alternanza scuola-lavoro, assicurando la partecipazione dei soggetti coinvolti nel progetto di inclusione;
f) indica le modalità di coordinamento degli interventi ivi previsti e la loro interazione con il Progetto individuale;
g) è redatto all'inizio di ogni anno scolastico di riferimento, a partire dalla scuola dell'infanzia, ed è aggiornato in presenza di nuove e sopravvenute condizioni di funzionamento della persona. Nel passaggio tra i gradi di istruzione, compresi i casi di trasferimento fra scuole, è assicurata l'interlocuzione tra i docenti della scuola di provenienza e quelli della scuola di destinazione;

h) è soggetto a verifiche periodiche nel corso dell'anno scolastico al fine di accertare il raggiungimento degli obiettivi e apportare eventuali modifiche ed integrazioni.

Ogni istituzione scolastica è tenuta, in base a quanto disposto dall'art. 9 del decreto, a predisporre il Piano per l'inclusione, che rientra nella definizione del Piano triennale dell'offerta formativa (PTOF). In questo documento vengono indicate le modalità per l'utilizzo coordinato delle risorse, compreso il superamento delle barriere architettoniche e l'individuazione dei facilitatori del contesto. Il Piano costituisce il requisito di riferimento più importante per il miglioramento della qualità dell'inclusione scolastica.

Coerentemente con l'art. 1, comma 66 della legge 107/2015, nel quale si prevede che a partire dall'anno scolastico 2016-2017 i ruoli del personale docente siano articolati in ambiti territoriali, l'art. 8 della nuova norma recita:

> Per ciascuno degli ambiti territoriali di cui all'art. 1, comma 66, della legge 13 luglio 2015, n. 107, è istituito il *Gruppo per l'inclusione territoriale (GIT)*. Il GIT è composto da un dirigente tecnico o da un dirigente scolastico che lo presiede, tre dirigenti scolastici dell'ambito territoriale, due docenti, uno per la scuola dell'infanzia e del primo ciclo d'istruzione e uno per il secondo ciclo d'istruzione, nominati con decreto del dirigente preposto all'Ufficio Scolastico Regionale (USR) o di un suo delegato. Il GIT, in qualità di organo tecnico, sulla base delle valutazioni diagnostico-funzionali, del Progetto individuale e del Piano per l'inclusione trasmessi dalle singole Istituzioni scolastiche statali, propone all'USR la quantificazione delle risorse di sostegno didattico per l'inclusione da assegnare a ciascuna scuola; l'assegnazione definitiva delle predette risorse è effettuata dall'USR nell'ambito delle risorse dell'organico dell'autonomia per i posti di sostegno.

La proposta di quantificazione del personale sul sostegno sarà fatta al GIT dal dirigente di ogni istituzione scolastica appartenente all'ambito, sulla base del Progetto educativo individualizzato (PEI) di ciascun/a alunno/a con disabilità e in coerenza con il Piano per l'inclusione di ciascuna scuola.

4. Il Piano per l'inclusione

La proposta di assegnazione delle risorse da parte del GIT all'Ufficio Scolastico Regionale dovrà tenere conto di tre elementi sostanziali: i contenuti del Profilo di funzionamento, il Progetto individuale che comprende il PEI e il Piano per l'inclusione che ogni singola istituzione scolastica è tenuta a redigere, in forza della direttiva ministeriale del 27 dicembre 2012 («Strumenti di intervento per alunni con bisogni educativi speciali e organizzazione territoriale per l'inclusione scolastica»), della CM del 6 marzo 2013, n. 8, delle note ministeriali n. 1551 del 27 giugno 2013 e n. 2563 del 22 novembre 2013. In quest'ultima comunicazione, il MIUR precisa che

> il Piano annuale per l'inclusività deve essere inteso come un momento di riflessione di tutta la comunità educante per realizzare la cultura dell'inclusione, lo sfondo ed il fondamento sul quale sviluppare una didattica attenta ai bisogni di ciascuno nel realizzare gli obiettivi comuni, non dunque come un ulteriore adempimento burocratico, ma quale integrazione del Piano dell'offerta formativa, di cui è parte sostanziale (nota prot. 1551 del 27 giugno 2013). Scopo del piano è anche quello di far emergere criticità e punti di forza, rilevando le tipologie dei diversi bisogni educativi speciali e le risorse impiegabili, l'insieme delle difficoltà e dei disturbi riscontrati, dando consapevolezza alla comunità scolastica — in forma di quadro sintetico — di quanto sia consistente e variegato lo spettro delle criticità all'interno della scuola. Tale rilevazione sarà utile per orientare l'azione dell'Amministrazione a favore delle scuole che presentino particolari situazioni di complessità e difficoltà.

5. La valutazione della qualità dell'inclusione scolastica

L'art. 4 del D.lgs. n. 66/2017 qualifica l'inclusione scolastica quale elemento portante dei processi di valutazione e di autovalutazione delle scuole, nell'ambito del Sistema nazionale di valutazione come disciplinato dal DPR 80/2013.

Qualità dell'inclusione

A questo proposito, si prevede che l'INVALSI e l'Osservatorio nazionale per l'inclusione scolastica definiscano gli indicatori per l'apprezzamento della qualità dell'inclusione delle scuole, statali e paritarie, sulla base dei seguenti criteri:

– livello di inclusività del PTOF come concretizzato nel Piano per l'inclusione scolastica;
– esplicitazione dei percorsi di personalizzazione, individualizzazione e differenziazione dei processi di educazione, istruzione e formazione attivati dalle istituzioni scolastiche in funzione delle specifiche caratteristiche degli alunni e degli studenti;
– livello di coinvolgimento e di partecipazione dei diversi soggetti nell'elaborazione del Piano per l'inclusione;
– realizzazione di iniziative formative finalizzate alla valorizzazione delle competenze professionali del personale scolastico;
– utilizzo di strumenti e criteri condivisi per la valutazione dei risultati di apprendimento degli alunni e degli studenti;

– grado di accessibilità e fruibilità delle risorse, degli spazi, delle attrezzature e delle strutture.

La norma delinea pertanto le direttrici fondamentali verso cui deve muovere l'azione educativa delle singole realtà scolastiche nel contesto di un più ampio processo di valutazione e autovalutazione necessario per la definizione del Piano di miglioramento.

Tra i criteri sopra richiamati, quello relativo ai percorsi di *personalizzazione e di individualizzazione* costituisce l'asse portante della qualità inclusiva della scuola, in quanto valorizza la dimensione collegiale di tutti gli insegnanti della classe, evitando la delega al collega di sostegno o ad altre figure di compiti e responsabilità che, invece, devono impegnare ogni componente del gruppo.

Agenzia Europea: principi

Nel 2009 l'Agenzia Europea per lo Sviluppo dell'Istruzione degli Alunni Disabili, il cui segretariato ha sede nella città di Odense in Danimarca, ha diffuso una Raccomandazione nella quale sono contenuti tre principi guida per promuovere la qualità nella scuola inclusiva. Tali principi sono stati frequentemente richiamati in questo testo e possono essere così sintetizzati:

1) *la partecipazione tesa ad accrescere le opportunità educative di tutti gli alunni,* che presuppone la preparazione e la competenza dei docenti, l'approccio personalizzato all'apprendimento di ciascuno, l'importanza dell'insegnamento e dell'apprendimento cooperativo, la valutazione come risorsa per l'apprendimento;
2) *la formazione dei docenti all'inclusione scolastica,* così da assicurare: l'accoglienza effettiva di esigenze diverse, la formazione degli insegnanti specializzati e dei dirigenti scolastici, il lavoro in équipe di tutti gli insegnanti;
3) *l'organizzazione di strutture di sostegno in ambito comunitario* quali: la qualità dei diversi servizi specialistici, la cura educativa della continuità verticale nei momenti di passaggio, l'organico di rete come indicato nella legge 107/2015.

Una qualità inclusiva, dunque, finalizzata alla differenziazione didattica intesa come

> una prospettiva metodologica capace di promuovere processi di apprendimento significativi per tutti gli allievi della classe, volta a soddisfare le esigenze dei singoli in un clima educativo in cui è consuetudine affrontare il lavoro didattico con modalità differenti. (d'Alonzo, 2016)

Ne deriva una concezione dell'insegnamento basata sul coinvolgimento diretto degli studenti nella costruzione di conoscenze e di abilità, in grado di promuovere competenze, responsabilità e autonomia per tutti, compresi gli alunni con deficit.

6. La formazione iniziale degli insegnanti di sostegno nella scuola dell'infanzia e primaria

Il D.lgs. n. 66/2017, all'art. 12, innova anche la materia legata ai corsi di specializzazione per le attività di sostegno sia nella scuola dell'infanzia e primaria sia nella secondaria di primo e secondo grado.

Formazione docenti specializzati

Per quanto concerne la scuola dell'infanzia e la primaria, il corso di specializzazione in pedagogia e didattica speciale per le attività di sostegno didattico e l'inclusione scolastica sarà così articolato:

- sarà annuale e prevederà da parte dello studente l'acquisizione di 60 crediti formativi universitari (CFU), comprensivi di almeno 300 ore di tirocinio, pari a 12 CFU;
- verrà attivato presso le università autorizzate dal MIUR nelle quali sono stati avviati i corsi di laurea a ciclo unico in Scienze della formazione primaria;
- sarà programmato a livello nazionale dal MIUR in ragione del fabbisogno del sistema scolastico;
- prevederà una prova di ammissione, predisposta dalle università, per accedere al corso medesimo.

Accedono al corso esclusivamente gli aspiranti in possesso della laurea magistrale a ciclo unico in Scienze della formazione primaria che abbiano conseguito ulteriori 60 crediti formativi universitari relativi alle didattiche dell'inclusione, oltre a quelli già previsti nel corso di laurea. Ai fini del conseguimento dei predetti 60 CFU, possono essere riconosciuti i crediti formativi universitari eventualmente conseguiti dai laureati magistrali in sede di svolgimento del tirocinio e di discussione di tesi attinenti al sostegno e all'inclusione. La positiva conclusione del corso è titolo per l'insegnamento sui posti di sostegno della scuola dell'infanzia e della scuola primaria.

Inclusione e PNF

Per rafforzare le conoscenze necessarie a svolgere la professione di insegnante di sostegno, si richiede dunque agli aspiranti una preparazione più solida sui temi dell'inclusione, corrispondente in totale a 120 CFU da acquisire preventivamente, durante lo svolgimento del corso di laurea, e a ulteriori 60 CFU da acquisire nell'ambito del successivo corso di specializzazione; fermo restando il conseguimento preventivo della laurea abilitante in Scienze della formazione primaria, requisito base per lo svolgimento della funzione docente.

Con un apposito decreto il MIUR definirà i piani di studio, le modalità attuative e quelle organizzative del corso di specializzazione in pedagogia e didattica speciale per le attività di sostegno didattico e l'inclusione scolastica.

Per quanto concerne la scuola secondaria di primo e secondo grado, in attesa della norma che riformerà l'accesso nei ruoli a tempo indeterminato in questi gradi di istruzione, la specializzazione si conseguirà dopo aver superato un regolare concorso, attraverso la frequenza di un corso di specializzazione in pedagogia e didattica speciale per le attività di sostegno didattico e l'inclusione scolastica. Per opportuni approfondimenti, si rimanda al capitolo 8, paragrafo 2, relativo alla formazione iniziale degli insegnanti della scuola secondaria di primo e di secondo grado.

Il provvedimento sottolinea inoltre l'ineludibilità della *formazione in servizio* di tutto il personale dell'istituzione scolastica. La formazione continua, infatti, rappresenta il fattore più importante per innalzare la qualità della didattica inclusiva e deve coinvolgere tutte le componenti scolastiche, docenti e ATA.

Nel quadro del piano nazionale di formazione in servizio sono garantite le necessarie attività formative per la piena realizzazione degli obiettivi di cui al presente decreto, nell'ambito delle risorse finanziarie disponibili. Le istituzioni scolastiche definiscono le attività del piano di formazione, inserito nel Piano triennale dell'offerta formativa, anche in relazione alle scelte pedagogiche, metodologiche e didattiche inclusive e coerenti con i piani degli studi individualizzati, in particolare per le classi in cui sono presenti alunni con disabilità. Il piano di formazione individua anche le attività formative per il personale ATA al fine di sviluppare, in coerenza con i profili professionali, le competenze sugli aspetti organizzativi e educativo-relazionali, nonché sull'assistenza di base in relazione all'inclusione scolastica. Il personale ATA è tenuto a partecipare periodicamente alle suddette iniziative formative.

Il MIUR, inoltre, definisce le modalità della formazione in ingresso e in servizio dei dirigenti scolastici sugli aspetti pedagogici, organizzativi e gestionali, giuridici e didattici dell'inclusione scolastica.

7. Il rapporto 2018: aspetti quantitativi

L'Ufficio Statistica e Studi del MIUR ha pubblicato nel maggio del 2018 i dati raccolti dalle *Rilevazioni sulle scuole* riguardanti gli alunni con disabilità nell'anno scolastico 2016-2017.

Dal rapporto si evince che, rispetto all'anno scolastico 2014-2015, gli studenti con disabilità sono cresciuti dell'8,3%; tale incremento appare decisamente ragguardevole, a fronte della diminuzione dell'1,6% del totale degli alunni frequentanti le scuole italiane registrata tra i due anni.

Rapporto MIUR 2016-2017

La percentuale degli alunni certificati sul totale complessivo degli studenti si avvicina al 2,9%; per l'anno scolastico 2016-2017, infatti, gli alunni in situazione di handicap frequentanti le scuole italiane sono 254.366, appunto il 2,9% del totale che è di circa 8,7 milioni di studenti.

Entrando nel dettaglio dei singoli ordini scolastici:

– la *scuola dell'infanzia* presenta, con 28.138 bambini con disabilità, una percentuale sul totale dei frequentanti dell'1,9%.

Negli ordini di scuola successivi la percentuale di alunni certificati è superiore; in particolare:

– nella *scuola primaria* è pari al 3,3%;
– nella *scuola secondaria di primo grado* è pari al 4%;
– nella *scuola secondaria di secondo grado* si attesta sul 2,5% del totale dei frequentanti.

Il 93% degli alunni certificati frequenta le scuole statali. Quanto alla gestione del sistema paritario, la concentrazione più elevata si registra nel segmento della scuola dell'infanzia (3-6 anni di età), con una percentuale dell'1,3% sul totale.

A livello territoriale si evidenzia una difforme distribuzione degli alunni con disabilità nelle macroaree del Paese: l'incidenza percentuale, infatti, oscilla complessivamente fra il 2,6% e il 3,1%, con notevoli differenze anche tra le singole regioni.

Difformità territoriali

Mediamente le regioni dell'Italia centrale presentano la percentuale più elevata di alunni certificati sul totale dei frequentanti. Se nel complesso del sistema scolastico italiano essa è pari al 2,9%, nel Centro Italia si attesta sul 3,1%. Per le regioni del Nordest tale incidenza si aggira intorno al 2,6%, mentre Nordovest e regioni meridionali ripropongono la percentuale nazionale, rispettivamente con il 3% e il 2,9%.

Nella distribuzione per aree regionali, la Basilicata risulta la regione con la percentuale più bassa (2,2%), mentre l'incidenza più elevata spetta all'Abruzzo (3,6%).

Rispetto alla tipologia del deficit, la disabilità intellettiva è di gran lunga quella dominante: raggiunge infatti il 67,9% (rispetto a quelle visiva: 1,5%; uditiva: 2,4%; motoria: 3,4%, altro: 24,8%).

8. Gli alunni stranieri e le classi

La percentuale degli *alunni stranieri con disabilità* sul totale degli alunni certificati è pari al 12,5%. Si ricorda che gli alunni con cittadinanza non italiana (CNI) presenti nella scuola statale e non statale rappresentano il 9,4% del totale complessivo.

Disabili stranieri

Relativamente alla distribuzione territoriale si osserva una particolare concentrazione degli alunni stranieri con disabilità nelle regioni settentrionali, quali la Lombardia (22,6%), l'Emilia-Romagna (22,1%) e il Veneto (20,2). Nelle regioni meridionali tale percentuale scende molto, con appena l'1,7% in Campania, fino al 9,6% dell'Abruzzo.

Gli alunni stranieri con disabilità rappresentano il 3,9% del totale degli alunni stranieri frequentanti le scuole italiane; tale dato appare piuttosto elevato se confrontato con la percentuale degli alunni italiani con disabilità sul totale degli alunni italiani, pari al 2,9%.

Nell'anno scolastico 2016-2017 sono state attivate complessivamente 428.046 classi, comprese le sezioni della scuola dell'infanzia. Di queste, quelle con almeno un alunno con disabilità sono 185.539, pari al 43,3% del totale; tale percentuale sale al 46,2% se si considera solo la scuola a gestione statale. In una classe su due, quindi, sono presenti uno o più alunni certificati.

Concentrazione nei professionali

Per quanto concerne la scuola secondaria di secondo grado, gli studenti con disabilità si concentrano soprattutto negli istituti professionali (6,1% del totale) e negli istituti tecnici (2% del totale).

Nell'area liceale gli studenti con disabilità sono l'1,2% del totale: i licei classici e scientifici registrano una bassissima presenza di studenti con certificazione. Più elevata, invece, la percentuale degli alunni con disabilità nei licei artistici e delle scienze umane.

9. La serie storica: alunni certificati, posti di sostegno

Nel corso degli ultimi anni si è assistito a un processo di continua crescita degli alunni con disabilità nel sistema scolastico italiano: se nell'anno scolastico 2004-2005 la percentuale di allievi in situazione di handicap sul totale degli alunni frequentanti si attestava appena all'1,89%, nell'anno scolastico 2016-2017 tale percentuale è salita al 2,9%.

Una crescita costante

Da un confronto sui vari ordini di scuola, tra l'anno scolastico 2010-2011 e l'anno scolastico 2016-2017 il numero di alunni con disabilità è passato dallo 0,9% del totale degli alunni all'1,9% nella scuola dell'infanzia, dal 2,4% al 3,3% nella scuola primaria, dal 2,9% al 4% nella scuola secondaria di primo grado e dall'1,3% al 2,5% nella scuola secondaria di secondo grado.

Per ciò che concerne le sole scuole statali, il rapporto tra il numero degli alunni con disabilità e i posti per il sostegno (fonte: Rapporto MIUR, organico di fatto) ha avuto nel corso del tempo un andamento altalenante. Negli ultimi sette anni, tuttavia, la dinamica è stata di progressiva decrescita, cosicché nell'anno scolastico 2016-2017 tale rapporto si è attestato a 1,8 alunni con disabilità per posto di sostegno, valore decisamente inferiore a quello registrato nell'anno scolastico 2010-2011, quando il rapporto era di 2,09.

Difformità assegnazioni insegnanti di sostegno

Su scala territoriale si registrano notevoli differenze: mediamente nelle regioni del Nordovest il rapporto tra alunni con disabilità e posti per il sostegno è pari, per l'anno scolastico 2016-2017, a 2,05; nel Nordest è di 2,17; nel Centro è di 1,73; e nel Mezzogiorno è di 1,61.

Tra le singole regioni si distinguono Campania e Molise per il valore più contenuto del rapporto tra alunni con disabilità e posti di sostegno, in entrambe pari a 1,41; al contrario, in Liguria ed Emilia-Romagna tale rapporto, rispettivamente di 2,5 e 2,3, presenta i valori più elevati.

Nell'anno scolastico 2016-2017 la dotazione organica dei docenti nel sistema statale è complessivamente di 855.734 unità; di questi oltre 139.000 sono docenti per il sostegno.

Sui vari ordini di scuola essi sono così distribuiti:

- nella *scuola dell'infanzia* il numero complessivo dei docenti si attesta a 97.781 unità e i docenti per il sostegno sono 14.146;
- nella *scuola primaria* il numero complessivo dei docenti si attesta a 273.804 unità e i docenti per il sostegno sono intorno alle 50.000 unità;
- nella *scuola secondaria di primo grado* il totale dei docenti è pari a 194.688 e i docenti per il sostegno sono 38.576;
- nella *scuola secondaria di secondo grado* il numero complessivo dei docenti si attesta a 289.461 e il contingente di sostegno conta intorno alle 37.000 unità.

Entrando del dettaglio della tipologia di contratto, dei 139.554 docenti per il sostegno nell'anno scolastico 2016-2017, 87.605 hanno un contratto a tempo indeterminato (circa 62%) e 51.949 un contratto a tempo determinato (38%).

10. La situazione in Europa

I sistemi di inclusione scolastica esistenti nei vari Paesi europei sono ripartiti in tre principali orientamenti:

Modelli europei

- un sistema di massima inclusione degli alunni con disabilità, qual è quello italiano, in cui la quasi totalità degli alunni con disabilità è inserita nel sistema scolastico ordinario *(sistema inclusivo);*
- un sistema che prevede la presenza di scuole speciali o di classi speciali all'interno delle scuole ordinarie, frequentate dalla maggior parte degli alunni con disabilità *(sistema con distinzione);*
- un sistema dove l'istruzione normale coesiste con l'istruzione speciale, in cui gli alunni con disabilità possono essere inseriti sia nelle scuole ordinarie sia nelle scuole speciali, con un insieme di soluzioni diverse *(sistema misto).*

Eterogeneità dei sistemi

Dai più recenti dati pubblicati dall'European Agency for Special Needs and Inclusive Education emerge come il grado di inclusione degli alunni con disabilità differisca da Paese a Paese, anche in misura ragguardevole.

Per quanto riguarda il sistema inclusivo spicca l'Italia, con una percentuale di alunni con disabilità inseriti in scuole speciali sul totale degli alunni certificati estremamente bassa, pari ad appena lo 0,8% (i dati considerati sono relativi alla scuola primaria e alla scuola secondaria di primo grado). Altri Paesi con un sistema di istruzione inclusivo (ad esempio Scozia, Islanda e Norvegia) hanno una percentuale di alunni in scuole speciali o classi speciali in strutture comuni al di sotto del 10%.

Diametralmente opposto è il sistema adottato in altri Paesi, quali ad esempio il Belgio e la Danimarca, in cui l'89% e il 95% degli alunni con disabilità frequenta scuole speciali o classi speciali di scuole comuni, o la Svizzera e i Paesi Bassi, in cui addirittura la totalità degli alunni con disabilità è inserita in percorsi speciali separati (sistema con distinzione).

Dove vige un sistema di inclusione più variegato (sistema misto) la quota di alunni con disabilità inserita in scuole speciali o classi speciali di scuole comuni supera il 10%, ma non raggiunge le percentuali dei Paesi che adottano il sistema con distinzione. È il caso ad esempio dell'Irlanda, della Finlandia e della Francia, dove la percentuale di alunni frequentanti percorsi speciali sul totale degli alunni con disabilità è pari rispettivamente al 26,3%, al 39% e al 44,2%.

CAPITOLO TRENTADUESIMO

Gli alunni con disturbo specifico di apprendimento

1. Cronistoria 2. Gli inizi 3. Verso la legge 170/2010 4. Le Linee guida del 2011 5. Gli strumenti compensativi e le misure dispensative 6. La diagnosi: dalla Consensus Conference al PARCC 7. Il Piano didattico personalizzato 8. La didattica «speciale», risorsa della classe 9. Gli alunni con DSA: aspetti quantitativi 10. La scuola, generatrice di disturbi? 11. E le buone pratiche?

1. Cronistoria

Il *Diario* di Pennac

Nel *Diario di scuola* di Daniel Pennac, l'autore racconta le sue vicissitudini scolastiche di studente affetto da un disturbo di apprendimento.

«Scrivi un altro libro sulla scuola?» gli dice il fratello in una conversazione.

«No, non sulla scuola», risponde Pennac. «No, un libro sul somaro! Sulla sofferenza di non capire e i suoi danni collaterali».

E, nelle prime pagine del libro, il romanziere francese confessa:

> Sì, la paura fu proprio la costante di tutta la mia carriera scolastica: il suo chiavistello. E quando divenni insegnante, la mia priorità fu alleviare la paura dei miei allievi peggiori per far saltare quel chiavistello, affinché il sapere avesse una possibilità di passare. (Pennac, 2008)

Il racconto di Daniel Pennac rispecchia la storia di tanti studenti scambiati dai docenti per scansafatiche, fannulloni e svogliati perché incapaci di far fronte ai compiti richiesti.

La storia precedente

In Italia il problema dei disturbi specifici di apprendimento (DSA) è stato sottovalutato fino agli anni Novanta. Certo, anche prima esistevano testi e pubblicazioni in merito, ma in ambito scolastico, a parte qualche sporadica esperienza, non si è mai affrontato con il dovuto impegno questa problematica.

Nel 1996, si costituisce a Bologna, su impulso di Giacomo Stella, l'Associazione Italiana Dislessia (AID) e da quel momento è cominciata a crescere l'attenzione verso gli alunni con DSA da parte degli insegnanti in termini di consapevolezza sia personale sia professionale.

Mentre prima molti studenti venivano «catalogati» indistintamente come soggetti con difficoltà scolastiche, la nascita dell'AID contribuisce a distinguere nettamente tra *DSA* e *difficoltà di apprendimento.* Distinzione, per la verità, non sempre facilmente discriminabile, anche se le modalità di individuazione della diagnosi nel tempo è decisamente migliorata.

Disturbo e difficoltà

In linea generale, si può affermare che le difficoltà d'apprendimento sono legate a carenze nell'utilizzare le risorse di cui l'alunno potenzialmente dispone, mentre nel disturbo specifico si manifesta una condizione molto più complessa, riconducibile a un disfunzionamento di lettura, scrittura, calcolo su base neuropsicologica.

Va sottolineato, a questo proposito, che un certo numero di alunni con DSA in passato veniva certificato come persona disabile ai sensi dell'art. 3 della legge 104/1992, contribuendo in tal modo a determinare un'insostenibile commistione tra disabilità vera e propria e disturbo di apprendimento.

L'AID è formata da genitori, operatori sanitari, insegnanti, adulti dislessici che insieme cercano di aiutare i bambini, soprattutto nei primi 2-3 anni della scuola primaria.

Alunni dislessici

Secondo l'Associazione i soggetti con dislessia evolutiva in Italia sarebbero oltre 1.500.000; gran parte di questi, come raccontato da Pennac, hanno conosciuto una carriera scolastica costellata di insuccessi, con abbandoni precoci e conseguenze personali e sociali molto pesanti.

Le stime di alunni con DSA nel nostro Paese indicano grandezze nell'ordine del 4-5% sul totale della popolazione scolastica.

La svolta, per quanto concerne la presa in carico degli allievi affetti da dislessia, da parte del sistema scolastico italiano, avviene nel 2004, con un'apposita nota della Ministra Letizia Moratti.

2. Gli inizi

Con nota del MIUR del 5 ottobre 2004, n. 4099, *Iniziative relative alla dislessia,* si affronta il problema degli alunni con DSA sottolineando che:

> La dislessia è un disturbo specifico dell'apprendimento che riguarda il leggere e lo scrivere e che può verificarsi in persone per altri aspetti normali.
>
> Tali soggetti non presentano, quindi, handicaps di carattere neurologico o sensoriale o comunque derivanti da condizioni di svantaggio sociale.

Gli studi scientifici sull'argomento hanno evidenziato che queste difficoltà, che colpiscono circa il 4% della popolazione, nascono da particolarità di funzionamento delle aree cerebrali deputate al processo di riconoscimento dei fenomeni ed alla traduzione di questi in grafemi nella forma scritta e, infine, nella lettura della parola scritta.

Strumenti compensativi e dispensativi

Nella nota del MIUR, quindi, si descrivono le caratteristiche della dislessia, intesa come disturbo specifico della letto-scrittura e si suggerisce agli insegnanti l'utilizzo di *strumenti compensativi e dispensativi* per facilitare i processi di apprendimento degli alunni affetti da questo disturbo.

Tratteremo a parte le specificità di tali strumenti.

Alla nota n. 4099/2004 sono seguite ulteriori indicazioni del MIUR riferite anche agli esami di Stato sia nel primo che nel secondo ciclo di istruzione.

La prima di queste è la nota MIUR del 5 gennaio 2005, 26/A/4 che riprende quella precedente precisando che:

> per l'utilizzazione dei provvedimenti dispensativi e compensativi è sufficiente la diagnosi specialistica di disturbo specifico di apprendimento (o dislessia).

La diagnosi

La diagnosi, secondo tale nota, può essere redatta anche da uno specialista privato.

In una nota del 1° marzo 2005, *Esami di Stato,* il MIUR invita a sensibilizzare le commissioni esaminatrici affinché adottino ogni opportuna iniziativa idonea a ridurre il più possibile, per gli studenti con DSA, gli ostacoli dovuti al disturbo, con particolare riferimento alla predisposizione della terza prova scritta; valutando anche la possibilità di riservare a tutte le prove tempi più lunghi di quelli ordinari.

Le stesse sollecitazioni sono contenute anche nell'OM del 15 marzo 2007, n. 26 relativa alle modalità organizzative per lo svolgimento degli esami di Stato conclusivi dell'anno scolastico 2006-2007.

In essa, all'art. 12 comma 7, si afferma:

> La Commissione d'esame terrà in debita considerazione le specifiche situazioni soggettive, relative ai candidati con dislessia, sia in sede di predisposizione della terza prova scritta, che in sede di valutazione delle altre due prove scritte.

Si ribadisce la possibilità di riservare per l'effettuazione delle prove tempi più lunghi di quelli ordinari e di consentire «l'utilizzazione di apparecchiature e strumenti informatici nel caso in cui siano stati impiegati per le verifiche in corso d'anno».

Nella circolare del 15 marzo 2007, n. 28, recante come oggetto *Esame di Stato conclusivo del primo ciclo di istruzione nelle scuole statali e paritarie per l'anno scolastico 2006-2007*, al punto 4 si afferma:

> Per quanto riguarda gli alunni con diagnosi di disturbi specifici di apprendimento o con diagnosi di dislessia, che, comunque, dovranno sostenere tutte le prove scritte, si raccomanda l'impiego di misure dispensative e strumenti compensativi anche in sede di esame, come indicato nella nota ministeriale prot. 4099 del 5 ottobre 2004, richiamata dalla nota prot. 26/A del 4 gennaio 2005.

Gli esami

Viene, pertanto, esteso anche all'esame conclusivo del primo ciclo di istruzione quanto già stabilito per l'esame di Stato in relazione all'impiego degli strumenti compensativi e delle misure dispensative.

In una nota del Ministero della Pubblica Istruzione del 10 maggio 2007, n. 4600, si ribadisce quanto affermato nella CM 28 del 15 marzo 2007 sull'esame conclusivo del primo ciclo d'istruzione, riaffermando che gli alunni con DSA non possono essere dispensati da nessuna delle prove scritte previste.

> In definitiva si suggerisce alle sottocommissioni di esame di adottare nello svolgimento delle prove scritte e orali le misure compensative e dispensative impiegate in corso d'anno nel limite delle compatibilità consentite alla particolare circostanza delle finalità dell'esame.

Nella CM del 10 maggio 2007, n. 4674, il MIUR fornisce indicazioni a tutte le istituzioni scolastiche circa l'utilizzo degli strumenti compensativi e delle misure dispensative.

In particolare, la circolare si rivolge ai docenti componenti delle commissioni d'esame, sottolineando che

> non è possibile dispensare gli alunni dalle prove scritte di lingua straniera, ma che, più opportunamente, è necessario compensare le oggettive difficoltà degli studenti mediante l'assegnazione di tempi adeguati per l'espletamento delle prove e procedere in valutazioni più attente ai contenuti che alla forma. In particolare si richiama l'attenzione sul fatto che gli specifici disturbi di apprendimento rendono spesso difficile lo svolgimento di prove scritte che non si effettuano nella lingua nativa. Le prove scritte di lingua non italiana, ivi comprese ovviamente anche quelle di latino e di greco, determinano obiettive difficoltà nei soggetti con disturbo specifico di apprendimento, e vanno attentamente considerate e valutate per la loro particolare fattispecie con riferimento alle condizioni dei soggetti coinvolti. In tutti i casi in cui le prove scritte interessino lingue diverse da quella materna e non si possano dispensare gli studenti dalla loro effettuazione, gli insegnanti vorranno riservare maggiore considerazione per le corrispondenti prove orali come misura compensativa dovuta.

3. Verso la legge 170/2010

Dal 2008 comincia una fase di intenso lavoro che porterà alla promulgazione della legge nazionale n. 170 del 2010 sui DSA.

Nel frattempo il MIUR continua a dare disposizioni tramite note o circolari. Nella CM del 14 marzo 2008, n. 32, relativa agli scrutini e agli esami di Stato del primo ciclo d'istruzione (anno scolastico 2007-2008), vengono date disposizioni particolari per gli alunni con disturbo specifico di apprendimento, ribadendo che

> per quanto riguarda gli alunni con diagnosi specialistica di dislessia o di altri disturbi specifici di apprendimento che, comunque, dovranno sostenere tutte le prove scritte, si ricorda che essi hanno diritto all'impiego di strumenti compensativi, come indicato nella nota ministeriale prot. 26/A del 4 gennaio 2005, oltre all'assegnazione di maggior tempo a disposizione per lo svolgimento delle prove.

Le medesime disposizioni vengono confermate nella CM del 20 maggio 2009, n. 51, relativa sempre all'esame di Stato del primo ciclo d'istruzione.

L'intervento del Parlamento

Nel 2009, in un momento in cui la Commissione cultura del Senato aveva già approvato il testo di legge in materia di DSA ed era in attesa della definitiva approvazione della Camera, il MIUR detta istruzioni dettagliate per gli studenti affetti da DSA che dovranno sostenere gli esami di Stato (anno scolastico 2008-2009).

Infatti nella nota MIUR del 28 maggio 2009, n. 5744, si sottolinea quanto segue:

> In sede di scrutinio finale, appare doveroso che i consigli di classe valutino con particolare attenzione le situazioni concernenti gli allievi con DSA, verificando che in corso d'anno siano state applicate le indicazioni inserite nelle note emanate da questo Ministero (nota 5.10.2004 prot. 4099/A/4 – nota 5.01.05 prot. 26/A – nota 1.03.2005 prot. 1787 – CM 10.05.2007, prot. 4674) e siano stati predisposti percorsi personalizzati con le indicazioni di compenso e dispensa, e considerando in ogni caso se le carenze presenti in questi allievi siano o meno da imputarsi al disturbo di apprendimento.
>
> Per quanto concerne gli esami conclusivi del primo e del secondo ciclo, in via preliminare si raccomanda di sensibilizzare le commissioni affinché adottino, nel quadro e nel rispetto delle regole generali che disciplinano la materia degli esami di Stato, ogni opportuna iniziativa per un appropriato svolgimento delle prove da parte degli studenti affetti da disturbi specifici dell'apprendimento.
>
> Come noto, in sede di esame di Stato non è possibile dispensare gli alunni dalle prove scritte, in particolare da quelle di lingua straniera e dalla prova scritta nazionale prevista per gli esami conclusivi della scuola secondaria di primo grado. Le oggettive difficoltà degli studenti dovranno essere pertanto compensate mediante l'assegnazione di tempi più distesi per l'espletamento delle prove, l'utilizzo di

apparecchiature, strumenti informatici e ogni opportuno strumento compensativo, valutazioni più attente ai contenuti che alla forma.

Pertanto, in tutti i casi in cui le prove scritte interessino lingue diverse da quella nativa, i docenti vorranno riservare maggiore considerazione per le corrispondenti prove orali come misura compensativa dovuta.

Per l'espletamento della prova scritta nazionale da parte degli studenti della scuola secondaria di primo grado, si fa riferimento a quanto indicato nella circolare ministeriale n. 51/2009 (paragrafo «prova scritta a carattere nazionale») e nell'Allegato tecnico (paragrafo «somministrazione della prova»).

Con specifico riferimento agli esami di Stato conclusivi della scuola secondaria di secondo grado, la commissione esaminatrice terrà in debita considerazione le specifiche situazioni soggettive degli alunni con disturbi specifici di apprendimento, sia in sede di predisposizione della terza prova scritta, che in sede di valutazione delle altre prove scritte, prevedendo anche la possibilità di riservare alle stesse tempi più lunghi di quelli ordinari e l'utilizzo dei mezzi compensativi più sopra menzionati.

Si ricorda, altresì, che, nel diploma finale, nelle certificazioni sostitutive, nonché nella pubblicizzazione degli esiti conclusivi degli esami, non deve esservi menzione delle misure compensative disposte nei confronti degli studenti affetti da disturbi specifici di apprendimento.

Nella legge del 30 ottobre 2008, n. 169, recante *Disposizioni urgenti in materia di istruzione e università,* si affronta seppur marginalmente il tema degli alunni con DSA.

Infatti, nell'art. 3 *(Valutazione sul rendimento scolastico degli studenti),* al punto 5 si afferma che il MIUR dovrà emanare un apposito regolamento con lo scopo di coordinare le norme vigenti per la valutazione degli studenti, tenendo conto dei disturbi specifici di apprendimento e della disabilità degli alunni.

Il Regolamento di cui all'art. 3 della legge 169/2008 è stato pubblicato sulla Gazzetta Ufficiale come DPR del 22 giugno 2009, n. 122.

All'art. 10 del decreto si indicano le modalità di valutazione degli alunni con DSA. In esso si afferma:

1. Per gli alunni con difficoltà specifiche di apprendimento (DSA) adeguatamente certificate, la valutazione e la verifica degli apprendimenti, comprese quelle effettuate in sede di esame conclusivo dei cicli, devono tenere conto delle specifiche situazioni soggettive di tali alunni; a tali fini, nello svolgimento dell'attività didattica e delle prove di esame, sono adottati, nell'ambito delle risorse finanziarie disponibili a legislazione vigente, gli strumenti metodologico-didattici compensativi e dispensativi ritenuti più idonei.
2. Nel diploma finale rilasciato al termine degli esami non viene fatta menzione delle modalità di svolgimento e della differenziazione delle prove.

La norma che costituisce attualmente il principale riferimento degli alunni con DSA è la legge del 18 ottobre 2010, n. 170, *Nuove norme in materia di disturbi specifici di apprendimento in ambito scolastico.*

I disturbi correlati

All'art. 1 si inquadrano i quattro disturbi correlati alla dislessia (non sempre!) con queste sintetiche definizioni:

- *dislessia:* un disturbo specifico che si manifesta con una difficoltà nell'imparare a leggere, in particolare nella decifrazione dei segni linguistici, ovvero nella correttezza e nella rapidità della lettura;
- *disgrafia:* un disturbo specifico di scrittura che si manifesta con difficoltà nella realizzazione grafica;
- *disortografia:* un disturbo specifico di scrittura che si manifesta con difficoltà nei processi linguistici di transcodifica;
- *discalculia:* un disturbo specifico che si manifesta con una difficoltà negli automatismi del calcolo e dell'elaborazione dei numeri.

L'art. 2 si prefigge di garantire il diritto all'istruzione e di favorire il successo scolastico anche attraverso misure didattiche di supporto. I docenti dovranno, pertanto, essere adeguatamente preparati su nuove modalità di insegnamento (software, TIC, attività didattiche specifiche, ecc.), in modo da incrementare la collaborazione con le famiglie.

Nell'art. 3 si affronta il problema delle competenze relative al rilascio della diagnosi clinica che spetta agli specialisti del Servizio sanitario nazionale o a «specialisti e strutture accreditate».

L'art. 4 prevede risorse ad hoc per la formazione del personale docente e dei dirigenti scolastici.

L'art. 5 affronta più direttamente le questioni che interessano i docenti, cioè le *misure educative* e *didattiche* di supporto. In particolare in questo articolo si afferma la necessità dell'uso di una didattica individualizzata e personalizzata, l'introduzione di strumenti compensativi (mezzi alternativi e tecnologie informatiche) e misure dispensative da alcune prestazioni non essenziali ai fini della qualità dei concetti da apprendere.

Infine, viene sollevato il problema delle lingue straniere che, in discontinuità con quanto affermato nelle note e ordinanze che abbiamo esaminato, si inquadra in questo nuovo contesto che garantisce,

> per l'insegnamento delle lingue straniere, l'uso di strumenti compensativi che favoriscano la comunicazione verbale e che assicurino ritmi graduali di apprendimento, prevedendo anche, ove risulti utile, la possibilità dell'esonero.

L'eventualità dell'esonero, che verrà ripreso nelle Linee guida del luglio 2011, rappresenta un elemento di ambiguità e, in qualche caso, di conflitto tra la scuola da un lato e le famiglie dall'altro.

Questo aspetto verrà approfondito nel commento alle Linee guida.

4. Le Linee guida del 2011

Il 12 luglio 2011 il MIUR diffonde le *Linee guida per il diritto allo studio degli alunni e degli studenti con disturbi specifici di apprendimento.*

Le Linee guida del 2011

Le Linee guida sono allegate al decreto ministeriale del 12 luglio 2011, n. 5669.

Il decreto ripercorre i punti principali della legge 170/2010, precisando all'art. 2 che

> la certificazione di DSA viene consegnata dalla famiglia ovvero dallo studente di maggiore età alla scuola o all'università che intraprendono le iniziative ad essa conseguenti.

Le istituzioni scolastiche attuano i necessari interventi pedagogico-didattici finalizzati al conseguimento del successo formativo degli alunni. In particolare, dovranno essere adottate metodologie didattiche adeguate allo sviluppo di abilità di letto-scrittura e di calcolo, tramite l'impiego di strumenti compensativi e misure dispensative.

Nell'art. 5 del decreto sono previsti interventi didattici individualizzati e personalizzati ribadendo che

> la scuola garantisce ed esplicita, nei confronti di alunni e studenti con DSA, interventi didattici individualizzati e personalizzati, anche attraverso la redazione di un Piano didattico personalizzato.

Il PDP

Un'attenzione particolare viene riservata alla valutazione scolastica periodica e finale. Le istituzioni scolastiche dovranno promuovere le condizioni di un'adeguata valutazione del Piano didattico personalizzato (PDP) sia per il passaggio da una classe a quella successiva sia nel corso di effettuazione degli esami di Stato, al termine del primo e del secondo ciclo di istruzione. Le commissioni d'esame dovranno assicurare idonei strumenti compensativi sia nell'effettuazione delle prove scritte, comprese quelle nazionali dell'INVALSI, sia nelle fasi del colloquio pluridisciplinare. Viene poi illustrato nell'art. 6 un punto particolarmente spinoso, quello che riguarda l'apprendimento delle lingue straniere. Nell'art. 6, punto 4 si afferma:

> Le istituzioni scolastiche [...] valorizzano le modalità attraverso cui il discente meglio può esprimere le sue competenze privilegiando l'espressione orale, nonché ricorrendo agli strumenti compensativi e alle misure dispensative più opportune.

Il decreto approfondisce questa problematica ipotizzando due differenti eventualità:

- *la dispensa* dalle prestazioni scelte in lingua straniera in corso d'anno e in sede di esami;
- *l'esonero* dall'insegnamento delle lingue straniere.

La dispensa dalle prestazioni scritte è prevista alle seguenti condizioni:

La dispensa

- certificazione di gravità del disturbo ed esplicita richiesta di dispensa;
- richiesta di dispensa presentata alla scuola dalla famiglia, o dallo studente se maggiorenne;
- approvazione da parte del consiglio di classe che confermi la dispensa in forma temporanea o permanente. Le modalità delle prove orali che sostituiscono la parte scritta vengono definite, in sede di esami di Stato (primo e secondo ciclo d'istruzione) dalle commissioni, sulla base della documentazione fornita dai consigli di classe.

L'esonero dalla lingua straniera

Diversa, invece, è l'ipotesi dell'esonero dall'insegnamento della lingua straniera. Questa eventualità si può determinare solo in caso di particolari gravità del disturbo di apprendimento, anche in comorbilità con altre patologie, debitamente certificate sul piano diagnostico. In tale circostanza, l'alunno con DSA, su richiesta delle famiglie, e conseguente approvazione del consiglio di classe, può essere esonerato dall'insegnamento delle lingue straniere e seguire un *percorso didattico differenziato*.

In questo caso, i voti sono attribuiti esclusivamente alla realizzazione di tale piano e gli studenti potranno ottenere solo il rilascio di attestazione di competenze e non di un regolare diploma di studio. Esattamente come gli studenti con disabilità che hanno seguito un percorso educativo differenziato.

Le Linee guida sono ricche di suggerimenti e di proposte inerenti a tutti i gradi scolastici, dalla scuola dell'infanzia alla secondaria di secondo grado. Nello specifico, si sottolinea che

> la didattica individualizzata pone obiettivi comuni per tutti i componenti del gruppo classe in funzione delle caratteristiche individuali dei discenti, con l'obiettivo di assicurare a tutti il conseguimento di competenze fondamentali del curricolo.

L'azione formativa personalizzata persegue l'obiettivo di dare a ciascun alunno

> l'opportunità di sviluppare al meglio le proprie potenzialità, con riferimento alla specificità ed unicità a livello personale dei bisogni educativi che caratterizzano gli alunni della classe.

5. Gli strumenti compensativi e le misure dispensative

Gli strumenti compensativi

Nelle Linee guida viene ripresa l'importanza di adottare strumenti compensativi. Già nella nota del MIUR del 10 maggio 2007, n. 4674, venivano indicati i seguenti strumenti di compensazione:

- tavola pitagorica;
- tabella delle misure, tabella delle formule;
- calcolatrice e/o registratore;
- cartine geografiche storiche, tabelle della memoria di ogni tipo;
- computer con programmi di videoscrittura con correttore ortografico e sintesi vocale, commisurati al singolo caso, da usare anche in classe per il normale lavoro scolastico;
- materiale registrato (dagli insegnanti, dagli alunni e/o allegati ai testi) mediante anche la predisposizione di fonoteche scolastiche contenenti il testo parlato sia dei libri in adozione sia di altri testi culturalmente significativi;
- libri di testo in CD;
- dizionari di lingua straniera anche computerizzati;
- tabelle mnemoniche;
- mappe concettuali di argomenti.

Nelle Linee guida vengono ripresi in forma esemplificativa gli strumenti soprarichiamati:

- la sintesi vocale, che trasforma un compito di lettura in un compito di ascolto;
- il registratore, che consente all'alunno o allo studente di non scrivere gli appunti della lezione;
- i programmi di videoscrittura con correttore ortografico, che permettono la produzione di testi sufficientemente corretti senza l'affaticamento della rilettura e della contestuale correzione degli errori;
- la calcolatrice, che facilita le operazioni di calcolo;
- altri strumenti tecnologicamente meno evoluti quali tabelle, formulari, mappe concettuali.

Gli strumenti compensativi facilitano l'alunno nei processi di apprendimento, eliminando gli ostacoli che possono bloccare le strategie mentali dello studente.

Le misure dispensative

Le misure dispensative invece hanno lo scopo di consentire all'alunno con DSA di non svolgere alcune prestazioni, che, se richieste, non migliorano gli esiti del ragazzo con DSA. Le più comuni misure dispensative sono:

- lettura a voce alta, scrittura veloce sotto dettatura, lettura di consegne, uso del vocabolario, studio mnemonico delle tabelline;
- riduzione di materiali e, ove necessario, dispensa dallo studio delle lingue straniere in forma scritta a causa delle difficoltà presentate dalla differenza tra scrittura e pronuncia;
- tempi più lunghi per prove scritte e per lo studio mediante un'adeguata organizzazione degli spazi e un flessibile raccordo tra gli insegnanti;
- organizzazione di interrogazioni programmate;

- assegnazione di compiti a casa in misura adeguata alle effettive possibilità dell'allievo;
- possibilità d'uso di testi ridotti non per contenuto ma per quantità di pagine;
- uso del corsivo e del prendere appunti (nota MIUR n. 4674/2007).

Nelle Linee guida si afferma che le misure dispensative sono interventi che consentono all'alunno o allo studente di non svolgere alcune prestazioni che, a causa del disturbo, risultano particolarmente difficoltose e che non migliorano l'apprendimento.

A questo proposito, si forniscono alcune esemplificazioni. Per esempio, non è utile far leggere a un alunno con dislessia un lungo brano, in quanto l'esercizio, per via del disturbo, non migliora la sua prestazione nella lettura.

> D'altra parte, consentire all'alunno o allo studente con DSA di usufruire di maggior tempo per lo svolgimento di una prova, o di poter svolgere la stessa su un contenuto comunque disciplinarmente significativo ma ridotto, trova la sua ragion d'essere nel fatto che il disturbo li impegna per più tempo dei propri compagni nella fase di codifica degli items della prova. A questo riguardo, gli studi disponibili in materia consigliano di stimare, tenendo conto degli indici di prestazione dell'allievo, in che misura la specifica difficoltà lo penalizzi di fronte ai compagni e di calibrare di conseguenza un tempo aggiuntivo o la riduzione del materiale di lavoro. In assenza di indici più precisi, una quota del 30% in più appare un ragionevole tempo aggiuntivo. (Linee guida 2011)

6. La diagnosi: dalla Consensus Conference al PARCC

Le norme del MIUR hanno sollecitato un approfondimento non solo sugli aspetti didattici del problema dei DSA, ma anche su quelli clinici.

La Consensus Conference

Nel 2007 a Montecatini molte associazioni e la Società di neuropsichiatria dell'infanzia-adolescenza (SINPIA) e dei logopedisti italiani (SIAF) cercano di uniformare i criteri diagnostici e l'eziologia dei DSA. Nella Consensus Conference di Montecatini si pensa che la principale caratteristica dei DSA sia la specificità, cioè un disturbo che interessa uno *specifico dominio di abilità* in modo significativo, ma circoscritto.

> In questo senso, il principale criterio necessario per stabilire la diagnosi di DSA è quello della «discrepanza» tra abilità nel dominio specifico interessato (deficitaria in rapporto alle attese per l'età e/o la classe frequentata) e l'intelligenza generale (adeguata all'età cronologica).

Dal riconoscimento del criterio della «discrepanza» come aspetto cardinale della definizione e della diagnosi di DSA, derivano alcune fondamentali implicazioni sul piano diagnostico:

1. necessità di usare test standardizzati, sia per misurare l'intelligenza generale, che l'abilità specifica;
2. necessità di escludere la presenza di altre condizioni che potrebbero influenzare i risultati di questi test, come:
   a) menomazioni sensoriali e neurologiche gravi, disturbi significativi della sfera emotiva;
   b) situazioni ambientali di svantaggio socio-culturale che possono interferire con un'adeguata istruzione.

La dislessia, pertanto, è un disturbo specifico dell'apprendimento, legato alle abilità scolastiche. La principale caratteristica è la sua specificità, ossia il disturbo interessa un determinato dominio di padronanza, (lettura, scrittura, calcolo), lasciando intatto il funzionamento generale. Il disturbo è riconducibile a un'alterazione neurologica ovvero a un disfunzionamento di alcuni gruppi di cellule deputate al riconoscimento delle lettere-parole e al loro significato. In particolare, la dislessia è una difficoltà che riguarda la capacità di leggere e di scrivere.

Nella Consensus Conference del 2007 si sottolinea che la diagnosi di dislessia non può essere anticipata *prima della fine della seconda classe* della scuola «elementare».

Nel 2011 i rappresentanti di molte associazioni di servizi e degli uffici scolastici regionali dell'Emilia-Romagna e della Lombardia provvedono ad aggiornare il documento del 2007.

Il PARCC

Il PARCC (Panel di aggiornamento e revisione della Consensus Conference) diffonde le *Raccomandazioni cliniche sui DSA* con l'intento di offrire agli specialisti un'utile guida, attraverso un documento impostato su risposte a specifiche domande.

Il coordinatore del PARCC è Mariano Marchiori, e i coordinatori dei tre gruppi di lavoro sono: Ciro Ruggerini, Maria Luisa Lorusso e Patrizio Tressoldi.

Le Raccomandazioni sono articolate in cinque aree tematiche, impostate a quesiti:

– quesiti A: diagnosi, procedure ed eziologia;
– quesiti B: DSA in adulti;
– quesiti C: segni, corso, evoluzione a distanza e co-occorrenza di altri disturbi;
– quesiti D: facilitazioni e trattamento;
– quesiti E: DSA e visione. Raccomandazioni.

Nelle Raccomandazioni, per quanto concerne il periodo in cui stilare la diagnosi, si ribadisce che non appare opportuno anticipare la diagnosi a prima della fine della seconda classe della scuola primaria.

Nell'area tematica dei quesiti C (che interessano più direttamente le istituzioni scolastiche) si sottolinea quanto segue:

> La proposta centrale di questo documento si riassume nell'immagine di un triangolo ai cui vertici sono collocati la persona con DSA e la sua famiglia, i professionisti del sistema sanitario, i professionisti della comunità, in particolare della scuola, l'assistenza è più efficace se i protagonisti della triade si muovono sullo sfondo di concezioni culturali comuni.

Risulta pertanto, di fondamentale importanza il «sistema di cura» dell'intero contesto comunitario, in particolare: soggetto, famiglia, servizi clinici e scuola.

Nella medesima area tematica C, viene operata una distinzione secondo la quale dislessia, disortografia e discalculia possono essere definite caratteristiche dell'individuo, fondate su una base neurologica.

> L'uso del termine *caratteristica* può favorire nell'individuo, nella sua famiglia e nella comunità una rappresentazione non stigmatizzante del funzionamento delle persone con difficoltà di apprendimento; il termine *caratteristica* indirizza, inoltre, verso un approccio pedagogico che valorizza le differenze individuali.
>
> Il termine *disabilità* riferito alle difficoltà di apprendimento ha uno scopo etico di protezione sociale; è utile quando viene utilizzato per rivendicare un diritto a pari opportunità nella istruzione; quella della disabilità è, infatti, una relazione sociale, non una condizione soggettiva della persona.
>
> Il termine *disturbo* con riferimento alle difficoltà di apprendimento compare nei sistemi di classificazione dei disturbi mentali DSM e ICD; questi manuali contengono i criteri condivisi dalla comunità scientifica per identificare i disturbi; questi manuali dichiarano di prescindere da concezioni teoriche sulla natura dei disturbi identificati — approccio ateoretico —; lo scopo di questi sistemi di classificazione è, infatti, di facilitare la comunicazione scientifica; permettere studi sulla frequenza dei disturbi e una organizzazione coerente dei servizi; rendere i risultati della ricerca confrontabili.

Il PARCC evidenzia, come esplicitato, la distinzione tra caratteristica e disturbo; la prima è considerata un'espressione della biodiversità delle persone. Nel campo dei DSA la formulazione della diagnosi ha il compito di rappresentare un ritratto completo della persona, attraverso le informazioni che provengono da più fonti, in vista della promozione di «un'alleanza per lo sviluppo» tra bambino/famiglia e gli altri attori coinvolti nel progetto educativo.

7. Il Piano didattico personalizzato

Nel DM del 12 luglio 2011, n. 5669, che accompagna le Linee guida, si sottolinea che le istituzioni scolastiche sono tenute ad attivare «percorsi di didattica individualizzata e personalizzata». Tali strategie di insegnamento possono essere esplicitate come nella tabella 32.1.

In alcune circostanze individualizzazione e personalizzazione possono coincidere; se, ad esempio, l'insegnante organizza la classe in piccoli gruppi di lavoro, l'alunno con DSA può esprimere meglio in tale contesto le proprie potenzialità. Se viene promosso un lavoro di coppia, l'alunno più esperto può aiutare il coetaneo in difficoltà. Gli esempi potrebbero continuare a lungo.

TABELLA 32.1
Strategie didattiche

INDIVIDUALIZZATE	PERSONALIZZATE
L'insegnante assicura a tutti gli alunni della classe l'acquisizione di saperi e il raggiungimento di obiettivi comuni ritenuti irrinunciabili, adottando un ricco repertorio di metodologie didattiche (lezione, lavoro di gruppo, di coppia, uso delle TIC, peer tutoring, ecc.), adeguate alle diverse caratteristiche degli allievi.	L'insegnante sostiene l'apprendimento di un determinato alunno, adottando modalità e strumenti tesi a favorire l'acquisizione di conoscenze, abilità e competenze del singolo allievo, valorizzando preferenze, attitudini e particolari caratteristiche con l'obiettivo di rimuovere gli ostacoli che si frappongono alla gestione dei processi mentali.

Il PDP

Nell'art. 5 del Decreto n. 5669/2011 si affida alla scuola un ulteriore, inderogabile compito, quello della redazione del Piano didattico personalizzato (PDP) per ciascun alunno con DSA, che deve essere consegnato alle famiglie (con la loro collaborazione) nel primo quadrimestre dell'anno scolastico per consentire l'attivazione delle indispensabili relazioni tra scuola, famiglia e alunno.

Nelle Linee guida a questo proposito si afferma:

> La scuola predispone, nelle forme ritenute idonee e in tempi che non superino il primo quadrimestre scolastico, un documento che dovrà contenere almeno le seguenti voci, articolato per discipline coinvolte dal disturbo:
> – dati anagrafici dell'alunno;
> – tipologia di disturbo;
> – attività didattiche individualizzate;
> – attività didattiche personalizzate;
> – strumenti compensativi utilizzati;
> – misure dispensative adottate;
> – forme di verifica e valutazione.

Le forme di verifica e di valutazione periodica e finale dovranno essere coerenti con gli obiettivi indicati nel Piano didattico personalizzato e indicare se, come e in che misura gli strumenti compensativi e le misure dispensative abbiano effettivamente «funzionato».

> La stesura del PDP pone una riflessione: non è sufficiente identificare strategie e strumenti, è necessario anche prendere coscienza di quale rapporto vive il bambino/ragazzo con il disturbo, che può determinare, per esempio, la possibilità di accettazione o meno degli strumenti che vengono messi a disposizione o che può utilizzare. Inoltre è importante considerare la sua volontà di comunicarlo o meno alla classe. (Stella e Grandi, 2011)

Il Piano didattico personalizzato rappresenta, pertanto, il principale strumento di lavoro del team dei docenti e dei consigli di classe. Come ogni progetto, va assunto collegialmente da tutti gli insegnanti che operano nel gruppo classe, in modo da costituire l'effettiva piattaforma di una reale e condivisa corresponsabilità educativa che, sia in fase di predisposizione del percorso formativo, sia in fase di realizzazione, richiederà la piena partecipazione degli stessi genitori.

8. La didattica «speciale», risorsa della classe

L'affermazione di una cultura della diversità presuppone un requisito molto importante: l'organizzazione efficace di contesti di apprendimento nei quali chi incontra particolari difficoltà si senta «attorniato» e non semplicemente «collocato» in un tempo e in uno spazio indefiniti. Infatti, la dinamica di gruppo è fondamentale al fine di realizzare un buon insegnamento e, soprattutto, un buon apprendimento.

In questo senso, la classe come comunità di apprendimento è il primo e più importante «organizzatore» che i docenti devono saper promuovere.

> Rientrano in questo livello: le pratiche di analisi del profilo e del clima di classe; le azioni mirate a costruire il gruppo classe; le didattiche centrate sul coinvolgimento; i percorsi specifici finalizzati migliorare la comunicazione tra gli alunni, le abilità sociali ed affettive, la capacità di affrontare e gestire i conflitti. (Triani, 2011)

La classe rappresenta, dunque, la struttura di base attraverso la quale l'organizzazione scolastica persegue gli obiettivi didattici di un'effettiva inclusione.

> È lo spazio, sia fisico che sociale, dove si instaurano uno specifico rapporto educativo, in cui incontrano ragazzi abbastanza omogenei per età, ma disomogenei per stili di apprendimento, contesti di provenienza, vissuti, esperienze. Un insieme di trame, racconti, relazioni, emozioni che nascono e si modificano nel tempo e che coinvolgono alunni ed insegnanti. (Boninelli, 2016)

Le direzioni di lavoro, per far sì che le modalità e i dispositivi didattici utilizzati (strumenti compensativi, misure dispensative...) per gli alunni con DSA diventino una risorsa per tutti, sono: la cura del clima relazionale, il sostegno reciproco, lo sviluppo di compiti incentrati sulla cooperazione e la collaborazione, la valorizzazione delle modalità di funzionamento dei singoli allievi...

Promuovere apprendimenti significativi

Per poter promuovere apprendimenti significativi, gli insegnanti devono conoscere gli studenti: preferenze, difficoltà, eccellenze e criticità. Lo studio non è sinonimo di apprendimento, è una forma particolare dell'imparare: include quindi un insieme di processi cognitivi, emotivi, emozionali, metacognitivi che devono essere sostenuti dall'intero gruppo dei ragazzi e dalla coesione degli adulti.

Il raggiungimento di un'effettiva gruppalità genera un sentimento di benessere sia tra i docenti sia tra gli studenti: la classe si trasforma in una comunità relazionale che aiuta ciascun membro a non arrendersi di fronte alle difficoltà perché, oltre alle competenze degli insegnanti, l'alunno in difficoltà potrà contare sul sostegno dei coetanei e, quindi, dell'intero ecosistema sociale.

Gli insegnanti sono figure centrali nel predisporre le condizioni affinché questo risultato possa essere effettivamente raggiunto. A questo proposito, nell'Istituto comprensivo di Cavriago, in provincia di Reggio Emilia, la scuola ha messo a punto un vademecum per tutti i docenti nel quale vengono esplicitate le azioni e gli interventi richiesti a ciascun insegnante in vista di una reale integrazione: lo presentiamo nel riquadro che segue.

4. Interventi didattici specifici svolti dal team docente

- Ricercano approcci didattici migliorativi (tutoraggio, attività a piccolo gruppo...)
- Favoriscono strategie compensative
- Insegnano l'uso di strumenti compensativi
- Favoriscono la dispensa di alcuni compiti
- Non abbassano necessariamente il livello di difficoltà, ma concentrano il lavoro sull'**essenziale**
- Considerano diversi **stili** e **tempi** di apprendimento
- Aiutano l'allievo a riconoscere e applicare in modo consapevole comportamenti, strategie utili a un più efficace processo di apprendimento
- Gratificano gli alunni per gli **sforzi** compiuti e non solo per i risultati
- Favoriscono processi di metacognizione e autocorrezione
- Cercano un rapporto di collaborazione con l'ASL per avere una diagnosi specialistica accurata e un trattamento riabilitativo adeguato
- Puntano costantemente a **motivare** l'alunno

Le strategie sopra ricordate rappresentano una sintesi efficace di una scuola che realizza le condizioni di una *speciale normalità,* tesa ad avvantaggiare non solo chi si trova in difficoltà ma anche tutti gli altri componenti della classe.

9. Gli alunni con DSA: aspetti quantitativi

L'Ufficio Statistica e Studi del MIUR ha diffuso nell'aprile 2018 i dati degli alunni con DSA relativi all'anno scolastico 2016-2017. Si tratta di un rapporto prevalentemente quantitativo, che va inquadrato nelle riflessioni contenute nel documento del ministero, trasmesso con la nota del 17 maggio 2018, n. 1143, *L'autonomia scolastica quale fondamento per il successo formativo di ognuno.*

Rapporto MIUR 2018

Il focus del Ministero offre informazioni di dettaglio sugli alunni con DSA per i vari ordini di scuola, statale e non statale, e uno spaccato sulla distribuzione territoriale di questa tipologia di studenti, fortemente differenziata da realtà a realtà.

Il quadro complessivo che emerge è rappresentato nella tabella 32.2.

TABELLA 32.2
Alunni con DSA nei vari ordini di scuola

Ordine di scuola	Alunni con DSA	Totale alunni	% alunni con DSA
Infanzia	774*	1.518.843	0,05%
Primaria	53.832*	2.764.810	1,95%
Secondaria di primo grado	92.483	1.711.954	5,40%
Secondaria di secondo grado	107.525	2.664.967	4,03%
Totale	**254.614**	**8.660.574**	**2,94%**

* *Per la scuola dell'infanzia e per il primo e il secondo anno della scuola primaria si tratta di alunni a rischio di DSA, individuati a seguito di test specifici presso le competenti strutture sanitarie.*
Fonte: MIUR - DGCASIS - Ufficio Statistica e Studi, *Rilevazioni sulle scuole: anno scolastico 2016-2017.*

Il rapporto analizza anche i dati disaggregati per scuole statali e non statali. In queste ultime la presenza di studenti con DSA è molto contenuta. Nelle paritarie non statali, che nel nostro Paese costituiscono la presenza più significativa nell'ambito delle istituzioni private, si registrano 17.150 alunni con DSA su un totale di 901.502 (1,9%).

Crescita esponenziale

Un dato di grande interesse è anche la serie storica delle diagnosi di DSA, in cui dal 2010 al 2017 si evidenzia un aumento esponenziale. Mettendo a confronto il numero di alunni con DSA nell'anno scolastico 2010-2011 con quello dell'anno scolastico 2016-2017, si nota infatti che l'incidenza delle diagnosi è passata dallo 0,7% al 2,9%.

10. La scuola, generatrice di disturbi?

Come si evince dalla tabella, nella scuola secondaria di primo grado la percentuale degli alunni con DSA è molto elevata, quasi il 5,5% del totale, e si mantiene alta anche nella secondaria di secondo grado (4,03%).

Distribuzione territoriale

Rispetto alla distribuzione territoriale, nel rapporto si rileva che gli alunni con disturbi specifici di apprendimento sono più presenti nelle regioni del Nordovest (4,5%) e del Nordest (3,5%). Colpisce, di contro, come nelle regioni meridionali tale incidenza sia nettamente più contenuta, pari in media all'1,4%.

Nello specifico, i valori complessivamente più elevati si registrano in Liguria (4,9%), Valle d'Aosta (4,8%), Piemonte e Lombardia (4,5%), Emilia-Romagna (4,2%).

Per contro, le percentuali più basse sono presenti in Calabria (0,7%), Campania (0,9%), Sicilia (1,1%) e Puglia (1,4%).

I 254.614 alunni con DSA risultano suddivisi tra i quattro disturbi contemplati nella legge 170/2010 (dislessia, disgrafia, disortografia, discalculia) come mostrato nella tabella 32.3.

TABELLA 32.3
Alunni con DSA per tipo di disturbo

	Disturbi			
	Dislessia	Disgrafia	Disortografia	Discalculia
Alunni	139.620	57.259	68.877	62.877
Totale	**328.633**			

In termini percentuali, gli alunni con dislessia rappresentano l'1,6% del totale degli studenti che frequentano le scuole di ogni ordine e grado. NB: Uno stesso alunno può essere diagnosticato con più disturbi specifici.

11. E le buone pratiche?

Come già sottolineato, l'aspetto più eclatante del rapporto è rappresentato dalla percentuale di studenti con DSA che si registra nella scuola secondaria di primo e secondo grado, rispettivamente il 5,4% e il 4,03%.

Paradossalmente nel corso della scolarità si registra un crescente tasso di alunne/i che vengono diagnosticati con disturbi specifici di apprendimento. Si tratta di un dato contraddittorio (forse solo in apparenza) che, nella sua complessità, richiede qualche ulteriore approfondimento.

Differenti progettualità

Nelle scuole del Nordovest e del Nordest del Paese si sono consolidate prassi didattiche avviate prima della legge 170/2010 tese a prevenire, nei primi due anni della scuola primaria, fattori di rischio che possono interessare bambine/i con DSA.

Tali progetti, dopo la legge 170/2010, si sono estesi anche alle scuole dell'infanzia. Questa sistematica pratica «protettiva» consente di individuare con maggiore attendibilità le/gli alunne/i che, dal terzo anno della scuola primaria, possono essere inviati ai servizi specialistici per un'eventuale diagnosi.

Pertanto, la presenza di allieve/i con DSA dovrebbe interessare prevalentemente la scuola primaria, soprattutto negli ultimi tre anni. I dati del rapporto ci dicono che non è così. La percentuale di alunni con disturbi specifici di apprendimento esplode nella scuola secondaria di primo e di secondo grado. Quali le ragioni di questo fenomeno?

L'anomalia della secondaria

Con ogni probabilità la crescente complessità legata all'acquisizione delle conoscenze di base che si riscontra nei gradi scolastici successivi alla primaria determina il ricorso a una diffusa «medicalizzazione» del disturbo. Spesso, nel primo anno della scuola «media» vengono al pettine ritardi che si sono cumulati nel quinquennio precedente, in misura tale da richiedere l'invio di ragazze/i alle strutture sanitarie, con conseguente aumento delle diagnosi di DSA o disabilità cognitive.

È probabile, pertanto, che non si tratti sempre di alunni con disturbi specifici in senso stretto, quanto di situazioni legate a svantaggi sociali o a forme di deprivazione culturale che determinano condizioni particolarmente difficili sul piano del rendimento scolastico.

In ogni caso, il numero degli alunni con DSA, sommato a quello dei ragazzi con disabilità, ammonta nell'anno scolastico 2016-2017 a oltre 500.000. Questa presenza costituisce un dato che deve portare il sistema nel suo complesso a corresponsabilizzare concretamente tutti gli insegnanti, puntando sulla presenza di docenti altamente professionalizzati in ogni scuola (o nelle reti di scuole), in grado di promuovere forme sistematiche di sostegno diffuso e di accompagnamento personale.

CAPITOLO TRENTATREESIMO

L'inclusione degli alunni con cittadinanza non italiana

1. I principi di fondo 2. Gli anni Novanta 3. La seconda fase: la Legge Turco-Napolitano 4. Gli anni Duemila 5. Etnocentrismo e razzismo 6. Cultura, diversità, pregiudizio 7. Multiculturalità, interculturalità 8. L'accoglienza scolastica 9. Le Linee guida e il diritto all'apprendimento 10. Il rapporto del MIUR sugli alunni con cittadinanza non italiana del marzo 2018: aspetti quantitativi 11. La disomogeneità territoriale 12. La distribuzione degli alunni stranieri nelle scuole e nelle classi 13. Le macrocriticità 14. Il percorso accidentato nell'istruzione superiore 15. L'orientamento nel passaggio dal primo al secondo grado di istruzione 16. Il tasso di regolarità 17. Alunni stranieri e declino demografico 18. Il bilinguismo «simultaneo» e «sequenziale»

1. I principi di fondo

Dagli inizi degli anni Novanta del secolo scorso, l'afflusso di famiglie immigrate nel nostro Paese è costantemente aumentato e parallelamente è cresciuto il numero dei bambini stranieri nelle scuole italiane.

La struttura sociale e, di conseguenza quella scolastica, ha pertanto conosciuto negli ultimi vent'anni una vera e propria rivoluzione.

Differenti scelte politiche

Negli altri Stati europei, investiti da tale fenomeno nell'immediato dopoguerra (prima di noi), i governi nazionali hanno fatto scelte politiche in materia di immigrazione differenti tra di loro, così sintetizzabili:

- logica dell'*assimilazione,* come in Francia e in Germania, secondo la quale si determina un adeguamento totale dei «nuovi arrivati» alla cultura e ai costumi del Paese ospitante;
- logica *comunitarista,* come in Gran Bretagna, in cui viene lasciata ai singoli gruppi etnici una certa autonomia, salvaguardando identità e tradizioni degli immigrati;

– logica *interculturale,* per la quale si adottano scelte di integrazione tra culture differenti cercando un reciproco arricchimento tra «ospitati» e «ospitanti».

Le scelte del nostro Paese si sono orientate a quest'ultima prospettiva.

La scelta interculturale

La sfida interculturale riguarda non solo la scuola ma l'intero contesto socioculturale di un Paese, anche se l'inserimento degli studenti stranieri nelle classi comuni costituisce un momento di straordinaria importanza nella difficile costruzione di una società realmente aperta a tutte le differenze.

Il modello educativo italiano aveva indicato la strada della multiculturalità già nei Programmi della scuola media del 1979, sottolineando che

> la scuola media favorirà la formazione del cittadino d'Europa e del mondo, educando ad un atteggiamento mentale di comprensione che superi ogni visione unilaterale dei problemi e avvicini all'intuizione di valori comuni agli uomini pur nella diversità delle civiltà e delle culture.

Lo stesso orientamento è contemplato nei Programmi didattici della scuola elementare del 1985 (DPR 104/1985) in cui si afferma che

> la scuola elementare deve operare perché il fanciullo abbia consapevolezza delle varie forme di diversità [...] e *contrastare la formazione di stereotipi e pregiudizi* nei confronti di persone e culture.

Infine, anche negli Orientamenti della scuola dell'infanzia del 1991 si ribadisce che

> la scuola materna accoglie tutti i bambini, anche quelli che presentano difficoltà di adattamento e di apprendimento.
>
> Analogamente, la scuola dell'infanzia rappresenta di per sé un luogo particolarmente adatto a orientare il bambino e la bambina [...] a cogliere la propria identità culturale ed i valori specifici della comunità di appartenenza, non in forma esclusiva ed etnocentrica, ma in vista della comprensione di comunità e *culture diverse dalla propria.*

Quindi, i principi chiave che fanno da sfondo al tema dell'educazione interculturale sono sistematicamente affermati a cominciare dalle primissime presenze di bambini stranieri nelle nostre scuole.

2. Gli anni Novanta

Il diritto allo studio dei minori figli di immigrati comunitari è stato garantito con il DPR 722/1982, esteso ai figli dei lavoratori extracomunitari con la legge del 30 dicembre 1986, n. 943.

Gli anni Novanta

Nei primi anni Novanta l'inserimento dei minori stranieri nella nostra scuola è stato regolato da alcune importanti circolari del Ministero della Pubblica Istruzione. Nel 1994, anno in cui viene emanato il D.lgs. n. 297/1994, Testo unico delle disposizioni in materia di istruzione relative alle scuole di ogni ordine e grado, il diritto all'educazione e all'istruzione degli alunni con cittadinanza non italiana sarà disposto con una fonte giuridica primaria.

Nel momento in cui la richiesta di iscrizione di alunni immigrati comincia a crescere, il Ministero della Pubblica Istruzione avvia una più complessa progettualità che fa riferimento, come accennato, ad alcune fondamentali circolari.

La prima di queste è la CM dell'8 settembre 1989, n. 301, *Inserimento degli stranieri nella scuola dell'obbligo: promozione e coordinamento delle iniziative per l'esercizio del diritto allo studio*. In tale circolare si affronta il problema dell'intera scolarità di base e si sostiene che la condizione primaria per la tutela e la dignità delle famiglie immigrate non può che fondarsi sull'uguaglianza delle opportunità formative; essenziale punto di partenza quindi è la scolarizzazione dei giovani immigrati nella fascia dell'obbligo. CM n. 301/1989

Nel 1989 l'Organizzazione delle Nazioni Unite (ONU) vota la Convenzione sui diritti dell'infanzia che viene recepita dal Parlamento italiano con la legge del 27 maggio 1991, n. 176.

In essa si afferma che i diritti dei bambini devono essere assicurati «senza distinzione di sorta e a prescindere da ogni considerazione di razza, colore, sesso, lingua, religione».

Con la CM del 4 marzo 1990, n. 205, *La scuola dell'obbligo e gli alunni stranieri. L'educazione interculturale,* il Ministero della Pubblica Istruzione affronta in modo sistematico il tema dell'integrazione scolastica dei bambini immigrati, affermando la prospettiva interculturale e provvedendo a istituire presso ogni provveditorato agli studi un apposito gruppo interistituzionale di lavoro con la presenza di docenti, dirigenti, responsabili degli enti locali, delle famiglie e dei servizi sociosanitari. CM n. 205/1990

Nella CM n. 205/1990 si afferma che

> la presenza di alunni stranieri pone all'attenzione della scuola l'ulteriore tema della valorizzazione della lingua e della cultura d'origine in una prospettiva di educazione interculturale valida allo stesso tempo per gli alunni italiani e per quelli stranieri.

Negli anni successivi il Ministero della Pubblica Istruzione ha poi fatto proprie due pronunce del Consiglio Nazionale della Pubblica Istruzione (CNPI) con la diffusione delle CCMM del 28 aprile 1992, n. 122 e del 2 marzo 1994, n. 73.

Entrambe sono incentrate sul dialogo e sull'educazione interculturali.

La CM n. 122/1992 insiste sulla valorizzazione delle diverse culture presenti nelle istituzioni scolastiche; la CM n. 73/1994 affronta i temi più rilevanti della società multiculturale, anche alla luce del nuovo quadro europeo delineato nel trattato di Maastricht: dimensione europea dell'istruzione, lotta all'antisemitismo e a qualsiasi forma di razzismo, educazione alla legalità, alla pace, ecc.

I principi contenuti in queste quattro circolari confluiscono nel D.lgs. n. 297/1994 in cui agli artt. 115 e 116, si affermano le condizioni di frequenza scolastica dei figli di cittadini comunitari (art. 115) e degli extracomunitari (art. 116).

Nel primo caso, si sottolinea che gli alunni dell'UE vengono iscritti alla classe della scuola dell'obbligo successiva a quella frequentata con esito positivo nel Paese di provenienza.

Per gli alunni extracomunitari si afferma che

> sono attuati, analogamente a quanto disposto per i figli dei lavoratori comunitari e per i figli degli emigranti italiani che tornano in Italia, specifici insegnamenti integrativi nella lingua e cultura di origine.

3. La seconda fase: la Legge Turco-Napolitano

Alla fine degli anni Novanta la presenza di alunni stranieri nelle sezioni della scuola dell'infanzia e nelle classi degli ordini scolastici successivi si configura sempre più come tendenza crescente e strutturale.

Certo, i numeri, come vedremo, non raggiungono le grandezze del decennio successivo; sono in ogni caso indicativi di una tendenza che si sta imponendo con tutta evidenza.

La Legge Turco-Napolitano

La legge sull'integrazione degli immigrati del 6 novembre 1998, n. 40 (nota come la Legge Turco-Napolitano) costituisce lo spartiacque che conferma i principi della normativa precedente, ma, allo stesso tempo, apre nuovi scenari per le famiglie immigrate in tutti gli ambiti della nostra società, scuola compresa.

Nella legge 40/1998, all'art. 36 si sottolinea il valore formativo delle differenze linguistiche e culturali e si afferma che le istituzioni scolastiche

> nell'esercizio dell'autonomia didattica e organizzativa, realizzano per tutti gli alunni progetti interculturali di ampliamento dell'offerta formativa, finalizzati alla valorizzazione delle differenze linguistiche culturali e alla promozione di iniziative di accoglienza e di scambio.

Gli stessi principi vengono ripresi e ampliati sia nel Testo unico delle disposizioni concernenti la disciplina dell'immigrazione (D.lgs. del 25 luglio 1998, n. 286) sia nel DPR del 31 agosto 1999, n. 394.

In quest'ultimo decreto, all'art. 45, è disciplinata la materia dell'iscrizione e della frequenza scolastica dei minori stranieri. Questo articolo resta ancora il principale dispositivo giuridico di riferimento, nonostante la diversità degli orientamenti politici dei governi succedutisi nell'ultimo quindicennio.

I diritti degli alunni stranieri

Nell'art. 45 si afferma che i minori stranieri:

- hanno diritto all'istruzione indipendentemente dalla regolarità in ordine al soggiorno;
- sono soggetti all'obbligo scolastico;
- sono iscritti nelle scuole di ogni ordine e grado alle condizioni previste per i minori italiani;
- vengono iscritti alla classe corrispondente dell'età anagrafica, salvo diversa delibera del collegio dei docenti, tenuto conto: *dell'ordinamento degli studi del Paese di provenienza, dell'accertamento delle competenze, del corso pregresso degli studi, del titolo di studio eventualmente posseduto.*

In ogni caso, l'assegnazione alle classi degli alunni immigrati non deve determinare la costituzione di un gruppo in cui risulti predominante la loro presenza.

L'INTEGRAZIONE DEGLI ALUNNI STRANIERI

Il quadro normativo di riferimento – anni Novanta

- CM n. 301 dell'8.9.1989, *Inserimento degli alunni stranieri nella scuola dell'obbligo. Promozione e coordinamento delle iniziative per l'esercizio del diritto allo studio.*
- CM n. 205 del 26.7.1990, *La scuola dell'obbligo e gli alunni stranieri. L'educazione interculturale.*
- CM n. 122 del 28.4.1992, *Pronuncia del Consiglio Nazionale della Pubblica Istruzione sull'educazione interculturale nella scuola pubblica.*
- Pronuncia CNPI recepita con la CM n. 73 del 2.3.1994.
- D.lgs. n. 297/1994 (Testo unico), artt. 114, 115, 116, 132 (comma 2).
- Legge n. 40 del 6.3.1998, *Disciplina dell'immigrazione e norme sulla condizione dello straniero* (art. 36).
- D.lgs. n. 286 del 25.7.1998, *Testo unico delle disposizioni concernenti la disciplina dell'immigrazione e norme sulle condizioni dello straniero* (art. 38).
- DPR n. 394 del 31.8.1999, art. 45, *Iscrizione scolastica.*

4. Gli anni Duemila

Il primo decennio del XXI secolo ha conosciuto prevalentemente governi di centrodestra (circa otto anni su dieci) e soprattutto la visione politica della Lega Nord, che ha messo in discussione orientamenti e principi del periodo precedente. Per la verità, per quanto concerne le politiche scolastiche non si sono verificati significativi cambiamenti. Il punto di scontro tra le forze politiche più rilevante è stata la votazione di una mozione parlamentare della Lega nell'ottobre 2008, in cui si ipotizzava la costituzione di classi per soli stranieri. *Classi ponte, di accoglienza* o *di inserimento,* sono state alcune delle espressioni utilizzate in tale circostanza, che però non hanno modificato quanto stabilito dall'art. 45 del DPR n. 394/1999.

In buona sostanza, salvo progetti territoriali, voluti e attentamente governati dagli enti locali e dalle reciproche realtà scolastiche (ad esempio all'Istituto comprensivo di Luzzara, Reggio Emilia), l'integrazione degli alunni stranieri avviene con l'istruzione nelle classi comuni della scuola di tutti.

Quindi, nel primo decennio di questo secolo, le fonti legislative primarie sono rimaste quelle emanate negli anni Novanta.

Infatti, anche la legge 53/2003 voluta dalla Ministra Moratti (centrodestra), che può essere considerata tra le più importanti del periodo, ha confermato, pur se in modo non esplicito, i principi contenuti nel D.lgs. n. 297/1994 e nel DPR n. 394/1999.

DPR n. 394/1999

Infatti, nelle *Indicazioni per i piani di studio personalizzati per la scuola primaria* (D.lgs. n. 59/2004, allegato B), si afferma che la scuola primaria dovrà far acquisire agli alunni «la consapevolezza delle varie forme di diversità» e la competenza necessaria ad affrontarle. Anche nelle Indicazioni per i PSP della secondaria di primo grado si sottolinea l'importanza della relazione educativa che permette di prendersi cura l'uno dell'altro come persone.

> L'altro ci sta a cuore, sente che il suo bene è, in fondo, anche la realizzazione del nostro. Quando si entra in questo clima, gli studenti apprendono meglio. (D.lgs. 59/2004, allegato C)

Linee guida 2006

Nel 2006, pochi mesi prima della scadenza naturale della legislatura, la Ministra Moratti ha emanato le *Linee guida per l'accoglienza e l'integrazione degli alunni stranieri* (CM del 1° marzo 2006).

Le Linee guida sono articolate in due parti: il contesto e le indicazioni operative.

Nella prima di queste sono richiamati i principi giuridici contenuti nelle norme in ambito sia internazionale sia nazionale; nella seconda parte vengono fornite indicazioni in tre specifiche aree: *amministrativa* (iscrizione, documenti anagrafici, sanitari, scolastici); *comunicativo-relazionale* (accoglienza, facilitatore linguistico, ecc.); *educativo-didattico* (commissione).

Nel biennio 2006-2008 il Ministero della Pubblica Istruzione è stato retto da Giuseppe Fioroni (centrosinistra). Nel documento che accompagna le Indicazioni per il curricolo 2007 *(Cultura, scuola, persona)* è contenuto un esplicito riferimento all'educazione interculturale:

> La presenza di bambini e adolescenti con radici culturali diverse è un fenomeno ormai strutturale e non può più essere considerato episodico: deve trasformarsi in un'opportunità per

> tutti. Non basta riconoscere e conservare le diversità preesistenti, nella loro pura e semplice autonomia. Bisogna, invece, sostenere attivamente la *loro interazione* e la loro *integrazione* attraverso la conoscenza della nostra e delle altre culture, in un confronto che non eluda questioni quali le convinzioni religiose, i ruoli familiari le differenze di genere.

Pertanto il sistema educativo è chiamato a formare cittadini in grado di partecipare alla costruzione di più ampie e composite collettività. Nell'ottobre del 2007, il Ministro Giuseppe Fioroni presenta un ampio documento redatto dall'Osservatorio nazionale per l'integrazione degli alunni non italiani dal titolo *La via italiana per la scuola interculturale e l'integrazione degli alunni stranieri.*

Documento Fioroni 2007

Il rapporto, molto articolato, spazia su diversi fronti: viene sottolineata in particolare la centralità della dimensione interculturale come prospettiva educativa e di costruzione innovativa delle conoscenze e dei saperi.

> Scegliere l'ottica interculturale significa non limitarsi a mere strategie di integrazione degli alunni immigrati, né a misure compensatorie di carattere speciale. Si tratta, invece, di assumere la diversità come paradigma dell'identità stessa della scuola del pluralismo, come occasione per aprire l'intero sistema a tutte le differenze.

Nel documento si insiste poi sulla relazione tra saperi, contenuti e competenze in un'ottica autenticamente interdisciplinare:

> Storia, geografia, letteratura, matematica, scienze, arte, musica, nuovi linguaggi comunicativi e altri campi del sapere costituiscono un'occasione ineludibile di formazione alla diversità, permettendo di accostarsi non solo a diversi contenuti, ma anche a strutture e modi di pensare differenti.

La prospettiva interculturale, pertanto, non può essere associata solo alla crescente presenza di allievi stranieri a scuola. Questo è vero, ma solo in parte.

Nelle classi frequentate da alunni con cittadinanza non italiana, i docenti devono riflettere sul «che cosa» e sul «come» insegnare, sulle modalità di apprendere l'italiano, la matematica e gli altri linguaggi disciplinari da parte sia degli studenti italiani sia di quelli stranieri. L'educazione interculturale è, quindi, una finalità intrinseca all'azione di ogni scuola.

La sfida dell'educazione interculturale non riguarda solo la scuola, ma anche la più ampia comunità. Scuola e territorio devono operare congiuntamente, per far sì che i «luoghi comuni» diventino davvero «luoghi di tutti».

Il senso dell'interculturalità

Nel periodo in cui il Dicastero dell'Istruzione è stato affidato a Maria Stella Gelmini (2008-2011) sono stati emanati due importanti provvedimenti: l'Atto di indirizzo dell'8 settembre 2009 e la CM n. 2 dell'8 gennaio 2010.

Nell'Atto di indirizzo si ribadisce la priorità di «interventi intensivi nei confronti degli stranieri». In particolare, si sottolinea per gli alunni di recente immigrazione l'importanza

> di un'adeguata conoscenza della nostra lingua e delle nostre regole di convivenza civile, in modo da favorire l'approfondimento e da garantire un *inserimento consapevole* ed equilibrato nella comunità scolastica e in quella territoriale.

Il limite del 30%

La CM n. 2 dell'8 gennaio 2010, *Indicazioni e raccomandazioni per l'integrazione di alunni con cittadinanza non italiana,* pone il problema dell'eventuale eccessiva presenza nella stessa classe di alunni stranieri, stabilendo un tetto che non può oltrepassare il 30%.

Nella circolare si evidenzia l'incidenza dell'insuccesso scolastico degli studenti immigrati e l'importanza della padronanza della lingua italiana; per queste ragioni si ritiene opportuno fissare criteri organizzativi tali da garantire, di norma, il rispetto del limite del 30%. In realtà però la gestione di tale limite può essere derogata in presenza di:

- alunni stranieri con adeguata competenza in lingua italiana;
- ulteriori risorse professionali (enti locali a supporto di processi di apprendimento;
- ragioni legate a continuità didattica di classi già composte con limiti superiori;
- stati di oggettiva necessità nel caso di assenza di soluzioni alternative.

Pertanto, tale limite in molte circostanze, è risultato più *nominale* che *reale.*

In ogni caso, le circolari sulle iscrizioni emanate successivamente hanno sempre richiamato le disposizioni contenute nella CM n. 2/2010.

L'INTEGRAZIONE DEGLI ALUNNI STRANIERI

Il quadro normativo di riferimento – anni Duemila

- Legge n. 182 del 30.7.2002, cosiddetta Legge Bossi-Fini: non ha modificato le procedure di iscrizione degli alunni stranieri a scuola.
- Legge n. 53 del 28.3.2003: delega al Governo per la definizione delle norme generali per l'istruzione.
- CM n. 40 del 6.4.2004, *Misure incentivanti per progetti relativi alle aree a rischio e a forte processo immigratorio e contro l'emarginazione scolastica.*
- CM n. 24 dell'1.3.2006, *Linee guida per l'accoglienza e l'integrazione degli alunni stranieri.*
- DM del 31.7.2007, *Indicazioni per il curricolo.*
- MIUR, *Atto di Indirizzo*, 8.9.2009.
- CM n. 2 dell'8.1.2010, *Indicazioni per l'integrazione di alunni con cittadinanza non italiana.*

5. Etnocentrismo e razzismo

L'etnocentrismo parte dal presupposto che i valori presenti nella società di appartenenza siano superiori rispetto a qualunque altra espressione culturale. «Sappiamo che i gruppi umani tendono a elaborare definizioni positive del sé, mentre producono definizioni negative dell'altro» (AA.VV., 2009).

Una delle versioni più conosciute dell'etnocentrismo è il razzismo, cioè la gerarchia delle razze umane, con i «bianchi» al vertice della piramide rispetto a tutte le altre.

Il razzismo oggi

Mentre il razzismo «classico» era *gerarchico:* bianchi/neri, bianchi/pellerossa, quello moderno in parte si è *debiologizzato.* Resta comunque dentro le persone (la razza «padana», veneta, ecc.) e si è in qualche modo territorializzato.

Ad esempio, dopo la caduta del muro di Berlino (1989), abbiamo assistito all'affermazione di pseudo-identità territoriali, utilizzate come armi di difesa verso altre identità considerate inferiori. Si pensi ai drammatici avvenimenti che per oltre un decennio hanno tormentato i Paesi della ex Jugoslavia.

«Razza» e «razzismo» sono due termini che nascono in tempi diversi. Il primo, fin dall'Antichità, veniva utilizzato per distinguere popolazioni diverse per appartenenza geografica o somatica. È stato impiegato anche come sinonimo di «stirpe» o di «nazione».

Invece, il termine «razzismo» è un neologismo

> che compare negli anni Venti del Novecento e, facendo riferimento inizialmente ai gruppi attivi in Germania, designa le dottrine politiche che pongono a proprio fondamento l'idea della gerarchia tra gruppi umani variamente definiti e come proprio programma la separazione, la discriminazione e la persecuzione delle razze considerate inferiori. (Burgio e Gabrielli, 2012)

Mentre il termine «razza» è caduto in disuso perché sono risultate del tutto aleatorie le teorie scientifiche che lo sostenevano, persiste invece l'inclinazione nell'opinione pubblica a pensare in termini razzisti.

> Entra qui in gioco un tema di primaria importanza: il rapporto tra razzismo e modernità. [...] Il razzismo in senso proprio, come corpus di ideologie, si costituisce sui processi-chiave della modernizzazione europea: l'espansione coloniale da una parte e la costituzione degli Stati nazionali dall'altra. (Burgio e Gabrielli, 2012)

Di fatto *il razzismo inventa le razze* che, pur non esistendo in natura, fanno il gioco di un'invenzione tesa alla «razzizzazione» dei gruppi umani. Ad esempio il *razzismo antisemita,* propugnato dai totalitarismi del Novecento, si fonda su una costruzione artificiale, la «razza ebraica».

Lo stesso possiamo dire del *razzismo coloniale*. La «razza negra» è sempre un'invenzione di un discorso discriminatorio, anche se il colore della pelle è un dato reale a cui però vengono associate qualità morali e intellettuali negative. Così l'idea di razza risulterà rafforzata da un'arbitraria costruzione tra caratteri fisici e caratteristiche morali.

Quindi, il discorso razzista affonda le radici nella storia e nella cultura dell'Europa, a cominciare dal genocidio dei popoli indios durante la scoperta dell'America da parte dei conquistatori spagnoli, che hanno avviato il primo grande processo di colonizzazione dell'età moderna.

Per questo, soprattutto in un'epoca di migrazioni «globali» come l'attuale, il razzismo riemerge e ottiene consensi.

6. Cultura, diversità, pregiudizio

Il concetto di cultura può essere ricondotto a due parametri:

- quello *classico*, rappresentato dal livello delle conoscenze possedute da un popolo o da gruppi sociali;
- quello *antropologico*, costituito dalle convinzioni, dai costumi e dalle tradizioni di una popolazione.

Secondo il primo criterio (classico), una cultura può essere portatrice di valori universali; secondo la seconda concezione (antropologica), invece, no.

L'incontro con chi appartiene a culture differenti è sempre stato difficile. Solitamente l'arma che viene utilizzata per difendere il proprio

Pregiudizio

spazio vitale è il pregiudizio, che, qualora assolutizzato, si trasforma in un rifiuto di conoscere.

Come ha affermato Norberto Bobbio:

> Il pregiudizio è un'opinione, o un complesso di opinioni, accolta acriticamente e passivamente; è un'opinione erronea creduta fortemente per vera. (Bobbio, 1994)

Non dissimile dal pregiudizio è lo *stereotipo*, dal greco *stereos* (rigido) e *typos* (impronta).

> Lo stereotipo culturale schematizza e cristallizza una realtà in movimento; [...] è una porzione di sapere fissa e preconcetta con cui si perviene a etichettare i singoli ad una categoria condotta da alcuni tratti psichici negativi e impropriamente generalizzati all'intero gruppo sociale. (Cerrocchi e Contini, 2011)

Il funzionamento degli stereotipi e dei pregiudizi è caratterizzato da *immutabilità* di queste pseudo-convinzioni. Sia gli uni che gli altri risultano difficilmente sradicabili, perché assunti a difesa da parte di persone e gruppi che avvertono un senso di superiorità rispetto a esseri umani considerati inferiori.

7. Multiculturalità, interculturalità

Multiculturalità

Con l'espressione «multiculturalità» si indica una situazione in cui individui di appartenenze diverse per cultura, religione, tradizioni linguistiche, ecc. convivono, uno accanto all'altro, senza rapporti di scambio. Le relazioni sono casuali e spesso caratterizzate da una reciproca indifferenza.

Interculturalità

Il termine «interculturale» invece, è riferito a realtà in cui persone di differenti tradizioni stringono tra loro relazioni significative. L'interculturalità tende alla reciproca valorizzazione: l'altro non è un ostacolo, un nemico, ma un'entità che stimola l'arricchimento di tutti i soggetti coinvolti, sia l'ospitato che l'ospitante.

Josè Saramago, premio Nobel per la letteratura, di fronte alle migliaia di arrivi di persone che giungono da ogni parte della Terra, si chiede «Chi è questo Altro che arriva tutti i giorni?». Mentre ci si chiede chi è l'altro, non possiamo non domandarci, se si è onesti con se stessi, «Chi sono io?».

Il confronto interculturale presuppone un incontro tra soggettività coscienti della loro identità ma anche della reciproca distanza culturale; proprio le ragioni della vicinanza e della distanza sollecitano una mutua conoscenza e una nuova convivenza civile.

La multiculturalità rappresenta un dato di fatto. È la condizione oggettiva di fenomeni di compresenza di singoli e gruppi, appartenenti a culture diverse, sullo stesso territorio.

L'educazione interculturale è un processo molto più complesso. Infatti,

> esprime un progetto di scambio reale fra culture capace di oltrepassare semplici contatti, rigide demarcazioni e confusive sostituzioni. Se la coesistenza territoriale di molteplici culture non è sinonimo di interazione e scambio positivo, l'intercultura va costruita presupponendo impegno nella ricerca di esperienze, contenuti e forme volte a sviluppare e alimentare confronto e dialogo. (Cerrocchi e Contini, 2011)

8. L'accoglienza scolastica

La parola accoglienza pone le persone di fronte ai temi di fondo delle società moderne: la solidarietà, l'ospitalità, la convivenza, l'amicizia. Ma non solo!

L'importanza dell'accoglienza

In realtà l'accoglienza è una forma di conoscenza e di miglioramento del proprio Sé.

> Accogliere i concetti, le idee, i sentimenti, le opinioni, persino le sensazioni degli altri fa parte dell'accumulo della conoscenza. (Nesi, 2012)

Accogliere l'altro e rispettarne la presenza è difficile, perché i popoli che «accolgono» si sentono minacciati da costumi, tradizioni, riti, culture spesso distanti e confliggenti da quelle rappresentate dagli stranieri. Capire gli altri diventa, pertanto, una sfida troppo impegnativa e si preferisce rinunciare.

La scuola rappresenta uno spazio vitale per gli alunni stranieri; in essa si giocano processi di inclusione o di esclusione, dell'accoglienza o, al contrario, del disincontro. In particolare nel nostro Paese, essa costituisce lo spazio pubblico in cui tutti i ragazzi si incontrano e stabiliscono relazioni più o meno positive, più o meno durature.

È, pertanto, nella scuola che si gettano le basi per una cittadinanza costruttiva, aperta alle differenze culturali, sociali ed etniche. Occorre, sia nei contesti scolastici, sia nelle opportunità dell'extrascuola, creare una geografia della prossimità, senza la quale lo straniero sarà percepito come una presenza estranea. Che cosa significa tutto questo? Significa promuovere relazioni stabili di vicinanza, organizzare luoghi

> dove la persona immigrata non è trattata come una persona da assistere, da curare, da prendere in carico o da educare ma come attore reale, vivo, propositivo della vita sociale della città. (Goussot, 2007)

L'incontro tra culture e uomini di differenti appartenenze non è una categoria astratta, ma storia concreta, concezione delle cose e della realtà. In questo senso, nessuno deve sentirsi ostaggio delle proprie origini.

Le tre accoglienze

Possiamo definire tre livelli entro cui giocare questo importante momento per una persona, soprattutto per un bambino o un adolescente che viene da un altro Paese.

1. *Accoglienza nel tempo:* è un periodo temporale caratterizzato dal primo incontro tra chi emigra e chi abita nel Paese di arrivo. È inutile ribadire l'importanza di figure capaci di una buona accoglienza, di servizi efficienti per orientare le iscrizioni scolastiche, l'assegnazione alle classi, ecc.
2. *Accoglienza negli atteggiamenti:* è il quadro complessivo delle attenzioni e delle «cure» educative rivolte ai bisogni dell'altro. Gli atteggiamenti fanno parte di quell'implicito e di quei gesti che non si scrivono ma che si vedono immediatamente.
3. *Accoglienza nei dispositivi:* coincide con l'insieme delle procedure, dei protocolli e delle risorse che caratterizzano l'impegno delle persone e delle istituzioni.

Il tema dell'integrazione degli alunni con cittadinanza non italiana costituisce un compito complesso, difficile, ma, nello stesso tempo, affascinante.

L'approccio interculturale presuppone la capacità di educarci alla solidarietà, superando i confini del proprio individualismo e del proprio gruppo di appartenenza per riconoscersi membro di una comunità più vasta che collega tutti e tutte al di là dei contesti di provenienza. (AA.VV., 2009)

Scuola ed enti locali devono determinare le direzioni da intraprendere. Alla base dell'integrazione degli alunni stranieri di prima e di seconda generazione dobbiamo porre il tema dell'identità. Non un'identità esclusiva, secondo la quale l'immigrato deve riconoscersi solo nella cultura del Paese ospitante, ma un nuovo umanesimo che permette a ogni gruppo umano di elaborare una visione positiva di sé e degli altri.

La via interculturale presuppone la promozione della coesione sociale, sostenendo una nuova visione di cittadinanza e la convergenza verso valori comuni. L'integrazione, infatti, è la ricerca di nuovi orizzonti di vita, fondati sul rispetto dei diritti e dei doveri non solo per gli immigrati, ma per tutta la società che li accoglie.

Competenza e apprendimento interculturale

La generalizzazione dell'istruzione è coincisa in misura crescente con l'intreccio tra conoscenze, saperi e competenze. Con la prima accezione si sottolinea l'importanza del *possesso di contenuti* disciplinari in misura tale da non escludere nessuno da un ruolo attivo nella società, mentre l'idea di sapere (*sapère:* dare sapore) esprime la *forma personale* con cui ogni individuo apprezza e trasforma le conoscenze che acquisisce. Questo intreccio ci porta direttamente al costrutto della competenza che può essere definita come la capacità di attivare e combinare le *risorse interne* di un soggetto (conoscenze, motivazioni, valori, ecc.) con quelle *esterne* (libri, Internet, ecc.) in misura tale da far fronte a richieste, compiti, attività di un certo livello di complessità in modo sistematico, stabile e continuativo. Tra le risorse esterne ci sono anche gli adulti e i compagni che costituiscono le risorse umane senza le quali la competenza finirebbe nelle secche di padronanze tecnologiche e inespressive, importanti ma non decisive nella costruzione del personale progetto di vita.

La competenza, per sua natura, sposta l'attenzione da un sapere acquisito per linee trasmissive ed enfatizza, invece, una corsia preferenziale, quella del *soggetto che apprende.*

Quando impariamo gli aspetti oggettivi di una cultura (la storia, la letteratura, il sistema politico, ecc.) il nostro focus è incentrato sullo sviluppo cognitivo: creiamo conoscenza, ma non competenza.

Se ci concentriamo sugli aspetti soggettivi, non possiamo non fare riferimento a valori, visioni del mondo, significati, percezioni che sono alla base dello sviluppo della competenza. In questo senso, la presenza in classe di alunni che provengono da altre culture rappresenta uno stimolo ad ampliare i confini della conoscenza e aprirsi a mondi per conoscere i quali occorre un'intelligenza critica e costruttiva. Agli alunni, in particolare, si richiede implicitamente di confrontare diversi punti di vista: in questo senso, assumere la prospettiva dell'altro genera un modello dinamico di conoscenza e di sensibilità.

Per la natura eminentemente innovativa di concepire l'apprendimento, la competenza esprime in modo efficace le dinamiche che si determinano nei gruppi, formali e informali, in cui i ragazzi sono chiamati a «smobilitare» rigidità e pregiudizi, come avviene nei contesti multiculturali.

> Quando l'attenzione si sposta sul soggetto che apprende anziché sull'oggetto da apprendere significa che siamo più interessati al modo in cui le persone costruiscono i significati e i costrutti con i quali interpretano la realtà fenomenologica. (Castiglioni, 2005)

Personalità e competenza interculturale

La competenza sollecita quindi un ripensamento del concetto di apprendimento e la dimensione interculturale è coerente con questo cambio. Infatti, essa ha a che fare con l'agire, il partecipare, il valutare e non solo con l'acquisizione di nozioni, anche se la piattaforma di lavoro su cui costruire abilità e padronanze è costituita dalle conoscenze possedute senza le quali non si va da nessuna parte.

In genere la competenza è stata ricondotta a dimensioni prevalentemente cognitive e pratiche, anche perché tale istanza proviene dal mondo professionale e non educativo.

A questo proposito Lucio Guasti sottolinea molto correttamente che le competenze non si indirizzano soltanto all'intelligenza, ma anche alla personalità. Solo così, sostiene Guasti, è possibile assicurare uno sviluppo complessivo di tutte le dimensioni di una piena crescita della persona.

> La personalità è uno dei temi propri della competenza che risulta non trattato o, quasi sempre, non affrontato. Merita, invece, una rilevante attenzione. (Guasti, 2011)

A riprova di questo orientamento, Guasti porta diversi esempi. Ci soffermiamo su quello del CEDEFOP (l'Istituto dell'Unione europea preposto alla formazione professionale) che descrive la competenza attraverso un ricco repertorio di tutte le componenti della persona: conoscenze, abilità cognitive, abilità pratiche, attitudini, emozioni, valori ed etica, motivazioni. Queste dimensioni entrano tutte in gioco quando si tratta di sviluppare una specifica competenza. Tale modello richiama il più conosciuto quadro del Parlamento europeo delle otto competenze chiave per l'apprendimento permanente e le otto competenze chiave di cittadinanza contenute nel DM n. 139/2077 del nostro Ministero dell'Istruzione, che ha elevato a 10 anni l'obbligo d'istruzione.

Il repertorio indicato dal CEDEFOP esplicita un'idea di competenza incentrata sulla nostra capacità di concettualizzare l'esperienza della differenza, che viene posta alla base della comprensione di sé e degli altri.

Si può parlare in tal senso di competenza interculturale come capacità di interagire efficacemente in situazioni di carattere interculturale e di capire la complessità delle relazioni interpersonali e la molteplicità dei modi di concepire la vita (credenze, usi, valori, ecc.) nella quotidianità in cui essa si realizza.

Secondo Milton J. Bennett tutto ciò diventa realizzabile se l'individuo passa dalla fase della negazione dell'alterità a quella dell'integrazione, che riconosce più prospettive di riferimento nella costruzione della propria e altrui identità.

La cultura, in questa prospettiva, è un'entità aperta, non fossilizzata su visioni etnocentriche, più ricca di strumenti abilitativi e in grado di mettere le persone nella condizione di affrontare le sfide di un mondo sempre più internazionalizzato, in cui lavorare in contesti interculturali sarà la regola e non l'eccezione.

9. Le Linee guida e il diritto all'apprendimento

L'art. 45 del DPR 394/1999 *(Regolamento recante norme di attuazione del testo unico delle disposizioni concernenti la disciplina dell'immigrazione e norme sulle condizioni dello straniero)* assicura il diritto allo studio a tutti i minori stranieri, «indipendentemente dalla regolarità della posizione in ordine al permesso di soggiorno».

L'iscrizione scolastica di un bambino non italofono avviene seguendo le procedure previste per i suoi coetanei italiani, quindi, nella classe corrispondente all'età anagrafica dell'interessato, «salvo che il collegio dei docenti deliberi l'iscrizione in una classe diversa».

La documentazione richiesta ai genitori è costituita dal permesso di soggiorno e dai documenti anagrafici e sanitari. In mancanza dei documenti, la scuola è tenuta, in ogni caso, a iscrivere il richiedente (Linee guida 2014).

Valutazioni personalizzate

Nelle Linee guida per l'accoglienza e l'integrazione degli alunni stranieri del febbraio 2014 si ipotizzano, anche per gli studenti stranieri, forme di valutazione personalizzata, nel caso ricorrano condizioni particolari; si fa esplicito riferimento nel Documento ministeriale agli alunni neoarrivati ultratredicenni, provenienti da Paesi di lingua non latina. Per queste tipologie di alunni e per eventuali situazioni che configurino la presenza di particolari bisogni educativi, vale per gli stranieri quella cura personalizzata, compresi i criteri di valutazione degli apprendimenti, riservata a tutti gli atri studenti.

Come si sottolinea nelle Linee guida 2014,

> l'educazione interculturale costituisce lo sfondo da cui prende avvio la specificità dei percorsi formativi rivolti ad alunni stranieri, nel contesto di attività che devono connotare l'azione educativa nei confronti di tutti. Infatti, l'educazione interculturale rifiuta sia la logica dell'assimilazione sia quella della convivenza tra comunità etniche chiuse; è, al contrario, orientata a favorire il confronto, l'arricchimento delle persone, il reciproco riconoscimento, nel rispetto delle diverse identità e appartenenze.

La prospettiva interculturale delinea una funzione formativa della progettazione delle attività e dell'accertamento degli apprendimenti, compresa anche la predisposizione del Piano didattico personalizzato e, quindi, di una valutazione personalizzata.

Infatti, nelle Linee guida si assicura che nel corso dell'esame conclusivo del primo ciclo d'istruzione, nel caso si sia in presenza di notevoli difficoltà comunicative,

> è possibile prevedere la presenza di docenti o mediatori linguistici competenti nella lingua d'origine degli studenti per facilitare la comprensione.

Alcune delle condizioni previste per l'esame di Stato alla fine della scuola secondaria di primo grado sono assicurate anche al termine dell'esame di Stato conclusivo del secondo ciclo d'istruzione. Ad esempio, nel colloquio orale potranno essere valorizzati contenuti, attività, esperienze relativi alla cultura e alla lingua del Paese d'origine.

10. Il rapporto del MIUR sugli alunni con cittadinanza non italiana del marzo 2018: aspetti quantitativi

Rapporto MIUR 2018

Il MIUR ha presentato nel mese di marzo 2018 il rapporto riguardante gli alunni di origine migratoria relativo all'anno scolastico 2016-2017, nel quale si riscontrano conferme rispetto agli ultimi anni, ma anche qualche rilevante novità.

Sotto il profilo statistico, le/gli allieve/i con cittadinanza non italiana (CNI) ammontano nell'anno scolastico 2016-2017 a 826.091, con un aumento di oltre 11.000 frequentanti rispetto all'anno precedente (+1,4%). Si conferma anche per il 2016-2017 il rallentamento della crescita che, dal 2012, caratterizza il trend della presenza degli alunni stranieri nella scuola italiana. Tale flessione non impedisce comunque l'aumento dell'incidenza sul totale della popolazione scolastica a causa del costante calo degli studenti italiani dovuto alla crisi demografica.

Pertanto, in percentuale, nell'anno scolastico 2016-2017 le/gli alunne/i CNI sono pari al 9,4% del totale, rispetto al 9,2% dell'anno scolastico 2015-2016.

La distribuzione nei vari ordini scolastici degli studenti stranieri risulta la seguente (tabella 33.1).

Distribuzione nei vari gradi

TABELLA 33.1
Studenti stranieri nei vari ordini di scuola

	Numero di studenti stranieri	% sul totale generale
Scuola dell'infanzia	164.820	10,7%
Scuola primaria	302.122	10,8%
Scuola secondaria di primo grado	167.486	9,7%
Scuola secondaria di secondo grado	191.663	7,1%
Totale	826.091	9,4%

Per quanto concerne le nazionalità di provenienza, nonostante nel nostro Paese si registrino oltre duecento appartenenze etniche, il dato più significativo si concentra in un gruppo molto ristretto, in ordine: Romania (157.806), Albania (111.029), Marocco (102.179), da cui provengono rispettivamente il 19,3%, il 13,6% e il 12,5% degli alunni stranieri (si tratta complessivamente di 371.014 alunne/i su 826.091, pari al 45%). Seguono alunne/i di nazionalità cinese, filippina, indiana, moldava, ucraina, notevolmente distanziate rispetto alle prime tre.

11. La disomogeneità territoriale

Il dato nazionale del 9,4% di allievi con cittadinanza non italiana rispecchia però una realtà molto variegata sul piano territoriale.

Lombardia leader

Considerando la situazione a livello regionale, la Lombardia è l'area con il più alto numero di studentesse/studenti CNI (207.979), pari a quasi un quarto del totale. Seguono nell'ordine Emilia-Romagna, Veneto, Lazio e Piemonte. La Campania, invece, risulta la regione con il minor numero di alunni stranieri.

Diverso il peso degli alunni CNI sui contesti scolastici regionali esaminato in percentuale. In questo caso, la regione nella quale si registra la più elevata incidenza di studenti stranieri è l'Emilia-Romagna, dove quasi il 16% degli alunni è privo della cittadinanza italiana. Seguono: la Lombardia (14,7%), l'Umbria (13,8%), la Toscana (13,1%), il Veneto e il Piemonte (13%), e la Liguria (12,3%). Questi dati confermano la divisione del Paese in «due Italie»: da un lato il Centronord a elevata presenza di alunne/i CNI, dall'altro il Mezzogiorno e le isole, dove l'incidenza del fenomeno è decisamente più contenuta.

I dati per provincia

Nel rapporto viene considerato anche un secondo livello di analisi, quello provinciale. Da questo secondo quadro emerge che le prime 10 province con il maggior numero di studenti stranieri assorbono da sole il 41,3% del totale, pari a 341.404 alunni sul dato complessivo di 826.091.

Le realtà dove in assoluto si registra il maggior numero di alunne/i CNI sono in ordine decrescente: Milano (85.119), Roma (62.100), Torino (38.623), Brescia (32.807), Bergamo (25.152), Firenze (21.164), Bologna (21.145), Verona (19.441), Modena (17.953), Treviso (17.900).

Il quadro però si modifica quando si considera l'incidenza degli alunni stranieri in rapporto alla popolazione scolastica delle singole province. In questo caso, al primo posto si colloca Prato con il 24,5%, seguita da Piacenza (21,6%), Mantova (18,4%), Brescia (17,7%) e Asti (17,4).

12. La distribuzione degli alunni stranieri nelle scuole e nelle classi

Un aspetto molto importante del rapporto riguarda la distribuzione degli alunni CNI nelle scuole e nelle classi, in quanto tale informazione evidenzia le aree in cui tendono a concentrarsi elevate presenze di studenti stranieri.

Anche in questo caso, la disomogeneità territoriale a livello nazionale è molto elevata. Infatti, su 56.000 punti di erogazione del servizio scolastico (scuole statali e paritarie), nel rapporto si sottolinea che: in 11.380 sedi (20,1%) non si registra la presenza di alunni stranieri; 33.560 plessi (59,2%) contano fino a 15 alunni stranieri; da 15 a 30 alunni CNI, 8786 (15,4%); da 30 a 40 alunni CNI, 1619 (2,8%); da 40 a 50 studenti stranieri, 762 (1,4%); oltre 50 alunni CNI: 602 (1,1%).

La scuola dell'infanzia

L'analisi per ordine di scuola evidenzia che il grado di concentrazione è tendenzialmente maggiore nel primo ciclo di istruzione. Nella scuola dell'infanzia, infatti, la percentuale di unità scolastiche con una presenza di alunni stranieri superiore al 30% è uguale al 6,7% (la più elevata in assoluto); nella scuola primaria la percentuale di sedi con oltre il 30% di alunni stranieri è pari al 5,3%.

A livello territoriale, la distribuzione delle scuole con una percentuale di studenti stranieri superiore al 30% vede al primo posto la Lombardia con 789 scuole, corrispondenti al 10,5% delle scuole totali. Segue, in termini di valore assoluto, l'Emilia-Romagna con 434 scuole, pari al

12,6% del totale. Come prevedibile, in queste regioni si registra anche il numero più elevato di scuole in cui la presenza degli studenti stranieri supera il 50%: 166 scuole in Lombardia, 86 in Emilia-Romagna, 75 in Veneto.

13. Le macrocriticità

La tendenza alla stabilizzazione del fenomeno migratorio coincide con alcune rilevanti criticità che si collocano ai poli opposti del nostro sistema di istruzione: scuola dell'infanzia da un lato e istruzione di secondo grado dall'altro.

Due grandi criticità

I tassi di scolarità degli alunni stranieri sono pressoché identici a quelli degli italiani nella fascia 6-13 anni (primo ciclo di istruzione) e 14-16 anni (obbligo di istruzione). Di fatto, il «vecchio» segmento obbligatorio (istruzione elementare e media) assicura una frequenza degli alunni CNI intorno al 100%.

Scuola dell'infanzia

Il primo dato negativo riguarda invece la scuola dell'infanzia, nella quale i tassi di scolarità dei bambini con cittadinanza non italiana risultano del 20% inferiori a quelli dei coetanei italiani, rispettivamente il 77% contro il 96%. Quindi «per il secondo anno consecutivo» si legge nel rapporto, «nella scuola dell'infanzia si registra una riduzione dei bambini con background migratorio, pari a circa 1600 unità in meno (– 0,97%)». Considerato però il calo demografico che interessa i nati italiani, l'incidenza dei bambini stranieri sul totale continua a crescere, anche se molto lentamente (da 10,4% a 10,7%).

Le ragioni di questa limitata propensione dei genitori di origine migratoria a iscrivere i figli alla scuola dell'infanzia possono essere ricondotte a: *difficoltà di natura economica, scarso interesse* per un segmento educativo non obbligatorio e, infine, *motivi di ordine culturale* (le madri preferiscono accudire direttamente i figli, privilegiando un lungo *maternage*).

Istruzione superiore

La seconda criticità riguarda l'istruzione superiore, soprattutto nel secondo biennio della secondaria di secondo grado (fascia d'età 17-18 anni). In questo segmento scolastico si registra uno scarto del 16% tra stranieri e italiani; infatti gli studenti CNI si attestano attorno al 65%, mentre gli alunni italiani arrivano all'81%. Si registra dunque una brusca interruzione della frequenza scolastica dei ragazzi non italofoni che impedisce al 35% di loro di realizzare una formazione completa anche in vista dell'inserimento nel mondo del lavoro.

Questo indice di dispersione, successivo all'obbligo di istruzione, verrà esaminato nei paragrafi successivi.

14. Il percorso accidentato nell'istruzione superiore

Il secondo ciclo di istruzione ha conosciuto nell'ultimo decennio un costante aumento degli studenti con cittadinanza non italiana (CNI), tale da raggiungere nell'anno scolastico 2015-2016 la cifra di 186.525 unità, pari a circa il 7% del totale.

Art. 45 DPR n. 345/1999

In base all'art. 45 del DPR n. 345/1999, i minori stranieri soggetti all'obbligo scolastico sono iscritti alla classe corrispondente all'età anagrafica, salvo che il collegio dei docenti deliberi l'assegnazione a una classe diversa.

Dal rapporto del MIUR presentato a fine marzo 2018 dalla Ministra Valeria Fedeli si evince che di frequente gli stranieri neoarrivati vengono iscritti a classi inferiori; questo determina un ritardo più o meno significativo nel percorso scolastico.

Complessivamente la situazione nell'anno scolastico 2015-2016 è la seguente:

- l'80,4% degli studenti stranieri con 10 anni di età frequenta regolarmente la quinta classe di scuola primaria;
- il 14% ha un anno di ritardo;
- il 2% ha accumulato due anni e oltre di ritardo.

Criticità nell'istruzione superiore

Nel rapporto si sottolinea però che l'irregolarità degli studenti CNI «cresce al crescere dell'età». A 14 anni, infatti, corrispondenti alla frequenza della prima classe di secondaria superiore, la percentuale degli studenti stranieri con percorso di studio regolare si ferma al 52%. Il 46% frequenta ancora una classe di scuola secondaria di primo grado: il 34,8% è in ritardo di un anno, il 9,5% di due e l'1,7% di tre anni.

All'età di 18 anni la percentuale di studenti regolari è scesa al 30,4%, contro il 69,6% di ritardatari: si va dal 4,8% dei diciottenni che frequenta il primo anno di secondaria di secondo grado al 34% che frequenta il quarto anno.

15. L'orientamento nel passaggio dal primo al secondo grado di istruzione

La scelta degli alunni stranieri, dopo il conseguimento del diploma di «licenza media», cade principalmente sui percorsi a carattere tecnico e professionale; nell'anno scolastico 2015-2016 l'incidenza percentuale sul totale nei tre percorsi dell'istruzione del secondo ciclo è risultata uguale a: 12,4% negli istituti professionali, 8,2% negli istituti tecnici, 3,9% nei licei.

Dal rapporto del MIUR emerge che gli studenti CNI mostrano una crescente propensione a continuare gli studi al termine del primo ciclo. È interessante notare come questa tendenza interessi anche l'iscrizione all'università.

Come per gli italiani, anche per le/gli alunne/i straniere/i, il voto all'esame di Stato alla fine del primo ciclo risulta determinante nella scelta dell'indirizzo successivo. Infatti, studenti CNI e italiani mostrano di avere un modello di comportamento simile. In ambedue i gruppi l'opzione per gli istituti professionali è tanto più frequente quanto più bassa è la votazione conseguita al diploma; viceversa, quanto più alta è la votazione, tanto più frequente è l'orientamento verso i licei.

Le iscrizioni al primo anno 2015-2016 mostrano che l'81% dei neodiplomati stranieri della scuola «media» si è orientato a frequentare l'istruzione superiore, mentre l'8,7% ha optato per i canali della formazione professionale regionale. C'è dunque una quota superiore al 10% di studenti stranieri di cui si perdono le tracce.

Nel rapporto si evidenzia un aspetto molto importante che interessa la distinzione degli studenti stranieri *nati in Italia* (seconda generazione) e *nati all'estero*. I dati mostrano che i primi sono più orientati verso gli istituti tecnici, mentre i secondi verso gli istituti professionali. In particolare, nell'anno scolastico 2015-2016, gli studenti di seconda generazione si distribuiscono per il 38,4% negli istituti tecnici, per il 33,8% nei licei e in misura minore negli istituti professionali (27,9%).

Per gli studenti nati all'estero e arrivati in Italia, la distribuzione presenta un andamento di segno diverso: il 38,3% degli studenti frequenta gli istituti professionali, il 36,7% gli istituti tecnici, il 25% i licei (scientifico 9,3% e linguistico 6,2%). Queste ultime due percentuali, disaggregate per gli studenti CNI nati in Italia, mostrano un livello più elevato. Nel rapporto si evidenzia infatti che la quota degli studenti stranieri di seconda generazione che frequenta il liceo scientifico è pari al 14,4% e quella relativa al liceo linguistico è pari all'8,2%.

16. Il tasso di regolarità

Come già sottolineato, la regolarità del percorso scolastico degli alunni stranieri rappresenta da sempre un elemento di forte criticità e di dispersione scolastica. Nel tempo, i dati forniti dal MIUR segnalano un graduale e costante miglioramento, anche se il divario con gli italiani resta molto alto.

La dispersione scolastica

Il confronto tra studenti italiani e studenti stranieri evidenzia che a livello nazionale la percentuale degli studenti italiani in ritardo nella frequenza scolastica è di circa il 10,5%, contro il 32,9% dei coetanei

Confronto italiani/stranieri

stranieri. Nei singoli ordini di scuola, la distanza fra alunni italiani e alunni CNI nella percentuale dei ritardi è di:

- 11 punti nella scuola primaria (1,8% contro 13,2%);
- 29 punti nella secondaria di primo grado (6,6% contro 35,4%);
- 59 punti nella secondaria di secondo grado.

Nell'ambito della secondaria di secondo grado, il ritardo si accumula soprattutto negli istituti professionali e tecnici. La composizione percentuale rispetto ai tre percorsi di istruzione superiore (liceale, tecnica e professionale) degli studenti con cittadinanza non italiana, distinti per età, evidenzia come al crescere dell'età aumenti la quota degli studenti stranieri negli istituti professionali. Si conferma, pertanto, che questo segmento formativo accoglie le utenze più vulnerabili e più fragili sul piano sia della preparazione scolastica sia della provenienza sociale, ma questo dato riguarda sia gli studenti stranieri sia quelli italiani.

17. Alunni stranieri e declino demografico

Le problematiche riguardanti gli alunni con cittadinanza non italiana vanno inquadrate in uno scenario più ampio che interessa la scuola, ma più in generale la società italiana.

Un calo preoccupante

Alla luce delle tendenze demografiche consolidatesi nell'ultimo decennio, si conferma che entro il 2030 il nostro sistema di istruzione conoscerà un calo di circa un milione di alunne/i.

Nella tabella 33.2 sono riportate le proiezioni della Fondazione Agnelli illustrate nello studio *Scuola. Orizzonte 2018*: *Evoluzione della popolazione scolastica in Italia.*

TABELLA 33.2
Come cambierà la popolazione scolastica a livello regionale

Regione	Scuola dell'infanzia	Scuola primaria	Scuola secondaria di primo grado	Scuola secondaria di secondo grado
Piemonte	- 11%	- 16%	- 12%	+ 2%
Valle d'Aosta	- 8%	- 19%	- 15 %	- 2%
Lombardia	- 8%	- 15%	- 11%	+ 4%
Liguria	- 8%	- 15%	- 14%	- 2%
Veneto	- 11%	- 18%	- 16%	- 2%
Trentino-Alto Adige	+ 1%	- 6%	- 7%	- 2%

Friuli-Venezia Giulia	- 9%	- 17%	- 5%	- 1%
Emilia-Romagna	- 12%	- 17%	- 9%	+ 8%
Toscana	- 10%	- 16%	- 12%	+ 4%
Marche	- 12%	- 17%	- 13%	+ 0%

Fonte: Elaborazione FA su scenario mediano ISTAT. Variazioni % per grado di scuola, dall'anno scolastico 2017-2018 all'anno scolastico 2027-2028.

Le stime del calo

A regole vigenti, si legge nel rapporto della Fondazione, le previsioni per i prossimi 10-15 anni si traducono a livello nazionale in un calo di posti cattedra stimabile indicativamente in circa 55.600, distribuiti come mostrato nella tabella 33.3.

TABELLA 33.3
Calo dei posti cattedra nei prossimi 10-15 anni

Scuola dell'infanzia	- 12.600
Scuola primaria	- 22.100
Scuola secondaria di primo grado	- 15.700
Scuola secondaria di secondo grado	- 5.200
Totale	- 55.600

Corrado Zunino, in un articolo sul quotidiano «La Repubblica» del 13 aprile 2018, sostiene che la catastrofe demografica che sta investendo il nostro Paese potrà far risparmiare ai governi che verranno circa due miliardi di euro l'anno lasciando «incancrenire problemi antichi», oppure consentirà di impegnare i risparmi che questa situazione determinerà in investimenti finalizzati ad accrescere la qualità del sistema di istruzione. In quali settori? Il rapporto della Fondazione Agnelli indica tre possibili ambiti di intervento:

- allungare l'orario scolastico al pomeriggio offrendo corsi di recupero e alternative alla dispersione scolastica;
- ripristinare i doppi maestri alle elementari, come già negli anni Novanta;
- spezzare in due le classi aiutandole a respirare, come ha già fatto la Francia di Macron (Zunino, 2018).

Prima di ipotizzare dove e come investire i possibili risparmi, anche se gli interventi suggeriti sono più che condivisibili, occorre premettere che il nostro declino demografico rappresenta un unicum in Europa. In Italia, infatti, nel quindicennio 2015-2030 la popolazione scolastica degli adolescenti passerà da 100 a 85. La Spagna scenderà da 100 a 93, la Francia resterà quasi alla pari fermandosi sulla media europea: da 100 a 99. Germania e Regno Unito saliranno invece a 109, mentre la Svezia addirittura a 125.

Attualmente gli studenti italiani fra i 3 e i 18 anni sono circa 9 milioni, che scenderanno a 8 nel 2028; inoltre, i flussi migratori dei nostri giovani verso altri Paesi dell'Europa e del mondo favoriranno un tasso di denatalità dai contorni allarmanti. Si stima che entro il 2028 gli alunni della scuola primaria scenderanno del 19% in Valle d'Aosta e del 17% in Emilia-Romagna.

A questo quadro preoccupante sul piano demografico fanno da contraltare la crescente spinta alla digitalizzazione e l'introduzione massiccia dei robot, che ridurranno sensibilmente i canali occupazionali conosciuti fino a oggi.

Che cosa significa tutto questo per coloro che avranno responsabilità di governo? Una possibile risposta risiede in un cambio di paradigma del sistema lavorativo; in particolare, molti Paesi si stanno già orientando a creare occupazione di qualità in ambiti rivolti principalmente all'economia sociale. Sarà il settore non profit (che non significa *no jobs*) uno dei nuovi orizzonti di investimento. Lo suggerisce Jeremy Rifkin in un articolo comparso sul settimanale «l'Espresso» il 16 aprile 2018.

I suggerimenti di Rifkin

> Nell'economia no profit e della condivisione il lavoro dell'uomo rimarrà importante perché l'impegno sociale e la creazione di capitale sociale sono un'impresa intrinsecamente umana. Neanche i più ardenti tecnofili osano sostenere l'idea che le macchine possano creare capitale sociale. La gestione di ambiente, educazione, salute, attività culturali e una moltitudine di altre attività sociali richiede l'intervento umano e non quello delle macchine. (Rifkin, 2018)

Cosa c'entra tutto questo con i temi dell'immigrazione? La risposta è nei numeri che annualmente il MIUR presenta nel rapporto sulla presenza nella scuola italiana degli alunni con cittadinanza non italiana (CNI). Infatti, la società e il sistema di istruzione del nostro Paese riescono a mantenere un fragile equilibrio grazie alla presenza di famiglie di origine migratoria, più propense a procreare (ma ancora per quanto?) e a operare in ambiti lavorativi poco graditi agli italiani.

18. Il bilinguismo «simultaneo» e «sequenziale»

Nelle classi del nostro sistema scolastico è sempre più frequente incontrare bambini esposti a una pluralità di lingue. Per la stragrande maggioranza degli alunni CNI il problema principale risulta l'apprendimento della lingua italiana come L2, anche se in qualche situazione, come quella di genitori di nazionalità diversa (ad esempio inglese e francese), l'italiano diventa per i figli una terza lingua (L3). In ogni caso, il tema che più spesso si pone è quello di capire come si può promuovere l'apprendimento dell'italiano come L2, coltivando al contempo l'apprendimento della lingua parlata in famiglia.

Quali sono dunque le caratteristiche del bilinguismo che tende a presentarsi in forme sempre più variegate e non riconducibili a un unico modello? Alla luce della realtà italiana, possiamo individuare alcuni fattori che definiscono il costrutto di bilinguismo.

Età di prima esposizione

Il primo è l'*età di prima esposizione:*

> Si riferisce al momento in cui il bambino viene esposto in modo continuativo e intensivo ai due codici linguistici. Si parla di «bilinguismo simultaneo» quando il bambino è esposto sin dalla nascita a due (o più) codici linguistici; si definisce «bilinguismo sequenziale» (o «consecutivo») il caso in cui il bambino prima sviluppa e consolida le proprie competenze linguistiche di base nella L1 e solo in seguito viene esposto alla L2. In alcuni casi si parla anche di bilinguismo precoce e di bilinguismo tardivo. (Bonifacci, 2018)

Contesti d'apprendimento

In secondo luogo va considerato il *contesto di apprendimento.* Il bambino può maturare una forma di bilinguismo in un contesto familiare (le due lingue vengono parlate abitualmente in famiglia) o in un ambiente scolastico. In quest'ultimo caso, la lingua madre (L1) è parlata in famiglia, mentre la seconda (L2) viene appresa a scuola.

In terzo luogo, viene preso in considerazione il *livello di competenza.* In questo ambito si distingue tra «bilinguismo bilanciato» (il bambino manifesta livelli simili di competenza nelle due lingue) e «bilinguismo dominante» (l'alunno ha competenze maggiori in una lingua rispetto all'altra).

Bilinguismo e rapporti sociali

Infine, una quarta dimensione da considerare è il *rapporto tra il bilinguismo e i contesti sociali.* Si parla in questo caso di «bilinguismo additivo» (quando il parlante trae vantaggi aggiuntivi sul piano sociale e relazionale dal padroneggiare due o più lingue) e di «bilinguismo sottrattivo» (quando una delle due lingue risulta minoritaria e non offre benefici addizionali, per cui il soggetto tende a investire nella lingua ritenuta più vantaggiosa).

Le molteplici situazioni che determinano la condizione di bilinguismo esplicitano una significativa complessità del fenomeno e un intreccio di competenze tale da evidenziare un'estrema eterogeneità.

I dati riportati in precedenza confermano quanto appena sottolineato. In particolare, la presenza in Italia di oltre duecento diverse nazionalità ci offre uno spaccato della popolazione scolastica del nostro Paese, sempre più «colorata» sul piano culturale e sociale.

Paola Bonifacci, nel libro *I bambini bilingui,* rileva opportunamente che tale condizione

> non rappresenta uno svantaggio in termini linguistici, quanto piuttosto una ricchezza; questi bambini infatti hanno competenze linguistiche in altri idiomi che tuttavia, essendo spesso lingue minoritarie e quindi non conosciute nell'ambito comunitario, possono risultare competenze «invisibili». (Bonifacci, 2018).

CAPITOLO TRENTAQUATTRESIMO

Il diritto all'apprendimento e la questione della dispersione scolastica

1. Il nuovo welfare studentesco

Una delle materie delegate al Governo dalla legge sulla Buona Scuola riguarda l'effettiva promozione del diritto allo studio su tutto il territorio nazionale (art. 1, commi 180 e 181, lettera f) della legge 107/2015).

Il provvedimento, pubblicato sulla GU n. 112 del 16 maggio 2017, n. 63, dal titolo *Effettività del diritto allo studio attraverso la definizione delle prestazioni, in relazione ai servizi alla persona, con particolare riferimento alle condizioni di disagio e ai servizi strumentali, nonché potenziamento della carta dello studente,* persegue l'obiettivo di assicurare tangibili modalità alle prestazioni in materia di diritto allo studio per gli studenti delle scuole statali e paritarie fino al completamento del percorso di istruzione secondaria.

Sistema welfare studentesco

Il D.lgs. n. 63/2017 introduce importanti novità in questa materia e assicura un sistema di welfare studentesco fondato sull'uniformità territoriale dei servizi volti ad assicurare agli alunni reali condizioni di apprendimento, valorizzando le potenzialità e i talenti di ciascuno. In particolare, individua e definisce le modalità delle prestazioni in materia di diritto allo studio in relazione ai servizi erogati dallo Stato, dalle

Regioni e dagli enti locali. Individua altresì i principi generali per il potenziamento della Carta dello studente.

I punti più qualificanti di tale provvedimento sono:

– esonero dalle tasse scolastiche sino a oggi previste per chi frequenta il quarto e il quinto anno della scuola secondaria di secondo grado, sulla base di fasce ISEE;
– fondo da 39,7 milioni di euro l'anno per le borse di studio (30 milioni nel 2017, 33,4 nel 2018 e 39,7 dal 2019);
– fondo da 10 milioni di euro per sussidi didattici agli alunni con disabilità, nel 2017-2018, nel 2018-2019 e nel 2019-2020;
– fondo da 10 milioni di euro per il comodato d'uso di libri di testo, nel 2019 e nel 2020;
– stanziamento di 2,5 milioni di euro all'anno a decorrere dall'anno 2017 per servizi e strumenti didattici, anche digitali, in modo da garantire il diritto all'istruzione degli alunni ricoverati in ospedale o in case di cura e riabilitazione e l'istruzione domiciliare.

Gli enti locali, nell'esercizio della loro autonomia e nei limiti delle risorse finanziarie disponibili, programmano gli interventi per il sostegno del diritto allo studio, con l'obiettivo di assicurare su tutto il territorio nazionale i seguenti servizi:

– trasporto e forme di agevolazione della mobilità (art. 5);
– mensa (art. 6);
– fornitura dei libri di testo e degli strumenti didattici indispensabili negli specifici corsi di studi;
– supporto agli alunni ricoverati in ospedale, in case di cura e di riabilitazione, nonché interventi specifici per l'istruzione domiciliare.

2. Le risorse del triennio 2017-2020

Nel triennio 2017-2020, lo Stato destinerà:

Assegnazione risorse

– 2,5 milioni di euro all'anno per interventi rivolti agli alunni e agli studenti ricoverati in ospedale, in case di cura e di riabilitazione, nonché per l'istruzione domiciliare;
– 10 milioni di euro all'anno per sussidi didattici a favore di istituzioni scolastiche che accolgano alunni/e con disabilità certificata ai sensi della legge 104/1992 (art. 8);
– borse di studio per gli studenti delle scuole secondarie di secondo grado per libri di testo, mobilità e trasporto, accesso a beni e servizi di natura culturale, esentate da ogni imposizione fiscale. Tali contributi sono erogati tramite la Carta dello studente e verranno stanziati nella misura di 30 milioni per il 2017, 33,4 milioni per il 2018, 39,7 milioni per il 2019 (art. 9).

Gli enti locali potranno prevedere la gratuità totale dell'accesso a tali servizi o richiedere un contributo alle famiglie a copertura parziale dei costi; in quest'ultima circostanza, individueranno i criteri di accesso ai servizi in considerazione del valore dell'ISEE (Indicatore della Situazione Economica Equivalente).

Novità per le superiori

Un'importante novità interessa gli studenti dell'istruzione secondaria di secondo grado, i quali sono esonerati dal pagamento delle tasse scolastiche in base all'ISEE. Tale disposizione si applica a decorrere dall'anno scolastico 2018-2019 per gli studenti iscritti alle classi quarte e dall'anno successivo per quelli iscritti alle classi quinte (art. 4).

Gli enti locali assicurano il trasporto degli alunni delle scuole primarie statali per consentire loro il raggiungimento della più vicina sede di erogazione del servizio; la mensa sarà garantita agli alunni della primaria laddove il tempo scuola lo necessiti.

Inoltre, agli allievi delle scuole primarie sono forniti gratuitamente i libri di testo e altri strumenti didattici ritenuti necessari per garantire le condizioni di un effettivo apprendimento.

Per gli studenti delle scuole secondarie di primo e secondo grado, le istituzioni scolastiche, attraverso la stipula di specifiche convenzioni con gli enti locali, possono promuovere servizi di comodato d'uso gratuito per la fornitura di libri di testo e sussidi digitali.

Al fine di contrastare il fenomeno della dispersione scolastica, il MIUR istituisce il Fondo unico per il welfare dello studente tramite l'erogazione di borse di studio a favore degli alunni delle scuole secondarie di secondo grado per l'acquisto di libri di testo, per la mobilità e il trasporto, per l'accesso a beni e servizi di natura culturale.

In sintesi, per perseguire l'uguaglianza sostanziale degli studenti sono individuati i servizi prioritari per il supporto del diritto allo studio degli allievi, anche adulti, che possono essere erogati dagli enti locali (servizi di trasporto e di mensa, servizi per gli alunni e gli studenti ricoverati in ospedale, fornitura dei libri di testo) e i benefici di natura economica (esonero dalle tasse scolastiche, borse di studio).

La finalità del provvedimento è quella di garantire una scuola effettivamente aperta a tutti (art. 34 della Costituzione), finalizzando gli interventi al superamento delle disparità territoriali tuttora profondamente radicate nel tessuto economico e sociale del Paese.

3. La Carta dello studente «IoStudio» e la Conferenza nazionale

L'azione «IoStudio – La Carta dello studente», denominata Carta, è una tessera nominativa cui sono associate funzionalità allo scopo di garantire e supportare il diritto allo studio. La Carta viene attribuita dal MIUR agli studenti censiti nell'Anagrafe nazionale degli studenti frequentanti la scuola primaria e secondaria di primo e secondo grado. Essa è attribuita altresì, a richiesta, agli studenti frequentanti le università, gli istituti per l'alta formazione artistica, musicale e coreutica e i centri regionali per la formazione professionale.

Carta dello studente

Per consentire agli interessati l'accesso ai servizi è richiesta l'identificazione digitale come studente, utilizzando il profilo e le credenziali d'accesso dello studente sul portale «IoStudio», secondo gli standard del Sistema pubblico di identità digitale (SPID).

La Carta permette di costruire una rete interistituzionale di soggetti pubblici e privati a sostegno del diritto allo studio, assicurando agevolazioni per:

- beni e servizi di natura culturale;
- servizi per la mobilità nazionale e internazionale;
- ausili di natura tecnologica per lo studio e per l'acquisto di materiale scolastico;
- l'erogazione di borse di studio per merito scolastico;
- l'accesso all'identità digitale dello studente, cui è associato un profilo personalizzato sul Portale dello studente del MIUR, attraverso il quale consultare anche le informazioni relative al curriculum dello studente.

Per gli studenti della scuola secondaria di secondo grado, la Carta potrà essere associata a un borsellino elettronico (una carta di debito) attivabile su richiesta delle famiglie. Il MIUR definirà con proprio provvedimento le modalità per l'attribuzione delle funzionalità di pagamento e l'istituzione di un sistema nazionale per l'emissione di voucher, anche in forma digitale, per l'erogazione dei benefici.

Presso il MIUR è istituita la Conferenza nazionale per il diritto allo studio, cui partecipano tre rappresentanti del MIUR, uno della Conferenza Stato-Regioni, un rappresentante dell'ANCI e dell'UPI, due rappresentanti delle associazioni dei genitori e degli studenti, un delegato delle Consulte degli studenti, un rappresentante del Ministero dei Beni Culturali e del Ministero dei Trasporti.

I compiti della Conferenza vengono ricondotti alle seguenti azioni:

a) monitorare l'attuazione del decreto, anche attraverso gli Uffici Scolastici Regionali, i quali promuoveranno idonee forme di collaborazione con le Regioni e gli enti locali;
b) esprimere pareri, elaborare proposte e redigere, ogni tre anni, un rapporto in materia di diritto allo studio;
c) avanzare proposte per il potenziamento della Carta e l'integrazione di ulteriori benefici e agevolazioni.

Per favorire nuove sinergie interistituzionali, gli enti locali, d'intesa con il MIUR, possono poi stipulare accordi con soggetti pubblici e privati per l'erogazione di ulteriori benefici a livello territoriale. Tali benefici potranno essere erogati anche attraverso la Carta dello studente.

4. Il diritto allo studio e la dispersione scolastica

Il sostegno teso ad assicurare l'uguaglianza delle opportunità di accesso al sistema di istruzione deve coincidere con un deciso miglioramento della qualità degli esiti in uscita dal sistema medesimo. Diritto di accesso e diritto al successo formativo devono andare di pari passo. È del tutto evidente che l'erogazione di borse di studio, pur apprezzabile, risulta insufficiente a prevenire il fenomeno della dispersione scolastica, che rappresenta per l'Italia una zavorra difficilmente aggredibile soprattutto nelle aree del Sud, dove il tasso di povertà delle famiglie è doppio (26%) rispetto al Nord (12,6%).

Diritto di accesso, diritto al successo

Il fallimento formativo, afferma Marco Rossi-Doria,

> è una grande questione nazionale, mai sufficientemente in alto nelle priorità del decisore politico, perché si tratta di un fenomeno di massa. [...] Restare fuori, non poter accedere alla formazione, fallire in età precoce a scuola, per ragioni sociali, personali o discriminazione dovuta a religione, appartenenza nazionale, migrazione, genere, casta, rango, ecc., oggi non trova più compensazioni nella comunità locale e così rende ancor più radicale l'esclusione dalle opportunità. (Rossi-Doria e Tabarelli, 2016)

Come prevenire il problema dell'insuccesso formativo nelle sue varie accezioni (abbandoni, ritardi, frequenze irregolari, insufficiente preparazione)?

Per battere il fallimento scolastico occorre promuovere le condizioni che determinano un apprendimento reciproco e inclusivo. La scuola, ma anche gli altri luoghi educativi, saranno tanto più capaci di includere e sostenere la riuscita di ciascun alunno quanto più sapranno:

Accogliere le differenze

- accogliere le differenze tra i bambini, i preadolescenti e i giovani, sostenendo i potenziali di ognuno nella cornice di una buona relazione educativa;
- promuovere l'uguaglianza sostanziale attraverso un sistema di welfare formativo capace di guardare alle singole persone più che a un'offerta standard indifferenziata;
- costruire sistemi integrati tra scuola e tessuto comunitario, organizzando esperienze e laboratori che esaltino la partecipazione attiva degli alunni e la correlazione tra la dimensione teorica e quella pratico-esperienziale.

A questo proposito Rossi-Doria sottolinea la convinzione, fondata su un'infinità di pratiche diffuse ovunque nel mondo, che

> il perimetro delimitato dalle mura delle scuole sia solo parte del cantiere formativo e che si impara di più e meglio se le scuole sono aperte su giardini e campi e su piazze e vie della città — che diventano comunità educative — e se i ragazzi frequentano con regolarità musei, siti archeologici, centri urbani, parchi nazionali e regionali, biblioteche, archivi, cinema, teatro, luoghi della ricerca scientifica, del fare musica, delle produzioni di beni e servizi. (Rossi-Doria e Tabarelli, 2016)

Qualità della didattica

La qualità della didattica costituisce uno dei fattori che determinano le condizioni di un effettivo diritto all'apprendimento in un'epoca caratterizzata dalla rivoluzione digitale, dimensione radicalmente nuova che investe l'accesso alle conoscenze, il funzionamento del cervello umano, l'organizzazione della memoria e le stesse modalità formative sia di chi insegna sia di chi impara.

Pertanto, il sostegno agli insegnanti, impegnati a educare e formare in modo inclusivo, rappresenta un compito politico di tutta la comunità: scuola e *polis* devono trovare soluzioni condivise sul rapporto tra i diversi spazi di esperienza per bambini e giovani, utilizzando anche le potenzialità formative del mondo digitale.

5. Le condizioni di un apprendimento inclusivo

Inclusione, valore universale

Battere il fallimento educativo si può e si deve. L'elemento basilare di un'azione finalizzata a sconfiggere questo fenomeno è rappresentato dalle condizioni che determinano un apprendimento inclusivo. Come fare?

Innanzitutto occorre innalzare la qualità delle competenze professionali dei docenti. Nelle aree più esposte a fenomeni di dispersione scolastica è necessario investire sulla preparazione degli insegnanti in modo da assicurare servizi di elevata qualità educativa.

Per creare contesti di inclusione, è importante in primo luogo sostenere gli sforzi di coloro che insegnano, formano e educano in condizioni completamente diverse rispetto al passato. Ad esempio, si sono enormemente indeboliti il principio di autorità e il presidio dei limiti da parte delle famiglie e delle comunità. Sono altresì mutate, come si legge nelle Indicazioni nazionali per il curricolo del 2012, le forme della socialità spontanea, dello stare insieme tra bambini e ragazzi. La scuola deve far fronte a una duplice sfida, quella di promuovere le condizioni dell'apprendimento e, nello stesso tempo, aiutare i giovani a «saper stare nel mondo».

Va poi supportata la capacità dei docenti di governare la profonda trasformazione avvenuta con la rivoluzione digitale, che investe tutte le discipline ponendole in modo scarsamente sorvegliato su un piano di libero accesso in mille forme e in ogni luogo, con la possibilità di essere rapidamente manipolate.

In questo scenario, la possibile area di conflitto tra scuola e famiglia è destinata ad aumentare. Gli insegnanti colpevolizzano i genitori; questi ultimi invece sviluppano la convinzione opposta, cioè che la responsabilità delle difficoltà che i figli incontrano vada addebitata alla scuola.

Si tratta, dunque, di

Eguaglianza sostanziale

> promuovere l'eguaglianza sostanziale grazie a modelli di welfare formativo capaci di guardare alle persone più che all'offerta standard indifferenziata e far convivere, entro la dimensione spazio-temporale del processo formativo, le vocazioni comunitaria e relazionale con la dimensione dell'apprendimento, la dimensione teorica con quella pratica-esperienziale, il tessuto comunitario civile intorno alla scuola con la scuola. (Rossi-Doria e Tabarelli, 2016)

Queste scelte richiedono modelli organizzativi profondamente innovativi rispetto alla scuola trasmissiva, che si rivolge a un alunno «mediamente capace», inesistente sia nella realtà scolastica sia nel contesto più ampio.

Tali modelli innovativi devono far convivere i tempi dell'apprendimento comune, essenziali per costruire i processi sociali della crescita umana, con quelli dedicati all'aiuto riservato a ognuno. In sostanza, i tempi di tutti e di ciascuno. Gli spazi della formazione così intesi risulteranno decisamente più efficaci rispetto a quelli tradizionali in quanto caratterizzati da azioni molteplici, laboratoriali, con solide connessioni tra processi e prodotti secondo le esigenze della classe, dei gruppi e dei singoli. Soprattutto nei confronti di alunni che incontrano significative difficoltà,

> è importante che la scuola sappia affrontare caso per caso il delicato equilibrio fra l'opzione di non aggravare la situazione dell'alunno imponendogli compiti che bloccano il suo sviluppo e l'opzione di trovare comunque momenti per sviluppare competenze. (Cornoldi e Zaccaria, 2011)

L'Italia, purtroppo, continua a essere «zavorrata» dal fenomeno della dispersione scolastica, legata spesso all'aumento delle povertà educative. Serve, pertanto, un'ampia rete di persone — tra scuola e comunità sociale (associazioni, lavoro, formazione) — motivate e competenti, che sappiano costruire una fitta trama di percorsi educativi, facendo della società della conoscenza non un'affermazione astratta ma un'effettiva prospettiva di *education* per tutti, arricchendo opportunità e possibilità per ognuno.

6. Uno sguardo sul mondo: Agenda 2030

Il 25 settembre 2015 l'Assemblea generale delle Nazioni Unite ha adottato l'Agenda 2030 per lo sviluppo sostenibile (Sustainable Developement Goals, SDGs), votata da tutti i Paesi dell'ONU, tra cui l'Italia. I governi dei diversi Paesi si sono impegnati a perseguire 17 obiettivi *(goals)* e 149 sotto obiettivi.

Obiettivo 4, Agenda 2030

L'Obiettivo 4 sostiene la necessità di garantire un'educazione di qualità, equa e inclusiva, e opportunità di apprendimento per tutti. Mettendo a confronto gli indicatori dei progressi italiani in campo educativo con la media europea, è evidente come gli ultimi quindici anni siano serviti all'Italia per raggiungere il livello medio che gli altri Paesi avevano alla fine del secolo scorso, mentre rimane da percorrere la nuova strada fatta nel frattempo dai partner europei. Ad esempio, nel 2015 la popolazione dai 25 ai 34 anni che aveva completato gli studi secondari in Italia corrispondeva al 74,4%, mentre la media europea toccava la soglia del 74,3% già nel 2000, crescendo negli anni successivi (83,4% nel 2015). Lo stesso vale per i dati relativi alle uscite precoci dal sistema di istruzione e formazione tra i 18 e i 24 anni: l'Italia è passata dal 25,1% nel 2000 al 14,7% nel 2015; gli altri Paesi nello stesso anno hanno raggiunto la soglia dell'11%.

Parimenti, sul fronte della partecipazione ad attività di *lifelong learning* per persone tra i 24 e i 65 anni, nel 2015 in Italia si registra una quota del 7,3%, mentre gli altri Paesi europei si posizionano sul 10,7%.

Il capitale umano, la salute e l'educazione costituiscono obiettivi irrinunciabili di politiche finalizzate a portare l'Europa e l'Italia su un sentiero di sviluppo sostenibile. Un'adeguata alimentazione, una diffusa condizione di benessere e un'educazione di qualità rappresentano i fattori trainanti di scelte tese a contrastare la povertà e la scarsa qualità dell'istruzione.

L'Italia è a buon punto rispetto alla sicurezza degli alimenti, mentre segnali meno positivi riguardano la nutrizione: per migliorare questo aspetto, è necessario che le istituzioni riconoscano il ruolo cruciale dell'educazione alimentare e investano in programmi di informazione e formazione.

Suggerimenti dell'Europa

Per ciò che concerne specificatamente l'educazione, l'Europa raccomanda al nostro Paese di investire in quattro direzioni.

1. *Qualità degli apprendimenti:* la scuola italiana deve impegnarsi prioritariamente affinché tutti i suoi studenti possano raggiungere livelli soddisfacenti di apprendimenti, comprimendo la quota, oggi assai elevata, di giovani che non riescono ad acquisire le competenze minime per vivere a loro agio in una società complessa.

2. *Contenimento della dispersione:* occorre intervenire non solo sugli apprendimenti, ma anche sulle motivazioni dei singoli studenti, lavorando ad esempio al rafforzamento dell'autostima.
3. *Precedenza all'inclusione:* per sviluppare un sistema realmente inclusivo, che si rivolga agli alunni con bisogni educativi speciali, vanno potenziate la sensibilità a questo problema e soprattutto le pratiche didattiche quotidiane.
4. *Apprendimento permanente:* la promozione lungo tutta la vita di opportunità di apprendimento è un punto debole del sistema italiano, per cui si raccomanda un forte investimento in questo settore, anche attraverso incentivi fiscali per le imprese e i singoli.

Nel nostro Paese, per chi nasce in ambienti sociali svantaggiati, l'accesso alla conoscenza e alla cultura rimane un problema. Il quadro sulle povertà educative che emerge dal rapporto *Illuminiamo il futuro 2030* di Save the Children, frutto di una ricerca partita nel 2014, è decisamente preoccupante.

I dati raccolti tengono conto di diversi indicatori, quali i tassi di dispersione scolastica, i risultati sulle competenze scolastiche OCSE-PISA, il contesto educativo e culturale offerto dal territorio attraverso la partecipazione dei ragazzi ad attività ricreative, sportive e culturali extracurricolari. L'analisi dei dati mette in evidenza sia il legame a doppio filo tra povertà economica delle famiglie e povertà educativa dei figli, sia la trasmissione intergenerazionale dello svantaggio socioeconomico e culturale (si veda il paragrafo 7).

7. Lotta alla povertà educativa minorile e welfare comunitario

Anche a causa della crisi che dal 2008 sta colpendo molte famiglie italiane, si calcola che dal 2005 al 2014 la povertà educativa sia triplicata passando dal 2,8% all'8,5%, con forti differenze territoriali. Queste ultime non si riflettono solo sull'accessibilità ai servizi educativi e di cura, ma in misura maggiore sulla qualità dei servizi nella fascia 0-6 anni e nelle età successive, in particolare in quella adolescenziale e giovanile (11-19 anni).

Incremento povertà educativa

> La povertà educativa, insidiosa quanto e più di quella economica, priva i bambini e gli adolescenti della possibilità di apprendere e sperimentare, scoprendo le capacità, sviluppando competenze, coltivando i propri talenti e le aspirazioni personali. La povertà educativa investe anche la dimensione emotiva, della socialità e della capacità di relazionarsi con il mondo. [...] La costruzione di presìdi educativi, duraturi e sostenibili, in grado di incidere significativamente e a lungo sulla condizione minorile, passa per il rafforzamento delle comunità educanti: le famiglie, i singoli, le reti

sociali, i soggetti pubblici e privati del territorio che, non sempre consapevolmente, hanno ruoli e responsabilità nell'educazione e nella cura dei minori. (Con i Bambini – Impresa Sociale, 2016b)

Bando «Adolescenza»

La citazione è ripresa dal bando «Adolescenza» dell'impresa sociale Con i Bambini, soggetto attuatore del Fondo per il contrasto della povertà educativa minorile, in forza della legge 28 dicembre 2015, n. 208 (art. 1, commi 392-393):

Comma 392. In via sperimentale, per gli anni 2016, 2017 e 2018, è istituito il «Fondo per il contrasto della povertà educativa minorile», alimentato dai versamenti effettuati su un apposito conto corrente postale dalle fondazioni di cui al decreto legislativo 17 maggio 1999, n. 153, nell'ambito della propria attività istituzionale. Le modalità di gestione del conto di cui al presente comma sono definite nel protocollo d'intesa di cui al comma 393.

Comma 393. Con protocollo d'intesa stipulato tra le fondazioni di cui al decreto legislativo 17 maggio 1999, n. 153, la Presidenza del Consiglio dei ministri, il Ministero dell'Economia e delle Finanze e il Ministero del Lavoro e delle Politiche Sociali, sono definite le modalità di intervento di contrasto alla povertà educativa minorile e sono individuate le caratteristiche dei progetti da finanziare, le modalità di valutazione e selezione, anche con il ricorso a valutatori indipendenti, e di monitoraggio, al fine di assicurare la trasparenza, il migliore utilizzo delle risorse e l'efficacia degli interventi. Con il protocollo di cui al primo periodo, sono altresì regolate le modalità di organizzazione e governo del Fondo di cui al comma 392.

In relazione a quanto contemplato dalla legge 208/2015, l'impresa sociale Con i Bambini, interamente partecipata dalla Fondazione Con il Sud, è stata individuata come soggetto attuatore del Fondo sopra richiamato.

Con i Bambini ha emesso due bandi invitando enti, associazioni, istituzioni a presentare proposte di progetti «esemplari» nei seguenti ambiti di intervento:

– «Prima infanzia» (fascia di età 0-6 anni);
– «Adolescenza» (fascia di età 11-17 anni).

Per l'anno 2016, anche se i vincitori si sono conosciuti nei primi mesi del 2017, è stato messo a disposizione un ammontare complessivo di 115 milioni di euro, rispettivamente 69 per la Prima infanzia e 46 per l'Adolescenza.

Welfare comunitario

In entrambi i bandi si ritiene importante adottare approcci di welfare comunitario che possano avere effetti significativi sia sulla qualità degli esiti scolastici sia sull'acquisizione di soft skills di tipo sociale e relazionale in grado di contribuire al benessere complessivo delle persone.

Infatti, servizi di qualità mirati alla prevenzione di specifiche situazioni di vulnerabilità sono più sostenibili se, nel contempo, tutte le realtà sociali, le agenzie educative, i mondi dell'associazionismo che insistono sul medesimo territorio vengono consolidati nelle loro competenze educative, appropriandosi di sicure e coerenti buone pratiche di intervento.

In una logica di welfare comunitario, la costruzione di un sistema di collaborazioni aperto a soggetti di natura pubblica e privata permette alle famiglie di emanciparsi, affrancandosi dalle fragilità che spesso soffocano potenzialità latenti.

8. La dispersione scolastica nel Rapporto del 2017: le caratteristiche del focus

Nel novembre del 2017 l'Ufficio Statistica e Studi del MIUR ha diffuso il secondo studio sul fenomeno della dispersione scolastica, che costituisce un aggiornamento e arricchimento dei dati pubblicati nel 2013.

Rapporto MIUR 2017

In particolare, nel Rapporto 2017 vengono esaminate anche le scelte alternative alla frequenza scolastica poste in essere dalle alunne e dagli alunni che si allontanano dal sistema di istruzione senza una specifica motivazione.

Nel primo paragrafo lo studio del MIUR esamina la definizione di dispersione scolastica assunta in ambito europeo. In tale contesto, nel Rapporto si sottolinea che:

> l'indicatore utilizzato per la quantificazione del fenomeno è quello degli *early leaving from education and training* (ELET) con cui si prende a riferimento la quota dei giovani tra i 18 e i 24 anni di età con al più un titolo di scuola secondaria di primo grado o una qualifica di durata non superiore ai due anni e non più in formazione. (MIUR – Ufficio Statistica e Studi, 2017)

L'indicatore ELET è oggi largamente utilizzato per confronti tra i Paesi europei, anche se fotografa una situazione di periodi pregressi.

Per l'Italia tale indicatore, calcolato sulla base dei dati di fonte ISTAT, mostra un miglioramento avvenuto nel corso degli ultimi anni, attestandosi nel 2016 al 13,8% (nel 2006 era pari al 20,6%); il programma dell'UE «Europa 2020» ha fissato il raggiungimento del livello al 10%.

L'analisi del nostro Paese disaggregata per aree territoriali rappresenta una realtà molto disomogenea. La media del 13,8%, infatti, rispecchia realtà assai diseguali, in qualche caso agli antipodi; si va dal 24% della Sicilia al 10% di Friuli-Venezia Giulia, Veneto, Trentino, Umbria.

In una terra di mezzo ritroviamo Campania, Sardegna e Puglia, che si attestano su una percentuale del 17-18%.

Un gruppo di regioni (Toscana, Liguria, Emilia-Romagna, Piemonte, Marche, Molise e Lombardia) si colloca un po' al di sopra del 10% (11-13%), quindi molto vicino all'obiettivo fissato da Europa 2020.

9. La funzione dell'Anagrafe nazionale degli studenti

Centralità dell'ANS

Nella quantificazione del fenomeno della dispersione scolastica, si sottolinea nel rapporto, è risultato di estrema utilità il completamento dell'Anagrafe nazionale degli studenti (ANS), istituita con il D.lgs. del 15 aprile 2007, n. 76 al fine di favorire la realizzazione del diritto-dovere allo studio, alla formazione e alla vigilanza sull'assolvimento dell'obbligo scolastico e formativo a partire dal primo anno della scuola primaria.

In seguito il DM del MIUR n. 74/2010 ha portato a compimento la sua attuazione definendo caratteristiche e modalità di acquisizione delle informazioni su alunni e studenti. Inoltre, il medesimo decreto ha previsto l'integrazione dell'ANS con le anagrafi regionali, promuovendo in tal modo un sistema più affidabile e attendibile.

Oltre ai dati anagrafici, infatti, vengono raccolte informazioni riguardanti la frequenza e il percorso scolastico di ogni studente. Le iscrizioni online, previste dalla legge 7 agosto 2012, n. 135, permettono di acquisire ulteriori dati circa le ragioni che portano ragazzi e ragazze, dopo il termine del primo ciclo di istruzione, a scegliere canali alternativi al percorso scolastico (formazione professionale regionale, percorsi di apprendistato).

D'altro canto, le istituzioni scolastiche, statali e paritarie, sono tenute ad aggiornare in tempo reale la frequenza, comunicando eventuali interruzioni o il trasferimento ad altra scuola da parte del singolo studente.

Al momento dell'iscrizione all'ANS a ogni singola/o alunna/o viene assegnato un codice anonimo che la/lo seguirà per l'intero percorso scolastico.

Utilità dell'anagrafe

Come già sottolineato, la messa a regime dell'Anagrafe ha consentito al MIUR di rilevare in modo più puntuale e attendibile dati e informazioni rispetto al precedente focus del 2013, permettendo di addivenire alla definizione di cinque tasselli della dispersione:

1. alunni che frequentano la scuola secondaria di primo grado e che interrompono la frequenza senza valida motivazione prima del termine dell'anno *(abbandono in corso d'anno);*
2. alunni che hanno frequentato l'intero anno scolastico (primo o secondo anno di corso della scuola secondaria di primo grado) e che non passano nell'anno successivo né al secondo o terzo anno in regola, né al primo o secondo anno come ripetenti, e non passano alla scuola secondaria di secondo grado *(abbandono tra un anno e il successivo);*

3. alunni che hanno frequentato l'intero anno scolastico (terzo anno di corso della scuola secondaria di primo grado) e che non passano nell'anno scolastico successivo alla scuola secondaria di secondo grado né frequentano nuovamente la scuola secondaria di primo grado come ripetenti del terzo anno di corso *(abbandono tra un anno e il successivo nel passaggio tra cicli scolastici);*
4. alunni che frequentano la scuola secondaria di secondo grado e che interrompono la frequenza senza valida motivazione prima del termine dell'anno *(abbandono in corso d'anno);*
5. alunni che hanno frequentato l'intero anno scolastico (dal primo al quarto anno di corso della scuola secondaria di secondo grado) e che non passano nell'anno successivo né al secondo, terzo, quarto o quinto anno in regola, né al primo, secondo, terzo o quarto anno come ripetenti *(abbandono tra un anno e il successivo).*

Alcuni di questi tasselli riguardano il primo ciclo di istruzione, altri il secondo.

10. La dispersione nel primo ciclo di istruzione

Le informazioni raccolte tramite l'ANS permettono di rilevare il fenomeno della fuoriuscita non motivata dal sistema scolastico nel corso dell'anno, che viene definito «rischio di abbandono in corso d'anno»; nel confronto con l'anno successivo è possibile calcolare quanti di questi alunni rientrano nel sistema nel settembre seguente e quanti no. Si giunge così a determinare il numero degli studenti che hanno effettivamente abbandonato la scuola.

Dispersione nella secondaria di primo grado

Per quanto concerne la secondaria di primo grado, si può procedere a caratterizzare il fenomeno della dispersione scolastica prendendo in considerazione i primi due tasselli sopra evidenziati.

Dei circa 1.710.004 alunne/i frequentanti la scuola secondaria di primo grado all'inizio dell'anno scolastico 2015-2016, 10.591 hanno interrotto la frequenza prima del termine delle attività didattiche, risultando di conseguenza a «rischio di abbandono».

La composizione dei 10.591 studenti è mostrata nella tabella 34.1.

A settembre 2016, 3513 alunni, pari al 33,2% di coloro che hanno interrotto la frequenza nell'anno scolastico precedente, si sono nuovamente iscritti alla scuola secondaria di primo grado come ripetenti o in regola (nel caso di superamento dell'esame di idoneità) oppure alla scuola superiore avendo superato l'esame di Stato finale in qualità di privatisti.

Si considerano dunque 7078 gli alunni che hanno abbandonato la scuola secondaria di primo grado in corso d'anno, pari allo 0,4% dei fre-

TABELLA 34.1
Composizione degli studenti a rischio di abbandono nell'anno scolastico 2015-2016

	Alunni a rischio di abbandono nell'a.s. 2015-2016	Alunni a rischio di abbandono nell'a.s. 2015-2016 che sono rientrati nel sistema scolastico nell'a.s. 2016-2017	Alunni che hanno abbandonato
Abbandono	2827	366 (12,9%)	2461
Ritiro entro il 15 marzo	3426	1558 (45,5%)	1868
Trasferiti ma non più frequentanti	4338	1589 (36,6%)	2749
Totale	10.591	3513 (33,2%)	7078

quentanti a settembre 2015. Questi studenti che hanno lasciato la scuola e non vi sono più rientrati rappresentano il primo tassello della dispersione.

Considerando separatamente il fenomeno dell'abbandono nel primo e nel secondo anno, si può definire *abbandono complessivo,* nella scuola secondaria di primo grado, l'insieme totale degli alunni che hanno abbandonato nell'anno scolastico 2015-2016 e degli alunni del primo e del secondo anno di corso che hanno lasciato la scuola tra l'anno scolastico 2015-2016 e l'anno scolastico 2016-2017.

Rispetto al contingente iniziale di 1.710.004 alunni frequentanti a settembre 2015, 14.258 alunni, pari allo 0,8%, hanno abbandonato la scuola secondaria di primo grado. Il dato percentuale in sé non è eclatante; risulta in ogni caso insostenibile che nella scuola dell'obbligo oltre 14.000 studenti si disperdano definitivamente.

Più in dettaglio, nel rapporto del MIUR si evidenzia come il fenomeno della dispersione scolastica colpisca maggiormente gli studenti stranieri (soprattutto quelli nati all'estero): il 3,3% contro lo 0,6% degli italiani.

11. La dispersione nel secondo ciclo di istruzione

Anche per la scuola secondaria di secondo grado, il MIUR ha proceduto a caratterizzare il fenomeno del *drop out* prendendo in esame gli ultimi due tasselli della dispersione richiamati nel paragrafo 9, ossia:

Tasselli di dispersione

- *l'abbandono in corso d'anno,* dato dall'insieme di alunni che ha interrotto la frequenza prima del termine dell'anno scolastico nei cinque anni di corso;
- *l'abbandono tra un anno e il successivo,* dato dall'insieme di alunni che, avendo frequentato l'intero anno scolastico nel primo, secondo, terzo o quarto anno di corso, non si è iscritto di nuovo a scuola a settembre dell'anno scolastico successivo.

Si considera, infine, come *abbandono complessivo* l'insieme di alunni che hanno abbandonato nel corso dell'anno scolastico 2015-2016 nei cinque anni di corso e di quelli, dal primo al quarto anno di corso, che hanno abbandonato tra l'anno scolastico 2015-2016 e l'anno scolastico 2016-2017.

Sinteticamente, i dati elaborati nel rapporto del MIUR fotografano questa situazione: dei 2.613.619 alunni frequentanti all'inizio dell'anno scolastico 2015-2016, 53.916 hanno interrotto la frequenza scolastica senza valida motivazione prima del termine delle attività didattiche. Tale insieme viene definito come «a rischio di abbandono» nel corso dell'anno scolastico 2015-2016; si tratta di un rischio dal momento che gli alunni che interrompono la frequenza in questa fase possono rientrare a settembre dell'anno scolastico successivo.

L'abbandono complessivo nella scuola secondaria di secondo grado, invece, risulta del 4,3%. Questo dato si ricava dal rapporto tra l'insieme di alunni che ha abbandonato nel corso dell'anno scolastico 2015-2016 (40.780), nonché tra l'anno scolastico 2015-2016 e l'anno scolastico 2016-2017 (71.460), e il contingente di alunni frequentanti all'inizio dell'anno scolastico 2015-2016, pari, come specificato in precedenza, a 2.613.619.

Per la scuola secondaria di secondo grado, la differenziazione per genere nel fenomeno della dispersione scolastica è ancora più evidente che per la secondaria di primo grado. Si nota che per la popolazione studentesca maschile l'abbandono complessivo è stato del 5,1%, parecchio più elevato di quello relativo alla popolazione femminile, pari al 3,4%.

Entrando nel dettaglio dei vari percorsi di studio, si rileva come tra i licei spicchi il tasso di dispersione complessivo del liceo artistico, con il 4,8%.

Dalla scuola alla FP regionale

Negli istituti tecnici la percentuale di dispersione si è attestata al 5,2% per gli istituti a indirizzo economico e al 4,6% per quelli a indirizzo tecnologico.

Tra i professionali, gli istituti con indirizzo industria e artigianato hanno presentato una percentuale di abbandono complessivo più alta, con l'11%.

L'elevata uscita dal percorso scolastico degli alunni iscritti agli istituti professionali potrebbe tuttavia rivelarsi meno consistente ove si consideri che una parte (più o meno cospicua a seconda delle varie realtà territoriali) potrebbe essere transitata nel sistema regionale di istruzione e formazione professionale (FP) senza averne dato comunicazione alla scuola.

CAPITOLO TRENTACINQUESIMO

L'unitarietà del curricolo e il valore formativo delle discipline

1. Il superamento delle aree disciplinari

Le Indicazioni nazionali per il curricolo del novembre 2012 segnano, per quanto concerne le discipline d'insegnamento, un significativo cambiamento rispetto al testo del 2007 e, più in generale, all'impostazione che dai primi anni Novanta del secolo scorso il MIUR aveva seguito.

Dalle aree alla trasversalità disciplinare

Nel documento del 2007, infatti, nella parte relativa all'organizzazione del curricolo, si affermava:

> Nella scuola del primo ciclo la progettazione didattica promuove l'organizzazione degli apprendimenti in maniera progressivamente orientata ai saperi disciplinari. [...] Il *raggruppamento delle discipline in aree* indica una possibilità di interazione e di collaborazione fra le discipline (sia all'interno di una stessa area, sia fra tutte le discipline) che le scuole potranno delineare nella loro autonomia con peculiari modalità organizzative.

Sulla scorta di tale precisazione, nella scuola del primo ciclo di istruzione le discipline venivano raggruppate in tre aree:
- *linguistico-artistico-espressiva,* comprendente italiano, lingue comunitarie, musica, arte e immagine, corpo-movimento-sport;
- *storico-geografica,* costituita da storia e geografia;
- *matematico-scientifico-tecnologica,* costituita da matematica, scienze naturali e sperimentali, tecnologia.

Si riproponeva, di fatto, la suddivisione nei tre moduli organizzativi previsti da una delle più importanti riforme della scuola elementare, la legge n. 148 del 1990. In quel provvedimento normativo si prevedeva che fosse il collegio dei docenti a «procedere all'aggregazione delle materie per ambiti disciplinari», tenendo conto delle affinità delle discipline e dell'esigenza di non raggruppare da sole in un unico ambito l'educazione all'immagine, alla musica e alla motoria.

Invece, nel testo delle Indicazioni nazionali 2012 si registra un impianto disciplinare completamente diverso. Il MIUR decide infatti di superare la tradizionale aggregazione in aree, adducendo queste motivazioni:

> Le discipline, come noi le conosciamo, sono state storicamente separate l'una dall'altra da confini convenzionali che non hanno alcun riscontro con l'unitarietà tipica dei processi di apprendimento. Ogni persona, a scuola come nella vita, impara infatti attingendo liberamente dalla sua esperienza, dalle conoscenze o dalle discipline, elaborandole con un'attività continua e autonoma. [...] Nelle Indicazioni le discipline non sono aggregate in aree precostituite per non favorire un'affinità più intensa tra alcune rispetto ad altre, volendo rafforzare così trasversalità e interconnessioni più ampie e assicurare l'unitarietà del loro insegnamento.

Unitarietà e valore formativo delle discipline

In questo passaggio, molto significativo per l'organizzazione del curricolo, si sottolinea come l'*unitarietà dell'insegnamento* non vada ricercata tanto in una fragile aggregazione di aree disciplinari, quanto nel *valore formativo* che l'acquisizione dei differenti saperi conferisce all'esperienza formativa delle alunne e degli alunni.

2. Unitarietà e trasversalità dei saperi

Che la costruzione di un curricolo non debba affidarsi a una meccanica suddivisione di discipline in ambiti non costituisce una novità. I Programmi della scuola media del 1979, della scuola elementare del 1985, la legge n. 148 del 1990 (sopra richiamata) hanno insistito sull'idea di interdisciplinarità, immaginando che il bambino viva inizialmente una dimensione predisciplinare per maturare gradualmente una visione più specifica dei differenti sistemi culturali.

Non si vuole in questa sede entrare nella disputa «predisciplinare-disciplinare» che ha caratterizzato gli ultimi due decenni del secolo scorso. Un significativo e condivisibile punto d'equilibrio è contenuto negli *Indirizzi per l'attuazione del curricolo* del 2001 (Ministro della Pubblica Istruzione Tullio De Mauro), mai attuati perché la legge che li prevedeva venne abrogata dalla Ministra Letizia Moratti nel 2003. In ogni caso, in questo importantissimo testo si affermava che

> i diversi aspetti (oggetto, linguaggio, metodologia di ricerca) da cui viene caratterizzato lo statuto di una disciplina sono in realtà già tutti

> presenti fin dalle prime fasi del percorso formativo. La matematica è la matematica, la lingua italiana è la lingua italiana sia quando vi si accosta un liceale, sia quando vi si accosti una bimba di tre anni.

Statuto dei linguaggi disciplinari

Quindi, lo statuto disciplinare non cambia con il mutare dell'età degli allievi. Se lo statuto disciplinare resta fermo, assai diversa è la distanza del soggetto che impara dall'oggetto da imparare: da un legame forte con la contestualità dell'esperienza diretta delle bambine e dei bambini nella scuola dell'infanzia si passa via via a forme più pronunciate di decontestualizzazione e di astrazione.

La predisciplinarità, allora, è più vicina alle esperienze dirette e all'incontro con i vissuti del bambino e rappresenta un richiamo alla lenta e non forzata costruzione delle specificità disciplinari.

Ci basta riflettere sul testo delle Indicazioni 2012 in cui si sottolinea che

> la scuola primaria mira all'acquisizione degli apprendimenti di base. [...] Si pone come scuola formativa che, attraverso gli alfabeti caratteristici di ciascuna disciplina, permette di esercitare differenti stili cognitivi, ponendo così le premesse per lo sviluppo del pensiero riflessivo e critico.

Pertanto, nella scuola dell'infanzia gli insegnanti curano l'apprendimento valorizzando l'azione, l'esplorazione, il contatto con gli oggetti, la natura, la conoscenza del territorio, la dimensione ludica, mentre la scuola primaria è finalizzata a garantire le condizioni che avviano alunne e alunni ad acquisire i linguaggi e i codici che costituiscono la struttura della nostra cultura.

La contestualità, più accentuata nella scuola dell'infanzia, diventa in modo crescente mediata dalle conoscenze formali con il trascorrere degli anni.

Così, nelle Indicazioni 2012, per quanto concerne la scuola secondaria di primo grado, si afferma che nella fascia d'età 11-14 anni

> si realizza l'accesso alle discipline come punti di vista sulla realtà e come modalità di conoscenza, interpretazione e rappresentazione del mondo.

I saperi che studentesse e studenti acquisiscono in un ambiente formale, qual è la scuola, muovono dall'orizzonte di esperienze che le/gli adolescenti maturano nei contesti (non formali e informali) di vita in cui si accede alle conoscenze senza alcuna preoccupazione di tipo disciplinare.

La funzione dell'istruzione e della formazione consiste principalmente nel promuovere nel soggetto capacità di pensiero critico e riflessivo.

Centralità del curricolo

Se è vero che il curricolo presenta una struttura disciplinare, è altrettanto vero che le discipline assumono uno specifico ruolo formativo.

Come già sottolineato, dunque, la trasversalità delle conoscenze non va ricercata tanto in una meccanica aggregazione delle discipline, quanto nel patrimonio di valori, nei vissuti e nella molteplicità delle esperienze che bambine e bambini sviluppano a scuola, in famiglia, nel gruppo dei pari e in tutti gli altri spazi aggregativi. La cultura, nella società dell'informazione e della conoscenza, risulta sempre più collegata alla complessità della vita delle persone e il sapere diventa inevitabilmente una componente sempre più importante della nostra crescita.

Il riferimento fondamentale per una progettazione didattica unitaria è rappresentato dal curricolo d'istituto, espressione della libertà, dell'autonomia scolastica e dell'identità educativa dell'intera comunità.

3. La centralità della persona che apprende

Centralità dell'alunno

L'unitarietà dell'insegnamento deve pertanto essere definita «a partire dalla persona che apprende». Le Indicazioni nazionali sostengono una concezione personalista del sapere scolastico; gli insegnanti, quindi, devono valorizzare le motivazioni degli studenti, i loro atteggiamenti, la loro affettività, le abilità e le competenze maturate a scuola, ma anche a contatto con le «autostrade informatiche», nei social media e nei contesti più tradizionali di gruppo e di vicinato.

La scuola in particolare è chiamata a promuovere un forte radicamento dell'esperienza educativa (si veda il box 35.1), fornendo alle alunne e agli alunni le occasioni e le opportunità per acquisire consapevolezza delle proprie potenzialità e responsabilità.

BOX 35.1

Il radicamento dell'esperienza educativa

IL SENSO DELL'ESPERIENZA EDUCATIVA

- Promozione di attività nelle quali ogni alunno possa assumere un ruolo attivo e sviluppare al meglio le proprie inclinazioni, assumendo sempre maggiore consapevolezza di sé **(significatività orientativa)**.
- Articolazione di situazioni e contesti in cui gli alunni riflettono per capire il mondo, trovano stimoli per sviluppare il pensiero analitico e critico, si confrontano per ricercare con originalità significati e condividere schemi di comprensione della realtà **(significatività disciplinare)**.
- Sviluppo delle capacità necessarie per imparare a leggere le proprie emozioni e gestirle, per porsi obiettivi non immediati e perseguirli, per promuovere il senso di responsabilità **(significatività affettiva)**.

- Sollecitazioni per avviare gli alunni a un'attenta riflessione sui comportamenti di gruppo al fine di individuare quegli atteggiamenti che violano la dignità della persona o, al contrario, creano condizioni di ascolto e di espressione critica dei messaggi provenienti dalla società **(significatività sociale)**.

Tratto da un contributo di Giuseppina Gentili, dirigente scolastica dell'IC di Carpineti (Reggio nell'Emilia).

Come sottolinea Jerome Bruner in uno dei suoi primi testi pubblicati in Italia, *Verso una teoria dell'istruzione,*

> in una disciplina nulla è più essenziale della sua metodologia e perciò nulla è così importante nell'insegnamento della disciplina stessa, come offrire al bambino l'occasione di apprendere tale metodologia: le forme di connessione, gli atteggiamenti, le speranze, i giochi mentali e le frustrazioni che ad esse si accompagnano. (Bruner, 1967)

Infatti, la struttura della disciplina si presenta sotto una duplice veste:

- *sostanziale,* costituita da teorie, concetti, problemi propri di uno specifico linguaggio; tale struttura non è immodificabile ma legata all'evoluzione della ricerca;
- *sintattica,* rappresentata dai contenuti e dalle metodologie di lavoro che si diversificano soprattutto a seconda delle caratteristiche dei saperi umanistici, scientifici, tecnologici. Si tratta di una dimensione in cui vengono messi in risalto i procedimenti e i modelli di indagine propri della disciplina stessa.

L'appropriazione da parte del soggetto che apprende di questa duplice veste favorisce la crescita non solo cognitiva e culturale, ma anche affettiva e motivazionale dell'alunna/o. Si tratta delle speranze, dei giochi mentali, degli atteggiamenti, delle soddisfazioni e delle frustrazioni di cui parla Bruner.

In questo senso, l'eventuale costituzione di aree disciplinari, come di fatto avviene nella scuola, non è dettata da un'esigenza meramente aggregativa, quanto da un insieme di esperienze e occasioni funzionali alle esigenze di crescita personale e culturale degli studenti.

4. Non esistono conoscenze inerti

Nel momento in cui le conoscenze diventano padronanze, abilità, competenze, consentono agli alunni di leggere la realtà con sguardi più ampi, creativi e critici.

Sapere inerte, sapere dinamico?

Contrapporre un sapere inerte a un sapere dinamico e significativo è un'operazione discutibile. Certo, la conoscenza non è mai autosufficiente; presuppone una costante attività di aggiornamento e di ricerca. È pertanto inevitabile che, in tutti gli ambiti culturali, determinati saperi risultino desueti rispetto ai contesti in cui le persone vivono e operano.

Quello che può risultare inerte non è però il sapere in sé, quanto il *modo* con cui viene trasmesso. Paradossalmente può succedere che un tema o un contenuto di particolare significatività e attualità risulti inattivo nella mente dell'alunno a causa delle strategie impersonali e meramente espositive che l'insegnante adotta.

La scuola non può limitarsi a fornire «istruzioni per l'uso», cioè un insieme di conoscenze scollegate rispetto a una visione d'insieme della persona: l'unitarietà del sapere coincide con la concezione integrale dell'educazione.

In questo difficile compito, come viene sottolineato nel documento *Indicazioni nazionali e nuovi scenari* (nota MIUR del 1° marzo 2018, n. 3645), i docenti

> sono chiamati non a insegnare cose diverse e straordinarie, ma a selezionare le informazioni essenziali che devono divenire conoscenze durevoli, a predisporre percorsi e ambienti di apprendimento affinché le conoscenze alimentino abilità e competenze culturali, metacognitive, metodologiche e sociali per nutrire la cittadinanza attiva.

Questa affermazione, già ripresa in precedenza, è di estremo interesse perché evidenzia l'aspetto centrale della costruzione del curricolo d'istituto, quello della sua essenzialità. Un curricolo essenziale (non minimale!) misura la capacità dei docenti di individuare i nuclei costitutivi (elementi) delle discipline sui quali innescare collegamenti e sviluppi. Tali elementi dovranno essere caratterizzati a loro volta non dallo studio estensivo di molti contenuti, ma da quello intensivo e criticamente approfondito.

Nuclei fondativi

Quali criteri possono orientare la scelta di nuclei fondativi? A questa domanda non è facile dare una risposta univoca, anche perché ogni scuola è diversa dall'altra e soprattutto gli studenti sono molto differenti tra loro. Ci limitiamo a fornire alcuni principi-criteri, osservati da un occhiale a quattro lenti: quelle dei docenti e quelle degli alunni (tabella 35.1).

Per quanto concerne gli insegnanti, la scelta dei contenuti d'insegnamento può essere ricondotta alle esperienze della loro formazione iniziale (scolastica, universitaria, concorsuale), all'utilizzo dei libri di testo e al lavoro con i colleghi.

Per gli studenti, la significatività di un contenuto si può far risalire alle conoscenze già possedute, al collegamento con la realtà, compresi i canali presenti nei contesti dell'extrascuola, alla mediazione sociale più che a quella esclusivamente individuale e alla partecipazione diretta alla soluzione di problemi, progetti e percorsi comuni.

TABELLA 35.1
Criteri di scelta dei nuclei fondativi del curricolo

Docenti	Alunni
La formazione scolastica e universitaria	La connessione alle conoscenze preesistenti
Lo studio per la preparazione a corsi e concorsi	Il collegamento con l'attualità
I contenuti delle Indicazioni ministeriali	La valorizzazione dei saperi non formali e informali
Il peso dell'editoria scolastica	La mediazione sociale degli apprendimenti
La qualità della collaborazione con i colleghi	La partecipazione diretta alla costruzione delle conoscenze

5. La cittadinanza e l'integrazione dei saperi

Cittadinanza e nuovi scenari

Nel paragrafo conclusivo *(Prospettive future)* del documento del MIUR *Indicazioni nazionali e nuovi scenari* si sottolinea che il senso della proposta consiste nel porre al centro il tema della cittadinanza, vero e proprio punto di riferimento di tutte le discipline che concorrono a definire il curricolo. Si tratta di dare ulteriore concretezza all'istanza presente nelle Indicazioni nazionali 2012 quando si afferma che risulta «decisiva una nuova alleanza fra scienze, storia, discipline umanistiche, arti e tecnologia, in grado di delineare la prospettiva di un nuovo umanesimo».

La valenza formativa dei differenti linguaggi e sistemi simbolici coincide con una visione unitaria di un cittadino che pensa, progetta, agisce, aiuta, ama mobilitando tutta la sua persona, in una rispettosa relazione con l'uomo e l'ambiente.

La possibilità di costruire un'alleanza fra differenti saperi dipende in larga misura dalla corresponsabilità educativa dei docenti della classe. Se, ad esempio, ci si prefigge di approfondire il tema delle migrazioni dai Paesi africani alle nostre coste, è necessario organizzare la classe come un ambiente di apprendimento non solo per gli studenti ma anche per gli insegnanti.

Un possibile schema di progettazione di un'unità formativa che ponga al centro la scoperta e l'approfondimento di questo problema è rappresentato nella tabella 35.2.

TABELLA 35.2
Progettazione di un'unità formativa sul tema delle migrazioni

Storia	Geografia	Economia	Politica

Che cosa chiediamo alle discipline coinvolte nel progetto di studio per capire le ragioni di questo esodo che sta scuotendo l'opinione pubblica mondiale?

Da che cosa fugge questa marea umana, perché cerca di raggiungere l'Italia, che cosa cerca, che cosa sogna?

Saperi durevoli

Partendo dalla struttura di ognuna delle discipline sopra richiamate (si veda la figura 35.1), in quale misura le diverse materie possono contribuire a promuovere una conoscenza durevole del fenomeno studiato?

LA STRUTTURA DELLE DISCIPLINE

Il motivo ispiratore della pedagogia bruneriana può essere riassunto ne «l'imparare a pensare». I docenti devono educare il bambino ad accrescere la sua capacità di «afferrare, trasformare, trasferire ciò che egli apprende». La teoria dell'apprendimento di Bruner si rifà a strategie di tipo esplorativo, investigativo, euristico correlate alla metodologia della ricerca personale e di gruppo, rivolta agli aspetti costitutivi della disciplina.

↓

Struttura concettuale	**Struttura grammaticale**
teorie, concetti, sistemi	metodi, modalità operative, strategie

Fig. 35.1 La struttura delle discipline.

La storia e la geografia ci potranno fornire le coordinate temporali e spaziali del problema. Il rapporto tra Europa e Africa ci consegna una geostoria fatta di inenarrabili prepotenze dei governi europei verso le popolazioni africane.

Lo studio degli aspetti economici e delle condizioni politiche dei Paesi di provenienza allargherà l'orizzonte sull'impossibilità di molte persone di vivere in situazioni sociali dove regna la morte di qualsiasi speranza.

La repressione dei regimi dittatoriali di buona parte dei Paesi dai quali si fugge aiuterà gli alunni a comprendere l'importanza del rispetto tra gli uomini, del senso di legalità che gli Stati sono tenuti a garantire, del valore dei diritti umani.

Il fine ultimo della conoscenza è il superamento della frammentazione dei linguaggi e l'affermazione di uno strettissimo dialogo tra le discipline. In questo senso, il compito dei docenti è quello di individuare le soluzioni più opportune rispetto al problema dell'unitarietà e delle connessioni tra i differenti apporti e contributi.

CAPITOLO TRENTASEIESIMO

Verso una ricomposizione del curricolo scolastico

1. Tra sillabi e progettualità 2. Il sillabo dell'educazione all'imprenditorialità 3. Il sillabo dell'educazione finanziaria 4. Nuove frontiere per l'insegnamento della filosofia 5. L'educazione ambientale e allo sviluppo sostenibile 6. L'educazione alla legalità 7. L'educazione allo sport e il tutor sportivo per la scuola primaria

1. Tra sillabi e progettualità

L'irrefrenabile sviluppo della produzione culturale ha certamente messo in discussione le tradizionali forme attraverso cui le generazioni più mature hanno provveduto a trasmettere il loro capitale culturale a quelle più giovani, anche sdoganando modelli e strumenti un tempo non legittimati o poco utilizzati. Non si tratta di una questione solo di forma, il che farebbe pensare al superamento del modello stesso della scuola, ma di un'opportunità per rivisitare e ricomporre l'enciclopedia del sapere scolastico.

Enciclopedia del sapere scolastico

A proposito del valore della formazione scolastica, che qualcuno oggi mette in discussione per la facilità con cui i nuovi mezzi tecnologici e digitali consentono l'accesso ai saperi, afferma in un'intervista lo scrittore Nicola Gardini:

> Scuola e istruzione non coincidono più in senso stretto. Ciò tuttavia non implica che la scuola non abbia più una sua vitale funzione [...]. A scuola non si va per alcuna utilità immediata. A scuola si va per studiare, cioè per costruire valori e linguaggi comuni quanto più estesi possibili [...]. Nella scuola eccellente si impara con gli altri, imparando che imparare è sempre un'impresa comunitaria, frutto di condivisione e di confronto e — fatto cruciale — dialogo con una guida autorevole, quella del professore. A scuola si acquistano la fiducia e la coscienza dei talenti propri e altrui che ci renderanno adulti degni di questo nome. Un altro

> punto fondamentale che i distruttori della scuola farebbero bene a considerare è che l'apprendimento scolastico corrisponde ad anni in cui l'individuo ha maggior bisogno di prepararsi alla complessità della vita, bellezze comprese. Senza una scuola eccellente — elementare, media e liceale — non solo si finisce per ignorare molte cose, ma la vita diventa più complicata e ingrata. (Gardini, 2018)

A un ripensamento del curricolo scolastico stanno lavorando molti studiosi e lo stesso MIUR sembra voler intervenire su questo ambito: lo fanno pensare una serie di sillabi che sono stati pubblicati di recente.

Il sillabo

Il termine «sillabo», di raro impiego se non desueto, dal punto di vista etimologico indica nella lingua italiana «sommario, catalogo, indice o collezione». Sul piano storico esso richiama due documenti dei papi, quello di Pio IX e quello di Pio X. Oggi il MIUR sta utilizzando questo termine nei suoi documenti per indicare l'organizzazione di vari eventi o la ridefinizione di alcuni ambiti di studio: in un seminario tenutosi il 27 marzo 2015 è stato affrontato il tema della programmazione a tutto tondo, dal sillabo al piano operativo; il 28 e il 29 giugno 2016 si è tenuto un seminario sul sillabo per l'insegnamento della lingua e l'alfabetizzazione; un altro seminario di studi per l'insegnamento della lingua cinese nella scuola italiana si è tenuto a Roma il 18 settembre 2016; il sillabo per lo studio della filosofia per competenze è stato presentato il 23 gennaio 2018; il 14 marzo 2018 è stata promossa per la prima volta l'introduzione strutturale dell'educazione all'imprenditorialità a scuola; il 16 aprile 2018 è stata presentata online la prima versione del portale «Quello che conta» per l'educazione finanziaria.

Qualche perplessità

Quando, il 14 marzo 2018, il MIUR ha pubblicato il documento programmatico per l'educazione all'imprenditorialità rivolgendolo alle scuole secondarie di secondo grado, l'utilizzo del termine «sillabo» ha in realtà scatenato le critiche del Gruppo Incipit dell'Accademia della Crusca, impegnato nell'esame e nella valutazione di neologismi e forestierismi incipienti utilizzati nella vita civile e sociale italiana, che, in un comunicato del 17 aprile 2018, ha espresso perplessità per la forma di redazione del documento, considerandolo un ulteriore passo verso l'abbandono della lingua italiana.

> Più che un'educazione all'imprenditorialità, questo documento sembra promuovere un abbandono sistematico della lingua italiana e delle sue risorse nei programmi formativi delle forze imprenditoriali del futuro. Pare una sorta di contraffazione paradigmatica della cultura e del patrimonio italiano: è così che si vogliono promuovere e valorizzare le eccellenze italiane, il «Made in Italy»? (Gruppo Incipit - Accademia della Crusca, comunicato stampa del 17 aprile 2018)

Un nuovo quadro dei saperi

Al di là della polemica terminologica, la scelta del MIUR di riportare l'attenzione della scuola su alcuni aspetti della sua quotidianità testimonia il tentativo di ridisegnare un quadro per i saperi scolastici adeguato alle esigenze emergenti, segnalate da un lato dalla crisi delle discipline tradizionali e dall'alto dall'avvento della cultura digitale. Si è già fatto riferimento a quella che abbiamo definito la terza fase dello sviluppo della cultura dell'uomo, cioè quella legata al digitale, dopo quelle dell'invenzione della scrittura e della stampa: tutto ciò ha imposto una forte evoluzione ai saperi e alla vita stessa, modificando lo svolgimento dei rapporti sociali, delle dinamiche del lavoro, della partecipazione.

La terza fase

Spetta ora alla scuola promuovere processi di formazione che consentano alle nuove generazioni di affrontare questa rinnovata sfida in modo adeguato, forti della propria identità personale e culturale, di capacità critica, autonomia di giudizio, competenza. È stato Donald Norman, che ha condiviso l'idea della complessità come categoria caratteristica del mondo, cioè come un intreccio di parti correlate, a indicare la strada per affrontare questa realtà richiamandosi alle teorie sistemiche di Gregory Bateson e Ludwig von Bertalanffy. Più di recente tale prospettiva è stata ripresa e sviluppata da Alain Berthoz che l'ha integrata con il concetto di «semplessità». Nell'affrontare la realtà, l'uomo ricorre a strategie semplesse che consentono di elaborare rapidamente e in modo efficace soluzioni tenendo conto delle precedenti esperienze e cercando di anticipare il futuro: «Basterebbe partire dal presupposto che semplessità non è semplificare, ridurre, eliminare variabili e costruire un modello lineare. Richiede di inibire, selezionare, collegare e immaginare» (Rivoltella, 2013).

Complessità e semplessità

In realtà, per affrontare in modo sistemico e semplesso la nostra realtà occorre che i giovani siano opportunamente preparati e non può bastare la competenza nell'ambito dell'enciclopedia formativa della scuola: è chiara l'impressione che non tutto venga risolto da tale prospettiva, ma che oggi occorra qualcosa di più profondo che è dentro ciascuno di noi. Può aiutarci a trovare la strada l'ultimo documento della UE sulle competenze per l'apprendimento permanente, la Raccomandazione del 2018, in cui, nella definizione delle competenze, accanto alle abilità e alle conoscenze, si focalizza l'attenzione sugli atteggiamenti, intesi come mentalità e disposizione ad agire o reagire a idee, persone, situazioni, fatti. Gli atteggiamenti riguardano ciascuno di noi e si concretizzano nella capacità di elaborare risposte comportamentali, sentimentali, emotive, valoriali nei confronti di persone, gruppi, situazioni, oggetti: essi sono il frutto della cultura e dell'esperienza personale, familiare, sociale, lavorativa. Gli atteggiamenti riguardano il modo in cui affrontiamo il mondo e gli altri: possono essere di sfida, di confronto, di condivisione, di accettazione, di valorizzazione, di inclusione. Ecco, allora, è come se noi tutti fossimo chiamati a riprendere in considerazione qualcosa di più profondo, che ha a che fare con l'assunzione di responsabilità, l'inten-

Le competenze: conoscenze, abilità, atteggiamenti

zionalità positiva, il rispetto di sé, degli altri, del mondo, la rifondazione dei valori, la riscoperta dell'uomo. Si legge nel sillabo per l'insegnamento della filosofia (MIUR – Direzione Generale per gli ordinamenti scolastici e la valutazione del sistema nazionale di istruzione – Gruppo tecnico-scientifico di Filosofia, 2017):

> Il ripensamento delle forme dell'insegnamento e dell'apprendimento della filosofia può e deve aiutare a colmare quelle lacune della formazione, rimaste finora pericolosamente disattese e trascurate, che riguardano competenze e conoscenze fondamentali per la costruzione di saperi personali, capacità critiche e coscienza della cittadinanza, in una società dove l'essere consapevolmente attivi e proattivi diventa sempre più cruciale.

La ricomposizione del curricolo

Leggerei il brano come un richiamo alla scuola stessa e ai docenti a ritornare a perseguire i fini istituzionali che ne hanno caratterizzato la storia e che si concretizzano nell'accompagnamento delle nuove generazioni a costruire la propria identità e un mondo migliore da tutti i punti di vista. In questo può giocare il suo ruolo anche la ricomposizione del curricolo degli studi scolastici in una prospettiva più nobile e valoriale.

2. Il sillabo dell'educazione all'imprenditorialità

Il 10 giugno 2016 la Commissione europea ha proposto una Nuova agenda per le competenze per l'Europa che comprende *Communication: A New Skills Agenda for Europe.*

In tale ambito è stato assunto l'impegno di rivedere sia il Quadro di riferimento europeo dei sistemi di qualificazione (EQF, *European Qualifications Framework,* Raccomandazione del 2008) sia il Quadro di riferimento europeo delle competenze chiave per l'apprendimento permanente (Raccomandazione del 2006).

L'imprenditorialità

Fra le competenze chiave particolare attenzione è dedicata all'imprenditorialità, per aiutare gli studenti a essere più creativi, innovativi e meglio orientati a cogliere opportunità e a favorire la realizzazione di esperienze pratiche prima di completare il percorso scolastico, quindi prima dell'uscita dal tradizionale canale formativo.

Nella primavera 2018 il MIUR ha recepito il sillabo della Nuova agenda della Commissione europea, trasmesso alle scuole con la nota 13 marzo 2018, n. 4244. Tramite le azioni previste in questo documento le scuole saranno accompagnate nella costruzione di percorsi strutturati per promuovere nelle studentesse e negli studenti la capacità di trasformare le idee in azioni attraverso la creatività, l'innovazione, la valutazione e l'assunzione del rischio, la capacità di pianificare e gestire progetti imprenditoriali.

Il sillabo *Educazione all'imprenditorialità* riguarda l'istruzione superiore ed è articolato in cinque macroaree:

Il percorso formativo

1. forme e opportunità del fare impresa;
2. la generazione dell'idea, il contesto e i bisogni sociali;
3. dall'idea all'impresa: risorse e competenze;
4. l'impresa in azione: confrontarsi con il mercato;
5. cittadinanza economica.

Tramite l'approfondimento dei temi descritti in ciascuna area, lo studente deve:

- *misurare la propria propensione all'imprenditorialità* (giochi di ruolo, visite guidate alle imprese, quiz individuali);
- *comprendere i principali trend tecnologici* (analisi del contesto, innovazione e creatività, incontri di cocreazione);
- *saper agire all'interno del team building,* sviluppando una personale leadership e il *design thinking* tramite attività di *brainstorming* e di simulazione.

La quarta e la quinta area riguardano temi quali fundraising, strumenti di comunicazione, internazionalizzazione, contabilità, prezzi e potere d'acquisto, monete e criptovalute, gestione del budget. Le attività didattiche collegate a queste problematiche possono essere: simulazioni di crowfunding, esercizi di digital marketing, promozione del Made in Italy, con particolare riferimento alla cittadinanza economica.

La cittadinanza economica

L'approccio proposto per la promozione della cittadinanza economica si sviluppa su due differenti piani. Il primo è legato a un'analisi condotta in base alle diverse età della vita. A ogni fase corrispondono discorsi, approcci, problematiche inerenti il denaro, la sua gestione, le competenze richieste e le forme di educazione attuabili.

Nella seconda prospettiva si guarda alle diverse agenzie educative e alle strategie adottabili per una coerente alfabetizzazione economica (entrate, uscite, gestione del risparmio) finalizzata a educare i soggetti nei contesti sociali: famiglia, scuola, comunità di appartenenza.

Nel quadro delle tematiche sopra presentate, la Direzione generale per gli ordinamenti scolastici del MIUR promuove un percorso di educazione all'imprenditorialità orientato all'acquisizione, da parte delle studentesse e degli studenti, di una forma mentis imprenditoriale, intesa come capacità di trasformare le idee in azioni attraverso strategie creative, processi innovativi, capacità di pianificazione e gestione di progetti.

Risultati di apprendimento

I risultati di apprendimento del percorso di educazione all'imprenditorialità possono essere classificati in tre ambiti:

- attitudini (fiducia in se stessi e spirito di iniziativa);

– abilità (creatività, alfabetizzazione economica, gestione delle risorse, gestione di rischi/incertezze, ecc.);
– competenze (capacità di valutare le opportunità, comprensione del ruolo degli imprenditori nella società e consapevolezza delle prospettive in ambito imprenditoriale, lavoro di squadra, ecc., con riferimento al modello concettuale EntreComp).

Competenza trasversale chiave

L'EntreComp *(The Entrepreneurship Competence Framework)* è il Quadro di riferimento per la competenza imprenditoriale pubblicato dalla Commissione europea nel 2016 e tradotto dall'ADI (Associazione docenti italiani). Intende promuovere la condivisione di una comune definizione di «imprenditorialità», intesa come competenza trasversale chiave in tutti gli ambiti della vita. In questo senso, imprenditorialità significa agire sulle opportunità e sulle idee per trasformarle in valore per gli altri. Il valore che si determina può essere culturale, sociale, economico, finanziario, nel settore sia privato sia pubblico.

Nella nota del MIUR n. 4244/2018 si forniscono indicazioni circa lo sviluppo dell'educazione all'imprenditorialità, sottolineando che, per la scuola secondaria di secondo grado, il percorso potrà essere costruito già a partire dal primo biennio, intervenendo sul potenziamento delle attitudini degli allievi e su alcune abilità, quali la creatività, la consapevolezza di sé, la motivazione.

Nel secondo biennio e nell'ultimo anno il percorso sviluppa abilità e competenze tipiche dell'educazione all'imprenditorialità (con riferimento al modello EntreComp), attraverso insegnamenti aggiuntivi e il potenziamento di quelli già presenti nel curricolo.

Il percorso può essere collegato alle attività di alternanza scuola-lavoro, anche se tale collegamento non costituisce un vincolo per la realizzazione del percorso di educazione all'imprenditorialità.

Per la prima volta nella scuola italiana si introduce dunque l'educazione all'imprenditorialità, attraverso un sillabo che è stato elaborato con il coinvolgimento di molte organizzazioni, tra rappresentanze di impresa, attori della società civile, associazioni professionali, istituzioni, mondo accademico e altre organizzazioni coinvolte a vario titolo nelle tematiche in questione.

Questo metodo partecipativo nasce dalla consapevolezza che l'educazione all'imprenditorialità necessita di un legame forte con la prassi quotidiana e con chi è pienamente coinvolto nella creazione di impresa.

Allo stesso tempo, questo approccio ha il fine di responsabilizzare tutta la società verso la costruzione di un curricolo scolastico reale, perché realizzato con l'ottica di proporre percorsi formativi basati su progetti autentici.

3. Il sillabo dell'educazione finanziaria

Per quanto concerne l'ambito della formazione finanziaria, è stato l'art. 24-bis del decreto legge n. 237 del 23 dicembre 2016, coordinato con la legge di conversione 17 febbraio 2017, n. 15, recante *Disposizioni urgenti per la tutela del risparmio nel settore creditizio,* a introdurre le disposizioni generali per l'educazione finanziaria, assicurativa, previdenziale.

L'educazione finanziaria

> Art. 24-*bis* – *Disposizioni generali concernenti l'educazione finanziaria, assicurativa e previdenziale*
>
> 1. Le disposizioni del presente articolo prevedono misure ed interventi intesi a sviluppare l'educazione finanziaria, assicurativa e previdenziale. Tali disposizioni assicurano l'efficacia, l'efficienza e la sistematicità delle azioni dei soggetti pubblici e privati in tema di educazione finanziaria, assicurativa e previdenziale e riconoscono l'importanza dell'educazione finanziaria quale strumento per la tutela del consumatore e per un utilizzo più consapevole degli strumenti e dei servizi finanziari offerti dal mercato.
> 2. In conformità con la definizione dell'Organizzazione per la cooperazione e lo sviluppo economico (OCSE), per educazione finanziaria, assicurativa e previdenziale, ai fini del presente articolo, si intende il processo attraverso il quale le persone migliorano la loro comprensione degli strumenti e dei prodotti finanziari e sviluppano le competenze necessarie ad acquisire una maggiore consapevolezza dei rischi e delle opportunità finanziarie.

Questo ambito di studi innovativo indica il processo attraverso il quale le persone sono introdotte nei meccanismi degli strumenti e dei prodotti finanziari acquisendo competenze per avere una maggiore consapevolezza dei rischi e delle opportunità che la realtà finanziaria propone. Viene così riconosciuta l'importanza dell'educazione finanziaria come tutela del consumatore e consapevolezza degli strumenti e dei servizi finanziari offerti dal mercato.

È previsto che il MIUR, di concerto con il Ministero dell'Economia e delle Finanze, debba adottare, entro sei mesi dalla data di entrata in vigore della legge di conversione del decreto, il programma per una Strategia nazionale per tale educazione, finalizzato a definire le modalità con cui le iniziative di educazione finanziaria si pongano in sinergia con le altre attività scolastiche.

Programma per Strategia nazionale

Tale programma deve rispettare, nella sua definizione, una serie di principi:

– organizzare in modo sistematico il coordinamento dei soggetti pubblici e di quelli privati già attivi nel settore, promuovendo lo scambio di informazioni tra i soggetti, la diffusione di esperienze,

competenze, buone pratiche, le modalità di collegamento sinergico dell'educazione finanziaria, assicurativa e previdenziale con le altre attività scolastiche;
- definire le politiche nazionali di comunicazione e diffusione di informazioni per promuovere tale educazione;
- prevedere la possibilità di stipulare convenzioni per promuovere la formazione a cura di associazioni di categorie produttive, ordini professionali, associazioni dei consumatori, organizzazioni non profit, università, anche con la partecipazione degli enti territoriali.

Per attuare la Strategia nazionale è stato istituito il Comitato per la programmazione e il coordinamento delle attività di educazione finanziaria, composto da 11 membri del settore, a cui è stato affidato il compito di promuovere iniziative per l'educazione finanziaria.

Quello che conta

Il 16 aprile 2018 è stata pubblicata online la prima versione del portale pubblico di educazione finanziaria, assicurativa e previdenziale «Quello che conta»: il suo compito è di offrire ai cittadini una fonte informativa autorevole, semplice, rigorosa e indipendente per aiutarli nell'assumere decisioni consapevoli nel campo della finanza personale e familiare. Nel portale, che è presentato come un test aperto a suggerimenti, sono pubblicati 5 consigli elementari per ridurre il rischio finanziario, 7 cose da sapere per fare scelte consapevoli, 12 guide pratiche con un glossario di finanza, assicurazione e previdenza in evoluzione. È stata anche promossa la consultazione online dei cittadini per la validazione della Strategia nazionale.

4. Nuove frontiere per l'insegnamento della filosofia

La Cina

Una delle prime azioni avviate da MIUR in riferimento al sillabo risale al 18 settembre 2016, quando a Roma si è tenuto un seminario durante il quale è stato presentato l'insegnamento della lingua cinese per le scuole secondarie di secondo grado. L'intento è stato quello di delineare delle linee guida per la didattica della lingua cinese nella scuola secondaria di secondo grado in un quadro di cooperazione educativa tra Italia e Repubblica popolare cinese in modo da rendere più armoniche, omogenee e coerenti le prassi didattiche e da promuovere la conseguente creazione di materiali didattici. Questa prospettiva si è resa necessaria sia per il forte incremento dei rapporti commerciali tra il nostro sistema economico e quello cinese, sia per la presenza di un rilevante numero di alunni appartenenti alla comunità cinese nelle scuole italiane. L'apertura allo studio della lingua cinese, peraltro già in atto nell'anno scolastico 2015-2016 in oltre 200 scuole soprattutto di Emilia-Romagna, Lombardia, Veneto, è rivolta non solo ai licei linguistici, ma a tutti gli indirizzi della scuola secondaria di secondo grado.

L'insegnamento della Filosofia

Molto più di recente, anche per l'insegnamento della Filosofia, il MIUR ha pubblicato gli *Orientamenti per l'apprendimento della Filosofia nella società della conoscenza* e la *Proposta di un sillabo di Filosofia per competenze nella scuola secondaria superiore di secondo grado* (Allegato B del primo documento), elaborati dal Gruppo tecnico-scientifico di Filosofia con l'intento di promuoverne l'insegnamento in generale e in particolare di introdurlo anche negli istituti tecnici.

I due documenti

La presentazione dei due documenti è avvenuta in occasione del convegno «Orientamenti per l'apprendimento della Filosofia nella società della conoscenza». Il primo, *Orientamenti per l'apprendimento della Filosofia,* ha come obiettivo quello di aprire all'insegnamento della filosofia, con moduli extracurricolari, anche gli istituti tecnici: con lo studio di questa disciplina si vuole promuovere lo sviluppo del pensiero critico fra tutti gli studenti delle scuole secondarie di secondo grado, anche favorendo il collegamento della filosofia con le altre materie di studio e con le nuove metodologie di insegnamento.

Il secondo documento è una proposta di *Proposta di un sillabo di Filosofia per competenze,* finalizzato ad abituare gli alunni al pensiero critico, per avere una visione complessiva di comprensione e interpretazione del mondo, anche maturando un personale profilo filosofico.

> L'esigenza di riflettere sulle potenzialità formative dello studio della filosofia nei diversi segmenti dell'istruzione (primaria, secondaria, post-secondaria), come campo dell'istruzione degli adulti e nell'ottica dell'apprendimento lungo tutto l'arco della vita e in tutti i contesti della vita, formali e non formali, si è alimentata oltre che dai provvedimenti adottati dalla legislazione scolastica italiana, anche dalla prospettiva di potenziamento e miglioramento dell'offerta formativa attraverso l'innovazione didattica in una dimensione internazionale. (MIUR – Direzione Generale per gli ordinamenti scolastici e la valutazione del sistema nazionale di istruzione – Gruppo tecnico-scientifico di Filosofia, 2017)

Il documento trova la sua ispirazione nella risoluzione dell'Assemblea generale dell'ONU del 2015 *Trasformare il nostro mondo: l'Agenda 2030 per lo sviluppo sostenibile.* Esso è articolato in una serie di tematiche presenti nel dibattito attuale: l'esercizio del pensiero critico; l'acquisizione di competenze con lo studio filosofico; il rapporto tra filosofia, CLIL, alternanza scuola-lavoro; l'utilizzo degli strumenti digitali nell'insegnamento della filosofia; il suo apprendimento nel nuovo modello dell'esame di Stato; la professionalità docente, la formazione in ingresso e lo sviluppo professionale in servizio; la proposta di future iniziative con il contributo di diversi soggetti.

La formazione filosofica è fondamentale in riferimento alle competenze chiave per l'apprendimento permanente, poiché contribuisce in maniera determinante alla costruzione dell'identità personale; è nel contempo strategica per la costruzione delle competenze chiave di cittadinanza in quanto consente di maturare una propria visione valoriale della vita.

Un compito delicato è quello affidato ai docenti di filosofia, i quali devono promuovere l'esercizio del pensiero critico, favorire atteggiamenti di razionalità e comprensione, sostenere la centralità dell'argomentazione razionale anche nell'interazione interpersonale.

Per quanto riguarda la formazione liceale, lo studio delle discipline è finalizzato a orientare gli studenti ad avere consapevolezza delle proprie opzioni personali rispetto alle vocazioni e ad acquisire conoscenze, abilità e competenze adeguate alla prosecuzione degli studi e all'impegno nella vita sociale e lavorativa. Nel riordino dei licei la filosofia è materia di studio in tutti gli indirizzi ed è finalizzata a promuovere atteggiamenti razionali, progettuali, creativi e critici. Gli esiti formativi riguardano:

Gli esiti formativi

- la consapevolezza della diversità tra i metodi dei vari ambiti disciplinari;
- la capacità di interconnettere metodi e risultati delle discipline;
- la capacità di avere una propria tesi e saper ascoltare;
- la capacità di utilizzare la logica personale;
- la capacità di leggere criticamente le varie forme di comunicazione;
- la consapevolezza dei diritti e dei doveri legati all'essere cittadini;
- la capacità di acquisire un quadro della storia delle idee, della scienza e della tecnologia;
- il possesso di una strumentazione adeguata per confrontare le varie tradizioni culturali.

In questo senso, i riferimenti culturali della proposta sono riconducibili alle Indicazioni nazionali, al PECUP, ai bisogni formativi degli studenti in fase di orientamento, alla contestualizzazione della disciplina nel corso di studi.

CLIL

Per quanto riguarda le metodologie didattiche, il riferimento è alle modalità CLIL *(Content and Language Integrated Learning),* in particolare al *debate* (argomentare/dibattere), metodologia coerente con il sapere filosofico, al *cooperative learning,* alla *peer education* tra studenti, tra docenti e tra docenti e studenti, alla *flipped classroom* (classe capovolta).

Nello specifico, per quanto riguarda la prassi didattica della filosofia, essa deve tenere conto dei seguenti punti:
- la funzionalità della contestualizzazione storico-culturale di autori e temi;
- la dimensione critico-riflessiva del pensiero filosofico come strumento per il potenziamento della capacità di pensare e giudicare;

– la correlazione della tradizione culturale della filosofia con quella delle discipline linguistico-letterarie e scientifiche;
– l'impatto degli ambienti tecnologici e degli strumenti digitali (nuove potenzialità per l'analisi testuale, funzioni di apprendimento attivabili mediante la medializzazione, digital humanities);
– la necessità di saper utilizzare gli strumenti comunicativi tradizionali e digitali per organizzare argomentazioni e contenuti anche in forma strutturata e complessa;
– l'apprendimento integrato delle lingue straniere (CLIL) e di una lingua veicolare con la filosofia;
– l'esigenza di favorire le competenze di cittadinanza attiva. (MIUR – Direzione Generale per gli ordinamenti scolastici e la valutazione del sistema nazionale di istruzione – Gruppo tecnico-scientifico di Filosofia, 2017)

Per la sua valenza formativa, viene formulato l'auspicio di un allargamento dello studio della filosofia a tutta l'istruzione secondaria superiore, compresi gli istituti tecnici.

> La didattica per competenze in filosofia è finalizzata a promuovere competenze di natura metacognitiva (imparare ad apprendere), relazionale (sapere lavorare in gruppo), attitudinale (autonomia e creatività). La formazione filosofica richiama la capacità di decodificare e interpretare le varie sfumature di senso dei messaggi, quella di fruire consapevolmente del valore estetico ed etico, quella di riscoprire in modo razionale l'appartenenza ad un contesto valoriale che consente una cittadinanza partecipativa e globale. (MIUR – Direzione Generale per gli ordinamenti scolastici e la valutazione del sistema nazionale di istruzione – Gruppo tecnico-scientifico di Filosofia, 2017)

5. L'educazione ambientale e allo sviluppo sostenibile

Educazione ambientale e sviluppo sostenibile

L'attenzione all'educazione ambientale e allo sviluppo sostenibile si è sviluppata negli ultimi decenni collegata alla preoccupazione per il progressivo riscaldamento del pianeta, anche a causa delle scelte politiche dei Paesi più industrializzati. Nel passato tali problematiche si erano concretizzate soprattutto in tentativi di difesa dell'ambiente naturale, mentre oggi esse richiamano molte altre questioni della nostra società, dall'approvvigionamento energetico allo smaltimento dei rifiuti, dai modelli di consumo alle abitudini alimentari, dal rispetto dell'ambiente al suo sfruttamento illegale. È in ballo, in altri termini, la questione della sostenibilità, cioè della consapevolezza che le scelte di politica economica e di natura generale non possono prescindere dalla sostenibilità o meno da parte del territorio.

L'ambiente è per l'uomo lo scenario naturale nel quale egli svolge la sua esistenza, un sistema di relazioni complesse non riconducibile solo a fenomeni fisici e naturali su cui influiscono fattori sociali, economici, politici, tecnologici. In questo senso, la sostenibilità «più che un contenuto si configura come una strategia di cui un modello educativo deve essere impregnato, nel quale saperi ambientali, economici, sociali, sono da coniugare con le relazioni nelle quali si strutturano i cambiamenti» (Birbes, 2011).

Oggi l'educazione ambientale (EA) è considerata fondamentale per rendere consapevoli i cittadini e richiamarli alle loro responsabilità, e l'educazione allo sviluppo sostenibile (ESS) riguarda l'ambiente in senso fisico, ma anche le politiche economiche, la gestione delle risorse sociali, il rispetto dei diritti compreso quello alla salute, il contrasto al crimine. Gli organismi internazionali sono da sempre impegnati su questo fronte: si pensi che già nel 1972 si era svolta la Conferenza ONU a Stoccolma dedicata allo studio dell'ambiente umano, seguita poi dalle Conferenze di Tbilisi (1977), Mosca (1987), Rio de Janeiro (1992) con la Dichiarazione di Rio, e Berlino (1995).

Le Conferenze ONU

L'UNESCO

Durante il Vertice mondiale sullo sviluppo sostenibile di Johannesburg si è stabilito di dedicare all'ESS il decennio 2005-2015, al termine del quale l'UNESCO ha avviato il Programma globale d'azione sull'educazione allo sviluppo sostenibile (GAP) per sostenere le attività della nuova Agenda 2030 dal settembre 2015, con 17 obiettivi tra cui, appunto, l'educazione allo sviluppo sostenibile. Durante la Conferenza internazionale sul clima tenutasi a Parigi dal 30 novembre all'11 dicembre 2015 ben 195 Paesi hanno deciso la riduzione delle emissioni per contenere il rialzo della temperatura media sotto i due gradi centigradi e rallentare il riscaldamento della Terra, ma più recentemente si sono riaperti i problemi.

La Carta italiana

L'impegno del nostro Paese nel settore è stato sempre convinto; risale al 1997 il primo tentativo di promuovere l'educazione ambientale, quando il Comitato di indirizzo aveva dato vita al Seminario «A scuola d'ambiente» tenutosi a Fiuggi dal 21 al 24 aprile di quell'anno. Era stata così sottoscritta la *Carta dei principi per l'educazione ambientale orientata allo sviluppo sostenibile e consapevole,* per sensibilizzare verso tali tematiche in una prospettiva di garanzia del soddisfacimento dei bisogni di vita senza compromettere le possibilità delle future generazioni.

La Carta si rivolgeva alle istituzioni pubbliche come garanti di quei diritti delineando interventi per l'educazione ambientale attraverso l'agire educativo e l'educare agendo:

– percorsi in cui capire, osservare, fare, curare, che coinvolgono valori, saperi, conoscenze, opinioni, emozioni, operatività, rela-

zioni, sui quali si costituiscono proposte ed elementi di un futuro possibile;
- spirito esplorativo e processi di costruzione delle conoscenze (piuttosto che la trasmissione dei saperi);
- innovazione metodologica, didattica e organizzativa, coinvolgendo tutte le agenzie della formazione, lavorando per progetti, in una dimensione di ricerca vera e aperta, lungo percorsi trasversali, creando i presupposti per un diverso rapporto con le discipline e tra le discipline;
- modificazione dei ruoli tradizionali di insegnamento/apprendimento;
- cooperazione fra la scuola, le altre agenzie formative e i cittadini. (Art. 9)

L'UNECE

Dopo che nel 2005 a Vilnius è stata definita dai Ministri dell'Ambiente e dell'Educazione nell'ambito dell'UNECE (United Nation Economic Commission for Europe) la *Strategia per l'educazione allo sviluppo sostenibile,* sempre a cura di quell'organismo è stato pubblicato nel 2012 il documento *Learning for the future: Competences for Education for Sustainable Development,* nel quale, nell'affermare che l'apprendimento permanente dovrà diventare la base per lo sviluppo di una società sostenibile, si richiama l'attenzione sulle competenze che in questo ambito dovrebbero possedere i docenti educatori.

Le iniziative del MIUR

Nel frattempo, anche in Italia si è diffusa una certa sensibilità nei confronti dell'educazione ambientale. Dopo lo svolgimento del Forum «Educazione all'ambiente e alla sostenibilità» tenutosi a Torino dal 4 al 6 giugno 2007, nel 2008 è stato stipulato un accordo interministeriale tra il Ministero dell'Ambiente e il MIUR cui ha fatto seguito la sottoscrizione, il 29 luglio 2009, della Carta di intenti *Scuola, Ambiente e Legalità* per promuovere i temi della lotta alle ecomafie, nell'ambito delle attività di Cittadinanza e Costituzione. Sempre nel 2009 sono state diffuse le Linee guida per l'educazione ambientale e allo sviluppo sostenibile, sottoscritte da entrambi i ministeri e finalizzate a promuovere l'educazione ambientale nella scuola. Nel 2014 si sono svolte a Bergamo, il 25 e 26 settembre, le giornate europee 2014 dell'educazione ambientale, che hanno rilanciato l'idea di uno «Spazio europeo di concertazione» e di una rete europea per l'educazione ambientale che si ispiri ai principi della Convenzione di Aarhus (25 giugno 1998):

> Per contribuire a tutelare il diritto di ogni persona, nelle generazioni presenti e future, a vivere in un ambiente atto ad assicurare la sua salute e il suo benessere, ciascuna Parte garantisce il diritto di accesso alle informazioni, di partecipazione del pubblico ai processi decisionali e di accesso alla giustizia in materia ambientale in conformità delle disposizioni della presente Convezione. (Art. 1 – *Finalità*)

Proprio nel 2017 è stato diffuso dal Ministero dell'Ambiente il quarto aggiornamento, triennio 2014-2016, sull'attuazione in Italia della Convenzione di Aarhus che regola la possibilità di accesso all'informazione e di partecipazione del pubblico al *decision making* e alla giustizia in materia ambientale.

Green economy e green education

In precedenza, anche in Italia si erano diffuse iniziative e progetti che si richiamavano ai principi di *green economy* e di *green education* per un'economia di minor impatto ambientale sull'ecosistema: si tratta di un tema di cui si è parlato molto anche in occasione di Expo Milano 2015, quando con il Rapporto GreenItaly 2013 è stato fatto il punto sulle prospettive che tale scelta avrebbe potuto aprire nella nostra economia.

Le Linee guida

Infine, nel 2014 sono state elaborate e confermate per il 2015 le Linee guida educazione ambientale per lo sviluppo sostenibile, lavoro svolto da un gruppo interministeriale con rappresentanti del MIUR e del Ministero dell'Ambiente, nonché esperti di Formez PA. Il documento definisce l'educazione allo sviluppo sostenibile un obiettivo strategico per il presente e per il futuro del nostro Paese, una sfida non più rinviabile che impone la scelta di strategie di sviluppo profondamente diverse da quelle tradizionali, sia in economia sia nel rispetto dell'ambiente. Sono anche proposte alcune priorità strategiche relative alla tutela della biodiversità e delle risorse naturali, al contrasto dell'inquinamento, alla lotta contro il cambiamento climatico, alla gestione dei rifiuti, all'utilizzo di fonti energetiche rinnovabili, al contrasto alla criminalità ambientale e alle ecomafie.

Dopo aver sottolineato la presenza nel nostro Paese di vastissime aree protette e di parchi naturali, che la classificazione del D.lgs. del 27 aprile 2010 quantifica in 871 aree naturali protette, le Linee ricordano che le tematiche ambientali riguardano tutte le discipline di studio e richiedono la definizione di un quadro unitario delle problematiche ambientali per gli alunni. In questo senso, si propone alle scuole di avvalersi di amministrazioni pubbliche che curano la tutela dell'ambiente, dal Ministero stesso all'ISPRA, alle agenzie territoriali, agli enti parco, alle forze dell'ordine per la sicurezza ambientale. Si suggerisce poi di sensibilizzare i giovani orientandoli verso nuove professioni legate alla tutela dell'ambiente e alle trasformazioni in atto nel mondo del lavoro con l'avvento delle tecnologie. Vengono infine proposti otto percorsi didattici specifici per vari ordini di scuola su tematiche considerate prioritarie per l'educazione ambientale.

L'Agenda 2030

L'Agenda 2030 adottata il 25 settembre 2015 dalle Nazioni Unite ha rilanciato il tema dello sviluppo sostenibile globale, stabilendo 17 obiettivi di sviluppo sostenibile (OSS). L'intento è quello di eliminare la povertà e promuovere entro il 2030 uno sviluppo sostenibile a livello mondiale, puntando a un equilibrio fra le sue tre dimensioni: l'elemento economico, quello sociale e quello ambientale. Tra gli obiettivi per i prossimi quindici anni rientrano la dignità umana, la stabilità regionale e mondiale, un pianeta sano, società eque e resistenti, la prosperità economica.

Anche la UE ha condiviso tale scelta accogliendo gli OSS nelle dieci priorità individuate dalla Commissione europea. A Strasburgo, già il 22 novembre 2016 sono stati illustrati gli obiettivi e le attività per l'attuazione dell'Agenda 2030, prevedendo l'integrazione di tali prospettive nel quadro strategico europeo e nelle priorità delle politiche settoriali dopo il 2020.

L'educazione allo sviluppo sostenibile

A proposito di educazione allo sviluppo sostenibile, il 14 febbraio 2018 l'INDIRE ha reso noto di aver pubblicato online i contenuti formativi per i docenti neoassunti 2017-2018 su «L'Agenda 2030 e gli obiettivi di sviluppo sostenibile», realizzati tra le attività del protocollo d'intesa sottoscritto nel novembre 2016 da ASviS (Alleanza Italiana per lo Sviluppo Sostenibile) e MIUR per promuovere la diffusione della cultura della sostenibilità nelle scuole.

Per la prima volta, come da CM n. 33989/2017, uno dei quattro laboratori formativi per i docenti nell'anno di formazione e prova è stato dedicato all'educazione allo sviluppo sostenibile e alla cittadinanza globale.

L'accordo tra MIUR e ASviS ha incluso la realizzazione del Piano per l'educazione alla sostenibilità che ha previsto l'attuazione di 20 azioni suddivise in quattro macroaree: edilizia e ambienti-strutture e personale MIUR; didattica e formazione docenti; università e ricerca; informazione e comunicazione.

6. L'educazione alla legalità

Abbiamo già ricordato la grave situazione del nostro Paese nell'ambito della corruzione e della criminalità organizzata e la stessa UE ci ha più volte richiamati a prestare a tali fenomeni una maggiore attenzione. Tali forme di devianza vanno certamente combattute in maniera decisa, anche ricorrendo alla repressione. In realtà, negli ultimi anni si è affermata la più condivisa prevenzione: quest'ultima dovrebbe essere realizzata nei confronti delle nuove generazioni al fine di prepararle in modo adeguato a questa emergenza, maturando opportune conoscenze e competenze così da essere in grado di fronteggiarla quando la incontreranno nella loro vita.

Prevenzione più che repressione

Il Piano nazionale

Un passaggio importante in questo senso è stato il Piano nazionale per la cittadinanza attiva e l'educazione alla legalità, elaborato dal MIUR e diffuso con il decreto dipartimentale n. 990 del 1° ottobre 2015. Rivolto a tutte le istituzioni scolastiche, il Piano invitava a realizzare percorsi di educazione e formazione interdisciplinare e indicava alcune tematiche:

- educazione alla cittadinanza attiva e al rispetto delle regole;
- appartenenza all'Unione europea, ad altri organismi internazionali e interscambio culturale;
- solidarietà e volontariato;
- conoscenza del territorio e valorizzazione del patrimonio artistico e culturale;
- beni comuni;
- io vedo, io sento, io parlo.

Le Intese del MIUR

Altre iniziative si sono susseguite negli anni successivi; tra queste ricordiamo la sottoscrizione, il 3 ottobre 2016, di un protocollo d'intesa sull'educazione alla legalità tra MIUR e CNF (Consiglio nazionale forense); l'accordo prevedeva la formazione nelle scuole con interventi gratuiti degli avvocati e progetti di alternanza scuola-lavoro centrati sulla professione forense.

Dopo l'accordo del 28 ottobre 2011, il 22 settembre 2017 vi è stata la sottoscrizione di un protocollo tra MIUR e Guardia di Finanza per promuovere l'educazione alla legalità. È stato anche previsto un programma pluriennale dedicato alla prevenzione dell'evasione fiscale e delle violazioni finanziarie. La collaborazione si è concretizzata inoltre nella realizzazione del Progetto «Educazione alla legalità economica», che nell'anno scolastico 2017-2018 ha raggiunto la sua sesta edizione.

Più di recente, il 19 gennaio 2018, è stato realizzato un convegno promosso da APIDGE, l'associazione professionale dei docenti di diritto, per il settantesimo anniversario della Costituzione della Repubblica Italiana, durante il quale è stato presentato un disegno di legge per l'insegnamento dell'educazione civica nelle scuole secondarie di primo grado e del diritto in quelle di secondo grado.

Percorsi di formazione

Il 5 febbraio 2018 lo stesso MIUR ha diffuso un bando per la promozione della cultura della legalità nelle scuole riprendendo il Piano nazionale per la promozione della cultura della legalità. È stata prevista, nel rispetto della libertà metodologica ed espressiva di docenti e studenti, la realizzazione di percorsi di educazione e formazione interdisciplinare su almeno una delle seguenti tematiche:

- educazione alla cittadinanza attiva e al rispetto delle regole con la costruzione di una rete di collaborazione tra la scuola ed enti pubblici e privati sul territorio che si interessano di educazione alla cittadinanza attiva e alla legalità;
- conoscenza della Carta costituzionale, strumento di coesione sociale e guida per una cittadinanza attiva e responsabile;
- educazione al volontariato e all'impegno sociale e alla cultura della solidarietà;

– educazione alla valorizzazione del territorio e del patrimonio artistico e culturale, al rispetto e alla cura degli spazi della collettività;
– cittadinanza economica, con riferimento al sistema produttivo e al rispetto della legalità, della trasparenza e dell'anticorruzione;
– educazione all'uso attento del linguaggio e al rispetto delle regole di convivenza civile, con particolare riferimento ai contesti di relazione linguistica scolastica ed extrascolastica e al mondo digitale (assemblee, dibattiti in classe, dialoghi anche attraverso social network, chat e WhatsApp).

7. L'educazione allo sport e il tutor sportivo per la scuola primaria

Il MIUR e il CONI, con il sostegno del Comitato Italiano Paralimpico (CIP), di diverse Regioni ed Enti locali, rafforzano per l'a.s. 2018-2019 nella scuola primaria il progetto «Sport in classe».

Nella nota MIUR del 2 ottobre 2018, n. 4048, vengono descritte le caratteristiche, le modalità e gli attori coinvolti in questo programma, che si prefigge di valorizzare l'educazione fisica e sportiva nella scuola primaria, in armonia con le Indicazioni nazionali per il curricolo (DM n. 254/2012).

MIUR, nota n. 4048/2018

Il coordinamento del progetto è affidato all'Organismo nazionale per lo Sport a Scuola, composto da rappresentanti del MIUR, del CONI e del CIP, e, per quanto concerne l'a.s. 2018-2019, è rivolto a tutte le classi quarte e quinte delle scuole primarie italiane, statali e paritarie. Il progetto presenta le seguenti caratteristiche:
– insegnamento dell'educazione fisica per due ore settimanali impartite dal docente titolare della classe, di cui un'ora con affiancamento del tutor sportivo scolastico;
– affiancamento del tutor sportivo all'insegnante titolare che avrà la durata complessiva di 23 ore per ciascuna classe assegnata, ripartite in 22 ore di compresenza con il docente (1 ora a settimana) e 1 ora per attività trasversali;
– realizzazione di attività che prevedono percorsi di inclusione degli alunni con BES e con disabilità;
– organizzazione dei Giochi di fine anno scolastico, a partire dal mese di aprile 2019;
– fornitura di attrezzature sportive alle scuole di prima iscrizione;
– formazione iniziale e in itinere del tutor sportivo scolastico.

Le scuole, statali e paritarie, che hanno aderito al progetto, dovranno rispettare le clausole sopra richiamate e i dirigenti avranno modo di assicurare il coinvolgimento attivo dei docenti titolari di classe e del referente di istituto per lo sport di classe, individuato prioritariamente tra gli insegnanti con diploma ISEF o laurea in Scienze motorie.

Contratto tutor sportivo

L'adesione delle scuole comporta la regolarizzazione del tutor, il quale stipulerà un apposito contratto con il presidente del Comitato regionale CONI. La lettera di nomina, rilasciata al tutor, dovrà essere consegnata dallo stesso al dirigente scolastico all'avvio dell'attività, prevista per il mese di dicembre 2018.

Il corrispettivo per le prestazioni del tutor è determinato in euro 15 per ogni ora, onnicomprensivi, a fronte di un impegno di 23 ore per ciascuna classe assegnata.

L'incarico decorrerà dalla firma del contratto e avrà termine il 30 giugno 2019. Al tutor potranno essere assegnate da un minimo di 10 classi fino a un massimo di 20 classi, con priorità all'interno dello stesso plesso e della stessa istituzione scolastica.

CAPITOLO TRENTASETTESIMO

La centralità della didattica

1. L'importanza del capitale umano 2. La didattica: principi e azioni 3. L'interdipendenza dei livelli 4. La gestione della classe 5. I modelli progettuali

1. L'importanza del capitale umano

Ci soffermeremo in questo capitolo su una dimensione ritenuta da esperti, dirigenti e docenti un'oggettiva priorità: quella del rapporto tra insegnamento e apprendimento, che vede nell'innovazione didattica il principale compito di un coerente sviluppo professionale da parte degli operatori scolastici.

Le attuali Indicazioni per il curricolo sono alquanto esplicite in questo senso. In esse si sottolinea che

> le finalità della scuola devono essere definite a partire dalla persona che apprende, con l'originalità del suo percorso individuale [...]. La definizione e la realizzazione delle strategie educative e didattiche devono sempre tener conto delle singolarità e complessità di ogni persona, della sua articolata identità, delle sue aspirazioni, delle sue capacità e delle sue fragilità, nelle varie fasi di sviluppo e di formazione.

Lo studente, dunque, anche nel quadro degli orientamenti nazionali del MIUR, è posto al centro dell'azione educativa dei docenti, chiamati a realizzare un disegno progettuale «non per individui astratti, ma per persone che vivono qui e ora» (Indicazioni nazionali 2012).

La modalità trasmissiva

La nostra tradizione in questo ambito ha privilegiato l'utilizzo di modelli didattici prevalentemente espositivi centrati soprattutto sui contenuti da trasmettere e sulla centralità degli «oggetti culturali». Questo patrimonio non deve essere disperso; va però arricchito accrescendo i dispositivi e gli strumenti metodologico-didattici, in assenza dei quali l'impegno richiesto agli studenti rischia di perdersi in un crescente disamore nei confronti della scuola stessa.

La tradizione espositiva conserva sicuramente una sua intrinseca validità: permette, ad esempio, in un tempo relativamente breve, di comunicare un discreto volume di informazioni e conoscenze a un pubblico numeroso. È, quindi, una strategia didattica che economizza in modo ottimale il tempo di insegnamento che i docenti hanno a disposizione.

La modalità trasmissiva supporta però gli apprendimenti di quegli studenti disposti all'ascolto, all'attenzione e allo studio classico, pur in assenza di un loro coinvolgimento diretto e attivo. Un crescente numero di alunni non riesce però a adeguarsi a tali richieste e, di conseguenza, rischia di restare ai margini del percorso d'istruzione, alimentando il fenomeno della dispersione scolastica e dell'insuccesso.

La centralità dell'alunno

Affermare la centralità dell'alunno nel processo di apprendimento significa promuovere una professionalità docente più ricca sul piano degli stili educativi e dell'acquisizione degli strumenti culturali.

Tutto ciò richiede, come sottolineato nelle Indicazioni 2012, che si focalizzi l'attenzione sugli effetti formativi sollecitati dall'acquisizione di conoscenze e abilità.

Richiesta puramente obbligante

Uno dei più noti pedagogisti italiani, Luigi Calonghi (1990), ha sostenuto che una richiesta puramente obbligante nei confronti degli studenti finisce per impoverire il significato dell'esperienza educativa, riducendo il ruolo dell'allievo a una condizione di mera passività. La percezione, dunque, che l'alunno esprime nei propri vissuti rispetto ai processi di apprendimento diventa una variabile strategica nel progettare le condizioni del successo formativo dei ragazzi.

Quanto affermato da Calonghi è ripreso anche dalle Indicazioni nazionali 2012. Nella parte iniziale del paragrafo «Il senso dell'esperienza educativa», in cui si delineano gli orizzonti della scuola del primo ciclo, si afferma che

> fin dai primi anni la scuola promuove un percorso di attività nel quale ogni alunno possa assumere un ruolo significativo nel proprio apprendimento, sviluppare al meglio le inclinazioni, esprimere le curiosità, riconoscere e intervenire sulle difficoltà, assumere sempre maggiore consapevolezza di sé.

Sulla scorta di questi principi, sempre nelle Indicazioni 2012, vengono precisate le finalità della scuola, la quale

> propone situazioni e contesti in cui gli alunni riflettono per capire il mondo e se stessi, diventano consapevoli che il proprio corpo è un bene di cui prendersi cura, trovano gli stimoli per sviluppare il pensiero analitico e critico, coltivano la fantasia e il pensiero originale.

Il capitale culturale di ogni soggetto non è solo una ricchezza riguardante quella particolare persona, ma un valore per tutta la comunità. Si configura sempre più come un complesso di conoscenze, abilità, inventiva, intraprendenza di cui dispongono le singole persone, i gruppi e le società, che possono investire in qualsiasi attività capace di contribuire al progresso di tutti e di ciascuno.

Il capitale culturale

2. La didattica: principi e azioni

È stato in precedenza evidenziato lo stretto legame che unisce la valorizzazione dell'intelligenza di ciascun alunno con l'innovazione in campo didattico da parte dei docenti. Ma che cosa concretamente intendiamo per «didattica»? Il termine (dal greco *didasko,* «insegnare») riguarda anche etimologicamente *che cosa* deve fare *chi* insegna.

> In generale possiamo definire la didattica come un ambito conoscitivo che si occupa criticamente dell'allestimento, consolidamento e valutazione di ambienti di apprendimento, cioè di specifici contesti, risultanti da opportune integrazioni di artefatti culturali, normativi, tecnologici e di specifiche azioni umane, ritenuti atti a favorire processi acquisitivi [...]. La didattica si può soffermare inoltre su aspetti collaterali, relativi a sistemi e servizi già esistenti (dinamiche interpersonali, vissuti, concezioni degli attori coinvolti, ecc.) con approfondimenti più specifici al riguardo. (Calvani, 2000)

Quindi, la didattica riguarda quel complesso di interventi (progettare, organizzare, gestire, valutare) finalizzati ad allestire speciali contesti (ambienti di apprendimento) ritenuti atti a favorire, in soggetti inesperti, particolari processi di acquisizione di conoscenze e competenze.

La didattica

È del tutto evidente che, in ogni concezione didattica, si cela un'implicita teoria della conoscenza. Ad esempio, una didattica trasmissiva richiama alla mente la teoria di un sapere strutturato capace di elevare lo spirito di chi ascolta. Potremmo definirla una didattica «gentiliana», come ci ricorda il grande filosofo dell'Idealismo Giovanni Gentile.

Al contrario, una classe organizzata per gruppi di lavoro e non come un'assemblea di uditori è espressione di un orientamento costruttivista: la conoscenza, in questo caso, è ricerca di significato e non riproduzione di una realtà; alimenta pratiche riflessive e un'ambientazione didattica centrata sulla negoziazione sociale.

La didattica, quindi, comprende due dimensioni: *teorica* e *pratica* (prassi). Come sottolinea Antonio Calvani,

> sia pratica che teoria possono rappresentare fattori di travisamento; la teoria può orientare verso speculazioni in sé affascinanti, ma che

hanno poco a che fare con i problemi da affrontare; può favorire delle *gabbie mentali,* inducendo a trovare a ogni costo una conferma degli schemi astratti; la pratica, dal canto suo, può diventare dispersiva, inconcludente ed essere fonte di altre cecità; può tendere a naturalizzare l'evenienza occasionale e rendere incapaci di una visione decontestualizzata. (Calvani, 2000)

Due scuole di pensiero

Ritornando ai due precedenti esempi, possiamo approssimativamente affermare che nella nostra scuola esiste una didattica *oggettivistica* dominante, quella del libro e del manuale, e una didattica di taglio *costruttivistico,* aperta alla scoperta e alla costruzione di senso da parte di alunni e insegnanti. In questa ottica, le stesse tecnologie vengono viste come strumenti di potenziamento delle risorse individuali.

I concetti principali del costruttivismo sono indicati da David Jonassen (1999) in criteri di negoziazione sociale, confronto di esperienze, sviluppo di progetti, ecc. A questo modello teorico fa da specchio una prassi didattica centrata sul cooperative learning, sulla richiesta di elaborare compiti autentici (legati alla realtà), sul problem solving e sulla comunità di apprendimento. Un déjà-vu che richiama una strutturazione attiva delle conoscenze, più presente in una tradizione nordica, in cui il valore dell'esperienza in educazione risulta decisamente più centrale rispetto alla nostra impostazione.

Come sostiene Calvani (2000), però, il costruttivismo non possiede al momento una didattica forte: tende piuttosto a esprimere nuove esigenze riconducibili soprattutto alle caratteristiche degli studenti soggetti a una lunga scolarità.

Nella nostra scuola i docenti vedono con un certo scetticismo l'introduzione di strategie organizzative e pratiche di lavoro desumibili dai principi del costruttivismo. Dunque, nella riflessione sulla progettazione didattica, si manifestano oscillazioni tra corsie che privilegiano la centralità del soggetto e altre ancorate all'importanza dei contenuti disciplinari. Trovare un punto di equilibrio tra le due prospettive è un compito a cui si può legare l'attuazione delle attuali Indicazioni per il curricolo.

3. L'interdipendenza dei livelli

L'ambiente di apprendimento

La strutturazione di buone strategie didattiche coincide sempre più con la promozione di idonei ambienti di apprendimento. Nelle Indicazioni 2012, nel paragrafo «L'ambiente di apprendimento», si indicano alcuni principi tesi a facilitare la costruzione di adeguati contesti educativi (aula, laboratori, ecc.):

– *valorizzare le conoscenze e l'esperienza degli alunni* nella progettazione delle attività di apprendimento;

- *attuare interventi adeguati nei riguardi delle diversità* per far sì che queste ultime non si trasformino in disuguaglianze;
- *favorire l'esplorazione e la ricerca,* al fine di promuovere l'intraprendenza di ogni ragazzo;
- *incoraggiare l'apprendimento cooperativo,* approccio che richiama i principi del costruttivismo in ambito educativo;
- *promuovere la consapevolezza del proprio modo di apprendere* per accrescere la capacità di autovalutazione dell'alunno delle proprie risorse e dei propri limiti;
- *realizzare attività didattiche in forma di laboratorio* per incoraggiare la ricerca e la personale progettualità.

Agli insegnanti viene richiesta un'elevata capacità di mediazione tra contenuti disciplinari (adeguati alle competenze degli studenti) e situazioni di apprendimento, che devono essere motivanti sia per i singoli sia per il gruppo classe. Tutto questo significa superare una visione centrata su un insegnamento ancorato unicamente alle discipline per orientarsi verso un insegnamento teso a valorizzare le caratteristiche delle persone che apprendono.

I componenti del sottogruppo 2, che avevano elaborato il curricolo della scuola di base nel 2001 (Ministro della Pubblica Istruzione Tullio De Mauro), si erano così efficacemente espressi:

> Scuola e realtà, discipline e problemi, esperienze personali e di gruppo non possono rimanere distanti e separati nella consapevolezza di studentesse e studenti: si deve costruire allora la possibilità di «uscire» dalla scuola, di fare esperienze di realtà, per ritornare poi alla scuola, come luogo specifico per la *strutturazione organica degli apprendimenti.*

Apprendere è sempre un'esperienza educativa nella quale ogni studente mette alla prova le proprie capacità non solo cognitive ma anche emotive e sociali. In questo senso, la didattica rappresenta l'integrazione di due fondamentali esigenze — educativa e cognitiva — così rappresentabili (si veda tabella 37.1):

Le due dimensioni

TABELLA 37.1
Didattica come integrazione delle dimensioni cognitiva e educativa

Dimensione cognitiva	Dimensione educativa
Rapporto tra gli alunni e i linguaggi disciplinari ↔	Rapporto tra insegnanti e studenti
↓	↓
Relazione tra l'alunno e gli «oggetti della conoscenza»	Collaborazione tra i pari
	↓
	Relazione tra tutti i soggetti che danno vita al processo di insegnamento-apprendimento

La componente educativa sottolinea l'irrinunciabilità del dialogo e di una proficua relazione dialogica tra insegnanti e studenti; la dimensione cognitiva rimarca l'importanza del rapporto che ogni alunno deve instaurare con le conoscenze e le competenze insite nei sistemi simbolico-culturali oggetto dello studio e della crescita personale.

La strada preferenziale è quella di ricorrere a esperienze di apprendimento capaci di «mettere in cammino» sia la dimensione passionale dell'imparare sia gli aspetti cognitivo-formativi, irrinunciabili ed essenziali in vista di una crescita completa, espressi nei differenti linguaggi disciplinari.

4. La gestione della classe

La didattica tradizionale, incentrata sulla comunicazione e sulla spiegazione dell'insegnante, poteva fare a meno della progettazione di un contesto in grado di facilitare l'apprendimento degli studenti. L'autorevolezza della fonte da cui provenivano informazioni e conoscenze era in sé sufficiente ad assicurare i requisiti essenziali affinché gli alunni potessero imparare.

Bassa decisionalità

Si trattava di una strategia didattica a bassa decisionalità, in quanto era sufficiente il prestigio dell'insegnante per attrarre l'attenzione degli allievi ai quali si chiedeva una capacità di ascolto e di memorizzazione. La solidità culturale e l'efficacia comunicativa del docente erano le componenti fondamentali di una didattica che poneva al centro del processo di insegnamento-apprendimento il maestro o il professore, mentre gli alunni erano in una condizione di scarso coinvolgimento e di inesistente partecipazione. Questo modello ha funzionato per un arco temporale molto lungo, sicuramente per oltre un secolo dall'Unità nazionale. Si reggeva su due punti di forza attraverso i quali può essere ricostruita la storia dell'istruzione in Italia. Il primo faceva perno sul fatto che l'insegnante era un componente importante della classe dirigente. In particolare, molti professori dei licei godevano di una reputazione elevatissima in campo culturale per la loro competenza nelle lingue antiche (greco, latino) ma anche in altre branche dei saperi: letteratura italiana, matematica, fisica, ecc. Anche i maestri della scuola elementare, per i quali era prevista una formazione solo quadriennale nel vecchio istituto magistrale, hanno ricoperto nel Dopoguerra incarichi pubblici di rilevante prestigio, soprattutto a livello politico (sindaci, assessori, presidenti dei patronati scolastici, ecc.).

C'era quindi un riconoscimento sul piano sociale, civile e professionale ampiamente radicato nella percezione dell'opinione pubblica e della nostra tradizione scolastica.

Il secondo punto di forza consisteva nel fatto che al termine della scuola elementare soltanto una minoranza di ragazzi continuava gli studi. La vecchia scuola media (anteriore al 1962) si configurava come ginnasio inferiore ed era finalizzata a selezionare gli allievi che avrebbero frequentato i licei, in particolare quello classico.

L'istruzione superiore era, pertanto, destinata a studenti motivati, figli delle classi più agiate del Paese, specchio di una scuola elitaria che si rivolge esclusivamente ai pochi migliori.

Il modello educativo si ispirava ai principi della riforma di Giovanni Gentile (1923) che, secondo quanto sostenuto dall'illustre filosofo dell'Idealismo, poggiava sul liceo classico: a questo ordine scolastico spettava il compito di preparare i giovani alla formazione dello spirito in una scuola pensata come tempio del sapere.

In tale modello era quindi relativamente facile il compito del docente e la modalità di tipo trasmissivo-espositivo era coerente con un criterio didattico che può essere sintetizzato nel motto «Io insegno e tu impari». La gestione della classe, di conseguenza, era orientata alla figura di un unico parlante e di 25-30 uditori.

Le cose cominciarono a cambiare dopo l'istituzione della scuola media unica nel dicembre del 1962, che trasformò radicalmente la scuola secondaria di 1° e 2° grado. Gradualmente l'istruzione superiore si connotò come scuola di massa e tale cambiamento avvenne in un tempo decisamente breve, dagli anni Settanta agli anni Novanta.

Una scuola aperta a tutti dai 3 ai 19 anni postula un modello formativo incentrato non più sull'insegnamento ma sull'apprendimento; l'insegnamento si caratterizza sempre più come complesso di interventi finalizzato a far sì che gli altri imparino.

Alta decisionalità

A un approccio didattico a basso contenuto decisionale subentra un modello ad alta decisionalità da parte degli insegnanti. La classe, in particolare, rappresenta lo spazio educativo in cui si giocano in larga parte i destini formativi degli studenti. La gestione dell'aula, pertanto, assume una rilevanza strategica e agli insegnanti è richiesto un compito formativo particolarmente impegnativo, quello di promuovere le condizioni per trasformare una «scolaresca» in un gruppo coeso e maturo. Non è più sufficiente lo spessore culturale dell'insegnante, ma occorre promuovere modalità organizzative che risultano di primaria importanza per un significativo apprendimento da parte di tutti.

Le attività imperniate sul lavoro di gruppo (coppie, cooperative learning), su compiti per problemi e per progetti risultano coerenti con un'istruzione di tutti rispetto al modello selettivo del passato.

La formula che accompagna lo sviluppo professionale degli insegnanti in una scuola di massa può essere ricondotta al seguente motto: «Io insegno affinché tu impari». I docenti, quindi, sono direttamente coinvolti nelle strategie di acquisizione e di elaborazione delle conoscenze e, in una certa misura, garanti degli esiti conseguiti dagli alunni.

Una scuola per tutti

Una scuola per tutti (non più elitaria) è tale nella misura in cui assicura a tutti una sostanziale uguaglianza di opportunità iniziali e un'equivalenza degli esiti conclusivi. Va pensata come luogo di studio, di ricerca, di costruzione progettuale e non solo come un ambiente in cui si impartisce l'insegnamento. Mentre i tradizionali programmi didattici erano centrati sull'insegnamento, i nuovi curricoli sono incardinati sui processi e sugli esiti di apprendimento: ciò significa che il docente deve educare lo studente a prendersi cura di se stesso e ad assumersi le responsabilità che gli competono per valorizzare appieno i propri talenti.

Dunque, il compito irrinunciabile della scuola, principalmente dei docenti, è quello di stimolare l'interesse, accendere la passione, promuovere il coinvolgimento degli alunni, aiutandoli a dare un significato autentico e vero a ciò che imparano. E la classe diventa il principale strumento di inclusione o di esclusione: la responsabilità dei dirigenti e dei docenti è decisamente molto elevata.

5. I modelli progettuali

Tra gli strumenti e le modalità didattiche che gli insegnanti hanno utilizzato nella loro attività, un posto di rilievo è stato assunto nella scuola moderna dalla programmazione, la quale si diffonde nel nostro Paese a partire dalla metà degli anni Settanta a seguito di alcune esperienze significative introdotte nelle nostre realtà scolastiche; essa riceve il suo primo riconoscimento giuridico nell'art. 4 del DPR n. 416/1974, con il quale, nel definire i compiti del collegio dei docenti, si afferma che tale organo collegiale delibera la programmazione dell'azione educativa adeguando, nell'ambito degli ordinamenti nazionali, i programmi di insegnamento alle specifiche esigenze espresse dal territorio.

Va chiarito che il successo di questa strategia viene favorito da una serie di motivazioni che sono di carattere culturale, pedagogico, sociale; tale scelta appare infatti ai docenti come una delle strade da privilegiare per offrire adeguate risposte e pari opportunità alle esigenze di formazione di tutti gli alunni.

Tale prospettiva viene sostenuta con forza qualche tempo dopo dalla legge 517/1977, nella quale all'articolo 2 si dispone che

> ferma restando l'unità di ciascuna classe, al fine di agevolare l'attuazione del diritto allo studio e la promozione della piena formazione della personalità degli alunni, la programmazione educativa può comprendere attività scolastiche integrative organizzate per gruppi

di alunni della stessa classe oppure di classi diverse, anche allo scopo di realizzare interventi individualizzati in relazione alle esigenze dei singoli alunni.

La programmazione diventa un elemento costitutivo della cultura pedagogica degli insegnanti soprattutto nel corso degli anni Ottanta; su tale linea si pone anche il Ministero, che emana una serie di disposizioni finalizzate a sostenere tale prospettiva. Tra esse ricordiamo:

L'iter storico

- la CM n. 261/1982, relativa alla scuola dell'infanzia, con la quale viene introdotto anche in questo livello scolastico l'obbligo della programmazione e viene proposto un modello che si richiama molto a quello elaborato dai Nicholls (Nicholls e Nicholls, 1975);
- la legge 399/1988, che, collegando gli aspetti progettuali a quelli organizzativi, stabilisce l'obbligo per le scuole di definire un quadro orario delle attività didattiche;
- la CM n. 271/1991, applicativa dei primi modelli organizzativi proposti dalla riforma della scuola elementare, la quale chiarisce opportunamente i diversi livelli della programmazione: quella educativa, di competenza del collegio dei docenti, che definisce le condizioni generali di progetto, di organizzazione e di verifica, in riferimento alle esigenze formative espresse dall'utenza e alle risorse disponibili nella scuola e nel territorio; quella didattica, di competenza dei docenti, che riguarda più espressamente le attività didattiche e gli aspetti operativi dell'esperienza di apprendimento;
- il PEI, progetto educativo d'istituto, che la CM n. 120/1994 definisce come la sintesi pedagogica delle scelte culturali, organizzative, didattiche che caratterizzano l'offerta formativa di ciascuna scuola e il «documento che esplicita la pianificazione attuale delle attività formative, didattiche e pedagogiche e le modalità della loro attuazione»;
- la normativa che ha introdotto il POF, dalla legge 59/1997 alla legge 440/1997 relativa all'ampliamento dell'offerta formativa;
- la CM n. 194/1999, che definisce il POF come uno strumento che «può superare la logica di una progettazione definita solo attraverso ambiti separati e attuare invece processualmente un disegno complessivo, nel quale, a partire dalle esperienze già realizzate, gli interventi sulla dimensione didattica, organizzativa e gestionale risultino strettamente armonizzati e connessi».

Oggi è possibile affermare che la logica della progettualità è definitivamente entrata nella cultura professionale dei docenti, i quali hanno saputo conseguire elevati livelli di competenza nel programmare; nel contempo, la progettazione si è qualificata sempre più come elemento irrinunciabile di indirizzo dell'azione educativa e di garanzia per l'utenza in quanto rende chiare le scelte educative dei docenti e delinea gli aspetti organizzativi dell'esperienza.

Durante gli anni Settanta e Ottanta si è aperto un interessante confronto sulla qualità della didattica che ha condotto alla proposta di vari modelli progettuali per il lavoro in classe dei docenti.

La programmazione per obiettivi

Il modello che per primo ha conseguito un grande successo nella pratica quotidiana è quello della programmazione per obiettivi, diffusosi rapidamente alla fine degli anni Sessanta. La sua base teorica va ricercata dapprima negli studi svolti da Bobbit durante gli anni Venti e, successivamente, in quelli di Bloom (1979) e dello Strutturalismo e Comportamentismo. Il modello che ha avuto più consensi in Italia è stato quello della programmazione curricolare di Nicholls che prevedeva uno schema circolare con le seguenti fasi:

- analisi della situazione iniziale, intesa come ricognizione, organizzazione e interpretazione di tutte le informazioni relative a un percorso didattico e che riguardano prioritariamente l'alunno con le sue potenzialità, capacità, interessi, stili e ritmi di apprendimento e ogni altro elemento utile, e poi il contesto di inserimento con risorse, opportunità, possibili ostacoli;
- definizione degli obiettivi, con la traduzione delle finalità generali in traguardi formativi; quello degli obiettivi è stato a lungo, e forse lo è ancora, il tallone di Achille della scuola italiana, che si è quasi sempre fermata al livello descrittivo; non è riuscito a risolvere la questione neanche il ricorso alle tassonomie;
- selezione dei contenuti, che riguarda la scelta e l'organizzazione di studio degli elementi della cultura selezionati secondo criteri di significatività, motivazione, direttività, continuità, integrazione e tenendo conto della continua evoluzione del sapere;
- scelta di metodologie intese come ricerca delle strategie più incisive per promuovere processi di insegnamento-apprendimento;
- valutazione, che si pone come riflessione sull'andamento del processo formativo e individuazione di suoi possibili sviluppi: si tratta di una valutazione/autovalutazione formativa che ha lo scopo di promuovere apprendimento. Nella circolarità del modello di Nicholls, la valutazione diventa analisi iniziale per il riadeguamento del progetto educativo.

Il modello Nicholls è stato in parte criticato per un eccessivo formalismo e per la sua rigidità.

Le mappe concettuali

Il secondo modello è quello della programmazione per mappe concettuali messo a punto da Elio Damiano (1994) in base alle teorie della didattica per concetti e alle idee dei cognitivisti, di Wittgenstein, dei neopositivisti di Hempel e Carnai.

L'idea di fondo è quella di collegare i concetti, la forma di conoscenza più elevata dell'uomo, alla didattica scolastica. Gli elementi di base sono tre: le conoscenze, ovvero il sapere da proporre, che deve rispondere a criteri scientifici ed epistemologici molto rigorosi; l'azione didattica, caratterizzata da oggetto culturale, soggetto che apprende, insegnante; il contesto scolastico.

La realizzazione del modello prevede due fasi:

1. la pianificazione, con l'elaborazione della mappa concettuale essenziale dell'argomento di studio organizzata secondo una rete di relazioni, frutto anche di una conversazione clinica con gli alunni per individuare le loro conoscenze pregresse o spontanee, definite da Damiano la loro *matrice cognitiva;*
2. l'esecuzione, con la proposta di unità didattiche, il tutto accompagnato da una costante e intensa attività di valutazione-riflessione svolta dai docenti.

Lo sfondo integratore

Nel corso degli anni altri modelli progettuali si sono aggiunti a questi primi due. Zanelli (1986), ad esempio, ha elaborato il modello dello sfondo integratore, che fa riferimento alla Gestalt, alle concezioni ecologiche di Bateson, alla non direttività e all'affettività di Winnicott. Esso propone il superamento della frammentarietà delle esperienze sulla base della convinzione che tutte le conoscenze dell'uomo non sono mai decontestualizzate, ma fanno riferimento a determinati contesti, sfondi culturali, che danno significato alle conoscenze e che sono

> la struttura connettiva in base alla quale poi acquisteranno senso le varie attività: può essere uno sfondo realistico, oppure uno sfondo fantastico, o ancora uno sfondo avventuroso. Contemporaneamente va anche pensato e programmato in modo coerente lo sfondo istituzionale: spazi, tempi, mediatori didattici, modalità di comunicazione. (Azzali e Cristanini, 1995)

In questo modello l'azione degli insegnanti si qualifica come regia educativa.

La progettazione per situazioni

Walter Fornasa (1990) è autore della progettazione per situazioni, ispirata alle teorie di Morin, Maturana, Bateson, Piaget. Egli parte dalla consapevolezza del rapporto reticolare esistente tra soggetto e conoscenza e contesta l'idea che il processo di apprendimento avvenga solo con percorsi lineari, in quanto la linearità sarebbe prodotto del pensiero forte, della certezza, della scienza, ed è assolutamente inadeguata alla cultura odierna della complessità; auspica invece una maggiore attenzione al pensiero debole che non ha articolazioni rigide ma è aperto alla possibilità e al cambiamento. La conoscenza per Fornasa è il prodotto di un processo in parte individuale, con la ricerca personale, in parte sociale, con il confronto della propria esperienza con quella di altri. La fasi del modello sono tre: l'osservazione, simile a un'analisi della situazione iniziale; la creazione e lo sviluppo della situazione, con l'offerta di spazi di relazione e di contesti di comunicazione nei quali sono introdotti stimoli/

perturbazioni senza schemi predefiniti; la sintesi e l'interpretazione delle esperienze, con l'accettazione anche di errori che possono consentire ulteriori approfondimenti.

La postprogrammazione

Il modello della postprogrammazione è stato messo a punto da Boselli (1991) e sperimentato in alcune scuole del modenese. Esso tende a sottolineare l'importanza dell'evento educativo rispetto alla pianificazione dell'esperienza. In questo senso si richiama a Morin e alla sua teoria dell'ipercomplessità: se la complessità richiede la razionalità interpretativa e, quindi, la razionalizzazione delle fasi di progettazione-conoscenza, l'ipercomplessità richiede l'indebolimento del percorso a favore del recupero di soggettività e creatività. Recuperando il contributo del Fenomenologismo che riconosce l'importanza del vissuto personale e della soggettività nei processi di conoscenza, rifacendosi ai problemi esistenziali secondo la concezione di Heidegger e richiamandosi all'Ermeneutica di Gadamer, che sottolinea la necessità di un rapporto autentico con l'esperienza, propone la realizzazione di libere dinamiche di conoscenza e formazione nelle quali si promuovono processi di autoformazione e di presa di coscienza delle nuove generazioni, perseguendo non obiettivi comunque ridotti ma prospettive di conoscenza aperte e non ingabbiate.

Il modello per progetti

Infine, il modello del lavoro per progetti, affermatosi nelle scuole materne spagnole e sperimentato in collaborazione con l'Università di Barcellona (Pujol i Mongay e Roca i Cunill, 1991), è stato elaborato sulle idee di Bruner, Bateson e Vygotskij.

Il modello prevede che gli insegnanti guidino gli alunni in un percorso che, partendo da una situazione comunicativa destrutturata, li porti a strutturare progressivamente l'esperienza. L'insegnante ha la funzione di organizzatore delle diverse strategie di apprendimento degli alunni.

Il modello — che fa riferimento a tre elementi di base: lo spazio, il materiale, le persone — prevede quattro fasi di realizzazione: quella della spontaneità, nella quale ciascun alunno familiarizza liberamente con l'ambiente; quella della prima organizzazione delle azioni spontanee, con la progressiva consapevolezza per gli alunni di poter intervenire intenzionalmente sulla realtà e di modificarla; quella della strutturazione della spontaneità, con la classificazione mediante simboli dei risultati del lavoro; quella della sintesi del lavoro svolto e della condivisione di un codice comunicativo per partecipare dei risultati dell'esperienza.

I modelli progettuali che hanno ottenuto i maggiori consensi nella scuola italiana sono certamente quello della programmazione per obiettivi e quello della programmazione per mappe concettuali. In realtà, il successo di ciascun modello si è legato molto anche alle sue possibilità di applicazione nei vari livelli scolastici. In questo senso, il modello dello sfondo integratore è stato utilizzato prevalentemente nella scuola dell'infanzia e nei processi di integrazione degli alunni con disabilità; quello dei progetti è stato applicato soprattutto nelle attività di laboratorio ed è molto diffuso nella scuola primaria, anche se con richiami alla programmazione per obiettivi e alle mappe concettuali; questi ultimi due sono i modelli adottati soprattutto nelle scuole secondarie di primo e secondo grado; di scarsa diffusione sono state la progettazione per situazioni e la postprogrammazione.

Limiti e opportunità

È anche vero che nella scuola è difficile incontrare insegnanti che applicano in maniera rigida un solo modello: essi cercano di sfruttare tali impianti teorici secondo la loro sensibilità pedagogica e adattabilità. In questo senso, la programmazione per obiettivi convince per la sua intenzionalità educativa, la chiarezza della scansione progettuale, la controllabilità, la trasparenza, ma non è condivisibile la sua rigidità applicativa; il modello delle mappe concettuali vanta una grande attenzione all'esperienza didattica e alla sistematicità del metodo scientifico, ma può condurre a un eccessivo scolasticismo, senza dimenticare le difficoltà per una corretta conversazione clinica con gli alunni; lo sfondo integratore e la progettazione per situazioni propongono un approccio unificante, una possibilità di integrazione tra le esperienze, ma si corre il pericolo della frammentazione e dispersione del progetto; la postprogrammazione si pone più come richiamo all'evento educativo; il modello per progetti riserva grande attenzione alla creatività degli alunni.

CAPITOLO TRENTOTTESIMO

La didattica per competenze: dalla progettazione alla certificazione

1. Il contesto di riferimento 2. Il significato 3. Le Indicazioni nazionali 2012 4. Il quadro europeo 5. La certificazione delle competenze al termine dell'obbligo di istruzione 6. Progettare le competenze 7. Compiti autentici e valutazione 8. Le rubriche valutative

1. Il contesto di riferimento

Il tema delle competenze sta suscitando un crescente interesse nel dibattito sulla progettazione curricolare dei sistemi formativi. Nel nostro Paese il confronto su questo problema risulta però ancora incerto e non privo di ambiguità. Infatti, la scuola italiana si riconosce, per storia e tradizione, in un modello di insegnamento centrato essenzialmente sui contenuti disciplinari che devono essere acquisiti il più solidamente possibile dagli studenti. A scanso di equivoci, va sottolineato preliminarmente che tra conoscenza e competenza il legame è strettissimo. Senza il possesso delle basilari strumentalità riferite alle materie di studio, i giovani rischiano non tanto di risultare incompetenti quanto di essere esclusi dagli abituali canali culturali e da opportunità sul piano sociale e professionale.

Ambiguità

La conoscenza, quindi, è un imprescindibile presupposto della maturazione di competenze specifiche e trasversali.

Resta, in ogni caso, il fatto che i docenti, di fronte a questo tema, manifestano perplessità e si chiedono di frequente che cosa distingua la conoscenza dalla competenza.

Come sottolineato dal MIUR nella Circolare n. 312 del 9 gennaio 2018, la definizione di competenza viene ricondotta ai documenti dell'Unione europea, in cui si sottolinea che:

CM n. 312/2018

- le *conoscenze* indicano il risultato dell'assimilazione di informazioni attraverso l'apprendimento;
- le *abilità* indicano le capacità di applicare conoscenze e di usare know-how per portare a termine compiti e risolvere problemi;

– le *competenze* indicano la comprovata capacità di usare conoscenze, abilità e capacità personali, sociali e/o metodologiche, in situazioni di lavoro o di studio.

Il costrutto di competenza richiede, pertanto, un'azione didattica specifica, accompagnata da una diffusa cultura della valutazione. L'insegnamento non può limitarsi a un'esposizione di contenuti disciplinari, che sono essenziali e irrinunciabili purché abituino gli alunni a risolvere situazioni problematiche complesse e inedite, facendo ricorso a modalità di apprendimento cooperativo e laboratoriale.

In ambito nazionale, l'orientamento più condivisibile è quello sostenuto da Michele Pellerey (2010), che riprende le definizioni del quadro europeo, anche se in modo più coerente con la nostra tradizione scolastica. Pellerey rappresenta il costrutto della competenza con lo schema presentato in figura 38.1, nel quale esplicita la seguente definizione: «Capacità di far fronte a un compito (o insieme di compiti) riuscendo a orchestrare le proprie risorse interne (cognitive, affettive, volitive) e a utilizzare quelle esterne disponibili con efficacia e coerenza in modo stabile e sistematico».

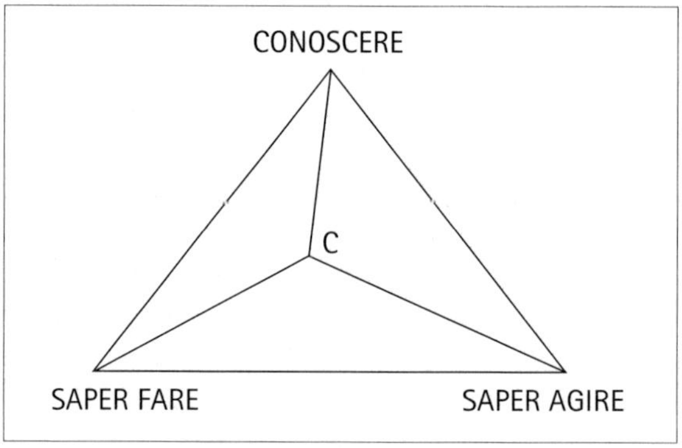

Fig. 38.1
Il costrutto della competenza (Pellerey, 2010).

La competenza (C nello schema sopra riprodotto) costituisce il punto di incontro tra i saperi del soggetto, le capacità/abilità nell'applicarli e nell'esercitarli e, infine, la valorizzazione delle risorse interne (volontà, intraprendenza, interessi, attitudini, ecc.). La combinazione di questi tratti della persona consente alla stessa mettere in atto comportamenti coerenti nel momento in cui deve affrontare e risolvere problemi e compiti nuovi. In questa prospettiva, è importante non una conoscenza enciclopedica ma come le discipline possono costruire competenze nello studente. Tutto ciò comporta un nuovo modo di intendere il rapporto tra insegnamento e apprendimento.

2. Il significato

In sintesi, Pellerey definisce la competenza come la capacità di combinare le risorse *personali* dell'alunno (conoscenze, abilità possedute e qualità interiori) con quelle *esterne* (tecnologie, libri, motori di ricerca, ecc.).

In ambito scolastico, come accennato nel paragrafo precedente, le competenze riguardano prevalentemente lo studio e, quindi, il punto C dello schema sopra riprodotto si sposterà inevitabilmente su tutto ciò che riguarda le conoscenze disciplinari, gli atteggiamenti e i comportamenti sociali, la capacità di organizzare gli impegni e i compiti, le sicurezze metodologiche, ecc.

L'idea di competenza, pertanto, presuppone una dimensione educativa entro cui gli insegnanti sono capaci di aprire con gli studenti un dialogo costante sui problemi legati alla loro crescita sul piano affettivo e culturale. Il significato della competenza può essere dunque riferito a tre livelli:

Tre livelli

1. *soggettivo,* vale a dire la scoperta dei significati che l'alunno è in grado di sviluppare nel momento in cui viene posto di fronte a esperienze di studio e di ricerca;
2. *oggettivo,* cioè la misurazione delle padronanze possedute, delle evidenze osservabili e delle prestazioni effettive attraverso appositi moduli o protocolli di certificazione;
3. *intersoggettivo,* che interessa il sistema delle attese non solo degli operatori scolastici ma anche di coloro che lavorano in altri contesti (comunità locale e nazionale).

Il valore formativo del sapere

Nella scuola, secondo noi, ha molta importanza la componente soggettiva, cioè il valore che l'alunno conferisce alle attività che compie in quello specifico contesto. In particolare, nel primo ciclo d'istruzione l'istanza della competenza deve sollecitare i docenti a far scoprire agli allievi il valore formativo del sapere. Le discipline di studio, in quest'ottica, non possono essere considerate solo come depositi culturali da cui attingere contenuti, teorie, informazioni, ma vanno concepite come punti di vista sulla realtà che servono al ragazzo per comprendere il mondo e intervenire su di esso per migliorarlo, attraverso un suggestivo e affascinante gioco tra il conoscere e l'agire, il testo e il contesto, il pensare e il fare, ecc.

In questo senso, la competenza è un richiamo a ripensare l'esperienza di studio dell'alunno, che dovrà essere vista come percorso in cui egli stesso costruisce conoscenza, acquisendo quelle abilità e avvertendo quel senso di benessere che lo fa sentire adeguato, quindi competente, rispetto ai compiti che deve affrontare. L'alunno è competente quando:

L'alunno competente

– sa coniugare in modo stabile le conoscenze possedute, dimostrando capacità di scegliere e di applicarsi diversamente a seconda dei compiti che gli vengono richiesti o che lui stesso propone;
– svolge l'attività che gli viene proposta dando il meglio di sé;
– utilizza conoscenze e attiva abilità in una molteplicità di contesti;
– sa essere intraprendente anche di fronte a compiti inediti e sa resistere alle frustrazioni che inevitabilmente si affacceranno nel corso del suo cammino educativo;
– riconosce il grande valore della libertà come espressione anche dei limiti che questa comporta.

Il sapere di cittadinanza

Le competenze disciplinari, pertanto, non possono essere disgiunte, come vedremo, da quelle di cittadinanza che si formano nei diversi contesti di esistenza, compresa la scuola.

In sintesi, la formatività dei saperi valorizza un approccio costruttivo alla conoscenza e, quindi, è espressione di un saper agire come sensibilità a contesti di apprendimento improntati alla maturazione di competenze sociali e qualità civiche.

È del tutto evidente che la valorizzazione di un *sapere agito* e non solo *ascoltato* richiede una crescente preparazione dei docenti sul piano culturale, didattico e organizzativo. Occorre superare l'immagine dell'insegnante come unico decisore di ciò che un allievo deve imparare e accettare la sfida di portare i ragazzi ai piani alti della costruzione dei saperi, promuovendo le condizioni per un reale protagonismo dello studente nel costruire il proprio percorso formativo. Le stesse competenze di cittadinanza devono essere non tanto imparate quanto agite dentro a strategie didattiche innovative e contesti d'apprendimento cooperativi, in un'ottica di sviluppo di compiti autentici.

La differenza tra un'attività esercitativa, che richiede la sola acquisizione di informazioni e contenuti, e un compito autentico può essere così riassunta:

– il *compito esercitativo* ha la funzione di dimostrare che l'alunno sa applicare regole, riconoscere problemi, ecc., quindi è utile per consolidare procedure e automatismi; *conosco, quindi faccio;*
– il *compito autentico* è centrato sull'agire dell'alunno impegnato a realizzare un prodotto materiale o immateriale, a risolvere un problema, a costruire ipotesi, a portare a temine un progetto; *faccio, quindi conosco.*

Le competenze di cittadinanza si maturano nel momento in cui si affrontano compiti autentici, di fronte ai quali lo studente mette in atto le migliori risorse di cui dispone.

3. Le Indicazioni nazionali 2012

La competenza è strettamente legata alle conoscenze ma non può prescindere da un secondo ordine di problemi, quello del rapporto con il contesto. Conoscenze, capacità, abilità, ecc. costituiscono una dimensione che vale per tutte le età. La variante che cambia il quadro concettuale di base della competenza è rappresentata dal contesto in cui si è chiamati ad agire.

Il contesto

Come precedentemente sottolineato, nella scuola del primo ciclo di istruzione e, in parte, nella secondaria di secondo grado, le competenze riguardano il possesso di strumentalità di base e di saperi irrinunciabili. L'idea della competenza, rispetto alle tradizionali forme di insegnamento, rafforza la propensione tesa a promuovere spazi innovativi di apprendimento, peraltro più rispondenti alle caratteristiche dei ragazzi di oggi.

Spazi innovativi di apprendimento

L'espressione contenuta nelle Indicazioni nazionali del 2012 per il curricolo del primo ciclo — traguardi per lo sviluppo delle competenze — segnala che ci troviamo di fronte non a obiettivi immodificabili e a risultati da misurare quanto piuttosto a processi da assecondare, da sostenere e da promuovere.

I traguardi

Il termine «traguardi», infatti, indica un orientamento al raggiungimento di una meta, di possibili arrivi, non di obiettivi o standard di apprendimento predefiniti e/o precostituiti. Nel testo delle Indicazioni nazionali 2012 si afferma che i traguardi per lo sviluppo di competenze «rappresentano dei riferimenti ineludibili per gli insegnanti, indicano piste culturali e didattiche da percorrere e aiutano a finalizzare l'azione educativa allo sviluppo integrale dell'allievo».

Dunque, i traguardi chiamano in gioco la responsabilità degli adulti e dell'istituzione scolastica in generale. Si afferma inoltre nelle Indicazioni che nella scuola del primo ciclo d'istruzione essi costituiscono criteri per la valutazione delle competenze attese e, nella loro scansione temporale, «sono *prescrittivi*, impegnando così le istituzioni scolastiche affinché ogni alunno possa conseguirli, a garanzia dell'unità del sistema nazionale e della qualità del servizio».

La parola «sviluppo» rafforza ulteriormente il concetto di traguardo. Con questa espressione, infatti, si sottolinea l'importanza della qualità delle esperienze di apprendimento e della cura educativa che gli insegnanti sanno promuovere.

> È necessario individuare con una certa precisione (quindi descrivendoli con enunciati) i risultati che ci si attende al termine di un certo periodo scolastico (ecco dunque la collocazione dei traguardi in uscita dalla scuola dell'infanzia, elementare e media), dando ad essi un respiro più lungo rispetto a obiettivi intermedi; è però

> necessario tenere aperto il discorso sui processi da promuovere: il termine *sviluppo* (che ha un carattere dinamico, proattivo) ci ricorda che è fondamentale nella scuola di base incentivare partecipazione, motivazione, tensione verso l'apprendimento permanente e non solo acquisire abilità. (Cerini, 2012c)

La prospettiva delle competenze va inquadrata in una capacità progressiva di affrontare situazioni, in una consapevolezza delle proprie azioni e nella manifestazione di un deciso spirito di iniziativa.

La promozione di un ambiente di apprendimento finalizzato all'acquisizione di conoscenze e alla conquista di competenze è esplicitata, nelle Indicazioni 2012, sia nella sezione che riguarda la scuola dell'infanzia sia in quella relativa al primo ciclo d'istruzione, anche se nella scuola dell'infanzia si parla di traguardi per lo sviluppo della competenza (al singolare), per sottolineare la natura unitaria dello sviluppo del bambino in quella fascia di età.

4. Il quadro europeo

Nel maggio 2018 l'Unione europea ha aggiornato la Raccomandazione del 2006 relativa alle competenze chiave per l'apprendimento permanente. Nello stesso tempo, il Progetto OCSE-PISA ha introdotto il concetto di *literacy,* intesa come la padronanza posseduta dal soggetto in un determinato ambito culturale, tale da consentire a ogni persona di partecipare attivamente alla vita sociale.

OCSE-PISA

È interessante notare che le competenze nella lingua materna, matematiche e scientifiche sono strettamente correlate al possesso di un habitus civico non disgiungibile dalle prime. Vediamo i passaggi contenuti nel quadro di riferimento dell'OCSE-PISA:

> *Reading literacy:* Capacità di un individuo di comprendere e utilizzare testi scritti e di riflettere sui loro contenuti al fine di raggiungere i propri obiettivi, di sviluppare le proprie conoscenze e potenzialità e di svolgere un *ruolo attivo nella società*.
>
> *Mathematical literacy:* Capacità dell'individuo di identificare e comprendere il ruolo che la matematica gioca nel mondo reale, di operare valutazioni fondate, di utilizzare la matematica e di confrontarsi con essa in modi che rispondono alle esigenze della vita di quell'individuo in quanto *cittadino* che esercita un *ruolo costruttivo* impegnato e basato sulla riflessione.
>
> *Scientific literacy:* Insieme delle competenze scientifiche e uso di tali conoscenze per identificare domande scientifiche, per acquisire nuove conoscenze, per spiegare fenomeni scientifici, ecc.; la comprensione dei tratti distintivi della scienza intesa come forma di sapere e d'indagine propria degli esseri umani; la consapevolezza di come la scienza e la tecnologia plasmino il nostro ambiente,

materiale, ecc.; la volontà di confrontarsi con temi e problemi legati alle scienze, ecc. *da cittadino che riflette.*

In ambito internazionale, quindi, le competenze disciplinari sono l'altra faccia di quelle di cittadinanza. C'è, pertanto, una correlazione molto ravvicinata tra il sapere matematico e la capacità di agire come cittadino aperto a un pensiero critico e riflessivo; lo stesso dicasi per la literacy linguistica e scientifica.

La competenza matematica in particolare viene legata a una rilevante disponibilità dei docenti di promuovere contesti di apprendimenti riflessivi; ad esempio, che cosa vuol dire per un docente di matematica far «acquisire e interpretare l'informazione», considerata una delle competenze chiave di cittadinanza del decreto 139/2007 sull'innalzamento dell'obbligo d'istruzione a 16 anni? Quando progettano le attività di apprendimento, anche nelle materie scientifiche, apparentemente distanti dai temi della cittadinanza, gli insegnanti sono in realtà chiamati a sviluppare una dimensione di riflessività che è al contempo disciplinare e civica.

La scuola, secondo la Raccomandazione dell'Unione europea, deve perseguire l'obiettivo di portare un elevato numero di alunni ad acquisire quegli strumenti culturali che consentono a ciascuno di vivere appieno la propria cittadinità.

Il progetto DeSeCo

In ambito europeo, nel 1997 l'OCSE ha promosso il progetto DeSeCo *(Definition and Selection of Competencies),* in cui si definivano tre categorie di competenze chiave:

1. capacità di utilizzare gli strumenti in modo interattivo: lingua, simboli, testi, nuove tecnologie, ecc.;
2. capacità di interagire in gruppi eterogenei: stabilire relazioni positive, cooperare, gestire e risolvere conflitti;
3. capacità di agire in modo autonomo: agire in contesti complessi, elaborare e realizzare programmi di vita e progetti personali, riconoscere limiti e bisogni, ecc.

La Raccomandazione 2006

Nel solco del progetto DeSeCo, il Parlamento e il Consiglio europeo hanno approvato il 18 dicembre 2006 la Raccomandazione sulle otto competenze chiave per l'apprendimento permanente: comunicazione nella lingua madre; comunicazione nella lingua straniera; competenza matematica e competenza di base in campo scientifico e tecnologico; competenza digitale; imparare a imparare; competenze sociali e civiche; senso di iniziativa e imprenditorialità; consapevolezza ed espressione culturale.

Ogni Stato dell'UE le ha fatte proprie: nel nostro Paese sono state recepite nel DM 139/2007 relativo all'innalzamento a 16 anni dell'obbligo d'istruzione attraverso le otto competenze chiave di cittadinanza:

imparare a imparare; progettare; comunicare; collaborare e partecipare; agire in modo autonomo e responsabile; risolvere problemi; individuare collegamenti e relazioni; acquisire e interpretare l'informazione.

È del tutto evidente che la traduzione in classe delle competenze chiave (dell'UE e del DM 139/2007) presuppone un cambiamento radicale nelle strategie di insegnamento da parte dei docenti.

5. La certificazione delle competenze al termine dell'obbligo di istruzione

Circolare ministeriale 3/2015

Con il nuovo obbligo d'istruzione, introdotto dalla legge 296/2006 (art. 1, c. 622) e reso applicativo con il DM 139/2007 (Ministro Giuseppe Fioroni) viene estesa la procedura della certificazione delle competenze al termine del percorso decennale di istruzione e di formazione obbligatoria nel sedicesimo anno d'età.

Decreto ministeriale 9/2010

Con il DM 9/2010 il MIUR ha emanato un apposito modello nazionale di certificazione riguardante la scuola secondaria di secondo grado. In tale Decreto ministeriale si prevede la valutazione delle competenze acquisite nei quattro assi culturali (dei linguaggi; matematico; scientifico-tecnologico; storico-sociale) su tre livelli, con l'aggiunta di un ulteriore livello base non raggiunto che, come vedremo, non viene riproposto nel modello sperimentale riguardante il primo ciclo d'istruzione.

Nel DM 9/2010 la progressione delle competenze si articola su tre livelli:

– *di base:* lo studente svolge compiti semplici in situazioni note, mostrando di possedere conoscenze e abilità essenziali e di saper applicare regole e procedure fondamentali;
– *intermedio:* lo studente svolge compiti e risolve problemi complessi in situazioni note, compie scelte consapevoli, mostrando di saper utilizzare le conoscenze e le abilità acquisite;
– *avanzato:* lo studente svolge compiti e problemi complessi anche in situazioni non note, mostrando padronanza nell'uso delle conoscenze e delle abilità; ad esempio, proporre e sostenere le proprie opinioni e assumere autonomamente decisioni consapevoli.

Legge 169/2008

La valutazione delle competenze da certificare in esito all'obbligo di istruzione è effettuata dai consigli di classe per tutte le competenze elencate nel modello nazionale, allo scopo di garantirne la comparabilità dei risultati e la trasparenza. I consigli di classe utilizzano le valutazioni effettuate nel percorso di istruzione di ogni studente, in modo che la certificazione descriva compiutamente l'avvenuta acquisizione delle competenze di base, che si traduce nella capacità dello studente di utilizzare conoscenze, abilità personali e sociali in contesti reali, con riferimento alle discipline/ambiti disciplinari che caratterizzano ciascun asse culturale.

Diversamente da quanto prescritto per la certificazione delle competenze nel primo ciclo d'istruzione (si veda circolare MIUR del 9 gennaio 2018, n. 312), nel DM 9/2010 è prevista anche l'eventualità del «livello di base non raggiunto»; inoltre, la certificazione delle competenze è rilasciata su richiesta dell'interessata/o.

6. Progettare le competenze

Il tema della certificazione delle competenze rappresenta però l'ultimo anello di una sequenza valutativa che parte dalle strategie didattiche tali da sviluppare le competenze medesime. È decisamente velleitario partire dalla certificazione, cioè dal tetto, se prima non si sono gettate le fondamenta.

I passaggi della sequenza valutativa possono essere riassunti come indicato nel box 38.1 e devono essere inevitabilmente rispettati.

BOX 38.1

La sequenza valutativa verso la certificazione delle competenze

LE COMPETENZE

- prima di essere certificate vanno *valutate;*
- prima di essere valutate vanno *promosse;*
- prima di essere promosse vanno *progettate;*
- prima di essere progettate occorre condividere un modello educativo-didattico coerente con un'idea *costruttivista* dell'apprendimento.

Il modello costruttivista

Un modello costruttivista d'insegnamento confligge con una concezione trasmissiva del sapere e con una visione didattica prevalentemente espositiva e frontale. Questo passaggio rappresenta uno spartiacque che i docenti devono avere ben presente; va chiarito, in primo luogo, il tipo di materiale con cui le fondamenta devono essere costruite. Le competenze degli alunni richiedono l'impiego di didattiche attive, costruttive, incentrate preferibilmente sul lavoro di gruppo, sullo sviluppo di compiti di realtà. È dunque necessaria «un'altra scuola», come sostiene nel suo libro Giacomo Stella.

> Il docente assume il ruolo di propositore di problemi, non di oracolo che fornisce risposte precostituite. Queste ultime vanno cercate dagli studenti, o anche dai piccoli scolari. Insegnare diventa un processo in cui il docente indirizza la ricerca delle soluzioni, favorisce la discussione, promuove la collaborazione e il confronto fra le diverse idee e aiuta a trovare il punto di incontro. (Stella, 2006)

Una volta attivate le corrette strategie educative, occorre promuovere attività coerenti con un modello didattico nel quale gli studenti siano protagonisti diretti del loro apprendimento.

Infatti, come sostiene Ausubel, le conoscenze sono distribuite nella mente degli alunni ed è da lì che bisogna partire (box 38.2).

BOX 38.2
La significatività di un contenuto

«Il fatto più importante che influenza l'apprendimento è rappresentato dalle conoscenze che lo studente già possiede. Accertatele e comportatevi in conformità nel vostro insegnamento». (Ausubel)

L'apprendimento significativo è:
- *connesso* alle conoscenze preesistenti;
- *partecipato* sul piano cognitivo;
- *produttivo* di altre conoscenze;
- *collegato all'attualità* di ricorrenze e/o problemi particolarmente rilevanti.

7. Compiti autentici e valutazione

Affrontare il tema della competenza in ambito scolastico significa affermare una concezione dell'apprendimento diversa da quella dei paradigmi tradizionali. Nel paragrafo precedente abbiamo accennato al concetto di modello costruttivista. Più precisamente, il costruttivismo è

> un processo inteso come ri-costruzione di quanto il soggetto già conosce, rielaborazione degli schemi mentali e delle conoscenze pregresse. [...] Con il costruttivismo si afferma definitivamente la natura relazionale della conoscenza, in un'ottica del superamento definitivo dell'*antinomia soggetto/oggetto.* (Castoldi, 2012)

La dimensione relazionale dell'apprendimento

La dimensione relazionale dell'apprendimento è comprensiva di un triplice ordine di ragioni che tiene insieme le domande dell'alunno, la struttura dei saperi e l'organizzazione del/i contesto/i.

L'apprendimento, nella prospettiva del costruttivismo, valorizza l'apporto del soggetto e il suo rapporto con l'apparato delle discipline e della struttura delle conoscenze, nonché un contesto d'azione nel quale l'allievo possa mettere alla prova conoscenze e abilità.

La competenza, infatti, evidenzia l'attitudine del soggetto a relazionarsi con la realtà in cui opera e a impegnarsi in compiti aperti (autentici), caratterizzati dalla rielaborazione del proprio sapere e della complessità di problemi che devono essere risolti.

La classe dovrà pertanto essere organizzata come gruppo che apprende e gli alunni dovranno essere impegnati in compiti nei quali siano richieste interdipendenza reciproca, capacità di dialogo e di lavoro collaborativo.

La valutazione di una competenza non è un compito semplice. Le prove tradizionali per la valutazione dei contenuti appresi non sono adeguate ad accertare il possesso di una competenza.

Le forme di valutazione

Alle forme più conosciute di valutazione, sommativa e formativa, va aggiunta quella autentica; le funzioni delle tre forme di valutazione sono così sintetizzabili:

- accertamento degli esiti di apprendimento degli alunni *(valutazione sommativa);*
- regolazione delle strategie di insegnamento in relazione ai processi di apprendimento *(valutazione formativa);*
- consapevolezza dell'alunno circa il suo procedere nel proprio percorso formativo *(valutazione autentica).*

Il tema della valutazione delle competenze è strettamente connesso alla natura dei compiti che vengono assegnati agli studenti. Molto schematicamente tali compiti possono essere distinti, secondo la complessità richiesta, in due grandi tipologie:

- compito *esercitativo,* ha la funzione di dimostrare che l'alunno sa applicare regole e riconoscere problemi. È utile per consolidare procedure, automatismi, schemi concettuali e contenuti (conosco, quindi faccio);
- compito *autentico,* è centrato sull'agire dell'alunno, impegnato a realizzare un prodotto materiale, immateriale, a risolvere un problema, a costruire ipotesi, a portare a compimento un progetto (faccio, quindi conosco).

Il compito autentico

Un compito autentico coincide con un compito di realtà, in quanto si identifica con la richiesta di risolvere una situazione vicina al mondo reale, risolvibile se l'alunno utilizza conoscenze, abilità, attitudini maturate nei diversi contesti di apprendimento, in primis in quello formale.

Il compito autentico designa lo sviluppo di una richiesta complessa attraverso la quale gli studenti possono dimostrare padronanza in un dato ambito di competenza. Le competenze che entrano in gioco possono essere linguistiche, comunicative, grafiche, ecc. e dovranno mobilitare tutte le risorse possedute da ogni allievo.

8. Le rubriche valutative

La *rubric* o rubrica valutativa è uno degli strumenti più coerenti di una valutazione per competenze. Per rubrica valutativa

> si intende un prospetto sintetico di descrizione di una competenza utile a identificare ed esplicitare le aspettative relative ad un certo

> allievo o ad un determinato gruppo di studenti. È, entrando più nello specifico, uno strumento generale impiegato per valutare la qualità dei prodotti e delle prestazioni in un determinato ambito. (Castoldi, 2016)

Enzo Zecchi, responsabile scientifico del progetto Lepida Scuola costituito a Reggio Emilia più di dieci anni fa, indica nei seguenti aspetti le caratteristiche di una buona rubric (box 38.3).

BOX 38.3
Le caratteristiche di una buona rubric

- *Chiara individuazione* degli elementi importanti;
- *essenzialità* di tali elementi;
- *efficace descrizione* di ciascun livello;
- *valenza orientante;*
- *efficacia* implicita in relazione alla capacità di comunicare con alunni e genitori;
- conoscenza dei criteri di valutazione da parte dell'alunno.

I compiti autentici si valutano mediante le rubric che sono articolate come mostrato nella tabella 38.1. Esse prevedono:
- l'individuazione degli elementi più significativi che verranno sottoposti a valutazione;
- i livelli della valutazione, cioè le fasce di qualità in relazione a ciascun elemento esplicitato nella colonna «elementi significativi».

Nell'esempio della tabella, la rubric fa riferimento alla valutazione della competenza «acquisire e selezionare le informazioni». Gli insegnanti possono condividere con gli alunni gli aspetti e i livelli valutativi della rubric.

In questo caso, la sequenza valutativa è su quattro livelli, come nel modello di certificazione delle competenze (primo ciclo d'istruzione) in fase di definizione.

L'esempio di rubrica della tabella 38.1 va completato a cura dei docenti del team (scuola primaria) o del consiglio di classe (secondaria di primo e secondo grado).

Il senso della certificazione

Nella circolare del MIUR n. 312/2018 si fa riferimento al senso della certificazione nelle scuole del primo ciclo, ribadendo che essa riveste una funzione prevalentemente educativa e

> di attestazione delle competenze in fase di acquisizione, capace di accompagnare le tappe più significative (quinta classe primaria, terza classe secondaria di primo grado) di un percorso formativo di base che oggi, partendo dall'età dei 3 anni, si estende fino ai 16 anni.

TABELLA 38.1
Rubric di valutazione: acquisire e selezionare le informazioni

Elementi significativi	Livello avanzato	Livello intermedio	Livello base	Livello iniziale
Riconosce il bisogno informativo	Individua le informazioni coerenti con il compito in modo sicuro	Individua le informazioni con buona padronanza	Incontra qualche difficoltà	Individua le informazioni solo se aiutato
Seleziona le fonti	Sceglie quelle più pertinenti e adeguate			
Analizza le informazioni	Ricava e utilizza l'informazione con padronanza			
Interpreta	....			
Valuta	....			

La stessa prospettiva si ritrova nelle Linee guida allegate alla circolare n. 312/2018: la dimensione educativa della certificazione viene ricondotta all'osservazione sistematica da parte dei docenti di alcuni aspetti di «comportamento competente » da parte dell'allievo:

- *autonomia:* è capace di reperire da solo strumenti o materiali necessari e di usarli in modo efficace;
- *relazione:* interagisce con i compagni, sa esprimere e infondere fiducia, sa creare un clima propositivo;
- *partecipazione:* collabora, formula richieste di aiuto, offre il proprio contributo;
- *responsabilità:* rispetta i tempi assegnati e le fasi previste del lavoro, porta a termine la consegna ricevuta;
- *flessibilità:* reagisce a situazioni o esigenze non previste con proposte divergenti, con soluzioni funzionali, con utilizzo originale di materiali, ecc.;
- *consapevolezza:* è consapevole degli effetti delle sue scelte e delle sue azioni.

Il secondo punto della circolare n. 312/2018 riguarda i livelli di certificazione ipotizzati e le caratteristiche degli indicatori. I livelli sono quattro (invece, nel DM 139/2007 erano tre) e sono così descritti:

- *A – avanzato:* l'alunno svolge compiti e risolve problemi complessi, mostrando padronanza nell'uso delle conoscenze e delle abilità; pro-

pone e sostiene le proprie opinioni e assume in modo responsabile decisioni consapevoli;
- *B – intermedio:* l'alunno svolge compiti e risolve problemi in situazioni nuove, compie scelte consapevoli, mostrando di saper utilizzare le conoscenze e le abilità acquisite;
- *C – base:* l'alunno svolge compiti semplici anche in situazioni nuove, mostrando di possedere conoscenze e abilità fondamentali e di saper applicare basilari regole e procedure apprese;
- *D – iniziale:* l'alunno, se opportunamente guidato, svolge compiti semplici in situazioni note.

Dunque, la certificazione nella scuola del primo ciclo d'istruzione assume una valenza formativa e svolge la funzione di descrivere la progressione del percorso, anche in forma auto valutativa. A questo proposito, occorre sottolineare che nelle Indicazioni per il curricolo del 2012 si sottolinea questa dimensione *in progress,* soprattutto nel passaggio in cui si afferma che:

> la valutazione precede, accompagna e segue i percorsi curricolari. Attiva le azioni da intraprendere, regola quelle avviate, promuove il bilancio critico su quelle condotte a termine. Assume una preminente funzione formativa, di accompagnamento dei processi di apprendimento e di stimolo al miglioramento continuo.

Quindi la certificazione delle competenze, così come la valutazione in generale, non rappresenta un'operazione confinata all'ultimo anno della primaria e della scuola secondaria di primo grado, ma si colloca all'interno dell'intero percorso, interessando la fase iniziale, quella intermedia e quella conclusiva.

CAPITOLO TRENTANOVESIMO

La valutazione degli apprendimenti: cenni storici

1. Breve excursus 2. Il senso della valutazione 3. Che cosa e come valutare 4. Individualità e collegialità 5. Dal giudizio al voto

1. Breve excursus

Il cambio più significativo in materia di valutazione è avvenuto con la legge 517 del 4 agosto 1977, che ha introdotto, nella scuola elementare e media, al posto della vecchia pagella la scheda personale di valutazione dell'alunno.

La scheda personale

Fino a quell'anno, si valutava con i voti su scala decimale; nella scheda personale, invece, la valutazione delle singole discipline era affidata a un giudizio descrittivo, formulato dai docenti, senza voti. Dunque un cambio radicale!

La pagella, che aveva accompagnato molte generazioni di bambini dall'Unità d'Italia (17 marzo 1861), viene mandata definitivamente in soffitta.

L'introduzione della scheda personale dell'alunno si prefiggeva lo scopo di rendere formativa la valutazione degli apprendimenti, coinvolgendo gli insegnanti in attività di aggiornamento individuali e collegiali, per acquisire conoscenze e competenze in merito al nuovo scenario che si stava delineando.

In realtà, per alcuni anni, il tema della valutazione fu oggetto di un intenso dibattito e di corsi di formazione che hanno avuto il merito di mettere al centro della nostra scuola l'interesse per questo problema. Si è trattato però di un periodo di breve durata. Negli anni Ottanta, infatti, la questione valutativa era pressoché scomparsa dall'agenda di lavoro di quasi tutte le nostre istituzioni scolastiche.

Gli anni Ottanta, infatti, sono stati assorbiti dall'attuazione dei nuovi Programmi didattici (DPR n. 104/1085), attraverso un'intensa attività di formazione durata ben cinque anni. Agli inizi degli anni Novanta, comincia a serpeggiare un diffuso malcontento degli esiti conseguiti dalla nuova valutazione sancita dalla legge 517/1997.

I giudizi descrittivi dei docenti, infatti, risultavano molto disomogenei. La stessa scheda personale, in molti casi, veniva impiegata impropriamente e, in qualche realtà, sostituita da strumenti elaborati dagli insegnanti delle singole scuole.

Così, nel 1993, assistiamo a un ulteriore cambiamento. Con l'OM n. 236 del 2 agosto 1993, infatti, la scheda personale fu sostituita, nella scuola dell'obbligo, dal documento di valutazione in cui si introduce una scala non decimale, ma pentenaria in lettere: A, B, C, D, E.

Il documento di valutazione

Per ogni disciplina venivano indicati alcuni ambiti di conoscenza e su questi l'insegnante doveva formulare con una crocetta il livello raggiunto dall'alunno dalla A (piena competenza) alla E (livello non adeguato alla competenza).

Per la lingua italiana, ad esempio, lo schema era quello riportato nella tabella 39.1.

TABELLA 39.1
Valutazione pentenaria in lettere (italiano)

	Primo quadrimestre					Secondo quadrimestre				
Ascoltare e comprendere	A	B	C	D	E	A	B	C	D	E
Comunicare oralmente in modo significativo e corretto	A	B	C	D	E	A	B	C	D	E

Nel 1996, si cambia nuovamente, in quanto il modello introdotto tre anni prima viene considerato, dall'allora Ministro Giancarlo Lombardi, poco chiaro e scarsamente efficace sul piano comunicativo.

Con la CM del 7 agosto 1996, n. 491, *Valutazione degli alunni della scuola elementare e dell'istruzione secondaria di primo grado,* viene modificato il documento individuale dell'alunno e introdotti, al posto delle lettere, i giudizi: ottimo, distinto, buono, sufficiente, non sufficiente.

Per ogni disciplina i docenti dovevano trascrivere il giudizio ritenuto più adeguato in riferimento all'esito conseguito.

Tale impostazione caratterizzerà la valutazione, nella scuola primaria e secondaria di primo grado, fino al 2008, quando con la legge 169 dello stesso anno verranno reintrodotti i voti, ritornando di conseguenza al periodo antecedente la legge 517/1977.

Nella legge 169 del 30 ottobre 2008, recante disposizioni urgenti in materia di istruzione e università, all'art. 3 si afferma che

> dall'anno scolastico 2008-2009, nella scuola primaria la valutazione periodica e annuale degli apprendimenti degli alunni e la certificazione delle competenze sono effettuati mediante l'attribuzione di voti espressi in decimi.

La certificazione delle competenze

Lo stesso criterio viene ribadito per la scuola secondaria di primo grado.

Le considerazioni che hanno accompagnato questo breve excursus impongono, a questo punto, una riflessione più attenta al perché, al che cosa e al come si valuta.

2. Il senso della valutazione

Valutare è un'operazione quotidiana che ognuno di noi esercita in una forma naturale. È infatti, un atto pervasivo dell'esperienza di vita che viene espresso più o meno intenzionalmente. Per queste ragioni la valutazione non è stabilire dati di fatto, ma attribuire valore in base a convinzioni e orientamenti personali.

Da un lato, essa implica processi soggettivi difficilmente eliminabili, dall'altro però l'atto valutativo è strettamente correlato a valori simbolici che dipendono dal momento storico e, per quanto concerne la scuola, dal rapporto tra società e educazione. Ad esempio, il nuovo corso inaugurato con la legge 169/2008, che ha reintrodotto i voti a cominciare dalla scuola primaria, riflette una tendenza secondo la quale la valutazione scolastica deve essere oggettiva ed essenzialmente sanzionatoria.

Rapporto tra società e educazione

Va sottolineato, però, che la valutazione oggettiva in ambito educativo è difficilmente sostenibile. Infatti, tra chi valuta e chi è valutato si istituisce una relazione di interdipendenza, quasi di complicità,

> per cui nemmeno un docimologo ferrigno può rimanere neutrale e insensibile rispetto agli oggetti del suo valutare. Se questo atteggiamento coinvolge gli scienziati, a maggior ragione riguarda un adulto che intrattiene una relazione educativa con un bambino. (Cerini, 2012d)

L'idea di alunno che traspare dalle norme introdotte nel triennio 2008-2011, in cui il MIUR è stato retto da Mariastella Gelmini, è quella di un soggetto che deve essere controllato e giudicato a tal punto che, nella scuola secondaria di primo grado, potrebbe bastare l'insufficienza in una disciplina per non essere ammesso alla classe successiva: la valutazione, secondo quest'ottica, deve essere oggettiva e prevalentemente classificatoria.

Diverso orientamento, invece, era contenuto nelle Indicazioni per il curricolo del 2007 (Ministro Giuseppe Fioroni) in cui si sottolineava che

> la valutazione precede, accompagna e segue i percorsi curricolari. Assume funzione formativa, di accompagnamento dei processi di apprendimento e di stimolo al miglioramento continuo.

La funzione formativa

Nel passaggio appena citato si evidenzia in modo particolare la funzione formativa della valutazione, di accompagnamento delle diverse fasi del processo formativo.

In questo senso essa serve all'alunno per capire i lati più critici del suo cammino e della sua crescita culturale, ma anche all'insegnante per regolare le strategie d'insegnamento e di gestione della classe. Lo scopo della valutazione degli apprendimenti è dunque, duplice: di controllo e di sviluppo.

Controllo e sviluppo

La valutazione scolastica è un dispositivo di accertamento perché i docenti devono attestare determinati risultati conseguiti o meno nelle specifiche discipline di studio; è però orientata anche a sviluppare gli apprendimenti, in quanto essa rappresenta un utile requisito atto a coinvolgere l'alunno e a farlo partecipare alla costruzione del suo cammino conoscitivo.

> La logica di controllo, sintetizzabile nell'espressione *valutazione dell'apprendimento,* caratterizza la valutazione come [...] strumento di rendicontazione sociale dei risultati dell'alunno. La logica di sviluppo, sintetizzabile nell'espressione *valutazione per l'apprendimento,* la caratterizza come dispositivo di retroazione, utile ad accrescere la consapevolezza dell'esperienza di apprendimento dell'alunno. (Castoldi, 2012)

3. Che cosa e come valutare

La valutazione degli apprendimenti dell'alunno è strettamente correlata alla progettazione e, più in generale, all'azione educativa dei docenti.

Misurazione e valutazione

Il rapporto tra progettare, agire, valutare ci porta a considerare le due fasi che qualificano un processo valutativo: quella della misurazione e della valutazione vera e propria.

> A monte dei passaggi indicati possiamo riconoscere l'individuazione dell'oggetto della valutazione, ovvero la risposta alla domanda: che cosa significa valutare l'apprendimento dell'allievo? Quali aspetti devo considerare della sua esperienza scolastica? (Castoldi, 2012)

Processo e prodotto

Dunque, che cosa significa valutare gli apprendimenti degli alunni? Innanzitutto, ci sono due categorie che sono oggetto del momento accertativo da parte dell'insegnante: il prodotto a cui giunge l'allievo e il processo, cioè la modalità attraverso cui egli consegue tali risultati.

Per quanto concerne l'esito, quello che più comunemente viene definito profitto, gli insegnanti impiegano prove di verifica, cioè attività didattiche intenzionalmente predisposte per accertare i risultati conseguiti o meno dagli alunni.

Stimoli aperti e chiusi

Solitamente le prove di verifica vengono classificate in base allo stimolo proposto, distinguendo tra stimoli aperti e chiusi in relazione al grado di libertà consentito allo studente.

Sulla scorta della forma dello stimolo e del tipo di risposta, è possibile raffigurare la varietà delle tipologie di prove come rappresentato nella tabella 39.2.

TABELLA 39.2
Tipologie di prove di verifica

		STIMOLO	
		Aperto	**Chiuso**
RISPOSTA	**Aperta**	Temi, testo libero, relazioni, ecc.	Saggio breve, problemi a più soluzioni, riassunti, ecc.
	Chiusa	Domande implicite nelle interrogazioni.	Test, testo da completare, esercizi, ecc.

Le prove

Il quadrante in alto a sinistra evidenzia le caratteristiche delle *prove non strutturate;* all'estremo opposto, nel quadrante in basso a destra, le *prove strutturate* la cui soluzione è legata a un'unica risposta o a un esclusivo procedimento. Le prove non strutturate lasciano un'ampia libertà (non totale) allo studente, mentre quelle strutturate lo vincolano pressoché completamente a un'unica soluzione.

A livello intermedio ci sono *prove semistrutturate,* scritte (quadrante in alto a destra) e orali (quadrante in basso a sinistra).

La somministrazione delle prove di verifica, come sottolineato, rappresenta la fase rilevativa e di misurazione: raccolta dei dati tramite osservazioni, prove, colloqui, ecc.

Criteri di giudizio

La valutazione vera e propria consiste nell'espressione del voto, nella quale gli elementi raccolti e osservati vengono interpretati alla luce di criteri di giudizio che possono essere ricondotti a tre differenti tipologie: *assoluto, posizione del soggetto rispetto al gruppo, progresso personale.*

Lo standard assoluto evidenzia la prestazione ritenuta ottimale rispetto agli obiettivi indicati nella programmazione didattica. Il giudizio o il voto saranno più elevati nella misura in cui si avvicinano all'obiettivo prefissato.

Il secondo criterio è riferito al confronto tra le prestazioni del singolo rispetto al gruppo (classe). Con riferimento all'andamento generale della classe, il voto del singolo può variare considerevolmente: il 6 conseguito dall'alunno in una classe scadente può trasformarsi in un 5 in una classe mediamente buona.

Infine, il terzo criterio fa riferimento al progresso rispetto a sé: il giudizio apprezza l'entità del progresso in rapporto alle caratteristiche iniziali.

La stessa prestazione, dunque, può essere giudicata diversamente a seconda del criterio valutativo impiegato. I docenti, pertanto, devono conoscere e condividere il criterio o i criteri che più abitualmente impiegano per evitare forti discrepanze tra le valutazioni espresse all'interno dei diversi consigli di classe o dei differenti team.

4. Individualità e collegialità

Attenzione ed equilibrio

La valutazione dell'alunno presuppone da parte degli insegnanti equilibrio professionale e attenta conoscenza del quadro normativo. Entrambe le dimensioni contribuiscono a ridurre arbitrarietà e comportamenti dogmatici. Infatti, l'esercizio della funzione docente si risolve spesso in atteggiamenti improntati a individualismo, secondo cui ognuno ritiene di bastare a se stesso. È del tutto evidente che l'esasperazione di comportamenti personali non giova a promuovere quel senso di misura e di maturità che l'atto valutativo comporta.

La valutazione poi richiede agli insegnanti un'adeguata conoscenza della normativa, soprattutto quando sono coinvolti alunni con disabilità e con disturbi specifici di apprendimento, senza la quale ognuno rischia di imporre il proprio punto di vista anche in contrasto con i riferimenti di legge.

A questo proposito nel DPR n. 122/ 2009, di coordinamento delle norme in materia di valutazione, si afferma che

> la valutazione è espressione dell'autonomia propria della funzione docente, nella sua dimensione sia individuale che collegiale, nonché dell'autonomia didattica delle istituzioni scolastiche.

La collegialità

La collegialità assicura quelle condizioni di ponderatezza e di equilibrio nella formulazione di un giudizio o di un voto, più difficilmente raggiungibili in situazioni nelle quali ogni insegnante si sente autorizzato ad assolutizzare il proprio ed esclusivo orientamento.

La valutazione, quindi, è un'operazione collegiale del team (scuola primaria) e del consiglio di classe (scuola secondaria di primo e secondo grado): la norma, da questo punto di vista, è chiara e inequivocabile.

La collegialità però non è un dato di fatto; rappresenta, al contrario, una conquista, ostacolata spesso dalla discontinuità della permanenza dei docenti nella scuola da un anno all'altro. Va, pertanto, pazientemente costruita nelle specifiche realtà scolastiche da parte del dirigente e delle figure intermedie (docenti con funzioni strumentali, coordinatori di classe, coordinatori di progetti particolari, ecc.) nelle varie fasi in cui si sviluppa la valutazione stessa.

Il passaggio delle Indicazioni per il curricolo del 2007, in cui si sottolinea che la valutazione didattica «precede, accompagna e segue i percorsi curricolari», può essere coniugato con l'istanza della collegialità (figura 39.1).

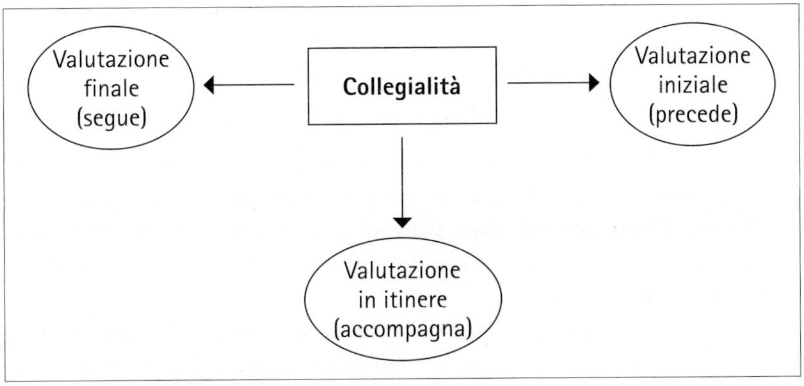

Fig. 39.1 Valutazione e collegialità.

Le funzioni

Nella fase iniziale, in cui la valutazione assume una funzione diagnostica, i docenti devono condividere la cornice della loro azione educativa. Si pensi all'importanza che questa fase riveste nella progettazione del Piano educativo individualizzato di un alunno con disabilità. È questo il momento in cui si misura la corresponsabilità dell'intero gruppo degli insegnanti.

Il momento successivo è quello dell'organizzazione delle attività e dei contesti di studio e di apprendimento. In questa fase di percorso la valutazione assume una funzione prevalentemente formativa e assolve lo scopo di fornire utili informazioni (feedback) all'alunno e allo stesso insegnante.

Infine, nella fase conclusiva, i docenti che compongono il consiglio di classe devono condividere i tempi e le forme delle verifiche e i criteri nell'attribuzione dei voti sul documento di valutazione. In questa fase essa assume una funzione sommativa.

Una solida cultura della valutazione presuppone una convinta e diffusa collegialità dei docenti. Questa condizione favorisce il raggiungimento di criteri di *omogeneità* (uniformità dei comportamenti degli insegnanti), *equità* (riduzione di atteggiamenti arbitrari) e *trasparenza* (forme di comunicazione agli studenti e alle famiglie), sottolineati nel DPR n. 122/2009 e affidati alle scelte del collegio dei docenti.

5. Dal giudizio al voto

Il voto numerico

Con l'approvazione della legge 169 del 30 dicembre 2008, il nostro Parlamento ha deciso di ritornare al voto numerico in decimi sia nella scuola primaria sia in quella secondaria di primo grado. Solo per l'insegnamento della religione cattolica la valutazione è indicata con un giudizio sintetico.

Nella scuola primaria le discipline sono valutate con un voto numerico dai docenti contitolari della classe mentre il comportamento con un giudizio sintetico. I docenti possono non ammettere un alunno alla classe successiva solo in casi eccezionali e con una delibera assunta all'unanimità da tutti gli insegnanti della classe.

Nella scuola secondaria di primo grado, discipline e comportamento sono valutati con voti in decimi. Per l'ammissione alla classe successiva, gli alunni devono conseguire una valutazione positiva in tutte le discipline, comportamento compreso.

Nella scuola secondaria di primo e secondo grado, un'insufficiente valutazione nel comportamento determina l'automatica non ammissione alla classe successiva.

Nella scuola del primo ciclo di istruzione, nel caso in cui l'ammissione alla classe successiva sia comunque deliberata in presenza di carenze relativamente al raggiungimento degli obiettivi di apprendimento,

> la scuola provvede ad inserire una specifica nota al riguardo nel documento individuale di valutazione e a trasmettere quest'ultimo alla famiglia dell'alunno. (Art. 2, comma 7, DPR n. 122/2009)

Il ritorno al voto ha cambiato l'approccio alla valutazione da parte degli insegnanti; tale cambiamento è risultato più evidente nella secondaria di primo grado, nella quale si è registrato un aumento delle bocciature.

Il passaggio ha modificato la gamma dei livelli utilizzata dai docenti; infatti, l'espressione del giudizio avveniva su 5 livelli, dal non sufficiente all'ottimo. Il voto numerico invece, consente di utilizzare una scala espressa in 10 livelli, anche se in realtà non vengono pienamente utilizzati.

Risultando la scala in decimi più ampia rispetto ai 5 livelli in cui vengono espressi i giudizi, si verifica la tendenza ad appiattire la valutazione su forme di tipo misurativo e matematico.

Così, le istituzioni scolastiche, attraverso i rispettivi Collegi dei docenti, hanno deliberato di utilizzare solo parzialmente la scala decimale, partendo dal voto 4 o 5. Di conseguenza, nella valutazione periodica e annuale, l'attribuzione del voto nelle discipline e nel comportamento è avvenuta con l'utilizzo dello schema di riferimento rappresentato nella tabella 39.3.

TABELLA 39.3
Schema di riferimento per l'attribuzione del voto

Valutazione più sanzionatoria	Valutazione meno sanzionatoria
4: Gravemente insufficiente	
5: Insufficiente	5: Insufficiente
6: Sufficiente	6: Sufficiente
7: Buono	7: Buono
8: Distinto	8: Distinto
9: Ottimo	9: Ottimo

CAPITOLO QUARANTESIMO

La nuova valutazione didattica

1. Dalla legge 107/2015 ai decreti attuativi 2. L'attuazione del D.lgs. n. 62/2017 3. La funzione formativa e di orientamento della valutazione 4. La valutazione degli apprendimenti nel primo ciclo di istruzione 5. La valutazione del comportamento 6. Ammissione/non ammissione alla classe successiva nella scuola primaria e secondaria di primo grado 7. L'esame di Stato conclusivo del primo ciclo 8. Dati relativi all'esame conclusivo della scuola secondaria di primo grado 9. Gli esiti degli alunni con cittadinanza non italiana (CNI) 10. La valutazione e le prove INVALSI degli alunni con disabilità e con DSA nel primo ciclo di istruzione 11. Il modello di certificazione delle competenze: dalla fase sperimentale al modello definitivo 12. Presupposti e strumenti della certificazione delle competenze 13. Rilevazioni nazionali dell'INVALSI e prove d'esame 14. Il secondo ciclo di istruzione: il nuovo esame di Stato 15. Prime indicazioni per l'esame di Stato del secondo ciclo d'istruzione 16. Le rilevazioni nazionali dell'INVALSI 17. La valutazione degli alunni con disabilità e con disturbo specifico di apprendimento

1. Dalla legge 107/2015 ai decreti attuativi

Come previsto dalla legge 107/2015, che può essere considerata a tutti gli effetti una legge quadro, il Governo ha esercitato la delega di cui all'art. 1, comma 181, lettera i) *(Adeguamento della normativa in materia di valutazione e certificazione delle competenze degli studenti, nonché degli esami di Stato)* nella quale si affronta la problematica della valutazione degli apprendimenti, della certificazione delle competenze nel primo ciclo di istruzione e del riordino degli esami di Stato del primo e del secondo ciclo di istruzione.

Decreti attuativi

Il quadro complessivo dei decreti delegati che il Governo ha assunto nella seduta del 7 aprile 2017 è riassunto nella figura 40.1 (in grassetto sono indicati i decreti che interessano tutti i gradi scolastici).

LA LEGGE 107/2015
e i decreti legislativi dell'aprile 2017:

n. 59: formazione iniziale
n. 60: cultura umanistica
n. 61: istruzione professionale
n. 62: valutazione
n. 63: diritto allo studio
n. 64: scuole all'estero
n. 65: sistema integrato 0-6
n. 66: inclusione degli alunni con disabilità

Fig. 40.1 I decreti attuativi della legge 107/2015.

Tale adeguamento è stato attuato attraverso:

– la revisione delle modalità di valutazione e certificazione delle competenze degli alunni del primo ciclo di istruzione, valorizzando la funzione formativa e di orientamento della valutazione medesima;
– la modifica delle modalità di svolgimento dell'esame di Stato conclusivo del primo ciclo;
– la revisione delle modalità di svolgimento degli esami di Stato relativi ai percorsi di studio della scuola secondaria di secondo grado, in coerenza con quanto previsto dai regolamenti di riforma dell'istruzione professionale (DPR n. 87/2010), dell'istruzione tecnica (DPR n. 88/2010) e dei percorsi liceali (DPR n. 89/2010).

Il decreto legislativo che il MIUR ha adottato per attuare la delega su questa materia è stato pubblicato nel Supplemento ordinario della GU del 16 maggio 2017 con il titolo: *Norme in materia di valutazione e certificazione delle competenze nel primo ciclo ed esami di Stato, n. 62.* In tale decreto si delinea il quadro complessivo dei cambiamenti riguardanti la valutazione, la certificazione delle competenze e il riordino dello svolgimento degli esami di Stato del primo e del secondo ciclo.

D.lgs. n. 62/2017

Il D.lgs. n. 62/2017 riordina e coordina in unico testo le disposizioni vigenti contenute nei precedenti assetti normativi:

– DPR n. 122/2009, regolamento sulla valutazione periodica e finale e sulla certificazione delle competenze per il primo ciclo di istruzione;
– legge 425/1997, relativa alla riforma dell'esame di Stato conclusivo del secondo ciclo di istruzione;
– DPR n. 323/1998, regolamento concernente la disciplina degli esami di Stato conclusivi del secondo ciclo di istruzione;

– legge 176/2007, che ha introdotto a livello nazionale la prova scritta predisposta dall'INVALSI nell'esame conclusivo del primo ciclo di istruzione e ha individuato gli anni di corso dei vari gradi scolastici durante i quali sono effettuate le rilevazioni nazionali degli apprendimenti;
– DPR n. 80/2013, che ha istituito il Sistema nazionale di valutazione (SNV).

L'articolazione del D.lgs. n. 62/2017 è schematizzata nella figura 40.2.

Articolazione del Decreto

DECRETO LEGISLATIVO N. 62

Valutazione e certificazione delle competenze nel primo ciclo ed esami di Stato del primo e secondo ciclo di istruzione.

È articolato:

CAPO I: **Principi generali** (art. 1)

CAPO II: **Valutazione, certificazione delle competenze ed esame di Stato nel primo ciclo di istruzione** (artt. 2-11)

CAPO III: **Esami di Stato nel secondo ciclo di istruzione** (artt. 12-21)

CAPO IV: **Disposizioni finali** (art. 22-27)

Fig. 40.2 L'articolazione del D.lgs. n. 62/2017.

Come si evince dai titoli dei quattro capi, l'intervento legislativo introduce un nuovo sistema di valutazione degli apprendimenti, abrogando in parte la normativa vigente e operando un raccordo con il quadro previgente.

2. L'attuazione del D.lgs. n. 62/2017

A sua volta il D.lgs. n. 62/2017 è stato ulteriormente attuato tramite l'adozione da parte del MIUR dei seguenti decreti ministeriali:

I provvedimenti attuativi

– Decreto MIUR 3 ottobre 2017, n. 741: *Esame di Stato conclusivo del primo ciclo di istruzione;*
– Decreto MIUR 3 ottobre 2017, n. 742: *Certificazione delle competenze al termine della scuola primaria e del primo ciclo di istruzione.*

Ai due decreti sopra richiamati ha fatto seguito una nota MIUR 10 ottobre 2017, n. 1865 che fornisce indicazioni in merito alle materie codificate nei decreti stessi.

DECRETO LEGISLATIVO N. 62

Valutazione e certificazione delle competenze nel primo ciclo ed esami di Stato del primo e secondo ciclo di istruzione.

La sua attuazione è stata recepita da:

↓

- **DM n. 741/2017:** esame di Stato conclusivo del primo ciclo di istruzione;
- **DM n. 742/2017:** certificazione delle competenze;
- **Nota del MIUR n. 1865/2017:** indicazioni in merito a valutazione, certificazione delle competenze ed esame di Stato nelle scuole del primo ciclo di istruzione;
- **Circolare del MIUR n. 312 del 9 gennaio 2018:** Linee guida relative alla certificazione delle competenze;
- **MIUR, 16 gennaio 2018:** documento di orientamento per la redazione della prova di italiano all'esame di Stato conclusivo del primo ciclo;
- **Nota del MIUR n. 2936 del 20 febbraio 2018:** esame di Stato conclusivo del primo ciclo. Indicazioni per lo svolgimento delle prove INVALSI;
- **Nota del MIUR n. 3645 del 1° marzo 2018:** Indicazioni nazionali e nuovi scenari (documento a cura del Comitato scientifico nazionale per il curricolo della scuola dell'infanzia e del primo ciclo di istruzione).

Fig. 40.3 L'attuazione del D.lgs. n. 62/2017.

In relazione alla certificazione delle competenze nel primo ciclo, con circolare del 9 gennaio 2018, n. 312, il MIUR ha provveduto a trasmette le Linee guida dei modelli nazionali per la scuola primaria e secondaria di primo grado.

Le modifiche apportate dal D.lgs. n. 62/2017 alle modalità di valutazione e allo svolgimento dell'esame di Stato, per quanto concerne il primo ciclo di istruzione, hanno effetto a partire dall'anno scolastico 2017-2018.

Inoltre, con nota n. 2936 del 20 febbraio 2018, il MIUR ha diffuso le indicazioni per lo svolgimento delle prove INVALSI relative all'ultimo anno della scuola secondaria di primo grado.

Infine, con la nota del MIUR del 1° marzo 2018, n. 3645, è stato diffuso un documento curato dal Comitato scientifico nazionale per il curricolo della scuola dell'infanzia e del primo ciclo di istruzione.

3. La funzione formativa e di orientamento della valutazione

È sicuramente importante sottolineare che l'art. 1 del D.lgs. n. 62/2017 riconferma la funzione formativa della valutazione, focalizzando l'attenzione sia sui processi di apprendimento sia sugli esiti degli stessi. Si ribadisce altresì «l'impostazione docimologica» della valutazione degli apprendimenti con voto numerico espresso in decimi.

Valutazione e inclusione

Il D.lgs. n. 62/2017 richiama a sua volta anche il D.lgs. n. 66/2017 *(Norme per la promozione dell'inclusione scolastica degli studenti con disabilità);* infatti, la qualità dell'inclusione scolastica entra a pieno titolo nel procedimento di autovalutazione d'istituto.

Una lettura parallela dei principi sottesi a entrambi i decreti è rappresentata nella figura 40.4.

D.lgs. n. 62/2017 – Valutazione e certificazione delle competenze	D.lgs. n. 66/2017 – Promozione dell'inclusione
La valutazione ha per oggetto il *processo formativo* e i *risultati di apprendimento* delle alunne e degli alunni [...] del sistema nazionale di istruzione e di formazione; ha *finalità formativa ed educativa* e concorre al miglioramento degli apprendimenti e al *successo formativo* degli studenti [...]. Documenta lo sviluppo dell'identità personale e *promuove l'autovalutazione* di ciascuno in relazione alle acquisizioni di conoscenze, abilità e competenze. (Art. 1, comma 1)	La *valutazione della qualità dell'inclusione* scolastica è parte integrante del *procedimento di valutazione delle istituzioni scolastiche* previsto dall'art. 6 del DPR 28 marzo 2013, n. 80. *L'INVALSI [...] definisce gli indicatori* per la valutazione della qualità dell'inclusione scolastica sulla base di criteri, quali il livello di inclusività del PTOF, la differenziazione dei processi educativi, il coinvolgimento dei diversi soggetti nell'elaborazione del Piano per l'inclusività. (Art. 4, commi 1 e 2)

Fig. 40.4 Le finalità della valutazione nei D.lgs. n. 62/2017 e n. 66/2017.

L'aggettivo «formativo» è presente ben tre volte solo nel primo comma dell'art. 1 del D.lgs. n. 62/2017. Tale insistenza intende esplicitamente affermare la dimensione autoeducativa della valutazione, finalizzata principalmente alla promozione del miglioramento degli apprendimenti, escludendo in tal modo finalità di tipo classificatorio.

Pertanto, la valutazione degli apprendimenti deve essere coerente con l'offerta formativa delle istituzioni scolastiche alle quali spetta il compito di promuovere effettive condizioni di equità educativa e di sostegno alle fasce più vulnerabili della popolazione scolastica.

Inoltre, l'art. 1 del D.lgs. n. 62/2017 valorizza l'autonomia professionale dei docenti, in conformità ai criteri definiti dal collegio dei docenti che, a loro volta, sono recepiti nel Piano triennale dell'offerta formativa.

4. La valutazione degli apprendimenti nel primo ciclo di istruzione

Nel D.lgs. n. 62/2017 si ribadisce che agli insegnanti compete la responsabilità della valutazione degli apprendimenti e del comportamento, riferito quest'ultimo alle competenze di cittadinanza (art. 1).

Valutazione del comportamento

I riferimenti principali per la valutazione del comportamento sono:
- lo Statuto delle studentesse e degli studenti;
- il Patto educativo di corresponsabilità;
- i regolamenti deliberati dagli organi collegiali delle singole istituzioni scolastiche.

Si conferma inoltre che la valutazione periodica e finale degli apprendimenti degli/delle alunni/e nel primo ciclo di istruzione per ciascuna disciplina prevista nelle Indicazioni nazionali per il curricolo del novembre 2012, ivi compresa la valutazione dell'esame di Stato al termine della scuola secondaria di primo grado, è espressa con *votazioni in decimi* che indicano *differenti livelli di apprendimento.*

Il Governo, nella riunione del 7 aprile 2017, ha mantenuto il criterio previsto nel DPR n. 122/2009, che a sua volta recepiva quanto stabilito dalla legge 169/2008 nella quale il Parlamento aveva provveduto a reintrodurre la votazione in decimi sia nella scuola primaria sia nella secondaria di primo grado.

La valutazione degli apprendimenti viene effettuata collegialmente dagli insegnanti contitolari della classe per la scuola primaria e dal consiglio di classe per la scuola secondaria di primo grado.

Nella nota del MIUR n. 1865 del 10 ottobre 2017 si afferma:

> Al fine di garantire equità e trasparenza, il collegio dei docenti delibera i *criteri* e le *modalità* di valutazione degli apprendimenti e del comportamento che vengono inseriti nel *PTOF e resi pubblici,* al pari delle modalità e dei tempi della comunicazione alle famiglie. In particolare, considerata la funzione formativa di accompagnamento dei processi di apprendimento e di stimolo al miglioramento continuo, il collegio dei docenti esplicita la *corrispondenza tra le votazioni in decimi* e i *diversi livelli di apprendimento* (ad esempio, definendo descrittori, rubriche di valutazione, ecc.).

Spetta dunque al collegio dei docenti definire i criteri e le modalità della valutazione degli apprendimenti e del comportamento, che saranno resi pubblici in quanto inseriti nel Piano triennale dell'offerta formativa (PTOF). Si rammenta che, a differenza degli apprendimenti, la valutazione del comportamento, espressa anch'essa collegialmente, viene affidata a un giudizio sintetico riportato nel documento di valutazione.

Inoltre, per uniformare il più possibile il comportamento valutativo dei docenti, si prevede che il voto in decimi sia accompagnato da una descrizione che oggettivizzi il livello di apprendimento espresso dal voto.

Ad esempio, per quanto concerne la lingua italiana, per le ultime classi della scuola primaria si può ipotizzare la seguente modalità di corrispondenza tra il voto e il livello di apprendimento.

Voti e livelli di apprendimento

Descrittori voto 5

- Incontra difficoltà a prestare attenzione ai messaggi orali
- Ha difficoltà a cogliere le informazioni di una comunicazione orale
- Comunica in modo confuso e scarsamente comprensibile
- Legge con molta difficoltà
- Incontra difficoltà frequenti nel capire un testo scritto
- Produce testi scorretti, disorganici
- Non sa individuare le parti di un discorso e le principali funzioni logiche
- Non riesce a formulare giudizi personali

Descrittori voto 10

- Ascolta con attenzione costante e con richieste pertinenti
- Coglie il significato di una comunicazione orale in modo concreto e critico
- Comunica con proprietà e disinvoltura, ricchezza e ordine
- Legge in modo fluente, espressivo
- Coglie in modo completo il significato di un testo scritto
- Produce testi corretti, esaurienti, argomentati e ben organizzati
- Individua con immediatezza le parti del discorso e le principali funzioni logiche
- Esprime giudizi personali, critici e pertinenti alle richieste

Nel caso sopra esposto sono stati presi in considerazione il livello più basso (anche se ci sono istituzioni scolastiche che prevedono descrittori per il voto 4) e quello più alto.

5. La valutazione del comportamento

Negli ultimi vent'anni la problematica relativa al comportamento degli alunni e degli studenti è stata affrontata a più riprese. Nel 1998 l'allora governo di centrosinistra (Ministro della Pubblica Istruzione Luigi Berlinguer) approvò il DPR n. 249, *Regolamento recante lo Statuto delle studentesse e degli studenti della scuola secondaria,* nel quale la scuola veniva delineata come «luogo di formazione e di educazione mediante lo studio, l'acquisizione delle conoscenze e lo sviluppo della coscienza critica».

Nel medesimo decreto, all'art. 4, si affermava che

> i provvedimenti disciplinari hanno finalità educativa e tendono al rafforzamento del senso di responsabilità e al ripristino di rapporti coretti all'interno della comunità scolastica. La responsabilità disciplinare è personale. Nessuno può essere sottoposto a sanzioni disciplinari senza essere stato prima invitato ad esporre le proprie ragioni.

Si affermava inoltre che l'infrazione disciplinare riguardante il comportamento non doveva influire sulla valutazione del rendimento scolastico.

Il Patto di corresponsabilità

Il DPR n. 249/1998 è stato aggiornato con l'approvazione del DPR n. 235/2007 nel corso del biennio di governo di centrosinistra 2006-2008 (Ministro della Pubblica Istruzione Giuseppe Fioroni). La novità più rilevante introdotta in questo decreto riguarda il Patto educativo di corresponsabilità.

Infatti, nell'art. 3 del DPR n. 235/2007, si sottolinea che

> contestualmente all'iscrizione alla singola istituzione scolastica, è richiesta la sottoscrizione da parte dei genitori e degli studenti di un Patto educativo di corresponsabilità, finalizzato a definire in maniera dettagliata e condivisa diritti e doveri nel rapporto tra istituzione scolastica autonoma, studenti e famiglie.

In ogni caso, sono state lasciate all'autonomia delle singole scuole, attraverso i regolamenti di istituto, la discrezionalità delle procedure di sottoscrizione, l'elaborazione e la revisione del patto medesimo.

Sul piano giuridico, si è via via configurato un legame stringente che, attraverso tale patto, scuola e famiglia sono tenute a realizzare.

Nella realtà, le forme di tale contratto sono abbastanza diversificate. Accanto a scuole che rispettano fedelmente la norma, anche attraverso formali sottoscrizioni, ci sono realtà che utilizzano altri canali comunicativi, principalmente il sito dell'istituto.

Il ritorno del governo di centrodestra, nella primavera del 2008, ha coinciso con un cambiamento significativo della problematica relativa alla valutazione degli apprendimenti e del comportamento. Infatti, la legge n. 169 dell'ottobre 2008 e il successivo Regolamento attuativo (DPR n. 122/2009) hanno reintrodotto, a trent'anni dalla legge 517/1977, la votazione in decimi sia del profitto sia della condotta nel primo ciclo di istruzione, anche se nella scuola primaria, per quanto concerne il comportamento, l'espressione del voto risulta meno stringente.

Inoltre, contrariamente a quanto sottolineato nello Statuto delle studentesse e degli studenti del 1998, si afferma uno stretto legame tra voto in condotta e rendimento scolastico. Infatti, nell'art. 2 della legge 169/2008, ripreso nell'art. 7 del DPR n. 122/2009, si esplicita quanto segue:

> A decorrere dall'anno scolastico 2008-2009, la valutazione del comportamento è effettuata mediante l'attribuzione di un voto numerico espresso in decimi. La votazione sul comportamento degli studenti, attribuita collegialmente dal consiglio di classe, concorre alla *valutazione complessiva* dello studente e determina, se inferiore a sei decimi, la *non ammissione* al successivo anno di corso e all'esame conclusivo del ciclo.

Il D.lgs. n. 62/2017 interviene nuovamente sul tema del comportamento, introducendo cambiamenti significativi rispetto al quadro precedente. Nel primo ciclo di istruzione, infatti, la valutazione del comportamento viene espressa con un giudizio sintetico (non più con una votazione in decimi); in generale, essa è riferita alle competenze di cittadinanza e, per quanto concerne la scuola secondaria di primo grado, allo Statuto delle studentesse e degli studenti e al patto educativo di corresponsabilità approvato dall'istituzione scolastica.

Giudizio sintetico

Nella nota MIUR n. 1865 del 10 ottobre 2017 si sottolinea che la reintroduzione del giudizio sintetico nella valutazione del comportamento ha abrogato la norma che prevedeva la non ammissione alla classe successiva per gli alunni che conseguivano un voto di comportamento inferiore a 6/10. Sarà ancora una volta il collegio dei docenti a definire i criteri per la valutazione del comportamento, determinando anche le modalità di espressione del giudizio.

«Si ricorda che dal corrente anno scolastico [2017-2018]», afferma la nota MIUR n. 1865,

> per tutte le alunne e tutti gli alunni di scuola primaria e secondaria di primo grado la valutazione periodica e finale viene integrata con la descrizione dei processi formativi (in termini di progressi nello sviluppo culturale, personale e sociale) e del livello globale degli apprendimenti conseguito.

In sintesi, riprendendo la nota MIUR n. 1865 del 10 ottobre 2017, si può sintetizzare il nuovo quadro normativo come nella figura 40.5.

LA VALUTAZIONE DEL COMPORTAMENTO
Nota MIUR n. 1865 del 10 ottobre 2017

La *valutazione del comportamento* delle alunne e degli alunni viene espressa, per tutto il primo ciclo, mediante un *giudizio sintetico* che fa riferimento alle competenze di cittadinanza e, per quanto attiene alla scuola secondaria di primo grado, allo Statuto delle studentesse e degli studenti e al patto di corresponsabilità approvato dall'istituzione scolastica.
Il collegio dei docenti definisce i criteri per la valutazione del comportamento, determinando anche le modalità di espressione del giudizio.

Fig. 40.5 Il nuovo quadro formativo sulla valutazione del comportamento.

Aggiungiamo infine che:

– a tutte le istituzioni scolastiche, anche alle secondarie di secondo grado, viene data la possibilità di inserire nei Piani dell'offerta formativa (PTOF) iniziative finalizzate alla promozione e alla valorizzazione dei comportamenti positivi;
– nel primo ciclo, si prevede che saranno oggetto di valutazione le attività svolte nell'ambito di «Cittadinanza e Costituzione»;
– anche al colloquio nell'esame di Stato del secondo ciclo viene affidato il compito di accertare le conoscenze e competenze maturate nell'ambito delle attività relative a «Cittadinanza e Costituzione». (Acerra, 2017)

L'attuale quadro normativo rafforza l'attenzione verso le misure di prevenzione dei comportamenti scorretti e irrispettosi, non compatibili con la vita della comunità scolastica. In ogni caso, per le situazioni di particolari gravità si confermano, relativamente agli alunni della secondaria di primo e di secondo grado, i provvedimenti punitivi previsti nello Statuto delle studentesse e degli studenti del 1998, come modificato dal DPR n. 235/2007 (si veda la figura 40.6).

LO STATUTO DELLE STUDENTESSE E DEGLI STUDENTI
DPR n. 249/1998, modificato dal DPR n. 235/2007

Uno dei requisiti per *l'ammissione all'esame di Stato conclusivo del primo ciclo di istruzione* è quello di non essere incorsi nelle sanzioni disciplinari di cui all'art. 4, commi 6 e 9-bis del DPR n. 249/1998.

- Art. 4, comma 6: «Le sanzioni e i provvedimenti che comportano l'allontanamento dalla comunità scolastica sono adottati dal consiglio di classe. Le sanzioni che comportano l'allontanamento superiore a 15 giorni e quelle che implicano l'esclusione dallo scrutinio finale o la non ammissione all'esame sono adottate dal consiglio d'istituto».
- Art. 4, comma 9-bis: «nei casi di recidiva, di atti di violenza grave, o comunque connotati da una particolare gravità tale da ingenerare un elevato allarme sociale, [...] la sanzione è costituita dall'allontanamento dalla comunità scolastica con l'esclusione dallo scrutinio finale o la non ammissione all'esame di Stato conclusivo del corso di studi».

Fig. 40.6 I provvedimenti punitivi previsti dallo Statuto delle studentesse e degli studenti.

6. Ammissione/non ammissione alla classe successiva nella scuola primaria e secondaria di primo grado

Il D.lgs. n. 62/2017 introduce significativi cambiamenti anche per quanto concerne il tema delle bocciature.

Nella scuola primaria (art. 3 del Decreto), la non ammissione alla classe successiva e al primo anno della secondaria di primo grado è stabilita con decisione assunta all'*unanimità* da parte di tutti i docenti della classe, i quali possono non ammettere un alunno alla classe successiva solo in casi eccezionali e comprovati da specifica motivazione.

Non ammissione: scuola primaria

L'ammissione alla classe successiva e al primo anno della scuola secondaria di primo grado è disposta anche per gli alunni con livelli di apprendimento «parzialmente raggiunti o in via di prima acquisizione». Pertanto, l'allievo/a potrà essere ammesso/a alla classe successiva con un voto inferiore a 6/10.

Nella scuola secondaria di primo grado, per l'ammissione alla classe successiva resta confermato il requisito della frequenza di almeno tre quarti del monte ore annuale.

Scuola secondaria di primo grado

In caso di parziale o mancata acquisizione dei livelli di apprendimento in una o più discipline, il consiglio di classe può deliberare, con adeguata motivazione, la non ammissione alla classe successiva o all'esame conclusivo del primo ciclo. La non ammissione, si precisa nella nota MIUR n. 1865/2017, viene deliberata a maggioranza.

Vale comunque quanto affermato nello Statuto delle studentesse e degli studenti (DPR n. 249/1998) all'art. 4 (si veda il paragrafo precedente), riguardante sanzioni o provvedimenti che comportino l'allontanamento dalla comunità scolastica.

Gli insegnanti di religione cattolica, come affermato nell'art. 309 del D.lgs. n. 297/1994, fanno parte della componente docente negli organi scolastici con gli stessi diritti e doveri degli altri docenti. Partecipano alle valutazioni periodiche e finali solo per gli alunni che si avvalgono di questo insegnamento. Come per gli insegnanti di attività alternative, la valutazione è resa con una nota distinta espressa con giudizio sintetico sull'interesse manifestato e i livelli di apprendimento.

Nella nota del MIUR n. 1865 del 10 ottobre 2017 si riafferma quanto segue:

> Il voto espresso nella deliberazione di non ammissione dall'insegnante di religione cattolica o di attività alternative, per i soli alunni che si avvalgono di detti insegnamenti, se determinante per la decisione del consiglio di classe diviene un giudizio motivato iscritto a verbale.

Il D.lgs. n. 62/2017 ridimensiona l'art. 3 della legge 169/2008 nel quale si prevedeva che, nella scuola secondaria di primo grado, fossero ammessi alla classe successiva, ovvero all'esame di Stato a conclusione del ciclo, gli studenti che avessero ottenuto, con decisione assunta a maggioranza dal consiglio di classe, un voto non inferiore a 6/10 in ciascuna disciplina o gruppo di discipline.

Come già sottolineato, resta confermato nella scuola secondaria di primo grado l'orientamento riguardante la validità dell'anno scolastico, cioè la frequenza di almeno tre quarti del monte ore annuale personalizzato, che va comunicato alle famiglie all'inizio di ciascun anno scolastico. In ogni caso, le scuole possono stabilire, con delibera del collegio dei docenti, motivate deroghe a tale limite, per casi eccezionali adeguatamente documentati.

Il voto di ammissione all'esame conclusivo del primo ciclo è espresso dal consiglio di classe in decimi, considerando il percorso scolastico compiuto dall'alunno/a.

Nel decreto si prevede poi che l'istituzione scolastica, nell'ottica della personalizzazione dell'offerta formativa, si faccia carico del mancato raggiungimento dei livelli di apprendimento e che, con un corretto uso dell'organico dell'autonomia, organizzi percorsi e attività volti a superare le carenze disciplinari degli alunni medesimi e a migliorare i livelli di apprendimento parzialmente raggiunti o in via di prima acquisizione.

7. L'esame di Stato conclusivo del primo ciclo

L'esame di Stato al termine del primo ciclo è finalizzato a verificare le conoscenze, le abilità e le competenze acquisite dall'alunna/o anche in funzione orientativa delle scelte riguardanti i percorsi dell'istruzione di secondo grado. Come si precisa nella nota del MIUR n. 1865/2017, sono sede di esame di Stato tutte le istituzioni scolastiche statali e paritarie del sistema nazionale di istruzione. Presso ogni istituzione scolastica viene costituita una commissione d'esame, composta da tutti i docenti assegnati alle classi terze, che si articola in sottocommissioni in numero pari alle classi dell'ultimo anno.

Le funzioni di presidente della commissione d'esame sono assunte dal dirigente scolastico o da un docente collaboratore, in caso di assenza o impedimento del dirigente o di reggenza di un altro istituto. Nelle scuole paritarie le funzioni di presidente sono svolte dal coordinatore delle attività educative e didattiche.

DM n. 741/2017

L'art. 5 del DM n. 741/2017 fornisce puntuali indicazioni sulle attività preliminari allo svolgimento dell'esame e sulle operazioni successive, fino alla pubblicazione degli esiti conclusivi, che dovranno terminare entro il 30 giugno (termine delle lezioni) dell'anno scolastico di riferimento.

Le condizioni dell'ammissione all'esame conclusivo sono sintetizzate nella figura 40.7, da cui si evince che lo studente può essere ammesso anche in presenza di un voto inferiore a 6/10. L'eventuale non ammissione viene deliberata a maggioranza. L'ammissione/non ammissione è deliberata in sede di scrutinio finale (al termine delle attività didattiche) dal consiglio di classe, presieduto dal dirigente scolastico o da suo delegato.

AMMISSIONE ALL'ESAME DI STATO CONCLUSIVO DEL PRIMO CICLO DI ISTRUZIONE

In sede di scrutinio finale, presieduto dal dirigente scolastico o da un suo delegato, l'ammissione all'esame di Stato è disposta, in via generale, *anche nel caso di parziale o mancata acquisizione dei livelli di apprendimento in una o più discipline.* L'ammissione avviene in presenza dei seguenti requisiti:

a) aver frequentato almeno tre quarti del monte ore personalizzato;
b) non essere incorsi nella sanzione disciplinare della non ammissione all'esame (articolo 4, commi 6 e 9-bis del DPR n. 249/1998);
c) *aver partecipato, entro il mese di aprile, alle prove nazionali* di italiano, matematica e inglese predisposte dall'INVALSI.

Nel caso di parziale o mancata acquisizione dei livelli di apprendimento in una o più discipline, il consiglio di classe può deliberare, *a maggioranza e con adeguata motivazione, tenuto conto dei criteri definiti dal collegio dei docenti,* la non ammissione dell'alunna/o all'esame di Stato, pur in presenza dei requisiti di cui sopra.
Il consiglio di classe, nel caso di parziale o mancata acquisizione dei livelli di apprendimento in una o più discipline, può attribuire all'alunna/o *un voto di ammissione anche inferiore a 6/10.* (Nota MIUR n. 1865/2017).

Fig. 40.7 Le condizioni di ammissione all'esame conclusivo del primo ciclo.

Prova nazionale INVALSI

L'art. 8 del D.lgs. n. 62/2017 e l'art. 6 del DM n. 741 del 3 ottobre 2017 ridefiniscono e riducono il numero delle prove scritte dell'esame di Stato conclusivo del primo ciclo. La novità più rilevante è costituita dall'esclusione dalle prove d'esame della prova nazionale dell'INVALSI, che viene effettuata nel mese di aprile e il cui svolgimento costituisce requisito irrinunciabile per l'ammissione. Pertanto, le prove scritte sono tre:

a) italiano, o lingua nella quale si svolge l'insegnamento;
b) matematica;
c) lingue straniere, in un'unica sezione per ciascuna delle lingue studiate.

Il colloquio è condotto collegialmente dalla commissione e

> si sviluppa in modo da porre attenzione soprattutto alla capacità di argomentazione, di risoluzione di problemi, di pensiero critico e riflessivo, di collegamento organico tra le varie discipline di studio. Come previsto dal decreto legislativo n. 62/2017, il colloquio tiene conto anche dei livelli di padronanza delle competenze connesse alle attività svolte nell'ambito di Cittadinanza e Costituzione. (Nota MIUR n. 1865/2017)

Si sottolinea, infine, che la valutazione complessiva dell'esame, espressa in decimi al termine delle prove scritte e del colloquio, è calcolata con una modalità che attribuisce un rilevante peso al voto di ammissione, in quanto deriva dalla media tra tale voto e la media dei voti di tutte le prove (scritte e colloquio). Il voto di ammissione, pertanto, vale il cinquanta per cento del totale.

8. Dati relativi all'esame conclusivo della scuola secondaria di primo grado

Nel giugno 2018 il MIUR ha pubblicato il regolare notiziario riguardante gli esiti degli scrutini dell'esame di Stato nella scuola secondaria di primo grado relativi all'anno scolastico 2016-2017. A partire dall'anno scolastico 2004-2005, a seguito della soppressione dell'esame di licenza elementare, quello conclusivo del primo ciclo di istruzione è il primo vero esame che gli studenti sono chiamati ad affrontare nel proprio percorso di studio. Per loro si tratta non solo del primo effettivo momento di valutazione, ma anche di un passaggio fondamentale verso i percorsi educativi successivi.

Rapporto MIUR 2018

I dati contenuti nel Rapporto si riferiscono all'ultima edizione dell'esame di licenza media che si è svolta con i dispositivi contenuti nel DPR n. 122/2009. Dall'anno scolastico 2017-2018 l'esame ha seguito i dettami del D.lgs. n. 62 del 13 aprile 2017, che recepisce le regole indicate nella legge 107/2015. Le nuove modalità di valutazione prevedono modifiche sia per le prove d'esame sia per i criteri di valutazione, allo scopo di incentrare la valutazione sul processo formativo dando più valore al percorso fatto dagli studenti nel corso degli anni.

Relativamente all'anno scolastico 2016-2017, il vecchio regolamento prevedeva che potessero essere ammessi alle prove d'esame i candidati che avessero riportato negli scrutini finali una votazione non inferiore a 6/10 in ciascuna disciplina (o gruppo di discipline) e un voto di comportamento non inferiore a 6/10.

I dati rilevati in occasione degli esami conclusivi del primo ciclo per l'anno scolastico 2016-2017 confermano un andamento in crescita delle ammissioni e stabile delle promozioni, già evidenziato negli anni passati. Infatti, su 100 alunni scrutinati, 98 sono stati ammessi a sostenere le prove d'esame, mentre la percentuale di promossi (99,8%) rimane stabile rispetto agli anni precedenti.

Come per altre situazioni scolastiche si conferma qualche differenza a livello regionale, anche se complessivamente l'andamento mostra una certa omogeneità: Sicilia e Sardegna sono le regioni in cui il tasso di ammissione all'esame è risultato più basso rispetto alla media nazionale (rispettivamente 97,2% e 96,8% contro il 98% del dato italiano). Di segno opposto, invece, Basilicata e Calabria, i cui alunni sono stati ammessi a sostenere le prove d'esame nel 98,7% dei casi.

Si registra, rispetto all'anno precedente, anche una crescita delle votazioni più alte: il 50,6% degli alunni che ha concluso il primo ciclo di istruzione nell'anno scolastico 2016-2017 ha conseguito una votazione pari o superiore all'otto, contro il 48,8% dell'anno scolastico 2015-2016. L'aumento più consistente si è registrato per gli alunni che hanno conseguito dieci/dieci e lode come voto finale, cresciuti di 0,9 punti percentuali.

Particolarmente significativa nella votazione finale la differenza tra maschi e femmine. Le studentesse, come già osservato negli anni passati, raggiungono risultati più brillanti rispetto agli alunni, conseguendo per il 59,3% dei casi una votazione finale superiore all'otto; il 13,5% conclude il primo ciclo con un voto pari a dieci, e di queste il 5,2% consegue la lode. I ragazzi, invece, si concentrano nel 57,6% dei casi nelle fasce di voto tra il sei e il sette; solo il 7% raggiunge il dieci e di questi solo il 2,6 dei licenziati su 100 ottiene la lode.

9. Gli esiti degli alunni con cittadinanza non italiana (CNI)

La presenza di alunni stranieri nel sistema scolastico del nostro Paese rappresenta un dato consolidato; in particolare, ad aumentare non è tanto la quota di cittadini immigrati, quanto la componente di studenti con CNI nata nel nostro Paese. Si tratta delle cosiddette seconde generazioni, ovvero studenti nati in Italia con entrambi i genitori stranieri. Pertanto, risulta interessante una lettura del dato in funzione di queste variabili.

Le seconde generazioni

A conclusione dell'anno scolastico 2016-2017, l'8,6% degli alunni ammessi a sostenere le prove dell'esame conclusivo del primo ciclo è di origine non italiana; di questi, il 48,6% è nato in Italia.

Il tasso di ammissione degli studenti stranieri è di circa 5 punti percentuali inferiore a quello dei coetanei italiani (93,6% contro 98,4%). Meno sensibile è la differenza che si registra nel tasso di successo: la percentuale di licenziati varia di circa 0,5 punti percentuali se si considera la variabile cittadinanza.

Scendendo a un ulteriore livello di dettaglio, le stesse differenze si ritrovano nella popolazione degli alunni con CNI se si considera il Paese di nascita: il 95,6% degli stranieri nati in Italia viene ammesso a sostenere le prove d'esame contro il 91,8% dei nati all'estero.

Se il tasso di promozione degli studenti stranieri è appena più basso rispetto ai coetanei italiani, ben diversi sono i risultati conseguiti in termini di voto a conclusione del percorso. Infatti, gli studenti con cittadinanza non italiana che escono dal primo ciclo sono concentrati per lo più nelle fasce di voto più basse: il 40,3% si licenzia con appena la sufficienza (contro il 20,9% degli studenti italiani) e il 30,5% con il sette (contro il 26,5% degli studenti italiani). Anche la percentuale con il dieci è decisamente più bassa di quella degli studenti italiani: il 3,4% rispetto al 5,2%.

10. La valutazione e le prove INVALSI degli alunni con disabilità e con DSA nel primo ciclo di istruzione

La valutazione degli alunni con disabilità è disciplinata dall'art. 11 del D.lgs. n. 62/2017 nel quale si confermano pressoché integralmente le disposizioni che risalgono alla legge quadro 104/1992.

Valutazione alunni disabili

Il riferimento preponderante dell'accertamento relativo alle discipline e al comportamento degli allievi in situazione di handicap è rappresentato dagli obiettivi indicati nel Piano educativo individualizzato (PEI). Tale criterio è esplicitamente sottolineato nell'art. 11, comma 3 del D.lgs. n. 62/2017, in cui si riconferma quanto disposto dall'art. 12 della legge quadro 104/1992. Il contenuto di questo articolo è ripreso e rielaborato nella figura 40.8.

Fig. 40.8 La normativa di riferimento per la valutazione degli alunni con disabilità.

L'obiettivo precipuo dell'inclusione scolastica degli alunni con disabilità è rappresentato dalla voce «apprendimento»; dunque, la finalità precipua del PEI è quella di assicurare a tutti gli allievi diversamente abili le migliori condizioni possibili per un reale e proficuo apprendimento attraverso efficaci processi di natura sociale e comunicativa.

Nella nota del MIUR n. 1865/2017 si riconferma che le/gli alunne/i con disabilità partecipano alle rilevazioni nazionali dell'INVALSI. A questo proposito, in essa si afferma:

> I docenti contitolari della classe o il consiglio di classe possono prevedere adeguate misure compensative o dispensative per lo svolgimento delle prove e, ove non fossero sufficienti, predisporre specifici adattamenti della prova ovvero disporre, in casi di particolare eccezionalità, l'esonero dalla prova.

Esami alunni disabili

Per quanto concerne lo svolgimento dell'esame di Stato, la sottocommissione terrà a riferimento le modalità organizzative definite dalla commissione in sede di riunione preliminare e, tenuto conto del Piano educativo individualizzato, predisporrà, se necessario, prove d'esame differenziate che hanno valore equivalente a quelle ordinarie al fine del superamento dell'esame e del conseguimento del diploma.

Viene pertanto confermata la normativa posta in essere dalla legge 104/1992 e recepita nell'art. 318 del D.lgs. n. 297 del 1994. Lo svolgimento di prove «differenziate equivalenti» consentirà alla stragrande maggioranza degli alunni in situazione di handicap di conseguire il diploma di licenza media.

Per le alunne e gli alunni con disabilità che non si presentano agli esami (fatta salva l'assenza per gravi e documentati motivi in base ai quali è organizzata una sessione suppletiva) è previsto il rilascio di un attestato di credito formativo, titolo che vale per l'iscrizione e la frequenza della scuola secondaria di secondo grado, ovvero dei corsi di istruzione e formazione professionale, ai soli fini del riconoscimento di ulteriori crediti formativi. Pertanto, tali alunni non potranno essere iscritti, nell'anno scolastico successivo, alla terza classe di scuola secondaria di primo grado, ma potranno assolvere l'obbligo di istruzione nella scuola secondaria di secondo grado o nei percorsi di istruzione e formazione professionale regionale.

Per quanto concerne gli alunni con disturbi specifici di apprendimento (DSA) con diagnosi ai sensi della legge 170/2010, la valutazione degli apprendimenti e la partecipazione all'esame finale del primo ciclo di istruzione sono coerenti con il Piano didattico personalizzato (PDP) predisposto dal team (scuola primaria) e dal consiglio di casse (scuola secondaria di primo grado).

Il conseguimento dei livelli di apprendimento da parte degli alunni con DSA potrà essere assicurato, come per i coetanei con disabilità, anche con l'impiego di strumenti compensativi e misure dispensative. Lo stesso dicasi per lo svolgimento delle prove d'esame; le commissioni potranno riservare tempi più lunghi di quelli ordinari e l'utilizzo di strumenti e apparecchiature informatiche solo se sono stati impiegati nel corso dell'anno o se vengono comunque ritenuti funzionali allo svolgimento dell'esame.

La sperimentazione

Nel caso di dispensa dalla prova scritta di lingua straniera in sede d'esame, la sottocommissione stabilisce modalità e contenuti della prova orale sostitutiva.

In casi invece di particolare gravità del disturbo di apprendimento, anche in comorbilità con altre patologie, l'alunno/a, sulla base dell'indicazione contenuta nella diagnosi, su richiesta della famiglia e conseguente approvazione del Consiglio di classe, è esonerato/a dall'insegnamento delle lingue straniere. Nel caso di alunne/i esonerati dall'insegnamento di una o di entrambe le lingue straniere, se necessario vengono definite sulla base del Piano didattico personalizzato prove differenziate con valore equivalente ai fini del superamento dell'esame e del conseguimento del diploma.

Nel diploma finale rilasciato alle alunne e agli alunni con disabilità o con DSA che superano l'esame (voto finale non inferiore a 6/10) non viene fatta menzione delle modalità di svolgimento e di differenziazione delle prove. Analogamente, non ne viene fatta menzione nei tabelloni affissi all'albo dell'istituto.

11. Il modello di certificazione delle competenze: dalla fase sperimentale al modello definitivo

Nell'art. 1, comma 6 del decreto si afferma che

> l'istituzione scolastica certifica l'acquisizione delle competenze progressivamente acquisite anche al fine di favorire l'orientamento per la prosecuzione degli studi.

Tale certificazione descrive (art. 9) i livelli di sviluppo delle competenze chiave e delle competenze di cittadinanza progressivamente acquisite dagli alunni, orientando gli stessi verso la scelta della scuola secondaria di secondo grado.

Come precisano le Indicazioni nazionali per il curricolo della scuola dell'infanzia e del primo ciclo di istruzione (DM n. 254/2012), tale certificazione «attesta e descrive le competenze progressivamente acquisite dagli allievi», sottolineando la valenza squisitamente formativa di questa funzione valutativa. Nelle Indicazioni nazionali 2012 si riafferma altresì la necessità di procedere all'adozione di un modello di certificazione nazionale, al fine di fornire alle famiglie e agli studenti un quadro di riferimento unitario e coerente del sistema formativo nel suo complesso e di quanto realizzato dalle singole scuole.

Mentre la legge 169/2008 e il successivo Regolamento (DPR n. 122/2009) prevedevano che la certificazione fosse resa con una votazione in decimi, l'orientamento consolidatosi negli ultimi anni risulta di segno completamente diverso: la certificazione delle competenze deve essere resa con la descrizione di livelli e non con l'attribuzione di una votazione su scala decimale.

Pertanto, tale attestazione descrive il conseguimento dei livelli raggiunti, anche orientando gli alunni alla scelta della scuola del secondo ciclo. Essa è rilasciata al termine della scuola primaria e del primo ciclo di istruzione; in quest'ultimo caso reca l'indicazione dell'esito delle prove a carattere nazionale, distintamente per ciascuna disciplina oggetto della rilevazione da parte dell'INVALSI.

Modelli di certificazione

I modelli nazionali per l'attestazione delle competenze al termine della scuola primaria e secondaria di primo grado sono stati emanati dal MIUR con l'apposita nota del 9 gennaio 2018, n. 312, *Modelli di certificazione delle competenze per il primo ciclo – DM 742/2017. Trasmissione «Linee guida» e indicazioni operative.*

I modelli per la scuola primaria e secondaria di primo grado, come precisato nel D.lgs. n. 62/2017, si rifanno ai seguenti vincoli:
- riferimento al Profilo dello studente formulato nelle Indicazioni nazionali del 2012;
- ancoraggio alle competenze chiave per l'apprendimento permanente individuate dal Parlamento e dal Consiglio dell'Unione europea nel dicembre 2006, così come recepite nell'ordinamento italiano;
- definizione, mediante enunciati descrittivi, dei diversi livelli di acquisizione delle competenze stesse;
- valorizzazione di eventuali abilità e competenze maturate anche in contesti di apprendimento non formale e informale;
- coerenza con il Piano educativo individualizzato per l'alunno/a con disabilità;
- indicazione dell'esito delle prove a carattere nazionale promosse dall'INVALSI (si veda il paragrafo 13).

Per quanto concerne la certificazione delle competenze, si rammenta che con la circolare del 13 febbraio 2015, n. 3, il MIUR ha avviato un progetto sperimentale nazionale tramite l'adozione di un modello sia per la scuola primaria sia per quella secondaria di primo grado. Questa fase sperimentale ha coinvolto nell'anno scolastico 2016-2017 oltre 3000 scuole e si è conclusa nel corso dell'anno scolastico 2017-2018 con la nota n. 312/2018.

Le Linee guida, allegate alla nota del MIUR n. 312 del 9 gennaio 2018, confermano i principi contenuti nel precedente documento ministeriale di cui alla CM n. 3/2015, sottolineando in particolare che il costrutto di competenza costituisce un richiamo che impone alla scuola di ripensare il proprio modo di procedere e suggerendo di utilizzare gli apprendimenti disciplinari all'interno di un più globale processo di crescita individuale.

I singoli contenuti di apprendimento, si afferma nella nota,

> rimangono i mattoni con cui si costruisce la competenza personale. Non ci si può quindi accontentare di accumulare conoscenze, ma occorre trovare il modo di stabilire relazioni tra esse e con il mondo al fine di elaborare soluzioni ai problemi che la vita pone quotidianamente.

Pertanto, la didattica per competenze presuppone una professionalità docente attenta alle domande e ai bisogni educativi che gli alunni sottopongono agli adulti. In questo senso, la valutazione e la certificazione delle competenze sostengono e orientano gli studenti nella costruzione del loro progetto di studio e di vita.

L'irrinunciabilità del rapporto tra conoscenze e competenze è ribadita anche da Gino Roncaglia, collaboratore del MIUR per la scuola digitale, il quale afferma:

> Non vi è né potrebbe esservi una reale contrapposizione fra conoscenze e competenze. Come sarebbe del resto possibile avere competenze senza conoscenze? La costruzione di un bagaglio solido di conoscenze è operazione complessa, che richiede essa stessa competenze specifiche (a partire dalla capacità di reperire, selezionare, valutare, collegare, conservare le informazioni). (Roncaglia, 2018)

L'interdipendenza fra conoscenze e competenze rappresenta pertanto un requisito ineludibile di una didattica di qualità.

12. Presupposti e strumenti della certificazione delle competenze

Gli insegnanti sono tenuti a valutare gli apprendimenti (in termini di conoscenze e abilità) e il comportamento, e a certificare le competenze. Questo dovere professionale deriva sia dal DPR n. 122/2009 sia da quanto stabilito nel D.lgs. n. 62/2017. L'operazione di certificazione presuppone il possesso di una serie di informazioni da cui far discendere l'attribuzione del livello raggiunto da parte dello studente.

Livelli

A questo proposito, le attuali Linee guida allegate alla nota n. 312/2018 del MIUR confermano i quattro livelli descritti nella precedente fase sperimentale: avanzato, intermedio, base, iniziale. Anche i descrittori di livello sono gli stessi delle Linee guida del 2015 (si veda lo schema riprodotto nella figura 40.9).

La certificazione delle competenze presuppone un'adeguata cultura della valutazione, a partire dal momento progettuale che dovrà tenere conto dei traguardi per lo sviluppo delle competenze contenuti nelle Indicazioni nazionali 2012 (DM 16 novembre 2012, n. 254).

Il livelli di certificazione del modello (CM n. 3/2015)	
A - Avanzato	L'alunno/a svolge compiti e risolve problemi complessi, mostrando padronanza nell'uso delle conoscenze e delle abilità; propone e sostiene le proprie opinioni e assume in modo responsabile decisioni consapevoli.
B - Intermedio	L'alunno/a svolge compiti e risolve problemi in situazioni nuove, compie scelte consapevoli, mostrando di saper utilizzare le conoscenze e le abilità acquisite.
C - Base	L'alunno/a svolge compiti e risolve problemi in situazioni nuove, mostrando di possedere conoscenze e abilità fondamentali e di saper applicare basilari regole e procedure apprese.
D - Iniziale	L'alunno/a, se opportunamente guidato/a, svolge compiti semplici in situazioni note.

Fig. 40.9 I descrittori di livello delle Linee guida del 2015.

Complessità e processualità, si sottolinea nelle Linee guida del marzo 2018 sono le caratteristiche peculiari della fase di certificazione.

> *Complessità,* in quanto si prendono in considerazione i diversi aspetti della valutazione: conoscenze, abilità, traguardi, atteggiamenti da utilizzare in un contesto problematico e più articolato rispetto alla semplice ripetizione e riesposizione di contenuti. *Processualità,* in quanto tale operazione non può essere confinata nell'ultimo anno della scuola primaria e secondaria di 1° grado, ma deve sostanziarsi delle rilevazioni effettuate in tutti gli anni precedenti. (Linee guida MIUR 2018)

Per quanto riguarda gli strumenti, come accennato in precedenza, nella scheda di certificazione delle competenze al termine della scuola primaria e secondaria di primo grado, a ognuna delle otto competenze chiave per l'apprendimento permanente della Raccomandazione europea del 2006 corrisponde una colonna con sintetici descrittori relativi al Profilo dello studente al termine del primo ciclo di istruzione. La scheda per la certificazione delle competenze (al termine della primaria e secondaria di primo grado) è firmata dal dirigente scolastico.

13. Rilevazioni nazionali dell'INVALSI e prove d'esame

Il D.lgs. n. 62/2017 contiene significative novità anche in relazione alle rilevazioni nazionali dell'INVALSI.

Prove standardizzate

Per quanto concerne la scuola primaria, vengono confermate le prove standardizzate nelle classi seconda e quinta, come previsto dall'art.

6, comma 3, del DPR n. 80/2013, istitutivo del Sistema nazionale di valutazione (SNV).

La rilevazione standardizzata dell'INVALSI nella classe quinta della primaria prevede (solo in questo ultimo anno), oltre alle prove di italiano e matematica, un'ulteriore sezione di inglese per certificare le abilità di comprensione e uso della lingua in linea con il Quadro comune europeo di riferimento per le lingue.

Le rilevazioni degli apprendimenti curate dall'INVALSI, si legge nel decreto,

> contribuiscono al processo di autovalutazione delle istituzioni scolastiche e forniscono strumenti utili al progressivo miglioramento dell'efficacia dell'azione didattica. (art. 4, comma 1)

Questo principio vale anche per la scuola secondaria di primo grado, per la quale l'INVALSI effettua rilevazioni nazionali attraverso prove standardizzate, *computer based,* volte ad accertare i livelli generali di apprendimento conseguiti in italiano, matematica e inglese in coerenza con le Indicazioni nazionali per il curricolo.

Tali rilevazioni sono effettuate nella classe terza della scuola secondaria di primo grado, come previsto dal DPR n. 80/2013 istitutivo dell'SNV.

Come per la scuola primaria, relativamente alla prova d'inglese l'INVALSI accerta i livelli di apprendimento della lingua attraverso test di posizionamento coerenti con il Quadro comune europeo di riferimento per le lingue, anche in convenzione con enti certificatori.

Le rilevazioni nazionali si svolgono prima dell'esame conclusivo, nel mese di aprile. La partecipazione degli alunni a tali rilevazioni è requisito di ammissione all'esame conclusivo del primo ciclo.

Come per la primaria, anche nella scuola secondaria di primo grado lo svolgimento delle rilevazioni costituisce per i docenti un adempimento che «rientra nell'ordinaria attività d'istituto».

A cominciare dall'anno scolastico 2017-2018, la prova INVALSI non fa più parte dell'esame di Stato conclusivo del primo ciclo di istruzione, che risulta snellito (prima le prove erano cinque più il colloquio).

Il nuovo esame (giugno 2018) prevede invece tre prove scritte più il colloquio.

Prove scritte:

– di italiano, intesa ad accertare la padronanza della lingua italiana;
– di matematica, relativa alle competenze logico-matematiche;
– di lingue straniere, relativa alle competenze acquisite in ciascuna delle lingue straniere studiate.

Il colloquio è volto ad accertare anche le competenze trasversali descritte nel profilo finale dello studente secondo le Indicazioni nazionali del 2012, nonché le competenze nelle lingue straniere, prestando particolare attenzione alle seguenti capacità: argomentazione, risoluzione di problemi, pensiero critico e riflessivo. Verranno inoltre accertate le competenze di cittadinanza; a questo proposito, nel decreto si rafforza l'insegnamento di Cittadinanza e Costituzione, pur mantenendo il carattere di attività trasversale.

Viene inoltre assegnato un maggior peso al percorso scolastico compiuto nel triennio dall'alunno/a (Art. 6, commi 5, 7 e 8).

Su proposta della sottocommissione d'esame, tenuto conto dell'esito delle prove e del percorso scolastico, la commissione delibera a maggioranza l'esito finale con votazione espressa in decimi. L'esame si intende superato se il candidato consegue una votazione complessiva di almeno 6/10. Per la valutazione finale espressa con 10/10, con deliberazione unanime della commissione, può essere attribuita la lode.

Gli esiti finali degli esami sono resi pubblici mediante affissione all'albo della scuola.

Le nuove prove dell'INVALSI per il primo ciclo di istruzione sono partite dall'anno scolastico 2017-2018.

14. Il secondo ciclo di istruzione: il nuovo esame di Stato

Il D.lgs. n. 62/2017 modifica, a partire dall'anno scolastico 2018-2019, la forma dell'esame di Stato. Si conferma invece il quadro vigente per quanto concerne la funzione, le forme e i criteri della valutazione degli apprendimenti di competenza degli insegnanti.

Legge 108/2018

A sua volta, nello svolgimento dell'esame conclusivo di Stato del secondo ciclo d'istruzione è intervenuta la legge 108 del 21 settembre 2018 che prevede:

1. il differimento della prova standardizzata a livello nazionale predisposta dall'INVALSI dal 1° settembre 2018 al 1° settembre 2019;
2. il differimento dell'obbligatorietà dell'alternanza scuola-lavoro, quale requisito per l'ammissione all'esame di Stato dal 1° settembre 2018 al 1° settembre 2019.

Per lo svolgimento dell'esame di Stato conclusivo del secondo ciclo, la commissione

> verifica i livelli di apprendimento conseguiti da ciascun candidato in relazione alle conoscenze, abilità e competenze proprie di ogni indirizzo di studi, con riferimento alle Indicazioni nazionali per i licei e alle Linee guida per gli istituti tecnici e gli istituti professionali, anche in funzione orientativa per il proseguimento degli studi di ordine superiore ovvero per l'inserimento nel mondo del lavoro.

Sono ammessi a sostenere l'esame gli studenti in possesso dei seguenti requisiti:

a) frequenza di almeno tre quarti del monte ore annuale personalizzato;
b) partecipazione, durante l'ultimo anno, alle prove predisposte dall'INVALSI;
c) svolgimento dell'attività di alternanza scuola-lavoro secondo quanto previsto dall'indirizzo di studio nel secondo biennio e nell'ultimo anno di corso;
d) votazione non inferiore a 6/10 in ciascuna disciplina o in ciascun gruppo di discipline valutate con un unico voto e voto in comportamento non inferiore a 6/10. Il Consiglio di classe può deliberare, con adeguata motivazione, l'ammissione all'esame anche nel caso di votazione inferiore a 6/10 *in una disciplina o in un gruppo di discipline.*

Nello scrutinio finale, nel caso di una delibera adottata a maggioranza, il voto espresso dall'insegnante di religione cattolica, se determinante (esclusivamente per gli alunni che si avvalgono della RC) diviene un giudizio motivato iscritto a verbale (DPR n. 751/1985, punto 2.7). Lo stesso criterio riguarda anche l'insegnante per le attività alternative.

Il punteggio complessivo rimarrà in centesimi, ma muterà il peso assegnato al credito scolastico, alle due prove scritte e al colloquio. In sede di scrutinio finale, infatti, il credito scolastico maturato nel secondo biennio e nell'ultimo anno potrà contare su punteggio massimo di 40 punti anziché 25 (come nel sistema precedente); di questi, 12 sono relativi al terzo anno, 13 al quarto e 15 al quinto. Partecipa all'attribuzione del credito scolastico il consiglio di classe comprensivo di tutti i docenti che svolgono attività e insegnamenti per tutti gli alunni, e di quelli di religione cattolica e di attività alternative limitatamente agli studenti che se ne avvalgono.

L'esame comprende due prove scritte a carattere nazionale (scompare la terza prova elaborata dalla commissione d'esame, più conosciuta come «quizzone») e un colloquio.

Il Consiglio di classe elabora entro il 15 maggio di ciascun anno un documento che esplicita i contenuti, i metodi, i mezzi, gli spazi, i tempi, i criteri e gli strumenti di valutazione del percorso formativo degli studenti. Sulla base degli obiettivi raggiunti, la commissione tiene conto di detto documento nell'espletamento dei lavori.

Prima prova scritta

La prima prova scritta accerta la padronanza della lingua italiana e consiste nella redazione di un elaborato con differenti tipologie testuali in ambito artistico, letterario, filosofico, scientifico, storico, sociale, economico o tecnologico. La prova può essere strutturata in più parti, anche per consentire la verifica di competenze diverse del candidato.

La seconda prova scritta, grafica o scritto-grafica, pratica, compositivo/esecutiva, musicale o coreutica, ha per oggetto una delle discipline caratterizzanti il corso di studio e accerta le conoscenze, le abilità e le competenze attese dal profilo educativo, culturale e professionale dello studente dello specifico indirizzo.

Seconda prova scritta

Il colloquio è finalizzato ad accertare il conseguimento del profilo educativo, culturale e professionale dello studente. A tal fine la commissione propone al candidato di analizzare testi, documenti, esperienze, progetti, problemi per verificare l'acquisizione dei contenuti e dei metodi propri delle singole discipline.

Colloquio

Nel corso del colloquio finale, il candidato espone, mediante una breve relazione e/o un elaborato multimediale, le esperienze di alternanza scuola-lavoro realizzate nel corso del triennio.

Il colloquio accerta altresì le conoscenze e competenze dello studente nell'ambito delle attività relative a Cittadinanza e Costituzione.

Al fine di uniformare i criteri di valutazione delle commissioni d'esame, il MIUR definirà con un apposito decreto le griglie di valutazione per l'attribuzione dei punteggi nelle due prove scritte e nel colloquio.

In sintesi, la commissione assegna a ciascun candidato un punteggio in centesimi e potrà attribuire un massimo di 20 punti per la valutazione rispettivamente di ognuna delle tre prove, per un massimo di 60 punti (nel sistema precedente i tre scritti valevano 15 punti ciascuno e la prova orale 30).

Il punteggio minimo complessivo per superare l'esame è di 60/100. La commissione d'esame può motivatamente integrare il punteggio fino a un massimo di 5 punti ove il candidato abbia ottenuto un credito scolastico di almeno 30 punti e un risultato complessivo nelle prove scritte fino a un massimo di 50 punti.

Per gli studenti che conseguono il punteggio massimo di 100/100, la commissione potrà attribuire la lode, purché essi abbiano conseguito 40 con voto unanime del consiglio di classe nel punteggio del credito scolastico e il voto massimo per ogni prova d'esame.

L'esito dell'esame con l'indicazione del punteggio finale conseguito, inclusa la menzione della lode, è pubblicato, contemporaneamente per tutti i candidati della classe, sull'albo dell'istituto. In caso di mancato superamento dell'esame, verrà apposta accanto al nome dello studente la dicitura «non diplomato».

Resta immutata la composizione delle commissioni d'esame che, in base alla vigente normativa, sono formate da tre commissari interni e tre esterni e un presidente esterno individuato tra i dirigenti scolastici e, in subordine, tra i docenti di un'altra istituzione scolastica statale.

Diploma e curriculum

Il diploma finale rilasciato in esito al superamento dell'esame di Stato attesta: la durata del corso degli studi, il punteggio complessivo ottenuto e, in una specifica sezione, l'indicazione dei livelli di apprendimento conseguiti nelle prove scritte a carattere nazionale predisposte dall'INVALSI.

Al diploma è allegato il curriculum dello studente, nel quale sono riportate: le discipline comprese nel piano degli studi e il relativo monte ore, le competenze, le conoscenze e le abilità anche professionali acquisite, nonché le attività di alternanza scuola-lavoro svolte e altre eventuali certificazioni conseguite.

15. Prime indicazioni per l'esame di Stato del secondo ciclo d'istruzione

Nota MIUR n. 3050/2018

Il MIUR, nella nota del 4 ottobre 2018, n. 3050, ha illustrato le prime indicazioni operative in vista dell'esame di maturità che gli studenti sosterranno al termine del secondo ciclo d'istruzione.

Nel dispositivo del provvedimento sono confermate le novità del D.lgs. n. 62/2017; sono riprese altresì le novità contenute nella legge del 21 settembre 2018, n. 108, relativamente alla partecipazione alle prove standardizzate dell'INVALSI e all'alternanza scuola-lavoro.

Per quanto concerne il primo provvedimento, si ribadisce la struttura generale del nuovo esame di Stato. In particolare si richiamano le istituzioni scolastiche a ricalcolare il credito scolastico in quarantesimi, secondo una tabella di conversione dei punteggi già attribuiti per il terzo e il quarto anno (in venticinquesimi). Tale operazione dovrà essere effettuata dai Consigli di classe con tempestività e, comunque, non più tardi dello scrutinio di valutazione intermedia. In tal modo, lo studente del quinto anno potrà essere informato per tempo della propria situazione.

Griglie di valutazione

Viene richiamata anche un'importante novità del D.lgs. n. 62/2017 riguardante l'adozione, con apposito Decreto ministeriale, dei quadri di riferimento per la redazione e lo svolgimento delle due prove scritte e la definizione delle griglie di valutazione, che saranno adottate in ambito nazionale per uniformare i criteri di correzione da parte delle singole commissioni d'esame per l'attribuzione dei punteggi (rispettivamente 20 e 20 per la prima e la seconda prova; 20 per il colloquio).

Per quanto concerne le novità della legge 108/2018, si precisa che la partecipazione alle prove nazionali INVALSI di italiano, matematica e inglese (CBT), che si terranno dal 4 al 30 marzo 2019, e lo svolgimento dell'alternanza scuola-lavoro non costituiscono più un requisito per l'ammissione all'esame. Entrambe le materie, infatti, saranno oggetto di revisione rispetto a quanto previsto dal D.lgs. n. 62/2017.

Relativamente ai quadri di riferimento per lo svolgimento delle prove scritte, alla Nota ministeriale n. 3050/2018 sono allegati i documenti di lavoro per la prima e la seconda prova, che costituiranno la base per l'emanazione dell'apposito Decreto ministeriale, comprensivo della griglia di valutazione delle prove stesse.

16. Le rilevazioni nazionali dell'INVALSI

Il DPR n. 80/2013, che ha istituito il Sistema nazionale di valutazione, ha previsto che vengano effettuate verifiche periodiche e sistematiche delle conoscenze e delle abilità degli studenti nella classe seconda e quinta della primaria, nell'ultimo anno della secondaria di primo grado, nella classe seconda e quinta della secondaria di secondo grado.

Prove censuarie INVALSI

All'INVALSI è stato attribuito il compito di predisporre per tali classi prove censuarie finalizzate a valutare l'efficienza e l'efficacia del sistema educativo di istruzione e di formazione, a raccogliere elementi per un più ampio processo di autovalutazione delle scuole (RAV), a sviluppare la qualità dell'offerta formativa che si esplica attraverso il Piano di miglioramento inserito nel Piano triennale dell'offerta formativa, a contribuire alla rilevazione dei livelli di apprendimento degli alunni confrontati con standard nazionali e, infine, a monitorare i livelli delle competenze in *literacy* e *numeracy* da parte degli studenti, come previsto dagli obiettivi di Europa 2020.

In relazione alle rilevazioni nazionali dell'INVALSI e in analogia con quanto previsto nel primo ciclo di istruzione, gli studenti dell'ultimo anno della secondaria di secondo grado, ferme restando le rilevazioni già effettuate nella classe seconda, sostengono prove *computer based* (CBT) volte a verificare i livelli di apprendimento conseguiti in italiano, matematica e inglese.

Per la prova di inglese, l'INVALSI accerta i livelli di apprendimento attraverso prove di posizionamento sulle abilità di comprensione e uso della lingua coerenti con il Quadro comune europeo di riferimento per le lingue (QCER; art. 19, commi 1 e 2 del D.lgs. n. 62/2017).

Con la stessa modalità CBT, nell'anno scolastico 2017-2018 è stata effettuata la rilevazione nazionale dell'INVALSI anche nelle classi del secondo anno dell'istruzione superiore. Per la prova di inglese, anche in questo caso l'accertamento riguarda le abilità di comprensione e l'uso della lingua coerenti con il QCER.

Esami alunni disabili

Come già sottolineato, la partecipazione a tali prove costituisce requisito per l'ammissione all'esame di Stato. Alle prove standardizzate partecipano tutti gli studenti, compresi quelli con disabilità certificata. L'esito delle prove sostenute nell'ultimo anno viene riportato, distintamente per ciascuna disciplina oggetto di rilevazione, in una specifica sezione all'interno del curriculum della studentessa e dello studente. Per il secondo ciclo di istruzione, le nuove prove dell'INVALSI verranno avviate nel corso dell'anno scolastico 2018-2019.

17. La valutazione degli alunni con disabilità e con disturbo specifico di apprendimento

Per quanto concerne la valutazione degli alunni con disabilità, nell'istruzione di secondo grado non si introducono cambiamenti significativi rispetto alla normativa attuale.

Le studentesse e gli studenti con disabilità sono ammessi a sostenere l'esame conclusivo del secondo ciclo di istruzione nel rispetto dei requisiti di tutti gli altri candidati.

Il Consiglio di classe stabilisce la tipologia delle prove e le stesse, qualora determinino il rilascio del titolo di studio, hanno valore equipollente all'interno del Piano educativo individualizzato.

Ai candidati per i quali la commissione predisponga prove non equipollenti verrà rilasciato un attestato di credito formativo.

Per i candidati con disabilità che partecipano alle prove INVALSI, il consiglio di classe può prevedere adeguate misure dispensative e strumenti compensativi, ed eventualmente ulteriori specifici adattamenti per lo svolgimento delle prove medesime.

Lo svolgimento delle prove standardizzate dell'INVALSI per gli alunni con DSA avviene tenendo conto che il consiglio di classe può proporre adeguati strumenti compensativi coerenti con il Piano didattico personalizzato.

I candidati dispensati o esonerati dalla prova scritta di lingua straniera non sostengono la prova nazionale di lingua inglese.

In relazione alla predisposizione delle prove equipollenti, il superamento delle quali consente l'acquisizione del diploma, nella figura 40.10 si esplicitano alcuni criteri di elaborazione sia rispetto ai contenuti sia rispetto alle forme realizzative.

Studenti DSA

Gli studenti con disturbo specifico di apprendimento (DSA) sono ammessi a sostenere le prove d'esame secondo quanto predisposto dal Piano didattico personalizzato (PDP).

Nello svolgimento delle prove scritte i candidati con DSA possono utilizzare tempi più lunghi di quelli ordinari e utilizzare gli strumenti compensativi (non misure dispensative) previsti dal PDP.

La valutazione didattica, di responsabilità degli insegnanti, presuppone la promozione di un contesto collegiale, richiede disponibilità, ricerca e preparazione da parte di tutti gli operatori della scuola e in

CRITERI PER LA PROGETTAZIONE DI UNA PROVA EQUIPOLLENTE

Rispetto ai contenuti:

- ridurre gli apparati concettuali con eventuali sostituzioni;
- valorizzare gli aspetti operativi dei saperi;
- mirare all'essenzialità e alla fondatività delle conoscenze e delle competenze.

Rispetto alle forme realizzative:

- fornire tracce, schemi, mappe, immagini;
- utilizzare strumenti compensativi (computer con i programmi di videoscrittura, lettura ad alta voce);
- programmare le prove (colloqui orali);
- sostenere lo studente valorizzando i suoi punti di forza.

Fig. 40.10 Criteri per la progettazione di una prova equipollente per la valutazione degli alunni con disabilità.

primo luogo da parte dei docenti. Determinante, in ogni caso, risulta il ruolo del dirigente e della leadership educativa che egli saprà esercitare.

Come sottolinea Mario Castoldi, entro questa cornice,

> la valutazione rappresenta una parola chiave della legge 107/2015 e fornisce un filo rosso attraverso cui riconoscere legami ed interdipendenze tra i diversi temi che essa affronta. (Castoldi, 2015)

Pertanto, la valutazione si conferma una funzione intrinseca alla qualità dell'apprendimento che concorre a promuovere la formazione integrale dell'alunno e dello studente.

CAPITOLO QUARANTUNESIMO

La certificazione delle competenze e il nuovo ruolo dell'INVALSI: opportunità e rischi

1. La certificazione delle competenze 2. Le Linee guida del 9 gennaio 2018 per la certificazione delle competenze 3. Gli adattamenti del modello per gli alunni con disabilità e con DSA 4. Le prove nazionali dell'INVALSI 5. Analogie e differenze tra primaria e secondaria di primo grado 6. Attestazione, certificazione 7. Le prove INVALSI per gli alunni con disabilità o con disturbi specifici di apprendimento (DSA) 8. Le ricadute sulle prassi dei docenti e l'effetto scuola 9. Le attività delle istituzioni scolastiche 10. La certificazione delle competenze nel primo e secondo ciclo 11. Il report dell'INVALSI 2018 12. Risultati e disparità territoriali 13. La variabilità degli esiti: l'effetto contesto

1. La certificazione delle competenze

Come sottolineato nel precedente capitolo, la certificazione delle competenze nel primo ciclo d'istruzione ha conosciuto una fase sperimentale che si è conclusa con l'emanazione della Nota del MIUR n. 312 del 9 gennaio 2018 e delle Linee guida allegate alla Nota medesima in cui si recepiscono le innovazioni introdotte sia dal D.lgs. n. 62/2017 sia dal successivo DM n. 742/2017.

Nel DM 742 del 3 ottobre 2017, attuativo del decreto n. 62, si ribadisce che tale adempimento riguarda sia le istituzioni scolastiche statali sia quelle paritarie.

Nell'art. 1, comma 3 del DM n. 742/2017 si sottolinea inoltre che

> la certificazione delle competenze descrive i risultati del processo formativo al termine della scuola primaria e secondaria di primo grado, secondo una valutazione complessiva in ordine alla capacità di utilizzare i saperi acquisiti per affrontare compiti e problemi, complessi e nuovi, reali o simulati.

Attestazione e descrizione

Come precisano le Indicazioni nazionali per il curricolo della scuola dell'infanzia e del primo ciclo di istruzione (DM n. 254/2012), tale certificazione «attesta e descrive le competenze progressivamente acquisite dagli allievi», sottolineando la valenza squisitamente formativa di questa funzione accertativa. Nelle Indicazioni nazionali 2012 si riafferma altresì la necessità di procedere all'adozione di un modello di certificazione nazionale, al fine di fornire un quadro di riferimento unitario e coerente del nostro sistema di istruzione.

Mentre la legge 169/2008 e il successivo Regolamento (DPR n. 122/2009) prevedevano che la certificazione fosse resa con una votazione in decimi, l'orientamento consolidatosi negli ultimi anni risulta di segno completamente diverso: la certificazione delle competenze deve essere resa con la descrizione di livelli e non con l'attribuzione di una votazione su scala decimale.

È rilasciata al termine della scuola primaria e del primo ciclo di istruzione; in quest'ultimo caso reca l'indicazione dell'esito delle prove a carattere nazionale, distintamente per ciascuna disciplina oggetto della rilevazione da parte dell'INVALSI.

I modelli nazionali per l'attestazione delle competenze al termine della scuola primaria e secondaria di primo grado sono stati emanati dal MIUR con la nota del 9 gennaio 2018, n. 312 *(Modelli di certificazione delle competenze per il primo ciclo – DM 742/2017. Trasmissione «Linee guida» e indicazioni operative)*, sulla base dei seguenti principi:

– riferimento al Profilo dello studente formulato nelle Indicazioni nazionali del 2012;
– ancoraggio alle competenze chiave per l'apprendimento permanente individuate dal Parlamento e dal Consiglio dell'Unione europea nel dicembre 2006;
– valorizzazione di eventuali abilità e competenze maturate anche in contesti di apprendimento non formali e informali;
– definizione, mediante enunciati descrittivi, dei diversi livelli di acquisizione delle competenze stesse;
– coerenza con il Piano educativo individualizzato per l'alunno/a con disabilità;
– indicazione dell'esito delle prove a carattere nazionale promosse dall'INVALSI (si vedano i paragrafi 4, 5 e 6).

Per quanto concerne la certificazione delle competenze, si rammenta che con la circolare del 13 febbraio 2015, n. 3, il MIUR ha avviato un progetto sperimentale tramite l'adozione di un modello su scala nazionale sia per la scuola primaria sia per quella secondaria di primo grado che ha coinvolto nell'anno scolastico 2016-2017 oltre 3000 scuole.

Dopo tre anni di sperimentazione, nei quali si è proceduto a modificare l'impianto iniziale dei modelli, nel corso dell'anno scolastico 2017-2018 il MIUR ha adottato, tramite il DM n. 742 del 3 ottobre 2017 e poi con la circolare n. 312/2018, i modelli definitivi per la classe quinta della scuola primaria e la classe terza della secondaria di primo grado.

2. Le Linee guida del 9 gennaio 2018 per la certificazione delle competenze

Dopo l'emanazione del DM n. 742 del 3 ottobre 2017, il MIUR ha diffuso la nota n. 312 del 9 gennaio 2018 con allegate le Linee guida, con l'obiettivo di orientare le scuole nelle procedure di adozione dei nuovi strumenti certificativi. Tale documento è molto articolato e si rifà ampiamente alle Indicazioni nazionali per il curricolo della scuola dell'infanzia e del primo ciclo di istruzione (DM del 16 novembre 2012, n. 254). In esso, infatti, si afferma che

Linee guida 2018

> sulla base dei traguardi fissati a livello nazionale, spetta all'autonomia didattica delle comunità professionali progettare percorsi per la promozione, la rilevazione e la valutazione delle competenze.

Spostare l'attenzione sulle competenze non significa però trascurare il ruolo determinante che i risultati di apprendimento, le conoscenze e le abilità svolgono in funzione di esse.

Non è pensabile, si sottolinea nelle Linee guida,

> che si possano formare delle competenze in assenza di una sicura padronanza delle strumentalità di base. [...] Si rende, pertanto, necessario ripensare il modo di «fare scuola», integrando la didattica dei contenuti e dei saperi — riferiti ai nuclei fondanti delle discipline — con modalità interattive e costruttive di apprendimento.

La progettazione di esperienze formative incentrate sulla didattica per competenze presuppone dunque una capillare attività di formazione degli insegnanti, che continuano a preferire strategie educative prevalentemente trasmissive ed espositive, distanti da modalità di costruzione delle conoscenze incentrate sulla partecipazione diretta degli studenti.

Il modello nazionale di certificazione delle competenze allegato al DM n. 742/2017 è coerente con il Profilo dello studente al termine del primo ciclo di istruzione delineato nelle Indicazioni nazionali, fa riferimento alle competenze chiave europee del 2006 ed è proposto in una duplice versione per la scuola primaria e per la scuola secondaria di primo grado.

La struttura del modello, rispetto a quella sperimentata all'inizio, risulta decisamente alleggerita; consta di fatto di:

- una *prima colonna* nella quale sono riportate le competenze chiave della Raccomandazione europea del 2006;

- una *seconda colonna* nella quale sono evidenziate le competenze indicate dal Profilo dello studente, ridotte nel numero e semplificate linguisticamente;
- una *terza colonna* che esemplifica i livelli da attribuire a ciascuna competenza. A questo proposito, è stata riproposta l'opzione di quattro livelli, condivisa e apprezzata dalle istituzioni scolastiche che si sono rese disponibili per la sperimentazione.

Sono stati confermati i quattro livelli di certificazione; non si prefigura il livello «non raggiunto», ma solo quello iniziale, proprio per sottolineare la *progressività* e la *processualità* dell'acquisizione delle competenze. Sotto questo aspetto, la scelta operata dagli esperti del MIUR è coerente con le Indicazioni nazionali per il curricolo del 2012, in cui vengono fissati i «traguardi per lo sviluppo delle competenze» al termine della scuola primaria e secondaria di primo grado, che rappresentano, si legge nel testo, «riferimenti ineludibili per gli insegnanti», i quali sono chiamati a promuovere le condizioni affinché ogni alunno possa conseguirli.

Esemplificazione

La scelta di uno dei livelli (A, B, C, D) dovrà essere compiuta dai docenti contitolari della classe (quinta classe della scuola primaria) e dal consiglio di classe (terzo anno della scuola secondaria di primo grado) in sede di scrutinio finale; nel modello di certificazione è rappresentata dalla terza colonna. Nella tabella 41.1 si fornisce una parziale esemplificazione del modello (schema relativo alla classe terza della scuola secondaria di primo grado).

TABELLA 41.1
Esempio di modello di certificazione delle competenze

Competenze chiave europee	Competenze dal Profilo dello studente al termine del primo ciclo di istruzione	Livelli (Dovrà essere indicato uno dei quattro)
Comunicazione nella madrelingua o lingua di istruzione	Ha una padronanza della lingua italiana che gli consente di comprendere enunciati, di raccontare le proprie esperienze e di adottare un registro linguistico appropriato alle diverse situazioni.	
Comunicazione nelle lingue straniere	È in grado di esprimersi in lingua inglese a livello elementare (A2 del Quadro comune europeo di riferimento) e, in una seconda lingua europea, di affrontare una comunicazione essenziale in semplici situazioni di vita quotidiana. Utilizza la lingua inglese anche con le tecnologie dell'informazione e della comunicazione.	

Competenze chiave europee	Competenze dal Profilo dello studente al termine del primo ciclo di istruzione	Livelli (Dovrà essere indicato uno dei quattro)
Competenza matematica e competenze di base in scienza e tecnologia	Utilizza le conoscenze matematiche e scientifico-tecnologiche per analizzare dati e fatti della realtà e per verificare l'attendibilità di analisi quantitative proposte da altri. Utilizza il pensiero logico-scientifico per affrontare problemi e situazioni sulla base di elementi certi. Ha consapevolezza dei limiti delle affermazioni che riguardano questioni complesse.	
Competenze digitali	______________________ ______________________	

N.B.: continua sino al nono campo, libero per: Ulteriori competenze in contesti extrascolastici.

Dopo l'ultima competenza europea (consapevolezza ed espressione culturale), nel modello di certificazione è previsto un nono spazio aperto nel quale i docenti registrano «significative competenze dell'alunno/a nello svolgimento di attività scolastiche e/o extrascolastiche» relativamente a particolari interessi maturati in contesti non formali e informali.

Il modello della certificazione delle competenze al termine della scuola primaria e secondaria di primo grado è firmato dal dirigente scolastico.

3. Gli adattamenti del modello per gli alunni con disabilità e con DSA

Nella sezione delle Linee guida dal titolo *Modalità di compilazione del documento* si forniscono alcune precisazioni inerenti agli alunni con disabilità e con DSA.

Premesso che il documento di certificazione delle competenze, a firma del dirigente scolastico, viene redatto a conclusione dello scrutinio finale dai docenti contitolari della classe quinta al termine della scuola primaria e dal consiglio di classe (sempre in sede di scrutinio finale) al termine della scuola secondaria di primo grado solo per gli alunni ammessi all'esame di Stato, nella sezione citata si forniscono alcune precisazioni circa le modalità di compilazione per gli alunni con disabilità e con DSA. Adattamenti

Per i primi, si sottolinea quanto segue:

> Il modello nazionale per gli alunni con disabilità certificata viene compilato, con gli opportuni adeguamenti, per renderlo coerente con gli obiettivi previsti dal PEI. Il DM 742/2017, sia per

la certificazione al termine della scuola primaria, che per quella al termine del primo ciclo, recita: «Per le/gli alunne/i con disabilità [...] il modello nazionale può essere accompagnato, ove necessario, da una nota esplicativa che rapporti il significato degli enunciati di competenza agli obiettivi specifici del PEI». Ciò significa, ad esempio, che possono essere allegati al modello dei descrittori (rubriche, griglie) che declinano la padronanza delle competenze chiave, descritte dalle dimensioni del Profilo, in coerenza con il PEI, nei quattro livelli previsti dalla certificazione.

Per gli alunni con disturbi specifici di apprendimento (DSA) dispensati dalle prove scritte in lingua straniera si fa riferimento alla sola dimensione orale di tali discipline, mentre per gli alunni con DSA esonerati dall'insegnamento della lingua straniera, ai sensi del Decreto ministeriale del 12 luglio 2011, non viene compilata la relativa sezione.

Si precisa infine che la certificazione delle competenze non viene rilasciata alle alunne e agli alunni che partecipano all'esame in qualità di privatisti, in quanto viene definita in sede di scrutinio finale dove non sono previste valutazioni per questa tipologia di candidati (nota MIUR n. 1865 del 10 ottobre 2017).

4. Le prove nazionali dell'INVALSI

Dall'anno scolastico 2017-2018 le prove nazionali dell'INVALSI hanno conosciuto una significativa rimodulazione, tra cui l'introduzione della prova di inglese sia nella scuola primaria sia nella secondaria di primo grado.

I provvedimenti attuativi della legge 107/2015 in materia di valutazione stanno gradualmente rafforzando la funzione dell'Istituto nazionale per la valutazione del sistema educativo di istruzione e formazione (INVALSI). È vero, siamo ancora nella fase iniziale di un cambiamento che potrebbe assumere nei prossimi anni ricadute molto rilevanti nelle prassi educative degli insegnanti. Per cercare di capire le ragioni di questo mutamento, è opportuno riprendere quanto contenuto nel D.lgs. del 13 aprile 2017, n. 62 riguardante la valutazione e la certificazione delle competenze nel primo ciclo di istruzione e la revisione degli esami conclusivi di Stato della secondaria di primo e di secondo grado.

Come ribadito nella nota del MIUR del 10 ottobre 2017, n. 1865 *(Indicazioni in merito a valutazione, certificazione delle competenze ed esame di Stato nelle scuole del primo ciclo di istruzione),* si sottolinea che l'art. 4 del D.lgs. n. 62/2017 conferma la presenza della prova di italiano e matematica nelle classi seconda e quinta della primaria e introduce, solo nella classe quinta, una prova di inglese sulle abilità di comprensione e uso della lingua, coerente con il Quadro comune europeo di riferimento per le lingue (QCER). Quest'ultima prova nel quinto anno della primaria è somministrata in modo tradizionale («su carta»), in una giornata diversa dalle due previste per le prove di italiano e di matematica, comunque sempre all'inizio del mese di maggio. Essa si articola principalmente nella lettura di un testo scritto e nell'ascolto di un brano in lingua originale di livello A1.

Test di posizionamento

Nella scuola secondaria di primo grado, relativamente alla prova d'inglese, l'INVALSI accerta i livelli di apprendimento della lingua attraverso test di posizionamento coerenti con il Quadro comune europeo di riferimento per le lingue, anche in convenzione con enti certificatori. La prova è finalizzata ad accertare il livello A2. I risultati delle prove INVALSI saranno inseriti nella certificazione delle competenze secondo livelli descrittivi distinti per italiano (6 livelli), matematica (6 livelli), comprensione della lingua inglese nella lettura (4 livelli) e nell'ascolto (4 livelli) (art. 9, comma 3, lettera f) del D.lgs. n. 62/2017 e art. 4 del DM n. 742/2017).

Le rilevazioni nazionali si svolgeranno ogni anno nel mese di aprile prima dello svolgimento dell'esame conclusivo; la partecipazione degli alunni a tali rilevazioni è requisito di ammissione all'esame conclusivo del primo ciclo. Come per la primaria, anche nella scuola secondaria di primo grado lo svolgimento delle rilevazioni costituisce per i docenti un adempimento che «rientra nell'ordinaria attività d'istituto».

Le prove nazionali dell'INVALSI non faranno più parte dell'esame di Stato conclusivo del primo ciclo di istruzione.

5. Analogie e differenze tra primaria e secondaria di primo grado

Dal confronto tra le rilevazioni nella scuola primaria e secondaria di primo grado si evincono alcune importanti differenze che intercorrono tra gli articoli 4 (scuola primaria) e 7 (secondaria di primo grado) del D.lgs. n. 62/2017. Infatti, l'art. 4 reca questo titolo: *Rilevazioni nazionali sugli apprendimenti delle alunne e degli alunni della scuola primaria.* Nel corrispondente articolo 7, invece, leggiamo: *Prove nazionali sugli apprendimenti delle alunne e degli alunni della scuola secondaria di primo grado.* Dunque, nella scuola primaria l'INVALSI effettua «rilevazioni», mentre nel grado successivo «prove». Tale differenza risulta molto più evidente nel momento in cui si approfondiscono i contenuti dei due articoli (per la scuola primaria prenderemo in considerazione solo le novità riguardanti la classe quinta).

Per quanto concerne la scuola primaria (art. 4 del D.lgs. n. 62/2017) si conferma quanto indicato nell'art. 6, comma 3 del DPR n. 80/2013, nel quale viene sottolineato che il Sistema nazionale di valutazione (SNV), tramite l'INVALSI, provvede ad effettuare «periodiche rilevazioni nazionali sugli apprendimenti e sulle competenze degli studenti». Si afferma, infatti, che

> l'INVALSI effettua rilevazioni nazionali sugli apprendimenti delle/degli alunne/i in italiano, matematica e inglese in coerenza con le Indicazioni nazionali per il curricolo.

Invece, nell'art. 7 del medesimo decreto, relativo alla scuola secondaria di primo grado, si afferma che l'INVALSI

> effettua rilevazioni nazionali *attraverso prove standardizzate, computer based,* volte ad accertare i livelli generali e specifici di apprendimento conseguiti in italiano, matematica e inglese in coerenza con le Indicazioni nazionali per il curricolo.

Valore educativo delle prove INVALSI

L'utilizzo del verbo «accertare» richiama un campo semantico preciso, riconducibile a una misurazione di tipo oggettivo; «accertare», infatti, significa *appurare, rilevare, controllare.* Si tratta, pertanto, di una verifica che ha una funzione preminentemente certificativa, anche se nelle Linee guida per la certificazione delle competenze nel primo ciclo di istruzione del 9 gennaio 2018 si riafferma il valore educativo delle prove standardizzate. Quest'ultimo principio è ribadito anche nel D.lgs. n. 62/2017, nel quale si sottolinea che le rilevazioni nazionali contribuiscono a conseguire un duplice scopo:

- sostenere il processo di autovalutazione delle istituzioni scolastiche fornendo alle stesse un quadro informativo molto ampio e una concreta possibilità di confronto con altre scuole;
- concorrere al progressivo miglioramento dell'efficacia dell'azione didattica.

È altrettanto vero, però, che la certificazione delle competenze al termine del primo ciclo di istruzione si fonda su evidenze accertabili, destinate ad assumere nei prossimi anni un ruolo di primo piano nei confronti dell'alunno, della sua famiglia e, più in generale, dell'intera collettività.

6. Attestazione, certificazione

Le rilevazioni dell'INVALSI al termine della scuola primaria (italiano, matematica e inglese) e, a maggior ragione, quelle che si svolgono nella seconda classe (non oggetto di certificazione), si configurano come un momento formativo, una raccolta di informazioni che rientra nell'attività degli insegnanti i quali, come negli anni passati, provvedono a correggere le prove secondo le indicazioni fornite dall'INVALSI e in base alla griglia di correzione disponibile sul sito dell'istituto.

Le rilevazioni del quinto anno della scuola primaria, infatti, continuano a essere somministrate in versione cartacea. Si tratta di un'attestazione interna che coinvolge principalmente la scuola e la famiglia, anche se va sottolineato che, per quanto concerne la prova INVALSI di inglese dell'ultimo anno della primaria, nella nota MIUR del 10 ottobre 2018, n. 1865, si afferma che essa «è finalizzata ad accertare il livello di ogni alunna/o rispetto alle abilità di comprensione di un testo letto o ascoltato e di uso della lingua, coerente con il livello A1 del QCER».

Scuola primaria

Diverso peso assume invece la certificazione che il direttore generale dell'INVALSI rilascia al termine del primo ciclo di istruzione. Infatti, a differenza di quanto avviene nella scuola primaria, viene chiamato in causa un soggetto terzo ed esterno alla scuola. Si tratta, pertanto, di una certificazione a tutti gli effetti, destinata ad accrescere l'attenzione dei genitori verso tale documentazione.

Come già sottolineato, il D.lgs. n. 62/2017 ha espunto le prove INVALSI di italiano e di matematica dallo svolgimento degli esami conclusivi al termine della scuola secondaria di primo grado; pertanto, esse non rientrano più nella valutazione complessiva che determina l'espressione del voto da apporre sul diploma. Bisogna però aggiungere che l'esito delle vecchie prove non dava origine ad alcuna certificazione.

INVALSI ente certificatore

Con il D.lgs. n. 62/2017 e i provvedimenti successivi (DM n. 72/2017, nota n. 1865/2017, nota n. 2936/2018), l'INVALSI esce rafforzato rispetto al ruolo svolto fino all'anno scolastico 2016-2017 in quanto, oltre a essere un soggetto rilevatore, assume una nuova e inedita funzione, quella di ente certificatore.

Questo ulteriore mandato vale per italiano e matematica, ma soprattutto per gli apprendimenti di inglese, i cui livelli di competenza sono codificati a livello internazionale (si veda la figura 41.1).

PROVE INVALSI (CBT): ITALIANO, MATEMATICA E INGLESE AL TERMINE DEL PRIMO CICLO

I contenuti della prova di *italiano* e di *matematica* saranno in perfetta continuità con quelli delle prove degli anni passati, mentre quelli della prova di inglese sono in linea con quanto previsto dal QCER (livello A1 e A2) (nota MIUR n. 2936 del 20 febbraio 2018).
L'esito della prova di *inglese* farà riferimento ai seguenti *quattro livelli progressivi:*

1. parziale conseguimento delle competenze relative al livello A1;
2. pieno possesso delle competenze relative al livello A1;
3. parziale possesso delle competenze relative al livello A2;
4. pieno possesso delle competenze relative al livello A2.

Fig. 41.1 Le prove INVALSI al termine del primo ciclo.

Trattandosi di una rilevazione di posizionamento rispetto al livello A2, l'alunno potrà collocarsi, in base alla correttezza dello svolgimento della prova, in uno dei quattro livelli sopra descritti.

Nella nota del MIUR del 20 febbraio 2018, in considerazione del fatto che le prove nazionali al termine del primo ciclo saranno *computer based* (CBT), si prevede che il tempo di svolgimento di ciascun test venga incrementato di 15 minuti rispetto agli anni precedenti, per complessivi 90 minuti per ogni prova. Si precisa, inoltre, che

> la modalità CBT consente di mantenere la stessa precisione nella definizione dei risultati con un minor numero di quesiti di un'equivalente prova cartacea. Pertanto, le prove CBT avranno circa il 10% in meno di domande rispetto alle prove cartacee degli anni passati.

Le prove CBT sono state predisposte su una piattaforma online già utilizzata in altri Paesi europei per la somministrazione di prove analoghe.

7. Le prove INVALSI per gli alunni con disabilità o con disturbi specifici di apprendimento (DSA)

Alunni con disabilità

Come sottolineato, gli alunni con disabilità partecipano alle prove INVALSI. I docenti, nelle diverse situazioni che si possono prospettare, prevederanno adeguati strumenti e misure per gli eventuali adattamenti. Pertanto, in casi di particolare gravità, gli alunni con disabilità possono essere esonerati dal sostenere le prove nazionali INVALSI.

Alunni con DSA

Per le/gli alunne/i con DSA, i docenti contitolari di classe o il Consiglio di classe possono disporre adeguati strumenti compensativi coerenti con il Piano didattico personalizzato e/o prevedere tempi più lunghi per lo svolgimento delle prove.

Le/gli alunne/i con DSA frequentanti la quinta classe della scuola primaria e la terza classe della secondaria di primo grado dispensati dalla prova scritta di lingua straniera o esonerati dall'insegnamento della lingua straniera non sostengono la prova nazionale di lingua inglese.

Nella nota del MIUR del 20 febbraio 2018, n. 2936, si specifica ulteriormente che, per quanto concerne le prove dell'INVALSI per gli alunni con disabilità o con DSA,

> gli strumenti compensativi e/o le misure dispensative sono riservati soltanto alle alunne e agli alunni con disabilità certificata ai sensi della legge n. 104/1992 o con disturbi specifici di apprendimento certificati ai sensi della legge n. 170/2010, in coerenza con quanto previsto rispettivamente dal PEI o dal PDP.

Per gli alunni con disabilità, nel caso in cui i docenti contitolari di classe (scuola primaria) o il consiglio di classe (scuola secondaria di primo grado) predispongono adattamenti alla prova, quest'ultima sarà esclusivamente cartacea. Pertanto, non sarà inserita nella piattaforma online.

Per gli alunni con DSA sono previsti strumenti compensativi, se indicati nel PDP e abitualmente utilizzati nel percorso scolastico. Inoltre, nella nota n. 2936/2018 si precisa che gli alunni dispensati da una o più prove INVALSI, o che sostengono una o più prove differenziate in forma cartacea, secondo quanto previsto dal consiglio di classe, non riceveranno la relativa certificazione delle competenze da parte dell'INVALSI.

In tali casi, si precisa nella nota,

> sarà cura del consiglio di classe integrare, in sede di scrutinio finale, la certificazione delle competenze rilasciata dalla scuola con puntuali elementi di informazione.

Alunni con BES

Infine, la nota del MIUR n. 2936/2018 precisa che le/gli alunne/i con bisogni educativi speciali non certificati né ai sensi della legge 104/1992 (alunni con disabilità) né ai sensi della legge 170/2010 (alunni con disturbi specifici di apprendimento) svolgono le prove INVALSI standard al computer senza strumenti compensativi.

8. Le ricadute sulle prassi dei docenti e l'effetto scuola

Dall'analisi della documentazione consegnata alla famiglia alla fine della scuola secondaria di primo grado (si veda la figura 41.2), si evince che i documenti riguardanti la certificazione delle competenze occupano un posto preponderante rispetto al diploma e al documento di valutazione che riportano una votazione decimale.

DOCUMENTI DI VALUTAZIONE AL TERMINE DEL PRIMO CICLO DI ISTRUZIONE

- Il documento di valutazione degli apprendimenti con *votazione in decimi.*
- Il diploma di licenza media con *votazione in decimi.*
- La certificazione delle competenze redatta dal consiglio di classe e sottoscritta dal dirigente scolastico su *4 livelli* (A, B, C, D).
- La sezione predisposta e sottoscritta dall'INVALSI in *italiano e matematica su una scala progressiva a 5 livelli.*
- La sezione predisposta e sottoscritta dall'INVALSI in *lingua inglese su una scala progressiva a 4 livelli.*

Fig. 41.2 La documentazione consegnata alla famiglia alla fine del primo ciclo di istruzione.

Nuove funzioni INVALSI

Le sezioni a cura dell'INVALSI, che sono parte integrante del modello di certificazione delle competenze rilasciato dalla scuola, chiamano direttamente in causa l'efficacia del lavoro dei docenti, in quanto gli esiti conseguiti da ogni alunno sono misurati da un ente esterno all'istituzione scolastica in cui essi operano.

Questa nuova funzione dell'INVALSI finirà inevitabilmente per condizionare le strategie didattiche dei docenti che, considerata la rilevanza di tali certificazioni, saranno portati a far sì che i loro alunni ottengano buoni risultati in tali prove.

Pratiche didattiche in cui i test dovessero assumere eccessiva importanza nelle attività di apprendimento degli studenti rischieranno però di mettere in ombra aspetti fondamentali del processo valutativo, finalizzato principalmente a promuovere un pensiero critico, un'intelligenza creativa e una coscienza etica.

Il *teaching to the test* potrebbe prendere il posto del *teaching to learning* con conseguenti effetti negativi sulla stessa valutazione di sistema che, non dimentichiamo, è volta a favorire, come sottolineato nell'art. 2 del DPR n. 80/2013, il miglioramento degli apprendimenti degli alunni e dell'offerta formativa.

Pertanto, il rischio più serio per i docenti potrebbe essere quello di utilizzare pratiche didattiche di allenamento e addestramento ai test come rimedio per migliorare le prestazioni degli alunni nelle risposte alle prove, riducendo in tal modo il senso complessivo della valutazione esterna, finalizzata a offrire informazioni per confrontare e migliorare il servizio di insegnamento.

A questo proposito, va sottolineato che dall'anno scolastico 2015-2016 i dati di ogni classe restituiti dall'INVALSI possono essere confrontati con quelli di 200 classi di altre parti d'Italia con un contesto socioeconomico simile, che viene estrapolato dal Questionario studente distribuito ogni anno.

Per rendere ancora più comparabili i risultati delle prove nazionali, l'INVALSI, grazie alla costruzione di dati longitudinali relativi all'ingresso e all'uscita di ogni ciclo scolastico, è in grado di calcolare il cosiddetto «effetto scuola», cioè il valore aggiunto assicurato da ogni singola realtà educativa, depurato dalle condizioni dei contesti di provenienza individuali e sociali degli studenti. In base a modelli statistici, viene restituito il risultato riguardante l'intero istituto sotto forma di indicazione di livello (effetto scuola positivo, medio, leggermente negativo, negativo). L'effetto scuola non è un dato oggettivo, ma un insieme di dati utili per l'automiglioramento di ogni classe e di ogni istituzione scolastica.

9. Le attività delle istituzioni scolastiche

Valutazione interna/esterna

Le finalità della valutazione, sia per quanto concerne la funzione interna svolta dai docenti sia per quella esterna affidata all'INVALSI, sono esplicitamente fondate sul successo formativo degli studenti.

Come emerge dalla tabella 41.2, sia il DPR n. 80/2013 (che ha istituito il Sistema nazionale di valutazione, SNV) sia il D.lgs. n. 62/2017 (attuativo della legge 107/2015) indicano una direzione che non ha bisogno di particolari approfondimenti.

Le istituzioni scolastiche devono svolgere una funzione ineludibile: promuovere le condizioni di un significativo ed effettivo apprendimento da parte di tutti gli studenti.

TABELLA 41.2
Finalità della valutazione (interna ed esterna)

Nel D.lgs. n. 62/2017 si afferma che la valutazione ha per oggetto il processo formativo e i risultati di apprendimento; ha finalità formativa e educativa e concorre al miglioramento degli apprendimenti e al successo formativo degli studenti (art. 1, comma 1).	Nell'art. 2 del DPR n. 80/2013 si sottolinea che «ai fini del miglioramento della qualità dell'offerta formativa e degli apprendimenti, l'SNV valuta l'efficienza e l'efficacia del sistema educativo di istruzione e formazione».

Che fare, allora?

Innanzitutto, in un Paese come il nostro che non ha una grande tradizione in questo senso, ogni singola realtà scolastica dovrà promuovere una cultura della valutazione. Per la verità, le scuole più attente utilizzano da anni le restituzioni dell'INVALSI, non assolutizzando i dati restituiti dal sistema, ma favorendo un clima di confronto tra i docenti in vista di interventi volti a migliorare gli esiti e i processi dell'apprendimento di tutti.

In secondo luogo, i docenti non potranno non approfondire contenuti e impostazione dei Quadri di riferimento che l'INVALSI utilizza nel predisporre i test di italiano e matematica. Si tratta di quadri dettagliati di indicazioni estremamente preziose che oggi più che mai dovranno essere oggetto di forme sistematiche di formazione dei docenti.

In terzo luogo, è opportuno che gli insegnanti orientino le loro attività allo sviluppo di compiti alternativi ai test: compiti autentici, moduli laboratoriali, valutazioni tra pari, creazione di rubriche, diari di bordo, ecc. in grado di descrivere l'evoluzione (anche diacronica) del percorso formativo.

Nelle Indicazioni per il curricolo del 2012 viene molto opportunamente sottolineato che l'INVALSI

> rileva e misura gli apprendimenti con riferimento ai traguardi e agli obiettivi previsti dalle Indicazioni, promuovendo altresì una cultura della valutazione che scoraggi qualunque forma di addestramento finalizzata all'esclusivo superamento delle prove.

L'INVALSI, dunque, non valuta ma «rileva e misura» conoscenze e competenze sulla base di prove standardizzate. Queste ultime, pertanto, devono essere collocate all'interno di un impianto che risponde alla finalità di rendere accessibili alle scuole e all'opinione pubblica informazioni significative sugli aspetti più rilevanti del sistema educativo, offrendo ai decisori politici e istituzionali elementi attendibili e verificabili per valutare lo stato di salute dell'istruzione e della formazione dei giovani. Spetta alle singole unità scolastiche evitare di cadere nel tranello e non far scadere l'insegnamento in forme meramente esercitative e riproduttive di prove che riguardano il sistema, non i singoli alunni. Può essere utile esercitarsi anche in questo tipo di prove, ma solo come completamento a una preparazione che solleciti lo studente ad acquisire conoscenze, padroneggiare abilità e maturare competenze, utilizzando tale esercizio in modo critico e consapevole.

La stessa certificazione individuale dell'INVALSI relativa a italiano, matematica e inglese non è una seconda pagella e non sostituisce la valutazione didattica che compete agli insegnanti. Tale certificazione, dunque, si affianca all'azione valutativa dei docenti, integrandola e completandola.

10. La certificazione delle competenze nel primo e secondo ciclo

Temi e problemi legati alla certificazione delle competenze sono stati affrontati già in precedenza. Riprendiamo in questa sede alcuni aspetti di questo complesso dibattito, recuperando i passaggi più significativi delle Linee guida allegate alla nota MIUR del 9 gennaio 2018, n. 312, relative agli alunni del primo ciclo di istruzione.

In questo documento viene fornito un quadro culturale in cui inserire il tema della valutazione e della certificazione delle competenze, che non rappresenta solo un adempimento amministrativo di ampliamento dell'informazione rivolta ai genitori, ma si configura soprattutto come uno strumento che arricchisce il profilo valutativo degli alunni.

Infatti, nelle Linee guida si afferma che la certificazione delle competenze accompagna il documento di valutazione degli apprendimenti e del comportamento degli allievi e svolge una funzione formativa, orientativa e di sostegno alle scelte degli alunni.

In questa prospettiva, la valutazione e la certificazione delle competenze costituiscono un'importante occasione per realizzare l'autonomia delle istituzioni scolastiche e valorizzare la responsabilità dei docenti verso gli alunni e i genitori.

Linee guida e Indicazioni

Le Linee guida correlano i modelli di certificazione di cui alla nota del MIUR n. 312/2018 allo scenario culturale delle Indicazioni nazionali diffuse con il DM del 16 novembre 2012, n. 254. Dall'esame delle pagine iniziali del documento ministeriale (Cultura, scuola, persona), si ricava che nel costrutto di competenza confluiscono differenti contenuti di apprendimento — formale, non formale e informale — insieme a una varietà di fattori individuali.

Dunque, anche l'acquisizione di competenze specifiche coinvolge tutte le discipline, che contribuiranno a far conseguire i traguardi di sviluppo esplicitati nelle Indicazioni nazionali, intesi come riferimenti ineludibili per gli insegnanti e piste culturali e didattiche che aiutano a finalizzare l'azione educativa rivolta agli studenti.

L'agire competente è rilevabile solo in un contesto o in una situazione progettuale; non conta, pertanto, solo il possesso di conoscenze ma soprattutto il processo tramite il quale i saperi della persona si trasformano in abilità, padronanze, capacità e, per l'appunto, competenze.

Il tema della certificazione delle competenze è stato affrontato anche nella scuola secondaria di secondo grado.

11. Il report dell'INVALSI 2018

Nella prima settimana di luglio 2018 sono stati presentati da parte dell'INVALSI i risultati campionari delle prove nazionali condotte nella primavera del medesimo anno che, rispetto agli anni precedenti, hanno conosciuto rilevanti novità, così come previsto dal D.lgs. n. 62/2017. Nel Rapporto la presidente dell'Istituto, Anna Maria Ajello, ne sottolinea quattro:

Rapporto MIUR 2018

1. la *separazione* delle prove svolte nell'aprile 2018 dall'esame di Stato conclusivo del primo ciclo di istruzione, con l'obbligo per gli alunni di parteciparvi;
2. l'*introduzione della prova di inglese* nella classe quinta (scuola primaria) e nell'ultimo anno della secondaria di primo grado;
3. la *realizzazione delle prove al computer* (CBT, *computer based test*) al termine del primo ciclo di istruzione e del secondo anno della secondaria di secondo grado, con correzione centralizzata delle prove stesse;
4. la *restituzione individuale* dei risultati ottenuti da ogni singola/o alunna/o al termine della scuola secondaria di primo grado, non più con punteggi, ma per *livelli descrittivi* delle prestazioni cognitive proprie di ciascun livello.

Per quanto concerne la prova di inglese, il livello atteso per l'ultimo anno della secondaria di primo grado è A2 (QCER), ma le prove somministrate hanno consentito di posizionare la competenza di ciascun alunno anche su due livelli inferiori: A1 e pre-A1.

L'introduzione delle prove al computer ha permesso di realizzare prove diverse ed equivalenti dal punto di vista misuratorio, che impediscono qualsiasi forma di aiuto durante l'esecuzione. Un secondo vantaggio è la correzione automatica, che si traduce in un minor carico di lavoro per i docenti. La diversità delle prove e la correzione automatica hanno contribuito a ridurre notevolmente il *cheating*, vale a dire l'adozione di comportamenti opportunistici da parte degli studenti o degli stessi docenti, ottenendo così una maggiore autenticità dei risultati.

La restituzione per livelli descrittivi rappresenta probabilmente la novità che avrà maggiori conseguenze sul piano della didattica e sul lavoro dei docenti, a cominciare dall'anno scolastico 2018-2019.

Alla rilevazione 2018 hanno partecipato: 29.337 classi di seconda primaria per un totale di 551.108 alunni; 29.520 classi di quinta primaria per un totale di 562.635 alunni; 29.032 classi di terza secondaria di primo grado per un totale di 574.506 alunni; 26.361 classi di seconda secondaria di secondo grado per un totale di 543.296 alunni.

Le prove INVALSI sono censuarie, cioè vengono sostenute da tutti gli alunni delle classi oggetto di rilevazione, ma il rapporto dell'INVALSI viene elaborato su un campione che garantisce l'attendibilità dei dati raccolti. Il campione 2018 era costituito da 28.314 studenti di seconda primaria, 29.371 studenti di quinta primaria, 31.300 studenti di terza secondaria di primo grado, 48.664 studenti di seconda secondaria di secondo grado. Per assicurare la regolarità della somministrazione, nelle classi campione è presente un osservatore esterno.

Come già illustrato, le discipline testate sono: italiano, matematica e inglese (quest'ultima dalla quinta della primaria al secondo anno dell'istruzione superiore). La prova di inglese è articolata in due parti:

– una di comprensione dell'ascolto *(listening)*;
– una di comprensione della lettura *(reading)* (pre-A1, A1 e A2).

12. Risultati e disparità territoriali

Disomogeneità territoriali

Nel rapporto, gli esiti sono riportati per l'Italia nel suo insieme, per ciascuna delle regioni e per ognuna delle cinque macroaree in cui il territorio italiano è suddiviso:

– Nordovest (Valle d'Aosta, Piemonte, Lombardia, Liguria);
– Nordest (Provincia autonoma di Bolzano, Provincia autonoma di Trento, Veneto, Friuli-Venezia Giulia, Emilia-Romagna);

– Centro (Toscana, Umbria, Marche, Lazio);
– Sud (Abruzzo, Molise, Campania, Puglia);
– Sud e Isole (Basilicata, Calabria, Sicilia, Sardegna).

Nel percorso scolastico delle classi campionarie (seconda e quinta della primaria; terza della secondaria di primo grado; seconda della secondaria di secondo grado), i risultati delle macroaree nelle prove di italiano e matematica si allontanano progressivamente.

Nella scuola primaria, infatti, le differenze non sono statisticamente significative, mentre al termine del primo ciclo di istruzione gli esiti medi delle macroaree tendono a divergere in modo significativo. Tale tendenza si consolida ulteriormente nella scuola secondaria di secondo grado, riproducendo il quadro che emerge anche dall'indagine internazionale PISA (Programme for International Student Assessment), dove il Nord ottiene risultati superiori sia alla media italiana sia alla media OCSE; il Centro ottiene risultati in linea con la media dell'Italia, più bassa della media OCSE; il Sud e le isole hanno risultati inferiori sia alla media italiana sia alla media OCSE.

Le differenze rilevate in italiano e matematica si riscontrano anche fra le macroaree delle prove di inglese. Nell'ultimo anno della primaria, nella prova di ascolto, la percentuale di alunni che non raggiunge il livello previsto dalle Indicazioni nazionali 2012 (A1) è del 30% circa nelle due macroaree meridionali e insulari, mentre è al di sotto del 20% nelle due aree settentrionali e nel Centro Italia. Nella prova di lettura le percentuali sono rispettivamente del 10% e del 5% circa. Al termine della terza classe della secondaria di primo grado, le differenze tra le macroaree si ampliano: la percentuale di alunni che non raggiunge il livello previsto dalle Indicazioni nazionali 2012 nella prova di ascolto (A2) è del 67% nel Sud e isole, del 62% nel Sud, del 38% nel Centro, del 30% nel Nordovest e del 27% nel Nordest; nella prova di lettura le cose vanno meglio, ma le distanze tra le macroaree d'Italia restano marcate.

La valutazione per livelli delle prove di italiano e matematica degli alunni della terza classe della secondaria di primo grado conferma una situazione simile ai risultati rilevati in inglese. Posto il 3 come livello di sufficienza, la percentuale di alunni che in italiano non raggiunge tale livello oscilla intorno al 28% nel Nord e nel Centro Italia, mentre è fra il 45% e il 46% nell'Italia meridionale e insulare.

In matematica il quadro peggiora e appare ulteriormente differenziato fra le diverse aree del Paese: la percentuale di alunni che non arriva al livello 3 è del 32% nel Nordovest, del 28% nel Nordest, del 35% nel Centro e supera il 50% nel Sud e nel Sud e isole, con quote rispettivamente del 54% e del 56%.

13. La variabilità degli esiti: l'effetto contesto

Nel rapporto INVALSI del 2018, oltre alle percentuali sopra riportate, si sottolinea l'importanza della variabilità dei risultati, che evidenzia una serie di misure e il grado di maggiore o minore dispersione di queste intorno alla media.

Variabilità tra scuole

Nel caso delle prove INVALSI, la variabilità totale degli esiti evidenzia quanto essi siano più o meno simili: più la variabilità totale aumenta, più i risultati si discostano fra loro e dalla media.

Nei dati riportati nel rapporto, la variabilità complessiva dei risultati viene scomposta nelle sue tre componenti:

- la prima dovuta a differenze tra le istituzioni scolastiche;
- la seconda rapportata a differenze tra le classi dentro le scuole;
- la terza dovuta a differenze tra gli alunni dentro le classi.

La scomposizione di questi fattori rappresenta un'attendibile informazione sull'equità del sistema scolastico.

La variabilità tra scuole fornisce una misura di quanto esse differiscono in termini di risultati medi raggiunti. Quanto più è elevata, tanto maggiore è il divario dei risultati tra un'istituzione scolastica e l'altra. Fatte le debite modifiche, nello stesso modo può essere interpretata la variabilità tra classi, mentre quella interna alle classi è rappresentativa delle differenze nei livelli di apprendimento che si riscontrano tra gli alunni. Quando la variabilità tra scuole e tra classi supera una soglia fisiologica, significa che il sistema educativo non assicura l'uguaglianza delle opportunità riferite al successo formativo.

Il sistema scolastico nell'Italia meridionale e insulare appare meno efficace (in termini di esiti conseguiti), ma anche meno equo: la variabilità dei risultati tra scuole e tra classi nel primo ciclo di istruzione è consistente; in ogni caso, più alta che al Nord e al Centro, così come sono più marcate le percentuali di alunni con status socioeconomico basso che non raggiungono livelli adeguati nelle prove. In particolare, sono preoccupanti gli esiti di alcune regioni quali Campania, Calabria, Sicilia e Sardegna.

Il Nordest, invece, si segnala per alcune caratteristiche positive. Pur partendo da posizioni in seconda primaria non particolarmente brillanti, migliora progressivamente i propri risultati da un grado scolare al successivo fino, in seconda secondaria di secondo grado, a sorpassare di alcuni punti anche il Nordovest (in matematica). È inoltre l'area dove il sistema scolastico appare non solo più efficace in base ai risultati ma anche relativamente più equo se confrontato al resto d'Italia: la variabilità tra scuole e tra classi nel primo ciclo di istruzione è più ridotta e altrettanto dicasi per le percentuali di alunni di status socioeconomico basso che non raggiungono il livello 3 in italiano e in matematica, e il livello A2 in inglese al termine del ciclo.

Effetto contesto

Il rapporto evidenzia, pertanto, un peso determinante del cosiddetto «effetto contesto» o della composizione del gruppo: l'apprendimento di uno studente non dipende solo dalle caratteristiche personali ma anche da quelle dei compagni con i quali interagisce in classe (e non solo). In questo senso, si può parlare di un «effetto compagni» con ricaduta diretta sui risultati di apprendimento. Ci sono però anche effetti indiretti che hanno un peso rilevante: ad esempio, i docenti agiscono in modo diverso a seconda delle caratteristiche degli alunni che hanno di fronte e si rapportano a loro, in maniera più o meno consapevole, adeguando i propri stili d'insegnamento, i criteri di valutazione, ecc. Tutto questo a scapito di una scuola equa che, invece di promuovere condizioni di uguaglianza, tende a riprodurre le disparità di provenienza.

CAPITOLO QUARANTADUESIMO

Per un curricolo verticale

1. Autonomia e territorio 2. Le opportunità istituzionali 3. Continuità e curricolo d'istituto 4. Curricolo e Indicazioni nazionali 2012 5. L'alfabetizzazione culturale e i compiti delle scuole 6. Un modello progettuale per il curricolo verticale

1. Autonomia e territorio

Tra le opportunità per il miglioramento dell'offerta formativa che l'avvento dell'autonomia scolastica può offrire vi è quella di realizzare dei percorsi di studio che superino la segmentazione del nostro sistema di istruzione in un'ottica di curricolo verticale; viene in questo caso richiamato un principio al quale la cultura pedagogica ha sempre riconosciuto un grande valore, quello della continuità e dell'unitarietà di un progetto formativo.

Tale prospettiva appare oggi più facilmente realizzabile proprio per l'avvento dell'autonomia, che in maniera crescente sta legando le istituzioni scolastiche ai contesti territoriali nei quali esse operano. In questo senso, la scuola si caratterizza sempre più come un agente culturale che si apre al territorio, ne coglie le esigenze educative, le interpreta e le rielabora in un progetto che essa stessa si impegna a realizzare.

Con l'autonomia lo stesso significato di continuità tra scuola, enti locali, mondo del lavoro, della formazione, del privato sociale, degli stakeholder si è arricchito di significati e oggi va reinterpretato anche alla luce dell'evoluzione della nostra società, sempre più orizzontale.

Una società orizzontale

In questo scenario, le scelte educative dei vari soggetti e contesti devono favorire e ampliare le opportunità di crescita puntando a risultati migliori di quelli che attualmente è in grado di offrire il nostro sistema formativo. Si tratta, in sostanza, di realizzare un più efficace rapporto tra la scuola e la realtà territoriale che costituisca una garanzia anche per le nuove generazioni in formazione sostenendone le aspirazioni, favorendole nel loro percorso formativo e verso il lavoro, preparandole alla vita adulta.

Un sistema formativo integrato

La prospettiva è quella di dar vita a un sistema formativo integrato e policentrico, nel quale sia impegnata una molteplicità di organismi di formazione e di rielaborazione del sapere e nel quale il bene più prezioso siano proprio il capitale umano e la sua straordinaria capacità di produrre idee.

Si tratta di una vera e propria sfida che la scuola deve raccogliere, nella quale essa deve porsi come fulcro rivendicando la sua centralità in termini di formazione, proponendo anch'essa gli obiettivi da perseguire, indicando, attraverso un processo di responsabilizzazione, come possibile strada

> quella del patto territoriale e quella delle alleanze educative. Il patto è basato sulla sottoscrizione formale di impegni, sull'impiego di risorse, sulla volontà di condividere obiettivi e scopi comuni. L'alleanza educativa si fonda sulla capacità di incontro e di ascolto delle persone a spingerle a impegnarsi per un bene comune. Nel caso specifico [...] tale finalità è rappresentata dal capitale culturale posseduto dalla popolazione giovanile di una determinata comunità. Il patto, quindi, è tenuto insieme dai vincoli che vengono reciprocamente accettati; l'alleanza si basa sulla logica dell'incontro. (Rondanini, 2010)

L'apertura della scuola al territorio comporta, in prima istanza, la condivisione degli stessi obiettivi; in particolare, una delle finalità che deve essere curata da tutti i soggetti, istituzionali e non, è il benessere delle nuove generazioni: creare le condizioni perché si possa star bene con se stessi, con gli altri e con il mondo potrà diventare il terreno di un comune lavoro.

La strategia

Questa condizione dovrà essere perseguita assicurando un'adeguata alfabetizzazione culturale e strumentale e una cittadinanza costruttiva: la strategia vincente potrebbe diventare quella di un percorso formativo organico e unitario realizzato da più soggetti, nel quale il contributo della scuola potrebbe svilupparsi in un collaborativo rapporto con il contesto esterno e in una costruzione e realizzazione di un curricolo verticale interno.

2. Le opportunità istituzionali

Elementi facilitanti per la realizzazione di un curricolo verticale vengono anche da alcune significative innovazioni apportate al nostro sistema scolastico.

Gli istituti comprensivi

La prima di esse riguarda la trasformazione delle istituzioni scolastiche in istituti comprensivi; tale scelta è stata effettuata con il

DL 98/2011, art. 19, commi 4 e 5, convertito nella legge 111/2011, decidendo che a decorrere dall'anno scolastico 2011-2012 le scuole di infanzia, primaria e secondaria di primo grado sarebbero state aggregate in istituti comprensivi; lo stesso provvedimento ha stabilito anche i parametri numerici del dimensionamento, rivisti successivamente in base alla legge di stabilità 2012-2014.

Gli istituti comprensivi costituiscono certamente un'importante occasione per promuovere tale strategia; infatti, la conduzione dell'istituto affidata a un unico dirigente, la presenza di insegnanti provenienti dai tre ordini di scuola nello stesso collegio dei docenti, ma anche nei diversi momenti di snodo della vita scolastica, lo stesso POF che riguarda l'intero istituto sono tutti aspetti che favoriscono l'affermarsi della cultura del curricolo verticale:

> Non c'è spazio per una generica collegialità, che va piuttosto finalizzata alla condivisione di scelte strategiche. Un luogo fondamentale per una crescita dell'istituto comprensivo è quello dei dipartimenti verticali, organizzati per discipline o grandi ambiti del sapere. Progetti comuni possono rinsaldare l'identità educativa dell'istituto, la collaborazione tra i diversi segmenti, l'immagine e la credibilità verso l'esterno. (Cerini, 2012c)

Il secondo elemento è l'innalzamento dell'obbligo scolastico e formativo, introdotto dall'art. 68 della legge 144/1999 che ha stabilito che tale adempimento sia assolto, fino al compimento dei 18 anni, nella scuola e negli istituti di formazione professionale, nell'apprendistato e in percorsi integrati di istruzione e formazione. L'intento del legislatore è valorizzare la cultura del lavoro.

Gli assi culturali

D'altro canto, il DM 139/2007 ha stabilito che i saperi e le competenze necessarie per l'assolvimento dell'obbligo di istruzione sono riferiti a quattro assi culturali: dei linguaggi; matematico; scientifico-tecnologico; storico-sociale. Il nostro sistema formativo e di istruzione viene, in sostanza, considerato come un unico grande percorso che vuole dare un senso unitario alla formazione delle nuove generazioni: aggiungiamo noi, anche ipotizzando un percorso organico contraddistinto da un curricolo verticale continuo.

Il terzo elemento riguarda il curricolo e la scelta di sostituire la logica dei programmi tradizionali con quella delle Indicazioni. Inaugurata dalla Ministra Moratti, tale prospettiva è stata rielaborata dal Ministro Fioroni, che ha ricondotto la definizione dei percorsi di studio alle singole istituzioni scolastiche nel piano dell'offerta formativa, nel rispetto delle finalità, dei traguardi per lo sviluppo delle competenze e degli obiettivi di apprendimento riportati nelle Indicazioni nazionali 2012.

In questo senso, le discipline vanno considerate come veri e propri itinerari logici per la conoscenza della realtà e ricondotte a un sapere non parcellizzato ma integrato in quadri disciplinari organici. La loro stessa presentazione favorisce un'interpretazione unitaria del percorso: ciascuna disciplina è conclusa al termine della scuola primaria e secondaria di primo grado dai «traguardi per lo sviluppo delle competenze», un percorso continuo dai 6 ai 14 anni che delinea un vero e proprio curricolo verticale per l'intero ciclo ottennale. Sono inoltre indicate con gli obiettivi di apprendimento delle tappe intermedie e conclusive al terzo e al quinto anno della scuola primaria e al terzo anno della secondaria di primo grado.

Il curricolo verticale

La ricorsività dei contenuti

Per alcuni ambiti è stato previsto anche l'abbandono della ricorsività dei contenuti. Infatti, nel passato i testi programmatici dei vari ordini di scuola hanno proposto tutti l'intero il percorso per l'alfabetizzazione di base, per cui lo studente si è ritrovato ad affrontare nel suo iter di istruzione più volte gli stessi contenuti, anche se approfonditi in maniera diversa a seconda del livello scolastico e dell'età degli alunni: questo è avvenuto con i Programmi delle medie del 1979, con quelli delle elementari del 1985, e con quelli delle superiori.

La scelta delle Indicazioni è stata diversa, per cui, pur mantenendo una certa ricorsività sui contenuti essenziali, parte degli argomenti è stata prevista sull'intero ciclo in un percorso organico e progressivo. Si pensi, ad esempio, al programma di storia del primo ciclo che ritroviamo suddiviso, con la primaria che lo affronta, pur con le ovvie integrazioni, sino all'epoca romana, mentre alla secondaria di primo grado si affronta lo studio del restante periodo.

> In particolare alla scuola primaria sono assegnate le conoscenze storiche che riguardano il periodo compreso dalla comparsa dell'uomo alla tarda antichità; alla scuola secondaria le conoscenze che riguardano il periodo compreso dalla tarda antichità agli inizi del XXI secolo. L'ultimo anno della scuola secondaria di primo grado viene dedicato allo studio della storia del Novecento. (Indicazioni nazionali 2012)

3. Continuità e curricolo d'istituto

Il curricolo d'istituto costituisce, dalla fine degli anni Novanta del secolo scorso, l'impegno più coerente rispetto alle scelte che una scuola autonoma deve compiere. Se, infatti, il centro detta gli orientamenti e le linee di indirizzo, è a livello delle singole scuole che si compiono le scelte di gestione (didattiche, organizzative, curricolari) che distinguono un'offerta formativa da un'altra. Tale differenziazione viene per l'appunto esplicitata nel curricolo che ogni scuola predispone.

Pertanto, il curricolo («correre insieme») è per definizione una costruzione partecipata che mette in gioco diversi punti di vista: l'integrazione di questi differenti contributi si identifica con la ricerca di equilibrio tra esigenze interne all'istituzione scolastica e istanze che provengono dalla più ampia comunità sociale. In questo senso, l'espressione «continuità» è da sempre intesa come integrazione di un curricolo verticale d'istituto che fa proprie le domande sociali che provengono dal territorio (continuità orizzontale).

I LIVELLI DEL CURRICOLO D'ISTITUTO

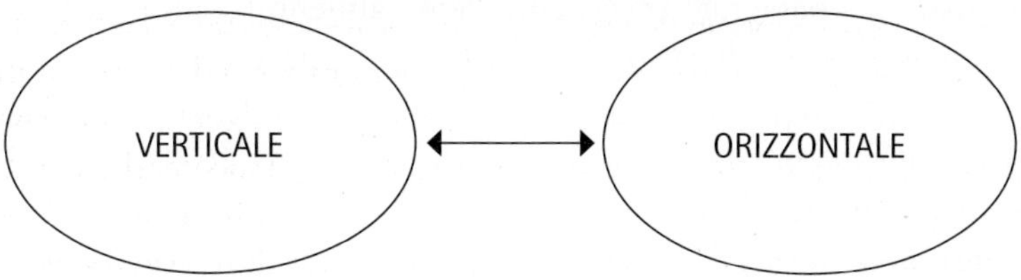

Interessa i *diversi ordini* del sistema scolastico, dall'infanzia all'istruzione superiore.

È il livello di integrazione delle *istituzioni locali* (scuole, Comune, Provincia, Azienda sanitaria) e delle *famiglie* per assicurare una buona qualità dei servizi educativi nel contesto sociale

Fig. 42.1 I livelli del curricolo d'istituto.

L'apprendimento delle/degli alunne/i in una società della conoscenza prende forma nella cultura di tutti gli attori di un territorio, impegnati a creare cambiamenti e innovazione negli snodi pulsanti del tessuto sociale: la scuola è indubbiamente uno dei settori più importanti.

> Il territorio è la comunità che lo abita: è, quindi, espressione del sapere distribuito nelle menti dei singoli cittadini, ma anche negli spazi relazionali, nella creatività del mondo lavorativo, nei patrimoni che si consolidano nei gruppi, nelle associazioni e nei movimenti più o meno organizzati. (Rondanini, 2009)

L'ottica che occorre perseguire non è però quella di un ritorno all'affermazione di una sorta di un mondo piccolo (la famiglia ristretta, il quartiere esclusivo, gli egoismi di gruppo), ma una ritessitura organica del locale attorno alle grandi sfide dello sviluppo culturale, tecnologico e digitale.

Il curricolo, che è per sua natura locale, non è lo spazio dell'autosufficienza e dell'autoreferenzialità, ma la trama di uno sciame di relazioni umili e nello stesso tempo ambiziose, volte a rafforzare nuove forme di democrazia e di cittadinanza.

La sfida è quella di conferire forma concreta all'idea di *learning region,* mettendo al centro di questa costruzione il curricolo di ogni scuola.

4. Curricolo e Indicazioni nazionali 2012

La rilevanza istituzionale dell'istituto comprensivo nel panorama del nostro sistema di istruzione è strettamente collegata alle considerazioni sviluppate nel paragrafo precedente. Sono almeno tre gli elementi che connotano il curricolo verticale dell'istituto comprensivo:

Elementi curricolo verticale

- il *legame con il territorio* e le politiche educative nella fascia 3-14 anni;
- il *modello organizzativo* incentrato, dopo la legge 107/2015, sull'organico dell'autonomia;
- l'idea di *curricolo progressivo* come quadro di riferimento unitario per i tre livelli scolastici dell'istituto.

Tali istanze sono esplicitate nelle Indicazioni nazionali 2012 che riassumiamo nella figura 42.2.

PIANO DELL'OFFERTA FORMATIVA E CURRICOLO D'ISTITUTO

Ogni scuola predispone il curricolo *all'interno del Piano dell'offerta formativa con riferimento al Profilo dello studente* al termine del primo ciclo di istruzione, ai traguardi per le competenze, agli obiettivi di apprendimento specifici per ogni disciplina.
I traguardi per lo sviluppo delle competenze rappresentano dei *riferimenti ineludibili* per gli insegnanti, indicano piste culturali e didattiche da percorrere. Costituiscono *criteri* per la valutazione delle competenze attese e, nella loro scansione temporale, sono prescrittivi, impegnando le istituzioni scolastiche affinché ogni alunno possa conseguirli.
Le scuole hanno la *libertà* e la *responsabilità* di organizzarsi e scegliere l'itinerario più opportuno per consentire agli studenti il miglior conseguimento dei risultati.

Fig. 42.2 Le Indicazioni 2012 riguardanti il Piano dell'offerta formativa e il curricolo d'istituto.

Le caratteristiche principali del curricolo d'istituto delineate nelle Indicazioni nazionali 2012 possono essere estese anche all'istruzione di secondo grado. Le Indicazioni possono essere viste come una sorta di libro mastro estremamente utile per il lavoro che le scuole sono tenute a realizzare.

Le Indicazioni sono state scritte pensando alla verticalità del curricolo; contemplano infatti una premessa valoriale (Cultura, Scuola, Persona) riconducibile sia a competenze trasversali (imparare a imparare, lavorare in gruppo, comunicare con efficacia, partecipare) sia a conoscenze disciplinari e all'organizzazione di contesti di apprendimento in senso cooperativo e collaborativo.

Raccordo tra cicli

C'è ancora un curricolo da costruire: il raccordo tra primo e secondo ciclo di istruzione. Nel quadro complessivo delle riforme introdotte in questi primi due decenni del Duemila, questo passaggio rappresenta l'anello mancante di un curricolo che dovrebbe comprendere l'intero arco del percorso scolastico e formativo (3-19 anni). Alcuni decreti legislativi attuativi della legge 107/2015, in particolare il D.lgs. n. 62/2017, riguardante la valutazione e la certificazione delle competenze, e il D.lgs. n. 66/2017, relativo alla promozione di una scuola inclusiva, possono costituire un'opportunità per sviluppare e amalgamare in misura maggiore i due cicli di istruzione.

5. L'alfabetizzazione culturale e i compiti delle scuole

L'azione del sistema scolastico è rivolta a promuovere l'alfabetizzazione culturale delle nuove generazioni; possiamo definire tale operazione come

> il processo attraverso il quale, partendo dall'esperienza personale si ricostruisce la mappa dei saperi, i linguaggi specifici, le metodologie di indagine, i postulati. Intesa in questo senso, l'alfabetizzazione culturale accompagna l'uomo nel corso della sua esistenza: cambiano certamente i livelli di approfondimento degli studi, così come si sviluppa sempre più la capacità critica della mente dell'uomo, ma il meccanismo è in buona sostanza analogo a tutte le età. (Capaldo, 2010)

I due cicli

Tale operazione viene avviata dalla scuola dell'infanzia che costituisce il primo momento di educazione istituzionalizzata per le nuove generazioni. Infatti, il nostro sistema scolastico è attualmente quello definito con la Riforma Moratti; esso si presenta suddiviso in due grandi segmenti: il primo ciclo, con primaria, secondaria di primo grado e con la scuola dell'infanzia che ne è parte integrante; il secondo ciclo, con il sistema dei licei, in tutto sei, il sistema dell'istruzione e formazione professionale, quello degli istituti tecnici. Il progetto che ne ha determinato la definizione si basa sull'intento di costruire, pur se segmentato, un organico e unitario sistema di istruzione che curi la formazione delle nuove generazioni sino alle soglie dell'università o dell'avvio al lavoro. Questa consapevolezza è ben presente anche nelle Indicazioni 2012:

> L'itinerario scolastico dai 3 ai 14 anni, pur abbracciando tre tipologie di scuola caratterizzate ciascuna da una specifica identità

educativa e professionale, è progressivo e continuo. La presenza sempre più diffusa degli istituti comprensivi consente la progettazione di un curricolo verticale e facilita il raccordo con il secondo ciclo del sistema di istruzione e formazione.

La scuola dell'infanzia

Rivolgendosi ad alunni di età diverse, pur nella sua organicità, ciascun segmento scolastico è chiamato a svolgere la sua specifica funzione. In questo senso,

> la scuola dell'infanzia si presenta come un ambiente protettivo, capace di accogliere le diversità e di promuovere le potenzialità di tutti i bambini, che fra i 3 e i 6 anni esprimono una grande ricchezza di bisogni ed emozioni, che sono pronti a incontrare e sperimentare nuovi linguaggi, che pongono a se stessi, ai coetanei e agli adulti domande impegnative e inattese, che osservano e interrogano la natura, che elaborano le prime ipotesi sulle cose, sugli eventi, sul corpo, sulle relazioni, sulla lingua, sui diversi sistemi simbolici e sui media, dei quali spesso già fruiscono non soltanto e non sempre in modo passivo; e sull'esistenza di altri punti di vista. (Indicazioni nazionali 2012)

Il primo ciclo di istruzione

La scuola dell'infanzia è strettamente legata al primo ciclo di istruzione, a sua volta composto dalla scuola primaria e dalla secondaria di primo grado. Tale ciclo è fondamentale perché consolida le basi per l'identità culturale e l'apprendimento permanente:

> La scuola propone situazioni e contesti in cui gli alunni riflettono per capire il mondo e se stessi, diventando consapevoli che il proprio corpo è un bene di cui prendersi cura, trovano stimoli per sviluppare il pensiero analitico e critico, imparano a imparare, coltivano la fantasia e il pensiero originale, si confrontano per ricercare significati e condividere possibili schemi di comprensione della realtà, riflettendo sul senso e le conseguenze delle proprie scelte. Favorisce lo sviluppo delle capacità necessarie per imparare a leggere le proprie emozioni e a gestirle, per porsi obiettivi non immediati e perseguirli. Promuove inoltre quel primario senso di responsabilità che si traduce nel fare bene il proprio lavoro e nel portarlo a termine, nell'avere cura di sé, degli oggetti, degli ambienti che si frequentano, sia naturali, sia sociali. (Indicazioni nazionali 2012)

Il profilo

Nelle Indicazioni 2012 viene anche tracciato, in maniera schematica, il profilo dello studente al termine del primo ciclo; si fa riferimento, in questo senso, alle competenze da acquisire rispetto alle discipline di insegnamento e all'esercizio di una cittadinanza attiva e consapevole: si afferma perentoriamente che il conseguimento di tali competenze costituisce il fine del nostro sistema scolastico.

L'istruzione secondaria

Lo stesso vale per il secondo ciclo di istruzione e di formazione; ad esempio, nel Regolamento dei licei sono state redatte delle linee generali che descrivono le competenze attese al termine dei percorsi di formazione, gli obiettivi specifici di apprendimento articolati per nuclei disciplinari. Tale scelta si pone perfettamente in linea con le Indicazioni 2012:

> I contenuti degli assi culturali previsti dall'allegato al relativo decreto ministeriale, infatti, rappresentano un opportuno tentativo di verticalizzazione del curriculum di studi (comprendendo peraltro anche «conoscenze e abilità» da raggiungere già al termine del primo ciclo di istruzione secondo le relative Indicazioni vigenti) finalizzato al raggiungimento di uno «zoccolo di saperi e competenze» comune ai percorsi liceali, tecnici e professionali e ai percorsi dell'istruzione e dell'istruzione e formazione professionale.

Il percorso delineato attraverso i documenti presi in considerazione, ma potremmo dire in tutti gli ultimi documenti sul nostro sistema di istruzione e formazione, indicano che il curricolo verticale può oggi costituire un'opportunità realistica e realizzabile per promuovere qualità nella formazione. In questo senso, l'alfabetizzazione culturale viene definita come un percorso aperto che, partendo dai nuclei esperienziali dei bambini in età infantile, approda alle prime conoscenze organizzate dell'istruzione primaria; vengono così ricostruiti in maniera progressiva gli itinerari logici secondo i quali sono classificate le conoscenze, per poi passare alla prima conoscenza sistematica del sapere disciplinare della secondaria di primo grado e allo studio critico e scientifico dell'istruzione superiore (tabella 42.1).

L'alfabetizzazione culturale

> Pur conservando la loro specificità, tutte le discipline rientrano in un complesso organico sovradisciplinare, costituito dalla comune origine antropologica, dalla capacità dell'uomo di rielaborarle, dalla possibilità di essere comunicate e trasmesse, dal loro carattere evolutivo. Il sapere dell'uomo è, infatti, in costante evoluzione e gli stessi rapporti tra discipline cambiano riordinando quanto già si sa ma anche dando vita a nuovi raggruppamenti di conoscenze e di saperi. (Capaldo, 2010)

Tale prospettiva è stata confermata nei documenti di riordino dell'istruzione professionale, D.lgs. n. 61/2017 e Regolamento 2018:

> 4. Il sistema dell'istruzione professionale ha la finalità di formare la studentessa e lo studente ad arti, mestieri e professioni strategici per l'economia del Paese per un saper fare di qualità comunemente denominato «Made in Italy», nonché di garantire che le competenze acquisite nei percorsi di istruzione professionale consentano una facile transizione nel mondo del lavoro e delle professioni. (D.lgs. 13 aprile 2017, n. 61 – *Revisione dei percorsi dell'istruzione professionale*)

TABELLA 42.1
Il processo di alfabetizzazione culturale (tratto da Capaldo, 2010, p. 292)

Gradi scolastici	Testi programmatici	Riferimenti per la didattica
Scuola dell'infanzia	Campi d'esperienza	Rapporto tra esperienze e prime forme di simbolizzazione
Scuola primaria (classi 1-3) 1° e 2° periodo	Indicazioni nazionali 2012	Da nuclei esperienziali ad ambiti disciplinari
Scuola primaria (classi 4-5) 3° periodo	Idem	Da ambiti disciplinari a discipline
Scuola secondaria primo grado (classi 1-2) 4° periodo	Idem	Discipline
Scuola secondaria primo grado (classe 3) 5° periodo	Idem	Discipline
Scuola secondaria secondo grado (classi 1-2) 1° biennio	Indicazioni nazionali Linee guida DPR 87, 88/2010 Regolamento obbligo formativo Regolamento istruzione professionale 24 maggio 2018	Assi disciplinari e discipline
Scuola secondaria secondo grado (classi 3-4) 2° biennio e quinta classe	Idem PECUP 24 maggio 2108 PECUP D.lgs. 17 ottobre 2005, n. 226	Interdisciplinarità e ricerca
Tutti i progetti e le sperimentazioni a carattere nazionale, regionale e locale a cui si aderisce (ad esempio, Cittadinanza e Costituzione) Eventuale opzione per curricolo locale sino al 20% delle attività (DPR 275/1999) Quota variabile e opzionale Indicazioni nazionali Quote di flessibilità		

6. Un modello progettuale per il curricolo verticale

Per quanto concerne il modello progettuale da adottare per la definizione e la realizzazione del curricolo, esso deve essere necessariamente costituito facendo riferimento ai seguenti elementi:

Elementi del curricolo

– il primo è quello delle finalità formative del nostro sistema scolastico;
– il secondo riguarda il mondo del sapere, le conoscenze, ma anche le abilità e le competenze che si intendono realizzare;
– il terzo è relativo alla pianificazione delle esperienze di apprendimento che si intendono promuovere, anche in riferimento alla cultura digitale;

– il quarto, il più importante, riguarda gli alunni che ci sono affidati e le loro dimensioni di sviluppo.

Esso delinea, pertanto, tutto il percorso di istruzione e di formazione che si intende realizzare e, nel contempo, disegna l'iter ritenuto ideale anche se in fieri da ciascuna scuola per formare i propri allievi.

> Il curricolo d'istituto è espressione della libertà d'insegnamento e dell'autonomia scolastica e, al tempo stesso, esplica le scelte della comunità scolastica e l'identità dell'istituto. La costruzione del curricolo è il processo attraverso il quale si sviluppano la ricerca e l'innovazione educativa. (Indicazioni nazionali 2012)

L'opzione del curricolo verticale può diventare una grande occasione di ammodernamento del costume della didattica italiana; essa, se da un lato fa riferimento all'unitarietà del sapere, dall'altro richiama in causa l'unità della persona che apprende. In questo senso, si pone come garanzia per gli alunni di un percorso di studi organico ed equilibrato che può senz'altro promuovere esiti formativi migliori:

> Oggi alla scuola si chiede di promuovere il miglioramento degli esiti formativi, garantendo il diritto a una formazione di elevata qualità e passando dalla scuola *di* tutti alla scuola *per* tutti. Questo presuppone che i docenti sappiano attuare strategie formative che promuovono percorsi individualizzati in modo da consentire a tutti di raggiungere traguardi minimi comuni, e nel contempo personalizzati, per valorizzare eccellenze e l'originalità, i punti di forza di tutti e di ciascuno. (Capaldo, 2010)

Gli stessi docenti possono trarre beneficio da tale scelta in quanto possono effettuare valutazioni e riflessioni su un intero percorso formativo anche procedendo al suo adeguamento progressivo.

Il modello progettuale proposto nella figura 42.3 fa riferimento prioritariamente al concetto di competenza, intesa come capacità di pensare, fare, agire nei confronti di situazioni e problemi che si pongono; le competenze sono definite come una combinazione di conoscenze, abilità e atteggiamenti, in cui:

a) la conoscenza si compone di fatti e cifre, concetti, idee e teorie che sono già stabiliti e che forniscono le basi per comprendere un certo settore o argomento;
b) per abilità si intende sapere ed essere capaci di eseguire processi e applicare le conoscenze esistenti al fine di ottenere risultati;
c) gli atteggiamenti descrivono la disposizione e la mentalità per agire o reagire a idee, persone o situazioni (UE, Raccomandazione del Consiglio del 22 maggio 2018 relativa alle competenze chiave per l'apprendimento permanente).

Altro importante riferimento sono gli obiettivi di apprendimento che indicano i risultati attesi al termine delle attività e che vanno definiti in base ai principi della significatività, dell'essenzialità, della progressività. Gli obiettivi riguardano le conoscenze, il sapere teorico e pratico, e delle abilità, il saper fare. Riferimenti determinanti rimangono, oltre ai vari documenti che hanno contribuito a definire il quadro delle competenze, le Indicazioni nazionali 2012, nelle quali «le discipline non sono aggregate in aree precostituite per non favorire un' affinità più intensa tra alcune rispetto ad altre, volendo rafforzare così trasversalità e interconnessioni più ampie e assicurare l'unitarietà del loro insegnamento» (Indicazioni nazionali 2012).

PECUP All'interno, poi, di tutti i documenti programmatici, dalle Indicazioni del primo ciclo a quelle del secondo per i licei, alle Linee guida e ai Regolamenti, un riferimento fondamentale resta la definizione del profilo degli studenti che viene in essi proposta. Importantissima è, ancora, la definizione del sistema di valutazione: anche tale operazione deve avvenire seguendo i criteri assunti per il curricolo verticale, assicurando organicità e unitarietà, ma anche una sistematicità valutativa coerente con l'intero progetto.

<table>
<tr><td rowspan="8">Organizzazione</td><td colspan="2">Territorialità
Affinità e scelte culturali</td><td rowspan="8">Valutazione</td></tr>
<tr><td colspan="2">Competenze
Indicazioni nazionali (Profili e traguardi)
Competenze chiave di cittadinanza
(DM 22 agosto 2007, n. 139, Regolamento obbligo)
Competenze chiave e Quadro qualifiche
(Raccomandazioni UE 22 maggio 2018 e Quadro qualifiche 23 aprile 2008)
Modello di certificazione delle competenze dell'obbligo di istruzione nella scuola secondaria superiore
(nota MIUR n. 312 del 9 gennaio 2018 con allegate le Linee guida e modello per l'obbligo)</td></tr>
<tr><td colspan="2">Regolamenti</td></tr>
<tr><td>Conoscenze</td><td>Competenze</td></tr>
<tr><td colspan="2">Atteggiamenti</td></tr>
<tr><td colspan="2">Raccordi e collegamenti</td></tr>
<tr><td colspan="2">Verifica e valutazione
(D.lgs. 13 aprile 2017, n. 62)</td></tr>
<tr><td colspan="2">Territorialità
Affinità e scelte culturali</td></tr>
</table>

Fig. 42.3 Modello progettuale (tratto da Capaldo, 2010, p. 296).

Ultimo riferimento è, infine, il territorio nel quale la scuola opera. La costruzione del consenso intorno al progetto, lo sfruttamento delle opportunità extrascolastiche, le risorse esterne, devono rientrare nel progetto, pena l'isolamento della scuola.

CAPITOLO QUARANTATREESIMO

La qualità della formazione in servizio dei docenti: MIUR, dossier 2018

1. Lo sviluppo della professione 2. Gli standard professionali 3. Descrizione degli standard: quadro analitico 4. Il dossier professionale del docente 5. Le centralità del portfolio 6. Indicatori di qualità 7. Governance: un diverso approccio alla formazione in servizio

1. Lo sviluppo della professione

Il Piano per la formazione dei docenti 2016-2019, in attuazione della legge 107/2015, recepito con il DM del MIUR 23 novembre 2016, n. 797, parte dal presupposto che il capitale professionale di ogni istituzione scolastica sia uno dei principali fattori di crescita non soltanto del sistema di istruzione ma dell'intero Paese, purché gli investimenti in questo specifico ambito siano mirati, strutturati e continuativi.

«Nessun sistema scolastico può essere migliore della qualità dei suoi insegnanti» è una delle espressioni più citate dalle autorità scientifiche del mondo accademico nell'ultimo decennio.

Per accompagnare e arricchire la riflessione su questo tema strategico, la Direzione generale del personale scolastico del MIUR ha costituito tre gruppi di lavoro (DDG prot. n. 941 del 21 settembre 2017) con l'obiettivo di focalizzare l'attenzione su alcune delle principali questioni del PNF 2016-2019, in particolare su tre temi: Standard professionali, Il dossier professionale del docente, Indicatori di qualità e governance.

I gruppi hanno completato il lavoro con l'elaborazione di un rapporto dal titolo *Sviluppo professionale e qualità della formazione in servizio* nel quale per ognuno dei tre ambiti vengono sintetizzati gli elementi che caratterizzano ciascuna tematica. **Dossier MIUR 2018**

Il dossier è stato diffuso dal MIUR nel mese di maggio del 2018.

2. Gli standard professionali

Il concetto di standard professionale rimanda a una descrizione delle competenze attese in contesti operativi, andando oltre generici richiami normativi quali lo stato giuridico (D.lgs. n. 297/1994) e il contratto di lavoro (CCNL 2016-2018).

Standard e aree professionali

Per quanto concerne questo ambito di lavoro, il gruppo insediato dal MIUR ha individuato cinque dimensioni della professionalità riconducibili alle seguenti parole chiave:

1. cultura;
2. didattica;
3. organizzazione;
4. istituzione/comunità;
5. cura della professione.

All'interno di ogni area individuata, il gruppo ha articolato i corrispondenti descrittori in tre fasi di sviluppo (livelli di progressione per ciascuno standard):

a) *competenza iniziale,* in fase di formazione e di consolidamento, in progressione verso gli standard attesi (ad esempio il docente principiante, in periodo di inserimento e prova, con accompagnamento e tutoraggio);
b) *competenza di base,* cioè padronanza sicura, consolidata, consapevole (ad esempio il docente che ispira i propri comportamenti professionali agli standard attesi);
c) *competenza esperta,* ossia padronanza matura e accreditata del sapere professionale (ad esempio un docente che sa mettere a disposizione dei colleghi e dell'organizzazione cui appartiene le proprie competenze, svolgendo funzioni di «mentor»).

Pertanto, le cinque dimensioni professionali vengono articolate in specifici standard. La descrizione è contenuta in una decina di enunciati, seguendo le tendenze in campo internazionale, anche per renderne più agevole la comprensione.

Ad esempio, per quanto concerne le diverse aree professionali, il gruppo ha formulato la seguente articolazione.

1. Cultura

Cultura

– Conoscenze culturali e disciplinari dei saperi che sono oggetto di insegnamento.
– Competenze metodologico-disciplinari (quindi capacità di analizzare, descrivere, trattare i saperi in ordine alla loro insegnabilità e in relazione alle diverse età evolutive).

2. Didattica

Didattica

- Insegnamento pianificato e strutturato per l'apprendimento, padronanza delle strategie didattiche per un insegnamento efficace; capacità di gestire risorse digitali e strumenti (ad esempio libri di testo), costruire ambienti di apprendimento, impiegare metodologie innovative.
- Strategie didattiche per sostenere l'apprendimento (di tutti gli studenti).
- Metodi e strategie di valutazione per promuovere l'apprendimento.
- Gestione delle relazioni e dei comportamenti in classe per favorire l'apprendimento, capacità relazionali (come capacità di costruire relazioni positive con gli allievi, di coinvolgerli nell'apprendimento, di ascolto, comunicazione, feedback).

3. Organizzazione

Organizzazione

- Modalità di partecipazione all'esperienza professionale organizzata a scuola, coinvolgimento nei processi di autovalutazione, miglioramento, rendicontazione.
- Capacità di lavoro collaborativo tra docenti, nel contesto della classe e del dipartimento, anche nelle dimensioni verticali.

4. Istituzione/comunità

Istituzione/
comunità

- Padronanza del contesto professionale, con le sue regole, routine, responsabilità; conoscenza delle dimensioni normative e regolamentari; partecipazione al sistema delle relazioni, delle decisioni e delle relazioni professionali.
- Capacità di instaurare rapporti positivi con genitori, partner istituzionali e sociali, e di vivere il rapporto con il territorio e la comunità come risorsa positiva.

5. Cura della professionalità

Cura della
professionalità

- Sviluppo delle proprie competenze attraverso una permanente partecipazione a esperienze di formazione, da intendersi come attività formative corsuali o azioni di ricerca, formazione, documentazione, nella scuola e nel territorio, in presenza oppure online, liberamente o in programmi istituzionali.
- Sviluppo della propria professionalità, con disponibilità ad assumere funzioni e responsabilità all'interno e all'esterno della scuola, nelle dimensioni didattiche.

3. Descrizione degli standard: quadro analitico

Il gruppo ha esplicitato la descrizione dei singoli indicatori di ogni dimensione, in modo da rendere visibili i comportamenti che ci si aspetta dal docente nell'esercizio della sua professione. Si riporta un esempio di come è stato declinato lo standard 1 della dimensione cultura.

Dimensione cultura

A – CULTURA: *area delle conoscenze e delle competenze culturali riferite a specifici campi disciplinari o settori e gradi scolastici*

Standard 1. Conoscenze culturali e disciplinari, padronanza dei saperi che sono oggetto di insegnamento

Definizione

L'insegnante è una persona colta, che mantiene un rapporto vivo e dinamico con il mondo della cultura in tutte le sue forme (umanistiche, scientifiche, tecnologiche, artistiche).

Aggiorna le sue conoscenze partecipando alla vita culturale anche per testimoniare alle nuove generazioni il valore della conoscenza, il piacere del dubbio, il rigore dello studio e dell'interpretazione critica delle informazioni.

Indicatori e criteri

Criterio di qualità

Tenendo conto della disciplina (discipline) di cui ha la responsabilità di insegnamento e delle diverse età degli allievi, cura il reperimento di fonti, risorse e documenti, per fornire un insegnamento aggiornato e aperto agli sviluppi della ricerca scientifica e culturale.

Indicatori

- Un insegnante è tale se è riconosciuto come persona ricca di umanità e di cultura. Padroneggia in maniera impeccabile e appropriata la lingua italiana (di insegnamento) nelle forme orali e scritte, sa esprimersi correntemente in almeno una lingua comunitaria, conosce l'evoluzione e le potenzialità delle nuove tecnologie dell'informazione e della comunicazione.
- Con riferimento alle discipline di insegnamento, ne sa cogliere gli elementi essenziali, la loro evoluzione storica, le connessioni interdisciplinari, le chiavi interpretative. Anche i docenti che operano nei primi livelli di scolarità mantengono un rapporto «adulto» con la cultura, non la banalizzano, conoscono gli aspetti fondamentali, ne sanno vedere il valore generativo per i piccoli.
- L'insegnante cura la propria formazione culturale continua, per testimoniare l'amore per il sapere, la partecipazione alla sua continua elaborazione, il progressivo coinvolgimento dei giovani nella sua acquisizione, rielaborazione e reinvenzione.
- L'insegnante ha consuetudine con le più importanti fonti culturali dei domini del sapere di propria competenza (repertori, riviste scientifiche, risorse digitali, fonti dirette) per utilizzarle nell'organizzazione del proprio insegnamento. (Ha una sicura padronanza delle scienze dell'educazione, nelle loro implicazioni operative e didattiche.)

Esempio

Livelli di progressione relativi allo standard:

Livello principiante	Livello base	Livello esperto

Ogni standard individuato all'interno delle cinque dimensioni sopra richiamate viene descritto con una serie di indicatori (non meno di quattro e non più di sei).

Nelle politiche di sviluppo professionale della funzione docente, il gruppo di lavoro del MIUR riprende la possibilità da parte dei docenti di acquisire crediti (formativi, professionali, didattici) connessi alla particolare qualità della prestazione offerta.

I *crediti formativi* sono collegati alle attività di formazione in servizio, a quelle di ricerca didattica e all'eventuale produzione scientifica e culturale. Il gruppo di lavoro suggerisce di utilizzare come criterio di riferimento il CFU (credito formativo universitario): moduli di formazione onnicomprensivi di 25 ore, comprendenti frequenza diretta di attività, studio, ricerca, sperimentazione, documentazione.

I *crediti professionali* sono connessi agli impegni assunti all'interno dell'organizzazione scolastica: partecipazione ai dipartimenti, a gruppi di progetto, a nuclei di valutazione, svolgimento di funzioni di staff, strumentali, di supporto e, più in generale, responsabilità di unità operative. Crediti formativi

I *criteri didattici* si riferiscono alla validazione della qualità dell'esperienza di gestione della classe, eventualmente anche con il contributo di valutatori esterni. L'insieme di questo percorso verrà documentato all'interno del dossier (portfolio) professionale del docente.

4. Il dossier professionale del docente

L'espressione «dossier professionale» può essere sostituita da altre locuzioni, quali «e-portfolio», «digital portfolio», «piano di sviluppo personale», «dossier personale», «teacher dossier» che designano il medesimo dispositivo.

Il termine più noto per indicare il dossier professionale, tuttavia, è «portfolio»: nel mondo produttivo il termine descrive la raccolta dei migliori prodotti di un artigiano o di un artista; dagli anni Settanta del secolo scorso, il dossier professionale o portfolio è stato utilizzato anche in ambito formativo e può essere inteso come un processo aperto, finalizzato a promuovere una crescente consapevolezza personale e lavorativa.

Dossier professionale

La progettazione e la redazione di un dossier professionale sono il frutto di un pensiero riflessivo, non riconducibile a un adempimento meramente formale.

Nella sintesi del gruppo di lavoro che ha elaborato questa tematica si afferma:

> Il dossier professionale docente è uno strumento-processo che permette di documentare l'evoluzione della professionalizzazione dei docenti attraverso la raccolta di evidenze, riflessioni e descrizioni, e che rende visibile la relazione che il soggetto stabilisce tra il presente (come ci si percepisce, con quali competenze) e il futuro (verso un miglioramento professionale).

La documentazione e la raccolta degli aspetti più rilevanti del proprio cammino professionale devono promuovere l'immagine del docente come professionista dell'educazione e dell'insegnamento nella:
- *formazione iniziale* (rafforzare la propria scelta professionale);
- *formazione in ingresso* (acquisire la consapevolezza di saper operare nell'istituzione);
- *formazione in servizio* (curare il proprio sviluppo professionale scegliendo obiettivi mirati, alimentando una relazione con la trasformazione del proprio sé lavorativo).

Qual è l'utilità del dossier professionale del docente? Sono molteplici le opportunità insite nella cura di questo strumento: avere un quadro unitario della propria situazione lavorativa; condividere con i colleghi riflessioni e punti di vista rimettendo alla prova esperienze significative per replicarle; comprendere la ricaduta delle prassi migliori in termini di efficacia didattica, anche nella prospettiva di una valutazione esterna (premialità, carriera); costruire una rappresentazione del lavoro proiettata nel tempo e percepire i cambiamenti come irrinunciabili momenti di crescita formativa.

Il dossier costituisce anche una ricchezza per l'istituzione in cui il docente lavora. Ad esempio, supporta il dirigente nell'assegnazione di incarichi e responsabilità, assicurando maggior efficacia e trasparenza, valorizza il capitale culturale e organizzativo dell'insegnante, facilita la progettazione e la realizzazione dei piani di miglioramento, aiuta a costruire all'interno delle scuole comunità di pratiche.

I principali passaggi metodologici che compongono un dossier professionale sono: la selezione, la riflessione, la proiezione, la pubblicazione.

La fase della *selezione* coincide con la raccolta di materiali significativi, utili a documentare la propria crescita professionale. Si tratta di evidenze che descrivono al meglio il modo in cui l'insegnante interpreta il proprio lavoro.

La *riflessione* accompagna la raccolta degli aspetti che caratterizzano la crescita del proprio sé lavorativo con commenti e riflessioni che esplicitano i motivi per cui tale scelta è ritenuta significativa. Si tratta di una fase particolarmente delicata in quanto richiede all'insegnante di ripensare le proprie azioni per scoprirne tutte le potenzialità in termini di apprendimento.

Il momento della *proiezione* permette di collegare i materiali inseriti nel portfolio al percorso professionale del docente: «a che punto sono», «dove vorrei andare». È la fase che concretizza la progettualità per il miglioramento professionale.

Infine, la *pubblicazione* costituisce il momento nel quale vengono selezionati gli elementi del dossier per mostrare ad altri evidenze ritenute di particolare valore. Nella scuola si può immaginare il target dei genitori, quello istituzionale, quello di un gruppo di colleghi, quello personale.

5. Le centralità del portfolio

Il gruppo di lavoro che ha elaborato il report sul dossier professionale del docente ha sottolineato l'importanza dell'attività di documentazione, come ribadito dalla legge 107/2015:

Portfolio e legge 107/2015

- nella *proposta di incarico,* nel cui ambito «sono valorizzati il curriculum, le esperienze e le competenze professionali e possono essere svolti colloqui» (art. 1, comma 80);
- nel *portale unico* dei dati della scuola (art. 1, comma 136);
- nell'*accessibilità dei dati* («il Portale di cui all'art. 1, comma 136, gestito dal MIUR, sentito il Garante per la protezione dei dati personali, rende accessibili i dati del curriculum [...] del docente»).

La documentazione che interessa il docente è quindi in parte già rintracciabile:

a) nel «Profilo» e nel «Catalogo» della piattaforma SOFIA (per la parte anagrafica e per la parte di storia formativa che risulta dalla formazione effettuata);
b) nella «Scheda della professionalità docente» della piattaforma Istanze online (per la parte di curriculum).

Pertanto, il docente può ricostruire la sua storia formativa attraverso un'operazione che ha un input iniziale automatico in quanto fa confluire una parte delle informazioni presenti in SOFIA in quelle che possono essere mutuate da Istanze online.

Come previsto dal DM n. 850/2015 riguardante l'anno di formazione e prova, il gruppo di lavoro ha approfondito le due principali coordinate del portfolio: il bilancio delle competenze e il patto formativo.

Il primo consente di collegare gli apprendimenti che il docente crede di aver acquisito con il suo percorso formativo e le esperienze che sta realizzando. La costruzione del bilancio delle competenze presuppone che i docenti riflettano sugli apprendimenti rilevati, collegandoli alle dimensioni degli standard professionali tramite check-list, domande guida e rubriche. L'utilità di questo strumento consiste nel miglioramento del livello professionale da parte dei docenti e nell'aiuto alle istituzioni scolastiche nel far emergere il livello di expertise degli insegnanti. L'uso del bilancio, pur limitatamente ai docenti neoassunti, costituisce un passo molto significativo per una generalizzazione di questo dispositivo a tutto il personale della scuola.

Patto professionale

Il patto professionale (PP) riguarda gli impegni che vedono come contraenti e corresponsabili da un lato il docente e dall'altro il dirigente, quale rappresentante legale della comunità scolastica. Il docente riconosce gli obiettivi formativi dell'istituto in cui lavora e cerca di corrispondere ai bisogni condivisi, completando e arricchendo il proprio patrimonio di competenze. Il dirigente mette a disposizione strumenti, risorse e opportunità affinché gli insegnanti possano soddisfare le aspettative sia del bilancio sia del patto.

SCHEDA PER IL PATTO FORMATIVO

a) Individuazione della motivazione per la scelta della formazione:
- Scelta personale ______
- Scelta sostenuta dalle «richieste della scuola» in relazione al PTOF e/o al ruolo che il singolo docente svolge dentro la scuola stessa
______

b) Contenuto della formazione:
- Approfondimenti disciplinari ______
- Approfondimenti metodologici ______
- Approfondimenti sulle competenze trasversali (soft skills) ______
______
- Altro ______

c) Livello di competenze iniziali del docente in relazione alla formazione prescelta rispetto agli standard professionali ______
______

d) Obiettivi di competenze che il docente vuole raggiungere ______
______

e) Obiettivi di competenze in relazione ai bisogni della scuola (coinvolgimento delle figure referenti per il PTOF) ______
______

f) Valutazione degli esiti della formazione (attestato dell'ente erogatore con esplicitazione delle competenze in uscita e/o validati dal dirigente scolastico)
______
______

Fig. 43.1 Facsimile di scheda per il patto formativo.

Il gruppo di lavoro ha ipotizzato un'implementazione graduale del dossier professionale, tramite una sperimentazione incentrata sulla funzione di documentazione e riflessione sui percorsi formativi e professionali.

La parte valutativa, invece, dovrà essere limitata ad aspetti di natura autovalutativa.

6. Indicatori di qualità

La qualità della formazione in servizio (obiettivi, metodi, contenuti) rappresenta una condizione essenziale perché tale formazione sia vissuta dagli insegnanti come un'effettiva opportunità di sviluppo professionale. Per promuovere una buona progettazione, aderente ai bisogni specifici dei docenti e alle esigenze di miglioramento della scuola, nel Piano nazionale per la formazione dei docenti 2016-2019 è stato messo a fuoco il concetto di Unità Formativa (UF), articolata in obiettivi realistici e caratterizzata da metodologie operative, interattive, collaborative. L'UF dovrà esprimere un «equilibrato dosaggio» di attività in presenza, studio personale, riflessione, documentazione, lavoro in rete e rendicontazione degli apprendimenti acquisiti (nota MIUR, prot. n. 35 del 7 gennaio 2016).

Unità Formative, UF

Le Unità Formative (UF) possono essere promosse dalla scuola stessa o dalla rete di scuole (anche con risorse previste nel piano formativo dell'ambito territoriale), ma possono anche essere scelte dal docente nella più ampia offerta formativa (enti accreditati, università, associazioni) censita nel database SOFIA.

Un utile punto di riferimento per la loro articolazione è costituito dal CFU utilizzato nei percorsi universitari, che consente di collegare la qualità della formazione con la sua durata (1 CFU ogni modulo formativo di 25 ore). Va da sé che ogni unità formativa può essere conclusa all'interno di un anno scolastico oppure essere parte di un percorso più lungo e disteso nella triennalità.

Azioni delle UF

L'UF deve essere caratterizzata da azioni finalizzate al sostegno di queste dimensioni:

– *personale e professionale* (formazione seminariale, in presenza e a distanza, autoformazione, approfondimento personale, documentazione, bilancio di competenze);
– *didattica* (progettazione del lavoro d'aula, ricerca-azione, ricerca-formazione, pratiche di gestione della classe);
– *organizzativa* (approfondimenti collegiali e ricadute sulla comunità professionale, forme di restituzione/rendicontazione, elaborazione di prodotti didattici, multimediali, ecc.).

Il gruppo di lavoro del MIUR ha ipotizzato due possibili strutture formative:

- la *ricerca-azione,* intesa come pratica riflessiva che parte da problemi concreti riferiti a una specifica situazione, coniugando pratica e teoria;
- la *ricerca-formazione,* che, come la precedente, intende produrre cambiamenti a partire da una riflessione sulle pratiche, lavorando sullo scarto tra dichiarato e agito.

I modelli valutativi proposti dal gruppo di lavoro si riferiscono a tre dimensioni:

- *autovalutazione-autoriflessione:* da utilizzare per la valorizzazione dei momenti di condivisione collegiale; gli strumenti a supporto possono essere rubriche, forme diaristiche, strumenti di autorappresentazione. La ricerca OCSE-TALIS segnala che i docenti italiani usufruiscono di pochi momenti di autoanalisi, confronto e verifica esterna;
- *valutazione dinamica:* da utilizzare come modalità valutativa dei momenti formativi seminariali (in aula, in presenza e a distanza). Gli strumenti a supporto potranno essere rubriche di processo e di prodotto, griglie di osservazione, ecc.;
- *valutazione dell'efficacia dei percorsi:* riguarda la valutazione dell'intera unità formativa tramite questionari di gradimento, rilevazione del percepito (interviste), valutazione tra pari.

La riuscita di un percorso formativo dipende in larga misura, oltre che da una buona organizzazione, dal livello di preparazione del facilitatore (colui che «aiuta a camminare», che accompagna i corsisti facendo emergere i vissuti sottesi e che stimola processi di autovalutazione), del formatore (è la figura esperta che promuove l'apprendimento e sviluppa le potenzialità dei corsisti attraverso l'efficacia delle strategie utilizzate, l'essenzialità dei contenuti e la chiarezza della comunicazione) e del tutor (che affianca il formatore e si prende cura dei problemi e delle difficoltà che possono insorgere nella realizzazione dell'unità formativa).

7. Governance: un diverso approccio alla formazione in servizio

Fino a oggi le politiche della formazione del personale scolastico sono state affidate a piani nazionali, con le loro logiche a cascata e le piattaforme di supporto (formazione neoassunti, CLIL, formazione digitale, ecc.), e al «bricolage» a livello di singole scuole.

La scelta di posizionare il sistema della formazione sulle reti di ambito di cui alla legge 107/2015 (art. 1, commi 70-74) risponde all'esigenza di investire sulla dimensione territoriale, spostando il baricentro dal livello nazionale a quello delle comunità locali.

Modello bottom-up

All'approccio *top-down* si è preferito un modello formativo *bottom-up,* più rispondente alle diverse istanze delle scuole e ai bisogni dei docenti, sviluppando una governance multivello per costruire un repertorio di offerte qualitativamente apprezzabili anziché un mero catalogo di corsi.

Le scuole-polo, presenti in ogni ambito, si stanno specializzando per essere in grado di offrire e/o raccogliere proposte formative provenienti dal basso, coerenti con le esigenze espresse dagli insegnanti stessi.

Pertanto, la formazione in servizio richiede una governance territoriale, che tenga in equilibrio la necessaria funzione di indirizzo spettante al governo centrale e la possibilità di partecipazione attiva e intelligente delle scuole e degli insegnanti a livello locale.

La legge 107/2015 coniuga, attraverso un rapporto inscindibile, la qualità dell'istruzione alla qualità della formazione: per migliorare il sistema scolastico di un Paese, è importante riscoprire il valore della crescita professionale dei docenti lungo l'intero arco della loro carriera.

Il Piano nazionale per la formazione dei docenti 2016-2019 offre molteplici opportunità per professionalizzare la formazione in servizio, per studiare nuove metodologie e valutarne le ricadute nel lavoro d'aula.

Il dossier del MIUR *Sviluppo professionale e qualità della formazione in servizio,* sinteticamente illustrato in questo testo, costituisce un prezioso documento di lavoro che le singole istituzioni scolastiche potranno prendere come riferimento per migliorare la formazione dei docenti e degli operatori delle singole scuole.

CAPITOLO QUARANTAQUATTRESIMO

L'insegnamento della religione cattolica: dall'Unità d'Italia agli anni Novanta

1. Dall'Unità d'Italia al Fascismo 2. La Riforma Gentile 3. I Patti del Laterano 4. Verso il nuovo Concordato del 1984 5. Lo statuto dell'IRC nell'Accordo del 1984 6. Il diritto di scelta

1. Dall'Unità d'Italia al Fascismo

Con la proclamazione del Regno d'Italia nel marzo 1861 viene estesa a tutto il territorio nazionale la Legge Casati, che nel 1859 era stata emanata nel Regno di Sardegna di Casa Savoia, dove il conte Gabrio Casati aveva ricoperto la funzione di Ministro dell'Istruzione.

Con questa riforma i governi della destra storica avviarono per la prima volta in Italia un sistema di istruzione pubblica, che permarrà, salvo alcuni marginali cambiamenti, fino al 1923.

L'obbligatorietà della scuola elementare per combattere l'analfabetismo coincise anche con i problemi religiosi che cominciavano a dividere gli orientamenti politici e la coscienza popolare.

L'IR dopo l'Unità

L'insegnamento della religione continuava a rivestire un ruolo formativo anche nelle realtà più emarginate del Paese, pur essendo visto con diffidenza dalla classe dirigente liberale che temeva l'erosione del proprio potere, minacciato dalla supremazia delle emergenti classi popolari cattoliche. Così nel 1865 il Ministro della Pubblica Istruzione, Natoli, riduce nella scuola superiore l'insegnamento della religione cattolica da due ore a un'ora settimanale.

I rapporti ufficiali tra papa Pio IX e il re Vittorio Emanuele II furono improntati a una reciproca diffidenza e in qualche circostanza i contrasti tra i due si trasformarono in relazioni spigolose, anche se sul piano personale ci fu sempre da parte del re molto rispetto per l'autorità papale. Ironia della sorte: morirono entrambi nel 1878, a pochi mesi di distanza.

La conquista di Roma nel 1870, che diventa capitale del Regno nell'ottobre dello stesso anno, acuisce lo scontro tra lo Stato italiano e la Santa Sede, aprendo nella vita pubblica italiana due storici problemi:

- la «questione romana», con la perdita del potere temporale della Chiesa;
- le condizioni della religione cattolica e della Chiesa in Italia.

I Patti del Laterano del 1929, come vedremo, furono intesi a risolvere queste due fratture, che condizionarono la vita dei cattolici dall'Unità fino alle soglie della prima guerra mondiale.

Legge Guarentigie

La proclamazione di Roma capitale determinò la totale chiusura di Pio IX verso lo Stato italiano e la stessa legge delle Guarentigie (garanzie) del 1871, tesa a riconoscere l'internazionalità dello Stato Vaticano e un indennizzo economico al papa, contribuì a inasprire ulteriormente i rapporti (figura 44.1)

1871

Veniva garantito al papa l'inviolabilità dei luoghi in cui risiedeva, l'uso dei Palazzi Laterano e Vaticano, il diritto ad accreditare ambasciatori, una dotazione economica annua.

↓ Santa Sede come entità internazionale

↓ Fine dello Stato Pontificio e del potere temporale della Chiesa

Fig. 44.1 La legge delle Guarentigie (garanzie).

Nel 1868 la Sacra Congregazione per gli Affari Ecclesiastici Straordinari, alla domanda se i cattolici dovessero prendere parte alla vita politica e amministrativa, rispose: «Non expedit» (non conviene, non è opportuno). Dopo la presa di Roma, questo orientamento fu ribadito ripetutamente dalla gerarchia cattolica; lo stesso Pio IX espresse più volte questa posizione.

L'avvento al potere della sinistra storica nel 1876 coincise con una legislazione anticlericale che non risparmiò naturalmente neanche la scuola.

Così la Legge Coppino del 1877 affermò l'assoluta laicità dello Stato, stabilendo, per quanto concerne la sola scuola elementare, che l'insegnamento religioso potesse essere impartito esclusivamente su domanda dei genitori.

L'era giolittiana sarà contrassegnata dallo scontro delle posizioni tra socialisti da un lato e cattolici dall'altro e, nonostante il potere dei liberali al governo, i due schieramenti alimentarono continue diatribe difficilmente componibili. Così, nella Legge Orlando del 1904, che riorganizza la scuola elementare, si prevedono all'art. 10 «nozioni delle istituzioni civili dello Stato e di morale civile». Non si fa alcun accenno all'insegnamento della religione cattolica.

Patto Gentiloni

Nei primi quindici anni del Novecento, tra una serie di interventi tesi in parte ad accogliere e in parte a contrastare la posizione del mondo cattolico da parte della classe politica liberale, si arriva a stabilire un accordo politico molto importante (più conosciuto come «Patto Gentiloni») tra il liberale Giovanni Giolitti e Ottorino Gentiloni, rappresentante del mondo cattolico, in vista delle elezioni del 1913, che vide la partecipazione anche dei cattolici, cancellando di fatto il *Non expedit* di papa Pio IX.

Ma in campo scolastico il cambiamento più rilevante sarà rappresentato, dieci anni dopo, dalla riforma attuata dal Ministro della Pubblica Istruzione Giovanni Gentile.

2. La Riforma Gentile

Come precedentemente accennato, nei primi sessant'anni della storia del Regno la struttura generale della Legge Casati non conobbe significativi cambiamenti.

Idealismo di Gentile

Invece, l'avvento al potere del Fascismo è coinciso con una delle leggi scolastiche più importanti di tutto il Novecento: la Riforma Gentile del 1923.

Il filosofo Giovanni Gentile, esponente di primo piano della concezione idealistica, in una relazione tenuta a Napoli nel 1907 durante il VI Congresso degli insegnanti della scuola media, criticò il concetto di «laicità negativa» che si limitava a negare il valore della cultura religiosa in nome di una scuola neutrale. Egli, al contrario, propose la concezione di una «laicità positiva», finalizzata a promuovere il senso vero della vita, che l'uomo ha ricevuto dalla filosofia o dalla religione. Sicché, le domande alle quali la filosofia non riesce a dare risposte devono essere lasciate all'intervento della religione che, secondo il filosofo dell'Idealismo, era la rappresentazione più fedele della cultura del popolo. Lo Stato etico da lui sostenuto acquisiva, pertanto, una coscienza storica, che in Italia doveva coincidere con lo studio della religione cattolica.

Nella concezione gentiliana, l'introduzione dell'insegnamento religioso nella scuola elementare doveva esprimere la «forma necessaria dell'Idealismo», salvaguardando la natura spirituale dell'essere umano. Secondo Gentile, non si accede alla spiritualità attraverso il dogma, ma tramite la poesia che la lettura dei Vangeli emana. Per questa sua posizione, fu considerato da molti cattolici anticlericale, anche per il fatto di essere nettamente contrario a una scuola confessionale.

Fondamento e coronamento

Forte di questo retroterra ideale, Gentile organizzò un sistema scolastico incentrato su un criterio unitario dove, per quanto concerne la scuola elementare, l'insegnamento della dottrina cristiana viene posto «a fondamento e coronamento dell'istruzione [...] secondo la forma ricevuta nella tradizione cattolica» (RD n. 2185/1923).

Tale decisione chiude tutte le annose polemiche risalenti alla Legge Coppino del 1877, che si ispirava alle tesi del positivismo. Nella visione gentiliana, l'insegnamento della religione resta limitato alla scuola elementare, in quanto Gentile considerava il cattolicesimo come una grammatica dell'Idealismo.

> Questa «religiosità laica» di Gentile non è certo priva di ambiguità e darà adito a numerosi equivoci relativamente all'importanza e al ruolo che la stessa religione cattolica assumerà all'interno del nuovo sistema scolastico. Ciò perché nel pensiero gentiliano la religiosità è un momento della vita dello spirito [...].Si tratta di una «propedeutica» alla filosofia. (Di Franco, 1991)

Nella scuola elementare, l'insegnamento della religione cattolica era articolato in:

- un'ora alla settimana nel corso preparatorio, corrispondente alla scuola materna statale che però di fatto non fu istituita;
- un'ora e mezzo nel corso inferiore (prima e seconda elementare);
- due ore a partire dalla terza classe fino alla quinta (corso superiore).

In sintesi, secondo Gentile l'insegnamento religioso non doveva essere un catechismo ma una «morale in azione», essendo finalizzato più a istruire che a persuadere.

3. I Patti del Laterano

Nel 1924, dopo l'assassinio del deputato socialista Giacomo Matteotti, Giovanni Gentile si dimise da Ministro. Il Fascismo però mutua dalla concezione del filosofo alcuni principi graditi alla Chiesa, quali l'assunzione dell'educazione religiosa come antidoto al materialismo e alle ideologie sovversive.

I Patti del 1929

La concezione di Gentile non ebbe in ogni caso vita facile e fu avversata da molti esponenti del nostro cattolicesimo, primo fra tutti padre Agostino Gemelli, che al Congresso di filosofia a Roma (26-29 maggio 1929) attaccò frontalmente la visione di Gentile con parole durissime:

Nulla vi è di meno religioso del pensiero di Gentile e degli idealisti [...] perché nessun sistema è tanto negatore del fondamento cristiano della vita quanto l'idealismo. In un paese cristiano, a giovani figli di genitori cattolici, il maestro non ha il diritto di propinare il veleno dell'idealismo. (Mangoni, 2002)

Opposizione di Gentile

Giovani Gentile fu un oppositore strenuo all'avvicinamento tra Stato e Chiesa, ma risultò isolato. La stampa fascista al contrario salutò con un'accoglienza entusiastica la firma dei Patti lateranensi, perché lo «Stato cattolico era prima di tutto una Stato fascista». In effetti, la concessione maggiore che Benito Mussolini fece alla Chiesa era contemplata nell'art. 36 del Concordato che riconosceva la dottrina cristiana «fondamento e coronamento dell'istruzione pubblica» in tutti i suoi gradi. Nella Riforma Gentile, invece, l'insegnamento religioso era limitato solo alla scuola elementare.

Come sottolineato in precedenza, i Patti del Laterano risolsero i due grandi problemi dei rapporti tra Stato e Chiesa, apertisi nel 1870 con la proclamazione di Roma capitale d'Italia: la questione romana, e le condizioni della religione cattolica e della Chiesa. Si rammenta che nel 1929 era in vigore lo Statuto Albertino (del 1848), per il quale la religione cattolica era la sola religione dello Stato. Per le altre religioni valeva solo la condizione di «culti ammessi».

La struttura dei Patti lateranensi si articola in tre parti: il Trattato, che affronta il tema della questione romana e consta di 26 articoli; il Concordato, relativo all'insegnamento della religione cattolica, che si compone di 45 articoli; e la Convenzione finanziaria di risarcimento economico dello Stato verso la Santa Sede (figura 44.2).

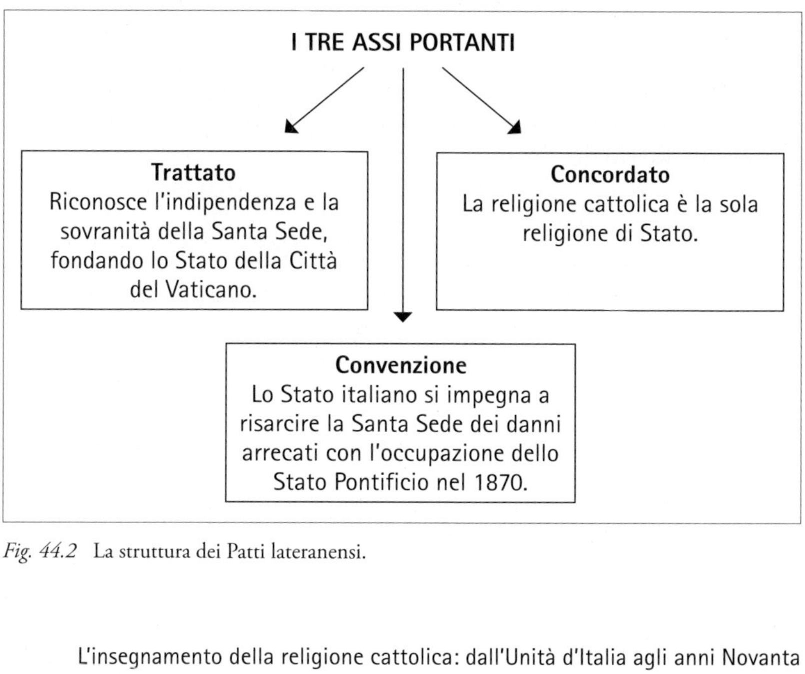

Fig. 44.2 La struttura dei Patti lateranensi.

In sintesi, come riportato nel box 44.1, il Trattato interviene sulla questione della sovranità del Vaticano, il Concordato definisce le relazioni tra la Chiesa e il Governo italiano relativamente all'insegnamento della religione cattolica e alla posizione del clero, la Convenzione prevede un risarcimento economico dello Stato verso la Chiesa per i danni arrecati «dall'occupazione» di Roma da parte dei bersaglieri del generale La Marmora nel 1870.

BOX 44.1

Trattato e Concordato del 1929

- Il Trattato riconosce l'indipendenza e la sovranità dello Stato del Vaticano.
- Il Concordato definisce le relazioni civili e religiose tra la Chiesa e il Governo italiano. Il Concordato (non il Trattato) è stato rivisto nel 1984 per rimuovere la clausola riguardante la religione cattolica come religione di Stato.
- Il Concordato esprime l'esigenza di una regolamentazione bilaterale dell'insegnamento della religione cattolica, rimesso sino ad allora alla competenza unilaterale dello Stato.

La gestione dei docenti, l'organizzazione scolastica e la possibilità di esonero dall'insegnamento religioso (IR) furono regolate dalla legge 824/1930, in parte ancora in vigore, in quanto recepita dal D.lgs. n. 297/1994 (Testo unico). Questo provvedimento estese l'IR anche all'istruzione superiore di primo e di secondo grado, assumendo un profilo prettamente catechistico proprio delle posizioni dottrinali del periodo.

Dispensa dall'IR

In particolare, nell'art. 2 della legge 824/1930, si affermava:

> Sono dispensati dall'obbligo di frequentare l'insegnamento religioso gli alunni i cui genitori, o chi ne fa le veci, ne facciano richiesta per iscritto al capo d'istituto all'inizio dell'anno scolastico.

Lo Stato etico, caldeggiato da Giovanni Gentile, fu sostituito con lo Stato totalitario del Regime, che procedette alla fascistizzazione della scuola, trasformando il Ministro della Pubblica Istruzione in Ministero dell'Educazione nazionale.

Di fatto, fu l'Opera nazionale balilla (ONB) per l'assistenza e per l'educazione fisica e morale della gioventù, istituita nel 1926, a occuparsi direttamente dell'educazione dei bambini e dei ragazzi, anche quando nel 1937 confluì nella Gioventù italiana del littorio (GIL).

4. Verso il nuovo Concordato del 1984

L'art. 36 del Concordato del 1929, riferimento essenziale di tutta la legislazione scolastica circa la religione cattolica, viene recepito dall'art. 7

della nuova Costituzione repubblicana, che entrerà in vigore il 1 gennaio 1948. In esso si afferma che:

> Lo Stato e la Chiesa sono, ciascuno nel proprio ordine, indipendenti e sovrani. I loro rapporti sono regolati dai Patti lateranensi. Le modificazioni dei Patti, accettate dalle due parti, non richiedono procedimento di revisione costituzionale.

La stesura di questo articolo è una conseguenza del realismo politico di Alcide De Gasperi (Democrazia Cristiana) e di Palmiro Togliatti (Partito Comunista), che cercarono di evitare la rottura fra le grandi masse popolari. Come conseguenza di tale scelta politica, l'insegnamento della religione cattolica ha continuato ad essere svolto secondo la normativa del 1929.

Nell'art. 7 si afferma che la Chiesa è non solo indipendente e autonoma, ma anche sovrana. Quindi, lo Stato italiano non rivendica alcuna pretesa di sconfinare nell'area di un altro ordinamento. La Chiesa, pertanto, è portatrice di un ordinamento giuridico originario, che non deriva da un'autorità superiore. L'assemblea costituente, eletta il 2 giugno 1946, non modifica i Patti lateranensi, anche per non ingenerare un conflitto di religione che, in una fase di transizione dalla dittatura fascista alla democrazia repubblicana, sarebbe risultato di difficile controllo. Art. 7

L'art. 7 della Costituzione della Repubblica va strettamente collegato a quello successivo, in cui si sottolinea la condizione di parità di tutte le religioni di fronte alla legge. L'art. 8, infatti, recita: Art. 8

> Tutte le confessioni religiose sono egualmente libere davanti alla legge.
>
> Le confessioni religiose diverse dalla cattolica hanno diritto di organizzarsi secondo i propri statuti, in quanto non contrastino con l'ordinamento giuridico italiano.
>
> I loro rapporti con lo Stato sono regolati per legge sulla base di intese con le relative rappresentanze.

A proposito del contenuto dell'art. 8, Carlo Bortolani sottolinea che:

> La Chiesa cattolica è legata per millenaria tradizione alla storia della società italiana; si trova, pertanto, in una posizione particolare. Non è così per le altre confessioni nei confronti delle quali non è stato ripetuto il riconoscimento non solo della sovranità, ma neppure il carattere originario dei loro ordinamenti. (Bortolani, 2000)

Relativamente ai programmi didattici della scuola dell'obbligo, in quelli della scuola elementare del 1955 la religione cattolica era posta «a fondamento e coronamento dell'educazione», mentre nei programmi del 1963 della scuola media unica (istituita nel 1962), si afferma che:

«l'insegnamento della religione cattolica contribuisce in modo eminente all'armonico e completo sviluppo dell'alunno». Quest'ultimo testo risente della cultura politica del primo governo di centro-sinistra presieduto dall'onorevole Aldo Moro. Nel frattempo, papa Giovanni XXIII avvia i lavori del Concilio Vaticano II (1962-1965), con il quale la Chiesa si apre al mondo contemporaneo, nel rispetto delle istituzioni e del principio della libertà di coscienza. Ovviamente, anche l'insegnamento della religione risente sensibilmente di questa nuova dinamica sociale ed ecclesiale e a metà degli anni Settanta, sotto il pontificato di Paolo VI, comincia un intenso dibattito sulla revisione del Concordato del 1929.

Nel 1976 viene diffusa una prima bozza e nel 1984, dopo ulteriori riscritture, si perviene al testo definitivo. Il 18 febbraio 1984 veniva firmato l'accordo di revisione del Concordato del 1929 tra il presidente del Consiglio, Bettino Craxi, e il cardinale Agostino Casaroli, segretario dello Stato Vaticano. Si tratta di un Nuovo Concordato che aggiorna i rapporti tra Stato e Chiesa, alla luce, da una parte dei principi della Costituzione repubblicana e, dall'altra, dei documenti conciliari.

L'accordo verrà ratificato dalla legge n. 121, del 25 marzo 1985, che reca il seguente titolo: Ratifica ed esecuzione dell'accordo con protocollo addizionale, firmato a Roma il 18 febbraio 1984, che apporta modifiche al Concordato lateranense dell'11 febbraio 1929, tra la Repubblica Italiana e la Santa Sede.

Dall'IR all'IRC

L'insegnamento religioso (IR) cessava di essere «fondamento e coronamento dell'istruzione pubblica» e si trasformava più propriamente in insegnamento della religione cattolica (IRC), andandosi a collocare nel «quadro delle finalità della scuola».

5. Lo statuto dell'IRC nell'Accordo del 1984

Le materie regolate dalla revisione del Concordato del 1984 riguardano la libertà religiosa, gli effetti civili del matrimonio, l'insegnamento della RC, il sostentamento del clero, gli enti ecclesiastici.

Nuovo Concordato

L'insegnamento della religione cattolica nel Nuovo Concordato trova la sua legittimazione scolastica nella «rilevanza storica e culturale» del fatto religioso in sé e in particolar modo della tradizione cattolica per l'importanza che essa riveste nel nostro Paese. In questo senso, le motivazioni squisitamente pedagogiche e educative richiamano in modo esplicito «il valore della cultura religiosa» e la circostanza che «i principi del cattolicesimo fanno parte del patrimonio storico del popolo italiano» (box 44.2).

BOX 44.2
Lo statuto disciplinare dell'IRC nell'Accordo di revisione del Concordato 1984.

L'insegnamento della religione cattolica è considerato un «valore» non aggiuntivo o opzionale, ma un sapere che integra l'azione educativa di una scuola che ha per fine la crescita globale dell'uomo.
Le attività in ordine a tale insegnamento offrono occasioni per lo sviluppo integrale della personalità dei bambini, dei preadolescenti e dei giovani.
Il confronto con la dimensione religiosa permette l'acquisizione di strumenti culturali che accrescono il processo di simbolizzazione, la promozione della convivenza civile, la valorizzazione delle identità di appartenenza e la costruzione di rapporti costruttivi tra persone di culture e religioni differenti.

Nell'art. 9 della legge 121/1985, si afferma che nel rispetto della libertà di coscienza e della responsabilità educativa dei genitori è garantito a ciascuno il diritto di scegliere se avvalersi o meno di detto insegnamento. Tale diritto viene esercitato dai genitori all'atto dell'iscrizione, senza che la loro scelta possa dar luogo ad alcuna forma di discriminazione.

Ciò significa che nel corso delle attività di religione cattolica (IRC) possono essere affrontati temi di altre dottrine religiose, purché non venga intaccato il principio che è la religione cattolica il contenuto d'insegnamento e non una generica religiosità.

Pertanto, l'IRC è curricolare e deve essere assicurato «nelle scuole pubbliche non universitarie di ogni ordine e grado». Come recita la sentenza n. 203/1989 della Corte Costituzionale:

> Lo Stato è obbligato, in forza dell'accordo con la Santa Sede, ad assicurare l'insegnamento della religione cattolica. Per gli studenti e per le loro famiglie esso è facoltativo: solo l'esercizio del diritto di avvalersene crea l'obbligo scolastico di frequentarlo.

Facoltatività, non dispensa

Il principio della facoltatività, che cancella l'esonero introdotto nel 1930, è una delle innovazioni più significative del Nuovo Concordato. Si tratta di uno dei cambiamenti più rilevanti dal punto di vista costituzionale, in quanto espressione di due diritti costituzionalmente protetti: la libertà religiosa (art. 19) e la responsabilità educativa dei genitori (art. 30).

6. Il diritto di scelta

L'accordo del 1984 raccomanda che la scelta dell'IRC non deve «dar luogo ad alcuna forma di discriminazione».

> Se ciò che si deve escludere è la discriminazione, ciò che non può essere evitato è la distinzione, che invece è la conseguenza logica di una scelta che separa chi si avvale di un'opportunità scolastica da chi non se ne avvale. (Cicatelli, 2015)

Per quanto concerne la scelta di avvalersi o meno dell'IRC, si possono configurare tre profili di riflessione che riguardano: l'oggetto; la titolarità; le modalità di esercizio.

I vincoli della scelta

L'oggetto della scelta è esclusivo: la disciplina concordataria prevede che ci si possa avvalere o non avvalere dell'IRC; non contempla altre possibilità. Più precisamente, come ha sottolineato la Corte Costituzionale, non è previsto lo «schema logico dell'obbligazione alternativa» tra la religione cattolica e un'altra disciplina d'insegnamento. Da questo punto di vista, neanche la normativa statale, dopo il 1984, ha prodotto disposizioni che prevedano la scelta tra l'IRC e un'altra materia.

La cosiddetta «attività alternativa» risulta definita per la prima volta dalla risoluzione parlamentare del gennaio 1986 con l'espressione «attività culturali e formative» e successivamente, sul piano amministrativo da circolari ministeriali che indicano come «attività educativa» le «attività scolastiche integrative, attività culturali e di studio», in relazione rispettivamente alla scuola materna, elementare, media e agli istituti superiori. Si tratta, di fatto, di una materia priva di una definizione sicura e certa.

L'individuazione dei titolari della scelta va ricondotta all'età dei tutelati. Pertanto, la titolarità spetta ai genitori per i bambini della scuola dell'infanzia, della scuola primaria e secondaria di primo grado, mentre per quanto concerne la scuola secondaria di secondo grado la legge 281/1986 ha riconosciuto la capacità di scelta relativa all'IRC e alle attività alternative agli studenti, quantunque minorenni.

La scelta rientra tra le opzioni di principio: deve pertanto valere per l'intero anno scolastico. L'eventuale modifica può decorrere solo dall'anno scolastico successivo.

> L'eventuale modifica della scelta operata inizialmente deve essere fatta entro la scadenza prevista per le iscrizioni, su iniziativa dei genitori e degli studenti e non su richiesta della scuola. (Cicatelli, 2015)

Per quanto concerne le modalità di esercizio, il Nuovo Concordato ha previsto un'apposita intesa tra il Ministro dell'Istruzione e il Presidente della Conferenza episcopale italiana.

La prima fu sottoscritta il 14 dicembre 1985 (DPR n. 751/1985, Esecuzione dell'intesa tra l'autorità scolastica italiana e la Conferenza episcopale italiana per l'insegnamento della religione cattolica nelle scuole pubbliche).

Cinque anni dopo, nel 1990 si è provveduto a rivedere l'intesa precedente con una nuova esecuzione (DPR n. 202/1990), che ha avuto principalmente l'effetto di ridurre l'orario di IRC nella scuola dell'infanzia (da due ore a una ora e mezzo settimanali) e a trasformare l'idoneità degli insegnanti di religione (IDR) da annuale a permanente.

L'intesa del 1990 è stata nuovamente riveduta nel 2012 (DPR n. 175/2012) con l'obiettivo di aggiornare e adeguare i profili professionali degli IDR ai nuovi standard di formazione iniziale richiesti a tutti gli insegnanti italiani.

Va precisato che la scelta di avvalersi o meno dell'insegnamento della religione cattolica non rientra tra i dati sensibili e pertanto non è inclusa nella sfera del diritto di privacy.

Articoli della Costituzione

APPENDICE GIURIDICA ESSENZIALE

Art. 36 del Concordato del 1929

L'Italia considera fondamento e coronamento dell'istruzione pubblica l'insegnamento della dottrina cristiana secondo la forma ricevuta dalla tradizione cattolica. E perciò consente che l'insegnamento religioso ora impartito nelle scuole pubbliche elementari abbia un ulteriore sviluppo nelle scuole medie, secondo programmi da stabilirsi d'accordo tra la Santa Sede e lo Stato. Tale insegnamento sarà dato a mezzo di maestri e professori, sacerdoti o religiosi, approvati dall'autorità ecclesiastica, e sussidiariamente a mezzo di maestri e professori laici, che siano a questo fine muniti di un certificato di idoneità da rilasciarsi dall'Ordinario diocesano. La revoca del certificato da parte dell'Ordinario priva senz'altro l'insegnante della capacità di insegnare. Pel detto insegnamento religioso nelle scuole pubbliche non saranno adottati che i libri di testo approvati dall'autorità ecclesiastica.

Articoli della Costituzione della Repubblica Italiana (1948)

art. 7

Lo Stato e la Chiesa cattolica sono, ciascuno nel proprio ordine, indipendenti e sovrani.
I loro rapporti sono regolati dai Patti lateranensi. Le modificazioni dei Patti, accettate dalle due parti, non richiedono procedimento di revisione costituzionale.

art. 8

Tutte le confessioni religiose sono egualmente libere davanti alla legge.
Le confessioni religiose diverse dalla cattolica hanno diritto di organizzarsi secondo i propri statuti, in quanto non contrastino con l'ordinamento giuridico italiano.
I loro rapporti con lo Stato sono regolati per legge sulla base di intese con le relative rappresentanze.

art. 19

Tutti hanno diritto di professare liberamente la propria fede religiosa in qualsiasi forma, individuale o associata, di farne propaganda e di esercitarne in privato o in pubblico il culto, purché non si tratti di riti contrari al buon costume.

art. 30

È dovere e diritto dei genitori, mantenere, istruire ed educare i figli, anche se nati fuori del matrimonio.
Nei casi di incapacità dei genitori, la legge provvede a che siano assolti i loro compiti.
La legge assicura ai figli nati fuori dal matrimonio ogni tutela giuridica e sociale, compatibile con i diritti dei membri della famiglia legittima.
La legge detta le norme e i limiti per la ricerca della paternità.

Legge n. 121, del 25 marzo 1985 – Ratifica ed esecuzione dell'accordo con protocollo addizionale, firmato a Roma il 18 febbraio 1984, che apporta modifiche al Concordato lateranense dell'11 febbraio 1929, tra la Repubblica Italiana e la Santa Sede

art. 9

1. La Repubblica Italiana, in conformità al principio della libertà della scuola e dell'insegnamento e nei termini previsti dalla propria Costituzione, garantisce alla Chiesa cattolica il diritto di istituire liberamente scuole di ogni ordine e grado e istituti di educazione. A tali scuole che ottengono la parità è assicurata piena libertà, e ai loro alunni un trattamento scolastico equipollente a quello degli alunni delle scuole dello Stato e negli altri enti territoriali, anche per quanto concerne l'esame di Stato. 2. La Repubblica Italiana, riconoscendo il valore della cultura religiosa e tenendo conto che i principi del cattolicesimo fanno parte del patrimonio storico del popolo italiano, continuerà ad assicurare, nel quadro delle finalità della scuola, l'insegnamento della religione cattolica nelle scuole pubbliche non universitarie di ogni ordine e grado. Nel rispetto della libertà di coscienza e della responsabilità educativa dei genitori, è garantito a ciascuno il diritto di scegliere se avvalersi o non avvalersi di detto insegnamento. All'atto dell'iscrizione gli studenti o i loro genitori eserciteranno tale diritto su richiesta dell'autorità scolastica, senza che la loro scelta possa dar luogo ad alcuna forma di discriminazione.

Protocollo addizionale n. 5 in relazione all'art. 9

a) L'insegnamento della religione cattolica nelle scuole indicate al n. 2 è impartito — in conformità alla dottrina della Chiesa e nel rispetto della libertà di coscienza degli alunni — da insegnanti che siano riconosciuti idonei dall'autorità ecclesiastica, nominati, d'intesa con essa, dall'autorità scolastica. Nelle scuole materne ed elementari detto insegnamento può essere impartito dall'insegnante di classe, riconosciuto idoneo dall'autorità ecclesiastica, che sia disposto a svolgerlo.
b) Con successiva intesa tra le competenti autorità scolastiche e la Conferenza Episcopale Italiana verranno determinati: 1) i programmi dell'insegnamento della religione cattolica per i diversi ordini e gradi delle scuole pubbliche; 2) le modalità di organizzazione di tale insegnamento, anche in relazione alla collocazione nel quadro degli orari delle lezioni; 3) i criteri per la scelta dei libri di testo; 4) i profili della qualificazione professionale degli insegnanti.
c) Le disposizioni di tale articolo non pregiudicano il regime vigente nelle Regioni di confine nelle quali la materia è disciplinata da norme particolari.

CAPITOLO QUARANTACINQUESIMO

L'insegnamento della religione cattolica: conoscenze, competenze e profili di professionalità

1. Il progetto di vita 2. La presenza del messaggio cristiano nel progetto di vita 3. L'insegnante di religione cattolica 4. La valutazione dell'IRC 5. Diritti e doveri dell'insegnante di religione 6. I contenuti didattici nelle Indicazioni e nelle Linee guida 7. L'IRC nelle scuole non statali

1. Il progetto di vita

ICR e cultura

Come sottolineato nel capitolo quarantaquattresimo, l'IRC si colloca nel quadro delle finalità educative della scuola, come espressione di una cultura diffusa, profondamente radicata nel patrimonio storico, artistico, letterario della realtà italiana ed europea (figura 45.1).

L'insegnamento della religione cattolica trova fondamento in un duplice ordine di motivazioni culturali e storiche:

↓

la Repubblica Italiana riconosce il «valore della cultura religiosa»

↓

la Repubblica Italiana tiene conto del fatto che «i principi del cattolicesimo fanno parte del patrimonio storico del popolo italiano» (legge 121/1985, art. 9, c. 2).

Fig. 45.1 Le indicazioni didattiche.

Nel momento in cui i genitori o gli studenti (nel caso dell'istruzione superiore) decidono di avvalersi dell'insegnamento della religione, condividono implicitamente un progetto di vita che include la maturazione di una personalità aperta ai grandi temi della vita, alla ricerca di risposte ai problemi della nostra esistenza, quali la nascita, la morte, il dolore, la gioia, l'amore.

C'è un progetto che sostiene la vita di ciascuno, che dà motivo di amare e di decidere che cosa fare di sé e delle proprie risorse.

> Perché la vita è crescita, è cammino, è lasciare qualcosa per andare verso una meta. Possiamo schematizzare così la dinamica di questa crescita: *io attuale* e *io ideale*. L'io attuale rappresenta «chi sono ora», la mia situazione personale, i miei pregi, i miei difetti, i problemi che sento e anche la mia storia passata, cioè avvenimenti, esperienze, sbagli, conquiste che hanno costruito la mia personalità. E questo a livello conscio e inconscio. L'io ideale rappresenta «ciò che voglio e posso essere», il mio progetto di vita che io ho scelto e che voglio costruire. (Sovernigo, 1990)

L'integrazione tra l'io attuale e l'io ideale è la fonte del benessere ma anche degli inevitabili disagi che caratterizzano lo sviluppo dell'età infantile, dell'adolescenza, della giovinezza e della vita adulta. Elaborare un progetto di vita comporta perciò partire dall'esistente per raggiungere traguardi inediti e nuovi orizzonti.

ICR e progetto di vita

Il discorso religioso occupa in questo percorso un posto rilevante, in quanto garantisce la possibilità di nuove e ulteriori esplorazioni: progetto (*proiectum,* lanciarsi in avanti) non è camminare lungo binari obbligati, seguire obiettivi prestabiliti o schemi astratti; è, al contrario, tensione verso il futuro, intuizione anticipatrice dell'avvenire e invito a ricercare il senso dei grandi interrogativi esistenziali.

Il progetto di vita diviene allora il nucleo attorno al quale si coagulano valori e principi che danno forma alla nostra identità e appartenenza.

> Non preesiste alla persona. Si elabora a poco a poco attraverso le varie età, come un abbozzo, come l'intuizione artistica di un pittore. Davanti a sé la tela e i colori; dentro di sé la folgorazione. Ne nascerà un quadro, forse un capolavoro. (Sovernigo, 1990)

Una solida piattaforma valoriale, l'apertura agli altri (al prossimo), la libera scelta della persona sono le idee costitutive di un buon avvio di cammino. «L'uomo è il suo progetto», ha affermato Sartre. In assenza di questo slancio, non c'è autentica identità. Nessuno può crescere in un clima di permanente attendismo e non prendere in considerazione nessun appello, rinviando tutte le scelte.

2. La presenza del messaggio cristiano nel progetto di vita

Che cosa fare perché la religione possa offrire alla persona un contributo fattivo all'orientamento di sé *(orientrar-si)*, in vista della costruzione di un percorso formativo personale, responsabile e maturo? Innanzi tutto, i genitori o gli studenti che si avvalgono dell'IRC devono essere animati da un progetto di vita impegnato, che superi dinamiche impulsive del qui, adesso e a ogni costo.

Come viene sottolineato nel testo, Integrazioni alle Indicazioni per il curricolo per la scuola dell'infanzia e per il primo ciclo d'istruzione relative all'insegnamento della religione cattolica – DPR dell' 11 febbraio 2010, Approvazione dei traguardi per lo sviluppo delle competenze e gli obiettivi di apprendimento dell'insegnamento della religione cattolica per la scuola dell'infanzia e per il primo ciclo d'istruzione:

La proposta educativa

> La proposta educativa dell'IRC consente la riflessione sui grandi interrogativi posti dalla condizione umana (ricerca identitaria, vita di relazione, complessità del reale, bene e male, scelte di valore, origine e fine della vita, radicali domande di senso...) e sollecita il confronto con la risposta maturata nella tradizione cristiana, nel rispetto di crescita della persona e con modalità differenziate a seconda della specifica fascia d'età.

Tale scelta presuppone, pertanto, un atteggiamento di riflessione, di confronto e di una paziente tessitura di dialoghi con se stessi e con gli altri, in vista, come si afferma nel DPR del 2010, di un «responsabile progetto di vita», teso alla costruzione di sé, come singolo e come gruppo. Si tratta di una progettualità finalizzata alla rinuncia di soddisfazioni immediate e delle innumerevoli lusinghe di una società spesso basata sul mero consumo.

Un secondo aspetto formativo dell'IRC è rappresentato dalla dedizione verso gli altri, dal rispetto delle differenze e da «comportamenti di reciproca comprensione, in un contesto di pluralismo culturale e religioso» (DPR 2010).

Un terzo elemento di riflessione è costituito dall'idea di un altro trascendente, che va oltre a una semplice relazione di socievolezza; l'amore nei confronti dell'altra/o si slancia verso l'alto e sa trovare nella presenza di Dio, Padre di tutti, il senso della propria e altrui vita.

Al termine della scuola secondaria di primo grado, l'alunna/o che si è avvalsa/o dell'insegnamento della religione cattolica deve aprirsi alla sincera ricerca della verità, interrogarsi sul trascendente e porsi domande di senso, cogliendo l'intreccio tra la dimensione religiosa e quella culturale. Gli apprendimenti maturati nell'ambito dello studio della religione cattolica, al termine della scuola del primo ciclo d'istruzione, aiuteranno lo studente a confrontarsi con la complessità dell'esistenza e a dare valore ai propri comportamenti per relazionarsi in modo costruttivo con se stesso e con il mondo.

Indicazioni per i licei

Analoghi obiettivi sono contenuti anche nelle Indicazioni nazionali per l'insegnamento della religione cattolica dei licei del 28 giugno 2012.

In esse si sottolinea che, al termine dell'intero percorso di studio, l'IRC metterà lo studente in condizione di: «Sviluppare un maturo senso critico e un personale progetto di vita, riflettendo sulla propria identità nel confronto con il messaggio cristiano, aperto all'esercizio della giustizia e della solidarietà in un contesto multiculturale».

Linee guida per istituti tecnici e professionali

Anche nelle Linee guida per l'insegnamento della religione cattolica negli istituti tecnici e professionali del 28 giugno 2012, si riafferma quanto sottolineato nelle Indicazioni per i licei, ribadendo che l'IRC dovrà aver alimentato specifiche abilità, quali:

> *Motivare*, in un contesto multiculturale, le proprie scelte di vita, confrontandole con la visione cristiana nel quadro di un dialogo aperto, libero e costruttivo;
> *individuare* la visione cristiana della vita umana e il suo fine ultimo, in confronto aperto con quello di altre religioni e sistemi di pensiero;
> *riconoscere* il rilievo morale delle azioni umane con particolare riferimento alle relazioni interpersonali e il valore delle relazioni interpersonali e dell'affettività vivendoli in modo coerente alla lettura che ne dà il cristianesimo.

Sono dunque molteplici le opportunità che l'IRC può offrire agli studenti avvalentisi di questo insegnamento sia sul piano culturale (biblico, storico, teologico), sia su quello antropologico-esistenziale, che coinvolge i comportamenti etici, interpersonali e le aperture a una società multiculturale.

3. L'insegnante di religione cattolica

Il profilo professionale e le funzioni dell'IDR devono essere ricondotti a diverse fonti normative, esemplificate nella figura 45.2.

Fig. 45.2 Insegnamento della religione cattolica.

Fonti normative

Nella normativa concordata rientrano: la legge 121/1985 di ratifica dell'accordo con protocollo addizionale, firmato a Roma il 18 febbraio

1984, e le intese tra l'autorità scolastica italiana (MIUR) e la CEI. Il quadro giuridico statale comprende tutte le disposizioni di legge e gli atti amministrativi (circolari ministeriali, risoluzioni parlamentari) riguardanti le modalità di insegnamento della religione cattolica, a partire dalla legge 824/1930.

La fonte canonica include il Codice di diritto canonico (cann. 804 e 805), le delibere della CEI relative alle qualifiche degli insegnanti di religione cattolica e al riconoscimento dell'idoneità degli IDR nelle scuole pubbliche.

Infine, le Indicazioni didattiche per la scuola dell'infanzia e del primo ciclo d'istruzione sono state sottoscritte nel 2010, mentre le Indicazioni per i licei e le Linee guida per gli istituti tecnici e professionali sono state redatte nel 2012.

Facoltatività, non opzionalità

La religione cattolica continua ad essere una disciplina pienamente curricolare; appartiene, pertanto, alla quota nazionale obbligatoria dell'orario delle scuole di ogni ordine e grado e non può essere trasformata in uno studio complementare ed extracurricolare.

> La facoltatività dell'IRC è cosa diversa da quella degli «insegnamenti opzionali, facoltativi o aggiuntivi» previsti dalla legislazione sull'autonomia: questi sono insegnamenti che le scuole possono attivare o non attivare su richiesta dell'utenza, mentre l'IRC deve essere comunque assicurata in tutte le scuole e la sua facoltatività attiene solo alla capacità di scelta di alunni e genitori, ma non alla sua appartenenza strutturale all'ordinamento scolastico. (Cicatelli, 2015)

Si tratta dunque di un insegnamento facoltativo per gli alunni, ma non per lo Stato che, con il Nuovo Concordato, si è impegnato ad assicurarlo nelle scuole pubbliche non universitarie di ogni ordine e grado.

Le condizioni della scelta di avvalersi o non avvalersi devono essere garantite all'atto dell'iscrizione (oggi online), dallo studente o dai suoi genitori, su richiesta della scuola e senza dar luogo ad alcuna forma di discriminazione.

Come prescrive il protocollo addizionale n. 5 in relazione all'art. 9 della legge 121/1985, i programmi d'insegnamento della religione cattolica devono essere determinati con apposite intese tra le competenti autorità scolastiche e la Conferenza episcopale italiana (CEI). Si tratta pertanto di una legislazione che rientra nella normativa concordata, che interessa le differenti versioni dell'intesa che si sono succedute dal 1985 a oggi: la prima, DPR n. 751/1985; la seconda, DPR n. 202/1990; la terza, DPR n. 175/2012.

A differenza della scuola secondaria di primo e di secondo grado, dove l'IRC è stato affidato, fin dal Concordato del 1929, a uno specifico docente, nelle scuole dell'infanzia e primarie la religione cattolica può essere insegnata da maestri ordinari o specialisti. L'insegnante di sezione o di classe, in questo caso, deve essere riconosciuto idoneo dall'autorità ecclesiastica.

Le ragioni di questo duplice binario vanno ricercate nella Riforma Gentile del 1923 che aveva introdotto nella scuola elementare un insegnamento religioso affidandolo all'unico maestro di classe. Solo in mancanza di docenti idonei tra quelli ordinari, il provveditore agli Studi avrebbe conferito incarichi a insegnanti sui quali si «fosse favorevolmente espressa l'autorità ecclesiastica».

Per quanto concerne, ad esempio, il profilo e le funzioni dell'insegnante di religione cattolica (IDR) della scuola dell'infanzia e primaria, l'intesa del 2012 ha precisato che solo gli insegnanti di quella sezione o di quella classe, dichiaratisi disponibili e riconosciuti idonei, possono insegnare la religione cattolica. Non possono invece inserirsi in altre sezioni o classi, in quanto assumerebbero di fatto la veste di IDR specialisti, condizione per la quale sono sprovvisti dei prescritti titoli di qualificazione.

La normativa canonica (Canone 804, §2.) prevede che gli insegnanti di religione cattolica devono possedere i seguenti requisiti: essere «eccellenti per retta dottrina, per testimonianza di vita cristiana e per abilità pedagogica».

Requisiti dell'IDR

L'intesa del 2012 ha inasprito le condizioni per gli IDR di sezione e di classe, prevedendo che coloro i quali non abbiano prestato almeno un anno di servizio nell'IRC dall'anno scolastico 2007-2008 all'anno scolastico 2011-2012 perdono il requisito di idoneità. Essi dovranno acquisire un nuovo titolo di studio conseguibile con un master biennale di secondo livello in scienze religiose. In alternativa, possono iscriversi e completare un percorso di laurea quinquennale presso un Istituto superiore di scienze religiose (ISSR). Tale laurea li abilita all'insegnamento della religione cattolica. Si è inteso, in questo modo, elevare la formazione iniziale degli insegnanti di religione cattolica che gradualmente saranno in larga misura specialisti anche nella scuola dell'infanzia e primaria.

4. La valutazione dell'IRC

La valutazione scolastica è una delle funzioni più complesse di cui i docenti sono investiti. In quanto disciplina curricolare, gli apprendimenti acquisiti dagli alunni nello studio di questo insegnamento devono essere regolarmente accertati, anche se si tratta di una valutazione differenziata dalle altre discipline.

La legge 824/1930, all'art. 4, ha stabilito che per

l'insegnamento religioso, in luogo dei voti e di esami, viene redatta a cura dell'insegnante e comunicata alla famiglia una speciale nota, da inserire nella pagella scolastica, riguardante l'*interesse* con il quale l'alunno segue l'insegnamento e il *profitto* che ne ritrae.

Valutazione senza voti

Questa disposizione è rimasta tale anche nell'art. 309 del Testo unico (D.lgs. n. 297/1994). Pertanto, a differenza delle altre discipline, la valutazione dell'IRC non avviene con l'attribuzione di un voto su scala decimale. Con il riconoscimento dell'autonomia (legge 59/1997 e Regolamento attuativo DPR n. 275/1999), spetta alle singole scuole, con apposita delibera del collegio dei docenti, definire i livelli dei giudizi da assegnare; nella prassi, la scala più diffusa è su cinque livelli: ottimo, distinto, buono, sufficiente, non sufficiente.

Nel 1986, dopo la firma della prima intesa, a seguito dell'approvazione di un ordine del giorno della Camera dei Deputati, il Ministero della Pubblica Istruzione ha emanato le circolari ministeriali n. 286/1986, n. 11/1987, n. 156/1987 dando vita a una scheda separata per la valutazione dell'IRC. Ai sensi dell'art. 309 del D.lgs. n. 297/1994, essa deve essere consegnata «alla famiglia, unitamente alla scheda o alla pagella scolastica».

Il D.lgs. n. 62/2017, attuativo della legge 107/2015, ha confermato il quadro sopra illustrato, precisando nell'art. 2, comma 7 quanto segue:

> Fermo restando quanto previsto dall'art. 309 del decreto legislativo 16 aprile 1994, n. 297 relativamente alla valutazione dell'insegnamento della religione cattolica, la valutazione delle attività alternative, per le alunne e gli alunni che se ne avvalgono, è resa con una nota distinta con giudizio sintetico sull'interesse manifestato e i livelli di apprendimento conseguiti.

Per quanto concerne la decisione da parte del consiglio di classe (nella scuola secondaria di primo e di secondo grado) di ammettere o non ammettere l'alunna/o alla classe successiva, nel D.lgs. n. 62/2017, si ribadisce il contenuto del DPR n. 751/1985, nel quale al punto 2.7 viene sottolineato quanto segue:

> Nello scrutinio finale, nel caso in cui la normativa statale richieda una deliberazione da adottarsi a maggioranza, il voto espresso dall'insegnante di religione cattolica, se determinante, diviene un giudizio motivato iscritto a verbale.

IRC e DM 741/2017

Dal testo risulta inoltre che l'IDR partecipa a ogni scrutinio delle classi in cui vi siano alunni che hanno scelto di avvalersi dell'IRC, che egli si esprime su ogni alunna/o avvalentesi e che è tenuto, in certi casi, a motivare il suo voto nel verbale del consiglio di classe.

Nella nota MIUR n. 1865 del 10 ottobre 2017 – *Indicazioni in merito a valutazione, certificazione delle competenze ed esame di Stato nelle scuole del primo ciclo di istruzione (esplicativa del DM n. 741 del 3 ottobre 2017),* si ribadisce quanto affermato nel Testo unico del 1994:

> La valutazione dell'insegnamento della religione cattolica o delle attività alternative, per le alunne e gli alunni che si avvalgono di tali insegnamenti, viene riportata su una nota separata dal documento di valutazione ed espressa mediante un giudizio sintetico riferito all'interesse manifestato e ai livelli di apprendimento conseguiti [...].
>
> La non ammissione viene deliberata a maggioranza; il voto espresso nella deliberazione di non ammissione dall'insegnante di religione cattolica o di attività alternative — per i soli alunni che si avvalgono di detti insegnamenti — se determinante per la decisione assunta dal consiglio di classe diviene un giudizio motivato iscritto a verbale.

La novità più rilevante introdotta con il D.lgs. n. 62/2017 è rappresentata dal fatto che dall'anno scolastico 2017-2018 anche l'insegnante di religione cattolica fa parte della commissione dell'esame conclusivo del primo ciclo d'istruzione. Infatti, l'art. 8, comma 2 del decreto recita:

> Presso le istituzioni scolastiche del sistema nazionale di istruzione è costituita la commissione d'esame, articolata in sottocommissioni per ciascuna classe terza, composta dai docenti del consiglio di classe.
>
> Per ogni istituzione scolastica svolge le funzioni di presidente il dirigente scolastico o un docente collaboratore del dirigente, in caso di assenza o impedimento o di reggenza di altra istituzione scolastica.

La commissione d'esame coincide pertanto con la composizione del consiglio di classe di cui fanno parte tutti gli insegnanti, compresi quelli di religione cattolica e delle attività alternative.

5. Diritti e doveri dell'insegnante di religione

Le fonti per l'individuazione dei diritti e doveri degli IDR sono quelle degli altri docenti: il D.lgs. n. 297/1994, il D.lgs. n. 165/2001 e i contratti di lavoro.

Diritti e doveri

I principali diritti sono quelli correlati alla libertà d'insegnamento, alla retribuzione, all'assistenza e alla previdenza, alle assenze per i motivi riconosciuti dalle norme vigenti, all'elettorato attivo e passivo negli organi collegiali della scuola, alle libertà sindacali, al trattamento di quiescenza.

I doveri, anch'essi comuni a tutti i docenti, corrispondono ai seguenti obblighi: rispetto del buon andamento e dell'imparzialità dell'amministrazione; assunzione del servizio; rispetto dell'orario di servizio; degli ordini superiori; del segreto d'ufficio; e delle indicazioni didattiche in vigore.

Inoltre, tra i doveri, possiamo annoverare: la giustificazione delle assenze; l'incompatibilità con altri impieghi e con lezioni private; l'adozione dei libri di testo; i rapporti con le famiglie; la responsabilità civile, penale, amministrativa, disciplinare e patrimoniale; la tenuta del registro personale.

Altre attività, tipiche della funzione docente, si configurano invece come diritti-doveri: partecipazione agli organi collegiali; aggiornamento; programmazione; valutazione.

Afferma Sergio Cicatelli:

> In relazione alla specificità del loro insegnamento, gli IDR di ruolo si differenziano dagli altri docenti di ruolo per l'impossibilità di accedere alla mobilità professionale verso altri insegnamenti (legge n. 186/2003, art. 4, comma 1) e per la mancanza del diritto alla scelta della sede in caso di mobilità territoriale.
>
> Gli IDR non di ruolo, invece, pur essendo assimilati a quelli di ruolo sotto molti aspetti, si distinguono per l'impossibilità di fruire dei seguenti istituti giuridici: comandi e utilizzazioni, completamento dell'orario in caso di soprannumerarietà, mobilità ordinaria, passaggi di cattedra o di ruolo, carriere superiori, riconoscimento del servizio di alcuni concorsi. (Cicatelli, 2015)

Orari di servizio

L'orario di servizio degli IDR è il seguente:

- nella scuola dell'infanzia, 60 ore annue per sezione;
- nella scuola primaria, le 24 ore di servizio settimanale comprendono anche 2 ore di programmazione didattica;
- nella scuola secondaria di primo e di secondo grado l'orario di cattedra dell'IDR è di 18 ore settimanali.

Gli obblighi di servizio attengono alla funzione docente intesa come

> esplicazione essenziale dell'attività di trasmissione della cultura, di contributo alla elaborazione di essa e di impulso dei giovani a tale processo e alla formazione umana e critica della loro personalità. (D.lgs. n. 297/1994)

Ne deriva, pertanto, un profilo professionale costituito, come si afferma nel CCNL 2016-2018, da competenze disciplinari, psicopedagogiche, metodologico-didattiche, organizzativo-relazionali, di ricerca, documentazione e valutazione.

Come per gli altri insegnanti, gli obblighi di servizio comprendono attività d'insegnamento, attività funzionali all'insegnamento e attività aggiuntive. Oltre agli impegni che l'IDR ha nei confronti dell'istituzione scolastica, egli intrattiene un peculiare rapporto anche con l'autorità ecclesiastica. A livello locale ogni diocesi organizza interventi formativi e di aggiornamento che gli insegnanti di religione della diocesi sono tenuti a frequentare.

6. I contenuti didattici nelle Indicazioni e nelle Linee guida

Come precedentemente sottolineato, le indicazioni didattiche per l'IRC sono adottate con decreto del Presidente della Repubblica, su proposta del Ministro dell'Istruzione, dell'Università e della Ricerca, previa intesa con la Conferenza episcopale italiana.

Dalla pubblicazione della legge 121/1985 ad oggi, le disposizioni riguardanti i programmi della religione cattolica sono state aggiornate tre volte. In prima attuazione del nuovo Concordato sono stati emanati i programmi d'insegnamento per la scuola materna (DPR n. 539/1986), per la scuola elementare (DPR n. 204/1987), per la scuola media (DPR n. 350/1987) e per la secondaria superiore (DPR n. 339/1987).

Indicazioni e contenuti

A seguito della legge 53/2003 (Riforma Moratti), i vecchi programmi di insegnamento sono stati sostituiti dalle Indicazioni nazionali.

In relazione ai Piani personalizzati di studio della legge n. 53 del 2004, per ognuno dei quattro gradi scolastici, sono stati pubblicati i rispettivi decreti del Presidente della Repubblica, caratterizzati dall'elencazione di obiettivi specifici d'apprendimento (OSA).

Infine, per la scuola dell'infanzia e per il primo ciclo d'istruzione sono attualmente in vigore le Indicazioni nazionali per l'IRC emanate con DPR dell'11 febbraio 2010.

> Modellate sulle Indicazioni per il curricolo del 2007, esse sono coerenti anche con le successive Indicazioni nazionali per il curricolo emanate con DM n. 254/2012, che hanno conservato sostanzialmente la medesima impostazione. (Cicatelli, 2015)

Nel DPR del 2010 e successivamente nelle Indicazioni nazionali per il curricolo del 2012, sono esplicitati i traguardi per lo sviluppo delle competenze e gli obiettivi d'apprendimento dell'IRC.

Ambiti tematici

Gli obiettivi di apprendimento, nel sopra richiamato decreto, sono fissati al termine della classe terza e quinta della scuola primaria e al termine dell'ultimo anno della secondaria di primo grado. I contenuti d'insegnamento sono raggruppati in quattro ambiti tematici (figura 45.3):

- *Dio e l'uomo,* con i principali riferimenti storici e dottrinali del cristianesimo (Dio Padre e Creatore, la figura di Gesù, i tratti essenziali della Chiesa, il senso della preghiera);
- *la Bibbia e le fonti,* per offrire una base documentale alla conoscenza (la struttura dell'Antico e del Nuovo Testamento, la Bibbia e altri testi sacri, il rapporto della Bibbia con produzioni artistiche, letterarie, musicali);
- *il linguaggio religioso,* nelle sue declinazioni verbali e non verbali (riconoscimento dei segni cristiani, il Natale, la Pasqua; il valore dei sacramenti e dei simboli religiosi);

– *i valori etici e religiosi*, per illustrare il legame che unisce gli elementi religiosi con la crescita del senso morale e lo sviluppo di una convivenza civile, responsabile e solidale.

SCUOLA DELL'INFANZIA E PRIMO CICLO D'ISTRUZIONE

I contenuti disciplinari relativi all'IRC sono articolati nelle Indicazioni del 2010 in quatto ambiti:

a. Dio e l'uomo;
b. la Bibbia e le fonti;
c. il linguaggio religioso;
d. i valori etici e religiosi.

Fig. 45.3 Gli ambiti tematici.

L'IRC nell'istruzione superiore

Per il secondo ciclo d'istruzione e formazione sono in vigore le Indicazioni per l'insegnamento della religione cattolica nei licei e le Linee guida negli istituti tecnici e negli istituti professionali, emanate con DPR del 20 agosto 2012.

Gli obiettivi specifici di apprendimento delle Indicazioni e delle Linee guida sono esplicitati in conoscenze e abilità, descritte nel primo e nel secondo biennio e nel quinto anno del percorso di studi. I contenuti di insegnamento riguardanti le Linee guida degli istituti tecnici e professionali sono pressoché identici, mentre quelli relativi alle Indicazioni dei licei si discostano sensibilmente, anche se molti aspetti risultano comuni a tutti e tre gli indirizzi.

Ad esempio, alcune conoscenze e abilità richieste allo studente al termine del primo biennio nei tre percorsi dell'istruzione superiore contengono le descrizioni fornite nella tabella 45.1.

Dalla sintetica esemplificazione riportata nella tabella 45.1, si evince come i punti di contatto tra le Indicazioni e le Linee guida siano molteplici e ricorrenti.

Sistema pubblico paritario

L'insegnamento della religione cattolica, nel quadro delle finalità della scuola, propone agli alunni un'offerta formativa specifica, che potrà essere efficacemente valorizzata da coloro che intendono avvalersene. Pertanto, il compito dell'IDR è costituito dalla progettazione di unità di apprendimento, incentrate sia sugli aspetti disciplinari, sia sui possibili raccordi interdisciplinari che il suddetto insegnamento offre, soprattutto per quanto concerne i linguaggi espressivi, artistici, storici, letterari. Come affermato nelle Linee guida degli istituti tecnici e professionali, nell'attuale contesto multiculturale, l'IRC promuove la partecipazione a un dialogo costruttivo e educa all'esercizio della libertà in una prospettiva di giustizia, di comprensione reciproca e di pace.

TABELLA 45.1
CONTENUTI/COMPETENZE

	Conoscenze	Abilità
Licei	Riconosce gli interrogativi universali dell'uomo (origine e futuro del mondo e dell'uomo, bene e male, senso della vita e della morte, speranze e paure dell'umanità) e le risposte che ne dà il cristianesimo.	Riflette sulle proprie esperienze personali e di relazione con gli altri: sentimenti, dubbi, speranze, relazioni, solitudine ponendo domande di senso con le risposte offerte dalla tradizione cristiana.
Istituti tecnici e professionali	Interrogativi universali dell'uomo, risposte del cristianesimo, confronto con le altre religioni; natura e valore delle relazioni umane e sociali alla luce della rivelazione cristiana e delle istanze della società contemporanea.	Formula domande di senso a partire dalle proprie esperienze personali e di relazione; utilizza un linguaggio religioso appropriato per spiegare contenuti, simboli e influenza culturale del cristianesimo, distinguendo espressioni e pratiche religiose da forme di fondamentalismo e superstizione.

7. L'IRC nelle scuole non statali

Il Concordato del 1984 ha regolamentato l'insegnamento della religione cattolica «nelle scuole pubbliche non universitarie di ogni ordine e grado». Pertanto, l'IRC non deve essere assicurato solo nelle scuole statali, ma anche in quelle non statali, soprattutto nelle istituzioni educative che hanno ottenuto la parità, in base alla legge 62/2000.

Infatti, l'art. 1, commi 1 e 2 della summenzionata legge recita:

1. Il sistema nazionale di istruzione, fermo restando quanto previsto dall'articolo 33, secondo comma, della Costituzione, è costituito dalle scuole statali e dalle scuole paritarie private e degli enti locali. La Repubblica individua come obiettivo prioritario l'espansione dell'offerta formativa e la conseguente generalizzazione della domanda di istruzione dall'infanzia lungo tutto l'arco della vita.
2. Si definiscono scuole paritarie, a tutti gli effetti degli ordinamenti vigenti, in particolare per quanto riguarda l'abilitazione a rilasciare titoli di studio aventi valore legale, le istituzioni scolastiche non statali, comprese quelle degli enti locali, che, a partire dalla scuola per l'infanzia, corrispondono agli ordinamenti generali dell'istruzione, sono coerenti con la domanda formativa delle famiglie e sono caratterizzate da requisiti di qualità ed efficacia.

IRC e scuole paritarie

Si deve concludere che l'IRC trova spazio sia nelle istituzioni scolastiche paritarie di ispirazione cattolica, sia nelle scuole dell'infanzia comunali, come confermato dalla sentenza n. 970/1990 del Consiglio di Stato, nella quale si riafferma tale obbligo.

L'ultima intesa (DPR n. 175/2012), a questo proposito, al punto 4.4 afferma quanto segue:

> Per l'aggiornamento professionale degli IDR in servizio, la CEI e il MIUR attuano le necessarie forme di collaborazione nell'ambito delle rispettive competenze e disponibilità, fatta salva la competenza delle regioni e degli enti locali a realizzare per gli insegnanti da essi dipendenti analoghe forme di collaborazione rispettivamente con le Conferenze episcopali regionali o con gli ordinari diocesani.

L'insegnamento della religione cattolica, dunque, con insegnanti forniti di apposita idoneità dell'autorità ecclesiastica o con gli stessi titoli professionali in possesso degli IDR statali, deve essere assicurato in tutte le scuole non statali, paritarie private e degli enti locali, in quanto fanno parte a tutti gli effetti del sistema nazionale di istruzione e di formazione.

TABELLA 45.2
Le intese in vigore

Intese* approvate con legge ai sensi dell'art. 8 della Costituzione		
Confessione religiosa	**Sottoscrizione intesa**	**Legge di approvazione**
Assemblee di Dio in Italia (ADI)	29 dicembre 1986	Legge 22 novembre 1988, n. 517. Norme per la regolazione dei rapporti tra lo Stato e le Assemblee di Dio in Italia.
Chiesa Apostolica in Italia	4 aprile 2007	Legge 30 luglio 2012, n. 128. Norme per la regolazione dei rapporti tra lo Stato e la Chiesa Apostolica in Italia, in attuazione dell'articolo 8, terzo comma, della Costituzione.
Chiesa di Gesù Cristo dei Santi degli Ultimi Giorni	4 aprile 2007	Legge 30 luglio 2012, n. 127. Norme per la regolazione dei rapporti tra lo Stato e la Chiesa di Gesù Cristo dei Santi degli Ultimi Giorni, in attuazione dell'articolo 8, terzo comma, della Costituzione.
Chiesa Evangelica Luterana in Italia (CELI)	20 aprile 1993	Legge 29 novembre 1995, n. 520. Norme per la regolazione dei rapporti tra lo Stato e la Chiesa Evangelica Luterana in Italia (CELI).
Istituto Buddista Italiano Soka Gakkai (IBISG)	27 giugno 2015	Legge 28 giugno 2016, n. 130. Norme per la regolazione dei rapporti tra lo Stato e l'Istituto Buddista Italiano Soka Gakkai, in attuazione dell'articolo 8, terzo comma, della Costituzione.

Intese* approvate con legge ai sensi dell'art. 8 della Costituzione		
Confessione religiosa	**Sottoscrizione intesa**	**Legge di approvazione**
Sacra arcidiocesi ortodossa d'Italia ed Esarcato per l'Europa meridionale	4 aprile 2007	Legge 30 luglio 2012, n. 126. Norme per la regolazione dei rapporti tra lo Stato e la Sacra arcidiocesi ortodossa d'Italia ed Esarcato per l'Europa meridionale, in attuazione dell'articolo 8, terzo comma, della Costituzione.
Tavola valdese	21 febbraio 1984	Legge 11 agosto 1984, n. 449. Norme per la regolazione dei rapporti tra lo Stato e le Chiese rappresentate dalla Tavola dei Valdesi.
	25 gennaio 1993	Legge 5 ottobre 1993, n. 409. Integrazione dell'intesa tra il Governo della Repubblica Italiana e la Tavola valdese, in attuazione dell'articolo 8, terzo comma, della Costituzione.
	4 aprile 2007 (modifica)	Legge 8 giugno 2009, n. 68. Modifica della legge 5 ottobre 1993, n. 409, di approvazione dell'intesa tra il Governo della Repubblica Italiana e la Tavola valdese, in attuazione dell'articolo 8, terzo comma, della Costituzione.
Unione Comunità Ebraiche in Italia (UCEI)	27 febbraio 1987	Legge 8 marzo 1989, n. 101. Norme per la regolazione dei rapporti tra lo Stato e l'Unione delle Comunità Ebraiche Italiane. Legge 20 dicembre 1996, n. 638. Modifica dell'intesa tra il Governo della Repubblica Italiana e l'Unione delle Comunità Ebraiche Italiane, in attuazione dell'articolo 8, comma terzo, della Costituzione.
Unione Buddhista Italiana (UBI)	4 aprile 2007	Legge 31 dicembre 2012, n. 245. Norme per la regolazione dei rapporti tra lo Stato e l'Unione Buddhista Italiana, in attuazione dell'articolo 8, terzo comma, della Costituzione.

Intese* approvate con legge ai sensi dell'art. 8 della Costituzione		
Confessione religiosa	**Sottoscrizione intesa**	**Legge di approvazione**
Unione Cristiana Evangelica Battista d'Italia (UCEBI)	29 marzo 1993	Legge 12 aprile 1995, n. 116. Norme per la regolazione dei rapporti tra lo Stato e l'Unione Cristiana Evangelica Battista d'Italia (UCEBI).
	16 luglio 2010 (modifica)	Legge 12 marzo 2012, n. 34. Modifica della legge 12 aprile 1995, n. 116, recante approvazione dell'intesa tra il Governo della Repubblica Italiana e l'Unione Cristiana Evangelica Battista d'Italia, in attuazione dell'articolo 8, terzo comma, della Costituzione.
Unione Italiana delle Chiese Cristiane Avventiste del Settimo Giorno	29 dicembre 1986	Legge 22 novembre 1988, n. 516. Norme per la regolazione dei rapporti tra lo Stato e l'Unione Italiana delle Chiese Cristiane Avventiste del Settimo Giorno.
	6 novembre 1996 (modifica)	Legge 8 giugno 2009, n. 67. Modifica della legge 22 novembre 1988, n. 516, recante approvazione dell'intesa tra il Governo della Repubblica Italiana e l'Unione Italiana delle Chiese Cristiane Avventiste del Settimo Giorno, in attuazione dell'articolo 8, terzo comma, della Costituzione.
Unione Italiana delle Chiese Cristiane Avventiste del Settimo Giorno	4 aprile 2007 (modifica)	Legge 20 dicembre 1996, n. 637 (1). Modifica dell'intesa tra il Governo della Repubblica Italiana e l'Unione Italiana delle Chiese Cristiane Avventiste del Settimo Giorno, in attuazione dell'articolo 8, comma terzo, della Costituzione.
Unione Induista Italiana Sanatana Dharma Samgha	4 aprile 2007	Legge 31 dicembre 2012, n. 246. Norme per la regolazione dei rapporti tra lo Stato e l'Unione Induista Italiana, Sanatana Dharma Samgha, in attuazione dell'articolo 8, terzo comma, della Costituzione.

* Le intese rappresentano un accordo fra lo Stato italiano e le confessioni religiose diverse da quella cattolica; gli accordi si configurano come atti contrattuali stipulati all'interno dell'ordinamento statuale tra soggetti qualitativamente ineguali. Previste dall'art. 8 della Costituzione, le intese sono uno strumento per equiparare sul piano formale le altre confessioni religiose a quella cattolica; esse sono uno strumento del tutto diverso dal Trattato riportato nei Patti lateranensi, in quanto quest'ultimo è un atto internazionale, stipulato tra due soggetti entrambi sovrani, mentre le intese sono atti interni dell'ordinamento stipulati tra Stato sovrano e confessioni religiose che non lo sono.

Tratto da: Capaldo e Rondanini, 2017, pp. 76-80.

CAPITOLO QUARANTASEIESIMO

Un documento del MIUR per l'autonomia scolastica e per il successo formativo

1. L'autonomia scolastica 2. I documenti di condivisione e di valutazione delle scelte dell'autonomia 3. Alcuni decreti attuativi della legge 107/2015 4. Le leve di processo 5. Le leve organizzative 6. Ruoli e leve gestionali

1. L'autonomia scolastica

Documento per l'autonomia

In data 14 agosto 2018, il MIUR ha pubblicato un documento di lavoro dedicato all'autonomia scolastica redatto dal gruppo di lavoro creato con il Decreto dipartimentale n. 479 del 27 maggio 2018 presso il Dipartimento per il sistema educativo d'istruzione e formazione (https://bit.ly/2Cb7St6).

Si legge nella parte terminale del documento:

> Non esiste un solo modello di scuola efficace, ma esistono le numerose esperienze, i differenti percorsi, le molte proposte di scuole e soprattutto di reti di scuole che praticano alcune, molte o diverse scelte e opportunità qui esemplificate. Perché tutto ciò sia utile al sistema scolastico e, soprattutto consenta esiti di apprendimento adeguati per tutti e per ciascuno, le scelte devono diventare strutturali, consapevoli e sistemiche. (*L'autonomia scolastica per il successo formativo,* 14 agosto 2018)

Al gruppo di lavoro, infatti, era stato affidato il compito di definire — sul piano organizzativo e metodologico-didattico — valide strategie di innovazione, ricerca e sperimentazione per l'autonomia scolastica, finalizzate a promuovere il successo formativo degli studenti.

Personalizzazione dei percorsi

La prospettiva che il documento delinea è quella di promuovere la progettazione di curricoli inclusivi che favoriscano la personalizzazione dei percorsi formativi e valorizzino le potenzialità degli studenti, utilizzando la valutazione come elemento fondamentale del processo per il cambiamento.

Inclusione scolastica e sociale

Come ha più volte ricordato la stessa UE nei suoi documenti, l'inclusione scolastica si pone come finalità prioritaria quella di promuovere qualità nella formazione: l'Agenda 2030, *Fornire un'educazione di qualità, equa ed inclusiva e opportunità di apprendimento per tutti,* è stato uno dei primi passi per realizzare tale prospettiva nel quadro di uno sviluppo sostenibile, in cui istruzione, educazione e formazione di qualità si delineano come il fondamento del nuovo quadro strategico.

In realtà, la questione dell'inclusione scolastica è strettamente legata a quella dell'inclusione sociale, che a sua volta richiama il tema della formazione alla cittadinanza attiva: essa si concretizza per gli studenti nella possibilità di una partecipazione responsabile alla società civile, politica, comunitaria.

2. I documenti di condivisione e di valutazione delle scelte dell'autonomia

Nel documento si afferma che per promuovere il successo formativo degli alunni devono essere curati tutti gli strumenti della pianificazione strategica sia per la scuola sia per la classe. In questo senso, viene ricordata la circolare n. 8 del 6 marzo 2013, che ha focalizzato l'attenzione sulle esigenze dei differenti bisogni educativi, compresi quelli dei bambini non certificati in base alla legge del 5 febbraio 1992, n. 104 e alla legge dell'8 ottobre 2010, n. 170.

In realtà, spesso nella scuola si è proceduto a ricondurre a categorie le specificità di ciascun alunno, facendo soprattutto riferimento alla descrizione di disturbi e difficoltà, senza pensare alla prospettiva degli elementi che potrebbero promuoverne il successo formativo.

Condivisione del progetto

Il documento invita a ripensare gli strumenti di condivisione del progetto educativo e quelli della valutazione, in modo da renderli coerenti tra loro nei fini e nelle scelte, semplificando e ottimizzando le procedure, valorizzando la professionalità dei docenti, evitando parcellizzazioni e sovrapposizioni di compiti e funzioni che potrebbero rendere più difficoltoso il conseguimento del successo formativo.

Il PTOF

Il rilancio dell'autonomia si realizza rispondendo alle esigenze degli studenti e utilizzando strumenti flessibili di progettazione organizzativa e didattica. In questa strategia, un posto di rilievo spetta certamente al Piano triennale dell'offerta formativa, che deve essere definito in base alla specificità del contesto operativo e deve sfruttare tutte le opportunità previste dalla legge 107/2015 e dai successivi decreti legislativi delegati.

Il piano di miglioramento

Anche il piano di miglioramento va definito in riferimento a tale prospettiva, in modo che le scuole possano diventare laboratori permanenti di ricerca che promuovano il coinvolgimento dei docenti:

> Una scuola inclusiva riduce la dispersione e la demotivazione e consente che tutti gli attori coinvolti (alunni, insegnanti, famiglie, personale, dirigente) di vivere in un contesto accogliente e stimolante, caratterizzato da relazioni significative e da opportunità conoscitive, fondamenti delle esperienze di apprendimento e crescita di ognuno. Per favorire inclusione e apprendimento per tutti, è necessario adottare interventi volti anche alla qualità degli ambienti di apprendimento e alla qualificazione professionale dei docenti. (*L'autonomia scolastica per il successo formativo,* 14 agosto 2018)

Il curricolo

Anche la definizione del curricolo può contribuire a ciò, se esso viene definito secondo prospettive di continuità e inclusione, in cui si faccia riferimento non tanto agli insegnamenti, quanto agli apprendimenti, alla personalizzazione degli interventi, a una consona organizzazione dello spazio e del tempo, dei materiali e delle risorse. Il richiamo è, in questo senso, anche al RAV, che dovrà prevedere il monitoraggio periodico, annuale e triennale delle attività, con gli opportuni adeguamenti progettuali.

Il RAV

Le prospettive indicate dal documento fanno riferimento a particolari aspetti dell'intero processo formativo che gli estensori del documento definiscono «leve», cioè punti su cui esercitare la propria forza culturale per la realizzazione di un'autonomia finalizzata al successo formativo degli alunni: le leve di processo, che richiamano le dinamiche dell'insegnamento-apprendimento, le relazioni, il clima di classe, i curricoli e gli aspetti disciplinari in prospettiva di educazione alla cittadinanza; le leve organizzative, quali la documentazione della progettazione e della valutazione; le leve gestionali, che riguardano ruoli e funzioni e sono proiettate a realizzare una comunità professionale in grado di promuovere formazione.

Leve processuali, organizzative, gestionali

3. Alcuni decreti attuativi della legge 107/2015

Prima di procedere alla definizione delle cosiddette leve, nel testo si fa riferimento a tre dei decreti attuativi della legge di riforma del 2015 che sembrano poter offrire gli spunti più interessanti per realizzare questa prospettiva: i decreti legislativi n. 61, n. 62, n. 66, tutti pubblicati il 13 aprile 2017.

Il D.lgs n. 66/2017

Per quanto concerne il D.lgs. n. 66, viene sottolineata l'importanza dell'inclusione scolastica, che deve riguardare le bambine e i bambini, le alunne e gli alunni, le studentesse e gli studenti. In questo senso, l'inclusione deve concretizzarsi nell'offerta di adeguate risposte ai vari bisogni educativi, realizzata attraverso strategie educative e didattiche che promuovano le potenzialità di ciascuno e di tutti nel rispetto del diritto all'autodeterminazione e all'accomodamento ragionevole. L'inclusione deve garantire pienamente l'attuazione del diritto alle pari opportunità e al successo formativo: definire curricoli inclusivi significa rispettare le diversità, i contesti e le situazioni concrete di apprendimento.

> L'evoluzione dei concetti di disabilità, normalità, inclusione educativa e i continui progressi della tecnologia hanno trasformato il modo di vivere e di pensare la diversità prefigurando un modello pedagogico orientato al superamento della categorizzazione degli alunni con svantaggi nella scuola, a favore della costruzione di curricoli inclusivi per tutti e non solo per i soggetti con disabilità. (*L'autonomia scolastica per il successo formativo,* 14 agosto 2018)

Il D.lgs n. 61/2017

Il nuovo modello di istruzione professionale delineato dal Decreto n. 61/2017 è caratterizzato dalla personalizzazione dei percorsi di apprendimento, che prevede un monte ore non superiore a 264 nel biennio, e dal Progetto formativo individuale redatto dal consiglio di classe entro il 31 gennaio del primo anno di frequenza e aggiornato nell'intero percorso scolastico.

> Il Progetto formativo individuale si basa su un bilancio personale che evidenzia le competenze acquisite da ciascuna studentessa e da ciascuno studente, anche in modo non formale e informale ed è idoneo a rilevare le potenzialità e le carenze riscontrate, al fine di motivare e orientare nella progressiva costruzione del percorso formativo e lavorativo. Tale scelta vuole essere appunto uno strumento per rispondere alle esigenze di coesione sociale, allo scopo di realizzare una vera didattica inclusiva e una lotta reale alla dispersione. (*L'autonomia scolastica per il successo formativo,* 14 agosto 2018)

L'intento finale è quello di promuovere processi innovativi che non si fermino soltanto alla raccolta e diffusione di buone prassi, non sempre trasferibili o generalizzabili nei vari contesti, ma che sviluppino azioni di sistema che valorizzino le qualità dei docenti, impegnandoli, ad esempio, nella progettazione della gestione di classi sempre più complesse, con alunni che formulano differenti domande di attenzione, a livello cognitivo, emotivo, linguistico, relazionale e culturale.

Il D.lgs n. 62/2017

Il terzo decreto ricordato è il D.lgs. n. 62/2017 che, pur conservando anche nel primo ciclo il voto per le discipline, ha innovato il sistema di valutazione degli apprendimenti, prevedendo che siano i collegi dei docenti a stabilire criteri di valutazione coerenti con il curricolo scolastico, correlati alla certificazione delle competenze, anche in riferimento alle competenze di cittadinanza legate PECUP dello studente.

Si deve, in questo senso, parlare di valutazione formativa, che ha un carattere dinamico ed è legata, da un lato, all'insegnamento e alla sua riprogettazione continua, dall'altro, deve tener conto delle caratteristiche individuali degli studenti e dei livelli di apprendimento da garantire. La valutazione sommativa interviene nella fase finale per concludere con il voto definito in base a descrittori dei livelli di apprendimento rispetto al curricolo.

Anche le modalità di svolgimento degli esami del primo e del secondo ciclo sono state modificate dal decreto: gli esami del primo ciclo vedono confermata la finalità di valorizzare il percorso di apprendimento degli studenti. Le prove e i criteri di valutazione, definiti in precedenza dai collegi dei docenti e dalle commissioni di esame, sono inseriti nel Piano educativo individualizzato (PEI) per la valutazione degli alunni con disabilità, legge 104/1992, compresi gli aspetti delle prove INVALSI. Questo

> deve essere chiarito nel PEI, così come è ancora il PEI a indicare quali siano i contenuti e le modalità di elaborazione delle prove d'esame, che nel primo ciclo sono sempre equivalenti e nel secondo ciclo devono essere equipollenti per poter essere considerate valide per l'acquisizione del diploma. Sempre nello stesso articolo 12 del Decreto lgs. n. 66/2017 si evidenzia che, per chi ha una certificazione di DSA a norma della Legge n. 170/2010, sono previste le stesse misure dispensative o compensative previste dal Piano Didattico Personalizzato (PDP) e utilizzate nel percorso scolastico. (D.lgs. 13 aprile 2017, n. 62)

I BES

Per quanto concerne i BES, in coerenza con la normativa, non è stato inserito alcun riferimento nel decreto; la prospettiva è quella di definire percorsi inclusivi con modalità di verifica e di valutazione coerenti con essi, che testimonino il conseguimento di apprendimenti adeguati alle potenzialità di ciascuno studente. In questo caso, un riferimento importante per definire prove su conoscenze e abilità può essere costituito dai traguardi delle competenze, prescrittivi per i curricoli delle scuole e dalle unità di apprendimento (DM n. 741/2017, *Esame di Stato conclusivo del primo ciclo di istruzione*). Infine, è previsto che, in sede di riunione preliminare, la commissione d'esame potrà prevedere l'eventuale uso di strumenti che potranno essere di ausilio agli studenti.

4. Le leve di processo

Le leve di processo

Nel documento, le leve di processo indicano le dinamiche pedagogiche che si realizzano nelle attività di insegnamento-apprendimento. Gli esiti delle prove INVALSI testimoniano che nella scuola il principio di equità non è ancora garantito; non si tratta di questioni di tipo sociale, territoriale o di inadeguati criteri per la formazione delle classi, ma si fa riferimento a come la scuola interviene nello sviluppo delle competenze, anche tenendo conto dei livelli socioculturali degli studenti: va garantita la loro presenza eterogenea, e al contempo omogenea, in tutte le classi, in modo da assicurare il miglioramento degli apprendimenti di tutti e l'innalzamento dei livelli di cittadinanza dell'intera società. Il Rapporto di autovalutazione e il Piano di miglioramento possono porsi in questa prospettiva come strumenti per la realizzazione dell'equità e dell'inclusione.

Anche il curricolo deve esprimersi in termini di inclusione: deve essere aperto alle sollecitazioni esterne, deve essere motivante e partecipativo. Prevedendo un'organizzazione a legame debole per favorire l'interazione, la discussione, la condivisione delle informazioni, l'espressione dei giudizi. Il curricolo deve valorizzare le capacità degli allievi, promuovendo l'attitudine alla ricerca, sostenendo il superamento dei conflitti.

Alla base di un curricolo inclusivo va posta la personalizzazione che, valorizzando le molteplici diversità degli studenti, non si concretizza in una progettazione e parcellizzazione di interventi per ciascuno e per tutti gli allievi, ma nella definizione di un curricolo che possa essere realizzato da tutti con modalità diversificate, in relazione alle caratteristiche personali, nel contesto di classi non considerate come unità astratte, ma composite e aperte a strategie didattiche condivise.

> Il framework offerto da Universal Design for Learning (UDL) basandosi su una modellizzazione neuroscientifica e neuropsicologica dei processi di apprendimento, definisce linee guida utili per una progettazione didattica «plurale», ricca di strategie per l'apprendimento nelle sue diverse fasi. L'UDL può essere un utile riferimento per la costruzione del curricolo inclusivo affinché quello che è necessario per alcuni diventi utile per tutti. (*L'autonomia scolastica per il successo formativo,* 14 agosto 2018)

L'idea, che proviene dalla cultura architettonica, ha origine dalla necessità di garantire più diritti alle persone con disabilità, operando un accomodamento ragionevole delle strutture per superare i loro bisogni fisici, cognitivi e di comunicazione, pensando che tali scelte potranno a maggior ragione favorire anche chi non presenta particolari esigenze. Nel testo si fa riferimento a un format di didattica aperta e per stazioni che potrebbe implementare l'UDL *(Universal Design for Learning),* perché prevede l'utilizzo di spazi di diversificazione e di autodeterminazione per gli alunni protagonisti del loro apprendimento.

La valutazione si pone come spazio fondamentale di riflessione per una scuola che vuole promuovere il successo formativo; essa riguarda alunni e docenti, insegnamento e apprendimento e va riportata a una nuova sintesi. I suoi ambiti devono interessare: la valutazione degli apprendimenti e la certificazione delle competenze; quella delle strategie inclusive nella progettualità della scuola (RAV); quella del sistema scolastico.

La valutazione finale, con i risultati di apprendimenti disciplinari e la certificazione delle competenze, deve essere argomento di riflessione nei collegi dei docenti, sia per la predisposizione di opportuni strumenti per la lettura dei bisogni educativi sia per la progettazione di strategie didattiche per il conseguimento di adeguati livelli di apprendimento.

Anche il clima di classe è, in questa prospettiva, fondamentale ed è legato alla gestione delle dinamiche interpersonali, non in termini di disciplina, ma di coinvolgimento e partecipazione di tutti gli attori del processo formativo. Esso comporta il riconoscimento dell'altro come persona.

In relazione alla gestione delle classi si possono individuare diverse dimensioni di cui tener conto, in particolare occorre che siano curate la comunicazione, la relazione educativa, l'organizzazione della classe, in modo da promuovere un ambiente di apprendimento inclusivo; quest'ultimo non è mai separato dall'aspetto sociale dello stare a scuola, che riguarda le buone relazioni con gli insegnanti e i compagni, le regole sociali e di convivenza civile, la condivisione, la comunicazione, la collaborazione e la maturazione di una positiva immagine della propria stessa identità.

Curricolo e clima di classe inclusivi

La realizzazione di un curricolo inclusivo è indissolubilmente legata alla promozione di un clima di classe inclusivo, che miri all'apprendimento e alla partecipazione sociale di tutti. Ciò è possibile solo attraverso la realizzazione di processi che pongano attenzione, da un lato, alle prassi didattiche (curricoli rivolti allo sviluppo di intelligenze multiple, apprendimento attivo e basato su problemi reali, integrazione delle tecnologie nel curricolo, valutazione autentica e utilizzo di strumenti per l'autovalutazione), dall'altro, alla promozione delle relazioni sociali (modalità cooperative di apprendimento e di collaborazione informale tra gli alunni, coinvolgimento attivo degli studenti nelle decisioni).

I saperi

Anche i saperi svolgono un ruolo importante in questo quadro, che non può prevedere il semplice insegnamento di nozioni e conoscenze, ma puntare alla ricostruzione delle conoscenze; particolarmente significative devono essere considerate le conoscenze conquistate nell'ultimo cinquantennio, in quanto sono le basi di scoperte future.

> È prioritario saper utilizzare strumenti cognitivi che possano avvicinare alla vita vera, quella del mondo del lavoro, della ricerca scientifica, della scoperta usando i modi e gli strumenti più attuali. La contemporaneità richiede lo sforzo di cambiare. L'intervento didattico che opera sui compiti complessi, di realtà o autentici serve a provocare nello studente quel conflitto cognitivo che determina l'esigenza di incrementare le conoscenze necessarie e modificare il proprio schema mentale. Occorre privilegiare le didattiche attive e l'uso dei mediatori, applicando la didattica laboratoriale ma non tralasciando, al contempo, la possibilità di acquisire il rigore metodologico dello studio. (*L'autonomia scolastica per il successo formativo,* 14 agosto 2018)

Apprendere agendo

Si sottolinea l'importanza di consentire agli alunni di apprendere facendo e, solo successivamente, riordinare le informazioni per astrarne principi e teorie; questa strada è tracciata anche nelle Indicazioni nazionali 2012, quando si fa riferimento alla formazione sul piano cognitivo e culturale di ciascuna persona per consentirle di affrontare in modo positivo l'incertezza e la mutevolezza degli scenari sociali e professionali, presenti e futuri.

Occorre per questo andare oltre la semplice trasmissione standardizzata di conoscenze, anche superando le barriere disciplinari a favore di nuclei fondanti, per puntare a conoscenze che promuovano abilità cognitive funzionali alla costruzione del metodo di studio e della motivazione ad apprendimenti significativi.

Naturalmente, l'orientamento svolge una funzione determinante per il successo formativo, in quanto è finalizzato a legare la personale vocazionalità ai percorsi di apprendimento.

L'orientamento scolastico deve essere esso stesso uno strumento formativo che supera la semplice informazione legata alla scelta degli studi successivi, per collegarsi alla maturazione della consapevolezza delle proprie attitudini, dei propri obiettivi, dei punti personali di forza e di debolezza. È un processo che va avviato all'inizio del percorso scolastico e che deve porre la persona nella condizione di saper effettuare le proprie scelte di vita.

Un importante strumento che può favorire tutto ciò è la riflessione sulla documentazione educativa realizzata anche dal singolo studente come autovalutazione. La questione della documentazione educativa e del portfolio degli studenti va oggi ripresa, andando oltre la semplice ricerca di strumenti per rilevare attitudini e vocazioni con l'adozione di una chiara policy sui format di documentazione e sulle modalità di condivisione tra i docenti.

Il Patto formativo individuale

Infine, anche il Patto formativo individuale — definito dalle Linee guida per i CPIA (Centri provinciali per l'istruzione degli adulti), DI del 12 marzo 2015 — sottolinea l'importanza di dover valorizzare il patrimonio culturale e professionale delle persone come base per la promozione dell'apprendimento.

5. Le leve organizzative

Per quanto concerne le leve organizzative, la documentazione della progettazione e della valutazione va considerata nel suo significato formale, come uno strumento utile per definire con chiarezza gli obiettivi, l'ambiente di apprendimento inteso come percorsi, metodologie, strategie didattiche, strumenti e materiali, e le modalità di verifica e di valutazione. Tali scelte, assunte in modo collegiale, richiamano i docenti alla responsabilità.

La progettazione

È compito delle istituzioni scolastiche, in base alla loro autonomia funzionale, definire tempi e strumenti per la progettazione curricolare verticale, trasversale e per discipline, sia a livello di scuola sia di classi. Benché non obbligatoria, la predisposizione dei Piani didattici personalizzati (PDP) in base ai criteri del PTOF e del Piano per l'inclusione, può essere considerata strumento di documentazione e di comunicazione tra i docenti, superando la tradizionale idea che il PDP sia un documento solo in funzione della tutela degli studenti.

Una particolare attenzione va riservata alla progettazione delle azioni educative nella scuola dell'infanzia, soprattutto per i bambini che hanno situazioni di difficoltà, anche se appare inopportuna la redazione di un Piano didattico personalizzato simile a quello di altri ordini di scuola: nei primi anni possono anche evidenziarsi segnali di problematicità, ma solo successivamente potranno rivelarsi come veri e propri disturbi. Anche la scuola dell'infanzia viene oggi rilanciata all'interno del sistema 0-6 anni, come da D.lgs n. 65/2017.

L'organizzazione

Anche tempi, spazi e organizzazione ricoprono una funzione strategica in una scuola inclusiva: gli ambienti accoglienti, flessibili, laboratoriali, con aree all'aperto, ambienti innovativi e tecnologici, aperti alla comunità, promuovono il benessere individuale e collettivo a scuola, il senso di appartenenza, l'inclusione. Importanti possono rivelarsi anche la riorganizzazione e la rimodulazione dei tempi scolastici in funzione della personalizzazione dell'apprendimento.

Le scuole, nel tempo, hanno sperimentato il loro modello organizzativo più adeguato per dare risposte alle esigenze degli studenti. Si propone ora di fare in modo che tale organizzazione non funzioni come una barriera che condizioni le attività scolastiche. A proposito dell'orario settimanale e giornaliero, nel documento si propone di studiare moduli che prevedano la compattazione delle discipline e la scansione in moduli: un orario settimanale costruito da moduli che prevedono due lezioni consecutive per favorire

> una didattica laboratoriale e cooperativa con un clima più rilassato e disteso che rispetti i tempi di apprendimento di ognuno; una distribuzione di ore non rigida nelle settimane, ad esempio con una diversa collocazione delle discipline nei trimestri/quadrimestri che lasci invariato il monte-ore annuale. Si possono concentrare alcune attività disciplinari nella prima parte dell'anno scolastico ed altre nella seconda; oppure si possono svolgere le discipline per unità di apprendimento trasversali e quindi con l'apporto orario di diversi docenti, sempre nel rispetto delle ore previste dagli ordinamenti. (*L'autonomia scolastica per il successo formativo,* 14 agosto 2018)

Gli ambienti di apprendimento

È indubbio che l'organizzazione del tempo scuola incida sulla qualità della didattica e lo stesso vale per la predisposizione degli spazi fisici, la didattica per ambienti di apprendimento, che può stimolare i processi di insegnamento-apprendimento: «L'aula diventa uno spazio dove poter sperimentare conoscenze e sviluppare competenze, prevedendo un setting di lavoro flessibile che diviene adeguato alle diverse discipline che può completarsi anche oltre l'aula» (*L'autonomia scolastica per il successo formativo,* 14 agosto 2018). In quel setting, un posto di rilievo sarà occupato dalle tecnologie — soprattutto dopo il forte impulso dato al settore dal PNSD (Piano nazionale scuola digitale) —, che consentono la realizzazione di una didattica che utilizza linguaggi e strategie diversi da quelli della lezione frontale.

> La scuola digitale va pensata, quindi, in funzione delle finalità, oltre l'idea dell'innovazione che in qualche caso può risultare fine a se stessa. Un esempio in questa direzione è il concetto a cui si ispira il FabLab (dall'inglese *fabrication laboratory*), una vera «officina» che offre servizi di fabbricazione digitale. Il progetto FabLab nasce circa dieci anni fa al MIT di Boston e il nome mette insieme fabbricazione e laboratorio. I FabLab sono oggi centinaia nel mondo e la diffusione crescente di laboratori di coding, delle stampanti 3D e di schede di prototipazione elettronica, nonché di robotica consente un nuovo protagonismo degli studenti che non solo progettano, ma creano i loro oggetti di studio, come in molte scuole si sta già sperimentando. (*L'autonomia scolastica per il successo formativo,* 14 agosto 2018)

Il Piano per l'inclusione

Il Piano per l'inclusione è stato introdotto dal D.lgs. n. 66/2017; esso si pone come assunzione collegiale di responsabilità da parte dell'intera comunità scolastica circa le modalità educative e i metodi di insegnamento adottati dalla scuola per garantire l'apprendimento. Esso deve rendere noti:

> – le modalità condivise per la realizzazione di un curricolo inclusivo e per la personalizzazione;
> – i protocolli e le procedure della valutazione individuale degli studenti e di monitoraggio e valutazione degli interventi educativi e didattici;
> – le analisi di contesto, le modalità valutative, i criteri di stesura dei piani personalizzati, della loro valutazione e delle eventuali modifiche;
> – il ruolo delle famiglie e delle modalità di mantenimento dei rapporti scuola/famiglia in ordine allo sviluppo delle attività educative/didattiche;
> – le scelte per la valorizzazione delle risorse professionali di cui si dispone per la realizzazione del Piano stesso;
> – le risorse interne ed esterne necessarie per realizzare le attività d'inclusione (dal 2019 è utilizzato anche per la richiesta dell'organico per il sostegno didattico). (*L'autonomia scolastica per il successo formativo,* 14 agosto 2018)

6. Ruoli e leve gestionali

La capacità propositiva di una scuola in termini di formazione dipende in gran parte dalla creazione di una comunità professionale, nella quale si lavora per progettare e realizzare contesti accoglienti e motivanti. Una funzione fondamentale è svolta, in questo senso, dal dirigente scolastico, in quanto riferimento principale per tutta la comunità scolastica, utenti, famiglie e territorio compresi; egli è consulente e supervisore dei vari processi innovativi e ha compiti di indirizzo nella progettazione.

Una comunità professionale

Il dirigente svolge funzioni pubbliche ed è responsabile del perseguimento «della flessibilità, della diversificazione, dell'efficienza ed efficacia del servizio scolastico» (art. 25, D.lgs. n. 165/2001); nella scuola, egli ricopre un ruolo determinante, che comporta funzioni gestionali, organizzative, di coordinamento, di valorizzazione delle risorse umane, finanziarie, strumentali dell'istituzione scolastica diretta. Egli è leader strategico, che svolge una funzione di mediazione con gli organi collegiali e gli enti esterni, e leader per l'apprendimento, per la realizzazione del progetto formativo e della scuola come comunità di apprendimento.

> La sua funzione inclusiva si esplicita non solo nella gestione delle risorse umane, culturali e materiali che, in relazione all'inclusione dei soggetti con disabilità certificata, integrano i diversi Profili di funzionamento e PEI, ma nell'organizzazione di un management inclusivo che coinvolga tutte le componenti scolastiche. Il ruolo del dirigente scolastico è cruciale perché è sua la funzione di indirizzo per tutti gli attori della comunità scolastica coinvolti nei processi di inclusione e garantisce la visione d'insieme per la definizione e la tenuta del setting organizzativo e pedagogico della scuola. (*L'autonomia scolastica per il successo formativo,* 14 agosto 2018)

In questo quadro, ai docenti non può essere affidato solo il compito di trasmettere nozioni e conoscenze, ma essi devono guidare gli alunni nella comprensione e nella ricostruzione dei saperi e nello sviluppo di competenze. Il documento in questione suggerisce che la funzione del docente debba connotarsi come una competenza che sappia coniugare i saperi con il sapere agito, come base per una cittadinanza, intesa come padronanza della cultura e capacità di partecipazione alla vita sociale, con il superamento di progettazioni semplicemente disciplinari, sviluppando altresì prospettive interdisciplinari con la collaborazione degli altri colleghi.

Saperi e sapere agito

Una delle più rilevanti innovazioni introdotte dalla legge 107/2015 è stata l'istituzione dell'organico dell'autonomia, funzionale alla realizzazione del Piano triennale dell'offerta formativa e in grado di valorizzare le competenze professionali dei docenti anche in rete.

L'organico dell'autonomia

Sedi privilegiate per tali attività sono il collegio docenti e i consigli di classe, nei quali una funzione particolarmente significativa può essere svolta dai docenti di sostegno come facilitatori dell'inclusione per le loro competenze professionali.

Altrettanto importanti per garantire un efficace coordinamento delle attività progettuali finalizzate all'inclusione sono sia lo staff, sia il dirigente scolastico, sia le figure di sistema a cui potranno essere affidate specifiche e particolari attività d'istituto.

La formazione del personale

La legge 107/2015 ha rilanciato l'importanza della formazione del personale, iniziale e in servizio, come strumento fondamentale per «promuovere l'acquisizione di una forma mentis per cui "la speciale normalità" sia modalità ordinaria del fare scuola».

Una scuola inclusiva si fonda su una capacità progettuale che sappia interpretare e comprendere la complessità e le diversità, in cui i docenti sono in grado di effettuare riflessioni sul contesto e sulle prassi didattiche per promuovere l'innovazione. Essi devono essere capaci di pianificare la propria azione educativa stabilendo cosa, come, perché, quando insegnare, di valutare l'agire educativo identificando punti di forza e di debolezza del progetto, anche potenziando le proprie competenze professionali. Occorre che essi sfruttino tempi, spazi e modalità di confronto e di analisi per riflettere sul proprio agire educativo, scambiare buone prassi, confrontare stili e prassi gestionali della classe.

La formazione iniziale, in servizio e nell'anno di prova, è finalizzata a creare opportunità per discutere e riflettere sulle prassi educative e sulle competenze in grado di promuovere un clima di classe positivo, che favorisca l'apprendimento-insegnamento e il benessere scolastico. In questo senso, è richiamato l'utilizzo di diverse strategie specifiche quali il *mentoring*, il *tutoring*, il *peer coaching*. Fondamentale può rivelarsi, per questo, l'anno di prova, che impegna i docenti nell'elaborazione del portfolio formativo. Il Piano triennale per la formazione è fondamentale anche per promuovere la formazione di specifiche figure che sostengano l'inclusione.

La progettazione può consentire l'armonizzazione degli interventi formativi che vanno predisposti in base a determinati criteri, a suo tempo proposti dall'OECD 2006:

- coinvolgimento di tutte le dimensioni di chi apprende (cognitive, sociali, emotive);
- consapevolezza e autoregolazione del processo di apprendimento;
- co-progettazione del percorso di apprendimento;
- sviluppo del processo di autovalutazione;
- apprendimento per «sfide» piuttosto che per «obiettivi»;
- percorsi di apprendimento invece di curriculum predefiniti o programmi di formazione;

– risultati potenzialmente raggiungibili, non definibili a priori.
(*L'autonomia scolastica per il successo formativo,* 14 agosto 2018)

Le reti territoriali

Le scuole devono costituirsi in reti territoriali per poter sfruttare il patrimonio professionale e di dotazioni tecnologiche posseduto; in questo caso, la stessa legge 107/2015 ha suggerito una nuova governance sugli ambiti territoriali che consenta di realizzare l'autonomia scolastica come strumento di rete. Non è proficua la competizione tra scuole quando si parla di diritto allo studio, ma occorre la capacità di costruire in sinergia una comunità di apprendimento: proposte, idee, progetti, competenze professionali devono essere i fattori in grado di migliorare la qualità dell'offerta formativa dell'intero sistema d'istruzione. In questo caso, un ruolo fondamentale deve essere svolto dagli uffici scolastici regionali, che dovranno promuovere la costruzione di alleanze e l'assunzione di responsabilità tra scuola e territorio, tenendo conto delle diversità, delle identità e delle specificità di ciascuna realtà.

Bibliografia

AA.VV. (1963), *Questioni di storia della pedagogia,* Brescia, La Scuola.

AA.VV. (1977), *Problemi scolastici e educativi nella Lombardia del primo Ottocento (2 voll.),* Milano, SugarCo.

AA.VV. (1978), *La scuola secondaria in Italia,* Firenze, Vallecchi.

AA.VV. (1980), *Reggio e i territori estensi dall'Antico regime all'età napoleonica,* Reggio Emilia, Pratiche.

AA.VV. (1984), *Teorie e pratiche linguistiche nella Lombardia del Settecento,* Bologna, Il Mulino.

AA.VV. (1988), *Tempo e spazio: Dimensioni del sapere,* Milano, Mondadori.

AA.VV. (1991), *Educare nella società complessa,* Brescia, La Scuola.

AA.VV. (1993), *L'infanzia a scuola,* Cremona, Editrice Padus.

AA.VV. (1994), *L'innovazione nella scuola elementare,* Brescia, La Scuola.

AA.VV. (2001), *Professione docente e autonomia delle scuole,* Brescia, La Scuola.

AA.VV. (2009), *L'altro tra noi,* Colle di Val d'Elsa, SI, Fondazione Intercultura.

AA.VV. (2010), *Repertorio. Dizionario normativo della scuola,* Napoli, Tecnodid.

Abravanel R. (2009), *Meritocrazia,* Milano, Garzanti.

Abravanel R. (2010), *Equità, uguaglianza e merito.* In M. Spinosi (a cura di), *Sviluppo delle competenze per una scuola di qualità,* Napoli, MIUR-USR per l'Abruzzo, Tecnodid.

Acerra E. (2017), *Valutazione degli apprendimenti,* «Notizie della Scuola», 16 novembre, Napoli, Tecnodid.

Alberti A. (1990), *La riforma della scuola elementare,* Firenze, La Nuova Italia.

Alberti A. (1994), *Commento ai programmi della scuola elementare dopo la riforma,* Firenze, La Nuova Italia.

Alberti A., Frabboni F. e Tinagli P. (2001), *La scuola di base,* Milano, Bruno Mondadori.

Alessandrini G. (2007), *Comunità di pratica e società della conoscenza,* Roma, Carocci.

Allulli G. (2015), *Dalla strategia di Lisbona a Europa 2020,* Roma, CNOS-FAP.

Amato R. (2004), *La biblioteca delle educazioni: Educazione alla cittadinanza,* Casoria, NA, Simone per la Scuola.

Ambel M. (2012), *Competenze: Il profilo dello studente.* In G. Cerini, *Passa... parole,* Faenza, Homeless Book.
Andreoli V. (2010), *Paura e un'eterna attesa,* «Corriere della Sera», 19 luglio.
Andreoli V. (2012), *La fatica di crescere,* Milano, Rizzoli.
Antonietti A. (1998), *Psicologia dell'apprendimento: Processi, strategie e ambienti cognitivi,* Brescia, La Scuola.
Arcomano A. (1963), *Scuola e società nel Mezzogiorno,* Clueb, Bologna.
Arendt H. (1989), *La condizione umana,* Milano, Bompiani.
Arendt H. (1991), *Tra passato e futuro,* Milano, Garzanti.
Argyris C. (1990), *Superare le difese organizzative,* Milano, Raffaello Cortina.
Armone A (2006), *Valutazione dei dirigenti.* In G. Cerini e M. Spinosi (a cura di), *Voci della Scuola,* Napoli, Tecnodid.
Asor Rosa A. (2018), *Il popolo si è dissolto nella massa,* «la Repubblica», 6 aprile 2018.
Auriemma S. (2000), *Repertorio,* Napoli, Tecnodid.
Auriemma S. (2001), *Norme riunite sul rapporto di lavoro dei dipendenti pubblici,* «Notizie della Scuola», n. 22, inserto.
Auriemma S. (a cura di) (2009), *Repertorio,* Napoli, Tecnodid.
Auriemma S. (a cura di) (2010), *Repertorio,* Napoli, Tecnodid.
Auriemma S. (a cura di) (2011), *Repertorio,* Napoli, Tecnodid.
Auriemma S. (2015), *Prime note su due tracciati di riforme ordinamentali,* Ipertesto unico Scuola, Napoli, Teconodid, settembre 2015.
Auriemma S. (a cura di) (2018), *Repertorio 2018: Dizionario normativo della scuola – XXXII edizione,* Napoli, Teconodid.
Azzali F. e Cristanini D. (1995), *Programmare oggi,* Milano, Fabbri.
Bagnasco A. (2011), *Prolusione al Consiglio Permanente della CEI,* Ancona, 24-27 gennaio 2011.
Balboni E. (2001), *Verso la Repubblica delle autonomie,* a cura dell'ANCI e della Lega delle Autonomie locali della Lombardia, Milano.
Baldacci M. (a cura di) (1999), *Il territorio come laboratorio,* Bari, Adda Editore.
Baldacci M. (a cura di) (2006), *Unità di apprendimento e programmazione,* Napoli, Tecnodid.
Baldascino R. (2009), *LIM.* In G. Cerini e M. Spinosi (a cura di), *Voci della scuola,* Napoli, Tecnodid.
Barbier G.M. (1989), *La valutazione del processo formativo,* Torino, Loescher.
Barzanò G. (1998), *Autovalutazione delle scuole e valutazione di sistema,* «Dirigenti Scuola», n. 85.
Barzanò G. (2008), *Leadership per l'educazione,* Roma, Armando.
Barzanò G. (a cura di) (2009), *Imparare a insegnare,* Milano, Bruno Mondadori.
Bauman Z. (2011), *La fine dell'intimità nell'era di Facebook,* «la Repubblica», 9 aprile.
Bausola A. (1985), *La libertà,* Brescia, La Scuola.
Becciu M. e Colasanti A.R. (1996), *La leadership autorevole,* Roma, Workbook.
Bello R. (2007), *L'educazione come liberazione,* «L'Educatore», vol. 54, n. 6.
Bennett J.M. (a cura di) (2002), *Principi di comunicazione interculturale,* Milano, FrancoAngeli.
Bernandini De Pace A. (2012), *Dall'amore all'amore,* Milano, RCS Media Group.

Bertagna G. e Triani P. (2013), *Dizionario di didattica,* Brescia, La Scuola.
Bertellini E. (2011), *C'era una volta la scuola: Storia del diritto allo studio in Italia dall'Unità a oggi,* Milano, Unicopli.
Bertolini P. e Frabboni F. (1985), *Scuola primaria,* Firenze, La Nuova Italia.
Bertoni Jovine D. (1954), *Storia della scuola popolare in Italia,* Torino, Einaudi.
Bettini F. (1955), *La scuola elementare italiana nell'Ottocento: Le istruzioni scolastiche del 1812,* «Pedagogia e Vita», vol. 16, n. 3, marzo.
Bettini M. (2008), *Stato e assistenza sociale in Italia: L'Opera Nazionale Maternità e Infanzia 1925-1975,* Livorno, Erasmo.
Bianco A. (2009), *Al via le nuove regole sul pubblico impiego.* In *Speciale riforma Brunetta: Guida al pubblico impiego,* Milano, Gruppo Il Sole 24 Ore.
Binswanger L. (1970), *Per una antropologia fenomenologica,* Milano, Feltrinelli.
Birbes C. (a cura di) (2011), *Progettare l'educazione per lo sviluppo sostenibile,* Milano, Ed. ASA.
Blezza Picherle S. (2004), *Libri, bambini, ragazzi: Incontri tra educazione e letteratura,* Milano, Vita e Pensiero.
Bloch M. (1998), *Apologia della storia o mestiere di storico,* Torino, Einaudi.
Bloom B.S. (1979), *Caratteristiche umane e apprendimento scolastico,* Roma, Armando.
Bobbio N. (1994), *L'elogio della mitezza,* Milano, Aperture.
Bodei R. (2016), *Limite,* Bologna, Il Mulino.
Bonacina F. (1973), *I Centri Didattici Nazionali,* «Cultura e Scuola», anno XII, vol. 48.
Bondioli A. e Mantovani S. (1994), *Manuale critico dell'asilo nido,* Milano, FrancoAngeli.
Bonetta G. (1997), *Storia della scuola e delle istituzioni educative: Scuola e processi formativi in Italia dal XVIII al XX secolo,* Firenze, Giunti.
Bonfatti Sabbioni M. (2008), *L'automonitoraggio per l'autovalutazione.* In P. Plessi (a cura di), *Valutare,* Trento, Erickson, pp. 95-109.
Bonifacci P. (a cura di) (2018), *I bambini bilingui: Favorire gli apprendimenti nelle classi multiculturali,* Roma, Carocci.
Boninelli S. (2016), *Se non ora, quando,* CD autoprodotto, http://www.sandraboninelli.it.
Bonomi A. (2010), *Sotto la pelle dello Stato,* Milano, Feltrinelli.
Bonomo D. (a cura di) (2017), *L'alfabeto della sicurezza nelle scuole,* Sesto Congresso Nazionale 29 maggio 1° giugno 2017, CISL Scuola, https://goo.gl/tHHXBb.
Bortolani C. (2000), *Guida alla Costituzione articolo per articolo,* Bologna, Zanichelli.
Bortolani C. (2008), La *Costituzione articolo per articolo,* Bologna, Zanichelli.
Boscolo P. (1986), *Psicologia dell'apprendimento scolastico,* Torino, UTET.
Boselli G. (1991), *Postprogrammazione,* Firenze, La Nuova Italia.
Bosna E. (1976), *Alle origini della scuola statale: Progetti e riforme scolastiche in Italia nella seconda metà del XVIII secolo,* Bari, Adriatica.
Bosna E. (1984), *La formazione di un sistema scolastico nel Piemonte del '700,* Bari, Levante.

Bottani N. (1986), *La ricreazione è finita,* Bologna, Il Mulino.

Brizzi G.P. (a cura di) (1985), *Il catechismo e la grammatica: Istruzione e controllo sociale nell'area emiliano-romagnola nel '700,* Bologna, Il Mulino.

Bronfenbrenner U. (1986), *Ecologia dello sviluppo umano,* Bologna, Il Mulino.

Bruner J. (1967), *Verso una teoria dell'istruzione,* Roma, Armando.

Bruner J. (1992), *La ricerca del significato,* Torino, Bollati-Boringhieri.

Bruner J. (1996), *La cultura dell'educazione,* Milano, Feltrinelli.

Bruner J. (2002), *La fabbrica delle storie,* Milano, Feltrinelli.

Bruscaglioni M. (1991), *Gestione dei processi nella formazione degli adulti,* Milano, FrancoAngeli.

Bruschi M. (2015), *La Buona Scuola,* Napoli, EdiSES.

Bucci S. (1977), *La scuola italiana nell'età napoleonica. 1: Periodo Repubblicano (1796-1799),* «Cultura e Scuola», vol. 16, luglio-dicembre, nn. 63-64.

Burgio A. e Gabrielli G. (2012), *Il razzismo,* Roma, Ediesse.

Butera F. (a cura di) (2000), *Il libro verde della Pubblica Istruzione,* Milano, FrancoAngeli.

Callari Galli M. (1996), *Differenze.* In A. Sasso (a cura di), *La cultura della scuola e la contemporaneità,* Firenze, La Nuova Italia.

Callari Galli M., Cambi F. e Ceruti M. (2003), *Formare alla complessità: Prospettive dell'educazione nelle società globali,* Roma, Carocci.

Calonghi L. (1990), *Finalità e obiettivi nella scuola,* Firenze, Giunti.

Calvani A. (2000), *Elementi di didattica,* Roma, Carocci.

Calvani A. (2004), *Che cos'è la tecnologia dell'educazione,* Roma, Carocci.

Calvani A. (2005), *Rete, comunità e conoscenza,* Trento, Erickson.

Canevaro A. (1996), *Quel bambino là,* Firenze, La Nuova Italia.

Canevaro A., Lippi G. e Zanelli P. (1988), *Una scuola uno sfondo,* Bologna, Nicola Milano Editore.

Capaldo N. (1998), *Lineamenti di storia della scuola dell'infanzia,* Milano, Fabbri.

Capaldo N. (a cura di) (1999), *Raccolta delle disposizioni normative per la scuola materna,* Milano, Fabbri.

Capaldo N. (2005), *Insegnare per progetti.* In N. Capaldo e L. Donà (a cura di), *Educazione alla Convivenza Civile: Classi quarta e quinta,* Milano, Fabbri.

Capaldo N. (2007), *Un modello progettuale per le Indicazioni 2007.* In G. Domenici e F. Frabboni (a cura di), *Indicazioni per il curricolo,* Trento, Erickson, pp. 103-129.

Capaldo N. (2010), *Dalle Indicazioni al curricolo verticale: Armonizzare, essenzializzare, partecipare.* In P. Crispiani (a cura di), *Il management nella scuola di qualità,* Roma, Armando.

Capaldo N. (2011), *La contrattazione.* In T. De Mauro e D. Ianes (a cura di), *Giorni di scuola: Pagine di diario di chi ci crede ancora,* Trento, Erickson, pp. 125-129.

Capaldo N., Neri S. e Rondanini L. (1999), *Il manuale della scuola elementare,* Milano, Fabbri.

Capaldo N., Neri S. e Rondanini L. (2000), *Il manuale della scuola secondaria,* Milano, Fabbri.

Capaldo N. e Rondanini L. (2004), *La scuola primaria nella riforma: Nuovi scenari per la formazione di base*, Trento, Erickson.
Capaldo N. e Rondanini L. (2005), *Dirigere scuole,* Trento, Erickson.
Capaldo N. e Rondanini L. (2006), *Ripartire dalla scuola,* Trento, Erickson.
Capaldo N. e Rondanini L. (2007a), *Governare l'istituzione scolastica,* Trento, Erickson.
Capaldo N. e Rondanini L. (2007b), *Indicazioni per il curricolo: Istruzioni per l'uso,* Vasto, Gulliver.
Capaldo N. e Rondanini L. (2008), *La scuola dei piccoli,* Trento, Erickson.
Capaldo N. e Rondanini L. (2010), *La valutazione e la certificazione delle competenze,* «L'Educatore», vol. LVII, n. 11.
Capaldo N. e Rondanini L. (2011), *Manuale per dirigenti scolastici,* Trento, Erickson.
Capaldo N. e Rondanini L. (2015), *Dirigere domani,* Trento, Erickson.
Capaldo N. e Rondanini L. (2017), *Dirigere domani: Il manuale più completo e aggiornato per vincere il concorso,* Trento, Erickson.
Carlini A. (2017), *BES in classe: Modelli didattici e organizzativi,* Napoli, Tecnodid.
Caroli M., Giurato A. e Mattedi V. (1986), *Materna-elementare-media: La continuità possibile,* Bergamo, Juvenilia.
Castiglioni I. (2005), *La comunicazione interculturale: Competenze e pratiche,* Roma, Carocci.
Castoldi M. (1995), *Verso una scuola che apprende,* Roma, Seam.
Castoldi M. (2011a), *Autovalutazione di istituto.* In N. Serio (a cura di), *Il dirigente scolastico tra tradizione, innovazione e management,* Roma, Armando.
Castoldi M. (2011b), *Autovalutazione di istituto.* In G. Cerini e M. Spinosi (a cura di), *Voci della scuola,* Napoli, Tecnodid.
Castoldi M. (2011c), *Progettare per competenze,* Roma, Carocci.
Castoldi M. (2012), *Valutare a scuola: dagli apprendimenti alla valutazione di sistema,* Roma, Carocci.
Castoldi M. (2014), *Capire le prove INVALSI,* Roma, Carocci.
Castoldi M. (2015), *Valutazione.* In G. Cerini e M. Spinosi (a cura di), *Una mappa per la riforma,* Napoli, Tecnodid.
Castoldi M. (2016), *Valutare e certificare le competenze,* Roma, Carocci.
Catarsi E. (1990), *Storia dei programmi della scuola elementare (1860-1985),* Firenze, La Nuova Italia.
Catarsi E. (1994), *L'asilo e la scuola dell'infanzia: Storia della scuola materna e dei suoi programmi dall'Ottocento ai giorni nostri,* Firenze, La Nuova Italia.
Cavalli A. (2009), *La fiducia in ambito educativo,* «Parolechiave», n. 42.
CEI (2009), *La sfida educativa,* Roma-Bari, Laterza.
Celentano M.G. e Colazzo S. (2008), *L'apprendimento digitale: Prospettive tecnologiche e pedagogiche dell'e-learning,* Roma, Carocci.
Cenerini A. e Drago R. (2000), *Professionalità e codice deontologico degli insegnanti,* Trento, Erickson.
Censis (2000), *34° Rapporto sulla situazione sociale del Paese: I processi formativi,* Roma.

Censis (2010), *43° Rapporto sulla situazione sociale del Paese,* Roma.
Ceppi G. e Zini M. (1998), *Bambini, spazi e relazioni: Metaprogetto di ambiente per l'infanzia,* Reggio Emilia, Reggio Children.
Ceriani A. (a cura di) (1996), *Processi di innovazione e miglioramento della scuola,* Milano, Unicopli.
Cerini G. (a cura di) (2001), *I servizi territoriali per i docenti,* Napoli, Tecnodid.
Cerini G. (2003), *La riforma nella scuola secondaria,* «Notizie della Scuola», vol. 16, 31 marzo.
Cerini G. (2010), *Piano dell'Offerta Formativa, Repertorio,* Napoli, Tecnodid.
Cerini G. (2011), *Piano dell'Offerta formativa, Repertorio,* Napoli, Tecnodid.
Cerini G. (2012a), *Indicazioni/2012: Restyling o maquillage?,* https://goo.gl/XdWGLZ.
Cerini G. (2012b), *Una Corte Costituzionale poco... comprensiva,* Napoli, Scuola e Formazione.
Cerini G. (2012c), *Passa... parole: Chiavi di lettura delle Indicazioni 2012,* Faenza, Homeless Book.
Cerini G. (2012d), *Una certa idea di valutazione,* Faenza, Homeless Book.
Cerini G. (2012e), *Comprensivo,* «Notizie della Scuola», n. 23, Napoli, Tecnodid.
Cerini G. (2017), *Certificazione delle competenze, anno terzo,* «Notizie della Scuola», 1-15 marzo, Napoli, Tecnodid.
Cerini G. (2018), *Piano triennale dell'offerta formativa.* In AA.VV., *Repertorio 2018: Dizionario normativo della scuola – XXXII edizione,* Napoli, Tecnodid.
Cerini G. e Spinosi M. (2001), *Voci della scuola,* Napoli, Tecnodid.
Cerini G. e Spinosi M. (2016), *Anno di formazione,* Napoli, Tecnodid.
Cerioli L. (1998), *Appassionatamente, sul desiderio e la paura di conoscere,* Milano, FrancoAngeli.
Cerrocchi L. e Contini A. (a cura di) (2011), *Culture migranti,* Trento, Erickson.
Ceruti M. (2018), *Il tempo della complessità,* Milano, Raffaello Cortina.
Cheli E. (2013), *Costituente e Costituzione,* Lectio magistralis, Prefettura di Bologna.
Chiappetta-Caloja L. (1998), *Handicap e valutazione,* Roma, Anicia.
Chiosso G. (1988), *Agazzi Rosa.* In AA.VV. (a cura di), *Dizionario biografico degli italiani: Vol. 34,* Roma, Treccani.
Chiosso G. (2009), *Mai mediocre,* «Libertà di Educazione», n. 18, maggio-giugno.
Cicatelli S. (2015), *Prontuario giuridico IRC,* Brescia, Editrice Queriniana
Cicatelli S. e Malizia G. (2017), *Una disciplina alla prova,* Torino, Elledici.
CIDE (2007), *La coesione europea un valore, una politica, un obiettivo da realizzare... Guida ai fondi strutturali 2007-2013,* «Quaderni di CIDE».
Cigoli V. (2001), *Vita sociale e gestione delle risorse umane: il ruolo del dirigente. Intervista di Cesare Scurati,* «Dirigenti Scuola», n. 5.
Cipollone P. (2010), *Se non ci fosse valutazione: una scuola senza bussola e meno equa,* «Rivista dell'Istruzione», n. 3.
CISL Scuola (2012), *Una scuola a misura di futuro,* Roma.
Cives G. (a cura di) (1993), *La scuola italiana dall'unità ai nostri giorni,* Firenze, La Nuova Italia.
Commissione dell'Unione europea (1995), *Insegnare e apprendere: Verso la società conoscitiva (Libro Bianco),* «Annali della Pubblica Istruzione», n. 4.

Commissione d'Inchiesta per la Riforma della Scuola (1950), *La riforma della scuola,* Roma, Istituto Poligrafico dello Stato.
Commissione europea (2010), *Una strategia per una crescita intelligente, sostenibile e inclusiva,* Bruxelles.
Commissione europea (2018), *Proposta di raccomandazione del consiglio relativa alle competenze chiave per l'apprendimento permanente,* https://goo.gl/b96sdo.
Con i Bambini – Impresa Sociale (2016a), *Bando Prima Infanzia (fascia di età 0-6),* https://goo.gl/eCrP8i.
Con i Bambini – Impresa Sociale (2016b), *Bando Adolescenza (fascia di età 11-17),* https://goo.gl/uHphXX.
Corbi E. e Strollo M.R. (1998), *L'istruzione a Napoli dal 1806 al 1860: Politica scolastica e organizzativa didattica,* Lecce, Pensa Multimedia.
Cornoldi C. e Zaccaria S. (2011), *In classe ho un bambino che...,* Firenze, Giunti.
Corradini L. (1985), *Dieci anni di partecipazione scolastica,* «Scuola Materna», n. 13.
Corradini L. (2011), *Cittadinanza e Costituzione tra norma e progetto.* In A. Tosolini, P. Brunello e B. Rosini (a cura di), *Cittadinanza e Costituzione,* Catania, La Tecnica della Scuola.
Corradini L. (2014), *La Costituzione nella scuola,* Trento, Erickson.
Correnti C. (1893), *Discorso alla camera del 10 marzo 1870.* In T. Massarani (a cura di), *Scritti scelti. Vol. 3,* Roma, Forzani & C.
Cortoni I. (a cura di) (2009), *Una scuola che comunica,* Trento, Erickson.
Cottone C. e Coronas U. (1959), *Commento della legislazione sull'istruzione generale,* Firenze, Bemporad-Marzocco.
Cresson E. (1996), *Insegnare e apprendere verso la società conoscitiva,* Libro bianco della Commissione Istruzione dell'UE.
Crispiani P. (a cura di) (2010), *Il management nella scuola di qualità,* Roma, Armando.
Cristanini D. (2000), *La valutazione dei capi d'istituto,* «Notizie della scuola», inserto.
Cropley A.J. (1969), *La creatività,* Firenze, La Nuova Italia.
Czarniawska B. (2000), *Narrare l'organizzazione,* Torino, Edizioni Comunità.
Dahrendorf R. (1995), *Quadrare il cerchio,* Roma-Bari, Laterza.
D'Alonzo L. (2016), *La differenziazione didattica per l'inclusione,* Trento, Erickson.
Damiano E. (a cura di) (1994), *Insegnare per concetti,* Torino, SEI.
De Bartolomeis F. (1948), *Programmi elementari e scuola attiva,* Firenze, La Nuova Italia.
De Felice R. (1961), *Storia degli ebrei italiani sotto il fascismo,* Torino, Einaudi.
De Fort E. (1979), *Storia della scuola elementare in Italia. 1: Dall'Unità all'età giolittiana,* Milano, Feltrinelli.
De Fort E. (1996), *La scuola elementare dall'Unità alla caduta del fascismo,* Bologna, Il Mulino.
De Grand A.J. (1978), *Bottai e la cultura fascista,* Roma-Bari, Laterza.
Deiana G. (2003), *Insegnare l'etica pubblica, la cultura e l'educazione alla cittadinanza: Una sfida per la scuola,* Trento, Erickson.

Dellucca C. (a cura di) (2007), *Geografia: Ricerca sul curricolo e innovazione didattica,* Napoli, Tecnodid.
Delors J. (1997), *Nell'educazione un tesoro,* Roma, Armando.
Demetrio D. (1998), *Pedagogia della memoria: Per se stessi con gli altri,* Roma, Meltemi.
De Rita G. (2002), *Il regno inerme: Società e crisi delle istituzioni,* Torino, Einaudi.
De Rita G. (2011), *La trappola della semplicità,* «Corriere della Sera», 20 giugno.
Dewey J. (1949), *Scuola e società,* Firenze, La Nuova Italia.
Dewey J. (1954), *Democrazia e educazione,* Firenze, La Nuova Italia.
Diamanti I. e Lazar M. (2018), *Popolocrazia: Le metamorfosi delle nostre democrazie,* Roma-Bari, Laterza.
Dichiarazione di Amburgo sull'Istruzione permanente (1997), «Annali della Pubblica Amministrazione», nn. 3-4.
Di Franco L. (1991), *L'insegnamento di Religione nella storia della scuola italiana,* Caltanissetta, Edizioni Krinon.
Domenici G. e Frabboni F. (a cura di) (2007), *Indicazioni per il curricolo,* Trento, Erickson.
Dossetti G. jr. (2009), *Nodi: Religione e violenza, coppie irregolari nella Chiesa, la droga,* Bologna, EDB.
Durkheim É. (1890), *L'évolution pédagogique en France,* Paris, PUF, trad. it. *L'evoluzione pedagogica in Francia: Storia dell'insegnamento secondario,* Bologna, Bononia University Press, 2006.
Ellerani P. e Fiorin I. (a cura di) (2006), *Una scuola che progetta,* Roma, Armando.
Evererd B. e Morris G. (1998), *Gestire l'autonomia,* Trento, Erickson.
Fadiga Zanatta A. (1971), *Il sistema scolastico italiano,* Bologna, Il Mulino.
Falcone M. e Marchese G. (2004), *Io e tu: la società. Educazione alla legalità e alla convivenza civile,* Roma, Carocci Faber.
Famiglietti M. (2010), *Gestire la classe attraverso strategie e tecniche di socializzazione,* «L'Educatore», n. 11.
Faure E. (1973), *Rapporto sulle strategie dell'educazione,* Roma, Armando.
Ferraresi F.F. e Missaglia D. (1994), *L'ordinamento della nuova scuola elementare,* Firenze, La Nuova Italia.
Ferrari M. e Livraghi P. (1992), *Scala per la valutazione dell'asilo nido,* Milano, FrancoAngeli.
Ferri P. (2011), *Nativi digitali,* Milano, Bruno Mondadori.
Ferroni G. (1997), *La scuola sospesa,* Torino, Einaudi.
Fierli M. (2010), *Liceo delle scienze applicate.* In G. Cerini e M. Spinosi (a cura di), *Voci della scuola,* Napoli, Tecnodid.
Finardi F., Frabboni F., Traversi M. e Volpi C. (1990), *Costruire l'infanzia,* Napoli, Tecnodid.
Fiorin I. (a cura di) (2012), *Una scuola di qualità,* Brescia, La Scuola.
Fondazione Agnelli (2009), *Rapporto sulla scuola in Italia,* Roma-Bari, Laterza.
Fondazione Agnelli (2010), *Rapporto sulla scuola in Italia,* Roma-Bari, Laterza.
Fondazione Agnelli (2011), *Rapporto sulla scuola in Italia,* Roma-Bari, Laterza.
Fondazione Symbola-Unioncamere (2013), *GreenItaly: Nutrire il futuro – Rapporto 2013,* https://goo.gl/C9VCK2.

Formiggini Santamaria E. (1912), *L'istruzione pubblica nel Ducato Estense (1772-1860),* Genova, A.F. Formiggini.
Fornasa W. (1990), *Curricolo e programmazione.* In S. Mantovani (a cura di), *La scuola del bambino,* Bergamo, Juvenilia.
Frabboni F. (1976), *La scuola dell'infanzia,* Firenze, La Nuova Italia.
Franceschi Paradisi M. (1916), *Le scuole popolari nel Granducato di Toscana dal 1814 al 1859,* Roma, Cooperativa Tipografica Manuzio.
Franchi G. e Segantini T. (1994), *La scuola che non ho,* Firenze, La Nuova Italia.
Franta H. e Colasanti A.R. (1991), *L'arte dell'incoraggiamento: Insegnamento e personalità degli allievi,* Roma, Carocci.
Freud S. (1976), *Introduzione alla psicoanalisi.* In M.T. Dogana e E. Sagittario (a cura di), *Opere,* vol. 8., Torino, Bollati Boringhieri.
Galimberti U. (1996), *Paesaggi dell'anima,* Milano, Mondadori.
Galimberti P. (2005), *Che ci faccio in cattedra?,* «D-Donna», Inserto settimanale de «la Repubblica».
Galimberti U. (2006), *Dizionario di psicologia,* Bergamo, Gruppo Editoriale L'Espresso.
Galimberti U. (2007), *L'ospite inquietante,* Milano, Feltrinelli.
Gardini N. (2018), *Come la scuola può cambiare la vita,* «Sette – Corriere della Sera», n. 30, 26 luglio 2018.
Gardner H. (1991), *Aprire le menti: La creatività e i dilemmi dell'educazione,* Milano, Feltrinelli.
Gardner H. (2002), *Formæ mentis: Saggio sulla pluralità della intelligenza,* Milano, Feltrinelli.
Gardner H. (2005), *Educazione e sviluppo della mente,* Trento, Erickson.
Gardner H. (2006), *Le cinque chiavi del futuro,* Feltrinelli, Milano
Gardner H. (2011), *Verità, Bellezza, Bontà: Educare alle virtù nel ventunesimo secolo,* Milano, Feltrinelli.
Gasperoni G. (1997), *Il rendimento scolastico,* Bologna, Il Mulino.
Gentile M. (2010), *Autovalutazione e processi di cambiamento nella scuola.* In M.B. Ligorio e C. Pontecorvo (a cura di), *La scuola come contesto,* Roma, Carocci.
Gianni A. (1991), *L'istruzione religiosa nelle scuole italiane,* Cinisello Balsamo, MI, Edizioni San Paolo.
Giocolieri G. e Rinaldi F. (1978), *La nuova scuola elementare italiana,* Torino, SEI.
Girardet H. (2004), *Vedere, toccare, ascoltare: L'insegnamento della storia attraverso le fonti,* Roma, Carocci Faber.
Girelli C. (1999), *Costruire il gruppo*, Brescia, La Scuola.
Giusti M. (2007), *La scuola e la riflessione pedagogica interculturale.* In M. Tognetti Bordogna (a cura di), *Arrivare non basta,* Milano, FrancoAngeli.
Guasti L. (2011), *Competenze e modello didattico.* In Provincia di Piacenza e Facoltà di Scienze della Formazione dell'Ateneo del Sacro Cuore (a cura di) *Competenze e unità didattiche: Esperienze a confronto,* Piacenza, Provincia di Piacenza-Università Cattolica.
Goleman D. (1996; 1999), *Intelligenza emotiva: Che cos'è, perché può renderci felici,* Milano, Rizzoli.

Gonzi G. (1972), *Storia della scuola popolare nei ducati parmensi dal 1768 al 1859,* «Aurea Parma», vol. LVI, fasc. 1.

Goussot A. (2007) *Accoglienza come costruzione di una nuova cittadinanza.* In M. Tognetti Bordona (a cura di), *Le seconde generazioni: Bambini e adolescenti della migrazione,* Milano, FrancoAngeli.

Granello S. (2006), *Personale ATA.* In G. Cerini e M. Spinosi (a cura di), *Voci della Scuola,* Napoli, Tecnodid.

Guarracino S. (1987), *Guida alla prima storia: Per insegnanti della scuola elementare,* Roma, Editori Riuniti.

Guasti L. (1976), *Ricerca e sperimentazione nell'insegnamento della religione,* Brescia, Editrice Franciscanum.

Guasti L. (a cura di) (2009), *Standards di contenuto nella scuola di base: Matematica, Scienze, Lingua, Tecnologie e Cittadinanza,* Trento, Erickson.

Guasti L. (2012a), *Didattica per competenze: Orientamenti e indicazioni pratiche,* Trento, Erickson.

Guasti L. (a cura di) (2012b), *Prepararsi alle prove OCSE-PISA: Percorsi e unità didattiche multidisciplinari,* Trento, Erickson.

Heidegger M. (1990), *Essere e tempo,* Milano, Longanesi.

Hersey-Blanchard (1984), *Leadership situazionale,* Milano, Sperling & Kupfer.

Ianes D. (2006), *La Speciale normalità,* Trento, Erickson.

Ianes D. (2015), *L'evoluzione dell'insegnante di sostegno – Nuova edizione,* Trento, Erickson.

Ianes D. e Cramerotti S. (2009), *Il Piano educativo individualizzato – Progetto di vita – vol. 1,* Trento, Erickson.

Ianes D. e Cramerotti S. (2009), *Il Piano educativo individualizzato – Progetto di vita – vol. 2,* Trento, Erickson.

Ianes D. e Cramerotti S. (2009), *Il Piano educativo individualizzato – Progetto di vita – vol. 3,* Trento, Erickson.

Ianes D. e Cramerotti S. (a cura di) (2011), *Usare L'ICF nella scuola,* Trento, Erickson.

Ianes D. e Cramerotti S. (a cura di) (2013), *Alunni con BES – bisogni educativi speciali,* Trento, Erickson.

Ianes D. e Cramerotti S. (2015), *Compresenza didattica inclusiva,* Trento, Erickson.

Ianes D. e Cramerotti S. (2016) (a cura di), *Dirigere scuole inclusive: Strumenti e risorse per il Dirigente scolastico,* Trento, Erickson.

Ianes D., Cramerotti C. e Scapin C. (2019; in corso di stampa), *Profilo di funzionamento su base ICF-CY e Piano educativo individualizzato per competenze,* Trento, Erickson.

Illarietti D. (2018), *Non chiamatele periferie,* «Corriere della Sera», 10 luglio 2018.

INVALSI (2010), *Progetto ValSiS,* Frascati, https://goo.gl/1p8bcb.

INDIRE (trad. a cura di) (2017), *Linee guida per il ripensamento e l'adattamento degli ambienti di apprendimento a scuola,* https://goo.gl/E7vS1v.

Iori V. (1999), *Lo spazio vissuto: Luoghi educativi e soggettività,* Firenze, La Nuova Italia.

ISFOL (2001), *La personalizzazione dei percorsi di insegnamento e di apprendimento,* «Quaderni dell'Autonomia», n. 1.

ISTAT (2011), *Noi Italia 2011,* Roma.
Jonas H. (1990), *Il principio responsabilità: Un'etica per la civiltà tecnologica,* Torino, Einaudi.
Jonassen D.H. (1999), *Computers as mindtools for schools: Engaging critical thinking,* Upper Saddle River, NJ, Prentice Hall.
Kant I. (1996), *Per la pace perpetua: Un progetto filosofico,* Roma, Editori Riuniti.
Landri P. e Viteritti A. (a cura di) (2000), *Le competenze in azione dei dirigenti scolastici,* Roma, ANDIS.
Le Goff J. (a cura di) (1980), *La nuova storia,* Milano, Mondadori.
Ligorio M.B. e Pontecorvo C. (2010), *La scuola come contesto,* Roma, Carocci.
Limiti G. (1965), *Cavour e la scuola,* Roma, Armando.
Liverta Sempio O. (a cura di) (1998), *Vygotskij, Piaget, Bruner: Concezioni dello sviluppo,* Milano, Raffaello Cortina.
Liverta Sempio O., Confalonieri E. e Scaratti G. (1999), *L'abbandono scolastico,* Milano, Raffaello Cortina.
Lombardi F.V. (1975), *I programmi per la scuola elementare dal 1860 al 1955,* Brescia, La Scuola.
Luccio R. (2000), *La psicologia: Un profilo storico,* Roma-Bari, Laterza.
Maggiolini A. (2012), *Mal di scuola,* Milano, RCS Libri.
Magnoler P. e Rossi P.G. (2016), *Dal bilancio di competenze al portfolio.* In G. Cerini e M. Spinosi (a cura di), *Anno di formazione,* «Notizie della Scuola», gennaio 2016, Napoli, Tecnodid.
Magnoler P., Rossi P.G. et al. (2015), *Il Teacher Portfolio per la formazione dei neo-assunti,* Milano, SIPED, https://goo.gl/SGQAeQ.
Mangoni L. (2002), *Studi storici,* Roma, Fondazione Istituto Gramsci.
Maragliano R. (1990), *I saperi della scuola,* Firenze, La Nuova Italia.
Maraini D. (2002), *Amata scrittura: Laboratorio di analisi, lettura, proposte, conversazioni (2000),* Milano, Rizzoli.
Marazzi C. (1994), *Il posto dei calzini,* Bellinzona, Casagrande.
Marras M. (2003), *Una scuola di base per il mondo che cambia,* «L'Educatore», vol. 51, n. 4.
Martinelli M. (2004), *La personalizzazione didattica,* Brescia, La Scuola.
Martinez G. (1970), *Scuola politica e amministrazione: L'origine di una crisi (1848-1867),* Roma, Ler Editrice.
Martini C.M. (1987), *Dio educa il suo popolo,* Milano, Centro Ambrosiano di Documentazione.
Martini C.M. (1999), *Sogno un'Europa dello spirito,* Casale Monferrato, AL, Piemme.
Massarani T. (2007), *Cesare Correnti nella vita e nelle opere,* Firenze, Le Monnier.
Matarrese T. (1996), *Manuali di alfabetizzazione e grammatica italiana nell'Italia moderna,* «Annali di Storia dell'educazione e delle istituzioni scolastiche», vol. 3, pp. 9-24.
Mattozzi I. (a cura di) (1990), *Un curricolo per la storia: Proposte curricolari ed esperienze didattiche per la scuola di base,* Bologna, Cappelli.
Mattozzi I. (2001), *Oltre la solita storia,* Faenza, Polaris.
Maviglia M. (2010), *L'organizzazione scolastica e il successo formativo.* In P. Cristiani (a cura di), *Il management nella scuola di qualità,* Roma, Armando.

Maviglia M. e Rossetto T. (2000*), Il P.O.F. in azione,* Bergamo, Junior.
McLuhan M. (2008), *Gli strumenti del comunicare,* Milano, Il Saggiatore.
Melilli F. (2008), *Il ruolo delle Province per una riforma organica dell'Istruzione,* «Rassegna dell'Autonomia Scolastica», vol. XXVII, n. 1.
Mencarelli M. (1984), *I Nuovi Programmi della scuola elementare,* Milano, FrancoAngeli.
Mezirow J. (2003), *Apprendimento e trasformazione,* Milano, Raffaello Cortina.
Minesso M. (a cura di) (2007), *Stato e infanzia nell'Italia contemporanea: Origini, sviluppo e fine dell'ONMI 1925-1975,* Bologna, Il Mulino.
Ministero della Pubblica Istruzione (2007), *Indicazioni per il curricolo per la scuola dell'infanzia e per il primo ciclo d'istruzione,* Roma, https://goo.gl/BXbyKY.
MIUR (2011), *Piano Nazionale Orientamento,* «Studi e Documenti degli Annali della Pubblica Istruzione», voll. 134-135.
MIUR (2017), *SIC – Educazione civica digitale,* https://goo.gl/pS1mRL.
MIUR – Direzione Generale per gli ordinamenti scolastici e la valutazione del sistema nazionale di istruzione – Gruppo tecnico-scientifico di Filosofia (2017), *Orientamenti per l'apprendimento della Filosofia nella società della conoscenza,* https://goo.gl/GQQAuG.
MIUR – Ufficio Statistica e Studi (2017), *La dispersione scolastica nell'a.s. 2015/2016 e nel passaggio all'a.s. 2016/2017,* https://goo.gl/saFFyU.
MIUR (2018), *Indicazioni nazionali e nuovi scenari,* Documento a cura del Comitato Scientifico Nazionale per le Indicazioni Nazionali per il curricolo della scuola dell'infanzia e del primo ciclo di istruzione, Roma.
Molinari L. (1990), *L'associazionismo dei dirigenti scolastici. Storia di un movimento di idee 1980-1990,* Novara, Istituto Geografico De Agostini.
Molinari L. (1998), *Il potere di direttiva del dirigente scolastico nel nuovo sistema di autonomia della scuola,* «Il Dirigente Scolastico».
Molinari L. (2000), *Il direttore dei servizi generali e amministrativi nella scuola,* Roma, Anicia.
Molinari L. (2000a), *Art. 19 D.lgs. n. 29 del 1993. Senza guarentigie la funzione dirigente nella scuola,* «Il Dirigente Scolastico».
Montevecchi L. e Raicich M. (a cura di) (1995), *L'Inchiesta Scialoja sulla istruzione secondaria maschile e femminile (1872-1875),* Roma, Ministero per i beni culturali e ambientali Ufficio Centrale per i beni archivistici.
Mori S. (2014), *Il Piano di miglioramento.* In M. Faggioli (a cura di), *Migliorare la scuola: Autovalutazione, valutazione e miglioramento per lo sviluppo della qualità,* Spaggiari, PR, Edizioni Junior.
Morin E. (1989), *La conoscenza della conoscenza,* Milano, Feltrinelli.
Morin E. (1993), *Introduzione al pensiero complesso,* Milano, Sperling e Kupfer.
Morin E. (1999), *Insegnare la complessità.* In AA.VV., *Il male scuola: Il bene cultura,* Roma, Armando.
Morin E. (2000), *La testa ben fatta: Riforma del pensiero e riforma dell'insegnamento,* Milano, Raffaello Cortina.
Morin E. (2001), *I sette saperi necessari all'educazione del futuro,* Milano, Raffaello Cortina.
Moro R. (2003), *Prologo.* In AA.VV., *Pace e globalizzazione,* Bologna, EMI.

Mortari L. (2002), *Aver cura della vita della mente,* Firenze, La Nuova Italia.
Muscolo G. (2012), *Orientamento.* In S. Auriemma (a cura di), *Repertorio,* Napoli, Tecnodid.
Nanetti A. (2003), Conferenza presso Università degli Studi di Verona, Facoltà di Scienze della Formazione, 23 maggio.
Nardi D.E. (2000) (a cura di), *Un laboratorio per la didattica museale,* Roma, SEAM.
Natoli S. (a cura di) (1998), *Le virtù della cittadinanza: Per un dizionario delle virtù civiche,* Brescia, Grafo.
Nera M.M. (2012), *Cittadinanza e Costituzione,* «L'Educatore», vol. 57, n. 8.
Neri S. (a cura di) (1991), *Gli Orientamenti per la scuola materna,* Milano, Fabbri.
Nesi E. (2012), *Che cosa significa «accoglienza»,* «la Repubblica», 14 luglio.
Nicholls A. e Nicholls H. (1975), *Guida pratica all'elaborazione di un curricolo,* Milano, Feltrinelli.
Nichols T. (2018), *La conoscenza e i suoi nemici: L'era dell'incompetenza e i rischi per la democrazia,* Roma, LUISS University Press.
Nietzsche F. (1971), *Frammenti postumi 1887-1888.* In *Opere,* Milano, Adelphi.
OCSE (1996), *Uno sguardo sull'educazione: Gli indicatori internazionali dell'istruzione,* Roma, Armando.
OCSE (1998), *Esami delle politiche nazionali dell'istruzione,* Roma, Armando.
Odifreddi P. (2012), *Godel e Turing: La nascita del computer e la società dell'informazione,* Milano, La Biblioteca di Repubblica.
Oliverio A. (2001), *L'arte di imparare,* Milano, Rizzoli.
OMS (2001), *Classificazione Internazionale del Funzionamento, della Disabilità e della Salute (ICF),* Trento, Erickson.
ONU (2015), *Trasformare il nostro mondo: L'Agenda 2030 per lo Sviluppo Sostenibile,* https://goo.gl/4PSezF.
Orlandi G. (1986), *Direttori didattici e presidi nella scuola dell'Italia Unita: Linee di una ricerca.* In AA.VV. (a cura di), *Governare la scuola,* Milano, FrancoAngeli.
Paletta A (2009), *Governance e leadership della scuola tra competizione e cooperazione.* In M. Zelioli (a cura di), *Governo delle scuole e alleanze educative,* Brescia, La Scuola.
Paolucci L. (2000), *L'attività contrattuale della scuola autonoma,* Bologna, Temi.
Parente M. (1994), *I Nuovi Programmi: Commento sistematico,* Bergamo, Juvenilia.
Passante E. (2008), *Introduzione.* In B. De Gerloni (a cura di), *La storia tra ricerca e didattica,* Milano, FrancoAngeli.
Pellerey M. (1994), *Progettazione didattica,* Torino, SEI.
Pellerey M. (2010), *Competenze, conoscenze, abilità, atteggiamenti,* Napoli, Tecnodid.
Pennac D. (2008), *Diario di scuola,* Milano, Feltrinelli.
Perziani P. (2001), *L'accordo sui servizi minimi in caso di sciopero della scuola,* «Autonomia e Dirigenza», nn. 7-8-9, pp. 46-47.
Persi P. (1996), *Che cos'è la geografia.* In *Atti del Seminario di studio sull'educazione allo sviluppo sostenibile (Roma, marzo 1995),* Firenze, Le Monnier.
Petter G. (1997), *La valigetta delle sorprese,* Firenze, La Nuova Italia.
Petter G. (2002), *Ragionare e narrare: Aspetti psicologici dell'insegnamento della storia,* Firenze, La Nuova Italia.

Piaget J. (1973), *La nascita dell'intelligenza nel bambino,* Firenze, La Nuova Italia.
Piaget J. (1976), *Le scienze dell'uomo,* Bari, Laterza.
Piccardo C. (1995), *Empowerment,* Milano, Raffaello Cortina.
Picco I. (1961), *La scuola nel Risorgimento: Nascita della scuola nazionale,* Roma, Armando.
Pietropolli Charmet G. (2005), *Adolescenza, istruzioni per l'uso,* Milano, Fabbri.
Pietropolli Charmet G. e Cirillo L. (2012), *Adolescenza,* Milano, RCS Libri.
Pontecorvo C. (1990), *Una scuola per i bambini,* Firenze, La Nuova Italia.
Pontecorvo C. (a cura di) (1995), *L'insegnamento della storia: Disciplina, metodologia e didattica, programmazione e valutazione,* Milano, Fabbri.
Pontecorvo C., Ajello A.M. e Zucchermaglio C. (a cura di) (1991), *Discutendo s'impara,* Roma, La Nuova Italia Scientifica.
Priulla G. (2012), *Scuola e democrazia: Un nesso da reinventare,* http://www.italianieuropei.it.
Priulla G. (2011), *L'Italia dell'ignoranza: Crisi della scuola e declino del Paese,* Milano, FrancoAngeli.
Pujol i Mongay M. e Roca i Cunill N. (1991), *Lavorare per progetti nella scuola materna,* Firenze, La Nuova Italia.
Putnam H. (1994), *Ragione, verità e storia,* Milano, Il Saggiatore.
Quattrocchi S. (2015), *Teacher ePortfolio e costruzione identitaria: il caso di un corso professionalizzante per insegnanti neo-assunti,* Tesi di laurea, Università degli Studi di Macerata.
Radiciotti M. (2001), *Prefazione.* In C. Gabrielli (a cura di), *Apprendere con il museo,* Milano, FrancoAngeli.
Ravaglioli F. (a cura di) (1987), *I Programmi della scuola elementare,* Roma, Armando.
Ravasi G. (2012), *Che cos'è l'uomo,* Milano, Edizioni S. Paolo.
Recalcati M. (2014), *L'ora di lezione,* Torino, Einaudi.
Recalcati M. (2018), *Il segreto del figlio,* Milano, Feltrinelli.
Reggio Children (2009), *Rendere visibile l'apprendimento,* Reggio Emilia, Project Zero.
Rescigno G. (1986), *Geografia del microterritorio,* Firenze, La Nuova Italia.
Ribolzi L. (a cura di) (1999), *Il dirigente scolastico. Manuale di base,* Firenze, Giunti.
Ribolzi L. (2010), *Autonomia. Voci della Scuola,* Napoli, Tecnodid.
Rifkin J. (2018), *Un'occasione per l'Italia,* «L'Espresso», 16 aprile 2018.
Rinaldi C. (1997), *La formazione in una società dell'educazione,* Reggio Children, Reggio Emilia.
Rinaldi C. (2009), *In dialogo con Reggio Emilia,* Reggio Children, Reggio Emilia.
Rivoltella P.C. (2013), *Fare didattica con gli EAS,* Brescia, La Scuola.
Rivoltella P.C. (2014), *Smart Future: Didattica, media digitali e inclusione,* Milano, FrancoAngeli.
Rizzi R. (1975), *La scuola dopo i decreti delegati,* Roma, Editori Riuniti.
Rodotà S. (1996), *Scuola e democrazia.* In A. Sasso e S. Toselli (a cura di), *La scuola nella società della conoscenza,* Milano, Bruno Mondadori.
Romaniello L. (1996), *Storia delle istituzioni educative in Italia tra Ottocento e Novecento,* Atti del Convegno, Alghero, 14-15 ottobre 1994, Milano, Comune di Milano – «Amici del Museo del Risorgimento».

Romei P. (1991), *La qualità nella scuola,* Milano, McGraw-Hill.
Roncaglia G. (2018), *L'età della frammentazione: Cultura del libro e scuola digitale,* Roma-Bari, Laterza.
Ronchi F. (1990), *Considerazioni intorno alla legge del 1886 sul lavoro dei fanciulli,* «Rassegna storica del Risorgimento», vol. 77, fasc. 1, pp. 3-50.
Rondanini L. (2005), *Prove tecniche di portfolio.* In USR Emilia Romagna (a cura di), *Il portfolio degli insegnanti,* Napoli, Tecnodid.
Rondanini L. (2007), *La sfida dell'apprendimento: Riflessioni e piste di lavoro.* In G. Domenici e D. Frabboni (a cura di), *Indicazioni per il curricolo,* Trento, Erickson.
Rondanini L. (2008), *La cura curante,* Felina, RE, La Nuova Tipolito.
Rondanini L. (2009), *Introduzione.* In L. Guasti (a cura di), *Standards di contenuto nella scuola di base,* Trento, Erickson.
Rondanini L. (2010), *Il dirigente scolastico e le alleanze educative territoriali.* In P. Crispiani (a cura di), *Il management nella scuola di qualità,* Roma, Armando.
Rondanini L. (2011a), *Ragazzi disabili a scuola,* Rimini, Maggioli.
Rondanini L. (2011b), *Verso un sistema provinciale di valutazione,* Reggio Emilia, Fondazione Pietro Manodori.
Rossi L. (1992), *La scuola materna di Stato.* In AA.VV., *Il Parlamento Italiano: Storia parlamentare e politica dell'Italia,* Vol. XIX, Milano, Nuova CEI informatica.
Rossi M. (2012), *Procedimenti disciplinari (Linee guida e principi).* In AA.VV., *Repertorio 2012,* Napoli, Tecnodid.
Rossi-Doria M. (2008), *Destino o separazione: riflessioni sulla scuola mancata e sulla scuola possibile.* In C. Bertazzoni (a cura di), *Le scuole di seconda occasione,* Trento, Erickson.
Rossi-Doria M. (2009), *Quale scuola per non perderne neppure uno,* «Animazione Sociale», vol. XXXIX, n. 237, pp. 3-13.
Rossi-Doria M. (2010), *Le relazioni tra scuola e famiglia,* «L'Educatore», n. 2.
Rossi-Doria M. (2012), *Equità e differenza: È la scuola democratica,* «Docete», marzo, n. 6.
Rossi-Doria M. e Tabarelli S. (2016) (a cura di), *Reti contro la dispersione scolastica: I cantieri del possibile,* Trento, Erickson.
Rosso E. (2005), *Indicatori di lettura della professione docente.* In Ufficio Scolastico Regionale per l'Emilia-Romagna (a cura di), *Il portfolio degli insegnanti,* Napoli, Tecnodid.
Rubagotti G. (a cura di) (1990), *I nuovi Orientamenti per la scuola materna,* Milano, Fabbri.
Rubinacci A. (2007), *Governance: Voci della Scuola,* Napoli, Tecnodid.
Rubinacci A. (2009), *Federalismo scolastico.* In S. Auriemma (a cura di), *Repertorio,* Napoli, Tecnodid.
Santoni Rugiu A. (1980), *Ideologia e programmi nelle scuole elementari e magistrali dal 1859 al 1955,* Firenze, Manzuoli.
Sartori G. (1997), *Homo videns: Televisione e postpensiero,* Roma-Bari, Laterza.
Sasso A. e Toselli S. (a cura di) (1999), *La scuola nella società della conoscenza,* Milano, Bruno Mondadori.
Scapin C. e Da Re F. (2014), *Didattica per competenze e inclusione: Dalle indicazioni nazionali all'applicazione in classe,* Trento, Erickson.

Scuola di Barbiana (1967), *Lettera a una professoressa,* Firenze, Libreria Editrice Fiorentina.
Scuola, lavoro, occupazione: Il sistema integrato di formazione tecnico-professionale superiore (1998), «Annali della Pubblica Istruzione», n. 82.
Scurati A. (2018), *L'obbligo smarrito di educare,* «La Stampa», 23 aprile 2018.
Scurati C. (a cura di) (1993), *Valutare gli alunni, gli insegnanti, la scuola,* Brescia, La Scuola.
Scurati C. (1995a), *Dirigere la scuola,* Brescia, La Scuola.
Scurati C. (1995b), *Elementare oltre,* Brescia, La Scuola.
Scurati C. (1997), *Pedagogia della scuola,* Brescia, La Scuola.
Scurati C. (1999), *Educazione.* In I. Fiorin e D. Cristanini (a cura di), *Le parole dell'autonomia*, Milano, Teorema.
Scurati C. e Zani G.L. (1991), *Verso una nuova scuola materna,* Brescia, La Scuola.
Scurati C., Damiano E. e Riboldi M. (1980), *La funzione dirigente nella scuola,* Brescia, La Scuola.
Sergiovanni T. (2002), *Dirigere la scuola, comunità che apprende,* Roma, LAS.
Simone R. (2000), *La terza fase,* Roma-Bari, Laterza.
Sinini G. (2013), *La competenza circolare,* Lecce, Pensa.
Sovernigo G. (1990), *Religione e persona,* Bologna, EDB.
Spinosi M. (2010), *Funzioni strumentali.* In S. Auriemma (a cura di), *Repertorio,* Napoli, Tecnodid.
Spinosi M. (2016), *Anno di formazione,* «Notizie della Scuola», n. 9, Napoli, Tecnodid.
Stancarone M.T. (2018), *Appuntamento con il PTOF,* «Scuola7», n. 100, Napoli, Tecnodid.
Stefanel S. (2011), *La tenuta del decreto Brunetta,* «Dirigere la Scuola», n. 4.
Stella G. (2016), *Tutta un'altra scuola! (Quella di oggi ha i giorni contati),* Firenze, Giunti.
Stella G. e Grandi L. (a cura di) (2011), *La dislessia e i DSA*, Firenze, Giunti Scuola.
Stenco B. (2009), *Insegnamento della religione cattolica e riforma della scuola,* «Percorso di formazione dei formatori degli insegnanti di religione cattolica nella Regione Lombardia», Mezzoldo, BG, Rifugio Madonna delle Nevi, 24-25-26 giugno.
Summa I. (2004), *Congresso SSRE,* Lugano.
Summa I. (2011), *Leadership diffusa, collegialità miglioramento,* «L'Educatore», n. 6.
Szymborska W. (2012), *La prima frase è sempre la più difficile,* Milano, Terre di Mezzo.
Talamo G. (1960), *La scuola dalla legge Casati alla inchiesta del 1864,* Milano, Giuffrè.
Tanoni I. (2010), *Management scolastico e nuove tecnologie.* In P. Crispiani (a cura di), *Il management nella scuola di qualità,* Roma, Armando.
Tanza A. e Cafaro R. (2008), *La Class Action italiana: Strumenti di tutela,* Pistoia, Altalex.
Tartarotti L. (1983), *La programmazione didattica,* Teramo, Giunti & Lisciani.
Tessaro F. (2010), *Valutare gli insegnamenti: Uno sguardo internazionale,* «Autonomia e Dirigenza», vol. XIX, pp. 45-53.

Tettamanzi D. (2009), *Eppure tu vedi l'affanno e il dolore,* Milano, Centro Ambrosiano.
Tognetti Bordona M. (a cura di) (2007), *Le seconde generazioni: Bambini e adolescenti della migrazione,* Milano, FrancoAngeli.
Tognon A. (2010), *Cinque pensieri sul federalismo scolastico,* «Dirigere la Scuola», vol. 10, n. 9.
Tomasi T. (1976), *La scuola italiana dalla dittatura alla Repubblica 1943-1948,* Roma, Editori Riuniti.
Tomasi T. (1978), *L'educazione infantile tra Chiesa e Stato,* Firenze, Vallecchi.
Toni R. (2005), *Il dirigente scolastico,* Milano, Bruno Mondadori.
Tosiani M.R. (2010), *La responsabilità disciplinare dopo la riforma del decreto Brunetta,* «Dirigere la Scuola», giugno, n. 6.
Tosolini A., Brunello P. e Rosini B. (a cura di) (2011), *Cittadinanza e Costituzione,* Catania, La Tecnica della Scuola.
TreeLLLe (2006a), *Per una scuola autonoma e responsabile: Analisi, confronti e proposte,* «Quaderno n. 5».
TreeLLLe (2006b), *La scuola dell'infanzia,* seminario di presentazione del Rapporto OCSE, Reggio Emilia, 21-22 settembre.
Triani P. (2011), *Disagi dei ragazzi, scuola, territorio: Per una didattica integrata,* Brescia, La Scuola.
Tugnoli C. (2008), *Su verità e menzogna in senso storico.* In B. De Gerloni (a cura di), *La storia tra ricerca e didattica,* Milano, FrancoAngeli.
UNESCO (1970), *Raccomandazione conclusiva sull'Orientamento,* Bratislava.
Università C. Cattaneo (2011), *Competenze, didattica e laboratorio,* Varese, Club dei 15.
USR Emilia-Romagna (a cura di) (2011), *La strategia del portfolio,* Napoli, Tecnodid.
Venuti V. (2001), *Dirigere la scuola,* Torino, Euroedizioni.
Verdone L. (2009), *Emergenza educativa,* Milano, Edizioni S. Paolo.
Vertecchi B. (1996), *Apprendere a scuola nella società complessa.* In A. Sasso (a cura di), *La cultura della scuola e la complessità,* Firenze, La Nuova Italia.
Vertecchi B. (2010), *La scuola iniqua,* Roma, Tuttoscuola.
Volpi C. (a cura di) (1998), *Dossier istruzione e/o formazione: Il futuro della scuola,* «Nuova Paideia», settembre-ottobre, n. 5.
Vygotskij L.S. (2002), *Pensiero e linguaggio,* Firenze, Giunti.
Watson J.B. (1976), *La psicologia così come la vede il comportamentista.* In P. Meazzini (a cura di), *Watson,* Bologna, Il Mulino, pp. 53-75.
Weeden P., Winter J. e Broadfoot P. (2009), *Valutazione per l'apprendimento nella scuola,* Trento, Erickson.
Weick K. (1997), *Senso e significativo nell'organizzazione,* Milano, Raffaello Cortina.
Zagrebelsky G. (2005), *Essere delle istituzioni,* Napoli, Editoriale scientifica.
Zambaldi I. (1975), *Storia della scuola elementare in Italia,* Roma, LAS.
Zanelli P. (1986), *Uno sfondo per integrare,* Bologna, Cappelli.
Zaninelli F.L. (2017), *Ripensare la continuità educativa tra servizi per l'infanzia e famiglie in prospettiva zero sei,* «Rivista Italiana di Educazione Familiare», n. 2, pp. 185-198, https://goo.gl/5KUQ9v.

Zaninelli F.L. (2018), *Continuità educativa e complessità zero-sei,* Reggio Emilia, Edizioni Junior - Bambini.

Zavalloni G. (2008), *La pedagogia della lumaca: Per una scuola lenta e nonviolenta,* Bologna, EMI.

Zazo A. (1927), *L'istruzione pubblica e privata nel napoletano (1767-1860),* Città di Castello, PG, Il Solco.

Zecchi E. (2004), *Per una valutazione autentica in classe: Le rubric,* MIUR, Direzione scolastica Regionale Emilia Romagna, www.istruzioneer.it.

Zoja L. (2009), *La morte del prossimo,* Torino, Einaudi.

Zolo D. (2000), *Chi dice umanità: Guerra, diritto e ordine globale,* Torino, Einaudi.

Zunino C. (2018), *Si svuotano le aule «Tra dieci anni un milione di alunni in meno»,* «la Repubblica», 13 aprile 2018.